I0316011

Lingualism

Alphabetical Arabic Learner's Dictionary

Arabic-English

Matthew Aldrich

lingualism

ISBN-10: 0692391371

ISBN-13: 978-0692391372

website: www.lingualism.com

photo and illustration credits: © Vasyl Torous/123rf.com (cover art)© Konstantinos Michail/123rf.com (p. 6),© pavalena/123rf.com (p. 8),© JOAT/shutterstock.com (p. 13),© pavalena/123rf.com (p. 15),© Paul Prescott/123rf.com (p. 16),© takepicsforfun/123rf.com (p. 24),© pavalena/123rf.com (p. 25),© dayzeren/123rf.com (p. 27),© Alan Lucas/123rf.com (p. 28),© Serdar Başak/123rf.com (p. 30),© Hend Khaled (p. 43),© pavalena/123rf.com (p. 45),© Amr Tamimi (p. 48),© Hend Khaled (p. 49),© Hend Khaled (p. 50),© Cathy Yeulet/123rf.com (p. 51),© Serdar Duran/123rf.com (p. 53), © pavalena/123rf.com (p. 57), © Styve Reineck/shutterstock.com (p. 58), © Pius Lee/123rf.com (p. 59), © Michele Alfieri/123rf.com (p. 62), © Ovidiu-Mihai Dancaescu/123rf.com (p. 68), © Philip Lange/123rf.com (p. 71), © Aidar Ayazbayev/123rf.com (p. 74), © Jasmin Merdan/123rf.com (p. 74), © Luisa Puccini/123rf.com (p. 84), © Mamoud Rahall/123rf.com (p. 95), © jackmalipan/123rf.com (p. 96), © Amr Tamimi (p. 97), © Vladimir Krovyakov/123rf.com (p. 101), © Pauliene Wessel/123rf.com (p. 102), © sophiejames/123rf.com (p. 105), © Saidin B Jusoh/123rf.com (p. 109), © Hend Khaled (p. 116), © Hend Khaled (p. 124), © Dudarev Mikhail/shutterstock.com (p. 124), © dbajurin/123rf.com (p. 128), © Wael Khalil Alfuzai/123rf.com (p. 128), © M. Aldrich (p. 132), © Mohamed Osama/123rf.com (p. 137), © Hend Khaled (p. 137), © Manuel Perez Medina/123rf.com (p. 138), © Tomas Hajek/123rf.com (p. 139), © ZouZou/shutterstock.com (p. 139), © Muharrem Zengin/123rf.com (p.140), © pavalena/123rf.com (p. 144), © pavalena/123rf.com (p. 151), © Steve Allen/123rf.com (p. 152), © pavalena/123rf.com (p. 152), © Jasmin Merdan/123rf.com (p. 153), © Wojciech Przybylski/123rf.com (p. 155), © HONGQI ZHANG/123rf.com (p. 163), © evgenia76/123rf.com (p. 164), © jackmalipan/123rf.com (p. 167), © Ratchanida Thippayos/123rf.com (p. 169), © Amr Tamimi (p. 173), © ZouZou/shutterstock.com (p. 175), © Michele Alfieri/123rf.com (p. 176), © pavalena/123rf.com (p. 177), © Peter Varga/123rf.com (p. 186), © rook76/123rf.com (p. 186), © Zubaida Abdallah/123rf.com (p. 189), © M. Aldrich (p. 195), public domain (p. 200), © pavalena/123rf.com (p. 202), © Dudarev Mikhail/shutterstock.com (p. 204), © M. Aldrich (p. 205), © Anna Yakimova/123rf.com (p. 214), © pavalena/123rf.com (p. 214), © David Hughes/123rf.com (p. 217), © jackmalipan/123rf.com (p. 219), © pavalena/123rf.com (p. 222), © Akhilesh Sharma/123rf.com (p. 237), © pavalena/123rf.com (p. 237), © jackmalipan/123rf.com (p. 239), © jvdwolf/123rf.com (p. 241), © ronen/123rf.com (p. 242), © Irina Belousa/123rf.com (p. 243), © Nikolay Neveshkin/123rf.com (p. 246), © Karol Kozlowski/123rf.com (p. 248), © pavalena/123rf.com (p. 250), © M. Aldrich (p. 253), public domain (p. 255), © jackmalipan/123rf.com (p. 255), © Vladimir Blinov/123rf.com (p. 258), © Jasmin Merdan/123rf.com (p. 263), © pavalena/123rf.com (p. 267), © Engin Korkmaz/123rf.com (p. 268), © pavalena/123rf.com (p. 273), © pavalena/123rf.com (p. 279), © pavalena/123rf.com (p. 288), © pavalena/123rf.com (p. 294), © Oguz Dikbakan/123rf.com (p. 296), © ttatty/123rf.com (p. 296), © Aidar Ayazbayev/123rf.com (p. 297), © Sastyphotos/123rf.com (p. 301), © Michele Alfieri/123rf.com (p. 308), © NASA (p. 316), © Mohamed Elsayyed/123rf.com (p. 319), © Pius Lee/123rf.com (p. 323), © Patrick Guenette/123rf.com (p. 325), © Francesco Gustincich/123rf.com (p. 328), © Sadik Gules/123rf.com (p. 334), © pavalena/123rf.com (p. 343)

Contents

Preface .... **ii**

Using the Dictionary .... **iii**

The Order of Entries iii

Dots, Squares, Diamonds, and Lines v

The Applicability of Information v

Nouns vi

Verbs vii

Adjectives viii

Pronunciation .... **ix**

Consonants ix

Vowels xi

Labels, Terms and Abbreviations .... **xii**

Q & A .... **xiv**

The Dictionary **1**

Notes **343**

Modern Standard Arabic Verbs **345**

Preface

The *Lingualism Arabic Learner's Dictionary* has been specifically designed for learners of Modern Standard Arabic. It presents the language from a descriptive, rather than prescriptive, standpoint as it is actually used by Arabs today. The dictionary includes recent additions to Modern Standard Arabic, as well as foreign borrowings. Care was taken to ensure that the vocabulary covered in the dictionary comes from a variety of sources, including words and phrases likely to appear in learners' Arabic course books, as well as modern literature and the media, for a total of over 17,000 Arabic words and phrases.

One of the significant advantages of this dictionary is its user-friendliness. In this edition, entries are arranged in a simple alphabetical order, rather than by being grouped according to their common roots. Entries contain a wealth of information related to the headword, including plural and elative forms, conjugations, grammatical structures, compound nouns, common phrases, idioms, and proverbs, as well as example sentences when required to make the usage or meaning clear. Dozens of photos illustrate cultural and religious concepts. The dictionary also contains geographical information, including maps for each Arabic-speaking country, as well as entries for most countries, their capitals, and large cities throughout the world.

The effort in preparing this dictionary took several years of relentless work. I wish to thank my family and friends for their patience and encouragement. I am also extremely grateful to Hend Khaled for proof-reading the dictionary, offering valuable feedback, and helping me with many of the example sentences throughout the book. Of course, any mistakes that remain are my own.

Matthew Aldrich
December 2013

Using the Dictionary

Taking a little time to familiarize yourself with the layout of the entries will enable you to make better use of the dictionary.

The Order of Entries

1	ء	18	ط
2*	ا	19	ظ
3	ب	20	ع
4	ة	21	غ
5	ت	22	ف
6	ث	23	ق
7	ج	24	ك
8	ح	25	ل
9	خ	26	م
10	د	27	ن
11	ذ	28	ه
12	ر	29	و
13	ز	30	ؤ
14	س	31	ى
15	ش	32	ي
16	ص	33	ئ
17	ض		

* ا, أ, آ, and إ are not differentiated in alphabetization.

Arabic dictionaries are traditionally arranged alphabetically by root, rather than by individual words. This is a great advantage for learners; when you look up a word, you can also learn *related* words and expand your vocabulary. The original version of the Arabic Learner's Dictionary follows this system. However, for many learners, determining a word's root can prove tricky and time consuming. By popular demand, this Alphabetical Arabic Learner's Dictionary has been made available for those who are not yet familiar enough with the Arabic language to use a root-ordered dictionary, and for those who simply prefer the convenience and relative simplicity of being able to look up words in a straight-forward alphabetical manner.

Note that **masdars**, **active participles**, and **passive participles** only have their own entries if they are lexicalized and require translations that that are not gerunds (-ing) or past participles (such as, gone, written, cooked, loved) in English. For example, you will not find an entry for ذاهب (*đāhib* going) because it is simply an active participle. In this case, you will need to determine its basic verb form and look that up: ذهب (*đahaba* go). The masdar of the same verb, ذهاب (*đahāb*), on the other hand, has its own entry because, besides being used as a gerund ('going'), it can, in certain contexts, be translated as 'departure' and is also used in some set expressions (idioms). Entries for nouns which are also used as masdars are marked with a small star (*n.**). This is to alert you that the translation you are looking for might not be the translation listed in the entry, but the gerund (or infinitive) of translation given in the entry for its basic verb form. The patterns for the participles can be found in the conjugation tables in the dictionary's companion book *Modern Standard Arabic Verbs.*

Getting to the right page quickly. The more you use the dictionary and more familiar you become with the alphabetical order of Arabic letters, the easier it will become to flip to the right page quickly. In the meantime, to help you out, an index can be found on the back cover showing the alphabetical order and the page number that each letter's section begins on.

Final words on the order of entries. As mentioned on the previous page, many learners of Arabic feel frustrated by the root-ordering used in many dictionaries. This unfamiliar approach may seem counterproductive and overly cumbersome to many. However, there are significant advantages to this system or arrangement. Words which belong to the same 'word family' are grouped together. This provides an effective tool for expanding vocabulary by learning and reviewing related words. There is another noteworthy advantage of having related words grouped together like this. Imagine, for instance, you come across تعلم and want to look it up. In an alphabetically-ordered dictionary, you would look under ت and find that تعلم *ta3allama*, a measure V verb, means *learn*, or in context, *he learned*. However, the تـ might actually be the imperfect prefix for *you* or *she*. In that case, you would have to look up the word *again* under ع. You would find the measure I verb علم (*3alima* know) and the measure II علم (*3allama* teach) side by side. But wait, it may be a measure IV verb, in which case you would have to look it up a third time, this time under ا. You would find that أعلم *ʔa3lama* means *inform*. Using a root-ordered dictionary, on the other hand, all four verbs would be found together under the root ع ل م. You would only need to look up the word once, and scan the entries grouped together to find the fitting entry. This example shows how the nature of Arabic makes root ordering a more sensible approach. As your level in Arabic increases and you get to know the morphology (grammatical patterns) better, I highly recommend that you "graduate yourself" to the root-ordered version of the Arabic Learner's Dictionary.

Dots, Squares, Diamonds, and Lines

كتب *kataba v.tr.* |*1s3* يكتب *yaktub*^{u} | كتابة *kitāba*^{t}|
• write *sth* ∘ *to* لـ, write down ◊ كتبت له رسالة طويلة. *I wrote him a long letter.* ▪ كتب بالحروف اللاتينية *kataba bi-lḫurūf*^{i} *-llātīnīya*^{ti} Romanize (lit. write in Latin letters) • write, author, compose, pen

Instead of numbering senses, dots (•) have been used to aid in visual scanning. Train your eyes to jump to these dots (which are directly followed by the headword's English translation) when you are scanning over an entry. Squares (▪), likewise, are helpful in scanning and mark phrases, derived words, common expressions, idioms, and proverbs. Example sentences and phrases are marked with diamonds (◊). Information on verb conjugation, including the masdar, irregular plurals, elative adjectives, etc. appear bracketed between straight lines (||).

The Applicability of Information

برد *v.* • *baruda v.intr.* |*1s6* يبرد *yabrud*^{u} | برود *burūd*| become cold • *barada v.tr.* |*1s3* يبرد *yabrud*^{u} | برد *bard*| file (down)

عامل *3āmil act. part.* • *adj.* active • *n.* |*pl.* عمال *3ummāl* or عاملون *3āmilūn*^{a}| laborer, worker • |*pl.* ***dip.*** عوامل *3awāmil*| factor, element

The positioning of information in an entry shows whether it applies to all senses or only certain senses. In the entry for **كتب** above, the first sense is *preceded* by information about the verb, meaning this information applies to both senses in the entry. In the examples on the left, some of this information is found *after* dots. In the entry for **برد**, only *v.* precedes the first sense. This means both senses in the entry are verbs, but that is the only commonality the two senses share. They have different pronunciations, conjugations, and masdars. Also, the first sense is an intransitive verb (*v.intr.*), whereas the second sense is transitive (*v.tr.*)—more on this later. In entry for **عامل**, we can see that all three senses share the same pronunciation and are active participles—more on this later, as well. The first meaning is an adjective, and because no irregular plural has been introduced yet, we can assume its plural is regular. The second meaning is a noun. It has an irregular as well as a regular plural form. The more commonly used plural is listed first. The third meaning is also a noun; to avoid unnecessary repetitions, information from the previous sense applies, unless noted otherwise. In this case, we see that this meaning requires a different plural form from that of the previous sense. In other words, the singular noun **عامل** can mean either *worker* or *factor,* while their plurals are not as ambiguous.

Nouns

① **حيوان** *ḥayawān n.* • animal ▪ حيوان أليف *ḥayawān ʔalīf* pet

② **سيارة** *sayyāraᵗ n.* • car, automobile, vehicle ▪ سيارة أجرة *sayyārat · ʔujraᵗ* taxi

③ **بنت** *bint n.* ***f.*** |*pl.* بنات *banāt*| • girl • daughter

④ **معلم** *mu3allim act. part. n.* • teacher

⑤ **خادم** *xādim act. part. n.* |*pl.* خدام *xuddām* or خدم *xadam*| • servant, butler
خادمة *xādimaᵗ n.* • maid

⑥ **رسم** *rasm n.** |*pl.* رسوم *rusūm*| • drawing, picture, illustration, painting

⑦ **شجر** *šajar coll. n.* |*sing.* شجرة *šajaraᵗ* | *pl.* أشجار *ʔašjār*| • trees

The **gender** of a noun is only listed when it is not predictable. ①A noun is assumed to be masculine, ②unless it ends in ـة *-aᵗ*, in which case it is assumed to be feminine. ③Any nouns which deviate from this rule are labeled ***m.*** or ***f.*** ④For nouns which refer to humans, both a masculine and feminine form generally exist. The feminine is regularly formed by adding ـة *-aᵗ* to the masculine. If the translation for both is the same in English, only the masculine is listed in the dictionary. ⑤If, however, the feminine translates differently, as is the case with **خادمة**, it will have its own entry.

If a noun's **plural** is not listed, it is regular and predictable. The regular plural for non-human nouns (①②) and feminine human nouns (⑤ **خادمة**) is ـات *-āt*. For masculine human nouns (④), it is ـون *-ūnᵃ*. Irregular plurals in common use today are listed, the more commonly used one listed first. It is recommended that the learner always chose the first irregular plural for production, but memorize the second irregular plural for recognition.

⑥The star following *n.* (*n.**) lets you know that the noun is also used as a masdar. A masdar is a gerund, usually formed in English by adding -ing to the verb, in this case *drawing,* as in *'Drawing is fun'.* or *'I like drawing'.* Both English gerunds and Arabic masdars are always singular, as they are actions, and not countable nouns. However, رسم is also used as an ordinary noun in Arabic, meaning *a drawing, picture,* etc, which can be made plural: رسوم *rusūm drawings.* It therefore has its own entry. A masdar that does not double as an ordinary noun does not have its own entry; it is found in the entry for the verb only.

⑦Entries for collective nouns (*coll. n.*) list both the singular and plural forms.

②Idafa constructions (compound nouns) are preceded by squares (▪). In the pronunciation, a small dot (·) serves to show that the two nouns are bound in an idafa construction. If the term (noun) in the construction ends in ـة, it is obligatorily pronounced with *-at* even in pausal form and relaxed spoken style. The transcription reflects this with a full *t* rather than the superscript *ᵗ*.

Verbs

① كسر *kasara v.tr.* |1s2 يكسر *yaksir*ᵘ | كسر *kasr*|
• break

② VII انكسر *inkasara v.intr.* |7s ينكسر *yankasir*ᵘ | انكسار *inkisār*| • break, get broken

③ بحث *baḥata v.* |1s1 يبحث *yabḥat*ᵘ | بحث *baḥt*|
• *v.intr.* search *for* عن, look, seek • research عن • *v.tr.* discuss *sth* ∘ *with* مع

④ ⑤ ⑥
أكل *ʔakala v.tr.* |1s3(a) يأكل *yaʔkul*ᵘ | أكل *ʔakl*|
• eat ▪ أكل الفطور *ʔakala alfuṭūr* eat breakfast
⑦ ▪ لا يؤكل *lā yuʔkal*ᵘ *pass. v.* inedible

⑧ X استطاع *istaṭāʕa v.tr.* |10h يستطيع *yastaṭīʕ*ᵘ | استطاعة *istiṭāʕa*ᵗ| •أنْ استطاع *istaṭāʕa ʔan* be able to *(do)*, can *(do)* ◊ لا يستطيع الجري. *He can't run.* ◊ هل تستطيع أن تتحدث اللغة الإنجليزية؟ *Can you speak English?*

Verbs are labeled either as transitive (*v.tr.*) or intransitive (*v.intr.*). ①Transitive verbs are those which can take a direct object. ②Intransitive verbs, on the other hand, cannot take a direct object.

③Intransitive verbs are also those which can take objects, but these must be governed by a preposition, which is listed after the first English translation. It is understood that the preposition is always required before an object for this sense of the word, regardless of which English translation is preferred in the context. The English translation may not match up in transitivity with the Arabic. For instance, the English verbs *search for* and *look for* are both intransitive, requiring the preposition *for*, while *seek* is transitive. Notice also that *for* does not follow the translation *look* in this entry, as a speaker of English would already know to add the preposition *for* after *look*. In the second sense of this entry, the English translation *research* is transitive, but the Arabic requires the preposition عن for this sense, as well. The third sense **is** transitive in Arabic, allowing a direct object. For example, يبحثون عنه could mean *they are looking for it* or *they are researching it*—which should be obvious from the surrounding context—while يبحثوه, having a direct object, is transitive and must be the third sense, translating *they're discussing it.*

Verb entries contain information in line brackets about a verb's conjugation.④First listed is the table which models the verb's conjugation; the tables can be found in the dictionary's companion book ***Modern Standard Arabic Verbs (➡ p. 362).***⑤This is followed by the third-person masculine singular imperfect indicative verb form.⑥Finally the masdar is given.

⑦The imperfect indicative passive verb would literally translate *it is not eaten,* but is better translated as the English adjective *inedible.*

⑧Some verb entries contain phrases with أنْ. The sukūn is written to distinguish it from أنّ. Unless noted, it can be assumed that أنْ is followed by a subjunctive verb. In most cases, it can also be replaced with a definite masdar, as shown in the phrase's first example.

Adjectives

① **جميل** *jamīl adj.* |*elat.* أجمل *ʔajmal*| • beautiful, handsome ▪ الفنون الجميلة *alfunūn aljamīla*ⁱ *n.* fine arts • nice, good • *man's name* Jamil, Gamil, Jamel, Djamel ▪ جميلة *jamīla*ᵗ **dip.** *woman's name* Jamila, Gamila

② **وسيم** *wasīm adj.* |*m. pl.* **dip.** وسماء *wusamāʔ* or وسام *wisām* | *elat.* أوسم *ʔawsam*| • attractive, good-looking

③ **قصير** *qaṣīr adj.* |*m. pl.* قصار *qiṣār* | *elat.* أقصر *ʔaqṣar*| • short ▪ قصير القامة *qaṣīr · alqāma*ᵗⁱ short of stature ▪ قصير النظر *qaṣīr · annaẓar*ⁱ myopic, nearsighted

④ **غبي** *ɣabīʸ* |*pl.* **dip.** أغبياء *ʔaɣbiyāʔ*| • *adj.* |*elat.* **invar.** أغبى *ʔaɣbā*| stupid, idiotic, silly, foolish • *n.* idiot, fool

①Adjectives are listed in their most basic form, which is the masculine singular. The elative (comparative / superlative) form is listed next, except for adjectives which are rarely or never found in the elative. Keep in mind that elatives are diptotes, although this is not labeled as such. Some adjectives are used as personal names, in which case common English spellings for these names are listed as a separate sense.

②Many adjectives have irregular masculine plural forms. These precede the elative form(s). The more common plural is listed first.

③'False idafas' are, like idafas, marked with a small dot (·) in the pronunciation.

Any adjective can be used as a noun: **الجميلة** *the beautiful one.* ④When the noun form is more lexicalized (very commonly used as a noun) and has a separate translation in English, it is listed as a noun in a separate sense. In this case, the plural precedes both senses, as it applies to masculine plural of both the adjective and the noun. The elative form is listed inside the adjective sense.

Pronunciation

Consonants

The following sounds are also found in English and should pose no difficulties for the learner:

			examples
b	ب	[b] as in **b**ed	بنت *bint* girl
d	د	[d̪] as in **d**og, but with the tongue touching the back of the upper teeth	درس *dars* lesson
đ	ذ	[ð] as in **th**at	ذرة *đura^t* corn
f	ف	[f] as in **f**our	فم *fam* mouth
g	ج/غ	[g] as in **g**as (used for some foreign words; alternatively spelled ك or گ in some regions)	جولف *golf* golf غرام *grām* gram
h	ه	[h] as in **h**ouse	هو *huwa* he
j	ج	[dʒ] as in **j**am (commonly [ʒ] as in bei**g**e in the Levent and [g] as in **g**as in Egypt)	جد *jadd* grandfather
k	ك	[k] as in **k**id	كل *kull* every
l	ل	[l] as in **l**ove *(that is, a light **l**, and not a dark **l** as in yell)*	لبن *laban* milk
L	ل	[ɫ] as the dark ***l*** in ye**ll**, found only in the word الله *aLLāh*	الله *aLLāh* God
m	م	[m] as in **m**oon	مات *māta* die
n	ن	[n] as in **n**ice	نسي *nasiya* forget
p	ب	[p] as in **p**an (used for some foreign words and sometimes written as پ; pronounced [b] by some speakers)	بكين *pikīn* Beijing
s	س	[s] as in **s**un	سنة *sana^t* year
š	ش	[ʃ] as in **sh**ow	شك *šakk* doubt
t	ت	[t̪] as in **t**ie, but with the tongue touching the back of the upper teeth	تل *tall* hill
t	ث	[θ] as in **th**ink	ثلث *tult* third
v	ف	[v] as in **v**alley (used for some foreign words and sometimes written as ڤ; pronounced [f] by some speakers)	فيروس *vayrūs* virus
w	و	[w] as in **w**ord	ود *wadd* wish
y	ي	[j] as in **y**es (when final, usually written without dots (ى) in Egypt)	يد *yad* hand
z	ز	[z] as in **z**oo	زار *zāra* visit

The following sounds have no equivalent in English and require special attention. However, some exist in other languages you may be familiar with.

r	ر	[ɾ] tapped (flapped) as in the Spanish ca**r**a or the Scottish pronunciation of t**r**ee	رجل *rajul* man
ɣ	غ	[ɣ] very similar to a guttural R as in the French Pa**r**is, or the German **r**ot	غرب *ɣarb* west
x	خ	[x] as in the German do**ch**, Spanish ro**j**o, or Scottish lo**ch**	خبر *xabar* news
q	ق	[q] like K but further back, almost in the throat, with the tongue touching the uvula	قدم *qadam* foot
ɧ	ح	[ħ] like a strong, breathy H, as if you were trying to fog up a window	حب *ɧubb* love
3	ع	[ʕ] a voiced glottal stop, as if you had opened your mouth under water and constricted your throat to prevent choking and then released the constriction with a sigh	عرف *3arafa* know
ʔ	ء	[ʔ] an unvoiced glottal stop, as [ʕ] above, but with a wispy, unvoiced sigh; or more simply put, like the constriction separating the vowels in uh-oh	أب *ʔab* father

The following sounds also have no equivalent in English but are emphatic versions of otherwise familiar sounds. An emphatic consonant is produced by pulling the tongue back toward the pharynx (throat), spreading the sides of the tongue wide, as if you wanted to bite down on both sides of your tongue, and producing a good puff of air from the lungs.

ḍ	ض	[dˤ] emphatic version of [d]	ضرب *ḍaraba* hit
ṣ	ص	[sˤ] emphatic version of [s]	صدر *ṣadr* chest
ṭ	ط	[tˤ] emphatic version of [t]	طبيب *ṭabīb* doctor
ẓ	ظ	[ðˤ] or [z?] emphatic version of [ð] or [z]	ظن *ẓann* thought

Vowels

			examples
a	ـَ	[æ] normally as in c**a**t (but with the jaw not quite as lowered as in English); [a] as in h**o**t when in the same syllable with ***ɧ*** or **3** (with the tongue lower than [æ]); usually [ɑ] as in f**a**ther (but shorter) when in the same word as **q**, **ḍ**, **ṣ**, **ṭ**, **ẓ**, or, in most cases, **r**	كتب *kataba* write حمام *ɧammām* bath ضرب *ḍaraba* hit
ā	ـَا/ـَى	[æ:] / [a:] / [ɑ:] as with **a** above but longer	نام *nāma* sleep جوع *jū3* hunger قاد *qāda* lead
i	ـِ	[ɪ] as in k**i**d; when in the same word as **q**, **ḍ**, **ṣ**, **ṭ**, or **ẓ**, [ɨ] with the tongue pulled back a bit	بنت *bint* girl علم *3ilm* knowledge قصة *qiṣṣa*^{t} story
ī	ـِي	[i:] as in sk**i**; when in the same word as **q**, **ḍ**, **ṣ**, **ṭ**, or **ẓ**, [ɨ:] as with **i** above (but longer)	جزيرة *jazīra*^{t} island الصين *aṣṣīn* China
u	ـُ	[ʊ] as in b**oo**k	بد *budd* option
ū	ـُو	[u:] as in m**oo**n	تونة *tūna*^{t} tuna
e		[ɛ] as in b**e**d (used for some foreign words)	إسبرسو *ʔespresō* espresso
o/ō		[o]/[o:] as is b**oa**t, but without the glide to [w] (used for some foreign words)	فودكا *vodka* vodka بروتين *brōtīn* protein
-a^t	ـَة	[a] or [ah] in pausal form; when pronounced in full form with i3rāb, the ^{t} is pronounced.	ذرة *đura*^{t} corn
-u/-a/-i *-un/-an/-in*		Transcription written in superscript (small and raised) represents vowels and nunation which belong to i3rāb (grammatical declension). These vowels are often omitted from relaxed speech or before a pause (end of a sentence, etc.).	

Foreign Words

Modern Standard Arabic has borrowed numerous words from other languages, over the centuries, but especially in recent decades. For those more recently borrowed words, there exists little concensus on pronunciation, which largely depends on a speaker's knowledge of foreign languages. Acceptable pronunciations for foreign words have been given in the transcriptions in this dictionary; however, you will undoubtedly hear native speakers pronounce some of these words differently.

Most recent foreign borrowings are treated as invariable, taking no i3rāb. But again, there is little consensus on this.

Labels, Terms and Abbreviations

Examples of equivalents in English are sometimes used for clarification.

abbreviation a shortened form or a word or phrase.

acc. (accusative) case used for the object of transitive verbs, as well as for creating adverbial expressions; marked by fatha.

act. part. (active participle) adjective or noun formed from verbs, often translated with -ing in English, as in *the singing bird.*

adj. (adjective) word which modifies or describes a noun.

adv. (adverb) refers to a wide range of words and phrases which describe manner, time, place, etc.

affirmative not negative.

article the prefix الـ al- in Arabic. English has a definite article *the* and an indefinite article *a(n).*

case refers to the form of a word and its role in a sentence: nominative, accusative, genitive.

coll. n. (collective noun)

conj. (conjunction): *because, when, after, as soon as, that.*

conjugation refers to the inflection of a verb to show tense, mood, and person.

declension changing a word's form (inflection) according to case.

def. (defective) noun or adjective which ends in an unwritten *(in)* when indefinite; this becomes a written ـي *ī* when definite.

definite denotes nouns and adjectives not marked with nunation and generally taking the definite article or a possessive suffix or acting as the first term in an idafa construction.

demonstrative (demonstrative pronoun) equivalent to *this, that, these,* and *those* in English

diminutive noun which follows a pattern containing the vowels *u* and *ay* and implies smallness.

dip. (diptote) noun or adjective which behaves regularly when definite, but in the indefinite lacks nunation and uses fatha in the genitive.

dual denotes two people or things.

elat. (elative) equivalent to the comparative (*bigger*) and superlative of English adjectives (*the biggest*).

f. (feminine) denotes female humans, animals, as well as inanimate objects which are grammatically classified as feminine.

first-person the person or people speaking: *I, we.*

gen. (genitive) case used for nouns and adjectives governed by a preposition and those in the second term of an idafa construction; marked by kasra.

human denotes nouns which refer to humans (and also other beings which are highly sentient, such as God, jinns, angels, aliens, mythological creatures, and anthropomorphized animals).

i3rāb the addition of suffixes to Arabic nouns and adjectives for declension in the three cases.

idiom lexicalized phrase the meaning of which is not deducible from its individual words.

imperative command: *Go!*

imperfect tense *not past tense.*

indecl. (indeclinable) noun or adjective which can take nunation in the indefinite, shown in the pronunciation with *(an)* but does not vary for case.

indefinite denotes nouns and adjectives marked with nunation (unless invariable).

indicative mood of the imperfect tense used to express unfinished actions when jussive or subjunctive is not required.

inflection changing the form of a noun or adjective (declension) or verb (conjugation) to express its grammatical function.

interjection word or phrase which does not fit into a sentence but is uttered in isolation and often shows emotion: *Oh!, Yes!, Welcome!, Okay!*

interrogative used in questions

invar. (invariable) noun or adjective which takes neither case suffix nor nunation.

jussive mood of the imperfect tense used for the negative imperative, negative past tense, etc.

m. (masculine) denotes male humans, animals, as well as inanimate objects which are grammatically classified as masculine.

m. or f. (masculine or feminine) indicates that a word is considered grammatically masculine by some native speakers, and feminine by others; either is considered correct.

masdar the nominal form of a verb, also known as gerund or verbal noun, often translated with -ing in English, as in *Singing is fun.*

n. (noun) word which denotes a person, place, or thing.

n.* (masdar) noun which is also used as a masdar. ➡ ***p. vi***⑥

nom. (nominative) case used for the subject, vocative, and citation form; marked by damma.

numeral number written as a digit rather than spelled out as a word.

nunation the addition of a short vowel and *n* in the declension of indefinite nouns and adjectives.

particle a short word or prefix that does not fit neatly into other parts of speech.

pass. part. (passive participle) adjective or noun formed from verbs: *the broken vase.*

pass. v. (passive verb) only listed when lexicalized and commonly found as passive verbs

perfect tense past tense.

personal pronoun: *I, me, you, he, him,* etc. In Arabic, subject person pronouns are words, while object personal pronouns are suffixes.

pl. (plural) denotes three or more people or things.

possessive pronoun: *my, our, your, his, her, its, their.*

prefix an addition to the beginning of a word.

preposition single word or phrase which must be followed by an object in the genitive case or a possessive suffix: *in, on, to, for, under, next to, in regards to.*

proverb a short well-known statement asserting a general truth or offering advice: *Practice what you preach.*

quadriliteral a root consisting of four radicals

radical *the root consonants*

relative pronoun *equivalent to who, which,* and *that* in English: *the man who lives there...*

root the three or four cosonants on which most Arabic words are based.

second-person the person or people being addressed: *you.*

sing. (singular) denotes one person or thing.

subjunctive mood of the imperfect tense used in subordinate clauses, for the negative future tense, etc.

suffix an addition to the end of a word.

third-person the person, people, thing, or things being referred to: *he, she, it, they.*

transcription *phonetic representation of a foreign alphabet*

triliteral a root consisting of three radicals

v. (verb) at the beginning of an entry, v. indicates that some senses are transitive and others are intransitive.

v.intr. (intransitive verb) ➡ ***p. vii***

v.tr. & intr. (transitive or intransitive verb) indicates that a verb can optionally take a direct object or an object governed by a preposition, which will be shown in parentheses.

v.tr. (transitive verb) ➡ ***p. vii***

Q & A

Q: Shouldn't the dictionary be oriented with its spine on the right side so that pages are turned from left to right?

A: If the dictionary were monolingual, it should. However, this dictionary is essentially a book written *in* English *about* Arabic, and not a book written in Arabic.

Q: Why isn't the Arabic vocalized (i.e. written with tashkeels)?

A: Learners may become accustomed to reading vocalized Arabic texts in learning materials. However, in the real world, Modern Standard Arabic is rarely ever written in this way. As vocalization of Arabic can become a crutch for learners, side-by-side transliteration was opted for instead.

Q: When will the English-Arabic dictionary be available?

A: Publication is expected sometime in 2015. Sign up for notification at www.lingualism.com.

Q: The grammar terminology confuses me. Why isn't grammar explained in more detail?

A: Although grammatical information is included for entries throughout the dictionary, a comprehensive handling of grammar is outside the scope of the dictionary. It is expected that learners have some previous knowledge of grammar from their studies.

Q: A word I tried to look up is missing from the dictionary. Why?

A: No dictionary is fully comprehensive. There is always room to add more words. This is the intention of the author, as well. God willing, an expanded and updated edition will be published in the future. Your input would be greatly appreciated: www.lingualism.com/ald-feedback

ا

(ء)

ء *hamza'* n. |همزة| • hamza

The Orthography of Hamaza

As a student of Arabic, you have been (or will inevitably be) confronted with complex rules surrounding the orthography of hamza. Teachers and course books each have their own methods of laying out the rules, which can sometimes be more confusing than helpful. The table here serves as an alternative--a reference to check the correct orthography, which depends on what immediately precedes and follows the hamza.

		preceding									
		initial	*a*	*ā*	*i*	*ī*	*ay*	*u*	*ū*	*aw*	sukūn
following	*a*	أ	ـَأ	ـَاءَ	ـِئَـ	ـِيئَـ	ـَيْئَـ	ـُؤَ	ـُوءَ	ـَوْأ	ـْأ
	ā	آ	ـَآ	ـَاءَا	ـِئَا	ـِيئَا	ـَيْئَا	ـُؤَا	ـُوءَا	ـَوْآ	ـْآ
	i	إ	ـَئِـ	ـَائِـ	ـِئِـ	ـِيئِـ	ـَيْئِـ	ـُئِـ	ـُوئِـ	ـَوْئِـ	ـْئِـ
	ī	إيـ	ـَئِيـ	ـَائِيـ	ـِئِيـ	ـِيئِيـ	ـَيْئِيـ	ـُئِيـ	ـُوئِيـ	ـَوْئِيـ	ـْئِيـ
	ay	أيْـ	ـَئَيْـ	ـَائَيْـ	ـِئَيْـ	ـِيئَيْـ	ـَيْئَيْـ	ـُئَيْـ	ـُوئَيْـ	ـَوْئَيْـ	ـْئَيْـ
	u	أ	ـَؤُ	ـَاؤُ	ـِئُـ	ـِيئُـ	ـَيْئُـ	ـُؤُ	ـُوؤُ	ـَوْؤُ	ـْؤُ
	ū	أُو	ـَؤُو	ـَاؤُو	ـِئُو	ـِيئُو	ـَيْئُو	ـُؤُو	ـُوؤُو ـُوءُو	ـَوْؤُو ـَوْءُو	ـْؤُو ـْءُو
	aw	أَوْ	ـَأَوْ	ـَاءَوْ	ـِئَوْ	ـِيئَو	ـَيْئَو	ـُؤَو	ـُوؤَو ـُوءَو	ـَوْؤَو ـَوْءَو	ـْؤَو ـْءَو
	sukūn		ـَأْ		ـِئْـ			ـُؤْ			
	final		ـَأ	ـَاء	ـِئ	ـِيء	ـَيْء	ـُؤ	ـُوء	ـَوْء	ـْء

ا *ʔalif* n. ***f.*** |ألف| • *(first letter of the Arabic alphabet)* alif ➡ **ألف p. 41** • *(numerical value)* 1 • *(point of information)* A., I. ➡ ***The Abjad Numerals p. 108***

Dagger Alif

A few common words contain an unwritten long ā. In a voweled text, they can be written with a small alif over the consonant.

اللّٰه *aLLāh* God
إلٰه *ʔilāh* god
ذٰلك *đālika* that
رحمٰن *raḥmān* merciful
لٰكن *lākin* but
هٰذا *hāđā* this
هٰذه *hāđihi* this
هٰكذا *hākađā* thus
هٰؤلاء *hāʔulāʔi* these

ـا *-ā dual* ***m.*** *third-person perfect-tense suffix* • they *(did)* ◊ فعلا *they did*

ـا *-an suffix* • *(forms adverbs from adjectives)* -ly ◊ طبعا *of course, naturally* ◊ حقا *really* ◊ جيدا *well*

أ *ʔa- particle prefix* • *interrogative (precedes yes/no question)* ◊ أأنت متأكد من ذلك؟ *Are you sure of that?* ◊ أتدري لماذا؟ *Do you know why?* ▪ ألا *ʔa-lā* [+ indicative] don't...?, doesn't...? ◊ ألا يريد أن يذهب؟ *Doesn't he want to go?* ▪ ألم *ʔa-lam* [+ jussive] didn't...? ◊ ألم تأكل الفطور هذا الصباح؟ *Didn't you eat breakfast this morning?* ▪ ألن *ʔa-lan* [+ subjunctive] won't...? ◊ ألن تشكرني؟ *Aren't you going to thank me?* ▪ أليس *ʔa-laysa* isn't...? ▪ أليس كذلك؟ *ʔa-laysa ka-đālika* Right?, Isn't that so? • *conj.* whether, if ◊ لا

.أدري أأريد أن أراها أم لا *I don't know whether I want to see her or not.* ⓘ *In grammar, this particle is known as* ألف الاستفهام *ʔalif · alistifhāmⁱ (the question alif).*

أ *ʔa-/ʔu- sing. first-person imperfect-tense prefix* • I (do), I am (do)ing ◊ .أكتب رسالة *I'm writing a letter.* ◊ .لا أريد أن أكون وحيدا *I don't want to be alone.*

أ.د. *ʔustād doktōr* |abbreviation of أستاذ دكتور| • professor, doctor

أب *ʔab n.* |dual أبوان *ʔabawānⁱ* | pl. آباء *ʔābāʔ*| • father, dad ⓘ *Notice how the dual and plural are used for referring to two and three (unrelated) people's fathers:* ◊ *(dual)* أبواهما *ʔabawāhumā their fathers* ◊ *(plural)* آباؤهم *ʔābāʔᵘhum their fathers* ⓘ *When the first term in an idafa construction, or when suffixed by a pronoun (except for the first-person singular possessive suffix), the case is marked with a long vowel:* ◊ *(nominative)* .أبوك هنا *Your father is here.* ◊ *(accusative)* .أرى أبا كريم *I see Kareem's father.* ◊ *(genitive)* مع أبي البنت *with the girl's father* ➡ **table to the right** ▪ أب لـ *ʔab li-* a father of ◊ أب لثلاثة أطفال *a father of three* ▪ أبوان *ʔabawānⁱ dual noun* parents ▪ أبو سيف *ʔabū · sayf* swordfish ▪ أبو الهول *abū · -lhawlⁱ* the Sphinx ▪ زوجة أب *zawjat · ʔab* stepmother

آب *ʔāb n.* **dip.** • August ➡ ***The Months p. 181***

آب *ʔāba v.intr.* |1h3(a) يؤوب *yaʔūbᵘ* | إياب *ʔiyāb*| • return, go back, come back

إب *ʔibb n.* ***f. dip.*** • *(city in Yemen)* Ibb ➡ ***map on p. 341***

إباء *ʔibāʔ n.** • refusal, rejection

أباح *ʔabāḥa v.tr.* |4h يبيح *yubīḥᵘ* | إباحة *ʔibāḥaᵗ*| • disclose, reveal

إباحي *ʔibāḥīʸ adj.* |elat. أكثر إباحية *ʔaktar ʔibāḥīyaᵗᵃⁿ*| • indecent, lewd, immoral, obscene, pornographic

إباحية *ʔibāḥīyaᵗ n.* • pornography

أباد *ʔabāda v.tr.* |4h يبيد *yubīdᵘ* | إبادة *ʔibādaᵗ*| • exterminate, annihilate

إبادة *ʔibādaᵗ n.** • extermination, annihilation ▪ إبادة جماعية *ʔibādaᵗ jamāʕīyaᵗ* genocide

The Five Nouns

الاسماء الخمسة *alʔasmāʔ alxamsaᵗ* *('the five nouns') is a group of nouns which share a common peculiarity. Their case (nominative, accusative, or genitive) is marked with a long vowel when 1) suffixed with a possessive pronoun (except for the first-person singular possessive suffix), or 2) the first term in an idafa construction.*

	nom.	acc.	gen.	
أب *ʔab*	آبو *ʔabū-*	أبا *ʔabā-*	أبي *ʔabī-*	father
أخ *ʔax*	أخو *ʔaxū-*	أخا *ʔaxā-*	أخي *ʔaxī-*	brother
حم *ḥamm*	حمو *ḥammū-*	حما *ḥammā-*	حمي *ḥammī-*	father-in-law
*	ذو *ḏū-*	ذا *ḏā-*	ذي *ḏī-*	possessor
فم *fam*	فو *fū-*	فا *fā-*	في *fī-*	mouth

* ➡ ***table on p. 145***

أباض *ʔabāḍa v.intr.* |4h يبيض *yubīḍᵘ* | إباضة *ʔibāḍaᵗ*| • ovulate

إباضة *ʔibāḍaᵗ n.** • ovulation

أبان *ʔabāna v.tr.* |4h يبين *yubīnᵘ* | إبانة *ʔibānaᵗ*| • explain, make clear

إبان *ʔibbān n.* • time

إبان *ʔibbāna prep.* • during ◊ إبان الحرب الاهلية *during the civil war*

إبانة *ʔibānaᵗ n.* • explanation

ابتدأ *ibtadaʔa v.* |8s(c) يبتدئ *yabtadiʔᵘ* | ابتداء *ibtidāʔ*| • *v.intr.* begin, start ◊ .يبتدئ عرض الفيلم في الساعة السابعة *The movie starts at seven o'clock.* • *v.tr.* begin, start ◊ .ابتدأت عملي من ستة أشهر *I started my work six months ago.*

ابتداء *ibtidāʔ n.** • beginning, start, commencement ▪ ابتداء من *ibtidāʔan min prep.* starting, from ◊ ابتداء من اليوم *starting today*

ابتدائي *ibtidāʔīʸ adj.* • initial, primary, elementary ▪ مدرسة ابتدائية *madrasaᵗ ibtidāʔīyaᵗ n.* elementary school

ابتز *ibtazza v.tr.* |8g1 يبتز *yabtazzᵘ* | ابتزاز *ibtizāz*| • blackmail, extort

ابتزاز *ibtizāz n.** • blackmail, extortion

ابتسامة *ibtisāmaᵗ n.* • smile

ابتسر *ibtasara v.tr.* |8s يبتسر *yabtasirᵘ* | ابتسار

ibtisār| • begin prematurely

ابتسم *ibtasama v.intr.* |8s يبتسم *yabtasimᵘ* | ابتسام *ibtisām*| • smile

ابتعد *ibta3ada v.intr.* |8s يبتعد *yabta3idᵘ* | ابتعاد *ibti3ād*| • stay away *from* عن, avoid, keep away, move away, distance *oneself* • be away *from* عن, be far

ابتغى *ibtaɣā v.tr.* |8d1 يبتغي *yabtaɣī* | ابتغاء *ibtiɣāʔ*| • strive *for*

ابتكار *ibtikār n.*⋆ • innovation • creativity

ابتكر *ibtakara v.tr.* |8s يبتكر *yabtakirᵘ* | ابتكار *ibtikār*| • devise, innovate

ابتلع *ibtala3a v.tr.* |8s يبتلع *yabtali3ᵘ* | ابتلاع *ibtilā3*| • swallow

ابتهج *ibtahaja v.intr.* |8s يبتهج *yabtahijᵘ* | ابتهاج *ibtihāj*| • be happy *about* بـ, rejoice ▪ ابتهج أيما ابتهاج *ibtahaja ʔayyamā -btihājⁱⁿ* be very delighted

أبجدية *ʔabjadīyaᵗ n.* • alphabet ▪ الأبجدية العربية *alʔabjadīyaᵗ al3arabīyaᵗ* the Arabic alphabet ▪ الأبجدية اللاتينية *alʔabjadīyaᵗ allātīnīyāᵗ* the Latin alphabet

أبحر *ʔabħara v.intr.* |4s يبحر *yubħirᵘ* | إبحار *ʔibħār*| • sail, travel by sea

أبد *ʔabad n.* |pl. آباد *ʔābād*| • eternity ▪ عاش أبد الدهر *3āša ʔabadᵃ -ddahrⁱ v.* live forever ▪ أبدا *ʔabadan adv.* [negative + or in isolation] never, not at all ◊ .لن أحب غيرك ابدا *I'll never love anyone but you.* ◊ .لا أظن ذلك أبدا *I don't think that at all.* ▪ إلى الأبد *ʔilā -lʔabadⁱ adv.* forever ◊ سوف أحبك الى الابد. *I'll love you forever* ▪ إلى الأبد ودائما *ʔilā -lʔabadⁱ wa-dāʔiman adv.* forever and always

أبد *ʔabbada v.tr.* |2s(a) يؤبد *yuʔabbidᵘ* | تأبيد *taʔbīd*| • perpetuate, make permanent

إبداع *ʔibdā3 n.*⋆ • creativity, originality • creation, innovation

أبدع *ʔabda3a v.tr.* |4s يبدع *yubdi3ᵘ* | إبداع *ʔibdā3*| • create

أبدى *ʔabdā v.tr.* |4d يبدي *yubdī* | إبداء *ʔibdāʔ*| • show, demonstrate • express, voice ▪ أبدى رأيه في *ʔabdā raʔyᵃhu fī* express *one's* opinion on

أبدي *ʔabadīʸ adj.* • eternal

أبر *ʔabara v.tr.* |1s2(a) يأبر *yaʔbirᵘ* | أبر *ʔabr*| • prick, sting

إبراز *ʔibrāz n.*⋆ • accentuation • exposure

إبراهيم *ʔibrāhīm* **dip.** *man's name* • Ibrahim, Abraham

إبرة *ʔibraᵗ n.* |pl. إبر *ʔibar*| • needle ▪ إبرة حقنة *ʔibrat · ħuqnaᵗ* hypodermic needle, syringe ▪ بحث عن إبرة في كومة قش *baħata 3an ʔibraᵗⁱⁿ fī kawmatⁱ qaššⁱⁿ v. idiom* look for a needle in a haystack

أبرد *ʔabrada v.intr.* |4s يبرد *yubridᵘ* | إبراد *ʔibrād*| ▪ أبردت السماء *ʔabradat assamāʔᵘ* hail ◊ .تبرد السماء *It's hailing. (lit. The sky is hailing.)*

أبرز *ʔabraza v.tr.* |4s يبرز *yubrizᵘ* | إبراز *ʔibrāz*| • highlight, accentuate • expose • present, show

إبريق *ʔibrīq n.* |pl. **dip.** أباريق *ʔabārīq*| • jug, kettle ▪ إبريق شاي *ʔibrīq · šāy* teapot

أبريل *ʔabrīl n.* **dip.** • April ➡ ***The Months p. 181***

إبزيم *ʔibzīm n.* |pl. أبازيم *ʔabāzīm*| • buckle, clasp

إبط *ʔibṭ n.* |pl. آباط *ʔābāṭ*| • armpit, underarm

أبطأ *ʔabṭaʔa v.* |4s(c) يبطئ *yubṭiʔᵘ* | إبطاء *ʔibṭāʔ*| • *v.tr.* slow down, delay • *v.intr.* be late *for* عن

إبطال *ʔibṭāl n.*⋆ • cancellation, annulment

أبطل *ʔabṭala v.tr.* |4s يبطل *yubṭilᵘ* | إبطال *ʔibṭāl*| • cancel, annul, void

إبعاد *ʔib3ād n.*⋆ • removal • exile, deportation

أبعد *ʔab3ada v.tr.* |4s يبعد *yub3idᵘ* | إبعاد *ʔib3ād*| • remove *sth* ∘ *from* عن, keep away • exile, deport

أبغض *ʔabɣaḍa v.tr.* |4s يبغض *yubɣiḍᵘ* | إبغاض *ʔibɣāḍ*| • detest, hate, loathe

إبقاء *ʔibqāʔ n.*⋆ • maintenance *of* على, conservation

أبقى *ʔabqā v.tr.* |4d يبقي *yubqī* | إبقاء *ʔibqāʔ*| • leave (behind), make stay, leave be • keep على, maintain, conserve

أبكم *ʔabkam adj.* **dip.** |m. pl. بكم *bukm* | f. sing. **dip.** بكماء *bakmāʔ* | f. dual بكماوان *bakmāwānⁱ* | f. pl. بكماوات *bakmāwāt*| • mute, dumb

أبكى *ʔabkā v.tr.* |4d يبكي *yubkī* | إبكاء *ʔibkāʔ*| • make cry, bring to tears

أبل *ʔapil n.* **invar.** • *(technology company)* Apple™

إبل *ʔibil coll. n.* • camels

أبلج *ʔablaja* |4s يبلج *yublijᵘ* | إبلاج *ʔiblāj*| • *v.intr.* shine ▪ .الحق أبلج والباطل لجلج *alħaqqᵘ ʔablaja wa-lbāṭilᵘ lajlaja proverb* Truth glitters and falsehood falters.

أبلغ *ʔablaɣa v.tr.* |4s يبلغ *yubliɣᵘ* | إبلاغ *ʔiblāɣ*| • inform *sb* ∘ *about* بـ *or* عن, report ◊ أبلغوا الشرطة بالتفاصيل. *They reported the details to*

the police.

أبله *ʔablah* **dip.** |*m. pl.* بله *bulh* | *f. sing.* **dip.** بلهاء *balhāʔ* | *f. dual* بلهاوان *balhāwānⁱ* | *f. pl.* بلهاوات *balhāwāt* | *elat.* أكثر بلاهة *ʔaktar balāhaᵗᵃⁿ* | • *adj.* foolish, stupid, idiotic • *n.* fool, idiot

إبليس *ʔiblīs n.* |*pl.* أبالسة *ʔabālisaᵗ* | • Satan, devil

ابن *ibn n.* |*pl.* أبناء *ʔabnāʔ* or بنون *banūnᵃ* | • son ▪ أبناء *ʔabnāʔ pl. n.* children ▪ ابن أخ *ibn · ʔax (brother's son)* nephew ▪ ابن أخت *ibn · ʔuxt (sister's son)* nephew ▪ ابن بالتبني *ibn bi-ttabannī* adopted son ▪ ابن خال *ibn · xāl (maternal uncle's son)* cousin ▪ ابن خالة *ibn · xālaᵗ (maternal aunt's son)* cousin ▪ ابن عم *ibn · 3amm (paternal uncle's son)* cousin ▪ ابن عمة *ibn · 3ammaᵗ (paternal aunt's son)* cousin ▪ زوجة ابن *zawjat · ibn* daughter-in-law ▪ ابن آدم *ibn · ʔādam* human being • member ▪ ابن أقلية *ibn · ʔaqalliyaᵗ* member of a minority ▪ أبناء المجتمع *ʔabnāʔ · almujtama3ⁱ pl. n.* members of society

أبن *ʔabbana v.tr.* |*2s(a)* يؤبن *yuʔabbinᵘ* | تأبين *taʔbīn* | • eulogize, praise (a dead person)

ابنة *ibnaᵗ n.* |*pl.* بنات *banāt* | • daughter ▪ ابنة أخ *ibnat · ʔax (brother's daughter)* niece ▪ ابنة أخت *ibnat · ʔuxt (sister's daughter)* niece ▪ ابنة بالتبني *ibnaᵗ bi-ttabannī* adopted daughter ▪ ابنة خال *ibnat · xāl (maternal uncle's daughter)* cousin ▪ ابنة خالة *ibnat · xālaᵗ (maternal aunt's daughter)* cousin ▪ ابنة عم *ibnat · 3amm (paternal uncle's daughter)* cousin ▪ ابنة عمة *ibnat · 3ammaᵗ (paternal aunt's daughter)* cousin ▪ زوج ابنة *zawj · ibnaᵗ* son-in-law

أبنوس *ʔabanūs n.* • ebony

أبها *ʔabhā n.* ***f. invar.*** • *(city in Saudi Arabia)* Abha ➡ ***map on p. 166***

إبهام *ʔibhām n.*⋆ • |*pl.* **dip.** أباهيم *ʔabāhīm* | thumb ▪ إبهام قدم *ʔibhām · qadam*, إبهام رجل *ʔibhām · rijl* big toe • obscurity, vagueness, ambiguity

أبهج *ʔabhaja v.tr.* |*4s* يبهج *yubhijᵘ* | إبهاج *ʔibhāj* | • make happy, delight

أبهم *ʔabhama v.tr.* |*4s* يبهم *yubhimᵘ* | إبهام *ʔibhām* | • obscure, make ambiguous

أبوة *ʔubūwaᵗ n.* • fatherhood

أبوجا *ʔabūjā n.* ***f. invar.*** • *(capital of Nigeria)* Abuja

أبوظبي *ʔabūẓabī, also spelled* أبو ظبي *ʔabū ẓabī n.* ***f. invar.*** • *(capital of the U.A.E.)* Abu Dhabi ➡ ***map on p. 44***

أبوي *ʔabawīʸ adj.* |*elat.* أكثر أبوية *ʔaktar ʔabawīyaᵗᵃⁿ* | • paternal

أبى *ʔabā v.tr.* |*1d1(a)* يأبى *yaʔbā* | إباء *ʔibāʔ* | • refuse, reject ◊ أبت حبه. *She rejected his love.* ▪ أبى أنْ *ʔabā ʔan* refuse to *(do)* ◊ رئيس الوزراء يأبى أن يقابلهم. *The prime minister refuses to meet with them.* • أبى إلا أنْ *ʔabā ʔillā ʔan* insist on *(do)ing*, insist that... ◊ أبيت إلا أن أفعله بنفسي. *I insisted on doing it by myself.*

ابيض *ibyaḍḍa v.intr.* |*9s* يبيض *yabyaḍḍᵘ* | ابيضاض *ibyiḍāḍ* | • become white, turn white

أبيض *ʔabyaḍ* **dip.** |*m & f pl.* بيض *bīḍ* | *f. sing.* **dip.** بيضاء *bayḍāʔ* | *f. dual* بيضاوان *bayḍāwānⁱ* | *f. pl.* بيضاوات *bayḍāwāt* | • *adj.* |*elat.* أكثر بياضا *ʔaktar bayāḍan* | white • *(hair)* gray • *n.* white person

الأبيض *alʔubayyiḍ n.* ***f.*** • *(city in Sudan)* El Obeid, Al Ubayyid ➡ ***map on p. 170***

آت *ʔāt(in) act. part. adj.* ***def.*** • coming ▪ آتيا من *ʔātiyan min* (coming) from ◊ وصل إلى القاهرة آتيا من الإسكندرية. *He arrived in Cairo from Alexandria.* ▪ كل آت قريب. *kullᵘ ʔātⁱⁿ qarībᵘⁿ proverb* All awaited soon will come. • الآتي [definite noun +] the following, the next ◊ أجب عن السؤال الآتي. *Answer the following question.*

أتاح *ʔatāḥa v.tr.* |*4h* يتيح *yutīḥᵘ* | إتاحة *ʔitāḥaᵗ* | • provide *sb* لـ *with* ه, grant, allow, permit ▪ أتاح له الفرصة لأنْ *ʔatāḥa lahu alfurṣaᵗᵃ li-ʔan* give *sb* the opportunity to *(do)* ◊ سيتيح لي الفرصة للتعبير عن رأيي *It will give me the opportunity to express my opinion.*

اتبع *ittaba3a v.tr.* |*8a1* يتبع *yattabi3ᵘ* | اتباع *ittibā3* | • pursue, follow • come after, follow • comply *with*, observe, follow, abide *by*

اتجار *ittijār n.*⋆ • trade, business

اتجاه *ittijāh n.*⋆ • direction ▪ في اتجاه آخر *fī -ttijāhⁱ ʔāxarᵃ adv.* away ▪ باتجاه *bi-ttijāhⁱ prep.* toward ▪ شارع باتجاه واحد *šāri3 bi-ttijāhⁱⁿ wāḥidⁱⁿ* one-way street • trend, current

اتجر *ittajara v.intr.* |*8a1* يتجر *yattajirᵘ* | اتجار *ittijār* | • deal *in* بـ, do business

اتجه *ittajaha v.intr.* |*8a1* يتجه *yattajihᵘ* | اتجاه *ittijāh* | • turn *to* لـ *or* إلى ◊ إتجه إلى الإجرام. *He turned to crime.* ▪ اتجه إلى اليمين *ittajaha ʔilā -lyamīnⁱ* turn right, make a right turn ▪ اتجه إلى اليسار *ittajaha ʔilā -lyasārⁱ* turn left, make a left turn ▪ اتجه إلى الأسوأ *ittajaha ʔilā -lʔaswaʔⁱ* take a turn for the worse • head *for* إلى *or* نحو • aim *for* لـ

اتحاد *ittiḥād n.*⋆ • unification • union ▪ اتحاد طلاب *ittiḥād · ṭullāb n.* student union ▪ الاتحاد الأوروبي *alittiḥād alʔūrūbīʸ* The European Union ▪ الاتحاد

alittiħād n. ***f.*** Al-Ittihad (Emirati newspaper)

اتحادي *ittiħādī^{y} adj.* • federal

اتحد *ittaħada v.intr.* |8a1 يتحد *yattaħid^{u}* | اتحاد *ittiħād*| • become united, unite, combine

اتخذ *ittaxađa v.tr.* |8a1 يتخذ *yattaxiđ^{u}* | اتخاذ *ittixāđ*| • take up, adopt, pass, assume ▪ اتخذ اجراءات لـ *ittaxađa ijrāʔāt li-*, اتخذ خطوات نحو *ittaxađa xaţawāt naħw* take measures to, take steps toward ▪ اتخذ موقفا *ittaxađa mawqifan* take a position ▪ اتخذ قرارا *ittaxađa qarāran* make a decision

اتزان *ittizān n.** • balance, equilibrium, harmony

اتزن *ittazana v.intr.* |8a1 يتزن *yattazin^{u}* | اتزان *ittizān*| • be weighed • be steady, be stable, be balanced • be mentally balanced, be of sound mind

اتساع *ittisā3 n.** • expansion • dilation

اتساق *ittisāq n.** • uniformity, consistency • harmony

اتسخ *ittasaxa v.intr.* |8a1 يتسخ *yattasix^{u}* | اتساخ *ittisāx*| • become dirty

اتسع *ittasa3a v.intr.* |8a1 يتسع *yattasi3^{u}* | اتساع *ittisā3*| • expand, widen ▪ .اتسع الخرق على الراتق *ittasa3a -xarq^{u} 3alā -rrātiq^{i} proverb* When a rip becomes too wide, it cannot be mended. • dilate • have room *for* لـ, accommodate, seat

اتسق *ittasaqa v.intr.* |8a1 يتسق *yattasiq^{u}* | اتساق *ittisāq*| • be uniform, be consistent • harmonize

اتشح *ittašaħa v.tr.* |8a1 يتشح *yattašiħ^{u}* | اتشاح *ittišāħ*| • don, sport, wear

اتصال *ittiṣāl n.** • communication ▪ اتصال هاتفي *ittiṣāl hātifī^{y} n.* phone call ▪ بقي على اتصال معا *baqiya 3alā -ttiṣāl^{i} ma3an v.* keep in touch

اتصف *ittaṣafa v.intr.* |8a1 يتصف *yattaṣif^{u}* | اتصاف *ittiṣāf*| • be characterized *by* بـ, be distinguished *by*

اتصل *ittaṣala v.intr.* |8a1 يتصل *yattaṣil^{u}* | اتصال *ittiṣāl*| • call بـ, telephone • contact بـ, communicate *with*

اتضح *ittaḍaħa v.intr.* |8a1 يتضح *yattaḍiħ^{u}* | اتضاح *ittiḍāħ*| • become clear, become evident

أتعب *ʔat3aba v.tr.* |4s يتعب *yut3ib^{u}* | إتعاب *ʔit3āb*| • tire, make tired

اتفاق *ittifāq n.** • accident, chance ▪ اتفاقا *ittifāqan adv.* accidentally, by chance • deal, agreement, settlement, treaty ▪ اتفاق شفوي *ittifāq šafawī^{y}* verbal agreement ▪ وقع اتفاقا *waqqa3a ittifāqan v.* sign an agreement, sign an treaty

اتفاقي *ittifāqī^{y} adj.* |*elat.* أكثر اتفاقا *ʔaktar ittifāqan*| • accidental, chance

اتفاقية *ittifāqīya^{t} n.* • agreement, treaty ▪ وفق اتفاقية *waffaqa ittifāqīya^{t} v.* make a treaty

اتفق *ittafaqa v.intr.* |8a1 يتفق *yattafiq^{u}* | اتفاق *ittifāq*| • come to pass, happen by chance • agree *on* على ▪ اتفق على أنْ *ittafaqa 3alā ʔan* agree to *(do)* ▪ اتفق على أنّ *ittafaqa 3alā ʔanna* agree that...

إتقان *ʔitqān n.** • proficiency, mastery

أتقن *ʔatqana v.tr.* |4s يتقن *yutqin^{u}* | إتقان *ʔitqān*| • be proficient *in*, master

اتقى *ittaqā* |8d2 يتقي *yattaqī* | اتقاء *ittiqāʔ*| • beware *of* ▪ اتق شر الحليم إذا غضب *ittaqi šarr^{a} -lħalīm^{i} ʔiđā ɣaḍaba proverb* Beware of the anger of a patient man.

اتكأ *ittakaʔa v.intr.* |8a1(a) يتكئ *yattakiʔ^{u}* | اتكاء *ittikāʔ*| • lean *on* على

اتكال *ittikāl n.** • reliance *on* على

اتكل *ittakala v.intr.* |8a1 يتكل *yattakil^{u}* | اتكال *ittikāl*| • rely *on* على, depend

إتلاف *ʔitlāf n.** • destruction, damage

أتلف *ʔatlafa v.tr.* |4s يتلف *yutlif^{u}* | إتلاف *ʔitlāf*| • destroy, ruin, damage

أتم *ʔatamma v.tr.* |4g يتم *yutimm^{u}* | إتمام *ʔitmām*| • finish, complete • achieve, reach ▪ أتم الـ__ من عمره *ʔatamma -l-__ min 3umr^{i}hi* [with accusative definite feminine ordinal number] turn __ years old ◊ .سيتم التاسعة من عمره غدا *He'll turn nine tomorrow.* ◊ .أتممت الثلاثين من عمري *I turned thirty years old.*

إتمام *ʔitmām n.** • completion, conclusion, realization

اتهام *ittihām n.** • accusation • charge ▪ وجه اتهامات ضد *wajjaha ittihāmāt ḍidda v.* press charges against

اتهم *ittahama v.tr.* |8a1 يتهم *yattahim^{u}* | اتهام *ittihām*| • accuse *sb* ∘ *of* بـ • *(legal)* charge *sb* ∘ *with* بـ

أتوبيس *ʔotobīs, also spelled* أوتوبيس *ʔotobīs n.* • bus

أتوماتيكي *ʔotomātīkī^{y}, also spelled* أوتوماتيكي *ʔotomātīkī^{y} adj.* • automatic

أتون *ʔatūn* or *ʔattūn n.* |*pl.* ***dip.*** أتاتين *ʔatātīn*| • furnace, kiln

أتى *ʔatā v.* |1d2(a) يأتي *yaʔtī* | إتيان *ʔityān*| • *v.intr.* come *to* إلى ◊ .أتى إلى القاهرة *He came to Cairo.* ⓘ أتى *ʔatā can take a personal pronoun suffix*

as a direct object without a preposition: ◊ ...أتاني وقال *He came to me and said...* ▪ كما يأتي *ka-mā yaʔtī* as follows • bring بـ ◊ سوف آتي به من الجزائر. *I'll bring it from Algeria.* ◊ ما الذى أتى بك إلى هنا؟ *What brought you here?* • *v.tr.* have sex *with* ◊ يأتي زوجته. *He has sex with his wife.*

آتى *ʔātā v.tr.* |*3d(a)* يؤاتي *yuʔātī* | مؤاتاة *muʔātāᵗ*| • give *sb* ∘ *sth* ∘ • be favorable *for*, be advantageous

آتى *ʔātā v.tr.* |*4d(a)* يؤتي *yuʔtī* | إيتاء *ʔītāʔ*| • give *sb* ∘ *sth* ∘ ▪ آتى الزكاة *ʔātā azzakāᵗ* give zakat

أثاث *ʔatāt n.* • furniture

أثار *ʔatāra v.tr.* |*4h* يثير *yutīrᵘ* | إثارة *ʔitāraᵗ*| • excite, thrill • agitate, stir up, provoke • bring up, raise, pose, introduce ▪ أثار شكوكا حول *ʔatāra šukūkan ḥawla* raise doubts about

إثارة *ʔitāraᵗ n.*★ • excitement, thrill • agitation

إثبات *ʔitbāt n.*★ • proof • verification, confirmation

أثبت *ʔatbata v.tr.* |*4s* يثبت *yutbitᵘ* | إثبات *ʔitbāt*| • prove • verify, confirm

أثث *ʔattata v.tr.* |*2s(a)* يؤثث *yuʔattitᵘ* | تأثيث *taʔtīt*| • furnish

أثر *ʔatar n.* |*pl.* آثار *ʔātār*| • influence, effect, impact, trace, sign ▪ له أثر *lahu ʔatarᵘⁿ* have an effect *on* في *or* على, have an influence • ancient ruin ▪ آثار *ʔātār pl. n.* antiquities ▪ علم الآثار *3ilm · alʔātārⁱ* archeology

أثر *ʔatara v.tr.* |*1s3(a)* يأثر *yaʔturᵘ* | أثر *ʔatr* or أثارة *ʔatāraᵗ*| • cite, quote • report, transmit

آثر *ʔātara v.tr.* |*4s(a)* يؤثر *yuʔtirᵘ* | إيثار *ʔītār*| • prefer *sth* ∘ *to/over* على ◊ آثرت ابنها على ابنتها. *She preferred her son over her daughter.* ▪ آثر أنْ *ʔātara ʔan* prefer *(do)*ing ◊ يؤثر أن يعيش وحيدا. *He prefers living alone.*

أثر *ʔattara v.intr.* |*2s(a)* يؤثر *yuʔattirᵘ* | تأثير *taʔtīr*| • affect في *or* على, influence

إثر *ʔitra*, في إثر *fī ʔitrⁱ*, على إثر *3alā ʔitrⁱ prep.* • *(time)* following, right after ▪ __ إثر آخر __ *ʔitra ʔāxar* [indefinite accusative noun +] one after another ▪ مرة إثر أخرى *marraᵗᵃⁿ ʔitra ʔuxrā*, مرة إثر مرة *marraᵗᵃⁿ ʔitra marraᵗⁱⁿ* over and over

أثري *ʔatarīʸ* • *adj.* archeological, ancient, antique • *n.* archeologist

أثقل *ʔatqala v.tr.* |*4s* يثقل *yutqilᵘ* | إثقال *ʔitqāl*| • make heavier • burden

أثلج *ʔatlaja v.intr.* |*4s* يثلج *yutlijᵘ* | إثلاج *ʔitlāj*| • snow ▪ أثلجت السماء *ʔatlajat assamāʔᵘ* snow ◊ أثلجت السماء هذا الصباح. *It snowed this morning. (lit. The sky snowed this morning.)* • أثلج صدره *ʔatlaja ṣadrᵃhu* please, make happy

آثم *ʔātim act. part.* |*pl.* آثمون *ʔātimūnᵃ* or أثمة *ʔatamaᵗ*| • *adj.* |*elat.* أآثم *ʔaʔtam* or أكثر إثما *ʔaktar ʔitman*| sinful • *n.* criminal

أثم *ʔatima v.intr.* |*1s4(a)* يأثم *yaʔtamᵘ* | إثم *ʔitm*| • sin

إثم *ʔitm n.*★ |*pl.* آثام *ʔātām*| • sin

أثمر *ʔatmara v.tr.* |*4s* يثمر *yutmirᵘ* | إثمار *ʔitmār*| • bear fruit, produce, yield ◊ تثمر الشجرة ثمرا حلوا. *The tree produces sweet fruit.* • return, pay off ◊ أثمرت السياسة نتائج ايجابية كثيرة. *The policy has returned many positive results.*

اثنا عشر *itnā 3ašrᵃ* **m.** *number* |*f.* اثنتا عشرة *itnatā 3ašaraᵗᵃ* | *as numeral, written* ١٢| • [+ indefinite accusative singular noun] twelve ◊ اثنا عشر بيتا *itnā 3ašrᵃ baytan twelve houses* ◊ اثنتا عشرة سيارة *itanatā 3ašaraᵗᵃ sayyāraᵗⁱⁿ twelve cars* • [definite plural noun +] the twelve ⓘ *Both numbers in the number 'twelve' are always accusative when indefinite, but when definite, the first word reflects the case of the noun and takes the definite article:* ◊ جاء الرجال الاثنا عشر. رأيت الرجال الاثني عشر. *The twelve men came. I saw the twelve men.* ◊ جاءت النساء الاثنتا عشرة. رأيت النساء الاثنتي عشرة. *The twelve women came. I saw the twelve women.*

Twelve

	masculine	feminine
nom.	**اثنا عشر** *itnā 3ašrᵃ*	**اثنتا عشرة** *itnatā 3ašaraᵗᵃ*
acc./gen.	**اثني عشر** *itnay 3ašrᵃ*	**اثنتي عشرة** *itnatay 3ašaraᵗᵃ*

أثناء *ʔatnāʔa prep.* • during ▪ أثناء ذلك *ʔatnāʔᵃ ḏālika adv.* in the meantime ▪ وفي هذه الأثناء *wa-fī hāḏihi -lʔatnāʔⁱ adv.* In the meantime,..., Meanwhile,... ▪ في أثناء ذلك *fī ʔatnāʔⁱ ḏālika adv.* for the time being, in the interim ▪ في أثناء *fī ʔatnāʔⁱ prep.* during • [+ masdar] while

اثنان *itnānⁱ* **m.** *number* |*f.* اثنتان *itnatānⁱ* | *as numeral, written* ٢| • two ▪ اثنين اثنين *itnaynⁱ -tnaynⁱ adv.* two at a time, in pairs, by twos ▪ __ اثنان من *itnān min* __ [+ definite genitive plural noun or pronoun suffix] two of (the) __ ◊ اثنان من البيوت

two of the houses ◊ اثنتان منهن *two of them* • Monday ◊ في أول اثنين من كل شهر *on the first Monday of every month* ▪ الاثنين *alitnaynⁱ*, يوم الاثنين *yawmᵃ · -litnaynⁱ adv.* (on) Monday(s) ▪ كل اثنين *kullᵃ -lʔitnaynⁱ adv.* every Monday

ⓘ *Because Arabic uses dual suffixes to express the notion of 'two', it is only necessary to use* اثنان *itnānⁱ for emphasis or to avoid ambiguity. When the number is used with a noun, it behaves as an adjective and follows the noun, agreeing in case, gender, and definiteness:* ◊ بيتان *two houses* ◊ بيتان اثنان ***two** houses* ◊ السيارتان *the two cars, both cars* ◊ السيارتان الاثنتان *the **two** cars, **both** cars*

Two

	masculine	feminine
nom.	**اثنان** *itnānⁱ*	**اثنتان** *itnatānⁱ*
acc./gen.	**اثنين** *itnaynⁱ*	**اثنتين** *itnataynⁱ*

'October 2, 2013': desk calendar

أثنى *ʔatnā v.intr.* |*4d* يثني *yutnī* | إثناء *ʔitnāʔ*| • praise على, commend

أثيم *ʔatīm* |*pl.* ***dip.*** أثماء *ʔutamāʔ*| • *adj.* |*elat.* أأثم *ʔaʔtam* or أكثر إثما *ʔaktar ʔitman*| sinful • *n.* criminal

أثينا *ʔatīnā n.* ***f. invar.*** • *(capital of Greece)* Athens

أثيوبي *ʔatiyūbīʸ adj. & n.* • Ethiopian

أثيوبيا *ʔatiyūbiyā n.* ***f. invar.*** • Ethiopia

أجاب *ʔajāba v.* |*4h* يجيب *yujībᵘ* | إجابة *ʔijābaᵗ*| • *v.tr. & intr.* answer *sb* (على), reply, respond ◊ أجابني بالعربية. *He answered me in Arabic.* • *v.intr.* answer *sth* عن *or* على ▪ أجاب عن سؤال *ʔajāba 3an suʔāl* answer a question ◊ شكرا لإجابتك عن أسئلتي. *Thank you for answering my questions.*

إجابة *ʔijābaᵗ n.*⋆ • answer, reply, response

أجاد *ʔajāda v.tr.* |*4h* يجيد *yujīdᵘ* | إجادة *ʔijādaᵗ*| • master, excel, be proficient, *(do)* well ◊ لا تجيد الكذب. *You're not a good liar.* ◊ هل تجيدين الألمانية؟ *How's your German?* ▪ أجاد التعامل مع الكلمات *ʔajāda atta3āmul ma3a -lkalimātⁱ* have a way with words ▪ أجاد لغة *ʔajāda luɣaᵗ* master a language

أجاز *ʔajāza v.tr.* |*4h* يجيز *yujīzᵘ* | إجازة *ʔijāzaᵗ*| • allow, permit, authorize

إجازة *ʔijāzaᵗ n.*⋆ • permission, leave ▪ أخذ إجازة *ʔaxaḍa ʔijāzaᵗ* take leave • vacation (UK: holiday) ▪ إجازة صيفية *ʔijāzaᵗ ṣayfīyaᵗ* summer vacation (UK: summer holiday) ▪ في إجازة *fī ʔijāzaᵗⁱⁿ adv.* on vacation (UK: on holiday)

إجبار *ʔijbār n.*⋆ • compulsion, coercion

إجباري *ʔijbārīʸ adj.* • compulsory, mandatory ▪ دورة إجبارية *dawraᵗ ʔijbārīyaᵗ n.* compulsory course

أجبر *ʔajbara v.tr.* |*4s* يجبر *yujbirᵘ* | إجبار *ʔijbār*| • force *sb* ∘ *to (do)* على, make, coerce, compel

اجتاح *ijtāḥa v.tr.* |*8h1* يجتاح *yajtāḥᵘ* | اجتياح *ijtiyāḥ*| • strike, invade • overrun, ravage, infest

اجتاز *ijtāza v.tr.* |*8h1* يجتاز *yajtāzᵘ* | اجتياز *ijtiyāz*| • cross, traverse ▪ اجتاز حدودا *ijtāza ḥudūdan* cross a border • undergo, experience, go through ▪ اجتاز امتحانا *ijtāza imtiḥānan* take a test

اجتث *ijtatta v.tr.* |*8g1* يجتث *yajtattᵘ* | اجتثاث *ijtitāt*| • uproot *sth* ∘ *from* من

اجترف *ijtarafa v.tr.* |*8s* يجترف *yajtarifᵘ* | اجتراف *ijtirāf*| • shovel

اجتماع *ijtimā3 n.*⋆ • meeting • social life, being part of society

اجتماعي *ijtimā3īʸ adj.* • social, societal ▪ اجتماعيات *ijtimā3īyāt plural* social activities

اجتمع *ijtama3a v.intr.* |*8s* يجتمع *yajtami3ᵘ* | اجتماع *ijtimā3*| • assemble, gather • meet *with* بـ *or* مع ▪ اجتمع سويا *ijtama3a sawīyan* get together, meet up

اجتهاد *ijtihād n.** • hard work, diligence, industriousness

اجتهد *ijtahada v.intr.* |8s يجتهد *yajtahid^u* | اجتهاد *ijtihād*| • work hard *at* بـ *or* في, strive, try hard, do *one's* best ▪ اجتهد أنْ *ijtahada ʔan* do *one's* best to *(do)* ◊ اجتهدوا أن تتعلموا اللغة العربية جيدا. *Do your best to learn Arabic well.*

اجتياح *ijtiyāḥ n.** • strike, invasion

أجج *ʔajajja v.tr.* |2s(a) يؤجج *yuʔajjij^u* | تأجيج *taʔjīj*| • light, kindle

أجد *ʔajadda v.intr.* |4g يجد *yujidd^u* | إجداد *ʔijdād*| • be determined *to (do)* في • be hardworking, be industrious, be diligent

أجدابيا *ʔajdābiyā n.* ***f. invar.*** • *(city in Libya)* Ajdabiya ➡ ***map on p. 261***

أجدى *ʔajdā v.intr.* |4d يجدي *yujdī* | إجداء *ʔijdāʔ*| • be useful, be helpful

أجر *ʔajara v.tr.* |1s3(a) يأجر *yaʔjur^u* | أجر *ʔajr*| • reward, remunerate

آجر *ʔājara v.tr.* |4s(a) يؤجر *yuʔjir^u* | إيجار *ʔījār*| • rent out

أجر *ʔajjara v.tr.* |2s(a) يؤجر *yuʔajjir^u* | تأجير *taʔjīr*| • rent out *to* sb ∘ *sth* ∘ ◊ أجرهم الشقة. *He rented the apartment to them.*

أجر *ʔajr n.** |*pl.* أجور *ʔujūr*| • wage, salary

إجراء *ʔijrāʔ n.** • procedure, measure ▪ اتخذ إجراءات *ittaxaḍa ʔijrāʔāt* take measures ▪ إجراء أمني *ʔijrāʔ ʔamanī^y* security measure

إجرام *ʔijrām n.** • criminality, crime, culpability

إجرامي *ʔijrāmī^y adj.* |أكثر إجراما *ʔaktar ʔijrāman*| • criminal

أجرة *ʔujra^t n.* |*pl.* أجر *ʔujar*| • fee, fare, charge ▪ سيارة أجرة *sayyārat · ʔujra^t* taxi • wage ▪ أجرة أدنى *ʔujra^t ʔadnā* minimum wage

أجرم *ʔajrama v.intr.* |4s يجرم *yujrim^u* | إجرام *ʔijrām*| • commit a crime

أجرى *ʔajrā v.tr.* |4d يجري *yujrī* | إجراء *ʔijrāʔ*| • perform *sth* ∘ *on* لـ, do, carry out, make, conduct ▪ أجرى اتصالا هاتفيا بـ *ʔajrā ittiṣālan hātifīyan bi-* make a phone call to ▪ أجرى تحقيقا *ʔajrā taḥqīqan* carry out an investigation ▪ أجرى تحليلا *ʔajrā taḥlīlan* run an analysis ▪ أجرى عملية *ʔajrā 3amalīya^t* perform an operation ▪ أجرى فحصا *ʔajrā faḥṣan* run a test ▪ أجرى مقابلة *ʔajrā muqābala^t* have a meeting *with* مع

أجل *ʔajal interjection* • yes, indeed, sure, certainly

أجل *ʔajal n.** |*pl.* آجال *ʔājāl*| • term, appointed time ▪ قصير الأجل *qaṣīr · alʔajal^i adj.* short-term ▪ متوسط الأجل *mutawassiṭ · alʔajal adj.* medium-term ▪ طويل الأجل *ṭawīl · alʔajal^i adj.* long-term • deadline • moment of death

أجل *ʔajalla v.tr.* |4g يجل *yujill^u* | إجلال *ʔijlāl*| • admire • glorify, exalt, honor

آجل *ʔājil act. part. adj.* • later, delayed ▪ عاجلا أو آجلا *3ājilan ʔaw ʔājilan*, آجلا أو عاجلا *ʔājilan ʔaw 3ājilan* ***adv.*** sooner or later

أجل *ʔajila v.intr.* |1s4(a) يأجل *yaʔjal^u* | أجل *ʔajal*| • hesitate, delay • be slow, be late

أجل *ʔajjala v.tr.* |2s(a) يؤجل *yuʔajjil^u* | تأجيل *taʔjīl*| • postpone, delay, put off ▪ لا تؤجل عمل اليوم إلى الغد. *lā tuʔajjil 3amal^a -lyawm^i ʔilā -lɣad^i* ***proverb*** Don't delay today's work until tomorrow.

أجل *ʔajl* •من أجل *min ʔajl^i*, لأجل *li-ʔajl^i prep.* for, for the sake of ◊ ماذا فعلت لأجلي؟ *What have you done for me?* ◊ حرب من أجل السلام *war for the sake of peace* ▪ من أجل هذا *min ʔajl^i hāḏā adv.* therefore ▪ من أجل أنْ *min ʔajl ʔan*, لأجل أنْ *li-ʔajl^i ʔan conj.* in order to, so that ◊ سألت هذا السؤال من أجل أن أفهم بشكل أفضل. *I asked this question so that I can understand better.* ◊ ولأجل تحقيق أهدافي... *In order to achieve my aims,...*

إجلاء *ʔijlāʔ n.** • evacuation

إجلال *ʔijlāl n.** • admiration • glorification, exaltation, honor

الآجلة *alʔājila^t act. part. n.* • the hereafter

أجلى *ʔajlā v.tr.* |4d يجلي *yujlī* | إجلاء *ʔijlāʔ*| • evacuate

إجماع *ʔijmā3 n.** • consensus, unanimity • ijma (the consensus of the followers of Islam)

إجماعي *ʔijmāʔī^y adj.* • unanimous

إجمال *ʔijmāl n.** • generalization ▪ إجمالا *ʔijmālan*, بالإجمال *bi-lʔijmāl^i adv.* in general, on the whole

إجمالي *ʔijmālī^y adj.* |*elat.* أكثر إجمالا *ʔaktar ʔijmālan*| • general, overall, gross, total • comprehensive, full

أجمع *ʔajma3 adj.* ***dip.*** |*f.* ***dip.*** جمعاء *jam3āʔ*| • whole, entire •أجمع *ʔajma3^a*, أجمعه *ʔajma3^ahu*, بأجمعه *bi-ʔajma3^ihi (always accusative)* [definite singular noun +] the whole __, the entire __, all of __ ◊ العالم أجمع *the whole world* ◊ فلسطين بأجمعها *all of Palestine*; [definite plural noun +] all of __ ◊ الناس أجمعين *all the people* ◊ كل المتظاهرين بأجمعهم *every single one of the protestors*

أجمع *ʔajma3a v.intr.* |4s يجمع *yujmi3ᵘ* | إجماع *ʔijmā3*| • reach a consensus *on* على, agree unanimously

أجمل *ʔajmala v.tr.* |4s يجمل *yujmilᵘ* | إجمال *ʔijmāl*| • generalize • add up, total up

أجن *ʔajanna v.tr.* |4g يجن *yujinnᵘ* | إجنان *ʔijnān*| • madden, drive crazy

أجنبي *ʔajnabīʸ* |*pl.* **dip.** أجانب *ʔajānib*| • *adj.* foreign • *n.* foreigner ▪ كره الأجانب *kurh · alʔajānibⁱ* xenophobia

أجندة *ʔajandaᵗ n.* • agenda, program, schedule • weekly planner, diary, appointment book

إجهاض *ʔijhāḍ n.*⋆ • miscarriage • abortion ▪ قام بإجهاض *qāma bi-ʔijhāḍ* have an abortion ▪ أجرى عملية إجهاض *ʔajrā 3amalīyat · ʔijhāḍ* perform an abortion

أجهض *ʔajhaḍa v.tr.* |4s يجهض *yujhiḍᵘ* | إجهاض *ʔijhāḍ*| • *(medical)* miscarry • abort

أجوف *ʔajwaf adj.* **dip.** |*f.* **dip.** جوفاء *jawfāʔ* | جوف *jūf*| • hollow, empty, pointless ▪ فعل أجوف *fi3l ʔjūf n. (grammar)* hollow verb

أجير *ʔajīr n.* |*pl.* **dip.** أجراء *ʔujarāʔ*| • laborer, worker

أحادي *ʔuḫādīʸ adj.* • uni-, mono-, unilateral

أحاط *ʔaḫāṭa v.tr.* |4h يحيط *yuḫīṭᵘ* | إحاطة *ʔiḫāṭaᵗ*| • surround بـ, encircle

أحال *ʔaḫāla v.tr.* |4h يحيل *yuḫīlᵘ* | إحالة *ʔiḫālaᵗ*| • refer *to* إلى *or* على, send, forward ▪ أحاله إلى المعاش *ʔaḫālahu ʔilā -lma3āšⁱ*, أحاله إلى التقاعد *ʔaḫālahu ʔilā -ttaqā3udⁱ* make *sb* retire ▪ أحيل إلى المعاش *ʔuḫīla A ʔilā -lma3āšⁱ*, أحيل إلى التقاعد *ʔuḫīla ʔilā -ttaqā3udⁱ pass. v.* retire

أحب *ʔaḫabb adj. elat.* • preferable *to* إلى, favorite ◊ ما أحب شيء لديك في الدنيا؟ *What's your favorite thing in the world?*

أحب *ʔaḫabba v.tr.* |4g يحب *yuḫibbᵘ* | إحباب *ʔiḫbāb*| • love (*sb*) ◊ أحبك. *I love you.* • like (*sth*) ◊ أنا أحب الرياضة. *I like sports.* ▪ أحب أن *ʔaḫabba ʔan* want to *(do)*, would like to *(do)* ◊ أحب أن أعرف كل شيء. *I want to know everything.*; like to *(do)* ◊ هل تحبون شرب القهوة؟ *Do you like to drink coffee?* ◊ لا أحب الإنتظار. *I don't like waiting.*

إحباط *ʔiḫbāṭ n.*⋆ • frustration

أحبط *ʔaḫbaṭa v.tr.* |4s يحبط *yuḫbiṭᵘ* | إحباط *ʔiḫbāṭ*| • frustrate • foil, thwart

احتاج *iḫtāja v.intr.* |8h1 يحتاج *yaḫtājᵘ* | احتياج *iḫtiyāj*| • need لـ *or* إلى, be in need *of* ◊ أحتاج لمزيد من الوقت. *I need more time.* ◊ كان يحتاج إلى نقود. *He needed money.* ◊ أحتاج إليك. *I need you.* ▪ احتاج إلى أنْ *iḫtāja ʔilā ʔan* need to *(do)* ◊ تحتاجين إلى أن تدرسي. *You need to study.* ◊ أحتاج أن أتحدث معك. *I need to speak with you.* ◊ لا أحتاج إلى تعلم اللغة الإنجليزية. *I don't need to learn English.* ▪ كم تحتاج من الوقت لـ...؟ *kam taḫtājᵘ minᵃ -lwaqtⁱ li-* how long does it take (you) to *(do)*? • require لـ *or* إلى, call for

احتار *iḫtāra v.intr.* |8h1 يحتار *yaḫtārᵘ* | احتيار *iḫtiyār*| • be confused, be at a loss

احتاط *iḫtāṭa v.intr.* |8h1 يحتاط *yaḫtāṭᵘ* | احتياط *iḫtiyāṭ*| • be cautious, be careful

احتال *iḫtāla v.intr.* |8h1 يحتال *yaḫtālᵘ* | احتيال *iḫtiyāl*| • trick على, deceive, cheat, defraud

احتبس *iḫtabasa v.tr.* |8s يحتبس *yaḫtabisᵘ* | احتباس *iḫtibās*| • retain, withhold

احتج *iḫtajja v.intr.* |8g1 يحتج *yaḫtajjᵘ* | احتجاج *iḫtijāj*| • protest *against* على, object *to*

احتجاج *iḫtijāj n.*⋆ • protest

احتجاز *iḫtijāz n.*⋆ • arrest, detention

احتجز *iḫtajaza v.tr.* |8s يحتجز *yaḫtajizᵘ* | احتجاز *iḫtijāz*| • arrest, detain

احتدم *iḫtadama v.intr.* |8s يحتدم *yaḫtadimᵘ* | احتدام *iḫtidām*| • erupt, break out, flare up

احتذر *iḫtađara v.intr.* |8s يحتذر *yaḫtađirᵘ* | احتذار *iḫtiđār*| • beware *of* من, be careful, be cautious

احتذى *iḫtađā v.intr.* |8d1 يحتذي *yaḫtađī* | احتذاء *iḫtiđāʔ*| • emulate *sb/sth* بـ *or* في *or* على ◊ احتذى بأسلافه. *He emulated his predecessors.* ▪ احتذى على مثاله *iḫtađā 3alā mitālᵃhu* follow in *sb's* footsteps, follow *sb's* example

احتر *iḫtarra v.intr.* |8g1 يحتر *yaḫtarrᵘ* | احترار *iḫtirār*| • become warm, heat up

احترار *iḫtirār n.*⋆ • احترار عالمي *iḫtirār 3ālamīʸ* global warming

احتراس *iḫtirās n.*⋆ • vigilance

احتراف *iḫtirāf n.*⋆ • professionalism

احترام *iḫtirām n.*⋆ • respect ▪ احترام الذات *iḫtirām · ađđātⁱ* self-worth, self-esteem ▪ احتراما لـ *iḫtirāman li- prep.* out of respect for ◊ وقفوا احتراما لمعلمهم. *They stood up out of respect for their teacher.*

احترس *iḫtarasa v.intr.* |8s يحترس *yaḫtarisᵘ* | احتراس *iḫtirās*| • be vigilant *of* من, be wary, beware

احترف *iḫtarafa v.tr.* |8s يحترف *yaḫtarifᵘ* | احتراف *iḫtirāf*| • be professional *about*, do professionally

احترق *iḫtaraqa v.intr.* |*8s* يحترق *yaḫtariqᵘ* | احتراق *iḫtirāq*| • burn, catch fire • burn, overcook • *(injury)* burn, be burned ◊ .احترقت يده *He burned his hand. (lit. His hand was burned.)*

احترم *iḫtarama v.tr.* |*8s* يحترم *yaḫtarimᵘ* | احترام *iḫtirām*| • respect

احتسب *iḫtasaba v.tr.* |*8s* يحتسب *yaḫtasibᵘ* | احتساب *iḫtisāb*| • calculate, take into account • do bookkeeping

احتشام *iḫtišām n.** • modesty, decency

احتشم *iḫtašama v.intr.* |*8s* يحتشم *yaḫtašimᵘ* | احتشام *iḫtišām*| • become modest, become reserved

احتضن *iḫtaḍana v.tr.* |*8s* يحتضن *yaḫtaminᵘ* | احتضان *iḫtiḍān*| • hug, embrace

احتفاء *iḫtafāʔ n.** • celebration ▪ في احتفاء بـ *fī -ḫtifāʔⁱ bi- prep.* in celebration of ◊ أقاموا حفلة احتفاء بنجاحه. *They held a party in celebration of his success.*

احتفاظ *iḫtifāẓ n.** • preservation, maintenance

احتفال *iḫtifāl n.** • celebration

احتفظ *iḫtafaẓa v.intr.* |*8s* يحتفظ *yaḫtafiẓᵘ* | احتفاظ *iḫtifāẓ*| • preserve بـ, maintain, keep, remain ▪ احتفظ بهدوئه *iḫtafaẓa bi-hudūʔⁱhi* remain calm

احتفل *iḫtafala v.intr.* |*8s* يحتفل *yaḫtafilᵘ* | احتفال *iḫtifāl*| • celebrate بـ

احتفى *iḫtafā v.intr.* |*8d1* يحتفي *yaḫtafī* | احتفاء *iḫtifāʔ*| • celebrate بـ, welcome

احتقار *iḫtiqār n.** • contempt

احتقان *iḫtiqān n.** • congestion ▪ احتقان أنف *iḫtiqān ·ʔanf* nasal congestion

احتقر *iḫtaqara v.tr.* |*8s* يحتقر *yaḫtaqirᵘ* | احتقار *iḫtiqār*| • despise, regard with contempt

احتقن *iḫtaqana v.intr.* |*8s* يحتقن *yaḫtaqinᵘ* | احتقان *iḫtiqān*| • be congested

احتك *iḫtakka v.intr.* |*8g1* يحتك *yaḫakkᵘ* | احتكاك *iḫtikāk*| • be in contact *with* بـ, be in touch, contact

احتكار *iḫtikār n.** • monopoly

احتكاري *iḫtikārīʸ adj.* • monopolistic

احتكاك *iḫtikāk n.** • contact, friction

احتكر *iḫtikara v.tr.* |*8s* يحتكر *yaḫtakirᵘ* | احتكار *iḫtikār*| • monopolize, hold a monopoly *over* • hoard, buy up

احتل *iḫtalla v.tr.* |*8g1* يحتل *yaḫtallᵘ* | احتلال *iḫtilāl*| • occupy, take over, seize, hold ▪ احتل مكانة مرموقة في *iḫtalla makānaᵗ marmūqaᵗ fī* hold a significant place in • fill (a post)

احتلال *iḫtilāl n.** • *(military)* occupation

احتمال *iḫtimāl n.** • possibility, probability, likelihood, prospect

احتمالي *iḫtimālīʸ adj.* • potential

احتمل *iḫtamala v.intr.* |*8s* يحتمل *yaḫtamilᵘ* | احتمال *iḫtimāl*| • be possible, be likely, be probable • hold, bear ▪ لا يحتمل *la yuḫtamalᵘ* unbearable, intolerable

احتمى *iḫtamā v.intr.* |*8d1* يحتمي *yaḫtamī* | احتماء *iḫtimāʔ*| • protect *oneself from* من

احتوى *iḫtawā v.intr.* |*8d1* يحتوي *yaḫtawī* | احتواء *iḫtiwāʔ*| • contain على, include

احتياج *iḫtiyāj n.** • need, requirement

احتياط *iḫtiyāṭ n.** • caution, carefulness • precaution, safeguard • reserve, spare

احتياطي *iḫtiyāṭīʸ adj.* • precautionary • reserve-

احتيال *iḫtiyāl n.** • deception, trickery, fraud

أحجم *ʔaḫjama v.intr.* |*4s* يحجم *yuḫjimᵘ* | إحجام *ʔiḫjām*| • abstain *from* عن, refrain

أحجية *ʔuḫjīyaᵗ n.* |*pl.* أحاجي *ʔaḫājīʸ*| • puzzle, riddle

أحد *ʔaḫad n.* |*pl.* آحاد *ʔāḫād* | *f.* **invar.** إحدى *ʔiḫdā*| • someone, somebody • [negative +] no one, nobody ▪ لا أحد *lā ʔaḫadᵃ*, ما من أحد *mā min ʔaḫadⁱⁿ* no one, nobody ◊ من جاء؟ - لا أحد. *Who came? - No one.* • one ▪ أحد *ʔaḫad* [+ definite genitive dual or plural noun or pronoun] one of (the) __ ◊ أحد البيوت *one of the houses* ◊ إحدى السيارات *one of the cars* ◊ أحدكما *one of you two* ◊ إحداهن *one of them* • Sunday ◊ في أول أحد من كل شهر *on the first Sunday of every month* ▪ الأحد *alʔaḫadᵃ*, يوم الأحد *yawmᵃ -lʔaḫadⁱ adv.* (on) Sunday(s) ▪ كل أحد *kullᵃ ʔaḫadⁱⁿ adv.* every Sunday

أحد عشر *ʔaḫadᵃ 3ašrᵃ*, ١١ |*f.* احدى عشرة *iḫdā 3ašaraᵗᵃ*| • [+ indefinite accusative singular noun] eleven ◊ أحد عشر بيتا *eleven houses* ◊ احدى عشرة سيارة *eleven cars* • [plural noun +] the eleven ◊ البيوت الأحد عشر *the eleven houses* ◊ السيارات الاحدى عشرة *the eleven cars* ⓘ *Both numbers in the number eleven are always accusative. When definite, only the first word takes the definite article.*

أحد عشر ألفا *ʔaḫadᵃ 3ašrᵃ ʔalfan* |*as numeral, written* ١١٠٠٠| • eleven thousand

إحداث *ʔiḫdāt n.** • implementation

أحدب *ʔaḫdab adj.* **dip.** |*m & f pl.* حدب *ḫudb* | *f. sing.* حدباء *ḫadbāʔ* | *f. dual* حدباوان *ḫadbāwānⁱ* | *f. pl.*

حدباوات ḥadbāwāt| • hunchbacked ▪ حوت أحدب ḥūt ʔaḥdab humpback whale ▪ أحدب نوتردام ʔaḥdab · notr dām n. the Hunchback of Notre Dame

أحدث ʔaḥdata v.tr. |4s يحدث yuḥdit^u | إحداث ʔiḥdāt| • cause, bring about, implement

إحراز ʔiḥrāz n.* • attainment, acquisition

إحرام ʔiḥrām n.* • ihram (state of ritual consecration for hajj) • clothing worn during hajj

Pilgrims wearing ihram

أحرج ʔaḥraja v.tr. |4s يحرج yuḥrij^u | إحراج ʔiḥrāj| • embarrass

أحرز ʔaḥraza v.tr. |4s يحرز yuḥriz^u | إحراز ʔiḥrāz| • attain, acquire

أحرق ʔaḥraqa v.tr. |4s يحرق yuḥriq^u | إحراق ʔiḥrāq| • burn, set fire to

أحرم ʔaḥrama v.intr. |4s يحرم yuḥrim^u | إحرام ʔiḥrām| • enter a state of ritual consecration for hajj

أحزن ʔaḥzana v.tr. |4s يحزن yuḥzin^u | إحزان ʔiḥzān| • sadden, make sad

أحس ʔaḥassa v.intr. |4g يحس yuḥiss^u | إحساس ʔiḥsās| • feel بـ ◊ يمكن أن أحس بذلك. *I can feel it.* ⓘ *In English, the complement of 'feel' is an adjective, whereas in Arabic it is a noun governed by the preposition* بـ *bi-:* ◊ أحس بالبرد. *I feel cold. (lit. I feel with coldness.)* ◊ أحس بالملل. *I feel bored. (lit. I feel with boredom.)* ▪ أحس بتحسن ʔaḥassa bi-taḥassun^in feel better ▪ أحس أنّ ʔaḥassa ʔanna, أحس بأنّ ʔaḥassa bi-ʔanna feel that..., think that...

إحساس ʔiḥsās n.* |pl. **dip.** أحاسيس ʔaḥāsīs or إحساسات ʔiḥsāsāt| • feeling, sense, sensation

إحسان ʔiḥsān n.* • charity, kind act

أحسن ʔaḥsan elat. **dip.** |m. pl. **dip.** أحاسن ʔaḥāsin | f. **invar.** حسنى ḥusnā | f. dual حسنيان ḥusnayān^i | f. pl. حسنيات ḥusnayāt| • better, best ▪ من الأحسن أنْ min^a -lʔaḥsan^i ʔan had better *(do)*, it would be best to *(do)*, it is best that...

أحسن ʔaḥsana v.tr. |4s يحسن yuḥsin^u | إحسان ʔiḥsān| • be good *at*, excel, do well ◊ يحسن القراءة والكتابة. *He's good at reading an writing.* ▪ أحسنت ʔaḥsant^a Good job! • give charity *to* إلى ◊ أحسنّا إلى الفقراء. *We gave charity to the poor.*

أحشاء ʔaḥšāʔ pl. n. • guts, entrails

إحصاء ʔiḥṣāʔ n.* • enumeration, calculation ▪ إحصاء سكان ʔiḥṣāʔ · sukkān census

إحصائي ʔiḥṣāʔīy adj. • statistical

إحصائية ʔiḥṣāʔīya^t n. • statistic

أحصى ʔaḥṣā v.tr. |4d يحصي yuḥṣī | إحصاء ʔiḥṣāʔ| • count, enumerate, calculate ▪ لا يُحصى lā yuḥṣā pass. v. countless, innumerable

أحضر ʔaḥḍara v.tr. |4s يحضر yuḥḍir^u | إحضار ʔiḥḍār| • bring

أحك ʔaḥakka v.tr. |4g يحك yuḥikk^u | إحكاك ʔiḥkāk| • itch

أحل ʔaḥalla v.tr. |4g يحل yuḥill^u | إحلال ʔiḥlāl| • replace *with* ∘ *sb/sth* محله *or* مكانه, substitute • declare lawful

إحلال ʔiḥlāl n.* • replacement, substitute

إحليل ʔiḥlīl n. • urethra

أحمد ʔaḥmad **dip.** *man's name* • *(lit. 'I praise')* Ahmad, Ahmed

الأحمدي alʔaḥmadīy n. **f.** • *(city in Kuwait)* Al Ahmadi ➡ **map on p. 253**

احمر iḥmarra v.intr. |9s يحمر yaḥmarr^u | احمرار iḥmirār| • turn red ▪ احمر وجهه iḥmarra wajh^uhu blush

أحمر ʔaḥmar adj. **dip.** |m & f pl. حمر ḥumr | f. sing. **dip.** حمراء ḥamrāʔ | f. dual حمراوان ḥamrāwān^i | f. pl. حمراوات ḥamrāwāt| • red ▪ أحمر شفاه ʔaḥmar · šifāh n. lipstick

أحمق ʔaḥmaq **dip.** |m. pl. حمقى ḥamqā or **invar.** حمق ḥumq | f. sing. **dip.** حمقاء ḥamqāʔ | f. dual حمقاوان ḥamqāwān^i | f. pl. حمقاوات ḥamqāwāt| • adj.

stupid, idiotic, foolish • *n.* idiot, fool

أحمى *ʔaħmā v.tr.* |4d يحمي *yuħmī* | إحماء *ʔiħmāʔ*| • heat, warm up

أحيا *ʔaħyā v.tr.* |4d يحيي *yuħyī* | إحياء *ʔiħyāʔ*| • revive • animate, give life, bring to life

إحياء *ʔiħyāʔ n.** • revival • animation

أخ *ʔax n.* |dual أخوان *ʔaxawānⁱ* | pl. إخوة *ʔixwaᵗ* or إخوان *ʔixwān*| • brother ▪ أخو زوج *ʔaxū · zawj (husband's brother)* brother-in-law ▪ أخو زوجة *ʔaxū · zawjaᵗ (wife's brother)* brother-in-law ▪ أخوك من صدقك *ʔaxūka man ṣadaqaka proverb* Your true brother is the one who tells you the truth. ▪ رب أخ لم تلده والدة. *rubba ʔaxⁱⁿ lam talidhᵘ wālidaᵗᵘⁿ proverb* Some friends are closer than real brothers. (lit. Many of brother wasn't born of the same mother.) •إخوان *ʔixwān pl. n.* brotherhood ▪ جماعة الإخوان المسلمين *jamāʕat · alʔixwānⁱ -lmuslimīnᵃ*, الإخوان المسلمون *alʔixwān almuslimūnᵃ* the Muslim Brotherhood ⓘ *When the first term in an idafa construction, or when suffixed by a pronoun (except for the first-person singular pronoun suffix), the case is marked with a written long vowel: ◊ (nominative)* .أخوك هنا *Your brother is here. ◊ (accusative)* .أرى أخا كريم *I see Kareem's brother. ◊ (genitive)* مع أخي البنت *with the girl's brother* ➡ ***The Five Nouns p. 2***

أخاذ *ʔaxxāđ adj.* • captivating, gripping, engrossing

أخاف *ʔaxāfa v.tr.* |4h يخيف *yuxīfᵘ* | إخافة *ʔixāfaᵗ*| • frighten, scare

إخبار *ʔixbār n.** • information, notification

إخباري *ʔixbārīʸ adj.* • news-

أخبر *ʔaxbara v.tr.* |4s يخبر *yuxbirᵘ* | إخبار *ʔixbār*| • tell *sb* ∘ *(about)* بـ, inform, notify

أخت *ʔuxt n.* ***f.*** |pl. أخوات *ʔaxawāt*| • sister ▪ أخت زوج *ʔuxt · zawj (husband's sister)* sister-in-law ▪ أخت زوجة *ʔuxt · zawjaᵗ (wife's sister)* sister-in-law ▪ كان وأخواتها *kāna wa-ʔaxawātᵘhā* Kāna and her sisters

اختار *ixtāra v.tr.* |8h1 يختار *yaxtārᵘ* | اختيار *ixtiyār*| • choose, select

اختبأ *ixtabaʔa v.intr.* |8s(c) يختبئ *yaxtabiʔᵘ* | اختباء *ixtibāʔ*| • hide, disappear, vanish

اختبار *ixtibār n.** • experiment, trial, test ▪ اختبار نظر *ixtibār · naẓar* eye test ▪ اختبار حمل *ixtibār · ħaml* pregnancy test

اختباري *ixtibārīʸ adj.* • experimental

اختبر *ixtabara v.tr.* |8s يختبر *yaxtabirᵘ* | اختبار *ixtibār*| • experiment

اختتام *ixtitām n.** • conclusion, completion

اختتم *ixtatama v.tr.* |8s يختتم *yaxtatimᵘ* | اختتام *ixtitām*| • end, conclude, complete, finalize

اختراع *ixtirāʕ n.** • invention

اختراق *ixtirāq n.** • penetration • breakthrough

اخترع *ixtaraʕa v.tr.* |8s يخترع *yaxtariʕᵘ* | اختراع *ixtirāʕ*| • invent

اخترق *ixtaraqa v.tr.* |8s يخترق *yaxtariqᵘ* | اختراق *ixtirāq*| • penetrate, pierce • cross, travel through • *(computers)* hack

اختص *ixtaṣṣa v.intr.* |8g1 يختص *yaxtaṣṣᵘ* | اختصاص *ixtiṣāṣ*| • be marked *by* بـ, be distinguished • concern بـ, have to do with • be qualified *in* بـ, have jurisdiction

اختصار *ixtiṣār n.** • abbreviation ▪ باختصار *bi-xtiṣārⁱⁿ*, بالاختصار *bi-lixtiṣārⁱ adv.* in brief, in short, briefly

اختصاص *ixtiṣāṣ n.** • jurisdiction

اختصاصي *ixtiṣāṣīʸ n.* • specialist, expert

اختصر *ixtaṣara v.tr.* |8s يختصر *yaxtaṣirᵘ* | اختصار *ixtiṣār*| • shorten, abbreviate

اختطاف *ixtiṭāf n.** • kidnapping, abduction • hijacking

اختطف *ixtaṭafa v.tr.* |8s يختطف *yaxtaṭifᵘ* | اختطاف *ixtiṭāf*| • kidnap, abduct • hijack

اختفاء *ixtifāʔ n.** • disappearance

اختفى *ixtafā v.intr.* |8d1 يختفي *yaxtafī* | اختفاء *ixtifāʔ*| • hide, disappear, vanish

اختلاجة *ixtilājaᵗ n.* • convulsion

اختلاس *ixtilās n.** • embezzlement, misappropriation

اختلاط *ixtilāṭ n.** • confusion

اختلاف *ixtilāf n.** • difference • disagreement, difference (of opinion)

اختلج *ixtalaja v.intr.* |8s يختلج *yaxtalijᵘ* | اختلاج *ixtilāj*| • convulse, quiver

اختلس *ixtalasa v.tr.* |8s يختلس *yaxtalisᵘ* | اختلاس *ixtilās*| • embezzle, misappropriate

اختلط *ixtalaṭa v.intr.* |8s يختلط *yaxtaliṭᵘ* | اختلاط *ixtilāṭ*| • mix, be mixed *with* بـ • become confused *with* بـ • be on intimate terms *with* بـ

اختلف *ixtalafa v.intr.* |8s يختلف *yaxtalifᵘ* | اختلاف *ixtilāf*| • differ *from* عن *or* من ◊ ما قلته لا يختلف عما قلته أنا. *What you said doesn't differ from what I said.* • disagree *with* مع *about* في, differ

▪ اختلف معه في الرأي عن *ixtalafa ma3āhu fī -rraʔy^{i} 3an* differ in opinion with *sb* on • frequent إلى, patronize

اختناق *ixtināq n.** • suffocation ◊ مات بفعل الاختناق. *He died of suffocation.*

اختنق *ixtanaqa v.intr.* |8s يختنق *yaxtaniq^{u}* | اختناق *ixtināq*| • choke • suffocate

اختيار *ixtiyār n.** • choice, selection

اختياري *ixtiyārīy adj.* • optional, elective ▪ دورة اختيارية *dawra^{t} ixtiyārīya^{t} n.* elective course

أخجل *ʔaxjala v.tr.* |4s يخجل *yuxjil^{u}* | إخجال *ʔixjāl*| • embarrass • shame

أخدود *ʔuxdūd n.* |*pl.* **dip.** أخاديد *ʔaxādīd*| • trench, groove

أخذ *ʔaxađa v.tr.* |1s3(a) يأخذ *yaʔxuđ^{u}* | أخذ *ʔaxđ*| • take ▪ أخذه في الاعتبار *ʔaxađahu fī -li3tibār^{i}*, أخذه بعين الاعتبار *ʔaxađahu bi-3ayn^{i} -li3tibār^{i}*, أخذه بالاعتبار *ʔaxađahu bi-li3tibār^{i}* take into consideration, take into account ▪ أخذ دوشا *ʔaxađa dūšan* take a shower ▪ أخذ صورة *ʔaxađa ṣūra^{t}* take a picture ▪ أخذ وقتا *ʔaxađa waqtan* take time ◊ الأمر سيأخذ وقتا طويلا. *It'll take a long time.* ▪ أخذ بيده *ʔaxađa bi-yad^{i}hi* lend a hand to *sb* with في • *(used in perfect tense only)* [+ indicative] begin to *(do)* ◊ أخذ يبحث عنه في كل مكان. *He began to look for it everywhere.* • آخذ في *ʔāxiđ fī* be *(do)*ing ▪ آخذ في الظهور *ʔāxiđ fī -ẓẓuhūr^{i}* emerging ▪ آخذ في الارتفاع *ʔāxiđ fī -lirtifā3^{i}*, آخذ في الازدياد *ʔāxiđ fī -lizdiyād* on the rise

آخذ *ʔāxađa v.tr.* |3s(a) يؤاخذ *yuʔāxiđ^{u}* | مؤاخذة *muʔāxađa^{t}*| • blame, criticize

آخر *ʔāxar adj.* **dip.** |*f. sing.* **invar.** أخرى *ʔuxrā* | *f. dual* أخريان *ʔuxrayān^{i}* | *f. pl.* أخريات *ʔuxrayāt*| • other, another ◊ في كتاب آخر *in another book* ◊ أشخاص آخرون *other people* ◊ البنتان الأخريان *the other two girls* ▪ بعبارة أخرى *bi-3ibāra^{tin} ʔuxrā* in other words, that is ▪ مرة أخرى *marra^{tan} ʔuxrā adv.* again, one more time • else ▪ شخص آخر *šaxṣ ʔāxar* someone else ▪ شيء آخر *šayʔ ʔāxar* something else ▪ في مكان آخر *fī makān^{in} ʔāxar^{a} adv.* elsewhere, somewhere else

آخر *ʔāxir* **dip.** • *adj.* [+ indefinite genitive noun] last, final ◊ آخر رجل على الأرض *the last man on earth* ◊ متى آخر مرة رأيته فيها؟ *When was the last time you saw him?* ▪ آخر مولود *ʔāxir mawlūd^{in}* youngest (child) ▪ إلى آخره *ʔilā ʔāxir^{i}hi* |*abbreviated* إلخ *ʔilā ʔāxir^{i}hi*| etc., and so on ▪ في آخر لحظة *fī ʔāxir^{i} laḥẓa^{tin}* at the last minute; [+ definite genitive plural noun] the last of (the) __ ▪ آخرهم *ʔāxir^{u}hum* the last of them ▪ آخر الداء الكي. *ʔāxir^{u} -ddāʔ^{i} -lkayy^{u} proverb* When there is no other cure, cauterization must be done. • latest ◊ آخر الأنباء *the latest news* ▪ على آخر طرز *3alā ʔāxir^{i} ṭarz^{in}* trendy • *n.* |*pl.* **dip.** أواخر *ʔawāxir*| end ◊ في آخر الشارع *at the end of the street*; *(often plural)* last part, latter part ◊ في أواخر العام ٢٠١٣ *in late 2013* ◊

الآخرة *alʔāxira^{t} n.* • the hereafter

أخر *ʔaxxara v.tr.* |2s(a) يؤخر *yuʔaxxir^{u}* | تأخير *taʔxīr*| • postpone, put off, delay, defer ▪ لا تؤخر عمل اليوم لغد. *lā tuʔaxxir 3amal^{a} -lyawm^{i} li-ɣad^{in} proverb* Don't put off until tomorrow what you can do today.

إخراج *ʔixrāj n.** • expulsion, extraction • *(cinema)* direction

أخرج *ʔaxraja v.tr.* |4s يخرج *yuxrij^{u}* | إخراج *ʔixrāj*| • take out, get out, extract, make exit ▪ أخرج ريحا *ʔaxraja rīḥan* pass gas • expel *sb/sth* ∘ *from* عن, kick out, eject • *(cinema)* direct

أخرس *ʔaxras adj.* **dip.** |*m & f pl.* خرس *xurs* | *f. sing.* **dip.** خرساء *xarsāʔ* | *f. dual* خرساوان *xarsāwān^{i}* | *f. pl.* خرساوات *xarsāwāt*| • mute

أخرس *ʔaxrasa v.tr.* |4s يخرس *yuxris^{u}* | إخراس *ʔixrās*| • make quiet, silence

أخرق *ʔaxraq adj.* **dip.** |*m & f pl.* خرق *xurq* | *f. sing.* **dip.** خرقاء *xarqāʔ* | *f. dual* خرقاوان *xarqāwān^{i}* | *f. pl.* خرقاوات *xarqāwāt*| • clumsy, awkward

إخصائي *ʔixṣāʔīy n.* • specialist, expert ▪ اخصائي العلاج الطبيعي *ixṣāʔīy · 3ilāj ṭabī3īy n.* physiotherapist

اخضر *ixḍarra v.intr.* |9s يخضر *yaxḍarr^{u}* | اخضرار *ixḍirār*| • turn green

أخضر *ʔaxḍar adj.* **dip.** |*m & f pl.* خضر *xuḍr* | *f. sing.* **dip.** خضراء *xaḍrāʔ* | *f. dual* خضراوان *xaḍrāwān^{i}* | *f. pl.* خضراوات *xaḍrāwāt* | *elat.* أكثر اخضرارا *ʔakṯar ixḍirāran*| • green ▪ أخضر ليموني *ʔaxḍar laymūnīy* lime-green • fresh (not dry)

أخطأ *ʔaxṭaʔa v.intr.* |4s(c) يخطئ *yuxṭiʔ^{u}* | إخطاء *ʔixṭāʔ*| • make a mistake, be wrong

أخطبوط *ʔuxṭubūṭ n.* • octopus

إخفاق *ʔixfāq n.** • failure

أخفق *ʔaxfaqa v.intr.* |4s يخفق *yufiq^{u}* | إخفاق *ʔixfāq*| • fail *at* في, be unsuccessful

أخفى *ʔaxfā v.tr.* |4d يخفي *yuxfī* | إخفاء *ʔixfāʔ*| • hide *sth* ∘ *from* عن, keep secret

إخلاص *ʔixlāṣ n.** • sincerity, honesty, loyalty, devotion, dedication

أخلاقي *ʔaxlāqīʸ adj.* • moral
أخلاقية *ʔaxlāqīyaᵗ n.* • morality
أخلص *ʔaxlaṣa v.intr.* |4s يخلص *yuxliṣᵘ* | إخلاص *ʔixlāṣ*| • be loyal, devote, dedicate *to* لـ
أخمد *ʔaxmada v.tr.* |4s يخمد *yuxmidᵘ* | إخماد *ʔixmād*| • extinguish, put out
أخمص *ʔaxmaṣ n.* **dip.** |*pl.* **dip.** أخامص *ʔaxāmiṣ*| • *(foot)* sole ▪ من قمة رأسه حتى أخمص قدميه *min qimmat raʔsⁱhi ħattā ʔaxmaṣⁱ qadamayhi adv.* from head to toe • rifle butt
أخوة *ʔuxūwaᵗ n.* • brotherhood
أخوي *ʔaxawīʸ adj.* |*elat.* أكثر أخوية *ʔaktar ʔaxawīyatan* or أكثر تآخيا *ʔaktar taʔāxiyan*| • fraternal, brotherly
أخير *ʔaxīr adj.* • final, last ▪ أخيرا *ʔaxīran adv.* at last, finally • latest, last, recent ▪ أخيرا *ʔaxīran adv.* lately, recently
أداء *ʔadāʔ n.* • accomplishment, realization • performance
أداة *ʔadāᵗ n.* |*pl.* أدوات *ʔadawāt*| • tool, instrument, utensil, appliance ▪ أدوات طبخ *ʔadawāt · ṭabx* cooking utensils • *(grammar)* particle ▪ أداة تعريف *ʔadāt · ta3rīf* definite article ▪ أداة ربط *ʔadāt · rabṭ* conjunction, sentence connector
أدار *ʔadāra v.tr.* |4h يدير *yudīrᵘ* | إدارة *ʔidāraᵗ*| • direct, manage, run, administer • start (a motor, etc.)
إدارة *ʔidāraᵗ n.** • administration, management ▪ سوء إدارة *sūʔ · ʔidāraᵗ* mismanagement • department
إداري *ʔidārīʸ adj.* • administrative
أدان *ʔadāna v.tr.* |4h يدين *yudīnᵘ* | إدانة *ʔidānaᵗ*| • condemn, denounce • convict *sb* ∘ *of* بـ, find guilty • lend *sb* ∘ *sth* ∘
إدانة *ʔidānaᵗ n.** • condemnation, denunciation • conviction
أدب *ʔadab n.* |*pl.* آداب *ʔādāb*| • literature • *(usually plural)* manners ▪ أدب المرء خير من ذهبه. *ʔadabᵘ -lmarʔⁱ xayrᵘⁿ min ḏahabⁱhⁱ proverb* One's manners are better than all one's riches.
أدب *ʔaddaba v.tr.* |2s(a) يؤدب *yuʔaddibᵘ* | تأديب *taʔdīb*| • educate • discipline
أدبي *ʔadabīʸ adj.* • literary • ethical, moral
ادخار *iddixār n.** • storage, accumulation
إدخال *ʔidxāl n.** • insertion • admission • input
ادخر *iddaxara v.intr.* |8a2 يدخر *yaddaxirᵘ* | ادخار *iddixār*| • store, accumulate, save, keep
أدخل *ʔadxala v.tr.* |4s يدخل *yudxilᵘ* | إدخال *ʔidxāl*| • admit *sb* ∘ *into* في, let *in* • insert *sth* ∘ *into* في, put *in*
إدراك *ʔidrāk n.** • realization, grasp, awareness, perception • attainment
أدرك *ʔadraka v.tr.* |4s يدرك *yudrikᵘ* | إدراك *ʔidrāk*| • realize, become aware of, perceive, grasp ▪ أدرك أنّ *ʔadraka ʔanna* realize that... • reach, attain
أدرينالين *ʔadrīnālīn n.* • adrenaline
ادعاء *iddi3āʔ n.** • claim, allegation, accusation • *(lawyers)* prosecution
ادعى *idda3ā v.* |8d3 يدعي *yadda3ī* | ادعاء *iddi3āʔ*| • *v.tr. & intr.* allege (بـ), claim ▪ ادعى بأنّ *idda3ā bi-ʔanna* allege that..., claim to *(do)* ◊ تدعي أنها تعرفك. *She claims to know you.* • *v.intr.* accuse *sb* على *of* بـ
أدلى *ʔadlā v.* |4d يدلي *yudlī* | إدلاء *ʔidlāʔ*| • *v.intr.* express بـ, declare, announce ▪ أدلى بأقواله *ʔadlā bi-ʔiqwālⁱhi* testify, give testimony ▪ أدلى بتصريح *ʔadlā bi-taṣrīħⁱⁿ*, أدلى ببيان *ʔadlā bi-bayānⁱⁿ* make a statement ▪ أدلى بصوته *ʔadlā bi-ṣawtⁱhi* cast a vote ▪ أدلى بدلوه في موضوع *ʔadlā bi-dalwⁱhi fī mawḍū3ⁱⁿ* give *one's* opinion about a subject • *v.tr.* dangle, suspend
آدم *ʔādam* **dip.** *man's name* • Adam ▪ ابن آدم *ibn · ʔādam* human being
إدماج *ʔidmāj n.** • integration, incorporation
إدمان *ʔidmān n.** • addiction
أدمج *ʔadmaja v.tr.* |4s يدمج *yudmijᵘ* | إدماج *ʔidmāj*| • integrate *sth* ∘ *into* في, incorporate, merge
أدمن *ʔadmana v.intr.* |4s يدمن *yudminᵘ* | إدمان *ʔidmān*| • be addicted *to* على
أدمى *ʔadmā v.tr.* |4s يدمي *yudmī* | إدماء *ʔidmāʔ*| • make bleed
أدميرال *ʔadmīrāl n.* • admiral
أدنى *ʔadnā adj. elat.* |*m. pl.* **def.** أدان *ʔadān(in)* | *f.* **invar.** دنيا *dunyā* | *f. pl.* **indecl.** دنى *dun(an)*| • lower, lowest ▪ أدناه *ʔadnāhu adv.* below ◊ كما في الصورة أدناه *as in the picture below* • nearer, nearest ▪ الشرق الأدنى *aššarq alʔadnā n.* the Near East ▪ أدنى من حبل الوريد *ʔadnā min ħablⁱ -lwarīdⁱ idiom* closer than *one's* jugular vein (i.e. very close) • minimum ▪ أجرة أدنى *ʔujraᵗ ʔadnā* minimum wage
أدهش *ʔadhaša v.tr.* |4s يدهش *yudhišᵘ* | إدهاش *ʔidhāš*| • surprise, amaze, astonish
أدى *ʔaddā v.intr.* |2d(a) يؤدي *yuʔaddī* | تأدية *taʔdiyaᵗ*

or أداء *ʔadāʔ*| • cause إلى, lead to • do, perform

أديب *ʔadīb* |*pl.* **dip.** أدباء *ʔudabāʔ*| • *n.* writer, author • *adj.* educated, cultured

أديس أبابا *ʔadīs ʔabābā n.* ***f. invar.*** • *(capital of Ethiopia)* Addis Ababa

أديم *ʔadīm n.* |*pl.* أدم *ʔudum* or آدام *ʔādām*| • tanned hide, leather • surface ▪ أديم الأرض *ʔadīm · alʔarḍ*^{i} the surface of the Earth

إذ *ʔiđ(i) conj.* •إذ *ʔiđ(i)* [+ perfect] then, when (suddenly) ◊ تفاجأ اللص إذ رأى الشرطي. *The thief was surprised when he saw the policeman.* ▪ إذ ذاك *ʔiđ đāka adv.* then, at that time •إذ *ʔiđ(i)*, إذ أنّ *ʔiđ ʔanna* because, since, for

إذا *ʔiđā conj.* •إذا *ʔiđā*, إذا ما *ʔiđā mā* [+ perfect] if ▪ إذا بـ *iđā bi-*, وإذا *wa-ʔiđā*, فإذا *fa-ʔiđā* and then, and suddenly • [+ perfect] when ▪ حتى إذا *ḫattā ʔiđā* until; when ▪ إلا إذا *ʔillā iđā*, إلا و *ʔillā wa- conj.* unless, except when ◊ لا أؤمن بشيء إلا إذ رأيت بعيني. *I don't believe anything unless I've seen it with my own two eyes.* • *conj.* whether, if ◊ لا أعرف إذا كان هذا صوابا أم خطأ. *I don't know whether this is right or wrong.*

أذاب *ʔađāba v.tr.* |4h يذيب *yuđīb*^{u} | إذابة *ʔiđāba*^{t}| • dissolve

آذار *ʔāđār n.* **dip.** • *(month)* March ➡ ***The Months p. 181***

أذاع *ʔađā3a v.tr.* |4h يذيع *yuđī3*^{u} | إذاعة *ʔiđā3a*^{t}| • broadcast

إذاعة *ʔiđā3a*^{t} *n.** • broadcast, transmission • radio

إذاعي *ʔiđā3ī*^{y} *adj.* • broadcast-, radio-

أذان *ʔađān n.* • call to prayer, adhan

Sunni Call to Prayer

The following lines are repeated by the muezzin during the call to prayer:

الله أكبر *aLLāh/u ʔakbar*^{u} God is great (4x)

أشهد أن لا إله إلا الله *ʔašhad*^{u} *ʔan lā ʔilāh*^{a} *ʔillā -LLāh*^{u} I bear witness that there is no god but God (2x)

أشهد أن محمدا رسول الله *ʔašhad*^{u} *ʔan muḫammadan rasūl*^{u} *-LLāh*^{i} I bear witness that Muhammad is the Messenger of God (2x)

حي على الصلاة *ḫayya 3alā -ṣṣalā*^{ti} Hasten to the prayer (2x)

حي على الفلاح *ḫayya 3alā -lfalāḫ*^{i} Hasten to success (2x)

الله أكبر *aLLāh*^{u} *ʔakbar* God is great (2x)

لا إله إلا الله *lā ʔilāh*^{a} *ʔillā -LLāh*^{u} There is no God but God (1x)

Men gather for prayer in Dubai. A minaret rises above the mosque.

Shiite Call to Prayer

The shiite call to prayer is similar to the Sunni call to prayer but contains two additional lines.

الله أكبر *aLLāh*^{u} *ʔakbar*^{u} God is great (4x)

أشهد أن لا إله إلا الله *ʔašhad*^{u} *ʔan lā ʔilāh*^{a} *ʔillā -LLāh*^{u} I bear witness that there is no god but God (2x)

أشهد أن محمدا رسول الله *ʔašhad*^{u} *ʔan muḫammadan rasūl*^{u} *-LLāh*^{i} I bear witness that Muhammad is the Messenger of God (2x)

اشهد ان عليا ولي الله *ʔašhad*^{u} *ʔan 3alīyan walīy*^{u} *-LLāh*^{i} I bear witness that Ali is the wali of God (2x)

حي على الصلاة *ḫayya 3alā -ṣṣalā*^{ti} Hasten to the prayer (2x)

حي على الفلاح *ḫayya 3alā -lfalāḫ*^{i} Hasten to success (2x)

حي على خير العمل *ḫayya 3alā xayr*^{i} *-l3amal*^{i} Hasten to the best deed (2x)

الله أكبر *aLLāh*^{u} *ʔakbar*^{u} God is great (2x)

لا إله إلا الله *lā ʔilāhᵃ ʔillā -LLāhᵘ* There is no God but God (2x)

أذربيجان *ʔađirbayjān* n. **f. invar.** • Azerbaijan

أذري *ʔađirīʸ*, أذربيجاني *ʔađirbayjānīʸ* adj. & n. • Azeri, Azerbaijani

أذعر *ʔađ3ara* v.tr. |4s يذعر *yuđ3irᵘ* | إذعار *ʔiđ3ār*| • alarm, scare

أذل *ʔađalla* v.tr. |4g يذل *yuđillᵘ* | إذلال *ʔiđlāl*| • humiliate, degrade

إذلال *ʔiđlāl* n.* • humiliation, degradation

أذن *ʔađđana* v.tr. |2s(a) يؤذن *yuʔađđinᵘ* | أذان *ʔađān* or تأذين *taʔđīn*| • call to prayer ◊ يؤذن المؤذن لصلاة الفجر. *The muezzin is calling the morning prayer.*

أذن *ʔađina* v.intr. |1s4(a) يأذن *yaʔđanᵘ* | إذن *ʔiđn*| • allow *sb* لـ *sth* بـ, authorize ▪ أذن له بأنْ *ʔađina lahu bi-ʔan* allow *sb* to *(do)*, let *sb (do)* ◊ أذنت له بالجلوس. *She allowed him to sit down.* ◊ من أذن لك بأن تدخل مكتبي؟ *Who let you in my office?*

إذن *ʔiđan*, إذا *ʔiđan* adv. • then, in that case • therefore, so

إذن *ʔiđn* n.* |pl. أذون *ʔuđūn*| • permission ▪ بإذن الله *bi-ʔiđnⁱ -LLāhⁱ* with God's permission, God willing ▪ عن إذنك *3an ʔiđnⁱka* with your permission

أذن *ʔuđun* n. **f.** |pl. آذان *ʔāđān*| • ear ⓘ *When referring to one person, 'ears' is dual. However, when referring to two or more people, 'ears' is plural:* ◊ أذناها *her ears* ◊ آذانهما *their ears* ▪ أذن وأنف وحنجرة *ʔuđn wa-ʔanf wa-ḥanjaraᵗ* otolaryngology, ENT (ear, nose, and throat) ▪ طبيب أذن وأنف وحنجرة *ṭabīb · ʔuđn wa-ʔanf wa-ḥanjaraᵗ* otolaryngologist

أذنب *ʔađnaba* v.intr. |4s يذنب *yuđnibᵘ* | إذناب *ʔiđnāb*| • be guilty, be culpable

أذهل *ʔađhala* v.tr. |4s يذهل *yuđhilᵘ* | إذهال *ʔiđhāl*| • amaze, astonish

أذى *ʔađ(an)* n. **indecl.** |pl. أذيات *ʔađayāt*| • harm, damage

آذى *ʔāđā* v.tr. |4d(a) يؤذي *yuʔđī* | إيذاء *ʔīđāʔ*| • hurt, injure

أراب *ʔarāba* v.tr. |4h يريب *yurībᵘ* | إرابة *ʔirābaᵗ*| • make feel suspicious

أراح *ʔarāḥa* v.tr. |4h يريح *yurīḥᵘ* | إراحة *ʔirāḥaᵗ*| • relieve, calm, soothe

أراد *ʔarāda* v.tr. |4h يريد *yurīdᵘ* | إرادة *ʔirādaᵗ*| • want ▪ أراد أنْ *ʔarāda ʔan* want to *(do)* ◊ أريد الذهاب إلى هناك. *I want to go there.* ◊ أريد أن أذهب إلى هناك. *I want to go there.* ◊ يريد الزواج منها. *He wants to marry her.* ◊ كنت أريد أن أتكلم معك. *I wanted to talk to you.* ◊ لم تكن تريد الذهاب إلى فرانسا. *She didn't want to go to France.* ▪ أراده أن *ʔarādahu ʔan*, أراد منه أنْ *ʔarāda minhu ʔan* want *sb* to *(do)* ⓘ *The following four constructions are in order of frequency of usage, the last one rare:* ◊ أريد أن تذهب معي. *I want you to go with me.* ◊ أريد منك أن تذهب معي. *I want you to go with me.* ◊ أريد منك الذهاب معي. *I want you to go with me.* ◊ أريد ذهابك معي. *I want you to go with me.*

إرادة *ʔirādaᵗ* n.* • want, desire, will

إرادي *ʔirādīʸ* adj. • willful, intentional, voluntary ▪ غير إرادي *ɣayr · ʔirādīʸ* involuntary

أراق *ʔarāqa* v.tr. |4h يريق *yurīqᵘ* | إراقة *ʔirāqaᵗ*| • spill, shed, pour out

إراقة *ʔirāqaᵗ* n.* • إراقة دماء *ʔirāqat · dimāʔ* bloodshed

أربح *ʔarbaḥa* v.tr. |4s يربح *yurbiḥᵘ* | إرباح *ʔirbāḥ*| • let gain *sb* ه *sth* ه, cause to profit

إربد *ʔirbid* n. **f. dip.** • *(city in Jordan)* Irbid ➡ ***map on p. 18***

أربعاء *alʔarba3āʔ* or *alʔarbi3āʔ* or *alʔarbu3āʔ* n. • Wednesday ◊ في أول أربعاء من كل شهر *on the first Wednesday of every month* ▪ الأربعاء *alʔarba3āʔᵃ*, يوم الأربعاء *yawmᵃ · -lʔarba3āʔⁱ* adv. (on) Wednesday(s) ▪ كل أربعاء *kullᵃ ʔarba3āʔⁱⁿ* adv. every Wednesday

أربعة *ʔarba3aᵗ* **f.** *number* |m. أربع *ʔarba3* | *as numeral, written* ٤| • [+ indefinite genitive plural noun] four ⓘ *The number 4 requires reverse gender agreement:* ◊ *(feminine form with masculine noun)* أرتبعة بيوت *ʔarba3aᵗ buyūtⁱⁿ four houses* ◊ *(masculine form with feminine noun)* أربع سيارات *ʔarba3 sayyārātⁱⁿ four cars* • [definite plural noun +] the four ◊ الرجال الأربعة *the four men* ◊ النساء الأربع *the four women*

'4.00 L.E.': Fruit for sale in Egypt

أربعة عشر *ʔarba3a^ta 3ašr^a* ***f.*** *number |m.* أربع عشرة *ʔarba3^a 3ašara^ta | as numeral, written* ١٤ | [+ indefinite accusative singular noun] • fourteen ⓘ *The number 14 is a compound number. Neither word in the compound reflects the case required by the grammar of the sentence; both always take the definite accusative. The first word in the compound requires reverse gender agreement, while the second agrees in gender with the counted noun:* ◊ *(with masculine noun)* أربعة عشر بيتا *ʔarba3a^ta 3ašar^a baytan fourteen houses* ◊ *(with feminine noun)* أربع عشرة سيارة *ʔarba3^a 3ašara^ta sayyāra^tan fourteen cars* • [definite plural noun +] the fourteen ◊ الرجال الأربعة عشر *the fourteen men* ◊ النساء الأربع عشرة *the fourteen women*

أربعمائة *ʔarba3^u miʔa^tin*, أربعمئة *|as numeral, written* ٤٠٠ | • four hundred

أربعون *ʔarba3ūn^a number |acc. and gen.* أربعين *ʔarba3īn^a | as numeral, written* ٤٠ | • [+ indefinite accusative singular noun] forty ◊ أربعون بيتا *ʔarba3ūn^a baytan forty houses* ◊ من أربعين بيتا *min ʔarba3īn^a baytan from forty houses* ▪ الأربعينات *alʔarba3īnāt pl. n.* the forties, the (19)40s • *adj.* fortieth ◊ اليوم الأربعون *the fortieth day*

أربعيني *ʔarb3īnī^y adj.* • forty-something-year-old, in *one's* forties

أربك *ʔarbaka v.tr.* |**4s** يربك *yurbik^u* | إرباك *ʔirbāk*| • confuse, upset

أربيل *ʔarbīl, also spelled* اربل *ʔarbīl n.* ***f. dip.*** • *(city in Iraq)* Erbil, Arbil, Irbil ➡ ***map on p. 206***

ارتاب *irtāba v.intr.* |**8h1** يرتاب *yartāb^u* | ارتياب *irtiyāb*| • mistrust, suspect, be suspicious *of* في *or* بـ

ارتاح *irtāħa v.intr.* |**8h1** يرتاح *yartāħ^u* | ارتياح *irtiyāħ*| • take a break *from* من, rest, relax • be happy *about* إلى *or* لـ, be satisfied *with*

ارتاد *irtāda v.tr.* |**8h1** يرتاد *yartād^u* | ارتياد *irtiyād*| • frequent, visit regularly

ارتباط *irtibāṭ n.*⋆ • connection, tie

ارتباك *irtibāk n.*⋆ • confusion, embarrassment, bewilderment

ارتبط *irtabaṭa v.intr.* |**8s** يرتبط *yartabiṭ^u* | ارتباط *irtibāṭ*| • be connected *to* بـ, be linked, be tied

ارتبك *irtabaka v.intr.* |**8s** يرتبك *yartabik^u* | ارتباك *irtibāk*| • be confused, be embarrassed

ارتج *irtajja v.intr.* |**8g1** يرتج *yartajj^u* | ارتجاج *irtijāj*| • jar, jolt

ارتجاج *irtijāj n.*⋆ • jarring, jolt ▪ ارتجاج في المخ *irtijāj fī -lmuxx^i*, ارتجاج في الدماغ *irtijāj fī -ddimāɣ^i*, ارتجاج في الرأس *irtijāj fī -rraʔs^i* concussion

ارتجف *irtajafa v.intr.* |**8s** يرتجف *yartajif^u* | ارتجاف *irtijāf*| • tremble, quake

ارتد *irtadda v.intr.* |**8g1** يرتد *yartadd^u* | ارتداد *irtidād*| • reverse, withdraw, retreat • renounce عن

ارتداد *irtidād n.*⋆ • withdrawal, retreat • renunciation

ارتدى *irtadā v.tr.* |**8d1** يرتدي *yartadī* | ارتداء *irtidāʔ*| • wear, put on ◊ !ارتدي ملابسك *Get dressed!* ◊ .كان يرتدي حذاء جديدا *He was wearing new shoes.* ◊ ?لماذا ترتدي الأسود *Why are you dressed in black?*

إرتري *ʔiritrī^y adj. & n.* • Eritrean

إرتريا *ʔiritriyā n.* ***f. invar.*** • Eritrea

ارتزق *irtazaqa v.intr.* |**8s** يرتزق *yartaziq^u* | ارتزاق *irtizāq*| • live on من, make a living *with*

ارتشاء *irtišāʔ n.* • bribery, corruption

ارتشى *irtašā v.intr.* |**8d1** يرتشي *yartašī* | ارتشاء *irtišāʔ*| • take bribes, be corrupt

ارتعب *irta3aba v.intr.* |**8s** يرتعب *yarta3ib^u* | ارتعاب *irti3āb*| • be terrified, be scared

ارتعش *irta3aša v.intr.* |**8s** يرتعش *yarta3iš^u* | ارتعاش *irti3āš*| • shiver, shake

ارتفاع *irtifā3 n.** • elevation, altitude, height • increase, rise

ارتفع *irtafa3a v.intr.* |8s يرتفع *yartafi3*^{u} | ارتفاع *irtifā3*| • rise, go up, ascend • increase, grow

ارتقاء *irtiqā? n.** • ascent

ارتقاب *irtiqāb n.** • anticipation, expectation

ارتقب *irtaqaba v.tr.* |8s يرتقب *yartaqib*^{u} | ارتقاب *irtiqāb*| • anticipate, expect

ارتقى *irtaqā v.intr.* |8d1 يرتقي *yartaqī* | ارتقاء *irtiqā?*| • ascend, rise

ارتكب *irtakaba v.tr.* |8s يرتكب *yartakib*^{u} | ارتكاب *irtikāb*| • commit, perpetrate ▪ ارتكب جريمة *irtakaba jarīma*^{t} commit a crime

ارتكز *irtakaza v.intr.* |8s يرتكز *yartakiz*^{u} | ارتكاز *irtikāz*| • be focused *on* على *or* في, be centered

ارتياب *irtiyāb n.** • mistrust, suspicion

ارتياح *irtiyāḫ n.** • satisfaction, relief

أرجأ *?arja?a v.tr.* |4s(c) يرجئ *yurji?*^{u} | إرجاء *?irjā?*| • postpone *sth* ∘ *to* إلى, put off, defer

إرجاء *?irjā? n.** • postponement, deferment

أرجح *?arjaḫ adj.* **dip.** • preferable, probable, likely ▪ على الأرجح *3alā -l?arjaḫ*^{i} *adv.* probably ▪ من الأرجح أنْ *min*^{a} *-l?arjaḫ*^{i} *?an* it's likely that..., in all probability

أرجع *?arja3a v.tr.* |4s يرجع *yurji3*^{u} | إرجاع *?irjā3*| • return, give back

الأرجنتين *al?arjantīn n.* ***f.*** • Argentina

أرجنتيني *?arjantīnī*^{y} *adj. & n.* • Argentinian

أرجواني *?urjuwānī*^{y} *adj.* |elat. أكثر أرجوانية *?aktar ?urjuwānīya*^{tan}| • purple

أرجوحة *?urjūḫa*^{t} *n.* |pl. **dip.** أراجيح *?arājīḫ* or أرجوحات *?urjūḫāt*| • *(hanging seat)* swing ◊ دفع الطفل في الأرجوحة. *He pushed the child in the swing.* • hammock

أرخ *?arraxa v.tr.* |2s(a) يؤرخ *yu?arrix*^{u} | تأريخ *ta?rīx*| • date (a letter, check, etc.) ▪ أرخ بتاريخ لاحق *?arraxa bi-tārīx*^{in} *lāḫiq*^{in} postdate • chronicle لـ, write the history *of* ◊ أرخ لتاريخ البلد. *He chronicled the history of the country.*

إرخاء *?irxā? n.** • relaxation

أرخى *?arxā v.tr.* |4d يرخي *yurxī* | إرخاء *?irxā?*| • loosen, relax

الأردن *al?urdunn n.* ***m.*** • Jordan

أردني *?urdunnī*^{y} *adj. & n.* • Jordanian

أرز *?aruzz coll. n.* • rice

أرز *?arz coll. n.* |sing. أرزة *?arza*^{t}| • cedar

إرسال *?irsāl n.** • transmission

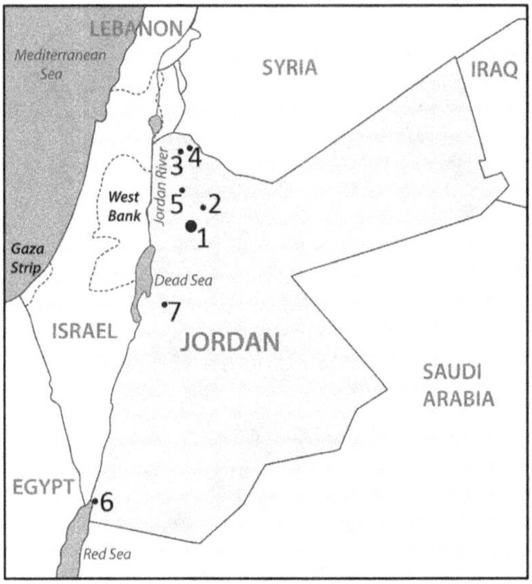

map of Jordan

1. عمّان *3ammān* Amman
2. الزرقاء *azzarqā?* Zarqa
3. إربد *?irbid* Irbid
4. الرمثا *arramtā* Ramtha
5. جرش *jaraš* Jerash
6. العقبة *al3aqaba*^{t} Aqaba
7. الكرك *alkarak* Al Karak

أرسل *?arsala v.tr.* |4s يرسل *yursil*^{u} | إرسال *?irsāl*| • send *sth* ∘ *to* لـ, transmit

إرشاد *?iršād n.** • guidance, direction ▪ إرشادات *?iršādāt pl. n.* directions, instructions

إرشادي *?iršādī*^{y} *adj.* • informative

أرشد *?aršada v.tr.* |4s يرشد *yuršid*^{u} | إرشاد *?iršād*| • guide, lead, direct, advise

أرشيف *?aršīf n.* • archive

أرض *?arḍ n.* ***f.*** |pl. **def.** أراض *?arāḍ(in)*| • ground, land ▪ أراض زراعية *?arāḍ(in) zirā3īya*^{t} farmland ▪ الأراضي المقدسة *al?arāḍī -lmuqaddisa*^{t} the Holy Land ▪ مبدأ الأرض مقابل السلام *mabda? · al?arḍ*^{i} *muqābil*^{a} *-ssalām*^{i} the principle of land for peace ▪ قذيفة أرض-أرض *qadīfat · ?arḍ-?arḍ* surface-to-surface missile ▪ قذيفة أرض-جو *qadīfat · ?arḍ-jaww* surface-to-air missile • soil, earth • الأرض *al?arḍ (planet)* Earth, the earth

أرضع *?arḍa3a v.tr.* |4s يرضع *yurḍi3*^{u} | إرضاع *?irḍā3*| • nurse, breast-feed

أرضى *?arḍā v.tr.* |4d يرضي *yurḍī* | إرضاء *?irḍā?*| • satisfy, appease

أرضي *?arḍī*^{y} *adj.* • terrestrial • soil-,

land- • ground- ▪ طابق أرضي *ṭābiq ʔarḍīʸ* ground floor

أرضية *ʔarḍīyaᵗ n.* • floor, basis • background

أرعب *ʔar3aba v.tr.* |**4s** يرعب *yur3ibᵘ* | إرعاب *ʔir3āb*| • terrify, horrify, alarm, scare

أرغم *ʔarɣama v.tr.* |**4s** يرغم *yurɣimᵘ* | إرغام *ʔirɣām*| • make *sb* ه *(do)* على, force ◊ أرغمه أبوه على غسل السيارة. *His father made him wash the car.*

أرغن *ʔurɣun n.* |*pl.* **dip.** أراغن *ʔarāɣin*| • *(music)* organ

أرفق *ʔarfaqa v.tr.* |**4s** يرفق *yurfiqᵘ* | إرفاق *ʔirfāq*| • attach, enclose

أرق *ʔaraq n.*★ • sleeplessness, insomnia

آرق *ʔāriq act. part. adj.* |*elat.* أكثر أرقا *ʔakṯar ʔaraqan*| • sleepless

أرق *ʔariqa v.intr.* |**1s4(a)** يأرق *yaʔraqᵘ* | أرق *ʔaraq*| • suffer from insomnia

أرق *ʔarraqa v.tr.* |**2s(a)** يؤرق *yuʔarriqᵘ* | تأريق *taʔrīq*| • not let sleep

أرقط *ʔarqaṭ adj.* **dip.** |*m & f pl.* رقط *ruqṭ* | *f. sing.* **dip.** رقطاء *raqṭāʔ* | *f. dual* رقطاوان *ruqṭāwānⁱ* | *f. pl.* رقطاوات *ruqṭāwāt*| • spotted

أركيد *ʔorkīd n.* • orchid

أركيلة *ʔargīlaᵗ* • arghila (waterpipe for smoking), hookah

أرمل *ʔarmal n.* **dip.** |*pl.* **dip.** أرامل *ʔarāmil*| • widower

أرملة *ʔarmalaᵗ n.* |*pl.* **dip.** أرامل *ʔarāmil*| • widow

أرميني *ʔarmīnīʸ adj. & n.* • Armenian

أرمينيا *ʔarmīniyā n.* **f. invar.** • Armenia

أرنب *ʔarnab n.* |*pl.* **dip.** أرانب *ʔarānib*| • rabbit, hare ▪ أرنب هندي *ʔarnab hindīʸ* guinea pig

إرهاب *ʔirhāb n.*★ • terrorism

إرهابي *ʔirhābīʸ adj. & n.* • terrorist

إرهاق *ʔirhāq n.*★ • exhaustion • heavy load

أرهب *ʔarhaba v.tr.* |**4s** يرهب *yurhibᵘ* | إرهاب *ʔirhāb*| • terrorize

أرهق *ʔarhaqa v.tr.* |**4s** يرهق *yurhiqᵘ* | إرهاق *ʔirhāq*| • exhaust, tire out • burden *sb* ه *with* بـ, encumber, oppress, ask too much *of*

أرومة *ʔarūmaᵗ n.* |*pl.* أروم *ʔurūm*| • root, origin, lineage ▪ طيب الأرومة *ṭayyib · alʔarūmaᵗⁱ* of good lineage • *(tree)* stump

أروى *ʔarwā* **f. invar.** *woman's name* • Arwa

أرى *ʔarā v.tr.* |**4d(c)** يري *yurī* | إراءة *ʔirāʔaᵗ*| • show *sb* ه *sth* ه ▪ يا ترى *yā turā* **invar.** [positioned freely in sentence] I wonder, tell me, ... do you think..., in your opinion ◊ *(hearing a knock at the door)* من يا ترى سيكون هذا الشخص؟ *Who might that be?* ▪ ترى *turā*, تراني *turānī* [at beginning of sentence; often untranslated] I wonder ◊ ترى هل فهمت سؤالك جيداً. *I wonder if I've understood your question correctly.* ◊ تراني أين ذهب كل هؤلاء الناس؟ *Where did all those people go, I wonder?*

أريكة *ʔarīkaᵗ n.* |*pl.* **dip.** أرائك *ʔarāʔik*| • couch, sofa

أز *ʔazza v.intr.* |**1g3(a)** يؤز *yaʔuzzᵘ* | أزيز *ʔazīz*| • whiz, hum, buzz, hiss

إزاء *ʔizāʔa*, بإزاء *bi-ʔizāʔⁱ*, على إزاء *3alā ʔizāʔⁱ prep.* • regarding, in the face of, vis-à-vis ◊ ما رد فعلك إزاء الأحداث؟ *What is your reaction toward the events?* • *(direction)* toward

أزاح *ʔazāḥa v.tr.* |**4h** يزيح *yuzīḥᵘ* | إزاحة *ʔizāḥaᵗ*| • pull back (a curtain, etc.) *from* عن ▪ أزاح الستار عن *ʔazāḥa -ssitārᵃ 3an* unveil

إزار *ʔizār n.* |*pl.* أزر *ʔuzur*| • izaar (garment for men wrapped around the waist), wraparound, loincloth ▪ إزار إسكتلندي *ʔizār ʔiskotlandīʸ* kilt

أزال *ʔazāla v.tr.* |**4h** يزيل *yuzīlᵘ* | إزالة *ʔizālaᵗ*| • remove, eliminate, get rid of • *(computers)* uninstall

إزالة *ʔizālaᵗ n.*★ • elimination, removal

ازداد *izdāda v.intr.* |**8h2** يزداد *yazdādᵘ* | ازدياد *izdiyād*| • increase, grow, rise ◊ ازداد عدد السكان. *The population has increased.* ◊ سيزداد الطلب على البترول. *The demand for oil will rise.*

ازدحام *izdiḥām n.*★ • crowd, congestion, overcrowding ▪ ازدحام مرور *izdiḥām · murūr* traffic jam ▪ ساعة ازدحام *sā3at · izdiḥām* rush hour

ازدحم *izdaḥama v.intr.* |**8a4** يزدحم *yazdaḥimᵘ* | ازدحام *izdiḥām*| • be crowded, be overcrowded, be congested

ازدهار *izdihār n.*★ • prosperity ▪ في ازدهار *fī- zdihārⁱⁿ adv.* prosperous, flourishing

ازدهر *izdahara v.intr.* |**8a4** يزدهر *yazdahirᵘ* | ازدهار *izdihār*| • flourish, prosper, blossom

ازدوج *izdawaja v.intr.* |**8a4** يزدوج *yazdawijᵘ* | ازدواج *izdiwāj*| • be doubled, double

ازدياد *izdiyād n.*★ • increase, growth, rise ▪ في ازدياد *fī -zdiyādⁱⁿ* be increasing, be on the rise ◊ الأعداد في ازدياد. *The numbers are increasing.*

آزر *ʔāzara v.tr.* |**3s(a)** يؤازر *yuʔāzirᵘ* | مؤازرة *muʔāzaraᵗ*| • help, assist • support, back up

أزر ʔazr *n.* • capability, power, strength

ازرق izraqqa *v.intr.* |9s يزرق yazraqqᵘ | ازرقاق izriqāq| • turn blue

أزرق ʔazraq *adj.* **dip.** |m & f pl. زرق zurq | f. sing. **dip.** زرقاء zarqāʔ | f. dual زرقاوان zarqāwānⁱ | f. pl. زرقاوات zarqāwāt| • blue ▪ أزرق سماوي ʔazraq samāwīʸ sky blue

إزعاج ʔiz3āj *n.** • disturbance, annoyance, harassment

أزعج ʔaz3aja *v.tr.* |4s يزعج yuz3ijᵘ | إزعاج ʔiz3āj| • disturb, annoy, bother, harass

أزف ʔazifa *v.intr.* |1s4(a) يأزف yaʔzafᵘ | أزف ʔazaf| • approach, draw near

أزكى ʔazkā *v.tr.* |4d يزكي yuzkī | إزكاء ʔizkāʔ| • increase, develop ▪ أزكى الوعي بـ ʔazkā alwa3yᵃ bi- raise awareness about

أزل ʔazal, أزلية ʔazalīyaᵗ *n.* |pl. آزال ʔāzāl| • eternity

أزلي ʔazalīʸ *adj.* • eternal

أزمة ʔazmaᵗ *n.* |pl. أزمات ʔaz(a)māt| • crisis ▪ أزمة قلبية ʔazmaᵗ qalbīyaᵗ heart attack ▪ أزمة مالية ʔazmaᵗ mālīyaᵗ financial crisis ▪ أزمة اقتصادية ʔazmaᵗ iqtiṣādīyaᵗ economic crisis ▪ أزمة سياسية ʔazmaᵗ siyāsīyaᵗ political crisis

أزمع ʔazma3a *v.intr.* |4s يزمع yuzmi3ᵘ | إزماع ʔizmā3| • be determined *to* على, intend *to*

أزمن ʔazmana *v.intr.* |4s يزمن yuzminᵘ | إزمان ʔizmān| • last a long time, be chronic

أزهر ʔazhar *adj. elat.* • radiant, brilliant ▪ جامع الأزهر jāmi3 · alʔazharⁱ *n.* Al-Azhar Mosque ▪ جامعة الأزهر jāmi3at · alʔazharⁱ Al-Azhar University

أزهر ʔazhara *v.intr.* |4s يزهر yuzhirᵘ | إزهار ʔizhār| • bloom, blossom, flower

أزهري ʔazharīʸ *n.* • student of Al-Azhar University

أساء ʔasāʔa *v.* |4h(a) يسيء yusīʔᵘ | إساءة ʔisāʔaᵗ| • *v.tr.* harm ▪ أساء معاملته ʔasāʔa mu3āmalatᵃhu mistreat *sb* • *v.intr.* insult إلى *or* لـ, offend, wrong

إساءة ʔisāʔaᵗ *n.** • harm, abuse ▪ إساءة معاملة ʔisāʔat · mu3āmalaᵗ mistreatment ▪ إساءة للأطفال ʔismāʔaᵗ li-lʔaṭfāl child abuse ▪ إساءة استخدام ʔisāʔat · istixdām abuse, misuse • insult, offense, injustice

أساس ʔasās *n.* |pl. أسس ʔusus| • basis, foundation ▪ أسس ʔusus *pl. n.* essentials, principles ▪ أساسا ʔasāsan, في الأساس fī -lʔasāsⁱ *adv.* primarily, essentially, basically ▪ على أساس 3alā ʔasāsⁱ *prep.* on the basis of ◊ نرفض التمييز على أساس العرق. *We refuse discrimination on the basis of ethnicity.*

أساسي ʔasāsīʸ *adj.* |elat. أكثر أساسية ʔaktar ʔasāsīyaᵗᵃⁿ| • basic, primary, essential, fundamental ▪ أساسيات ʔasāsīyāt *pl. n.* fundamentals, basics

إسباني ʔisbānīʸ |pl. إسبان ʔisbān| • *adj.* Spanish ▪ اللغة الإسبانية alluɣaᵗ alʔisbānīyaᵗ *n. (language)* Spanish • *n.* Spaniard

إسبانيا ʔisbāniyā *n.* **f. invar.** • Spain

إسبرسو ʔespresō *n.* **invar.** • espresso

أسبرين ʔasbirīn *n.* **invar.** • aspirin

أسبق ʔasbaq *adj. elat.* • previous, former, ex- ◊ الرئيس الأسبق *the ex-president*

أسبقية ʔasbaqīyaᵗ *n.* • priority ▪ أعطى الأسبقية لـ ʔa3ṭā -lʔasbaqīyaᵗᵃ li- *v.* give priority to

أسبوع ʔusbū3 *n.* |pl. **dip.** أسابيع ʔasābī3| • week ▪ الأسبوع الماضي alʔusbū3 almāḍīʸ *adv.* last week

أسبوعي ʔusbū3īʸ *adj.* • weekly ▪ أسبوعيا ʔusbū3īyan *adv.* weekly

است ist *n.* |pl. أستاه ʔastāh| • buttocks, backside

استاء istāʔa *v.intr.* |8h1(a) يستاء yastāʔᵘ | استياء istiyāʔ| • be displeased *with* من

استأجر istaʔjara *v.tr.* |10s(a) يستأجر yastaʔjirᵘ | استئجار istiʔjār| • rent (UK: *also* hire)

إستاد ʔistād *n.* • stadium, arena

أستاذ ʔustāḏ *n.* |pl. أساتذة ʔasātiḏaᵗ| • teacher, professor ▪ أستاذ جامعي ʔustāḏ jāmi3īʸ university professor ▪ أستاذ دكتور ʔustāḏ doktōr |*abbreviated* أ.د.| professor, doctor ▪ أستاذ مشارك ʔustāḏ mušārik associate professor • sir, mister

استأذن istaʔḏana *v.tr.* |10s(a) يستأذن yastaʔḏinᵘ | استئذان istiʔḏān| • ask permission *from*

إستانبول ʔistānbūl *n.* **f. dip.** • *(city in Turkey)* Istanbul

استأنف istaʔnafa *v.tr.* |10s(a) يستأنف yastaʔnifᵘ | استئناف istiʔnāf| • resume ▪ استأنف اجتماعا istaʔnafa ijtimā3an resume a meeting • appeal ▪ استأنف حكما istaʔnafa ḥukman appeal a judgment

استأهل istaʔhala *v.tr.* |10s(a) يستأهل yastaʔhilᵘ | استئهال istiʔhāl| • be worthy *of* , deserve

استبد istabadda *v.intr.* |10g يستبد yastabiddᵘ | استبداد istibdād| • overpower بـ, overwhelm ◊ استبد به التعب. *Tiredness overcame him.*

استبداد istibdād *n.** • dictatorship, despotism

استبدال *istibdāl n.*⋆ • replacement, substitution

استبدل *istabdala v.tr.* |*10s* يستبدل *yastabdil*^{u} | استبدال *istibdāl* | • exchange *sth* ه *for* بـ, replace

استبشر *istabšara v.intr.* |*10s* يستبشر *yastabšir*^{u} | استبشار *istibšār* | • rejoice *at* بـ, be cheerful *about*

استبعد *istab3ada v.tr.* |*10s* يستبعد *yasta3bid*^{u} | استبعاد *istib3ād* | • deem unlikely, regard as improbable, rule out ▪ لا يُستبعد *lā yustab3ad*^{u} *pass. v.* not inconceivable ◊ لا تستبعد الحرب بين البلدين. *War between the two countries is not inconceivable.*

استبق *istabaqa v.tr.* |*8s* يستبق *yastabiq*^{u} | استباق *istibāq* | • be premature *in* ▪ استبق الجدول *istabaqa aljadwal*^{a} be ahead of schedule ▪ استبق الأمور *istabaqa alʔumūr*, استبق الأحداث *istabaqa alʔaḫdāt* get ahead of *oneself* • try to beat, strive to outdo, beat to the punch

استبقى *istabqā v.tr.* |*10d* يستبقي *yastabqī* | استبقاء *istibqāʔ* | • retain, detain, keep

استثمار *istitmār n.*⋆ • investment

استثماري *istitmārī*^{y} *adj.* • investment- ▪ مصرف استثماري *maṣrif istitmārī*^{y} *n.* investment bank

استثمر *istatmara v.intr.* |*10s* يستثمر *yastatmir*^{u} | استثمار *istitmār* | • invest *in* في

استثناء *istitnāʔ n.*⋆ • exception ◊ والاستثناء الوحيد هو... *the only exception is...* ▪ باستثناء *bi-stitnāʔ*^{i} *prep.* with the exception of ▪ دون استثناء *dūna -stitnāʔ*^{i}, بلا استثناء *bi-lā -stitnāʔ*^{i} *adv.* without exception ◊ كل شخص دون استثناء *every single person / every last one of them*

استثنائي *istitnāʔī*^{y} *adj.* |*elat.* أكثر استثنائية *ʔaktar istitnāʔīya*^{tan} | • exceptional, extraordinary ▪ بشكل استثنائي *bi-šakl*^{i} *-stitnāʔī*^{yi}, بصورة استثنائية *bi-ṣūra*^{tin} *istitnāʔīya*^{tin} *adv.* exceptionally, extraordinarily • *(grammar)* irregular

استثنى *istatnā v.tr.* |*10d* يستثني *yastatnī* | استثناء *istitnāʔ* | • make an exception *of*, exclude

استجاب *istajāba v.intr.* |*10h* يستجيب *yastajīb*^{u} | استجابة *istijāba*^{t} | • respond *to* لـ, react, answer ◊ لقد استجاب الله لصلاتي! *God has answered my prayer!* ▪ استجاب اتصالا *istajāba ittiṣālan* return a phone call ▪ استجاب رسالة *istajāba risāla*^{t} answer a letter • accept, comply

استجابة *istijāba*^{t} *n.*⋆ • response, reaction ▪ استجابة لـ *istijābatan li- prep.* in response to ◊ أعاد الشرح استجابة للطلبة. *He repeated the explanation in response to the students.* • acceptance, compliance

استجار *istajāra v.intr.* |*10h* يستجير *yastajīr*^{u} | استجارة *istijāra*^{t} | • seek refuge *from* من

استجد *istajadda v.intr.* |*10g* يستجد *yastajidd*^{u} | استجداد *istijdād* | • be new

استجم *istajamma v.intr.* |*10g* يستجم *yastajimm*^{u} | استجمام *istijmām* | • take a break *from* عن, seek recreation

استجمام *istijmām n.*⋆ • recreation

استجواب *istijwāb n.*⋆ • interrogation, questioning

استجوب *istajwaba v.tr.* |*10s* يستجوب *yastajwib*^{u} | استجواب *istijwāb* | • interrogate, question

استحال *istaḫāla v.intr.* |*10h* يستحيل *yastaḫīl*^{u} | استحالة *istiḫāla*^{t} | • be impossible *for* على, be inconceivable

استحالة *istiḫāla*^{t} *n.*⋆ • impossibility

استحسان *istiḫsān n.*⋆ • approval, consent

استحسن *istaḫsana v.tr.* |*10s* يستحسن *yastaḫsin*^{u} | استحسان *istiḫsān* | • recommend, have a good opinion of

استحضر *istaḫḍara v.tr.* |*10s* يستحضر *yastaḫḍir*^{u} | استحضار *istiḫḍār* | • send *for* • bring to mind

استحق *istaḫaqqa v.tr.* |*10g* يستحق *yastaḫiqq*^{u} | استحقاق *istiḫqāq* | • deserve, be worthy *of* ◊ يستحق الاحترام. *He deserves respect.*

استحقاق *istiḫqāq n.* • worthiness

استحم *istaḫamma v.intr.* |*10g* يستحم *yastaḫimm*^{u} | استحمام *istiḫmām* | • bathe, take a bath

استحيا *istaḫyā v.tr.* |*10d* يستحيي *yastaḫyī* | استحياء *istiḫyāʔ* | • let live, spare *sb's* life • be embarrassed *by* من • be ashamed *of* من • be shy

استخبار *istixbār n.*⋆ • inquiry ▪ استخبارات *istixbārāt pl. n. (military)* intelligence

استخبر *istaxbara v.tr.* |*10s* يستخبر *yastaxbir*^{u} | استخبار *istixbār* | • ask *sb* ه *about* عن, inquire

استخدام *istixdām n.*⋆ • use, usage

استخدم *istaxdama v.tr.* |*10s* يستخدم *yastaxdim*^{u} | استخدام *istixdām* | • use, utilize, employ

استخراج *istixrāj n.*⋆ • extraction

استخرج *istaxraja v.tr.* |*10s* يستخرج *yastaxrij*^{u} | استخراج *istixrāj* | • mine, extract

استخف *istaxaffa v.tr.* |*10g* يستخف *yastaxiff*^{u} | استخفاف *istixfāf* | • look down *on* بـ, disdain, underestimate

استخلف *istaxlafa v.tr.* |*10s* يستخلف *yastaxlif*^{u} | استخلاف *istixlāf* | • appoint as successor

استدار *istadāra v.intr.* | *10h* يستدير *yastadīru* | استدارة *istidārat* | • turn *toward* نحو, turn around • be round, be circular

استدام *istadāma v.tr.* | *10h* يستديم *yastadīmu* | استدامة *istidāmat* | • continue, go on *with*

استدرك *istadraka v.tr.* | *10s* يستدرك *yastadriku* | استدراك *istidrāk* | • rectify, make up for, set right

استدعاء *istid3āʔ n.** • summons, call, appeal

استدعى *istad3ā v.tr.* | *10d* يستدعي *yastad3ī* | استدعاء *istid3āʔ* | • summon, call *for*, invoke

استذكار *istiđkār n.** • memorization

استذكر *istađkara v.tr.* | *10s* يستذكر *yastađkiru* | استذكار *istiđkār* | • memorize, learn by heart

إستراتيجي *ʔistrātījīy adj.* | *elat.* أكثر استراتيجية *ʔaktar ʔistrātījīyatan* | • strategic

إستراتيجية *ʔistrātījīyat n.* • strategy

استراح *istarāħa v.intr.* | *10h* يستريح *yastarīħu* | استراحة *istirāħat* | • relax, become calm

استراحة *istirāħat n.* • rest, relaxation • intermission, break ▪ وقت استراحة *waqt · istirāħat* break time

استرأف *istarʔafa v.tr.* | *10s(b)* يسترئف *yastarʔifu* | استرآف *istirʔāf* | • beg for mercy

أسترالي *ʔusturālīy adj. & n.* • Australian

أستراليا *ʔusturāliyā n.* ***f. invar.*** • Australia

استرجاع *istirjā3 n.** • retrieval, recovery

استرجع *istarja3a v.tr.* | *10s* يسترجع *yastarji3u* | استرجاع *istirjā3* | • retrieve, recover

استرخاء *istirxāʔ n.** • relaxation

استرخى *istarxā v.intr.* | *10d* يسترخي *yastarxī* | استرخاء *istirxāʔ* | • become loose, become relaxed

استرد *istaradda v.tr.* | *10g* يسترد *yastariddu* | استرداد *istirdād* | • retrieve, recover

استرداد *istirdād n.** • retrieval, recovery

إسترليني *ʔistirlīnīy adj.* • sterling ▪ جنيه إسترليني *junayh istirlīnīy n.* pound sterling, English pound

استساغ *istasāɣa v.tr.* | *10h* يستسيغ *yastasīɣu* | استساغة *istisāɣat* | • approve *of*, find agreeable, commend

استسلام *istislām n.* • surrender, submission

استسلم *istaslama v.intr.* | *10s* يستسلم *yastaslimu* | استسلام *istislām* | • surrender *to* لـ, submit, yield

استشار *istašāra v.tr.* | *10h* يستشير *yastašīru* | استشارة *istišārat* | • consult, ask for advice ▪ أصاب من استشار. *ʔaṣāba mani -stašāra proverb* He who seeks advice will be correct.

استشارة *istišārat n.** • consultation

استشاري *istišārīy* • *adj.* advisory, consultative • *n.* consultant, advisor

استشاط *istašāṭa v.intr.* | *10h* يستشيط *yastašīṭu* | استشاطة *istišāṭat* | • become angry ▪ استشاط غضبا *istašāṭa ɣaḍaban* explode with anger

استشعار *istiš3ār n.** • perception, awareness, sensory

استشعر *istaš3ara v.intr.* | *10s* يستشعر *yastaš3iru* | استشعار *istiš3ār* | • perceive في *or* بـ, be aware *of*, sense ▪ استشعر بأن *istaš3ara bi-ʔanna* perceive that..., sense that...

استشفاء *istišfāʔ n.** • medical treatment

استشفى *istašfā v.intr.* | *10d* يستشفي *yastašfī* | استشفاء *istišfāʔ* | • seek medical treatment

استشهاد *istišhād n.** • martyrdom

استشهد *istašhada v.tr.* | *10s* يستشهد *yastašhidu* | استشهاد *istišhād* | • martyr ▪ أُستشهد *ustušhida pass. v.* be martyred, become a martyr

استصدار *istiṣdār n.** • issuance

استصدر *istaṣdara v.tr.* | *10s* يستصدر *yastaṣdiru* | استصدار *istiṣdār* | • *(legal)* issue ▪ استصدر تصريحا *istaṣdara taṣrīħan* issue a statement ▪ استصدر حكما *istaṣdara ħukman* issue an judgment ▪ استصدر قانونا *istaṣdara qānūnan* issue a law ▪ استصدر قرارا *istaṣdara qarāran* issue a decision ▪ استصدر مرسوما *istaṣdara marsūman* issue an ordinance

استصرخ *istaṣraxa v.tr.* | *10s* يستصرخ *yastaṣrixu* | استصراخ *istiṣrāx* | • cry for help *from* ه

استصعب *istaṣ3aba v.tr.* | *10s* يستصعب *yastaṣ3ibu* | استصعاب *istiṣ3āb* | • consider difficult, find difficult

استصلح *istaṣlaħa v.tr.* | *10s* يستصلح *yastaṣliħu* | استصلاح *istiṣlāħ* | • consider useful, deem suitable • *(agriculture)* reclaim ▪ استصلح أراض *istaṣlaħa ʔarāḍ(in)* reclaim land

استضاء *istaḍāʔa v.intr.* | *10h(a)* يستضيء *yastaḍīʔu* | استضاءة *istiḍāʔat* | • be enlightened *by* بـ

استضاف *istaḍāfa v.tr.* | *10h* يستضيف *yastaḍīfu* | استضافة *istiḍāfat* | • host, entertain

استطاع *istaṭā3a v.tr.* | *10h* يستطيع *yastaṭī3u* | استطاعة *istiṭā3at* | • استطاع أنْ *istaṭā3a ʔan* be able to *(do)*, can *(do)* ◊ لا يستطيع الجري. *He can't run.* ◊ هل تستطيع أن تتحدث اللغة الإنجليزية؟ *Can you speak English?*

استطاعة *istiṭā3a* n.* • ability ▪ باستطاعته *bi-stiṭā3at^ihi*, في استطاعته أنْ *fī -stiṭā3at^ihi ʔan* be able to, can ◊ كيف باستطاعتي نسيانك؟ *How could I forget you?* ◊ أنا قد كان باستطاعتي أن أتكلم اللغة الفرنسية عندما كنت طفلا. *I could speak French when I was a child.*

استطال *istaṭāla* v.intr. |10h يستطيل *yastaṭīl^u* | استطالة *istiṭāla^t* | • become long

استطرد *istaṭrada* v.intr. |10s يستطرد *yastaṭrid^u* | استطراد *istiṭrād* | • go on (to say) ▪ استطرد قائلا *istaṭrada qāʔilan*, استطرد يقول *istaṭrada yaqūl^u* go on to say

استطلاع *istiṭlā3* n.* • investigation, probe • poll • study, research

استطلع *istaṭla3a* v.tr. |10s يستطلع *yastaṭli3^u* | استطلاع *istiṭlā3* | • investigate, probe

استعاد *ista3āda* v.tr. |10h يستعيد *yasta3īd^u* | استعادة *isti3āda^t* | • retrieve, recover

استعادة *isti3āda^t* n.* • retrieval, recovery

استعاذ *ista3āđa* v.tr. |10h يستعيذ *yasta3īđ^u* | استعاذة *isti3āđa^t* | • take refuge *with*, seek protection *from*

استعار *ista3āra* v.tr. |10h يستعير *yasta3īr^u* | استعارة *isti3āra^t* | • borrow *sth* ∘ *from* من

استعان *ista3āna* v.intr. |10h يستعين *yasta3īn^u* | استعانة *isti3āna^t* | • seek help *from* بـ

استعباد *isti3bād* n.* • enslavement

استعبد *ista3bada* v.tr. |10s يستعبد *yasta3bid^u* | استعباد *isti3bād* | • enslave

استعجل *ista3jala* v. |10s يستعجل *yasta3jil^u* | استعجال *isti3jāl* | • *v.tr.* hurry, hasten, rush • *v.intr.* hurry (up), rush, be in a hurry

استعد *ista3adda* v.intr. |10g يستعد *yasta3idd^u* | استعداد *isti3dād* | • get ready *for* لـ, prepare *oneself for*

استعداد *isti3dād* n.* • preparation ▪ استعدادا لـ *isti3dādan li-* prep. in preparation for

استعدى *ista3dā* v.tr. |10d يستعدي *yasta3dī* | استعداء *isti3dāʔ* | • ask *sb* for help

استعراض *isti3rāḍ* n.* • study, review, examination • show, performance ▪ في استعراض للقوة *fī -sti3rāḍ^in li-lquwwa^ti* adv. in a show of strength, in a show of force

استعرض *ista3raḍa* v.tr. |10s يستعرض *yasta3riḍ^u* | استعراض *isti3rāḍ* | • study, review, examine, survey • display, exhibit, show off ◊ استعرض مهارته في كرة القدم. *He was showing off his soccer skills.* ▪ استعرض عضلاته *ista3raḍa 3aḍalāt^ihi* flex *one's* muscles

استعلاء *isti3lāʔ* n.* • superiority

استعلام *isti3lām* n.* • inquiry ▪ استعلامات *isti3lāmāt* pl. n. information

استعلم *ista3lama* v.intr. |10s يستعلم *yasta3lim^u* | استعلام *isti3lām* | • inquire *about* عن, ask *about*

استعلى *ista3lā* v.intr. |10d يستعلي *yasta3lī* | استعلاء *isti3lāʔ* | • rise, ascend

استعمار *isti3mār* n.* • colonization

استعماري *isti3mārī^y* adj. • colonial, imperialist

استعمارية *isti3mārīya^t* n. • colonialism, imperialism ▪ ما بعد الاستعمارية *mā ba3da -listi3mārīya^ti* post-colonialism

استعمال *isti3māl* n.* • use, usage, application, employment

استعمر *ista3mara* v. |10s يستعمر *yasta3mir^u* | استعمار *isti3mār* | • *v.intr.* settle *in* في • *v.tr.* colonize

استعمل *ista3mala* v.tr. |10s يستعمل *yasta3mil^u* | استعمال *isti3māl* | • use, employ

استغاث *istaɣāta* v.tr. & intr. |10h يستغيث *yastaɣīt^u* | استغاثة *istiɣāta^t* | • ask for help *from* (بـ), seek aid

استغاثة *istiɣāta^t* n.* • call for help

استغرب *istaɣraba* v.intr. |10s يستغرب *yastaɣrib^u* | استغراب *istiɣrāb* | • be surprised *at* من ▪ استغرب أنّ *istaɣraba ʔanna* [+ subjunctive] be surprised that... ◊ استغرب أنها كانت مريضة. *He was surprised that she was sick.* ▪ استغرب أنْ *istaɣraba ʔan* [+ subjunctive] be surprised if... ◊ لا أستغرب أن يكون هذا شيئاً أراده. *I wouldn't be surprised if this was something he wanted.*

استغرق *istaɣraqa* v.tr. |10s يستغرق *yastaɣriq^u* | استغراق *istiɣrāq* | • take (time), last ◊ استغرقت الرحلة ساعتين. *The trip took two hours.* ▪ استغرق وقتا *istaɣraqa waqtan* take time ▪ كم يستغرق من الوقت لـ...؟ *kam yastaɣriq^u min^a -lwaqt^i li-* How long does it take to *(do)*? • be absorbed *in* في, be immersed *in*, be wholly engaged *in* ▪ استغرق في النوم *istaɣraqa fī -nnawm^i* fall asleep

استغفر *istaɣfara* v.tr. |10s يستغفر *yastaɣfir^u* | استغفار *istiɣfār* | • ask *(God)* for forgiveness

استغل *istaɣalla* v.tr. |10g يستغل *yastaɣill^u* | استغلال *istiɣlāl* | • exploit, take advantage *of*

استغلال *istiɣlāl* n.* • exploitation

استغنى *istaɣnā* v.intr. |10d يستغني *yastaɣnī* | استغناء *istiɣnāʔ* | • not need عن, manage without, get along without

استفاد *istafāda* v. |10h يستفيد *yastafīd^u* | استفادة *istifāda^t* | • *v.intr.* benefit *from* من, profit *from*, utilize • *v.tr.* deduce *sth* ه *from* من, figure out ▪ استفاد منه أنّ *istafāda minhu ʔanna* gather from *sth* that...

استفادة *istifāda^t n.** • use, utilization

استفتاء *istiftāʔ n.** • questionnaire, poll ▪ استفتاء شعبي *istiftāʔ ša3bī^y* referendum ▪ أجرى استفتاء *ʔajrā istiftāʔ v.* conduct a survey

استفتى *istaftā v.tr.* |10d يستفتي *yastaftī* | استفتاء *istiftāʔ*| • ask *sb's* opinion, poll • ask for *sb's* advice, seek *sb's* counsel

استفرغ *istafraɣa v.intr.* |10s يستفرغ *yastafriɣ^u* | استفراغ *istifrāɣ*| • vomit, throw up

استفز *istafazza v.tr.* |10g يستفز *yastafizz^u* | استفزاز *istifzāz*| • provoke

استفزاز *istifzāz n.** • provocation

استفزازي *istifzāzī^y adj.* |*elat.* أكثر استفزازا *ʔaktar istifzāzan*| • provocative

استفهام *istifhām n.** • inquiry, query ▪ علامة استفهام *3alāmat · istifhām* question mark ▪ اسم استفهام *ism · istifhām* *(grammar)* interrogative

استفهم *istafhama v.intr.* |10s يستفهم *yastafhim^u* | استفهام *istifhām*| • ask *about* عن, inquire *about*, question *about*

استقال *istaqāla v.intr.* |10h يستقيل *yastaqīl^u* | استقالة *istiqāla^t*| • resign *from* عن, quit

استقالة *istiqāla^t n.** • resignation

استقام *istaqāma v.intr.* |10h يستقيم *yastaqīm^u* | استقامة *istiqāma^t*| • stand upright, straighten up

استقامة *istiqāma^t n.** • straightness

استقبال *istiqbāl n.** • reception ▪ موظف استقبال *muwaẓẓaf · istiqbāl* receptionist

استقبل *istaqbala v.tr.* |10s يستقبل *yastaqbil^u* | استقبال *istiqbāl*| • receive

استقدم *istaqdama v.tr.* |10s يستقدم *yastaqdim^u* | استقدام *istiqdām*| • summon, call *for*, send *for*

استقر *istaqarra v.intr.* |10g يستقر *yastaqirr^u* | استقرار *istiqrār*| • stabilize, become stable • settle down, reside

استقرأ *istaqraʔa v.tr.* |10s(c) يستقرئ *yastaqriʔ^u* | استقراء *istiqrāʔ*| • investigate, study, scrutinize, examine • ask to recite

استقرار *istiqrār n.** • stability ▪ عدم استقرار *3adam · istiqrār* instability

استقطاب *istiqṭāb n.** • attraction • polarization *between* بين

استقطب *istaqṭaba v.tr.* |10s يستقطب *yastaqṭib^u* | استقطاب *istiqṭāb*| • attract, draw • polarize

استقل *istaqalla v.* |10g يستقل *yastaqill^u* | استقلال *istiqlāl*| • *v.intr.* become independent • *v.tr.* consider too little, find insufficient • board, get in/on, catch, take ◊ استقللت طائرة من القاهرة متجها إلى طوكيو عن طريق دبي. *I took a flight from Cairo to Tokyo via Dubai.*

استقلال *istiqlāl n.** • independence

استكان *istakāna v.intr.* |10h يستكين *yastakīn^u* | استكانة *istikāna^t*| • resign *oneself to* إلى *or* لـ, succumb to

استكانة *istikāna^t n.** • resignation

استكبر *istakbara v.intr.* |10s يستكبر *yastakbir^u* | استكبار *istikbār*| • become arrogant

استكشاف *istikšāf n.** • exploration

استكشافي *istikšāfī^y* • *adj.* exploratory

استكشف *istakšafa v.tr.* |10s يستكشف *yastakšif^u* | استكشاف *istikšāf*| • explore

استكمال *istikmāl n.** • completion

استكمل *istakmala v.tr.* |10s يستكمل *yastakmil^u* | استكمال *istikmāl*| • complete • fulfill, carry out

استلام *istalāma v.intr.* |10h يستليم *yastalīm^u* | استلامة *istilāma^t*| • deserve blame, be blameworthy

استلام *istilām n.** • receipt, reception, obtainment

استلزم *istalzama v.tr.* |10s يستلزم *yastalzim^u* | استلزام *istilzām*| • require

استلف *istalafa v.tr.* |8s يستلف *yastalif^u* | استلاف *istilāf*| • borrow *sth* ه *from* من

استلقى *istalqā v.intr.* |10d يستلقي *yastalqī* | استلقاء *istilqāʔ*| • lie down

استلم *istalama v.tr.* |8s يستلم *yastalim^u* | استلام *istilām*| • receive, obtain

استلهم *istalhama v.tr.* |10s يستلهم *yastalhim^u* | استلهام *istilhām*| • seek inspiration *from*, by inspired *by*

استمات *istamāta v.intr.* |10h يستميت *yastamīt^u* | استماتة *istimāta^t*| • risk *one's* life, defy death

استمارة *istimāra^t*, استئمارة *istiʔmāra^t n.* • form, application ▪ ملأ استمارة *malaʔa istimāra^t v.tr.* fill out a form

استمتاع *istimtā3 n.** • enjoyment, pleasure

استمتع *istamta3a v.intr.* |10s يستمتع *yastamti3^u* | استمتاع *istimtā3*| • enjoy بـ

استمد *istamadda v.intr.* |10g يستمد *yastamidd^u* | استمداد *istimdād*| • derive *from* من

استمر *istamarra v.intr.* |10g يستمر *yastamirr^u* | استمرار *istimrār*| • continue في ◊ لم يستمر طويلا. *It*

won't last long. ◊ استمر الوضع في التدهور. *The situation continued to deteriorate.*; *(used in perfect tense only)* [+ indicative] continue *(do)*ing, keep *(do)*ing ◊ استمرت تعمل في تلك الشركة حتى التقاعد. *She kept working at that company until she retired.*

استمرار *istimrār n.*⋆ • continuation, permanence ▪ باستمرار *bi-stimrārin adv.* continually, continuously, constantly, always ◊ ظل يلومها باستمرار. *He constantly kept blaming her.*

استمطر *istamṭara v.tr.* |10s يستمطر *yastamṭiru* | استمطار *istimṭār*| • pray for rain *to*

استمع *istama3a v.intr.* |8s يستمع *yastami3u* | استماع *istimā3*| • listen *to* إلى

استمناء *istimnāʔ n.*⋆ • masturbation

استمنى *istamnā v.intr.* |10d يستمني *yastamnī* | استمناء *istimnāʔ*| • masturbate

استناد *istinād n.*⋆ • dependence ▪ استنادا إلى *istinādan ʔilā prep.* on the basis of

استنار *istanāra v.intr.* |10h يستنير *yastanīru* | استنارة *istināra*| • be enlightened *by* بـ

استنتاج *istintāj n.*⋆ • inference, deduction, conclusion

استنتج *istantaja v.tr.* |10s يستنتج *yastantiju* | استنتاج *istintāj*| • infer *sth* ه *from* من, deduce, conclude, draw a conclusion

استنجد *istanjada v.intr.* |10s يستنجد *yastanjidu* | استنجاد *istinjād*| • call out for the help *of* بـ, seek aid *from*

استند *istanada v.intr.* |8s يستند *yastanidu* | استناد *istinād*| • depend *on* إلى, rely *on*

استنشاق *istinšāq n.*⋆ • inhalation ▪ جهاز استنشاق *jihāz · istinšāq* inhaler

استنشق *istanšaqa v.intr.* |10s يستنشق *yastanšiqu* | استنشاق *istinšāq*| • inhale

استنفاد *istinfād n.*⋆ • depletion, exhaustion

استنفار *istinfār n.*⋆ • alert • mobilization

استنفد *istanfada v.tr.* |10s يستنفد *yastanfidu* | استنفاد *istinfād*| • deplete, use up, exhaust

استنفر *istanfara v.tr.* |10s يستنفر *yastanfiru* | استنفار *istinfār*| • alert • mobilize

استنقع *istanqa3a v.intr.* |10s يستنقع *yastanqi3u* | استنقاع *istinqā3*| • become stagnant

استنكار *istinkār n.*⋆ • disapproval

استنكر *istankara v.intr.* |10s يستنكر *yastankiru* | استنكار *istinkār*| • disapprove *of*

استنكر *istankara v.tr.* |10s يستنكر *yastankiru* | استنكار *istinkār*| • condemn

استهان *istahāna v.intr.* |10h يستهين *yastahīnu* | استهانة *istihāna*| • consider easy بـ, take lightly • underestimate بـ

استهجان *istihjān n.*⋆ • disapproval, condemnation

استهجن *istahjana v.tr.* |10s يستهجن *yastahjinu* | استهجان *istihjān*| • disapprove *of*, condemn • boo, hiss

استهدف *istahdafa v.tr.* |10s يستهدف *yastahdifu* | استهداف *istihdāf*| • have in mind, make *one's* goal, target ▪ أُستهدف *ustuhdifa pass. v.* be susceptible *to* إلى *or* لـ, be exposed *to*, be open *to*, be targeted

استهزأ *istahzaʔa v.intr.* |10s(c) يستهزئ *yastahziʔu* | استهزاء *istihzāʔ*| • make fun *of* من *or* بـ, mock

استهزاء *istihzāʔ n.*⋆ • mockery

استهل *istahalla v.tr.* |10g يستهل *yastahillu* | استهلال *istihlāl*| • start, initiate

استهلاك *istihlāk n.*⋆ • consumption

استهلاكي *istihlākīy adj.* • consumer- ▪ سلع استهلاكية *sila3 istihlākīya* consumer goods ▪ إنفاق استهلاكي *ʔinfāq istihlākīy* consumer spending

استهلك *istahlaka v.tr.* |10s يستهلك *yastahliku* | استهلاك *istihlāk*| • consume, use

استواء *istiwāʔ n.*⋆ • equality, straightness ▪ خط استواء *xaṭṭ · istiwāʔ* equator • normalcy, normality, regularity

استوائي *istiwāʔīy adj.* • equatorial, tropical

استوجب *istawjaba v.tr.* |10s يستوجب *yastawjibu* | استيجاب *istījāb*| • require

استودع *istawda3a v.tr.* |10s يستودع *yastawdi3u* | استيداع *istīdā3*| • entrust *sb/sth* ه *to* ه ▪ أستودعك الله *ʔastawdi3uka aLLāha* May God be with you!, Farewell! (lit. I entrust you to God!) • store, warehouse

إستوديو *ʔistūdiyō n.* |pl. إستوديوهات *ʔistūdiyōhāt*| • studio

استورد *istawrada v.tr.* |10s يستورد *yastawridu* | استيراد *istīrād*| • import

استوصف *istawṣafa v.tr.* |10s يستوصف *yastawṣifu* | استيصاف *istīṣāf*| • consult (a doctor)

استوضح *istawḍaḥa v.tr.* |10s يستوضح *yastawḍiḥu* | استيضاح *istīḍāḥ*| • ask for clarification *sb* ه *about* عن

استوطن *istawṭana v.tr.* |10s يستوطن *yastawṭinu* | استيطان *istīṭān*| • settle, settle down *in*

استوعب *istaw3aba v.tr.* |10s يستوعب *yastaw3ibu* | استيعاب *istī3āb*| • absorb, grasp, understand, comprehend

استوفى *istawfā v.tr.* |**10d** يستوفي *yastawfī* | استيفاء *istīfāʔ*| • receive, collect • fulfill, satisfy

استوقد *istawqada v.tr.* |**10s** يستوقد *yastawqid^{u}* | استيقاد *istīqād*| • ignite, burn

استوقف *istawqafa v.tr.* |**10s** يستوقف *yastawqif^{u}* | استيقاف *istīqāf*| • ask *sb* to stop • give pause, captivate

استولى *istawlā v.intr.* |**10d** يستولي *yastawlī* | استيلاء *istīlāʔ*| • seize على, take possession *of*, capture, overpower

إستوني *ʔistōnīʸ adj. & n.* • Estonian

إستونيا *ʔistōniyā n.* ***f. invar.*** • Estonia

استوى *istawā v.intr.* |**8d1** يستوي *yastawī* | استواء *istiwāʔ*| • be even, be equal, be straight • be regular, be steady

استياء *istiyāʔ n.** • dissatisfaction

استيراد *istīrād n.** • importation

استيطان *istīṭān n.** • settlement

استيطاني *istīṭānīʸ adj.* • settlement-

استيعاب *istī3āb n.** • comprehension, grasp

استيقظ *istayqaẓa v.intr.* |**10s** يستيقظ *yastayqiẓ^{u}* | استيقاظ *istīqāẓ*| • wake up

استيلاء *istīlāʔ n.** • seizure

استئناف *istiʔnāf n.** • resumption • appeal

إسحاق *ʔisḥāq* **dip.** *man's name* • Ishak, Isaac

أسد *ʔasad n.* |*pl.* أسود *ʔusūd*| • lion ▪ أسد بحر *ʔasad · baḥr* sea lion •برج الأسد *burj · alʔasad^{i}* *(astrology)* Leo ▪ أنا من برج الأسد. *ʔana min burj^{i} -lʔasad^{i}* I'm a Leo.

أسر *ʔasara v.tr.* |**1s2(a)** يأسر *yaʔsir^{u}* | أسر *ʔasr*| • capture, take prisoner

أسر *ʔasarra v.tr.* |**4g** يسر *yusirr^{u}* | إسرار *ʔisrār*| • please • confide *to* إلى *sth* بـ, entrust to, tell in confidence

أسر *ʔasr n.** • captivity •بأسره *bi-ʔasr^{i}hi adv.* completely, all of ◊ العالم بأسره *the entire world*

إسراع *ʔisrā3 n.** • acceleration

إسرائيل *ʔisrāʔīl n.* ***f. dip.*** • Israel

إسرائيلي *ʔisrāʔīlīʸ adj. & n.* • Israeli

أسرة *ʔusra^{t} n.* |*pl.* أسر *ʔusar* or أسرات *ʔus(u)rāt*| • family, immediate family

أسرع *ʔasra3a v.* |**4s** يسرع *yusri3^{u}* | إسراع *ʔisrā3*| • *v.intr.* hurry, rush, be quick • *v.tr.* accelerate, speed up

أسرف *ʔasrafa v.tr.* |**4s** يسرف *yusrif^{u}* | إسراف *ʔisrāf*| • waste, squander ▪ أسرف في الماء *ʔasrafa fī -lmāʔ^{i}* waste water ▪ أسرف في المال *ʔasrafa fī -lmāl^{i}* waste money • [+ masdar or noun] *(do)* in excess في ▪ أسرف في شرب الخمر *ʔasrafa fī šurb^{i} · lxamr* drink too much (alcohol) ▪ أسرف في الطعام *ʔasrafa fī -ṭṭa3ām^{i}* overeat

أسري *ʔusrīʸ adj.* |*elat.* أكثر أسرية *ʔakṯar ʔusrīya^{tan}*| • family-, domestic

أسس *ʔassasa v.tr.* |**2s(a)** يؤسس *yuʔassis^{u}* | تأسيس *taʔsīs*| • establish, found, set up

إسطبل *ʔisṭabl n.* • stable, barn, stall

أسطوانة *ʔusṭuwāna^{t} n.* • disk, phonograph record, CD, DVD, CD-ROM • cylinder

أسطورة *ʔusṭūra^{t} n.* |*pl.* **dip.** أساطير *ʔasāṭīr*| • legend, myth, fable ▪ علم الأساطير *3ilm · alʔasāṭīr^{i}* mythology

أسطوري *ʔusṭūrīʸ adj.* • legendary, mythical

أسطول *ʔusṭūl n.* |*pl.* **def.** أساطيل *ʔasāṭīl*| • fleet • navy

أسطوني *ʔusṭūnīʸ adj.* • cylindrical

إسعاف *ʔis3āf n.** • relief, help, aid ▪ سيارة إسعاف *sayyārat · ʔis3āf* ambulance ▪ إسعافات أولية *ʔis3āfāt ʔawwalīya^{t} pl. n.* first aid ▪ صندوق إسعافات أولية *ṣundūq · ʔis3āfāt ʔawwalīya^{t}* first aid kit

أسعد *ʔas3ada v.tr.* |**4s** يسعد *yus3id^{u}* | إسعاد *ʔis3ād*| • make happy, please ▪ يسعدني أنْ *yus3id^{u}nī ʔan* *(impersonal verb)* it pleases me that... ◊ يسعدني أن أكتب لك هذه الرسالة *I'm pleased to be writing you this letter.*

أسعف *ʔas3afa v.tr.* |**4s** يسعف *yus3if^{u}* | إسعاف *ʔis3āf*| • relieve, help, aid

أسف *ʔasaf n.** • sorrow, regret ▪ للأسف *li-lʔasaf^{i}*, مع الأسف *ma3ā -lʔasaf*, بكل أسف *bi-kull^{i} ʔasaf^{i}*, بأسف شديد *bi-ʔasaf^{in} šadīd^{in} adv.* unfortunately; *interjection* That's too bad! ▪ ببالغ الأسف *bi-bāliɣ^{i} -lʔasaf^{i} adv.* with profound regret

آسف *ʔāsafa v.tr.* |**4s(a)** يؤسف *yuʔsif^{u}* | إيساف *ʔīsāf*| • distress, make sorry

آسف *ʔāsif act. part. adj.* |*elat.* أكثر أسفا *ʔakṯar ʔasafan*| • sorry, regretful ▪ أنا آسف *ʔana ʔāsif^{un}* I'm sorry!

أسف *ʔasifa v.intr.* |**1s4(a)** يأسف *yaʔsaf^{u}* | أسف *ʔasaf*| • be sorry *for* على *or* لـ, regret ◊ لا يجد من يأسف على رحيله. *No one is sorry to see him go.*

أسفر *ʔasfara v.intr.* |**4s** يسفر *yusfir^{u}* | إسفار *ʔisfār*| • disclose عن • result *in* عن, cause

أسفع *ʔasfa3 adj.* **dip.** |*m & f pl.* سفع *suf3* | *f. sing.* **dip.** سفعاء *saf3āʔ* | *f. dual* سفعاوان *saf3āwān^{i}* | *f. pl.* سفعاوات *saf3āwāt*| • dark brown, chocolate

brown
أسفل *ʔasfal adj. elat.* |*m. pl.* **dip.** أسافل *ʔasāfil* | *f.* **invar.** سفلى *suflā* | *f. dual* سفليان *suflayānⁱ* | *f. pl.* سفليات *suflayāt*| • *adj.* lower, lowest • *n.* bottom, lowest part
أسفلت *ʔasfalt n.* **invar.** • asphalt
إسفنج *ʔisfanj coll. n.* |*sing.* إسفنجة *ʔisfanjaᵗ*| • *(material)* sponge ◊ هذا الفراش مصنوع من الإسفنج. *This mattress is made of sponge.* • *(marine animal)* sponge
إسفنجة *ʔisfanjaᵗ n.* • *(for cleaning)* sponge
إسفندان *ʔisfindān n.* • maple tree ▪ شراب إسفندان *šarāb · istifdān* maple syrup
آسفي *ʔāsfī n. f.* **invar.** • *(city in Morocco)* Safi ➡ **map on p. 294**
أسقط *ʔasqaṭa v.tr.* |4s يسقط *yusqiṭᵘ* | إسقاط *ʔisqāṭ*| • drop • revoke, abrogate ▪ أسقط جنسيته *ʔasqaṭa jinsīyatᵃhu* abrogate *sb's* citizenship • topple ▪ أسقط نظاما *ʔasqaṭa niẓāman* topple a regime • rule out, exclude ▪ أسقط خيارا *ʔasqaṭa xiyāran* rule out an option
أسقف *ʔusquf n.* |*pl.* أساقفة *ʔasāqifaᵗ*| • bishop ▪ رئيس أساقفة *raʔīs · ʔasāqifaᵗ* archbishop
أسقفي *ʔusqufīʸ adj.* • episcopal
إسكان *ʔiskān n.*⋆ • housing, lodging
أسكت *ʔaskata v.tr.* |4s يسكت *yuskitᵘ* | إسكات *ʔiskāt*| • silence, hush
إسكتلندا *ʔiskotlandā n. f.* **invar.** • Scotland
إسكتلندي *ʔiskotlandīʸ* • *adj.* Scottish ▪ اللغة الإسكتلندية *alluyaᵗ alʔiskotlandīyaᵗ n. (language)* Scottish Gaelic • *n.* Scot
أسكر *ʔaskara v.tr.* |4s يسكر *yuskirᵘ* | إسكار *ʔiskār*| • make drunk, intoxicate
أسكن *ʔaskana v.tr.* |4s يسكن *yuskinᵘ* | إسكان *ʔiskān*| • house, allocate housing *to*
إسكندنافي *ʔiskandīnāfīʸ adj. & n.* • Scandanavian
إسكندنافيا *ʔiskandīnāfiyā n. f.* **invar.** • Scandinavia
الإسكندرية *alʔiskandarīyaᵗ n.* • *(city in Egypt)* Alexandria ➡ **map on p. 287**
إسكواش *alʔiskwāš n.* **invar.** • *(sport)* squash
إسكيمو *ʔiskīmō n.* **invar.** • Eskimo
إسلام *ʔislām n.*⋆ • submission ▪ الإسلام *alʔislām* Islam ▪ إسلام أباد *ʔislām ʔabād n. f. (capital of Pakistan)* Islamabad
إسلام أباد *ʔislām ʔabād n. f.* **invar.** • Islamabad
إسلامي *ʔislāmīʸ adj.* • Islamic
أسلم *ʔaslama v.intr.* |4s يسلم *yuslimᵘ* | إسلام *ʔislām*| • surrender • profess Islam
أسلوب *ʔuslūb n.* |*pl.* **dip.** أساليب *ʔasālīb*| • style, technique, method
اسم *ism n.* |*pl.* أسماء *ʔasmāʔ*| • name ▪ ما اسمك؟ *mā -smᵘka* What's your name? ▪ اسم مستخدم *ism mustaxdim (computers)* user name ▪ اسم دخول *ism · duxūl (computers)* log-in name ▪ بسم الله *bi-smⁱ -llāhⁱ* in the name of God ▪ اسم أسرة *ism · ʔusraᵗ*, اسم عائلة *ism · 3āʔilaᵗ* last name, family name • *(grammar)* noun ▪ اسم استفهام *ism · istifhām* interrogative ▪ اسم آلة *ism · ʔālaᵗ* noun of instrument (begins with mi-) ▪ اسم إشارة *ism · ʔišāraᵗ* demonstrative pronoun ➡ ***This and These p. 325***, ➡ ***That and Those p. 143*** ▪ اسم تفضيل *ism · tafḍīl* elative ▪ اسم جمع *ism · jam3* plurale tantum (plural noun not derived from a singular noun) ▪ اسم جنس *ism · jins* collective noun ▪ اسم فاعل *ism fā3il* active participle ▪ اسم فعل *ism · fi3l* imperative verbal noun ▪ اسم كيفية *ism · kayfīyaᵗ* noun of quality ▪ اسم مرة *ism · marraᵗ* noun of single occurrence ▪ اسم مفعول *ism maf3ūl* passive participle ▪ اسم موصول *ism mawṣūl* relative pronoun ▪ اسم وحدة *ism · waḥdaᵗ* unit noun (singular form of collective noun) ▪ اسم وعاء *ism · wi3āʔ* noun of vessel
إسماعيل *ʔismā3īl* **dip.** *man's name* • Isma'il, Ishmael
الإسماعيلية *alʔismā3īlīyaᵗ n.* • *(city in Egypt)* Ismaïlia ➡ **map on p. 287**
اسمر *ismarra v.intr.* |9s يسمر *yasmarrᵘ* | اسمرار *ismirār*| • turn brown
أسمر *ʔasmar adj.* **dip.** |*m & f pl.* سمر *sumr* | *f. sing.* **dip.** سمراء *samrāʔ* | *f. dual* سمراوان *samrāwān* | *f. pl.* سمراوات *samrāwāt* | *elat.* أكثر اسمرارا *ʔaktar ismirāran*| • *(skin)* tan, brown, dark • *(hair)* brown
إسمنت *ʔismant n.* **invar.** • cement, concrete
أسمى *ʔasmā v.tr.* |4d يسمي *yusmī* | إسماء *ʔismāʔ*| • call, name
اسمي *ismīʸ adj.* • nominal, face ▪ قيمة اسمية *qīmaᵗ ismīyaᵗ n.* nominal value
أسناني *ʔasnānīʸ adj.* • dental
إسهال *ʔishāl n.*⋆ • diarrhea
إسهام *ʔishām n.*⋆ • participation, contribution
أسهر *ʔashara v.tr.* |4s يسهر *yushirᵘ* | إسهار *ʔishār*| • keep awake
أسهل *ʔushila pass. v.* |4s يسهل *yušilᵘ* | إسهال *ʔishāl*| • have diarrhea
أسهم *ʔashama v.intr.* |4s يسهم *yushimᵘ* | إسهام

ʔishām | • participate *in* في

أسوأ ʔaswaʔ *elat.* • worse, the worst ▪ من سيئ إلى أسوأ *min sayyiʔⁱⁿ ʔilā ʔaswaʔᵃ* *adv.* from bad to worse

أسوان ʔaswān *n.* ***f.* dip.** • *(city in Egypt)* Aswan
➡ ***map on p. 287***

أسوة ʔuswaᵗ *n.* • model, pattern ▪ أسوة بـ ʔuswatan bi- *prep.* just as, just like ◊ أسوة بما حدث الشهر الماضي *just like what happened last month* ◊ التحق بالجيش أسوة بإخوته. *He joined the army, just like his brothers (did).* • concept

اسود iswadda *v.intr.* |*9s* يسود *yaswaddᵘ* | اسوداد iswidād| • turn black

أسود ʔaswad **dip.** |*m & f pl.* سود *sūd* or سودان *sūdān* | *f. sing.* **dip.** سوداء *sawdāʔ* | *f. dual* سوداوان *sawdāwānⁱ* | *f. pl.* سوداوات *sawdāwāt* | *elat.* أكثر سوادا *ʔaktar sawādan*| • *adj.* black • *n.* black person

أسى ʔas(an) *n.** ***indecl.*** • grief, sorrow

أسي ʔasiya *v.intr.* |*1d4(a)* يأسى *yaʔsā* | ***indecl.*** أسى *ʔas(an)*| • grieve

آسيا ʔāsiyā *n.* ***f.* invar.** • Asia ▪ آسيا الصغرى *ʔāsiyā -ṣṣuγrā* Asia Minor

أسير ʔasīr *n.* |*pl.* ***invar.*** أسرى *ʔasrā* | *pl.* ***invar.*** أسارى *ʔasārā*| • prisoner, detainee ▪ أسير حرب *ʔasīr · ḥarb* *n.* prisoner of war (P.O.W.)

أسيوط ʔasyūṭ *n.* ***f.* dip.** • *(city in Egypt)* Asyut
➡ ***map on p. 287***

آسيوي ʔāsiyawīʸ *adj. & n.* • Asian

أشاد ʔašāda *v.intr.* |*4h* يشيد *yušīdᵘ* | إشادة *ʔišādaᵗ*| • praise بـ, commend

إشادة ʔišādaᵗ *n.** • praise, commendation

أشار ʔašāra *v.intr.* |*4h* يشير *yušīrᵘ* | إشارة *ʔišāraᵗ*| • indicate إلى, point out, point *to*, cite, refer *to* ▪ أشار إلى أنّ *ʔašāra ʔilā ʔanna* point out that..., indicate that... • advise *sb* على *on* بـ ◊ سأجرب حلا مما أشرت علي به. *I'll try one of the solutions you advised me about.*

إشارة ʔišāraᵗ *n.** • sign, mark, signal ▪ إشارة إنذار *ʔišārat · ʔinḏār* warning signal ▪ إشارة مرور *ʔišārat · murūr* traffic light, traffic signal ▪ إشارة يد *ʔišārat · yad* gesture ▪ لغة إشارة *luγat · ʔišāraᵗ* sign language

أشاع ʔašāʕa *v.tr.* |*4h* يشيع *yušīʕᵘ* | إشاعة *ʔišāʕaᵗ*| • spread, circulate, publicize, make public

إشاعة ʔišāʕaᵗ *n.** • publication, circulation • rumor

أشبه ašbaha *v.intr.* |*4s* يشبه *yušbihᵘ* | إشباه *ʔišbāh*| • resemble بـ, look like

اشتاق ištāqa *v.intr.* |*8h1* يشتاق *yaštāqᵘ* | اشتياق ištiyāq| • long *for* إلى *or* لـ, yearn *for*

اشتباك ištibāk *n.** • clash, skirmish, scuffle

اشتباه ištibāh *n.** • suspicion

اشتبك ištabaka *v.intr.* |*8s* يشتبك *yaštabikᵘ* | اشتباك ištibāk| • clash, skirmish

اشتبه ištabaha *v.intr.* |*8s* يشتبه *yaštabihᵘ* | اشتباه ištibāh| • suspect في

اشتد ištadda *v.intr.* |*8g1* يشتد *yaštaddᵘ* | اشتداد ištidād| • become stronger, intensify

اشتراء ištirāʔ *n.** • purchase

اشتراك ištirāk *n.** • participation

اشتراكي ištirākīʸ *adj. & n.* • socialist

اشتراكية ištirākīyaᵗ *n.* • socialism

اشترط ištaraṭa *v.tr.* |*8s* يشترط *yaštariṭᵘ* | اشتراط ištirāṭ| • stipulate *sth* ه *to* على, make a condition upon

اشترك ištaraka *v.intr.* |*8s* يشترك *yaštarikᵘ* | اشتراك ištirāk| • participate *in* في

اشترى ištarā *v.tr.* |*8d1* يشتري *yaštarī* | إشتراء ʔištirāʔ| • buy, purchase

اشتعل išta3ala *v.intr.* |*8s* يشتعل *yašta3ilᵘ* | اشتعال išti3āl| • catch on fire, burn

اشتغل ištaγala *v.* |*8s* يشتغل *yaštaγilᵘ* | اشتغال ištiγāl| • *v.tr.* work ◊ ماذا تشتغل؟ *What do you do?* • *v.intr.* *(music)* play ◊ كانت الموسيقى تشتغل بصوت عال. *The music was playing loudly.*

اشتكى ištakā *v.intr.* |*8d1* يشتكي *yaštakī* | اشتكاء ištikāʔ| • complain *about* من *to* إلى

اشتم ištamma *v.tr.* |*8g1* يشتم *yaštammᵘ* | اشتمام ištimām| • smell

اشتمال ištimāl *n.** • containment, inclusion • comprehensiveness, wholeness

اشتمل ištamala *v.intr.* |*8s* يشتمل *yaštamilᵘ* | اشتمال ištimāl| • contain على, include

اشتهاء ištihāʔ *n.** • desire

اشتهار ištihār *n.** • reputation, fame, celebrity, notoriety

اشتهر ištahara *v.intr.* |*8s* يشتهر *yaštahirᵘ* | اشتهار ištihār| • be famous *for* بـ, be well known

اشتهى ištahā *v.tr.* |*8d1* يشتهي *yaštahī* | اشتهاء ištihāʔ| • desire, crave

أشجع ʔašja3 *adj.* **dip.** |*f.* **dip.** شجعاء *šaj3āʔ*| • brave, courageous

أشجى ʔašjā *v.tr.* |*4d* يشجي *yušjī* | إشجاء *ʔišjāʔ*| • move, touch

أشر *ʔaššara v.tr.* |*2s(a)* يؤشر *yuʔaššir^u* | تأشير *taʔšīr*| • stamp (a visa)

اشرأب *išraʔabba v.intr.* |*13s(a)* يشرئب *yašraʔibb^u* | اشرئباب *išriʔbāb*| • crane *one's* neck

إشراف *ʔišrāf n.** • supervision

إشراق *ʔišrāq n.** • radiance

أشرف *ʔašrafa v.intr.* |*4s* يشرف *yušrif^u* | إشراف *ʔišrāf*| • supervise على, oversee

أشرق *ʔašraqa v.intr.* |*4s* يشرق *yušriq^u* | إشراق *ʔišrāq*| • *(sun, moon)* rise ◊ تشرق الشمس من الشرق. *The sun rises in the east.* • shine

أشع *ʔaša33a v.* |*4g* يشع *yuši33^u* | إشعاع *ʔiš3ā3*| • *v.tr.* emit • *v.intr.* radiate

إشعار *ʔiš3ār n.** • notification ▪ حتى إشعار آخر *ħattā ʔiš3ār^{in} ʔāxar^a* until further notice

إشعاع *ʔiš3ā3 n.** • radiation

إشعاعي *ʔiš3ā3īʸ adj.* • radioactive

أشعر *ʔaš3ara v.tr.* |*4s* يشعر *yuš3ir^u* | إشعار *ʔiš3ār*| • notify *sb* ∘ *of* بـ, inform

أشعل *ʔaš3ala v.tr.* |*4s* يشعل *yuš3il^u* | إشعال *ʔiš3āl*| • set on fire, burn, light ▪ أشعل سيجارة *ʔaš3ala sīgāra^t* • *(light, etc.)* turn on, switch on

أشغل *ʔašɣala v.tr.* |*4s* يشغل *yušɣil^u* | إشغال *ʔišɣāl*| • occupy, fill, take up • distract *sb* ∘ *from* عن

إشفاق *ʔišfāq n.** • sympathy, compassion

أشفق *ʔašfaqa v.intr.* |*4s* يشفق *yušfiq^u* | إشفاق *ʔišfāq*| • sympathize *with* على, pity

اشقر *išqarra v.intr.* |*9s* يشقر *yašqarr^u* | اشقرار *išqirār*| • turn golden brown • *(skin)* turn red

أشقر *ʔašqar adj.* **dip.** |*m & f pl.* شقر *šuqr* | *f. sing.* **dip.** شقراء *šaqrāʔ* | *f. dual* شقراوان *šaqrāwān^i* | *f. pl.* شقراوات *šaqrāwāt*| • *(hair)* blond • *(skin)* fair

أشل *ʔašalla v.tr.* |*4g* يشل *yušill^u* | إشلال *ʔišlāl*| • cripple, paralyze

اشمأز *išmaʔazza v.intr.* |*13s(a)* يشمئز *yašmaʔizz^u* | اشمئزاز *išmiʔzāz*| • be disgusted *by* من, abhor

أشمس *ʔašmasa v.intr.* |*4s* يشمس *yušmis^u* | إشماس *ʔišmās*| • be sunny

اشمئزاز *ʔišmiʔzāz n.** • disgust, abhorrence ▪ أثار الإشمئزاز *ʔatāra alʔišmiʔzāz^i v.* disgust ▪ مثير للاشمئزاز *mutīr li-lišmiʔzāz^i adj.* disgusting

إشهار *ʔišhār n.** • announcement, declaration

أشهر *ʔašhara v.tr.* |*4s* يشهر *yušhir^u* | إشهار *ʔišhār*| • announce, make public • draw (a weapon)

آشور *ʔāšūr n. **f. dip.*** • Assyria

آشوري *ʔāšūrīʸ adj. & n.* • Assyrian

أشيب *ʔašyab adj.* **dip.** |*m. pl.* شيب *šīb* | *f.* **dip.** شيباء *šaybāʔ* | *elat.* أكثر شيبا *ʔaktar šayban*| • *(hair)* gray

أصاب *ʔaṣāba v.* |*4h* يصيب *yuṣīb^u* | إصابة *ʔiṣāba^t*| • *v.tr.* hit, strike, afflict, befall, happen *to* ▪ أصاب هدفا *ʔaṣāba hadafan (soccer)* score a goal ▪ أصيب *ʔuṣība pass. v.* be stricken *by* بـ, be afflicted *with*, suffer *from* • *v.intr.* be correct ▪ أصاب من استشار. *ʔaṣāba man^i -stašāra proverb* He who seeks advice will be correct.

إصابة *ʔiṣāba^t n.** • injury, affliction, accident ▪ أصيب إصابة بليغة *ʔuṣība ʔiṣāba^{tan} balīɣa^{tan} pass. v.* be badly hurt • *(sports)* score ▪ سجل إصابة *sajjala ʔiṣāba^t v.* score

أصبح *ʔaṣbaħa v.intr.* |*4s* يصبح *yuṣbiħ^u* | إصباح *ʔiṣbāħ*| • [+ predicate in the accusative] become ◊ أتمنى أن أصبح محاميا. *I hope to become a lawyer.* • [+ indicative] begin to *(do)* • wake up ▪ تصبح على خير *tuṣbiħ 3alā xayr^{in} (greeting)* Good night! ▪ وأنت من أهله *wa-ʔanta min ʔahlih^i (reply)* Good night! ➡ ***Kāna and Her Sisters p. 247***

إصبع *ʔiṣba3 n.* |*pl.* **dip.** أصابع *ʔaṣābi3*| • finger, digit ▪ إصبع يد *ʔiṣba3 · yad* finger ▪ إصبع قدم *ʔiṣba3 · qadam*, إصبع رجل *ʔiṣba3 · rijl* toe ▪ إصبع كبير *ʔiṣba3 kabīr* big toe ▪ إصبع صغير *ʔiṣba3 ṣaɣīr* little toe

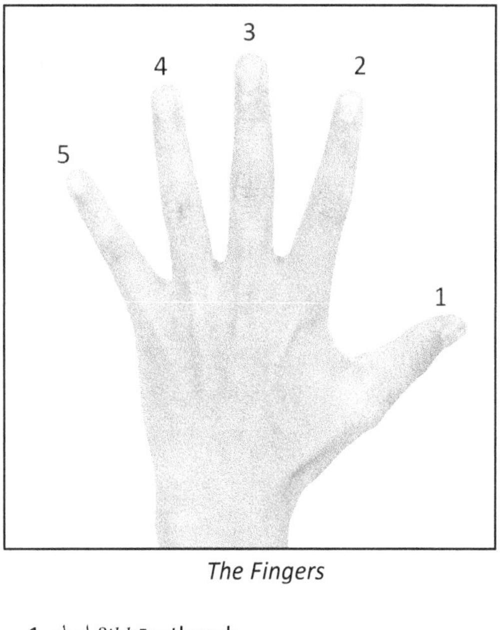

The Fingers

1. إبهام *ʔibhām* thumb
2. سبابة *sabbāba^t* index finger
3. وسطى *wusṭā* middle finger
4. بنصر *binṣir* ring finger
5. خنصر *xinṣir* little finger

أصحى *ʔaṣḥā v.tr.* |4d يصحي *yuṣḥī* | إصحاء *ʔiṣḥāʔ*| • wake up, awaken

إصدار *ʔiṣdār n.** • publication, issuance, release

أصدر *ʔaṣdara v.tr.* |4s يصدر *yuṣdir^u* | إصدار *ʔiṣdār*| • publish, issue, release

أصدى *ʔaṣdā v.intr.* |4d يصدي *yuṣdī* | إصداء *ʔiṣdāʔ*| • echo

أصر *ʔaṣarra v.intr.* |4g يصر *yuṣirr^u* | إصرار *ʔiṣrār*| • insist *on* على ▪ أصر على حكم *ʔaṣarra 3alā ḥukm* *(of judges)* make a ruling ▪ أصر عليه أنْ *ʔaṣarra 3alayhi ʔan* insist that *sb*...

إصرار *ʔiṣrār n.** • insistence

اصطاد *iṣṭāda v.tr.* |8h3 يصطاد *yaṣṭād^u* | اصطياد *iṣṭiyād*| • hunt, go hunting *for* ▪ اصطاد سمكا *iṣṭāda samakan* fish, go fishing

اصطاف *iṣṭāfa v.intr.* |8h3 يصطاف *yaṣṭāf^u* | اصطياف *iṣṭiyāf*| • spend the summer ◊ يصطافون في لبنان. *They summer in Lebanon.*

إصطبل *ʔiṣṭabl n.* • stable, barn, stall

اصطحب *iṣṭaḥaba v.tr.* |8a5 يصطحب *yaṣṭaḥib^u* | اصطحاب *iṣṭiḥāb*| • accompany

اصطدام *iṣṭidām n.** • collision, crash

اصطدم *iṣṭadama v.intr.* |8a5 يصطدم *yaṣṭadim^u* | اصطدام *iṣṭidām*| • collide *with* بـ, crash *into* ◊ لن يصطدم الكويكب بالأرض. *The asteroid will not collide with the earth.*

اصطفى *iṣṭafā v.tr.* |8d4 يصطفي *yaṣṭafī* | اصطفاء *iṣṭifāʔ*| • choose

اصطلاح *iṣṭilāḥ n.** • agreement

اصطلح *iṣṭalaḥa v.intr.* |8a5 يصطلح *yaṣṭaliḥ^u* | اصطلاح *iṣṭilāḥ*| • agree *on* على

اصطناع *iṣṭinā3 n.** • production, creation

اصطناعي *iṣṭinā3iy adj.* • artificial, synthetic

اصطنع *iṣṭana3a v.tr.* |8s يصطنع *yaṣṭani3^u* | اصطناع *iṣṭinā3*| • produce, create

اصفر *iṣfarra v.intr.* |9s يصفر *yaṣfarr^u* | اصفرار *iṣfirār*| • turn yellow

أصفر *ʔaṣfar adj.* **dip.** |*m & f pl.* صفر *ṣufr* | *f. sing.* **dip.** صفراء *ṣafrāʔ* | *f. dual* صفراوان *ṣafrāwān^i* | *elat.* أكثر اصفرارا *ʔaktar iṣfirāran*| • yellow ▪ أصفر ليموني *ʔaṣfar laymūnīy* lemon-yellow

أصل *ʔaṣl n.* |*pl.* أصول *ʔuṣūl*| • source, origin ◊ كتاب أصل الأنواع لـ تشارلز داروين *On the Origin of Species by Charles Darwin* ▪ أصلا *ʔaṣlan adv.* originally; [negative +] not at all, by no means, never ◊ لم أذهب لتلك البلدة أصلا. *I've never been to that town.* ▪ الأصل ___ · *alʔaṣl^i* [adjective +] of __ origin ◊ مصري الأصل *of Egyptian origin* ▪ __ من أصل *min ʔaṣl^in* __ [+ adjective] of __ origin ◊ من أصل عربي *of Arabic origin* ▪ في الأصل *fī -lʔaṣl^i adv.* in the beginning

إصلاح *ʔiṣlāḥ n.** • repair • reform

أصلح *ʔaṣlaḥa v.tr.* |4s يصلح *yuṣliḥ^u* | إصلاح *ʔiṣlāḥ*| • repair • restore, overhaul, reform • make prosper, grant prosperity to ▪ أصلحه الله *ʔaṣlaḥahu aLLāh^u* may God grant *sb* prosperity

أصلع *ʔaṣla3 adj.* **dip.** |*m & f pl.* صلع *ṣul3* | *f. sing.* **dip.** صلعاء *ṣal3āʔ* | *f. dual* صلعاوان *ṣal3āwān^i* | *f. pl.* صلعاوات *ṣal3āwāt* | *elat.* أكثر صلعا *ʔaktar ṣala3an*| • bald

أصلي *ʔaṣlīy adj.* |*elat.* أكثر أصلية *ʔaktar ʔaṣlīya^tan*| • original, authentic

أصم *ʔaṣamm adj.* **dip.** |*m & f pl.* صم *ṣumm* | *f. sing.* **dip.** صماء *ṣammāʔ* | *f. dual* صماوان *ṣammāwān^i* | *f. pl.* صماوات *ṣammāwāt*| • deaf ▪ لغة صم *luɣat · ṣumm* sign language • solid, hard • endocrine ▪ غدد صماء *ɣudad ṣamāʔ pl. n.* endocrine glands ▪ علم الغدد الصماء *3ilm · alɣudad^i -ṣṣamāʔ^i* endocrinology ▪ عالم غدد صماء *3ālim · ɣudad ṣammāʔ* endocrinologist

أصم *ʔaṣamma v.* |4g يصم *yuṣimm^u* | إصمام *ʔiṣmām*| • *v.intr.* go deaf • *v.tr.* deafen, make deaf

أصمت *ʔaṣmata v.tr.* |4s يصمت *yuṣmit^u* | إصمات *ʔiṣmāt*| • silence

أصولي *ʔuṣūlīy adj.* |*elat.* أكثر أصولية *ʔaktar ʔuṣūlīya^tan*| • fundamentalist

أصولية *ʔuṣūlīya^t n.* • fundamentalism ▪ الأصولية الإسلامية *alʔuṣūlīya^t alʔislāmīya^t* Islamic fundamentalism

أصيل *ʔaṣīl* • *adj.* |*pl.* **dip.** أصلاء *ʔuṣalāʔ* | *elat.* أأصل *ʔaʔṣal*| original, authentic • *n.* |*pl.* آصال *ʔāṣāl*| late afternoon

أضاء *ʔaḍāʔa v.tr.* |4h(a) يضيء *yuḍīʔ^u* | إضاءة *ʔiḍāʔa^t*| • illuminate, light up

إضاءة *ʔiḍāʔa^t n.** • illumination, lighting

أضاع *ʔaḍā3a v.tr.* |4h يضيع *yuḍī3^u* | إضاعة *ʔiḍā3a^t*| • lose, misplace ◊ أضاع محفظته في القطار. *He lost his wallet on the train.* ▪ أضاع سبيله *ʔaḍā3a sabīl^ahu* lose *one's* way • waste, squander ▪ أضاع وقتا *ʔaḍā3a waqtan* waste time • destroy

إضاعة *ʔiḍā3a^t n.** • loss

أضاف *ʔaḍāfa v.tr.* |4h يضيف *yuḍīf^u* | إضافة *ʔiḍāfa^t*| • add *sth* ه *to* إلى ▪ أضاف أنّ *ʔaḍāfa ʔanna* add that...

إضافة *ʔiḍāfa^t n.** • addition ▪ بالإضافة إلى *bi-lʔiḍāfa^ti ʔilā*, إضافة إلى *ʔiḍāfatan ʔilā prep.* in addition to, as well as ▪ بالإضافة إلى ذلك *bilʔiḍāfa^i ʔilā ḏālika* *conj.* in addition to that, additionally • *(grammar)* idafa construction, compound noun ▪ إضافة حقيقية *ʔiḍāfa^t ḥaqīqīya^t* real idafa ▪ إضافة غير حقيقية *ʔiḍāfa^t ɣayr · ḥaqīqīya^t* false idafa

إضافي *ʔiḍāfī^y adj.* • additional, further, extra

أضحك *ʔaḍḥaka v.tr.* |4s يضحك *yuḍḥik^u* | إضحاك *ʔiḍḥāk*| • make laugh

أضحى *ʔaḍḥ(an) n.* **indecl.** • animal sacrifice ▪ عيد الأضحى *3īd · alʔaḍḥā* Eid al-Adha, Greater Eid, Greater Bairam, Festival of the Sacrifice ▪ عيد أضحى مبارك *3īd · ʔaḍḥā mubārak*, عيد أضحى سعيد *3īd · ʔaḍḥā sa3īd* happy Eid al-Adha!

أضحى *ʔaḍḥā v.tr.* |4d يضحي *yuḍḥī* | إضحاء *ʔiḍḥāʔ*| • [+ predicate in the accusative] become ◊ الطبيب أيضا أضحى مريضا. *The doctor got sick, too.* • [+ imperfect] begin to *(do)*, start *(do)*ing, come to *(do)*, get to the point of *(do)*ing ◊ أضحى يشكل جزءا مهما من حياتهم. *It came to be an important part of their lives.* ➡ ***Kāna and Her Sisters p. 247***

أضحية *ʔuḍḥīya^t n.* |pl. **dip.** أضاحي *ʔaḍāḥī^y*| • sacrificial animal

أضر *ʔaḍarra v.tr. & intr.* |4g يضر *yuḍirr^u* | إضرار *ʔiḍrār*| • harm (بـ), hurt, injure • damage (بـ)

إضراب *ʔiḍrāb n.*★ • strike ▪ إضراب عن العمل *ʔiḍrāb 3an^i -l3amal^i* strike ▪ إضراب عن الطعام *ʔiḍrāb 3an^i -ṭṭa3ām^i* hunger strike

أضرب *ʔaḍraba v.intr.* |4s يضرب *yuḍrib^u* | إضراب *ʔiḍrāb*| • abandon عن, desert ▪ أضرب عن العمل *ʔaḍraba 3an^i -l3amal^i* strike, be on strike ▪ أضرب عن الطعام *ʔaḍraba 3an^i -ṭṭa3ām^i* be on hunger strike

أضرم *ʔaḍrama v.tr.* |4s يضرم *yuḍrim^u* | إضرام *ʔiḍrām*| • light, kindle ▪ أضرم النار في *ʔaḍrama annār^a fī* set fire to

اضطر *iḍṭarra v.tr.* |8g2 يضطر *yaḍṭarr^u* | اضطرار *iḍṭirār*| •اضطره إلى أنْ *iḍṭarrahu ʔilā ʔan* force *sb* to *(do)*, compel, cause, make ◊ اضطرتهم الحرب إلى مغادرة بيوتهم. *The war forced them to leave their homes.* ▪ اُضطر إلى أنْ *uḍṭurra ʔilā ʔan pass. v.* be compelled to *(do)*, have no choice but to *(do)*, must *(do)*, have to *(do)*

اضطراب *iḍṭirāb n.*★ • disorder, disturbance

اضطرب *iḍṭaraba v.intr.* |8a6 يضطرب *yaḍṭarib^u* | اضطراب *iḍṭirāb*| • be disturbed, be upset

اضطلع *iḍṭala3a v.intr.* |8s يضطلع *yaḍṭali3^u* | اضطلاع *iḍṭilā3*| • take upon *oneself* بـ

اضطهاد *iḍṭihād n.*★ • persecution

اضطهد *iḍṭahada v.tr.* |8s يضطهد *yaḍṭahid^u* | اضطهاد *iḍṭihād*| • persecute

أضعف *ʔaḍ3afa v.tr.* |4s يضعف *yuḍ3if^u* | إضعاف *ʔiḍ3āf*| • weaken

اضمحل *iḍmaḥalla v.intr.* |13s يضمحل *yaḍmaḥill^u* | اضمحلال *iḍmiḥlāl*| • fade away, vanish, evanesce

إطار *ʔiṭār n.* |pl. إطارات *ʔiṭārāt* or أطر *ʔuṭur*| • frame ▪ إطار رسم *ʔiṭār · rasm* picture frame ▪ إطار نظارة *ʔiṭār · naẓāra^t* eyeglass frames • framework, context ▪ إطار خطة *ʔiṭār · xiṭṭa^t* framework of a plan ▪ في إطار *fī ʔiṭār^i prep.* in the framework of • *(wheel)* tire (UK: tyre)

إطارة *ʔiṭāra^t n.* • *(wheel)* rim

أطاع *ʔaṭā3a v.tr.* |4h يطيع *yuṭī3^u* | إطاعة *ʔiṭā3a^t*| • obey, comply *with*, observe ▪ من أطاع غضبه أضاع أدبه. *proverb* He who yields to his anger has lost his manners.

إطاعة *ʔiṭā3a^t n.*★ • obedience, compliance

أطاق *ʔaṭāqa v.tr.* |4h يطيق *yuṭīq^u* | إطاقة *ʔiṭāqa^t*| • be able to stand, bear, endure ◊ لا أطيق هذا الرجل. *I can't stand this guy.* ▪ أطاق أنْ *ʔaṭāqa ʔan* stand *(do)*ing, bear to *(do)* ◊ كيف أطاق أن يضرب ولده؟ *How could he beat his child?* ▪ لم يطق صبرا على أنْ *lam yuṭiq ṣabran 3alā ʔan* can hardly wait *to (do)* ◊ لا أطيق صبرا على لقائك. *I cannot wait to see you.* ▪ لا يُطاق *lā yuṭāq^u pass. v.* unbearable

أطال *ʔaṭāla v.tr.* |4h يطيل *yuṭīl^u* | إطالة *ʔiṭāla^t*| • lengthen, make long • hold *sb* up, take *sb's* time ◊ على أية حال، لا أريد أن أطيل عليك. *Anyway, I'll let you go.*

أطرب *ʔaṭraba v.intr.* |4s يطرب *yuṭrib^u* | إطراب *ʔiṭrāb*| • sing, chant

أطرش *ʔaṭraš adj.* **dip.** |m & f pl. طرش *ṭurš* | f. sing. طرشاء *ṭaršāʔ* | f. dual طرشاوان *ṭaršāwān^i* | f. pl. طرشاوات *ṭaršāwāt*| • deaf

أطروحة *ʔuṭrūḥa^t n.* • dissertation, thesis

أطعم *ʔaṭ3ama v.tr.* |4s يطعم *yuṭ3im^u* | إطعام *ʔiṭ3ām*| • feed *to* ∘ *sth* ∘ ◊ أطعمت الفأر قليلا من الجبن. *I fed the mouse a little cheese.*

أطفأ *ʔaṭfaʔa v.tr.* |4s(c) يطفئ *yuṭfiʔ^u* | إطفاء *ʔiṭfāʔ*| • put out (a fire), extinguish • turn off (a light, etc.), switch off

إطفاء *ʔiṭfāʔ n.*★ • extinguishment, fire fighting ▪ إدارة إطفاء *ʔidārat · ʔiṭfāʔ* fire department ▪ رجل إطفاء *rajul · ʔiṭfāʔ* fire fighter, fireman ▪ سيارة إطفاء *sayyārat · ʔiṭfāʔ* fire engine ▪ فوج إطفاء *fawj · ʔiṭfāʔ* fire brigade

إطفائي *ʔiṭfāʔīy* n. • fire fighter
إطفائية *ʔiṭfāʔīya*ᵗ n. • fire brigade
أطل *ʔaṭalla* v.intr. |4g يطل *yuṭill*ᵘ | إطلال *ʔiṭlāl*| • overlook على, look down *upon* ◊ يطل مكتبي على حديقة جميلة. *My office overlooks a beautiful garden.*
اطلاع *iṭṭilā3* n.* • inspection
إطلاق *ʔiṭlāq* n.* • release ▪ إطلاق نار *ʔiṭlāq · nār* gunfire ▪ إطلاق صواريخ *ʔiṭlāq · ṣawārīx* shelling ▪ إطلاقا *ʔiṭlāqan*, على الإطلاق *3alā -lʔiṭlāq*ⁱ [negative +] adv. not at all, absolutely not, without exception, under no circumstances ◊ هل رأيت اللص؟ - إطلاقا. *Did you see the thief? - No, not at all.* ◊ لا أحد على الإطلاق يريد الحرب. *Without exception, no one wants war.*
أطلس *ʔaṭlas* n. |pl. **dip.** أطالس *ʔaṭālis*| • atlas
أطلسي *ʔaṭlasīy* adj. • Atlantic ▪ المحيط الأطلسي *almuḥīṭ alʔaṭlasīy* n. the Atlantic Ocean ▪ منظمة حلف شمال الأطلسي *munaẓẓamat · ḥilf šamāl alʔaṭlasīy* n. NATO
اطلع *iṭṭala3* v.intr. |8a3 يطلع *yaṭṭali3*ᵘ | اطلاع *iṭṭilā3*| • become acquainted *with* على, get to know • be informed *of* على, know *about*
أطلع *ʔaṭla3a* v.tr. |4s يطلع *yuṭli3*ᵘ | إطلاع *ʔiṭlā3*| • tell *sb* ∘ *sth* على, inform
أطلق *ʔaṭlaqa* v.tr. |4s يطلق *yuṭliq*ᵘ | إطلاق *ʔiṭlāq*| • release, discharge, launch ▪ أطلق نارا *ʔaṭlaqa nāran* (gun) shoot, fire ▪ أطلق صاروخا *ʔaṭlaqa ṣārūxan* launch a missile, launch a rocket ▪ أطلق تنهيدة *ʔaṭlaqa tanhīda*ᵗ sigh, let out a sigh • __ أطلق عليه اسم *ʔaṭalaqa 3alayhi ism*ᵃ __ call *sb* __ ◊ أطلق المصريون القدماء على بلادهم اسم كيميت. *The Ancient Egyptians called their country 'Kemet'.*
أطلنطي *ʔaṭlanṭīy* adj. • Atlantic ▪ المحيط الأطلنطي *almuḥīṭ alʔaṭlanṭīy* the Atlantic Ocean
اطمأن *iṭmaʔanna* v.intr. |13s(a) يطمئن *yaṭmaʔinn*ᵘ | اطمئنان *iṭmiʔnān*| • be calm, be at ease • be sure *of* إلى *or* من, be certain *of* • reassure *oneself of* على
اطمئنان *iṭmiʔnān* n.* • calm, serenity • reassurance • peace of mind
أظل *ʔaẓalla* v.tr. |4g يظل *yuẓill*ᵘ | إظلال *ʔiẓlāl*| • shade
أظلم *ʔaẓlama* v.intr. |4s يظلم *yuẓlim*ᵘ | إظلام *ʔiẓlām*| • get dark, darken
إظهار *ʔiẓhār* n.* • presentation
أظهر *ʔaẓhara* v.tr. |4s يظهر *yuẓhir*ᵘ | إظهار *ʔiẓhār*| • show, demonstrate, present ◊ يظهر الحب ويكن الكراهية. *He shows love and conceals hatred.*
أعاد *ʔa3āda* v.tr. |4h يعيد *yu3īd*ᵘ | إعادة *ʔi3āda*ᵗ| • return, give back ▪ أعاد النظر في *ʔa3āda -nnaẓar*ᵃ *fī* review, revise, reconsider • restore, reinstate • redo, repeat, re- ▪ أعاد تدويره *ʔa3āda tadwīr*ᵃ*hu* recycle *sth* ◊ علينا أن نعيد تدوير كل هذا الورق. *We should recycle all this paper.* • resume
إعادة *ʔi3āda*ᵗ n.* • repetition ▪ جولة إعادة *jawlat · ʔi3āda*ᵗ run-off election • [+ genitive noun] re- ▪ إعادة انتخاب *ʔi3ādat · intixāb* reelection ▪ إعادة إعمار *ʔi3ādat · ʔi3mār* reconstruction ▪ إعادة تدوير *ʔi3ādat · tadwīr* recycling • review, reconsideration ▪ بعد إعادة النظر *ba3da ʔi3ādat*ⁱ *· -nnaẓar*ⁱ adv. on second thought
أعار *ʔa3āra* v.tr. |4h يعير *yu3īr*ᵘ | إعارة *ʔi3āra*ᵗ| • lend *sth* ∘ *to* لـ ▪ أعار اهتماما لـ *ʔa3āra ihtimāman li-* give heed *to*
إعارة *ʔi3āra*ᵗ n.* • loan
أعاق *ʔa3āqa* v.tr. |4h يعيق *yu3īq*ᵘ | إعاقة *ʔi3āqa*ᵗ| • hinder *sb* ∘ *from* عن, obstruct • handicap, disable
إعاقة *ʔi3āqa*ᵗ n.* • handicap
أعال *ʔa3āla* v.tr. |4h يعيل *yu3īl*ᵘ | إعالة *ʔi3āla*ᵗ| • provide *for* (*one's* family, etc.)
إعالة *ʔi3āla*ᵗ n.* • provision, support
أعان *ʔa3āna* v.tr. |4h يعين *yu3īn*ᵘ | إعانة *ʔi3āna*ᵗ| • relieve *sb* ∘ *from* من, assist, support
إعانة *ʔi3āna* n.* • relief, aid
اعتاد *i3tāda* v.intr. |8h1 يعتاد *ya3tād*ᵘ | اعتداد *i3tidād*| • get used *to* على, make a habit *of*
إعتاق *ʔi3tāq* n.* • emancipation, liberation
اعتبار *i3tibār* n.* • consideration, regard ▪ أخذه في الاعتبار *ʔaxaḏahu fī -li3tibār*ⁱ, أخذ بعين الاعتبار *ʔaxaḏa bi-3ayn*ⁱ *-li3tibār*ⁱ, أخذ بالاعتبار *ʔaxaḏa bi-li3tibār*ⁱ v. take *sth* into consideration, take *sth* into account
اعتباري *i3tibārīy* adj. • subjective
اعتبر *i3tabara* v.tr. |8s يعتبر *ya3tabir*ᵘ | اعتبار *i3tibār*| • consider *sb/sth* ∘ (*to be*) *sb/sth* ∘, regard *sb/sth* ∘ *as* ∘ ◊ اعتبره أمرا منتهيا. *Consider it done.* ▪ أعتبر *u3tabara* pass. v. be considered
اعتد *i3tadda* v.intr. |8g1 يعتد *ya3tadd*ᵘ | اعتداد *i3tidād*| • become proud, become arrogant
اعتداء *i3tidāʔ* n.* • assault, violation, attack
اعتداد *i3tidād* n.* • pride, arrogance

اعتدال i3tidāl n.* • moderation

اعتدل i3tadala v.intr. |8s يعتدل ya3tadil^u | اعتدال i3tidāl| • become moderate • stand up straight, sit up straight

اعتدى i3tadā v.intr. |8d1 يعتدي ya3tadī | اعتداء i3tidāʔ| • trespass على • assault على, violate

اعتذار i3tiđār n.* • apology *for* عن • excusing *oneself from* عن, absence *from*

اعتذر i3tađara v.intr. |8s يعتذر ya3tađir^u | اعتذار i3tiđār| • apologize *to* لـ *for* عن ◊ أعتذر عن تأخيري. *I apologize for being late.* ◊ اعتذرت لي عن عدم الرد على رسالتي. *She apologized to me for not responding to my letter.* • excuse *oneself from* عن, not attend ◊ اعتذر عن حضور الاجتماع. *He didn't attend the meeting.*

اعتراض i3tirāḍ n.* • objection

اعتراف i3tirāf n.* • confession, admission

اعترض i3taraḍa v.intr. |8s يعترض ya3tariḍ^u | اعتراض i3tirāḍ| • object *to* على

اعترف i3tarafa v.intr. |8s يعترف ya3tarif^u | اعتراف i3tirāf| • confess بـ, admit • recognize بـ, accept, concede, acknowledge

اعتزام i3tizām n.* • determination, resolution

اعتزل i3tazala v.tr. & intr. |8s يعتزل ya3tazil^u | اعتزال i3tizāl| • isolate *oneself from* (عن), withdraw *oneself*, separate *oneself* • retire *from* (عن), quit ◊ اعتزل العمل السياسي منذ عدة سنوات. *He got out of politics years ago.* ◊ اعتزل كرة السلة في نهاية موسم. *He retired from basketball at the end of the season.*

اعتزم i3tazama v.intr. |8s يعتزم ya3tazim^u | اعتزام i3tizām| • be determined *to* على, be resolved

اعتصام i3tiṣām n.* • adherence • sit-in, strike

اعتصم i3taṣama v.intr. |8s يعتصم ya3taṣim^u | اعتصام i3tiṣām| • adhere *to* بـ

أعتق ʔa3taqa v.tr. |4s يعتق yu3tiq^u | إعتاق ʔi3tāq| • free, emancipate, liberate

اعتقاد i3tiqād n.* • belief ▪ في اعتقادي fī -3tiqādī in my opinion

اعتقال i3tiqāl n.* • arrest, detention

اعتقد i3taqada v.tr. |8s يعتقد ya3taqid^u | اعتقاد i3tiqād| • believe, think ▪ أعتقد ذلك. ʔa3taqid^u đālika I believe so., I think so. ▪ اعتقد بأن i3taqada bi-ʔanna believe that..., think that...

اعتقل i3taqala v.tr. |8s يعتقل ya3taqil^u | اعتقال i3tiqāl| • arrest, detain

اعتل i3talla v.intr. |8g1 يعتل ya3tall^u | اعتلال i3tilāl| • be weak, be defective

اعتلى i3talā v.tr. |8d1 يعتلي ya3talī | اعتلاء i3tilāʔ| • climb, scale, mount ▪ اعتلى العرش i3talā al3arš^a ascend to the throne

أعتم ʔa3tama v.intr. |4s يعتم yu3tim^u | إعتام ʔi3tām| • get dark

اعتماد i3timād n.* • reliance, dependence ▪ أوراق اعتماد ʔawrāq · i3timād credentials ▪ اعتماد على النفس i3timād 3alā -nnafs^i self-reliance • adoption, implementation

اعتمد i3tamada v. |8s يعتمد ya3tamid^u | اعتماد i3timād| • v.intr. lean *on* على • rely *on* على, depend *on* ▪ لا يعتمد عليه lā yu3tamad^u 3alayhi pass. v. unreliable • v.tr. authorize, accredit, approve • adopt, take up, implement

اعتناق i3tināq n.* • adoption, embracement

اعتنق i3tanaqa v.intr. |8s يعتنق ya3taniq^u | اعتناق i3tināq| • take up, adopt, embrace

اعتنى i3tanā v.intr. |8d1 يعتني ya3tanī | اعتناء i3tināʔ| • take care *of* بـ, look after, tend to • be interested *in* بـ, take an interest *in*

اعتياد i3tiyād n.* • habituation

اعتيادي i3tiyādīy adj. |elat. أكثر اعتيادا ʔaktar i3tiyādan| • common, regular, habitual, ordinary, customary

إعجاب ʔi3jāb n.* • admiration

إعجاز ʔi3jāz n.* • miracle, marvel

إعجازي ʔi3jāzīy adj. • miraculous

أعجب ʔa3jaba v.tr. |4s يعجب yu3jib^u | إعجاب ʔi3jāb| • please ◊ هل يعجبك؟ *Do you like it? (lit. Does it please you?)* ◊ يعجبني. *I like it. (lit. It pleases me.)* ▪ أعجب ʔu3jiba pass. v. admire (lit. be pleased *by*) بـ *or* في, like

أعجز ʔa3jaza v.tr. |4s يعجز yu3jiz^u | إعجاز ʔi3jāz| • weaken, make weak • be impossible *for*

أعجم ʔa3jam **dip.** |m & f pl. **dip.** أعاجم ʔa3ājim or عجم 3ujum | f. **dip.** عجماء 3ajmāʔ | f. dual عجماوان 3ajmāwān^i | f. pl. عجماوات 3ajmāwāt| • adj. speaking (Arabic) incorrectly • n. non-Arab • Persian

أعجم ʔa3jama v.tr. |4s يعجم yu3jim^u | إعجام ʔi3jām| • dot (an Arabic consonant)

أعجمي ʔa3jamīy n. • non-Arab • Persian

أعجوبة ʔu3jūba^t n. |pl. **dip.** أعاجيب ʔa3ājīb| • marvel, wonder

أعد ʔa3adda v.tr. |4g يعد yu3idd^u | إعداد ʔi3dād| • prepare *sb/sth* ∘ *for* لـ, make ready

إعداء ʔi3dāʔ n.* • infection, contagion

إعداد ʔi3dād n.* • preparation

إعدادي *ʔi3dādīʸ adj.* • preparatory

إعدام *ʔi3dām n.** • execution ▪ عقوبة إعدام *3uqūbat · ʔi3dām* capital punishment, death penalty

أعدم *ʔa3dama v.tr.* |*4s* يعدم *yu3dim^{u}* | إعدام *ʔi3dām*| • execute, put to death

أعدى *ʔa3dā v.tr.* |*4d* يعدي *yu3dī* | إعداء *ʔi3dāʔ*| • infect

أعذر *ʔa3đara v.intr.* |*4s* يعذر *yu3đir^{u}* | إعذار *ʔi3đār*| • have an excuse, be excused ▪ أعذر من أنذر. *ʔa3đara man ʔanđara proverb* He who warns is excused.

إعراب *ʔi3rāb n.** • *(grammar)* declension

أعرابي *ʔa3rābīʸ n.* |*pl.* أعراب *ʔa3rāb*| • desert Arab, Bedouin

إعرابي *ʔi3rābīʸ adj.* • *(grammar)* declensional

أعرب *ʔa3raba v.* |*4s* يعرب *yu3rib^{u}* | إعراب *ʔi3rāb*| • *v.intr.* express عن, make clear • *v.tr.* Arabicize, make Arabic, conform to the rules of the Arabic language • *(grammar)* write Arabic case endings (on a noun), decline (a noun)

أعرج *ʔa3raj* **dip.** |*m & f pl.* عرج *3urj* | *f. sing.* **dip.** عرجاء *3arjāʔ* | *f. dual* عرجاوان *3arjāwān^{i}* | *f. pl.* عرجاوات *3arjāwāt*| • *adj.* lame, limping • *n.* cripple

أعز *ʔa3azza v.tr.* |*4g* يعز *yu3izz^{u}* | إعزاز *ʔi3zāz*| • value, esteem

أعزب *ʔa3zab* **dip.** |*m & f pl.* عزب *3uzb* | *f. sing.* **dip.** عزباء *3azbāʔ* | *f. dual* عزباوان *3azbāwān^{i}* | *f. pl.* عزباوات *3azbāwāt*| • *adj.* single, unmarried • *n.* bachelor

أعزل *ʔa3zal adj.* **dip.** |*m & f pl.* عزل *3uzl* | *f. sing.* **dip.** عزلاء *3azlāʔ* | *f. dual* عزلاوان *3azlāwān^{i}* | *f. pl.* عزلاوات *3azlāwāt*| • unarmed, unprotected

أعسر *ʔa3sar adj.* **dip.** |*m & f pl.* عسر *3usr* | *f. sing.* **dip.** عسراء *3asrāʔ* | *f. dual* عسراوان *3asrāwān^{i}* | *f. pl.* عسراوات *3asrāwāt*| • left-handed • more difficult, harder

أعشى *ʔa3šā adj.* **invar.** |*m & f pl.* عشو *3ušw* | *f.* **dip.** عشواء *3ašwāʔ*| • night-blind, poor-sighted

إعصار *ʔi3ṣār n.* |*pl.* **dip.** أعاصير *ʔa3āṣīr*| • cyclone, hurricane, typhoon • tornado

أعضل *ʔa3ḍala v.intr.* |*4s* يعضل *yu3ḍil^{u}* | إعضال *ʔi3ḍāl*| • become puzzling, become problematic

إعطاء *ʔi3ṭāʔ n.** • offer, donation

أعطى *ʔa3ṭā v.tr.* |*4d* يعطي *yu3ṭī* | إعطاء *ʔi3ṭāʔ*| • give *sb* ه *or* لـ *sth* ه ◊ أعطاني الكتاب. *He gave me the book.* ◊ أعطى لي الكتاب. *He gave the book to me.* ▪ ألله يعطيك العافية *ʔaLLāh^{u} yu3ṭīka al3āfiya^{t}* May God give you strength! ▪ أعط الخبز لخبازه ولو أكل نصفه *ʔa3ṭi -lxubz^{a} li-xabbāz^{i}h^{i} wa-law ʔakala naṣf^{a}h^{u} proverb* Give the bread to the baker even if he eats half of it. (i.e. Give the job to a person who knows how to do it best even if it costs you.)

أعظم *ʔa3ẓama v.tr.* |*4s* يعظم *yu3ẓim^{u}* | إعظام *ʔi3ẓām*| • regard as remarkable, regard as tremendous

إعفاء *ʔi3fāʔ n.** • exemption

أعفى *ʔa3fā v.intr.* |*4d* يعفي *yu3fī* | إعفاء *ʔi3fāʔ*| • release من, free, exempt ▪ أعفاه من دين *ʔa3fāhu min dayn^{in}* write off *sb's* debt, cancel *sb's* debt

أعقب *ʔa3qaba v.tr.* |*4s* يعقب *yu3qib^{u}* | إعقاب *ʔi3qāb*| • come after, follow, succeed

إعلام *ʔi3lām n.** • information, communication ▪ وسائل إعلام *wasāʔil · ʔi3lām* media

إعلان *ʔi3lān n.** • announcement, statement, declaration, disclosure ▪ إعلان حرب *ʔi3lān · ḥarb* declaration of war • advertisement, commercial

أعلم *ʔa3lama v.tr.* |*4s* يعلم *yu3lim^{u}* | إعلام *ʔi3lām*| • notify, inform

أعلن *ʔa3lana v.tr. & intr.* |*4s* يعلن *yu3lin^{u}* | إعلان *ʔi3lān*| • announce (عن), publicize, advertise, declare, disclose ▪ أعلن أنّ *ʔa3lana ʔanna* announce that...

أعلى *ʔa3lā* **invar.** • *adj. elat.* |*f.* **invar.** عليا *3ulyā* | *m & f pl.* **indecl.** علی *3ul(an)*| higher, highest • *n.* |*pl.* **dip.** أعال *ʔa3āl(in)*| top part ▪ إلى الأعلى *ʔilā -lʔa3lā adv.* up, upward, above ▪ من أعلى *min ʔa3lā prep.* above, from the top of ◊ قفز من أعلى البرج. *He jumped from the top of the tower.*

إعمار *ʔi3mār n.** • construction, development

أعمر *ʔa3mara v.tr.* |*4s* يعمر *yu3mir^{u}* | إعمار *ʔi3mār*| • construct, develop, build • populate

أعمى *ʔa3mā adj.* **invar.** |*m & f pl.* عمي *3umy* or عميان *3umyān* | *f.* **dip.** عمياء *3amyāʔ* | *f. dual* عمياوان *3amyāwān^{i}* | *f. pl.* عمياوات *3amyāwāt*| • *adj.* blind • *n.* blind person

أعمى *ʔa3mā v.tr.* |*4d* يعمي *yu3mī* | إعماء *ʔi3māʔ*| • blind

أعوج *ʔa3waj adj.* **dip.** |*m & f pl.* عوج *3ūj* | *f. sing.* عوجاء *3awjāʔ* | *f. dual* عوجاوان *3awjāwān^{i}* | *f. pl.* عوجاوات *3awjāwāt* | *elat.* أكثر اعوجاجا *ʔakṯar i3wijājan*| • crooked, twisted, distorted

أعور *ʔa3war adj.* **dip.** |*m & f pl.* عور *3ūr* | *f. sing.* عوراء *3awrāʔ* | *f. dual* عوراوان *3awrāwānⁱ* | *f. pl.* عوراوات *3awrāwāt*| • one-eyed ▪ مصران أعور *muṣrān · ʔa3war n. (anatomy)* appendix ▪ الأعور في وسط العميان ملك. *alʔa3warᵘ fī wasaṭⁱ -l3umyānⁱ malikᵘⁿ proverb* Among the blind, the one-eyed man is king.

أغاث *ʔaɣāta v.tr.* |*4h* يغيث *yuɣītᵘ* | إغاثة *ʔiɣātaᵗ*| • help, aid

إغاثة *ʔiɣātaᵗ n.⋆* • aid, relief, assistance

أغار *ʔaɣāra v.intr.* |*4h* يغير *yuɣīrᵘ* | إغارة *ʔiɣāraᵗ*| • raid على, attack

إغارة *ʔiɣāraᵗ n.⋆* • raid *on* على, attack

أغاظ *ʔaɣāẓa v.tr.* |*4h* يغيظ *yuɣīẓᵘ* | إغاظة *ʔiɣāẓaᵗ*| • anger, vex

أغبر *ʔaɣbar adj.* **dip.** |*m & f pl.* غبر *ɣubr* | *f. sing.* **dip.** غبراء *ɣabrāʔ*| • dingy • dust-colored

اغتاظ *iɣtāẓa v.intr.* |*8h1* يغتاظ *yaɣtāẓᵘ* | اغتياظ *iɣtiyāẓ*| • become furious

اغتال *iɣtāla v.tr.* |*8h1* يغتال *yaɣtālᵘ* | اغتيال *iɣtiyāl*| • assassinate

اغترب *iɣtaraba v.intr.* |*8s* يغترب *yaɣtaribᵘ* | اغتراب *iɣtirāb*| • emigrate

اغتصاب *iɣtiṣāb n.⋆* • rape, violation • extortion

اغتصب *iɣtaṣaba v.tr.* |*8s* يغتصب *yaɣtaṣibᵘ* | اغتصاب *iɣtiṣāb*| • rape, violate • extort *from* ∘ *sth* من, usurp

اغتياظ *iɣtiyāẓ n.⋆* • fury

اغتيال *iɣtiyāl n.⋆* • assassination ▪ محاولة اغتيال *maḥālat · iɣtiyāl* assassination attempt

إغراء *ʔiɣrāʔ n.⋆* • temptation, seduction

أغرق *ʔaɣraqa v.tr.* |*4s* يغرق *yuɣriqᵘ* | إغراق *ʔiɣrāq*| • drown • sink

أغرم *ʔuɣrima v.tr.* |*4s* يغرم *yuɣrimᵘ* | إغرام *ʔiɣrām*| • fine ▪ أُغرم *ʔuɣrima pass. v.* be very fond *of* بـ, be in love *with*

أغرى *ʔaɣrā v.tr.* |*4d* يغري *yuɣrī* | إغراء *ʔiɣrāʔ*| • tempt *sb* ∘ *with* بـ, seduce ▪ أُغري *ʔuɣriya pass. v.* be tempted *by* بـ, desire

إغريقي *ʔiɣrīqīʸ adj. n.* |*m. pl.* إغريق *ʔiɣrīq*| • ancient Greek

أغسطس *ʔaɣusṭus n.* **dip.** • August ➡ ***The Months p. 181***

إغضاب *ʔiɣḍāb n.⋆* • provocation

أغضب *ʔaɣḍaba v.tr.* |*4s* يغضب *yuɣḍibᵘ* | إغضاب *ʔiɣḍāb*| • anger, make angry, provoke

أغفل *ʔaɣfala v.tr.* |*4s* يغفل *yuɣfilᵘ* | إغفال *ʔiɣfāl*| • neglect, ignore, overlook

أغلال *ʔaɣlāl pl. n.* • handcuffs, shackles, chains

أغلب *ʔaɣlab adj. elat.* **dip.** • [+ definite genitive plural noun or pronoun suffix] most (of the) __ ▪ أغلبهم *ʔaɣlabᵘhum* most of them ▪ أغلب الناس *ʔaɣlab · annāsⁱ* most of the people; most people ▪ على الأغلب *3alā -lʔaɣlabⁱ*, أغلب الوقت *ʔaɣlabᵃ -lwaqtⁱ*, أغلب الأحيان *ʔaɣlabᵃ -lʔaḥyānⁱ adv.* most of the time, mostly, generally ▪ أغلب الظن *ʔaɣlabᵃ -ẓẓannⁱ*, فى أغلب الظن *fī ʔaɣlabⁱ -ẓẓannⁱ adv.* most likely, most probably, in all probability

أغلق *ʔaɣlaqa v.tr.* |*4s* يغلق *yuɣliqᵘ* | إغلاق *ʔiɣlāq*| • close, shut ▪ أغلق في عنف *ʔaɣlaqa fī 3unfⁱⁿ* slam (shut) • turn off ▪ أغلق صوت *ʔaɣlaqa ṣawt · __* mute ◊ من فضلك، أغلقي صوت التلفاز. *Mute the TV, please.*

أغلى *ʔaɣlā v.tr.* |*4d* يغلي *yuɣlī* | إغلاء *ʔiɣlāʔ*| • boil

إغماء *ʔiɣmāʔ n.⋆* • unconsciousness

أغمض *ʔaɣmaḍa v.tr.* |*4s* يغمض *yuɣmiḍᵘ* | إغماض *ʔiɣmāḍ*| •أغمض عينيه *ʔaɣmaḍa 3aynayhi* close *one's* eyes

أُغمي *ʔuɣmiya pass. v.* |*4d (passiv(d))* يغمى *yuɣmā* | إغماء *ʔiɣmāʔ*| •أغمي عليه *ʔuɣmiya 3alayhi (impersonal verb)* faint, pass out, lose consciousness ◊ أغمي عليها. *She fainted.*

أغنية *ʔuɣniyaᵗ* or *ʔuɣnīyaᵗ n.* |*pl.* **def.** أغان *ʔaɣān(in)*| • song

أفاد *ʔafāda v.* |*4h* يفيد *yufīdᵘ* | إفادة *ʔifādaᵗ*| • *v.intr.* benefit, be useful *for* • benefit *from* من, profit *from*, utilize • *v.tr.* inform *sb* ∘ *of* بـ, notify, advise, report ▪ أفاد بأنّ *ʔafāda bi-ʔanna* report that...

إفادة *ʔifādaᵗ n.⋆* • advantage, benefit, usefulness • notification, statement

آفة *ʔāfaᵗ n.* • disease, affliction, malady, lesion ▪ آفة العلم النسيان. *ʔāfatᵘ -l3ilmⁱ -nnisyānᵘ proverb* Knowledge is afflicted by forgetfulness. ▪ آفة الحديث الكذب. *ʔāfatᵘ -lḥadītⁱ -kiđbᵘ proverb* Communication is afflicted by lies.

إفتاء *ʔiftāʔ n.⋆* • office of mufti

افتتاح *iftitāḥ n.⋆* • grand opening, launch

افتتاحي *iftitāḥīʸ adj.* • introductory, inaugural

افتتاحية *iftitāḥīyaᵗ n.* • *(newspaper)* editorial • *(book)* introduction

افتتح *iftataḥa v.intr.* |*8s* يفتتح *yaftatiḥᵘ* | افتتاح *iftitāḥ*| • open, launch

افتتن *iftatana v.intr.* |*8s* يفتتن *yaftatinᵘ* | افتتان *iftitān*| • be charmed, be seduced

افتخار *iftixār n.⋆* • pride, arrogance

افتخر *iftaxara v.intr.* |*8s* يفتخر *yaftaxir^u* | افتخار *iftixār*| • boast *about* بـ, be proud *of*

افتدى *iftadā v.tr.* |*8d1* يفتدي *yaftadī* | افتداء *iftidāʔ*| • sacrifice *for* ∘ *sth* بـ, ransom

افترس *iftarasa v.tr.* |*8s* يفترس *yaftaris^u* | افتراس *iftirās*| • devour, prey *on*

افترض *iftaraḍa v.tr.* |*8s* يفترض *yaftariḍ^u* | افتراض *iftirāḍ*| • suppose, assume, hypothesize ▪ يفترض أن *yuftaraḍ^u ʔan*, من المفترض أن *min^a -lmuftaraḍ ʔan pass. v. (impersonal verb)* be supposed to, should *(do)* • impose *sth* ∘ *on* على

افترق *iftaraqa v.intr.* |*8s* يفترق *yaftariq^u* | افتراق *iftirāq*| • separate, break off

افتعل *ifta3ala v.tr.* |*8s* يفتعل *yafta3il^u* | افتعال *ifti3āl*| • concoct, fabricate, make up

افتقد *iftaqada v.* |*8s* يفتقد *yaftaqid^u* | افتقاد *iftiqād*| • *v.tr.* miss ◊ لقد افتقدتك. *I've missed you.* • *v.intr.* examine إلى, study

افتقر *iftaqara v.intr.* |*8s* يفتقر *yaftaqir^u* | افتقار *iftiqār*| • be in need *of* إلى, lack

افتكر *iftakara v.tr.* |*8s* يفتكر *yaftakir^u* | افتكار *iftikār*| • remember, recall

أفتن *ʔaftana v.tr.* |*4s* يفتن *yuftin^u* | إفتان *ʔiftān*| • fascinate, captivate

أفتى *ʔaftā v.tr.* |*4d* يفتي *yuftī* | إفتاء *ʔiftāʔ*| • issue a fatwa *concerning*, give a formal legal or religious opinion *on*

إفراط *ʔifrāṭ n.** • excess

أفرج *ʔafraja v.intr.* |*4s* يفرج *yufrij^u* | إفراج *ʔifrāj*| • release عن, free, set free

أفرح *ʔafraħa v.tr.* |*4s* يفرح *yufriħ^u* | إفراح *ʔifrāħ*| • please, gladden, delight

أفرد *ʔafrada v.tr.* |*4s* يفرد *yufrid^u* | إفراد *ʔifrād*| • isolate, separate, single out

أفرط *ʔafraṭa v.intr.* |*4s* يفرط *yufriṭ^u* | إفراط *ʔifrāṭ*| • overdo في, be excessive *in*

أفرغ *ʔafraɣa v.tr.* |*4s* يفرغ *yufriɣ^u* | إفراغ *ʔifrāɣ*| • empty, pour out, unload

أفرق *ʔafraqa v.tr.* |*4s* يفرق *yufriq^u* | إفراق *ʔifrāq*| • frighten, scare

أفريقي *ʔafrīqī^y*, إفريقي *ʔifrīqī^y adj. & n.* |*pl.* أفارقة *ʔafāriqa^t*| • African ▪ جنوب أفريقي *janūb ʔafrīqī^y adj. & n.* South African

أفريقيا *ʔafrīqiyā*, إفريقيا *ʔifrīqiyā n.* ***f. invar.*** • Africa ▪ أفريقيا جنوب الصحراء الكبرى *ʔafrīqiyā janūb · aṣṣahrāʔ^i -lkubrā* sub-Saharan Africa ▪ أفريقيا الجنوبية *ʔafrīqiyā -ljanūbīya^t* southern Africa ▪ جنوب أفريقيا *janūb · ʔafrīqiyā* ***m.*** *or* ***f.*** South Africa ▪ جمهورية أفريقيا الوسطى *jumhūrīyat · ʔafrīqiyā -lwusṭā n.* Central African Republic ▪ الاتحاد الأفريقي *alittiħād alʔafrīqī^y n.* the African Union

أفزع *ʔafza3a v.tr.* |*4s* يفزع *yufzi3^u* | إفزاع *ʔifzā3*| • scare, frighten

أفسح *ʔafsaħa v.tr.* |*4s* يفسح *yufsiħ^u* | إفساح *ʔifsāħ*| • أفسح مكانا لـ, *ʔafsaħa makānan li-*, أفسح مجالا لـ *ʔafsaħa majālan li-* clear the way *for*, make room *for*, step aside *for*

أفسد *ʔafsada v.tr.* |*4s* يفسد *yufsid^u* | إفساد *ʔifsād*| • spoil, foil, ruin

أفشى *ʔafšā v.tr.* |*4d* يفشي *yufšī* | إفشاء *ʔifšāʔ*| • spread

أفصح *ʔafṣaħ* ***m.*** *elat.* |*f. elat.* ***invar.*** فصحى *fuṣħā*| ▪ الفصحى *alfuṣħā n.* standard Arabic (as opposed to the dialects) ▪ فصحى التراث *fuṣħā · -tturāt n.* Classical Arabic (CA), Quranic Arabic ▪ فصحى العصر *fuṣħā · -l3aṣr n.* Modern Stanard Arabic (MSA)

أفضل *ʔafḍal* ***m.*** *elat.* |*m. pl. elat.* ***dip.*** أفاضل *ʔafāḍil* | *f. sing. elat.* ***invar.*** فضلى *fuḍlā* | *f. dual elat.* فضليان *fuḍlayān^i* | *f. pl. elat.* فضليات *fuḍlayāt*| ▪ أفضل المعروف إغاثة الملهوف. *ʔafḍal^u -lma3rūf^i ʔiɣātat^u -lmalhūf^i proverb* There is no good deed like helping a man in need. • better, best

إفطار *ʔifṭār n.** • *(meal eaten after sunset to break the fast during Ramadan)* iftar

➡ ***compare with* سحور *suħūr p. 165***

أفطر *ʔafṭara v.intr.* |*4s* يفطر *yufṭir^u* | إفطار *ʔifṭār*| • break *one's* fast • eat breakfast, have breakfast

أفعم *ʔaf3ama v.tr.* |*4s* يفعم *yuf3im^u* | إفعام *ʔif3ām*| • fill up *sth/sb* ∘ *with* بـ, cram ◊ أفعمني بأمل جديد. *It filled me with new hope.*

أفعى *ʔaf3ā n.* ***f. invar.*** |*pl.* ***def.*** أفاع *ʔafā3(in)*| • *(snake)* adder, viper

أفغانستان *ʔafɣānistān n.* ***f. invar.*** • Afghanistan

أفغاني *ʔafɣānī^y adj. & n.* |*pl.* أفغان *ʔafɣān*| • Afghan

أفق *ʔufuq n.* |*pl.* آفاق *ʔāfāq*| • horizon

أفقي *ʔufuqī^y adj.* • horizontal

إفلات *ʔiflāt n.** • escape

إفلاس *ʔiflās n.** • bankruptcy

أفلت *ʔaflata v.intr.* |*4s* يفلت *yuflit^u* | إفلات *ʔiflāt*| • escape *from* من, get away *from*

أفلح *ʔaflaħa v.intr.* |*4s* يفلح *yufliħ^u* | إفلاح *ʔiflāħ*| • prosper *in* في, succeed *at*

أفلس *ʔaflasa v.intr.* |*4s* يفلس *yuflisᵘ* | إفلاس *ʔiflās*| • go bankrupt

أفوكادو *ʔafōkādō n.* ***invar.*** • avocado

أفيون *ʔafyūn n.* ***invar.*** • opium

أقات *ʔaqāta v.tr.* |*4h* يقيت *yuqītᵘ* | إقاتة *ʔiqātaᵗ*| • nourish, feed • support

أقال *ʔaqāla v.tr.* |*4s* يقيل *yuqīlᵘ* | إقالة *ʔiqālaᵗ*| • dismiss, fire

إقالة *ʔiqālaᵗ n.** • dismissal

أقام *ʔaqāma v.* |*4h* يقيم *yuqīmᵘ* | إقامة *ʔiqāmaᵗ*| • *v.intr.* reside *in* في *or* بـ • stay *in/at* في *or* بـ ▪ أقام في فندق *ʔaqāma fī funduq* stay in a hotel • *v.tr.* hold ▪ أقام احتفالا *ʔaqāma iḥtafālan* hold a celebration ▪ أقام حفلة *ʔaqāma ḥaflaᵗ* hold a party, throw a party ▪ أقام مباراة *ʔaqāma mubārāᵗ* hold a game, hold a match ▪ أقيم *ʔuqīma pass. v.* be held ◊ أقيمت الألعاب الأولمبية في بكين سنة ٢٠٠٨. *The Olympics were held in Beijing in 2008.* • set up, erect, establish

إقامة *ʔiqāmaᵗ n.** • stay • residency ▪ مكان إقامة *makān · ʔiqāmaᵗ* place of residence

إقبال *ʔiqbāl n.** • approach • turnout, participation ▪ إقبال على تصويت *ʔiqbāl 3alā taṣwīt* voter turnout

أقبل *ʔaqbala v.intr.* |*4s* يقبل *yuqbilᵘ* | إقبال *ʔiqbāl*| • approach على • show up على, arrive

اقتات *iqtāta v.intr.* |*8h1* يقتات *yaqtātᵘ* | اقتيات *iqtiyāt*| • feed *on* على *or* بـ, eat • be supported *by* من

اقتاد *iqtāda v.tr.* |*8s* يقتاد *yaqtādᵘ* | اقتياد *iqtiyād*| • lead, guide

اقتباس *iqtibās n.** • quotation, citation

اقتبال *iqtibāl n.** • reception, acceptance, welcome

اقتبس *iqtabasa v.tr.* |*8s* يقتبس *yaqtabisᵘ* | اقتباس *iqtibās*| • quote, cite

اقتبل *iqtabala v.tr.* |*8s* يقتبل *yaqtabilᵘ* | اقتبال *iqtibāl*| • receive, accept, welcome

اقتحام *iqtiḥām n.** • intrusion, invasion

اقتحامي *iqtiḥāmīʸ adj.* • intrusive, invasive

اقتحم *iqtaḥama v.tr.* |*8s* يقتحم *yaqtaḥimᵘ* | اقتحام *iqtiḥām*| • intrude, invade, break *into* ▪ اقتحم طابورا *iqtaḥama ṭābūran* cut in line (UK: jump queue)

اقتراب *iqtirāb n.** • approach

اقتراح *iqtirāḥ n.** • suggestion, proposal

اقتراض *iqtirāḍ n.** • loan

اقتراع *iqtirā3 n.** • vote *on* على ▪ صندوق اقتراع *ṣandūq · iqtirā3* ballot box ▪ مركز اقتراع *markaz · iqtirā3* polling station

اقترب *iqtaraba v.intr.* |*8s* يقترب *yaqtaribᵘ* | اقتراب *iqtirāb*| • approach من, get close *to*, draw near *to*

اقترح *iqtaraḥa v.tr.* |*8s* يقترح *yaqtariḥᵘ* | اقتراح *iqtirāḥ*| • suggest *sth* ∘ *to* على, propose ▪ اقترح عليه أنْ *ʔiqtaraḥa 3alayhi ʔan* suggest that *sb (do)*

اقترض *iqtaraḍa v.tr.* |*8s* يقترض *yaqtariḍᵘ* | اقتراض *iqtirāḍ*| • borrow *sth* ∘ *from* من

اقترع *iqtara3a v.intr.* |*8s* يقترع *yaqtari3ᵘ* | اقتراع *iqtirā3*| • vote *on* على *or* إلى

اقترف *iqtarafa v.tr.* |*8s* يقترف *yaqtarifᵘ* | اقتراف *iqtirāf*| • commit (a crime, etc.)

اقتصاد *iqtiṣād n.** • economy, economics • economization *with* في, thrift

اقتصادي *iqtiṣādīʸ* • *adj.* economic ▪ اقتصاديا *iqtiṣādīyan adv.* economically • *n.* economist

اقتصد *iqtaṣada v.intr.* |*8s* يقتصد *yaqtaṣidᵘ* | اقتصاد *iqtiṣād*| • save في, economize

اقتصر *iqtaṣara v.intr.* |*8s* يقتصر *yaqtaṣirᵘ* | اقتصار *iqtiṣār*| • be restricted *to* على, be limited, be confined

اقتضاء *iqtiḍāʔ n.** • requirement ▪ عند الاقتضاء *3inda -liqtiḍāʔⁱ adv.* if necessary

اقتضاب *iqtiḍāb n.** • summary, outline

اقتضب *iqtaḍaba v.tr.* |*8s* يقتضب *yaqtaḍibᵘ* | اقتضاب *iqtiḍāb*| • summarize, outline

اقتضى *iqtaḍā v.tr.* |*8d1* يقتضي *yaqtaḍī* | اقتضاء *iqtiḍāʔ*| • require, demand ▪ اقتضى أنْ *iqtaḍā ʔan* require that..., demand that...

اقتطع *iqtaṭa3a v.tr.* |*8s* يقتطع *yaqtaṭi3ᵘ* | اقتطاع *iqtiṭā3*| • remove *sth* ∘ *from* من, take away

اقتطف *iqtaṭafa v.tr.* |*8s* يقتطف *yaqtaṭifᵘ* | اقتطاف *iqtiṭāf*| • select, choose • pick (flowers, fruit, etc.)

اقتلع *iqtala3a v.tr.* |*8s* يقتلع *yaqtali3ᵘ* | اقتلاع *iqtilā3*| • uproot, pull out

اقتناع *iqtinā3 n.** • satisfaction, contentment

اقتنع *iqtana3a v.intr.* |*8s* يقتنع *yaqtani3ᵘ* | اقتناع *iqtinā3*| • be satisfied *with* بـ, be content

أقحوان *ʔuqḥuwān n.* • chrysanthemum

إقدام *ʔiqdām n.** • enterprise

أقدم *ʔaqdama v.tr.* |*4s* يقدم *yuqdimᵘ* | إقدام *ʔiqdām*| • undertake على, tackle, venture *upon*

أقذار *ʔaqḏār pl. n.* • filth, dirt

أقر *ʔaqarra v.intr.* |*4g* يقر *yuqirrᵘ* | إقرار *ʔiqrār*| • ratify *to* بـ *or* في, endorse, uphold • consent *to* بـ *or* في, recognize ◊ هذه حقيقة أقرت بها الأمم

المتحدة. *This is a fact which is recognized by the United Nations.* • confess *(to)* بـ, admit *to* ◊ أقر المتهم بجريمته. *The suspect confessed to his crime.*

أقرأ *ʔaqraʔa v.tr.* |**4s(c)** يقرئ *yuqriʔ*[u] | إقراء *ʔiqrāʔ*| • have read *sb* ∘ *sth* ∘

إقرار *ʔiqrār n.*⋆ • consent, endorsement, ratification

أقرض *ʔaqraḍa v.tr.* |**4s** يقرض *yuqriḍ*[u] | إقراض *ʔiqrāḍ*| • lend *sb* ∘ *sth* ∘ ◊ أقرضته شيئا من المال. *I lent him a little money*

أقرع *ʔaqra3 adj.* **dip.** |*m. pl.* قرع *qur3* | *f.* قرعاء *qar3āʔ*| • bald

أقرف *ʔaqrafa v.intr.* |**4s** يقرف *yuqrif*[u] | إقراف *ʔiqrāf*| • disgust

أقرن *ʔaqran adj.* **dip.** |*f.* قرناء *qarnāʔ*| • horned, pointy

أقسم *ʔaqsama v.tr.* |**4s** يقسم *yuqsim*[u] | إقسام *ʔiqsām*| • swear, vow ▪ أقسم يمينا *ʔaqsama yamīnan* take an oath

اقشعر *iqša3arra v.intr.* |**13s** يقشعر *yaqša3irr*[u] | اقشعرار *iqši3rār*| • shiver, have goose bumps

إقصاء *ʔiqṣāʔ n.*⋆ • removal, elimination

الأقصر *alʔuqṣur n.* • *(city in Egypt)* Luxor (lit. 'the Castles') ➡ ***map on p. 287***

أقصى *ʔaqṣā adj. elat.* **invar.** |*m. pl. elat.* **def.** أقاص *ʔaqāṣ(in)* | *f. elat.* **invar.** قصوى *quṣwā*| • further, farther, more remote • furthest, farthest ▪ المسجد الاقصى *almasjid alʔaqṣā* Al-Aqsa Mosque ▪ الشرق الأقصى *aššarq alʔaqṣā* the Far East ▪ بأقصى ما يستطيع *bi-ʔaqṣā mā yastaṭī3*[u] as fast as one can

أقصى *ʔaqṣā v.tr.* |**4d** يقصي *yuqṣī* | إقصاء *ʔiqṣāʔ*| • remove *sb/sth* ∘ *from* عن, eliminate

إقطاع *ʔiqṭā3 n.*⋆ • feudalism, feudal system

إقطاعي *ʔiqṭā3ī*[y] *adj.* • feudal

إقطاعية *ʔiqṭā3īya*[t] *n.* • feudalism

أقطع *ʔaqṭa3a v.tr.* |**4s** يقطع *yuqṭi3*[u] | إقطاع *ʔiqṭā3*| • assign *to* ∘ *sth* ∘

أقعد *ʔaq3ada v.tr.* |**4s** يقعد *yuq3id*[u] | إقعاد *ʔiq3ād*| • seat, make sit down

أقفل *ʔaqfala v.tr.* |**4s** يقفل *yuqfil*[u] | إقفال *ʔiqfāl*| • lock

أقل *ʔaqall elat.* • less, least ⓘ *In English, 'less' and 'the least' can precede adjectives. In Arabic, the equivalent is conveyed with an indefinite accusative masdar:* ◊ أقل إثارة *ʔaqall ʔitāratan less exciting* ◊ في البلدان الأقل نماء *fī -lbuldān*[i] *-lʔaqall*[i] *namāʔan in less developed countries* • fewer, fewest ▪ الأقلون *alʔaqallūn*[a] *plural n.* the minority ▪ على الأقل *3alā -lʔaqall*[i] *adv.* at least • *n.* minimum

أقلع *ʔaqla3a v.tr.* |**4s** يقلع *yuqli3*[u] | إقلاع *ʔiqlā3*| • leave, take off, set sail ▪ أقلعت طائرة *ʔaqla3at ṭāʔira*[tun] an airplane took off ▪ أقلعت سفينة *ʔaqla3at safīna*[tun] a ship set sail • quit عن, give up ▪ أقلع عن التدخين *ʔaqla3a 3an*[i] *-ttadxīn*[i] quit smoking

أقلق *ʔaqlaqa v.tr.* |**4s** يقلق *yuqliq*[u] | إقلاق *ʔiqlāq*| • worry, make anxious

أقلم *ʔaqlama v.* |**11s(a)** يؤقلم *yuʔaqlim*[u] | أقلمة *ʔaqlama*[t]| • *v.tr.* acclimatize *sb* ∘ *to* مع ▪ أقلم نفسه مع acclimatize *oneself to*, adapt *to* • *v.intr.* acclimatize *oneself to* مع, adapt

أقلية *ʔaqallīya*[t] *n.* • minority

إقليم *ʔiqlīm n.* |*pl.* **dip.** أقاليم *ʔaqālīm*| • region

إقليمي *ʔiqlīmī*[y] *adj.* • regional

إقناع *ʔiqnā3 n.*⋆ • persuasion

أقنع *ʔaqna3a v.tr.* |**4s** يقنع *yuqni3*[u] | إقناع *ʔiqnā3*| • persuade, convince ▪ أقنع بأنْ *ʔaqna3a<u>hu</u> bi-ʔan* persuade *sb to (do)* ▪ أقنعه بأنّ *ʔaqna3a<u>hu</u> bi-ʔanna* convince *sb* that...

أكأب *ʔakʔaba v.tr.* |**4s(b)** يكئب *yakʔib*[u] | إكآب *ʔikʔāb*| • depress, sadden

أكادير *ʔakādīr*, أݣادير *ʔagādīr n.* **f. dip.** • *(city in Morocco)* Agadir ➡ ***map on p. 294***

أكاديمي *ʔakādīmī*[y] • *adj.* academic • *n.* scholar

أكاديمية *ʔakādīmīya*[t] *n.* • academy

أكبر *ʔakbar elat.* |*m. pl.* **dip.** أكابر *ʔakābir* | *f. sing. elat.* **invar.** كبرى *kubrā* | *f. dual elat.* كبريان *kubrayān*[i] | *f. pl.* كبريات *kubrayāt*| • great ▪ الإسكندر الأكبر *alʔiksandar alʔakbar* Alexander the Great ▪ الصحراء الكبرى *aṣṣaḥrāʔ alkubrā* The Sahara Desert

اكتأب *iktaʔaba v.intr.* |**8s(b)** يكتئب *yaktaʔib*[u] | اكتئاب *iktiʔāb*| • become depressed *about* على

اكتساب *iktisāb n.*⋆ • acquisition

اكتسب *iktasaba v.tr.* |**8s** يكتسب *yaktasib*[u] | اكتساب *iktisāb*| • acquire

اكتسح *iktasaḥa v.tr.* |**8s** يكتسح *yaktasiḥ*[u] | اكتساح *iktisāḥ*| • sweep *through/over/across*, crush, overrun, devastate

اكتسى *iktasā v.tr.* |**8d1** يكتسي *yaktasī* | اكتساء *iktisāʔ*| • be covered *with* بـ ◊ كانت الأرض تكتسي بالثلج. *The ground was covered with snow.*

اكتشاف *iktišāf n.*⋆ • discovery

اكتشف *iktašafa v.tr.* |**8s** يكتشف *yaktašif*[u] | اكتشاف

iktišāf| • discover ▪ اكتشف أنّ iktašafa ʔanna discover that...

اكتظ iktaẓẓa v.intr. |8s يكتظ yaktaẓẓu | اكتظاظ iktiẓāẓ| • become overcrowded *with* بـ, become overpopulated *with*, become congested *with*

اكتفاء iktifāʔ n.* • satisfaction

اكتفى iktafā v.intr. |8d1 يكتفي yaktafī | اكتفاء iktifāʔ| • be content *with* بـ, be satisfied *with*

اكتمال iktimāl n.* • completion

اكتمل iktamala v.intr. |8s يكتمل yaktamilu | اكتمال iktimāl| • be finished, be complete • become integral, be comprehensive • become perfect

أكتوبر ʔoktōbir n. **dip.** • October ➡ ***The Months p. 181***

اكتئاب iktiʔāb n.* • depression ▪ تغلب على الاكتئاب taɣallaba ʒalā -liktiʔābi v. overcome depression

أكثر ʔaktar elat. • more *than* من, -er *than* ◊ أكثر بقليل *a little more* ▪ أكثر مما ينبغي ʔaktar mimmā yanbaɣī, أكثر مما يجب ʔaktar mimmā yajibu too much, more than it should be • the most ___, the ___-est ▪ على الأكثر ʒalā -lʔaktari at most ▪ الأكثرون alʔaktarūna *plural n.* the majority ▪ ما أكثر ما... mā ʔaktara mā How often...! ⓘ *The elative form of many adjectives, especially those which do not have their own elative forms, can be formed with* أكثر *ʔaktar + indefinite accusative masdar:* ◊ أكثر تعقيدا *more complicated* ◊ أكثر تشددا *harsher* ◊ أكثر استقرارا *more stable* ➡ ***compare with* أشد *ʔašadd p. 176***

أكثر ʔaktara v.intr. |4s يكثر yuktiru | إكثار ʔiktār| • [+ masdar] *(do)* frequently من, *(do)* constantly ◊ يكثر من الكلام. *He talks non-stop.* ◊ أكثرت من الأكل في رمضان. *I ate too much during Ramadan.*

أكثرية ʔaktarīyai n. • majority

أكد ʔakkada v. |2s(a) يؤكد yuʔakkidu | تأكيد taʔkīd| • v.tr. confirm, assert, maintain ◊ يؤكد براءته. *He maintains his innocence.* ▪ أكد أنّ ʔakkada ʔanna confirm that... • *v.intr.* emphasize على, stress ◊ أكدوا على أهمية هذه فرصة. *They emphasized the importance of this opportunity.* ▪ أكد أنّ ʔakkada ʔanna emphasize that...

أكذوبة ʔukdūbai n. |pl. **dip.** أكاذيب ʔakādīb| • lie

أكر ʔakr n. • acre

إكرام ʔikrām n.* • honor, veneration ▪ إكراما لـ ʔikrāman li- *prep.* in honor of, for the sake of

إكرامية ʔikrāmīyai n. • tip, gratuity, bonus

إكراه ʔikrāh n.* • coercion, duress

إكراهي ʔikrāhīy adj. • compulsory

أكرم ʔakrama v.tr. |4s يكرم yukrimu | إكرام ʔikrām| • welcome warmly, treat with hospitality • honor, tribute, venerate

أكره ʔakraha v.tr. |4s يكره yukrihu | إكراه ʔikrāh| • force *sb* ه *to* على

أكزيما ʔakzīmā n. **invar.** • eczema

أكسجين ʔuksijīn n. • oxygen

أكسسوار ʔakseswār n. • accessory

أكل ʔakala v.tr. |1s3(a) يأكل yaʔkulu | أكل ʔakl| • eat ▪ أكل الفطور ʔakala alfuṭūr eat breakfast ▪ لا يؤكل lā yuʔkalu pass. v. inedible

آكل ʔākil act. part. n. |pl. أكلة ʔakala(t)| • eater ▪ آكل نمل ʔākil · naml anteater

أكل ʔakl n.* • food ▪ صالح للأكل ṣāliḥ li-lʔakli, قابل للأكل qābil li-lʔakli adj. edible

إكليل ʔiklīl n. |pl. **dip.** أكاليل ʔakālīl| • rosemary • wreath, torse ▪ إكليل من الزهر ʔiklīl mina -zzahri wreath of flowers

إكمال ʔikmāl n.* • completion

أكمل ʔakmala v.tr. |4s يكمل yukmilu | إكمال ʔikmāl| • complete, finish • perfect • supplement

أكن ʔakanna v.tr. |4g يكن yukinnu | إكنان ʔiknān| • hide, conceal

الإكوادور alʔekwādōr n. **invar.** • Ecuador

إكوادوري ʔekwādōrīy adj. & n. • Ecuadorian

أكيد ʔakīd adj. • certain, sure ▪ أكيدا ʔakīdan Sure!, Definitely! • guaranteed, certain

الـ al- article prefix • the ⓘ *An attributive adjective agrees with its noun in definiteness:* ◊ السيارة الجديدة assayyārai aljadīdai *the new car (lit. the-car the-new)* ⓘ *The article is not prefixed to the first term of an idafa construction:* ◊ رئيس البلد raʔīs · albaladi *the president of the country (lit. president the-country)*

Sun and Moon Letters

Assimilation occurs with the article prefix in certain cases. That is, the 'l' sound in the prefix الـ *al- (the) is not pronounced before certain consonants. Instead, the consonant is pronounced doubled. Such consonants are called* الحروف الشمسية alḥurūf aššamsīyai *(sun letters), and they are:* ت ث د ذ ر ز س ش ص ض ط ظ ل ن. ◊ الشمس aššams *the sun* ◊ الطاولة aṭṭāwilai *the table* ◊ النور annūr *the light* *Assimilation does not occur before other* consonants, which are called الحروف القمرية *alḫurūf alqamarīya^t* (moon letters): ء ب ج ح خ ع غ ف ق ك م ه و ي. ◊ القمر *alqamar* the moon ◊ الباب *albāb* the door ◊ الكتاب *alkitāb* the book

آل *ʔāl n.* • family, house, clan ▪ آل سعود *ʔāl · saʔūd* the House of Saud (ruling family of Saudi Arabia) ▪ آل صباح *ʔāl · ṣabāḫ* The House of Sabah (ruling family of Kuwait)

آل صباح *ʔāl · ṣabāḫ n.* • The House of Sabah (ruling family of Kuwait)

ألا *ʔalā particle* |< أ + لا *ʔa + lā*| • *(precedes yes/no question)* [+ indicative] don't...?, doesn't...? ◊ ألا يريد أن يذهب؟ *Doesn't he want to go?*

ألا *ʔalā*, ألا إن *ʔalā ʔinna adv.* • indeed, verily

ألا *ʔallā conj.* |< أن + لا *ʔan + lā*| • that... not ◊ أتمنى ألا أكون قد أزعجتك. *I hope I'm not bothering you.*

ألا *ʔallā*, أنْ لا *ʔan lā conj.* [+ subjunctive] • that... not ◊ من الممكن ألا يأتي. *It's possible that he won't come.* ◊ أطلب ألا تفعل ذلك. *I ask you not to do that.*

إلا *ʔillā*, وإلا *wa-ʔillā conj.* |< إن + لا *ʔin(i) + lā*| • otherwise, if not ◊ أنه فروضك وإلا فأنت معاقب. *Finish your homework or you're grounded.*

إلا *ʔillā*, وإلا *wa-ʔillā particle* |< إن + لا *ʔin(i) + lā*| • [+ noun in logical case] except (for), save ◊ ما من أحد منا إلا هو *no one among us but him* ▪ إلا أنّ *ʔillā ʔanna conj.* however, yet, but, nevertheless, nonetheless, still ◊ إلا أن هناك إشارات إيجابية. *Nevertheless, there are positive signs.* ▪ إلا إذا *ʔillā iḏā*, إلا و *ʔillā wa- conj.* unless, except when ◊ لا أؤمن بشيء إلا إذ رأيته بعيني. *I don't believe anything unless I've seen it with my own two eyes.* ▪ وإلا *wa-ʔillā adv.* | و + إن + لا < *wa- + ʔin + lā*| otherwise, if not ◊ نظف غرفتك وإلا ستعاقب. *Clean your room or you'll be punished.* • [negative +] just, merely, only, nothing but ◊ ما هو إلا ولد. *He's just a boy.* ◊ لا إله إلا الله. *There is no god but God.* ◊ إن هي إلا مسألة وقت. *It is just a matter of time.* • *(time)* to ▪ إلا الثلث *ʔillā -ttult^a* [hour +] twenty to ◊ الساعة السادسة إلا الثلث *twenty to six (5:40)* ▪ إلا الربع *ʔillā -rrub3^a* [hour +] a quarter to ◊ في الساعة الرابعة إلا الربع *at a quarter to four (3:45)* ▪ إلا خمس دقائق *ʔillā xams^a daqāʔiq^a* [hour +] five to ◊ إنها الساعة الثالثة إلا خمس دقائق *It's five to three (2:55).*

إلام *ʔilāma* |< إلى + ما *ʔilā + mā*| • how far, to what extent • to what

إلاهة *ʔilāha^t n.* • goddess

إلاهي *ʔilāhī^y adj.* • godly, divine

الإيسيسكو *alʔaysīskō n.* • ISESCO (Islamic Educational, Scientific and Cultural Organization)

ألباني *ʔalbānī^y adj. & n.* • Albanian

ألبانيا *ʔalbāniyā n. **f. invar.*** • Albania

ألبوم *ʔalbūm n.* • album

آلة *ʔāla^t n.* • machine, device, tool, instrument ▪ آلة تصوير (رقمية) *ʔālat · taṣwīr (raqmīya^t)* (digital) camera ▪ آلة موسيقية *ʔāla^t mūsīqīya^t* musical instrument ▪ اسم آلة *ism · ʔāla^t* *(grammar)* noun of instrument

التحاق *iltiḫāq n.** • entrance *to* بـ

التحق *iltaḫaqa v.intr.* |8s يلتحق *yaltaḫiq^u* | التحاق *iltiḫāq*| • join بـ, enter ▪ التحق بجامعة *iltaḫaqa bi-jāmi3a^t* get into college ▪ التحق بالجيش *iltaḫaqa bi-ljayšⁱ* join the army

التزام *iltizām n.** • obligation

التزم *iltazama v.tr.* |8s يلتزم *yaltazim^u* | التزام *iltizām*| • be obligated *to (do)*, obliged • persist *in*

التف *iltaffa v.intr.* |8g1 يلتف *yaltaff^u* | التفاف *iltifāf*| • intertwine, become tangled

التفت *iltafata v.intr.* |8s يلتفت *yaltafit^u* | التفات *iltifāt*| • turn *toward* إلى, turn around

التقط *iltaqaṭa v.tr.* |8s يلتقط *yaltaqiṭ^u* | التقاط *iltiqāṭ*| • receive • catch ◊ التقط الكرة. *He caught the ball.* • take (pictures, video, etc.) ▪ التقط صورة *iltaqaṭa ṣūra^t* take a picture

التقى *iltaqā v.intr.* |8d1 يلتقي *yaltaqī* | التقاء *iltiqāʔ*| • meet بـ *or* مع, become acquainted *with*

التمس *iltamasa v.tr.* |8s يلتمس *yaltamis^u* | التماس *iltimās*| • request *sth* ∘ *from* من, ask *for*, beg, implore

التهاب *iltihāb n.** • inflammation

التهابي *iltihābī^y adj.* |*elat.* أكثر التهابا *ʔaktar iltihāban*| • inflammatory

التهب *iltahaba v.intr.* |8s يلتهب *yaltahib^u* | التهاب *iltihāb*| • become inflamed

التهم *iltahama v.tr.* |8s يلتهم *yaltahim^u* | التهام *iltihām*| • devour, gobble up

التوى *iltawā v.intr.* |8d1 يلتوي *yaltawī* | التواء *iltiwāʔ*| • be bent, be curved, be crooked

التي *allatī sing. **f.** relative pronoun* • which, who, that • she who ➡ ***table on next page***

ألجأ *ʔaljaʔa v.tr.* |4s يلجئ *yuljiʔ^u* | إلجاء *ʔiljāʔ*|

• shelter

ألجم *ʔaljama v.tr.* |*4s* يلجم *yuljim^{u}* | إلجام *ʔiljām*|
• rein in, curb, regulate

ألح *ʔalaħħa v.tr.* |*4g* يلح *yuliħħ^{u}* | إلحاح *ʔilħāħ*|
• urge, implore

إلحاح *ʔilħāħ n.** • urgency

إلحاق *ʔilħāq n.** • attachment

ألحق *ʔalħaqa v.tr.* |*4s* يلحق *yulħiq^{u}* | إلحاق *ʔilħāq*|
• attach *sth* ه *to* بـ, append, affix ▪ ألحق ضررا بـ *ʔalħaqa ḍararan bi-* inflict damage on

إلخ *ʔilā ʔāxir^{i}hi* |*abbreviation of* إلى آخره| • etc. (et cetera), and so on

الذي *allaḏī sing.* ***m.*** *relative pronoun* • which, who, that • he who, what

Relative Pronouns

		masculine	feminine
singular		الذي *allaḏī*	التي *allatī*
dual	nom.	اللذان *allaḏāni*	اللتان *allatāni*
	acc./gen.	اللذين *allaḏayni*	اللتين *allatayni*
plural		الذين *allaḏīna*	اللاتي *allātī* اللائي *allāʔī* اللواتي *allawātī*

الذين *allaḏīn^{a} plural* ***m.*** *relative pronoun* • which, who, that • those who

إلزام *ʔilzām n.** • compulsion, coercion

إلزامي *ʔilzāmī^{y} adj.* • forced, compulsory, obligatory

ألزم *ʔalzama v.tr.* |*4s* يلزم *yulzim^{u}* | إلزام *ʔilzām*|
• force, compel, coerce

ألصق *ʔalṣaqa v.tr.* |*4s* يلصق *yulṣiq^{u}* | إلصاق *ʔilṣāq*|
• attach *sth* ه *to* على, affix, stick

إلغاء *ʔilɣāʔ n.** • cancellation • annulment, nullification • abolishment, abolition

ألغى *ʔalɣā v.tr.* |*4d* يلغي *yulɣī* | إلغاء *ʔilɣāʔ*|
• cancel, call off • annul, nullify, void
• abolish

ألف *ʔalf number* |*pl.* آلاف *ʔālāf* or ألوف *ʔulūf* | *as numeral, written* ١٠٠٠ | • [+ indefinite genitive singular noun] (one) thousand ▪ الآلاف من __ *alʔālāf min* __ [+ definite genitive plural noun] thousands of __ ◊ شارك الآلاف من المتظاهرين في المسيرة. *Thousands of protestors partipated in the demonstration.* ▪ عشرات الآلاف من __ *ʕašarāt alʔālāf^{i} min* __ [+ definite genitive plural noun] tens of thousands of __ ◊ عشرات الآلاف من الأشخاص *tens of thousands of people* ▪ مئات الآلاف من __ *miʔāt alʔālāf^{i} min* __ [+ definite genitive plural noun] hundreds of thousands of __ ◊ مئات الآلاف من الدولارات *hundreds of thousands of dollars* ▪ ألف ليلة وليلة *ʔalf^{u} layla^{tin} wa-layla^{tin} (book title)* 1001 Arabian Nights • *adj. (ordinal number)* [agrees for case but does not vary for gender] thousandth ◊ اليوم الألف *the one-thousandth day* ◊ المرة الألف *the one-thousandth time* ⓘ *When a noun immediately follows,* ألف *ʔalf (thousand) takes the indefinite genitive singular form. In compound numbers, the form of the noun is determined by the number which immediately precedes it:* ◊ ألف بيت *one thousand houses* ◊ ثلاثة آلاف بيت *three thousand houses* ◊ ألف وخمسة بيوت *one thousand and* ***five*** *houses* ◊ ألف وعشرون بيتا *one thousand and* ***twenty*** *houses*

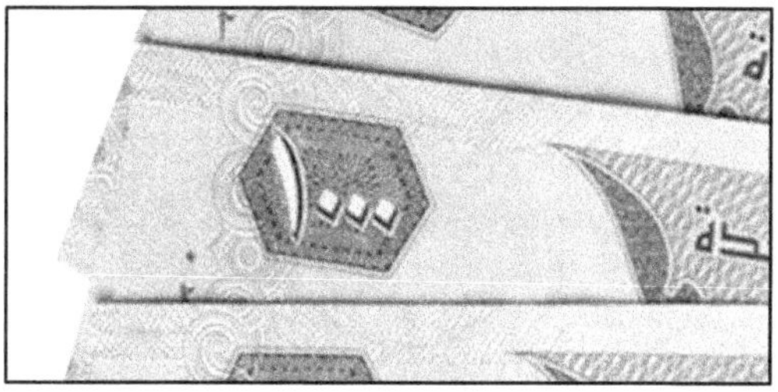

U.A.E. 1,000-dirham bills

ألف *ʔalif n.* • *(first letter of the Arabic alphabet)* alif ▪ ألف طويلة (ا) *ʔalif ṭawīla^{t}* regular alif ▪ ألف فاصلة *ʔalif fāṣila^{t}* separating alif (silent alif at end of some verb conjugations), otiose alif ▪ ألف قصيرة (ٰ) *ʔalif qaṣīra^{t}*, ألف خنجرية *ʔalif xanjarīya^{t} (diacritic representing a long ā and only occurring in a few words)* dagger alif ➡ ***Dagger Alif p. 1*** ▪ ألف مدة (آ) *ʔalif madda^{t}* alif maddah ▪ ألف مقصورة (ى) *ʔalif maqṣūra^{t}* shortened alif

ألف *ʔalifa v.tr.* |*1s4(a)* يألف *yaʔlaf^{u}* | ألف *ʔalf*|

• become accustomed to, get used to

ألّف *ʔallafa v.tr.* |2s(a) يؤلف *yuʔallifᵘ* | تأليف *taʔlīf*| • write, author, compose, pen • compile بين, put together

ألفان *ʔalfānⁱ* |*acc. and gen.* ألفين *ʔalfaynⁱ* | *as numeral, written* ٢٠٠٠ | • two thousand

ألفباء *ʔalifbāʔ n.* • alphabet

ألفبائي *ʔalfabāʔīʸ adj.* • alphabetical

ألفة *ʔulfaᵗ n.* • familiarity, intimacy

ألفت *ʔalfata v.tr.* |4s يلفت *yulfitᵘ* | إلفات *ʔilfāt*| • attract, interest

ألفية *ʔalfīyaᵗ n.* • millennium

إلقاح *ʔilqāħ n.** • pollination • insemination, impregnation

ألقح *ʔalqaħa v.tr.* |4s يلقح *yulqiħᵘ* | إلقاح *ʔilqāħ*| • pollinate • inseminate, impregnate

ألقى *ʔalqā v.tr. & intr.* |4d يلقي *yulqī* | إلقاء *ʔilqāʔ*| • throw *sth* ه or *sth* بـ *at* على, cast ▪ ألقى الضوء على *ʔalqa aḍḍawʔᵃ 3alā* shed light on ▪ ألقى القبض على *ʔalqa alqayḍᵃ 3alā* arrest, apprehend ◊ ألقت الشرطة القبض على اللص. *The police arrested the thief.* ▪ ألقى نظرة على *ʔalqā naẓraᵗᵃⁿ 3alā* take a look at • throw away • *(idiomatic)* give, make ▪ ألقى كلمة *ʔalqā kalimaᵗ*, ألقى خطابا *ʔalqā xiṭāban* give a speech *to* أمام, address ◊ ألقى الرئيس كلمة أمام المجلس. *The president gave a speech before parliament.* ▪ ألقى محاضرة *ʔalqā muħāḍaraᵗ* give a lecture ▪ ألقى بيانا *ʔalqā bayānan* make an announcement • recite ◊ عليها أن تلقي قصيدة في الصف غدا. *She has to recite a poem in class tomorrow.*

إلكترون *ʔelektrōn n.* • electron

إلكتروني *ʔelektrōnīʸ adj.* • electronic ▪ جهاز إلكتروني *jihāz ʔelektrōnīʸ n.* electronic appliance ▪ إلكترونيات *ʔelektrōnīyāt pl. n.* electronics

اللاتي *allātī plural **f.** relative pronoun* • who, which, that ➡ ***Relative Pronouns p. 41***

اللائي *allāʔīʸ plural **f.** relative pronoun* • who, which, that ➡ ***Relative Pronouns p. 41***

اللتان *allatānⁱ dual **f.** relative pronoun* • who, which, that ➡ ***Relative Pronouns p. 41***

اللذان *allaḏānⁱ dual **m.** relative pronoun* • who, which, that ➡ ***Relative Pronouns p. 41***

الله *aLLāh n.* • God, Allah ▪ لله *li-LLāhⁱ* |< لـ + الله *li- + aLLāh*| to God ⓘ *This irregular spelling is meant to avoid three adjacent* ل*'s.* ▪ الله أكبر *aLLāhᵘ ʔakbarᵘ* God is great ➡ **تكبير *takbīr p. 88*** ▪ إن شاء الله *ʔin šāʔa -LLāhᵘ*, بإذن الله *bi-ʔiḏnⁱ -LLāhⁱ* If God wishes, God willing ▪ بسم الله *bi-smⁱ -llāhⁱ* in the name of God ▪ ما شاء الله *mā šāʔa -LLāhᵘ* Praise God! ▪ والله *wa-LLāhⁱ* I swear!, By God! ▪ يا الله *yā -LLāhᵘ*, اللهم *aLLāhummᵃ* My God!, Oh, God! ▪ قضاء الله *qaḍāʔ · aLLāhⁱ* death ▪ الحمد لله *alħamdᵘ li-LLāhⁱ*, الله سبحانه وتعالى *aLLāhᵘ subħānᵃhu wa-ta3ālā*, سبحان الله *subħāna -LLāhⁱ* *(exclamation of surprise or wonder)* Praise (be to) God! ▪ في أمان الله *fī ʔamānⁱ -LLāhⁱ* Goodbye! ▪ لا إله إلا الله. *lā ʔilāhᵃ ʔillā -LLāhᵘ* There is no god but God. ▪ سجد شكرا لله *sajada šukran li-LLāhⁱ v.* prostrate in thanks to God ▪ الله يعطيك العافية *aLLāhᵘ yu3ṭīka al3āfiyaᵗᵃ* May God give you good health! ▪ الله يعافيك *aLLāhᵘ yu3āfīka* *(resposne)* Thank you! ▪ صلى الله عليه وسلم *ṣallā -LLāhᵘ 3alayhⁱ wa-sallama (following the name of the prophet Muhammad)* PBUH (peace be upon him) ▪ استودعك الله *istawda3aka aLLāhᵘ* May God be with you! ▪ أصلحه الله *ʔaṣlaħahu aLLāhᵘ* may God grant *sb* prosperity ▪ بارك الله فيك *bāraka aLLāhᵘ fīka*, الله يبارك فيك *aLLāhᵘ yubārikᵘ fīka* God bless you! ▪ حماه الله *ħamāhu aLLāhᵘ*, ستره الله *satarahu aLLāhᵘ* may God protect *sb* ▪ رحمه الله *raħimahu aLLāhᵘ (for the deceased)* may God have mercy upon *sb*; may God bless *sb* ▪ رعاه الله *ra3āhu aLLāhᵘ* may God protect *sb* ◊ رعاك الله! *May God protect you!* ▪ سلمه الله *sallamahu aLLāhᵘ* may God bless *sb* ◊ سلمك الله! *God bless you!* ▪ طول الله عمره *ṭawwala aLLāhᵘ 3umrᵃhu* may God prolong *sb's* life ▪ كرمه الله *karramahu aLLāhᵘ* may God honor *sb* ▪ قتله الله *qatalahu aLLāhᵘ* may God kill *sb* ▪ لعنه الله *la3anahu aLLāhᵘ* may God damn *sb* ▪ نصره الله *naṣarahu aLLāhᵘ* may God help *sb* ▪ يسره الله *yassarahu aLLāhᵘ* may God pave *sb's* way ⓘ *Notice that the long ā of* الله *aLLāh is unwritten.* ➡ ***Dagger Alif p. 1*** ⓘ *The word* الله *aLLāh is unique in Arabic in that the* ل *is pronounced dark.* ➡ ***Pronunciation p. ix*** ⓘ *The word* الله *aLLāh is found in several Arab names:* ◊ عبد الله *Abdullah* ◊ نصر الله *Nasrallah*

اللواتي *allāwātī plural **f.** relative pronoun* • which, who, that ➡ ***Relative Pronouns p. 41***

ألم *ʔalam n.* |*pl.* آلام *ʔālām*| • pain ▪ ألم في البطن *ʔalam fī -lbaṭanⁱ*, ألم في المعدة *ʔalam fī -lma3idaᵗⁱ* stomach ache

ألم *ʔalam(i) particle* |< أ + لم *ʔa + lam(i)*| • [+ jussive] didn't...? ◊ ألم تتناول الفطور هذا الصباح؟ *Didn't you eat breakfast this morning?*

آلم *ʔālama v.tr.* |3s(a) يؤلم *yuʔlimᵘ* | إيلام *ʔīlām*|

• hurt ◊ هذا يؤلم كثيرا! *It really hurts!*

ألم *ʔallama v.tr.* |*2s(a)* يؤلم *yuʔallimᵘ* | تأليم *taʔlīm*|
• hurt, cause pain

ألماس *ʔalmās coll. n.* |*sing.* ألماسة *ʔalmāsaᵗ*|
• diamonds

ألماني *ʔalmānīʸ adj. & n.* |*pl.* ألمان *ʔalmān*|
• German

ألمانيا *ʔalmāniyā n.* ***f. invar.*** • Germany

ألمح *ʔalmaḥa v.intr.* |*4s* يلمح *yulmiḥᵘ* | إلماح *ʔilmāḥ*|
• glance *at* إلى

ألن *ʔalan(i) particle* |< أ + لن *ʔa + lan(i)*| • [+ subjunctive] won't...? ◊ ألن تشكرني؟ *Aren't you going to thank me?*⚠ **ألن *ʔalan (English name)* *Alan, Allen***

إله *ʔilāh, also spelled* إلاه *ʔilāh n.* |*pl.* آلهة *ʔālihaᵗ*|
• god, deity ▪ يا إلهي *yā ʔilāhī* Oh my God!

إلهام *ʔilhām n.*⋆ • inspiration

ألهب *ʔalhaba v.tr.* |*4s* يلهب *yulhibᵘ* | إلهاب *ʔilhāb*|
• kindle, set on fire

ألهم *ʔalhama v.tr.* |*4s* يلهم *yulhimᵘ* | إلهام *ʔilhām*|
• inspire

ألهى *ʔalhā v.tr.* |*4d* يلهي *yulhī* | إلهاء *ʔilhāʔ*|
• amuse, entertain

آلو *ʔālō interjection* • *(on telephone)* Hello?

ألومنيوم *ʔalūminiyūm n.* • aluminum

إلى *ʔilā prep.* • to ◊ ذهب من بيته إلى المدرسة بالحافلة. *He went from his home to school by bus.* ▪ إلى آخره *ʔilā ʔāxirⁱhi* |*abbreviated* إلخ *ʔilā ʔāxirⁱhi*| etc., and so on ▪ إلى ذلك *ʔilā ḏālika adv.* in addition to that, additionally • *(time)* until ▪ إلى اللقاء *ʔilā -lliqāʔ* Good-bye! ▪ إلى غد *ʔilā ɣadⁱⁿ* See you tomorrow! ▪ إلى أن *ʔilā ʔan conj.* [+ perfect or subjunctive] until ◊ انتظرت إلى أن انتهى من كلامه. *I waited until he was finished speaking.* ▪ إلى متى *ʔilā matā* how long, until when ◊ إلى متى بقيت في بغداد؟ *When did you stay in Baghdad until?* ◊ إلى متى ستستمر الأحوال بهذا الشكل؟ *How long will things keep going like this?*

آلي *ʔālīʸ adj.* • mechanical, automatic

آلية *ʔālīyaᵗ n.* • mechanism

ألية *ʔalyaᵗ n.* |*pl.* أليات *ʔal(a)yāt*| • buttock

أليس *ʔalaysa* |< أ + ليس *ʔa + laysa*| • isn't...? ▪ أليس كذلك؟ *ʔalaysa ka-ḏālika* Isn't that so?, Right?

أليف *ʔalīf adj.* |*m. pl.* ألفاء *ʔalfāʔ* | *elat.* آلف *ʔaʔlaf*|
• domestic, tamed ▪ حيوان أليف *ḥayawān ʔalīf n.* pet • familiar, intimate • friendly, amicable

أليم *ʔalīm adj.* |*elat.* أكثر إيلاما *ʔaktar ʔīlāman*|
• sore, in pain

أم *ʔam(i) conj.* • *(introduces a second alternative in questions)* or ◊ هل تريد شايا أم قهوة؟ *Would you like tea or coffee?* ▪ أم أنّ *ʔam ʔanna* or (is it that...) ◊ أليس كذلك أم أني مخطئ؟ *Isn't that so, or am I wrong?* ▪ ...كان أم ... ... *kāna ʔam...*, ...سواء ...أم *sawāʔan... ʔam...* (regardless) whether... or..., be they... or... ◊ جديدا كان أم قديما *whether new or old* ◊ كل أحد رجلا كان أم امرأة *everyone, be they men or women* ◊ سواء أردت أم لم ترد *whether you want to or not* ➡ ***compare with*** **أو** ***ʔaw p. 54***

أم *ʔumm n.* ***f.*** |*pl.* أمهات *ʔummahāt*| • mother, mom
ⓘ *Notice how the dual and plural are used for referring to two and three unrelated people's mothers:* ◊ *(dual)* أماهما *ʔummāhumā their mothers* ◊ *(plural)* أمهاتهم *ʔummahātᵘhum their mothers* ▪ أم لـ *ʔumm li-* a mother of ◊ أم لثلاثة أطفال *a mother of three* ▪ أم لؤلؤ *ʔumm · luʔluʔ* mother of pearl ▪ زوج أم *zawj · ʔumm* stepfather

أم القيوين *ʔumm · alquwwaynⁱ n.* ***f.*** • *(city in the U.A.E.)* Umm al-Quwain ➡ ***map on p. 44***

أم درمان *ʔumm · durmān n.* ***f.*** • *(city in Sudan)* Omdurman ➡ ***map on p. 170***

إلي *ʔilayya*	إلينا *ʔilaynā*	
إليك *ʔilayka*	إليكما *ʔilaykumā*	إليكم *ʔilaykum*
إليك *ʔilayki*		إليكن *ʔilaykunna*
إليه *ʔilayhi*	إليهما *ʔilayhimā*	إليهم *ʔilayhim*
إليها *ʔilayhā*		إليهن *ʔilayhinna*

أم صلال *ʔumm · ṣalāl n.* ***f.*** • *(city in Qatar)* Umm Salal Mohammed ➡ ***map on p. 241***

أما *ʔammā particle* |< أن + ما *ʔan + mā*| • أما __ فـ... *ʔammā __fa-... (often untranslated)* as for __, as far as __ is concerned ◊ أما أنا فلا يفهمني أحد. *As far as I'm concerned, no one understands me.* ◊ أما الآن فأنا لا أعمل. *As for* now, I'm not working. ▪ أما و(قد) *ʔammā wa-(qad)* since, now that ◊ أما كنت أشعر بالقلق. وقد رأيتك فقد اطمأننت *I was worried. But now that I've seen you, I feel better.*

إما *ʔimmā conj.* • either ▪ إما... أو... *ʔimmā... ʔaw...*, إما... وإما... *ʔimmā... wa-ʔimmā...* either... or... ◊ إما في بيتي أو بيتك *either at my house or yours* ▪ إما أن... أو أن... *ʔimmā ʔan... ʔaw ʔan...* either... or... ◊ إما أن تبقى هنا وإما أن تذهب إلى البيت. *Either you stay here or you go home.*

أمات *ʔamāta v.tr.* |4h يميت *yumītᵘ* | إماتة *ʔimātaᵗ*| • kill

إماراتي *ʔimārātīʸ adj. & n.* • Emirati

إمارة *ʔimāraᵗ n.* • emirate, principality ▪ الإمارات العربية المتحدة *alʔimārāt al3arabīyaᵗ almuttaḫidaᵗ* the United Arab Emirates (the U.A.E.)

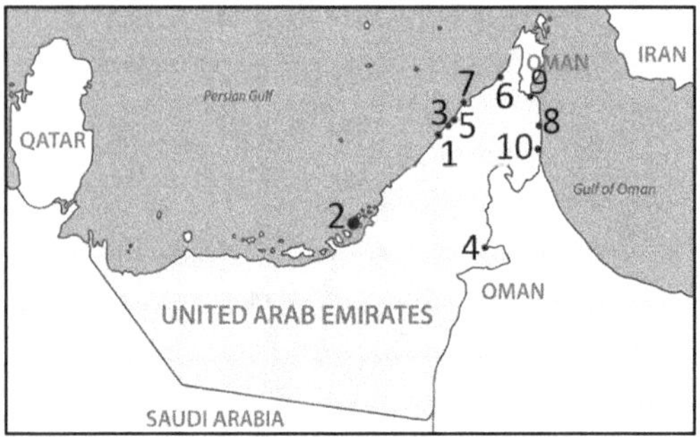

map of the U.A.E.

1. دبي *dubayʸ* Dubai
2. أبوظبي *ʔabūẓabī* Abu Dhabi
3. الشارقة *aššāriqaᵗ* Sharjah
4. العين *al3ayn* Al Ain
5. عجمان *3ajmān* Ajman
6. رأس الخيمة *raʔs alxaymaᵗ* Ras al-Khaimah
7. أم القيوين *ʔumm alquwwayn* Umm al-Quwain
8. خورفكان *xawr fakkān* Khor Fakkan
9. دبا الحصن *dibbā -lḫiṣn* Dibba Al-Hisn
10. الفجيرة *alfujayraᵗ* Fujairah

أمام *ʔamām n.* • front ▪ إلى الأمام *ʔilā -lʔamāmⁱ adv.* forward, ahead ▪ في الأمام *fī -lʔamāmⁱ adv.* in front

أمام *ʔamāma prep.* • in front of ◊ هناك سياج أمام بيتنا. *There's a fence in front of our house.* ▪ ليس أمامه إلا *laysa ʔamāmahu ʔillā (figuaratively)* only have __ ahead of *oneself* ◊ ليس أمامه إلا طريق واحد. *There's only one path ahead for him.* ▪ ليس أمامه إلا أنْ *laysa ʔamāmahu ʔillā ʔan* have no choice but to..., can only... ◊ ليس أمامها إلا إكمال ما بدأته. *She has no choice but to finish what she started.* ◊ ليس أمامهم إلا أن يقبلوا القرار. *They have no choice but to accept the decision.*

إمام *ʔimām n.* |pl. أئمة *ʔaʔimmaᵗ*| • imam

An imam leads prayer at a mosque.

أمامي *ʔamāmīʸ adj.* • front-, fore- ▪ بوابة أمامية *bawābaᵗ ʔamāmīyaᵗ n.* front gate ▪ خط أمامي *xaṭṭ ʔamāmīʸ n.* front line

أمانة *ʔamānaᵗ n.** • faithfulness, integrity, loyalty, honesty • deposit, consignment ▪ خزانة أمانات *xizānat · ʔamānāt* (night) safe ▪ صندوق أمانات *ṣundūq · ʔamānāt* deposit box

إمبراطور *ʔimbarāṭūr n.* |pl. أباطرة *ʔabāṭiraᵗ*| • emperor

إمبراطورة *ʔimbarāṭūraᵗ n.* • empress

إمبراطوري *ʔimbarāṭūrīʸ adj.* • imperial

إمبراطورية *ʔimbarāṭūrīyaᵗ n.* • empire

إمبريالي *ʔimbiriyālīʸ adj.* • imperial

إمبريالية *ʔimbiriyālīyaᵗ n.* • imperialism

أمة *ʔummaᵗ n.* |pl. أمم *ʔumam*| • nation ▪ الأمم المتحدة *alʔumam almuttaḫidaᵗ pl. n.* the United Nations (the UN) • world, region ▪ الأمة الإسلامية *alʔummaᵗ alʔislāmīyaᵗ* the Muslim world ▪ الأمة العربية *alʔummaᵗ al3arabīyaᵗ* the Arab world

امتاز *imtāza v.intr.* |8h1 يمتاز *yamtāzᵘ* | امتياز *imtiyāz*| • be distinguished *by* بـ, be characterized

امتحان *imtiḫān n.** • examination, test ▪ تقدم إلى امتحان *taqqadama ʔilā imtiḫān v.* take a test (UK: sit for an examination) ▪ عند الامتحان يكرم المرء أو يهان. *3inda -limtiḫānⁱ yukramᵘ -lmarʔᵘ ʔaw yuhānᵘ proverb* On the day of the examination, one faces either praise or humiliation. (i.e. The proof of the pudding is in the eating.)

امتحن *imtaḫana v.tr.* |8s يمتحن *yamtaḫinᵘ* | امتحان

imtiḥān| • test, put to the test

امتد *imtadda v.intr.* |*8g1* يمتد *yamtadd^u* | امتداد *imtidād*| • extend *from* من *to* إلى, reach

امتداد *imtidād n.*⋆ • extension, scope, range

امتص *imtaṣṣa v.tr.* |*8g1* يمتص *yamtaṣṣ^u* | امتصاص *imtiṣāṣ*| • absorb

امتصاص *imtiṣāṣ n.*⋆ • absorption

أمتع *ʔamtaʕa v.tr.* |*4s* يمتع *yumtiʕ^u* | إمتاع *ʔimtāʕ*| • let *sb* enjoy, please ◊ أمتعني العرض المسرحي. *This show pleases me.*

امتعاض *imtiʕāḍ n.*⋆ • resentment

امتعض *imtaʕaḍa v.tr.* |*8s* يمتعض *yamtaʕiḍ^u* | امتعاض *imtiʕāḍ*| • resent

امتلأ *imtalaʔa v.intr.* |*8s(c)* يمتلئ *yamtaliʔ^u* | امتلاء *imtilāʔ*| • be filled *with* بـ, become full *of*

امتلاء *imtilāʔ n.*⋆ • fullness

امتلاك *imtilāk n.*⋆ • possession • seizure

امتلك *imtalaka v.tr.* |*8s* يمتلك *yamtalik^u* | امتلاك *imtilāk*| • have, possess, own • seize

امتن *imtanna v.intr.* |*8g1* يمتن *yamtann^u* | امتنان *imtinān*| • bestow *sb* على *with* بـ, grant

امتنان *imtinān n.*⋆ • gratitude, indebtedness

امتنع *imtanaʕa v.intr.* |*8s* يمتنع *yamtaniʕ^u* | امتناع *imtināʕ*| • refrain *from* عن

امتياز *imtiyāz n.*⋆ • distinction ▪ بامتياز *bi-mtiyāz^in* *adv.* with distinction, with honors

أمثل *ʔamṯal adj.* **dip.** |*m. pl.* **dip.** أماثل *ʔamāṯil* | *f. sing.* **invar.** مثلى *muṯlā*| • ideal, optimum

أمد *ʔamad n.* |*pl.* آماد *ʔāmād*| • period, duration ▪ طويل الأمد *ṭawīl · alʔamad^i* *adj.* long-term ▪ قصير الأمد *qaṣīr · alʔamad^i* short-term ▪ منذ أمد بعيد *munḏu ʔamad^in baʕīd^in*, منذ أمد طويل *munḏu ʔamad^in ṭawīl^in* *adv.* for a long time

أمد *ʔamadda v.tr.* |*4g* يمد *yumidd^u* | إمداد *ʔimdād*| • help *sb* ه *with* بـ • supply *sb* ه *with* بـ

إمداد *ʔimdād n.*⋆ • aid, help • supply ▪ إمداد نفط *ʔimdād · nafṭ* oil supply

أمر *ʔamara v.tr.* |*1s3(a)* يأمر *yaʔmur^u* | أمر *ʔamr*| •أمره بأنْ *ʔamarahu bi-ʔan* order *sb* to *(do)*, command that *sb (do)* ◊ أمر الرئيس بأن يكون الاجتماع فى أقرب وقت. *The president ordered that the meeting be held as soon as possible.*

آمر *ʔāmara v.tr.* |*3s(a)* يؤامر *yuʔāmir^u* | مؤامرة *muʔāmara^t*| • consult, ask *sb's* opinion

أمر *ʔamarra v.tr.* |*4g* يمر *yumirr^u* | إمرار *ʔimrār*| • make pass, let go by

أمر *ʔamr n.*⋆ • |*pl.* أمور *ʔumūr*| matter, issue, thing ▪ لأمر ما *li-ʔamr^in mā adv.* for some reason ▪ في بادئ الأمر *fī bādiʔ^i -lʔamr^i*, بادئ الأمر *bādiʔ^a -lʔamr^i*, في أول الأمر *fī ʔawwal^i -lʔamr^i*, أول الأمر *ʔawwal^a -lʔamr^i* *adv.* at first, in the beginning ▪ كيف الأمور؟ *kayfa -lʔumūr^u* How are things? • |*pl.* **dip.** أوامر *ʔawāmir*| order, command ▪ بأمر الله *bi-ʔamr^i -LLāh^i* *adv.* by God's command, God willing ▪ الأمر *alʔamr* *(grammar)* the imperative ▪ فعل أمر *fiʕl · ʔamr* imperative verb

امرء *imraʔ n.* |**def.** المرء *almarʔ*| • man, person ⓘ امرء *imraʔ* *is used only in the singular.* ▪ المرء بخليله. *almarʔ^u bi-xalīl^ih^i* *proverb* (You can judge) a man by his friends. •المرء *almarʔ* *(acts as a generic pronoun)* one ⓘ *The initial alif is dropped when the definite article is added.* •امرؤ القيس *imruʔ alqays^i* Imru' al-Qais (6th century poet)

امرأة *imraʔa^t n.* |**def.** المرأة *almarʔa^t* | *pl.* نساء *nisāʔ* or نسوة *niswa^t*| • woman ▪ المرأة *almarʔa^t* the woman ⓘ *The initial alif is dropped when the definite article is added.*

أمرض *ʔamraḍa v.tr.* |*4s* يمرض *yumriḍ^u* | إمراض *ʔimrāḍ*| • sicken, make ill

أمرك *ʔamraka v.tr.* |*11s(a)* يؤمرك *yuʔamrik^u* | أمركة *ʔamraka^t*| • Americanize

أمريكا *ʔamrīkā n.* **f. invar.** • America ▪ أمريكا الجنوبية *ʔamrīkā -ljanūbīya^t* South America ▪ أمريكا الشمالية *ʔamrīkā -ššamālīya^t* North America ▪ أمريكا اللاتينية *ʔamrīkā -llātīnīya^t* Latin America ▪ أمريكا الوسطى *ʔamrīkā -lwusṭā* Central America

الأمريكان *alʔamrīkān pl. n.* • Americans

أمريكي *ʔamrīkī^y*, أمريكاني *ʔamrīkānī^y* *adj. & n.* • American

أمس *ʔams n.* **dip.** • yesterday ▪ أمس *ʔams^i*, بالأمس *bi-lʔams^i*, يوم أمس *yawma ʔams^i* *adv.* yesterday ▪ أمس الأول *ʔamsi -lʔawwal^a*, أول أمس *ʔawwal^a ʔams^i*, أول من أمس *ʔawwal^a min ʔams^i* *adv.* the day before yesterday ▪ ليلة أمس *laylat^a ʔams^i* *adv.* last night ▪ بالأمس القريب *bi-lʔams^i -lqarīb^i* *adv.* recently, not long ago

أمستردام *ʔamsterdām n.* **f. dip.** • *(capital of the Netherlands)* Amsterdam

أمسك *ʔamsaka v.intr.* |*4s* يمسك *yumsik^u* | إمساك *ʔimsāk*| • hold بـ, grab ▪ أمسك بيده *ʔamsaka bi-yad^ihi* hold in *one's* hand

أمسى *ʔamsā v.intr.* |*4d* يمسي *yumsī* | إمساء *ʔimsāʔ*| • [+ predicate in the accusative] become • [+ indicative] begin to *(do)* ➡ ***Kāna and Her Sisters p. 247***

أمسية *ʔumsīyat n.* |*pl.* أمسيات *ʔumsīyāt* or **dip.**أماسي *ʔamāsīy*| • evening party, soiree

إمضاء *ʔimḍāʔ n.** • signature

أمضى *ʔamḍā v.tr.* |*4d* يمضي *yumḍī* | إمضاء *ʔimḍāʔ*| • sign • *(time)* spend, pass ◊ أمضى اليوم قارئا في المقهى. *He spent the day reading in the café.*

أمطر *ʔamṭara v.intr.* |*4s* يمطر *yumṭiru* | إمطار *ʔimṭār*| •أمطرت السماء *ʔamṭarati -ssamāʔu* rain ◊ ستمطر السماء غدا. *It's going to rain tomorrow. (lit. The sky is going to rain tomorrow.)*

أمعاء *ʔam3āʔ pl. n.* |*sing.* **indecl.** معى *mi3(an)*| • intestine(s), guts, entrails, tripe ▪ أمعاء غليظة *ʔam3āʔ ɣalīẓat*, أمعاء كبرى *ʔam3āʔ kubrā* large intestines ▪ أمعاء دقيقة *ʔam3āʔ daqīqat*, أمعاء صغرى *ʔam3āʔ ṣuɣrā* small intestines

إمكان *ʔimkān n.** • possibility ▪ بإمكانه *bi-ʔimkānihi* [+ masdar] be able to *(do)*, can *(do)* ◊ هل بإمكانك مساعدتي؟ *Can you help me?* • ability

إمكانية *ʔimkānīyat n.* • possibility, potential

أمكن *ʔamkana v.tr. & intr.* |*4s* يمكن *yumkinu* | إمكان *ʔimkān*| • be possible *for* (لـ) ▪ يمكنه أنْ *yumkinuhu ʔan*, يمكن له أنْ *yumkinu lahu ʔan* *(impersonal verb)* be able to *(do)*, can *(do)* ◊ هل يمكنك مساعدتي؟ *Can you help me?*; could, might ◊ يمكن للمشروع أن يستغرق ستة أشهر. *The project might take six months.* ▪ لا يمكن *lā yumkinu* impossible, no way

أمل *ʔamal n.** |*pl.* آمال *ʔāmāl*| • hope

أمل *ʔamala v.tr.* |*1s3(a)* يأمل *yaʔmulu* | أمل *ʔamal*| • hope ▪ آمل ذلك. *ʔāmulu ḏālika* I hope so. ▪ أمل أنْ *ʔamala ʔan* hope to *(do)*, hope that... ◊ آمل ألا تمطر. *I hope that it doesn't rain.* ◊ آمل أن أقيم في هذا الفندق مرة أخرى. *I hope to stay in this hotel again.* ◊ آمل أن تأتي إلى الحفلة. *I hope you'll come to the party.*

أمل *ʔamalla v.* |*4g* يمل *yumillu* | إملال *ʔimlāl*| • *v.tr.* bore, annoy • *v.intr.* become boring, be tedious

أملأ *ʔamlaʔa v.tr.* |*4s(c)* يملئ *yumliʔu* | إملاء *ʔimlāʔ*| • fill

إملاء *ʔimlāʔ n.** • dictation

أملس *ʔalmas adj.* |*m & f pl.* ملس *muls* | *f. sing.* **dip.** ملساء *malsāʔ* | *f. dual* ملساوان *malsāwāni* | *f. pl.* ملساوات *malsāwāt*| • smooth, sleek, slick

أملى *ʔamlā v.tr.* |*4d* يملي *yumlī* | إملاء *ʔimlāʔ*| • dictate *sth* ∘ *to* على

أمم *ʔammama v.tr.* |*2s(a)* يؤمم *yuʔammimu* | تأميم *taʔmīm*| • nationalize

أممي *ʔumamīy adj.* |*elat.* أكثر أممية *ʔaktar ʔumamīyatan*| • global, universal • cosmopolitan • UN-

أمن *v.intr.* • *ʔamina* |*1s4(a)* يأمن *yaʔmanu* | أمن *ʔamn* or أمان *ʔamān*| feel safe • *ʔamuna* |*1s6(a)* يأمن *yaʔmunu* | أمانة *ʔamānat*| be faithful, be trustworthy

آمن *ʔāmana v.intr.* |*4s(a)* يؤمن *yuʔminu* | إيمان *ʔīmān*| • believe *in* بـ, have faith ▪ آمن بالله *ʔāmana bi-LLāhi* believe in God

آمن *ʔāmin act. part. adj.* |*elat.* أأمن *ʔaʔman*| • safe, secure

أمن *ʔammana v.tr.* |*2s(a)* يؤمن *yuʔamminu* | تأمين *taʔmīn*| • reassure *sb* ∘ *of* على, give assurance • insure

أمن *ʔamn*, أمان *ʔamān n.** • security, safety ▪ رجل أمن *rajul · ʔamn* watchman, guard ▪ في أمان الله *fī ʔamāni -LLāhi* Goodbye! ▪ أمن قومي *ʔamn qawmīy* national security

أمني *ʔamnīy adj.* • security- ▪ فحص أمني *faḥṣ ʔamnīy n.* security check

أمنية *ʔumnīyat n.* |*pl.* **def.** أمان *ʔamān(in)*| • wish, hope

أمومة *ʔumūmat n.* • maternity, motherhood

أمومي *ʔumūmīy adj.* |*elat.* أكثر أمومة *ʔaktar ʔumūmīyatan*| • maternal

أموي *ʔumawīy adj.* |*m. pl.* أمية *ʔumayyat*| • Umayyad ▪ بنو أمية *banū · ʔumayyat n.* The Umayyads ▪ الخلافة الأموية *alxālifat alʔumawīyat n.* The Umayyad Caliphate ▪ الدولة الأموية *addawlat alʔumawīyat n.* The Ummayad Dynasty

أمي *ʔummīy adj.* |*elat.* أكثر أمية *ʔaktar ʔummīyatan*| • illiterate • maternal

أمية *ʔummīyat n.* • illteracy • motherhood

أمير *ʔamīr n.* |*pl.* **dip.** أمراء *ʔumarāʔ*| • prince, emir, commander • *man's name* Amir, Ameer ⓘ *The English word 'admiral' has been borrowed from this Arabic word.*

أميرة *ʔamīrat n.* • princess • **dip.** *woman's name* Amira, Ameera

أمين *ʔamīn* |*pl.* **dip.** أمناء *ʔumanāʔ*| • *adj.* |*elat.* أأمن *ʔaʔman*| safe, secure • *adj.* faithful, trustworthy, loyal, honest • *n.* trustee ▪ أمين عام *ʔamīn 3āmm* secretary general • *man's name* Amin ▪ أمينة *ʔamīnat* **dip.** *woman's name* Amina, Ameena

آمين *ʔāmīn interjection* • Amen!

آن *ʔān n.* • moment ▪ الآن *alʔāna adv.* now ▪ بعد الآن

ba3da -lʔānⁱ adv. from now on, in the future ▪ حتى الآن *ḩattā -lʔānⁱ adv.* so far, until now ▪ في آن *fī ʔānⁱⁿ adv.* simultaneously, at the same time ▪ من الآن *minᵃ -lʔānⁱ adv.* [time +] from now ◊ سنوات من الآن *years from now* ▪ من الآن فصاعدا *minᵃ -lʔānⁱ faṣā3idan adv.* from now on ▪ قبل الآن *qabla -lʔānⁱ adv.* formerly, previously

أنْ *ʔan(i) conj.* • [+ subjunctive] that..., to *(do)* ◊ من الممكن أن يأتي. *It's possible that he'll come.* ◊ أريد أن أتزوج. *I want to get married.* ⓘ أنْ *ʔan is normally followed by a subjunctive verb but can be followed by a perfect-tense verb in some idiomatic structures:* ▪ سبق أنْ *sabaqa ʔan* [+ perfect] have *(done)* ◊ هل سبق أن قابلت أحد المشاهير؟ *Have you ever met anyone famous?* ▪ إلى أنْ *ʔilā ʔan conj.* [+ perfect or subjunctive] until ◊ انتظرت إلى أن انتهى من كلامه. *I waited until he was finished speaking.* ⓘ *In most situations,* أنْ *ʔan can be replaced by a definite masdar.* ➡ **p. xii**⑧

آن *ʔāna v.intr.* |*1h3(a)* يؤون *yaʔūnᵘ* | أون *ʔūn*| • *(time)* approach, arrive ▪ آن الأوان لـ *ʔāna alʔawānᵘ li-* the time has come for/to...

أنّ *ʔanna conj.* [+ accusative noun or pronoun suffix] • that... ◊ أعتقد أنه جيد جدا. *I think it's really good.*

أنني (أني) *ʔannanī (ʔannī)*	أننا (أنا) *ʔannanā (ʔannā)*	
أنكَ *ʔannaka*	أنكما *ʔannakumā*	أنكم *ʔannakum*
أنكِ *ʔannaki*		أنكن *ʔannakunna*
أنه *ʔannahu*	أنهما *ʔannahumā*	أنهم *ʔannahum*
أنها *ʔannahā*		أنهن *ʔannahunna*

أنّ *ʔanna v.intr.* |*1g2(a)* يئن *yaʔinnᵘ* | أنين *ʔanīn*| • moan

إنْ *ʔin(i) conj.* • [+ perfect] if ▪ إن شاء الله *ʔin šāʔa -LLāhᵘ* If God wishes!, God willing! ▪ ولئن *wa-laʔin*, لئن *laʔin* |< لـ + إن *la + ʔin*| if ◊ لئن لم تنته لأعاقبك. *If you don't stop, I will punish you.*; while, whereas ▪ (حتى) وإن *(ḩattā) wa-ʔin*, (و)حتى إن *(wa-)ḩattā ʔin* even if, even though ◊ سأحبك وإن لم تحبني. *I will love you even if you don't love me.* • *conj.* whether, if ◊ لا أعرف إن كنت في المكان الصحيح أم لا. *I didn't know whether I was in the right place or not.* • not ▪ إن هو إلا *ʔin huwa ʔillā one* is (nothing) but, *one* is no more than ◊ إن هي إلا مسألة وقت. *It was just a matter of time.*

إنّ *ʔinna* • *conj.* [+ accusative noun or pronoun suffix] that... ▪ قال إن *qāla ʔinna* say that... ▪ إن وأخواتها *ʔinna wa-ʔaxawātᵘhā n. (grammar)* Inna and her sisters • إنه *ʔinnahu*, إنه لـ *ʔinnahu la- particle (usually untranslated in English)* truly, certainly

إنني (إني) *ʔinnanī (ʔinnī)*	إننا (إنا) *ʔinnanā (ʔinnā)*	
إنكَ *ʔinnaka*	إنكما *ʔinnakumā*	إنكم *ʔinnakum*
إنكِ *ʔinnaki*		إنكن *ʔinnakunna*
إنه *ʔinnahu*	إنهما *ʔinnahumā*	إنهم *ʔinnahum*
إنها *ʔinnahā*		إنهن *ʔinnahunna*

Inna and Her Sisters

These conjunctions (or 'accusative particles') require that the subject of the following clause be in the accusative case. In the absence of a noun subject, a pronoun suffix must be added to the conjunction.

أنّ *ʔanna* that...
إنّ *ʔinna* that...; truly
كأن *ka-ʔanna* as if
لأن *li-ʔanna* because
لعل *la3alla* perhaps
لكن *lākinna* but
ليت *layta* I wish that...

أنا *ʔana sing.* ***m. f.*** *first-person personal pronoun* • I ◊ أنا الذي فعلته. *I'm the one who did it.* ⓘ *Notice that the final vowel in* أنا *ʔana is pronounced short even though it is spelled with alif.*

إناء *ʔināʔ n.* |*pl.* ***def.*** أوان *ʔawān(in)* or آنية *ʔānīyaᵗ*| • container, jar

أنار *ʔanāra v.tr.* |*4h* ينير *yunīr^u* | إنارة *ʔināra^t*|
• illuminate, shed light *on*

أناقة *ʔanāqa^t n.* • elegance

أناناس *ʔanānās n.* ***invar.*** • pineapple

أناني *ʔanānī^y* • *adj.* |*elat.* أكثر أنانية *ʔaktar ʔanānīya^tan*| egotistic, self-centered, selfish ▪ غير أناني *ɣayr · ʔanānī^y* selfless • *n.* egotist

أنانية *ʔanānīya^t n.* • egotism, selfishness

أنب *ʔannaba v.tr.* |*2s(a)* يؤنب *yuʔannib^u* | تأنيب *taʔnīb*| • scold, berate, rebuke

أنبأ *ʔanbaʔa v.tr.* |*4s(c)* ينبئ *yunbiʔ^u* | إنباء *ʔinbāʔ*| • inform *sb* ه *about* بـ, notify ▪ أنبأه بأنّ *ʔanbaʔahu bi-ʔanna* inform *sb* that...

انبثق *inbataqa v.intr.* |*7s* ينبثق *yanbatiq^u* | انبثاق *inbitāq*| • spring *from* عن

انبغى *inbaɣā v.intr.* |*7d* ينبغي *yanbaɣī* | انبغاء *inbiɣāʔ*| • أنْ (عليه) ينبغي *yanbaɣī (alayhi) ʔan*, ينبغي له أنْ *yanbaɣī lahu ʔan* (*impersonal verb*) should *(do)*, ought to *(do)* ◊ ينبغي أن تتحدث معها. *You ought to talk to her.* ◊ هل ينبغي علي القلق؟ *Should I worry?* ◊ أخبرهم بأنه ينبغي عليهم الذهاب إلى دمشق. *He told them they should go to Damascus.* ⓘ *Notice that the above examples have pronoun subjects in English. A noun subject should precede the verb:* ◊ النساء ينبغي عليهن أن... *Women should...* ▪ لا ينبغي (عليه) أن *lā yanbaɣī (alayhi) ʔan*, ينبغي (عليه) ألا *yanbaɣī (3alayhi) ʔallā* must not *(do)*, should not *(do)* ◊ ينبغي ألا ننسى هذا أبدا! *We mustn't ever forget this!* ◊ لا ينبغي عليك قول كلام كهذا. *You shouldn't say things like that.* ◊ ينبغي عليك عدم الذهاب. *You mustn't go.* ▪ كان ينبغي (عليه) *kāna yanbaɣī (alayhi)* should have (done) ◊ كان ينبغي عليك أن تقوم بإضافة القليل من الملح إلى الطعام. *You should have added a little salt to the food.* ▪ لم يكن ينبغي (عليه) *lam yakun yanbaɣī (alayhi)* should not have (done) ◊ لم يكن ينبغي أن تفعل هذا. *She shouldn't have done that.*

أنبوب *ʔunbūb*, أنبوبة *ʔunbūba^t n.* |*pl.* ***dip.*** أنابيب *ʔanābīb*| • pipe, tube

أنت *ʔanta sing.* ***m.*** *second-person personal pronoun* • you

أنت *ʔanti sing.* ***f.*** *second-person personal pronoun* • you

انتاب *intāba v.tr.* |*8h1* ينتاب *yantāb^u* | انتياب *intiyāb*| • befall, happen *to*

إنتاج *ʔintāj n.*⋆ • production, output

إنتاجي *ʔintājī^y adj.* |*elat.* أكثر إنتاجية *ʔaktar ʔintājīya^tan*| • productive

أنتاركتيكا *ʔantārktīkā n.* ***f. invar.*** • Antarctica

انتباه *intibāh n.*⋆ • attention ▪ بانتباه *bi-ntibāh^in adv.* carefully

انتبه *intabaha v.intr.* |*8s* ينتبه *yantabih^u* | انتباه *intibāh*| • beware *of* إلى, pay attention *to* • notice إلى, take note *of*

أنتج *ʔantaja v.tr.* |*4s* ينتج *yuntij^u* | إنتاج *ʔintāj*| • produce, manufacture • cause, give rise to, provoke

انتحار *intiħār n.*⋆ • suicide ▪ انتحار بمساعدة الطبيب *intiħār bi-musā3adat^i -ṭṭabīb^i* doctor-assisted suicide ▪ حاول الانتحار *ħāwala alintiħār^a* attempt suicide

انتحاري *intiħārī^y adj.* • suicidal ◊ أنا لست انتحاريا. أنا أحب الحياة. *I'm not suicidal; I love life.* ▪ ميول انتحارية *muyūl intiħārīya^t pl. n.* suicidal tendencies ▪ هجوم انتحاري *hujūm intiħārī^y n.* suicide attack

انتحب *intaħaba v.intr.* |*8s* ينتحب *yantaħib^u* | انتحاب *intiħāb*| • weep, sob, wail

انتحر *intaħara v.intr.* |*8s* ينتحر *yantaħir^u* | انتحار *intiħār*| • commit suicide

انتخاب *intixāb n.*⋆ • election ▪ انتخابات رئاسية *intixābāt riʔāsīya^t pl. n.* presidential elections ▪ انتخابات نصفية *intixābāt niṣfīya^t pl. n.* midterm elections

انتخابي *intixābī^y adj.* • electoral

انتخب *intaxaba v.tr.* |*8s* ينتخب *yantaxib^u* | انتخاب *intixāb*| • elect

انتدى *intadā v.intr.* |*8d1* ينتدي *yantadī* | انتداء *intidāʔ*| • gather, assemble, meet together

إنترنت *ʔinternet n.* ***invar.*** • internet, web ▪ الإنترنت *alʔinternet* the internet ▪ على الإنترنت *3alā -lʔinternet adv.* on the internet, online ▪ موقع إنترنت *mawqi3 · ʔinternet* website ▪ متصل بالإنترنت *muttaṣil bi-lʔinternet adj.* online

انتزع *intaza3a v.tr.* |*8s* ينتزع *yantazi3^u* | انتزاع *intizā3*| • snatch *sth* ه *from* من

انتسب *intasaba v.intr.* |*8s* ينتسب *yantasib^u* | انتساب *intisāb*| • belong *to* إلى, be associated *with*

انتشار *intišār n.*⋆ • spread • popularity, prevalence

انتشر *intašara v.intr.* |*8s* ينتشر *yantašir^u* | انتشار *intišār*| • spread • become well-known, become common

انتصار *intiṣār n.*⋆ • triumph, victory

انتصر *ʔintaṣara v.intr.* |*8s* ينتصر *yantaṣir^u* | انتصار

intiṣār| • triumph *over* على, be victorious

انتصف *intaṣafa v.intr.* |*8s* ينتصف *yantaṣif*ᵘ | انتصاف *intiṣāf*| • be halfway over ▪ عندما انتصف الليل *3indamā -ntaṣafa -llayl*ᵘ in the middle of the night ▪ ثم انتصف القرن العشرون *tumma -ntaṣafa -lqarn*ᵘ *-l3išrūn*ᵃ in the mid-twentieth century

انتظار *intiẓār n.*⋆ • wait ▪ كان في الانتظار *kāna fī -lintiẓār v.* be waiting • expectation

انتظام *intiẓām n.*⋆ • order, regularity ▪ بانتظام *bi-ntiẓām*ⁱⁿ *adv.* regularly, in a regular manner

انتظر *intaẓara v.tr.* |*8s* ينتظر *yantaẓir*ᵘ | انتظار *intiẓār*| • wait *for*, await ▪ انتظر حتى *intaẓara ḥattā* wait until... • expect

انتظم *intaẓama v.intr.* |*8s* ينتظم *yantaẓim*ᵘ | انتظام *intiẓām*| • become arranged, become organized

انتفاضة *intifāḍa*ᵗ *n.* • uprising, rebellion, revolution, intifada

انتفاع *intifā3 n.*⋆ • benefit, use

انتفخ *intafaxa v.intr.* |*8s* ينتفخ *yantafix*ᵘ | انتفاخ *intifāx*| • swell up, bloat, become inflated, become puffy

انتفض *intafaḍa v.intr.* |*8s* ينتفض *yantafiḍ*ᵘ | انتفاض *intifāḍ*| • shake, tremble

انتفع *intafa3a v.intr.* |*8s* ينتفع *yantafi3*ᵘ | انتفاع *intifā3*| • benefit *from* بـ, profit

انتقاء *intiqāʔ n.*⋆ • selection

انتقاد *intiqād n.*⋆ • criticism

انتقادي *intiqādīʸ adj.* |*elat.* أكثر انتقادا *ʔaktar intiqādan*| • critical

انتقال *intiqāl n.*⋆ • change of residence • transition, movement

انتقالي *intiqālīʸ adj.* • transitional ▪ حكومة انتقالية *ḥukūma*ᵗ *intiqālīya*ᵗ *n.* transitional government

انتقام *intiqām n.*⋆ • revenge, vengeance, reprisal ▪ انتقاما من *intiqāman min* in reprisal for

انتقائي *intiqāʔīʸ adj.* |*elat.* أكثر انتقائية *ʔaktar intiqāʔīya*ᵗᵃⁿ| • selective

انتقب *intaqaba v.intr.* |*8s* ينتقب *yantaqib*ᵘ | انتقاب *intiqāb*| • wear a veil

انتقد *intaqada v.tr.* |*8s* ينتقد *yantaqid*ᵘ | انتقاد *intiqād*| • criticize

انتقل *intaqala v.intr.* |*8s* ينتقل *yantaqil*ᵘ | انتقال *intiqāl*| • *(residence)* move ◊ سننتقل إلى شقة أكبر. *We're going to move into a bigger apartment.* • move, be transported

انتقم *intaqama v.intr.* |*8s* ينتقم *yantaqim*ᵘ | انتقام *intiqām*| • get revenge *on* من, avenge لـ

انتقى *intaqā v.tr.* |*8d1* ينتقي *yantaqī* | انتقاء *intiqāʔ*| • select, pick out, cull, choose

انتكاس *intikās n.*⋆ • relapse

انتكس *intakasa v.intr.* |*8s* ينتكس *yantakis*ᵘ | انتكاس *intikās*| • relapse

أنتم *ʔantum(u) plural* **m.** *second-person personal pronoun* • you ⓘ أنتم *ʔantum can also be used to show deference to an individual in very formal situations:* ◊ وأنتم، السيد الرئيس؟ *And you, Mr. President?*

أنتما *ʔantumā dual* **m. f.** *second-person personal pronoun* • you, you two

انتماء *intimāʔ n.*⋆ • membership, affiliation

انتمى *intamā v.intr.* |*8d1* ينتمي *yantamī* | انتماء *intimāʔ*| • be affiliated *with* إلى, be a member *of*, belong *to* • stem *from* إلى

أنتن *ʔantana v.intr.* |*4s* ينتن *yuntin*ᵘ | إنتان *ʔintān*| • stink • rot, decay

أنتن *ʔantunna plural* **f.** *second-person personal pronoun* • you

انتهاء *intihāʔ n.*⋆ • end, conclusion

انتهاز *intihāz n.*⋆ • exploitation

انتهازي *intihāzīʸ* • *adj.* |*elat.* أكثر انتهازية *ʔaktar intihāzīya*ᵗᵃⁿ| opportunistic • *n.* opportunist

انتهازية *intihāzīya*ᵗ *n.* • opportunism

انتهاك *intihāk n.*⋆ • violation, infringement

انتهز *intahaza v.tr.* |*8s* ينتهز *yantahiz*ᵘ | انتهاز *intihāz*| • exploit, take advantage of, make the most of ▪ انتهز فرصة *intahaza furṣa*ᵗ, انتهز مناسبة *intahaza munāsaba*ᵗ seize an opportunity

انتهك *intahaka v.tr.* |*8s* ينتهك *yantahik*ᵘ | انتهاك *intihāk*| • violate, infringe *on* ▪ انتهك حقوقه *intahaka ḥuqūq*ᵃ*hu* violate *sb's* rights ▪ انتهك قانونا *intahaka qānūnan* break a law

انتهى *intahā v.intr.* |*8d1* ينتهي *yantahī* | انتهاء *intihāʔ*| • end, finish, come to an end • finish من, complete ◊ انتظرت إلى أن انتهى من كلامه. *I waited until he was finished speaking.*

أنث *ʔannata v.tr.* |*2s(a)* يؤنث *yuʔannit*ᵘ | تأنيث *taʔnīt*| • *(grammar)* make feminine

أنثوي *ʔuntawīʸ adj.* • female

أنثى *ʔuntā n.* **f. invar.** |*pl.* إناث *ʔināt* or **invar.** أناثى *ʔanātā*| • female

إنجاز *ʔinjāz n.*⋆ • achievement, accomplishment

أنجب *ʔanjaba v.tr.* |*4s* ينجب *yunjib*ᵘ | إنجاب *ʔinjāb*| • beget, father • give birth *to*, have (a child), bear

أنجز *ʔanjaza v.tr.* |*4s* ينجز *yunjizᵘ* | إنجاز *ʔinjāz*|
• achieve, accomplish, carry out

أنجل *ʔanjal adj.* **dip.** |*m & f pl.* نجل *nujl* | *f. sing.* **dip.** نجلاء *najlāʔ* | *f. dual* نجلاوان *najlāwānⁱ* | *f. pl.* نجلاوات *najlāwāt*| • *(eyes)* big, wide ◊ لها عينان نجلاوان ملائكيتان. *She has large, angelic eyes.*

إنجلترا *ʔingilterā, also spelled* إنكلترا *ʔingilterā n. f. invar.* • England

إنجليزي *ʔingilīzīʸ, also spelled* إنكليزي *ʔingilīzīʸ* |*pl.* إنجليز *ʔingilīz , also spelled* إنكليز *ʔingilīz*| • *adj.* English ▪ اللغة الإنجليزية *alluɣaᵗ alʔingilīzīyaᵗ n. (language)* English ▪ مفتاح إنجليزي *miftāḥ · ʔingilīzīʸ n.* wrench (UK: spanner) • *n.* English person, Englishman

إنجليزية *ʔingilīzīyaᵗ, also spelled* إنكليزية *ʔingilīzīyaᵗ*
• *n.* Englishwoman

إنجيل *ʔinjīl n.* |*pl.* **dip.** أناجيل *ʔanājīl*| • gospel

انحاز *inḥāza v.intr.* |*7h* ينحاز *yanḥāzᵘ* | انحياز *inḥiyāz*| • be biased in favor *of* إلى *or* لـ, side, take *sb's* side

انحدار *inḥidār n.*★ • slope, decline, descent

انحدر *inḥadara v.intr.* |*7s* ينحدر *yanḥadirᵘ* | انحدار *inḥidār*| • slope, decline, descend

انحراف *inḥirāf n.*★ • perversion, corruption, delinquency • distortion

انحرف *inḥarafa v.intr.* |*7s* ينحرف *yanḥarifᵘ* | انحراف *inḥirāf*| • become perverted, become corrupted, become deliquent • become distorted

انحنى *inḥanā v.intr.* |*7d* ينحني *yanḥanī* | انحناء *inḥināʔ*| • bend, curve

انحياز *inḥiyāz n.*★ • bias

انخفاض *inxifāḍ n.*★ • decrease, reduction

انخفض *inxafaḍa v.intr.* |*7s* ينخفض *yanxafiḍᵘ* | انخفاض *inxifāḍ*| • decrease, reduce

اندرج *indaraja v.intr.* |*7s* يندرج *yandarijᵘ* | اندراج *indirāj*| • be included *in* ضمن *or* في • be categorized *under* تحت

اندفع *indafaʕa v.intr.* |*7s* يندفع *yundafiʕᵘ* | إندفاع *ʔindifāʕ*| • rush *toward* إلى, hurry *to*

الأندلس *alʔandalus n.* ***f.*** • Al-Andalus (Islamic Iberia)

أندلسي *ʔandalusīʸ adj.* • Andalusian

اندلع *indalaʕa v.intr.* |*7s* يندلع *yandaliʕᵘ* | اندلاع *indilāʕ*| • *(of fire, war, etc.)* break out, flare up, erupt

اندماج *indimāj n.*★ • integration *into* في, merger

اندمج *indamaja v.intr.* |*7s* يندمج *yandamijᵘ* | اندماج *indimāj*| • integrate *into* في, merge *with*

اندهش *indahaša v.intr.* |*7s* يندهش *yandahišᵘ* | اندهاش *indihāš*| • be amazed, be surprised

إندونيسي *ʔindūnīsīʸ adj. & n.* • Indonesian

إندونيسيا *ʔindūnīsiyā n.* ***f. invar.*** • Indonesia

إنذار *ʔinḏār n.*★ • warning, alarm ▪ صفارة إنذار *ṣaffārat · ʔinḏār* siren

آنذاك *ʔānaḏāka,* آنئذ *ʔānaʔiḏⁱⁿ adv.* • that day, at that time • in those days

أنذر *ʔanḏara v.tr.* |*4s* ينذر *yunḏirᵘ* | إنذار *ʔinḏār*|
• warn *sb* ∘ *about* بـ, alarm

انزعج *inzaʕaja v.intr.* |*7s* ينزعج *yanzaʕijᵘ* | انزعاج *inziʕāj*| • be annoyed *with* من, be uneasy

أنزل *ʔanzala v.tr.* |*4s* ينزل *yunzilᵘ* | إنزال *ʔinzāl*|
• cause to descend, bring down

انزلق *inzalaqa v.intr.* |*7s* ينزلق *yanzaliqᵘ* | انزلاق *inzilāq*| • slide, slip

إنسان *ʔinsān n.* |*pl.* ناس *nās*| • person, human
▪ إنسان عين *ʔinsān · ʕayn (eye)* pupil ▪ الإنسان عبد الإحسان. *alʔinsānᵘ ʕabdᵘ -lʔiḥsānⁱ proverb* Man is a slave of his good deeds. ▪ الناس أعداء ما جهلوا. *annāsᵘ ʔaʕdāʔᵘ mā jahilū proverb* People are enemies of the things they do not know.
ⓘ *The plural* ناس *nās can take a singular feminine or plural masculine verb.*

إنساني *ʔinsānīʸ adj.* |*elat.* أكثر إنسانية *ʔakṯar ʔinsānīyaᵗᵃⁿ*| • human • humane, humanitarian ▪ غير إنساني *ɣayr · ʔinsānīʸ* inhumane

إنسانية *ʔinsānīyaᵗ n.* • humanity, humankind
• humaneness, humanitarianism

آنسة *ʔānisaᵗ n.* |*pl.* آنسات *ʔānisāt* or **dip.** أوانس *ʔawānis*| • miss, young lady ⓘ *Titles in Arabic can be followed by a person's first name or last name:* ▪ الآنسة __ *alʔānisaᵗ* __ *(talking about)* Miss __ ◊ من أين الآنسة زينب؟ *Where is Miss Zaynab from?* ▪ يا آنسة __ *yā ʔānisaᵗᵘ* __ *(talking to)* Miss __ ◊ كيف حالك، يا آنسة منصور؟ *How are you, Miss Mansour?*

انسجام *insijām n.*★ • harmony, agreement
▪ انسجاما مع *insijāman maʕa prep.* in line with ◊ انسجاما مع مبادئ القانون الدولي *in line with the principles of international law*

انسجم *insajama v.intr.* |*7s* ينسجم *yansajimᵘ* | انسجام *insijām*| • get along *with* مع, be compatible, harmonize, be in agreement

انسحاب *insiḥāb n.*★ • withdrawal, retreat

انسحب **insaḥaba** v.intr. | 7s ينسحب yansaḥib^u | انسحاب insiḥāb| • withdraw from من, back out of, retreat from

انسد **insadda** v.intr. | 7g ينسد yansadd^u | انسداد insidād| • be obstructed, be congested, be blocked

انسداد **insidād** n.* • (medical) obstruction, congestion

إنسولين **ʔinsūlīn** n. • insulin

أنسى **ʔansā** v.tr. | 4d ينسي yunsī | إنساء ʔinsāʔ| • make sb o forget sth o

أنشأ **ʔanšaʔa** v.tr. | 4s(c) ينشئ yunšiʔ | إنشاء ʔinšāʔ| • build, construct • establish, found, set up • write, author

إنشاء **ʔinšāʔ** n.* | pl. إنشاءات ʔinšāʔāt| • construction • establishment, foundation

إنشائي **ʔinšāʔī**' adj. • structural

انشغل **inšayala** v.intr. | 7s ينشغل yanšayil^u | انشغال inšiyāl| • be busy with بـ or في, be (pre)occupied, be engaged

انشق **inšaqqa** v.intr. | 7g ينشق yanšaqq^u | انشقاق inšiqāq| • split off from عن, secede, become split • renounce عن

انشقاق **inšiqāq** n.* • dissent, dissension, schism

إنصاف **ʔinṣāf** n.* • justice, fairness

أنصت **ʔanṣata** v.intr. | 4s ينصت yunṣit^u | إنصات ʔinṣāt| • listen to لـ, pay attention to

انصراف **inṣirāf** n.* • departure

انصرف **inṣarafa** v.intr. | 7s ينصرف yanṣarif^u | انصراف inṣirāf| • depart from عن, leave

انصرم **inṣarama** v.intr. | 7s ينصرم yanṣarim^u | انصرام inṣirām| • (of time) pass, go by, elapse

أنصف **ʔanṣafa** v.tr. | 4s ينصف yunṣif^u | إنصاف ʔinṣāf| • treat justly, be fair with

انضباط **inḍibāṭ** n.* • discipline

انضباطي **inḍibāṭī**' adj. | أكثر انضباطا ʔaktar inḍibāṭan| • disciplinary

انضبط **inḍabaṭa** v.intr. | 7s ينضبط yanḍabiṭ^u | انضباط inḍibāṭ| • be disciplined

انضم **inḍamma** v.intr. | 7g ينضم yanḍamm^u | انضمام inḍimām| • join to إلى or لـ, enter

انطاد **inṭāda** v.intr. | 7h ينطاد yanṭād^u | انطياد inṭiyād| • go up in the air

انطباع **inṭibā3** n.* • impression of عن ◊ كيف انطباعك عن الشركة؟ What is your impression of the company? • أول انطباع ʔawwal inṭibā3 first impression

انطبع **inṭaba3a** v.intr. | 7s ينطبع yanṭabi3^u | انطباع inṭibā3| • be printed • be impressed

انطبق **inṭabaqa** v.intr. | 7s ينطبق yanṭabiq^u | انطباق inṭibāq| • be applicable to على, apply to, pertain to ◊ وهذا ينطبق عليك أيضا. And that goes for you, too.

انطفأ **inṭafaʔa** v.intr. | 7s(a) ينطفئ yanṭafiʔ^u | انطفاء inṭifāʔ| • go out, be extinguished

انطلاق **inṭilāq** n.* • launch, takeoff

انطلق **inṭalaqa** v.tr. | 7s ينطلق yanṭaliq^u | انطلاق inṭilāq| • depart from من, set out • launch, take off • (used in perfect tense only) [+ indicative] begin to (do) ◊ انطلقا يضحكان. They began to laugh.

انطواء **inṭiwāʔ** n.* • introversion

انطوائي **inṭiwāʔī**' • adj. introverted, withdrawn, unsociable • n. introvert

انطوى **inṭawā** v.intr. | 7d ينطوي yanṭawī | انطواء inṭiwāʔ| • contain على, include • become introverted

إنعاش **ʔin3āš** n.* • resuscitation

انعتق **in3ataqa** v.intr. | 7s ينعتق yan3atiq^u | انعتاق in3itāq| • free oneself of من

انعدام **in3idām** n.* • nonexistence, absence, lack

انعدم **in3adama** v.intr. | 7s ينعدم yan3adim^u | انعدام in3idām| • be non-existent, be absent, be lacking

انعزال **in3izāl** n.* • isolation

انعزالي **in3izālī**' adj. | elat. أكثر انعزالا ʔaktar in3izālan| • isolationist

انعزالية **in3izālīya**' n. • isolationism

انعزل **in3azala** v.intr. | 7s ينعزل yan3azil^u | انعزال in3izāl| • become isolated from عن

أنعش **ʔan3aša** v.tr. | 4s ينعش yun3iš | إنعاش ʔin3āš| • revive, resuscitate • refresh

انعطف **in3aṭafa** v.intr. | 7s ينعطف yan3aṭif^u | انعطاف in3iṭāf| • turn, bend

انعقد **in3aqada** v.intr. | 7s ينعقد yan3aqid^u | انعقاد in3iqād| • be held, convene

انعكاس **in3ikās** n.* • reflection • repercussion, effect

انعكس **in3akasa** v.intr. | 7s ينعكس yan3akis^u | انعكاس in3ikās| • be reflected in على • have an effect on على, influence

أنعم **ʔan3ama** v.intr. | 4s ينعم yun3im^u | إنعام ʔin3ām| • bestow upon بـ sth على ◊ أنعم الله عليه بنعمة. ʔan3ama -LLāh^u 3alayhi bi-ni3ma^{tin} May God bestow his blessings upon sb

انغرس *inɣarasa v.intr.* |*7s* ينغرس *yanɣaris^u* | انغراس *inɣirās*| • be planted • be implanted, be inserted

أنغولا *ʔanɣōlā n.* ***f. invar.*** • Angola

أنغولي *ʔanɣōlīʸ adj. & n.* • Angolan

أنف *ʔanf n.* |*pl.* أنوف *ʔunūf*| • nose

أنف *ʔanifa v.tr.* |*1s4(a)* يأنف *yanʔaf^u* | أنفة *ʔanafa^t*| • disdain, sneer *at*, regard with contempt

انفتح *infataḫa v.intr.* |*7s* ينفتح *yanfatiḫ^u* | انفتاح *infitāḫ*| • open up, unfold

انفجار *infijār n.*⋆ • explosion, blast ▪ انفجار سكاني *infijār sukkānīʸ* population explosion

انفجاري *infijārīʸ adj.* |*elat.* أكثر انفجارا *ʔaktar infijāran*| • explosive

انفجر *infajara v.intr.* |*7s* ينفجر *yanfajir^u* | انفجار *infijār*| • explode, blow up, go off • burst ◊ انفجرت ماسورة المياه. *The water pipe burst.*

انفراد *infirād n.*⋆ • withdrawal, isolation ▪ على انفراد *3alā -nfirād^i adv.* in private

انفرادي *infirādīʸ adj.* |*elat.* أكثر انفرادا *ʔaktar infirādan*| • individual

انفرد *infarada v.intr.* |*7s* ينفرد *yanfarid^u* | انفراد *infirād*| • withdraw, retire, isolate *oneself*

انفصال *infiṣāl n.*⋆ • separation

انفصالي *infiṣālīʸ adj. & n.* • separatist

انفصالية *infiṣālīya^t n.* • separatism

انفصل *infaṣala v.intr.* |*7s* ينفصل *yanfaṣil^u* | انفصال *infiṣāl*| • separate *from* عن, disconnect *from*

انفض *infaḍḍa v.intr.* |*7g* ينفض *yanfaḍḍ^u* | انفضاض *infiḍāḍ*| • scatter, disperse, break up ▪ انفض من حول *infaḍḍa min ḫawl^i* move away from ◊ انفض الناس من حوله. *People moved away from him.*

انفضح *infaḍaḫa* |*7s* ينفضح *yanfaḍiḫ^u* | انفضاح *infiḍāḫ*| • *v.intr.* be disgraced

انفعل *infa3ala v.intr.* |*7s* ينفعل *yanfa3il^u* | انفعال *infi3āl*| • become upset

أنفق *ʔanfaqa v.tr.* |*4s* ينفق *yunfiq^u* | إنفاق *ʔinfāq*| • spend (time or money) *on* على

إنفلونزا *ʔinfluwanzā n.* ***invar.*** • influenza, flu ▪ إنفلونزا الخنازير *ʔinfluwanzā · -lxanāzīr* swine flu ▪ إنفلونزا الطيور *ʔinfluwanzā · -ṭṭuyūr* bird flu

أنفي *ʔanfīʸ adj.* • nasal

انقاد *inqāda v.intr.* |*7h* ينقاد *yanqād^u* | انقياد *inqiyād*| • obey لـ, follow • be led *by* لـ, be guided

إنقاذ *ʔinqāđ n.*⋆ • rescue, salvation

إنقاص *ʔinqāṣ n.*⋆ • reduction

أنقذ *ʔanqađa v.tr.* |*4s* ينقذ *yunqiđ^u* | إنقاذ *ʔinqāđ*| • rescue *sb* ه *from* من, save ▪ أنقذه الله *ʔanqađahu aLLāh^u* may God save *sb*

انقراض *inqirāḍ n.*⋆ • extinction

أنقرة *ʔanqara^t n.* ***dip.*** • *(capital of Turkey)* Ankara

انقرض *inqaraḍa v.intr.* |*7s* ينقرض *yanqariḍ^u* | انقراض *inqirāḍ*| • become extinct

انقسام *inqisām n.*⋆ • division

انقسم *inqasama v.intr.* |*7s* ينقسم *yanqasim^u* | انقسام *inqisām*| • be divided *into* إلى, be split

أنقص *ʔanqaṣa v.tr.* |*4s* ينقص *yunqiṣ^u* | إنقاص *ʔinqāṣ*| • reduce, decrease, diminish, lessen ▪ أنقص الوزن *ʔanqaṣa alwazan* lose weight

انقض *inqaḍḍa v.intr.* |*7g* ينقض *yanqaḍḍ^u* | انقضاض *inqiḍāḍ*| • pounce *on* على, storm, rush

انقضاء *inqiḍāʔ n.*⋆ • expiration

انقضى *inqaḍā v.intr.* |*7d* ينقضي *yanqaḍī* | انقضاء *inqiḍāʔ*| • expire, run out

انقطاع *inqiṭā3 n.*⋆ • severance, shutdown, cut ▪ انقطاع كهرباء *inqiṭā3 · kahrabāʔ* *(electricity)* power cut

انقطع *inqaṭa3a v.intr.* |*7s* ينقطع *yanqaṭi3^u* | انقطاع *inqiṭā3*| • be severed, be cut, be interrupted ◊ انقطعت الكهرباء عن البيت ليلة أمس. *The house lost power last night.*

أنقع *ʔanqa3a v.tr.* |*4s* ينقع *yunqi3^u* | إنقاع *ʔinqā3*| • soak

انقلاب *inqilāb n.*⋆ • coup, revolution, revolt

انقلابي *inqilābīʸ adj.* • subversive ▪ محاولة انقلابية *muḫāwala^t inqilābīya^t* attempted coup

انقلب *inqalaba v.intr.* |*7s* ينقلب *yanqalib^u* | انقلاب *inqilāb*| • overturn, capsize, be turned upside down • be toppled, be overthrown, be subverted

انقياد *inqiyād n.*⋆ • obedience

إنكار *ʔinkār n.* • denial

انكب *inkabba v.intr.* |*7g* ينكب *yankabb^u* | انكباب *inkibāb*| • dedicate *oneself to* على, devote *oneself to*, concentrate *on*, pour all of *one's* time *into*

انكباب *inkibāb n.*⋆ • dedication *to* على, devotion

أنكر *ʔankara v.tr.* |*4s* ينكر *yunkir^u* | إنكار *ʔinkār*| • deny

انكسر *inkasara v.intr.* |*7s* ينكسر *yankasir^u* | انكسار *inkisār*| • break, get broken

انكشف *inkašafa v.intr.* |*7s* ينكشف *yankašif^u* | انكشاف *inkišāf*| • be uncovered

انكفأ *inkafaʔa v.intr.* |*7s(a)* ينكفئ *yankafiʔᵘ* | انكفاء *inkifāʔ*| • retreat, withdraw

انكفاء *inkifāʔ n.** • retreat, withdrawal

إنكلترا *ʔingilterā n.* ***f. invar.*** • England ➡ **إنجلترا** ***p. 18***

إنكليزي *ʔingilīzīʸ adj.* • English ➡ **إنجليزي** ***p. 18***

إنما *ʔinnamā adv.* • only, just • however ▪ فقط ... وإنما ... أيضا *... faqaṭ wa-ʔinnamā... ʔayḍan* [negative +] not only..., but also... ◊ ليس مفيدا فقط، وإنما مهما جدا أيضا. *It's not only useful, but also very important.* ◊ هي مشكلة ليست في الغرب فقط، وإنما في جميع أنحاء العالم. *It's a problem not only in the West, but throughout the world.*

إنماء *ʔinmāʔ n.** • increase, augmentation

أنمى *ʔanmā v.tr.* |*4d* ينمي *yunmī* | إنماء *ʔinmāʔ*| • increase, augment

إنهاء *ʔinhāʔ n.** • completion

انهار *inhāra v.intr.* |*7h* ينهار *yanhārᵘ* | انهيار *inhiyār*| • collapse, fall down, cave in

انهمر *inhamara v.intr.* |*7s* ينهمر *yanhamirᵘ* | انهمار *inhimār*| • pour down, fall heavily ▪ انهمر مطر *inhamara maṭarᵘⁿ (rain)* pour ◊ انهمر المطر هذا الصباح. *It poured this morning.* ▪ انهمرت الدموع من عينيه *inhamarat addumūʒᵘ min ʒaynay<u>hi</u>* tears streamed down *one's* face

أنهى *ʔanhā v.tr.* |*4d* ينهي *yunhī* | إنهاء *ʔinhāʔ*| • finish, complete

انهيار *inhiyār n.** • collapse ▪ انهيار جليدي *inhiyār jalīdīʸ* avalanche ▪ انهيار طيني *inhiyār ṭīnīʸ* mudslide

أنوثة *ʔunūtaᵗ n.* • femininity

آني *ʔānīʸ adj.* • instant, immediate • present, current

أنيق *ʔanīq adj.* |*m. pl.* ***dip.*** أنقاء *ʔunaqāʔ* | *elat.* أكثر أناقة *ʔakṭar ʔanāqaᵗᵃⁿ*| • stylish, elegant

أنين *ʔanīn n.** • moan

ـاه *-āh suffix* • *(used for calling out for help in a dramatic manner)* oh __! ⓘ *This is often preceded by* يا *yā or* وا *wā:* ◊ وا أحمداه! *wā ʔaḥmadāh Oh Ahmad!* ▪ رباه *rabbāh* Oh Lord! ▪ أبتاه *ʔabtāh* Oh father! ▪ أماه *ʔummāh* Oh mother!

آه *ʔāh interjection* • *(surprise)* ah!, oh! • *(pain)* ouch!, ow!

آه *ʔāh interjection* • oh, ah

أهاب *ʔahāba v.tr.* |*4h* يهيب *yuhībᵘ* | إهابة *ʔihābaᵗ*| • frighten, scare

أهاج *ʔahāja v.tr.* |*4h* يهيج *yuhījᵘ* | إهاجة *ʔihājaᵗ*| • agitate

أهان *ʔahāna v.tr.* |*4h* يهين *yuhīnᵘ* | إهانة *ʔihānaᵗ*| • insult, offend

إهانة *ʔihānaᵗ n.** • insult, offense

أهب *ʔahhaba v.tr.* |*2s(a)* يؤهب *yuʔahhibᵘ* | تأهيب *taʔhīb*| • make ready *for* لـ, prepare

أهبل *ʔahbal* |*m & f pl.* هبل *hubl* | *f.* ***dip.*** هبلاء *hablāʔ* | *f. dual* هبلاوان *hablāwān* | *f. pl.* هبلاوات *hablāwāt* | *elat.* أكثر هبلا *ʔakṭar hublan*| • *adj.* idiotic • *n.* idiot

آهة *ʔāhaᵗ n.* • sigh, moan

اهتدى *ihtadā v.intr.* |*8d1* يهتدي *yahtadī* | اهتداء *ihtidāʔ*| • be guided *by* بـ, be led

اهتز *ihtazza v.intr.* |*8g1* يهتز *yahtazzᵘ* | اهتزاز *ihtizāz*| • shake, tremble

اهتم *ihtamma v.intr.* |*8g1* يهتم *yahtammᵘ* | اهتمام *ihtimām*| • be interested *in* بـ *or* في, take an interest *in* • worry *about* بـ *or* في

اهتمام *ihtimām n.** • interest, attention, concern

إهداء *ʔihdāʔ n.** • *(book)* dedication

أهدى *ʔahdā v.tr.* |*4d* يهدي *yuhdī* | إهداء *ʔihdāʔ*| • give (as a present) *sth* ∘ *to* إلى *or* لـ ▪ أهدى تحياته إلى *ʔahdā taḥīyātᵃ<u>hu</u> ʒalay<u>hi</u>* give *sb's* regards to ◊ إهد تحياتي إلى أسرتك. *Give my regards to your family.* • dedicate *a book, etc.* ∘ *to* إلى *or* لـ

أهل *ʔahhala v.tr.* |*2s(a)* يؤهل *yuʔahhilᵘ* | تأهيل *taʔhīl*| • qualify *sb* ∘ *for* لـ

أهل *ʔahl n.* |*pl.* ***def.*** أهال *ʔahāl(in)*| • relatives, kin, folk, family • *(belonging to a group)* [+ definite genitive noun] people of __, __ people, inhabitants of __, adherents of __ ◊ أهل نيويرك *New Yorkers* ▪ أهل السنة (والجماعة) *ʔahl · assunnaᵗⁱ (wa-ljamāʒaᵗⁱ) n.* Sunnis ▪ أهل الكتاب *ʔahl · alkitābⁱ* people of the Book (Christians and Jews)

أهلا *ʔahlan interjection* • Hello! ▪ أهلا وسهلا *ʔahlan wasahlan* Welcome! ▪ أهلا بك *ʔahlan bi-ka* Welcome!

أهلك *ʔahlaka v.tr.* |*4s* يهلك *yuhlikᵘ* | إهلاك *ʔihlāk*| • destroy, ruin

أهلي *ʔahlīʸ adj.* • family-, domestic, civil • national, domestic ▪ حرب أهلية *ḥarb ʔahlīyaᵗ n. f.* civil war

أهلية *ʔahlīyaᵗ n.* • capacity, competence, aptitude ▪ كامل الأهلية *kāmil · alʔahlīyaᵗⁱ adj.* competent ▪ عديم الأهلية *ʒadīm · alʔahlīyaᵗⁱ adj.* incompetent

أهم *ʔahamma v.tr.* |4g يهم *yuhimm*[u] | إهمام *ʔihmām*| • be important *to*, matter *to*, interest, concern, count ▪ لا يهمني. *lā yahumm*[u]*nī* I don't care. ▪ أهمه أنْ *ʔahammahu ʔan* be important to *sb* to *(do)*, be important that... ◊ يهمني أن تفهم ما أقول. *It's important (to me) that you understand what I'm saying.* ◊ ما يهم في الحياة أن... *What counts in life is...*

إهمال *ʔihmāl n.** • negligence, neglect

أهمل *ʔahmala v.tr.* |4s يهمل *yuhmil*[u] | إهمال *ʔihmāl*| • neglect, ignore

أهمية *ʔahammīya*[t] *n.* • importance, significance ▪ على جانب كبير من الأهمية *3alā jānib*[in] *kabīr*[in] *min*[a] *-lʔahammīya*[ti] of great importance

أهون *ʔahwan adj.* **dip.** • |*m & f pl.* هون *hūn* | *f. sing.* **dip.** هوناء *hawnāʔ* | *f. dual* هوناوان *hawnāwān*[i] | *f. pl.* هوناوات *hawnāwāt*| easy, simple, effortless • *elat.* easier, simpler

أو *ʔaw(i) conj.* • or; [negative +] nor ◊ لا يريد طعاما أو شرابا. *He wants neither food nor drink.*

➡ **compare with أم *ʔam* p. 43**

أوان *ʔawān n.* |*pl.* آونة *ʔāwina*[t]| • time ▪ آن الأوان لـ *ʔāna alʔawān*[u] *li- v.* the time has come for/to... ▪ بين الآونة والأخرى *bayna -lʔāwina*[ti] *wa-lʔuxrā adv.* from time to time, at times, sometimes ▪ سابق لأوانه *sābiq li-ʔawān*[i]*hi adj.* premature ▪ فات الأوان *fāta alʔawān*[u] *v.* it is too late ▪ في الآونة الأخيرة *fī -lʔāwina*[ti] *-lʔaxīra*[ti] *adv.* recently, lately ▪ في سالف العصر والأوان *fī sālif*[i] *-l3aṣr*[i] *wa-lʔawān*[i] *adv.* long ago, in the olden days

أوبرا *ʔōberā n.* ***f. invar.*** • opera

أوبك *ōpek*, منظّمة الدول المصدرة للبترول *munaẓẓamat adduwal*[i] *-lmuṣaddira*[ti] *li-lbetrōl*[i] *n.* • OPEC (Organization of the Petroleum Exporting Countries)

أوتوبيس *ʔotobīs n.* • bus

أوتوستراد *ʔōtōstrād n.* • expressway (UK: motorway), freeway, interstate

أوتوماتيكي *otomātīkī*[y] *adj.* • automatic

أوجب *ʔawjaba v.intr.* |4a1 يوجب *yūjib*[u] | إيجاب *ʔījāb*| • obligate على, require ▪ أوجب عليه أنْ *ʔawjaba 3alayhi ʔan* require *sb* to *(do)*, require that *sb (do)*

أوجد *ʔawjada v.tr.* |4a1 يوجد *yūjid*[u] | إيجاد *ʔījād*| • create, produce, bring about

أوجز *ʔawjaza v.tr.* |4a1 يوجز *yūjiz*[u] | إيجاز *ʔījāz*| • abridge, condense

أوجع *ʔawja3a v.tr.* |4a1 يوجع *yūji3*[u] | إيجاع *ʔījā3*| • hurt, cause pain *to*

أوحد *ʔawḥad adj. elat.* • solitary, alone

أوحى *ʔawḥā v.intr.* |4d(b) يوحي *yūḥī* | إيحاء *ʔīḥāʔ*| • give an impression of بـ, suggest ▪ أوحى بأنّ *ʔawḥā bi-ʔanna* suggest that... • inspire بـ ▪ أوحى إليه بأنْ *ʔawḥā ʔilayhi bi-ʔan* inspire *sb* to *(do)*

أودع *ʔawda3a v.tr.* |4a1 يودع *yūdi3*[u] | إيداع *ʔīdā3*| • deposit *sth* ∘ *into* في ▪ أودع في حساب *ʔawda3a fī ḥisāb*[in] deposit into an account • put *sb* ∘ *somewhere* ∘ ◊ أودع أمه دار المسنين. *He put his mother in a nursing home.* ▪ أودعه السجن *ʔawda3ahu assijn*[a] put *sb* in prison

أورانوس *ʔūrānūs n.* • *(planet)* Uranus

أورد *ʔawrada v.tr.* |4a1 يورد *yūrid*[u] | إيراد *ʔīrād*| • cite, quote

أوركسترا *ʔorkestrā n.* ***f. invar.*** • orchestra

أوروبا *ʔūrūbbā* or *ʔūrūbā n.* ***f. invar.*** • Europe

أوروبي *ʔūrūb(b)ī*[y] *adj. & n.* • European

إوز *ʔiwazz coll. n.* |*sing.* إوزة *ʔiwazza*[t]| • geese

أوساكا *ʔōsākā n.* ***f. invar.*** • *(city in Japan)* Osaka

أوسط *ʔawsaṭ adj.* **dip.** |*m. pl.* **dip.** أواسط *ʔawāsiṭ* | *f. sing.* **invar.** وسطى *wusṭā*| • middle, central ▪ الشرق الأوسط *aššarq alʔawsaṭ n.* the Middle East ▪ أمريكا الوسطى *ʔamrīkā -lwusṭā n.* Central America

أوسلو *ʔōslō n.* ***f. invar.*** • *(capital of Norway)* Oslo

أوشك *ʔawšaka v.intr.* |4a1 يوشك *yūšik*[u] | إيشاك *ʔīšāk*| • أوشك أنْ *ʔawšaka ʔan*, أوشك على *ʔawšaka 3alā* [+ masdar] be about to *(do)*, be on the verge of *(do)*ing, almost *(do)* ◊ كنت أوشك أن أقول ذلك. *I was just about to say that.*

أوصد *ʔawṣada v.tr.* |4a1 يوصد *yūṣid*[u] | إيصاد *ʔīṣād*| • close, shut • lock, bolt

أوصل *ʔawṣala v.tr.* |4a1 يوصل *yūṣil*[u] | إيصال *ʔīṣāl*| • deliver *sth* ∘ *to* إلى, transport • give a ride *sb* ∘ *to* إلى, drop off *sb* ∘ *at* إلى ◊ أوصلها أبوها إلى المدرسة. *Her father dropped her off at school.* • convey, communicate

أوصى *ʔawṣā v.tr.* |4d(b) يوصي *yūṣī* | إيصاء *ʔīṣāʔ*| • recommend *to* ∘ *sth* بـ, advise, suggest ▪ أوصاه بأنْ *ʔawṣāhu bi-ʔan* advise *sb* to *(do)*, recommend that *sb (do)* • entrust, appoint as guardian

أوضح *ʔawḍaḥa v.tr.* |4a1 يوضح *yūḍiḥ*[u] | إيضاح *ʔīḍāḥ*| • clarify, clear up, make clear ▪ أوضح أنّ *ʔawḍaḥa ʔanna* explain that... • point out, show

أوغندا *ʔūɣandā n.* ***f. invar.*** • Uganda

أوغندي *ʔūɣandīʸ adj. & n.* • Ugandan

أوف *ʔūff interjection* • *(annoyance)* Argh!

أوفد *ʔawfada v.tr.* |*4s* يوفد *yūfidᵘ* | إيفاد *ʔīfād*| • send *sb* ه *to* إلى, dispatch, deploy ▪ أوفد بعثة إلى *ʔawfada baʒtaᵗ ʔilā v.* send a delegation to

أوقع *ʔawqaʒa v.tr.* |*4s* يوقع *yūqiʒᵘ* | إيقاع *ʔīqāʒ*| • drop

أوقف *ʔawqafa v.tr.* |*4a1* يوقف *yūqifᵘ* | إيقاف *ʔīqāf*| • stop • park • arrest, detain

أوقية *ʔūqīyaᵗ n.* • *(unit of weight)* uqiya, oka, ounce

أوكازيون *ʔōkāzyōn n.* • sale

أوكراني *ʔūkrānīʸ adj. & n.* • Ukrainian

أوكرانيا *ʔūkrāniyā n.* ***f. invar.*** • Ukraine

أوكي *ʔokay interjection* • okay, OK

أول *ʔawwal* ***dip.*** • *n.* |*pl.* ***dip.*** أوائل *ʔawāʔil*| *(often plural)* [+ definite genitive noun] beginning, early part ◊ في أول الخمسينات *at the beginning of the fifties* ◊ في أوائل القرن العشرين *in the early twentieth century* ▪ في أوائل الشهر *fī ʔawāʔilⁱ -ššahrⁱ adv.* at the beginning of the month ▪ أول الغضب جنون وآخره ندم. *ʔawwalᵘ -lɣaḍabⁱ junūnᵘⁿ wa-ʔāxirᵘhᵘ nadamᵘⁿ proverb* A rage begins with frenzy and ends in remorse.; *n.* [+ genitive indefinite (masculine or feminine) noun or pronoun suffix] first ▪ لأول مرة *li-ʔawwalⁱ marraᵗⁱⁿ* the first time ▪ من __ أوائل *min ʔawāʔilⁱ* __ [+ definite genitive plural noun] one of the first __, one of the top __ ◊ ...هو من أوائل الناس الذين *he was one of the first people to...* • *adj.* |*f. sing.* ***invar.*** أولى *ʔūlā* | *m & f pl.* ***dip.*** أوائل *ʔawāʔil*| first ◊ المسلمون الأوائل *the first Muslims* ◊ اللاعبين الثلاثة الأوائل *the first three players* ▪ للمرة الأولى *li-lmarraᵗⁱ -lʔūlā adv.* for the first time ▪ أولا *ʔawwalan adv.* firstly, first of all, first

أول *ʔawwala prep.* • before ▪ أول الأمر *ʔawwala -lʔamrⁱ adv.* at first, in the beginning ◊ .لم أكن سعيدا بالوظيفة أول الأمر *I wasn't happy with the job at first.* ▪ أول أمس *ʔawwala ʔamsⁱ*, أول من أمس *ʔawwala min ʔamsⁱ adv.* the day before yesterday ▪ أول ما *ʔawwala mā conj.* as soon as

أولمبي *ʔolimbīʸ* • *adj.* Olympic ▪ الألعاب الأولمبية *alʔalʒāb alʔolimbīyaᵗ pl. n.* the Olympic Games, the Olympics • *n.* Olympian

أولمبياد *ʔolimbiyād n.* • the Olympics

أولوية *ʔawlawīyaᵗ n.* • priority

أولى *ʔawlā v.tr.* |*4d(b)* يولي *yūlī* | إيلاء *ʔīlāʔ*| • entrust *sth* ه *to* لـ ▪ أولاه اهتماما *ʔawlāhu ihtimāman* give *sb* attention

أولي *ʔawwalīʸ adj.* • primary, chief, main, principal

أولية *ʔawwalīyaᵗ*, أولوية *ʔawlawīyaᵗ n.* • priority

أولئك *ʔūlāʔika plural* ***m. f.*** *demonstrative* • those ◊ [+ animate indefinite plural noun] **أولئك** .مدرسون *Those are teachers.* ◊ .أولئك بنات *Those are girls.* ◊ [+ animate plural noun with definite article] أولئك الرجال *those men* ◊ أولئك البنات *those girls* ▪ أولئك هم *ʔūlāʔika hum* Those are (the) __ ◊ [+ animate plural noun with definite article] أولئك هم المدرسون الذين أخبرتك .عنهم *Those are the teachers I told you about.* ⓘ *Notice that the long ā of* أولئك *ʔūlāʔika is unwritten.* ⓘ *Demonstratives cannot precede an idafa construction. When* أولئك *ʔūlāʔika modifies the first term of an idafa construction, it must follow the entire construction:* ◊ رجال الأعمال أولئك *those businessmen* ⓘ *When modifying the second term of an idafa construction, it precedes the second term:* ◊ مدرسة أولئك الطلاب *those students' school* ➡ ***That and Those p. 143***

أومأ *ʔawmaʔa v.tr.* |*4a1(a)* يومئ *yūmiʔᵘ* | إيماء *ʔīmāʔ*| • point *to* إلى, refer *to*, suggest, convey, signal ▪ أومأ إلى أن *ʔawmaʔa ʔilā ʔanna* suggest that...

أونس *ʔawns n.* ***invar.*** • ounce

أوه *awwah interjection* • oh!, ah!

أوه *ʔawwaha v.intr.* |*2s(a)* يؤوه *yuʔawwihᵘ* | تأويه *taʔwīh*| • sigh, moan

أوى *ʔawā v.intr.* |*1d2(a)* يأوي *yaʔwī* | إيواء *ʔīwāʔ*| • take shelter *at/in* إلى • head toward ▪ أوى إلى الفراش *ʔawā ʔilā -lfirāšⁱ*, أوى إلى السرير *ʔawā ʔilā -ssarīrⁱ* go to bed

آوى *ʔāwā v.tr.* |*4d(a)* يؤوي *yuʔwī* | إيواء *ʔīwāʔ*| • shelter, put up, accommodate

أوى *ʔawwā v.tr.* |*2d(a)* يؤوي *yuʔawwī* | تأوية *taʔwiyaᵗ*| • shelter, put up, accommodate

أي *ʔayʸ particle* • namely, that is, i.e. ◊ بعد الساعة الثانية عشر مساء أي بعد منتصف الليل *after 12 a.m., that is, after midnight* ◊ عائلتي أي أمي وأبي *my family, namely my mom and dad*

أي *ʔayy pronoun* |*f.* أية *ʔayyaᵗ*| • *interrogative* [+ indefinite genitive singular noun] which ◊ أي ولد؟ *which boy?* ◊ أية بنت؟ *which girl?* ▪ (من) أي __ *ʔayy (min)* __ [+ definite genitive plural noun or pronoun suffix] which of (the) __ أي (من) الكتب؟ ◊ *which one of the books?* ◊ أيها؟ *which one of them?* • any ▪ أي شيء *ʔayy šayʔ*[in] *n.* anything ▪ أي واحد *ʔayy wāḥid*[in], أي شخص *ʔayy šaxṣ*[in] *n.* anybody, anyone ▪ على أي حال *ʕalā ʔayy*[i] *ḥāl*[in] *adv.* anyhow, in any case ▪ في أي مكان *fī ʔayy*[i] *makān*[in] *adv.* anywhere ▪ في أي وقت *fī ʔayy*[i] *waqt*[in] *adv.* (at) any time ▪ أي *ʔayy*[a] [+ indefinite genitive noun] What (a)...! ◊ أي شرير أنت *What a naughty devil you are!* ▪ أيا كان *ʔayyan kāna* whatever... (may be); whoever... (may be) ▪ أيما *ʔayy*[u]*mā* [+ perfect] whichever, whatever ◊ أيما اخترت *whatever you choose*; [+ noun in same case] whichever ▪ أيما *ʔayyamā* [+ indefinite genitive masdar] *(for emphasis)* very much ▪ ابتهج أيما ابتهاج *ibtahaja ʔayyamā -btihāj*[in] *v.* be very delighted ▪ يسرني أيما سرور أنْ *yasurr*[u]*nī ʔayyamā surūr*[in] *ʔan v.* I'm very pleased to *(do)* ▪ رحب أيما ترحيب بـ *raḥḥaba ʔayyamā tarḥīb*[in] *bi- v.* welcome warmly ⓘ *The masculine form can precede a masculine or feminine noun. It can also precede a plural masculine or feminine pronoun suffix:* ◊ أي رجل؟ *which man?* ◊ أي مدينة؟ *which city?* ◊ أيهم؟ *which one of them?* ◊ أيهن؟ *which one of them?* ⓘ *The feminine form can only precede a feminine noun, not a pronoun:* ◊ أية مدينة؟ *which city?*

إيا *ʔiyyā particle* • *(untranslated)* [verb + pronoun suffix (indirect object) + إيا *ʔiyyā* + pronoun suffix (direct object)] ◊ أعطاني إياه. *He gave me it.* ◊ سألتك إياه مرتين. *She asked you it twice.* ◊ سيهدينا إياها. *He'll send them to us.* ⓘ *A verb cannot take two pronoun suffixes. If both the direct and indirect objects of a verb are pronouns, the direct object is suffixed to* إيا *ʔiyyā. If either of the objects is a noun,* إيا *ʔiyyā is not required. Compare:* ◊ أعطيت لأحمد الهدية. *I gave Ahmad the present.* ◊ أعطيته الهدية. *I gave him the present.* ◊ أعطيتها لأحمد. *I gave it to Ahmad.* ◊ أعطيته إياها. *I gave him it. / I gave it to him.* •وإياه *wa-ʔiyyāhu* together with sb ◊ أنا وإياهم *I together with them* • إياك (و) *ʔiyyā(ka) (wa)*, إياك من *ʔiyyāka min* beware of ◊ إياك والاقتراب منه. *Beware of getting to close to it.* ▪ إياك أنْ *ʔiyyāka ʔan* take care not to ◊ إياك أن تنسى ما قلت لك. *Take care not to forget what I told you.*

إياب *ʔiyāb n.*⋆ • return ▪ تذكرة ذهاب وإياب *taḏkirat · ḏahāb wa-ʔiyāb* round-trip ticket ▪ ذهابا وإيابا *ḏahāban wa-ʔiyāban adv.* there and back, to and fro

أيار *ʔayyār n.* **dip.** • *(month)* May ➡ ***The Months p. 181***

آيباد *ʔāypād n.* ***invar.*** • iPad™

آية *ʔāya*[t] *n.* • *(Quran)* verse • sign, indication, miracle ▪ آية الله *ʔāyat · aLLāh*[i] Ayatollah (Shi'a cleric)

ائتلاف *iʔtilāf n.*⋆ • *(politics)* coalition, union

ائتلف *iʔtalafa v.tr.* |*8s(a)* يأتلف *yaʔtalif*[u] | ائتلاف *iʔtilāf*| • form a coalition

ائتمان *iʔtimān n.*⋆ • credit ▪ بطاقة ائتمان *biṭāqat · iʔtimān* credit card

ائتمر *iʔtamara v.intr.* |*8s(a)* يأتمر *yaʔtamir*[u] | ائتمار *iʔtimār*| • confer *with* بـ, consult, discuss

ائتمن *iʔtamana v.tr.* |*8s(a)* يأتمن *yaʔtamin*[u] | ائتمان *iʔtimān*| • entrust, credit

إيثار *ʔīṯār n.*⋆ • preference

إيجاب *ʔījāb n.*⋆ • affirmation ▪ أجاب بالإيجاب *ʔajāba bi-lʔījāb*[i] answer in the affirmative, give an affirmative answer • obligation

إيجابي *ʔījābī*[y] *adj.* |*elat.* أكثر إيجابية *ʔakṯar ʔījābīya*[tan]| • affirmative, positive ▪ نتيجة إيجابية *natīja*[t] *ʔījābīya*[t] *n.* positive outcome

إيجاد *ʔījād n.*⋆ • creation, production

إيجار *ʔījār n.*⋆ • rent

إيجاز *ʔījāz n.* • abridgment, condensation ▪ بإيجاز *bi-ʔījāz*[i] *adv.* concisely, briefly;

إيحاء *ʔīḥāʔ n.*⋆ • suggestion • inspiration

إيحائي *ʔīḥāʔī*[y] *adj.* |*elat.* أكثر إيحاء *ʔakṯar ʔīḥāʔan*| • suggestive, hypnotic ▪ تنويم إيحائي *tanwīm ʔīḥāʔī*[y] *n.* hypnosis

أيد *ʔayyada v.intr.* |*2s(a)* يؤيد *yuʔayyid*[u] | تأييد *taʔyīd*| • support, stand up for, back up, advocate • corroborate, confirm

أيدز *ʔaydz n.* • AIDS

إيذاء *ʔīḏāʔ n.*⋆ • harm, damage

إيراد *ʔīrād n.*⋆ • citation, quotation ▪ إيرادات *ʔīrādāt pl. n.* revenue, proceeds

إيران *ʔīrān n.* ***f. dip.*** • Iran

إيراني *ʔīrānī*[y] *adj. & n.* • Iranian

إيرلندا *ʔīrlandā*, أيرلندا *ʔayrlandā n.* ***f. invar.*** • Ireland

إيرلندي *ʔīrlandī*[y], أيرلندي *ʔayrlandī*[y] • *adj.* Irish • *n.* Irishman

إيرلندية *ʔīrlandīya*[t], أيرلندية *ʔayrlandīya*[t] *n.* • Irishwoman

آيس كريم *ʔāys krīm n.* • ice cream

أيسر *ʔaysar adj.* **dip.** |*f. sing.* **invar.** يسرى *yusrā*| • *(not right)* left ▪ على الجانب الأيسر *3ala -ljānibi -lʔaysari adv.* on the left side ▪ قدم يسرى *qadam yusrā n.* left foot • left-handed

آيسلندا *ʔāyslandiyā n.* **f. invar.** • Iceland

آيسلندي *ʔāyslandīy* • *adj.* Icelandic • *n.* Icelander

إيصال *ʔīṣāl n.** • delivery • receipt, voucher

أيضا *ʔayḍan adv.* • also, too, as well

إيضاح *ʔīḍāḥ n.** • clarification, explanation

إيطالي *ʔīṭālīy adj. & n.* • Italian

إيطاليا *ʔīṭāliyā n.* **f. invar.** • Italy

إيفاد *ʔīfād n.** • dispatch, delegation

آيفون *ʔāyfōn n.* **invar.** • iPhone™

إيقاع *ʔīqā3 n.** • rhythm, beat

إيقاعي *ʔīqā3īy adj.* • rhythmic

أيقظ *ʔayqaẓa v.tr.* |*4a2* يوقظ *yūqiẓu* | إيقاظ *ʔīqāẓ*| • wake up, arouse

أيل *ʔayyil n.* |*pl.* **dip.** أيائل *ʔayāʔil*| • deer

أيلول *ʔaylūl n.* **dip.** • September ➡ ***The Months p. 181***

إيماءة *ʔīmāʔat n.* • gesture, signal, sign ▪ إيماءة رمزية *ʔīmāʔat ramzīyat* symbolic gesture

إيمان *ʔīmān n.** • faith, belief

أيمن *ʔayman adj.* **dip.** |*m. pl.* **dip.** أيامن *ʔayāmin* | *f. sing.* **invar.** يمنى *yumnā*| • *(not left)* right ▪ على الجانب الأيمن *3ala -ljānibi -lʔaymani adv.* on the right side ▪ قدم يمنى *qadam yumnā n.* right foot • right-handed • ***dip.*** *man's name* Ayman, Aimen

إيميل *ʔīmayl n.* • e-mail

أين *ʔayna adv.* • *interrogative* where? ◊ أين تعيشون؟ أنتم *Where do you live?* ◊ أين تذهب؟ *Where are you going?* ▪ إلى أين *ʔilā ʔayna* where to? ◊ إلى أين تتجه الدولة؟ *Where is the country headed for?* ▪ من أين *min ʔayna* where from? ◊ من أين جاء ذلك الرجل؟ *Where did that man come from?* ▪ من أين له بـ *min ʔayna lahu bi-* where can *one* get...? ◊ من أين لي بدواء بالقرب من هنا؟ *Where can I get medicine around here?* ◊ من أين لك ذلك؟ *Where did you get that?* • *conj.* where ◊ لا أعرف أين يعيش. *I don't know where he lives.*

أينما *ʔaynamā conj.* [+ perfect] • wherever ◊ أينما ذهبت تجد الفوضى. *Wherever you go, you find chaos.* ◊ كان يقابلها أينما ذهب. *He saw her wherever he went.*

أيها *ʔayyuhā,* يا أيها *yā ʔayyuhā particle* |*f.* أيتها *ʔayyatuhā*| [+ nominative noun with definite article] • *(usually untranslated)* ◊ أيها السادة والسيدات! *Ladies and gentlemen!* ◊ لماذا تريد أن تفعل هذا أيها الأحمق؟ *Why do you want to do that, stupid?* ◊ أيها الإله! *O God!* ◊ شكراً أيتها الجميلة! *Thank you, beautiful!* ⓘ أيها *ʔiyyā is a vocative particle, used to address people. It agrees in gender with the following word. It is not used with names.* ➡ ***compare with*** **يا** ***yā p. 57***

ب

ب *bāʔ n.* ***f.*** |باء| • *(second letter of the Arabic alphabet)* • *(numerical value)* 2 • *(point of information)* B.,II. ➡ ***The Abjad Numerals p. 108***

بـ *bi- prep. prefix* • in, at ➡ ***compare with*** **في** ***fī*** ***p. 232*** ◊ .يعيشون بالقاهرة *They live in Cairo.* ◊ من بالباب؟ *Who's at the door?* ▪ بالعربية *bi-l3arabīya^{ti} adv.* in Arabic ▪ بالليل *bi-llayl^{i} adv.* at night • by, with ◊ بالقطار *by train* ◊ .كتب رسالة بالقلم *He wrote a letter by hand.* • *(untranslated; prefixed to direct object in some instances)* ◊ .تعلم بكل هذا *You know all this.* • because of ▪ بذلك *bi-đālika adv.* because of that • with, having, in ◊ أريد غرفة بسريرين. *I want a room with two beds.* ◊ بملابس السباحة *dressed in swimwear* • *(with passive verbs and participles)* by • *(forms adverbs)* -ly, in, with ◊ ببطء *slowly* ◊ بخوف *in fear* ◊ بصعوبة *with difficulty* • [verb of motion +] take, bring ▪ جاء بـ *jāʔa bi- v.* bring

بي *bī*	بنا *binā*	
بكَ *bika*	بكما *bikumā*	بكم *bikum*
بكِ *biki*		بكن *bikunna*
به *bihi*	بهما *bihimā*	بهم *bihim*
بها *bihā*		بهن *bihinna*

باء *bāʔ n.* ***f.*** ➡ **ب** ***above***

باب *bāb n.* |*pl.* أبواب *ʔabwāb*| • door ▪ على الأبواب *3alā -lʔabwāb^{i} adv.* imminent, close at hand ◊ .الانتخابات على الأبواب *Elections are right around the corner.*

بابا *bābā n.* ***invar.*** |*pl.* بابوات *bābawāt* or باباوات *bābāwāt*| • pope

بابل *bābil n.* ***f. dip.*** • Babylon

بابوي *bābawīʸ adj.* • papal

بات *bāta v.intr.* |*1h2* يبيت *yabīt^{u}* | مبيت *mabīt*| • spend the night ◊ .بتنا في فندق صغير *We spent the night in a small hotel.* • [+ predicate in the accusative] become ➡ ***Kāna and Her Sisters p. 247*** ◊ .لقد بات النهار مظلما *The days are growing darker.* • [+ indicative] begin to *(do)* ◊ .باتت الحكومة تفهم الخطر *The government has begun to understand the danger.*

باتنة *bātna^{t} n.* ***dip.*** • *(city in Algeria)* Batna ➡ ***map on p. 105***

باح *bāħa v.tr.* |*1h3* يبوح *yabūħ^{u}* | بوح *bawħ*| • disclose, reveal

باحة *bāħa^{t} n.* • courtyard

باحث *bāħata v.tr.* |*3s* يباحث *yubāħit^{u}* | مباحثة *mubāħata^{t}*| • discuss *sth* ∘ *with* مع, talk

باحث *bāħit act. part. n.* |*pl.* باحثون *bāħitūn^{a}* or بحاث *buħħāt*| • researcher

باخرة *bāxira^{t} n.* |*pl.* ***dip.*** بواخر *bawāxir*| • ocean liner • steamboat

بادر *bādara v.intr.* |*3s* يبادر *yubādir^{u}* | مبادرة *mubādara^{t}*| • hurry, rush, hasten • embark *on* إلى, set out, begin

بادرة *bādira^{t} n.* |*pl.* ***dip.*** بوادر *bawādir*| • sign, indication, gesture

بادل *bādala v.tr.* |*3s* يبادل *yubādil^{u}* | مبادلة *mubādala^{t}*| • exchange *sb/sth* ∘ *for* بـ

بادئ *bādiʔ act. part. n.* • beginning ▪ في بادئ الأمر *fī bādiʔ^{i} -lʔamr^{i}*, بادئ الأمر *bādiʔ^{a} -lʔamr^{i} adv.* at first, in the beginning

بادية *bādiya^{t} n.* |*pl.* ***def.*** بواد *bawād(in)*| • steppe, desert, wilderness

باذنجان *bāđinjān coll. n.* |*sing.* باذنجانة *bāđinjāna^{t}*| • eggplants (UK: aubergines)

بار *bār n.* • bar (UK: pub)

البارحة *albāriħa^{ta} adv.* • yesterday

بارد *bārid act. part. adj.* |*elat.* أبرد *ʔabrad*| • cold • silly, stupid

بارز *bāraza v.tr.* |*3s* يبارز *yubāriz^{u}* | مبارزة *mubāraza^{t}*| • duel, fence

بارز *bāriz act. part. adj.* |*elat.* أبرز *ʔabraz*| • outstanding, remarkable, prominent

بارع *bāri3 act. part. adj.* |*elat.* أبرع *ʔabra3*| • skilled, skillful

بارك *bāraka v.intr.* |*3s* يبارك *yubārik*ᵘ | مباركة *mubāraka*ᵗ| • *(of God)* bless في ▪ بارك الله فيك *bāraka aLLāh*ᵘ *fīka*, الله يبارك فيك *aLLāh*ᵘ *yubārik*ᵘ *fīka* God bless you!

بارود *bārūd n.* • gunpowder

بارودة *bārūda*ᵗ *n.* |*pl.* ***dip.*** بواريد *bawārīd*| • rifle

باروكة *bārūka*ᵗ *n.* |*pl.* ***dip.*** بواريك *bawārīk*| • wig

بارى *bārā v.tr.* |*3d* يباري *yubārī* | مباراة *mubārā*ᵗ| • compete *with*

باريس *bārīs n.* ***f. dip.*** • *(capital of France)* Paris

بازلاء *bāzillāʔ*, بازلا *bāzillā coll. n.* • peas

باس *bāsa v.tr.* |*1h3* يبوس *yabūs*ᵘ | بوس *baws*| • kiss

بأس *baʔs n.** |*pl.* أبؤس *ʔabʔus*| • bravery, strength • damage, harm ▪ لا بأس *lā baʔs*ᵃ Not bad!; Never mind!, It doesn't matter! • dread, fear

باستا *bāstā n.* ***invar.*** • pasta

باشا *bāšā n.* ***invar.*** |*pl.* باشاوات *bāšāwāt*| • pasha

باشر *bāšara v.tr.* |*3s* يباشر *yubāšir*ᵘ | مباشرة *mubāšara*ᵗ| • undertake, carry out, pursue, practice

باص *bāṣ n.* • bus

باض *bāḍa v.intr.* |*1h2* يبيض *yabīḍ*ᵘ | بيض *bayḍ*| • lay an egg

باطل *bāṭil act. part.* • *adj.* absurd, baseless, false, invalid • *n.* falsehood, lie

باطن *bāṭin* |*pl.* ***dip.*** بواطن *bawāṭin*| • *n.* interior, inside • *n.* bottom, underside ▪ باطن يد *bāṭin · yad (hand)* palm ▪ باطن قدم *bāṭin · qadam (foot)* sole • *adj.* |*elat.* أبطن *ʔabṭan*| hidden, covert

باطني *bāṭinīʸ* • internal, interior- ▪ الطب الباطني *aṭṭibb albāṭinīʸ n.* internal medicine

باع *bāʕa v.tr.* |*1h2* يبيع *yabīʕ*ᵘ | بيع *bayʕ*| • sell

باعث *bāʕit act. part. n.* |*pl.* ***dip.*** بواعث *bawāʕit*| • motive, incentive

باق *bāq(in) act. part.* ***def.*** |*elat.* ***invar.*** أبقى *ʔabqā*| • *adj.* remaining • *n. (money back)* change • *n.* remainder, rest ▪ باقي الـ__ *bāqī -l-__* the rest of __, other ◊ مقارنة بباقي العام *compared to the rest of the year* ◊ مثل باقي الناس *like other people*

باقة *bāqa*ᵗ *n.* • bouquet, bunch ▪ باقة زهور *bāqat · zuhūr* bouquet of flowers

باكر *bākir adj.* |*elat.* أبكر *ʔabkar*| • early ▪ صباح باكر *ṣabāḥ bākir n.* early morning ▪ باكرا *bākiran adv.* early; early in the morning

باكستان *bākistān n.* ***f. invar.*** • Pakistan

باكستاني *bākistānīʸ adj. & n.* • Pakistani

بال *bāl n.* • heart, mind

بال *bāla v.intr.* |*1h3* يبول *yabūl*ᵘ | بول *bawl*| • urinate

بالغ *bālaɣa v.tr.* |*3s* يبالغ *yubāliɣ*ᵘ | مبالغة *mubālaɣa*ᵗ| • exaggerate

بالغ *bāliɣ act. part.* • *adj.* |*elat.* أكثر بلوغا *ʔaktar bulūɣan*| adult, of age, grown up ▪ بالغ سن الرشد *bāliɣ sinn*ᵃ *· -rrušd*ⁱ of age • *adj.* |*elat.* أبلغ *ʔablaɣ*| extreme, utmost ▪ بالغ الأهمية *bāliɣ · alʔahammiya*ᵗⁱ of the utmost importance, extremely important ▪ ببالغ الأسف *bi-bāliɣ*ⁱ *-lʔasaf*ⁱ *adv.* with profound regret • *n.* adult, grown-up • amount ▪ البالغ عددهم *albāliɣ ʕadad*ᵘ*hum* [+ number] which number... ◊ سكان المدينة البالغ عددهم ٩ مليون نسمة... *the inhabitants of the city, who number 9 million,...*

بالكاد *bi-lkād adv.* • almost, nearly, barely, hardly ◊ إنه هنا بالكاد منذ ساعة. *He's hardly been here an hour.*

بالوعة *bāllūʕa*ᵗ *n.* |*pl.* ***dip.*** بواليع *bawālīʕ*| • drain • sewer

بالون *bālūn n.* • balloon

بالى *bālā v.tr. & intr.* |*3d* يبالي *yubālī* | مبالاة *mubālā*ᵗ| • care *about* (بـ), be concerned

باليه *bālayh n.* • ballet ▪ راقص باليه *rāqis · bālayh* danseur ▪ راقصة باليه *rāqiṣat · bālayh* ballerina

بامية *bāmiya*ᵗ *n.* • okra

بان *bāna v.intr.* |*1h2* يبين *yabīn*ᵘ | بيان *bayān*| • become evident, become clear, become obvious

بأن *bi-ʔan* [+ subjunctive] • by *(do)*ing ◊ "أحيانا يساعدنا الآخرون بأن يكونوا في حياتنا فحسب." (أحمد خالد توفيق) *"Sometimes others help us just by being in our lives." (Ahmed Khaled Tawfik, Egyptian writer)*

بانجو *bāngo n.* • banjo • marijuana, cannabis

بانكوك *bānkōk n.* ***f. invar.*** • *(capital of Thailand)* Bangkok

باهت *bāhit adj.* |*elat.* أبهت *ʔabhat*| • faint, dull, faded, pale

باهر *bāhir act. part. adj.* |*elat.* أبهر *ʔabhar* or أكثر إبهارا *ʔaktar ʔibhāran*| • wonderful, splendid, marvelous

باهى *bāhā v.intr.* |*3d* يباهي *yubāhī* | مباهاة *mubāhā*ᵗ| • boast *about* بـ

باوند *bāwnd n.* • *(sterling)* pound

باي *bāy interjection* • Bye!

بايت *bāyt n.* ***invar.*** • byte

ب

بائس *bāʔis act. part. adj.* |*m. pl.* ***dip.*** بؤساء *buʔasāʔ* | *elat.* أكثر بؤسا *ʔaktar buʔsan*| • miserable

بائع *bāʔi3 act. part. n.* |*pl.* باعة *bā3a*[t] or بائعون *bāʔi3ūn*[a]| • salesperson, merchant ▪ بائع زهور *bāʔi3 · zuhūr* florist ▪ بائع سمك *bāʔi3 · samak n.* fishmonger ▪ بائع سيارات *bāʔi3 · sayyārāt* car salesperson ▪ بائع كتب *bāʔi3 · kutub* bookseller

بائن *bāʔin act. part. adj.* • clear, evident, obvious

باينت *bāynt n.* ***invar.*** • pint

ببر *babr n.* |*pl.* ببور *bubūr*| • tiger

ببغاء *babbaγāʔ n.* |*dual* ببغاوان *babbaγāwān*[i] | *pl.* ببغاوات *babbaγawāt*| • parrot

بت *batta v.tr. & intr.* |*1g3* يبت *yabutt*[u] | بت *batt*| • decide *on* (في), determine ◊ بت القاضى فى أمر القضية. *The judge decided on the case.*

بتة *batta*[t] *n.* • decision ▪ كلا البتة *ka-lā -lbatta*[ta] [negative +] *adv.* not at all, absolutely not ◊ هل يمكن أن نتخلى عن أهدافنا؟ كلا البتة! *Can we give up our goals? Absolutely not!*

بتر *batara v.tr.* |*1s3* يبتر *yabutr*[u] | بتر *batr*| • amputate

البتراء *alʔbatrāʔ n.* ***f.*** • Petra (archaeological site in Jordan)

Camels in front of the treasury in Petra

بترول *betrōl n.* • petroleum, oil

بترولي *betrōlī*[y] *adj.* • petroleum-, oil-based

بث *batt n.** • transmission, broadcast ▪ بث حي *batt ḫayy*, بث مباشر *batt mubāšir* live broadcast

بث *batta v.tr.* |*1g3* يبث *yabutt*[u] | بث *batt*| • spread • broadcast

بثرة *batr coll. n.* |*sing.* بثرة *batra*[t] | *pl.* بثور *butūr*| • pimples • blisters

بجع *baja3 coll. n.* |*sing.* بجعة *baja3a*[t]| • pelicans

بحاثة *baḫḫāta*[t] *n.* ***m.*** • eminent scholar

بحار *baḫḫār n.* |*pl.* بحارة *baḫḫāra*[t]| • sailor, seaman

بحت *baḫt adj.* ***m. f.*** • pure, exclusive ▪ بحتا *baḫtan adv.* purely, exclusively, merely, only, just

بحث *baḫata v.intr.* |*1s1* يبحث *yabḫat*[u] | بحث *baḫt*| • search *for* عن, look, seek ▪ بحث عن إبرة في كومة قش *baḫata 3an ʔibra*[tin] *fī kawmat*[i] *qašš*[in] *v. idiom* look for a needle in a haystack • research عن • discuss *sth* ه *with* مع

بحث *baḫt n.** |*pl.* بحوث *buḫūt* or أبحاث *ʔabḫāt*| • search ▪ في بحث عن *fī baḫt*[in] *3an*, بحثا عن *baḫtan 3an* in search of, on the look for ◊ سافر المغامرون بحثا عن الذهب. *The adventurers traveled in search of gold.* • research, study, dissertation

بحذافيره *bi-ḫaḏāfīr*[i]*hi adv.* • in full, in its entirety

بحر *baḫḫara v.intr.* |*2s* يبحر *yubaḫḫir*[u] | تبحير *tabḫīr*| • sail, travel by sea

بحر *baḫr n.* |*pl.* بحور *buḫūr* or بحار *biḫār*| • sea ▪ بحرا *baḫran adv.* by sea ▪ البحر الأبيض المتوسط *albaḫr alʔabyaḍ almutawassiṭ* the Mediterranean Sea ▪ البحر الأحمر *albaḫr alʔaḫmar* the Red Sea ▪ بحر العرب *baḫr · al3arab*[i] the Arabian Sea ▪ البحر الميت *albaḫr almayyit* the Dead Sea ▪ فواكه بحر *fawākih · baḫr pl. n.* seafood • *(poetry and music)* measure, meter • في بحر *fī baḫr*[i] *prep.* within ◊ سأنهي هذا العمل في بحر ساعة. *I will finish this work within an hour.*

بحري *baḫrī*[y] *adj.* • marine, sea-, seaside • naval • *n.* sailor, seaman

بحرية *baḫrīya*[t] *n.* • navy

البحرين *albaḫrayn n.* ***f.*** • Bahrain ▪ مملكة البحرين *mamlakat · albaḫrayn*[i] *n.* the Kingdom of Bahrain ➡ ***map on next page***

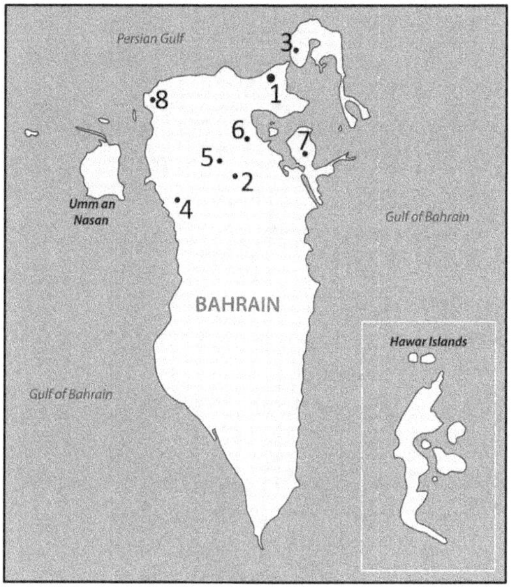

map of Bahrain

1. المنامة *almanāmaᵗ* Manama
2. الرفاع *arrifā3* Riffa
3. المحرق *almuḫarraq* Muharraq
4. مدينة حمد *madīnat · ḫamad* Hamad Town
5. عالي *3ālī* A'ali
6. مدينة عيسى *madīnat · 3īsā* Isa Town
7. سترة *sitraᵗ* Sitra
8. البديع *albuday3* Budaiya

بحريني *baḫraynīʸ adj. & n.* • Bahraini

بحيرة *buḫayraᵗ n. diminutive* • lake

بخار *buxār n.* |*pl.* أبخرة *ʔabxiraᵗ* or بخارات *buxārāt*| • steam, vapor

بخر *baxxara v.tr.* |2s يبخر *yubaxxirᵘ* | تبخير *tabxīr*| • vaporize

بخل *baxula v.intr.* |1s6 يبخل *yabx**u**lᵘ* | بخل *buxl*| • be tightfisted *toward* على *or* عن *with* بـ, be stingy ◊ كان يبخل عليها بالمال. *He was tightfisted toward her with his money.* • be greedy *with* بـ

بخل *buxl n.*⋆ • tightfistedness, stinginess • greed, avarice

بخور *baxūr n.* • incense

بخيل *baxīl* |*pl.* ***dip.*** بخلاء *buxalāʔ*| • *adj.* |*elat.* أبخل *ʔabxal*| stingy, tightfisted, miserly, cheap; greedy • *n.* miser

بد *budd n.* • option, choice • way out, escape ▪ لا بد له من أنْ *la buddᵃ lahu min ʔan*, لا بد وأنْ *lā buddᵃ wa-ʔan*, لا بد أنْ *lā buddᵃ ʔan* be necessary to *(do)*, must *(do)*, have to *(do)* ◊ لا بد من أن تفعل شيئا. *You must do something.* ◊ كان لا بد لها أن تذهب معه. *She had to go with him.* ◊ أولا لا بد من أن أشكركم كلكم. *First of all, I have to thank all of you.* ◊ لا بد وأن يعني ذلك شيئا! *That has to mean something!* ◊ لا بد أنك تمزح! *You must be kidding!* ◊ لا بد من الانتظار أكثر من سنة. *One has to wait over a year.* ◊ لا بد لي من القول، ... *I have to say, ...* ◊ كان لا بد له من الذهاب إلى المستشفى. *He had to go to the hospital.* ⓘ *The subject of the English verbs 'must' and 'have to' is expressed as the object of the preposition* لـ *li-:* ◊ لا بد لي أن أذهب إلى البيت فورا. *I have to go home immediately.* ◊ لا بد له أن يذهب إلى البيت فورا. *He has to go home immediately.* ; [+ negative] must not ◊ لا بد من أن لا ننسى هذا أبدا. *We mustn't ever forget this.*; [+ perfect] must have (done) ◊ لابد أنه فقد عقله! *He must have lost his mind!* ◊ لا بد وأني أكثرت من النبيذ. *I must have had too much wine to drink.* ▪ لا بد منه أنْ *lā buddᵃ minhu ʔan* it is inevitable that...

بدء *badʔ n.*⋆ • beginning, start, commencement ▪ بدءا من *badʔan min*, بدءا بـ *badʔan bi- prep.* starting, from ◊ بدءا من اليوم *starting today* ▪ في البدء *fī -lbadʔⁱ*, في بدء الأمر *fī badʔⁱ -lʔamrⁱ adv.* at first, in the beginning

بدا *badā v.intr.* |1d3 يبدو *yabd**ū*** | بدو *budūʷ*| • seem, appear, look ▪ يبدو أنّ *yabdu ʔanna*, يبدو وكأن *yabdū wa-ka-ʔanna*, يبدو كما لو أنّ *yabdū ka-mā law ʔanna* it seems that..., it appears as if... ◊ بدت راقصة الباليه كما لو أنها تطير *The ballerina looked as though she was flying.* ▪ يبدو لي أنّ *yabdū lī ʔanna*, يبدو لي كما لو أنّ *yabdū lī ka-mā law ʔanna* it seems to me that... ◊ يبدو لي كما لو أن الضيف لن يأتي. *It seems to me that the guest is not coming.* ▪ على ما يبدو *3alā mā yabdū adv.* so it seems, apparently

بدأ *badaʔa v.* |1s1(b) يبدأ *yabd**a**ʔᵘ* | بدء *badʔ*| • *v.intr.* begin, start, commence ◊ متى بدأت الحرب العالمية الاولى؟ *When did World War One begin?* • *v.tr. & intr.* begin (بـ), start, commence ◊ لنبدأ حياة جديدة معا. *Let's start a new life together.* ◊ لم يبدأ عمله بعد. *He still hasn't started his job.* • [+ indicative or masdar] begin to *(do)*, start to *(do)*, commence *(do)*ing ◊ بدأت تشعر بالندم. *She has started to have feelings of regret.* ◊ بدأ القراءة بلا صوت. *He began reading silently.* ▪ بدأ الكلام *badaʔa alkalām* begin speaking, start talking

بدانة *badānaᵗ n.*⋆ • obesity

بداوة *badāwaᵗ n.* • Bedouin life, desert life,

nomadism

بداية *bidāya^t n.* • beginning, start ▪ منذ البداية *munđu -lbidāya^{ti} adv.* from the beginning, all along ▪ في البداية *fī -lbidāya^{ti} adv.* at first, in the beginning

بدائي *bidā?ī^y adj.* |*elat.* أكثر بدائية *?aktar bidā?īya^{tan}*| • primitive

بدد *baddada v.tr.* |*2s* يبدد *yubaddid^u* | تبديد *tabdīd*| • scatter, disperse • waste, squander

بدروم *badrūm*, بدرون *badrūn n.* • basement

بدل *badal n.* • substitute, alternative ▪ بدلا من *badalan min prep.* instead of ◊ بإمكانك أن تذهب بدلا مني إذا رغبت. *You can go instead of me if you want.* ▪ بدلا من أنْ *badalan min ?an conj.* instead of *(do)*ing, rather than ◊ أذهب إلى العمل سيرا على الأقدام بدلا من الذهاب بالسيارة. *I walk to work rather than go by car.* ◊ بقيت في البيت لأصلي معهم بدلا من أن أذهب إلى المسجد. *I stayed home to pray with them rather than go to the mosque.* • *(grammar)* apposition

بدل *badala prep.* • instead of ◊ قررت المغادرة بدل الإنتظار بلا طائل. *I decided to leave instead of waiting in vain.*

بدل *baddala v.tr.* |*2s* يبدل *yubaddil^u* | تبديل *tabdīl*| • change, switch, substitute

بدلة *badla^t n.* |*pl.* بدل *bidal*| • suit

بدن *badan n.* |*pl.* أبدان *?abdān*| • body

بدن *baduna v.intr.* |*1s6* يبدن *yabdun^u* | بدانة *badāna^t*| • become fat

بدني *badanī^y adj.* • physical, bodily, corporal

بدوي *badawī^y* |*pl.* بدو *badw*| • *adj.* Bedouin, nomadic • *n.* Bedouin, nomad

Bedouins and the Giza Pyramids

البديع *albuday3 n. f.* • *(city in Bahrain)* Budaiya
➡ map on p. 61

بديع *badī3 adj.* |*elat.* أبدع *?abda3*| • wonderful, magnificent

بديل *badīl n.* |*pl.* **dip.** بدلاء *budalā?*| • alternative, substitute, replacement, spare

بدين *badīn adj.* |*m. pl.* **dip.** بدناء *budunā?* or بدن *budun* | *elat.* أبدن *?abdan*| • fat, obese, overweight

بذاء *bađā? n.* • obscenity

بذر *bađara v.tr.* |*1s3* يبذر *yabđur^u* | بذر *bađr*| • sow, disseminate

بذر *bađđara v.tr.* |*2s* يبذر *yubađđir^u* | تبذير *tabđīr*| • waste, squander

بذر *bađr coll. n.* |*sing.* بذرة *bađra^t* | *pl.* بذور *buđūr*| • seeds

بذل *bađala v.tr.* |*1s2/1s3* يبذل *yabđil^u* or *yabđul^u* | بذل *bađl*| • exert, expend ▪ بذل جهدا *bađala juhdan* make an effort ▪ بذل قصارى جهده *bađala qaṣārā juhd^ahi* go to great pains

بذل *bađl n.*⋆ • effort, exertion, expenditure

بذلة *bađla^t n.* |*pl.* بذل *biđal*| • suit

بر *barr n.* • land, ground ▪ برا *barran adv.* by land, overland

بر *birr n.* • charity • piety, righteousness

برأ *bara?a v.tr.* |*1s1(b)* يبرأ *yabra?^u* | برء *bar?*| • create ◊ برأ اللـه الكون. *God created the universe.*

برأ *barra?a v.tr.* |*2s(c)* يبرئ *yubarri?^u* | تبرئة *tabri?a^t*| • acquit *sb* ∘ *of* من, exonerate

براءة *barā?a^t n.*⋆ • innocence • acquittal • patent, license

برادة *burāda^t n.* • filings, shavings

براز *birāz n.* • feces, excrement

البرازيل *albrāzīl n. f.* • Brazil

برازيلي *brāzīlī^y adj. & n.* • Brazilian

براعة *barā3a^t n.*⋆ • skill, efficiency, proficiency

براغ *brāɣ n. f. dip.* • *(capital of the Czech Republic)* Prague

برافو *brāvō interjection* • Bravo!, Well done!

براق *barrāq adj.* |*elat.* أكثر بريقا *?aktar barīqan*| • flashing, twinkling

براية *barrāya^t n.* • pencil sharpener

بربرة *barbara^t n.* **dip.** • *(city in Somalia)* Berbera
➡ map on p. 188

بربري *barbarī^y adj. & n.* • |*pl.* بربر *barbar* or برابرة *barābira^t*| Berber (ethnic group in northern Africa) • barbarian

بربرية *barbarīya^t n.* • barbarianism

برتغال *burtuɣāl n. f. dip.* • Portugal

برتغالي *burtuɣālīy adj. & n.* • Portuguese

برتقال *burtuqāl coll. n.* |*sing.* برتقالة *burtuqālat*|
• oranges

برتقالي *buruqālīy adj.* • *(color)* orange

برج *burj n.* |*pl.* أبراج *ʔabrāj*| • tower ▪ برج العرب *burj · al3arabi* Burj Al Arab (luxury hotel in Dubai) • sign of the zodiac ▪ دائرة الأبراج *dāʔirat · alʔabrāji* zodiac ▪ ما هو برجك؟ *mā huwa burjuka* What's your sign? ▪ أنا من برج ___. *ʔana min burji · __* I'm a __. • constellation

Burj Al Arab hotel in Dubai

برجل *barjal n.* |*pl.* ***dip.*** براجل *barājil*| • *(for inscribing circles)* compass

برد *barad coll. n.* |*sing.* بردة *baradat*| • hail

برد *bard n.* • coldness, cold • *(sickness)* cold

برد *barrada v.tr.* |*2s* يبرد *yubarridu* | تبريد *tabrīd*|
• cool, chill

برد *v.* • *baruda v.intr.* |*1s6* يبرد *yabrudu* | برود *burūd*| become cold • *barada v.tr.* |*1s3* يبرد *yabrudu* | برد *bard*| file (down)

بردي *bardīy n.* • *(plant)* papyrus ▪ ورق البردي *waraq · albardīyi* papyrus paper

بردية *bardīyat n.* • papyrus paper

برر *barrara v.tr.* |*2s* يبرر *yubarriru* | تبرير *tabrīr*|
• justify, warrant

برز *baraza v.intr.* |*1s3* يبرز *yabruzu* | بروز *burūz*|
• stand out, be prominent, emerge

برسيم *birsīm n.* • clover

برشلونة *baršilōnat n.* ***invar.*** • *(city in Spain)* Barcelona

برص *burṣ n.* |*pl.* أبراص *ʔabrāṣ*| • gecko

برطمان *barṭamān n.* • jar

برع *bara3a v.intr.* |*1s1* يبرع *yabra3u* | براعة *barā3at*|
• be proficient *in* في, be skillful

برعم *bar3ama v.intr.* |*11s* يبرعم *yubar3imu* | برعمة *bar3amat*| • bud, sprout

برعم *bur3um n.* |*pl.* ***dip.*** براعم *barā3im*| • bud, sprout, shoot

برغوث *burɣūt n.* |*pl.* ***dip.*** براغيث *barāɣīt*| • flea

برغي *burɣīy n.* |*pl.* ***dip.*** براغي *barāɣīy*| • screw

برق *baraqa v.intr.* |*1s3* يبرق *yabruqu* | برق *barq*|
• flash

برق *barq n.** |*pl.* بروق *burūq*| • lightning ▪ أسرع من البرق *ʔasra3 mina -lbarqi idiom* faster than lightning (i.e. very fast)

برقع *burqa3 n.* |*pl.* ***dip.*** براقع *barāqi3*| • burka (veil covering a woman's entire body, with netting covering the eyes), burqa

برقوق *barqūq coll. n.* |*sing.* برقوقة *barqūqat*|
• plums

برقية *barqīyat n.* • telegram, telegraph

برك *baraka v.intr.* |*1s3* يبرك *yabruku* | بروك *burūk*|
• *(of camels)* kneel down

برك *barraka v.* |*2s* يبرك *yubarriku* | تبريك *tabrīk*|
• *v.intr.* bless *fii* في • *v.tr.* make (a camel) kneel down

بركاء *barkāʔ n.* ***f. dip.*** • *(city in Oman)* Barka
➡ ***map on p. 213***

بركان *burkān n.* |*pl.* ***dip.*** براكين *barākīn*| • volcano

بركاني *burkānīy adj.* • volcanic ▪ حمم بركانية *ḥumam burkānīyat* lava

بركة *barakat n.* • blessing

بركة *birkat n.* |*pl.* برك *birak*| • pool, pond, puddle

برلمان *barlamān n.* • parliament

برلماني *barlamānīy adj.* • parliamentary

برلين *barlīn n.* ***f. dip.*** • *(capital of Germany)* Berlin

برم *barama v.intr.* |*1s3* يبرم *yabrumu* | برم *barm*|
• spin, twist, curl, wind

برمائي *barmāʔīy* |< بر + ماء *barr + māʔ*| • *adj.* amphibious • *n.* amphibian

برمج *barmaja v.tr.* |*11s* يبرمج *yubarmiju* | برمجة

barmaja^{t}| • *(computers)* program

برمجة *barmaja*^{t} *n.** • programing

برميل *birmīl* or *barmīl n.* |*pl.* **dip.** براميل *barāmīl*| • barrel, keg, vat, drum

برن *bern n.* ***f.* dip.** • *(capital of Switzerland)* Bern

برنامج *barnāmaj n.* |*pl.* **dip.** برامج *barāmij*| • *(plan)* program, campaign, schedule ▪ نفذ برنامجا *naffađa barnāmajan v.* implement a program • *(TV, radio)* program • *(computer)* program, app

برهان *burhān n.* |*pl.* **dip.** براهين *barāhīn*| • proof

برهة *burha*^{t} *n.* |*pl.* برهات *bur(u)hāt*| • moment, instant ▪ برهة *burhatan adv.* for a little while

برهن *barhana v.intr.* |**11s** يبرهن *yubarhin*^{u} | برهنة *barhana*^{t}| • prove على, demonstrate

برهنة *barhana*^{t} *n.** • demonstration

بروتستانتي *brotostāntī*^{y} *adj. & n.* • Protestant

بروتستانتية *brotostāntīya*^{t} *n.* • Protestantism

بروتين *brōtīn n.* • protein

برودة *burūda*^{t} *n.* • cold

بروز *burūz n.** • prominence, emergence

بروستاتة *brostāta*^{t}, **invar.** بروستاتا *brostātā*, بروستات *brostāt n.* • prostate

بروفسور *brofisōr n.* • professor

بروكسل *brōksel n.* ***f.* dip.** • *(capital of Belgium)* Brussels

بروناي *brūnāy n.* ***f.* invar.** • Brunei

برونز *bronz n.* • bronze

برونزي *bronzī*^{y} *adj.* • bronze-, bronzen

برى *barā v.tr.* |**1d2** يبري *yabrī* | بري *bary*| • sharpen, trim, shape

برئ *bariʔa v.intr.* |**1s4(c)** يبرأ *yabraʔ*^{u} | براءة *barāʔa*^{t}| • be innocent *of* من • be acquitted *of* من, be cleared (of wrongdoing) • be cured *of* من, get better, recover ◊ تناول الدواء لكي تبرأ من المرض. *Take the medication so that you get better.*

بري *barrī*^{y} *adj.* • land-, terrestrial

بريء *barīʔ adj.* |*m. pl.* **dip.** أبرياء *ʔabriyāʔ* | *elat.* أكثر براءة *ʔaktar barāʔa*^{tan}| • innocent, naive

بريد *barīd n.* • mail ▪ بريد جوي *barīd jawwī*^{y} airmail ▪ بريد إلكتروني *barīd ʔelektrōnī*^{y} e-mail ▪ بريد عادي *barīd 3ādī*^{y} standard mail ▪ بريد مسجل *barīd musajjal* registered mail ▪ بريد مستعجل *barīd musta3jil* express mail ▪ ساعي بريد *sā3ī · barīd n.* mail carrier (UK: postman) ▪ صندوق بريد *ṣundūq · barīd* mailbox (UK: letter box) ▪ مكتب بريد *maktab · barīd* post office

بريدة *burayda*^{t} *n.* • *(city in Saudi Arabia)* Buraidah ➡ ***map on p. 166***

بريدي *barīdī*^{y} *adj.* • postal

بريطاني *barīṭānī*^{y} • *adj.* British • *n.* Briton

بريطانيا *barīṭāniyā* or *brīṭāniyā n.* ***f.* invar.** • Britain ▪ بريطانيا العظمى *barīṭāniyā -l3uẓmā* Great Britain

بريق *barīq n.* |*pl.* **dip.** برائق *barāʔiq*| • shine, luster

بريمة *barrīma*^{t}, برامة *barrāma*^{t} *n.* |*pl.* **dip.** برائم *barāʔim*| • drill

بزة *bizza*^{t} *n.* • attire, uniform

بزر *bizr coll. n.* |*sing.* بزرة *bizra*^{t} | *pl.* بزور *buzūr*| • seeds

بزغ *bazaɣa v.intr.* |**1s3** يبزغ *yabzuɣ*^{u} | بزوغ *buzūɣ*| • dawn • teethe

بزوغ *buzūɣ n.** • dawn ▪ مع بزوغ الفجر *ma3a buzūɣ*^{i} *-lfajr*^{i} *adv.* at the crack of dawn

بساط *bisāṭ n.* |*pl.* بسط *busuṭ* or أبسطة *ʔabsiṭa*^{t}| • carpet ▪ بساط ريح *bisāṭ · rīḥ* flying carpet

بساطة *basāṭa*^{t} *n.** • simplicity ▪ ببساطة *bi-basāṭa*^{tin} *adv.* simply (speaking)

بستان *bustān n.* |*pl.* **dip.** بساتين *basātīn*| • orchard, garden

بستاني *bustānī*^{y} • *adj.* garden-, horticultural • *n.* gardener

بستن *bastana v.intr.* |**11s** يبستن *yubastin*^{u} | بستنة *bastana*^{t}| • garden

بستنة *bastana*^{t} *n.** • gardening

بسر *busr coll. n.* |*sing.* بسرة *busra*^{t} or إبسار *ʔibsār*| • unripe dates

بسط *bassaṭa v.tr.* |**2s** يبسط *yubassiṭ*^{u} | تبسيط *tabsīṭ*| • simplify, streamline

بسط *basṭ n.** • extension, spread • *(mathematics)* numerator

بسط *v.* • *basaṭa v.tr.* |**1s3** يبسط *yabsuṭ*^{u} | بسط *basṭ*| extend, spread • unroll, unfold • clarify, lay out, set out • please, delight, make happy • *basuṭa v.intr.* |**1s6** يبسط *yabsuṭ*^{u} | بساطة *basāṭa*^{t}| be simple

بسكويت *baskawīt n.* • cookie (UK: biscuit)

بسمة *basma*^{t} *n.* |*pl.* بسمات *bas(a)māt*| • smile

بسمل *basmala v.intr.* |**11s** يبسمل *yubasmil*^{u} | بسملة *basmala*^{t}| • say "In the name of God, the Most Gracious, the Most Merciful" ⓘ *This verb is an abbreviation derived from the first part of the utterance* بسم الله الرحمن الرحيم

The Basmalah written in calligraphy

بسملة *basmala*^{t} *n.*⋆ • basmalah (saying "In the name of God, the Most Gracious, the Most Merciful")

بسيط *basīṭ adj.* |*m. pl.* **dip.** بسطاء *busaṭāʔ* | *elat.* أبسط *ʔabsaṭ*| • simple, basic

بشار *baššār man's name* • Bashar

بشاعة *bašāʒa*^{t} *n.*⋆ • ugliness, unsightliness

بشت *bišt n.* • bisht (men's overcoat worn over a thobe)

بشر *bašar coll. n.* • humankind, humans

بشر *bašara v.tr.* |*1s3* يبشر *yabš**u**r*^{u} | بشر *bašar*| • grate

بشر *baššara v.tr.* |*2s* يبشر *yubaššir*^{u} | تبشير *tabšīr*| • preach *to sb ∘ sth* بـ, propagate, spread (good news)

بشرة *bašara*^{t} *n.* • complexion, skin ▪ أسمر البشرة *ʔasmar · albašara*^{ti}, أسود البشرة *ʔaswad · albašara*^{ti}, داكن البشرة *dākin · albašara*^{ti} dark(-skinned), tanned ▪ فاتح البشرة *fātiḥ · albašara*^{ti} fair(-skinned)

بشروش *bašarūš coll. n.* |*sing.* بشروشة *bašarūša*^{t}| • flamingos

بشري *bašarī*^{y} *adj.* • human-

بشرية *bašarīya*^{t} *n.* • humankind, human race

بشع *baši3*, بشيع *bašī3 adj.* |*elat.* أبشع *ʔabša3*| • ugly, hideous, unsightly • horrible, disgusting

بشع *baši3a v.intr.* |*1s4* يبشع *yabš**a**3*^{u} | بشاعة *bašā3a*^{t}| • be ugly, be hideous, be unsightly

بشكير *baškīr n.* |*pl.* **dip.** بشاكير *bašākīr*| • towel

بشوش *bašūš adj.* |*elat.* أكثر بشاشة *ʔakṯr bašāšatan*| • cheerful

بشيرة *bušayra*^{t} *n.* • cuticle

بصر *baṣar n.*⋆ |*pl.* أبصار *ʔabṣār*| • perception • vision, eyesight, sight

بصر *baṣura v.intr.* |*1s6* يبصر *yabṣ**u**r*^{u} | بصر *baṣr*| • perceive (clearly) بـ, comprehend

البصرة *albaṣra*^{t} *n.* • *(city in Iraq)* Basra ➡ ***map on p. 206***

بصري *baṣarī*^{y} *adj.* • visual, optical

بصق *baṣaqa v.intr.* |*1s3* يبصق *yabṣ**u**q*^{u} | بصق *baṣq*| • spit *on* على

بصقة *baṣqa*^{t} *n.* • spit

بصل *baṣal coll. n.* |*sing.* بصلة *baṣala*^{t} | *pl.* أبصال *ʔabṣāl*| • onions ▪ لا تدخل بين البصلة وقشرتها. *lā tadxul bayna -lbaṣla*^{ti} *wa-qišrat*^{i}*hā proverb* Mind your own business. (lit. Don't get between an onion and its peel.)

بصم *baṣama v.tr.* |*1s3* يبصم *yabṣ**u**m*^{u} | بصم *baṣm*| • imprint

بصمة *baṣma*^{t} *n.* |*pl.* بصمات *baṣ(a)māt*| • print, impression ▪ بصمة إصبع *baṣmat · ʔisba3* fingerprint

بصير *baṣīr adj.* |*elat.* أبصر *ʔabṣar*| • having a good eye *for* بـ, discerning, discriminating

بصيرة *baṣīra*^{t} *n.* |*pl.* **dip.** بصائر *baṣāʔir*| • insight, foresight, perception

بضاعة *biḍā3a*^{t} *n.* |*pl.* **dip.** بضائع *baḍāʔi3*| • commodity ▪ بضائع *baḍāʔi3 pl. n.* merchandise, goods

بضع *biḍ3 n.* • [+ indefinite genitive plural feminine noun] some, several ◊ بضع نساء *several women* ◊ بعد بضع الساعات ***after several hours***

بضعة *biḍ3a*^{t} *n.* • [+ indefinite genitive plural masculine noun] some, several ◊ بضعة أشخاص *several people* ◊ لبضعة أيام *for several days*

بط *baṭṭ coll. n.* |*sing.* بطة *baṭṭa*^{t}| • ducks

بطء *buṭʔ n.*⋆ • slowness ▪ ببطء *bi-buṭʔ*^{in} *adv.* slowly

بطأ *baṭṭaʔa v.tr.* |*2s(c)* يبطئ *yubaṭṭiʔ*^{u} | تبطيء *tabṭīʔ*| • slow down, delay

بطارية *baṭṭārīya*^{t} *n.* • battery

بطاطس *baṭāṭis coll. n.* |*sing.* ثمرة بطاطس *tamarat · baṭāṭis*| • potatoes ▪ بطاطس بالفرن *baṭāṭis bi-lfurn*^{i} baked potatoes ▪ بطاطس مقلية *baṭāṭis maqlīya*^{t}, بطاطس محمرة *baṭāṭis muḥammara*^{t} French fries (UK: chips)

بطاقة *biṭāqa*^{t} *n.* |*pl.* **dip.** بطائق *baṭāʔiq*| • card ▪ بطاقة بريدية *biṭāqa*^{t} *barīdīya*^{t} postcard ▪ بطاقة ائتمان *biṭāqat · iʔtimān* credit card

بطال *baṭṭāl adj.* • unemployed

بطالة *baṭāla*^{t} or *biṭāla*^{t} *n.* • unemployment

بطانة *biṭāna*^{t} *n.* • inside lining

بطانية *baṭṭānīya*^{t} *n.* • blanket

بطرس *buṭrus* **dip.** *man's name* • Butrus, Peter

بطل *baṭal n.* |*pl.* أبطال *ʔabṭāl*| • hero • champion • star (of a movie, etc.)

ب

بطلة *baṭalaᵗ n.* • heroine

بطن *baṭn n.* |*pl.* بطون *buṭūn*| • abdomen, belly, stomach ▪ بطن ساق *baṭn · sāq (anatomy)* calf

بطؤ *baṭuʔa v.intr.* |*1s6(c)* يبطؤ *yabṭuʔᵘ* | بطء *buṭʔ*| • be slow

بطولة *buṭūlaᵗ n.* • heroism

بطيء *baṭīʔ adj.* |*m. pl.* بطاء *biṭāʔ* | *elat.* أبطأ *ʔabṭaʔ*| • slow ▪ بطيء الحركة *baṭīʔ · alḥarakaᵗⁱ adj.* slow-moving ▪ أبطأ من سلحفاة *ʔabṭaʔ min sulḥafātⁱⁿ idiom* slower than a turtle (i.e. very slow)

بطيخ *baṭṭīx coll. n.* |*sing.* بطيخة *baṭṭīxaᵗ*| • watermelons

بظر *baẓr n.* |*pl.* بظور *buẓūr*| • clitoris

بعث *ba3ata v.tr. & intr.* |*1s1* يبعث *yab3atᵘ* | بعث *ba3t*| • send (بـ) *to* إلى

بعث *ba3t n.** |*pl.* بعوث *bu3ūt*| • expedition, mission • revival, resurrection

بعثة *ba3taᵗ n.* |*pl.* بعثات *ba3(a)tāt*| • mission, expedition, delegation ▪ في بعثة *fī ba3taᵗⁱⁿ adv.* on a mission, on an expedition ▪ أوفد بعثة إلى *ʔawfada ba3taᵗ ʔilā v.* send a delegation to

بعثر *ba3tara v.tr.* |*11s* يبعثر *yuba3tirᵘ* | بعثرة *ba3taraᵗ*| • scatter

بعثي *ba3tīʸ adj. n.* • Baathist

بعد *ba3da prep.* • *(time)* after ▪ بعد الظهر *ba3da -ẓẓuhrⁱ adv.* in the afternoon ▪ بعد ذلك *ba3da ḏālika*, بعدئذ *ba3daʔiḏⁱⁿ*, بعدها *ba3dahā adv.* after that, afterward, then ▪ بعد __ بـ *ba3da __ bi- prep.* [+ length of time] ...after __ ◊ بعد عودته بيومين *two days after his return* ▪ مرة بعد مرة *marraᵗᵃⁿ ba3da marraᵗⁱⁿ adv.* again and again ▪ الواحد بعد الآخر *alwāḥid ba3da -lʔāxarⁱ* one after another ▪ ما بعد *mā ba3da (lit. that which is after)* after, post- ◊ ليبيا ما بعد الثورة *post-revolutionary Libya* ◊ ما بعد الاستعمارية *post-colonialism*; *(referring to past, present, or future)* [+ masdar] after *(do)*ing ◊ سأبدأ حياتي المهنية بعد التخرج من الجامعة. *I'll start my career after finishing college.* ◊ بعد انتهاء الدروس، تتناول المعلمة الغداء في مكتبها. *After the lessons finish, the teacher has lunch in her office.* ▪ بعد أنْ *ba3da ʔan*, بعدما *ba3damā conj. (referring to past)* [+ perfect] after *(do)*ing, after having *(done)* ◊ بعد أن تناولت العشاء ذهبت إلي النوم. *After she had dinner, she went to bed.*; *(referring to present or future)* [+ subjunctive] after *(do)*ing ◊ بعد أن أتخرج من الجامعة سأبدأ حياتي المهنية. *After I finish college, I'll start my career.* • in, away, off, from now, later ◊ بعد أيام *a few days later / in a few days* ▪ بعد الآن *ba3dᵃ -lʔānⁱ* from now on • *(location)* beyond, after ◊ بعد الجبال *beyond the mountains*

بعد *ba3du adv.* • yet ◊ هل وصلنا بعد؟ *Are we there yet?* ▪ فيما بعد *fīmā ba3du*, من بعد *min ba3du adv.* later, subsequently ◊ أراك فيما بعد! *See you later!*; [negative past +] haven't *(done)* yet, still haven't *(done)* ◊ أنا لم أفعله بعد. *I haven't done it yet.* ▪ ليس بعد *laysa ba3du* not yet

بعد *ba3uda v.intr.* |*1s6* يبعد *yab3udᵘ* | بعد *bu3d*| • be far *from* عن

بعد *bu3d n.** |*pl.* أبعاد *ʔab3ād*| • distance ▪ بعد النظر *bu3d · annaẓarⁱ* hyperopia, farsightedness ▪ عن بعد *3an bu3dⁱⁿ adv.* from afar, at a distance, remotely ▪ على بعد *3alā bu3dⁱ prep.* at a distance of • dimension

بعض *ba3ḍ n.* • portion, part • بعض من __ *ba3ḍ min __* [+ definite genitive noun or pronoun suffix] some (of the) __ ◊ بعض الناس *some people* ◊ بعض الدول *some (of the) countries* ▪ البعض *alba3ḍ* some (people) ◊ يقول البعض إن... *some say that...* ▪ بعض __ ... البعض الأخر... *ba3ḍ __... alba3ḍ alʔaxar* some __..., others... ▪ بعض الأحيان *ba3ḍᵃ -lʔaḥyānⁱ adv.* sometimes ▪ بعض الشيء *ba3ḍᵃ -ššayʔⁱ adv.* a little, a bit ◊ ابتعدت عنه بعض الشيء. *She moved a bit away from him.* ◊ انتظر بعض الشيء. *Wait a little.*; [adjective +] rather, somewhat ◊ ربما يكون هذا السؤال غريبا بعض الشيء، لكن *Maybe this question is somewhat strange, but...* ▪ بعض الوقت *ba3ḍᵃ -lwaqtⁱ adv.* for some time, for a while

بعضهم *ba3ḍᵘhum*, بعضهم البعض *ba3ḍᵘhum alba3ḍ*, بعضهم بعضا *ba3ḍᵘhum ba3ḍan n.* • each other

بعوض *ba3ūḍ coll. n.* |*sing.* بعوضة *ba3ūḍaᵗ*| • mosquitoes

بعيد *ba3īd adj.* |*m. pl.* بعاد *bi3ād* | *elat.* أبعد *ʔab3ad*| • far *from* عن, distant, remote ▪ بعيدا *ba3īdan adv.* far (away) ▪ بعيد النظر *ba3īd · annaẓrⁱ* clairvoyant, farsighted, shrewd, wise

بعير *ba3īr n.* |*pl.* أبعرة *ʔab3iraᵗ*| • camel

بغاء *biɣāʔ n.** • prostitution

بغتة *baɣtaᵗ n.* • surprise, unexpected event ▪ بغتة *baɣtatan*, على بغتة *3alā baɣtaᵗⁱⁿ adv.* surprisingly, unexpectedly

بغداد *baɣdād n. **f. dip.*** • *(capital of Iraq)* Baghdad ➡ ***map on p. 206***

بغدادي *baɣdādīʸ adj. & n.* • Baghdadi

بغل *baɣl n.* |*pl.* بغال *biɣāl*| • mule

بغى *baɣā v.tr.* • |*1d2* يبغي *yabɣī* | بغاء *buɣāʔ*| long for, wish for • |1d2 يبغي *yabɣī* | بغي *baɣy*| wrong, oppress • |1d2 يبغي *yabɣī* | بغاء *biɣāʔ*| work as a prostitute, whore; fornicate, commit adultery

بغي *baɣī^{y}* |pl. **invar.** بغايا *baɣāyā*| • adj. |elat. **invar.** أبغى *ʔabɣā*| promiscuous, sexually immoral ⓘ *This adjective does not vary for gender:* ▪ امرأة بغي *imraʔa^{t} baɣī^{y} n.* prostitute • *n.* ***f.*** prostitute, whore

بغية *buɣya^{t} n.* • wish, object of desire

بغية *buɣyata prep.* • for the purpose of, with a view to, with the aim of, so that, in order to ◊ ذاكر الطالب بغية النجاح. *The student studied in order to succeed.*

بغيض *baɣīḍ adj.* |elat. أبغض *ʔabɣaḍ*| • dreadful, hated

بقاء *baqāʔ n.** • continuance, survival ▪ صراع من أجل البقاء *ṣirā3 min ʔajl^{i} -lbaqāʔ^{i}* struggle for survival

بقال *baqqāl n.* • (green)grocer

بقالة *biqāla^{t} n.* • groceries • grocery store

بقبق *baqbaqa v.intr.* |11s يبقبق *yubaqbiq^{u}* | بقبقة *baqbaqa^{t}*| • bubble, gurgle

بقر *baqar coll. n.* |sing. بقرة *baqara^{t}* | pl. أبقار *ʔabqār*| • cows, cattle

بقشيش *baqšīš n.* |pl. **dip.** بقاشيش *baqāšīš*| • tip, gratuity

بقع *baqqa3a v.tr.* |2s يبقع *yubaqqi3^{u}* | تبقيع *tabqī3*| • stain

بقعة *buq3a^{t} n.* • |pl. بقع *buqa3*| stain, spot • |pl. بقاع *biqā3*| *(land)* plot, lot, tract

بقلة *baqla^{t} n.* |pl. بقول *buqūl*| • cress, garden cress

بقي *baqiya v.intr.* |1d4 يبقى ***yabqā*** | بقاء *baqāʔ*| • stay, remain ◊ بقيت في البيت طوال عطلة نهاية الاسبوع. *I stayed home all weekend.* ▪ بقي على قيد الحياة *baqiya 3alā qayd^{i} -lḥayā^{ti}* survive, continue to live • [+ imperfect] continue to *(do)*, keep *(do)*ing ◊ بقي يدرس في الجامعة مدة طويلة. *He continued studying in college for a long time.* • [+ predicate in the accusative] continue (to be), remain ◊ بقي عازبا طوال حياته. *He remained a bachelor throughout his life.* ▪ بقي بدون تغيير *baqiya bi-dūn^{i} taɣyīr^{in}* remain unchanged, stay the same

بقية *baqīya^{t} n.* |pl. **invar.** بقايا *baqāyā*| • remainder, rest ▪ بقية الـ__ *baqīyat · al-__* the rest of __, other ◊ مقارنة ببقية الطلاب *compared to the rest of the students* ◊ مثل بقية العالم *like the rest of the world* ▪ بقايا *baqāyā pl. n.* remains

بكالوريوس *bakālōriyūs*, بكالوريا *bakālōriyā n.* • bachelor's degree

بكتيري *baktīrī^{y} adj.* • bacterial

بكتيريا *baktīriyā n.* **invar.** • bacteria

بكر *bakkara v.intr.* |2s يبكر *yubakkir^{u}* | تبكير *tabkīr*| • [+ masdar] be early *(do)ing* في, *(do)* early ◊ بكرت في الوصول إلى المدرسة. *She got to school early.*

بكى *bakā v.intr.* |1d2 يبكي ***yabkī*** | بكاء *bukāʔ*| • cry over/about على, weep ▪ بكى بحرارة *bakā bi-ḥarāra^{tin}* cry buckets

بكين *pikīn n.* ***f.*** ***dip.*** • *(capital of China)* Beijing, Peking

بل *bal(i) conj.* • [negative clause +] but, rather, but rather ◊ مريم ليست بنتي بل بنت أخي. *Maryam isn't my daughter; she's my niece.* ▪ ... فحسب بل... أيضا *... faḥasb^{u} bal... ʔayḍan*, ... فقط بل... كذلك *... faqaṭ bal... kaḏālika* not only... but also... ◊ إنه لا يتكلم العربية فحسب بل يتكلم الإنجليزية أيضا. *Not only does he speak Arabic, but he speaks English also.* • *(after misspeaking)* or rather, ..., no,... ◊ هذا الولد بل الرجل... *this boy, no, man...*

بل *balla v.tr.* |1g3 يبل *yabull^{u}* | بلل *balal*| • moisten, make wet, wet

بلا *bi-lā prep.* • without ➡ بـ *bi-* p. 58 ◊ عاشت يومين بلا طعام. *She lived for two days without food.* ◊ كان هو الأفضل بلا شك. *Without a doubt, he was the best.*

بلا *bi-lā*, بدون *bi-dūna prep.* • without ▪ بلا تردد *bi-lā taraddud^{in}* without hesitation ▪ بلا جدوى *bi-lā jadwā adv.* worthless, useless, of no use; in vain ▪ بلا شك *bi-lā šakk^{in}*, بلا ريب *bi-lā rayb^{in} adv.* without a doubt, definitely, undoubtedly ▪ بلا عقاب *bi-lāa 3iqāb^{in} adv.* unpunished

بلاء *balāʔ n.* • misfortune, affliction

بلادة *balāda^{t} n.* • stupidity

بلاستر *blāstir n.* • bandage

بلاستيك *blāstīk n.* • plastic

بلاستيكي *blāstīkī^{y} adj.* • plastic-

بلاط *balāṭ* • *coll. n.* |sing. بلاطة *balāṭa^{t}*| floor tiles ▪ بلاطة سقف *balāṭat · saqf (roof)* shingle • *n. (royal)* court

بلاعة *ballā3a^{t} n.* |pl. **dip.** بلاليع *balālī3* or بلاعات *ballā3āt*| • drain • sewer

بلاغ *balāɣ n.* • notification, notice, announcement

بلاغة *balāɣa^t n.* • eloquence

بلال *bilāl man's name* • Bilal

بلاهة *balāha^t n.* • foolishness, stupidity, idiocy

بلبل *bulbul n.* |*pl.* **dip.** *n.* بلابل *balābil*| • nightingale

بلجيكا *beljīkā n.* **f. invar.** • Belgium

بلجيكي *beljīkī^y adj. & n.* • Belgian

بلح *balaḥ coll. n.* |*sing.* بلحة *balaḥa^t*| • dates

بلد *balad n.* **m.** *or* **f.** |*pl.* بلاد *bilād* or بلدان *buldān*| • *(nation)* country • town

بلد وين *balad · wayn n.* **f.** • *(city in Somalia)* Beledweyne ➡ ***map on p. 188***

بلدة *balda^t n.* • town

بلدي *baladī^y adj.* • municipal ▪ مجلس بلدي *majlis baladī^y n.* city council

بلدية *baladīya^t n.* • municipality ▪ مبنى بلدية *mabnā · baladīya^t* city hall

بلط *ballaṭa v.tr.* |*2s* يبلط *yuballiṭ^u* | تبليط *tablīṭ*| • tile

بلطة *balṭa^t n.* • axe

بلع *bala3a v.tr.* |*1s1* يبلع *yabla3^u* | بلع *bal3*| • swallow

بلعوم *bul3ūm n.* • pharynx

بلغ *balaɣa v.tr.* |*1s3* يبلغ *yabluɣ^u* | بلوغ *bulūɣ*| • reach

بلغ *ballaɣa v.tr.* |*2s* يبلغ *yuballiɣ^u* | تبليغ *tablīɣ*| • report *to* ه *about* بـ *or* عن, inform • communicate, tell ▪ بلغ تحياته لـ *ballaɣa taḥīyāt^ahu li-* give *sb's* regards to ◊ بلغ تحياتي لها. *Say hi to her for me.*

بلغاري *bulɣārī^y adj. & n.* • Bulgarian

بلغاريا *bulɣāriyā n.* **f. invar.** • Bulgaria

بلكونة *balkōna^t*, بلكون *balkōn n.* • balcony

بلل *ballala v.tr.* |*2s* يبلل *yuballil^u* | تبليل *tablīl*| • moisten, make wet, wet ▪ بلل السرير *ballala assarīr^a* wet the bed

بلور *ballūr* or *billawr n.* • crystal

بلوري *ballūrī^y* or *billawrī^y adj.* • crystal-

البلوز *alblūz n.* **invar.** • *(music)* the blues

بلوزة *blūza^t n.* • blouse

بلوط *ballūṭ coll. n.* |*sing.* بلوطة *ballūṭa^t*| • oaks ▪ جوز بلوط *jawz · balūṭ* acorns

بلوغ *bulūɣ n.** • puberty

بلى *balā interjection* • *(affirmative answer to a negative quesiton)* yes, indeed, certainly ◊ ألا توافق على ذلك؟ - بلى إني أوافق تماما. *You don't agree? - Yes, I do. I completely agree.* • *(contradicts a negative statement)* yes ◊ لا أعرف. - بلى تعرفين! *I don't know. - Yes, you do!*

بلي *baliya v.intr.* |*1d4* يبلى *yablā* | **indecl.** بلى *bil(an)*| • wear out, become worn out

بلياردو *bilyārdō n.* • billiards

بليد *balīd adj.* |*pl.* **dip.** بلداء *buladā?* | *elat.* أبلد *?ablad*| • stupid, idiotic ◊ أيها البليد! *You idiot!*

البليدة *albulayda^t* or *blīda^t n.* **dip.** • *(city in Algeria)* Blida ➡ ***map on p. 105***

بليدة *bulayda^t n. diminutive* • small town

بليغ *balīɣ adj.* |*m. pl.* **dip.** بلغاء *bulaɣā?* | *elat.* أبلغ *?ablaɣ* or أكثر بلاغة *?akṯar balāɣa^{tan}*| • eloquent, well-spoke • intense, lasting

بليون *bilyūn n. number* |*pl.* **dip.** بلايين *balāyīn*| • [+ indefinite genitive singular] billion ◊ أكثر من ثلاثة بلايين نسمة *more than three billion people*

بما *bi-mā conj.* • with what, in what ◊ أنا فخور بما فعلت؟ *I'm proud of what I did.* ▪ بما أنّ *bi-mā ?anna conj.* since, because, in view of the fact that... ◊ بما أنك أنت مشغول سأفعله أنا. *Since you are busy, I'll do it.* ▪ بما فيها *bi-mā fīhā*, بما في ذلك *bi-mā fī ḏālika* including ◊ هناك مشاكل كثيرة، بما في ذلك التلوث وزحام السيارات. *There are many problems, including pollution and traffic.*

بن *bn^u n.* • *(used in names)* son of ◊ الشيخ حمد بن خليفة آل ثاني *Sheikh Hamad bin Khalifa Al Thani (emir of Qatar 1995-2013)*

بن *bunn n.* • coffee beans

بناء *bannā?* • *n.* builder • *adj.* constructive, positive

بناء *binā? n.* |*pl.* أبنية *?abniya^t*| • building, edifice, structure • construction ▪ بناء على *binā?an 3alā prep.* on the basis of ▪ بناء على طلبه *binā?an 3alā ṭalabⁱhi* on *sb's* request

بنات بئس *banāt · bi?s pl. n.* • adversities, misfortunes

بنات بئس *banāt · bi?s pl. n.* • adversities, misfortunes

بناية *bināya^t n.* • building, edifice, structure

بنائي *binā?ī^y adj.* • structural

بنت *bint n.* |*pl.* بنات *banāt*| • girl • daughter ▪ بنت أخ *bint · ?ax (brother's daughter)* niece ▪ بنت أخت *bint · ?uxt (sister's daughter)* niece ▪ بنت خال *bint · xāl (maternal uncle's daughter)* cousin ▪ بنت خالة *bint · xāla^t (maternal aunt's daughter)* cousin ▪ بنت عم *bint · 3amm (paternal uncle's daughter)* cousin ▪ بنت عمة *bint · 3amma^t (paternal aunt's daughter)* cousin

البنتاغون *albentāgōn n.* • the Pentagon

بنج *banj n.* • anesthetic

بنج *bannaja v.tr.* |*2s* ينبج *yubannij^u* | تبنيج *tabnīj*| • anesthesize, drug

بنجر *banjar coll. n.* |*sing.* بنجرة *banjara^t*| • beetroot

بند *band n.* |*pl.* بنود *bunūd*| • *(legal)* article, clause

بندق *bunduq coll. n.* |*sing.* بندقة *bunduqa^t*| • hazelnuts

بندقية *bunduqīya^t n.* |*pl.* **dip.** بنادق *banādiq*| • gun ▪ البندقية *albunduqīya^t n. (city in Italy)* Venice

بندورة *banadōra^t n.* • tomato

بنزرت *binzart n.* ***f.*** ***dip.*** • *(city in Tunisia)* Bizerte ➡ **map on p. 95**

بنزين *benzīn n.* ***invar.*** • gasoline (UK: petrol), gas ▪ دواسة بنزين *dawwāsat · benzīn* gas pedal (UK: accelerator)

بنسيون *bansiyōn n.* • pension, lodging house

بنصر *binṣir n.* ***f.*** |*pl.* **dip.** بناصر *banāṣir*| • ring finger

بنطلون *banṭalūn n.* • (a pair of) pants, trousers

بنغازي *banγāzī n.* ***f.*** ***invar.*** • *(city in Libya)* Benghazi ➡ **map on p. 261**

بنغلاديش *bangladeš n.* ***f.*** ***invar.*** • Bangladesh

بنغلاديشي *bangladešī^y adj. & n.* • Bangladeshi

بنفسج *banafsaj coll. n.* |*sing.* بنفسجة *banafsaja^t*| • violets

بنفسجي *banafsajī^y adj.* • *(color)* violet, purple

بنك *bank n.* |*pl.* بنوك *bunūk*| • bank

بنكرياس *bankriyās n.* • pancreas

بنكي *bankī^y adj.* • bank-

بنما *banamā n.* ***f.*** ***invar.*** • Panama ▪ مدينة بنما *madīnat · banamā (capital of Panama)* Panama City ▪ قناة بنما *qanāt · banamā* the Panama Canal

بنماني *banamānī^y adj. & n.* • Panamanian

بنو *banū n.* • [+ genitive noun] sons of ▪ بنو إسرائيل *banū · ʔisrāʔīl* Israelites, sons of Israel

بنوم بنه *b(i)nōm b(i)nah n.* ***f.*** ***invar.*** • *(capital of Cambodia)* Pnom Penh

بنوي *banawī^y adj.* • filial

بنى *banā v.tr.* |*1d2* يبني *yabnī* | بناء *banāʔ*| • build, construct

بني *bunnī^y adj.* • brown

بني سويف *banī swayf n.* ***f.*** ***dip.*** • *(city in Egypt)* Beni Suef ➡ **map on p. 287**

بنيان *bunyān n.* • construction • building, edifice, structure

بنية *binya^t* or *bunya^t n.* |*pl.* ***indecl.*** بنى *bin(an)* or *bun(an)*| • structure ▪ بنية تحتية *binya^t taḥtīya^t* infrastructure ▪ بنية جسم *binyat · jism* physique, build

بهار *bahār n.* • herb, spice

بهجة *bahja^t n.* • delight, joy

بهر *bahara v.tr.* |*1s1* يبهر *yabhar^u* | بهر *bahr*| • overwhelm

بهلوان *bahlawān n.* |*pl.* بهلوانات *bahlawānāt*| • clown

بهلواني *bahlawānī^y adj.* • acrobatic

بهي *bahī^y adj.* |*elat.* ***invar.*** أبهى *ʔabhā*| • radiant, splendid, beautiful, lovely ▪ في أبهى حلة *fī ʔahbā ḥulla^tin adv.* in *one's* best attire

بهيج *bahīj adj.* |*elat.* أبهج *ʔabhaj*| • delightful • magnificent, splendid

بهيمة *bahīma^t n.* |*pl.* **dip.** بهائم *bahāʔim*| • four-legged animal ▪ بهائم *bahāʔim pl. n.* livestock

بواب *bawwāb n.* • doorman, porter

بوابة *bawwāba^t n.* • gate ▪ بوابة أمامية *bawwāba^t ʔamāmīya^t* front gate ▪ بوابة مغادرة *bawwābat · muγādara^t* departure gate

بؤبؤ *buʔbuʔ n.* |*pl.* **dip.** بآبئ *baʔābiʔ*| • *(eye)* pupil

بوتسوانا *bōtswānā n.* ***f.*** ***invar.*** • Botswana

بوتسواني *bōtswānī^y adj. & n.* • Botswanan

بوح *bawḥ n.** • disclosure *of* بـ, revelation

بودرة *būdra^t n.* • powder

بودكاست *bodkast n.* ***invar.*** • podcast

بوذا *būđā n.* ***invar.*** • Buddha

بوذي *būđī^y adj. & n.* • Buddhist

البوذية *albūđīya^t n.* • Buddhism

بور سودان *bōr · sūdān n.* ***f.*** • *(city in Sudan)* Port Sudan ➡ **map on p. 170**

بؤرة *buʔra^t n.* |*pl.* بؤر *buʔar*| • focus, focal point ▪ نظارة ثنائية البؤرة *naẓāra^t tunāʔīyat · albuʔra^{ti}* bifocals, bifocal glasses

بورسعيد *būrsa3īd n.* ***f.*** ***dip.*** • *(city in Egypt)* Port Said ➡ **map on p. 287**

بورصة *būrṣa^t n.* • stock market, stock exchange

بورما *būrmā n.* ***f.*** ***invar.*** • Burma

بورماوي *būrmāwī^y adj. & n.* • Burmese

بوز *bawwaza* |*2s* يبوز *yubawwiz^u* | تبويز *tabwīz*| • *v.intr.* pout, sulk

بؤس *baʔusa v.intr.* |*1s6(b)* يبؤس *yabʔus^u* | بأس *baʔs*| • be brave, be strong

بؤس *buʔs n.** • misery

بوساسو *bōsāso n. **f. invar.*** • *(city in Somalia)* Bosaso ➡ ***map on p. 188***

بوسة *bawsa^{t} n.* |*pl.* بوسات *baw(a)sāt*| • kiss

بوسطن *bosṭon n. **f. invar.*** • *(city in the U.S.)* Boston

البوسنة *albōsna^{t} n. **f. invar.*** • Bosnia

بوسني *bōsnī^{y} adj. & n.* • Bosnian

بوشار *būšār n.* • popcorn

بوص *būṣ coll. n.* • |*sing.* بوصة *būṣa^{t}*| reeds

بوصة *būṣa^{t} n.* • inch

بوصلة *būṣula^{t} n.* • *(navigation)* compass

بوظة *būẓa^{t} n.* • ice cream sundae

بوفيه *būfayh n. **invar.*** • buffet

بوق *būq n.* |*pl.* أبواق *ʔabwāq*| • trumpet, horn

بوكر *bōkar* or *pōker n. **invar.*** • poker

بول *bawl n.** |*pl.* أبوال *ʔabwāl*| • urine, urination

بولندا *bōlandā n. **f. invar.*** • Poland

بولندي *bōlandī^{y}* • *adj.* Polish • *n.* Pole

بولي *bawlī^{y} adj.* • urinary ▪ جهاز بولي *jihāz bawlī^{y} n.* urinary system

بوليس *būlīs n.* • police

بوليفي *bōlīvī^{y} adj. & n.* • Bolivian

بوليفيا *bōlīviyā n. **f. invar.*** • Bolivia

بوم *būm coll. n.* |*sing.* بومة *būma^{t}* | *pl.* أبوام *ʔabwām*| • owls

بويضة *buwayḍa^{t}*, بييضة *buyayḍa^{t} n. diminutive* • ovum, egg

بياض *bayāḍ n.* • white, whiteness

بياع *bayyā3 n.* • salesperson, merchant

بيان *bayān n.** • announcement, statement • clearness, obviousness

بيانو *biyānō n.* |*pl.* بيانوهات *biyānōhāt*| • piano

بيب *bīb n. **invar.*** • pipe, tube

بيبة *bība^{t} n.* • *(smoking)* pipe

بيت *bayt n.* • |*pl.* بيوت *buyūt*| house ▪ البيت الأبيض *albayt alʔabyaḍ* the White House ▪ بيت عنكبوت *bayt · 3ankabūt* spider web ▪ بيت لحم *baytalaḥm **f. dip.*** *(city in Palestine)* Bethlehem ➡ ***map on p. 229*** ▪ بيت المقدس *bayt · almaqdis^{i}* Jerusalem ➡ ***map on p. 229*** ▪ بيتا بيتا *baytan baytan adv.* house by house, door to door • |*pl.* أبيات *ʔabyāt*| verse

بيتزا *bītzā*, بيتسا *bītsā n. **f. invar.*** • pizza ▪ بيتزا هات *bītzā hāt* Pizza Hut™

بيج *bayj adj.* |*f.* بيج *bayj*| • beige ▪ اللون البيج *allawn albayj n.* beige (color)

بيجامة *bījāma^{t}*, بيجاما *bījāmā n.* • pajamas

بيد *bayda conj.* •بيد أنّ *bayda ʔanna* but, however, nevertheless

بيداء *baydāʔ n. **f. dip.*** |*pl.* بيد *bīd* or بيداوات *baydāwāt*| • steppe, desert, wilderness

بيدق *baydaq n.* |*pl.* ***dip.*** بيادق *bayādiq*| • *(chess)* pawn

بيدوا *baydawā n. **f. invar.*** • *(city in Somalia)* Baidoa ➡ ***map on p. 188***

بئر *biʔr n. **f.*** |*pl.* آبار *ʔābār*| • well, spring ▪ بئر نفطية *biʔr · nafṭīya^{t}* oil well

بيرة *bīra^{t} n.* • beer

بيرق *bayraq n.* |*pl.* ***dip.*** بيارق *bayāriq*| • banner

بيرو *bayrū n. **f. invar.*** • Peru

بيروت *bayrūt n. **f. dip.*** • *(capital of Lebanon)* Beirut ➡ ***map on p. 257***

بيروتي *bayrūtī^{y} adj. & n.* |*m. pl.* بيارتة *bayārita^{t}*| • Beiruti

بيروفي *bayrūfī^{y} adj. & n.* • Peruvian

بيروقراطي *bīrūqrāṭī^{y} adj.* • bureaucratic

بيروقراطية *bīrūqrāṭīya^{t} n.* • bureaucracy

بئس *baʔisa v.intr.* |***1s4(b)*** يبأس *yabʔas^{u}* | بؤس *buʔs*| • become miserable

بئس *biʔsa interjection* • [+ definite nominative noun] what a horrible...! ◊ بئس الرجال أنتم! *What horrible men you are!* ◊ بئس الكذب! *What a horrible lie!* ▪ بئس ما *biʔsa mā* it is horrible what... ◊ بئس ما قلت! *That's a horrible thing to say!* ◊ ألا بئس ما نفعل؟ *Isn't what we're doing horrible?*

بيسبول *baysbōl n. **invar.*** • baseball ▪ مضرب بيسبول *miḍrab · baysbōl* baseball bat ▪ قبعة بيسبول *qubba3at · baysbōl* baseball cap

بيسة *baysa^{t} n.* • baisa (1000 baisa = 1 Omani rial)

بيض *bayḍ coll. n.* |*sing.* بيضة *bayḍa^{t}*| • eggs

بيض *bayyaḍa v.tr.* |***2s*** يبيض *yubayyaḍ^{u}* | تبييض *tabyīḍ*| • whiten, bleach ▪ مادة تبييض *māddat · tabyīḍ n.* bleach

البيضاء *albayḍāʔ n. **f.*** • *(city in Libya)* Baida ➡ ***map on p. 261***

بيضاوي *bayḍāwī^{y}* • *adj.* oval • *adj. & n.* Casablancan

بيضي *bayḍī^{y}*, بيضوي *bayḍawī^{y}* • *adj.* egg-shaped, oval

بيطرة *bayṭara^{t} n.* • veterinary medicine

بيطري *bayṭarī^{y} adj. & n.* • veterinarian

بيع *bay3 n.*⋆ • sale ▪ للبيع *li-lbay3ⁱ adv.* for sale

بيلاروسي *baylārūsīʸ adj. & n.* • Belarusian

بيلاروسيا *baylārūsiyā n.* ***f. invar.*** • Belarus

بين *bayna*, من بين *min baynⁱ*, ما بين *mā bayna prep.* • between ◊ بين القاهرة والإسكندرية *between Cairo and Alexandria* ◊ بين المدن *between the cities* ⓘ بين *bayna is repeated when followed by a pronoun:* ◊ بينك وبين أبيك *between you and your dad* ▪ بين يديه *bayna yadayhi adv.* before, in front of *sb*; in *sb's* arms ▪ بيني وبينك *baynī wa-baynaka* between me and you ▪ بينه وبين نفسه *baynahu wabayna nafsihi adv.* to *oneself* ◊ .ضحكت بيني وبين نفسي *He laughed to himself.* • among ▪ من بينها *min baynahā* from among which..., including ◊ زرنا بضع دول من بينها الصين واليابان. *We visited several countries, including China and Japan.* ▪ ليس من بينها *laysa min baynahā* excluding, except ◊ دول عربية ليس من بينها سوريا... *Arab countries, except Syria,...*

بين *bayyana v.tr.* |*2s* يبين *yubayyinᵘ* | تبيين *tabyīn*| • show, display

بين *bayyin adj.* |*elat.* أبين *ʔabyan*| • clear, evident, obvious

بينما *baynamā conj.* • *(simultaneous actions)* while ◊ .دخل لص منزلي بينما كنت نائما *A thief entered my house while I was asleep.* • *(contrast)* whereas, while ◊ أنا أحب القراءة بينما هي تكرهها. *I love reading, whereas she hates it.*

بيولوجي *bīyūlūjīʸ adj.* • biological

بيولوجية *bīyūlūjīyaᵗ n.* • biology

بيئة *bīʔaᵗ n.* • environment, surroundings ▪ رفيق بالبيئة *rafīq bi-lbīʔaᵗⁱ adj.* environmentally friendly

بيئي *bīʔīʸ adj.* • environmental

ت

ت *tāʔ n.* ***f.*** |تاء| • *(third letter of the Arabic alphabet)* taa • *(numerical value)* 400 ➡ ***The Abjad Numerals p. 108***

ت. *tilifōn* |*abbreviation of* تلفون| • tel. (telephone)

ة *tāʔ marbūṭa^t^ n.* ***f.*** |تاء مربوطة| • taa marbuta

تـ *ta-/tu-* • *sing.* ***m.*** *second-person imperfect-tense prefix* you *(do)* ◊ تفعل ***ta****f3al^u^ you do* ◊ تحب ***tu****ḥibb^u^ you like* • *sing.* ***f.*** *third-person imperfect-tense prefix* she *(does)* ◊ تفعل ***ta****f3al^u^ she does* ◊ تحب ***tu****ḥibb^u^ she likes*

تـ ـان *ta-/tu- -ān^i^* |*jussive subjunctive* تـ ـا *ta-/tu- -ā*| • *dual* ***m. f.*** *second-person imperfect-tense prefix suffix* you *(do)* ◊ تفعلان ***ta****f3al****ān^i^*** *you do* ◊ تحبان ***tu****ḥibb****ān^i^*** *you like* • *dual* ***f.*** *third-person imperfect-tense prefix suffix* they *(do)* ◊ تفعلان ***ta****f3al****ān^i^*** *they do* ◊ تحبان ***tu****ḥibb****ān^i^*** *they like*

تـ ـن *ta-/tu- -na plural* ***f.*** *second-person imperfect-tense prefix suffix* • you *(do)* ◊ تفعلن ***ta****f3al****na*** *you do* ◊ تحببن ***tu****ḥbib****na*** *you like*

تـ ـون *ta-/tu- -ūn^a^ plural* ***m.*** *second-person imperfect-tense prefix suffix* |*jussive subjunctive* تـ ـوا *ta-/tu- -ū*| • you *(do)* ◊ تفعلون ***ta****f3al****ūn^a^*** *you do* ◊ تحبون ***tu****ḥibb****ūn^a^*** *you like*

تـ ـين *ta-/tu- -īn^a^ sing.* ***f.*** *second-person imperfect-tense prefix suffix* |*jussive subjunctive* تـ ـي *ta-/tu- -ī*| • you *(do)* ◊ تفعلين ***ta****f3al****īn^a^*** *you do* ◊ تحبين ***tu****ḥibb****īn^a^*** *you like*

ـت *-at(i) sing.* ***f.*** *third-person perfect-tense suffix* • she *(did)* ◊ فعلت *fa3al****at*** *she did* ◊ سكتت *sakat****at*** *she became quiet*

ـت *-t^a^ sing.* ***m.*** *second-person perfect-tense suffix* • you *(did)* ◊ فعلت *fa3al****t^a^*** *you did* ⓘ *If the final radical of the verb is* ت*, only one* ت *is written.* ◊ سكتَّ *saka****tt^a^*** *you became quiet*

ـت *-ti sing.* ***f.*** *second-person perfect-tense suffix* • you *(did)* ◊ فعلت *fa3al****ti*** *you did* ⓘ *If the final radical of the verb is* ت*, only one* ت *is written.* ◊ سكتِّ *sakat****ti*** *you became quiet*

ـت *-t^u^ sing.* ***m. f.*** *first-person perfect-tense suffix* • I *(did)* ◊ فعلت *fa3al****t^u^*** *I did* ⓘ *If the final radical of the verb is* ت*, only one* ت *is written.* ◊ سكتّ *sakat****tu*** *I became quiet*

ـتا *-atā dual* ***f.*** *third-person perfect-tense suffix* • they *(did)* ◊ سكتتا *sakat****atā*** *they were quiet*

تاء *tāʔ n.* ***f.*** ➡ ت

تاب *tāba v.intr.* |*1h3* يتوب *yat****ū****b^u^* | توبة *tawba^t^*| • repent

تابع *tāba3a v.tr.* |*3s* يتابع *yutābi3^u^* | متابعة *mutāba3a^t^*| • track, observe, follow, monitor • تابع أنْ *tāba3a ʔan* continue *(do)*ing ◊ ...:وتابع يقول *And he went on to say...*

تابع *tābi3 act. part.* • *adj.* |*pl.* تبعة *taba3a^t^*| following, subsequent • belonging *to* لـ, attached • *n.* |*pl.* أتباع *ʔatbā3*| subject, follower, subordinate, adherent

تابل *tābil n.* |*pl.* ***dip.*** توابل *tawābil*| • coriander, cilantro ▪ توابل *tawābil pl. n.* spices

تابوت *tābūt n.* |*pl.* ***dip.*** توابيت *tawābīt*| • coffin, casket, sacrophagus

تأبيد *taʔbīd n.** • perpetuation

تأبين *taʔbīn n.** • eulogy, funeral oration ▪ حفل تأبين *ḥifl · taʔbīn* commemoration, memorial

تأثر *taʔattara v.intr.* |*5s(a)* يتأثر *yataʔattar^u^* | تأثر *taʔattur*| • be influenced *by* بـ *or* من, be impressed, be affected

تأثير *taʔtīr n.** • effect *on* في *or* على, influence, impression

تاج *tāj n.* |*pl.* تيجان *tījān*| • crown ▪ تاج أسنان *tāj · ʔasnān (tooth)* crown

تأجج *taʔajjaja v.intr.* |*5s(a)* يتأجج *yataʔajjaj^u^* | تأجج *taʔajjuj*| • burn, catch fire

تاجر *tājara v.intr.* |*3s* يتاجر *yutājir^u^* | متاجرة *mutājara^t^*| • deal *in* بـ, do business

تاجر *tājir n.* |*pl.* تجار *tujjār*| • merchant, trader, seller

تأجيل *taʔjīl n.** • postponement, delay, deferment

تأخر *taʔaxxara v.intr.* |*5s(a)* يتأخر *yataʔaxxar^u^* | تأخر *taʔaxxur*| • be late *for* عن ◊ !لقد تأخر الوقت *It's late!*

تاخم *tāxama v.tr.* |*3s* يتاخم *yutāxim^u^* | متاخمة *mutāxama^t^*| • be adjacent *to*, border, neighbor

تآخى *taʔāxā v.intr.* |*6d(a)* يتآخى *yataʔāxā* | ***def.*** تآخٍ *taʔāx(in)*| • fraternize

تأخير *taʔxīr n.** • postponement, delay

تأديب *taʔdīb n.** • discipline

تأديبي *taʔdībī^y adj.* |*elat.* أكثر تأديبا *ʔaktar taʔdīban*| • disciplinary

تارة *tāratan adv.* • sometimes, at times ▪ تارة... وتارة... *tāratan... wa-tāratan...* sometimes... and sometimes..., either... or... ◊ كان يجيب على الأسئلة تارة بالإيجاب وتارة بالسلب. *He answered the questions sometimes with affirmation and sometimes with denial.* • once

تأرجح *taʔarjaħa v.intr.* |*12s(a)* يتأرجح *yataʔarjaħ^u* | تأرجح *taʔarjuħ*| • rock, sway

تاريخ *tārīx n.* |*pl.* **dip.** تواريخ *tawārīx*| • date ◊ ما هو تاريخ ميلادك؟ *What's your date of birth?* ◊ ما التاريخ اليوم ؟ *What's today's date?* • history ◊ قرأت عن تاريخ الحرب العالمية الثانية. *I read about the history of World WarII.* ▪ ذو تاريخ قديم *đū tārīx^un qadīm^un* having a long history ⓘ تاريخ *tārīx is a corruption of the verbal noun* تأريخ *taʔrīx.*

تاريخي *tārīxī^y*, تأريخي *taʔrīxī^y adj.* • historical

تأسس *taʔassasa v.intr.* |*5s(a)* يتأسس *yataʔassas^u* | تأسس *taʔassus*| • be established, be founded

تاسع *tāsi3 adj.* • *(ordinal number)* ninth ▪ الساعة التاسعة *assā3a^t attāsi3a^t* nine o'clock (9:00)

تاسع عشر *tāsi3^a 3ašr^a adj.* |*f.* تاسعة عشرة *attāsi3a^ta 3ašara^ta*| • [always accusative] nineteenth ◊ اليوم التاسع عشر *the nineteenth day* ◊ المرة التاسعة عشرة *the nineteenth time*

تأسف *taʔassafa v.intr.* |*5s(a)* يتأسف *yataʔassaf^u* | تأسف *taʔassuf*| • regret على

تأسف *taʔassuf n.*⋆ • regret

تأسيس *taʔsīs n.*⋆ • establishment, foundation

تأسيسي *taʔsīsī^y adj.* • fundamental

تأشيرة *taʔšīra^t n.* • visa ▪ تأشيرة دخول *taʔšīrat · duxūl* entry visa

تافه *tāfih act. part. adj.* |*elat.* أتفه *ʔatfah*| • trivial, insignificant

تأقلم *taʔaqlama v.intr.* |*12s(a)* يتأقلم *yataʔaqlam^u* | تأقلم *taʔaqlum*| • acclimatize *oneself to* مع, adapt

تأكد *taʔakkada v.intr.* |*5s(a)* يتأكد *yataʔakkad^u* | تأكد *taʔakkud*| • be certain *of* من • verify من, ascertain

تأكد *taʔakkud n.*⋆ • certainty • assurance

تاكسي *tāksī n.* **invar.** |*pl.* تاكسيات *taksīyāt*| • taxi

تأكيد *taʔkīd n.*⋆ • confirmation, assertion, assurance ▪ بالتأكيد *bi-ttaʔkīd^i adv.* absolutely, certainly, definitely, for sure, of course • emphasis *on* على, stress

تال *tāl(in) act. part. adj.* **def.** • following, next, subsequent ▪ بالتالي *bi-ttālī^y adv.* therefore, thus, consequently, accordingly; subsequently, later, then

تآلف *taʔālafa v.intr.* |*6s(a)* يتآلف *yataʔālaf^u* | تآلف *taʔāluf*| • harmonize, get along well • work together, unite

تألف *taʔallafa v.intr.* |*5s(a)* يتألف *yataʔallaf^u* | تألف *taʔalluf*| • consist *of* من, be composed *of*, be made up *of*

تألق *taʔallaqa v.intr.* |*5s(a)* يتألق *yataʔallaq^u* | تألق *taʔalluq*| • shine, radiate

تألم *taʔallama v.intr.* |*5s(a)* يتألم *yataʔallam^u* | تألم *taʔallum*| • be in pain, hurt

تأليف *taʔlīf n.*⋆ • authorship ▪ تأليف: __ *taʔlīf* (written) by __

تام *tāmm act. part. adj.* |*elat.* أتم *ʔatamm*| • complete, thorough, full, entire

تآمر *taʔāmara v.intr.* |*6s(a)* يتآمر *yataʔāmar^u* | تآمر *taʔāmur*| • conspire *against* على, plot

تآمر *taʔāmur n.*⋆ • plot, conspiracy

تأمرك *taʔamraka v.intr.* |*12s(a)* يتأمرك *yataʔamrak^u* | تأمرك *taʔamruk*| • become Americanized

تأمل *taʔammala v.intr.* |*5s(a)* يتأمل *yataʔammal^u* | تأمل *taʔammul*| • contemplate في *or* بـ, ponder, meditate on

تأمل *taʔammul n.*⋆ • contemplation, meditation

تأميم *taʔmīm n.*⋆ • nationalization

تأمين *taʔmīn n.*⋆ • insurance, protection

تانك *tānika dual* **f.** *demonstrative* |*acc. and gen.* تينك *taynika*| • those (two), both of those ◊ [+ indefinite dual feminine noun] **تانك** مدرستان. *Both of those (women) are teachers.* ◊ [+ dual feminine noun with definite article] تانك المدرستان *those two teachers* ◊ تانك البنتان *those two girls* ▪ تانك هما *tānika humā* Those (women) are (the) __ ◊ [+ animate plural feminine noun with definite article] تانك هما المدرستان اللتان أخبرتك عنهما. *Those are the (two) teachers I told you about.* ⓘ *Demonstratives cannot precede an idafa construction. When* تانك *tānika modifies the first term of an idafa construction, it must follow the entire construction:* ◊ طبيبتا الأسنان تانك *those two dentists* ⓘ *When modifying the second term of an idafa construction, it precedes the second term. Remember that both the second term of an idafa construction and its* demonstrative take the genitive: ◊ مدرسة تينك الطالبتين those two students' school ➡ **That and Those p. 143**

تأنى *taʔannā* v.intr. |5d(a) يتأنى *yataʔannā* | تأن *taʔann(in)*| • take *one's* time *with* في, *(do)* at a leisurely pace ◊ عليك أن تتأنى في النظر في الأمر. *You should take the time to look at the issue.* ▪ من تأنى أدرك ما تمنى. *man taʔannā ʔadraka mā tamannā* proverb He who takes his time (moves cautiously) will reach his goal.

تاه *tāha* v.intr. |1h2 يتيه *yatīhᵘ* | توه *tawh*| • get lost ◊ تهت في السوق ليوم كامل. *I got lost in the market for a whole day.*

تأهب *taʔahhaba* v.intr. |5s(a) يتأهب *yataʔahhabᵘ* | تأهب *taʔahhub*| • be ready *for* لـ, be prepared

تأهل *taʔahhala* v.intr. |5s(a) يتأهل *yataʔahhalᵘ* | تأهل *taʔahhul*| • be qualified *for* لـ, be suited, be fit

تأهيل *taʔhīl* n.* • qualification, certification, training

تأوه *taʔawwaha* v.intr. |5s(a) يتأوه *yataʔawwahᵘ* | تأوه *taʔawwuh*| • sigh, moan

تائب *tāʔib* act. part. adj. • repentant

تايلند *tāyland*, تايلندا *tāylandā*, تايلاندا *tāylāndā* n. *f.* **invar.** • Thailand

تايلندي *tāylandīʸ* adj. & n. • Thai

تائه *tāʔih* act. part. adj. • lost ◊ أنا تائه تماما. *I'm completely lost.* • absent-minded, distracted

تايوان *tāywān* n. *f.* **invar.** • Taiwan

تايواني *tāywānīʸ* adj. & n. • Taiwanese

تأييد *taʔyīd* n.* • support, advocacy • corroboration, confirmation

تباحث *tabāḥata* v.intr. |6s يتباحث *yatabāḥatᵘ* | تباحث *tabāḥut*| • discuss together *sth* حول *with* مع, talk together

تباحث *tabāḥut* n.* • discussion, conversation

تبادل *tabādala* v.tr. |6s يتبادل *yatabādalᵘ* | تبادل *tabādul*| • exchange ▪ تبادل آراء حول *tabādala ʔārāʔ ḥawla* share opinions about, exchange views on

تبادل *tabādul* n.* • exchange

تبارى *tabārā* v.intr. |6d يتبارى *yatabārā* | **def.** تبار *tabār(in)*| • compete *against* مع

تباعا *tibāʕan* adv. • in succession, consecutively

تبخر *tabaxxara* v.intr. |5s يتبخر *yatabaxxarᵘ* | تبخر *tabaxxur*| • evaporate

تبخر *tabaxxur* n.* • evaporation

تبديد *tabdīd* n.* • dispersal • waste

تبديل *tabdīl* n.* • replacement, substitution

تبذير *tabḏīr* n.* • waste

تبرع *tabarraʕa* v.tr. |5s يتبرع *yatabarraʕᵘ* | تبرع *tabarruʕ*| • donate *to* ∘ *sth* بـ, contribute

تبرع *tabarruʕ* n.* • donation, contribution

تبرم *tabarrama* v.intr. • |5s يتبرم *yatabarramᵘ* | تبرم *tabarrum*| get bored *with* بـ, bemoan

تبرئة *tabriʔaᵗ* n.* • acquittal, exoneration

تبرير *tabrīr* n.* • justification, excuse

تبريك *tabrīk* n.* • blessing

تبسيط *tabsīṭ* n.* • simplification

تبع *tabaʕ* n.* • succession ▪ تبعا لـ *tabaʕan li-* prep. according to • |pl. أتباع *ʔatbāʕ*| follower, adherent

تبع *tabiʕa* v.tr. |1s4 يتبع *yatbaʕᵘ* | تبع *tabaʕ*| • pursue, follow • come after, follow, succeed • obey

تبعة *tabiʕaᵗ* n. • consequence, responsibility

تبغ *tibɣ* n. |pl. تبوغ *tubūɣ*| • tobacco

تبقى *tabaqqā* v.intr. |5d يتبقى *yatabaqqā* | **def.** تبق *tabaqq(in)*| • remain, be left (over)

تبل *tabbala* v.tr. |2s يتبل *yutabbilᵘ* | تتبيل *tatbīl*| • spice, marinate

تبلل *taballala* v.intr. |5s يتبلل *yataballalᵘ* | تبلل *taballul*| • become wet ◊ تبللت من المطر. *I got wet in the rain.*

تبلور *tabalwara* v.intr. |12s يتبلور *yatabalwarᵘ* | تبلور *tabalwur*| • crystalize

تبن *tabann(in)* n.* **def.** • adoption ▪ والدان بالتبني *wālidānⁱ bi-ttabannī* adoptive parents

تبنى *tabannā* v.tr. |5d يتبنى *yatabannā* | **def.** تبن *tabann(in)*| • adopt ◊ تبنوا طفلين. *They adopted two children.* • take up, embrace, adopt ◊ تبنت رؤية مستنيرة. *She's adopted an enlightened view.*

تبوك *tabūk* n. *f.* **dip.** • *(city in Saudi Arabia)* Tabuk ➡ **map on p. 166**

تبين *tabayyana* v.intr. |5s يتبين *yatabayyanᵘ* | تبين *tabayyun*| • become clear, become evident • see clearly,

تتابع *tatābaʕa* v.intr. |6s يتتابع *yatatābaʕᵘ* | تتابع *tatābuʕ*| • follow in succession, be consecutive

تتابع *tatābuʕ* n.* • succession ▪ بالتتابع *bi-ttatābuʕⁱ* adv. in succession, consecutively

تتالى *tatālā* v.intr. |6d يتتالى *yatatālā* | **def.** تتال *tatāl(in)*| • be successive

تتوج *tatawwaja* v.intr. |5s يتتوج *yatatawwaju* | تتوج *tatawwuj* | • be crowned

تتويج *tatwīj* n.* • coronation

تثاءب *tatāʔaba* v.intr. |6s(b) يتثاءب *yatatāʔabu* | تثاؤب *tatāʔub* | • yawn

تثاؤب *tatāʔub* n.* • yawn

تثبيت *tatbīt* n.* • stabilization

تثمين *tatmīn* n.* • evaluation, assessment, appraisal

تثنى *tatannā* v.intr. |5s يتثنى *yatatannā* | **def.** تثن *tatann(in)* | • double, be doubled • swing, sway, shimmy ◊ تثنت الراقصة مع الموسيقى. *The belly dancer shimmied to the music.*

تجارة *tijārat* n. • trade, business, commerce ▪ لا تجارة كالعمل الصالح. *lā tijārata ka-l3amali -ṣṣāliħi* *proverb* There's no deal better than a good deed.

تجاري *tijārīy* adj. • commercial, business-

تجاه *tujāha* prep. • facing, in front of, toward ◊ حرك العربة تجاه البوابة. *He moved the car toward the gate.* • with regard to, toward

تجاهل *tajāhala* v.tr. |6s يتجاهل *yatajāhalu* | تجاهل *tajāhul* | • ignore, disregard

تجاهل *tajāhul* n.* • disregard

تجاوب *tajāwaba* v.intr. |6s يتجاوب *yatajāwabu* | تجاوب *tajāwub* | • agree *with* مع, conform *to* • respond *to* مع ◊ تجاوبت حالة المريض مع العلاج. *The patient's condition responded to the treatment.* ◊ تجاوب الجمهور مع الخطيب. *The audience responded (positively) to the orator.*

تجاوب *tajāwub* n.* • responsiveness, rapport • agreement, conformity

تجاوز *tajāwaza* v.tr. |6s يتجاوز *yatajāwazu* | تجاوز *tajāwuz* | • pass, surpass, exceed, go beyond ◊ يتجاوز عمره الثمنين عاما. *He's over eighty years old. (lit. His age exceeds eighty years.)* ▪ تجاوز حدود السرعة *tajāwaza ħudūda -ssur3ati* speed, go over the speed limit

تجاوز *tajāwuz* n.* • violation ▪ تجاوز حدود السرعة *tajāwuz ħudūdi -ssur3at* speeding

تجدد *tajaddada* v.intr. |5s يتجدد *yatajaddadu* | تجدد *tajaddud* | • be renewed

تجديد *tajdīd* n.* • renewal, update

تجديف *tajdīf* n.* • blasphemy, heresy

تجربة *tajribat* n.* |pl. **dip.** تجارب *tajārib* | • experience • attempt, try • experiment, trial

تجزأ *tajazzaʔa* v.intr. |5s(c) يتجزأ *yatajazzaʔu* | تجزؤ *tajazzuʔ* | • divide, be divided, be partitioned

تجزئة *tajziʔat* n.* • separation, division

تجسس *tajassasa* v.intr. |5s يتجسس *yatajassasu* | تجسس *tajassus* | • spy *on* على

تجسس *tajassus* n.* • espionage

تجعد *taja33uda* v.intr. |5s يتجعد *yataja33adu* | تجعد *taja33ud* | • become wrinkled

تجعيدة *taj3īdat* pl. n. **dip.** |pl. **dip.** تجاعيد *tajā3īd* | • wrinkle

تجلى *tajallā* v.intr. |5d يتجلى *yatajallā* | **def.** تجل *tajall(in)* | • become obvious, become evident

تجمد *tajammada* v.intr. |5s يتجمد *yatajammadu* | تجمد *tajammud* | • freeze, become frozen • harden, solidify

تجمع *tajamma3a* v.intr. |5s يتجمع *yatajamma3u* | تجمع *tajammu3* | • gather, assemble, come together

تجمع *tajammu3* n.* • gathering, assembly, crowd

تجميل *tajmīl* n.* • beautification, embellishment, decoration ▪ جراحة تجميل *jirāħat · tajmīl* plastic surgery ▪ جراح تجميل *jarrāħ · tajmīl* plastic surgeon

تجميلي *tajmīlīy* adj. • cosmetic

تجنب *tajannaba* v.tr. |5s يتجنب *yatajannabu* | تجنب *tajannub* | • avoid

تجنب *tajannub* n.* • avoidance

تجنس *tajannasa* v.intr. |5s يتجنس *yatajannasu* | تجنس *tajannus* | • be naturalized, become a citizen

تجنس *tajannus* n.* • naturalization

تجنيد *tajnīd* n.* • recruitment, enlistment, draft

تجهز *tajahhaza* v.intr. |5s يتجهز *yatajahhazu* | تجهز *tajahhuz* | • get ready لـ, prepare *oneself* • be equipped *with* بـ

تجهم *tajahhama* v.intr. |5s يتجهم *yatajahhamu* | تجهم *tajahhum* | • frown, scowl

تجهيز *tajhīz* n.* • preparation • equipment

تجهيزي *tajhīzīy* adj. • preparatory

تجوال *tajwāl* n.* • roaming, wandering ▪ حظر تجوال *ħaẓr tajwāl* curfew

تجول *tajawwala* v.intr. |5s يتجول *yatajawwalu* | تجول *tajawwul* | • stroll, go for a walk

تجول *tajawwul* n.* • stroll, walk

تجويد *tajwīd* n.* • tajweed (elocution concerning recitation of the Quran)

تجويع *tajwī3* n.* • starvation

تحالف *taħālafa* v.intr. |6s يتحالف *yataħālafu* | تحالف *taħāluf* | • form an alliance *with* مع

ت

تحالف *taḫāluf n.*⋆ • alliance

تحت *taḫt n.* • bottom

تحت *taḫta prep.* • under, below, beneath ▪ تحت الصفر *taḫta -ṣṣifri adv.* below zero Celsius, below freezing

تحت *taḫtu adv.* • below, beneath

تحتي *taḫtīy* • sub- ▪ بنية تحتية *binyaᵗ taḫtīyaᵗ n.* infrastructure

تحد *taḫadd(in) n.*⋆ **def.** |*pl.* تحديات *taḫaddiyāt*| • challenge, provocation

تحدث *taḫaddata v.* |5s يتحدث *yataḫaddatᵘ* | تحدث *tahaddut*| • *v.tr.* speak (a language) ◊ هل تتحدث العربية؟ *Do you speak Arabic?* • *v.intr.* talk *with* مع *about* عن *or* حول, speak ◊ لا أريد التحدث عنه. *I don't want to talk about it.*

تحدث *taḫaddut n.*⋆ • discussion

تحدد *taḫaddada v.intr.* |5s يتحدد *yataḫaddadᵘ* | تحدد *taḫaddud*| • be determined, be defined

تحدى *taḫaddā v.tr.* |5d يتحدى *yatahaddā* | **def.** تحد *taḫadd(in)*| • challenge, provoke

تحديث *taḫdīt n.*⋆ • update

تحديد *taḫdīd n.*⋆ • specification, assignment ▪ بالتحديد *bi-ttaḫdīdi*, تحديدا *taḫdīdan* precisely, to be exact, specifically • determination, definition

تحذير *taḫḏīr n.*⋆ • warning

تحذيري *taḫḏīrīy adj.* • warning-, cautionary ▪ إشارة تحذيرية *ʔišāraᵗ taḫḏīrīyaᵗ n.* warning sign

تحر *taḫarr(in) n.*⋆ **def.** • examination, investigation • detective

تحرج *taḫarraja v.intr.* |5s يتحرج *yataḫarrajᵘ* | تحرج *taḫarruj*| • refrain *from* من, avoid ◊ لا تتحرج من الاتصال بي في أي وقت. *Don't hesitate to call me any time.*

تحرر *taḫarrara v.intr.* |5s يتحرر *yataḫarrarᵘ* | تحرر *taḫarrur*| • be freed, be liberated

تحرر *taḫarrur n.*⋆ • freedom, liberty • liberation

تحرش *taḫarraša v.intr.* |5s يتحرش *yataḫarrašᵘ* | تحرش *taḫarruš*| • harass بـ, provoke

تحرش *taḫarruš n.*⋆ • harassment ▪ تحرش جنسي *taḫarruš jinsīy* sexual harassment

تحرشف *taḫaršafa v.intr.* |12s يتحرشف *yataḫaršafᵘ* | تحرشف *taḫaršuf*| • be scaly

تحرق *taḫarraqa v.intr.* |5s يتحرق *yataḫarraqᵘ* | تحرق *taḫarruq*| • burn, catch fire ▪ تحرق شوقا لـ *taḫarraqa šawqan li-* cannot wait for ◊ أتحرق شوقا للقياك. *I can't wait to meet you.*

تحرك *taḫarraka v.intr.* |5s يتحرك *yataḫarrakᵘ* | تحرك *taḫarruk*| • move • set out, depart ◊ سنتحرك إلى الجبال مبكرا. *We'll set out for the mountains early.* • *(grammar)* be vowelized

تحرك *taḫarruk n.*⋆ • movement, motion

تحرى *taḫarrā v.tr.* |5d يتحرى *yataḫarrā* | **def.** تحر *taḫarr(in)*| • examine, investigate

تحرير *taḫrīr n.*⋆ • liberation • editing ▪ رئيس تحرير *raʔīs · taḫrīr* editor-in-chief

تحريري *taḫrīrīy adj.* • editorial

تحريض *taḫrīḍ n.* • incitement, provocation

تحريك *taḫrīk n.*⋆ • movement • stimulation, activation

تحريم *taḫrīm n.*⋆ • ban, prohibition

تحسن *taḫassana v.intr.* |5s يتحسن *yataḫassanᵘ* | تحسن *taḫassun*| • improve, get better ◊ تحسنت صحتها. *Her health has improved.* ◊ تتحسن لغته الإنجليزية. *His English is getting better.*

تحسن *taḫassun n.*⋆ • improvement

تحسين *taḫsīn n.*⋆ • improvement

تحصن *taḫaṣṣana v.intr.* |5s يتحصن *yataḫaṣṣanᵘ* | تحصن *tahaṣṣun*| • become immune *to* ضد • become entrenched, become fortified

تحصيل *taḫṣīl n.*⋆ • collection

تحضر *taḫaḍḍara v.intr.* |5s يتحضر *yataḫaḍḍarᵘ* | تحضر *tahaḍḍur*| • get ready, be prepared • be civilized

تحضير *taḫḍīr n.*⋆ • preparation

تحطم *taḫaṭṭama v.intr.* |5s يتحطم *yataḫaṭṭamᵘ* | تحطم *taḫaṭṭum*| • break, be broken • crash

تحطم *taḫaṭṭum n.*⋆ • crash

تحطيم *taḫṭīm n.*⋆ • demolition, destruction

تحفظ *taḫaffaẓa v.intr.* |5s يتحفظ *yataḫaffaẓᵘ* | تحفظ *taḫaffuẓ*| • be reserved • be cautious, be conservative

تحفظ *taḫaffuẓ n.*⋆ • caution, conservatism

تحقق *taḫaqqaqa v.intr.* |5s يتحقق *yataḫaqqaqᵘ* | تحقق *taḫaqquq*| • prove to be true, become reality • verify من

تحقيق *taḫqīq n.*⋆ • achievement, accomplishment, realization • interrogation, questioning • investigation

تحكم *taḫakkama v.intr.* |5s يتحكم *yataḫakkamᵘ* | تحكم *taḫakkum*| • be in control *of* في, govern, rule, control, dominate

تحكم *taḫakkum n.* • rule, control

تحكيم *taḫkīm n.*⋆ • arbitration

تحلية *taħliya[t] n.*★ •تحلية مياه *taħliyat · miyāh* desalination, desalinization ▪ محطة تحلية مياه *maħaṭṭat · taħliyat · miyāh* desalination plant • dessert

تحليل *taħlīl n.*★ |*pl.* ***dip.*** تحاليل *taħālīl*| • analysis

تحليلي *taħlīlī[y] adj.* • analytical

تحمس *taħammasa v.intr.* |*5s* يتحمس *yataħammas[u]* | تحمس *taħammus*| • be enthusiastic

تحمل *taħammala v.tr.* |*5s* يتحمل *yataħammal[u]* | تحمل *taħammul*| • endure, bear, stand ▪ تحملت كفاية. *taħammaltu kifāya[t]* I've had enough!

تحمل *taħammul n.*★ • endurance

تحميل *taħmīl n.*★ • *(computers)* upload • download

تحميلة *taħmīla[t] n.* |*pl.* ***dip.*** تحاميل *taħāmīl*| • suppository

تحنط *taħannaṭa v.intr.* |*5s* يتحنط *yataħannaṭ[u]* | تحنط *taħannuṭ*| • be embalmed, be mummified

تحنط *taħannuṭ n.*★ • mummification

تحنيط *taħnīṭ n.* • embalmment, mummification

تحول *taħawwala v.intr.* |*5s* يتحول *yataħawwal[u]* | تحول *taħawwul*| • change *into* إلى, be changed, become, be converted, turn

تحول *taħawwul n.*★ • change, conversion

تحويل *taħwīl n.*★ • change, transformation, conversion

تحية *taħīya[t] n.*★ |*pl.* تحيات *taħīyāt* or ***invar.*** تحايا *taħāyā*| • greeting, salutation ▪ تحياتي لك *taħīyātī laka* Greetings! ▪ مع تحياتي *ma3a taħīyātī* Sincerely, ..., Best regards, ... ▪ بلغ تحياته لـ *ballaγa taħīyāt[a]hu li-*, أهدى تحياته إلى *ʔahdā taħīyāt[a]hu 3alā v.* give *sb's* regards to ◊ بلغ تحياتي لها. *Say hi to her for me.* ◊ إهد تحياتي إلى أسرتك. *Give my regards to your family.*

تحير *taħayyara v.intr.* |*5s* يتحير *yataħayyar[u]* | تحير *taħayyur*| • be confused, be at a loss

تخاصم *taxāṣama v.intr.* |*6s* يتخاصم *yataxāṣam[u]* | تخاصم *taxāṣum*| • quarrel *with* مع, argue, fight

تخاطب *taxāṭaba v.intr.* |*6s* يتخاطب *yataxāṭab[u]* | تخاطب *taxāṭub*| • have a conversation *with* مع, talk to each other

تخدير *taxdīr n.*★ • anesthetization

تخرج *taxarraja v.intr.* |*5s* يتخرج *yataxarraj[u]* | تخرج *taxarruj*| • graduate *from* من

تخرج *taxarruj n.*★ • graduation

تخريب *taxrīb n.*★ • destruction, sabotage

تخزين *taxzīn n.*★ • storage

تخصص *taxaṣṣaṣa v.intr.* |*5s* يتخصص *yataxaṣṣaṣ[u]* | تخصص *taxaṣṣuṣ*| • specialize *in* بـ *or* في, major

تخصص *taxaṣṣus n.*★ • specialization, major

تخصيب *taxṣīb n.*★ • fertilization, conception • enrichment ▪ تخصيب اليورانيوم *taxṣīb · alyūrāniyūm[i]* uranium enrichment

تخصيص *taxṣīṣ n.*★ • allotment, allocation, designation, appropriation

تخطى *taxaṭṭā v.tr.* |*5d* يتخطى *yataxaṭṭā* | ***def.*** تخط *taxaṭṭ(in)*| • cross, traverse

تخطيط *taxṭīṭ n.*★ • design

تخطيطي *taxṭīṭī[y] adj.* • design-

تخفيض *taxfīḍ n.*★ • reduction *in* على, decrease ◊ تخفيض على الرسوم الجمركية *reduction in customs duties* ▪ تخفيض وزن *taxfīḍ · wazn* weight-loss • discount *on* على

تخل *taxall(in) n.*★ ***def.*** • renouncement, relinquishment • abandonment

تخلص *taxallaṣa v.intr.* |*5s* يتخلص *yataxallaṣ[u]* | تخلص *taxalluṣ*| • be free *of*, get rid *of*, free *oneself from* من

تخلص *taxalluṣ n.*★ • escape, freedom

تخلف *taxallafa v.intr.* |*5s* يتخلف *yataxallaf[u]* | تخلف *taxalluf*| • fall behind, be left behind

تخلف *taxalluf n.*★ • backwardness

تخلل *taxallala v.tr.* |*5s* يتخلل *yataxallal[u]* | تخلل *taxallul*| • penetrate, permeate, be located between ◊ يتخلل النهر المدينة. *The river runs through the city.*

تخلى *taxallā v.intr.* |*5d* يتخلى *yataxallā* | ***def.*** تخل *taxall(in)*| • give up *on* عن, quit, renounce, relinquish, abandon عن ◊ أبدا لن تتخلى عن أطفالها. *She'll never abandon her children.*

تخم *taxm n.* |*pl.* تخوم *tuxūm*| • boundary, border, limit

تخمر *taxammara v.intr.* |*5s* يتخمر *yataxammar[u]* | تخمر *taxammur*| • ferment • *(of bread)* rise

تخمين *taxmīn n.*★ • guess

تخوف *taxawwafa v.intr.* |*5s* يتخوف *yataxawwaf[u]* | تخوف *taxawwuf*| • be afraid *of* من, fear

تخويف *taxwīf n.*★ • intimidation

تخيل *taxayyala v.tr.* |*5s* يتخيل *yataxayyal[u]* | تخيل *taxayyul*| • imagine, visualize, picture

تخيل *taxayyul n.*★ • imagination, fiction

تداخل *tadāxala v.intr.* |*6s* يتداخل *yatadāxal[u]* | تداخل *tadāxul*| • intertwine *with* مع

تدارك *tadāraka v.tr.* |*6s* يتدارك *yatadārak[u]* | تدارك

tadāruk| • rectify, make up for, set right

تداع *tadā3(in)* n.* **def.** • collapse, breakdown

تداعى *tadā3ā* v.intr. |6d يتداعى *yatadā3ā* | **def.** تداع *tadā3(in)*| • evoke each other, call each other • collapse, break down

تداو *tadāw(in)* n.* **def.** • treatment, medication

تداول *tadāwala* v.intr. |6s يتداول *yatadāwal*ᵘ | تداول *tadāwul*| • circulate, be in circulation • trade • deliberate

تداول *tadāwul* n.* • circulation • trade ▪ تداول يومي *tadāwul yawmīʸ* day trading • deliberation

تداوى *tadāwā* v.intr. |6d يتداوى *yatadāwā* | **def.** تداو *tadāw(in)*| • be treated, undergo medical treatment

تدبير *tadbīr* n.* • arrangement, organization, administration, management ▪ تدبير منزلي *tadbīr manzalīʸ* housekeeping • |pl. **dip.** تدابير *tadābīr*| measure, step, procedure

تدخل *tadaxxala* v.intr. |5s يتدخل *yatadaxxal*ᵘ | تدخل *tadaxxul*| • interfere *in* في, intervene *in*, meddle *in*

تدخل *tadaxxul* n.* • interference *in* في, intervention

تدخين *tadxīn* n. • smoking ▪ ممنوع التدخين *mamnū3 attadxīn* no smoking

تدرب *tadarraba* v.intr. |5s يتدرب *yatadarrab*ᵘ | تدرب *tadarrub*| • practice في *or* على, train

تدرج *tadarraja* v.intr. |5s يتدرج *yatadarraj*ᵘ | تدرج *tadarruj*| • be gradated, be divided into steps

تدريب *tadrīb* n.* • exercise, practice, drill

تدريبي *tadrībīʸ* adj. • training-, practice-

تدريج *tadrīj* n.* • gradation ▪ تدريجا *tadrījan*, بالتدريج *bi-ttadrījⁱ* adv. gradually, little by little

تدريجي *tadrījīʸ* adj. |elat. أكثر تدريجا *ʔaktar tadrījan*| • gradual ▪ بشكل تدريجي *bi-šaklⁱⁿ tadrījīʸⁱⁿ* adv. gradually, little by little

تدريس *tadrīs* n.* • instruction, pedagogy

تدفق *tadaffaqa* v.intr. |5s يتدفق *yatadaffaq*ᵘ | تدفق *tadaffuq*| • flow, stream

تدفق *tadaffuq* n.* • flow, stream

تدفئة *tadfiʔaᵗ* n.* • heating ▪ تدفئة مركزية *tadfiʔaᵗ markazīyaᵗ* central heating

تدقيق *tadqīq* n.* • examination, scrutiny ▪ بتدقيق *bi-tadqīqⁱⁿ* adv. precisely, exactly

تدليك *tadlīk* n.* • massage

تدمير *tadmīr* n.* • destruction, demolition

تدن *tadann(in)* n.* **def.** • decline

تدنى *tadannā* v.intr. |5d يتدنى *yatadannā* | **def.** تدن *tadann(in)*| • sink, decline

تدهور *tadahwara* v.intr. |12s يتدهور *yatadahwar*ᵘ | تدهور *tadahwur*| • deteriorate, decline • fall

تدهور *tadahwur* n.* • deterioration, downfall, decline, slump

تدوير *tadwīr* n.* •تدوير النفايات *tadwīr · annufāyātⁱ* recycling ▪ أعاد تدويره *ʔa3āda tadwīrᵃhu* v. recycle *sth* ◊ علينا أن نعيد تدوير كل هذا الورق. *We should recycle all this paper.* ▪ قابل للتدوير *qābil li-ttadwīrⁱ*, قابل لإعادة التدوير *qābil li-ʔi3ādatⁱ -ttadwīrⁱ* adj. recyclable

تدويل *tadwīl* n.* • internationalization

تدوين *tadwīn* n.* • entry

تدين *tadayyana* v.intr. |5s يتدين *yatadayyan*ᵘ | تدين *tadayyun*| • profess *sth* بـ, follow, believe *in* • owe money *to* لـ, be in debt

تدين *tadayyun* n.* • piety, religiousness

تذبذب *tađabđaba* v.intr. |12s يتذبذب *yatađabđab*ᵘ | تذبذب *tađabđub*| • fluctuate, vibrate

تذبذب *tađabđub* n.* • fluctuation, vibration

تذكار *tađkār* n.* • reminder, memento, commemoration • souvenir, keepsake

تذكاري *tađkārīʸ* adj. • memorial

تذكر *tađakkara* v.tr. |5s يتذكر *yatađakkar*ᵘ | تذكر *tađakkur*| • remember ◊ هل تتذكرني؟ *Do you remember me?* ▪ تذكر أنّ *tađakkara ʔanna* remember (*do*)ing, remember that... ◊ أتذكر أنني أغلقت الباب. *I remember locking the door.* ▪ تذكر أنْ *tađakkara ʔan* remember to (*do*) ◊ تذكر أن تغلق الباب عندما تغادر. *Remember to lock the door when you leave.*

تذكرة *tađkaraᵗ* or *tađkiraᵗ* n. |pl. **dip.** تذاكر *tađākir*| • ticket ▪ تذكرة طائرة *tađkarat · ṭāʔiraᵗ* plane ticket ▪ تذكرة ذهاب *tađkarat · đahāb* one-way ticket ▪ تذكرة ذهاب وإياب *tađkarat · đahāb wa-ʔiyāb* round-trip ticket

تذكير *tađkīr* n.* • reminder *of* بـ

تذمر *tađammara* v.intr. |5s يتذمر *yatađammar*ᵘ | تذمر *tađammur*| • complain *about* من, grumble

تذوق *tađawwaqa* v.tr. |5s يتذوق *yatađawwaq*ᵘ | تذوق *tađawwuq*| • taste • savor, relish

تذوق *tađawwuq* n.* • sense of taste

تذيل *tađayyala* v.tr. |5s يتذيل *yatađayyal*ᵘ | تذيل *tađayyul*| • tail, be last *in/on*

تراب *turāb* n. |pl. أتربة *ʔatribaᵗ*| • dust, soil, dirt, ground

ترابط *tarābaṭa* v.intr. |6s يترابط *yatarābaṭ*ᵘ | ترابط

tarābuṭ | • be interrelated, be interlinked ◊ التنمية الاقتصادية والاجتماعية مترابطة بشكل وثيق. *Economic and social development are closely linked.*

ترابي *turābīʸ* • *adj.* dusty

تراث *turāt n.* • heritage, legacy

تراثي *turātīʸ adj.* • heritage-, traditional, historical

تراجع *tarāja3a v.intr.* |6s يتراجع *yatarāja3ᵘ* | تراجع *tarāju3* | • retreat *from* عن, back off, withdraw, retract • regress, recede, decline, wane

تراجع *tarāju3 n.*⋆ • retreat, withdrawal, retraction • regression

ترأس *tara??asa v.tr.* |5s(b) يترأس *yatara??asᵘ* | ترؤس *tara??us* | • head, lead, chair

تراسل *tarāsala v.intr.* |6s يتراسل *yatarāsalᵘ* | تراسل *tarāsul* | • exchange *letters, etc.* بـ, write to each other

تراكتور *trāktōr n.* • tractor

تراكم *tarākama v.intr.* |6s يتراكم *yatarākamᵘ* | تراكم *tarākum* | • accumulate, build up

تراكم *tarākum n.* • accumulation, build-up

ترام *trām*, تراماي *trāmwāy n.* • tram, street car

تراوح *tarāwaḫa v.intr.* |6s يتراوح *yatarāwaḫᵘ* | تراوح *tarāwuḫ* | • range *between* بين *and* و, vary, fluctuate

تراوح *tarāwuḫ n.*⋆ • variation, fluctuation

تربة *turbatᵗ n.* |*pl.* ترب *turab* | • dust, soil, dirt, ground

تربوي *tarbawīʸ adj.* • educational, pedagogical

تربى *tarabbā v.intr.* |5d يتربى *yatarabbā* | **def.** ترب *tarabb(in)* | • be raised, be brought up, grow up • be educated, be schooled

تربية *tarbiyaᵗ n.*⋆ • upbringing • education, schooling, pedagogy

ترتب *tarattaba v.intr.* |5s يترتب *yatarattabᵘ* | ترتب *tarattub* | • derive *from* على, be caused *by*

ترتر *tirtir n.* • sequins

ترتيب *tartīb n.*⋆ • arrangement, organization • rank, ranking, standing

ترجم *tarjama v.tr.* |11s يترجم *yutarjimᵘ* | ترجمة *tarjamaᵗ* | • translate *from* من *or* عن *to* إلى ◊ يترجم النص من العربية إلى الفرنسية. *He's translating the text from Arabic to French.* • subtitle

ترجمة *tarjamaᵗ n.*⋆ |*pl.* **dip.** تراجم *tarājim* | • translation • subtitle

ترجيح *tarjīḫ n.*⋆ • preference

ترحيب *tarḫīb n.*⋆ • welcome, greeting

ترحيل *tarḫīl n.*⋆ • deportation

ترخيص *tarxīṣ n.*⋆ |*pl.* **dip.** تراخيص *tarāxīṣ* | • permission, license, authorization • price reduction

تردد *taraddada v.intr.* |5s يتردد *yataraddadᵘ* | تردد *taraddud* | • hesitate *in* في ▪ تردد في أنْ *taraddada fī ?an* hesitate *to (do)* في • frequent *a place* على ◊ تردد على المقهى بانتظام. *He visited the café regularly.* • reverberate, echo

تردد *taraddud n.*⋆ • hesitation ▪ بلا تردد *bi-lā taraddudⁱⁿ adv.* without hesitation

ترديد *tardīd n.*⋆ • repetition, reiteration

ترس *tirs n.* |*pl.* تروس *turūs* | • gear, cog

ترس *turs n.* |*pl.* أتراس *?atrās* | • shield

ترسة *tarsaᵗ n.* • sea turtle

ترسيم *tarsīm n.*⋆ • delimitation, demarcation, delineation

ترشح *taraššaḫa v.intr.* |5s يترشح *yataraššaḫᵘ* | ترشح *taraššuḫ* | • be nominated, become a candidate

ترشيح *taršīḫ n.*⋆ • nomination

ترف *taraf n.* • luxury

ترفق *taraffaqa v.intr.* |5s يترفق *yataraffaqᵘ* | ترفق *taraffuq* | • be friendly *toward* بـ, be nice

ترفيه *tarfīh n.*⋆ • entertainment, amusement

ترقوة *tarquwaᵗ n.* |*pl.* **def.** تراق *tarāq(in)* | • collarbone, clavicle

ترقية *tarqiyaᵗ n.*⋆ • advancement, upgrade • *(job)* promotion

ترقيم *tarqīm n.*⋆ • punctuation

ترك *taraka v.tr.* |1s3 يترك *yatrukᵘ* | ترك *tark* | • leave, depart ▪ ترك جانبا *taraka jāniban* put aside • quit, abandon, leave ◊ لا تتركني! *Don't leave me!* • [+ indicative] let *(do)*, allow *to (do)* ◊ يتركها تفعل ما تشاء. *He lets her do what she wants.*

تركز *tarakkaza v.intr.* |5s يتركز *yatarakkazᵘ* | تركز *tarakkuz* | • be focused *on* على *or* في

تركيا *turkiyā n.* **f. invar.** • Turkey

تركيب *tarkīb n.*⋆ |*pl.* **dip.** تراكيب *tarākīb* | • installation, assembly • combination ◊ تركيب قاتل *a deadly combination* • *(grammar)* compound noun ⓘ *Compound nouns in Arabic are formed using the 'idafa construction'.*

تركيبة *tarkība^t n.* • composition, structure, combination

تركيز *tarkīz n.** • focus, concentration, emphasis

ترمومتر *termōmitr n.* • thermometer

ترميم *tarmīm n.** • restoration, renovation

ترهب *tarahhaba v.* |5s يترهب *yatarahhab^u* | ترهب *tarahhub* | • *v.tr.* threaten • *v.intr.* become a monk, become a nun

ترويج *tarwīj n.** • promotion, marketing

ترويجي *tarwījīy adj.* • promotional, marketing-

تزامن *tazāmana v.intr.* |6s يتزامن *yatazāman^u* | تزامن *tazāmun* | • coincide *with* مع, be simultaneous

تزاوج *tazāwaja v.intr.* |6s يتزاوج *yatazāwaj^u* | تزاوج *tazāwuj* | • intermarry • be doubled, double

تزايد *tazāyada v.intr.* |6s يتزايد *yatazāyad^u* | تزايد *tazāyud* | • increase, grow, rise ◊ تزايد عدد السكان. *The population has increased.* •تزايد في الكلام *tazāyada fī -lkalām^i* exaggerate, embellish

تزايد *tazāyud n.** • increase, growth, rise ▪ في تزايد *fī tazāyud^in* be increasing, be on the rise ◊ عدد السكان في تزايد مستمر. *The population is continually on the rise.* • exaggeration, embellishment

تزحلق *tazaḥlaqa v.intr.* |12s يتزحلق *yatazaḥlaq^u* | تزحلق *tazaḥluq* | • slip, slide

تزعزع *taza3za3a v.intr.* |12s يتزعزع *yataza3za3u* | تزعزع *taza3zu3* | • shake, wobble

تزعم *taza33ama v.tr.* |5s يتزعم *yataza33am^u* | تزعم *taza33um* | • lead, command ▪ تزعم حركة *taza33ama ḥaraka^t* lead a movement

تزكي *turkīy* |pl. أتراك *ʔatrāk*| • *adj.* Turkish • *n.* Turk

تزلج *tazallaja v.intr.* |5s يتزلج *yatazallaj^u* | تزلج *tazalluj* | • ski, skate, sled ▪ تزلج على الأمواج *tazallaja 3alā -lʔamwāj^i* surf ▪ تزلج على الثلج *tazallaja 3alā -ttalj^i* *(snow)* ski ▪ تزلج على الجليد *tazallaja 3alā -ljalīd^i* ice skate ▪ تزلج على الرمال *tazallaja 3alā -rrimāl^i* sand board ▪ تزلج على العجلات *tazallaja 3alā -l3ajalāt^i* roller skate, inline skate ▪ تزلج على اللوح *tazallaja 3alā -llawḥ^i* skate board ▪ تزلج على الماء *tazallaja 3alā -lmāʔ^i* *(water)* ski

تزوج *tazawwaja v.intr.* |5s يتزوج *yatazawwaj^u* | تزوج *tazawwuj* | • get married *to* من, marry

تزوير *tazwīr n.** • falsification, forgery, counterfeiting

تزييف *tazyīf n.** • falsification, forgery

تزيين *tazyīn n.** • decoration, adornment

تساءل *tasāʔala v.intr.* |6s(b) يتساءل *yatasāʔal^u* | تساؤل *tasāʔul* | • wonder, ask *oneself* ◊ كنت أتساءل هل تريدين شيئا. *I was wondering if you wanted anything.* ◊ أتساءل متى سأراه مرة أخرى. *I wonder when I'll see him again.*

تسابق *tasābaqa v.intr.* |6s يتسابق *yatasābaq^u* | تسابق *tasābuq* | • race *against each other*, compete

تسارع *tasāra3a v.intr.* |6s يتسارع *yatasāra3^u* | تسارع *tasāru3* | • hurry, rush

تساع *tusā3a adv.* • nine at a time, in nines

تساعي *tusā3īy* • *adj.* ninefold, nona- • *n.* nonagon

تساقط *tasāqaṭa v.intr.* |6s يتساقط *yatasāqaṭ^u* | تساقط *tasāquṭ* | • collapse, fall down

تسامح *tasāmaḥa v.intr.* |6s يتسامح *yatasāmaḥ^u* | تسامح *tasāmuḥ* | • be tolerant *of* مع *or* في, tolerate

تسامح *tasāmuḥ n.** • tolerance

تساهل *tasāhala v.intr.* |6s يتساهل *yatasāhal^u* | تساهل *tasāhul* | • be tolerant *of* مع, be lenient

تساؤل *tasāʔul n.** • question, doubt

تساوم *tasāwama v.intr.* |6s يتساوم *yatasāwam^u* | تساوم *tasāwum* | • argue (with each other) over a price

تساوى *tasāwā v.intr.* |6d يتساوى *yatasāwā* | **def.** تساو *tasāw(in)* | • be even, be equal

تسبب *tasabbaba v.intr.* |5s يتسبب *yatasabbab^u* | تسبب *tasabbub* | • cause في, result *in*

تسجل *tasajjala v.intr.* |5s يتسجل *yatasajjal^u* | تسجل *tasajjul* | • sign up *for* في, register *in*, check in *to*

تسجيل *tasjīl n.** • registration • documentation

تسخير *tasxīr n.** • exploitation, utilization

تسديد *tasdīd n.** • payment, settlement

تسرب *tasarraba v.intr.* |5s يتسرب *yatasarrab^u* | تسرب *tasarrub* | • leak

تسرب *tasarrub n.** • leak

تسرع *tasarra3a v.intr.* |5s يتسرع *yatasarra3^u* | تسرع *tasarru3* | • be hasty *in* في *or* بـ ▪ تسرع في الحكم *tasarra3a fī -lḥukm^i* rush to judgment • speed up, become fast

تسريحة *tasrīḥa^t n.* • hairstyle, hairdo

تسع *tus3 n.* |pl. أتساع *ʔatsā3*| • *(fraction)* ninth ◊ تسعان *two ninths* ◊ ثمانية أتساع *eight ninths*

تسعة *tis3a^t* ***f.*** *number* |*m.* تسع *tis3* | *as numeral, written* ٩ | • [+ indefinite genitive plural noun] nine ⓘ *The number 9 requires reverse gender agreement.* ◊ *(feminine form with masculine*

noun) تسعة بيوت *tis3aᵗ buyūtⁱⁿ* nine houses ◊ (masculine form with feminine noun) تسع سيارات *tis3 sayyārātⁱⁿ* nine cars ; [definite plural noun +] the nine ◊ الرجال التسعة *the nine men* ◊ النساء التسع *the nine women*

'9.00 L.E.': Fruit for sale in Egypt

تسعة عشر *tis3aᵗᵃ 3ašrᵃ* **f.** *number* |*m.* تسع عشرة *tis3ᵃ 3ašaraᵗᵃ* | *as numeral, written* ١٩| • [+ indefinite accusative singular noun] nineteen ⓘ *The number 19 is a compound number. Neither word in the compound reflects the case required by the grammar of the sentence; both always take the definite accusative. The first word in the compound requires reverse gender agreement, while the second agrees in gender with the counted noun:* ◊ *(with masculine noun)* تسعة عشر بيتا *tis3aᵗᵃ 3ašarᵃ baytan* nineteen houses ◊ *(with feminine noun)* تسع عشرة سيارة *tis3ᵃ 3ašaraᵗᵃ sayyāraᵗᵃⁿ* nineteen cars • [definite plural noun +] the nineteen ◊ الرجال التسعة عشر *the nineteen men* ◊ النساء التسع عشرة *the nineteen women*

تسعمائة *tis3ᵘ miʔaᵗⁱⁿ*, تسعمئة |*as numeral, written* ٩٠٠| • nine hundred

تسعون *tis3ūnᵃ number* |*acc. and gen.* تسعين *tis3īnᵃ* | *as numeral, written* ٩٠| • [+ indefinite accusative singular noun] ninety ◊ تسعون سيارة *tis3ūnᵃ sayyāraᵗᵃⁿ* ninety cars ◊ من تسعين بيتا *min tis3īnᵃ baytan* from ninety houses ▪ التسعينات *attis3īnāt pl. n.* the nineties, the (19)90s • *adj.* ninetieth

تسعيني *tis3īnīʸ adj.* • ninety-something-year-old, in *one's* nineties

تسلح *tasallaḫa v.intr.* |*5s* يتسلح *yatasallaḫᵘ* | تسلح *tasalluḫ* | • arm *oneself*

تسلسل *tasalsala v.intr.* |*12s* يتسلسل *yatasalsalᵘ* | تسلسل *tasalsul* | • follow in order, be sequenced

تسلسل *tasalsul n.*⋆ • sequence, order

تسلق *tasallaqa v.tr.* |*5s* يتسلق *yatasallaqᵘ* | تسلق *tasalluq* | • climb

تسلل *tasallala v.intr.* |*5s* يتسلل *yatasallalᵘ* | تسلل *tasallul* | • sneak away *from* من • sneak *into* إلى , infiltrate

تسلل *tasallul n.*⋆ • infiltration

تسلم *tasallama v.tr.* |*5s* يتسلم *yatasallamᵘ* | تسلم *tasallum* | • receive, obtain

تسلم *tasallum n.*⋆ • receipt, reception, obtainment

تسلى *tasallā v.intr.* |*5d* يتسلى *yatasallā* | **def.** تسل *tasall(in)* | • have a good time, have fun, enjoy *oneself*

تسلية *tasliyaᵗ n.*⋆ • entertainment, amusement

تسليح *taslīḫ n.*⋆ • armament

تسليم *taslīm n.*⋆ • greeting • delivery

تسمم *tasammama v.intr.* |*5s* يتسمم *yatasammamᵘ* | تسمم *tasammum* | • be poisoned

تسمم *tasammum n.*⋆ • poisoning ▪ تسمم غذائي *tasammum ɣiđāʔīʸ* food poisoning

تسمية *tasmiyaᵗ n.*⋆ • designation

تسنى *tasannā v.intr.* |*5d* يتسنى *yatasannā* | **def.** تسن *tasann(in)* | • be feasible, be possible

تسهل *tasahhala v.intr.* |*5s* يتسهل *yatasahhalᵘ* | تسهل *tasahhul* | • become easy

تسهيل *tashīl n.*⋆ • facilitation ▪ تسهيلات *tashīlāt pl. n.* facilities

تسوس *tasawwasa v.intr.* |*5s* يتسوس *yatasawwasᵘ* | تسوس *tasawwus* | • *(of teeth, bones)* decay, rot

تسوس *tasawwus n.*⋆ • *(tooth, bone)* decay ▪ تسوس سني *tasawwus sinnīʸ* cavity, tooth decay

تسوق *tasawwaqa v.intr.* |*5s* يتسوق *yatasawwaqᵘ* | تسوق *tasawwuq* | • go shopping

تسول *tasawwala v.tr.* |*5s* يتسول *yatasawwalᵘ* | تسول *tasawwul* | • beg *sb* ه *for* ه

تسونامي *tsūnāmī* or *sūnāmī n.* • tsunami

تسوية *taswiyaᵗ n.*⋆ • settlement ▪ تسوية سلمية *taswiyaᵗ silmīyaᵗ* peace settlement ▪ تحت التسوية *tahta -ttaswiyaᵗⁱ* unsettled, unpaid ◊ حسابات تحت التسوية *unpaid bills*

تسيير *tasyīr n.*⋆ • propulsion
تشاءم *tašāʔama v.intr.* |*6s(b)* يتشاءم *yatašāʔamᵘ* | تشاؤم *tašāʔum*| • be pessimistic
تشابه *tašābaha v.intr.* |*6s* يتشابه *yatašābahᵘ* | تشابه *tašābuh*| • be similar to each other, resemble each other ▪ تشابه في *tašābaha fī* have in common ◊ نحن الاثنان نتشابه في أشياء كثيرة. *We have a lot in common.*
تشابه *tašābuh n.*⋆ • similarity
تشاجر *tašājara v.intr.* |*6s* يتشاجر *yatašājarᵘ* | تشاجر *tašājur*| • fight with each other, brawl
تشاد *tšād* or *tašād n. **f. invar.*** • Chad
تشادي *tšādīʸ* or *tašādīʸ adj. & n.* • Chadian
تشارك *tašāraka v.intr.* |*6s* يتشارك *yatašārakᵘ* | تشارك *tašāruk*| • participate together *in* في
تشاور *tašāwara v.intr.* |*6s* يتشاور *yatašāwarᵘ* | تشاور *tašāwur*| • consult *with* مع *about* في, deliberate, discuss
تشاور *tašāwur n.*⋆ • consultation, deliberation
تشاؤم *tašāʔum n.*⋆ • pessimism
تشاؤمي *tašāʔumīʸ adj.* |*elat.* أكثر تشاؤما *ʔaktar tašāʔuman* or أشأم *ʔašʔam*| • pessimistic
تشبيه *tašbīh n.*⋆ • comparison
تشتت *tašattata v.intr.* |*5s* يتشتت *yatašattatᵘ* | تشتت *tašattut*| • scatter, be dispersed
تشجيع *tašjīʒ n.*⋆ • encouragement
تشحيم *tašħīm n.*⋆ • lubrication
تشخيص *tašxīṣ n.*⋆ • diagnosis
تشدد *tašaddada v.intr.* |*5s* يتشدد *yatašaddadᵘ* | تشدد *tašaddud*| • be harsh, be strict, be unrelenting, be intolerant
تشدد *tašaddud n.*⋆ • intolerance, inflexibility
تشديد *tašdīd n.*⋆ • emphasis • *(grammar)* gemination, consonant doubling
تشرد *tašarrada v.intr.* |*5s* يتشرد *yatašarradᵘ* | تشرد *tašarrud*| • be displaced, be made homeless, become homeless
تشرف *tašarrafa v.intr.* |*5s* يتشرف *yatašarrafᵘ* | تشرف *tašarruf*| • be honored *with* بـ ▪ تشرفنا *tašarrafnā* Pleased to meet you!
تشريح *tašrīħ n.*⋆ • dissection
تشريد *tašrīd n.*⋆ • displacement, eviction
تشريع *tašrīʒ n.*⋆ • legislation
تشريعي *tašrīʒīʸ adj.* • legislative
تشرين *tišrīn n. **dip.*** • تشرين الأول *tišrīn alʔawwal* October ▪ تشرين الثاني *tišrīn attānī* November ➡ ***The Months p. 181*** ▪ التشرين *attišrīn n. **f.*** Tishreen (Syrian newspaper)
تشعب *taša33aba v.intr.* |*5s* يتشعب *yataša33abᵘ* | تشعب *taša33ub*| • branch out, diverge, separate, split
تشغيل *tašɣīl n.*⋆ • employment • operation
تشكل *tašakkala v.intr.* |*5s* يتشكل *yatašakkalᵘ* | تشكل *tašakkul*| • be formed, take shape
تشكى *tašakkā v.intr.* |*5d* يتشكى *yatašakkā* | ***def.*** تشك *tašakk(in)*| • complain *about* من
تشكيل *taškīl n.*⋆ • formation, establishment • vowelization ▪ علامة تشكيل *3alāmat · taškīl* vowel mark, diacritic
تشكيلة *taškīlaᵗ n.* • formation • selection, assortment
تشكيلي *taškīlīʸ adj.* • visual, graphic ▪ فنون تشكيلية *fanūn taškīlīyaᵗ pl. n.* visual arts
تشمس *tašammasa v.intr.* |*5s* يتشمس *yatašammasᵘ* | تشمس *tašammus*| • bask in the sun
تشوش *tašawwaša v.intr.* |*5s* يتشوش *yatašawwašᵘ* | تشوش *tašawwuš*| • become confused, become muddled, become mixed up
تشويش *tašwīš n.*⋆ • confusion, mix-up
تشويه *tašwīh n.* • disfigurement, defacement, distortion
التشيك *attšayk n. **f. invar.*** • the Czech Republic
تشيكي *tšaykīʸ adj. & n.* • Czech
تصاحب *taṣāħaba v.intr.* |*6s* يتصاحب *yataṣāħabᵘ* | تصاحب *taṣāħub*| • become friends (with each other)
تصادف *taṣādafa v.intr.* |*6s* يتصادف *yataṣādafᵘ* | تصادف *taṣāduf*| •تصادف أنْ *taṣādafa ʔan* happen (by chance) *to (do)*
تصادق *taṣādaqa v.intr.* |*6s* يتصادق *yataṣādaqᵘ* | تصادق *taṣāduq*| • become friends (with each other)
تصادم *taṣādama v.intr.* |*6s* يتصادم *yataṣādamᵘ* | تصادم *taṣādum*| • collide, run into each other
تصادم *taṣādum n.*⋆ • collision
تصاعد *taṣā3ada v.intr.* |*6s* يتصاعد *yataṣā3adᵘ* | تصاعد *taṣā3ud*| • climb, increase, rise, ascend, escalate
تصاعد *taṣā3ud n.*⋆ • climb, increase, rise, ascent
تصافح *taṣāfaħa v.intr.* |*6s* يتصافح *yataṣāfaħᵘ* | تصافح *taṣāfuħ*| • shake hands
تصالح *taṣālaħa v.intr.* |*6s* يتصالح *yataṣālaħᵘ* | تصالح *taṣāluħ*| • make peace (with each other), make up (with each other)

تصحيح *taṣḫīḫ n.** • correction

تصد *taṣadd(in) n.** **def.** • confrontation

تصدى *taṣaddā v.intr.* |5d يتصدى *yataṣaddā* | **def.** تصد *taṣadd(in)* | • confront لـ, face

تصدير *taṣdīr n.** • export

تصرف *taṣarrafa v.intr.* |5s يتصرف *yataṣarrafᵘ* | تصرف *taṣṣaruf* | • act, behave ▪ تصرف كأن *taṣarrafa kaʔanna* act as if... ◊ تصرف وكأنك في بيتك! *Make yourself at home! (lit. Behave as if you were at home.)* • take independent action, act without restriction

تصرف *taṣarruf n.** • action, behavior, conduct

تصريح *taṣrīḫ n.** • declaration, statement, announcement

تصريف *taṣrīf n.* • *(grammar)* inflection, conjugation, declension • drainage

تصعيد *taṣ3īd n.** • escalation, intensification

تصغير *taṣɣīr n.** • reduction (in size) ▪ اسم تصغير *ism · taṣɣīr* diminutive noun

تصفح *taṣaffaḫa v.tr.* |5s يتصفح *yataṣaffaḫᵘ* | تصفح *taṣaffuḫ* | • skim (through), leaf (through) ◊ تصفح المقالة. *He skimmed through the article.*

تصفية *taṣfiyaᵗ n.** • purification, filtration

تصفيق *taṣfīq n.** • applause

تصلب *taṣallaba v.intr.* |5s يتصلب *yataṣallabᵘ* | تصلب *taṣallub* | • harden, become rigid • be stubborn, be uncompromising, be obstinate

تصميم *taṣmīm n.** |pl. **dip.** تصاميم *taṣāmīm* | • design, layout, styling • determination

تصنيف *taṣnīf n.** • classification, categorization

تصور *taṣawwara v.tr.* |5s يتصور *yataṣawwarᵘ* | تصور *taṣawwur* | • imagine *sb/sth* ه *to be sth* or *that sb is...* ه, conceive, envision ◊ أتصورهم مجرمين. *I imagine them to be criminals.* • be photographed, be photocopied

تصور *taṣawwur n.** • imagination ▪ لا يمكن تصوره *lā yumkinᵘ taṣawwurᵘhu* unimaginable ▪ في تصوري *fī taṣawwurī* in my opinion

تصوف *taṣawwuf n.* |5s يتصوف *yataṣawwafᵘ* | تصوف *taṣawwuf* | • mysticism, Sufism

تصويت *taṣwīt n.** • vote ▪ بطاقة تصويت *biṭāqat · taṣwīt* ballot

تصوير *taṣwīr n.** • photography ▪ آلة تصوير *ʔālat · taṣwīr* camera

تضاءل *taḍāʔala v.intr.* |6s(b) يتضاءل *yataḍāʔalᵘ* | تضاؤل *taḍāʔul* | • diminish, fade, dwindle

تضاحك *taḍāḫaka v.intr.* |6s يتضاحك *yataḍāḫakᵘ* | تضاحك *taḍāḫuk* | • laugh together

تضاد *taḍādda v.intr.* |6g يتضاد *yataḍāddᵘ* | تضاد *taḍādd* | • contradict each other

تضارب *taḍāraba v.intr.* |6s يتضارب *yataḍārabᵘ* | تضارب *taḍārub* | • fight each other • conflict, clash, be incompatible

تضارب *taḍārub n.** • conflict, clash

تضاعف *taḍā3afa v.intr.* |6s يتضاعف *yataḍā3afᵘ* | تضاعف *taḍā3uf* | • be doubled, double ▪ تضاعف ثلاث مرات *taḍā3afa talātᵃ marrātⁱⁿ* be tripled, triple

تضامن *taḍāmana v.intr.* |6s يتضامن *yataḍāmanᵘ* | تضامن *taḍāmun* | • combine forces *with* مع, be united in solidarity

تضامن *taḍāmun n.** • solidarity

تضايق *taḍāyaqa v.intr.* |6s يتضايق *yataḍāyaqᵘ* | تضايق *taḍāyuq* | • be disturbed *by* من, be annoyed *by*

تضحية *taḍḫiyaᵗ n.** • sacrifice

تضخم *taḍaxxama v.intr.* |5s يتضخم *yataḍaxxamᵘ* | تضخم *taḍaxxum* | • become inflated, swell

تضخم *taḍaxxum n.** • *(economics)* inflation

تضرر *taḍarrara v.intr.* |5s يتضرر *yataḍarrarᵘ* | تضرر *taḍarrur* | • be hurt, be injured • be damaged, be harmed

تضعضع *taḍa3ḍa3a v.intr.* |12s يتضعضع *yataḍa3ḍa3ᵘ* | تضعضع *taḍa3ḍu3* | • become dilapidated

تضمخ *taḍammaxa v.tr.* |5s يتضمخ *yataḍammaxᵘ* | تضمخ *taḍammux* | • perfume *sb* ه *with* بـ, anoint

تضمن *taḍammana v.tr.* |5s يتضمن *yataḍammanᵘ* | تضمن *taḍammun* | • include, contain

تضمن *taḍammun n.** • inclusion

تضمين *taḍmīn n.** • inclusion

تضييق *taḍyīq n.** • restriction

تطبيع *taṭbī3 n.** • normalization ▪ تطبيع علاقات *taṭbī3 · 3alāqāt* normalization of relations

تطبيق *taṭbīq n.** • application, implementation • *(computers)* app

تطرف *taṭarrafa v.intr.* |5s يتطرف *yataṭarrafᵘ* | تطرف *taṭarruf* | • be extreme, be excessive • be an extremist, have radicals opinions

تطرف *taṭarruf n.** • extremism, radicalism

تطرق *taṭarraqa v.intr.* |5s يتطرق *yataṭarraqᵘ* | تطرق *taṭarruq* | • touch on إلى, go into

تطعيم *taṭ3īm n.** • vaccination, inoculation, immunization

تطفل *taṭaffala v.tr.* |5s يتطفل *yataṭaffal^u* | تطفل *taṭafful*| • intrude

تطفل *taṭafful n.** • intrusion

تطفلي *taṭaffulīʸ adj.* |elat. أكثر تطفلا *ʔaktar taṭaffulan*| • intrusive

تطلب *taṭallaba v.tr.* |5s يتطلب *yataṭallab^u* | تطلب *taṭallub*| • require, demand

تطلع *taṭalla3a v.intr.* |5s يتطلع *yataṭalla3^u* | تطلع *taṭallu3*| • look forward *to* إلى

تطلع *taṭallu3 n.** • aspiration, hope

تطهير *taṭhīr n.** • purification ▪ تطهير عرقي *taṭhīr 3irqīʸ* ethnic cleansing

تطوان *teṭwān n.* ***f. dip.*** • *(city in Morocco)* Tétouan ➡ ***map on p. 294***

تطور *taṭawwara v.intr.* |5s يتطور *yataṭawwar^u* | تطور *taṭawwur*| • develop • *(biology)* evolve

تطور *taṭawwur n.** • development, progress ▪ تطورات *taṭawwurāt pl. n.* events ▪ آخر التطورات *ʔāxir · attaṭawwurāt^i* the latest developments • *(biology)* evolution

تطوع *taṭawwa3a v.intr.* |5s يتطوع *yataṭawwa3^u* | تطوع *taṭawwu3*| • volunteer *for* في *or* بـ

تطوير *taṭwīr n.** • development, enhancement ▪ تطوير وتحديث *taṭwīr wa-taḥdīt* development and modernization

تطويري *taṭwīrīʸ adj.* |elat. أكثر تطويرا *ʔaktar taṭwīran*| • developmental

تظاهر *taẓāhara v.intr.* |6s يتظاهر *yataẓāhar^u* | تظاهر *taẓāhur*| • demonstrate, protest • تظاهر بأنْ *taẓāhara bi-ʔan* pretend *to (do)*, feign ◊ تظاهر بعدم المعرفة. *He pretended not to know.* ◊ تظاهر بالانتباه في حين أنه كان شاردا. *He pretended to pay attention while he was (actually) absent-minded.* ▪ تظاهر بالموت *taẓāhara bi-lmawt^i* play dead

تظاهر *taẓāhur n.** • demonstration, rally

تظاهرة *taẓāhura^t n.* • demonstration, rally

تظلل *taẓallala v.intr.* |5s يتظلل *yataẓallal^u* | تظلل *taẓallul*| • be shaded *by* بـ

تعادل *ta3ādala v.intr.* |6s يتعادل *yata3ādal^u* | تعادل *ta3ādul*| • tie, draw ◊ تعادل الفريقان ٤-٤. *The teams tied 4-4.* • be balanced

تعادل *ta3ādul n.** • tie, draw • balance, be equal

تعارض *ta3āraḍa v.intr.* |6s يتعارض *yata3āraḍ^u* | تعارض *ta3āruḍ*| • be incompatible *with* مع, conflict *with*, oppose

تعارض *ta3āruḍ n.** • incompatibility, conflict, opposition ▪ تعارض في المصالح *ta3āruḍ fī -lmaṣāliḥ^i* conflict of interests

تعارف *ta3ārafa v.intr.* |6s يتعارف *yata3āraf^u* | تعارف *ta3āruf*| • get to know each other

تعارك *ta3āraka v.intr.* |6s يتعارك *yata3ārak^u* | تعارك *ta3āruk*| • fight with each other مع, engage in battle with each other

تعاسة *ta3āsa^t n.** • misery, misfortune

تعاطف *ta3āṭafa v.intr.* |6s يتعاطف *yata3āṭaf^u* | تعاطف *ta3āṭuf*| • sympathize *with* مع

تعاطف *ta3āṭuf n.** • sympathy

تعاطى *ta3āṭā v.* |6d يتعاطى *yata3āṭā* | تعاط *ta3āṭ(in)* ***def.***| • *v.tr.* practice, pursue, undertake • *v.intr.* deal *with* مع ◊ يتعين على الحكومة التعاطي مع الأزمة. *The government must deal with the crisis.* • consume, take ▪ تعاطى المخدرات *ta3āṭā muxaddirāt* take drugs

تعافى *ta3āfā v.tr.* |6d يتعافي *yata3āfā* | ***def.*** تعاف *ta3āf(in)*| • recover *from* من, get well

تعاقب *ta3āqaba v.intr.* |6s يتعاقب *yata3āqab^u* | تعاقب *ta3āqub*| • be consecutive, occur in turn

تعاقد *ta3āqada v.intr.* |6s يتعاقد *yata3āqad^u* | تعاقد *ta3āqud*| • make a contract

تعاقد *ta3āqud n.** • contract, mutual agreement

تعالى *ta3ālā v.intr.* |6d يتعالى *yata3ālā* | ***def.*** تعال *ta3āl(in)*| • *(God)* be high, be exalted ▪ الله سبحانه وتعالى *aLLāh^u subḥān^ahu wa-ta3ālā* *(exclamation of surprise or wonder)* Praise (be to) God! • *(imperative)* come ◊ تعال بسرعة! *Come quickly!*

تعامل *ta3āmala v.intr.* |6s يتعامل *yata3āmal^u* | تعامل *ta3āmul*| • deal *with* مع • do business *with* مع

تعامل *ta3āmul n.** • dealings, business, transaction

تعانق *ta3ānaqa v.intr.* |6s يتعانق *yata3ānaq^u* | تعانق *ta3ānuq*| • hug each other, embrace each other

تعاون *ta3āwana v.intr.* |6s يتعاون *yata3āwan^u* | تعاون *ta3āwun*| • cooperate *with* مع, collaborate *with*

تعاون *ta3āwun n.** • cooperation, collaboration

تعاوني *ta3āwunīʸ adj.* • cooperative

تعاونية *ta3āwunīya^t n.* • cooperation

تعايش *ta3āyaša v.intr.* |6s يتعايش *yata3āyaš^u* | تعايش *ta3āyuš*| • coexist

تعايش *ta3āyuš n.** • coexistence

تعب *ta3ab n.** • fatigue, tiredness • |pl. ***dip.*** متاعب *matā3ib*| trouble, difficulty, hardship

تعب *ta3ib adj.* |*elat.* أكثر تعبا *ʔaktar ta3aban* or أتعب *ʔat3ab*| • tired, weary

تعب *ta3iba v.intr.* |*1s4* يتعب *yat3ab^u* | تعب *ta3ab*| • become tired *of* من

تعبان *ta3bān adj.* |*elat.* أكثر تعبا *ʔaktar ta3aban* or أتعب *ʔat3ab*| • tired, weary

تعبئة *ta3biʔa^t n.** • *(military)* mobilization

تعبير *ta3bīr n.** |*pl. dip.* تعابير *ta3ābīr*| • expression *of* عن, wording ▪ بتعبير آخر *bi-ta3bīr^in ʔāxar^a* in other words ▪ حرية تعبير *ḥurriyat · ta3bīr* freedom of expression

تعبيري *ta3bīrī^y adj.* • expressive • *(art)* expressionist

تعجب *ta3ajjaba v.intr.* |*5s* يتعجب *yata3ajjab^u* | تعجب *ta3ajjub*| • be surprised *at* من, be amazed *at*

تعجب *ta3ajjub n.** • surprise, amazement ▪ علامة تعجب *3alāmat · ta3ajjub* exclamation mark

تعجبي *ta3ajjubī^y adj.* |*elat.* أكثر تعجبا *ʔaktar ta3ajjuban*| • exclamatory ▪ عبارة تعجبية *3ibāra^t ta3ajjubīya^t n.* exclamation, interjection

تعدد *ta3addada v.intr.* |*5s* يتعدد *yata3addad^u* | تعدد *ta3addud*| • be numerous

تعدد *ta3addud n.** • variety, diversity, multitude • multi-, poly- ▪ تعدد الزوجات *ta3addud · azzawjāt^i* polygamy ▪ تعدد الثقافات *ta3addud · attaqāfāt* multiculturalism

تعددية *ta3addudīya^t n.* • multiplicity, pluralism

تعدى *ta3addā v.intr.* |*5d* يتعدى *yata3addā* | **def.** تعد *ta3add(in)*| • exceed, go beyond • *(grammar)* be transitive

تعديد *ta3dīd n.** • enumeration

تعديل *ta3dīl n.** • modification, adjustment, amendment ▪ تعديل وزاري *ta3dīl wizārī^y* cabinet reshuffle ▪ تعديل دستور *ta3dīl · dustūr* constitutional amendment

تعدين *ta3dīn n.** • mining

تعذر *ta3aḏḏara v.intr.* |*5s* يتعذر *yata3aḏḏar^u* | تعذر *ta3aḏḏur*| • be impossible *for* على, be unfeasible

تعذر *ta3aḏḏur n.** • impossibility, unfeasibility

تعذيب *ta3ḏīb n.** • torture

تعرض *ta3arraḍa v.intr.* |*5s* يتعرض *yata3arraḍ^u* | تعرض *ta3arruḍ*| • be subjected *to* إلى *or* لـ, be confronted *with*, be exposed *to*, be susceptible *to*

تعرف *ta3arrafa v.intr.* |*5s* يتعرف *yata3arraf^u* | تعرف *ta3arruf*| • become acquainted *with* على, get to know

تعرق *ta3arraqa v.intr.* |*5s* يتعرق *yata3arraq^u* | تعرق *ta3arruq*| • sweat, perspire

تعرق *ta3arruq n.** • perspiration

تعريب *ta3rīb n.** • Arabization • Arabicization

تعرية *ta3riya^t n.** • erosion, corrosion

تعريف *ta3rīf n.** |*pl. dip.* تعاريف *ta3ārīf*| • introduction • definition ⓘ *The English word 'tariff' has been borrowed from this Arabic word.*

تعز *ta3izz n. **f. dip.*** • *(city in Yemen)* Ta'izz ➡ ***map on p. 341***

تعزيز *ta3zīz n.** • reinforcement

تعس *ta3asa v.intr.* |*1s1* يتعس *yat3as^u* | تعاسة *ta3āsa^t*| • become miserable

تعشى *ta3aššā v.intr.* |*5d* يتعشى *yata3aššā* | **def.** تعش *ta3ašš(in)*| • eat dinner, have dinner

تعصب *ta3aṣṣaba v.intr.* |*5s* يتعصب *yata3aṣṣab^u* | تعصب *ta3aṣṣub*| • become intolerant *toward* على, become bigoted

تعصب *ta3aṣṣub n.** • intolerance, bigotry

تعطش *ta3aṭṭaša v.intr.* |*5s* يتعطش *yata3aṭṭaš^u* | تعطش *ta3aṭṭuš*| • thirst *for* إلى, long *for*, yearn *for*

تعطل *ta3aṭṭala v.intr.* |*5s* يتعطل *yata3aṭṭal^u* | تعطل *ta3aṭṭul*| • break down, go out of order, stop working ◊ .تعطل المصعد *The elevator stopped working.* ◊ .تعطلت المفاوضات *The negotiations broke down.* • be disrupted ▪ تعطل مرور *ta3aṭṭala murūr^un* traffic is disrupted

تعطيل *ta3ṭīl n.** • interruption, hindrance, disruption

تعفن *ta3affana v.intr.* |*5s* يتعفن *yata3affan^u* | تعفن *ta3affun*| • rot, decay

تعفن *ta3affun n.** • rot, decay

تعقب *ta3aqqaba v.tr.* |*5s* يتعقب *yata3aqqab^u* | تعقب *ta3aqqub*| • pursue, chase, follow, track

تعقد *ta3aqqada v.intr.* |*5s* يتعقد *yata3aqqad^u* | تعقد *ta3aqqud*| • become complicated

تعقد *ta3aqqud n.** • complication

تعقيد *ta3qīd n.** • complication

تعقيم *ta3qīm n.** • sterilization, disinfection

تعلق *ta3allaqa v.intr.* |*5s* يتعلق *yata3allaq^u* | تعلق *ta3alluq*| • be connected *to* بـ, be attached *to*, be affixed *to*, be hanging *from* • concern بـ, have to do *with*, be related *to* ▪ فيما يتعلق بـ *fī-mā yata3allaq^u bi- prep.* with regard to, regarding, as for ▪ كل ما يتعلق بـ *kull mā yata3allaq^u bi- prep.* all about • depend *on* بـ,

be contingent *on*

تعلم *ta3allama v.tr.* |5s يتعلم *yata3allam*ᵘ | تعلم *ta3allum*| • learn

تعليق *ta3līq n.** |pl. تعليقات *ta3līqāt* or **dip.**تعاليق *ta3ālīq*| • commentary ▪ لا تعليق *lā ta3līq*ᵃ no comment

تعليقة *ta3līqa*ᵗ *n.* • comment, annotation, remark

تعليل *ta3līl n.** • justification

تعليم *ta3līm n.** |pl. تعليمات *ta3līmāt* or **dip.**تعاليم *ta3ālīm*| • education ▪ تعليمات *ta3līmāt pl. n.* instructions, directions

تعليمي *ta3līmīʸ adj.* • educational

تعمد *ta3ammada v.intr.* |5s يتعمد *yata3ammad*ᵘ | تعمد *ta3ammud*| •تعمد أنْ *ta3ammada ʔan (do)* deliberately •تعمد أنْ *ta3ammada ʔan* intend *to (do)*, plan to *(do)*

تعمق *ta3ammaqa v.intr.* |5s يتعمق *yata3ammaq*ᵘ | تعمق *ta3ammuq*| • delve deeply *into* في

تعميد *ta3mīd n.** • baptism

تعميم *ta3mīm n.** • generalization • flyer, pamphlet, circular

تعنت *ta3annata v.intr.* |5s يتعنت *yata3annat*ᵘ | تعنت *ta3annut*| • become stubborn, become obstinate

تعنت *ta3annut n.** • stubbornness, obstinacy

تعهد *ta3ahhada v.intr.* |5s يتعهد *yata3ahhad*ᵘ | تعهد *ta3ahhud*| • undertake بـ, commit *oneself to*, pledge

تعهد *ta3ahhud n.** • commitment, pledge

تعود *ta3awwada v.intr.* |5s يتعود *yata3awwad*ᵘ | تعود *ta3awwud*| • get used *to* على, become accustomed *to*

تعود *ta3awwud n.** • habituation

تعويض *ta3wīḍ n.** • compensation *for* عن, reimbursement

تعيس *ta3īs adj.* |m. pl. **dip.** تعساء *tu3asāʔ* | elat. أتعس *ʔat3as*| • miserable, unfortunate

تعين *ta3ayyana v.intr.* |5s يتعين *yata3ayyan*ᵘ | تعين *ta3ayyun*| • be appointed, be assigned • be obligatory *for* على ▪ تعين عليه أن *ta3ayyana 3alayhi ʔan* be incumbent *upon sb to (do)*, be obligated *to (do)*, have to *(do)*, must *(do)* ◊ يتعين على الحكومة التعاطي مع الأزمة. *The government must deal with the crisis.*

تعيين *ta3yīn n.** • appointment, assignment

تغافل *taɣāfala v.intr.* |6s يتغافل *yataɣāfal*ᵘ | تغافل *taɣāful*| • neglect عن, ignore, overlook

تغاير *taɣāyara v.intr.* |6s يتغاير *yataɣāyar*ᵘ | تغاير *taɣāyur*| • vary, be diverse

تغاير *taɣāyur n.** • contrast, difference, variation, variance

تغدى *taɣaddā v.intr.* |5s يتغدى *yataɣaddā* | **def.** تغد *taɣadd(in)*| • eat lunch, have lunch

تغذى *taɣaḏḏā v.intr.* |5d يتغذى *yataɣaḏḏā* | **def.** تغذ *taɣaḏḏ(in)*| • be fed بـ • feed *on* على *or* بـ, live on

تغذية *taɣḏiya*ᵗ *n.** • nourishment, nutrition ▪ سوء تغذية *sūʔ · taɣḏiya*ᵗ malnourishment, malnutrition • provision

تغرغر *taɣarɣara v.intr.* |12s يتغرغر *yataɣarɣar*ᵘ | تغرغر *taɣarɣur*| • gargle

تغطرس *taɣaṭrasa v.intr.* |12s يتغطرس *yataɣaṭras*ᵘ | تغطرس *taɣaṭrus*| • be arrogant

تغطية *taɣṭiya*ᵗ *n.** • *(news)* coverage

تغلب *taɣallaba v.intr.* |5s يتغلب *yataɣallab*ᵘ | تغلب *taɣallub*| • overcome على, overpower, defeat

تغنى *taɣannā v.intr.* |5d يتغنى *yataɣannā* | تغن *taɣann(in)*| • sing

تغيب *taɣayyaba v.intr.* |5s يتغيب *yataɣayyab*ᵘ | تغيب *taɣayyub*| • be absent ▪ تغيب عن المدرسة *taɣayyaba 3an*ⁱ *-lmadrasa*ᵗⁱ play hooky, cut class

تغير *taɣayyara v.intr.* |5s يتغير *yataɣayyar*ᵘ | تغير *taɣayyur*| • change, be changed, vary

تغير *taɣayyur n.** • change, variation ▪ تغير مناخ *taɣayyur · munāx* climate change

تغيير *taɣyīr n.** • change

تفاءل *tafāʔala v.intr.* |6s(b) يتفاءل *yatafāʔal*ᵘ | تفاؤل *tafāʔul*| • be optimistic

تفاح *tuffāħ coll. n.* |sing. تفاحة *tuffāħa*ᵗ| • apples

تفاد *tafād(in) n.** **def.** • avoidance

تفادى *tafādā v.tr.* |6d يتفادى *yatafādā* | **def.** تفاد *tafād(in)*| • avoid, evade

تفاعل *tafā3ala v.intr.* |6s يتفاعل *yatafā3al*ᵘ | تفاعل *tafā3ul*| • interact *with* مع • react *to* على

تفاعل *tafā3ul n.** • interaction • reaction

تفاعلي *tafā3ulīʸ* • *adj.* interactive

تفاقم *tafāqama v.intr.* |6s يتفاقم *yatafāqam*ᵘ | تفاقم *tafāqum*| • become aggravated

تفاقم *tafāqum n.** • aggravation

تفاهة *tafāha*ᵗ *n.** • triviality, insignificance

تفاهم *tafāhama v.intr.* |6s يتفاهم *yatafāham*ᵘ | تفاهم *tafāhum*| • understand each other

تفاهم *tafāhum n.** • mutual understanding

تفاوت *tafāwata v.intr.* |6s يتفاوت *tafāwat*ᵘ | تفاوت

tafāwut| • conflict, contrast • vary, be different, be unequal

تفاوت *tafāwut n.** • variance, disparity

تفاوض *tafāwaḍa v.intr.* |6s يتفاوض *yatafāwaḍ^u* | تفاوض *tafāwuḍ*| • negotiate *with* مع

تفاوض *tafāwuḍ n.** • negotiation

تفاؤل *tafāʔul n.** • optimism

تفاؤلي *tafāʔulīy adj.* |*elat.* أكثر تفاؤلا *ʔaktar tafāʔulan*| • optimistic

تفتح *tafattaḥa v.intr.* |5s يتفتح *yatafattaḥ^u* | تفتح *tafattuḥ*| • open up, unfold ◊ تفتحت الوردة. *The rose opened up.*

تفتيش *taftīš n.** |*pl.* **dip.** تفاتيش *tafātīš*| • inspection

تفجر *tafajjara v.intr.* |5s يتفجر *yatafajjar^u* | تفجر *tafajjur*| • explode, blow up

تفجير *tafjīr n.** • explosion

تفحص *tafaḥḥaṣa v.intr.* |5s يتفحص *yatafaḥḥaṣ^u* | تفحص *tafaḥḥuṣ*| • inquire *about* عن, look *into*

تفرج *tafarraja v.intr.* |5s يتفرج *yatafarraj^u* | تفرج *tafarruj*| • watch على, view

تفرد *tafarrada v.intr.* |5s يتفرد *yatafarrad^u* | تفرد *tafarrud*| • withdraw, retire, isolate *oneself*

تفرع *tafarra3a v.intr.* |5s يتفرع *yatafarra3^u* | تفرع *tafarru3*| • branch out, be subdivided

تفرغ *tafarraɣa v.intr.* |5s يتفرغ *yatafarraɣ^u* | تفرغ *tafarruɣ*| • have free time, be unoccupied • be dedicated *to* لـ, devote *oneself to*

تفرق *tafarraqa v.intr.* |5s يتفرق *yatafarraq^u* | تفرق *tafarruq*| • scatter, disperse

تفريسة *tafrīsa^t n.* • *(medical)* scan

تفسير *tafsīr n.** |*pl.* **dip.** تفاسير *tafāsīr*| • clarification, explanation, interpretation • tafsir, exegesis (interpretation of Quranic verses)

تفشى *tafaššā v.intr.* |5d يتفشى *yatafaššā* | **def.** تفش *tafašš(in)*| • become pandemic, become rampant, spread like wildfire

تفصيل *tafṣīl n.** |*pl.* **dip.** تفاصيل *tafāṣīl*| • detail ▪ بالتفصيل *bi-ttafṣīl^i*, تفصيلا *tafṣīlan adv.* in detail

تفصيلي *tafṣīlīy adj.* |*elat.* أكثر تفصيلا *ʔaktar tafṣīlan*| • detailed, comprehensive, elaborate

تفضل *tafaḍḍala v.intr.* |5s يتفضل *yatafaḍḍal^u* | تفضل *tafaḍḍul*| •تفضل مشكورا بـ *tafaḍḍala maškūran bi-* [+ masdar] be so kind as to ▪ تفضل *tafaḍḍal imperative* Please!, Here you are!, After you! ◊ تفضل بالدخول! *Come in!* ◊ تفضل معي! *Follow me, please!*

تفضيل *tafḍīl n.** • preference

تفعيل *taf3īl n.** |*pl.* **dip.** تفاعيل *tafā3īl*| • activation

تفقد *tafaqqada v.tr.* |5s يتفقد *yatafaqqad^u* | تفقد *tafaqqud*| • go to see (a place), visit, inspect, examine

تفكر *tafakkara v.intr.* |5s يتفكر *yatafakkar^u* | تفكر *tafakkur*| • reflect *on* في, speculate *about*

تفكر *tafakkur n.** • reflection, speculation

تفكك *tafakkaka v.intr.* |5s يتفكك *yatafakkak^u* | تفكك *tafakkuk*| • disintegrate, break up

تفكير *tafkīr n.** • thought ▪ تفكير ناقد *tafkīr nāqid* critical thinking

تفه *tafiha v.intr.* |1s4 يتفه *yatfah^u* | تفاهة *tafāha^t*| • be trivial, be insignificant

تفهم *tafahhama v.tr.* |5s يتفهم *yatafahham^u* | تفهم *tafahhum*| • come to understand, begin to see

تفوق *tafawwaqa v.intr.* |5s يتفوق *yatafawwaq^u* | تفوق *tafawwuq*| • outdo على, surpass ◊ تفوقت الشركة على منافسيها. *The company outdid its competitors.* • excel *in* في ◊ تفوقوا في دراساتهم. *They excelled in their studies.*

تفوق *tafawwuq n.** • superiority, excellence

تقابل *taqābala v.intr.* |6s يتقابل *yataqābal^u* | تقابل *taqābul*| • get together *with* مع, meet

تقاتل *taqātala v.intr.* |6s يتقاتل *yataqātal^u* | تقاتل *taqātul*| • battle (each other), fight

تقارب *taqāraba v.intr.* |6s يتقارب *yataqārab^u* | تقارب *taqārub*| • approach each other

تقارب *taqārub n.** • rapprochement, closeness

تقاضى *taqāḍā v.tr.* |6d يتقاضى *yataqāḍā* | **def.** تقاض *taqāḍ(in)*| • charge (a price, fee, etc.) • litigate

تقاطع *taqāṭa3a v.tr.* |6s يتقاطع *yataqāṭa3^u* | تقاطع *taqāṭu3*| • intersect

تقاطع *taqāṭu3 n.** • intersection, junction, crossroads

تقاعد *taqā3ada v.intr.* |6s يتقاعد *yataqā3ad^u* | تقاعد *taqā3ud*| • retire

تقاعد *taqā3ud n.** • retirement ▪ معاش تقاعد *ma3āš taqā3ud* pension

تقاعس *taqā3asa v.intr.* |6s يتقاعس *yataqā3as^u* | تقاعس *taqā3us*| • refrain *from* عن

تقامر *taqāmara v.intr.* |6s يتقامر *yataqāmar^u* | تقامر *taqāmur*| • gamble with each other

تقبل *taqabbala v.tr.* |5s يتقبل *yataqabbal^u* | تقبل *taqabbul*| • receive, accept, welcome

تقبل *taqabbul n.** • reception, acceptance, welcome

تقتيل *taqtīl n.** • slaughter, massacre, butchery

تقدر *taqaddara v.intr.* |*5s* يتقدر *yataqaddar^u* | تقدر *taqaddur*| • be estimated, be evaluated, be assessed

تقدم *taqaddama v.intr.* |*5s* يتقدم *yataqaddam^u* | تقدم *taqaddum*| • progress, advance, develop ▪ كما تقدم *ka-mā taqaddama* **adv.** as previously mentioned • present *oneself* ▪ تقدم إلى امتحان *taqaddama ʔilā imtiḥān* take a test, sit for an examination • submit بـ ▪ تقدم باقتراح *taqaddama bi-qtirāḥ* submit a proposal ▪ تقدم بطلب لـ *taqaddama bi-ṭalab^in li-* apply *for/to* (a job, school, etc.) ◊ هل تقدمت بطلب لهذه الوظيفة من قبل؟ *Have you applied for this position before?*

تقدم *taqaddum n.** • progress ▪ حقق تقدما في *ḥaqqaqa taqadduman fī v.* make headway *into*, make inroads *into*

تقدمي *taqaddumīy adj.* |*elat.* أكثر تقدما *ʔaktar taqadduman*| • progressive

تقدير *taqdīr n.** • estimate, estimation, evaluation, assessment • esteem, respect, appreciation ▪ نال تقديره *nāla taqdīr^ahu v.* earn *sb's* respect

تقديم *taqdīm n.** • presentation

تقرر *taqarrara v.intr.* |*5s* يتقرر *yataqarrar^u* | تقرر *taqarrur*| • be decided, be settled

تقريب *taqrīb n.** • approximation ▪ تقريبا *taqrīban adv.* [number +] approximately, about, around, almost, more or less ◊ منذ عشر سنوات تقريبا *about ten years ago*

تقريبي *taqrībīy adj.* • approximate

تقرير *taqrīr n.** |*pl.* **dip.** تقارير *taqārīr*| • report • decision, determination ▪ تقرير مصير *taqrīr maṣīr* self-determination

تقسيم *taqsīm n.** • division

تقطر *taqaṭṭara v.intr.* |*5s* يتقطر *yataqaṭṭar^u* | تقطر *taqaṭṭur*| • drip

تقطع *taqaṭṭa3a v.intr.* |*5s* يتقطع *yataqaṭṭa3^u* | تقطع *taqaṭṭu3*| • be cut, break apart

تقلب *taqallaba v.intr.* |*5s* يتقلب *yataqallab^u* | تقلب *taqallub*| • fluctuate, change, be volatile • move restlessly, toss and turn (in bed)

تقلب *taqallub n.** • fluctuation

تقلص *taqallaṣa v.intr.* |*5s* يتقلص *yataqallaṣ^u* | تقلص *taqalluṣ*| • contract, constrict • shrink

تقلص *taqalluṣ n.** • contraction, constriction • shrinkage

تقليد *taqlīd n.** |*pl.* **dip.** تقاليد *taqālīd*| • tradition ▪ عادات وتقاليد *3ādāt wataqlīd pl. n.* customs and traditions • imitation, copy, fake

تقليدي *taqlīdīy adj.* • traditional

تقليل *taqlīl n.** • reduction, decrease

تقني *tiqnīy adj.* • technical, technological

تقنية *tiqnīya^t n.* • technology • technique

تقنيع *taqnī3 n.** • concealment

تقوس *taqawwasa v.intr.* |*5s* يتقوس *yataqawwas^u* | تقوس *taqawwus*| • be bent, bend, curve

تقوى *taqawwā v.intr.* |*5d* يتقوى *yataqawwā* | **def.** تقو *taqaww(in)*| • become strong

تقوى *taqwā n.* **invar.** • devoutness, piety

تقوية *taqwiya^t n.** • fortification, reinforcement

تقويم *taqwīm n.** |*pl.* **dip.** تقاويم *taqāwīm*| • calendar • arrangement, set-up

تقي *taqīy adj.* |*m. pl.* **dip.** أتقياء *ʔatqiyāʔ* | *elat.* **invar.** أتقى *ʔatqā*| • devout, pious

تقيأ *taqayyaʔa v.intr.* |*5s(c)* يتقيأ *yataqayyaʔ^u* | تقيؤ *taqayyuʔ*| • vomit, throw up

تقيد *taqayyada v.intr.* |*5s* يتقيد *yataqayyad^u* | تقيد *taqayyud*| • be bound *by* بـ • be restricted

تقيد *taqayyud n.** • restriction

تقييد *taqyīd n.** • restriction, confinement, limitation

تقييم *taqyīm n.** • evaluation, assessment

تكاتب *takātaba v.intr.* |*6s* يتكاتب *yatakātab^u* | تكاتب *takātub*| • write to each other

تكاثر *takātara v.tr.* |*6s* يتكاثر *yatakātar^u* | تكاثر *takātur*| • reproduce, proliferate, multiply

تكاثر *takātur n.** • reproduction, proliferation

تكاثري *takāturīy adj.* • reproductive ▪ جهاز تكاثري *jihāz takāturīy n.* reproductive system

تكامل *takāmala v.intr.* |*6s* يتكامل *yatakāmal^u* | تكامل *takāmul*| • be finished, be complete • become integral, be comprehensive • become perfect

تكامل *takāmul n.** • integration

تكبر *takabbara v.intr.* |*5s* يتكبر *yatakabbar^u* | تكبر *takabbur*| • be arrogant, be proud

تكبر *takabbur n.** • arrogance, pride

تكبير *takbīr n.** • enlargement, magnification • takbir (the phrase 'Allahu akbar') ⓘ *The phrase* الله أكبر *aLLāhu ʔakbar (God is Great) is used during prayer and in the call to prayer. It is also an exclamation shouted out in various situations (as a battle cry, in celebration, etc.).*

تكتك *taktaka v.intr.* |*11s* يتكتك *yutaktik^u* | تكتكة

*taktaka*ᵗ| • tick, tick-tock

تكتكة *taktaka*ᵗ n.* • ticking, tick-tock

تكتل *takattala* v.intr. |5s يتكتل *yatakattal*ᵘ | تكتل *takattul*| • gather in a group • form a bloc, form a coalition

تكتل *takattul* n.* • bloc

تكتيك *taktīk* n. **invar.** • tactic

تكتيكي *taktīkīʸ* adj. • tactical

تكثف *takattafa* v.intr. |5s يتكثف *yatakattaf*ᵘ | تكثف *takattuf*| • thicken, become condensed

تكثيف *taktīf* n.* • compression, condensation

تكدس *takaddasa* v.intr. |5s يتكدس *yatakaddas*ᵘ | تكدس *takaddus*| • accumulate, amass

تكرار *takrār* n.* • repetition ▪ تكرارا *takrāran* adv. repeatedly ▪ مرارا وتكرارا *mirāran wa-takrāran* adv. time and again, over and over

تكرر *takarrara* v.intr. |5s يتكرر *yatakarrar*ᵘ | تكرر *takarrur*| • be repeated, recur

تكرر *takarrur* n.* • recurrence

تكرير *takrīr* n.* • refinement, purification • repetition

تكريس *takrīs* n.* • dedication, devotion

تكسير *taksīr* n.* • fragmentation

تكلفة *taklifa*ᵗ n. |pl. **dip.** تكاليف *takālīf*| • cost, expense

تكلم *takallama* v. |5s يتكلم *yatakallam*ᵘ | تكلم *takallum*| • v.intr. speak *with* مع *about* عن, talk • v.tr. speak (a language) ◊ هل تتكلم اللغة العربية؟ *Do you speak Arabic?*

تكليف *taklīf* n.* |pl. **dip.** تكاليف *takālīf*| • cost, expenditure

تكنولوجي *teknōlōjīʸ* adj. • technological

تكنولوجيا *teknōlōjiyā* n. **f. invar.** • technology

تكهرب *takahraba* v.intr. |12s يتكهرب *yatakahrab*ᵘ | تكهرب *takahrub*| • become electrified, become charged with electricity

تكوم *takawwama* v.intr. |5s يتكوم *yatakawwam*ᵘ | تكوم *takawwum*| • pile up

تكون *takawwana* v.intr. |5s يتكون *yatakawwana*ᵘ | تكون *takawwun*| • consist *of* من, be made up *of* ◊ يتكون العالم العربي من أكثر من عشرين دولة. *The Arab World consists of more than twenty countries.* • be formed, be created ◊ كيف يتكون الثلج؟ *How is snow formed?*

تكون *takawwun* n.* • formation

تكوين *takwīn* n.* |pl. **dip.** تكاوين *takāwīn*| • composition • formation

تكيف *takayyafa* v.intr. |5s يتكيف *yatakayyaf*ᵘ | تكيف *takayyuf*| • be regulated, be adjusted, be modified

تكييف *takyīf* n.* • regulation, adjustment, modification ▪ تكييف (هواء) *takyīf (· hawāʔ)* air-conditioning

تل *tall* n. |pl. تلال *tilāl*| • hill ▪ تل سفحي *tall safḥīʸ* foothill

تل أبيب *tall ʔabīb* n. **f.** • *(city in Israel)* Tel Aviv

تلا *talā* v.tr. • |1d3 يتلو *yatlū* | تلو *tulūʷ*| follow, result *from* • |1d3 يتلو *yatlū* | تلاوة *talāwa*ᵗ| recite, read ▪ تلا القرآن الكريم *talā -lqurʔānᵃ -lkarīmᵃ* recite the holy Quran

تلاءم *talāʔama* v.intr. |6s(b) يتلاءم *yatalāʔam*ᵘ | تلاؤم *talāʔum*| • comply *with* مع

تلاعب *talāʕaba* v.intr. |6s يتلاعب *yatalāʕab*ᵘ | تلاعب *talāʕub*| • play *with* بـ, tamper *with*, cheat, rig

تلاوة *tilāwa*ᵗ n.* • recital

تلبد *talabbada* v.intr. |5s يتلبد *yatalabbad*ᵘ | تلبد *talabbud*| •تلبد بالغيوم *talabbada bi-lɣuyūmⁱ* become overcast, cloud over

تلبية *talbiya*ᵗ n.* • compliance, response ▪ تلبية لـ *talbiyatan li-* in response to, in compliance with

تلحين *talḥīn* n.* |pl. **dip.** تلاحين *talāḥīn*| • *(music)* composition

تلخيص *talxīṣ* n.* • summary, synopsis

تلسكوب *tiliskūb* n. • telescope

تلطخ *talaṭṭaxa* v.intr. |5s يتلطخ *yatalaṭṭax*ᵘ | تلطخ *talaṭṭux*| • become stained ▪ لا يتلطخ *lā yatalaṭṭax*ᵘ stainless

تلف *talaf* n.* • destruction, ruin, damage

تلف *talifa* v.intr. |1s4 يتلف *yatlaf*ᵘ | تلف *talaf*| • be destroyed, be ruined, be damaged

تلفاز *tilfāz* n. • television, TV set

تلفز *talfaza* v.tr. |11s يتلفز *yutalfiz*ᵘ | تلفزة *talfaza*ᵗ| • televise, broadcast (on TV)

تلفظ *talaffaẓa* v.intr. |5s يتلفظ *yatalaffaẓ*ᵘ | تلفظ *tafalluẓ*| • pronounce بـ

تلفظ *talaffuẓ* n.* • pronunciation

تلفن *talfana* v.tr. |11s يتلفن *yutalfin*ᵘ | تلفنة *talfana*ᵗ| • telephone, call

تلق *talaqq(in)* n.* **def.** • reception, acquisition

تلقاء *tilqāʔa* prep. • opposite, in front of ▪ من تلقاء نفسه *min tilqāʔⁱ nafsⁱhi* adv. automatically, spontaneously

تلقائي *tilqāʔīʸ* adj. |elat. أكثر تلقائية *ʔaktar*

tilqāʔīyatan | • automatic ▪ تلقائيا *tilqāʔīyan adv.* automatically • spontaneous

تلقى *talaqqā v.tr.* |5d يتلقى *yatalaqqā* | **def.** تلق *talaqq(in)* | • receive, acquire, obtain ▪ تلقى اتصالا من *talaqqā ittiṣālan min* receive a phone call *from* ▪ تلقى تعليما *talaqqā ta3līman* receive an education

تلقيح *talqīḥ n.** • vaccination, inoculation • pollination • insemination, impregnation

تلك *tilka sing. **f.** demonstrative* • that ◊ [+ indefinite singular feminine noun] .تلك سيارة *That is a car.* ◊ [+ singular feminine noun with definite article] تلك السيارة *that car* ◊ تلك البنت *that girl* ◊ [singular feminine noun with pronoun suffix +] صديقتي تلك *that friend of mine* ▪ تلك هي *tilka hiya* That is (the) __ ◊ [+ singular feminine noun with definite article] .تلك هي المدرسة التي أخبرتك عنها *That is the teacher I told you about.* • these ◊ [+ inanimate indefinite plural noun] .تلك سيارات *Those are cars.* ◊ [+ inanimate plural noun with definite article] تلك البيوت *those houses* ◊ تلك السيارات *those cars* ◊ [inanimate plural noun with pronoun suffix +] في كتبه تلك *in those books of his* ▪ تلك هي *tilka hiya* Those are (the) __ ◊ [+ inanimate plural noun with definite article] .تلك هي الكتب التي أخبرتك عنها *Those are the books I told you about.* ⓘ *When* تلك *tilka modifies the first term of an idafa construction, it must follow the entire construction. Compare:* ◊ تلك الطبيبة *that doctor* ◊ طبيبة الأسنان تلك *that dentist* ⓘ *When modifying the second term of an idafa construction, it precedes the second term.* ◊ صاحب تلك السيارة *the owner of that car*

➡ ***That and Those p. 143***

تلمسان *tilimsān n. **f. dip.*** • *(city in Algeria)* Tlemcen ➡ ***map on p. 105***

تلميح *talmīḥ n.** |*pl.* تلميحات *talmīḥāt* or **dip.**تلاميح *talāmīḥ* | • hint, implication, insinuation

تلميذ *tilmīḏ n.* |*pl.* **dip.** تلاميذ *talāmīḏ* | • student

تلهب *talahhaba v.intr.* |5s يتلهب *yatalahhabu* | تلهب *talahhub* | • blaze, be ablaze

تلهف *talahhafa v.intr.* |5s يتلهف *yatalahhafu* | تلهف *talahhuf* | • yearn *for* على, long (for) • be eager *to* لـ, be anxious

تلهف *talahhuf n.** • eagerness, anxiety ▪ بتلهف *bi-talahhufin adv.* eagerly, anxiously

تلو *tilwa prep.* • after, followed by ▪ الواحد تلو الآخر *alwāḥid tilwa -lʔāxari adv.* one after another ◊ يوم تلو الآخر *day after day* ◊ *(or by repeating noun)* يوم تلو يوم *day after day* ▪ المرة تلو المرة *almarrata tilwa -lmarrati adv.* time after time, time and again

تلوث *talawwata v.intr.* |5s يتلوث *yatalawwatu* | تلوث *talawwut* | • become polluted

تلوث *talawwut n.** • pollution

تلوى *talawwā v.intr.* |5d يتلوى *yatalawwā* | **def.** تلو *talaww(in)* | • bend, twist, wriggle

تليفون *telīfōn n.* • telephone

تليفوني *telīfōnī adj.* • telephone-

تم *tamma v.intr.* |1g2 يتم *yatimmu* | تمام *tamām* | • be complete, be done • *(equivalent to passive structure)* [+ masdar] be carried out, take place ◊ .تمت ترجمة الكتاب إلى أكثر من عشرين لغة *The book has been translated into more than twenty languages. (lit. the translation of the book has been carried out...)*

ـتم *-tum(u) plural **m.** second-person perfect-tense suffix* • you (did) ◊ فعلتم *fa3altum you did* ⓘ *If the final radical of the verb is* ت*, only one* ت *is written.* ◊ سكتم *sakattum you became quiet* ⓘ *When a pronoun suffix is added,* ـو *-ū- is inserted:* ◊ فعلتموه *fa3altūhu you did it* ⓘ ـتم *-tum can also be used to show deference to an individual in very formal situations.* ◊ ماذا قلتم، سيدي الرئيس؟ *What did you say, Mr. President?*

ـتما *-tumā dual **m. f.** second-person perfect-tense suffix* • you (did) ◊ فعلتما *fa3altumā you did* ◊ سكتما *sakattumā you became quiet*

تماثل *tamātala v.intr.* |6s يتماثل *yatamātalu* | تماثل *tamātul* | • match, go together, resemble each other • recover, recuperate ◊ .تماثل المريض للشفاء *The patient was recovering.*

تمارض *tamāraḍa v.intr.* |6s يتمارض *yatamāraḍu* | تمارض *tamāruḍ* | • feign illness, pretend to be sick

تمام *tamām* • *n.** completeness ◊ في تمام الثالثة ظهرا *at three o'clock sharp* • *adj.* |*elat.* أتم *ʔatamm* | complete, entire; precise, exact ▪ تماما *tamāman adv.* completely, entirely; precisely, exactly ▪ تماما مثل *tamāman mitla*, تماما كـ *tamāman ka-* just like, exactly like ◊ تماما كوالده *just like his father* ◊ وتماما كما قرأت في الجريدة *just like what I read in the newspaper*

تمتع *tamatta3a v.intr.* |5s يتمتع *yatamatta3u* | تمتع *tamattu3* | • enjoy بـ

تمتع *tamattu3 n.*★ • enjoyment

تمتين *tamtīn n.*★ • fortification

تمثال *timṯāl n.* |*pl.* **dip.** تماثيل *tamāṯīl*| • statue ▪ تمثال الحرية *timṯāl · alḫurrīya^u* the Statue of Liberty

تمثل *tamaṯṯala v.intr.* |5s يتمثل *yatamaṯṯal^u* | تمثل *tamaṯṯul*| • take the form *of* بـ *or* في, follow the model *of*

تمثيل *tamṯīl n.*★ • performance

تمثيلي *tamṯīlī^y adj.* • theatrical

تمثيلية *tamṯīlīya^t n.* • play, drama, performance

تمحيص *tamḥīṣ n.*★ • close examination, scrutiny

تمدد *tamaddada v.intr.* |5s يتمدد *yatamaddad^u* | تمدد *tamaddud*| • stretch • lie down

تمديد *tamdīd n.*★ • extension

تمر *tamr coll. n.* |*sing.* تمرة *tamra^t* | *pl.* تمور *tumūr*| • dates ▪ تمر هندي *tamr hindī^y* tamarinds ⓘ *The English word 'tamarind' has been borrowed from this Arabic word.*

تمرد *tamarrada v.intr.* |5s يتمرد *yatamarrad^u* | تمرد *tamarrud*| • disobey على, rebel *against*, revolt *against*

تمرد *tamarrud n.*★ • disobedience, rebellion, revolt

تمرس *tamarrasa v.intr.* |5s يتمرس *yatamarras^u* | تمرس *tamarrus*| • practice بـ, be experienced *in*

تمرس *tamarrus n.*★ • practice

تمركز *tamarkaza v.intr.* |12s يتمركز *yatamarkaz^u* | تمركز *tamarkuz*| • focus *on* في, center, centralize

تمرن *tamarrana v.intr.* |5s يتمرن *yatamarran^u* | تمرن *tamarrun*| • practice على, exercise, train

تمرين *tamrīn n.*★ |*pl.* تمرينات *tamrīnāt* or **dip.** تمارين *tamārīn*| • exercise, practice ▪ تمارين ضغط *tamārīn · ḍaɣṭ pl. n.* push-ups

تمزق *tamazzaqa v.intr.* |5s يتمزق *yatamazzaq^u* | تمزق *tamazzuq*| • tear, be torn

تمساح *timsāḥ n.* |*pl.* **dip.** تماسيح *tamāsīḥ*| • alligator, crocodile

تمسك *tamassaka v.intr.* |5s يتمسك *yatamassak^u* | تمسك *tamassuk*| • persist *in* بـ, stick *to*, be committed *to*

تمسك *tamassuk n.*★ • persistence, commitment

تمشى *tamaššā v.intr.* |5d يتمشى *yatamaššā* | **def.** تمش *tamašš(in)*| • stroll, go for a walk

تمطط *tamaṭṭaṭa v.intr.* |5s يتمطط *yatamaṭṭaṭ^u* | تمطط *tamaṭṭuṭ*| • stretch

تمطى *tamaṭṭā v.intr.* |5d يتمطى *yatamaṭṭā* | **def.** تمط *tamaṭṭ(in)*| • stretch

تمغط *tamaɣɣaṭa v.intr.* |5s يتمغط *yatamaɣɣaṭ^u* | تمغط *tamaɣɣuṭ*| • stretch, be expanded

تمكن *tamakkana v.intr.* |5s يتمكن *yatamakkan^u* | تمكن *tamakkun*| • [+ masdar] be able to *(do)* من, can *(do)* ◊ .لم أتمكن من فهم السؤال *I couldn't understand the question.*

تململ *tamalmala v.tr.* |12s يتململ *yatamalmal^u* | تململ *tamalmul*| • be restless

تمن *tamann(in) n.*★ **def.** • wish, desire ▪ تمنيات *tamannīyāt pl. n.* regards ▪ تمنياتي الطيبة *tamanniyātī -ṭṭayyiba^t* Best wishes!

تمنى *tamannā v.tr.* |5d يتمنى *yatamannā* | **def.** تمن *tamann(in)*| • hope ▪ .أتمنى ذلك *ʔatamannā ḏālika* I hope so. ▪ تمنى أنْ *tamannā ʔan* hope that... ◊ .أتمنى أن تكون بخير *I hope you are well.* • wish ▪ ...أتمنى لك *ʔatamannā laka...* I wish you (a)... ◊ .أتمنى لك التوفيق *I wish you success.* ◊ أتمنى لك نهارا سعيدا. *Have a nice day.* ▪ تمنى لو (أنّ) *tamannā law (ʔanna)* wish that... ◊ كم أتمنى لو كنت غنيا! *How I wish I were rich!*

تمهل *tamahhala v.intr.* |5s يتمهل *yatamahhal^u* | تمهل *tamahhul*| • be leisurely, take *one's* time

تمهل *tamahhul n.*★ • leisure ▪ بتمهل *bi-tamahhul^in* *adv.* leisurely

تمهيد *tamhīd n.*★ • preface, foreword • preparation

تمهيدي *tamhīdī^y adj.* • introductory, preliminary

تموج *tamawwaja v.intr.* |5s يتموج *yatamawwaj^u* | تموج *tamawwuj*| • ripple, roll

تموز *tammūz n.* **dip.** • July ➡ ***The Months p. 181***

تمويج *tamwīj n.*★ • تمويج شعر *tamwīj · ša3r (hair)* perm

تمويل *tamwīl n.*★ • finance

تمويلي *tamwīlī^y adj.* • financial

تموين *tamwīn n.*★ • supply, provision

تميز *tamayyaza v.intr.* |5s يتميز *yatamayyaz^u* | تميز *tamayyuz*| • be distinguished *by* بـ, be characterized, be prominent

تميمة *tamīma^t n.* |*pl.* **dip.** تمائم *tamāʔim*| • amulet

تمييز *tamyīz n.*★ • distinction *between* بين • discrimination ▪ تمييز عنصري *tamyīz 3unṣurī^y* racial discrimination • *(grammar)* accusative of specification

تن *tunn n.* • tuna

ـتن *-tunna plural f. second-person perfect-tense suffix* • you (did) ◊ فعلتن *fa3altunna you did* ◊ سكتن

sakattunna you became quiet

تنازل *tanāzala* v.intr. |6s يتنازل *yatanāzal^u* | تنازل *tanāzul*| • relinquish *sth* عن *to* لـ, forgo, abdicate, renounce, abandon, surrender, back down *from* ▪ تنازل عن العرش لـ *tanāzala 3an^i -l3arš^i li-* abdicate the throne to

تناسب *tanāsaba* v.intr. |6s يتناسب *yatanāsab^u* | تناسب *tanāsub*| • be compatible *with* مع, be commensurate

تناسب *tanāsub* n.* • proportion

تناسق *tanāsaqa* v.intr. |6s يتناسق *yatanāsaq^u* | تناسق *tanāsuq*| • be coordinated, be harmonious

تناسق *tanāsuq* n.* • coordination, harmony

تناسل *tanāsala* v.intr. |6s يتناسل *yatanāsal^u* | تناسل *tanāsul*| • reproduce, breed

تناسل *tanāsul* n.* • reproduction, sex

تناسلي *tanāsulī^y* adj. • reproductive, sexual ▪ جهاز تناسلي *jihāz tanāsulī^y* n. reproductive system

تنافس *tanāfasa* v.intr. |6s يتنافس *yatanāfas^u* | تنافس *tanāfus*| • compete *with/against* مع *for* على

تنافس *tanāfus* n.* • competition

تنافسي *tanāfusī^y* adj. • competitive

تناقش *tanāqaša* v.intr. |6s يتناقش *yatanāqaš^u* | تناقش *tanāquš*| • debate (with each other) *about* في

تناقض *tanāqaḍa* v.intr. |6s يتناقض *yatanāqaḍ^u* | تناقض *tanāquḍ*| • clash *with* مع, contrast

تناقض *tanāquḍ* n.* • contrast, contradiction

تناهى *tanāhā* v.intr. |6d يتناهى *yatanāhā* | **def.** تناه *tanāh(in)*| • come to an end • reach إلى ▪ تناهى إلى سمعه *tanāhā ?ilā sam3^i hi*, تناهى إلى مسمعه *tanāhā ?ilā misma3^i hi*, تناهى إلى علمه *tanāhā ?ilā 3ilm^i hi* come to the knowledge of (lit. come to *one's* ear)

تناوب *tanāwaba* v.intr. |6s يتناوب *yatanāwab^u* | تناوب *tanāwub*| • [+ masdar] take turns *(do)ing* على, alternate

تناول *tanāwala* v.tr. |6s يتناول *yatanāwal^u* | تناول *tanāwul*| • deal with, treat ◊ يتناول الفيلم موضوع الحرب. *The film deals with the subject of war.* • eat, have, take ▪ تناول وجبة *tanāwala wajba^t* eat a meal ▪ تناول طعاما *tanāwala ṭa3āman* eat food ▪ تناول الفطور *tanāwala alfuṭūr^a* have breakfast ▪ تناول الغداء *tanāwala alɣadā?^a* have lunch ▪ تناول العشاء *tanāwala al3ašā?^a* have dinner ▪ تناول قهوة *tanāwala qahwa^t* have coffee ▪ تناول حبة *tanāwala ḥabba^t*, تناول دواء *tanāwala dawā?* take a pill/medicine

تناول *tanāwul* n.* • treatment

تنبأ *tanabba?a* v.intr. |5s(c) يتنبأ *yatanabba?^u* | تنبؤ *tanabbu?*| • predict بـ, forecast

تنبه *tanabbaha* v.intr. |5s يتنبه *yatanabbah^u* | تنبه *tanabbuh*| • notice إلى, realize • wake up

تنبؤ *tanabbu?* n.* • prediction, forecast

تنبيه *tanbīh* n.* • caution, warning, note • stimulation

تنجيد *tanjīd* n.* • upholstery

تنجيم *tanjīm* n.* • astrology

تنديد *tandīd* n.* • criticism

تنزه *tanazzaha* v.intr. |5s يتنزه *yatanazzah^u* | تنزه *tanazzuh*| • stroll, go for a walk, go for a drive, go for a ride • go on a picnic

تنزه *tanazzuh* n.* • stroll, walk, ride, drive • picnic, excursion, outing

تنزيل *tanzīl* n. • discount • *(computers)* download

تنس *tenis* n. **invar.** • tennis ▪ تنس طاولة *tenis · ṭāwila^t* table tennis ▪ مضرب تنس *miḍrab · tenis* tennis racket

تنسيق *tansīq* n. • coordination, arrangement, alignment

تنشق *tanaššaqa* v.intr. |5s يتنشق *yatanaššaq^u* | تنشق *tanaššuq*| • inhale

تنشق *tanaššuq* n.* • inhalation

تنشيط *tanšīṭ* n.* • stimulation

تنصت *tanaṣṣata* v.tr. |5s يتنصت *yatanaṣṣat^u* | تنصت *tanaṣṣut*| • eavesdrop, wiretap (a telephone)

تنصيب *tanṣīb* n.* • nomination, appointment

تنصير *tanṣīr* n.* • conversion to Christianity

تنظف *tanaẓẓafa* v.intr. |5s يتنظف *yatanaẓẓaf^u* | تنظف *tanaẓẓuf*| • be cleaned, become clean • clean *oneself*

تنظيم *tanẓīm* n.* • arrangement, organization

تنظيمي *tanẓīmī^y* adj. |elat. أكثر تنظيما *?aktar tanẓīman*| • controlling, regulatory

تنفس *tanaffasa* v.intr. |5s يتنفس *yatanaffas^u* | تنفس *tanaffus*| • breathe, respire

تنفس *tanaffus* n.* • respiration, breath

تنفسي *tanaffusī^y* adj. • respiratory ▪ جهاز تنفسي *jihāz tanaffusī^y* respiratory system

تنفيذ *tanfīd* n. • implementation, execution, performance

تنفيذي *tanfīdī^y* adj. • executive ▪ مدير تنفيذي *mudīr tanfīdī^y* n. executive director

تنقل *tanaqqala* v.intr. |5s يتنقل *yatanaqqal^u* | تنقل *tanaqqul*| • be transported • be transferred

تنقل *tanaqqul n.** • transportation • transfer

تنقية *tanqīya^t n.** • purification, refinement

تنقيح *tanqīḥ n.** • revision

تنكر *tanakkara v.intr.* |*5s* يتنكر *yatanakkar^u* | تنكر *tanakkur*| • be disguised, be in disguise

تنكر *tanakkur n.** • disguise

تنموي *tanmawīy adj.* • development-

تنمية *tanmiya^t n.** • development, advancement, cultivation

تنهد *tanahhada v.intr.* |*5s* يتنهد *yatanahhad^u* | تنهد *tanahhud*| • sigh

تنهيدة *tanhīda^t n.* • sigh ▪ أطلق تنهيدة *ʔaṭlaqa tanhīda^t v.* sigh, let out a sigh

تنورة *tannūra^t n.* |*pl.* ***dip.*** تنانير *tanānīr*| • skirt

تنوع *tanawwa3a v.intr.* |*5s* يتنوع *yatanawwa3^u* | تنوع *tanawwu3*| • become diverse, be varied

تنوع *tanawwu3 n.** • diversity, variety ▪ تنوع بيولوجي *tanawwu3 bīyūlūjīy* biodiversity

تنوير *tanwīr n.** • illumination • enlightenment ▪ عصر التنوير *3aṣr · attanwīr^i* the Age of Enlightenment • bloom

تنويع *tanwī3 n.** • diversification

تنويم *tanwīm n.** • hypnosis

تنوين *tanwīn n.** • *(grammar)* nunation

تنين *tinnīn n.* |*pl.* ***dip.*** تنانين *tanānīn*| • dragon

تهامس *tahāmasa v.intr.* |*6s* يتهامس *yatahāmas^u* | تهامس *tahāmus*| • whisper to each other

تهج *tahajj(in) n.** ***def.*** • spelling

تهجى *tahajjā v.tr.* |*5d* يتهجى *yatahajjā* | ***def.*** تهج *tahajj(in)*| • spell

تهجية *tahjiya^t n.** • spelling

تهدئة *tahdiʔa^t n.** • pacification, tranquilization

تهديد *tahdīd n.** • threat, menace ▪ تحت التهديد *taḥta -ttahdīd^i*, تحت تهديد السلاح *taḥta tahdīd^i -ssilāḥ adv.* at gunpoint, at knifepoint

تهديدي *tahdīdīy adj.* |*elat.* أكثر تهديدا *ʔaktar tahdīdan*| • threatening

تهرب *taharraba v.intr.* |*5s* يتهرب *yataharrab^u* | تهرب *taharrub*| • evade من

تهرب *taharrub n.** • evasion ▪ تهرب ضريبي *taharrub ḍarībīy* tax evasion

تهزأ *tahazzaʔa v.intr.* |*5s(c)* يتهزأ *yatahazzaʔ^u* | تهزؤ *tahazzuʔ*| • make fun *of* من *or* بـ, mock

تهشم *tahaššama v.tr.* |*5s* يتهشم *yatahaššam^u* | تهشم *tahaššum*| • be destroyed, be crushed, be smashed

تهكم *tahakkama v.intr.* |*5s* يتهكم *yatahakkam^u* | تهكم *tahakkum*| • make fun *of* على *or* بـ, mock

تهكم *tahakkum n.** • mockery, sarcasm

تهكمي *tahakkumīy adj.* |*elat.* أكثر تهكما *ʔaktar tahakkuman*| • sarcastic, mocking

تهمة *tuhma^t n.* |*pl.* تهم *tuham*| • accusation, charge ▪ بتهم *bi-tuham^i prep.* on charges of, on __ charges ▪ وجه تهمة إلى *wajjaha tuhma^tan ʔilā* file charges against

تهنئة *tahniʔa^t n.** |*pl.* ***dip.*** تهانئ *tahāniʔ* or تهان *tahān(in)*| • congratulation

تهور *tahawwara v.intr.* |*5s* يتهور *yatahawwar^u* | تهور *tahawwur*| • be rash, be careless

تهور *tahawwur n.** • rashness, carelessness

تهوية *tahwiya^t n.** • ventilation

تهويل *tahwīl n.** |*pl.* ***dip.*** تهاويل *tahāwīl*| • intimidation • exaggeration ▪ تهاويل *pl. n.* embellishments, (ornamental) flourishes

تهيئة *tahyiʔa^t n.** • preparation, arrangement

توا *tawwan*, في التو *fī -ttaww^i*, للتو *li-ttaww^i*, لتوه *li-taww^ihi adv.* • [+ perfect tense or active participle] just, just now ◊ عاد للتو من العمل. *He just returned from work.* ◊ هي قادمة لتوها من لبنان. *She's just come from Lebanon.* ◊ ماذا قلت توا؟ *What did you just say?* • right away, immediately, directly ◊ سأحضر في التو واللحظة. *I'll be there right away.*

تواتر *tawātara v.intr.* |*6s* يتواتر *yatawātar^u* | تواتر *tawātur*| • recur, appear from time to time • become strained

تواتر *tawātur n.** • recurrence, frequency • tension, strain, stress

تواجد *tawājada v.intr.* |*6s* يتواجد *yatawājad^u* | تواجد *tawājud*| • exist, be found • be present • be available

تواجد *tawājud n.** • presence • existence

توازن *tawāzana v.intr.* |*6s* يتوازن *yatawāzan^u* | توازن *tawāzun*| • balance, be balanced ▪ توازن على يده *tawāzana 3alā yad^ihi* do a handstand, stand on *one's* hands

توازن *tawāzun n.** • balance ▪ توازن بين العمل والحياة *tawāzun bayna -l3amal^i wa-lḥayā^ti* work-life balance

توازى *tawāzā v.intr.* |*6d* يتوازى *yatawāzā* | ***def.*** تواز *tawāz(in)*| • be parallel • correspond (to each other)

تواصل *tawāṣala v.tr.* |*6s* يتواصل *yatawāṣal^u* | تواصل *tawāṣul*| • continue, be continuous • be interconnected

تواصل *tawāṣul n.** • continuance, duration

تواضع *tawāḍa3a v.intr.* |6s يتواضع *yatawāḍa3ᵘ* | تواضع *tawāḍu3*| • behave modestly, be humble

تواضع *tawāḍu3 n.** • modesty, humility ▪ بكل تواضع *bi-kullⁱ tawāḍuƒⁱⁿ adv.* humbly, in all modesty

توافر *tawāfara v.intr.* |6s يتوافر *yatawāfarᵘ* | توافر *tawāfur*| • be fulfilled, be met • be available, be abundant

توافر *tawāfur n.** • availability, abundance

توافق *tawāfaqa v.intr.* |6s يتوافق *yatawāfaqᵘ* | توافق *tawāfuq*| • conform *to* مع, be in agreement *with*

توافق *tawāfuq n.** • conformity, agreement

توالد *tawālada v.intr.* |6s يتوالد *yatawāladᵘ* | توالد *tawālud*| • reproduce, propagate, procreate

توالد *tawālud n.** • reproduction, procreation

توالى *tawālā v.intr.* |6d يتوالى *yatawālā* | **def.** توال *tawāl(in)*| • follow in succession, be continuous

توأم *tawʔam n.* |pl. **dip.** توائم *tawāʔim*| • twin ▪ توأمان *tawʔamānⁱ dual noun (a set of)* twins

توبة *tawbaᵗ n.** • repentance, penance

توبيخ *tawbīx n.** • reprimand

توت *tūt coll. n.* |sing. توتة *tūtaᵗ*| • mulberries ▪ توت أرضي *tūt ʔarḍīʸ* strawberries ▪ توت أسود *tūt ʔaswad* blackberries ▪ توت أزرق *tūt ʔazraq* blueberries ▪ توت شوكي *tūt šawkīʸ* raspberries

توتر *tawattara v.intr.* |5s يتوتر *yatawattarᵘ* | توتر *tawattur*| • become tense, become anxious

توتر *tawattur n.** • tension, strain, anxiety ▪ خفف التوتر *xaffafa attawattur v.* ease tensions *between* بين

توثيق *tawtīq n.** • documentation, notarization, authentication

توج *tawwaja v.tr.* |2s يتوج *yutawwijᵘ* | تتويج *tatwīj*| • crown

توجب *tawajjaba v.intr.* |5s يتوجب *yatawajjabᵘ* | توجب *tawajjub*| •توجب عليه *tawajjaba 3alayhi* be necessary *for sb* ▪ يتوجب (عليه) أنْ *yatawajjabᵘ (3alayhi) ʔan (impersonal verb)* must *(do)*, have to *(do)*

توجع *tawajja3a v.intr.* |5s يتوجع *yatawajja3ᵘ* | توجع *tawajju3*| • agonize *over* لـ, lament

توجع *tawajju3 n.** • agony, anguish

توجه *tawajjaha v.intr.* |5s يتوجه *yatawajjahᵘ* | توجه *tawajjuh*| • head *for/to* إلى *or* لـ

توجه *tawajjuh n.** • attitude, orientation ▪ توجه جنسي *tawajjuh jinsīʸ* sexual orientation

توجيه *tawjīh n.** • guidance, direction • *(vehicle)* steering

توجيهي *tawjīhīʸ adj.* • instructional

توحد *tawaħħada v.intr.* |5s يتوحد *yatawaħħadᵘ* | توحد *tawaħħud*| • unite, unify, come together

توحد *tawaħħud n.** • autism ▪ مصاب بمرض التوحد *muṣāb bi-maraḍⁱ -ttawaħħudⁱ adj.* autistic

توحش *tawaħħaša v.intr.* |5s يتوحش *yatawaħħašᵘ* | توحش *tawaħħuš*| • become savage, become barbaric, become wild • *(place)* become desolate, become deserted

توحيد *tawħīd n.** • unity, union ▪ توحيد أمة *tawħīd · ʔummaᵗ* national unity • monotheism, (belief in the) oneness of God

تورتة *turtaᵗ n.* • cake

تورط *tawarraṭa v.intr.* |5s يتورط *yatawarraṭᵘ* | تورط *tawarruṭ*| • become involved *in* في, become embroiled *in*

تورط *tawarruṭ n.** • involvement

تورم *tawarrama v.intr.* |5s يتورم *yatawarramᵘ* | تورم *tawarrum*| • swell up, become swollen

تورونتو *tōrōntō n.* **f. invar.** • *(city in Canada)* Toronto

توريد *tawrīd n.** • provision, supply ▪ سلسلة توريد *salsalat · tawrīd* supply chain

توزع *tawazza3a v.intr.* |5s يتوزع *yatawazza3ᵘ* | توزع *tawazzu3*| • be distributed, be delivered

توزيع *tawzī3 n.** • distribution, delivery

توسط *tawassaṭa v.intr.* |5s يتوسط *yatawassaṭᵘ* | توسط *tawassuṭ*| • mediate *between* بين

توسط *tawassuṭ n.** • mediation

توسع *tawassa3a v.intr.* |5s يتوسع *yatawassa3ᵘ* | توسع *tawassu3*| • widen, expand, be expanded

توسع *tawassu3 n.** • expansion

توسل *tawassala v.intr.* |5s يتوسل *yatawassalᵘ* | توسل *tawassul*| • beg *sb* إلى *for* بـ, implore

توسيع *tawsī3 n.** • expansion

توشم *tawaššama v.intr.* |5s يتوشم *yatawaššamᵘ* | توشم *tawaššum*| • get a tattoo

توصل *tawaṣṣala v.intr.* |5s يتوصل *yatawaṣṣalᵘ* | توصل *tawaṣṣul*| • reach إلى, arrive *at*

توصل *tawaṣṣul n.** • arrival • achievement

توصية *tawṣiyaᵗ n.** • advice, recommendation,

suggestion

توصيل *tawṣīl n.*⋆ • delivery

توصيلة *tawṣīla^{t} n.* • cord, extension cord

توضح *tawaḍḍaḥa v.intr.* |5s يتوضح *yatawaḍḍaḥ^{u}* | توضح *tawaḍḍuḥ* | • become clear, become evident

توضيب *tawḍīb n.*⋆ • arrangement

توضيح *tawḍīḥ n.*⋆ • clarification, explanation ▪ تطلب مزيدا من التوضيح *taṭallaba mazīdan min^{a} -ttawḍīḥ^{i} v.* require further clarification • demonstration, illustration

توطيد *tawṭīd n.*⋆ • stabilization

توظيف *tawẓīf n.*⋆ • employment

توعية *taw3iya^{t} n.*⋆ • *n.* enlightenment, education

توفر *tawaffara v.intr.* |5s يتوفر *yatawaffar^{u}* | توفر *tawaffur* | • be fulfilled, be met • be available, be abundant

توفى *tawaffā v.tr.* |5d يتوفى *yatawaffā* | ***def.*** توف *tawaff(in)* | •توفاه الله *tawaffā<u>hu</u> aLLāh^{u}* *(die)* pass away (lit. God takes *sb*) ▪ تُوفي *tuwuffiya pass. v.* *(die)* pass away

توفير *tawfīr n.*⋆ • fulfillment • increase, augmentation

توفيق *tawfīq n.*⋆ • success ▪ كل التوفيق *kull attawfīq*, أتمنى لك التوفيق *ʔatamannā laka attawfīq^{a}* Good luck!, Best of luck! • reconciliation

توفيقي *tawfīqī^{y} adj.* • conciliatory • successful

توقع *tawaqqa3a v.tr.* |5s يتوقع *yatawaqqa3^{u}* | توقع *tawaqqu3* | • expect, anticipate ▪ توقع أنْ *tawwaqa3a ʔan* expect that..., expect to *(do)*

توقع *tawaqqu3 n.*⋆ • expectation

توقف *tawaqqafa v.intr.* |5s يتوقف *yatawaqqaf^{u}* | توقف *tawaqquf* | • quit عن, stop ◊ توقفت عن كتابة روايات. *She stopped writing novels.* • depend *on* على

توقيت *tawqīt n.*⋆ • time ▪ توقيت عالمي منسق *tawqīt 3ālamī^{y} munassaq* Universal Coordinated Time (UTC) ▪ توقيت جرينيتش *tawqīt grīnītš* Greenwich Mean Time (GMT) ◊ في الساعة الثالثة بتوقيت جرينيتش *at three o'clock GMT* ▪ توقيت صيفي *tawqīt ṣayfī^{y}* daylight savings time (DST), summer time ▪ توقيت محلي *tawqīt maḥallī^{y}* local time ▪ ساعة توقيت *sā3at · tawqīt* stopwatch

توقير *tawqīr n.*⋆ • reverence

توقيع *tawqī3 n.*⋆ • signature • infliction

توقيف *tawqīf n.*⋆ • arrest ▪ قيد التوقيف *qayda -ttawfīq^{i} adv.* under arrest

تولى *tawalla v.tr.* |5d يتولى *yatawallā* | ***def.*** تول *tawall(in)* | • take over, take control *of*, hold, occupy ▪ تولى الخلافة *tawallā alxilāfa^{ta}* assume the caliphate, become caliph ▪ تولى الرئاسة *tawallā arriʔāsa^{t}* occupy the presidency ▪ تولى السلطة *tawallā assulṭa^{ta}* hold power

توليب *tūlīb*, تيوليب *tyūlīb n.* • tulip

توليد *tawlīd n.*⋆ • generation, production, create ▪ توليد وظائف *tawlīd · waẓāʔif* job creation • طب التوليد *ṭibb · attawlīd^{i}* obstetrics ▪ طبيب توليد *ṭabīb · tawlīd* obstetrician

تونة *tūna^{t} n.* • tuna

تونس *tūnis n.* ***f. dip.*** • Tunisia • *(capital of Tunisia)* Tunis

تونسي *tūnisī^{y} adj. & n.* • Tunisian ▪ الجمهورية التونسية *aljumhūrīya^{t} attūnisīya^{t} n.* the Republic of Tunisia

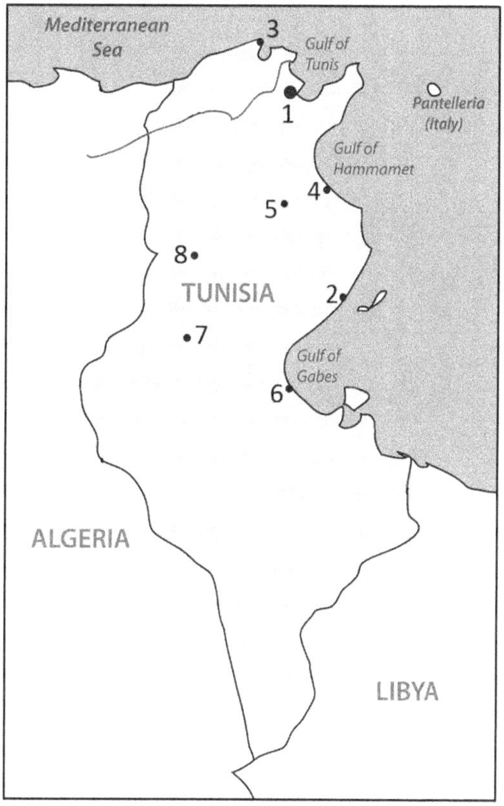

map of Tunisia

1. تونس *tūnis* Tunis
2. صفاقس *safāqis* Sfax
3. بنزرت *binzart* Bizerte
4. سوسة *sūsa^{t}* Sousse
5. القيروان *alqayrawān* Kairouan
6. قابس *qābis* Gabès
7. قفصة *qafṣa^{t}* Gafsa

8. القصرين *alqaṣrayn* Kasserine

توهج *tawahhaja* v.intr. |5s يتوهج *yatawahhaj*[u] | توهج *tawahhuj* | • glow

تي شيرت *tī širt* n. • t-shirt

تيار *tayyār* n. • current, stream, flow ▪ تيار كهربائي *tayyār kahrabāʔī* electric current • movement

تيرابايت *terābāyt* n. ***invar.*** • terabyte

تيسر *tayassara* v.intr. |5s يتيسر *yatayassar*[u] | تيسر *tayassur* | • become easy • be possible *for* لـ • become successful

تيقن *tayaqqana* v.intr. |5s يتيقن *yatayaqqan*[u] | تيقن *tayaqqun* | • be certain *of* بـ, be sure

تيك أواي *tayk ʔawāy* n. ***invar.*** • takeout (UK: takeaway)

تيكيلا *tikīlā* n. ***invar.*** • tequila

تين *tīn* coll. n. |*sing.* تينة *tīna*[t] | • figs

تيوليب *tyūlīb* n. • tulip

ث

ث *tāʔ n.* **f.** |ثاء| • *(fourth letter of the Arabic alphabet)* • *(numerical value)* 500 ➡ ***The Abjad Numerals p. 108***

ثاء *tāʔ n.* **f.** ➡ ث

ثابت *tābit act. part. adj.* |*elat.* أثبت *ʔatbat*| • stable, steady, established ▪ من الثابت أنّ *minᵃ -ttābitⁱ ʔanna* it is well established that... ▪ أثبت من الوشم *ʔatbat minᵃ -lwašmⁱ idiom* more permanent than a tattoo (i.e. absolutely permanent)

ثابتة *tābitaᵗ n.* |*pl.* **dip.** ثوابت *tawābit*| • principle, rule, constant

ثابر *tābara v.intr.* |*3s* يثابر *yutābirᵘ* | مثابرة *mutābaraᵗ*| • persist *in* على, persevere

ثار *tāra v.intr.* |*1h3* يثور *yatūrᵘ* | ثورة *tawraᵗ*| • revolt *against* على, rebel, rise up, rage

ثأر *taʔara v.intr.* |*1s1(a)* يثأر *yatʔarᵘ* | ثأر *taʔr*| • avenge لـ, get revenge *on* من ◊ ثأر لأخيه من الثعبان. *He took revenge on the snake for his brother.*

ثأر *taʔr n.*** • vengeance, revenge, retaliation ▪ أخذ بثأره من *ʔaxaḏa bi-taʔrⁱhi min* take *one's* revenge on

ثالث *tālit adj.* • *(ordinal number)* third ⓘ *Unlike cardinal numbers, ordinal numbers have logical gender agreement:* ◊ اليوم الثالث *the third day* ◊ المرة الثالثة *the third time* ▪ ثالثا *tālitan adv.* thirdly, third ▪ الساعة الثالثة *assā3aᵗ attālitaᵗ* three o'clock

ثالث عشر *tālitᵃ 3ašrᵃ* |*f.* ثالثة عشرة *tālitaᵗᵃ 3ašaraᵗᵃ*| [always accusative] • *(ordinal number)* the thirteenth ◊ اليوم الثالث عشر *the thirteenth day* ◊ المرة الثالثة عشرة *the thirteenth time* ⓘ *Notice that 'thirteenth' is always accusative. Only the first word of a compound number takes the definite article.*

ثالث وعشرون *tālit wa-3išrūnᵃ* |*f.* ثالثة وعشرون *tālitaᵗ wa-3išrūnᵃ*| [always accusative] • *(ordinal number)* twenty-third ◊ اليوم الثالث وعشرون *the twenty-third day* ◊ المرة الثالثة وعشرون *the twenty-third time*

ثامن *tāmin adj.* • *(ordinal number)* eighth ▪ الساعة الثامنة *assā3aᵗ attāminaᵗ* eight o'clock (8:00)

ثامن عشر *tāminᵃ 3ašrᵃ* |*f.* ثامنة عشرة *tāminaᵗᵃ 3ašaraᵗᵃ*| • [always accusative] eighteenth ◊ اليوم الثامن عشر *the eighteenth day* ◊ المرة الثامنة عشرة *the eighteenth time*

ثان *tān(in) adj.* **def.** |*m. pl.* **def.** ثوان *tawān(in)*| • *(ordinal number)* second, 2nd ▪ ثانيا *tāniyan*, ثانية *tāniyatan adv.* secondly, second of all; again, once more • another • following, next

ثانوي *tānawīʸ adj.* • secondary, minor • *(school)* secondary

ثانوية *tānawīyaᵗ n.* • high school, secondary school

ثاني عشر *tāniyᵃ 3ašrᵃ adj.* |*f.* ثانية عشرة *tāniyaᵗᵃ 3ašaraᵗᵃ*| • [always accusative] twelfth ◊ اليوم الثاني عشر *the twelfth day* ◊ المرة الثانية عشرة *the twelfth time* ▪ الساعة الثانية عشرة *assā3aᵗ attāniyaᵗᵃ 3ašaraᵗᵃ (time)* twelve o'clock (12:00)

ثانية *tāniyaᵗ n.* |*pl.* **def.** ثوان *tawān(in)*| • *(1/60 minute)* second

ثائر *tāʔir act. part.* |*pl.* ثوار *tuwwār*| • *adj.* revolutionary, rebellious • *n.* insurgent, rebel

ثبات *tabāt n.** • proof • confirmation

ثبت *tabata* or *tabuta v.intr.* • |*1s3/1s6* يثبت *yatbutᵘ* | ثبوت *tabūt*| be proven • be confirmed, be established • |*1s3/1s6* يثبت *yatbutᵘ* | ثبات *tabāt*| be fixed, be stationary

ثبّت *tabbata v.tr.* |*2s* يثبت *yutabbitᵘ* | تثبيت *tatbīt*| • fix, fasten • stabilize

ثبوت *tubūt n.* • certainty

ثبوتي *tubūtīʸ adj.* • probative, substantiating ▪ أوراق ثبوتية *ʔawrāq tubūtīyaᵗ*, وثائق ثبوتية *watāʔiq tubūtīyaᵗ* identity documents • affirmative

ثدي *tady n.* **m.** *or* **f.** |*pl.* أثداء *ʔatdāʔ*| • breast, bust ◊ *(dual when referring to one person)* ثدياها *tadyāhā her breasts* ◊ *(plural when referring to more than one person)* أثداؤهما *ʔatdāʔᵘhumā their breasts* • udder

ثديي *tadyīʸ* • *adj.* mammalian • *n.* mammal

ثراء *tarāʔ n.* • wealth, affluence, prosperity

ثرثار *tartār* • *adj.* |*elat.* أكثر ثرثرة *ʔaktar tartaraᵗᵃⁿ*| chatty • *n.* chatterbox, blabbermouth, babbler

ثرثر *tartara v.intr.* |*11s* يثرثر *yutartirᵘ* | ثرثرة *tartaraᵗ*| • chatter, babble

ثرثرة *tartaraᵗ n.** • chatter, babble

ث

ثروة *tarwa*^{t} *n.* |*pl.* ثروات *tar(a)wāt*| • wealth, riches, fortune

ثري *tarī*^{y} *adj.* |*m. pl.* **dip.** أثرياء *ʔatriyāʔ* | *elat.* أكثر ثراء *ʔaktar tarāʔan* or أثرى *ʔatrā*| • wealthy, rich, prosperous

ثريا *turayā n.* ***f.*** ***invar.*** | *plural* ثريات *turayāt*| • chandelier

ثعبان *tu3bān n.* |*pl.* **dip.** ثعابين *ta3ābīn*| • snake ▪ ثعبان بحر *tu3bān · baḥr*, ثعبان ماء *tu3bān · māʔ* eel

ثعلب *ta3lab n.* |*pl.* **dip.** ثعالب *ta3ālib*| • fox

ثقاب *tiqāb n.* •عود ثقاب *3ūd · tiqāb* match

ثقافة *taqāfa*^{t} *n.* • culture

ثقافي *taqāfī*^{y} *adj.* • cultural

ثقب *taqaba v.tr.* |*1s3* يثقب *yatqub*^{u} | ثقب *taqb*| • pierce, puncture, drill, bore

ثقب *tuqb n.* |*pl.* ثقوب *tuqūb*| • puncture, hole

ثقة *tiqa*^{t} *n.** • confidence *in* بـ *or* في, trust ▪ ثقة بالنفس *tiqa*^{t} *bi-nnafs*^{i} self-confidence ▪ بثقة *bi-tiqa*^{tin}, في ثقة *fī tiqa*^{tin} *adv.* confidently, with confidence ▪ بثقة كبيرة *bi-tiqa*^{tin} *kabīra*^{tin} *adv.* with great confidence ▪ بثقة كاملة *bi-tiqa*^{tin} *kāmila*^{tin} *adv.* with complete confidence

ثقف *taqqafa v.tr.* |*2s* يثقف *yutaqqif*^{u} | تثقيف *tatqīf*| • educate, culture

ثقل *taqula v.intr.* |*1s6* يثقل *yatqul*^{u} | ثقالة *taqāla*^{t} or ثقل *tiql*| • become heavy

ثقل *tiql n.** |*pl.* أثقال *ʔatqāl*| • heaviness, weightiness • *(for exercise, etc.)* weight ▪ رفع أثقال *raf3 · ʔatqāl* weight lifting

ثقيل *taqīl adj.* |*m. pl.* **dip.** ثقلاء *tuqalāʔ* or ثقال *tiqāl* | *elat.* أثقل *ʔatqal*| • heavy ▪ ثقيل الدم *taqīl · addam*^{i}, ثقيل الظل *taqīl · azzill*^{i} insufferable, unbearable, unpleasant, a pain in the neck ▪ ثقيل السمع *taqīl · assam3*^{i} hard of hearing ▪ ثقيل الفهم *taqīl ·alfahm*^{i} thick in the head, stupid, slow

ثكنة *tukna*^{t} *n.* |*pl.* ثكنات *tuk(u)nāt* or ثكن *tukan*| • barracks, garrison

ثلاث *tulāta adv.* • three at a time, in threes

ثلاثاء *tulātāʔ n.* • Tuesday ◊ في أول ثلاثاء من كل شهر *on the first Tuesday of every month* ▪ الثلاثاء *attulātāʔ*^{a}, يوم الثلاثاء *yawm*^{a} *· -ttulātāʔ*^{i} *adv.* (on) Tuesday(s) ▪ كل ثلاثاء *kull*^{a} *tulātāʔ*^{in} *adv.* every Tuesday

ثلاثة *talāta*^{t} ***f.*** *number* |*m.* ثلاث *talāt* | *as numeral, written* ٣| • [+ indefinite genitive plural noun] three ⓘ *The number 3 requires reverse gender agreement:* ◊ *(feminine form with masculine noun)* ثلاثة بيوت *talāta*^{t} *buyūt*^{in} *three houses* ◊ *(masculine form with feminine noun)* ثلاث سيارات *talāt sayyārāt*^{in} *three cars* • [definite plural noun +] the three ◊ الرجال الثلاثة *the three men* ◊ النساء الثلاث *the three women*

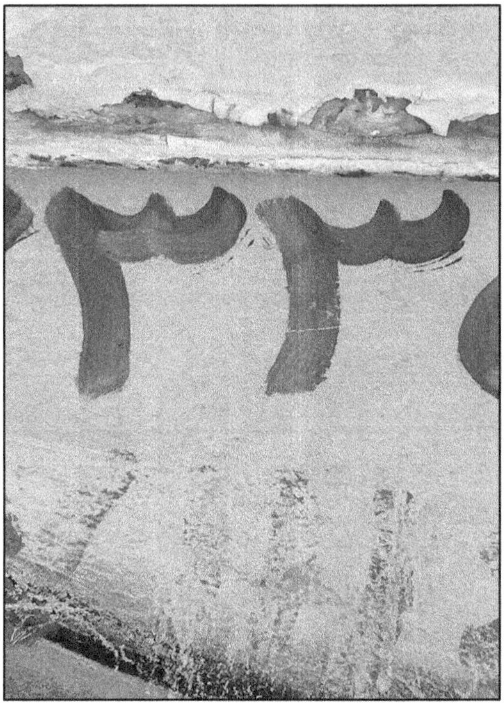

'33' on a sign in Yemen

ثلاثة آلاف *talātat ʔālāf*^{in} |*as numeral, written* ٣٠٠٠| • three thousand

ثلاثة عشر *talāta*^{ta} *3ašr*^{a} ***f.*** *number* |*m.* ثلاث عشرة *talāt*^{a} *3ašara*^{ta} | *as numeral, written* ١٣| • [+ indefinite accusative singular noun] thirteen ⓘ *The number 13 is a compound number. Neither word in the compound reflects the case required by the grammar of the sentence; both always take the definite accusative. The first word in the compound requires reverse gender agreement, while the second agrees in gender with the counted noun:* ◊ *(with masculine noun)* ثلاثة عشر بيتا *talāta*^{ta} *3ašar*^{a} *baytan thirteen houses* ◊ *(with feminine noun)* ثلاث عشرة سيارة *talāt*^{a} *3ašara*^{ta} *sayyāra*^{tan} *thirteen cars* • [definite plural noun +] the thirteen ◊ الرجال الثلاثة عشر *the thirteen men* ◊ النساء الثلاث عشرة *the thirteen women*

ثلاثة وعشرون *talāta*^{tun} *wa-3išrūn*^{a} ***f.*** *number* |*m.* ثلاث وعشرون *talāt*^{un} *wa-3išrūn*^{a} | *as numeral, written* ٢٣| • [+ indefinite accusative singular noun] twenty-three ◊ ثلاثة وعشرون بيتا *twenty-three houses* ◊ ثلاث وعشرون سيارة *twenty-three cars* ⓘ *In compounds with twenty, thirty, etc., both numbers reflect the case required by the grammar of the sentence:* ◊ زرت ثلاثة وعشرين بلدا. *zurt*^{u} *talāta*^{tan} *wa-3išrīn*^{a} *baladan I visited 23 countries.* ◊ في ثلاثة وعشرين بلدا *fī talāta*^{tin} *wa-3išrīn*^{a} *baladan in 23 countries*

ثلاثمائة *talāt*^{u} *mi?a*^{tin}, ثلاثمئة | *as numeral, written* ٣٠٠ | • three hundred

ثلاثون *talātūn*^{a} *number* | *acc. and gen.* ثلاثين *talātīn*^{a} | *as numeral, written* ٣٠ | • [+ indefinite accusative singular noun] thirty ◊ ثلاثون بيتا *talātūn*^{a} *baytan thirty houses* ◊ من ثلاثين بيتا *min talātīn*^{a} *baytan from thirty houses* ▪ الثلاثينات *attalātīnāt pl. n.* the thirties, the (19)30s • *adj.* thirtieth ◊ في اليوم الثلاثون *fī -lyawm*^{i} *-ttalātūn*^{a} *the thirtieth day*

ثلاثي *tulātī*^{y} *adj.* • threefold, tri-, trilateral, tripartite ▪ فعل ثلاثي *fi3l tulātī*^{y} *n. (grammar)* triliteral verb ▪ قمة ثلاثية *qimma*^{t} *tulātīya*^{t} *n.* trilateral summit

ثلاثية *tulātīya*^{t} *n.* • trilogy

ثلاثيني *talātīnī*^{y} *adj.* • thirty-something-year-old, in *one's* thirties

ثلاجة *tallāja*^{t} *n.* • refrigerator

ثلث *tallata v.tr.* | *2s* يثلث *yutallit*^{u} | تثليث *tatlīt* | • triple

ثلث *tult n.* | *pl.* أثلاث *?atlāt* | • *(fraction)* third ◊ ثلثان *two thirds* ▪ والثلث *wa-ttult* [hour +] *(time)* twenty past ◊ الساعة الخامسة والثلث *twenty past five (5:20)* ▪ إلا الثلث *?illā -ttult*^{a} [hour +] *(time)* twenty to ◊ الساعة السادسة إلا الثلث *twenty to six (5:40)*

ثلج *talij adj.* | *elat.* أثلج *?atlaj* | • icy, snowy

ثلج *talj n.* | *pl.* ثلوج *tulūj* | • ice • snow ▪ نزل الثلج *nazala attalj*^{u} *v.* snow

ثلجي *taljī*^{y} *adj.* | *elat.* أثلج *?atlaj* | • icy • snowy

ثم *tumma adv.* • then, after that, later on ▪ ثم إن *tumma ?inna* moreover, furthermore

ثمان *tumāna adv.* • eight at a time, in eights

ثمانمائة *tamānī mi?a*^{tin}, ثمانمئة | *as numeral, written* ٨٠٠ | • eight hundred ⓘ *When written together as one word, the* ـي *-ī of* ثماني *is unwritten, yet still pronounced.*

ثمانون *tamānūn*^{a} *number* | *acc. and gen.* ثمانين *tamānīn*^{a} | *as numeral, written* ٨٠ | • [+ indefinite accusative singular noun] eighty ◊ ثمانون كتابا *tamānūn*^{a} *kitāban eighty books* ◊ من ثلاثين كتابا *min talātīn*^{a} *baytan from thirty houses* ▪ الثمانينات *attamānīnāt pl. n.* the eighties, the (19)80s • *adj.* eightieth ◊ في صفحة الثمانين *fī ṣafḥa*^{tin} *attamānīn*^{a} *on page eighty*

ثماني *tumānī*^{y} *adj.* • eightfold, octa-

ثمانية *tamāniya*^{t} ***f.*** *number* | *m.* ***def.*** ثمان *tamān(in)* | *as numeral, written* ٨ | • [+ indefinite genitive plural noun] eight ⓘ *The number 8 requires reverse gender agreement:* ◊ *(feminine form with masculine noun)* ثمانية بيوت *tamāniya*^{t} *buyūt*^{in} *eight houses* ◊ ثماني سيارات *tamānī sayārāt*^{in} *eight cars*

'Alexandria 8 km'

ثمانية عشر *tamaniya*^{ta} *3ašr*^{a} *number* | *m.* ثماني عشرة *tamāniya 3ašara*^{ta} | *as numeral, written* ١٨ | • [+ indefinite accusative singular noun] eighteen ⓘ *The number 18 is a compound number. Neither word in the compound reflects the case required by the grammar of the sentence; both always take the definite accusative. The first word in the compound requires reverse gender agreement, while the second agrees in gender with the counted noun:* ◊ *(with masculine noun)* ثمانية عشر بيتا *tamāniya*^{ta} *3ašar*^{a} *baytan eighteen houses* ◊ *(with feminine noun)* ثماني عشرة سيارة *tamāniya 3ašara*^{ta} *sayyāra*^{tan} *eighteen cars* • [definite plural noun +] the eighteen

◊ الرجال ثمانية عشر *the eighteen men* ◊ النساء الثماني عشرة *the eighteen women*

ثمانيني *tamānīnīy adj.* • eighty-something-year-old, in *one's* eighties

ثمة *tammata adv.* • there is, there are, there was, there were ▪ ليس ثمة *laysa tammata* there isn't, there aren't, there wasn't, there weren't

ثمر *tamar* • *coll. n.* |*sing.* ثمرة *tamarat* | *pl.* ثمار *timār* or أثمار *ʔatmār*| fruit, produce ⓘ ثمرة *tamarat is also used for counting certain fruit and other produce:* ◊ ثمرة بطاطس *a potato* • ثمر *tamar*, ثمرة *tamrat* or *tamarat n.* |*pl.* ثمار *timār*| result, product

ثمن *taman n.* |*pl.* أثمان *ʔatmān*| • price

ثمن *tammana v.tr.* |*2s* يثمن *yutamminu* | تثمين *tatmīn*| • value, appreciate • estimate, evaluate, assess, appraise ▪ لا يُثمن *lā yutammanu pass. v.* priceless

ثمن *tumn n.* |*pl.* أثمان *ʔatmān*| • *(fraction)* eighth ◊ سبعة أثمان *seven eighths*

ثمين *tamīn adj.* |*pl.* أثمان *ʔatmān* | *elat.* أثمن *ʔatman*| • valuable, precious

ثناء *tanāʔ n.* • praise, commendation

ثنائي *tunāʔīy adj.* • bi-, twofold, bilateral, two-sided ▪ علاقات ثنائية *3alāqāt tunāʔīyat pl. n.* bilateral relations ▪ نظام عد ثنائي *niẓām · 3add tunāʔīy n.* binary numeral system

ثنى *tanā v.tr.* |*1d2* يثني *yatnī* | ثني *tany*| • bend, fold, flex

ثنى *tannā v.tr.* |*2d* يثني *yutannī* | تثنية *tatniyat*| • double

ثني *tiny n.* |*pl.* أثناء *ʔatnāʔ*| • bend • fold, pleat

ثنية *tanīyat n.* |*pl.* ***invar.*** ثنايا *tanāyā*| • incisor ▪ في ثنايا *fī tanāyā*, بين ثنايا *bayna tanāyā prep.* in, within ◊ .وجدت الإجابة في ثنايا الكتاب *I found the answer in the book.*

ثواب *tawāb n.* • recompense, reward

ثوب *tawb n.* |*pl.* ثياب *tiyāb* or أثواب *ʔatwāb*| • garment, robe ▪ ثوب سباحة *tawb · sibāḥat* bathing suit, swimsuit • thobe (long, loose-fitting garment worn by men in the Gulf region), thawb

Businessmen wearing thobes (dishdashas) in the U.A.E.

ثور *tawr n.* |*pl.* ثيران *tīrān*| • bull • برج الثور *burj · attawri* *(astrology)* Taurus ▪ .أنا من برج الثور *ʔana min burji -ttawri* I'm a Taurus.

ثورة *tawrat n.** |*pl.* ثورات *taw(a)rāt*| • revolution, revolt, uprising ▪ الثورة *attawrat* Al-Thawra (Yemeni newspaper); Al-Thawra (Syrian newspaper)

ثوري *tawrīy adj.* |*elat.* أكثر ثورية *ʔaktar tawrīyatan*| • revolutionary

ثوم *tūm coll. n.* |*sing.* ثومة *tūmat*| • garlic

ج

ج *jīm n.* ***f.*** |جيم| • *(fifth letter of the Arabic alphabet)* • *(numerical value)* 3 • *(point of information)* C.,III. ➡ ***The Abjad Numerals p. 108***

ج.م *junayh miṣrī^{y}* |*abbreviation of* جنيه مصري| • Egyptian pound

جاء *jāʔa v.tr. & intr.* |1h2(a) يجيء *yajīʔ^{u}* | مجيء *majīʔ*| • come *to* إلى ◊ جاء إلى الأردن منذ عامين. *He came to Jordan two years ago.* ◊ كيف جئت هنا؟ *How did you get here?* • be received by ◊ جاءتني رسالة. *I received a letter. (lit. A letter came to me.)* • bring بـ ◊ جئنا بها إلى المستشفى. *We brought her to the hospital.*

جاب *jāba v.tr.* |1h3 يجوب *yajūb^{u}* | جوب *jawb*| • explore, traverse

جاحد *jāḥid act. part.* • *adj.* |*elat.* أجحد *ʔajḥad*| denying ▪ جاحد للجميل *jāḥid li-ljamīl^{i} adj.* ungrateful, thankless • *n.* unbeliever, infidel

جاد *jādd act. part. adj.* |*elat.* أكثر جدية *ʔaktar jiddiya^{tan}*| • *(not joking)* serious, earnest

جادة *jādda^{t} n.* |*pl.* جواد *jawādd*| • road

جادل *jādala v.tr.* |3s يجادل *yujādil^{u}* | مجادلة *mujādala^{t}*| • quarrel *with*, argue

جاذبية *jāđibīya^{t} n.* • gravity • attraction, charm

جار *jār n.* |*pl.* جيران *jīrān*| • neighbor ▪ الجار قبل الدار والرفيق قبل الطريق *aljār^{u} qabla -ddār^{i} wa-rrafīq^{u} qabla -ṭṭarīq^{i} proverb* (Choose) the neighbor before the house and the companion before the trip.

جار *jār(in) adj.* ***def.*** • current, present ▪ الشهر الجاري *aššahr aljārī^{y}* the current month

جار *jāra v.tr.* |1h3 يجور *yajūr^{u}* | جور *jawr*| • oppress على, wrong, tyrannize, bully

جارح *jāriḥ act. part. adj.* • painful

جاز *jāza v.intr.* |1h3 يجوز *yajūz^{u}* | جواز *jawāz*| • be allowed, be permitted • be conceivable, be thinkable

جاسوس *jāsūs n.* |*pl.* ***dip.*** جواسيس *jawāsīs*| • spy

جاع *jāʕa v.intr.* |1h3 يجوع *yajūʕ^{u}* | جوع *jūʕ*| • become hungry, feel hungry

جاف *jāff act. part. adj.* |*elat.* أجف *ʔajaff*| • dry

جاكارتا *jākārtā n.* ***f. invar.*** • *(capital of Indonesia)* Jakarta

جاكيت *jākayt n.* • jacket

جال *jāla v.tr.* |1h3 يجول *yajūl^{u}* | جول *jawl* or تجوال *tajwāl*| • roam around, wander

جالكعيو *gālkaʕyo n.* ***f. invar.*** • *(city in Somalia)* Galkayo ➡ ***map on p. 188***

جالية *jāliya^{t} n.* • community, colony ▪ جالية السود *jāliyat · assūd^{i}* the Black community

جامايكا *jāmaykā n.* ***f. invar.*** • Jamaica

جامايكي *jāmaykī^{y} adj. & n.* • Jamaican

جامد *jāmid act. part. adj.* |*elat.* أجمد *ʔajmad* or أكثر تجمدا *ʔaktar tajammudan*| • rigid • frozen

جامع *jāmaʕa v.tr.* |3s يجامع *yujāmiʕ^{u}* | مجامعة *mujāmaʕa^{t}*| • have sexual intercourse *with*, copulate

جامع *jāmiʕ act. part. n.* |*pl.* ***dip.*** جوامع *jawāmiʕ*| • mosque ▪ جامع الأزهر *jāmiʕ · alʔazhar^{i}* Al-Azhar Mosque

جامعة *jāmiʕa^{t} act. part. n.* • university, college • league, union, organization ▪ الجامعة العربية *aljāmiʕa^{t} alʕarabīya^{t}* the Arab League ▪ جامعة الدول العربية *jāmiʕat · adduwal^{i} -lʕarabīya^{ti}* the League of Arab States

جامعي *jāmiʕī^{y} adj.* • university-, college-, collegiate ▪ طالب جامعي *ṭālib jāmiʕī^{y} n.* university student, college student

جامل *jāmala v.tr.* |3s يجامل *yujāmil^{u}* | مجاملة *mujāmala^{t}*| • compliment, flatter

جاموس *jāmūs n.* |*pl.* ***dip.*** جواميس *jawāmīs*| • water buffalo

جان *jān(in) n.* ***def.*** |*pl.* جناة *junā^{t}*| • criminal, delinquent

جانب *jānib n.* |*pl.* ***dip.*** جوانب *jawānib*| • side ▪ بجانب *bi-jānib^{i}*, إلى جانب *ʔilā jānib^{i} prep.* next to; besides, in addition to ▪ وإلى جانب هذا *wa-ʔilā jānib^{i} hāđā*, وإلى جانب ذلك *wa-ʔilā jānib^{i} đālika adv.* besides, moreover ▪ على جانب كبير من الأهمية *ʕalā jānib^{in} kabīr^{in} min^{a} -lʔahammīya^{ti}* of great importance ▪ على الجانب الآخر من *ʕalā -ljānib^{i} -lʔāxar^{i} min prep.* across from ▪ من جانب آخر *min jānib^{in} ʔāxar^{a} adv.* on the other hand

جانبي *jānibī^{y} adj.* • lateral, side-

جاهد *jāhada v.intr.* |3s يجاهد *yujāhid^{u}* | مجاهدة

mujāhadaᵗ| • strive, endeavor • wage holy war

جاهد *jāhid act. part. adj.* • strenuous, vigorous ▪ جاهدا *jāhidan adv.* hard, diligently ◊ يعمل جاهدا. *He works hard.*

جاهر *jāhara v.intr.* |*3s* يجاهر *yujāhirᵘ* | مجاهرة *mujāharaᵗ*| • reveal بـ, make public • speak frankly

جاهز *jāhiz adj.* |*elat.* أجهز *ʔajhaz*| • ready, prepared • equipped

جاهل *jāhil act. part. adj.* |*m. pl.* **dip.** جهلاء *juhalāʔ* or جهلة *jahalaᵗ* | *elat.* أجهل *ʔajhal*| • ignorant, uneducated

جاهلي *jāhilīʸ adj.* • pre-Islamic ▪ الأدب الجاهلي *alʔadab aljāhilīʸ n.* pre-Islamic literature

جاهلية *jāhilīyaᵗ n.* • pre-Islamic era

جاوب *jāwaba v.* |*3s* يجيب *yujāwibᵘ* | مجاوبة *mujāwabaᵗ*| • *v.tr. & intr.* answer *sb* (على), reply, respond • *v.intr.* answer *sth* عن *or* على

جاور *jāwara v.tr.* |*3s* يجاور *yujāwirᵘ* | مجاورة *mujāwaraᵗ*| • neighbor, live next door *to* • border, be close *to*

جاوز *jāwaza v.tr.* |*3s* يجاوز *yujāwizᵘ* | مجاوزة *mujāwazaᵗ*| • exceed, pass, surpass

جائر *jāʔir act. part.* |*pl.* جورة *jawaraᵗ* or جارة *jāraᵗ*| • oppressor, tyrant • *adj.* oppressive, tyrannical; wrongful, unjust, unfair ▪ حكم جائر *ḥakm jāʔir n.* unjust sentence

جائز *jāʔiz act. part. adj.* • permissible • conceivable, thinkable

جائزة *jāʔizaᵗ act. part. n.* |*pl.* **dip.** *n.* جوائز *jawāʔiz*| • prize, reward, award ▪ جائزة نوبل *jāʔizat · nōbel* Nobel Prize

جائع *jāʔi3 act. part. adj.* |*m. pl.* جياع *jiyā3* | *elat.* أكثر جوعا *ʔaktar jū3an* or أجوع *ʔajwa3*| • hungry, starving

جبار *jabbār adj.* |*m. pl.* جبابرة *jabābiraᵗ*| • mighty, magnificent • giant, gigantic, huge

جبان *jabān* |*pl.* **dip.** جبناء *jubanāʔ*| • *adj.* |*elat.* أجبن *ʔajban*| cowardly • *n.* coward

جبة *jubbaᵗ n.* |*pl.* جباب *jibāb*| • jubbah (loose garment)

جبر *jabara v.tr.* |*1s3* يجبر *yajburᵘ* | جبر *jabr*| • force *sb* ∘ *to (do)* على, make, coerce, compel • fix, mend ▪ جبر عظما مكسورا *jabara 3aẓman maksūran* set a broken bone, splint a broken bone

جبر *jabr n.** • coercion, compulsion • might, power, force • algebra ⓘ *The English word 'algebra' has been borrowed from this Arabic word.*

جبريل *jabrīl* **dip.** *man's name* • Gabriel

جبس *jabbasa v.tr.* |*2s* يجبس *yujabbisᵘ* | تجبيس *tajbīs*| • set in plaster

جبس *jibs n.* • plaster • *(orthopedic)* cast

جبل *jabal n.* |*pl.* جبال *jibāl*| • mountain ▪ جبل موسى *jabal mūsā* Mount Sinai

جبلي *jabalīʸ adj.* • mountainous, hilly

جبن *jubn,* جبنة *jubnaᵗ n.* |*pl.* أجبان *ʔajbān*| • cheese

جبهة *jabhaᵗ n.* |*pl.* جبهات *jab(a)hāt*| • forehead • front line ▪ على الجبهة *3alā -ljabhaᵗⁱ* on the front line • *(weather)* front

جبيرة *jabīraᵗ n.* |*pl.* **dip.** جبائر *jabāʔir*| • splint

الجبيل *aljubayl n.* ***f.*** • *(city in Saudi Arabia)* Jubail

➡ ***map on p. 166***

جبين *jabīn n.* |*pl.* أجبنة *ʔajbinaᵗ*| • forehead

جث *jatta v.tr.* |*1g3* يجث *yajuttᵘ* | جث *jatt*| • uproot *sth* ∘ *from* من

جثة *jutta n.* |*pl.* جثث *jutat*| • corpse, body, carcass

جثمان *jutmān n.* |*pl.* **dip.** جثامين *jatāmīn*| • corpse, body, carcass

جحا *juḥā* **invar.** *man's name* • Juha (fictional character in humorous anecdotes)

Juha riding a donkey

جحد *jaḥada v.tr.* |*1s1* يجحد *yajḥadᵘ* | جحد *jaḥd* or جحود *juḥūd*| • renounce, deny

جحود *juḥūd,* جحد *jaḥd n.** • disbelief, infidelity, denial • جحود الجميل *juḥūd · aljamīlⁱ* ingratitude

جحيم *jaḥīm n.* • hell, inferno ▪ الجحيم *aljaḥīm* Hell ▪ أحال حياته إلى جحيم *ʔaḥāla ḥayātᵃ<u>hu</u> ʔilā jaḥīm* give *sb* hell, make *sb's* life a living hell

جد *jadd n.* |*pl.* أجداد *ʔajdād* or جدود *judūd*| • grandfather, grandpa • ancestor

جد *jadda v.intr.* |*1g2* يجد *yajiddᵘ* | جد *jidd*| • be serious • work hard, do *one's* best ▪ من جد وجد. *man jadda wajada proverb* He who works hard will find (what he is looking for). • have happened recently

جد *jidd n.** • seriousness • hard work, diligence ▪ بجد *bi-jiddⁱⁿ adv.* diligently, hard ◊ يعمل بجد ليلا ونهارا. *He works hard day and night.* ▪ جدا *jiddan adv.* [adjective +] very ◊ جيد جدا *very good*

جدار *jidār n.* |*pl.* جدران *judrān* or جدر *judur*| • wall

جدارة *jadāraᵗ n.** • worth, merit, aptitude

جدال *jidāl n.* • quarrel, argument, dispute

جدة *jaddaᵗ n.* • grandmother

جدة *jiddaᵗ n.* **dip.** • *(city in Saudi Arabia)* Jeddah

➡ *map on p. 166*

جدجد *judjud n.* |*pl.* **dip.** جداجد *jadājid*| • cricket

جدد *jaddada v.tr.* |*2s* يجدد *yujaddidᵘ* | تجديد *tajdīd*| • renew, update • modernize

جدر *jadura v.intr.* |*1s6* يجدر *yajdurᵘ* | جدارة *jadāraᵗ*| • be worthy *of* بـ

جدرة *judaraᵗ n.* • keloid

جدري *judarīʸ n.* • smallpox ▪ جدري ماء *judarīʸ · māʔ* chicken pox

جدف *jaddafa v.* |*2s* يجدف *yujaddifᵘ* | تجديف *tajdīf*| • *v.tr.* row (a boat) • *v.intr.* blaspheme على

جدل *jadal n.* • *(hair)* braid • controversy

جدل *jadala v.tr.* |*1s2* يجدل *yajdilᵘ* | جدل *jadl*| • twist, braid

جدلي *jadalīʸ adj.* |أكثر جدلا *ʔaktar jadalan* or أكثر إثارة للجدل *ʔaktar ʔitāratan liljadalⁱ*| • controversial

جدول *jadwal n.* |*pl.* **dip.** جداول *jadāwil*| • schedule ▪ جدول أعمال *jadwal · ʔa3māl (work)* calendar, agenda ▪ جدول دراسي *jadwal dirāsīʸ* class schedule; curriculum • chart, table, index

جدول *jadwala v.tr.* |*11s* يجدول *yujadwilᵘ* | جدولة *jadwalaᵗ*| • catalog, list, arrange

جدولة *jadwalaᵗ n.** • arrangement

جدوى *jadwā n.* **invar.** • advantage, benefit ▪ بلا جدوى *bi-lā jadwā*, دون جدوى *dūna jadwā adv.* worthless, useless, of no use; in vain ▪ دراسة جدوى *darāsat · jadwā* feasibility study

جدي *jiddīʸ adj.* |*elat.* أكثر جدية *ʔaktar jiddiyaᵗᵃⁿ*| • serious, earnest ▪ جديا *jiddīyan adv.* in earnest

جدي *jidy n.* |*pl.* جديان *jidyān*| • *(young goat)* kid • برج الجدي *burj · aljidyⁱ (astrology)* Capricorn ▪ أنا من برج الجدي. *ʔana min burjⁱ -ljidyⁱ* I'm a Capricorn.

جدية *jiddīyaᵗ n.* • seriousness ▪ بمنتهى الجدية *bi-muntahā -ljiddīyaᵗⁱ adv.* extremely serious, in all earnest

جديد *jadīd adj.* |*m. pl.* جدد *judud* | *elat.* أجدد *ʔajdad*| • new ▪ من جديد *min jadīdⁱⁿ adv.* again, anew

الجديدة *aljadīdaᵗ n.* • *(city in Morocco)* El Jadida

➡ *map on p. 294*

جدير *jadīr adj.* |*m. pl.* **dip.** جدراء *judarāʔ* | *elat.* أجدر *ʔajdar*| • worthy *of* بـ, deserving, suitable ▪ من الجدير بالذكر أنّ *minᵃ -ljadīrⁱ bi-ḍḍikrⁱ ʔanna* it is worth mentioning that... ▪ جدير بالاهتمام *jadīr bi-lihtimāmⁱ* worthwhile ▪ جدير بالملاحظة *jadīr bi-lmulāḥaẓaᵗⁱ* notable, noteworthy ▪ جدير بالاحترام *jadīr bi-liḥtirāmⁱ* respectable, deserving of respect ▪ جدير بالثقة *jadīr bi-ttiqaᵗⁱ* trustworthy ▪ من الأجدر أنْ *minᵃ -lʔajdarⁱ ʔan* it is more suitable that...

جذاب *jaḏḏāb adj.* |*elat.* أكثر جاذبية *ʔaktar jāḏibīyaᵗᵃⁿ* or أجذب *ʔajḏab*| • attractive • sexy

جذام *juḏām n.* • leprosy

جذب *jaḏaba v.tr.* |*1s2* يجذب *yajḏibᵘ* | جذب *jaḏb*| • attract

جذب *jaḏb n.** • attraction, appeal • gravitation

جذر *jiḏr* or *jaḏr n.* |*pl.* جذور *juḏūr*| • root, stem ▪ جذر نبات *jiḏr · nabāt (plant)* root ▪ جذر أسنان *jiḏr · ʔasnān (tooth)* root ▪ عميق الجذر *3amīq · aljiḏrⁱ adj.* deep-rooted • *(grammar)* root

جذري *jiḏrīʸ* or *jaḏrīʸ adj.* • radical, fundamental • *(grammar)* root-, radical

جذع *jiḏ3 n.* |*pl.* جذوع *juḏū3*| • trunk, torso ▪ جذع شجرة *jiḏ3 · šajaraᵗ* tree trunk ▪ جذع مخ *jiḏ3 · muxx* brain stem

جذف *jaḏḏafa v.tr.* |*2s* يجذف *yujaḏḏifᵘ* | تجذيف *tajḏīf*| • row (a boat)

جر *jarr n.** • *(grammar)* genitive case ▪ حرف جر *ḥarf · jarr* preposition

جر *jarra v.tr.* |*1g3* يجر *yajurrᵘ* | جر *jarr*| • pull, drag, draw, haul, tow • *(grammar)* make genitive

جراء *jarrāʔ n.* • runner, racer

جراء *jarrāʔa*, من جراء *min jarrāʔⁱ prep.* • due to,

because of, as a result of ◊ تضرر المنزل من جراء الزلزال. *The house was damaged because of the earthquake.*

جراب *jirāb n.* |*pl.* أجربة *ʔajribaᵗ*| • sheath, scabbard • case, cover ▪ جراب جوال *jirāb · jawāl* cell phone case

جرأة *jurʔaᵗ n.*★ • courage, boldness, bravery

جراج *garāj n.* • garage

جراح *jarrāħ n.* • surgeon ▪ جراح عظام *jarrāħ · 3aẓām* orthopedist, orthopedic surgeon ▪ جراح تجميل *jarrāħ · tajmīl* plastic surgeon

جراحة *jirāħaᵗ n.* • surgery, operation ▪ جراحة عظام *jirāħat · 3iẓām* orthopedics, orthopedic surgery ▪ جراحة تجميل *jirāħat · tajmīl* plastic surgery

جراحي *jirāħīʸ adj.* • surgical ▪ خيط جراحي *xayṭ jirāħīʸ n.* suture, stitch

جراد *jarād coll. n.* |*sing.* جرادة *jarādaᵗ*| • locusts, grasshoppers ▪ جراد بحر *jarād · baħr* lobster

جرار *jarrār*, جرارة *jarrāraᵗ n.* • tractor

جرافة *jarrāfaᵗ n.* • bulldozer

جرب *jarraba v.tr.* |*2s* يجرب *yujarribᵘ* | تجريب *tajrīb* or تجربة *tajribaᵗ*| • try, try on, taste, sample

جرثوم *jurtūm coll. n.* |*sing.* جرثومة *jurtūmaᵗ* | *pl.* **dip.** جراثيم *jarātīm*| • bacteria, germs

جرجر *jarjara v.tr.* |*11s* يجرجر *yujarjirᵘ* | جرجرة *jarjaraᵗ*| • drag, tow

جرجس *jurjus* or *girgis* **dip.** *man's name* • George

جرجير *jirjīr n.* • watercress

جرح *jaraħa v.tr.* |*1s1* يجرح *yajraħᵘ* | جرح *jarħ*| • injure, wound, hurt ▪ جرح شعوره *jaraħa šu3ūrᵃhu* hurt sb's feelings ▪ جُرح *juriħa pass. v.* get hurt, be wounded

جرح *jurħ n.* |*pl.* جراح *jirāħ* or جروح *jurūħ*| • wound, injury, scar

جرد *jarrada v.tr.* |*2s* يجرد *yujarridᵘ* | تجريد *tajrīd*| • peel • strip

جردل *jardal n.* |*pl.* **dip.** جرادل *jarādil*| • bucket, pail

جرذ *jurađ n.* |*pl.* جرذان *jurđān* or *jirđān*| • rat

جرس *jaras n.* |*pl.* أجراس *ʔajrās*| • bell ▪ جرس باب *jaras · bāb* door bell ▪ دق جرس هاتف *daqqa jarasᵘ · hātif v.* a phone rings

جرش *jaraš n.* ***f.* dip.** • *(city in Jordan)* Jerash

➡ ***map on p. 18***

جرع *jara3a v.tr.* |*1s1* يجرع *yajra3ᵘ* | جرع *jar3*| • swallow, gulp

جرعة *jur3aᵗ n.* |*pl.* جرع *jura3*| • dose, dosage ▪ جرعة مفرطة *jur3aᵗ mufriṭaᵗ*, جرعة زائدة *jur3aᵗ zāʔidaᵗ* overdose • gulp

جرف *jarafa v.tr.* |*1s3* يجرف *yajrufᵘ* | جرف *jarf*| • sweep away, wash away ◊ جرف الفيضان منزلهم. *The flood swept away their house.* • shovel • dredge ◊ جرفوا البحيرة. *They dredged the lake.*

جرف *jarrafa v.tr.* • bulldoze • dredge

جرف *jurf n.* |*pl.* أجراف *ʔajrāf*| • cliff

جرم *jirm n.* |*pl.* أجرام *ʔajrām*| • جرم سماوي *jirm samāwīʸ* celestial body

جرم *jurm n.* |*pl.* أجرام *ʔajrām*| • crime

جرؤ *jaruʔa v.intr.* |*1s6* يجرؤ *yajruʔᵘ* | جرأة *jurʔaᵗ*| • have the courage *to* على, dare, venture

جرو *jarw n.* |*pl.* جراء *jirāʔ*| • puppy

جرى *jarā v.intr.* |*1d2* يجري *yajrī* | جري *jary*| • run ▪ جرى وراء *jarā warāʔa* chase after, pursue • flow ▪ تجري الرياح بما لا تشتهي السفن. *tajrī -rriyāħᵘ bi-mā lā taštahī -ssufunᵃ proverb* When the wind blows, it favors no ship. • happen ▪ الذي جرى هو... *allađī jarā huwa...* what happened was... • happen *to* لـ, befall ◊ ماذا جرى لك يا أخي؟ *What's happened to you, brother?*

جريء *jarīʔ adj.* |*m. pl.* **dip.** أجرياء *ʔajriyāʔ* | *elat.* أجرأ *ʔajraʔ*| • courageous, brave, bold

جريح *jarīħ adj.* |*m. pl.* **invar.** جرحى *jarħā*| • injured, wounded, hurt

جريدة *jarīdaᵗ n.* |*pl.* **dip.** جرائد *jarāʔid*| • newspaper

جريمة *jarīmaᵗ n.* |*pl.* **dip.** جرائم *jarāʔim*| • crime, felony ▪ جريمة قتل *jarīmat · qatl* homicide

جرينلاند *grīnland n.* ***f.* invar.** • Greenland

جرينلاند *grīnlandīʸ adj. & n.* • *adj.* Greenlandic • *n.* Greenlander

جرينيتش *grīnītš n.* **invar.** • Greenwich ▪ بتوقيت جرينيتش *bi-tawqītⁱ · grīnītš adv.* Greenwich Mean Time (GMT)

جز *jazza v.tr.* |*1g3* يجز *yajuzzᵘ* | جز *jazz*| • cut, clip, mow

جزء *juzʔ n.* |*pl.* أجزاء *ʔajzāʔ*| • part, portion, section, piece

جزأ *jazzaʔa v.tr.* |*2s(c)* يجزئ *yujazziʔᵘ* | تجزيء *tajzīʔ* or تجزئة *tajziʔaᵗ*| • divide, separate, partition

جزاء *jazāʔ n.*★ • punishment, penalty ▪ جزاء نقدي *jazāʔ naqdīʸ* fine ▪ ركلة جزاء *raklat · jazāʔ (soccer)* penalty kick • compensation, reward ▪ الجزاء من جنس العمل. *aljazāʔᵘ min jinsⁱ -l3amalⁱ proverb* A reward should match the deed.

جزار *jazzār n.* • butcher

جزارة *jizāra^{t} n.* • butcher shop

جزازة *jazzāza^{t}*, جزازة عشب *jazzāzat · 3ušb n.* • lawnmower

الجزائر *aljazāʔir n.* ***f.*** • Algeria • *(capital of Algeria)* Algiers

جزائري *jazāʔirī^{y} adj. & n.* • Algerian

map of Algeria

1. الجزائر *aljazāʔir* Algiers
2. وهران *wahrān* Oran
3. قسنطينة *qusanṭīna^{t}* Constantine
4. سطيف *sayṭīf* Setif
5. عنابة *3annāba^{t}* Annaba
6. البليدة *albulayda^{t}* Blida
7. باتنة *bātna^{t}* Batna
8. الشلف *aššlef* Chlef
9. تلمسان *tilimsān* Tlemcen

جزائي *jazāʔī^{y} adj.* • penal

جزر *jazar coll. n.* |*sing.* جزرة *jazara^{t}*| • carrots

جزر *jazara v.* |*1s3* يجزر *yajzur^{u}* | جزر *jazr*| • *v.tr.* butcher, slaughter • *v.intr. (of tidewater)* ebb

جزر *jazr n.** • slaughter • ebb ▪ مد وجزر *madd wa-jazr* tide

جزر القمر *juzur · alqumur^{i} n.* ***f.*** • the Comoros

جزري *jazarī^{y}* • *adj.* island-, insular • *n.* islander

جزمة *jazma^{t} n.* |*pl.* جزم *jizam*| • pair of boots ▪ فردة جزمة *fardat · jazma^{t}* boot

جزى *jazā v.tr.* |*1d2* يجزي *yajzī* | جزاء *jazāʔ*| • punish *sb* ∘ *for* بـ, fine • reward *sb* ∘ *for* بـ, compensate ▪ جزاه الله خيرا *jazā<u>hu</u> aLLāh^{u} xayran* may God reward *sb*

جزيء *juzayʔ n. diminutive* |*pl.* جزيئات *juzayʔāt*| • molecule

جزيرة *jazīra^{t} n.* |*pl.* ***dip.*** جزر *juzur* or جزائر *jazāʔir*| • island ▪ الجزيرة *aljazīra^{t} (news network)* Aljazeera ▪ شبه جزيرة *šibh · jazīra^{t}* peninsula ▪ شبه الجزيرة العربية *šibh · jazīra^{ti} -l3arabīya^{ti}*, الجزيرة العربية *aljazīra^{t} al3arabīya^{t}*, جزيرة العرب *jazīrat · al3arab^{i}* the Arabian Peninsula

جزيل *jazīl adj.* |*m. pl.* جزال *jizāl* | *elat.* أجزل *ʔajzal*| • abundant, ample ▪ شكرا جزيلا *šukran jazīlan*, أشكرك جزيل الشكر *ʔaškur^{u}ka jazīl^{a} -ššukr^{i}* Thank you very much!

جزئي *juzʔī^{y} adj.* • partial, incomplete ▪ جزئيا *juzʔīyan adv.* partially, partly, in part

جزيئي *juzayʔī^{y} adj.* • molecular

جسارة *jasāra^{t} n.* • boldness • insolence

جسامة *jasāma^{t} n.* • size, volume, enormity

جسد *jasad n.* |*pl.* أجساد *ʔajsād*| • body

جسد *jassada v.tr.* |*2s* يجسد *yujassid^{u}* | تجسيد *tajsīd*| • embody, personify

جسدي *jasadī^{y} adj.* • physical, bodily

جسر *jisr n.* |*pl.* جسور *jusūr*| • bridge • beam, bar

جسم *jism n.* |*pl.* أجسام *ʔajsām*| • body • form, mass

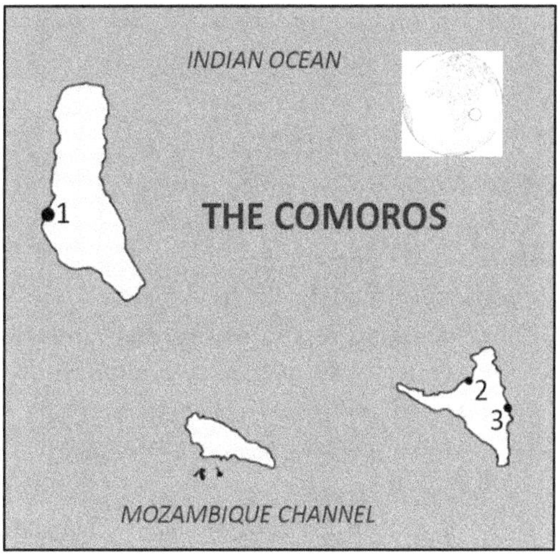

map of the Comoros

1. موروني *mōrōnī* Moroni
2. موتسامودو *mutsadūmū* Mutsadumu
3. دوموني *dōmōnī* Domoni

جسمان *jusmān n.* • torso

ج

جسماني *jusmānīʸ adj.* • physical, corporal, bodily

جسمي *jismīʸ adj.* • physical, corporal, bodily

جسور *jasūr adj.* |جسر *jusur* or *jusr* | *elat.* أجسر *ʔajsar*| • bold, daring • insolent, forward

جسيم *jasīm adj.* |*m. pl.* جسام *jisām* | *elat.* أجسم *ʔajsam*| • great, enormous

جسيم *jusaym n. diminutive* • *(physics)* particle

جشع *jaši3 adj.* |*elat.* أجشع *ʔajša3*| • greedy, covetous

جص *jiṣṣ n.* • plaster, gyspum

جصص *jaṣṣaṣa v.tr.* |2s يجصص *yujaṣiṣṣᵘ* | تجصيص *tajṣīṣ*| • plaster

جعالة *ja3ālaᵗ n.* |*pl.* **dip.** جعائل *ja3āʔil*| • pay, royalty

جعة *ji3aᵗ n.* • beer

جعد *ja33ada v.tr.* |2s يجعد *yuja33idᵘ* | تجعيد *taj3īd*| • *(skin)* wrinkle • *(hair)* curl

جعل *ja3ala v.tr.* |1s1 يجعل *yaj3alᵘ* | جعل *ja3l*| • [+ object + indicative] make, cause, let ◊ هو جعلهم يفعلون ذلك. *He made them do it.* ◊ حسين جعلني أدخل. *Hussein let me in.* • [+ accusative adjective] make ◊ ذلك جعلني جائعا. *That made me hungry.* • [+ accusative object + accusative object] make ◊ جعل المرأة ملكته. *He made the woman his queen.* • put ◊ جعلت فوق الطاولة كتابين. *She put two books on the table.* • *(used in perfect tense only)* [+ indicative] begin to *(do)*, start *(do)ing* ◊ جعلت آكل. *I began to eat.*

جغرافي *joɣrāfīʸ adj.* • geographic

جغرافيا *joɣrāfiyā n.* **invar.** • geography

جف *jaffa v.intr.* |1g2 يجف *yajiffᵘ* | جفاف *jafāf*| • dry, dry up, dry out, become dry

جفاف *jafāf n.** • dryness, drought ▪ ضرب جفاف *ḍaraba jafāfᵘⁿ* drought struck • *(medical)* dehydration, dryness ▪ جفاف جلد *jafāf · jild* skin dryness ▪ جفاف عينين *jafāf · 3aynaynⁱ* dryness of the eyes

جفف *jaffafa v.tr.* |2s يجفف *yujaffifᵘ* | تجفيف *tajfīf*| • dry, make dry

جفن *jafn n.* |*pl.* جفون *jufūn* or أجفان *ʔajfān*| • eyelid ◊ جفناها ناعسان. *Her eyelids are heavy. (She's drowsy.)*

جل *jalla v.intr.* |1g2 يجل *yajillᵘ* | جلال *jalāl*| • *(of God)* be majestic, be exalted, be lofty

جل *jull n.* • majority

جلا *jalā v.tr.* |1d3 يجلو *yajlū* | جلي *jaly*| • polish

جلابة *jalābaᵗ n.* • djellaba (long, loose-fitting traditional Moroccan garment with a hood)

A Moroccan man wearing a djellaba

جلابية *jallābīyaᵗ n.* • galabia (long, loose-fitting traditional Egyptian garment) ➡ ***picture on next page***

جلاد *jallād n.* • whipper • executioner

جلال *jalāl n.** • loftiness

جلالة *jalālaᵗ n.* • majesty ▪ صاحب الجلالة *ṣāħib · aljalālaᵗⁱ* His Majesty

جلب *jalaba v.tr.* |1s2/1s3 يجلب *yajlibᵘ* or *yajlubᵘ* | جلب *jalb*| • fetch, bring

جلباب *jilbāb n.* |*pl.* جلبيب *jalabīb*| • jilbab (long, loose-fitting garment for women) ➡ ***picture on p. 204***

جلد *jallada v.tr.* |2s يجلد *yujallidᵘ* | تجليد *tajlīd*| • freeze • bind (a book)

جلد *jild n.* |*pl.* جلود *julūd*| • skin ▪ جلد رأس *jild · raʔs* scalp ▪ طب الجلد *ṭibb · aljildⁱ* dermatology • leather ▪ من الجلد *minᵃ -ljildⁱ* leather- ◊ حزام من الجلد *a leather belt*

An Egyptian man wearing a galabia

جلد *v.* • *jalida v.intr.* |*1s4* يجلد *yajlad^u* | جلد *jalad*| be frozen, freeze • *jalada v.tr.* |*1s3* يجلد *yajlud^u* | جلد *jald*| whip, flog

جلس *jalasa v.intr.* |*1s2* يجلس *yajlis^u* | جلوس *julūs*| • sit ▪ جلس أمام طاولة *jalasa ʔamāma ṭāwila^t* sit at a table

جلسة *jalsa^t n.* |*pl.* جلسات *jal(a)sāt*| • session, hearing

جلطة *jalṭa^t* or *julṭa^t n.* |*pl.* جلطات *jal(a)ṭāt* or *jul(u)ṭāt*| • clot ▪ جلطة دموية *jalṭa^t damawīya^t* blood clot • stroke ▪ جلطة دماغية *jalṭa^t dimāɣīya^t* brain stroke ▪ جلطة قلبية *jalṭa^t qalbīya^t* heart stroke

جلف *jilf adj.* |*m. pl.* أجلاف *ʔajlāf*| *elat.* أجلف *ʔajlaf*| • rude, impolite

جلى *jallā v.tr.* |*2d* يجلي *yujallī* | تجلية *tajliya^t*| • reveal, expose • clarify, explain

جلي *jalīy adj.* |*elat.* ***invar.*** أجلى *ʔajlā*| • obvious, evident, clear ▪ جليا *jalīyan adv.* obviously, evidently

جليد *jalīd n.* • ice ▪ جبل جليدي *jabal jalīdīy* iceberg

جليدي *jalīdīy adj.* • icy

جليس *jalīs n.* |*pl.* جلساء *julasāʔ*| • companion, comrade

جليل *jalīl adj.* |*m. pl.* ***dip.*** أجلاء *ʔajillāʔ* | *elat.* أجل *ʔajall*| • lofty, important, venerable, glorious, great

جمادى *jumādā n.* ***m. invar.*** • جمادى الأولى *jumādā -lʔūlā* Jumada Al Ula (fifth month of the Islamic calendar) ▪ جمادى الثانية *jamādā -ttāniya^t*, جمادى الآخرة *jumādā -lʔāxira^t* Jumada Al Thaniya (sixth month of the Islamic calendar) ➡ ***The Islamic Calendar p. 324***

جماع *jimā3 n.* • sexual intercourse

جماعة *jamā3a^t n.* • group, party ▪ جماعة الإخوان المسلمين *jamā3at · alʔixwān^i -lmuslimīn^a* the Muslim Brotherhood

جماعي *jamā3īy adj.* • mass, collective ▪ إبادة جماعية *ʔibāda^t jamā3īya^t n.* genocide

جمال *jamāl n.** • beauty ▪ ملكة جمال *malikat · jamāl* beauty queen • *man's name* Jamal

جمال *jammāl n.* • camel driver

جمالي *jamālīy adj.* • aesthetic

جماهيري *jamāhīrīy adj.* • mass, public ▪ إعلام جماهيري *ʔi3lām jamāhīrīy n.* mass media

جماهيرية *jamāhīrīya^t n.* • *(term coined by Gaddafi)* state of the masses, people's republic, jamahiriya ▪ الجماهيرية العربية الليبية الشعبية الإشتراكية العظمى *aljamāhīrīya^t al3arabīya^t allībīya^t aššа3bīya^t alʔištirākīya^t al3uẓmā* *(former official name of Libya under Gaddafi's rule)* Great Socialist People's Libyan Arab Jamahiriya ▪ الجماهيرية الليبية *aljamāhīriya^t allībīya^t* The Jamahiriya of Libya

جمجمة *jumjuma^t n.* |*pl.* ***dip.*** جماجم *jamājim*| • skull

جمد *jammada v.tr.* |*2s* يجمد *yujammid^u* | تجميد *tajmīd*| • freeze ▪ جمد دينه *jammada dayn^{a}hu* freeze *sb's* debt • harden, make rigid

جمد *jamuda* or *jamada v.intr.* |*1s6/1s3* يجمد *yajmud^u* | جمود *jumūd*| • freeze • become rigid

جمر *jamr coll. n.* |*sing.* جمرة *jamra^t* | *pl.* جمرات *jam(a)rāt*| • embers

جمرك *jumruk n.* |*pl.* ***dip.*** جمارك *jamārik*| • customs, tariff

جمركي *jumrukīy* • customs- ▪ رسوم جمركية *rusūm jumrukīya^t pl. n.* customs duty

جمع *jam3 n.** |*pl.* جموع *jumū3*| • collection • crowd • *(grammar)* plural ▪ جمع تكسير *jam3 · taksīr*, جمع مكسر *jam3 mukassar* broken plural ▪ جمع الجمع *jam3 · aljam3^i* plural of the plural ▪ جمع صحيح *jam3 ṣaḥīḥ*, جمع سالم *jam3 sālim* sound plural

جمع *jama3a v.tr.* |*1s1* يجمع *yajma3^u* | جمع *jam3*|

• collect, gather • unite *sth* ه *with* بـ, bring together, combine ◊ جمعت الطفل بأبويه. *She united the child with his parents.* • add up, sum • *(grammar)* pluralize, put in the plural

جمع *jamma3a v.tr.* |*2s* يجمع *yujammi3*^{u} | تجميع *tajmī3*| • gather, put together, assemble

جمعة *jum3a*^{t} *n.* • Friday ◊ في أول جمعة من كل شهر *on the first Friday of every month* ▪ الجمعة *aljum3a*^{ta}, يوم الجمعة *yawm*^{a} *· -ljum3a*^{ti} *adv.* (on) Friday(s) ▪ كل جمعة *kull*^{a} *jum3a*^{tin} *adv.* every Friday ▪ صلاة الجمعة *ṣalāt · aljum3a*^{ti} Jum'ah, Friday prayer

جمعية *jam3īya*^{t} *n.* • association, society, assembly ▪ الجمعية العامة *aljam3īya*^{t} *al3āmma*^{t} *(UN)* The General Assembly ▪ جمعية الصليب والهلال الأحمر *jam3īyat · aṣṣalīb*^{i} *wa-lhilāl*^{i} *-lʔaḥmar*^{i} the International Red Cross and Red Crescent

جمل *jamal n.* |*pl.* جمال *jimāl*| • camel

جمل *jammala v.tr.* |*2s* يجمل *yujammil*^{u} | تجميل *tajmīl*| • beautify, make beautiful

جمل *jummal n.* •حساب الجمل *ḥisāb · aljummal*^{i} *(alphanumeric system)* the Abjad numerals

The Abjad Numerals

Letters were used in mathematics before the development of Arabic numerals. Their mathematical values are listed below. Today, however, they are used primarily in the following (not alphabetical) order as points of information in lists (as A., B., C. or I.II.III. in English).

1	ا	10	ى	100	ق
2	ب	20	ك	200	ر
3	ج	30	ل	300	ش
4	د	40	م	400	ت
5	ه	50	ن	500	ث
6	و	60	س	600	خ
7	ز	70	ع	700	ذ
8	ح	80	ف	800	ض
9	ط	90	ص	900	ظ
				1000	غ

جمل *v.* • *jamula v.intr.* |*1s6* يجمل *yajmul*^{u} | جمال *jamāl*| become beautiful • *jamala v.tr.* |*1s3* يجمل *yajmul*^{u} | جمل *jaml*| summarize

جملة *jumla*^{t} *n.* |*pl.* جمل *jumal*| • *(grammar)* sentence, clause ▪ جملة اسمية *jumla*^{t} *ismīya*^{t} nominal sentence ▪ جملة فعلية *jumla*^{t} *fi3līya*^{t} verbal sentence ▪ جملة شرطية *jumla*^{t} *šarṭīya*^{t} conditional sentence ▪ جملة حالية *jumla*^{t} *ḥālīya*^{t} circumstantial clause • sum, whole ▪ جملة *jumlatan adv.* altogether, in total ◊ رفض المبدأ جملة وتفصيلا. *He refused the concept altogether.* • group, crowd

جملي *jumlīy adj.* • mass

جمهور *jumhūr n.* |*pl. **dip.*** جماهير *jamāhīr*| • crowd • audience • the public ▪ الجماهير *aljamāhīr pl. n.* the people, the masses

جمهوري *jumhūrīy adj.* • republican

جمهورية *jumhūrīya*^{t} *n.* • republic

جمهورية الدومينيكان *jumhūrīyat · addōmīnīkān n.* • the Dominican Republic

جميع *jamī3 n.* • totality, whole • [+ definite genitive noun or pronoun suffix] all of __ ◊ جميع اللاعبين *all of the players* ◊ جميعهم *all of them* ▪ جميعا *jamī3an*, جميعه *jamī3*^{u}*hu*, بجميعه *bi-jamī3*^{i}*hi* [personal pronoun or plural definite noun +] all of __ ◊ أنتم جميعا *all of you* ◊ المدرسون جميعهم *all of the teachers* ◊ فأين يذهب بجميعهم؟ *Where are they all going?* ▪ جميع من *jamī3 man* everyone who... ▪ الجميع *aljamī3* [requires masculine singular verb agreement] everyone, everybody ◊ الجميع يعرف أن... *Everyone knows that...*

جميل *jamīl adj.* |*elat.* أجمل *ʔajmal*| • beautiful, handsome ▪ الفنون الجميلة *alfunūn aljamīla*^{t} *n.* fine arts • nice, good • *man's name* Jamil, Gamil, Jamel, Djamel ▪ جميلة *jamīla*^{t} ***dip.*** *woman's name* Jamila, Gamila

جن *janna v.intr.* |*1g3* يجن *yajunn*^{u} | جنون *junūn*| • *(night)* become dark ▪ جن الليل *janna allayl*^{u} night fell, it got dark • *(of demons, etc.)* possess ▪ جُن *junna pass. v.* go crazy ◊ هل جننت؟ *Are you crazy?*; be possessed

جناح *janāḥ n.* |*pl.* أجنحة *ʔajniḥa*^{t}| • wing

جنازة *janāza*^{t} or *jināza*^{t} *n.* |*pl.* جنائز *janāʔiz*| • funeral

جنازي *janāzīy* or *jināzīy adj.* • funeral-

جناية *jināya*^{t} *n.*⋆ • felony ▪ جنى جناية *janā jināya*^{t} *v.* commit a crime ▪ محكمة جنايات *maḥkamat · jināyāt* criminal court

جنائي *jinā?ī^{y} adj.* • criminal, penal

جنب *janb n.* |*pl.* أجناب *?ajnāb*| • side ▪ على جنب *3alā janb^{in} adv.* apart, aside, to the side ▪ جنبا إلى جنب *janban ?ilā janb^{in} adv.* side by side

جنب *janba prep.* • next to

جنب *junub adj.* • ritually impure due to sexual intercourse

جنبية *janbīya^{t} n.* |*pl.* **dip.** جنابي *janābī^{y}*| • janbiya (Yemeni dagger)

Yemeni man sporting a janbiya

جنة *janna^{t} n.* |*pl.* جنان *jinān* or جنات *jannāt*| • heaven, paradise • **dip.** *woman's name* Jannah

جنحة *junḥa^{t} n.* |*pl.* جنح *junaḥ*| • misdemeanor

جند *jannada v.tr.* |*2s* يجند *yujannid^{u}* | تجنيد *tajnīd*| • recruit, enlist, draft

جندي *jundī^{y} n.* |*pl.* جنود *junūd*| • soldier ▪ جنود *junūd pl. n.* army, troops

جندية *jundīya^{t} n.* • military service

جنرال *jenrāl n.* • *(military)* general

جنس *jannasa v.tr.* |*2s* يجنس *yujannis^{u}* | تجنيس *tajnīs*| • naturalize

جنس *jins n.* |*pl.* أجناس *?ajnās*| • gender, sex ▪ مشتهي الجنسين *muštahī -ljinsayn^{i} adj. & n.* bisexual • sex ▪ جنس آمن *jins ?āmin* safe sex ▪ مارس الجنس *mārasa aljins^{a} v.* have sex *with* مع • race ▪ الجنس البشري *aljins albašarī^{y}* the human race • kind, sort, category, class

جنساني *jinsānī^{y} adj.* • gender-, sexual

جنسانية *jinsānīya^{t} n.* • sexuality

جنسي *jinsī^{y} adj.* • sexual ▪ مرض منقول جنسيا *maraḍ manqūl jinsīyan n.* sexually transmitted disease • sexy

جنسية *jinsīya^{t} n.* • nationality, citizenship • sexuality ▪ لاجنسية *lā-jinsīya^{t}* asexuality

جنن *jannana v.tr.* |*2s* يجنن *yujannin^{u}* | تجنين *tajnīn*| • madden, drive crazy

جنوب *janūb n.* • south ◊ في جنوب لبنان *in the south of Lebanon / in southern Lebanon* ▪ جنوبا *janūban adv.* south, southward ▪ جنوب شرقي *janūb šarqī^{y}* southeast ◊ في جنوب شرقي آسيا *in Southeast Asia* ◊ منزلي في جنوب شرقي المدينة. *My house is in the southeast of the city.* ▪ في الجنوب الشرقي من *fī -ljanūb^{i} -ššarqī^{y} min prep.* to the southeast of ◊ القرية في الجنوب الشرقي من المدينة. *The village is (to the) southeast of the city.* ▪ جنوب غربي *janūb ɣarbī^{y}* southwest

جنوب *janūba*, جنوبي *janūbīya prep.* • to the south of

جنوبي *janūbī^{y} adj.* • southern, south- ▪ جنوبي شرقي *janūbī^{y} šarqī^{y}* southeastern ▪ جنوبي غربي *janūbī^{y} ɣarbī^{y}* southwestern ▪ القطب الجنوبي *alquṭb aljanūbī^{y} n.* the South Pole • *n.* southerner

جنون *junūn n.** • insanity, madness ▪ الجنون فنون. *aljunūn^{u} funūn^{un}* Madness comes in all shapes and forms. ▪ تصرف بجنون *taṣarrafa bi-junūn^{in} v.* act crazy

جنى *janā v.tr.* |*1d2* يجني *yajnī* | جناية *jināya^{t}*| • inflict *sth* ∘ *on* على, harm, hurt, wrong ▪ جنى جناية على *janā jināya^{t} 3alā* commit a crime against

جني *jinnī^{y} n.* |*pl.* جن *jinn*| • jinn, genie ⓘ *The English word 'genie' has been borrowed from this Arabic word.*

جنين *janīn n.* |*pl.* أجنة *?ajinna^{t}*| • fetus, embryo

جنين *jinīn n.* **f.** • *(city in Palestine)* Jenin ➡ ***map on p. 229***

الجنينة *aljunayna^{t} n.* • *(city in Sudan)* Geneina ➡ ***map on p. 170***

جنينة *junayna^{t} n. diminutive* |*pl.* **dip.** جنائن *janā?in*| • garden, yard

جنيه *junayh n.* • pound ▪ جنيه سوداني *junayh sūdānī^{y}* |*abbreviated* ج.س| Sudanese pound (SDG) ▪ جنيه مصري *junayh miṣrī^{y}* |*abbreviated* ج.م| Egyptian pound (LE) ▪ جنيه إسترليني *junayh ?istirlīnī^{y}* pound sterling (GBP)

جهاد *jihād n.* • jihad, holy war

جهار *jihār n.** • publicness ▪ جهارا *jihāran adv.* in public, publicly

ج

جهارة *jahāra^t n.** • loudness, volume

جهاز *jihāz n.* |*pl.* أجهزة *ʔajhiza^t*| • appliance, apparatus, device ▪ أجهزة *ʔajhiza^t pl. n.* machinery, equipment ▪ جهاز استنشاق *jihāz · istinšāq* inhaler ▪ جهاز إلكتروني *jihāz ʔelektrōnī^y* electronic appliance ▪ جهاز صراف آلي *jihāz · ṣarrāf ʔālī^y* automatic teller machine (ATM) • system, mechanism ▪ جهاز بولي *jihāz bawlī^y* urinary system ▪ جهاز تكاثري *jihāz takāturī^y*, جهاز تناسلي *jihāz tanāsulī^y* reproductive system ▪ جهاز تنفسي *jihāz tanaffusī^y* respiratory system ▪ جهاز عصبي *jihāz 3aṣabī^y* nervous system ▪ جهاز قلبي وعائي *jihāz qalbī^y wi3āʔī^y* cardiovascular system ▪ جهاز هضمي *jihāz haḍmī^y* digestive system

جهة *jiha^t n.* • direction, side ▪ من جهة... من جهة أخرى *min jiha^tin ... min jiha^tin ʔuxrā* on (the) one hand... on the other hand ▪ من جهة أخرى *min jiha^tin ʔuxrā* on the other hand; by another (party) • party, side • authority, body • region, area, locality, district, province, territory

جهد *jahada v.* |*1s1* يجهد *yajhad^u* | جهد *jahd*| • *v.intr.* endeavor, strive • *v.tr.* exhaust, wear out ▪ جهد جهده *jahada jahd^ahu* do *one's* best

جهد *jahd n.** |*pl.* جهود *juhūd*| • effort, toil, hard work, exertion

جهد *juhd n.* • hard work, effort, toil, trouble, pains • voltage

جهد *juhda prep.* • to the extent of ▪ جهد امكانه *juhda -mkān^ihi* to the extent of *one's* abilities

جهر *jahara v.intr.* • |*1s1* يجهر *yajhar^u* | جهر *jahr* or جهار *jihār*| be revealed, be made public; reveal بـ, make public • |*1s3* يجهر *yajhur^u* | جهارة *jahāra^t*| be loud

جهر *jahr n.** • publicness ▪ جهرا *jahran adv.* in public, publicly

جهز *jahhaza v.tr.* |*2s* يجهز *yujahhiz^u* | تجهيز *tajhīz*| • prepare, make ready • equip *with* بـ, supply, provide

جهل *jahila v.tr. & intr.* |*1s4* يجهل *yajhal^u* | جهل *jahl* or جهالة *jahāla^t*| • not know (بـ), be ignorant *of* • not be acquainted with, not know

جهل *jahl*, جهالة *jahāla^t n.** • ignorance, unawareness

جهنم *jahannam n. f.* • hell

جهوي *jihawī^y adj.* • regional, provincial

جهير *jahīr adj.* |*elat.* أجهر *ʔajhar*| • *(voice)* loud

جو *jaww n.* |*pl.* أجواء *ʔajwāʔ*| • weather, climate ◊ كيف حال الجو؟ *How's the weather?* ⓘ جو *jaww* is often translated 'it': ◊ .الجو حار *It's hot. (lit. The weather is hot.)* ◊ .الجو مشمس *It's sunny. (lit. The weather is sunny.)* • air ▪ جوا *jawwan adv.* by air • atmosphere, surroundings

جواب *jawāb n.* |*pl.* أجوبة *ʔajwiba^t*| • answer, response

جواد *jawād n.* |*pl.* أجواد *ʔajwād*| • race horse ▪ لكل جواد كبوة ولكل عالم هفوة. *li-kull^i jawād^in kabwa^tun wa-li-kull^i 3ālim^i hafwa^tun proverb* Every race horse (sometimes) stumbles, and every expert errs.

جوار *jiwār n.* • vicinity, neighborhood ▪ بجوار *bi-jiwār^i prep.* near, in the vicinity of

جواز *jawāz n.** • permission, authorization • permit ▪ جواز سفر *jawāz · safr* passport

جوافة *guwāfa^t n.* • guava

جوال *jawwāl adj.* • wandering, roaming ▪ هاتف جوال *hātif jawwāl n.* cell phone

جوال *jiwāl n.* |*pl.* أجولة *ʔajwila^t*| • large sack

جود *jawwada v.tr.* |*2s* يجود *yujawwid^u* | تجويد *tajwīd*| • improve, make better • recite (the Quran)

جودة *jawda^t n.* • goodness, excellence • quality

جور *jawr n.** • oppression, injustice

جورب *jawrab n.* |*pl.* **dip.** جوارب *jawārib*| • sock ◊ *(often dual)* لمن هذان الجوربان؟ *Whose socks are these?* ▪ زوج من جوارب *zawj min jawārib^in* pair of socks

جورجي *jōrjī^y adj. & n.* • Georgian

جورجيا *jōrjiyā n.* ***f. invar.*** • Georgia

جوز *jawz* • *coll. n.* |*sing.* جوزة *jawza^t*| nuts, walnuts ▪ جوز بلوط *jawz · ballūṭ* acorns ▪ جوز هند *jawz · hind* coconuts ▪ جوز طيب *jawz · ṭīb* nutmeg • *n.* |*pl.* أجواز *ʔajwāz*| heart, middle ▪ في أجواز الفضاء *fī ʔajwāz^i -lfaḍāʔ^i adv.* in outer space

جوزاء *jawzāʔ n.* •برج الجوزاء *burj · aljawzāʔ^i* *(astrology)* Gemini ▪ .أنا من برج الجوزاء *ʔana min burj^i -ljawzāʔ^i* I'm a Gemini.

جوع *jawwa3a v.tr.* |*2s* يجوع *yujawwi3^u* | تجويع *tajwī3*| • keep hungry, starve

جوع *jū3 n.** • hunger ▪ مات جوعا *māta jū3an v.* starve to death

جوعان *jaw3ān adj.* **dip.** |*m & f pl.* جياع *jiyā3* | *f. sing.* ***invar.*** جوعى *jaw3ā* | *elat.* أكثر جوعا *ʔaktar jū3an* or أجوع *ʔajwa3*| • hungry

جوف *jawf n.* |*pl.* أجواف *ʔajwāf*| • cavity, hole • abdomen, belly

جوف *jawwafa* v.tr. |2s يجوف *yujawwif^u* | تجويف *tajwīf*| • hollow out

جوقة *jawqa^t* n. |pl. أجواق *ʔajwāq*| • choir

جولة *jawla^t* n. • tour • round, session ▪ جولة الباطل ساعة , وجولة الحق إلى قيام الساعة. *jawlat^u -lbāṭil^i sāʒa^tun, wa-jawla^tu -ḥaqq^i ʔilā qiyām^i -ssāʒa^ti* proverb Falsehood has a short life, but truth will endure forever. • patrol • flight

جولف *golf* n. **invar.** • golf ▪ مضرب جولف *miḍrab · golf* golf club

جونية *jūniya^t* n. **dip.** • *(city in Lebanon)* Jounieh ➡ ***map on p. 257***

جوهر *jawhar* n. |pl. **dip.** جواهر *jawāhir*| • substance, essence

جوهرة *jawhara^t* n. |pl. **dip.** جواهر *jawāhir*| • jewel ▪ تاجر جواهر *tājir · jawāhir* jeweler

جوهري *jawharīʸ* adj. • essential, core, central

جوهري *jawharīʸ*, جواهري *jawāhirīʸ* n. • jeweler

جوي *jawwīʸ* adj. • weather-(related), climatic, atmospheric • air-, aerial ▪ خطوط جوية *xuṭūṭ jawwīya^t* pl. n. airline, airways ▪ قوات جوية *quwāt jawwīya^t* pl. n. air force

جيب *jayb* n. |pl. جيوب *juyūb*| • pocket

جيبوتي *jībūtī* n. ***f. invar.*** • Djibouti • *(capital of Djibouti)* Djibouti

جيتار *gītār* n. • guitar

جيجابايت *gigabāyt*, جيجا *gigā* n. ***invar.*** • gigabyte

جيد *jayyid* adj. |m. pl. جيدون *jayyidūn^a* or جياد *jiyād* | elat. أجود *ʔajwad*| • good ⓘ *The elative form* أجود *ʔajwad is relatively rare. More common are the elatives of the synonyms* أحسن *ʔaḥsan and* أفضل *ʔafḍal.* ▪ جيدا *jayyidan* adv. well

الجيزة *aljīza^t* n. • *(city in Egypt)* Giza ➡ ***map on p. 287***

جيش *jayš* n. |pl. جيوش *juyūš*| • army, military

جيش *jayyaša* v.tr. |2s يجيش *yujayyiš^u* | تجييش *tajyīš*| • mobilize

جيل *jel* n. ***invar.*** • gel

جيل *jīl* n. |pl. أجيال *ʔajyāl*| • generation

جيم *jīm* n. ***invar.*** • gym • ***f.*** ➡ ***ج p. 101***

الجيمات *aljīmāt* n. ***invar.*** • *(exam)* GMAT

جين *jīn* n. ***invar.*** • gene

جينز *jīnz* n. ***invar.*** • jeans

جيولوجي *jiyolōjiyīʸ* adj. • geological

جيولوجيا *jiyolōjiyā* n. ***invar.*** • geology

جيئة *jayʔa^t* or *jīʔa^t* n. • arrival ▪ جيئة وذهابا *jayʔatan wađahāban* adv. to and fro

ح

ح *ḫāʔ n.* **f.** |حاء| • *(sixth letter of the Arabic alphabet)* • *(numerical value)* 8 • *(point of information)* H.,VIII. ➡ ***The Abjad Numerals p. 108***

حاء *ḫāʔ n.* **f.** ➡ ح

حاج *ḫājj act. part. n.* |*pl.* حجاج *ḫujjāj* or حجيج *ḫajīj*| • pilgrim

حاج *ḫājja v.tr.* |*3g* يحاج *yuḫājju* | محاجة *muḫājjat*| • debate *with*, argue *with*,

حاجب *ḫājib act. part. n.* |*pl.* **dip.** حواجب *ḫawājib*| • eyebrow ▪ مصحح حواجب *muṣaḫḫiḫ · ḫawājib* eyebrow pencil

حاجة *ḫājat n.* |*pl.* **dip.** حوائج *ḫawāʔij*| • necessity, need ▪ في حاجة إلى *fī ḫājatin ʔilā*, بحاجة لـ *bi-ḫājatin li-* in need *of* ◊ هم في حاجة إلى مساعدتنا. *They need our help.* ◊ أنا بحاجة لحديث معك. *I need to talk to you.* ◊ لسنا في حاجة لأن نذهب بعيدا. *We don't need to go far.* ▪ لا حاجة لـ *lā ḫājata li-* There is no need *for* ◊ لا حاجة لأن تفهم كل هذا. *There's no need for you to understand all of this.* ▪ شعر بالحاجة إلى أنْ *ša3ara bi-lḫājat ʔilā ʔan* feel the need to *(do)* ▪ الحاجة أم الاختراع *alḫājatu ʔummu -lixtirā3i proverb* Necessity is the mother of invention.

حاجز *ḫājiz act. part. n.* |*pl.* **dip.** حواجز *ḫawājiz*| • barrier, obstacle ▪ حجاب حاجز *ḫijāb · ḫājiz (anatomy)* diaphragm; *(contraceptive)* diaphragm

حاخام *ḫāxām n.* • rabbi

حاد *ḫādd act. part. adj.* |*elat.* أحد *ʔaḫadd*| • sharp ▪ غير حاد *ɣayr · ḫādd* blunt • acute ▪ زاوية حادة *zāwiyat ḫāddat n.* acute angle • intense ▪ حاد الذهن *ḫādd · aḏḏihni* sharp-witted, perceptive ▪ حاد المزاج *ḫādd · almizāji* hot-headed, ill-tempered

حاد *ḫādda v.tr.* |*3g* يحاد *yuḫāddu* | محادة *muḫāddat*| • diverge *from*, deviate *from*, depart *from*

حادث *ḫādata v.tr.* |*3s* يحادث *yuḫāditu* | محادثة *muḫādatat*| • converse *with*, speak

حادث *ḫādit*, حادثة *ḫāditat act. part. n.* |*pl.* **dip.** حوادث *ḫawādit*| • accident, incident ▪ حادث سيارة *ḫādit · sayyārat*, حادث مرور *ḫādit · murūr*, حادث طرق *ḫādit · ṭuruq*, حادث طريق *ḫādit · ṭarīq* car accident, traffic accident ▪ لكل حادث حديث. *li-kulli ḫāditin ḫadītun proverb* For every situation, there is a Hadith.

حادي *ḫādī adj.* • الحادي عشر *alḫādiya 3ašra* |*f.* الحادية عشرة *alḫādiyata 3ašarata*| *(always accusative)* the eleventh ◊ اليوم الحادي عشر *the eleventh day* ◊ المرة الحادية عشرة *the eleventh time* ▪ الساعة الحادية عشرة *assā3at alḫādiyata 3ašarata (time)* eleven o'clock (11:00)

حاذر *ḫāđara v.intr.* |*3s* يحاذر *yuḫāđiru* | محاذرة *muḫāđarat*| • beware *of* من, be careful, be cautious • حاذر من أنْ *ḫāđara min ʔan* take care not to *(do)*, be sure not to *(do)* ◊ حاذر من أن تقول أي كلمة في الموضوع. *Take care not to say a word on the subject.*

حار *ḫāra v.intr.* |*1h1* يحار *yaḫāru* | حيرة *ḫayrat*| • be confused, be at a loss

حار *ḫārr act. part. adj.* |*elat.* أحر *ʔaḫarr*| • hot ▪ أحر من الجمر *ʔaḫarru mina -ljamri idiom* hotter than embers (i.e. very restless) • spicy, hot • warm, kind

حارب *ḫāraba v.tr.* |*3s* يحارب *yuḫāribu* | محاربة *muḫārabat*| • fight, wage war against

حارة *ḫārat n.* |*pl.* **def.** حوار *ḫawār(in)*| • quarter, district • lane, alley

حارس *ḫāris act. part. n.* |*pl.* حراس *ḫurrās*| • guard, warden ▪ حارس مرمى *ḫāris · marmā* goalkeeper, goalie

حارق *ḫāriq act. part. adj.* |*elat.* أكثر حرقة *ʔaktar ḫurqatan*| • fiery, burning ▪ حارق للدهون *ḫāriq li-ddahūni* fat-burning ▪ زجاجة حارقة *zajājat ḫāriqat n.* Molotov cocktail

حازم *ḫāzim act. part. adj.* |*elat.* أحزم *ʔaḫzam* or أكثر حزما *ʔaktar ḫazman*| • resolute, determined, strong-willed

حاسب *ḫāsaba v.tr.* |*3s* يحاسب *yuḫāsibu* | محاسبة *muḫāsabat*| • settle an account *with* • call to account, hold responsible

حاسب *ḫāsib act. part. n.* • computer

حاسبة *ḫāsibat act. part. n.* • calculator

حاسة *ḫāssat n.* |*pl.* **dip.** حواس *ḫawāss*| • sense ▪ حاسة شم *ḫāsat · šamm* sense of smell ▪ الحواس الخمس *alḫawās alxams pl. n.* the five senses

حاسد *ḫāsid act. part. adj.* |*m. pl.* حساد *ḫussād* | *elat.*

حافل *ḫāfil act. part. adj.* |*elat.* أحفل *ʔaḫfal*| • full *of* بـ, filled

حافلة *ḫāfila^t act. part. n.* • bus (UK: coach)

حاقد *ḫāqid act. part. adj.* |*elat.* أحقد *ʔaḫqad*| • spiteful, malicious, resentful

حاك *ḫāka v.tr.* |1h3 يحوك *yaḫūk^u* | حياكة *ḫiyāka^t*| • knit

حاكم *ḫākama v.tr.* |3s يحاكم *yuḫākim^u* | محاكمة *muḫākama^t*| • prosecute, try (in court)

حاكم *ḫākim n.* |*pl.* حكام *ḫukkām*| • ruler, chief • *man's name* Hakem

حاكى *ḫākā v.tr.* |3d يحاكي *yuḫākī* | محاكاة *muḫākā^t*| • imitate, mimic

حال *ḫāl n.* **m.** or **f.** |*pl.* أحوال *ʔaḫwāl*| • case, situation, state ▪ كيف حالك؟ *kayfa ḫāl^uka*, كيف الحال؟ *kayfa -lḫāl* How are you? ▪ على أي حال *3alā ʔayy^i ḫāl^in*, على كل حال *3alā kull^i ḫāl^in adv.* anyhow, in any case • present ▪ الحال *alḫāl* the present ▪ حالا *ḫālan*, في الحال *fī -lḫāl^i adv.* immediately, at once, right away ◊ سأعود حالا. *I'll be right back.* • *(grammar)* circumstantial accusative

حال *ḫāla prep.* • right after; [+ masdar] as soon as ▪ حالما *ḫālamā conj.* as soon as ◊ سآتي حالما أنتهي. *I'll come as soon as I finish up.*

حال *ḫāla v.intr.* |1h3 يحول *yaḫūl^u* | حيلولة *ḫaylūla^t*| • prevent دون ◊ عمل على الحيلولة دون وقوع الكارثة. *He tried to prevent the disaster.* • stand *between* بين *and* و, keep *sb/sth* بين *apart from* و ◊ حالت النزاعات بينه وبين أخيه. *Disputes stood between him and his brother.*

حالة *ḫāla^t n.* • condition, state ▪ حالة طوارئ *ḫālat · ṭawāriʔ* emergency, state of emergency ▪ في حالة جيدة *fī ḫāla^tin jadīda^tin adv.* in good condition ▪ في حالة سيئة *fī ḫāla^tin sayyiʔa^tin adv.* in bad condition • case

حالف *ḫālafa v.tr.* |3s يحالف *yuḫālif^u* | محالفة *muḫālafa^t*| • enter into an alliance *with* ▪ حالفه الحظ *ḫālafahu alḫaẓẓ^u* be lucky, have good luck ▪ حالفك التوفيق *ḫālafaka -ttawfīq^u* Good luck! ▪ حالفه التوفيق *ḫālafahu attawfīq^u*, حالفه النجاح *ḫālafahu annajāḫ^u* be successful ▪ حالفه الصواب *ḫālafahu aṣṣawāb^u* be right ◊ لقد حالفك الصواب. *You were right.*

حالي *ḫālī^y adj.* • present, present-day, current ▪ حاليا *ḫālīyan adv.* presently, at present, currently • circumstantial ▪ جملة حالية *jumla^t ḫālīya^t* circumstantial clause

أكثر حسدا *ʔaktar ḫasadan* or أحسد *ʔaḫsad*| • envious

حاسر *ḫāsir adj.* |*elat.* أحسر *ʔaḫsar*| • bare ▪ حاسر الرأس *ḫāsir · arraʔs^i* bareheaded

حاسم *ḫāsim act. part. adj.* |*elat.* أحسم *ʔaḫsam*| • conclusive, decisive, definitive

حاسوب *ḫāsūb n.* |*pl.* **dip.** حواسيب *ḫawāsīb*| • computer

حاسوبي *ḫāsūbī^y adj.* • computer-

حاشد *ḫāšid act. part. adj.* |*elat.* أكثر حشدا *ʔaktar ḫašdan*| • mass, crowded ▪ مظاهرة حاشدة *muẓāhara^t ḫāšida^t n.* mass protest

حاشية *ḫāšiya^t n.* |*pl.* **def.** حواش *ḫawāš(in)*| • hem, seam

حاصر *ḫāṣara v.tr.* |3s يحاصر *yuḫāṣir^u* | محاصرة *muḫāṣara^t*| • besiege, blockade

حاصل *ḫāṣil act. part. n.* |*pl.* **dip.** حواصل *ḫawāṣil*| • product

حاض *ḫāḍa v.intr.* |1h2 يحيض *yaḫīḍ^u* | حيض *ḫayḍ*| • menstruate

حاضر *ḫāḍara v.tr.* |3s يحاضر *yuḫāḍir^u* | محاضرة *muḫāḍara^t*| • *(school)* lecture

حاضر *ḫāḍir act. part.* • *adj.* present, current ▪ حاضر *ḫāḍir* Right away!, Coming right up! ▪ الحاضر *alḫāḍir n.* the present • present, attending • *n.* attendant

حاضنة *ḫāḍina^t act. part. n.* • incubator

حاف *ḫāf(in) act. part. adj.* **def.** |*m. pl.* حفاة *ḫufā^t* | *elat.* **invar.** أحفى *ʔaḫfā*| • barefoot ▪ مشى على قدمين حافيين *mašā 3alā qadamayn^i ḫāfiyayn^i v.* walk barefoot

حافة *ḫāfa^t n.* |*pl.* حافات *ḫāfāt* or **def.** حواف *ḫawāf(in)*| • edge, border

حافر *ḫāfir act. part. n.* |*pl.* **dip.** حوافر *ḫawāfir*| • hoof

حافز *ḫāfiz n.* |*pl.* **dip.** حوافز *ḫawāfiz*| • incentive *to (do)* على, motivation, motive, drive

حافظ *ḫāfaẓa v.intr.* |3s يحافظ *yuḫāfiẓ^u* | محافظة *muḫāfaẓa^t*| • maintain على, keep, preserve ◊ تحافظ الشرطة على سلامة الجمهور. *The police maintain public peace.* • observe, comply with

حافظ *ḫāfiẓ act. part. n.* |*pl.* حفاظ *ḫuffāẓ*| • guardian, caretaker, custodian • someone who has completely memorized the Quran

حافظة *ḫāfiẓa^t act. part. n.* |*pl.* **dip.** حوافظ *ḫawāfiẓ*| • container, case, cover ▪ حافظة نقود *ḫāfiẓat · nuqūd* wallet

ح

حام *ḥām(in) act. part.* ***def.*** • *adj.* heated, violent • *n.* |*pl.* حماة *ḥumā*ᵗ| protector, guardian

حامد *ḥāmid act. part. man's name* • Hamid

حامض *ḥāmiḍ act. part.* • *adj.* sour ▪ كريمة حامضة *krīma*ᵗ *ḥāmiḍa*ᵗ sour cream • *n.* lemon

حامل *ḥāmil act. part.* • *adj.* ***f.*** |*f. pl.* ***dip.*** حوامل *ḥawāmil*| pregnant ◊ هي حامل في الشهر السادس. *She's in her sixth month.* ◊ يمكن إعطاء هذا الدواء لأي شخص فيما عدا الحوامل. *This medication can be prescribed to anyone except pregnant women.* • *n.* |*pl.* حملة *ḥamla*ᵗ| *(person)* carrier

حاملة *ḥāmila*ᵗ *act. part. n.* • *(vehicle)* carrier ▪ حاملة طائرات *ḥāmilat · ṭāʔirāt* aircraft carrier

حامى *ḥāmā v.intr.* |*3d* يحامي *yuḥāmī* | محاماة *muḥāmā*ᵗ| • defend *sb/sth* عن, protect

حان *ḥāna v.intr.* |*1h2* يحين *yaḥīn*ᵘ | حين *ḥayn* or حينونة *ḥaynūna*ᵗ| • approach, draw near, arrive ▪ حان الوقت لأنْ *ḥāna alwaqt*ᵘ *li-ʔan* the time has come ◊ لقد حان الوقت لأن يتغير العالم. *The time has come for the world to change.*

حانة *ḥāna*ᵗ *n.* • bar (UK: pub)

حانوتي *ḥānūtī*ʸ *n.* • mortician, funeral director

حاو *ḥāw*ⁱⁿ *act. part. n.* ***def.*** |*pl.* حواة *ḥuwā*ᵗ| • snake charmer

حاور *ḥāwara v.tr.* |*3s* يحاور *yuḥāwir*ᵘ | محاورة *muḥāwara*ᵗ| • have a conversation *with*, talk *with*

حاول *ḥāwala v.tr.* |*3s* يحاول *yuḥāwil*ᵘ | محاولة *muḥāwala*ᵗ| • try, attempt ◊ لم أحاول ذلك. *I didn't try that.* ▪ حاول أنْ *ḥāwala ʔan* try to *(do)*, attempt to *(do)* ◊ كنت أحاول أن أشرحه لهم. *I've been trying to explain it to them.*

حايد *ḥāyada v.tr.* |*3s* يحايد *yuḥāyid*ᵘ | محايدة *muḥāyada*ᵗ| • stay away *from*, avoid

حائر *ḥāʔir act. part. adj.* • confused, puzzled, baffled, at a loss

حائض *ḥāʔiḍ adj.* ***f.*** • menstruating, on *one's* period ⓘ *does not vary for number.*

حائط *ḥāʔiṭ n.* |*pl.* حيطان *ḥīṭān* or حوائط *ḥawāʔiṭ*| • wall

حائل *ḥāʔil act. part.* |*pl.* ***dip.*** حوائل *ḥawāʔil*| • *adj.* obstructive *to* دون • *n.* obstacle *to* دون

حائل *ḥāʔil n.* ***f. dip.*** • *(city in Saudi Arabia)* Ha'il ➡ ***map on p. 166***

حب *ḥabb coll. n.* |*sing.* حبة *ḥabba*ᵗ | *pl.* حبوب *ḥubūb*| • grains, seeds, beans ⓘ حبة *ḥabba*ᵗ *is also used for counting certain fruit and other produce:* ◊ حبة بطاطس *a potato* ▪ حب صنوبر *ḥabb · ṣanawbar* pine nuts • pimples •▪ حب دواء *ḥabb · dawāʔ (medicine)* pills, tablets

حب *ḥubb n.* • love ▪ وقع في الحب *waqa3a fī -lḥubb*ⁱ fall in love *with* مع ▪ حبا بـ *ḥubban bi-* out of love for ◊ تغنى حبا بوطنه. *He sang out of love for his country.* ▪ الحب أعمى. *alḥubb*ᵘ *ʔa3mā proverb* Love is blind.

حبار *ḥabbār n.* • ink seller • squid, cuttlefish

حبذا *ḥabbađā*, يا حبذا *yā ḥabbađā interjection* [+ nominative noun] • ... would be nice ◊ ويا حبذا بعض الشاي. *Some tea would be nice.* ▪ حبذا لو *ḥabbađā law* [+ perfect] it would be nice if..., I wish... ◊ يا حبذا لو كنت مشهورا. *I wish I were famous.*

حبر *ḥabr n.* |*pl.* أحبار *ʔaḥbār* or حبور *ḥubūr*| • rabbi, Jewish priest

حبر *ḥibr n.* |*pl.* آحبار *ʔaḥbār*| • ink

حبس *ḥabasa v.tr.* |*1s2* يحبس *yaḥbis*ᵘ | حبس *ḥabs*| • imprison, detain, hold in custody • restrict *sb* ه *from* عن, confine, restrain, hold back, withhold ▪ حبس رهنا *ḥabasa rahnan* foreclose

حبس *ḥabs n.** • imprisonment, detention • restriction, withholding ▪ حبس رهن *ḥabs · rahn* foreclosure

حبق *ḥabaq n.* • basil

حبل *ḥabal n.** • conception

حبل *ḥabbala v.tr.* |*2s* يحبل *yuḥabbil*ᵘ | تحبيل *taḥbīl*| • impregnate, make pregnant

حبل *ḥabila v.intr.* |*1s4* يحبل *yaḥbal*ᵘ | حبل *ḥabal*| • become pregnant, conceive

حبل *ḥabl n.* |*pl.* حبال *ḥibāl* or أحبال *ʔaḥbāl*| • rope, cable, cord ▪ أحبال صوتية *ʔaḥbāl ṣawtīya*ᵗ *pl. n.* vocal cords ▪ حبل سري *ḥabl surrī*ʸ umbilical cord ▪ حبل غسيل *ḥabl · ɣasīl* clothes line ▪ حبل وريد *ḥabl · warīd* jugular vein

حبلى *ḥublā adj.* ***f. invar.*** |*f. dual* حبليان *ḥubalān*ⁱ | *f. pl.* حبليات *ḥubalāt* or ***invar.***حبالى *ḥabālā*| • pregnant

حبيب *ḥabīb* |*pl.* أحبة *ʔaḥibba*ᵗ or أحباب *ʔaḥbāb*| • *adj.* |*elat.* أحب *ʔaḥabb*| dear, beloved • *n.* boyfriend, lover, loved one ▪ حبيبي *ḥabībī*, يا حبيبي *yā ḥabībī (to one's lover, male or female)* darling, honey; *(to a man, friend or stranger)* my friend, buddy; *(to a relative)* my dear; *(to a child)* sweetie ▪ يا حبيبي *yā ḥabībī* Oh my! • *man's name* Habib

حبيبة *ḥabība*ᵗ *n.* |*pl.* ***dip.*** حبيبات *ḥabībāt* or حبائب *ḥabāʔib*| • girlfriend, lover, loved one • ***dip.***

woman's name Habiba

حتف *ɧatf n.* |*pl.* حتوف *ɧutūf*| • doom, death ▪ لقي حتفه *laqiya ɧatf^{a}hu v.* die, meet *one's* end

حتم *ɧatama v.tr.* |*1s2* يحتم *yaɧtim^{u}* | حتم *ɧatm*| • make indispensable *sth* ∘ *for* على, make necessary

حتم *ɧatm n.*★ |*pl.* حتوم *ɧutūm*| • decision, resolution ▪ حتما *ɧatman adv.* definitely, certainly, undoubtedly, inevitably

حتم *ɧattama v.tr.* |*2s* يحتم *yuɧattim^{u}* | تحتيم *taɧtīm*| • make indispensable *sth* ∘ *for* على, make necessary

حتمي *ɧatmīʸ adj.* |*elat.* أكثر حتمية *ʔaktar ɧatmīyatan* or أحتم *ʔaɧtamm*| • inevitable, unavoidable

حتى *ɧattā* • *prep. (time)* until, up to ▪ حتى الآن *ɧattā -lʔān^{i} adv.* until now, so far ▪ حتى متى *ɧattā matā interrogative* until when, how long ◊ حتى متى ستبقى هنا؟ *Until when will you stay here?*; *(place, extent)* to, as far as ▪ حتى الجنون *ɧattā -ljunūn^{i} adv.* madly, insanely ⓘ حتى *ɧattā, although a preposition, cannot take pronoun suffixes.* • *conj. (time)* [+ perfect] until ◊ حتى تخرجت من الثانوية *until I graduated from high school* ▪ ما أنْ... حتى... *mā ʔan... ɧattā...* no sooner... than... ◊ ما أن وصلت المنزل حتى انهمرت الأمطار. *No sooner had I arrived home than it started pouring rain.*; [+ subjunctive] until ◊ انتظر حتى نصل إلى البيت. *Wait until we get home.*; *(extent)* [+ perfect] to the extent of, so... that... ◊ هل أنت أحمق حتى تصدق هذا؟ *Are you so foolish as to believe that?*; [+ subjunctive] in order to, so that ◊ حتى يمكنك معرفة الحقيقة *so that I can know the truth* ◊ ذهب إلى لندن حتى يدرس الطب. *He went to London to study medicine.* ▪ حتى لا *ɧattā lā*, كيلا *kaylā*, لكي لا *li-kay lā*, لكيلا *li-kaylā* in order not to, lest ◊ وضعت الكتاب في حقيبتي حتى لا أنساه غدا. *I put the book in my bag so I don't forget it tomorrow.* • *adv.* even, including ◊ حتى أنت *even you* ◊ لم يكن هذا حتى أسوأ جزء منه. *That wasn't even the worst part of it.* ◊ ولكنها حتى لا تحبه. *But she doesn't even like him.* ▪ حتى لو *ɧattā law* even if ◊ حتى لو أردت ذلك *even if I wanted that*

حث *ɧatta v.tr.* |*1g3* يحث *yaɧutt^{u}* | حث *ɧatt*| • حثه على أنْ *ɧattahu 3alā ʔan* urge *sb* to *(do)*, incite, induce ◊ حثوه على الكتابة حول تجاربه. *They urged him to write about his experiences.* ▪ حث مخاضا *hatta maxāḍan* induce labor

حج *ɧajj n.* • pilgrimage, hajj

حج *ɧajja v.intr.* |*1g3* يحج *yaɧujj^{u}* | حج *ɧajj*| • make a pilgrimage

حجاب *ɧijāb n.* |*pl.* أحجبة *ʔaɧjiba^{t}* or حجب *ɧujub*| • modest dress for women • hijab (scarf covering a woman's hair), headscarf, veil ➡ ***also picture on p. 133*** • cover, screen ▪ حجاب حاجز *ɧijāb · ɧājiz (anatomy)* diaphragm; *(contraceptive)* diaphragm • amulet, talisman

Egyptian women wearing hijab

حجابي *ɧijābīʸ adj.* • *(derogatory word used to refer to women wearing hijab)* hijabi

حجب *ɧajaba v.tr.* |*1s3* يحجب *yaɧjub^{u}* | حجب *ɧajb*| • veil *sth* ∘ *from* على, cover, screen, block • conceal *sth* ∘ *from* عن, hide ◊ حجبت الستائر ضوء الشمس عن عيني. *The curtains concealed the sunlight from my eyes.*

حجب *ɧajjaba v.tr.* |*2s* يحجب *yuɧajjib^{u}* | تحجيب *taɧjīb*| • veil, cover, put a veil on • conceal *sth* ∘ *from* عن, hide

حجة *ɧujja^{t} n.* |*pl.* حجج *ɧujaj*| • argument, proof, evidence • pretext, pretense, excuse ▪ بحجة أنّ *bi-ɧujja^{tin} ʔanna* under the pretense that...

حجر *ɧajar n.* |*pl.* حجارة *ɧijāra^{t}* or أحجار *ʔaɧjār*| • rock, stone ▪ أحجار نرد *ʔaɧjār · nard pl. n.* dice ▪ حجر كريم *ɧajar karīm* precious stone, gemstone

حجر *ɧijr n.* |*pl.* حجور *ɧujūr* or أحجار *ʔaɧjār*| • *(anatomy)* lap

حجرة *ɧujra^{t} n.* |*pl.* حجر *ɧujar* or حجرات *ɧuj(u)rāt*| • room

حجري *ɧajarīʸ adj.* • rocky, stone-

حجز *ɧajaza v.tr.* |*1s2/1s3* يحجز *yaɧjiz^{u}* or *yaɧjuz^{u}* | حجز *ɧajz*| • reserve, book • restrain, limit

حجز *ɧajz n.*★ • reservation, booking • restraint,

limitation

حجم *ḥajm n.* |*pl.* أحجام *ʔaḥjām*| • size, volume

حد *ḥadd n.** |*pl.* حدود *ḥudūd*| • limit ▪ حدود *ḥudūd pl. n.* border ▪ حدود سرعة *ḥudūd · sur3a^t pl. n.* speed limit ▪ لا حد له *lā ḥadd^a lahu* unlimited; infinite • extent, degree, point ▪ إلى حد كبير *ʔilā ḥadd^in kabīr^in adv.* [adjective +] extremely ◊ هذا سؤال هام إلى حد كبير. *It's an extremely important question.*; [verb +] to a great extent, pretty much ◊ يشبه والده إلى حد كبير. *He closely resembles his father.* ▪ إلى حد ما *ʔilā ḥadd^in ma adv.* [adjective +] quite, somewhat ◊ أنا مشغول إلى حد ما مع العمل. *I'm quite busy with work.*; [verb +] to some extent ◊ هذا صحيح إلى حد ما، لكن... *This is true to some extent, but...* ▪ على حد سواء *3alā ḥadd^i · sawāʔ adv.* equally, evenly, alike ▪ لحد *li-ḥadd^i*, إلى حد *ʔilā ḥadd^i prep.* until, up to, as far as ▪ لحد الآن *li-ḥadd^i -lʔān^i adv.* so far, until now; [negative +] not... yet, still... not ◊ أنا لا أعرف لحد الآن. *I still don't know.*

حد *ḥadda v.* • *v.tr.* |*1g3* يحد *yaḥudd^u* | حد *ḥadd*| limit, curb, reduce, put a stop *to*; sharpen (a knife, etc.) • *v.intr.* |*1g2/1g3* يحد *yaḥidd^u* or *yaḥudd^u* | حداد *ḥidād*| mourn *(over)* على

حداثة *ḥadāta^t n.* • modernity, newness

حداد *ḥaddād n.* • blacksmith, ironsmith

حداد *ḥidād n.** • mourning

حدة *ḥida^t n.* • solitude ▪ على حدة *3alā ḥida^tin*, كل على حدة *kull^a 3alā ḥidda^tin adv.* alone, isolated, individually ◊ دخل الطلبة الفصل كل على حدة. *The students entered the classroom one after another.*

حدة *ḥidda^t n.* • sharpness • intensity, violence ▪ بحدة *bi-ḥidda^tin adv.* intensely, heatedly

حدث *ḥadat* |*pl.* أحداث *ʔaḥdāt*| • *n.* innovation, phenomenon • event, incident ▪ الأحداث المغربية *alʔaḥdāt almaɣribīya^t n. **f.*** Al Ahdath Al Maghribia (Moroccan newspaper) ▪ أحداث 11 سبتمبر *ʔaḥdāt · alḥādī^ya 3ašr^a sibtambir^a* 9/11 (lit. the events of September 11th) • *adj. & n.* juvenile

حدث *ḥadata v.intr.* |*1s3* يحدث *yaḥd**u**t^u* | حدوث *ḥudūt*| • happen, occur, take place ◊ ماذا حدث؟ *What happened?* ▪ الذي حدث هو... *allādī ḥadata huwa...* what happened was...

حدث *ḥaddata v.tr.* |*2s* يحدث *yuḥaddit^u* | تحديث *taḥdīt*| • speak *to* ∘ *about* عن *or* في, tell • update

حدد *ḥaddada v.tr.* |*2s* يحدد *yuḥaddid^u* | تحديد *taḥdīd*| • specify, assign • determine, define

حدق *ḥaddaqa v.intr.* |*2s* يحدق *yuḥaddiq^u* | تحديق *taḥdīq*| • stare *at* في

حدقة *ḥadaqa^t n.* |*pl.* أحداق *ʔaḥdāq* or حداق *ḥidāq*| • *(eye)* pupil

حدوة *ḥidwa^t n.* |*pl.* حدوات *ḥid(i)wāt*| • horseshoe

حدوث *ḥudūt n.** • happening, occurrence ▪ وارد الحدوث *wārid · alḥudūt^i adj.* possible

حدودي *ḥudūdī^y adj.* • border-

حديث *ḥadīt* • *adj.* |*pl.* ***dip.*** حداث *ḥidāt* | *elat.* أحدث *ʔaḥdat*| modern, recent, new ▪ حديثا *ḥadītan adv.* recently • *n.* |*pl.* ***dip.*** أحاديث *ʔaḥādīt*| conversation, discussion ▪ الحديث ذو شجون. *alḥadīt^u đū šujūn^in proverb* Conversation can sometimes lead to serious topics.; interview; Hadith (prophetic tradition)

حديد *ḥadīd n.* • *n.* |*pl.* ***dip.*** حدائد *ḥadāʔid*| iron ▪ سكة حديد *sikkat · ḥadīd* railroad (UK: railway) ▪ إن الحديد بالحديد يفلح. *ʔinna -lḥadīd^a bi-lḥadīd^i yuflaḥ^u proverb* Only iron can dent iron. • *adj.* |*pl.* ***dip.*** أحداء *ʔaḥiddāʔ* or حداد *ḥidād* | *elat.* أحد *ʔaḥadd*| sharp

الحديدة *alḥudayda^t n.* • *(city in Yemen)* Al Hudaydah, Hudaida ➡ ***map on p. 341***

حديدي *ḥadīdī^y adj.* • iron-

حديقة *ḥadīqa^t n.* |*pl.* ***dip.*** حدائق *ḥadāʔiq*| • garden, park ▪ حديقة حيوانات *ḥadīqat · ḥayawānāt* zoo ▪ حديقة عامة *ḥadīqa^t 3āmma^t* public park

حذاء *ḥiđāʔ n.* |*pl.* أحذية *ʔaḥđiya^t*| • (pair of) shoes ▪ فردة حذاء *fardat · ḥiđāʔ* shoe ▪ حذاء رياضي *ḥiđāʔ riyāḍī^y* sneakers (UK: trainers), tennis shoes

حذار *ḥađār(i) interjection* • beware *of* من, be careful, be cautious, watch out ◊ حذار! *Watch out!* ▪ حذار أنْ *ḥađār ʔan* take care not to *(do)*, be sure not to *(do)* ◊ حذار أن تفعل ذلك! *Take care not to do that!*

حذر *ḥađđara v.tr.* |*2s* يحذر *yuḥađđir^u* | تحذير *taḥđīr*| • warn *sb* ∘ *about* من

حذر *ḥađir*, حذير *ḥađīr adj.* |*elat.* أكثر حذرا *ʔaktar ḥiđran*| • careful, cautious

حذر *ḥađira v.intr.* |*1s4* يحذر *yaḥđ**a**r^u* | حذر *ḥiđr* or حذر *ḥađar*| • beware *of* من, be careful, be cautious ◊ عليك أن تحذر من النشالين. *You have to beware of pickpockets.* ▪ حذر أنْ *ḥađira ʔan* take care not to *(do)*, be sure not to *(do)* ◊ احذر أن تنسى يوم ميلادها. *Be sure not to forget her birthday.*

حذر *ḥiđr* or *ḥađar n.** • caution, care ▪ أخذ حذره *ʔaxađa ḥiđr^a<u>hu</u>* be careful *of* من, be cautious

خذ حذرك من ذلك الرجل! *Be careful of that man!* ◊ ▪ في حذر *fī ħiđr^{in}*, بحذر *bi-ħiđr^{in}* cautiously, carefully

حذف *ħađafa v.tr.* |1s2 يحذف *yaħđif^{u}* | حذف *ħađf*| • omit, elide, delete

حذف *ħađf n.*⋆ • omission, elision, deletion ▪ مفتاح حذف *miftāħ · ħađf* delete key

حر *ħarr n.*⋆ • heat, warmth

حر *ħarra v.intr.* |1g2/1g3 يحر *yaħirr^{u}* or *yaħurr^{u}* | حر *ħarr* or حرارة *ħarāra^{t}*| • be hot

حر *ħurr adj.* |*m. pl.* أحرار *ʔaħrār* | *elat.* أكثر حرية *ʔaktar ħurrīya^{tan}*| • free, liberated

حرارة *ħarāra^{t} n.*⋆ • heat, warmth ▪ درجة حرارة *darajat · ħarāra^{t}* temperature • warmth, kindness ▪ بحرارة *bi-ħarāra^{tin} adv.* warmly ◊ سلم علينا بحرارة. *He greeted us warmly.*

حراري *ħarārī^{y} adj.* • thermal, caloric

حراسة *ħirāsa^{t} n.*⋆ • protection ▪ كلب حراسة *kalb · ħirāsa^{t}* guard dog

حراك *ħarāk n.* • movement, motion ▪ دون حراك *dūna ħarāk^{in}* motionless ▪ وقف دون حراك *waqafa dūna ħarāk^{in} v.* stand still, not move

حرام *ħarām adj.* |*m. pl.* حرم *ħurum* | *elat.* أكثر حرمة *ʔaktar ħurma^{tan}*| • prohibited, unauthorized, forbidden, taboo ▪ حرام شرعا *ħarām šar3an* forbidden under Islamic law • holy ▪ المسجد الحرام *almasjid alħarām* the Grand Mosque (in Mecca) ▪ البيت الحرام *albayt alħarām* the Sacred House (the Kaaba)

The Grand Mosque in Mecca

حرب *ħarb n. f.* |*pl.* حروب *ħurūb*| • war ▪ حرب أهلية *ħarb ʔahlīya^{t}* civil war ▪ الحرب العالمية الأولى *alħarb al3ālamīya^{t} alʔūlā* World War I ▪ الحرب العالمية الثانية *alħarb al3ālamīya^{t} attāniya^{t}* World WarII ▪ في حرب مع *fī ħarb^{in} ma3a adv.* at war *with* ▪ الحرب خدعة. *alħarb^{u} xud3a^{tun} proverb* War is deception.

حربي *ħarbī^{y} adj.* • war-, military-

حرث *ħarata v.tr.* |1s2/1s3 يحرث *yaħrit^{u}* or *yaħrut^{u}* | حرث *ħart*| • plow, till

حرج *ħaraj n.*⋆ • impediment, difficulty, critical situation • |*pl.* أحراج *ʔaħrāj*| woodland, forest

حرج *ħarij adj.* |*elat.* أحرج *ʔaħraj*| • narrow, tight • embarrassing • delicate, sensitive • critical, crucial

حرج *ħarija v.intr.* |1s4 يحرج *yaħraj^{u}* | حرج *ħaraj*| • be narrow, be tight

حرر *ħarrara v.tr.* |2s يحرر *yuħarrir^{u}* | تحرير *taħrīr*| • liberate, free • edit

حرس *ħaras n.* • bodyguard, guard ▪ حرس وطني *ħaras waţanī^{y}* national guard

حرس *ħarasa v.tr.* |1s3 يحرس *yaħrus^{u}* | حراسة *ħirāsa^{t}*| • guard

حرشف *ħaršaf coll. n.* |*sing.* حرشفة *ħaršafa^{t}* | *pl.* **dip.** حراشف *ħarāšif*| • *(fish, reptile)* scales

حرشفي *ħaršafī^{y} adj.* • scaly, flaky

حرص *ħariṣa v.intr.* |1s4 يحرص *yaħraṣ^{u}* | حرص *ħirṣ*| • desire على, wish, crave, covet

حرص *ħirṣ n.*⋆ • desire, wish, craving • stinginess, thrift, greed

حرض *ħarraḍa v.tr.* |2s يحرض *yuħarriḍ^{u}* | تحريض *taħrīḍ*| • حرضه على أنْ *ħarraḍahu 3alā ʔan* incite *sb to (do)*, provoke, motivate, induce ◊ حرضني الكتاب على التفكير. *The book got me to think.*

حرف *ħarf n.* • |*pl.* حروف *ħurūf*| *(alphabet)* letter ▪ حرف شمسي *ħarf šamsī^{y}* sun letter ▪ حرف قمري *ħarf qamarī^{y}* moon letter ➡ ***Sun and Moon Letters p. 39*** ▪ حروف الهجاء *ħurūf · alhijāʔ^{i} pl. n.* the letters of the alphabet • *(grammar)* particle ▪ حرف جر *ħarf · jarr* preposition ▪ حرف نصب *ħarf · naṣb* accusative particle ➡ ***Inna and Her Sisters p. 47*** • |*pl.* حرف *ħiraf*| edge

حرف *ħarrafa v.tr.* |2s يحرف *yuħarrif^{u}* | تحريف *taħrīf*| • pervert, corrupt • distort

حرفة *ħirfa^{t} n.* |*pl.* حرف *ħiraf*| • craft, trade

حرفي *ħarfī^{y} adj.* • literal ▪ حرفيا *ħarfīyan adv.* literally

حرق *ħaraqa v.tr.* |1s2 يحرق *yaħriq^{u}* | حرق *ħarq*| • burn, set fire *to* • *(injury)* burn ◊ حرقت الشمس وجهي. *The sun burned my face.*

حرق *ħarq n.*⋆ |*pl.* حروق *ħurūq*| • burn ▪ حروق شمس *ħurūq · šams pl. n.* sunburn

ح

حرق *ḥarraqa v.tr.* |2s يحرق *yuḥarriq*ᵘ | تحريق *taḥrīq*| • burn, set fire to

حرقة *ḥurqa*ᵗ *n.* |pl. حرقات *ḥur(u)qāt*| • desire, longing • burning

حرقدة *ḥarqada*ᵗ *n.* |pl. **dip.** حراقد *ḥarāqid*| • Adam's apple

حرك *ḥarraka v.tr.* |2s يحرك *yuḥarrik*ᵘ | تحريك *taḥrīk*| • move • activate, stimulate • *(grammar)* vowelize, mark with diacritics

حركة *ḥaraka*ᵗ *n.* • movement, motion ▪ حركة سياسية *ḥaraka*ᵗ *siyāsīya*ᵗ political movement • action, activity, movement • *(grammar)* short vowel

حرم *ḥaram* |pl. أحرام *ʔaḥrām*| • *n.* holy site ▪ الحرمان *alḥaramān*ⁱ *dual noun* Mecca and Medina (lit. the Two Holy Sites) • campus ▪ حرم جامعة *ḥaram · jāmi3a*ᵗ university campus • *adj.* sacred, holy • taboo, prohibited

حرم *ḥarrama v.tr.* |2s يحرم *yuḥarrim*ᵘ | تحريم *taḥrīm*| • ban, prohibit, outlaw, forbid

حرم *v.* • *ḥaruma v.intr.* |1s6 يحرم *yaḥrum*ᵘ | حرمة *ḥurma*ᵗ| be forbidden *for* على, be prohibited, be unlawful • *ḥarama v.tr.* |1s2 يحرم *yaḥrim*ᵘ | حرمان *ḥirmān*| deprive *sb* ه *of* من, refuse, deny

حرمان *ḥirmān n.** • prohibition *on* على, deprivation • prevention *of* من

حرمة *ḥurma*ᵗ *n.** • |pl. حرمات *ḥur(u)māt*| sanctity; taboo • |pl. حرم *ḥuram*| wife, married woman

حري *ḥarīʸ adj.* |elat. **invar.** أحرى *ʔaḥrā*| • suitable *for* بـ, worthy ▪ بالأحرى *bi-lʔaḥrā adv.* rather, to be more exact, more precisely

حرية *ḥurrīya*ᵗ *n.* • freedom, liberty ▪ حرية اختيار *ḥurrīyat · ixtiyār* freedom of choice ▪ حرية تجمع *ḥurrīyat · tajammu3* freedom of assembly ▪ حرية تعبير *ḥurrīyat · ta3bīr* freedom of expression ▪ حرية رأي *ḥurrīyat · raʔy* freedom of opinion ▪ حرية شخصية *ḥurrīya*ᵗ *šaxṣīya*ᵗ personal freedom ▪ حرية صحافة *ḥurrīyat · ṣaḥāfa*ᵗ freedom of the press ▪ حرية عبادة *ḥurrīyat · 3ibāda*ᵗ freedom of worship ▪ حرية فكر *ḥurrīyat · fikr*, حرية تفكير *ḥurrīyat · tafkīr* freedom of thought ▪ حرية قول *ḥurrīyat · qawl*, حرية تحدث *ḥurrīyat · taḥaddut* freedom of speech

حرير *ḥarīr n.* |pl. **dip.** *adj.* حرائر *ḥarāʔir*| • silk

حريري *ḥarīrīʸ* |elat. أكثر حريرية *ʔaktar ḥarīrīya*ᵗᵃⁿ| • silk-, made of silk • silky

حريش *ḥarīš n.* • unicorn

حريص *ḥarīṣ adj.* |m. pl. **dip.** حرصاء *ḥuraṣāʔ* or حراص *ḥirāṣ* | elat. أحرص *ʔaḥraṣ*| • desirous, wishful • stingy, thrifty, frugal

حريق *ḥarīq n.* |pl. **dip.** حرائق *ḥarāʔiq*| • fire ◊ أنقذوها من الحريق. *They saved her from the fire.* ▪ حريق هائل *ḥarīq hāʔil* wildfire ▪ أشعل حريقا *ʔaš3ala ḥarīqan* set fire *to* بـ, start a fire ◊ أشعل حريقا بالأوراق. *He set fire to the papers.* ▪ أطفأ حريقا *ʔaṭfaʔa ḥarīqan* put out a fire

حريم *ḥarīm n.* |pl. حرم *ḥurum*| • harem • women

حريمي *ḥarīmīʸ adj.* • female, women's ▪ ملابس حريمية *malābis ḥarīmīya*ᵗ *pl. n.* women's clothing

حزام *ḥizām n.* |pl. أحزمة *ʔaḥzima*ᵗ| • belt ▪ حزام أمان *ḥizām · ʔamān* seat belt, safety belt ▪ حزام ناسف *ḥizām nāsif* suicide belt, explosive belt

حزب *ḥizb n.* |pl. أحزاب *ʔaḥzāb*| • *(political)* party ▪ حزب الله *ḥizb · aLLāh*ⁱ Hezbollah ▪ حزب حاكم *ḥizb ḥākim* ruling party ▪ الحزب الجمهوري *alḥizb aljumhūrīʸ* the Republican Party ▪ الحزب الديموقراطي *alḥizb addīmūqrāṭīʸ* the Democratic Party

حزبي *ḥizbīʸ adj.* • party-, partisan

حزم *ḥazama v.* • *v.intr.* |1s3 يحزم *yaḥzum*ᵘ | حزم *ḥazm*| be resolute, be determined • *v.tr.* |1s2 يحزم *yaḥzim*ᵘ | حزم *ḥazm*| bind, tie up • pack, wrap

حزم *ḥazm n.** • resolution, determination

حزمة *ḥuzma*ᵗ *n.* |pl. حزم *ḥuzam*| • bundle, bunch

حزن *ḥazina v.intr.* |1s4 يحزن *yaḥzan*ᵘ | حزن *ḥuzn*| • become sad • mourn *over* على

حزن *ḥazzana v.tr.* |2s يحزن *yuḥazzin*ᵘ | تحزين *taḥzīn*| • sadden, make sad

حزن *ḥuzn n.* |pl. أحزان *ʔaḥzān*| • grief, sorrow, sadness ▪ حزنا *ḥuznan adv.* out of grief *for* على, in sadness ◊ بكت حزنا على زوجها. *She cried out of grief for her husband.*

حزيران *ḥazīrān* or *ḥuzayrān n.* **dip.** • June ➡ ***The Months p. 181***

حزين *ḥazīn adj.* |m. pl. **dip.** حزناء *ḥuzanāʔ* or **invar.** حزانى *ḥazānā* | elat. أحزن *ʔaḥzan*| • sad, unhappy, sorrowful

حس *ḥiss* or *ḥass n.* • sense, sensation, feeling • sound, noise

حساء *ḥasāʔ n.* • soup

حساب *ḥisāb n.** • calculation ▪ حساب الجمل *ḥisāb · aljummal*ⁱ *(alphanumeric system)* the Abjad numerals ➡ ***The Abjad Numerals p. 108*** • bill ▪ كم الحساب؟ *kam*ᵘ *-lḥisāb*ᵘ How much is the bill? • account ▪ حساب بنك *ḥisāb · bank* bank account

حساس *ḫassās adj.* |*elat.* أكثر حساسية *ʔakṯar ḫassāsīya^tan*| • sentimental, sensitive • delicate, sensitive

حساسي *ḫassāsīy adj.* |*elat.* أكثر حساسية *ʔakṯar ḫassāsīya^tan*| • allergic

حساسية *ḫassāsīya^t n.* • allergy, sensitivity

حسام *ḫusām n.* • sword • *man's name* Hossam

حسان *ḫassān man's name* • Hassan

حسب *ḫasab n.* • noble descent ▪ بحسب *bi-ḫasab^i prep.* , على حسب *3alā ḫasab^i* according to, depending on ◊ على حسب الظروف *depending on circumstances*

حسب *ḫasaba prep.* • according to, depending on ▪ حسبما *ḫas(a)bamā* according to what... ▪ حسبما __ ذكر *ḫasabamā ḏakara* __ according to __ ◊ حسبما ذكرت مصادر رسمية *according to official sources*

حسب *ḫasb n.*★ • calculation • sufficiency • *ḫasba*, فحسب *fa-ḫasb^u*, وحسب *wa-ḫasb^u adv.* only, just, and that is all ▪ فحسب بل... أيضا ... *... fa-ḫasb^u bal... ʔayḍan*, ... فحسب إنما أيضا ... *... fa-ḫasb^u ʔinnamā ʔayḍan...* not only... but also... ◊ إنه لا يتكلم العربية فحسب بل يتكلم الإنجليزية أيضا. *Not only does he speak Arabic, but he speaks English also.*

حسب *v.tr.* • *ḫasaba* |*1s3* يحسب *yaḫsub^u* | حساب *ḫisāb* or حسب *ḫasb*| calculate, compute • *ḫasiba* |*1s4/1s5* يحسب *yaḫsab^u* or *yaḫsib^u* | حسبان *ḫisbān*| consider *sb/sth* ه *(to be) sb/sth* ه, regard ◊ تحسبه أمرا صعبا. *She considers it (to be) a difficult matter.*

حسبان *ḫisbān* or *ḫusbān n.*★ • consideration

حسد *ḫasad n.*★ • envy

حسد *ḫasada v.tr.* |*1s3* يحسد *yaḫsud^u* | حسد *ḫasad*| • envy *because of* على, be envious of ◊ يحسدونه على شهرته. *They're jealous of his fame.*

حسر *ḫasar n.* • weakness ▪ حسر البصر *ḫasar · albaṣr^i* myopia, nearsightedness

حسرة *ḫasra^t n.* |*pl.* حسرات *ḫas(a)rāt*| • sorrow, sadness, grief ▪ يا حسرة *yā ḫasra^tu*, يا حسرتي! *yā ḫasratī* What a pity!

الحسكة *alḫasaka^t n.* • *(city in Syria)* Al-Hasakah

➡ **map on p. 171**

حسم *ḫasama v.tr.* |*1s2* يحسم *yaḫsim^u* | حسم *ḫasm*| • sever, cut off • discount • decide, make up *one's* mind

حسم *ḫasm n.*★ • discount, deduction

حسن *ḫasan adj.* |*m. pl.* حسان *ḫisān* | *elat.* أحسن *ʔaḫsan*| • good ▪ حسنا *ḫasanan adv.* okay, very well then, all right, fine ▪ حسن الحظ *ḫasan · alḫaẓẓ^i* lucky, fortunate ▪ حسن المظهر *ḫasan · almaẓhar^i* good-looking • *man's name* Hassan, Hasan

حسن *ḫassana v.tr.* |*2s* يحسن *yuḫassin^u* | تحسين *taḫsīn*| • improve, make better

حسن *ḫasuna v.intr.* |*1s6* يحسن *yaḫsun^u* | حسن *ḫusn*| • become beautiful, become handsome • become good, become nice

حسن *ḫusn n.*★ • goodness ▪ حسن الحظ *ḫusn · alḫaẓẓ^i* (good) luck, fortune ▪ لحسن الحظ *li-ḫusn^i -lḫaẓẓ^i*, من حسن الحظ *min ḫusn^i -lḫaẓẓ^i adv.* fortunately ▪ حسن سلوك *ḫusn · sulūk* politeness, good behavior ▪ حسن تمييز *ḫusn · tamyīz* discernment, sound judgment ▪ هذا من حسن أخلاقك. *hāḏā min ḫusn^i · ʔaxlāq^ika* That's very kind of you.

حسناء *ḫasnāʔ n. f.* |*pl.* حسان *ḫisān*| • beauty, beautiful woman

حسنة *ḫasana^t n.* • good deed, merit

حسني *ḫusnī man's name* • Hosni, Husni

حسود *ḫasūd adj.* |*m. pl.* حساد *ḫussād* | *elat.* أكثر حسدا *ʔakṯar ḫasadan* or أحسد *ʔaḫsad*| • envious

حسير *ḫasīr adj.* |*elat.* أحسر *ʔaḫsar*| • tired, weak, fatigued ▪ حسير البصر *ḫasīr · albaṣr^i* myopic, short-sighted

حسين *ḫusayn man's name diminutive* • Hussein

حشا *ḫašā v.tr.* |*1d3* يحشو *yaḫšū* | حشو *ḫašw*| • stuff, fill ▪ حشا سنا *ḫašā sinnan* fill a tooth

حشد *ḫašada v.tr.* |*1s3* يحشد *yaḫšud^u* | حشد *ḫašd*| • gather, concentrate • *(military)* mobilize

حشد *ḫašd n.*★ |*pl.* حشود *ḫušūd*| • crowd

حشر *ḫašara v.tr.* |*1s2/1s3* يحشر *yaḫšir^u* or *yaḫšur^u* | حشر *ḫašr*| • wedge *sth* ه *into* في, cram ▪ حشر أنفه في *ḫašara ʔanf^ahu fī* stick *one's* nose into, meddle in

حشرة *ḫašara^t n.* • insect

حشري *ḫašarī adj.* • insect- ▪ مبيد حشري *mabīd ḫašarī n.* insecticide

حشو *ḫašw n.*★ • *(tooth)* filling

حشيش *ḫašīš coll. n.* |*pl.* **dip.** حشائش *ḫašāʔiš*| • hashish • حشائش *ḫašāʔiš pl. n.* grass; dry herbs ⓘ *The English word 'hashish' has been borrowed from this Arabic word.*

حصاد *ḫaṣād n.*★ • harvest

حصار *ḫiṣār n.* • siege • blockade, embargo

حصان *ḫiṣān n.* |*pl.* أحصنة *ʔaḫṣina^t*| • horse ▪ حصان بحر *ḫiṣān · baḫr* seahorse • *(chess)*

knight

حصانة *ḫaṣāna^t n.* • immunity, impunity ▪ حصانة دبلوماسية *ḫaṣāna^t diblōmāsīya^t* diplomatic immunity

حصبة *ḫaṣba^t n.* • measles

حصة *ḫiṣṣa^t n.* |*pl.* حصص *ḫiṣaṣ*| • share, quota • *(school)* lesson, period, hour

حصد *ḫaṣada v.tr.* |*1s2/1s3* يحصد *yaḫṣid^u* or *yaḫṣud^u* | حصاد *ḫaṣād*| • harvest

حصر *ḫaṣara v.tr.* |*1s2/1s3* يحصر *yaḫṣir^u* or *yaḫṣur^u* | حصر *ḫaṣr*| • limit, restrict, confine

حصر *ḫaṣr n.*★ • limitation, restriction, confinement ▪ لا حصر له *lā ḫasr^a lahu* countless

حصري *ḫaṣrī^y adj.* • exclusive, sole

حصل *ḫaṣala v.intr.* |*1s3* يحصل *yaḫṣul^u* | حصول *ḫuṣūl*| • happen, occur, take place ▪ الذي حصل هو... *allaḏī ḫaṣala huwa...* what happened was... ▪ ماذا حصل؟ *māḏā ḫaṣala* What happened? • obtain على, receive, get ▪ حصل على جائزة *ḫaṣala 3alā jāʔiza^t* receive a prize ▪ حصل على شهادة *ḫaṣala 3alā šahāda^t* get a diploma ▪ حصل على موافقة *ḫaṣala 3alā muwāfaqa^t* obtain approval ▪ حصل على وظيفة *ḫaṣala 3alā waẓīfa^t* get a job

حصل *ḫaṣṣala v.tr.* |*2s* يحصل *yuḫaṣṣil^u* | تحصيل *taḫṣīl*| • collect

حصن *ḫaṣṣana v.tr.* |*2s* يحصن *yuḫaṣṣin^u* | تحصين *taḫṣīn*| • immunize *sb* ∘ *against* ضد, make immune • insulate • entrench, fortify

حصن *ḫiṣn n.* |*pl.* حصون *ḫuṣūn*| • fort, citadel

حصول *ḫuṣūl n.*★ • happening, occurrence • obtainment

حصى لبان *ḫaṣā · lubān*, حصالبان *ḫaṣālubān n.* • rosemary

حصير *ḫaṣīr n.* |*pl.* حصر *ḫuṣur*| • mat

حصيلة *ḫaṣīla^t n.* |*pl.* حصائل *ḫaṣāʔil*| • result, outcome

حضارة *ḫaḍāra^t n.* • civilization, culture

حضاري *ḫaḍārī^y adj.* |*elat.* أكثر حضارية *ʔaktar ḫaḍārīya^tan*| • civilized, cultural

حضانة *ḫiḍāna^t n.*★ • childcare ▪ دار حضانة *dār · ḫiḍāna^t* nursery school, preschool, kindergarten

حضر *ḫaḍara v.* |*1s3* يحضر *yaḫḍur^u* | حضور *ḫuḍūr*| • *v.intr.* come *to* إلى, go • *v.tr.* attend, be present ▪ حضر لقاء *ḫaḍara liqāʔ*, حضر اجتماعا *ḫaḍara ijtimā3an* attend a meeting

حضر *ḫaḍḍara v.tr.* |*2s* يحضر *yuḫaḍḍir^u* | تحضير *taḫḍīr*| • prepare, make ready • civilize

حضري *ḫaḍarī^y n.* • city dweller

حضن *ḫaḍana v.tr.* |*1s3* يحضن *yaḫḍun^u* | حضن *ḫiḍn*| • hug, embrace • nurse, raise, bring up

حضن *ḫiḍn n.*★ |*pl.* أحضان *ʔaḫḍān*| • arms, embrace, bosom, lap

حضور *ḫuḍūr n.*★ • arrival • attendance, presence ▪ حضور طاغ *ḫuḍūr ṭāɣ(in)* strong presence, charisma ◊ لديه حضور طاغ. *He's very charismatic*

حط *ḫaṭṭa v.* • *v.tr.* |*1g3* يحط *yaḫuṭṭ^u* | حط *ḫaṭṭ*| put, place, lay down • *v.intr.* |*1g3* يحط *yaḫuṭṭ^u* | حطوط *ḫuṭūṭ*| land, touch down ◊ حط الطائر على كتفه. *The bird landed on his shoulder.*

حطب *ḫaṭab n.* |*pl.* أحطاب *ʔaḫṭāb*| • firewood

حطم *ḫaṭṭama v.tr.* |*2s* يحطم *yuḫaṭṭim^u* | تحطيم *taḫṭīm*| • smash, break, demolish, destroy ▪ حطم رقما قياسيا *ḫaṭṭama raqman qiyāsīyan v.* break a record

حظ *ḫaẓẓ n.* |*pl.* حظوظ *ḫuẓūẓ*| • luck ▪ يا حظك *yā ḫaẓẓ^uka* Lucky you! ▪ حسن الحظ *ḫusn · alḫaẓẓ^i* (good) luck, fortune ▪ لحسن الحظ *li-ḫusn^i -lḫaẓẓ^i adv.* fortunately ▪ حظا سعيدا *ḫaẓẓan sa3īdan* Good luck!

حظر *ḫaẓara v.tr.* |*1s3* يحظر *yaḫẓur^u* | حظر *ḫaẓr*| • ban, prohibit, forbid

حظر *ḫaẓr n.*★ • prohibition, ban ▪ حظر تجوال *ḫaẓr tajwāl* curfew

حظي *ḫaẓiya v.* |*1d4* يحظى *yaḫẓā* | حظوة *ḫiẓwa^t*| • *v.tr.* enjoy, receive, be honored with • *v.intr.* gain بـ, win ◊ حظي بالمركز الأول. *He won first place.*

حظيرة *ḫaẓīra^t n.* |*pl.* **dip.** حظائر *ḫaẓāʔir*| • corral, pen, enclosure ▪ حظيرة ماشية *ḫaẓīrat · māšiya^t* barn ▪ حظيرة طائرات *ḫaẓīrat · ṭāʔirāt* hangar • x

حف *ḫaffa v.tr.* |*1g3* يحف *yaḫuff^u* | حف *ḫaff*| • surround, enclose ◊ تحفه المخاطر. *Dangers surround him.* • *(hair)* trim, clip

حفاض *ḫifāḍ n.* • diaper (UK: nappy)

حفاظ *ḫifāẓ n.* • defense, protection

حفر *ḫafara v.tr.* |*1s2* يحفر *yaḫfir^u* | حفر *ḫafr*| • dig, burrow ▪ حفر بئرا *ḫafara biʔran* dig a well ▪ حفر حفرة *ḫafara ḫufra^t* dig a hole ▪ من حفر حفرة لأخيه وقع فيها. *man ḫafara ḫufra^tan li-ʔaxīh^i waqa3a fīhā proverb* People always stumble into the pitfalls they dig for others (lit. their brothers). • excavate

حفر *ḫafr n.*★ • excavation

حفر الباطن *ḫafar · albāṭin^i n.* **f.** • *(city in Saudi*

Arabia) ➡ ***map on p. 166***

حفرة *ḥufra^t^ n.* |*pl.* حفر *ḥufar*| • hole • crater, pit

حفظ *ḥafiẓa v.tr.* |*1s4* يحفظ *yaḥfaẓ^u^* | حفظ *ḥifẓ*| • memorize, learn by heart • keep, preserve, store ▪ احفظ قرشك الأبيض ليومك الأسود. *iḥfaẓ qiršᵃka -lʔabyaḍᵃ li-yawmⁱka -lʔaswadⁱ proverb* A penny saved is a penny earned. (lit. Save your white piastre for your black day.) • *(computers)* save ▪ حفظ إلى ملف *ḥafiẓa ʔilā milaff* save to file

حفظ *ḥifẓ n.** • memorization

حفل *ḥafala v.intr.* |*1s2* يحفل *yaḥfil^u^* | حفل *ḥafl*| • gather, assemble • be full *of* بـ, be filled

حفل *ḥafl n.** • gathering ▪ حفل عقد قران *ḥafl · 3aqd · qirān* wedding reception ▪ حفل عيد ميلاد *ḥafl · 3īd · mīlād* birthday party

حفلة *ḥafla^t^ n.* • party ▪ حفلة زفاف *ḥaflat · zifāf* wedding reception ▪ حفلة عيد ميلاد *ḥaflat · 3īd · mīlād* birthday party ▪ حفلة مبيت *ḥaflat · mubīt* slumber party ▪ حفلة وداع *ḥaflat · wadā3* farewell party ▪ أقام حفلة *ʔaqāma ḥafla^t^ v.* hold a party, throw a party

حفنة *ḥafna^t^ n.* |*pl.* حفنات *ḥaf(a)nāt*| • handful

حفيد *ḥafīd n.* |*pl.* أحفاد *ʔaḥfād*| • grandson, grandchild

حفيدة *ḥafīda^t^ n.* • granddaughter

حق *ḥaqq* |*pl.* حقوق *ḥuqūq*| • *n.** right ▪ حقوق الإنسان *ḥuqūq · alʔinsānⁱ* human rights ▪ حقوق المرأة *ḥuqūq · almarʔa^ti^* women's rights ▪ معه حق *ma3ahu ḥaqq*, على حق *3alā ḥaqq^in^* right, in the right ◊ معك حق. *You're right.* • truth ▪ حق يضر خير من باطل يسر. *ḥaqq^un^ yaḍurr^u^ xayr^un^ min bāṭil^in^ yasurr^u^ proverb* A truth that displeases is better than a lie that pleases. • *adj.* |*elat.* أحق *ʔaḥaqq*| true, right ▪ حقا *ḥaqqan adv.* really, indeed; right, in the right ▪ بحق *bi-ḥaqq^in^ adv.* truly, in reality, actually, indeed

حق *ḥaqqa v.intr.* |*1g2* يحق *yaḥiqq^u^* | حق *ḥaqq*| • be true, right, correct ▪ يحق له أنْ *yaḥiqq^u^ lahu ʔan* *(impersonal verb)* have the right to *(do)*, be entitled to *(do)* ◊ هل يحق لي الحصول على تعويض؟ *Am I entitled to receive compensation?* ◊ لا يحق لأحد أن... *no one has the right to...*

حقبة *ḥiqba^t^ n.* |*pl.* حقب *ḥiqab*| • long time, period, era, age

حقد *ḥaqada v.intr.* |*1s2* يحقد *yaḥqid^u^* | حقد *ḥaqd*| • be spiteful *toward* على, bear a grudge, resent

حقد *ḥiqd n.** |*pl.* أحقاد *ʔaḥqād*| • spite, grudge, malice, resentment

حقق *ḥaqqaqa v.tr.* |*2s* يحقق *yuḥaqqiq^u^* | تحقيق *taḥqīq*| • achieve, accomplish, realize, fulfill • interrogate, question • investigate

حقل *ḥaql n.* |*pl.* حقول *ḥuqūl*| • field ▪ حقل نفط *ḥaql · naft* oilfield

حقن *ḥaqana v.tr.* |*1s2/1s3* يحقن *yaḥqin^u^* or *yaḥqun^u^* | حقن *ḥaqn*| • inject

حقنة *ḥuqna^t^ n.* |*pl.* حقن *ḥuqan*| • injection, shot ▪ إبرة حقن *ʔibrat · ḥuqna^t^* hypodermic needle, syringe ▪ أعطاه حقنة *ʔa3ṭāhu ḥuqna^t^ v.* give *sb* an injection, give *sb* a shot ▪ أخذ حقنة *ʔaxaḏa ḥuqna^t^ v.* get a shot

حقود *ḥaqūd adj.* |*elat.* أحقد *ʔaḥqad*| • spiteful, malicious, resentful

حقيبة *ḥaqība^t^ n.* |*pl.* **dip.** حقائب *ḥaqāʔib*| • bag ▪ حقيبة دبلوماسية *ḥaqība^t^ diblōmāsīya^t^* diplomatic pouch ▪ حقيبة ظهر *ḥaqībat · ẓahr* backpack ▪ حقيبة ملابس *ḥaqībat · malābis* suitcase ▪ حقيبة يد *ḥaqībat · yad* handbag ▪ حقيبة وثائق *ḥaqībat · waṯāʔiq* briefcase ▪ حقائب *ḥaqāʔib pl. n.* luggage

حقير *ḥaqīr adj.* |*m. pl.* **dip.** حقراء *ḥuqarāʔ* | *elat.* أحقر *ʔaḥqar*| • lowly, menial, despicable

حقيق *ḥaqīq adj.* |*m. pl.* **dip.** أحقاء *ʔaḥiqqāʔ* | *elat.* أحق *ʔaḥaqq*| • worthy *of* بـ, deserving

حقيقة *ḥaqīqa^t^ n.* |*pl.* **dip.** حقائق *ḥaqāʔiq*| • truth, reality, fact ▪ حقيقة *ḥaqīqatan*, في الحقيقة *fī -lḥaqīqa^ti^ adv.* actually, in reality, as a matter of fact

حقيقي *ḥaqīqīʸ adj.* • real, authentic

حك *ḥakka v.intr.* |*1g3* يحك *yaḥukk^u^* | حك *ḥakk*| • rub, chafe, scratch ▪ ما حك جلدك مثل ظفرك. *mā ḥakka jildᵘka mitla ẓufrᵘka proverb* Nothing scratches an itch like your own finger nails.

حكاية *ḥikāya^t^ n.** • story, tale, narration

حكر *ḥakar n.* • monopoly *of* على, (exclusive) domain *of* ◊ الحرية ليست حكرا على أمة واحدة. *Freedom is not given exclusively to one nation.*

حكم *ḥakam n.* |*pl.* حكام *ḥukkām*| • arbitrator, arbiter, referee

حكم *ḥakama v.tr.* |*1s3* يحكم *yaḥkum^u^* | حكم *ḥukm*| • rule, govern • sentence *sb* على *to* بـ, judge ▪ حُكم عليه بـ *ḥukima 3alayhi bi- pass. v.* be sentenced to ◊ حُكم عليه بالسجن مدى الحياة. *He was sentenced to life in prison.*

حكم *ḥakkama v.tr.* |*2s* يحكم *yuḥakkim^u^* | تحكيم *taḥkīm*| • make *sb* a ruler • appoint *sb* as judge, make sb an arbiter

حكم *ḥukm n.** |pl. أحكام *ʔaḥkām*| • rule, government ▪ حكم ذاتي *ḥukm ḏātīʸ* self-rule, autonomy • judgment, sentence ▪ حكم بالسجن *ḥukm bi-ssijnⁱ* prison sentence ▪ أصدر حكما *ʔaṣdara ḥukman v.* issue a judgment

حكمة *ḥikmaᵗ n.* |pl. حكم *ḥikam*| • wisdom • proverb

حكومة *ḥukūmaᵗ n.* • government ▪ حكومة مؤقتة *ḥukūmaᵗ muʔaqqataᵗ* interim government, caretaker government ▪ حكومة انتقالية *ḥukūmaᵗ intiqālīyaᵗ* transitional government, provisional government

حكومي *ḥukūmīʸ adj.* • governmental, state, public ▪ موظف حكومي *muwaẓẓaf ḥukūmīʸ n.* civil servant

حكى *ḥakā v.tr.* |1d2 يحكي *yaḥkī* | حكاية *ḥikāyaᵗ*| • tell, narrate ▪ حكى حكاية *ḥakā ḥikāyaᵗ* tell a story *to* لـ

حكيم *ḥakīm* |pl. **dip.** حكماء *ḥukamāʔ*| • *adj.* |elat. أحكم *ʔaḥkam*| wise • *n.* wise man; doctor, physician • *man's name* Hakeem

حل *ḥall n.** |pl. حلول *ḥulūl*| • solution ▪ حل وسط *ḥall · wasaṭ* compromise ▪ وجد حلا لـ *wajada ḥallan li- v.* find a solution for, figure out • resolution

حل *ḥalla v.* • *v.tr.* |1g3 يحل *yaḥullᵘ* | حل *ḥall*| solve, decode; resolve; dissolve • |1g2 يحل *yaḥillᵘ* | حل *ḥill*| occupy ▪ حل محله *ḥalla maḥallᵃhu,* حل مكانه *ḥalla makānᵃhu* take *one's* place ◊ لا أحد يستطيع أن يحل مكانك. *No one can replace you.* • *v.intr.* |1g2 يحل *yaḥillᵘ* | حلول *ḥulūl*| befall, happen *to* بـ ◊ حلت به مصيبة. *A disaster befell him.* • *(of time)* begin, arrive ▪ لقد حل وقت *la-qad ḥalla waqt* · __ [+ masdar] the time has come for ◊ لقد حل وقت التغيير. *The time has come for change.*

حلا *ḥalā v.intr.* |1d3 يحلو *yaḥlū* | حلاوة *ḥalāwaᵗ*| • be sweet ▪ حلا له *ḥalā lahu (lit. be sweet to) one* enjoys ◊ يحلو لي أن أقول... *It pleases me to say that...* ▪ كما يحلو له *ka-mā yaḥlū lahu* as *one* pleases, as *one* likes, at *one's* discretion ◊ حسنا، كما يحلو لك. *Alright, whatever you'd like.* ▪ ما يحلو له *mā yaḥlū lahu* what *one* wants ◊ إفعل ما يحلو لك! *Suit yourself!*

حلاق *ḥallāq n.* • hairdresser, barber

حلاقة *ḥilāqaᵗ n.** • shave • haircut, hairstyle

حلال *ḥalāl adj.* • permitted, lawful, halal

حلاوة *ḥalāwaᵗ n.** |pl. حلويات *ḥalawīyāt*| • candy, sweets

حلب *ḥalab n. **f. dip.*** • *(city in Syria)* Aleppo ➡ **map on p. 171**

حلب *ḥalaba v.tr.* |1s3 يحلب *yaḥlubᵘ* | حلب *ḥalb*| • milk

حلبة *ḥalbaᵗ n.* |pl. حلبات *ḥal(a)bāt*| • race track, race circuit

حلبة *ḥulbaᵗ n.* • fenugreek

حلة *ḥallaᵗ n.* |pl. حلل *ḥilal*| • cooking pot

حلة *ḥullaᵗ n.* |pl. حلل *ḥulal*| • attire, suit ▪ في أبهى حلة *fī ʔahbā ḥullaᵗⁱⁿ adv.* in *one's* best attire

حلزون *ḥalzūn n.* • snail

حلزوني *ḥalzūnīʸ adj.* • spiral

حلف *ḥalafa v.tr.* |1s2 يحلف *yaḥlifᵘ* | حلف *ḥalf*| • swear ▪ حلف يمينا *ḥalafa yamīnan* take an oath

حلف *ḥallafa v.tr.* |2s يحلف *yuḥallifᵘ* | تحليف *taḥlīf*| • swear in

حلف *ḥilf n.* |pl. أحلاف *ʔaḥlāf*| • alliance, pact, treaty ▪ منظمة حلف شمال الأطلسي *munaẓẓamat · ḥilfⁱ · šamālⁱ · -lʔaṭlasīʸⁱ* NATO ▪ حلف وارسو *ḥilf · wārsō* Warsaw Pact

حلق *ḥalaq coll. n.* |sing. حلقة *ḥal(a)qaᵗ*| • earrings

حلق *ḥalaqa v.tr.* |1s2 يحلق *yaḥliqᵘ* | حلاقة *ḥilāqaᵗ* or حلق *ḥalq* | • *(hair)* shave ▪ حلق ذقنه *ḥalaqa ḏiqnᵃhu* shave *one's* beard

حلق *ḥallaqa v.intr.* |2s يحلق *yuḥalliqᵘ* | تحليق *taḥlīq*| • circle, hover

حلق *ḥalq n.* |pl. حلوق *ḥulūq*| • throat

حلقة *ḥalqaᵗ n.* |pl. حلقات *ḥal(a)qāt*| • circle, ring, loop • *(TV)* episode, part • *(people)* clique, part, group

حلل *ḥallala v.tr.* |2s يحلل *yuḥallilᵘ* | تحليل *taḥlīl*| • analyze • dissolve

حلم *ḥalama v.intr.* • |1s3 يحلم *yaḥlumᵘ* | حلم *ḥulm*| dream *about* بـ *or* في • |1s3 يحلم *yaḥlumᵘ* | حلم *ḥilm*| be patient, be mild, be gentle

حلم *ḥilm n.** |pl. حلوم *ḥulūm*| • gentleness, mildness, patience

حلم *ḥulm n.** |pl. أحلام *ʔaḥlām*| • dream ▪ أحلام سعيدة *ʔaḥlām saʕīdaᵗ* Sweet dreams!

حلمة *ḥalamaᵗ n.* • nipple

حلو *ḥulw adj.* |elat. **invar.** أحلى *ʔaḥlā*| • sweet • cute, nice, sweet

حلواني *ḥalwānīʸ n.* • confectioner • cake shop

حلول *ḥulūl n.** • advent, arrival ▪ بحلول *bi-ḥulūlⁱ prep.* by ◊ بحلول منتصف التسعينات *by the mid-90s* ▪ بحلول ذلك الوقت *bi-ḥulūlⁱ ḏālika -lwaqtⁱ adv.* by then

حلوى *ḫalwā n.* ***f. invar.*** |*pl.* ***invar.*** حلاوى *ḫalāwā*| • dessert, pastry

حلى *ḫallā v.tr.* |*2s* يحلي *yuḫallī* | تحلية *taḫliya^t*| • sweeten ▪ حلى مياه *ḫallā miyāh* desalinize water

حليب *ḫalīb n.* • milk

حليف *ḫalīf n.* |*pl.* ***dip.*** حلفاء *ḫulafāʔ*| • ally

حليم *ḫalīm adj.* |*m. pl.* ***dip.*** حلماء *ḫulamāʔ*| • patient, mild, gentle ▪ اتق شر الحليم إذا غضب *ittaqi šarr^a -lḫalīm^i ʔiđā ɣaḍaba proverb* Beware of the anger of a patient man. • *man's name* Halim, Haleem

حم *ḫam n.* |*pl.* أحماء *ʔaḫmāʔ*| • father-in-law
ⓘ *When the first term in an idafa construction, or when suffixed by a pronoun (except for the first person singular pronoun suffix), the case is marked with a written long vowel:* ◊ حموك هنا. *Your father-in-law is here.* ◊ أرى حما كريم. *I see Kareem's father-in-law.* ◊ مع حمي المرأة *with the woman's father-in-law*
➡ ***The Five Nouns p. 2***

حماة *ḫamā^t n.* |*pl.* حموات *ḫamawāt*| • mother-in-law

حماة *ḫamā^t n.* ***dip.*** • *(city in Syria)* Hama ➡ ***map on p. 171***

حمار *ḫimār n.* |*pl.* حمير *ḫamīr*| • donkey, ass ▪ حمار وحشي *ḫimār waḫšī^y*, حمار نرد *ḫimār · nard* zebra

حماس *ḫamās n.* •, حماسة *ḫamāsa^t* enthusiasm, zeal • *(Palestinian political party)* Hamas

حماقة *ḫamāqa^t n.* • stupidity, idiocy, foolishness

حمال *ḫammāl n.* • porter, transporter

حمالة *ḫammāla^t n.* • strap, brace, girder • stretcher • *(female)* porter

حمام *ḫamām coll. n.* |*sing.* حمامة *ḫamāma^t*| • pigeons, doves

حمام *ḫammām n.* • bathroom, restroom • bath ▪ حمام سباحة *ḫammām · sibāḫa^t* swimming pool ▪ حمام عام *ḫammām 3āmm* public bath, sauna

حماية *ḫimāya^t n.** • protection, defense

حمحم *ḫamḫama v.intr.* |*11s* يحمحم *yuḫamḫim^u* | حمحمة *ḫamḫama^t*| • whinny, neigh

حمد *ḫamd n.** • praise ▪ الحمد لله *alḫamd^u li-LLāh^i* Praise God!, thank God *for* على, fortunately ◊ الحمد لله على ذلك! *Thank God for that!* ▪ الحمد لله على السلامة *alḫamd^u liLLāh^i 3alā -ssalāma^ti* Thank God you're safe! ▪ الحمد لله أنّ *alḫamd^u li-LLāh^i ʔanna* thank God that... ◊ الحمد لله انك بخير! *Thank God you're alright!* ▪ بحمد الله *bi-ḫamd^i -LLāh^i adv.* by the grace of God

حمد *ḫamida v.tr.* |*1s4* يحمد *yaḫmad^u* | حمد *ḫamd*| • glorify, praise • applaud

حمد *ḫammada v.* |*2s* يحمد *yuḫammid^u* | تحميد *taḫmīd*| • *v.tr.* praise highly • *v.intr.* say "Praise God"

حمر *ḫammara v.tr.* |*2s* يحمر *yuḫammir^u* | تحمير *taḫmīr*| • roast • fry

حمرة *ḫumra^t n.* • red, redness ▪ حمرة شفاه *ḫumrat · šifāh* lipstick

حمز *ḫamuza v.intr.* |*1s6* يحمز *yaḫmuz^u* | حمازة *ḫamāza^t*| • be strong, be steadfast

حمزة *ḫamza^t* ***dip.*** *man's name* • Hamza, Hamzah

حمس *ḫamisa v.intr.* |*1s4* يحمس *yaḫmas^u* | حماس *ḫamās*| • be zealous, be enthusiastic

حمص *ḫammaṣa v.tr.* |*2s* يحمص *yuḫammiṣ^u* | تحميص *taḫmīṣ*| • toast, broil, roast, grill

حمص *ḫimmaṣ coll. n.* |*sing.* حمصة *ḫimmaṣa^t*| • chickpeas • hummus

حمص *ḫimṣ n.* ***f. dip.*** • *(city in Syria)* Homs ➡ ***map on p. 171***

حمض *ḫamḍ n.* |*pl.* أحماض *ʔaḫmāḍ*| • acid

حمض *ḫamuḍa v.intr.* |*1s6* يحمض *yaḫmuḍ^u* | حموضة *ḫumūḍa^t*| • be sour

حمضي *ḫamḍī^y adj.* • citrus- ▪ فواكه حمضية *fawākih ḫamḍīya^t pl. n.* citrus fruit

حمل *ḫamal n.* • *(animal)* lamb • برج الحمل *burj · alḫamal^i (astrology)* Aries ▪ أنا من برج الحمل. *ʔana min burj^i -lḫamal^i* I'm an Aries.

حمل *ḫamala v.* |*1s2* يحمل *yaḫmil^u* | حمل *ḫaml*| • *v.tr.* lift, carry, hold • cause *sb/sth* ∘ *to (do)* على, make, urge ◊ حمله على الموافقة. *He urged him to agree.* • *v.intr.* become pregnant *by* من

حمل *ḫaml n.** |*pl.* أحمال *ʔaḫmāl*| • pregnancy • load, cargo

حمل *ḫammala v.tr.* |*2s* يحمل *yuḫammil^u* | تحميل *taḫmīl*| • load • *(computers)* upload • download

حملة *ḫamla^t n.* |*pl.* حملات *ḫam(a)lāt*| • campaign ▪ حملة انتخابية *ḫamla^t intixābīya^t* election campaign ▪ حملة تسويق *ḫamlat · taswīq* marketing campaign • attack, raid

حمم *ḫumam*, حمم بركانية *ḫumam burkānīya^t n.* ***f.*** • lava

حمو *ḫamw n.** • heat

حموضة *ḫumūḍa^t n.** • sourness • acidity • heartburn

ح

حمولة *ḫumūlaᵗ n.* • load, cargo

حمى *ḫamā v.tr.* |1d2 يحمي *yiḫmī* | حماية *ḫimāyaᵗ*| • protect *sb/sth* ∘ *from* من, defend ▪ حماه الله *ḫamāhu aLLāhᵘ* may God protect *sb*

حمى *ḫummā n.* **f. invar.** |pl. حميات *ḫummayāt*| • fever ▪ حمى دريس *ḫummā · darīs* hay fever

حمي *ḫamiya v.intr.* |1d4 يحمى *yaḫmā* | حمو *ḫamw*| • become hot • become furious *at* على

حمية *ḫimyaᵗ n.* • diet ▪ اتبع حمية *ittaba3a ḫimyaᵗ v.* follow a diet, be on a diet, diet

حميد *ḫamīd adj.* |elat. أحمد *ʔaḫmad*| • laudable, praiseworthy • benign, harmless

حميم *ḫamīm adj.* • close, intimate ▪ صديق حميم *ṣadīq ḫamīm n.* a close friend

حن *ḫanna v.intr.* • |1g2 يحن *yaḫinnᵘ* | حنان *ḫanān* or حنة *ḫannaᵗ*| sympathize *with* على • |1g2 يحن *yaḫinnᵘ* | حنين *ḫanīn*| long *for* إلى, miss

حنأ *hannaʔa v.tr.* |2s(c) يحنئ *yuḫanniʔᵘ* | تحنئة *taḫniyaᵗ*| • dye with henna

حنا *ḫanā v.tr.* |1d3 يحنو *yaḫnū* | حنو *ḫanw*| • bend

حناء *ḫinnāʔ n.* • henna

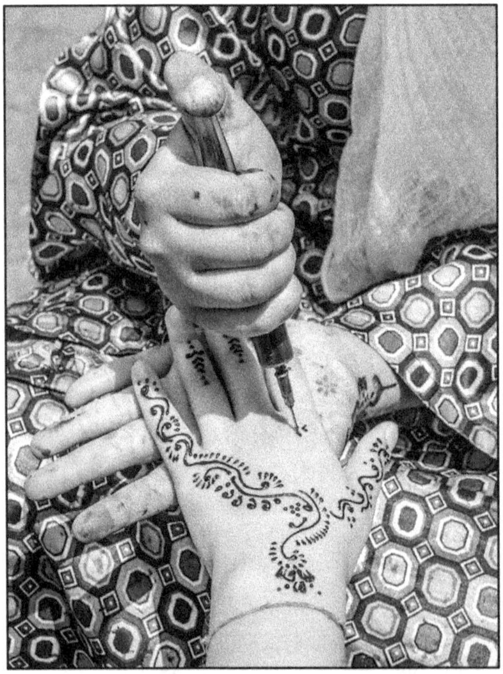

Henna being painted on a hand in Morocco

حنان *ḫanān n.*⋆ • sympathy, compassion, tenderness

حنجرة *ḫanjaraᵗ n.* |pl. **dip.** حناجر *ḫanājir*| • larynx

حنط *ḫannaṭa v.tr.* |2s يحنط *yuḫanniṭᵘ* | تحنيط *taḫnīṭ*| • embalm, mummify

حنفية *ḫanafīyaᵗ n.* • faucet (UK: tap)

حنك *ḫannaka v.tr.* |2s يحنك *yuḫannikᵘ* | تحنيك *taḫnīk*| • sophisticate

حنن *ḫannana v.tr.* |2s يحنن *yuḫanninᵘ* | تحنين *taḫnīn*| •حنن قلبه *ḫannana qalbᵃhu* move, touch

حنو *ḫinw n.*⋆ |pl. أحناء *ʔaḫnāʔ*| • bend, curve

حنون *ḫanūn adj.* • sympathetic, compassionate, tender

حنيف *ḫanīf adj.* |m. pl. **dip.** حنفاء *ḫunafāʔ*| • orthodox, true ▪ الدين الحنيف *addīn alḫanīf (Islam)* the True Faith • *n.* true believer

حنين *ḫanīn n.*⋆ • longing, yearning ▪ حنين إلى الماضي *ḫanīn ʔilā -lmāḍī* nostalgia ▪ حنين إلى الوطن والأهل *ḫanīn ʔilā -lwaṭanⁱ wa-lʔahlⁱ* homesickness

حوار *ḫiwār n.* • conversation, discussion, dialog, talk

حوالة *ḫawālaᵗ n.* • transfer, remittance ▪ حوالة مالية *ḫawālaᵗ mālīyaᵗ* money transfer

حوالي *ḫawālay(i)*, حوالى *ḫawālā adv.* • [+ number] approximately, around, about ◊ استغرقت الرحلة حوالي عشر ساعات. *The trip took about ten hours.*

حوت *ḫūt n.* |pl. حيتان *ḫītān*| • whale ▪ حوت عنبر *ḫūt · 3anbar* sperm whale •برج الحوت *burj · alḫūtⁱ (astrology)* Pisces ▪ أنا من برج الحوت. *ʔana min burjⁱ -lḫūtⁱ* I'm a Pisces.

حوزة *ḫawzaᵗ n.* • possession, custody ▪ في حوزته *fī ḫawzatᵗhi* in *one's* possession

حوض *ḫawḍ n.* |pl. أحواض *ʔaḫwāḍ*| • sink, basin • pool, tank ▪ حوض سمك *ḫawḍ · samak* fish tank, aquarium ▪ حوض سباحة *ḫawḍ · sibāḫaᵗ* swimming pool ▪ حوض استحمام *ḫawḍ · istiḫmām* bathtub • *(geography)* basin • pelvis

حوقل *ḫawqala v.intr.* |11s يحوقل *yuḫawqilᵘ* | حوقلة *ḫawqalaᵗ*| • say "There is no power nor strength except in God."

حوقل *lā ḫawlᵃ wa-lā quwwaᵗᵃ ʔillā bi-LLāhⁱ* |*abbreviation of* لا حول ولا قوة إلا بالله| • There is no power nor strength except in God.

حوقلة *ḫawqalaᵗ n.*⋆ • saying "There is no power nor strength except in God."

حول *ḫawl n.* |pl. أحوال *ʔaḫwāl*| • power, might ▪ لا حول ولا قوة إلا بالله *lā ḫawlᵃ wa-lā quwwaᵗᵃ ʔillā bi-LLāhⁱ* There is no power nor strength except in God. ➡ حوقل *ḫawqala p. 124* ▪ من حول *min ḫawlⁱ prep.* around, enclosing ◊ انفض الناس

.من حوله *People moved away from him.*

حول *ḫawla prep.* • around, enclosing ◊ هناك سياج حول الجنينة. *There's a fence around the yard.* • about, regarding, concerning

حول *ḫawwala v.tr.* |2s يحول *yuḫawwilᵘ* | تحويل *taḫwīl*| • transform *sth* ه *into* إلى, change • send, remit

حوى *ḫawā v.tr.* |1d2 يحوي *yaḫwī* | حواية *ḫawāyaᵗ*| • contain, include

حي *ḫayy adj.* • |*m. pl.* أحياء *ʔaḫyāʔ* | *elat.* أحيى *ʔaḫyā*| alive, living ▪ حيا أو ميتا *ḫayyan ʔaw mayyitan* dead or alive ▪ حيا *ḫayyan adv.* live • vivid, vibrant • *n.* |*pl.* أحياء *ʔaḫyāʔ*| district, quarter, neighborhood ▪ حي راق *ḫayy rāq(in)* upscale neighborhood ▪ حي شعبي *ḫayy ša3bīʸ* working-class neighborhood, poorer district

حي *ḫayya*, حيي *ḫayiya v.intr.* |1d4(b) يحيا *yaḫyā* | حياة *ḫayāᵗ*| • live ◊ !يحيا الملك *Long live the king!*

حيا *ḫayyā v.tr.* |2d يحيي *yuḫayyī* | تحية *taḫīyaᵗ*| • greet, salute

حياء *ḫayāʔ n.** • shyness, modesty • shame

حياة *ḫayāᵗ n.** |*pl.* حيوات *ḫayawāt*| • life ▪ حياة عامة *ḫayāᵗ 3āmmaᵗ* public life ▪ الحياة *alḫayāᵗ* al-Hayat (international Arabic language newspaper headquartered in London)

حياتي *ḫayātīʸ*, حيوي *ḫayawīʸ adj.* • *everyday-* • vital, lively, active, animated • biological

حياد *ḫiyād n.* • *(politics)* neutrality

حيادي *ḫiyādīʸ adj.* • neutral

حيال *ḫiyāla prep.* • concerning, regarding, about ◊ ما رد فعلك حيال الموقف؟ *What's your reaction toward the situation?*

حية *ḫayyaᵗ n.* • snake, serpent

حيث *ḫaytu* • *relative adverb* where, in which ◊ .هناك حيث نذهب كل سنة *That's where we go every year.* ◊ .ولدت في بيروت حيث أعيش وأعمل *I was born in Beirut, where I live and work.* ▪ إلى حيث *ʔilā ḫaytu* to where ▪ من حيث *min ḫaytu* from where; when ◊ وصلوا في اليوم التالي حيث كان الجميع بالانتظار. *They arrived the next day when everyone was waiting.* •بحيث *bi-ḫaytu*, بحيث أن *bi-ḫaytu ʔanna conj.* to the point where, to the extent that ◊ هل أنت أحمق بحيث تصدق هذا؟ *Are you so foolish as to believe that?*; so that, in such a way that ◊ …البرنامج مصمم بحيث أن *The program is designed to...* •من حيث *min ḫaytu prep.* as regards, in terms of ◊ السودان هو أكبر دولة عربية من حيث المساحة. *Sudan is the largest Arab country in terms of area.*; because of •حيث أنّ *ḫaytu ʔanna*, حيث إن *ḫaytu ʔinna*, من حيث أنّ *min ḫaytu ʔanna conj.* because, since ◊ .لم يحضر الامتحان حيث إنه كان مريضا *He didn't attend the exam because he was sick.*

حيثما *ḫaytumā conj.* [+ perfect] • wherever ◊ .تذكرها حيثما ذهب *He remembered her wherever he went.* • whenever

حيثية *ḫaytīyaᵗ n.* • aspect, point of view

حير *ḫayyara v.tr.* |2s يحير *yuḫayyirᵘ* | تحيير *taḫyīr*| • confuse, puzzle, baffle

حيران *ḫayrān adj.* |*m & f pl.* **invar.** حيارى *ḫayārā* | *f.* **invar.** حيرى *ḫayrā*| • confused, puzzled, baffled

حيرة *ḫayraᵗ* or *ḫīraᵗ n.** • confusion, embarrassment

حيز *ḫayyiz n.* |*pl.* أحياز *ʔaḫyāz*| • extent, reach, range • field, area, domain

حيض *ḫayḍ*, حيضة *ḫayḍaᵗ*, حياض *ḫiyāḍ n.** • menstruation, period

حيفا *ḫayfā n.* ***f.* invar.** • *(city in Israel)* Haifa

حيلة *ḫīlaᵗ n.* |*pl.* حيل *ḫiyal*| • trick, deceit

حيلولة *ḫaylūlaᵗ n.** • prevention

حين *ḫīn n.* |*pl.* أحيان *ʔaḫyān*| • time ▪ أحيانا *ʔaḫyānan adv.* sometimes ▪ بين الحين والحين *bayna -lḫīnⁱ wa-lḫīnⁱ*, من حين إلى حين *min ḫīnⁱⁿ ʔilā ḫīnⁱⁿ*, بين حين وآخر *bayna ḫīnⁱⁿ wa-ʔāxarᵃ adv.* sometimes, from time to time, now and again ▪ إلى حين *ʔilā ḫīnⁱ prep.* until ▪ في حين أنّ *fī ḫīnⁱⁿ ʔanna conj.* whereas, while ◊ تظاهر بالانتباه في حين أنه كان شاردا. *He pretended to pay attention while he was (actually) absent-minded.*

حينما *ḫīnamā*, حين *ḫīna conj.* • [+ perfect] when ◊ .تفاجأت حينما رأيتك *I was surprised when I saw you.* ◊ ...حين كنا صغارا *when we were young...* • whenever ◊ .اتصل بي حينما تستيقظ *Call me when you wake up.*

حينئذ *ḫīnaʔiḏin*, حينذاك *ḫīnaḏāka adv.* • at that time, then, back then ◊ .كنت ساذجا حينئذ *I was naive back then.*

حيوان *ḫayawān n.* • animal ▪ حيوان أليف *ḫayawān ʔalīf* pet

حيواني *ḫayawānīʸ adj.* • animal-, zoological

حيوية *ḫayawīyaᵗ* • *n.* vitality

حيي *ḫayiya v.intr.* |1d4 يحيا *yaḫyā* | حياء *ḫayāʔ*| • be shy • be ashamed

حيي *ḫayyīʸ adj.* • modest, shy

خ

خ *xāʔ n.* ***f.*** |خاء| • *(seventh letter of the Arabic alphabet)* • *(numerical value)* 600 ➡ ***The Abjad Numerals p. 108***

خاء *xāʔ n.* ***f.*** ➡ خ

خاب *xāba v.intr.* |*1h2* يخيب *yaxību*^{u} | خيبة *xayba*^{t}| • fail, be unsuccessful ▪ خاب أمله *xāba ʔamal*^{u}*hu* be disappointed ◊ .خاب أملي *I was disappointed.*

خابر *xābara v.tr.* |*3s* يخابر *yuxābir*^{u} | مخابرة *muxābara*^{t}| • call, telephone

خاتم *xātim* or *xātam act. part. n.* |*pl.* ***dip.*** خواتم *xawātim*| • ring ▪ خاتم زواج *xātim · zawāj* wedding ring

خاتمة *xātima*^{t} *act. part. n.* |*pl.* ***dip.*** خواتيم *xawātīm*| • end, conclusion ▪ .العبرة بالخواتيم *al3ibra*^{t} *bi-lxawātīm*^{i} *proverb* All's well that ends well.

خادع *xāda3a v.tr.* |*3s* يخادع *yuxādi3*^{u} | مخادعة *muxāda3a*^{t}| • deceive, fool, cheat

خادم *xādim act. part. n.* |*pl.* خدام *xuddām* or خدم *xadam*| • servant, butler ▪ خادم الحرمين الشريفين *xādim · alḥaramayn*^{i} *-ššarīfayn*^{a} *(King of Saudi Arabia)* Custodian of the Two Holy Mosques • *(computers)* server • *man's name* Khadim

خادمة *xādima*^{t} *n.* • maid

خار *xāra v.intr.* |*1h3* يخور *yaxūr*^{u} | خوار *xuwār*| • moo

خارج *xārij act. part. n.* • exterior ▪ في الخارج *fī -lxārij*^{i}, خارجا *xārijan adv.* outside ◊ .كان الأطفال يلعبون في الخارج *The children were playing outside.* • overseas ▪ في الخارج *fī -lxārij*^{i} *adv. (location)* abroad, overseas ◊ .يدرس الطالب في الخارج *The student is studying abroad.* ▪ إلى الخارج *ʔilā -lxārij*^{i}, للخارج *li-lxārij*^{i} *adv. (direction)* abroad, overseas ◊ .سافروا للخارج *They went abroad.*

خارج *xārija prep.* • out of, outside ▪ خارج البلاد *xārija -lbilād*^{i} *adv.* abroad, overseas

خارجي *xārijī*^{y} *adj.* • external, outer • foreign ▪ وزير خارجية *wazīr · xārijīya*^{t} *n.* foreign minister, secretary of state

خارق *xāriq act. part. adj.* • supernatural ▪ خارق *xāriq*, خارق للعادة *xāriq li-l3āda*^{ti} unusual, extraordinary

خاسر *xāsir act. part. n.* • loser

خاص *xāṣṣ act. part. adj.* |*elat.* أخص *ʔaxaṣṣ*| • special • specific, particular ▪ بشكل خاص *bi-šakl*^{in} *xāṣṣ*^{in}, بصورة خاصة *bi-ṣūra*^{tin} *xāṣṣa*^{tin} *adv.* especially, in particular • private • concerning بـ, related *to*

خاصة *xāṣṣa*^{t} *act. part. n.* |*pl.* ***dip.*** خواص *xawāṣṣ*| • specialty, speciality, particularity ▪ خاصة *xāṣṣatan*, بخاصة *bi-xāṣṣa*^{tin} *adv.* especially, particularly, in particular ▪ خاصة (و)أنَّ *xāṣṣatan (wa-)ʔanna* especially since...

خاصر *xāṣara v.tr.* |*3s* يخاصر *yuxāṣir*^{u} | مخاصرة *muxāṣara*^{t}| • put *one's* arm around *sb's* waist

خاصية *xāṣṣīya*^{t}, خصيصة *xaṣīṣa*^{t} *n.* |*pl.* ***dip.*** خصائص *xaṣāʔiṣ*| • character • characteristic, attribute

خاض *xāḍa v.tr.* |*1h3* يخوض *yaxūḍ*^{u} | خوض *xawḍ*| • wade • wage, carry out (war, campaign)

خاطب *xāṭaba v.tr.* |*3s* يخاطب *yuxāṭib*^{u} | مخاطبة *muxāṭaba*^{t}| • address, talk *to*

خاطب *xāṭib act. part. n.* • matchmaker

خاطر *xāṭara v.intr.* |*3s* يخاطر *yuxāṭir*^{u} | مخاطرة *muxāṭara*^{t}| • risk بـ

خاطر *xāṭir act. part. n.* |*pl.* ***dip.*** خواطر *xawāṭir*| • thought, idea, notion

خاطف *xāṭif act. part. n.* |*pl.* ***dip.*** خاطفون *xāṭifūn*^{a} or خواطف *xawāṭif*| • kidnapper

خاطئ *xāṭiʔ act. part. adj.* • *(of people)* mistaken, wrong, erring, at fault ▪ بشكل خاطئ *bi-šakl*^{in} *xāṭiʔ*^{in}, بصورة خاطئة *bi-ṣūra*^{tin} *xāṭiʔa*^{tin} *adv.* mistakenly • *(of things)* wrong, incorrect, false

خاف *xāfa v.intr.* |*1h1* يخاف *yaxāf*^{u} | خوف *xawf*| • be afraid *of* من, fear ▪ خاف من أنْ *xāfa min ʔan* be afraid that..., be afraid to *(do)* ◊ .كنت أخاف أن يموت بين يدي *I was afraid that he would die in my arms.* ◊ .تخاف أن تخرج من البيت *She's afraid to leave the house.* • worry *about* على ◊ .أخاف عليك *I'm worried about you.*

خال *xāl n.* • |*pl.* أخوال *ʔaxwāl*| *(maternal)* uncle ▪ ابن خال *ibn · xāl (maternal uncle's son)* cousin ▪ ابنة خال *ibnat · xāl (maternal uncle's daughter)* cousin • |*pl.* خيلان *xīlān*| mole

خال *xāl(in) act. part. adj.* ***def.*** • empty, vacant

خالة *xāla^t n.* • *(maternal)* aunt ▪ ابن خالة *ibn · xāla^t* *(maternal aunt's son)* cousin ▪ ابنة خالة *ibnat · xāla^t* *(maternal aunt's daughter)* cousin

خالد *xālid adj.* • immortal, eternal • *man's name* Khalid, Khaled

خالص *xāliṣ act. part. adj.* |*m. pl.* خلص *xullaṣ* | *elat.* أخلص *ʔaxlaṣ*| • clear, pure • sincere, frank

خالف *xālafa v.tr.* |*3s* يخالف *yuxālif^u* | مخالفة *muxālafa^t*| • violate, breach, break ▪ خالف قانونا *xālafa qānūnan* break a law ▪ خالف قائدة *xālafa qāʔida^t* break a rule • differ *from*, disagree *with*

خالق *xāliq act. part.* • *n.* creator • *adj.* creative

خام *xām adj.* |*f. sing.* خام *xām*| • unprocessed, crude, raw ▪ مواد خام *muwādd xām pl. n.* raw materials • inexperienced

خامس *xāmis adj.* • *(ordinal number)* fifth ▪ الساعة الخامسة *assā3a^t alxāmisa^t* five o'clock (5:00)

خامس عشر *xāmis^a 3ašr^a adj.* |*f.* خامسة عشرة *xāmisa^{ta} 3ašara^{ta}*| • [always accusative] fifteenth ◊ اليوم الخامس عشر *the fifteenth day* ◊ المرة الخامسة عشرة *the fifteenth time*

خان *xān n.* • inn, hostel, caravanserai

خان *xāna v.tr.* |*1h3* يخون *yaxūn^u* | خيانة *xiyāna^t*| • betray

خان يونس *xān · yūnis n. **f.*** • *(city in Palestine)* Khan Yunis ➡ ***map on p. 229***

خانة *xāna^t n.* • field, cell (in a spreadsheet, etc.)

خائب *xāʔib act. part. adj.* |*elat.* أخيب *ʔaxyab*| • unsuccessful

خائف *xāʔif act. part. adj.* |*m. pl.* خوف *xuwwaf* | *elat.* أكثر خوفا *ʔaktar xawfan* or أخوف *ʔaxwaf*| • afraid *of* من, frightened, scared • worried *about* على

خائن *xāʔin act. part. n.* |*pl.* خونة *xawana^t*| • traitor

خبأ *xabbaʔa v.tr.* |*2s(c)* يخبئ *yuxabbiʔ^u* | تخبئة *taxbiʔa^t*| • hide, conceal, keep secret

خباز *xabbāz n.* • baker

خبث *xabuta v.intr.* |*1s6* يخبث *yaxbut^u* | خبث *xubt* or خباثة *xabāta^t*| • be malicious

خبر *xabar n.* |*pl.* أخبار *ʔaxbār*| • news, piece of news, news report ▪ الأخبار *alʔaxbār pl. n.* the news; ***f.** n.* El Khabar (Algerian newspaper) ▪ خبر عاجل *xabar 3ājil* breaking news ▪ أخبار جوية *ʔaxbār jawwīya^t* weather forecast ▪ نشرة أخبار *našarat · ʔaxbār* news broadcast • message, notification • *(grammar)* predicate (of a nominal sentence)

خبر *xabara v.tr.* |*1s3* يخبر *yaxbur^u* | خبرة *xibra^t*| • test, try • experience

خبر *xabbara v.tr.* |*2s* يخبر *yuxabbir^u* | تخبير *taxbīr*| • tell *sb* ∘ *sth* عن *or* بـ

خبرة *xibra^t n.*⋆ |*pl.* خبرات *xib(a)rāt*| • experience, expertise

خبز *xabaza v.tr.* |*1s2* يخبز *yaxbiz^u* | خبز *xabz*| • bake (bread)

خبز *xubz n.* |*pl.* أخباز *ʔaxbāz*| • bread ▪ أعط الخبز لخبازه ولو أكل نصفه *ʔa3ṭi -lxubz^a li-xabbāz^ih^i wa-law ʔakala naṣf^ah^u proverb* Give the bread to the baker even if he eats half of it. (i.e. Give the job to a person who knows how to do it best even if it costs you.)

خبط *xabaṭa v.tr.* |*1s2* يخبط *yaxbiṭ^u* | خبط *xabṭ*| • knock, bang, hit

خبيث *xabīt adj.* |*m. pl. **dip.*** خبثاء *xabatāʔ* or خبث *xubut* | *elat.* أخبث *ʔaxbat*| • malignant • malicious

خبير *xabīr n.* |*pl. **dip.*** خبراء *xubarāʔ*| • expert *in* بـ *or* في, specialist ▪ خبير في الشؤون المالية *xabīr fī -ššuʔūn^i -lmālīya^{ti}* financial expert ▪ خبير قانوني *xabīr qānūnī^y* legal expert

ختام *xitām n.*⋆ • conclusion, end ▪ في ختام *fī xitām^i prep.* at the end of

ختامي *xitāmī^y adj.* • final, concluding, closing

ختان *xitān n.*⋆ • circumcision

ختم *xatama v.tr.* • |*1s2* يختم *yaxtim^u* | ختم *xatm*| stamp • |*1s2* يختم *yaxtim^u* | ختام *xitām*| conclude

ختم *xatm n.*⋆ |*pl.* أختام *ʔaxtām*| • stamp, seal

ختن *xatana v.tr.* |*1s2* يختن *yaxtin^u* | ختان *xitān*| • circumcise

خجل *xajal n.*⋆ • shyness, bashfulness • shame

خجل *xajil adj.* • shy, bashful, embarrassed • ashamed

خجل *xajila v.intr.* |*1s4* يخجل *yaxjal^u* | خجل *xajal*| • be shy, be bashful • be ashamed *of* من

خجل *xajjala v.tr.* |*2s* يخجل *yuxajjil^u* | تخجيل *taxjīl*| • embarrass • shame

خجلان *xajlān adj.* • shy, bashful • ashamed

خجول *xajūl adj.* • shy, bashful • ashamed

خخخ *xaxaxa interjection* • *(laughter)* ha-ha, lol

خد *xadd n.* |*pl.* خدود *xudūd*| • cheek

خداع *xaddā3 adj.* • deceptive

خداع *xidā3 n.* • fraud, deception

خدام *xaddām n.* • servant

خدر *xadar n.*⋆ • numbness

خدر *xaddara v.tr.* |*2s* يخدر *yuxaddir^u* | تخدير *taxdīr*|

• drug, numb, anesthetize

خدر *xadir adj.* • numb

خدر *xadira v.intr.* |*1s4* يخدر *yaxdar^u* | خدر *xadar*| • be numb, tingle

خدع *xada3a v.tr.* |*1s1* يخدع *yaxda3^u* | خدعة *xud3a^t*| • deceive, defraud, fool, cheat

خدعة *xud3a^t n.*★ |*pl.* خدع *xuda3*| • deception, fraud

خدم *xadama v.tr.* |*1s2/1s3* يخدم *yaxdim^u* or *yaxdum^u* | خدمة *xidma^t*| • serve, wait on

خدمة *xidma^t n.*★ |*pl.* خدمات *xadamāt* or خدم *xidam*| • service ▪ خدمة عسكرية *xidma^t 3askarīya^t* military service ▪ أي خدمة؟ *ʔayyu xidma^{tin}* How can I help you? ▪ في خدمتك *fī xidmat^{i}ka* At your service!

خديجة *xadīja^t* **dip.** *woman's name* • Kahdijah

خذل *xađala v.tr.* |*1s3* يخذل *yaxđul^u* | خذلان *xiđlān*| • disappoint, let down, forsake

خذلان *xiđlān n.*★ • disappointment

خراب *xarāb n.* |*pl.* أخربة *ʔaxriba^t*| • ruin, destruction ▪ أخربة *ʔaxriba^t pl. n.* ruins

خرابة *xarāba^t n.* |*pl.* **dip.** خرائب *xarāʔib*| • ruins

خرافة *xurāfa^t n.* • superstition

خرافي *xurāfī^y adj.* • superstitious

خرب *xarraba v.tr.* |*2s* يخرب *yuxarrib^u* | تخريب *taxrīb*| • destroy, ruin, lay to waste, sabotage ▪ الله يخرب بيتك *aLLāh yuxarrib^u bayt^{a}ka* May God destroy your home.

خربة *xirba^t n.* |*pl.* خرب *xirab*| • ruins

خربش *xarbaša v.tr.* |*11s* يخربش *yuxarbiš^u* | خربشة *xarbaša^t*| • scratch • scribble, scrawl

خربشة *xarbaša^t n.*★ • scratch • scribble, scrawl

خرتيت *xartīt n.* • rhinoceros

خرج *xaraja v.intr.* |*1s3* يخرج *yaxruj^u* | خروج *xurūj*| • exit من, go out, come out • deviate *from* عن

الخرج *alxarj n.* ***f.*** • *(city in Saudi Arabia)* Al-Kharj ➡ ***map on p. 166***

خرخر *xarxara v.intr.* |*11s* يخرخر *yuxarxir^u* | خرخرة *xarxara^t*| • purr

خردة *xurda^t n.* |*pl.* خردوات *xurdawāt*| • scrap metal

خرز *xaraz coll. n.* |*sing.* خرزة *xaraza^t*| • beads

خرس *xarisa v.intr.* |*1s4* يخرس *yaxras^u* | خرس *xaras*| • be quiet, shut up ▪ اخرس خالص *ixras xāliṣ* Shut up!

خرشوف *xaršūf coll. n.* |*sing.* خرشوفة *xaršūfa^t*| • artichokes

خرط *xarraṭa v.tr.* |*2s* يخرط *yuxarriṭ^u* | تخريط *taxrīṭ*| • chop

خرطوم *xurṭūm n.* |*pl.* **dip.** خراطيم *xarāṭīm*| • hose • *(elephant)* trunk

الخرطوم *alxarṭūm n.* ***f.*** • *(capital of Sudan)* Khartoum ➡ ***map on p. 170*** ▪ الخرطوم بحري *alxarṭūm albaħrī^y* Bahri (a.k.a. Khartoum North)

خرطومي *xarṭūmī^y adj. & n.* • Khartoumese

خرف *xaraf n.* • dementia, senility

خرف *xarif adj.* • senile

خرفان *xarfān adj.* • senile

خرق *xaraqa v.tr.* |*1s2/1s3* يخرق *yaxriq^u* or *yaxruq^u* | خرق *xarq*| • pierce, penetrate • violate (a law)

خرق *xarq n.*★ |*pl.* خروق *xurūq*| • tear • hole

خرم *xarama v.tr.* |*1s2* يخرم *yaxrim^u* | خرم *xarm*| • pierce, bore, punch (a hole)

خرم *xurm n.* |*pl.* خروم *xurūm*| • hole, perforation

خروج *xurūj n.*★ • exit

خروع *xirwa3 n.* • castor oil

خروف *xarūf n.* |*pl.* خرفان *xirfān* or خراف *xirāf*| • sheep, lamb

خريج *xirrīj n.* • graduate

خريطة *xarīṭa^t*, خارطة *xāriṭa^t n.* |*pl.* **dip.** خرائط *xarāʔiṭ*| • map

خريف *xarīf n.* • autumn, fall

خزان *xazzān n.* |*pl.* **dip.** خزانات *xazzānāt* or خزازين *xazāzīn*| • tank

خزانة *xizāna n.* |*pl.* **dip.** خزائن *xazāʔin*| • closet, wardrobe, case, cupboard ▪ خزانة ملابس *xizānat · milābis* closet, wardrobe ▪ خزانة كتب *xizānat · kutub* bookcase ▪ خزانة مطبخ *xizānat · maṭbax* kitchen cabinet • chest, safe • treasury

خزف *xazaf n.* • ceramics, pottery, china

خزفي *xazafī^y adj.* • ceramic, porcelain

خزن *xazana v.tr.* |*1s3* يخزن *yaxzun^u* | خزن *xazn*| • store

خزن *xazn n.*★ • storage

خزن *xazzana v.tr.* |*2s* يخزن *yuxazzin^u* | تخزين *taxzīn*| • store • خزن قاتا *xazzana qātan (Yemeni)* chew qat ➡ ***picture on p. 233***

خزي *xizy n.* • disgrace, shame ▪ شعر بالخزي *ša3ara bi-lxizy^i* feel ashamed

خزينة *xazīna^t n.* |*pl.* **dip.** خزائن *xazāʔin*| • treasury ▪ خزينة دولة *xazīnat · dawla^t* national treasury

خس *xass n.* • lettuce ▪ رأس خس *raʔs · xass* head of lettuce

خسأ *xasaʔa v.tr.* |*1s1(b)* يخسأ *yaxsaʔ^u* | خسء *xasʔ* or

خسوء *xusūʔ*| • drive out, chase away

خسارة *xasārat* n. |pl. **dip.** خسائر *xasāʔir*| • loss ▪ خسائر *xasāʔir* pl. n. losses, casualties ▪ يا خسارة *yā xasārat* What a pity!, That's too bad!

خسر *xasira* v.tr. |1s4 يخسر *yaxsaru* | خسر *xusr*| • lose (a game, someone's friendship, a loved one) ▪ خسر وزنه *xasira waznahu* lose weight

خسوف *xusūf* n. • lunar eclipse

خسيس *xasīs* adj. |m. pl. **dip.** أخسة *ʔaxissāʔ*| • lowly, despicable

خشب *xašab* coll. n. |sing. خشبة *xašabat* | pl. أخشاب *ʔaxšāb*| • wood ▪ خشبة *xašabat* sing. piece of wood, board ▪ على خشبة المسرح *3alā xašabati -lmasraħi* adv. on stage

خشبي *xašabīy* adj. • wooden

خشخش *xašxaša* v.tr. |11s يخشخش *yuxašxišu* | خشخشة *xašxašat*| • rattle

خشن *xašin* adj. |m. pl. خشان *xišān*| • course, rough

خشي *xašiya* v.intr. |1d4 يخشى *yaxšā* | خشية *xašyat*| • be afraid *of* من, fear ▪ خشي من أنْ *xašiya min ʔan* be afraid that... • fear *for* على, worry

خشية *xašyat* n.* • fear ▪ خشية من *xašyatan min*, خشية *xašyata* prep. for fear of ◊ ذاكر خشية من الامتحان. *He studied for fear of the exam.* ▪ خشية أنْ *xašyata ʔan* conj. lest, in order to avoid ◊ هرب اللص خشية أن يراه الضابط. *The thief ran away to avoid the police officer seeing him.* • anxiety

خص *xaṣṣa* v.tr. |1g3 يخص *yaxuṣṣu* | خصوص *xuṣūṣ*| • be characteristic *of*, be particular • concern, have relevance, relate ▪ هذا أمر لا يخصك. *hāđā ʔamrun lā yaxuṣṣuka* That's none of your business.

خصب *xaṣaba* or *xaṣiba* v.intr. |1s2/1s4 يخصب *yaxṣibu* or *yaxṣabu* | خصب *xiṣb*| • be fertile

خصب *xaṣṣaba* v.tr. |2s يخصب *yuxaṣṣibu* | تخصيب *taxṣīb*| • fertilize • enrich ▪ خصب اليورانيوم *xaṣṣaba alyūrāniyūm* v. enrich uranium

خصب *xiṣb* n.* • fertility

خصخص *xaṣxaṣa* v.tr. |11s يخصخص *yuxaṣxiṣu* | خصخصة *xaṣxaṣat*| • privatize

خصخصة *xaṣxaṣat* n.* • privatization

خصر *xaṣr* n. |pl. خصور *xuṣūr*| • waist

خصص *xaṣṣaṣa* v.tr. |2s يخصص *yuxaṣṣiṣu* | تخصيص *taxṣīṣ*| • devote *sth* ∘ *to* لـ, dedicate • designate *sb/sth* ∘ *as* لـ, mark, set aside, assign, allocate, earmark • specify, itemize, customize

خصم *xaṣm* n. |pl. خصوم *xuṣūm*| • discount • opponent, adversary

خصوبة *xuṣūbat* n. • fertility • fertilization

خصوص *xuṣūṣ* n.* • specialness ▪ خصوصا *xuṣūṣan* adv. especially, particularly, in particular ▪ على وجه الخصوص *3alā wajhi -lxuṣūṣi* adv. mainly • concern, relation ▪ بهذا الخصوص *bi-hāđā -lxuṣūsi* adv. in this respect • matter, problem, issue

خصوصي *xuṣūṣīy* adj. |elat. أكثر خصوصية *ʔaktar xuṣūṣīyatan* or أخص *ʔaxaṣṣ*| • special, particular • private, personal

خصوصية *xuṣūṣīyat* n. • characteristic, peculiarity • privacy, secrecy

خصومة *xuṣūmat* n. • feud

خصيب *xaṣīb*, خصب *xaṣib* adj. |elat. أخصب *ʔaxṣab* or أكثر خصوبة *ʔaktar xuṣūbatan*| • fertile, productive ▪ أرض خصبة *ʔarḍ xaṣibat* fertile land

خصية *xuṣyat* n. |pl. **indecl.** خصى *xuṣ(an)*| • testicle

خصيصا *xiṣṣīṣan* adv. • especially, particularly, in particular

خضار *xaḍār* coll. n. • vegetables

خضرة *xuḍrat* n. |pl. خضروات *xaḍrawāt* or خضر *xuḍar*| • green, greenness ▪ خضروات *xaḍ(a)rawāt*, خضر *xuḍar* pl. n. vegetables, greens

خضري *xuḍarīy* n. • greengrocer

خضع *xaḍa3a* v.intr. |1s1 يخضع *yaxḍa3u* | خضوع *xuḍū3*| • submit *to* إلى, obey

خضم *xiḍamm* n. • ocean ▪ في خضم *fī xiḍammi* prep. in the middle of

خضوع *xaḍū3* adj. |m. pl. خضع *xuḍu3* | elat. أكثر خضوع *ʔaktar xuḍū3an*| • submissive

خضوع *xuḍū3* n.* • submissiveness, submission

خط *xaṭṭ* n.* |pl. خطوط *xuṭūṭ*| • line ▪ خط باص *xaṭṭ · bāṣ* bus line ▪ خط قطري *xaṭṭ quṭrīy* diagonal line ▪ شركة خطوط جوية *šarikat · xuṭūṭ jawwīyat* pl. n. airline ▪ خط هاتف *xaṭṭ · hātif* telephone line ▪ خط استواء *xaṭṭ · istiwāʔ* equator • writing, handwriting, script, calligraphy, penmanship ⓘ *In Arabic, Naskh (➡ **picture on p. 314**) is to Ruq'ah (➡ **picture on p. 151**) as print is to cursive in English.*

خط *xaṭṭa* v.tr. |1g3 يخط *yaxuṭṭu* | خط *xaṭṭ*| • write, write down

خطا *xaṭā* v.intr. |1d3 يخطو *yaxṭū* | خطو *xaṭw*| • step ▪ خطا خطوة نحو *xaṭā xaṭwat naħwa* take a step toward ◊ البلد خطا خطوات كبيرة نحو الديمقراطية. *The*

country has made big strides toward democracy.

خطأ *xaṭaʔ*, خطاء *xaṭāʔ* |pl. أخطاء *ʔaxṭāʔ*| • adj. |elat. أكثر خطأ *ʔakṯar xaṭaʔan*| wrong, incorrect, false هل هذا خطأ؟ ◊ *Is that wrong?* • n.* mistake, error ▪ خطأ *xaṭaʔan* adv. by mistake ▪ على خطأ *3alā xaṭaʔin* adv. wrong, mistaken

خطاب *xiṭāb* n. • letter ▪ أرسل خطابا *ʔarsala xiṭāban* v. send a letter • speech ▪ ألقى خطابا *ʔalqā xiṭāban* v. deliver a speech

خطاط *xaṭṭāṭ* n. • calligrapher ▪ قلم خطاط *qalam · xaṭṭāṭ* marker pen, felt-tip pen

خطب *xaṭaba* v.tr. • |1s3 يخطب *yaxṭubu* | خطبة *xiṭbat*| propose *to (a woman)*, get engaged • |1s3 يخطب *yaxṭubu* | خطبة *xuṭbat*| address, deliver a speech

خطبة *xiṭbat* n.* • engagement

خطبة *xuṭbat* n.* |pl. خطب *xuṭab*| • speech • sermon ▪ خطبة جمعة *xuṭbat · jum3at* khutbah, Friday sermon

خطة *xiṭṭat* or *xuṭṭat* n. |pl. خطط *xiṭaṭ* or *xuṭaṭ*| • plan

خطر *xaṭar* n. |pl. أخطار *ʔaxṭār*| • danger ▪ في خطر *fī xaṭarin* adv. in danger

خطر *xaṭara* v.intr. |1s2/1s3 يخطر *yaxṭiru* or *yaxṭuru* | خطور *xuṭūr*| • occur *to* لـ, dawn *upon*, come to *sb's* mind

خطر *xaṭir* adj. |elat. أخطر *ʔaxṭar*| • dangerous, risky • serious, grave

خطط *xaṭṭaṭa* v.tr. |2s يخطط *yuxaṭṭiṭu* | تخطيط *taxṭīṭ*| • plan

خطف *xaṭafa* v.tr. |1s2 يخطف *yaxṭifu* | خطف *xaṭf*| • kidnap, abduct, snatch • hijack

خطف *xaṭf* n.* • kidnapping, abduction • hijacking

خطمي *xaṭmīy* n. • hibiscus

خطوبة *xaṭūbat* n. • engagement

خطوة *xaṭwat* or *xuṭwat* n. |pl. خطوات *xaṭ(a)wāt* or *xuṭ(u)wāt* or **indecl.**خطى *xuṭ(an)*| • step, footstep ▪ خطوة خطوة *xaṭwatan xaṭwatan* adv. step by step ▪ في خطوة نحو *fī xuṭwatin naḥwa* in a step toward ▪ بخطى ثابتة *bi-xuṭ(an) ṯābitatin* adv. at a steady pace

خطورة *xuṭūrat* n. • seriousness, gravity, importance ▪ في منتهى الخطورة *fī muntahā -lxuṭūrati* adv. extremely serious, in all earnest

خطئ *xaṭiʔa* v.intr. |1s4(c) يخطأ *yaxṭaʔu* | خطأ *xaṭaʔ*| • be mistaken, be wrong

خطي *xaṭṭīy* adj. • handwritten, in writing ▪ رسالة خطية *risālat xaṭṭīyat* handwritten letter

خطيب *xaṭīb* n. |pl. **dip.** خطباء *xuṭabāʔ*| • fiancé • preacher • orator, speaker

خطيبة *xaṭībat* n. • fiancée

خطير *xaṭīr* adj. |m. pl. خطر *xuṭr* | elat. أخطر *ʔaxṭar*| • serious, grave, important ▪ غير خطير *ɣayr · xaṭīr* minor

خطيئة *xaṭīʔat* n. |pl. **invar.** خطايا *xaṭāyā*| • sin, misdeed • blunder, mistake

خفاء *xafāʔ* n.* • secrecy ▪ في الخفاء *fī -lxafāʔi* adv. secretly, in secret

خفاش *xuffāš* n. |pl. **dip.** خفافيش *xafāfīš*| • *(animal)* bat

خفة *xiffat* n. • lightness

خفض *xafaḍa* v.tr. |1s2 يخفض *yaxfiḍu* | خفض *xafḍ*| • lower, decrease, reduce

خفض *xafḍ* n.* • decrease, reduction

خفض *xaffaḍa* v.tr. |2s يخفض *yuxaffiḍu* | تخفيض *taxfīḍ*| • lower, decrease, reduce ▪ خفض الوزن *xaffaḍa alwazan* lose weight ▪ خفض الضرائب *xaffaḍa aḍḍarāʔib* lower taxes ▪ خفض العجز في ميزانية *xaffaḍa al3ajza fī mīzānīyat* reduce a budget deficit ▪ خفض سعرا *xaffaḍa si3ran* reduce a price • discount

خفف *xaffafa* v.tr. |2s يخفف *yuxaffifu* | تخفيف *taxfīf*| • lighten, reduce in weight ▪ خفف الوزن *xaffafa alwazna* lose weight • dilute • lessen, mitigate, ease

خفق *xafaqa* v. • v.tr. |1s2/1s3 يخفق *yaxfiqu* or *yaxfuqu* | خفق *xafq*| beat, whip اخفق البيض جيدا. ◊ *Beat the eggs well.* • v.intr. *(heart)* |1s2/1s3 يخفق *yaxfiqu* or *yaxfuqu* | خفقان *xafaqān*| beat, palpitate

خفي *xafīy* adj. |elat. **invar.** أخفى *ʔaxfā*| • hidden, invisible

خفي *xafiya* v.intr. |1d4 يخفى *yaxfā* | خفاء *xafāʔ*| • be hidden ▪ لا يخفى *lā yaxfā* be obvious • be unknown *to* على

خفيض *xafīḍ* adj. |elat. أخفض *ʔaxfaḍ*| • low • faint, dim, subdued

خفيف *xafīf* adj. |m. pl. خفاف *xifāf* | elat. أخف *ʔaxaff*| • *(weight)* light ▪ خفيف الحركة *xafīd · alḥarakati* agile, nimble, deft ▪ خفيف الدم *xafīf · addami* witty, funny, humorous ▪ خفيف اليد *xafīf · alyadi* dexterous, adroit

خل *xall* n. • vinegar

خلا *xalā v.intr.* |*1d4* يخلو *yaxlū* | خلاء *xalāʔ*| • be free *of* من

خلاء *xalāʔ n.*⋆ • emptiness, vacancy

خلاب *xallāb adj.* • attractive

خلاص *xalāṣ n.*⋆ • salvation, redemption

خلاصة *xulāṣaᵗ n.* • excerpt, extract • synopsis, summary

خلاط *xallāṭ n.* • blender

خلاف *xilāf n.* • conflict, disagreement, difference, dispute ▪ خلافا لـ *xilāfan li- prep.* contrary to ◊ كان مجتهدا خلافا لأخيه. *Unlike his brother, he was a hard worker.* ▪ بخلاف *bi-xilāfⁱ prep.* other than, besides ▪ خلافا لذلك *xilāfan li-ḏālika adv.* otherwise ▪ خلافا للقانون *xilāfan li-lqanūnⁱ adv.* unlawfully

خلافة *xilāfaᵗ n.*⋆ • succession • caliphate ▪ الخلافة *alxilāfaᵗ* the Caliphate

خلال *xilāla prep.* • within, during, over ◊ خلال ساعة *within an hour* ◊ خلال الشهور الستة الماضية *in the past six months*

خلخال *xalxāl n.* |*pl. **dip.*** خلاخيل *xalāxīl*| • anklet

خلص *xalaṣa v.intr.* • |*1s3* يخلص *yaxluṣᵘ* | خلوص *xulūṣ*| arrive *at (a result)* إلى • |*1s3* يخلص *yaxluṣᵘ* | خلاص *xalāṣ*| become pure, be free *of or from* من; be saved, be rescued *from* من

خلص *xallaṣa v.tr.* |*2s* يخلص *yuxalliṣᵘ* | تخليص *taxlīṣ*| • save, free *sb* ∘ *from* من • purify

خلط *xalaṭa v.tr.* |*1s2* يخلط *yaxliṭᵘ* | خلط *xalṭ*| • mix, blend • mix up, confuse *sb/sth* ∘ *with* بـ

خلط *xalṭ n.*⋆ • mixture, blend

خلع *xala3a v.tr.* |*1s1* يخلع *yaxla3ᵘ* | خلع *xal3*| • take off (clothes) • take out, extract, remove ▪ خلع سنا *xala3a sinnan* pull a tooth

خلف *xalaf n.* |*pl.* أخلاف *ʔaxlāf*| • successor • descendant

خلف *xalafa v.intr.* |*1s3* يخلف *yaxlufᵘ* | خلافة *xilāfaᵗ*| • be the successor *of*, succeed

خلف *xalf n.* • back ▪ إلى الخلف *ʔilā -lxalfⁱ adv.* back, backward(s)

خلف *xalfa prep.* • behind ▪ جرى خلف *jarā xalfa v.* run after

خلف *xalfu*, من خلف *min xalfu adv.* • in the back

خلف *xallafa v.tr.* |*2s* يخلف *yuxallifᵘ* | تخليف *taxlīf*| • leave behind

خلفي *xalfīʸ adj.* • back-, posterior-, rear-, hind- ▪ جزء خلفي *juzʔ xalfīʸ n.* back ▪ عجلات خلفية *3ajalāt xalfīyaᵗ pl. n.* rear tires

خلفية *xalfīyaᵗ n.* • *(opp. foreground)* background • history, background

خلق *xalaqa v.tr.* |*1s3* يخلق *yaxluqᵘ* | خلق *xalq*| • create

خلق *xalq n.*⋆ • creation

خلق *xulq* or *xuluq n.* |*pl.* أخلاق *ʔaxlāq*| • character, nature, disposition ▪ أخلاق *ʔaxlāq pl. n.* morals, ethics

خلقي *xalqīʸ adj. & n.* • creationist

خلقي *xilqīʸ adj.* • congenital ▪ عيب خلقي *3ayb xilqīʸ n.* congenital deformity

خلقية *xalqīyaᵗ n.* • creationism

خلل *xalal n.* |*pl.* خلال *xilāl*| • defect, flaw • gap, interval ▪ في خلال *fī xilālⁱ prep.* within, during, over ◊ سآتى فى خلال ساعة. *I'll come within an hour.* ▪ من خلال *min xilālⁱ adv.* by means of, via ◊ عرفته من خلال الإنترنت. *I met him on the Internet.*; through

خلود *xulūd n.* • immortality, eternity

خلوي *xalawīʸ adj.* • cellular ▪ خلوي (هاتف) *(hātif) xalawīʸ n.* cell phone

خلى *xallā v.tr.* |*2d* يخلي *yuxallī* | تخلية *taxliyaᵗ*| • vacate

خلية *xalīyaᵗ n.* |*pl. **invar.*** خلايا *xalāyā*| • cell ▪ خلية نحل *xalīyat · naḥl* beehive

خليج *xalīj n.* |*pl.* خلجان *xuljān*| • gulf, bay ▪ الخليج (العربي) *alxalīj (al3arabīʸ)* The Persian Gulf ▪ خليج عمان *xalīj · 3umān* the Gulf of Oman ▪ خليج العقبة *xalīj · al3aqabaᵗⁱ* the Gulf of Aqaba ▪ خليج السويس *xalīj · assuwaysⁱ* the Gulf of Suez ▪ الخليج *alxalīj n. **f.*** Al Khaleej (Emirati newspaper)

خليجي *xalījīʸ adj.* • Gulf-

خليص *xalīṣ act. part. adj.* |*m. pl.* خلصاء *xulaṣāʔ* | *elat.* أخلص *ʔaxlaṣ*| • clear, pure • sincere, frank

خليط *xalīṭ n.* |*pl. **dip.*** خلائط *xalāʔiṭ*| • blend, mixture *of* من

خليفة *xalīfaᵗ n. **m.*** |*pl. **dip.*** خلفاء *xulafāʔ*| • successor • caliph ▪ برج خليفة *burj · xalīfaᵗ* Burj Khalifa (163 stories / 2,722 ft. (830 m) tall)

➥ ***picture on the next page***

خليل *xalīl n.* |*pl. **dip.*** أخلاء *ʔaxillāʔ*| • boyfriend, lover, loved one

الخليل *alxalīl n. **f.*** • *(city in Palestine)* Hebron

➥ ***map on p. 229***

خليلة *xalīlaᵗ n.* • girlfriend, mistress

Burj Khalifa building in Dubai

خمار *ximār n.* |*pl.* خمر *xumur*| • *(scarf covering head, face, neck, and bosom)* khimar, headscarf ➡ ***also picture on p. 68***

Headscarves for sale in Damascus

خماس *xumāsa adv.* • five at a time, in fives

خماسي *xumāsī^{y} adj.* • fivefold, penta-

خمد *xamada v.intr.* |*1s3* يخمد *yaxmud^{u}* | خمود *xumūd*| • *(of fire)* go out, die • become quiet, die down • *(of volcanoes)* become dormant

خمر *xamr n.* |*pl.* خمور *xumūr*| • alcohol

خمس *xammasa v.tr.* |*2s* يخمس *yuxammis^{u}* | تخميس *taxmīs*| • multiply by five, increase fivefold

خمس *xums n.* |*pl.* أخماس *ʔaxmās*| • *(fraction)* fifth ◊ ثلاثة أخماس *three fifths*

خمسة *xamsa^{t}* ***f.*** *number* |*m.* خمس *xams* | *as numeral, written* ٥| • [+ indefinite genitive plural noun] five ⓘ *The number 5 requires reverse gender agreement:* ◊ *(feminine form with masculine noun)* خمسة بيوت *xamsa^{t} buyūt^{in}* *five houses* ◊ *(masculine form with feminine noun)* خمس سيارات *xams sayyārāt^{in}* *five cars* ▪ وخمس دقائق *wa-xams^{a} daqāʔiq^{a}* [hour +] *(time)* five past, oh five ◊ إنها الساعة الثالثة و خمس دقائق *It's five past three (3:05).* • [definite plural noun +] the five ◊ الرجال الخمسة *the five men* ◊ النساء الخمس *the five women*

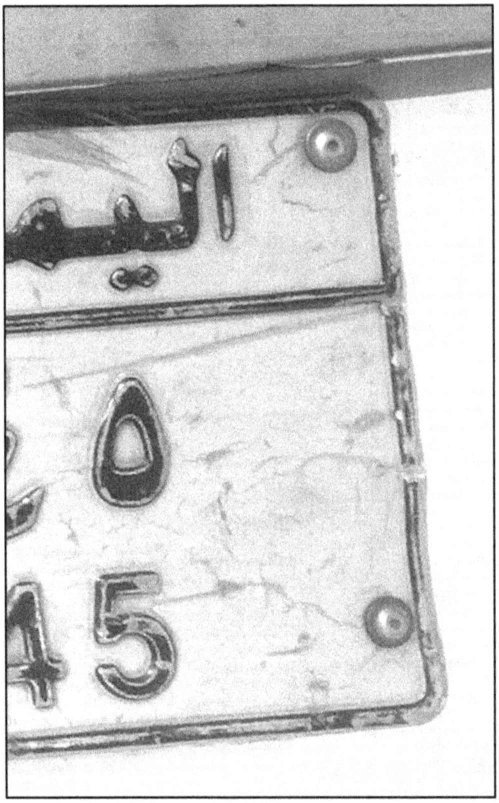

'5': License plate in Yemen

خمسة عشر *xamsa^{ta} 3ašr^{a}* ***f.*** *number* |*m.* خمس عشرة *xams^{a} 3ašara^{ta}* | *as numeral, written* ١٥| • [+ indefinite accusative singular noun] fifteen ⓘ *The number 15 is a compound number. Neither word in the compound reflects the*

case required by the grammar of the sentence; both always take the definite accusative. The first word in the compound requires reverse gender agreement, while the second agrees in gender with the counted noun: ◊ *(with masculine noun)* خمسة عشر بيتا *xamsa^ta 3ašr^a baytan fifteen houses* ◊ *(with feminine noun)* خمس عشرة سيارة *xams^a 3ašara^ta sayyārāt^an fifteen cars* • [definite plural noun +] the fifteen ◊ الرجال الخمسة عشر *the fifteen men* ◊ النساء الخمس عشرة *the fifteen women*

خمسمائة *xams^u miʔa^tin*, خمسمئة |*as numeral, written* ٥٠٠| • five hundred

خمسون *xamsūn^a number* |*acc. and gen.* خمسين *xamsīn^a* | *as numeral, written* ٥٠| • [+ indefinite accusative singular noun] fifty ◊ خمسون بيتا *xamsūn^a baytan fifty houses* ◊ من خمسين بيتا *min xamsīn^a baytan from fifty houses* ▪ الخمسينات *alxamsīnāt pl. n.* the fifties, the (19)50s • *adj.* fiftieth ◊ في اليوم الخمسين *fī -lyawm^i -lxamsīn^a the fiftieth day*

خمسيني *xamsīnīy adj.* • fifty-something-year-old, in *one's* fifties

خمن *xammana v.tr.* |*2s* يخمن *yuxammin^u* | تخمين *taxmīn*| • guess

خمول *xumūl n.* • lethargy, sluggishness

خميرة *xamīra^t n.* |*pl.* **dip.** خمائر *xamāʔir*| • yeast

خميس *xamīs n.* • Thursday ◊ في أول خميس من كل شهر *on the first Thursday of every month* ▪ الخميس *alxamīs^a*, يوم الخميس *yawm^a · -lxamīs^i adv.* (on) Thursday(s) ▪ كل خميس *kull^a xamīs^in adv.* every Thursday

خميس مشيط *xamīs · mušayṭ n.* **f.** • *(city in Saudi Arabia)* Khamis Mushait ➡ ***map on p. 166***

خنجر *xanjar n.* |*pl.* **dip.** خناجر *xanājir*| • dagger

خنجري *xanjarīy adj.* • dagger- ▪ ألف خنجرية *ʔalif xanjarīya^t* dagger alif

خندق *xandaq n.* |*pl.* **dip.** خنادق *xanādiq*| • ditch, trench

خنزير *xinzīr n.* |*pl.* **dip.** خنازير *xanāzīr*| • pig, hog, swine ▪ لحم خنزير *laḥm · xinzīr* pork ▪ إنفلونزا الخنازير *ʔinfluwanzā -lxanāzīr* swine flu

خنصر *xinṣir n.* |*pl.* **dip.** خناصر *xanāṣir*| • little finger, pinky

خنع *xana3a v.intr.* |*1s1* يخنع *yaxna3^u* | خنوع *xunū3*| • be meek, be humble • yield *to* لـ, cringe *before*, bow to

خنفساء *xunfusāʔ n.* |*pl.* **dip.** خنافس *xanāfis*| • beetle

خنق *xanaqa v.tr.* |*1s3* يخنق *yaxnuq^u* | خنق *xanq*| • strangle, choke, suffocate

خنق *xanq n.** • strangulation

خنوع *xanū3 adj.* |*pl.* خنع *xunu3* | *elat.* أخنع *ʔaxna3*| • meek, humble • submissive

خوخ *xawx coll. n.* |*sing.* خوخة *xawxa^t*| • peaches, plums

خوذة *xūđa^t n.* |*pl.* خوذات *xūđā^t* or خوذ *xuwađ*| • helmet

الخور *alxawr n.* **f.** • *(city in Qatar)* Al Khor ➡ ***map on p. 241***

خورفكان *xawr fakkān* • *n.* **f.** *(city in the U.A.E.)* Khor Fakkan ➡ ***map on p. 44***

خوص *xūṣ coll. n.* |*sing.* خوصة *xūṣa^t*| • palm leaves

خوف *xawf n.** • fear ▪ خوفا من أنْ *xawfan min ʔan* lest, for fear that... ◊ اختبأ خوفا من أن يراه أحد. *He hid fearing that someone would see him.* ▪ بخوف *bi-xawf^in* in fear • worry

خوف *xawwafa v.tr.* |*2s* يخوف *yuxawwif^u* | تخويف *taxwīf*| • frighten, scare, intimidate

خيار *xiyār* • *n.* choice, option ▪ لا خيار له *lā xiyār^a lahu* have no choice • *coll. n.* |*sing.* خيارة *xiyāra^t*| cucumbers

خياري *xiyārīy adj.* • optional

خياط *xayyāṭ n.* • tailor, dress maker

خياطة *xayyāṭa^t n.* • seamstress

خيال *xayāl n.* |*pl.* أخيلة *ʔaxyila^t*| • imagination, fantasy

خيالي *xayālīy adj.* • imaginary, fictitious

خيانة *xiyāna^t n.** • betrayal, treason ▪ خيانة عظمى *xiyāna^t 3uẓmā* high treason

خيب *xayyaba v.tr.* |*2s* يخيب *yuxayyib^u* | تخييب *taxyīb*| • cause to fail • disappoint ▪ خيب أمله *xayyaba ʔamal^ahu* disappoint

خيبة *xayba^t n.** • failure, frustration ▪ خيبة أمل *xaybat · ʔamal* disappointment

خير *xayr* • *adj.* |*pl.* أخيار *ʔaxyār* | *elat.* خير *xayr* or أخير *ʔaxyar*| good • [+ genitive noun] the best ◊ وخير وسيلة للسلام هي الحوار. *The best way to peace is through dialog.* ▪ خير من *xayr min* better than ▪ خير الأمور أوساطها. *xayr^u -lʔumūr^i ʔawsāṭ^uhā proverb* The best course is the middle course. ▪ خير الكلام ما قل ودل. *xayr^u -lkalām^i mā qalla wa-dalla proverb* The best speech is short and to the point. ▪ خير العفو ما كان عند المقدرة. *xayr^u -l3afw^i mā kāna 3inda -lmaqdara^ti proverb* Forgiveness is best when one is mighty. • *n.* |*pl.* خيور *xuyūr*| good,

خ

blessing, charity ▪ الخير والشر *alxayr wa-ššarr* good and evil ▪ بخير *bi-xayr[in]* good, fine ◊ كيف حالك؟ بخير، شكرا. *How are you? Fine, thank you.*

خيرة *xayra[t]* or *xīra[t]* *n.* • choice, pick, elite, top, best • good deed ▪ خيرات *xayrāt pl. n.* wealth

خيري *xayrī[y]* *adj.* • charitable, philanthropic ▪ منظمة خيرية *munaẓẓama[t] xayrīya[t]* charity, charitable organization

خيزران *xayzurān n.* • bamboo

خيط *xayṭ n.* |*pl.* خيوط *xuyūṭ*| • string, thread ▪ خيط جراحي *xayṭ jirāḥī[y]* suture, stitch ▪ خيط للأسنان *xayṭ li-lʔasnān[i]* dental floss ▪ نظف الأسنان بالخيط *naẓẓafa alʔasnān[a] bi-lxayṭ[i]* *v.* floss

خيط *xayyaṭa v.tr.* |*2s* يخيط *yuxayyiṭ[u]* | تخييط *taxyīṭ*| • sew, tailor

خيل *xayl coll. n.* |*sing.* حصان *ḥiṣān* | *pl.* خيول *xuyūl*| • horses ▪ ركب خيلا *rakiba xaylan v.* ride a horse

خيل *xayyala v.tr.* |*2s* يخيل *yuxayyil[u]* | تخييل *taxyīl*| • cause to believe ▪ خيل إليه أنّ *xuyyila ʔilayhi ʔanna*, خُيل له أنّ *xuyyila lahu ʔanna pass. v.* imagine that...

خيلاء *xuyalāʔ n.* **dip.** • arrogance, conceit

خيم *xayyama v.intr.* |*2s* يخيم *yuxayyim[u]* | تخييم *taxyīm*| • camp • reign, be completely __ ◊ خيم الظلام. *It was completely dark.* ◊ خيم الصمت. *It was completely silent.*

خيمة *xayma[t]* *n.* |*pl.* خيم *xiyam* or خيام *xiyām*| • tent

د

د *dāl n.* ***f.*** |دال| • *(eighth letter of the Arabic alphabet)* • *(numerical value)* 4 ➡ ***The Abjad Numerals p. 108*** • *(point of information)* D.,IV.

داء *dāʔ n.* |*pl.* أدواء *ʔadwāʔ*| • sickness, ailment, disease ▪ آخر الداء الكي. *ʔāxiru -ddāʔi -lkayyu proverb* When there is no other cure, cauterization must be done.

دأب *daʔab n.** • persistence, perseverance, tirelessness

دأب *daʔaba v.intr.* |*1s1(a)* يدأب *yadʔabu* | دأب *daʔb*| • persist *in* على, persevere *in*, be tireless *in*, apply *oneself to*

دأب *daʔb n.** |*pl.* أدؤب *ʔadʔub*| • habit ▪ كدأبه *ka-daʔbihi* as *one* usually does

دابة *dābbaᵗ n.* |*pl.* ***dip.*** دواب *dawābb*| • animal used for riding (horse, camel, donkey, etc.)

داجن *dājin adj.* |*m. pl.* ***dip.*** دواجن *dawājin* | *elat.* أدجن *ʔadjan*| • domesticated ▪ دواجن *dawājin pl. n.* poultry, fowl

داخل *dāxil act. part. n.* |*pl.* ***dip.*** دواخل *dawāxil*| • interior, inside ▪ داخلا *dāxilan*, في الداخل *fī -ddāxili adv.* inside ▪ في داخل *fī dāxili prep.* inside ▪ من داخل *min dāxili prep.* from within ◊ ناداه من داخل الغرفة. *He called him from inside the room.*

داخل *dāxila prep.* • in, inside, within

داخلي *dāxilīy adj.* • internal • domestic

داخلية *dāxilīyaᵗ n.* • interior, homeland ▪ وزارة داخلية *wizārat · dāxilīyaᵗ* ministry of interior, (US) department of homeland security

دار *dār n.* ***f.*** |*pl.* ديار *diyār* or دور *dūr*| • house, home, building ▪ الدار البيضاء *addār albayḍāʔ (city in Morocco)* Casablanca ➡ ***map on p. 294*** ▪ دار مسنين *dār · musinnīna* nursing home ▪ دار سينما *dār sīnemā* cinema, movie theater

دار *dār(in) act. part. adj.* ***def.*** |*elat.* ***invar.*** أدرى *ʔadrā*| • aware *of* بـ

دار *dāra v.intr.* |*1h3* يدور *yadūru* | دوران *dawarān* or دور *dawr*| • revolve *around* حول, turn, go around • happen, occur, go on • focus *on* على, deal *with* ◊ دار الحوار على الإقتصاد. *The conversation focused on the economy.*

الدار البيضاء *addār albayḍāʔ n.* ***f.*** • *(city in Morocco)* Casablanca ➡ ***map on p. 294***

دارة *dāraᵗ n.* • ring, loop, circuit ▪ دارة إلكترونية *dāraᵗ ʔelektrōnīyaᵗ* electrical circuit • halo

دارج *dārij adj.* |*elat.* أدرج *ʔadraj*| • popular, in fashion, in vogue

دارس *dāris act. part. n.* • researcher, scholar • learner, student

دارفور *dārfūr n.* ***f. dip.*** • *(region in Sudan)* Darfur

داس *dāsa v.tr. & intr.* |*1h3* يدوس *yadūsu* | دوس *daws*| • tread *on* (على), step *on*

داع *dā3(in) act. part. n.* ***def.*** |*pl.* ***def.*** دواع *dawā3(in)*| • cause, reason ▪ لا داعي لأن *lā dā3iya li-ʔan* There is no need for/to *(do)* ◊ لا داعي للاعتذار. *There's no need to apologize.* • inviter

داعب *dā3aba v.tr.* |*3s* يداعب *yudā3ibu* | مداعبة *mudā3abaᵗ*| • tease, make fun *of*

داعر *dā3ir act. part. adj.* |*m. pl.* دعار *du33ār*| • indecent, lewd, immoral, obscene

داعرة *dā3iraᵗ n.* • prostitute

دافع *dāfa3a v.intr.* |*3s* يدافع *yudāfi3u* | مدافعة *mudāfa3aᵗ*| • defend *sb/sth* عن *from* من, protect

دافع *dāfi3 n.* |*pl.* ***dip.*** دوافع *dawāfi3*| • motive, incentive ▪ دوافع *dawāfi3 pl. n.* grounds

دافئ *dāfiʔ act. part. adj.* |*elat.* أدفأ *ʔadfaʔ*| • warm

داكن *dākin adj.* |*elat.* أدكن *ʔadkan*| • dark ▪ داكن البشرة *dākin · albašaraᵗⁱ* dark(-skinned) ▪ أزرق داكن *ʔazraq dākin* dark blue ▪ لون داكن *lawn dākin* dark color

دال *dāl n.* ***f.*** ➡ **د *above***

دام *dām(in) act. part. adj.* ***def.*** |*elat.* أدوم *ʔadwam*| • bloody

دام *dāma v.intr.* |*1h3* يدوم *yadūmu* | دوام *dawām* or دوم *dawm*| • continue, last ▪ ما دام *mā dāma conj.* as long as, because, since, as ◊ ما دمت حيًا. *as long as I'm alive*; [+ indefinite accusative active participle] keep *(do)*ing ◊ دام سائرا. *He kept walking.*

دان *dāna v.tr.* • |*1h2* يدين *yadīnu* | دين *dayn*| lend; owe *sth* بـ *sb* لـ, be indebted *to*; condemn, pass judgment *on*, accuse • |*1h2* يدين *yadīnu* | دين *dīn* or ديانة *diyānaᵗ*| profess بـ, follow, adopt, believe *in* ▪ دان بالإسلام *dāna bi-lʔislāmⁱ* profess Islam

داه *dāh(in) act. part. adj.* **def.** |*m. pl.* دهاة *duhāᵗ* | *elat.* **invar.** أدهى *ʔadhā*| • resourceful, cunning, shrewd

داهم *dāhama v.tr.* |*3s* يداهم *yudāhimᵘ* | مداهمة *mudāhamaᵗ*| • raid, attack by surprise

داود *dāwūd*, داوود *dāwūd* **dip.** *man's name* • Daud, Dawud, David

دائب *dāʔib act. part. adj.* |*elat.* أدأب *ʔadʔab*| • persistent, diligent, tireless

دائخ *dāʔix adj.* |*elat.* أدوخ *ʔadwax*| • dizzy, nauseous

دائرة *dāʔiraᵗ act. part. n.* |*pl.* **dip.** دوائر *dawāʔir*| • circle ▪ محيط دائرة *muḫīṭ · dāʔiraᵗ* circumference • office, department, section

دائري *dāʔirīʸ adj.* • circular

دائم *dāʔim act. part. adj.* • continuous, permanent, lasting, perpetual, everlasting ▪ دائما *dāʔiman adv.* always

دائن *dāʔin act. part. n.* • creditor, lender

دب *dabba v.intr.* |*1g2* يدب *yadibbᵘ* | دبيب *dabīb*| • creep, crawl • spread *into/over* في, fill

دب *dubb n.* |*pl.* دببة *dibabaᵗ*| • bear

دبا الحصن *dibbā -lḫiṣn n.* **f.** • *(city in the U.A.E.)* Dibba Al-Hisn ➡ ***map on p. 44***

دبابة *dabbābaᵗ n.* • *(military)* tank

دباسة *dabbāsaᵗ n.* • stapler

دبب *dabbaba v.tr.* |*2s* يدبب *yudabbibᵘ* | تدبيب *tadbīb*| • grind, sharpen

دبدوب *dabdūb n.* |*pl.* **dip.** دباديب *dabādīb*| • teddy bear

دبر *dabbara v.tr.* |*2s* يدبر *yudabbirᵘ* | تدبير *tadbīr*| • arrange, organize, manage, run

دبس *dabbasa v.tr.* |*2s* يدبس *yudabbisᵘ* | تدبيس *tadbīs*| • staple

دبغ *dabaɣa v.tr.* |*1s1* يدبغ *yadbaɣᵘ* | دبغ *dabɣ*| • tan (leather) ▪ دبغ جلدا *dabaɣa jildan* tan a hide

دبلن *dablin n.* **f. dip.** • *(capital of Ireland)* Dublin

دبلوم *diblōm*, دبلومة *diblōmaᵗ n.* • diploma

دبلوماسي *diblōmāsīʸ* • *adj.* diplomatic • *n.* diplomat

دبلوماسية *diblōmāsīyaᵗ n.* • diplomacy

دبور *dabbūr n.* |*pl.* **dip.** دبابير *dabābīr*| • hornet, wasp

دبوس *dabbūs n.* |*pl.* **dip.** دبابيس *dabābīs*| • pin • staple

دبي *dubayʸ n.* **f. dip.** • *(city in the U.A.E.)* Dubai ➡ ***map on p. 44***, ➡ ***picture on p. 132***

دثار *ditār n.* |*pl.* دثر *dutur*| • jacket • *(geology)* mantle

دجاج *dajāj coll. n.* |*sing.* دجاجة *dajājaᵗ*| • chickens ▪ دجاجة *dajājaᵗ sing. n.* hen, chicken ➡ ***compare with* دواجن *dawājin under* داجن *dawājin p. 135***

الدجلة *addajlaᵗ* or *addijlaᵗ n.* • *(river)* the Tigris (flows from Turkey through Iraq) ➡ ***map on p. 206***

دخان *duxān n.* |*pl.* أدخنة *ʔadxinaᵗ*| • smoke, fume

دخس *duxas n.* • dolphin

دخل *daxala v.tr. & intr.* |*1s3* يدخل *yadxulᵘ* | دخول *duxūl*| • enter (في), go *in*, come *in* ▪ دخل حيز التنفيذ *daxala ḫayyizᵃ -ttanfīḏⁱ* go into effect ▪ لا تدخل بين البصلة وقشرتها. *lā tadxul bayna -lbaṣlaᵗⁱ wa-qišratⁱhā proverb* Mind your own business. (lit. Don't get between an onion and its peel.)

دخل *daxl n.* |*pl.* دخول *duxūl*| • income ▪ ذو الدخل المنخفض *ḏū addaxl almunxafiḍ* (having a) low-income • concern, business ▪ لا دخل فيه *lā daxla fīhi sth* is no concern *of* لـ ه هذا الأمر لا دخل لك فيه. *This matter does not concern you.*

دخلة *duxlaᵗ n.* • soul • consummation of marriage ▪ ليلة دخلة *laylat · duxlaᵗ* wedding night

دخن *daxana v.intr.* |*1s3* يدخن *yadxunᵘ* | دخن *daxan*| • smoke, emit fumes

دخن *daxxana v.tr.* |*2s* يدخن *yudaxxinᵘ* | تدخين *tadxīn*| • smoke (cigarettes, etc.)

دخول *duxūl n.** • entrance, admission

در *durr coll. n.* |*sing.* درة *durraᵗ*| • pearls

درأ *daraʔa v.tr.* |*1s1(b)* يدرأ *yadraʔᵘ* | درء *darʔ* or دروء *durūʔ*| • ward off, repel

دراج *darrāj n.* • cyclist, rider ▪ دراج ناري *darrāj nārīʸ* motorcyclist

دراجة *darrājaᵗ n.* • bicycle ▪ دراجة نارية *darrājaᵗ nārīyaᵗ* motorcycle

دراسة *dirāsaᵗ n.* • studies, education

دراسي *dirāsīʸ adj.* • academic

دراق *durrāq coll. n.* • peaches

دراما *drāmā n.* **invar.** • drama

درامي *drāmīʸ adj.* • dramatic

درب *darb n.* |*pl.* دروب *durūb*| • track, trail, path

درب *darraba v.tr.* |*2s* يدرب *yudarribᵘ* | تدريب *tadrīb*| • train *sb* ه *in* في *or* على, coach, drill

دربوكة *darbūkkaᵗ n.* • darbuka (drum)

درج *daraj n.* |*pl.* أدراج *ʔadrāj*| • stairs, staircase

درج *darraja v.tr.* |*2s* يدرج *yudarrij*ᵘ | تدريج *tadrīj*| • gradate, divide into steps

درج *durj n.* |*pl.* أدراج *ʔadrāj*| • drawer ▪ درج نقود *durj · nuqūd* cash register, till ▪ مقود دراجة *miqwad · darrāja*ᵗ handlebars

درجة *daraja*ᵗ *n.* • degree, grade ▪ درجة حرارة *darajat · ḫarāra*ᵗ temperature ▪ لدرجة *li-darajat*ⁱ, إلى درجة *ʔilā darajat*ⁱ *prep.* to the point of ▪ إلى درجة الموت *ʔilā darajat*ⁱ *-lmawt*ⁱ *adv.* to death ▪ لدرجة أنّ *li-darajat*ⁱ *ʔanna* to the extent that, so (much so)... that ◊ هو صغير لدرجة أننا نحتاج إلى مجهر لكي نراه. *It's so small that we need a microscope to see it.* ▪ درجة سلم *darajat · sullam* stair step • class ▪ درجة أولى *daraja*ᵗ *ʔūlā* first class ▪ درجة سياحية *daraja*ᵗ *siyāḫīya*ᵗ tourist class

دردش *dardaša v.intr.* |*11s* يدردش *yudardiš*ᵘ | دردشة *dardiša*ᵗ| • chat

دردشة *dardaša*ᵗ *n.** • chat, chatting

درز *daraza v.tr.* |*1s3* يدرز *yadruz*ᵘ | درز *darz*| • stitch, sew

درز *darz n.** |*pl.* دروز *durūz*| • stitch, seam

درس *darasa v.tr.* |*1s3* يدرس *yadrus*ᵘ | درس *dars*| • study (in school) • examine, study (carefully), consider

درس *darrasa v.tr.* |*2s* يدرس *yudarris*ᵘ | تدريس *tadrīs*| • teach *sb* ∘ *sth* ∘ ◊ درسني العربية. *He taught me Arabic.* ▪ درس أنّ *darrasa ʔanna* teach that...

درس *dars n.** |*pl.* دروس *durūs*| • lesson

درع *darra3a v.tr.* |*2s* يدرع *yudarri3*ᵘ | تدريع *tadrī3*| • armor

درع *dir3 n.* |*pl.* دروع *durū3*| • armor, shield • plaque

درفة *darfa*ᵗ *n.* |*pl.* درف *diraf*| • shutter, door (of cabinet)

درن *daran n.* • tuberculosis

درنة *darana*ᵗ *n.* • *(root plant)* tuber, tuberous root

درنة *darna*ᵗ *n.* **dip.** • *(city in Libya)* Derna ➡ ***map on p. 261***

درهم *dirham n.* |*pl.* **dip.** دراهم *darāhim*| • dirham ▪ درهم إماراتي *dirham ʔimārātī*ʸ |*abbreviated* د.إ| U.A.E. dirham (DH/AED) ▪ درهم مغربي *dirham maɣrabī*ʸ |*abbreviated* د.م| Moroccan dirham (MD) ▪ درهم قطري *dirham qaṭarī*ʸ Qatari dirham (100 dirham = 1 Qatari rial)

درى *darā v.tr. & intr.* |*1d2* يدري *yadrī* | دراية *dirāya*ᵗ| • know (بـ) ◊ هل تدري لماذا أحبك؟ *Do you know why I love you?* ▪ لست أدري. *lastu ʔadrī*, لا أدري *lā ʔadrī* I don't know. ◊ لا أدري شيئا عن هذا الأمر. *I don't know anything about that.* ▪ لا أدري هل... *lā ʔadrī hal* I don't know whether... ◊ لا أدري هل سأبقى أم سأذهب. *I don't know whether I'll stay or go.* ▪ درى أنّ *darā ʔanna* know that...

دزينة *dazzīna*ᵗ *n.* • dozen ◊ دزينة من ورود *a dozen roses*

دستور *dustūr n.* |*pl.* **dip.** دساتير *dasātīr*| • constitution ▪ الدستور *addustūr n.* ***f.*** Ad-Dustour (Jordanian newspaper)

دستوري *dustūrī*ʸ *adj.* • constitutional ▪ غير دستوري *ɣayr · dustūrī*ʸ unconstitutional ▪ محكمة دستورية *maḫkama*ᵗ *dustūrīya*ᵗ *n.* constitutional court

دشداشة *dišdāša*ᵗ *n.* • dishdasha (long, loose-fitting garment worn by men in the Gulf region) ➡ ***picture on p. 100***

دعا *da3ā v.tr.* |*1d3* يدعو *yad3ū* | دعاء *du3āʔ*| • invite *sb* ∘ *to* إلى ◊ دعانا إلى حفلة عيد ميلاده. *He invited us to his birthday party.* • call *for* إلى, summon • call *for* إلى, demand ▪ دعا إلى إضراب *da3ā ʔilā ʔiḍrāb*ⁱⁿ call for a strike • name *sb* ∘ *sth* ∘ *or* بـ, call ◊ كل الناس تدعوها أمي. *Everyone calls her 'mom'.*

دعاء *du3āʔ n.** |*pl.* أدعية *ʔad3iya*ᵗ| • prayer

دعارة *da3āra*ᵗ *n.* • prostitution

دعامة *di3āma*ᵗ *n.* |*pl.* **dip.** دعائم *da3āʔim* or دعامات *di3āmāt*| • support, buttress • stent

دعاية *di3āya*ᵗ *n.* • publicity, advertisement • propaganda

دعائي *di3āʔī*ʸ *adj.* • publicity- • propaganda-

Moroccan dirham

دعر *da3ira v.intr.* |*1s4* يدعر *yad3ar*ᵘ | دعر *da3ar*|

• be indecent, be lewd, be immoral, be obscene

دعس *da3asa v.intr.* |*1s1* يدعس *yad3as^u* | دعس *da3s*| • tread *on* على, trample

دعسوقة *du3sūqa^t n.* |*pl.* **dip.** دعاسيق *da3āsīq*| • ladybug (UK: ladybird)

دعم *da33ama v.tr.* |*2s* يدعم *yuda33im^u* | تدعيم *tad3īm*| • support, prop up • back, support

دعم *da3ama v.tr.* |*1s1* يدعم *yad3am^u* | دعم *da3m*| • support, prop up • back, support

دعم *da3m n.*⋆ • support *for* لـ ▪ دعم حكومي *da3m ḥukūmī^y* subsidy, government assistance

دعوة *da3wa^t n.* |*pl.* دعوات *da3(a)wāt*| • call *to* إلى, invitation ▪ بدعوة من *bi-da3wa^tin min prep.* at the invitation of • missionary work

دعوى *da3wā n.* ***f.* invar.** |*pl.* **invar.** دعاوى *da3āwā* or ***def.*** دعاو *da3āw(in)*| • claim • lawsuit, case ▪ رفع دعوى ضد *rafa3a da3wā ḍidda* bring a case against

دعوي *da3wī^y adj.* • missionary-

دغدغ *daɣdaɣa v.tr.* |*11s* يدغدغ *yudaɣdiɣ^u* | دغدغة *daɣdaɣa^t*| • tickle

دغل *daɣl n.* |*pl.* أدغال *ʔadɣāl*| • jungle

دفء *difʔ n.* • warmth ◊ دفء أشعة الشمس *the warmth of the sun's rays* ◊ دفء الشعب العراقي *the warmth of the Iraqi people*

دفأ *daffaʔa v.tr.* |*2s(c)* يدفئ *yudaffiʔ^u* | تدفئة *tadfiʔa^t*| • make warm, warm up

دفاع *difā3 n.* • *(sports, military, legal)* defense

دفاعي *difā3ī^y adj.* • defensive, protective

دفاية *daffāya^t n.* • heater

دفتر *daftar n.* |*pl.* **dip.** دفاتر *dafātir*| • notebook

دفع *daf3 n.*⋆ • payment

دفع *dafa3a v.tr.* |*1s1* يدفع *yadfa3^u* | دفع *daf3*| • push • pay • urge • move forward, push forward ▪ دفع عملية *dafa3a 3amalīya^t* move a process forward

دفعة *daf3a^t n.* |*pl.* دفعات *daf(a)3āt*| • push, shove • payment, installment • fee

دفعة *duf3a^t n.* |*pl.* دفعات *duf(u)3āt*| • batch, group ▪ دفعة واحدة *duf3atan wāḥida^tan*, في دفعة واحدة *fī duf3a^tin wāḥida^tin adv.* all at once, in one go; simultaneously

دفن *dafana v.tr.* |*1s2* يدفن *yadfin^u* | دفن *dafn*| • bury

دفن *dafn n.*⋆ • burial

دفئ *dafiʔa v.intr.* |*1s4(c)* يدفأ *yadfaʔ^u* | دفاء *difāʔ*| • become warm, warm up ◊ متى سوف يبدأ الجو يدفأ؟ *When will it start to get warm?*

دق *daqqa v.* |*1g3* يدق *yaduqq^u* | دق *daqq*| • *v.tr. & intr.* knock (على), beat ▪ دق على باب *daqqa 3alā bāb* knock on a door • *v.tr.* ring (a bell, etc.) ▪ دق جرس باب *daqqa jaras · bāb* ring a door bell ▪ دق جرس هاتف *daqqa jaras^u · hātif* a phone rings

دقة *daqqa^t n.* • knock

دقة *diqqa^t n.* • accuracy, precision ▪ بدقة *bi-diqqa^tin*, على وجه الدقة *3alā wajh^i · ddiqqa^ti adv.* exactly, accurately, precisely, meticulously

دقق *daqqaqa v.tr.* |*2s* يدقق *yudaqqiq^u* | تدقيق *tadqīq*| • examine, scrutinize

دقيق *daqīq* • *n.* flour • *adj.* |*pl.* دقاق *diqāq* | *elat.* أدق *ʔadaqq*| accurate, precise

دقيقة *daqīqa^t n.* |*pl.* **dip.** دقائق *daqāʔiq*| • *(time)* minute ▪ وخمس دقائق *wa-xams^a daqāʔiq^a* five past, oh five (hour +) ◊ إنها الساعة الثالثة وخمس دقائق *It's five past three (3:05).* ▪ إلا خمس دقائق *ʔillā xams^a daqāʔiq^a* five to (hour +) ◊ إنها الساعة الثالثة إلا خمس دقائق *It's five to three (2:55).*

دكان *dukkān n.* |*pl.* **dip.** دكاكين *dakākīn*| • store, shop

دكة *dakka^t n.* |*pl.* دكاك *dikāk*| • bench

دكتاتور *diktātūr n.* • dictator

دكتاتورية *diktātūrīya^t n.* • dictatorship

دكتور *doktōr n.* |*pl.* دكاترة *dakātira^t*| • doctor ▪ ___ الدكتور *addoktōr* ___ Dr. ___ ▪ أستاذ دكتور *ʔustāđ doktōr* |*abbreviated* أ.د.| professor, doctor

دكتوراه *duktūrāh*, دكتوراة *duktūrā^t n.* ***f.*** • doctorate

دل *dalla v.tr.* |*1g3* يدل *yadull^u* | دلالة *dalāla^t*| • show *sth* على *to* ه, indicate, tell ▪ دل على أنّ *dalla 3alā ʔanna* imply that..., indicate that... ◊ يدل ذلك على أنك مذنب. *That would imply that you're guilty.*

دلال *dallāl n.* • broker, agent, middleman

دلالة *dalāla^t n.*⋆ • sign *of* على, meaning, significance, implication

دلاية *dallāya^t n.* • pendant

دلة *dalla^t n.* • dallah (Arabic coffee pot) ➡ ***see picture on the next page***

دلتا *daltā n.* ***f.* invar.** • delta ▪ دلتا النيل *daltā -nnīl* the Nile Delta

دلع *dalla3a v.tr.* |*2s* يدلع *yudalli3^u* | تدليع *tadlī3*| • spoil, pamper

دلفين *dalfīn n.* |*pl.* **dip.** دلافين *dalāfīn*| • dolphin

دلك *dallaka v.tr.* |*2s* يدلك *yudallik^u* | تدليك *tadlīk*| • massage, rub

A dallah with coffee cups

دلل *dallala v.* |*2s* يدلل *yudallil*^{u} | تدليل *tadlīl* | • *v.intr.* prove على • *v.tr.* indulge, pamper, spoil

دلو *dalw n.* ***f.*** |*pl.* دلاء *dilāʔ* or ***def.*** أدل *ʔadl(in)* | • bucket, pail • برج الدلو *burj · addalw*^{i} *(astrology)* Aquarius ▪ أنا من برج الدلو. *ʔana min burj*^{i} *-ddalw*^{i} I'm an Aquarius.

دلى *dallā v.tr.* |*2d* يدلي *yudallī* | تدلية *tadliya*^{t} | • dangle, suspend

دليل *dalīl n.* |*pl.* ***dip.*** دلائل *dalāʔil* or أدلة *ʔadilla*^{t} | • sign *of* على, evidence ▪ بدليل *bi-dalīl*^{i} *prep.* as proved by ▪ نقص أدلة *naqṣ · ʔadilla*^{t} lack of evidence • guide book ▪ دليل هاتف *dalīl · hātif* phone book, telephone directory

دم *dam n.* |*pl.* دماء *dimāʔ* | • blood ▪ ثقيل الدم *ŧaqīl · addam*^{i} *adj.* unpleasant ▪ خفيف الدم *xafīf · addam*^{i} *adj.* witty, funny, humorous, light-hearted ▪ إراقة دماء *ʔirāqat · dimāʔ*, سفك دماء *safk · dimāʔ* bloodshed

دماثة *damāŧa*^{t} *n.* • gentleness

دمار *damār n.* • destruction

الدمازين *addamāzīn n.* ***f.*** • *(city in Sudan)* Ad Damazin ➡ ***map on p. 170***

دماغ *dimāɣ n.* |*pl.* أدمغة *ʔadmiɣa*^{t} | • brain

دماغي *dimāɣī*^{y} *adj.* • cerebral

الدمام *addammām n.* ***f.*** • *(city in Saudi Arabia)* Dammam ➡ ***map on p. 166***

دمث *damiŧ adj.* |*m. pl.* دماث *dimāŧ* | *elat.* أدمث *ʔadmaŧ* or أكثر دماثة *ʔakŧar damāŧa*^{tan} | • دمث الخلق *damiŧ · alxuluq*^{i}, دمث الأخلاق *damiŧ · alʔaxlāq*^{i} gentle, good-tempered

دمج *damaja v.intr.* |*1s3* يدمج *yadmuj*^{u} | دموج *dumūj* | • integrate *into* في, merge *with*

دمج *damj n.* • integration, merger

دمر *dammara v.tr.* |*2s* يدمر *yudammir*^{u} | تدمير *tadmīr* | • destroy, demolish

دمشق *dimašq n.* ***f. dip.*** • *(capital of Syria)* Damascus ➡ ***map on p. 171***

دمشقي *dimašqī*^{y} *adj. & n.* • Damascene

دمع *dam3 coll. n.* |*sing.* دمعة *dam3a*^{t} | *pl.* دموع *dumū3* | • *(eye)* tears

دمع *dama3a v.intr.* |*1s1* يدمع *yadma3*^{u} | دمع *dam3* | • *(of eyes)* water

دمغ *damaɣa v.tr.* |*1s3* يدمغ *yadmuɣ*^{u} | دمغ *damɣ* | • stamp

دمغة *damɣa*^{t} *n.* • stamp

دمل *dummal n.* |*pl.* ***dip.*** دمامل *damāmil* | • abscess, boil

دمنهور *damanhūr* • *n.* ***f. dip.*** *(city in Egypt)* Damanhur ➡ ***map on p. 287***

دموي *damawī*^{y} *adj.* |*elat.* أكثر دموية *ʔakŧar damawīya*^{tan} | • bloody-

دمي *damiya v.intr.* |*1d4* يدمى *yadmā* | ***indecl.*** دمى *dam(an)* | • bleed

دمياط *dumyāṭ n.* ***f. dip.*** • *(city in Egypt)* Damietta ➡ ***map on p. 287***

دمية *dumya*^{t} *n.* |*pl.* ***indecl.*** دمى *dum(an)* | • doll

دنتلة *dantilla*^{t} *n.* • lace

الدنمارك *addanmārk n.* • Denmark

دنماركي *danmārkī*^{y} • *adj.* Danish • *n.* Dane

دني *danī*^{y} *adj.* |*m. pl.* ***dip.*** أدنياء *ʔadniyāʔ* | *elat.* ***invar.*** أدنى *ʔadnā* | • low • near • lowly, despicable

دنيا *dunyā n.* ***f.*** |*pl.* ***indecl.*** دنيا *dun(an)* | • world

دهاء *dahāʔ n.** • resourcefulness, shrewdness, cunning

دهان *dahhān n.* • painter

دهان *dihān n.* |*pl.* دهانات *dihānāt* or أدهنة *ʔadhina*^{t} | • paint

دهر *dahr n.* |*pl.* دهور *duhūr* | • long time • fate, fortune ▪ الدهر يومان، يوم لك ويوم عليك. *addahr*^{u} *yawmān*^{i}*, yawm*^{un} *laka wa-yawm*^{un} *3alayka proverb* Sometimes you win, and sometimes you lose.

دهش *dahiša v.intr.* |*1s4* يدهش *yadhaš*^{u} | دهش *dahaš* | • be amazed *at* لـ, be surprised

دهشة *dahša^t n.* • amazement, surprise

دهن *dahana v.tr.* |1s3 يدهن *yadhun^u* | دهن *dahn*| • paint

دهن *duhn n.* |pl. دهون *duhūn*| • fat, grease

دهني *duhnīy adj.* • greasy, fatty, oily

دهور *dahwara v.tr.* |11s يدهور *yudahwir^u* | دهورة *dahwara^t*| • cause to deteriorate • throw down, drop

دهى *dahā v.tr.* |1d1 يدهى *yadā* | دهي *dahy*| • befall, happen to, affect ◊ ماذا دهاك ؟ *What happened to you? / What's wrong with you?*

دهي *dahiya v.intr.* |1d4 يدهى *yadhā* | دهاء *dahāʔ*| • be resourceful, be shrewd, be cunning

دواء *dawāʔ n.* |pl. أدوية *ʔadwiya^t*| • medicine, medication, remedy

دواة *dawā^t n.* |pl. دويات *dawayāt*| • inkwell

دوار *dawwār* • *adj.* revolving, rotary ▪ باب دوار *bāb dawwār* revolving door • *n.* |pl. **dip.** دواوير *dawāwīr*| roundabout

دوار *duwār n.* • dizziness, vertigo, nausea ▪ شعر بالدوار *ša3ara bi-dduwār^i v.* feel dizzy

دواسة *dawwāsa^t n.* • pedal ▪ دواسة بنزين *dawwāsat · benzīn* gas pedal (UK: accelerator) ▪ دواسة فرملة *dawwāsat · farmala^t*, دواسة كبح *dawwāsat · kabḥ* brake pedal ▪ دواسة قابض *dawwāsat · qābiḍ* clutch pedal

دواليك *dawālayka adv.* • alternately ▪ وهكذا دواليك *wa-hākaḏā dawālayka* etc., and so on

دوام *dawām n.** • continuation, continuance ▪ على الدوام *3alā -ddawām^i adv.* always, continually •دوام *dawām*, ساعات دوام *sā3āt · dawām*, أوقات دوام *ʔawqāt · dawām* business hours, working hours ▪ دوام كامل *dawām kāmil* full-time ▪ دوام جزئي *dawām juzʔīy* part-time

دوامة *duwwāma^t n.* • spiral, whirlpool, vortex • *(toy)* top

دوائي *dawāʔīy adj.* • medicinal

الدوحة *addawḥa^t n.* • *(capital of Qatar)* Doha ➥ ***map on p. 242***

دوخة *dawxa^t n.* • dizziness, nausea ▪ شعر بالدوخة *ša3ara bi-ddawxa^ti v.* feel dizzy

دود *dūd coll. n.* |sing. دودة *dūda^t* | pl. ديدان *dīdān*| • worms, maggots, larvae

دور *dawr n.** |pl. أدوار *ʔadwār*| • role, function ▪ لعب دورا في *la3iba dawran fī v.* play a role in • turn, round ◊ جاء دورك. *It's your turn.* ▪ دور نصف نهائي *dawr niṣf · nihāʔīy* semi-final round ▪ انتظر دوره *intaẓara daw^ahu v.* wait *one's* turn • floor, story

دور *dawwara v.tr.* |2s يدور *tudawwir^u* | تدوير *tadwīr*| • turn, rotate, spin • make round

دورة *dawra^t n.* • turn, revolution • tour • round, session • cycle, circulation ▪ دورة مياة *dawrat · miyāh* restroom (UK: WC) • match, tournament • *(school)* course ▪ دورة إجبارية *dawra^t ʔijbārīya^t* compulsory course ▪ دورة اختيارية *dawra^t ixtiyārīya^t* elective course

دوري *dawrīy adj.* • cyclic, recurring, periodic

دوري *dūrīy n.* • sparrow

دورية *dawrīya^t n.* • periodical, journal • patrol • patrol car

دوش *dūš n.* • shower ▪ أخذ دوشا *ʔaxaḏa dūšan v.* take a shower

دول *dawwala v.tr.* |2s يدول *yudawwil^u* | تدويل *tadwīl*| • internationalize

دولاب *dūlāb n.* |pl. **dip.** دواليب *dawālīb*| • cupboard ▪ دولاب ملابس *dūlāb · malābis* wardrobe • wheel

دولار *dōlār n.* • dollar ▪ دولار أمريكي *dōlār ʔamrīkīy* US dollar

دولة *dawla^t n.* |pl. دول *duwal*| • nation, country, state ▪ دولة نامية *dawla^t nāmiya^t* developing country ▪ دول الخليج *duwal · alxalīj^i pl. n.* the Gulf States

دولي *duwalīy adj.* • international

دوم *dawm n.** • continuation, continuance ▪ دوما *dawman adv.* continually, constantly, always, all the time

دوموني *dōmōnī n. **f. invar.*** •*(city in the Comoros)* Domoni ➥ ***map on p. 105***

دومينيكاني *dōmīnīkānīy adj. & n.* • Dominican

دون *dawwana v.tr.* |2s يدون *yudawwin^u* | تدوين *tadwīn*| • record, write down, enter ▪ دون شرطا *dawwana šarṭan* stipulate a condition • blog

دون *dūna*, بدون *bi-dūn^i*, من دون *min dūn^i*, دونما *dūnamā prep.* • without ◊ إثنين شاي، بدون سكر، من فضلك. *Two teas, no sugar, please.* ◊ من دون أي شيء *without anything* ▪ بدن شك *bi-dūn^i šakk^in adv.* without a doubt ▪ بدون استثناء *bi-dūn^i -stitnāʔ^in adv.* without exception ▪ دون أنْ *dūna ʔan*, بدون أن *bi-dūn^i ʔan*, من دون أن *min dūn^i ʔan conj.* without *(do)*ing ◊ دون أن يدري أحد *without anyone knowing* ▪ دون أنْ تحس بالوقت *dūna ʔan tuḥiss^a bi-lwaqt^i* before you know it (lit. without you feeling the time) • under, below ◊ هو دون الثلاثين من عمره. *He's under the age of 30.* • against ▪ أغلق الباب دونه *ʔaɣlaqa* *albāb^{a} dūnahu v.* close the door on *sb*

دؤوب *daʔūb adj.* |*elat.* أدأب *ʔadʔab*| • persistent, diligent, tireless

ديانة *diyāna^{t} n.*★ • religion, creed

ديبلوماسي *diblōmāsī^{y}* • *adj.* diplomatic • *n.* diplomat

ديبلوماسية *diblōmāsīya^{t}* • *n.* diplomacy

دير الزور *dayr · azzawr^{i} n.* ***f. dip.*** • *(city in Syria)* Deir ez-Zor ➡ ***map on p. 171***

ديزل *dīzal n.* ***invar.*** • diesel

ديسكو *dīskō n.* ***invar.*** • *(music)* disco

ديسمبر *dīsembir n.* ***dip.*** • December ➡ ***The Months p. 181***

ديك *dīk n.* |*pl.* ديوك *duyūk* or ديكة *dīka^{t}*| • rooster (UK: cock) ▪ ديك رومي *dīk rūmī^{y}* turkey

ديكور *dīkōr n.* ***invar.*** • decor, decoration

ديموقراطي *dīmūqrāṭī^{y}* |*elat.* أكثر ديمقراطية *ʔaktar dīmūqrāṭīya^{tan}*| • *adj.* democratic • *n.* democrat

ديموقراطية *dīmūqrāṭīya^{t} n.* • democracy

دين *dayn n.*★ |*pl.* ديون *duyūn*| • debt ▪ سدد دينا *saddada daynan v.* pay off a debt

دين *dayyin adj.* • pious, devout, religious

دين *dīn n.*★ |*pl.* أديان *ʔadyān*| • religion, creed ▪ يوم الدين *yawm · addīn^{i}* the Day of Judgment

دينار *dīnār n.* |*pl.* ***dip.*** دنانير *danānīr*| • dinar ▪ دينار أردني *dīnār ʔurdunnī^{y}* |*abbreviated* د.أ| Jordanian dinar (JD) ▪ دينار بحريني *dīnār baḥraynī^{y}* |*abbreviated* د.ب| Bahraini dinar (BD) ▪ دينار تونسي *dīnār tūnisī^{y}* |*abbreviated* د.ت| Tunisian dinar (DT) ▪ دينار جزائري *dīnār jazāʔirī^{y}* |*abbreviated* د.ج| Algerian dinar (DA) ▪ دينار كويتي *dīnār kuwaytī^{y}* |*abbreviated* د.ك| Kuwaiti dinar (KD) ▪ دينار ليبي *dīnār lībī^{y}* |*abbreviated* د.ل| Libyan dinar (LD) ▪ دينار عراقي *dīnār 3irāqī^{y}* |*abbreviated* د.ع| Iraqi dinar (IQD)

Iraqi dinar

ديني *dīnī^{y} adj.* • religious

ديوان *dīwān n.* |*pl.* ***dip.*** دواوين *dawāwīn*| • diwan, council, office, ministry, department ▪ ديوان رئاسة *dīwān · riʔāsa^{t}* presidential cabinet • diwan (collection of poems)

الديوانية *addīwānīya^{t} n.* • *(city in Iraq)* Al Diwaniyah ➡ ***map on p. 206***

ذ

ذ *đāl n.* ***f.*** |ذال| • *(ninth letter of the Arabic alphabet)* • *(numerical value)* 700 ➡ ***The Abjad Numerals p. 108***

ذا *đā sing.* ***m.*** *demonstrative* |*pl.* أولاء *ʔulāʔ*| • this ▪ كذا *ka-đā adv.* so, thus ◊ ثم قال كذا وكذا. *Then he said so and so.* ▪ لذا *li-đā adv.* therefore, so, that's why... ◊ كان مريضا، لذا زرته. *He was sick. That's why I visited him.*

ذاب *đāba v.intr.* |*1h3* يذوب *yađūbᵘ* | ذوبان *đawabān* or ذوب *đawb*| • melt • dissolve, liquefy

ذابل *đābil act. part. adj.* |*elat.* أكثر ذبولا *ʔakṯar đubūlan* or أذبل *ʔađbal*| • wilted, withered

ذات *đāt* ***f.*** *possessive pronoun* • having, with, of ◊ المرأة ذات الشعر المتجعد *the woman with curly hair* ➡ ***The Independent Possessive Pronouns p. 144***

ذات *đāt n.* • [+ pronoun suffix] the same ▪ في الوقت ذاته *fī -lwaqtⁱ đātⁱhi adv.* at the same time ▪ بالذات *bi-đđātⁱ* none other than, that very, in particular ◊ في هذا البيت بالذات *in this very house* ◊ هذا بالذات ما كنت سأقوله. *That's precisely what I was going to say.* • |*pl.* ذوات *đawāt*| ego, self ▪ وعى الذات *wa3y · ađđātⁱ* self-awareness ▪ احترام الذات *iḥtirām · ađđātⁱ* self-worth, self-esteem • *(for emphasis)* [+ pronoun suffix] *oneself* ◊ هو ذاته *he himself* • *đāta* [+ time word in genitive] one ▪ ذات يوم *đāta yawmⁱⁿ* one day ▪ ذات مرة *đāta marraᵗⁱ* once, one time ▪ ذات مساء *đāta masāʔⁱⁿ* one evening • *đāta* ▪ ذات اليسار *đāta -lyasārⁱ* to the left ▪ ذات اليمين *đāta -lyamīnⁱ* to the right

ذاتي *đātīʸ adj.* • auto-, self ▪ سيرة ذاتية *sīraᵗ đātīyaᵗ* resumé, C.V.

ذاق *đāqa v.tr.* |*1h3* يذوق *yađūqᵘ* | ذوق *đawq*| • taste

ذاك *đāka sing.* ***m.*** *demonstrative* • that ▪ إذ ذاك *ʔiđ đāka adv.* then, at that time

ـذاك *-đāka suffix* • *(forms adverbs)* then, at that time ▪ بعدذاك *ba3dađāka adv.* after that ▪ حينذاك *ḥīnađāka*, وقتذاك *waqtađāka*, آنذاك *ʔānađāka*, عندذاك *3indađāka adv.* then, at that time ▪ ساعتذاك *sā3atađāka adv.* then, at that time ▪ ليلتذاك *laylađāka adv.* (on) that night ▪ يومذاك *yawmađāka*, أيامذاك *ʔayyāmađāka adv.* in those days ➡ ***compare with*** ـئذ ***-ʔiđin p. 340***

ذاكر *đākara v.tr.* |*3s* يذاكر *yuđākirᵘ* | مذاكرة *muđākaraᵗ*| • study, do *one's* homework

ذاكرة *đākiraᵗ act. part. n.* • *(human, computer)* memory ▪ فقد ذاكرة *faqd · đākiraᵗ* amnesia

ذال *đāl n.* ***f.*** ➡ ذ

ذانك *đānika dual* ***m.*** *demonstrative* |*acc. and gen.* ذينك *đaynika*| • those (two), both of those ◊ [+ indefinite dual masculine noun] ذانك مدرسان. *Both of those (people) are teachers.* ◊ [+ dual masculine noun with definite article] ذانك المدرسان *those two teachers* ◊ ذانك الرجلان *those two men* ▪ __ ذانك هما *đānika humā* __ Those (people) are (the) __ ◊ [+ animate plural masculine noun with definite article] ذانك هما المدرسان اللذان أخبرتك عنهما. *Those are the (two) teachers I told you about.* ⓘ *Demonstratives cannot precede an idafa construction. When* ذانك *đānika modifies the first term of an idafa construction, it must follow the entire construction:* ◊ رجلا الأعمال ذانك *those two businessmen* ⓘ *When modifying the second term of an idafa construction, it precedes the second term. Remember that the second term of an idafa construction (and its demonstrative) take the genitive:* ◊ مدرسة ذينك الطالبين *those two students' school* ➡ ***That and Those p. 143***

ذباب *đubāb coll. n.* |*sing.* ذبابة *đubābaᵗ* | *pl.* ذبان *đibbān*| • flies

ذبح *đabaḥa v.tr.* |*1s1* يذبح *yađbaḥᵘ* | ذبح *đabḥ*| • slaughter, massacre

ذبح *đabḥ n.** • slaughter, massacre

ذبذبة *đabđabaᵗ n.* • vibration, convulsion

ذبل *đabala* or *đabula v.intr.* |*1s1/1s6* يذبل *yađbulᵘ* | ذبول *đubūl*| • wilt, wither

ذخيرة *đaxīraᵗ n.* |*pl.* ***dip.*** ذخائر *đaxāʔir*| • ammunition

ذر *đarr coll. n.* |*sing.* ذرة *đarraᵗ*| • atoms, particles

ذراع *đirā3 n.* ***f.*** |*pl.* أذرع *ʔađru3*| • arm

ذرة *đuraᵗ n.* • corn, maize

ذرع *đar3 n.* • capacity ▪ ضاق ذرعا بـ *ḍāqa đar3an bi- v.* become fed up with

ذروة *đirwa^{t}* or *đurwa^{t} n.* |*pl.* ***indecl.*** ذرى *đur^{an}*| • summit, peak, climax ▪ ساعة ذروة *sā3at · đirwa^{t}* peak time; rush hour

ذرور *đarūr n.* • powder

ذري *đarrī^{y} adj.* • atomic

ذريعة *đarī3a^{t} n.* |*pl.* ***dip.*** ذرائع *đarāʔi3*| • pretext, excuse

ذعر *đu3r n.* • panic, scare, alarm

ذقن *đaqan n.* |*pl.* ذقون *đuqūn*| • chin • beard ▪ حلق الذقن *ḫalaqa ađđaqan v.* shave (*one's* beard)

ذكاء *đakāʔ n.** • intelligence, cleverness

ذكر *đakar n.* |*pl.* ذكور *đukūr*| • male ▪ ذكورا وأناثا *đukūran wa-ʔanātā* regardless of gender, both males and females

ذكر *đakara v.tr.* • |*1s3* يذكر *yađkur^{u}* | تذكار *tađkār* or ذكر *đikr*| remember ▪ على ما أذكر *3alā mā ʔađkur^{u}* as far as I remember • |*1s3* يذكر *yađkur^{u}* | ذكر *đikr*| report, mention, cite ▪ ذكر أنّ *đakara ʔanna* report that... ▪ ذكر أوصافه *đakara ʔawṣāf^{a}hu* give a description *of sb* ▪ حسبما ذكر __ *ḫasabamā đakara* __ according to __ ◊ حسبما ذكرت مصادر رسمية *according to official sources*

ذكر *đakkara v.tr.* |*2s* يذكر *yuđakkir^{u}* | تذكير *tađkīr*| • remind *sb* ∘ *sth* بـ • *(grammar)* make masculine

ذكر *đikr n.** • mention, citation ▪ سالف الذكر *sālif · ađđikr^{i} adj.* aforementioned ▪ من الجدير بالذكر أنّ *min^{a} -ljadīr^{i} bi-đđikr^{i} ʔanna* it is worth mentioning that... • |*pl.* أذكار *ʔađkār*| invocation (of God through recitation) • *n.* memory, recollection

ذكرى *đikrā n.* ***f. invar.*** |*pl.* ذكريات *đikrayāt*| • memory, remembrance ▪ ذكرى سنوية *đikrā sanawīya^{t}* anniversary ▪ ذكرى وفاة *đikrā wifā^{t}* memorial service

ذكري *đakarī^{y} adj.* • male ▪ عضو ذكري *3uḍw đakarī^{y} n.* penis ▪ عازل ذكري *3āzil đakarī^{y}*, واق ذكري *wāq(in) đakarī^{y} n.* condom

ذكور *đakūr adj.* • having a good memory ▪ كن ذكورا إذا كنت كذوبا. *kun đakūran ʔiđā kunta kađūban* *proverb* Have a good memory if you're a (habitual) liar.

ذكورة *đukūra^{t} n.* • masculinity

ذكي *đakī^{y} adj.* |*m. pl.* ***dip.*** أذكياء *ʔađkiyāʔ* | *elat.* ***invar.*** أذكى *ʔađkā*| • intelligent, clever ▪ يا ذكي *yā đakī^{y}* *(sarcastically)* Real smart!

ذل *đalla v.intr.* |*1g2* يذل *yađill^{u}* | ذل *đull*| • be submissive, be humble

ذل *đull n.** • submissiveness, humility

ذلك *đālika sing.* ***m.*** *demonstrative* • that ◊ ما ذلك؟ *What's that?* ◊ [+ indefinite singular masculine noun] ذلك نجم. *That is a star.* ◊ ذلك رجل. *That is a man.* ◊ [singular masculine noun with definite article +] ذلك الكتاب *that book* ◊ ذلك الرجل *that man* ⓘ *Notice that the long ā of* ذلك *đālika is unwritten.* ⓘ *When* ذلك *đālika modifies the first term of an idafa construction, it must follow the entire construction:* ◊ رجل الأعمال ذلك *that businessman* ⓘ *When modifying the second term of an idafa construction, it precedes the second term:* ◊ صاحب ذلك البيت *the owner of that house* ▪ ذلك هو *đālika huwa* That is (the) __ ◊ [+ singular masculine noun with definite article] ذلك هو الفيلم الذي أخبرتك عنه. *That is the movie I told you about.* ▪ كذلك *ka-đālika*, وكذلك *wa-ka-đālika adv.* so, thus, that way; also, as well, additionally, likewise ▪ وأنت كذلك. *wa-ʔanta ka-đālika* Same to you. ▪ لذلك *li-đālika adv.* therefore, so, That's why... ▪ إلى ذلك *ʔilā đālika adv.* in addition to that, additionally ▪ مع ذلك *ma3a đālika adv.* nevertheless, despite this ▪ وذلك *wa-đālika (untranslated; precedes a dependent clause and adds emphasis)* ◊ نجحنا، وذلك بفضل مساعدتكم. *We have succeeded, thanks to your help.* ▪ وذلك لأنّ *wa-đālika li-ʔanna* and that's because, since

That and Those

		masculine	feminine
singular		ذلك *đālika*	تلك *tilka*
dual	nom.	ذانك *đānika*	تانك *tānika*
	acc./gen.	ذينك *đaynika*	تينك *taynika*
plural		أولئك *ʔūlāika*	

ذلل *đallala v.tr.* |*2s* يذلل *yuđallil^{u}* | تذليل *tađlīl*| • overcome (an obstacle, difficulty)

ذليل *đalīl adj.* |أذلة *ʔađilla^{t}* or ***dip.*** أذلاء *ʔađillāʔ* | *elat.* أذل *ʔađall*| • despicable

ذ

ذمة *đimma^t n.* |*pl.* ذمم *đimam*| • protection, security ▪ على ذمة التحقيق *3alā đimmat^i · -ttaħqīq^i* in custody, in confinement • responsibility, accountability, obligation • liability, debt

ذنب *đanb n.* |*pl.* ذنوب *đunūb*| • misdeed, crime, offense

ذهاب *đahāb* or *đihāb n.** • departure ▪ ذهابا وإيابا *đahāb wa-ʔiyāb adv.* back and forth ▪ تذكرة ذهاب وإياب *tađkarat · đahāb wa-ʔiyāb*, تذكرة ذهاب وعودة *tađkarat · đahāb wa-3awda^t* round-trip ticket

ذهب *đahab n.* • gold ▪ ذهب أسود *đahab ʔaswad* black gold, oil ▪ الوقت من ذهب *alwaqt^u min đahab^in* *proverb* Time is money.

ذهب *đahaba v.intr.* |*1s1* يذهب *yađhab^u* | ذهاب *đahāb*| • go *to* إلى

ذهبي *đahabī^y adj.* • gold-, made of gold • golden, gold-colored

ذهل *đahila v.intr.* |*1s4* يذهل *yađhal^u* | ذهول *đuhūl*| • be amazed, be astonished

ذهن *đihn n.* |*pl.* أذهان *ʔađhān*| • mind, intellect

ذهني *đihnī^y adj.* • mental, intellectual

ذهنية *đihnīya^t n.* • mentality

ذهول *đuhūl n.** • amazement, astonishment • numbness, indifference

ذو *đū m. possessive pronoun* • [+ genitive noun] with, having, of ◊ الرجل ذو القبعة السوداء *the man in the black hat* ◊ المرأة ذات الشعر المتجعد *the woman with curly hair* ▪ ذووه *đawūhu pl. n. one's* relatives ▪ ذو خبرة *đū xibra^tin* experienced ▪ ذو الدخل المنخفض *đū -ddaxl^i -lmunxafiḍ^i* (having a) low-income ▪ ذو شعر طويل *đū ša3r^in ṭawīl^in* long-haired ▪ ذو قيمة *đū qīma^tin* of value ➡ ***see table on the right***

ذوب *đawwaba v.tr.* |*2s* يذوب *yuđawwib^u* | تذويب *tađwīb*| • melt • dissolve

ذوبان *đawabān n.** • melting ▪ قابل للذوبان *qābil li-đđawabān^i* soluble

ذوق *đawq n.** |*pl.* أذواق *ʔađwāq*| • taste • taste, preference ▪ عديم الذوق *3adīm · ađđawq^i adj.* tasteless

ذوى *đawā v.intr.* |*1d2* يذوي *yađwī* | ذو *đawy*| • fade, wither

ذئب *điʔb n.* |*pl.* ذئاب *điʔāb*| • wolf

ذيل *đayl n.* |*pl.* ذيول *đuyūl* or أذيال *ʔađyāl*| • tail ▪ ذيل فرس *đayl · faras (hair)* ponytail

The Independent Possessive Pronouns

		masculine	feminine
sing.	nom.	ذو *đū*	ذات *đāt^u*
	acc.	ذا *đā*	ذات *đāt^a*
	gen.	ذي *đī*	ذات *đāt^i*
dual	nom.	ذوا *đawā*	ذواتا (ذاتا) *đawātā (đātā)*
	acc./ gen.	ذوي *đaway*	ذواتي (ذاتي) *đawātay (đātay)*
plural	nom.	ذوو *đawū*	ذوات *đawāt^u*
	acc.	ذوي *đawī*	ذوات *đawāt^a*
	gen.	ذوي *đawī*	ذوات *đawāt^i*

ر

ر *rāʔ n.* ***f.*** |راء| • *(tenth letter of the Arabic alphabet)* • *(numerical value)* 200 ➡ ***The Abjad Numerals p. 108***

راء *rāʔ n.* ***f.*** ➡ ر

رابح *rābiḫ act. part. adj.* |*elat.* أربح *ʔarbaḫ*| • lucrative, profitable

رابط *rābiṭ act. part. n.* • *(internet)* link

رابطة *rābiṭaᵗ act. part. n.* |*pl.* ***dip.*** روابط *rawābiṭ*| • bond, connection, tie • *(chemistry)* bond • association, organization, league, federation

رابع *rābi3 adj.* • *(ordinal number)* fourth ▪ الساعة الرابعة *assā3aᵗ arrābi3aᵗ* four o'clock (4:00)

رابع عشر *rābi3ᵃ 3ašrᵃ* |*f.* رابعة عشرة *rābi3aᵗᵃ 3ašaraᵗᵃ*| • [always accusative] fourteenth ◊ اليوم الرابع عشر *the fourteenth day* ◊ المرة الرابعة عشرة *the fourteenth time*

راتب *rātib n.* |*pl.* ***dip.*** رواتب *rawātib*| • salary

راج *rāja v.intr.* |*1h3* يروج *yarūjᵘ* | رواج *rawāj*| • be in circulation • become popular, become widespread

راجح *rājiḫ act. part. adj.* |*elat.* أرجح *ʔarjaḫ*| • preferable, probable, likely ▪ تفكير راجح *tafkīr rājiḫ* sound thinking

راجع *rāja3a v.tr.* |*3s* يراجع *yurāji3ᵘ* | مراجعة *murāja3aᵗ*| • review, look over, check, revise

راح *rāḫa v.intr.* |*1h3* يروح *yarūḫᵘ* | رواح *rawāḫ*| • go *to* إلى • *(used in perfect tense only)* [+ indicative] begin to *(do)* ◊ راح يتحدث عن حياته. *He began to speak about his life.*; go to *(do)* ◊ راحت تدرس في ألمانيا. *She went to study in Germany.*

راحة *rāḫaᵗ n.* • rest, relaxation • راحة يد *rāḫat · yad* palm of the hand

راحل *rāḫil act. part. adj.* |*m. pl.* راحلون *rāḫilūnᵃ* or رحل *ruḫḫal*| • deceased, late ◊ الكاتب الراحل نجيب محفوظ (١٩١١-٢٠٠٦) *the late writer Naguib Mahfouz (1911-2006)*

راد *rāda v.tr.* |*1h3* يرود *yarūdᵘ* | رود *rawd*| • explore, pioneer

رادار *rādār n.* • radar

رادف *rādafa v.tr.* |*3s* يرادف *yurādifᵘ* | مرادفة *murādafaᵗ*| • be synonymous *with*

راديكالي *rādīkālīʸ adj.* |*elat.* أكثر راديكالية *ʔakṯar rādīkālīyaᵗᵃⁿ*| • radical

راديو *rādiyō n.* ***invar.*** |*pl.* راديوهات *rādiyōhāt*| • radio

رأس *raʔasa v.tr.* |*1s1(a)* يرأس *yarʔasᵘ* | رئاسة *riʔāsaᵗ*| • head, lead, chair

رأس *raʔs n.* ***m.*** *or* ***f.*** |*pl.* رؤوس *ruʔūs*| • head ▪ جلد رأس *jild · raʔs* scalp ▪ عيد رأس السنة *3īd · raʔsⁱ · -ssanaᵗⁱ* New Year's Day ▪ رأسا *raʔsan adv.* directly ▪ رأسا على عقب *raʔsan 3alā 3aqbⁱⁿ adv.* upside down ▪ على رأس *3alā raʔsⁱ prep.* at the top of ▪ كأنّ على رأسه الطير *kaʔanna 3alā raʔsⁱhi aṭṭayrᵘ (idiom)* as still as a stone (lit. as if there were birds on *one's* head)

رأّس *raʔʔasa v.tr.* |*2s(b)* يرئس *yuraʔissᵘ* | ترئيس *tarʔīs*| • make president, appoint as leader

رأس الخيمة *raʔs alxaymaᵗ n.* ***f.*** • *(city in the U.A.E.)* Ras al-Khaimah ➡ ***map on p. 44***

راسخ *rāsix adj.* |*elat.* أرسخ *ʔarsax*| • stable

راسل *rāsala v.tr.* |*3s* يراسل *yurāsilᵘ* | مراسلة *murāsalaᵗ*| • exchange letters *with*, correspond *with*, be in contact *with*

رأسمال *raʔsmāl n.* |< رأس + مال *raʔs + māl*| • *(finance)* capital

رأسمالي *raʔsmālīʸ adj.* |*elat.* أكثر رأسمالية *ʔakṯar raʔsmālīyaᵗᵃⁿ*| • capitalist

رأسمالية *raʔsmālīyaᵗ n.* • capitalism

راشد *rāšid act. part.* |*elat.* أرشد *ʔaršad*| • *adj.* orthodox • *adj. & n.* adult, grown-up • *man's name* Rashid

راض *rāḍ(in) act. part. adj.* ***def.*** |*elat.* أكثر رضى *ʔakṯar riḍan*| • satisfied, content

راع *rā3(in) act. part. n.* ***def.*** |*pl.* رعاة *ru3āᵗ*| • guardian, protector, shepherd ▪ راعي بقر *rā3ī · baqar* cowboy ▪ راعي السلام *rā3ī · -ssalām* defender of peace ▪ راعي غنم *rā3ī · ɣanam* shepherd ▪ راعي كنيسة *rā3ī · kanīsaᵗ* pastor, minister • sponsor

راع *rā3a v.tr.* |*1h3* يروع *yarū3ᵘ* | روع *raw3*| • delight, thrill

راعى *rā3ā v.tr.* |*3d* يراعي *yurā3ī* | مراعاة *murā3āᵗ*| • observe, comply *with* • guard, protect, tend (a herd, flock) • keep an eye *on*, supervise, watch • sponsor

رأفة *raʔfaᵗ n.* • clemency, leniency

رافد *rāfid n.* |*pl.* **dip.** روافد *rawāfid*| • tributary

رافعة *rāfi3aᵗ act. part. n.* |*pl.* **dip.** روافع *rawāfi3*| • lever • crane ▪ رافعة شوكية *rāfi3aᵗ šawkīyaᵗ* forklift

رافق *rāfaqa v.tr.* |*3s* يرافق *yurāfiqᵘ* | مرافقة *murāfaqaᵗ*| • accompany, escort

راق *rāq(in) adj.* **def.** |*elat.* **invar.** أرقى *ʔarqā*| • advanced, developed • high-class, upmarket, upscale

راق *rāqa v.tr.* |*1h3* يروق *yarūqᵘ* | روق *rawq*| • please, delight, appeal *to*

راقب *rāqaba v.tr.* |*3s* يراقب *yurāqibᵘ* | مراقبة *murāqabaᵗ*| • observe, watch, keep an eye *on*, monitor, supervise • censor

راقص *rāqiṣ act. part. n.* • dancer

راكب *rākib act. part. n.* |*pl.* ركاب *rukkāb*| • passenger

راكد *rākid act. part. adj.* |*elat.* أركد *ʔarkad* or أكثر ركودا *ʔaktar rukūdan*| • stagnant

راكض *rākiḍ act. part. n.* • runner

رام *rāma v.tr.* |*1h3* يروم *yarūmᵘ* | روم *rawm*| • crave, desire ▪ على ما يرام *3alā mā yurāmᵘ* *(verb in passive)* to *one's* expectations, leaving nothing to be desired ◊ كل شيء على ما يرام. *Everything's fine.*

رام الله *rām · aLLāhⁱ n.* **f.** • *(city in Palestine)* Ramallah ➡ ***map on p. 229***

رانيا *rāniyā* ***f. invar.*** *woman's name* • Rania

راهب *rāhib n.* |*pl.* رهبان *ruhbān*| • monk

راهبة *rāhibaᵗ n.* • nun

راهق *rāhaqa v.intr.* |*3s* يراهق *yurāhiqᵘ* | مراهقة *murāhaqaᵗ*| • reach puberty, become a teenager, become an adolescent

راهن *rāhana v.tr.* |*3s* يراهن *yurāhinᵘ* | مراهنة *murāhanaᵗ*| • bet *sth* ∘ *on* على, wager

راهن *rāhin act. part. adj.* • present, current, status quo

راو *rāw(in) act. part. n.* **def.** |*pl.* رواة *ruwāᵗ*| • narrator, storyteller

راوح *rāwaḥa v.intr.* |*3s* يراوح *yurāwiḥᵘ* | مراوحة *murāwaḥaᵗ*| • fluctuate *between* بين, sway

راوغ *rāwaɣa v.tr.* |*3s* يراوغ *yurāwiɣᵘ* | مراوغة *murāwaɣaᵗ*| • dodge, evade • deceive, cheat

رأى *raʔā v.tr.* |*1d1(b)* يرى *yarā* | رؤية *ruʔyaᵗ*| • see ▪ أراك غدا *ʔarāka ɣadan* See you tomorrow! ▪ لا يُرى *lā yurā pass. v.* invisible • consider *sb/sth* ∘ *(to be) sb/sth* ∘, regard ◊ أراه مخطئا. *I consider him to be wrong.*

رأي *raʔy n.* |*pl.* آراء *ʔārāʔ*| • opinion, view ▪ في رأيي *fī raʔyī* in my opinion ▪ ما رأيك في __؟ *mā raʔyᵘka fī* __ What's your opinion about __?, How about __? ▪ على رأي لـ *3alā raʔyⁱⁿ li-* in *one's* opinion ▪ الرأي *arraʔy n.* **f.** Alrai (Jordanian newspaper)

راية *rāyaᵗ n.* • banner, flag

رائج *rāʔij act. part. adj.* |*elat.* أروج *ʔarwaj*| • popular, best-selling, in demand

رائحة *rāʔiḥaᵗ n.* |*pl.* **dip.** روائح *rawāʔiḥ*| • smell, odor, fragrance ▪ له رائحة جميلة *lahu rāʔiḥaᵗᵘⁿ jamīlaᵗᵘⁿ*, رائحته جيدة *rāʔiḥatᵘhu jayyidaᵗ* it smells nice

رائد *rāʔid act. part.* |*pl.* رواد *ruwwād*| • *n.* explorer, pioneer ▪ رائد فضاء *rāʔiḍ · faḍāʔ* astronaut • *adj.* leading (company, role)

رائع *rāʔi3 act. part. adj.* |*elat.* أروع *ʔarwa3*| • wonderful, excellent, terrific, splendid, magnificent

رب *rabb n.* |*pl.* أرباب *ʔarbāb*| • lord, master ▪ الرب *arrabb (God)* the Lord ▪ رب عمل *rabb · 3amal* boss ▪ رب أسرة *rabb · ʔusraᵗ* head of the household

رب *rubba* • [+ indefinite genitive singular noun] many a __, some __ ▪ رب أخ لم تلده والدة. *rubba ʔaxⁱⁿ lam talidhᵘ wālidaᵗᵘⁿ proverb* Some friends are closer than real brothers. (lit. Many of brother wasn't born of the same mother.) ▪ رب سكوت أغلب من كلام. *rubba sukūtⁱⁿ ʔaɣlabᵘ min kalāmⁱⁿ proverb* Some silence is more eloquent than words.

ربا *rabā v.intr.* |*1d3* يربو *yarbū* | ربو *rubūʷ*| • exceed على, be more *than*

الرباط *arribāṭ* or *arrabāṭ* • *(capital of Morocco)* Rabat ➡ ***map on p. 294***

رباط *ribāṭ n.* |*pl.* أربطة *ʔarbiṭaᵗ*| • ligament • bandage, dressing (of a wound) • union, connection, bond ▪ في رباط *fī ribāṭⁱⁿ adv.* together, united ◊ كافحت لتبقى أسرتها في رباط. *She struggled to keep her family together.*

رباطي *ribāṭīʸ adj. & n.* • Rabati

رباع *rubā3a adv.* • four at a time, in fours

رباعي *rubā3īʸ* • *adj.* fourfold, quadri- ▪ فعل رباعي *fi3l rubā3īʸ n. (grammar)* quadriliteral verb • *n.* quartet

ربة *rabba^t* n. • lady, mistress ▪ ربة بيت *rabbat · bayt*, ربة منزل *rabbat · manzil* |pl. ربات بيوت *rabbāt buyūt* or ربات منازل *rabbāt · manāzil*| housewife

ربت *rabbata* v.tr. |2s يربت *yurabbit^u* | تربيت *tarbīt*| • pat ▪ ربت على كتفه/خده *rabbata 3alā katfⁱhi/xaddⁱhi* pat *sb* on the shoulder/cheek

ربح *rabiḫa* v.tr. |1s5 يربح *yarbiḫ^u* | ربح *ribḫ*| • gain, profit

ربح *ribḫ* n.* |pl. أرباح *ʔarbāḫ*| • gain, profit ▪ ربح اجمالي *ribḫ ijmālī^y* gross profit ▪ ربح صاف *ribḫ ṣāf(in)* net profit ▪ الربح والخسارة *arribḫ wa-lxisāra^t* profits and losses ▪ ربح مادي *ribḫ mādī^y* material gain

ربط *rabaṭa* v. |1s2/1s3 يربط *yarbiṭ^u* or *yarbuṭ^u* | ربط *rabṭ*| • *v.tr.* tie *sth* ∘ *to* بـ *or* مع, bind, connect ◊ ربط العملة بالدولار أدى لاستقرار. *Tying the currency to the dollar has lead to stability.* • bandage • *v.intr.* connect *sth* بين *to* و, link, unite

ربط *rabṭ* n.* • connection

ربطة *rabṭa^t* n. |pl. ربطات *rab(a)ṭāt*| • tie, bow, wrap ▪ ربطة عنق *rabṭat · 3un(u)q* necktie ▪ ربطة حجاب *rabṭat · ḫijāb* hijab wrap

ربع *rab3* n. |pl. ربوع *rubū3*| • housing, residence • region, area

ربع *rabba3a* v.tr. |2s يربع *yurabbi3^u* | تربيع *tarbī3*| • square

ربع *rub3* n. |pl. أرباع *ʔarbā3*| • *(fraction)* fourth, quarter ◊ ثلاثة أرباع *three fourths, three quarters* ▪ والربع *wa-rrub3* *(time)* [hour +] a quarter past ◊ الساعة الثالثة والربع *a quarter past three (3:15)* ▪ إلا الربع *ʔillā -rrub3^a* *(time)* [hour +] a quarter to ◊ الساعة الرابعة إلا الربع *a quarter to four (3:45)*

ربعي *rub3ī^y* adj. • quarterly

ربما *rubbamā*, لربما *la-rubbamā* adv. • maybe, perhaps

ربو *rabw* n. • asthma

ربوت *robōt* n. **invar.** • robot

ربى *rabbā* v.tr. |2d يربي *yurabbī* | تربية *tarbiya^t*| • raise, bring up • educate, school

ربيع *rabī3*, فصل ربيع *faṣl · rabī3* n. • spring ▪ في الربيع *fī -rrabī3ⁱ* in the spring ▪ الربيع العربي *arrabī3 al3arabī^y* the Arab Spring ▪ ربيع الأول *rabī3 alʔawwal* Rabi' Al Awwal (third month of the Islamic calendar) ▪ ربيع الثاني *rabī3 attānī*, ربيع الآخر *rabī3 alʔāxir* Rabi' Al Thani (fourth month of the Islamic calendar) ➡ ***The Islamic Calendar p. 324***

ربيعي *rabī3ī^y* adj. • spring-

رتب *rattaba* v.tr. |2s يرتب *yurattib^u* | ترتيب *tartīb*| • arrange, organize

رتبة *rutba^t* n. |pl. رتب *rutab*| • *(military)* rank

رتق *rataqa* v.tr. |1s3 يرتق *yartuq^u* | رتق *ratq*| • darn, mend

رث *ratt* adj. |m. pl. رثاث *ritāt*| • worn-out, scruffy, shabby

رثا *ratā* v.tr. |1d3 يرثو *yartū* | رثو *ratw*| • lament • mourn *for* لـ

رج *rajja* v.tr. |1g3 يرج *yarujj^u* | رج *rajj*| • jar, jolt

رجا *raj(an)* n. **indecl.** |dual رجيان *rajayānⁱ* | pl. أرجاء *ʔargāʔ*| • side, direction, area ▪ في أرجاء *fī ʔarjāʔⁱ* prep. all over ◊ في أرجاء العالم *all over the world*

رجا *rajā* v.tr. |1d3 يرجو *yarjū* | رجاء *rajāʔ*| • ask *for* ∘ *from* من, request ▪ رجا منه أنْ *rajā minhu ʔan* ask *sb* to *(do)* ▪ أرجوك *ʔarjūka* Please,..., I beg you,... ◊ أرجوك يا صديقي، لا تفعل ذلك. *Please, my friend, don't do that.* • hope ▪ أرجو ذلك. *ʔarjū ḏālika* I hope so. ▪ رجا أنْ *rajā ʔan* hope that... ◊ أرجو أن تكون بخير. *I hope that you are well.*

رجاء *rajāʔ* n.* • request ▪ الرجاء *arrajāʔa*, رجاء *rajāʔan* adv. please..., it is requested that... ◊ الرجاء ارسال أسئلتك على ... *Please send your questions to ...* • hope, wish

رجالي *rijālī^y* adj. • men's -, for men ▪ ملابس رجالية *malābis rijālīya^t* pl. n. men's clothing ▪ حلاق رجالي *ḫalāq rijālī^y* n. men's hairdresser, barber

رجب *rajab* n. • Rajab (seventh month of the Islamic calendar) • *man's name* Rajab ➡ ***The Islamic Calendar p. 324***

رجح *rajaḫa* v.intr. |1s1 يرجح *yarjaḫ^u* | رجوح *rujūḫ* or رجحان *rujḫān*| • outweigh على, exceed

رجح *rajjaḫa* v.tr. |2s يرجح *yurajjiḫ^u* | ترجيح *tarjīḫ*| • prefer *sth* ∘ *to* على

رجع *raja3a* v.intr. |1s2 يرجع *yarji3^u* | رجوع *rujū3*| • return *to* إلى, go back, come back ▪ رجع إلى الوراء *raja3a ʔilā -lwarāʔⁱ* back up, reverse • revert *to* إلى, regress • stem *from* إلى, be traced back *to* ◊ ترجع أسباب الثورة إلى انتشار الفقر والمرض. *The reasons behind the revolution can be traced back to the spread of poverty and illness.* • resume إلى, continue

رجع *rajja3a* |2s يرجع *yurajji3^u* | ترجيع *tarjī3*| • *v.tr.* return, give back

رجعة *raj3a^{t} n.* • resumption, continuation ▪ إلى غير رجعة *ʔilā ɣayr^{i} raj3a^{tin} adv.* never to return ◊ غادر أسرته إلى غير رجعة *He left his family, never to return.* • regression, reversion

رجف *rajafa v.intr.* |*1s3* يرجف *yarj**u**f^{u}* | رجف *rajf* or رجفان *rajafān*| • convulse, shake, tremble ◊ قد رجفت الأرض *The ground trembled.*

رجفان *rajafān n.** • convulsion, tremor

رجفة *rajfa^{t} n.* • convulsion, tremor

رجل *rajul n.* |*pl.* رجال *rijāl*| • man ▪ رجل إطفاء *rajul · ʔiṭfāʔ* fire fighter ▪ رجل أعمال *rajul · ʔa3māl* businessman ▪ رجل أمن *rajul · ʔamn* watchman, guard ▪ رجل دين *rajul · dīn* cleric, man of religion ▪ رجل شارع *rajul · šāri3* layperson, man in the street ▪ رجل الشرطة *rajul · šurṭa^{t}* policeman, police officer ▪ رجل عصابة *rajul · 3iṣāba^{t}* gangster ▪ رجل فضاء *rajul · faḍāʔ* astronaut

رجل *rijl n. **f.*** |*pl.* أرجل *ʔarjul*| • leg ◊ *(often dual)* رجلاه طويلتان. *His legs are long.* ▪ إبهام رجل *ʔibhām · rijl* big toe

رجم *rajama v.tr.* |*1s3* يرجم *yarj**u**m^{u}* | رجم *rajm*| • stone, pelt with stones

رجم *rajm n.** |*pl.* رجوم *rujūm*| • stoning

رجوع *rujū3 n.** • return

رجولة *rujūla^{t} n.* • virility, masculinity

رجيم *rijīm n.* • diet

رحالة *raħħāla^{t} n. **m.*** • explorer

رحب *raħħaba v.intr.* |*2s* يرحب *yuraħħib^{u}* | ترحيب *tarħīb*| • welcome بـ ▪ رحب أيما ترحيب بـ *raħħaba ʔayyamā tarħīb^{in} bi-* welcome warmly

رحبة *raħba^{t} n.* |*pl.* رحاب *riħāb* or رحبات *raħ(a)bāt*| • open area, expanse • vastness

رحل *raħala v.intr.* |*1s1* يرحل *yarħ**a**l^{u}* | رحيل *raħīl*| • travel • go away *from* عن, leave, depart ◊ لا بد أن أرحل. *I have to go.* • *(die)* pass away

رحل *raħħala v.tr.* |*2s* يرحل *yuraħħil^{u}* | ترحيل *tarħīl*| • make leave, deport, send away

رحلة *riħla^{t} n.* |*pl.* رحلات *riħ(a)lāt*| • journey, trip ▪ رحلة بحرية *riħla^{t} baħrīya^{t}* cruise ▪ ذهب في رحلة إلى *đahaba fī riħla^{tin} ʔilā v.* take a trip to ▪ رحلة سعيدة *riħla^{tan} sa3īda^{tan}* Have a good trip!

رحم *raħim n. **f.*** |*pl.* أرحام *ʔarħām*| • uterus, womb ▪ عنق رحم *3un(u)q · raħim* cervix, neck of the uterus

رحم *raħima v.tr.* |*1s4* يرحم *yarħ**a**m^{u}* | رحمة *raħma^{t}*| • have mercy *upon*, spare, bless ▪ رحمه الله *raħimahu aLLāh^{u}* may God have mercy upon sb, may God bless *sb* ▪ يرحمك الله *yarħam^{u}ka aLLāh* Bless you!, Gesundheit! ▪ لا يرحم *lā yarħam^{u}* ruthless ▪ ارحم من دونك، يرحمك من فوقك. *irħam man dūnaka, yarħam^{u}ka man fawqaka proverb* Have mercy on those below you, and you'll have mercy from those above you. ▪ ارحموا من في الأرض، يرحمكم من في السماء. *irħamū man fī -lʔarḍ^{i}, yarħam^{u}kum man fī -ssamāʔ^{i} proverb* Have mercy on those on earth, and he in heaven will have mercy on you.

رحمان *raħmān, also spelled* رحمٰن *raħmān adj.* |*elat.* أرحم *ʔarħam*| • *(of God)* merciful

رحمة *raħma^{t} n.** |*pl.* رحمات *raħ(a)māt*| • mercy, compassion, pity ▪ رحمة بـ *raħmatan bi- prep.* out of pity for

رحيب *raħīb adj.* |*elat.* أرحب *ʔarħab*| • vast, wide, spacious

رحيق *raħīq n.* • nectar

رحيل *raħīl n.** • departure • death

رحيم *raħīm adj.* |*m. pl. **dip.*** رحماء *ruħamāʔ* | *elat.* أرحم *ʔarħam*| • *(of God)* compassionate

رخ *ruxx n.* • *(chess)* rook

رخام *ruxām n.* • marble

رخص *raxxaṣa v.* |*2s* يرخص *yuraxxiṣ^{u}* | ترخيص *tarxīṣ*| • *v.intr.* permit *sb* لـ *to (do)* في, license • *v.tr.* lower the price *of*, make cheaper

رخصة *ruxṣa^{t} n.* |*pl.* رخص *ruxaṣ*| • permit, license

رخيص *raxīṣ adj.* |*pl. **dip.*** رخائص *raxāʔiṣ* | *elat.* أرخص *ʔarxaṣ*| • cheap, inexpensive

رد *radd n.** |*pl.* ردود *rudūd*| • answer, reply ▪ رد فعل *radd · fi3l* reaction ▪ كان رد فعله *kāna radd · fi3l^{i}hi* react *to* على ▪ ردا على *raddan 3alā* in reply to

رد *radda v.* |*1g3* يرد *yar**u**dd^{u}* | رد *radd*| • *v.intr.* reply *to* على, answer • *v.tr.* return *sth* ∘ *to* إلى, take back, send back

رداء *ridāʔ n.* |*pl.* أردية *ʔardiya^{t}*| • cape • costume, attire, outfit

ردة *radda^{t} n.* • echo, reverberation ▪ ردة فعل *raddat · fi3l* reaction

ردد *raddada v.tr.* |*2s* يردد *yuraddid^{u}* | ترديد *tardīd*| • repeat, reiterate, *(do)* over and over • reverberate, echo

ردف *ridf n.** |*pl.* أرداف *ʔardāf*| • buttock

ردهة *radha^{t} n.* • hall, foyer, atrium

رديء *radīʔ adj.* |*m. pl. **dip.*** أردياء *ʔardiyāʔ* | *elat.* أردأ *ʔardaʔ*| • bad, low-quality

رذل *rađala v.tr.* |*1s3* يرذل *yarđ**u**l^{u}* | رذل *rađl*|

• reject, discard

رذيل *rađīl adj.* |*m. pl.* رذلاء *rudalāʔ* | *elat.* أرذل *ʔarđal*| • depraved, despicable, immoral ▪ أرذل العمر *ʔarđal al3umr^i* decrepit old age

رذيلة *rađīla^t n.* |*pl.* **dip.** رذائل *rađāʔil*| • vice, immoral behavior

رزق *razaqa v.tr.* |1s3 يرزق *yarzuq^u* | رزق *razq*| • bless *sb* ه *with* ه, bestow ▪ رُزق بمولود *ruziqa bi-mawlūd^in*, رُزق مولودا *ruziqa mawlūdan pass. v.* have a baby (lit. be blessed with a baby)

رزق *rizq n.* |*pl.* أرزاق *ʔarzāq*| • sustenance, livelihood

رزمة *rizma^t n.* |*pl.* رزم *rizam*| • bundle, packet ⓘ *The English word 'ream' has been borrowed from this Arabic word.*

رسالة *risāla^t n.* |*pl.* **dip.** رسائل *rasāʔil*| • letter, message ▪ رسالة نصية *risāla^t naṣṣīya^t* text message, SMS ▪ رسالة إلكترونية *risāla^t ʔelektrōnīya^t* e-mail ▪ رسالة شخصية *risāla^t šaxṣīya^t* personal letter ▪ رسالة رسمية *risāla^t rasmīya^t* formal letter

رسام *rassām n.* • illustrator, painter

رسب *rasaba v.intr.* |1s3 يرسب *yarsub^u* | رسوب *rusūb*| • fail في, flunk ▪ رسب في امتحان *rasaba fī imtiḥān* fail a test

الرستاق *arrustāq n. f.* • *(city in Oman)* Rustaq ➡ *map on p. 213*

رسخ *rassaxa v.tr.* |2s يرسخ *yurassix^u* | ترسيخ *tarsīx*| • reinforce, bolster

رسغ *rusɣ n.* |*pl.* أرساغ *ʔarsāɣ* or أرسغ *ʔarsuɣ*| • wrist

رسم *rasama v.tr.* |1s3 يرسم *yarsum^u* | رسم *rasm*| • draw, illustrate, paint

رسم *rasm n.** |*pl.* رسوم *rusūm*| • drawing, picture, illustration, painting ▪ رسوم متحركة *rusūm mutaḥarrika^t pl. n.* cartoons • fee, charge, toll ▪ رسوم جمركية *rusūm jumrukīya^t pl. n.* customs duty

رسم *rassama v.tr.* |2s يرسم *yurassim^u* | ترسيم *tarsīm*| • delimit, demarcate, delineate ▪ رسم حدودا *rassama ḥudūdan* demarcate a border

رسمي *rasmīʸ adj.* • official, formal ▪ غير رسمي *ɣayr · rasmīʸ* casual, unofficial ▪ رسميا *rasmīyan adv.* officially

رسمية *rasmīya^t n.* • formality

رسوب *rusūb n.** • failure

رسول *rasūl n.* |*pl.* رسل *rusul*| • prophet, messenger • courier, messenger • envoy, emissary

رش *rašša v.tr.* |1g3 يرش *yarušš^u* | رش *rašš*| • spray

رشاش *raššāš n.* • automatic weapon, machine gun

رشاشة *raššāša^t n.* • spray

رشاقة *rašāqa^t n.** • agility, gracefulness

رشح *rašḥ n.* • (common) cold

رشح *raššaḥa v.tr.* |2s يرشح *yuraššiḥ^u* | ترشيح *taršīḥ*| • nominate *sb* ه *for* لـ

رشد *rašada v.intr.* |1s3 يرشد *yaršud^u* | رشد *rušd*| • be grown up, reach adulthood

رشد *rušd n.** • maturity, adulthood ▪ سن رشد *sinn · rušd* legal age, age of consent ▪ بلغ سن الرشد *balaɣa sinn^a -rrušd^i v.* come of age

رشق *v.* • *rašaqa v.tr.* |1s3 يرشق *yaršuq^u* | رشق *rašq*| pelt *sb* ه *with* بـ • *rašuqa v.intr.* |1s3 يرشق *yaršuq^u* | رشاقة *rašāqa^t*| be agile, be graceful

رشوة *rašwa^t* or *rišwa^t* or *rušwa^t n.* |*pl.* **indecl.** رشا *riš(an)* or *ruš(an)*| • bribe ▪ أعطى رشوة *ʔa3ṭā rašwa^t v.* give a bribe

رشيد *rašīd* |*elat.* أرشد *ʔaršad*| • *adj.* adult, grown-up • wise, sage • on the right path • *man's name* Rashid, Rasheed • *n. f. dip. (city in Egypt)* Rosetta ➡ *map on p. 287*

رشيق *rašīq adj.* |*elat.* أرشق *ʔaršaq*| • agile, graceful • slender, shapely

رصاص *raṣāṣ* • *n. (metal)* lead ▪ قلم رصاص *qalam · raṣāṣ* pencil • *coll. n.* |*sing.* رصاصة *raṣāṣa^t*| bullets

رصد *raṣada v.tr.* |1s3 يرصد *yarṣud^u* | رصد *raṣd*| • observe, track

رصد *raṣd n.** |*pl.* أرصاد *ʔarṣād*| • observation

رصف *raṣafa v.tr.* |1s3 يرصف *yarṣuf^u* | رصف *raṣf*| • pave

رصيد *raṣīd n.* |*pl.* أرصدة *ʔarṣida^t*| • balance, available funds • *(supplies)* stock

رصيف *raṣīf n.* |*pl.* أرصفة *ʔarṣifa^t*| • sidewalk (UK: pavement), curb ▪ رصيف ميناء *raṣīf · mīnāʔ* dock, wharf, quay, jetty ▪ رصيف محطة قطار *raṣīf · maḥaṭṭat · qiṭār* (train station) platform

رض *raḍḍ n.** |*pl.* رضوض *ruḍūḍ*| • bruise

رض *raḍḍa v.tr.* |1g3 يرض *yaruḍḍ^u* | رض *raḍḍ*| • bruise

رضاء *riḍāʔ*, **indecl.** رضا *riḍ(an)*, **indecl.** رضى *riḍ(an) n.** • satisfaction ▪ رضا الناس غاية لا تدرك. *raḍā -nnās^i ɣāya^tun lā tudrak^u proverb* Pleasing everyone is an unobtainable aim. • consent

▪ السكوت علامة الرضا. *assukūtᵘ 3alāmatᵘ -rriḍā* *proverb* Silence is consent.

رضع *raḍa3a* or *raḍi3a v.tr.* |*1s1/1s4* يرضع *yarḍa3ᵘ* | رضاعة *raḍā3aᵗ*| • suckle *on*

رضي *raḍiya v.intr.* |*1d4* يرضى *yarḍā* | **indecl.** رضى *riḍ(an)* or رضاء *riḍāʔ*| • be satisfied *with* بـ *or* عن *or* على ▪ رضي الله عنه *raḍiya -LLāhᵘ 3anhu* may God be pleased with *sb* • consent *to* بـ *or* على, agree ▪ رضي على أنْ *raḍiya 3alā ʔan* agree *to (do)*

رضيع *raḍī3 n.* |*pl.* **dip.** رضعاء *ruḍa3āʔ*| • baby, infant

رطب *raṭb adj.* |*elat.* أرطب *ʔarṭab*| • humid, moist

رطب *raṭṭaba v.tr.* |*2s* يرطب *yuraṭṭibᵘ* | ترطيب *tarṭīb*| • moisturize, moisten

رطل *raṭl n.* |*pl.* أرطال *ʔarṭāl*| • *(weight)* pound

رطوبة *ruṭūbaᵗ n.* • humidity, moisture

رعاية *ri3āyaᵗ n.** • care, protection ▪ رعاية صحية *ri3āyaᵗ ṣiḥḥīyaᵗ* healthcare

رعب *ra3aba v.* |*1s1* يرعب *yar3abᵘ* | رعب *ru3b*| • *v.tr.* terrify, scare • *v.intr.* be terrified, be scared

رعب *ru3b n.** • fright, terror

رعد *ra3ada v.intr.* |*1s1/1s3* يرعد *yar3adᵘ* or *yar3udᵘ* | رعد *ra3d*| ▪ رعدت السماء *ra3adat assamāʔᵘ* *(of thunder)* clap, rumble, roar, thunder ◊ كانت السماء ترعد طوال الليل. *It was thundering all night. (lit. The sky was thundering all night.)*

رعد *ra3d n.** |*pl.* رعود *ru3ūd*| • thunder

رعشة *ri3šaᵗ n.* • shiver, tremor

رعى *ra3ā v.tr.* |*1d1* يرعى *yar3ā* | رعي *ra3y* or رعاية *ri3āyaᵗ*| • guard, protect, tend (a herd, flock) ▪ رعاه الله *ra3āhu aLLāhᵘ* may God protect *sb* ◊ رعاك الله! *May God protect you!* • sponsor

رغا *raɣā v.intr.* |*1d3* يرغو *yarɣū* | رغو *raɣw*| • foam, froth

رغب *raɣiba v.intr.* |*1s4* يرغب *yarɣabᵘ* | رغبة *raɣbaᵗ*| • desire في, want ◊ لا أرغب في البقاء هنا. *I don't want to stay here.* ◊ أرغب في شرب قهوة، من فضلك. *I'd like some coffee, please.* ▪ رغب في أنْ *raɣiba fī ʔan* want *to (do)*, wish that... ◊ أرغب (في) أن أكون مثلك. *I wish I were like you.* ▪ رغبه في أنْ *raɣibahu fī ʔan* want *sb to (do)*, wish that *sb*... • avoid عن, refrain *from*, not want, dislike ◊ يرغب عن ذلك الكاتب. *He dislikes that author.*

رغبة *raɣbaᵗ n.** |*pl.* رغبات *raɣ(a)bāt*| • desire, wish

رغم ▪ رغم *raɣma*, برغم *bi-raɣmⁱ*, رغما عن *raɣman 3an*, بالرغم من *bi-rraɣmⁱ min*, على الرغم من *3alā -rraɣmⁱ min*, على رغم *3alā raɣmⁱ prep.* despite, in spite of ◊ كان يتمتع باللياقة على الرغم من كبر سنه. *He was fit in spite of his old age.* ▪ على رغم ذلك *3alā raɣmⁱ ḏālika adv.* despite this, in spite of that ▪ رغم أنّ *raɣma ʔanna*, برغم من أن *bi-raɣmⁱ min ʔanna*, على رغم أن *3alā raɣmⁱ ʔanna*, على الرغم من أن *3alā -rraɣmⁱ min ʔanna conj.* although, in spite of the fact that, despite *(do)*ing ◊ سأحضر، رغم أني مريض. *I will attend even though I'm sick.* ◊ لم يجزع رغم علمه بخطورة الموقف. *He didn't panic despite knowing the danger of the situation.* ▪ رغم أنفه *raɣma ʔanfʰhi* against *one's* will

رغوة *raɣwaᵗ n.* |*pl.* **def.** رغاو *raɣāw(in)*| • foam, froth, lather ▪ رغوة حلاقة *raɣwat · ḥalāqaᵗ* shaving foam

رغوي *raɣwīʸ adj.* • foamy, frothy, sudsy

رغيف *raɣīf n.* |أرغفة *ʔarɣifaᵗ*| • pita bread • loaf ➡ **picture on p. 217**

رف *raff n.* |*pl.* رفوف *rufūf*| • shelf

رف *raffa v.intr.* |*1g2* يرف *yariffᵘ* | رفيف *rafīf*| • twitch, quiver • *(of birds)* flap wings

رفاء *rifāʔ n.* • harmony, unity ▪ بالرفاء والبنين *bi-rrifāʔⁱ wa-lbanīnᵃ* *(congratulations for newlyweds)* (Wishing you) harmony and offspring.

الرفاع *arrifā3 n.* **f.** • *(city in Bahrain)* Riffa ➡ **map on p. 61**

رفاهية *rafāhīyaᵗ n.* • welfare, well-being ◊ رفع مستوى الرفاهية الاقتصادية والاجتماعية *raise the level of economic and social welfare*

رفح *rafaḥ n.* **f. dip.** • *(city in Palestine)* Rafah ➡ **map on p. 229**

رفرف *rafraf n.* |*pl.* **dip.** رفارف *rafārif*| • fender

رفرف *rafrafa v.intr.* |*11s* يرفرف *yurafrifᵘ* | رفرفة *rafrafaᵗ*| • flutter

رفس *rafasa v.tr.* |*1s2/1s3* يرفس *yarfisᵘ* or *yarfusᵘ* | رفس *rafs*| • kick

رفسة *rafsaᵗ n.* • kick

رفض *rafaḍa v.tr.* |*1s3/1s2* يرفض *yarfuḍᵘ* or *yarfiḍᵘ* | رفض *rafḍ*| • reject, refuse, decline ◊ رفضت مساعدتي. *She refused my help.* ▪ رفض أنْ *rafaḍa ʔan* refuse *to (do)* ◊ رفض أن يصدّق ذلك. *He refused to believe it.* ◊ نحن نرفض الموافقة على تلك الخطة. *We refuse to consent to that plan.*

رفض *rafḍ n.** • rejection, refusal ◊ هل تريد القبول

أم الرفض؟ *Do you want to accept or reject?*

رفع *raf3 n.** • raise, elevation • removal, elimination • *(grammar)* nominative case • *(computers)* upload

رفع *rafa3a v.tr.* |*1s1* يرفع *yarf**a**3^u^* | رفع *raf3*| • raise, lift ▪ رفع الأثقال *rafa3a alʔatqāl* lift weights ▪ رفع الضرائب *rafa3a aḍḍarāʔib^a^* raise taxes ▪ رفع رأسه *rafa3a raʔs^a^hu* raise *one's* head ▪ رفع رأسه *rafa3a raʔs^a^hu* raise *one's* head • remove *sth* ه *from* عن, eliminate, lift ▪ رفع عقوبات *rafa3a 3uqūbāt* lift sanctions *on* عن ▪ رفع قيود حكومية *rafa3a quyūd ḥukūmīya^t^* deregulate عن • *(computers)* upload

رفّع *raffa3a v.tr.* |*2s* يرفع *yuraffi3^u^* | ترفيع *tarfī3*| • raise, elevate

رفق *rafaqa v.intr.* |*1s3* يرفق *yarf**u**q^u^* | رفق *rafq*| • be nice *to* بـ, treat with kindness

رفقة *rufqa^t^ n.* |*pl.* رفاق *rifāq*| • company, group ▪ برفقة *bi-rufqat^i^ prep.* in the company of

رفّه *raffaha v.intr.* |*2s* يرفه *yuraffih^u^* | ترفيه *tarfīh*| • entertain عن, amuse

رفيع *rafī3 adj.* |*elat.* أرفع *ʔarfa3*| • high, superior ▪ رفيع المستوى *rafī3 · almustawā* high-level ▪ رفيع الذوق *rafī3 · aḏḏawq^i^ adj.* tasteful • thin, slender ◊ رجل ذو شارب رفيع *a man with a thin mustache*

رفيق *rafīq* |*pl.* رفاق *rifāq* or **dip.** رفقاء *rufaqāʔ*| • *n.* companion, pal ▪ الجار قبل الدار والرفيق قبل الطريق *aljār^u^ qabla -ddār^i^ wa-rrafīq^u^ qabla -ṭṭarīq^i^ proverb* (Choose) the neighbor before the house and the companion before the trip. • boyfriend, partner ▪ رفيقان *rafīqān^i^ dual noun* couple, boyfriend and girlfriend • date • *adj.* |*elat.* أرفق *ʔarfaq* or أكثر رفقا *ʔaktar rafqan*| merciful *toward* بـ, forgiving, kind, nice ◊ كان الولد أرفق بالقطة من أخته. *The boy was nicer to the cat than his sister.* ▪ رفيق بالبيئة *rafīq bi-lbīʔa^ti^* environmentally friendly

رفيقة *rafīqa^t^ n.* • girlfriend, partner

رقابة *raqāba^t^ n.** • supervision, control • censorship

رقاقة *ruqāqa^t^ n.* |*pl.* **dip.** رقائق *raqāʔiq*| • chip, strip ▪ رقاقة بطاطس *raqāqat · baṭāṭis* potato chip (UK: crisp)

رقب *raqaba v.tr.* |*1s3* يرقب *yarq**u**b^u^* | رقابة *raqāba^t^*| • observe, watch, keep an eye on, monitor, supervise

رقبة *raqaba^t^ n.* |*pl.* رقاب *riqāb*| • neck

الرقة *arraqqa^t^ n.* • *(city in Syria)* Ar-Raqqah

➥ **map on p. 171**

رقة *riqqa^t^ n.* • thinness • delicacy, gentleness

رقص *raqaṣa v.intr.* |*1s3* يرقص *yarq**u**ṣ^u^* | رقص *raqṣ*| • dance

رقص *raqṣ n.** • dancing, dance ▪ رقص شرقي *raqṣ šarqī^y^* belly dance, oriental dance, Middle Eastern dance

رقصة *raqṣa^t^ n.* |*pl.* رقصات *raq(a)ṣāt*| • dance

رقّط *raqqaṭa v.tr.* |*2s* يرقط *yuqarriṭ^u^* | ترقيط *tarqīṭ*| • spot, mark with spots

رقطة *ruqṭa^t^ n.* |*pl.* رقط *ruqaṭ*| • spot

رقعة *ruq3a^t^ n.* |*pl.* رقع *ruqa3*| •خط الرقعة *xaṭṭ · arruq3a^ti^* Ruq'ah script (the most commonly used style for Arabic handwriting.) • patch ▪ رقعة قماش *ruq3at · qumāš* patch (on cloth) • plot of land • board ▪ رقعة شطرنج *ruq3at · šaṭranj* chess board ▪ رقعة طاولة *ruq3at · ṭāwila^t^* backgammon board • extent, coverage, portion ▪ وسع رقعة *wassa3a ruq3at · __ v.* expand, enlarge, broaden

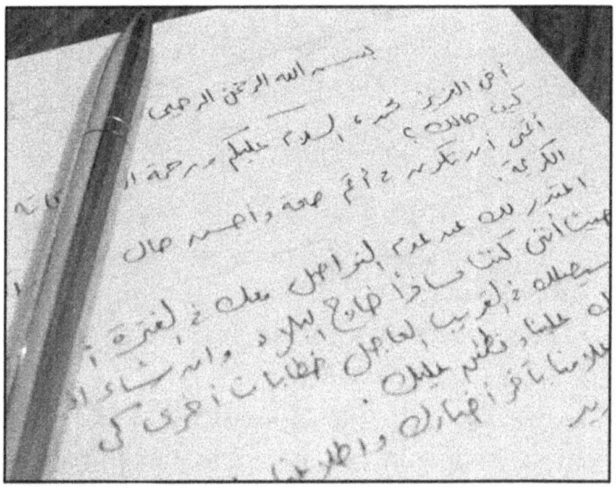

A handwritten letter in Ruq'ah script

رقم *raqm n.* |*pl.* أرقام *ʔarqām*| • number, numeral ▪ رقم قياسي *raqm qiyāsī^y^* record ▪ رقم هاتف *raqm · hātif* telephone number ▪ رقم عربي *raqm 3arabī^y^* Arabic numeral (0 1 2 3 4 5 6 7 8 9) ▪ رقم هندي *raqm hindī^y^* Indian numeral, Eastern Arabic numeral (٩ ٨ ٧ ٦ ٥ ٤ ٣ ٢ ١ ٠) ➥ ***picture on the next page***

رقّم *raqqama v.tr.* |*2s* يرقم *yuraqqim^u^* | ترقيم *tarqīm*| • punctuate • number

رقمي *raqmī^y^* • *adj.* digital, numerical

رقّى *raqqā v.tr.* |*2d* يرقي *yuraqqī* | ترقية *tarqiya^t^*| • advance, upgrade • *(job)* promote ▪ رُقي *ruqqiya pass. v.* be promoted, get a promotion

Clock with Eastern Arabic Numerals

رقيب *raqīb n.* |*pl.* **dip.** رقباء *ruqabāʔ*| • inspector, supervisor • sergeant • observer

رقية *ruqyaᵗ n.* |*pl.* **indecl.** رقى *ruq(an)*| • spell, charm

رقيق *raqīq adj.* |*m. pl.* رقاق *riqāq* | *elat.* أرق *ʔaraqq*| • thin ◊ شاشة رقيقة *thin screen* • light, delicate, gentle ▪ مكياج رقيق *mikyāj raqīq n.* light makeup

ركب *rakiba v.tr.* |*1s4* يركب *yarkabᵘ* | ركوب *rukūb*| • ride, get in, take, get on ▪ ركب سيارة أجرة *rakiba sayyārat· ʔujraᵗ* take a taxi ▪ ركب خيلا *rakiba xaylan* ride a horse ▪ ركب دراجة *rakiba darrājaᵗ* ride a bicycle

ركب *rakkaba v.tr.* |*2s* يركب *yurakkibᵘ* | تركيب *tarkīb*| • make ride • install, assemble ▪ ركب برنامج حاسوب *rakkaba barnāmaj · ḥāsūb* install a computer program • construct

ركبة *rukbaᵗ n.* |*pl.* ركب *rukab* or ركبات *rukabāt*| • knee

ركد *rakada v.intr.* |*1s3* يركد *yarkudᵘ* | ركود *rukūd*| • be stagnant, be still

ركز *rakkaza v.intr.* |*2s* يركز *yurakkizᵘ* | تركيز *tarkīz*| • focus *on* على, concentrate *on*, emphasize

ركض *rakaḍa v.intr.* |*1s3* يركض *yarkuḍᵘ* | ركض *rakḍ*| • jog, run ▪ ركض وراء *rakaḍa warāʔa* chase after, pursue

ركع *raka3a v.intr.* |*1s1* يركع *yarka3ᵘ* | ركوع *rukū3*| • kneel

ركل *rakala v.tr.* |*1s3* يركل *yarkulᵘ* | ركل *rakl*| • kick

ركلة *raklaᵗ n.* |*pl.* ركلات *rak(a)lāt*| • kick

ركم *rakama v.tr.* |*1s3* يركم *yarkumᵘ* | ركم *rakm*| • accumulate

ركن *rakana v.tr.* |*1s3* يركن *yarkunᵘ* | ركون *rukūn*| • park

ركن *rukn n.* |*pl.* أركان *ʔarkān*| • corner ▪ في الركن *fī -rrukni* in the corner • *(military)* chief of staff ▪ أركان *ʔarkān pl. n.* military staff

ركود *rukūd n.*⋆ • stagnation ▪ ركود اقتصادي *rukūd iqtiṣādiy* recession

رماد *ramād n.* |*pl.* أرمدة *ʔarmidaᵗ*| • ash

رمادي *ramādiy adj.* • gray ▪ الرمادي *arramādiy n.* ***f.*** *(city in Iraq)* Ramadi ➡ ***map on p. 206***

رمان *rummān coll. n.* |*sing.* رمانة *rummānaᵗ*| • pomegranates

رمة *rummaᵗ n.* • piece of worn-out rope ▪ برمته *bi-rummatihi* in (its) entirety, all of ◊ أوروبا برمتها *all of Europe*

الرمثا *arramtā n.* ***f.*** • *(city in Jordan)* Ramtha ➡ ***map on p. 18***

رمح *rumḥ n.* |*pl.* رماح *rimāḥ*| • spear

رمز *ramz n.* |*pl.* رموز *rumūz*| • symbol, sign, code ▪ رمز بريدي *ramz barīdiy* zip code (UK: post code)

رمزي *ramziy adj.* • symbolic

رمش *rimš n.* |*pl.* رموش *rumūš*| • eyelash

رمضاء *ramḍāʔ* • *n.* oppressive heat, midday heat

رمضان *ramaḍān n.* • Ramadan (ninth month of the Islamic calendar) ▪ رمضان كريم *ramaḍān karīm* Happy Ramadan! ▪ الله أكرم *aLLāhᵘ ʔakram* *(reply to 'Happy Ramadan!')* Happy Ramadan! ➡ ***The Islamic Calendar p. 324***

رمق *ramaqa v.tr.* |*1s3* يرمق *yarmuqᵘ* | رمق *ramq*| • regard, look *at*

رمق *ramq n.*⋆ • في الرمق الأخير *fī -ramqi -lʔaxīri adv.* in the throes of death, on one's last leg

رمل *raml n.* |*pl.* رمال *rimāl*| • sand ▪ رمال متحركة *rimāl mutaḥarrikaᵗ pl. n.* quicksand

رملي *ramliy adj.* • sandy

رمم *rammama v.tr.* |*2s* يرمم *yurammimᵘ* | ترميم *tarmīm*| • restore, renovate, rebuild

رمى *ramā v.tr.* |*1d2* يرمي *yarmī* | رمي *ramy* or رماية *rimāyaᵗ*| • throw *sth* ∘ *to* لـ, throw *sth* ∘ *at* على • shoot *sb* ∘ *with* بـ, fire • aim *at* إلى

رمي *ramy*, رماية *rimāyaᵗ n.*⋆ • throwing, shooting ▪ الرمي بالسهام *arramy bi-ssihāmi* archery ▪ رماية بندقية *rimāyat · bunduqīyaᵗ* gun fire

رن *ranna v.intr.* |*1g2* يرن *yarinnᵘ* | رنين *ranīn*| • *(of*

bells, phones, alarms, etc.) ring, clink, resonate, sound ◊ لم ترن ساعتي المنبهة هذا الصباح. *My alarm clock didn't go off this morning.* ▪ رن جرس هاتف *ranna jaras*^{u} *· hātif* a phone rang

رنة *ranna*^{t} *n.* • ring, clink, resonance

رهاب *ruhāb n.* • phobia ▪ رهاب اجتماعي *ruhāb ijtimā3ī*^{y} social anxiety disorder ▪ رهاب احتجاز *ruhāb · iḫtijāz* claustrophobia ▪ رهاب أجانب *ruhāb · ʔajānib* xenophobia ▪ رهاب مثلية *ruhāb · mitlīya*^{t} homophobia

رهان *rihān n.* • bet, wager

رهن *rahana v.tr.* |*1s1* يرهن *yarhan*^{u} | رهن *rahn*| • pawn • mortgage

رهن *rahn n.** |*pl.* رهون *ruhūn*| • mortgage ▪ حبس رهن *ḫabs · rahn* foreclosure • رهن بـ *rahn*^{un} *bi- prep.* conditional on ▪ وذلك رهن بـ *wa-đālika rahn*^{un} *bi-* but that depends on...

رهن *rahna prep.* • pending ▪ رهن التحقيق *rahna -ttaḫqīq*^{i} pending investigation ▪ رهن المحكمة *rahna -lmaḫkama*^{ti} pending trial • subject to ▪ رهن إشارته *rahna ʔišārat*^{i}*hi* at *one's* disposal, at *one's* service ▪ وُجد رهن الاعتقال *wujida rahna -li3tiqāl*^{i}, وُجد رهن الاحتجاز *wujida rahna -liḫtijāz*^{i}, وُجد رهن الحبس *wujida rahna -lḫabs*^{i} *pass. v.* be held in custody

رهيب *rahīb adj.* |*elat.* أرهب *ʔarhab*| • terrible, awful

رهينة *rahīna*^{t} *n. **m.*** |*pl.* ***dip.*** رهائن *rahāʔin*| • hostage

رواج *rawāj n.** • circulation, distribution

رواق *riwāq n.* |*pl.* أروقة *ʔarwiqa*^{t}| • portico, porch (with columns) • tent ➡ ***picture to the right***

رواية *riwāya*^{t} *n.** • novel • story, narration

روائي *riwāʔī*^{y} • *adj.* narrative • *n.* novelist

روب *rōb n.* |*pl.* أرواب *ʔarwāb*| • robe, dressing gown

روبوت *rōbōt n.* • robot

روبيان *rūbiyān n.* • shrimp

روتين *rūtīn n.* • routine ▪ روتين حكومي *rūtīn ḫukūmī*^{y} red tape, bureaucracy

روتيني *rūtīnī*^{y} *adj.* • routine- ▪ عمل روتيني *3amal rūtīnī*^{y} *n.* chore, routine work

روث *rawt coll. n.* |*sing.* روثة *rawta*^{t} | *plural* أرواث *ʔarwāt*| • dung

روج *rawwaja v.tr.* |*2s* يروج *yurawwij*^{u} | ترويج *tarwīj*| • launch, put on the market • promote, market

روح *rawwaḫa v.* |*2s* يروح *yurawwiḫ*^{u} | ترويح *tarwīḫ*| • *v.tr.* fan, ventilate • *v.intr.* amuse *sb* عن, cheer up ▪ روح عن نفسه *rawwaḫa 3an nafs*^{i}*hi* relax; amuse *oneself*

روح *rūḫ n. **f.*** |*pl.* أرواح *ʔarwāḫ*| • spirit, soul

روحانية *rūḫānīya*^{t} *n.* • spirituality

روحي *rūḫī*^{y}, روحاني *rūḫānī*^{y} *adj.* |*elat.* أكثر روحانية *ʔaktar rūḫānīya*^{tan}| • spiritual

روسم *rawsam n.* |*pl.* ***dip.*** رواسم *rawāsim*| • cliché

روسي *rūsī*^{y} *adj. & n.* |*m. pl.* روس *rūs*| • Russian

روسيا *rūsiyā n. **f. invar.*** • Russia

روصو *roṣṣo n. **f. invar.*** • *(city in Mauritania)* Rosso ➡ ***map on p. 306***

روضة *rawḍa*^{t} *n.* |*pl.* رياض *riyāḍ*| • garden ▪ روضة أطفال *rawḍat · ʔaṭfāl* kindergarten, nursery school, pre-school

روع *raw3 n.** • awe, wonder • fear, dread ▪ هدأ من روعه *hadaʔa min raw3*^{i}*hi v.* calm down, chill out

روع *rawwa3a v.tr.* |*2s* يروع *yurawwi3*^{u} | ترويع *tarwī3*| • terrify, frighten

Portico of a mosque in Morocco

روعة *raw3a*^{t} *n.* • excellence, splendor, magnificence

روما *rōmā n. **f. invar.*** • *(capital of Italy)* Rome

رومانسي *rūmānsī*^{y} *adj.* • |*elat.* أكثر رومانسية *ʔaktar rūmānsīya*^{tan}| romantic

رومانسية *rūmānsīya*^{t} *n.* • romanticism

روماني *rūmānī*^{y} *adj. & n.* • |*pl.* رومان *rūmān*| Roman

روماني *rūmānī*^{y} *adj. & n.* • Romanian

رومانيا *rūmāniyā n. **f. invar.*** • Romania

رومن *rawmana v.tr.* |*11s* يرومن *yurawmin*^{u} | رومنة *rawmana*^{t}| • Romanize, transliterate (using the Latin alphabet)

رومنة *rawmana*^{t} *n.** • Romanization ▪ رومنة العربية

rawmanat · al3arabīyati Romanization of Arabic

رومي *rūmīy adj.* |*pl.* روم *rūm* or أروام *ʔarwām*| • Roman • Byzantine ▪ ديك رومي *dīk rūmīy n.* turkey • Greek Ortohodox ▪ ديك رومي *dīk rūmīy n.* turkey

روى *rawā v.tr.* |1d2 يروي *yarwī* | رواية *riwāyat*| • narrate ▪ روى رواية *rawā riwāyat* tell a story

روى *rawwā v.tr.* |2d يروي *yurawwī* | تروية *tarwiyat*| • irrigate

رؤيا *ruʔyā n.* ***f. invar.*** |*pl.* ***indecl.*** رؤى *ruʔ(an)*| • dream

رؤية *ruʔyat n.** |*pl.* ***indecl.*** رؤى *ruʔ(an)*| • vision, eyesight • view, opinion ◊ تبنت رؤية مستنيرة. *She's adopted an enlightened view.* • visibility

رويدا *ruwaydan,* رويدا رويدا *ruwaydan ruwaydan adv.* • gradually • slowly, leisurely ▪ رويدك *ruwaydaka* Slow down!, Take your time!

ري *riyy* or *rayy n.* • irrigation

رياح الخماسين *rīḥ · alxamāsīna pl. n.* • khamseen (seasonal dust storms)

رئاسة *riʔāsat n.** • presidency ▪ برئاسة *bi-riʔāsati prep.* under the leadership of

رئاسي *riʔāsīy adj.* • presidential

الرياض *arriyāḍ n.* ***f.*** • *(capital of Saudi Arabia)* Riyadh (lit. the Gardens) ➡ ***map on p. 166*** • Al Riyadh (Saudi newspaper)

رياضة *riyāḍat n.* • sports, exercise

رياضي *riyāḍīy* • *adj.* |*elat.* أكثر رياضي *riyāḍīy ʔaktar*| athletic, sports- ▪ لعبة رياضية *lu3bat riyāḍīyat* sport ◊ هو رياضي أكثر من أخيه. *He's more athletic than his brother.* • *n.* athlete • *adj.* mathematical

رياضيات *riyāḍīyāt pl. n.* • mathematics, arithmetic

ريال *riyāl n.* • *(currency)* riyal, rial ▪ ريال سعودي *riyāl su3ūdīy* |*abbreviated* ر.س| Saudi riyal (SR) ▪ ريال عماني *riyāl 3umānīy* |*abbreviated* ر.ع| Omani rial (OMR) ▪ ريال قطري *riyāl qaṭarīy* |*abbreviated* ر.ق| Qatari riyal (QR) ▪ ريال يمني *riyāl yamanīy* |*abbreviated* ر.ي| Yemeni rial (YER) ➡ ***picture to the right***

ريال مدريد *rayāl madrīd n.* • *(soccer team)* Real Madrid

الريان *arrayyān n.* ***f.*** • *(city in Qatar)* Al Rayyan ➡ ***map on p. 241***

ريب *rayb,* ريبة *rībat n.* • doubt, uncertainty ▪ بلا ريب *bi-lā raybin,* ولا ريب *wa-lā rayba adv.* without a doubt, definitely, undoubtedly ▪ لا ريب في *lā rayba fī* There's no doubt about ▪ لا ريب (في) أنّ *lā rayba (fī) ʔanna* There's no doubt that...

رئة *riʔat n.* • lung ▪ رئتان *riʔatāni dual noun* lungs

ريثما *raytamā conj.* • until • as long as, while

ريح *rīḥ n.* ***f.*** |*pl.* رياح *riyāḥ*| • wind ▪ أخرج ريحا *ʔaxraja rīḥan v.* pass gas ▪ أسرع من الريح *ʔasra3 mina -rrīḥi idiom* faster than the wind (i.e. very fast)

ريحان *rayḥān coll. n.* • basil

ريختر *rīxtar n.* ***invar.*** • مقياس ريختر *miqyās rīxtar* the Richter scale

ريش *rīš coll. n.* |*sing.* ريشة *rīšat*| • feathers

ريف *rīf n.* |*pl.* أرياف *ʔaryāf*| • country, countryside, rural area ▪ في الريف *fī -rrīf* in the country(side)

ريفي *rīfīy adj.* • rural, provincial, country-

ريق *rīq n.* • saliva

ريم *rīm n.* • addax, white antelope • ***f. dip.*** *woman's name* Reem, Rim

ريو دي جانيرو *riyo di jānīro n.* ***f. invar.*** • *(city in Brazil)*

رئيس *raʔīs n.* |*pl.* ***dip.*** رؤساء *ruʔasāʔ*| • president, chief, leader, chair, boss ▪ رئيس تحرير *raʔīs · taḥrīr* editor-in-chief ▪ رئيس جمهورية *raʔīs · jumhūrīyat* president (of a republic) ▪ رئيس مجلس إدارة *raʔīs · majlis · ʔidārat* chairman of the board ▪ رئيس وزراء *raʔīs · wuzarāʔ* prime minister

رئيسي *raʔīsīy adj.* • main, principal, fundamental

Saudi 500-riyal bills

ز

ز zāʔ or zāy n. **f.** |زاء or زاي| • *(eleventh letter of the Arabic alphabet)* • *(numerical value)* 7 • *(point of information)* G.,VII. ➡ ***The Abjad Numerals p. 108***

زاء zāʔ, زاي zāy n. **f.** ➡ ز

زاحف zāḥif act. part. n. |pl. **dip.** زواحف zawāḥif| • reptile

زاخر zāxir act. part. adj. |elat. أزخر ʔazxar | pl. **dip.** زواخر zawāxir| • teeming *with* بـ, alive *with*

زاد zāda v. |1h2 يزيد yazīdu | زيادة ziyādat| • v.tr. increase • add *sth* ه *to* على • v.intr. be more *than* على *or* عن, exceed, surpass ▪ ما يزيد على mā yazīdu 3alā prep. more than, over, in excess of • increase ▪ زاد وزنه zāda waznu*hu* gain weight ◊ زاد وزني خمسة كيلو. *I gained five kilos.*

زار zāra v.tr. |1h3 يزور yazūru | زيارة ziyārat| • visit

زأر zaʔara v.intr. |1s1(a) يزأر yazʔaru | زئير zaʔīr or زأر zaʔr| • roar

زارع zāra3a v.intr. |3s يزارع yuzāri3u | مزارعة muzāra3at| • farm, work in agriculture

زاف zāfa v.intr. |1h2 يزيف yazīfu | زيف zayf| • be fake, be false

زال zāla v.intr. |1h1 يزال yazālu | زيل zayl| • cease, stop ▪ لا يزال lā yazālu, ما زال mā zāla, لا زال lā zāla, ما يزال mā yazālu, لم يزل lam yazal [+ indicative] still *(do)* ◊ ما زلت أقرأ الكتاب. *I'm still reading the book.*; [+ predicate in the accusative] still be ◊ هل ما زلت غاضبا؟ *Are you still angry?* ◊ لا تزال في الجامعة. *She's still in college.* ▪ كان وما زال kāna wa-mā zāla was and still is

زال zāla v.intr. • |1h3 يزول yazūlu | زوال zawāl| disappear, come to an end

زامل zāmala v.tr. |3s يزامل yuzāmilu | مزاملة muzāmalat| • be an associate *of*, be a colleague *of*

زان zān n. • beech

زان zān(in) act. part. n. **def.** |pl. **dip.** زناة zunāt| • fornicator, adulterer

زانية zāniyat n. |pl. **def.** زوان zawān(in)| • adulteress, promiscuous woman • whore

زاه zāh(in) adj. **def.** |elat. **invar.** أزهى ʔazhā| • bright, vivid, lively ▪ زاهي اللون zāhī · -llawn bright-colored

زاهر zāhir act. part. adj. |elat. أزهر ʔazhar| • radiant, brilliant

زاول zāwala v.tr. |3s يزاول yuzāwilu | مزاولة muzāwalat| • practice (a profession, activity)

الزاوية azzāwiyat n. • *(city in Libya)* Zawiya ➡ ***map on p. 261***

زاوية zāwiyat n. |pl. **invar.** زوايا zawāyā| • angle, corner • *(street)* corner ▪ زاوية شارع zāwiyat · šāri3 street corner ▪ زاوية غرفة zāwiyat · ɣurfat corner of a room ▪ في الزاوية fī -zzāwiyati in the corner (of a room); on the (street) corner

زايد zāyada v.tr. |3s يزايد yuzāyidu | مزايدة muzāyadat| • outbid

زائد zāʔid act. part. adj. |m. pl. **dip.** زوائد zawāʔid | elat. أزيد ʔazyad| • additional, extra, surplus • excessive, high, over- ▪ وزن زائد wazn · zāʔid being overweight ▪ سرعة زائدة sur3at zāʔidat high speed • plus ◊ واحد زائد واحد يساوي اثنين. *One plus one equals two.*

زائدة zāʔidat n.* |pl. **dip.** زوائد zawāʔid| • appendage, nodule ▪ زائدة دودية zāʔidat dūdīyat *(anatomy)* appendix

زائر zāʔir act. part. n. |pl. زوار zuwwār| • visitor, guest

زائف zāʔif act. part. |elat. أزيف ʔazyaf| • false, mock, pseudo- ▪ إله زائف ʔilāh zāʔif false god, idol

زائل zāʔil act. part. adj. |elat. أكثر زوالا ʔaktar zawālan| • ephemeral, fleeting

زبادي zabādīy n. • yoghurt

زبال zabbāl n. • garbage collector (UK: bin man) • scavenger

زبالة zubālat n. • garbage (UK: rubbish), trash ▪ كيس زبالة kīs · zubālat garbage bag (UK: bin bag)

زبد zabad n. |pl. أزباد ʔazbād| • foam, froth ▪ زبد بحر zabad · baḥr sea foam

زبدة zubdat, زبد zubd n. |pl. زبد zubad| • butter

زبدية zubdīyat n. • bowl

زبون zabūn n. |pl. **dip.** زبائن zabāʔin| • customer, client

ز

زبيب *zabīb coll. n.* |*sing.* زبيبة *zabība^t*| • raisins

زجّ *zajja v.intr.* |*1g3* يزجّ *yazujj^u* | زجّ *zajj*| • throw بـ, toss ▪ زجّ به في السجن *zajja bi-hi fī-ssijnⁱ* throw *sb* in jail

زجاج *zujāj n.* • glass ◊ زجاج مكسور *broken glass* ▪ زجاج أمامي *zujāj ʔamāmīʸ* windshield (UK: windscreen)

زجاجة *zujāja^t n.* • bottle • piece of glass

زحام *ziḫām n.* • crowd, congestion ◊ في الشوارع زحام. *The streets are crowded.* ▪ زحام سير *ziḫām · sayr*, زحام مروري *ziḫām murūrīʸ*, زحام مرور *ziḫām · murūr* traffic jam, traffic congestion

زحزح *zaḫzaḫa v.tr.* |*11s* يزحزح *yuzaḫziḫ^u* | زحزحة *zaḫzaḫa^t*| • displace, remove, dislodge

زحف *zaḫafa v.intr.* |*1s1* يزحف *yazḫaf^u* | زحف *zaḫf*| • crawl, creep

زحل *zuḫal n.* • *(planet)* Saturn

زحلة *zaḫla^t n.* **dip.** • *(city in Lebanon)* Zahleh
➡ ***map on p. 257***

زحلق *zaḫlaqa v.tr.* |*11s* يزحلق *yuzaḫliq^u* | زحلقة *zaḫlaqa^t*| • make slip, slide

زحمة *zaḫma^t n.* • crowd, congestion ▪ زحمة سير *zaḫmat · sayr* traffic jam, traffic congestion

زخر *zaxara v.intr.* |*1s1* يزخر *yazxar^u* | زخر *zaxr*| • abound *in* بـ, be teeming *with*, be full *of*

زخرف *zaxrafa v.tr.* |*11s* يزخرف *yuzaxrif^u* | زخرفة *zaxrafa^t*| • decorate, adorn, embellish

زخرف *zuxruf*, زخرفة *zaxrafa^t n.* |*pl.* **dip.** زخارف *zaxārif*| • decoration, ornamentation

زخرفي *zuxrufīʸ adj.* |*elat.* أكثر زخرفة *ʔakṯar zaxrafa^{tan}*| • ornamental

زرّ *zirr n.* |*pl.* أزرار *ʔazrār*| • *(clothing)* button • *(electronic)* key, button

زراعة *zirā3a^t n.* • agriculture, farming

زراعي *zirā3īʸ adj.* • agricultural

زرافة *zarāfa^t n.* |*pl.* **dip.** زرائف *zarāʔif*| • giraffe ⓘ *The English word 'giraffe' has been borrowed from this Arabic word.*

زردية *zaradīya^t n.* • pliers

زرع *zara3a v.tr.* |*1s1* يزرع *yazra3^u* | زرع *zar3*| • plant, sow ▪ كما يزرع يحصد. *ka-mā yazra3^u yaḫṣid^u proverb* You reap what you sow. ▪ من يزرع الشوك لا يحصد به عنبا. *man yazra3^u -ššawk^a lā yaḫṣid^u bihi 3inaban proverb* He who plants a thorn bush will not harvest grapes.

الزرقاء *azzarqāʔ n.* ***f.*** • *(city in Jordan)* Zarqa
➡ ***map on p. 18***

زرقة *zurqa^t n.* • blue, blueness

زركش *zarkaša v.tr.* |*11s* يزركش *yuzarkiš^u* | زركشة *zarkaša^t*| • adorn, decorate, embroider

زريبة *zarība^t n.* |*pl.* **dip.** زرائب *zarāʔib*| • pen, corral

زعامة *za3āma^t n.* • leadership ▪ بزعامة *bi-za3āmatⁱ prep.* under the leadership of

زعتر *za3tar n.* • thyme

زعزع *za3za3a v.tr.* |*11s* يزعزع *yuza3zi3^u* | زعزعة *za3za3a^t*| • shake ▪ زعزع استقرارا *za3za3a istiqrāran* destabilize

زعفران *za3farān n.* • saffron

زعّل *za33ala v.tr.* |*2s* يزعّل *yuza33il^u* | تزعيل *taz3īl*| • upset, anger

زعل *za3ila v.intr.* |*1s1* يزعل *yaz3al^u* | زعل *za3al*| • become upset *about* من, become angry

زعلان *za3lān adj.* |*elat.* أكثر زعلا *ʔakṯar za3alan*| • upset, angry

زعم *za3ama v.tr.* |*1s3* يزعم *yaz3um^u* | زعم *za3m*| • claim, maintain, allege ▪ زعم أنّ *za3ama ʔanna*

زعم *za3m n.** • claim, allegation

زعنفة *zi3nifa^t n.* |*pl.* **dip.** زعانف *za3ānif*| • fin

زعيم *za3īm n.* |*pl.* **dip.** زعماء *zu3amāʔ*| • leader ▪ زعيم حزب *za3īm · ḫizb* *(politics)* party leader

زغرد *zaɣrada v.intr.* |*11s* يزغرد *yuzaɣrid^u* | زغردة *zaɣrada^t*| • ululate

زغردة *zaɣrada^t n.** |*pl.* **dip.** زغاريد *zaɣārīd*| • ululation (trilling howl to express celebration)

زفاف *zifāf n.* • wedding ceremony ▪ حفلة زفاف *ḫaflat · zifāf* wedding reception ▪ فستان زفاف *fustān · zifāf* wedding dress

زفت *zift n.* • tar, pitch, asphalt

زفر *zafara v.intr.* |*1s2* يزفر *yazfir^u* | زفير *zafīr*| • exhale, breathe out, heave a sigh

زفير *zafīr n.** • exhalation

الزقازيق *azzaqāzīq n.* ***f.*** • *(city in Egypt)* Zagazig
➡ ***map on p. 287***

زقاق *zuqāq n.* |*pl.* أزقة *ʔaziqqa^t*| • alley, side street

زقزق *zaqzaqa v.intr.* |*11s* يزقزق *yuzaqziq^u* | زقزقة *zaqzaqa^t*| • chirp, tweet, twitter, peep

زكاة *zakā^t n.* |*pl.* زكوات *zakawāt*| • zakat, charity, alms, tithe ▪ آتى الزكاة *ʔātā azzakā^t v.* give zakat

زكام *zukām n.* • (common) cold

زكي *zakīʸ adj.* |*m. pl.* **dip.** أزكياء *ʔazkiyāʔ* | *elat.* ***invar.*** أزكى *ʔazkā*| • pure, sinless • fragrant ▪ رائحة زكية *rāʔiḫa^t zakīya^t* fragrant smell • *man's*

name Zaki

زلاجة *zallāja^t* *n.* • *(playground)* slide • sled • ski

زلاقة *zallāqa^t* *n.* • *(playground)* slide • sled • ski

زلزال *zilzāl* *n.* |*pl.* **dip.** زلازل *zalāzil*| • earthquake, tremor

زلزالي *zilzālīy* *adj.* • seismic

زلزل *zalzala* *v.tr.* |*11s* يزلزل *yuzalzilu* | زلزلة *zalzalat*| • shake

زلق *zaliq* *adj.* |*elat.* أزلق *ʔazlaq*| • slippery

زليتن *zlītan* *n.* ***f.* dip.** • *(city in Libya)* Zliten ➡ ***map on p. 261***

زمار *zammār* *n.* • flutist

زمام *zimām* *n.* |*pl.* أزمة *ʔazimmat*| • *(piercing)* nose stud ▪ زمام منزلق *zimām munzaliq* zipper (UK: zip)

زمان *zamān* *n.* |*pl.* أزمنة *ʔazminat*| • time ▪ من زمان *min zamānin* *adv.* a long time ago; for quite a while

زمر *zammara* *v.tr.* |*2s* يزمر *yuzammiru* | تزمير *tazmīr*| • blow (a wind instrument) • honk (a car horn)

زمرد *zumurrud* *coll. n.* |*sing.* زمردة *zumurrudat*| • emeralds

زمردي *zumurrudīy* *adj.* • emerald-

زمن *zaman* *n.* |*pl.* أزمان *ʔazmān*| • time ▪ في زمن ما *fī zamanin mā* *adv.* at one time (in the past) ▪ منذ زمن طويل *munḏu zamanin ṭawīlin* *adv.* a long time ago; for a long time

زمني *zamanīy* *adj.* • temporal • chronological

زميل *zamīl* *n.* |*pl.* **dip.** زملاء *zumalāʔ*| • colleague, coworker, associate • classmate, schoolmate

زناء *zināʔ*, ***indecl.*** زنى *zin(an)* *n.** • fornication, adultery

زناد *zinād* *n.* |*pl.* أزندة *ʔaznidat*| • trigger

زنبرك *zunburuk* *n.* |*pl.* **dip.** زنابك *zanābik*| • *(metal)* spring

زنبق *zanbaq* *coll. n.* |*sing.* زنبقة *zanbaqat* | *pl.* **dip.** زنابق *zanābiq*| • lily, iris

زنجبيل *zanjabīl* *n.* • ginger

زند *zand* *n.* |*pl.* زنود *zunūd*| • forearm ▪ عظم زند *3aẓm · zand* ulna

زندقة *zandaqat* *n.* • atheism

زنديق *zindīq* *n.* |*pl.* زنادقة *zanādiqat*| • atheist, unbeliever, heretic

زنزانة *zinzānat* *n.* |*pl.* **dip.** زنازين *zanāzīn*| • *(prison)* cell

زنك *zink* *n.* • zinc

زنى *zanā* *v.intr.* |*1d2* يزني *yaznī* | ***indecl.*** زنى *zin(an)* or زناء *zināʔ*| • fornicate, commit adultery

زهر *zahara* *v.intr.* |*1s1* يزهر *yazharu* | زهور *zuhūr*| • be radiant, be brilliant

زهر *zahr* *coll. n.* |*sing.* زهرة *zahrat* | *pl.* زهور *zuhūr*| • flowers ▪ زهر لؤلؤ *zahr · luʔluʔ* daisies ▪ زهر نرد *zahr · nard* dice ⓘ *The English word 'hazard' has been borrowed from this Arabic word, referring to dice used in games of chance.*

الزهرة *azzuharat* *n.* • *(planet)* Venus

زهري *zahrīy* *adj.* • pink

زهق *zahaqa* *v.intr.* |*1s1* يزهق *yazhaqu* | زهق *zahq* or زهوق *zuhūq*| • become bored *with* من, get fed up • vanish, disappear • die, pass away

زهيرة *zuhayrat* *n. diminutive* • small flower

زواج *zawāj* *n.* • marriage

زوال *zawāl* *n.** • disappearance • noon, midday ▪ بعد الزوال *ba3da -zzawāli* *adv.* in the afternoon

زوج *zawj* *n.* |*pl.* أزواج *ʔazwāj*| • husband, spouse ▪ زوجان *zawjāni* *dual noun* couple, husband and wife ▪ زوج ابنة *zawj · ibnat* son-in-law ▪ زوج أخت *zawj · ʔuxt* *(sister's husband)* brother-in-law ▪ زوج أم *zawj ʔumm* stepfather ▪ أخت زوج *ʔuxt · zawj* *(husband's sister)* sister-in-law ▪ أخو زوج *ʔaxū · zawj* *(husband's brother)* brother-in-law • wife • [+ plural noun] pair of __ ▪ زوج من الأحذية *zawj mina -lʔaḥḏiyati* pair of shoes ▪ زوج من القفازات *zawj mina -lquffāzāt* pair of gloves

زوج *zawwaja* *v.tr.* |*2s* يزوج *yuzawwiju* | تزويج *tazwīj*| • marry off *sb* ∘ *to* من *or* بـ

زوجة *zawjat* *n.* • wife ▪ زوجة أب *zawjat · ʔab* stepmother ▪ زوجة ابن *zawjat · ibn* daughter-in-law ▪ زوجة أخ *zawjat · ʔax* *(brother's wife)* sister-in-law ▪ أخت زوجة *ʔuxt · zawjat* *(wife's sister)* sister-in-law ▪ أخو زوجة *ʔaxū · zawjat* *(wife's brother)* brother-in-law

زوجي *zawjīy* *adj.* • marital • paired, coupled • *(not odd)* even

زود *zawwada* *v.tr.* |*2s* يزود *yuzawwidu* | تزويد *tazwīd*| • equip *sb/sth* ∘ *with* بـ, supply, provide ◊ زود السيارة بالوقود. *He filled the car with gas.*

زور *zawwara* *v.tr.* |*2s* يزور *yuzawwiru* | تزوير *tazwīr*| • falsify, forge, counterfeit

زورق *zawraq* *n.* |*pl.* **dip.** زوارق *zawāriq*| • boat

زول *zawwala* *v.tr.* |*2s* يزول *yuzawwilu* | تزويل *tazwīl*| • remove, eliminate, get rid of

زي *zīy* *n.* |*pl.* أزياء *ʔazyāʔ*| • uniform, clothes, garment ▪ زي مدرسي *zīy madrasīy* school uniform

زيادة *ziyāda^t n.*★ • increase • addition ▪ زيادة *ziyādatan*, زيادة على ذلك *ziyādatan 3alā đālika adv.* additionally ▪ زيادة على *ziyādatan 3alā prep.* in addition to • excess

زيارة *ziyāra^t n.*★ • visit ▪ زيارة رسمية *ziyāra^t rasmīya^t* official visit, state visit ▪ قام بزيارة إلى *qāma bi-ziyāra^{tin} ʔilā v.* pay a visit to

زيت *zayt n.* |*pl.* زيوت *zuyūt*| • oil ▪ زيت نباتي *zayt nabātī^y* vegetable oil ▪ زيت زيتون *zayt · zaytūn* olive oil

زيتون *zaytūn coll. n.* |*sing.* زيتونة *zaytūna^t*| • olives

زيتونة *zaytūna^t n.* • olive tree

زيتوني *zaytūnī^y adj.* • olive-colored

زيتي *zaytī^y adj.* • oily

زيف *zayf n.*★ |*pl.* زيوف *zuyūf*| • fake, falsehood

زيف *zayyafa v.tr.* |*2s* يزيف *yuzayyif^u* | تزييف *tazyīf*| • counterfeit, falsify, forge

زين *zayn adj.* |*elat.* أزين *ʔazyan*| • lovely, pretty

زين *zayyana v.tr.* |*2s* يزين *yuzayyin^u* | تزيين *tazyīn*| • decorate, adorn, embellish

زينب *zaynab* ***f. dip.*** *woman's name* • Zaynab

زينة *zīna^t n.* • ornament, decoration

س

س *sīn n.* ***f.*** |سين| • *(twelfth letter of the Arabic alphabet)* • *(numerical value)* 60 ➡ ***The Abjad Numerals p. 108*** • *(mathematics)* ◊ س للقوة ص *to the power of y* ▪ محور س *miḫwar · sīn* X-axis

سـ *sa- particle prefix* [+ affirmative indicative] • will, is going to ➡ ***compare with*** **سوف** ***sawfa p. 171*** ◊ .سيزورون بورسعيد قريبا *They'll visit Port Said soon.* ◊ هل ستذهب إلى النوم؟ *Are you going to go to bed?* ⓘ سـ *sa- forms the affirmative future.* ➡ ***compare with*** **لن** ***lan p. 260*** ⓘ *In a series of verbs,* سـ *sa- need only precede the first verb.* ◊ .سأجلس وأشاهد التلفاز *I'll sit and watch TV.*

ساء *sāʔa v.intr.* |1h3(b) يسوء *yasūʔ*[u] | سوء *sūʔ* or *sawʔ*| • become bad, worsen

ساءل *sāʔala* |3s(b) يسائل *yusāʔil*[u] | مساءلة *musāʔala*[t]| • *v.tr.* call to account, hold responsible

سابع *sābi3 adj.* • *(ordinal number)* seventh ▪ الساعة السابعة *assā3a*[t] *assābi3a*[t] seven o'clock (7:00)

سابع عشر *sābi3*[a] *3ašr*[a] |*f.* سابعة عشرة *sābi3a*[ta] *3ašara*[ta]| • [always accusative] seventeenth ◊ اليوم السابع عشر *the seventeenth day* ◊ المرة السابعة عشرة *the seventeenth time*

سابق *sābaqa v.tr.* |3s يسابق *yusābiq*[u] | مسابقة *musābaqa*[t]| • race *against*, compete *with*

سابق *sābiq act. part. adj.* |*m. pl.* سابقون *sābiqūn*[a] or سباق *subbāq* | *elat.* أسبق *ʔasbaq*| • previous, former, ex- ▪ سابقا *sābiqan*, في السابق *fī -ssābiq*[i] *adv.* previously, formerly, before, at one time

سابقة *sābiqa*[t] *act. part. n.* |*pl.* ***dip.*** سوابق *sawābiq*| • precedent ▪ سوابق *sawābiq pl. n.* history, record ▪ صحيفة سوابق *ṣaḫīfat · sawābiq* criminal record ▪ ذو سوابق *đū sawābiq*[a] with a criminal record; with a history *of* ▪ بلا سوابق *bi-lā sawābiq*[a] *adv.* having no priors, having no criminal record; having no history *of*

ساتر *sātir act. part. n.* |*pl.* ***dip.*** سواتر *sawātir*| • screen • mound, embankment

ساح *sāḫa v.intr.* |1h3 يسوح *yasūḫ*[u] | سياحة *siyāḫa*[t]| • tour, roam

ساحة *sāḫa*[t] *n.* • domain, field, sphere, area

ساحر *sāḫir act. part.* • *adj.* enchanting, magical • charming, fascinating • *n.* |*pl.* سحرة *saḫara*[t]| magician, sorcerer, wizard

ساحرة *sāḫira*[t] *n.* • magician, sorceress, witch

ساحق *sāḫiq act. part. adj.* |*elat.* أكثر سحقا *ʔaktar saḫqan* or أسحق *ʔasḫaq*| • overwhelming

ساحل *sāḫil n.* |*pl.* ***dip.*** سواحل *sawāḫil*| • coast, shore ▪ ساحل العاج *sāḫil · al3āj*[i] ***f.*** Ivory Coast

ساحلي *sāḫilīy adj.* • coastal

ساخر *sāxir act. part. adj.* |*elat.* أكثر سخرية *ʔaktar suxrīya*[tan]| • satirical, sarcastic ▪ ساخرا *sāxiran adv.* sarcastically

ساخن *sāxin act. part. adj.* |*m. pl.* سخان *suxxān* | *elat.* أسخن *ʔasxan*| • hot

ساد *sāda v.tr.* |1h3 يسود *yasūd*[u] | سيادة *siyāda*[t]| • become master *of*, rule, reign *over*, dominate

سادس *sādis adj.* • *(ordinal number)* sixth ▪ الساعة السادسة *assā3a*[t] *assādisa*[t] six o'clock (6:00)

سادس عشر *sādis*[a] *3ašr*[a] *adj.* |*f.* سادسة عشرة *sādis*[ta] *3ašara*[ta]| • [always accusative] sixteenth ◊ اليوم السادس عشر *the sixteenth day* ◊ المرة السادسة عشرة *the sixteenth time*

ساذج *sāđij adj.* |*m. pl.* سذج *suđđaj* | *elat.* أسذج *ʔasđaj* or أكثر سذاجة *ʔaktar sađāja*[tan]| • naive, simple, inexperienced

سار *sāra v.intr.* |1h2 يسير *yasīr*[u] | سير *sayr*| • march, move, walk

سار *sārr act. part. adj.* • pleasing, nice ▪ نبأ سار *nabaʔ sār(in)* good news

سارايیفو *sārāyayvō n.* ***f. invar.*** • *(capital of Bosnia and Herzegovina)* Sarajevo

سارة *sāra*[t] ***dip.*** *woman's name* • Sara, Sarah

سارع *sāra3a v.intr.* |3s يسارع *yusāri3*[u] | مسارعة *musāra3a*[t]| • hurry, rush, be quick

سارق *sāriq act. part. n.* |*pl.* سارقون *sāriqūn*[a] or سراق *surrāq*| • thief, robber

ساس *sāsa v.tr.* |1h3 يسوس *yasūs*[u] | سياسة *siyāsa*[t]| • rule, govern, administer

ساطع *sāṭi3 adj.* |*m. pl.* ***dip.*** سواطع *sawāṭi3* | *elat.* أسطع *ʔasṭa3*| • bright, brilliant

ساع *sā3(in) n.* ***def.*** |*pl.* سعاة *su3ā*[t] or ساعون *sā3ūn*[a]| • courier, messenger ▪ ساعي بريد *sā3ī · barīd* mailman

س

ساعة *sā3aᵗ n.* • hour ▪ كم الساعة؟ *kamⁱ -ssā3aᵗᵘ* What time is it? ▪ __ إنها الساعة *ʔinnahā -ssā3aᵗᵘ* [+ ordinal number] It's __ (o'clock). ◊ إنها الساعة الثالثة. *It's three o'clock.* • clock, watch ▪ ساعة توقيت *sā3at · tawqīt* stopwatch ▪ ساعة حائط *sā3at · ḥāʔiṭ* wall clock ▪ ساعة شمسية *sā3aᵗ šamsīyaᵗ* sundial ▪ ساعة منبه *sā3at · munabbih* alarm clock ▪ ساعة يد *sā3at · yad* wrist watch • time ▪ من ساعته *min sā3atⁱhi adv.* immediately

ساعتئذ *sā3ataʔiđin*, ساعتذاك *sā3atađāka*, ساعتها *sā3atahā adv.* • then, at that time

ساعد *sā3ada v.tr.* |3s يساعد *yusā3idᵘ* | مساعدة *musā3adaᵗ* | • help *sb* ∘ *with* في *or* بـ *or* على, assist

ساعد *sā3id n.* |pl. **dip.** سواعد *sawā3id* | • forearm

سافر *sāfara v.intr.* |3s يسافر *yusāfirᵘ* | مسافرة *musāfaraᵗ* | • travel ◊ سافرت حول العالم *I've traveled around the world.* • depart *from* عن, leave ◊ أنا مسافرة. *I'm leaving.*

سافل *sāfil adj.* |m. pl. سفلة *safalaᵗ* | elat. أسفل *ʔasfal* | • low • lowly, mean, despicable

ساق *sāq n. f.* |pl. سيقان *sīqān* or سوق *sūq* | • (lower) leg, shank ▪ بطن ساق *baṭn · sāq* calf ▪ طويل الساقين *ṭawīl · assāqaynⁱ* long-legged • stem, stalk

ساق *sāqa v.tr.* |1h3 يسوق *yasūqᵘ* | سياقة *siyāqaᵗ* or سوق *sawq* | • drive (a car, etc.) • transport, carry, deliver

ساقية *sāqiyaᵗ n.* |pl. **def.** سواق *sawāq(in)* | • water wheel

ساكت *sākit act. part. adj.* |elat. أسكت *ʔaskat* | • silent, quiet

ساكن *sākin act. part.* • *n.* |pl. سكان *sukkān* | resident, inhabitant ▪ سكان *sukkān pl. n.* population ▪ كثير السكان *kaṯīr · assukkānⁱ adj.* populous ◊ الصين الدولة الأكثر سكانا في العالم. *China is the most populous country in the world.* • *adj.* |pl. **dip.** سواكن *sawākin* | motionless, still • *(grammar)* consonantal, vowelless ▪ حرف ساكن *ḥarf sākin n. f.* consonant

سال *sāla v.intr.* |1h2 يسيل *yasīlᵘ* | سيلان *sayalān* | • flow

سأل *saʔala v.tr.* |1s1(a) يسأل *yasʔalᵘ* | سؤال *suʔāl* | • ask *sb* ∘ *sth* ∘ ▪ سأل سؤالا *saʔala suʔālan* ask a question ◊ سألني أسئلة كثيرة. *He asked me a lot of questions.* • ask *sb* ∘ *about* عن, inquire ◊ لماذا تسألنا عن رأينا؟ *Why are you asking us about our opinion?* • سأله أنْ *saʔala ʔan* ask *sb* ∘ *to (do)* , request ◊ سألته أن يساعدها. *She asked him to help her.*

سالف *sālif adj.* |m. pl. **dip.** سوالف *sawālif* | elat. أسلف *ʔaslaf* | • former, bygone, of old, past ▪ سالف الذكر *sālif · ađđikrⁱ* aforementioned

سالم *sālim act. part. adj.* |elat. أسلم *ʔaslam* | • safe, sound ▪ سالما *sāliman adv.* safely • *man's name* Salem

السالمية *assālimīyaᵗ n.* • *(city in Kuwait)* Salmiyah ➡ **map on p. 253**

سام *sām(in) act. part. adj.* **def.** |m. pl. سماة *sumāᵗ* | elat. **invar.** أسمى *ʔasmā* | • high, lofty, exalted • سامي *sāmī* **invar.** *man's name* Sami ▪ سامية *sāmiyaᵗ* **dip.** *woman's name* Samia

سام *sāmm adj.* |elat. أكثر سمية *ʔakṯar summīyaᵗᵃⁿ* | • poisonous, toxic

سامح *sāmaḥa v.tr.* |3s يسامح *yusāmiḥᵘ* | مسامحة *musāmaḥaᵗ* | • forgive, excuse

سامراء *sāmarrāʔ n. f.* **dip.** • *(city in Iraq)* Samarra ➡ **map on p. 206**

سامي *sāmīʸ* • *adj.* Semitic • *n.* Semite

سامية *sāmīyaᵗ n.* • Semitism ▪ معاداة السامية *mu3ādāt · assāmīyaᵗⁱ* anti-Semitism

سان فرانسيسكو *sān frānsīskō n. f.* **invar.** • *(city in the U.S.)* San Francisco

سانت بطرسبرغ *sānt biṭirsburg n. f.* **invar.** • *(city in Russia)* Saint Petersburg

ساند *sānada v.tr.* |3s يساند *yusānidᵘ* | مساندة *musānadaᵗ* | • support, back

ساهم *sāhama v.intr.* |3s يساهم *yusāhimᵘ* | مساهمة *musāhamaᵗ* | • participate *in* في, contribute *to*

ساو باولو *sāw bāwlō n. f.* **invar.** • *(city in Brazil)* Sao Paulo

ساوم *sāwama v.tr.* |3s يساوم *yusāwimᵘ* | مساومة *musāwamaᵗ* | • haggle *with* ∘ *over* على, bargain

ساوى *sāwā v.tr.* |3d يساوي *yusāwī* | مساواة *musāwāᵗ* | • equal, be equivalent *to* ◊ واحد زائد واحد يساوي اثنين. *One plus one equals two.* • equalize, make equal

سائح *sāʔiḥ act. part. n.* |pl. سواح *suwwāḥ* | • tourist

سائد *sāʔid act. part. adj.* |elat. أسيد *ʔasyad* | • dominant, prevailing

ساير *sāyara v.tr.* |3s يساير *yusāyirᵘ* | مسايرة *musāyaraᵗ* | • comply with

سائر *sāʔir n.* • rest, remainder • [+ definite genitive noun] remaining, all other ◊ في سائر الدول *in all other countries*

سائق *sāʔiq act. part. n.* • driver

سائل *sāʔil act. part.* |pl. **dip.** سوائل *sawāʔil* | • *n.*

liquid, fluid • *adj.* |*elat.* أكثر سيولة *ʔaktar suyūla*^{tan}| fluid

سب *sabb n.*⋆ • insult, libel

سب *sabba v.tr.* |*1g3* يسب *yasubb*^{u} | سب *sabb*| • insult, slander, curse, swear *at*

سبابة *sabbāba*^{t} *n.* • index finger, pointer finger

سباح *sabbāḫ n.* • swimmer

سباحة *sibāḫa*^{t} *n.*⋆ • swimming ▪ ثوب سباحة *tawb · sibāḫa*^{t} bathing suit, swimsuit ▪ حمام سباحة *ḫammām · sibāḫa*^{t}, حوض سباحة *ḫawḍ · sibāḫa*^{t} swimming pool

سباع *subā3a adv.* • seven at a time, in sevens

سباعي *subā3ī*^{y} *adj.* • sevenfold, hepta-

سباق *sibāq n.* • race, competition ▪ سباق خيل *sibāq · xayl* horse race

سباك *sabbāk n.* • plumber

سبانخ *sabānix n.* • spinach

سبب *sabab n.* |*pl.* أسباب *ʔasbāb*| • reason, cause ▪ بسبب *bi-sabab*^{i} *prep.* because of, as a result of ▪ لسبب ما *li-sabab*^{in} *mā adv.* for some reason ▪ بدون سبب *bi-dūn*^{a} *sabab*^{in} *adv.* for no reason

سبب *sabbaba v.tr.* |*2s* يسبب *yusabbib*^{u} | تسبيب *tasbīb*| • cause, bring about

سبت *sabt n.* • Saturday ◊ في أول سبت من كل شهر *on the first Saturday of every month* ▪ السبت *assabt*^{a}, يوم السبت *yawm*^{a} *· -ssabt*^{i} *adv.* (on) Saturday(s) ▪ كل سبت *kull*^{a} *sabt*^{in} *adv.* every Saturday • |*pl.* سبوت *subūt*| sabbath

سبتمبر *sibtambir n.* **dip.** • September ▪ أحداث ١١ سبتمبر *ʔaḫdāt · alḫādī*^{ya} *3ašr*^{a} *sibtambir*^{a} 9/11 (lit. the events of September 11th) ➡ ***The Months p. 181***

سبح *sabaḫa v.intr.* |*1s1* يسبح *yasbaḫ*^{u} | سباحة *sibāḫa*^{t}| • swim

سبحان *subḫān n.* • سبحان الله *subḫāna -LLāh*^{i}, الله سبحانه وتعالى *aLLāh*^{u} *subḫānahu wa-ta3ālā* *(exclamation of surprise or wonder)* Praise (be to) God!

سبحة *subḫa*^{t}, مسبحة *misbaḫa*^{t} *n.* |*pl.* سبح *subaḫ* or سبحات *sub(u)ḫāt*| • rosary, prayer beads ➡ ***picture to the right***

سبخة *sabxa*^{t} *n.* |*pl.* سباخ *sibāx*| • bog, marsh

سبع *sub3 n.* |*pl.* أسباع *ʔasbā3*| • *(fraction)* seventh ◊ خمسة أسباع *five sevenths*

سبعة *sab3a*^{t} ***f.*** *number* |*m.* سبع *sab3* | *as numeral, written* ٧| • [+ indefinite genitive plural noun] seven ⓘ *The number 7 requires reverse gender agreement:* ◊ *(feminine form with masculine noun)* سبعة بيوت *sab3a*^{t} *buyūt*^{in} *seven houses* ◊ سبع سيارات *sab3 sayyārāt*^{in} *seven cars*

'7' on an Arabic computer keyboard

سبعة عشر *sab3a*^{ta} *3ašr*^{a} ***f.*** *number* |*m.* سبع عشرة *sab3*^{a} *3ašara*^{ta} | *as numeral, written* ١٧| • [+ indefinite accusative singular noun] seventeen ⓘ *The number 17 is a compound number. Neither word in the compound reflects the case required by the grammar of the sentence; both always take the definite accusative. The first word in the compound requires reverse gender agreement, while the second agrees in gender with the counted noun:* ◊ *(with masculine noun)* سبعة عشر بيتا *sab3a*^{ta} *3ašr*^{a} *baytan seventeen houses* ◊ *(with feminine noun)* سبع عشرة سيارة *sab3*^{a} *3ašara*^{ta} *sayyāra*^{tan} *seventeen cars* • [definite plural noun +] the seventeen ◊ الرجال السبعة عشر *the seventeen men* ◊ النساء السبع عشرة *the seventeen women*

سبعمائة *sab3*^{u} *miʔa*^{tin}, سبعمئة |*as numeral, written* ٧٠٠| • seven hundred

Prayer beads lying on the Quran

س

سبعون *sab3ūn^a* number |*acc. and gen.* سبعين *sab3īn^a* | *as numeral, written* ٧٠ | • [+ indefinite accusative singular masculine] seventy ◊ سبعون بيتا *sab3ūn^a baytan* *seventy houses* ◊ من سبعين بيتا *min sab3īn^a baytan* *from seventy houses* ▪ السبعينات *assab3īnāt* *pl. n.* the seventies, the (19)70s • *adj.* seventieth

سبعيني *sab3īnīy* *adj.* • seventy-something-year-old, in *one's* seventies

سبق *sabaqa* *v.tr.* |*1s2/1s3* يسبق *yasbiq^u* or *yasbuq^u* | سبق *sabq*| • precede ◊ خلال الأسبوع الذي يسبق العيد *during the week that precedes the holiday* ▪ سبق أنْ *sabaqa ʔan*, سبق له أن *sabaqa lahu ʔan* [+ perfect] have *(done)* previously ◊ وكما سبق لي أن قلت لك... *As I already told you, ...* ◊ هل سبق أن قابلت أحد المشاهير؟ *Have you ever met anyone famous?* ▪ لم يسبق له أنْ *lam yasbiq lahu ʔan* [+ perfect] have never *(done)* previously ◊ لم يسبق لي أن شاهدت شيئا مثل هذا. *I've never seen anything like this before.* ▪ لم يسبق له *lam yasbiq lahu* [+ masdar] have never *(done)* previously ◊ لم يسبق لي اللقاء به. *I'd never met him before.*

سبّق *sabbaqa* *v.tr.* |*2s* يسبق *yusabbiq^u* | تسبيق *tasbīq*| • do ahead of time, do early

سبق *sabq* *n.** • precedence ▪ سبق صحفي *sabq ṣuḥufīy* scoop

سبورة *sabbūra^t* *n.* • whiteboard, chalkboard

سبيل *sabīl* *n.* • |*pl.* سبل *subul*| way, method, means ▪ لا سبيل إلى أنْ *lā sabīl^a ʔilā ʔan* there is no way to *(do)* ▪ لا سبيل للخروج *lā sabīl^a li-lxurūj^i* there's no way out ▪ ...لا سبيل إلا *lā sabīl^a ʔillā ...* is the only way ◊ لا سبيل إلا السلام. *Peace is the only answer.* ▪ على سبيل *3alā sabīl^i* *prep.* for, by way of ▪ على سبيل المثال *3alā sabīl^i -lmiṯāl^i* *adv.* for example, for instance ▪ على سبيل المبادلة *3alā sabīl^i -mubādalat^i* *prep.* in exchange (for) ▪ على سبيل المجاملة *3alā sabīl^i -lmujāmala^ti* *adv.* as a courtesy ▪ على سبيل المزاح *3alā sabīl^i -mizāḥ^i* for fun, in jest • pathway, tract ▪ في سبيل الله *fī sabīl^i -LLāh^i* *adv.* in the cause of God ▪ استشهاد في سبيل الله *istišhād fī sabīl^i -LLāh^i* martyrdom • |*pl.* أسبلة *ʔasbila^t*| sebil (public water fountain) ➥ ***picture on the top-right***

ست *sitt* *n.* • lady

ستار *sitār* *n.* |*pl.* **dip.** ستر *sutur*| • curtain, veil ▪ الستار الحديدي *assitār alḥadīdīy* the Iron Curtain • pretext, excuse ▪ تحت ستار *taḥta sitār^i* *prep.* under the guise of

A man gets water from a sebil in Morocco.

ستارة *sitāra^t* *n.* |*pl.* **dip.** ستائر *satāʔir*| • curtain, drape

ستة *sitta^t* ***f.*** *number* • |*m.* ست *sitt* | *as numeral, written* ٦ | [+ indefinite genitive plural noun] six ⓘ *The number 6 requires reverse gender agreement:* ◊ *(feminine form with masculine noun)* ستة بيوت *sitta^t buyūt^in* *six houses* ◊ *(masculine form with feminine noun)* ست سيارات *sitt sayyārāt^in* *six cars*

'6' marks the beginning of a verse from the Quran

ستة عشر *sitta^ta 3ašr^a* number |*m.* ست عشرة *sitt^a 3ašara^ta* | *as numeral, written* ١٦ | • [+ indefinite accusative singular noun] sixteen ⓘ *The number 16 is a compound number. Neither word in the compound reflects the case required by the grammar of the sentence; both always take the definite accusative. The*

first word in the compound requires reverse gender agreement, while the second agrees in gender with the counted noun: ◊ (with masculine noun) ستة عشر بيتا *sitta^ta 3ašar^a baytan sixteen houses ◊ (with feminine noun)* ست عشرة سيارة *sitt^a 3ašara^ta sayyāra^tan sixteen cars*
• [definite plural noun +] the sixteen ◊ الرجال الستة عشر *the sixteen men* ◊ النساء الست عشرة *the sixteen women*

ستر *satara v.tr.* |*1s3/1s2* يستر *yastur^u* or *yastir^u* | ستر *satr*| • veil, cover, hide • shield, protect ▪ ستره الله *satarahu aLLāhu* may God protect *sb*

سترة *sitra^t n.* **dip.** • *(island and city in Bahrain)* Sitra ➡ ***map on p. 61***

سترة *sutra^t n.* |*pl.* ستر *sutar*| • jacket, anorak • vest ▪ سترة مضادة للرصاص *sutra^t muḍādda^t li-rraṣāṣ*

ستمائة *sitt^u mi?a^tin*, ستمئة |*as numeral, written* ٦٠٠| • six hundred

ستوكهولم *stōkholm n.* ***f. dip.*** • *(capital of Sweden)* Stockholm

ستون *sittūn^a number* |*acc. and gen.* ستين *sittīn^a* | *as numeral, written* ٦٠| • [+ indefinite accusative singular noun] sixty ◊ ستون بيتا *sittūn^a baytan sixty houses* ◊ من ستين بيتا *min sittīn^a baytan from sixty houses* ▪ الستينات *alsittīnāt pl. n.* the sixties, the (19)60s • *adj.* sixtieth

ستيني *sittīnī^y adj.* • sixty-something-year-old, in *one's* sixties

سجادة *sajjāda^t*, سجاد *sajjād n.* |*pl.* **dip.** سجاجيد *sajājīd*| • carpet, rug ▪ سجادة صلاة *sajjādat · ṣalā^t* prayer rug ➡ ***picture to the right*** • mat ▪ سجادة يوجا *sajjādat · yōgā* yoga mat ▪ سجادة باب *sajjādat · bāb* doormat

سجان *sajjān n.* • prison guard, warden

سجد *sajada v.intr.* |*1s3* يسجد *yasjud^u* | سجود *sujūd*| • prostrate, bow down ▪ سجد شكرا لله *sajada šukran li-LLāh^i* prostate in thanks to God

سجق *sujuq coll. n.* • sausage(s)

سجل *sajjala v.tr.* |*2s* يسجل *yusajjil^u* | تسجيل *tasjīl*| • register, check in • record, document, write down, make a note *of*

سجل *sijill n.* • register, log, list ▪ سجلات *sijillāt pl. n.* records, archives

سجن *sajana v.tr.* |*1s3* يسجن *yasjun^u* | سجن *sajn*| • imprison

سجن *sajn n.** • imprisonment ▪ سجن مؤبد *sajn mu?abbad*, سجن مدى الحياة *sajn · madā -lḥayā^t* life imprisonment

سجن *sijn n.* |*pl.* سجون *sujūn*| • prison, jail ▪ في السجن *fī -ssijn^i adv.* in prison

سجود *sujūd n.** • prostration

سجين *sajīn n.* |*pl.* **dip.** سجناء *sujanā?*| • prisoner, inmate, convict ▪ مسجون سياسي *masjūn siyāsī^y* political prisoner

سحاب *saḥāb coll. n.* |*sing.* سحابة *saḥāba^t* | *pl.* سحب *suḥub*| • *coll. n.* clouds

A boy prays on a prayer rug.

سحاب *saḥḥāb n.* • zipper (UK: zip)

سحاق *siḥāq n.* • lesbianism

سحاقي *siḥāqī^y adj.* • lesbian

سحاقية *siḥāqīya^t n.* • lesbian

سحب *saḥaba v.tr.* |*1s1* يسحب *yasḥab^u* | سحب *saḥb*| • pull ◊ *(on a door)* إسحب *pull* ◊ سحب كرسيا وجلس. *He pulled out a chair and sat down.* • withdraw *from* من, pull out, take out ◊ قد سحبت القوات العسكرية من المدن. *The military forces have withdrawn from the cities.* ◊ سحبت نقودا من البنك. *I withdrew money from the bank.* • draw (a sword, knife, dagger), take out

سحب *saḥb n.** • withdrawal • سحب اليانصيب *saḥb ·*

alyānaṣībi lottery drawing

سحج *saḥaja* v.tr. |1s1 يسحج *yasḥaju* | سحج *saḥj*| • scrape, graze • scrape off, rub off

سحج *saḥj* n.* • scrape, graze

سحر *saḥar* n. • *(time before daybreak)* early dawn • ***f. dip.*** *woman's name* Sahar

سحر *saḥara* v.tr. |1s1 يسحر *yasḥaru* | سحر *siḥr*| • enchant, bewitch • charm

سحر *siḥr* n.* • magic, sorcery, witchcraft • enchantment

سحري *siḥrīy* adj. • magical

سحق *saḥaqa* v.tr. |1s1 يسحق *yasḥaqu* | سحق *saḥq*| • crush, pulverize, grind • overwhelm, suppress, stifle, crush

سحلية *siḥlīyat* n. |pl. **def.** سحال *saḥāl(in)*| • lizard • vile woman

سحور *suḥūr* or *saḥūr* n. • suhoor (meal eaten before dawn during Ramadan) ➡ ***compare with*** **إفطار** ***ʔifṭār p. 36***

سخا *saxā* v.intr. |1d3 يسخو *yasxū* | سخاء *saxāʔ*| • be generous *with* بـ *toward* على

سخاء *saxāʔ* n.* • generosity

سخافة *saxāfat* n. • stupidity, silliness ◊ سخافة السؤال *the stupidity of the question*

سخان *saxxān* n. • heater ▪ سخان ماء *saxxān · māʔ* water heater, boiler

سخر *saxira* v.intr. |1s4 يسخر *yasxaru* | سخرية *suxrīyat*| • mock من, ridicule, make fun *of*

سخر *saxxara* v.tr. |2s يسخر *yusaxxiru* | تسخير *tasxīr*| • utilize *sth* ه *for* لـ, exploit

سخري *suxrīy* adj. |elat. أكثر سخرية *ʔaktar suxrīyatan*| • sarcastic, ironic

سخرية *suxrīyat* n. • sarcasm, irony • mockery, ridicule

سخط *saxaṭ* or *suxṭ* n.* • resentment, indignation

سخط *saxiṭa* v.intr. |1s4 يسخط *yasxaṭu* | سخط *saxaṭ* or *suxṭ*| • resent على

سخن *saxana* v.intr. |1s3 يسخن *yasxunu* | سخونة *suxūnat* or سخانة *saxānat*| • become hot

سخن *saxin* adj. |elat. أسخن *ʔasxan*| • hot

سخن *saxxana* v.tr. |2s يسخن *yusaxxinu* | تسخين *tasxīn*| • heat (up)

سخي *saxīy* adj. |m. pl. **dip.** أسخياء *ʔasxiyāʔ* | elat. **invar.** أسخى *ʔasxā*| • generous

سخيف *saxīf* adj. |m. pl. **dip.** سخفاء *suxafāʔ* or سخاف *sixāf* | elat. أسخف *ʔasxaf*| • silly, stupid ◊ هذا سؤال سخيف *That's a stupid question.* ◊ لا تكن سخيفا! *Don't be silly!*

سد *sadd* or *sudd* n. |pl. سدود *sudūd*| • dam ▪ السد العالي *assadd al3ālī* the Aswan Dam (lit. the High Dam)

سد *sadda* v. • v.tr. |1g3 يسد *yasuddu* | سد *sadd*| block, plug; pay, settle ▪ سد دينا *sadda daynan* settle a debt • v.intr. |1g2 يسد *yasiddu* | سدود *sudūd*| be appropriate, be right; do the right thing

سداد *sadād* n. • payment, settlement

سدادة *sidādat* n. • plug, cork ▪ سدادة أذن *sidādat · ʔuḏn* earplug

سداس *sudāsa* adv. • six at a time, in sixes

سداسي *sudāsīy* adj. • sixfold, hexa- ▪ محادثات سداسية *muḥādatāt sudāsīyat* pl. n. the six-party talks

سدد *saddada* v.tr. |2s يسدد *yusaddidu* | تسديد *tasdīd*| • pay, settle (a bill, debt, etc.), cover (a bill)

سدس *saddasa* v.tr. |2s يسدس *yusaddisu* | تسديس *tasdīs*| • multiply by six, make sixfold

سدس *suds* n. |pl. أسداس *ʔasdās*| • *(fraction)* sixth ◊ خمسة أسداس *five sixths*

سدم *sadīm* n. |pl. سدم *sudum*| • mist • nebula

سدود *sudūd* n.* • appropriateness, relevancy

سديد *sadīd* adj. |elat. أسد *ʔasadd*| • appropriate, right, proper, relevant

سذاجة *saḏājat* n. • naivety, naiveté

سر *sarra* v.tr. |1g3 يسر *yasurru* | سرور *surūr*| • please, delight, make happy ▪ يسرني أنْ *yasurrunī ʔan* *(impersonal verb)* I'm please to *(do)* ▪ سُر *surra* pass. v. be delighted *with* لـ *or* بـ, be happy ◊ سررت بالحديث معك. *It has been nice talking to you.*

سر *sirr* n. |pl. أسرار *ʔasrār*| • secret ▪ سرا *sirran* adv. secretly, in secret ▪ كلمة سر *kalimat · sirr* password

سراب *sarāb* n. • mirage, illusion

سراح *sarāḥ* n. • release ▪ أطلق سراحه *ʔaṭlaqa sarāḥahu* release sb/sth, let go ◊ أطلق سراح الطائر. *He let the bird go.*

سرب *sariba* v.intr. |1s4 يسرب *yasrabu* | سرب *sarab*| • leak

سرب *sirb* n. |pl. أسراب *ʔasrāb*| • group, herd, flock, swarm

سرة *surrat* n. • navel, belly button

سرت *sirt* n. ***f. dip.*** • *(city in Libya)* Sirte ➡ ***map on p. 261***

سرج *sarj* n. |pl. سروج *surūj*| • saddle

سرح *sarraḥa v.tr.* |*2s* يسرح *yusarriḥ^u* | تسريح *tasrīḥ*| • *(hair)* style, comb • dispatch, lay off, dismiss ▪ سرح من الخدمة العسكرية *sarraḥa min^a -lxidma^ti l3askarīya^ti* discharge (from the military) • demobilize

سرد *sarada v.tr.* |*1s3* يسرد *yasrud^u* | سرد *sard*| • enumerate, list

سرد *sard n.*⋆ • enumeration

سرداب *sirdāb n.* |*pl.* **dip.** سراديب *sarādīb* or سرادب *sarādib*| • basement, cellar, crypt

سردين *sardīn coll. n.* |*sing.* سردينة *sardīna^t*| • sardines

سرطان *saraṭān n.* • *(medical)* cancer ▪ سرطان البروستاتا *saraṭān · albrostātā* prostate cancer ▪ سرطان الثدي *saraṭān · attady^i* breast cancer ▪ سرطان الجلد *saraṭān · aljild^i* skin cancer ▪ سرطان الرئة *saraṭān · arriʔa^ti* lung cancer •برج السرطان *burj · assaraṭān^i (astrology)* Cancer ▪ أنا من برج السرطان. *ʔana min burj^i -ssaraṭān^i* I'm a Cancer. • crab

سرع *sarra3a v.tr.* |*2s* يسرع *yusarri3^u* | تسريع *tasrī3*| • accelerate, speed up • hurry

سرعان ما *sur3āna mā adv.* • soon, it wasn't long before, in no time, quickly

سرعة *sur3a^t n.* • speed ▪ بسرعة *bi-sur3a^tin adv.* quickly, fast

سرق *saraqa v.tr.* |*1s2* يسرق *yasriq^u* | سرقة *sariqa^t*| • steal, rob ▪ يسرق الكحل من العين. *yasriq^u -lkuḥl^a min^a -l3ayn^i proverb* (He's so deft that) he can steal the kohl off a woman's eyes.

سرقة *sariqa^t n.*⋆ • theft, robbery

سرك *sirk, also spelled* سيرك *sirk n.* • circus

سرو *sarw coll. n.* |*sing.* سروة *sarwa^t*| • cypress trees

سروال *sirwāl n.* |*pl.* **dip.** سراويل *sarāwīl*| • (pair of) pants ▪ سروال سباحة *sirwāl · sibāḥa^t* swim trunks ▪ سروال قصير *sirwāl qaṣīr* shorts

سرور *surūr n.*⋆ • pleasure, delight ▪ بكل سرور *bi-kull^i surūr^in* With pleasure!

سرى *sarā v.intr.* |*1d2* يسري *yasrī* | سريان *sarayān*| • hold true *for* على, be applicable *to* ◊ تسري القواعد على الجميع. *The rules apply to everyone.*

سري *sirrī^y adj.* |*elat.* أكثر سرية *ʔaktar sirrīya^tan*| • secret, confidential

سرية *sarīya^t n.* |*pl.* **invar.** سرايا *sarāyā*| • squadron

سرية *sirrīya^t n.* • secrecy

سرير *sarīr n.* |*pl.* أسرة *ʔasirra^t* or سرر *surur*| • bed ▪ سرير نقال *sarīr naqqāl*, سرير متحرك *sarīr mutaḥarrik* gurney ▪ أوى إلى السرير *ʔawā ʔilā -ssarīr^i* go to bed

سريع *sarī3 adj.* |*m. pl.* سراع *sirā3* or سرعان *sur3ān* | *elat.* أسرع *ʔasra3*| • quick, fast ▪ سريعا *sarī3an*, في أسرع وقت *fī ʔasra3^i waqt^in adv.* quickly; soon, immediately ▪ سريع الاشتعال *sarī3 · ališti3āl^i* flammable, inflammable ▪ سريع الانتشار *sarī3 · alintišār^i* quick-spreading ▪ سريع التأثير *sarī3 · attaʔtīr^i* fast-acting ▪ سريع التغير *sarī3 · attaɣayyur^i* volatile ▪ سريع الحركة *sarī3 · alḥaraka^ti* swift, nimble ▪ سريع الزوال *sarī3 · azzawāl^i* fleeting, ephemeral ▪ سريع العطب *sarī3 · al3aṭab^i* fragile ▪ سريع الغضب *sarī3 · alɣaḍab^i* short-tempered, hot-headed ▪ في أسرع وقت ممكن *fī ʔasra3^i waqt^in mumkin^in*, في أسرع ما يمكن *fī ʔasra3^i mā yumkin^u adv.* as fast as possible, as soon as possible ▪ أسرع من البرق *ʔasra3 min^a -lbarq^i idiom* faster than lightning (i.e. very fast) ▪ أسرع من الريح *ʔasra3 min^a -rrīḥ^i idiom* faster than the wind (i.e. very fast)

سريلانكا *sirīlānkā n.* ***f.* invar.** • Sri Lanka

سريلانكي *sirīlānkī^y adj. & n.* • Sri Lankan

سطا *saṭā v.intr.* |*1d3* يسطو *yasṭū* | سطو *saṭw*| • burglarize على, break into • attack على, assault

سطح *saṭḥ n.* • |*pl.* سطوح *suṭūḥ*| surface, plane • |*pl.* سطوح *suṭūḥ* or أسطحة *ʔasṭiḥa^t*| roof

سطح *saṭṭaḥa v.tr.* |*2s* يسطح *yusaṭṭiḥ^u* | تسطيح *tasṭīḥ*| • flatten, make level

سطحي *saṭḥī^y adj.* |*elat.* أكثر سطحية *ʔaktar saṭ-ḥīya^tan*| • superficial, shallow ▪ سطح مكتب *saṭḥ · maktab (on computer)* desktop

سطر *saṭr n.* |*pl.* سطور *suṭūr*| • line, row

سطر *saṭṭara v.tr.* |*2s* يسطر *yusaṭṭir^u* | تسطير *tasṭīr*| • line, rule, draw lines *on*

سطع *saṭ3 n.* • brightness, brilliance

سطو *saṭw n.*⋆ • burglary, robbery ▪ سطو مسلح *saṭw musallaḥ* armed robbery

سطيح *saṭīḥ adj.* |*pl.* **dip.** سطحاء *suṭaḥāʔ*| • flat

سطيف *saytīf n.* ***f.* dip.** • *(city in Algeria)* Setif
➡ ***map on p. 105***

سعاد *su3ād* ***f.* dip.** *woman's name* • Suad

سعادة *sa3āda^t n.*⋆ • happiness

سعال *su3āl n.*⋆ • cough

سعة *sa3a^t* or *si3a^t n.*⋆ • spaciousness, capacity, volume

سعد *sa3d n.* |*pl.* سعود *su3ūd*| • happiness ▪ آل سعود *ʔāl · su3ūd* the House of Saud, the Saudi royal family

سعد *sa3ida v.intr.* |*1s4* يسعد *yas3ad^{u}* | سعادة *sa3āda^{t}*| • be happy *about* بـ ◊ سعدت جدا بالحديث معك. *It was nice talking to you.*

سعر *sa33ara v.tr.* |*2s* يسعر *yusa33ir^{u}* | تسعير *tas3īr*| • price

سعر *si3r n.* |*pl.* أسعار *ʔas3ār*| • price • rate ▪ سعر صرف *si3r · ṣarf* exchange rate

سعرة *su3ra^{t} n.* • calorie

سعل *sa3ala v.intr.* |*1s3* يسعل *yas3ul^{u}* | سعال *su3āl*| • cough

سعودي *su3ūdī^{y} adj. & n.* • Saudi (Arabian) ▪ (المملكة العربية) السعودية *(almamlaka^{t} al3arabīya^{t}) assu3ūdīya^{t}* (the Kingdom of) Saudi Arabia

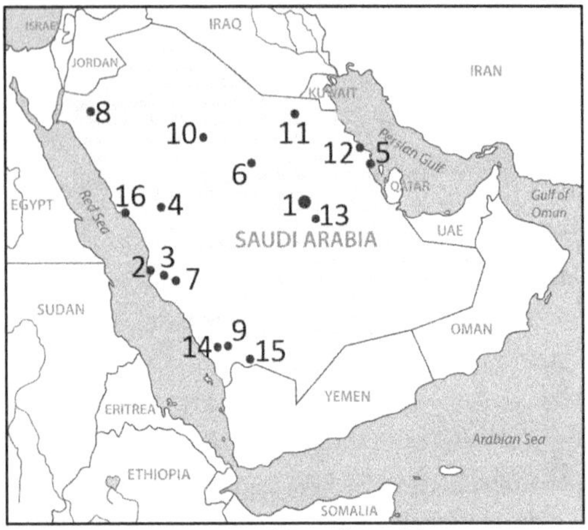

map of Saudi Arabia

1. الرياض *arriyāḍ* Riyadh
2. جدّة *jadda^{t}* Jeddah
3. مكة *makka^{t}* Mecca
4. المدينة المنورة *almadīna^{t} almunawwara^{t}* Medina
5. الدمام *addammām* Dammam
6. بريدة *burayda^{t}* Buraidah
7. الطائف *aṭṭāʔif* Ta'if
8. تبوك *tabūk* Tabuk
9. خميس مشيط *xamīs · mušayṭ* Khamis Mushait
10. حائل *ḥāʔil* Ha'il
11. حفر الباطن *ḥafar · albāṭin^{i}* Hafar Al-Batin
12. الجبيل *aljubayl* Jubail
13. الخرج *alxarj* Al-Kharj
14. أبها *ʔabhā* Abha
15. نجران *najrān* Najran
16. يبع البحر *yanbu3 · albaḥr^{i}* Yanbu

سعى *sa3ā v.intr.* |*1d1* يسعى *yas3ā* | سعي *sa3y*| • head *for* إلى, move *toward* • lead *to* إلى • endeavor *to (do)* إلى, strive *for/to (do)*

سعي *sa3y n.** • endeavor, pursuit

سعيد *sa3īd adj.* |*m. pl.* سعداء *su3adāʔ* | *elat.* أسعد *ʔas3ad* or أكثر سعادة *ʔakṯar sa3āda^{tan}*| • happy *with* بـ ▪ سعيد بلقائك *sa3īd bi-liqāʔika* Glad to meet you! • *man's name* Said, Saeed ▪ سعيدة *sa3īda^{t}* **dip.** *woman's name* Saida, Saeeda

سفاح *saffāḥ* • *adj.* bloodthirsty, cutthroat • *n.* serial killer, slasher, butcher

سفارة *sifāra^{t} n.* • embassy

سفالة *safāla^{t} n.* • lowness, lowliness • despicableness

سفح *safḥ n.* |*pl.* سفوح *sufūḥ*| • foot (of a mountain)

سفحي *safḥī^{y} adj.* • foot- ▪ تل سفحي *tall safḥī^{y} n.* foothill

سفر *safar n.* |*pl.* أسفار *ʔasfār*| • travel, journey, trip ⓘ *The English word 'safari' has been indirectly borrowed from this Arabic word via Swahili.*

سفرة *safra^{t} n.* |*pl.* سفرات *saf(a)rāt*| • travel, journey, trip

سفرة *sufra^{t} n.* |*pl.* سفر *sufar*| • table spread, dining table and the food on it, board (as in 'room and board') ▪ طاولة سفرة *ṭāwilat · sufra^{t}* dining table ▪ غرفة سفرة *ɣurfat · sufra^{t}* dining room

سفرجل *safarjal coll. n.* |*sing.* سفرجلة *safrajala^{t}* | *pl.* **dip.** سفارج *safārij*| • quinces

سفع *safa3a v.tr.* |*1s1* يسفع *yasfa3^{u}* | سفع *saf3*| • scorch, burn

سفك *safaka v.tr.* |*1s2/1s3* يسفك *yasfik^{u}* or *yasfuk^{u}* | سفك *safk*| • سفك دماء *safaka dimāʔ* shed blood

سفك *safk n.** • سفك دماء *safk · dimāʔ* bloodshed

سفل *sufl n.* • bottom, lowest part ▪ إلى السفل *ʔilā -ssufl^{i}* down, downward

سفلي *suflī^{y} adj.* • lower- ▪ جزء سفلي *juzʔ suflī^{y}* lower part

سفير *safīr n.* |*pl.* **dip.** سفراء *sufarāʔ*| • ambassador ▪ السفير *assafīr n.* ***f.*** As-Safir (Lebanese newspaper)

سفينة *safīna^{t} n.* |*pl.* سفن *sufun*| • ship

سقط *saqaṭa v.intr.* |*1s3* يسقط *yasquṭ^{u}* | سقوط *suqūṭ*| • fall • fail في, flunk

سقف *saqf n.* |*pl.* سقوف *suqūf* or أسقف *ʔasquf*| • roof • ceiling

سقوط *suqūṭ n.** • fall • collapse, fall ◊ سقوط

الإمبراطورية الرومانية *the fall of the Roman Empire* • *(aircraft)* crash

سقى *saqā v.tr.* |*1d2* يسقي *yasqī* | سقي *saqy*| • water, irrigate

سقي *saqy n.⋆* • irrigation

سك *sakka v.tr.* |*1g3* يسك *yasukku* | سك *sakk*| • mint, coin

سكاني *sukkānīy adj.* • population-, demographic

سكب *sakaba v.tr.* |*1s3* يسكب *yaskubu* | سكب *sakb*| • spill ▪ بكى على اللبن المسكوب *bakā 3alā -llabani -lmaskūbi* cry over spilled milk • pour ◊ سكب الماء على رأسه. *He poured water over his head.*

سكة *sikkat n.* |*pl.* سكك *sikak*| • way, road, lane ▪ سكة حديد *sikkat · ħadīd* railroad (UK: railway)

سكت *sakata v.intr.* |*1s3* يسكت *yaskutu* | سكوت *sukūt*| • become quiet, become silent, shut up

سكتة *saktat*, سكتة دماغية *saktat dimāɣīyat n.* |*pl.* سكتات *sak(a)tāt*| • *(medical)* stroke ▪ سكتة قلبية *saktat qalbīyat* heart stroke

سكر *sakira v.intr.* |*1s4* يسكر *yaskaru* | سكر *sukr*| • get drunk, become intoxicated

سكر *sukkar n.* • sugar ▪ سكاكر *sakākir pl. n.* sweets, confections ▪ قصب سكر *qaşab · sukkar* sugarcane ▪ مرض السكر *maraḑ · assukkari* diabetes ⓘ *The English word 'sugar' has been borrowed from this Arabic word.*

سكران *sakrān adj.* |*m. pl.* **invar.** سكارى *sakārā* | *f.* سكرى *sakrā* or سكرانة *sakrānat* | *elat.* أكثر سكرا *ʔaktar sukran* or أسكر *ʔaskar*| • drunk, intoxicated ▪ غير سكران *ɣayr · sakrān* sober

سكرتير *sekretayr n.* • secretary ▪ سكرتير عام *sekreter 3ām* secretary-general

سكرتيرة *sekretayrat n.* • *(female)* secretary

سكري *sukkarīy* • *adj.* sugary • *n.* diabetes

سكن *sakan n.⋆* • housing, dwelling, residence ▪ سكن طلاب *sakan · ţullāb* dormitory

سكن *sakana v.intr.* • |*1s3* يسكن *yaskunu* | سكن *sakan*| live • |*1s3* يسكن *yaskunu* | سكون *sukūn*| become calm

سكن *sakkana v.tr.* |*2s* يسكن *yusakkinu* | تسكين *taskīn*| • calm, tranquilize

سكني *sakanīy adj.* • residential

سكوت *sukūt n.⋆* • silence, calm ▪ رب سكوت أغلب من كلام. *rubba sukūtin ʔaɣlabu min kalāmin proverb* Some silence is more eloquent than words.

سكون *sukūn n.⋆* • quiet, calm, silence • *(grammar)* sukun

سكي *skī n.⋆* • skiing

سكين *sikkīn n.* **m.** or **f.** |*pl.* **dip.** سكاكين *sakākīn*| • knife

سلاح *silāħ n.* |*pl.* أسلحة *ʔasliħat*| • weapon ▪ أسلحة *ʔasliħat pl. n.* arms ▪ سلاح بيولوجي *silāħ bīyūlūjīy* biological weapon ▪ سلاح نووي *silāħ nawawīy* nuclear weapon

سلاسة *salāsat n.* • smoothness, fluency ▪ بسلاسة *bi-salāsatin adv.* smoothly • docility, obedience

سلالة *sulālat n.* • pedigree, breed • race • offspring, descendants

سلام *salām n.* • peace • greeting ▪ سلاما *salāman* Greetings! ▪ السلام عليكم *assalāmu 3alaykum* *(greeting)* Hello! ▪ وعليكم السلام *wa-3alaykumu -ssalāmu* *(reply)* Hello! ▪ يا سلام *yā salāmu* *(pleasant surprise)* Oh wow! ▪ السلام عليكم ورحمة الله وبركاته *assalāmu 3alaykum wa-raħmatu -LLāhi wa-barakātuhu* Greetings! (lit. May the peace and blessings of God be upon you; used at the beginning of letters, etc.)

سلامة *salāmat n.⋆* • safety ▪ مع السلامة *ma3a -ssalāmati* Goodbye! • health ▪ سلامتك *salāmatuka* Get well soon!

سلب *salaba v.tr.* |*1s3* يسلب *yaslubu* | سلب *salb*| • deprive • plunder, loot

سلب *salb n.⋆* • deprivation • negation ▪ أجاب بالسلب *ʔajāba bi-ssalbi* answer in the negative, give a negative answer ▪ أثر بالسلب على *ʔatara bi-ssalbi 3alā* negatively affect

سلبي *salbīy adj.* • |*elat.* أكثر سلبية *ʔaktar salbīyatan*| negative

سلبية *salbīyat n.* • negativity

سلة *sallat n.* |*pl.* سلال *silāl*| • basket

سلح *sallaħa v.tr.* |*2s* يسلح *yusalliħu* | تسليح *taslīħ*| • arm

سلحفاة *sulħafāt n.* |*pl.* **dip.** سلاحف *salāħif*| • turtle, tortoise ▪ سلحفاة بحرية *sulħafāt baħrīyat* sea turtle

سلخ *salaxa v.tr.* |*1s3* يسلخ *yasluxu* | سلخ *salx*| • skin, flay

سلس *salis adj.* |*elat.* أسلس *ʔaslas*| • smooth, fluent, flowing • docile, obedient

سلسل *salsala v.tr.* |*11s* يسلسل *yusalsilu* | سلسلة *salsalat*| • sequence, arrange in order

سلسلة *silsilat n.* |*pl.* **dip.** سلاسل *salāsil*| • chain ▪ سلسلة أحداث *silsilat · ʔaħdāt* chain of events • series

سلطان *sulţān n.* |*pl.* **dip.** سلاطين *salāţīn*| • sultan

• power, might
سلطة *salaṭa*ᵗ *n.* • salad
سلطة *sulṭa*ᵗ *n.* |*pl.* سلطات *sul(u)ṭāt*| • authority, jurisdiction, power ▪ السلطات *assuluṭāt pl. n.* the authorities
سلطنة *salṭana*ᵗ *n.* • sultanate
سلعة *sil3a*ᵗ *n.* |*pl.* سلع *sila3*| • commodity, article ▪ سلع *sila3 pl. n.* goods, merchandise
سلف *salaf n.* |*pl.* أسلاف *ʔaslāf*| • ancestor • predecessor ▪ سلفا *salafan adv.* in advance, beforehand • advance payment
سلف *sallafa v.tr.* |2s يسلف *yusallif*ᵘ | تسليف *taslīf*| • advance *sth* ه *to* ه, lend
السلفادور *elsalvādōr n.* **invar.** • El Salvador ⓘ *The* الـ *is not the Arabic definite article, but rather the Spanish definite article, and is thus not assimilated.*
سلفادوري *salvādōrī*ʸ *adj. & n.* • Salvadoran
سلفة *sulfa*ᵗ *n.* |*pl.* سلف *sulaf*| • advance, loan
سلق *salaqa v.tr.* |1s3 يسلق *yasluq*ᵘ | سلق *salq*| • boil
سلق *salq n.* • chard
سلك *salaka v.intr.* |1s3 يسلك *yasluk*ᵘ | سلوك *sulūk*| • behave, act
سلك *sallaka v.tr.* |2s يسلك *yusallik*ᵘ | تسليك *taslīk*| • unclog (a drain, pipe, etc.), clear
سلك *silk n.* |*pl.* أسلاك *ʔaslāk*| • wire, cable, cord ▪ أسلاك شائكة *ʔaslāk šāʔika*ᵗ barbed wire
سلم *salima v.intr.* |1s4 يسلم *yaslam*ᵘ | سلامة *salāma*ᵗ| • be safe and sound, be unharmed
سلم *sallama v.* |2s يسلم *yusallim*ᵘ | تسليم *taslīm*| • *v.intr.* greet على ◊ .سلم لي على والديك *Give my regards to your parents.* • *v.tr.* deliver, hand over ◊ .سلم اللص نفسه للشرطة *The thief turned himself in to the police.* ▪ سلم السلطة لـ *sallama assulṭa*ᵃ *li-* hand over power to • *v.tr.* bless, preserve ▪ سلمه الله *sallamahu aLLāh*ᵘ May God bless *sb* ◊ .سلمك الله *God bless you!*
سلم *silm n.* • peace
سلم *sullam n.* |*pl.* **dip.** سلالم *salālim*| • stairs, staircase ▪ سلم متحرك *sullam mutaḥarrik* escalator • ladder
سلمون *salamūn n.* • salmon
سلمى *salmā* **f. invar.** *woman's name* • Salma
سلمي *silmī*ʸ *adj.* |*elat.* أسلم *ʔaslam*| • peaceful
سلوفاكي *slōvākī*ʸ *adj. & n.* • Slovakian
سلوفاكيا *slōvākiyā n.* **f. invar.** • Slovakia
سلوفيني *slōvaynī*ʸ *adj. & n.* • Slovenian, Slovene
سلوفينيا *slōvayniyā n.* **f. invar.** • Slovenia
سلوك *sulūk n.** • behavior, manners, conduct
سلوكي *sulūkī*ʸ *adj.* • behavioral
سلى *sallā v.tr.* |2d يسلي *yusallī* | تسلية *tasliya*ᵗ| • entertain, amuse
سليل *salīl n.* • descendant
سليم *salīm adj.* |*m. pl.* **dip.** سلماء *sulamāʔ* | *elat.* أسلم *ʔaslam*| • healthy, fit, all right, uninjured • safe, sound • *man's name* Salim, Selim
سليمان *sulaymān* **dip.** *man's name* • Sulayman, Solomon
السليمانية *assulaymānīya*ᵗ *n.* • *(city in Iraq)* Sulaymaniyah, Slemani ➡ ***map on p. 206***
سم *summ* or *samm n.* |*pl.* سموم *sumūm*| • poison, toxin
سما *samā v.intr.* |1d3 يسمو *yasmū* | سمو *sumū*ʷ| • be high, be lofty
سماء *samāʔ n.* **f.** |*pl.* سماوات *samāwāt* or سموات *samawāt*| • sky ▪ أمطرت السماء *ʔamṭarat*ⁱ *-ssamāʔ*ᵘ *v.* rain ◊ .ستمطر السماء غدا *It's going to rain tomorrow. (lit. The sky is going to rain tomorrow.)* ▪ أبردت السماء *ʔabradat assamāʔ*ᵘ *v.* hail ◊ .تبرد السماء *It's hailing.* ▪ أثلجت السماء *ʔatlajat assamāʔ*ᵘ *v.* snow ◊ .أثلجت السماء هذا الصباح *It snowed this morning.* ▪ رعدت السماء *ra3adat assamāʔ*ᵘ *v.* thunder ◊ .كانت السماء ترعد طوال الليل *It was thundering all night.*
سماح *samāḥ n.** • permission
سماد *samād n.* |*pl.* أسمدة *ʔasmida*ᵗ| • manure, dung
سماعة *sammā3a*ᵗ *n.* • speaker ▪ سماعة رأس *sammā3at · raʔs* headphones, earphones ▪ سماعة طبية *sammā3a*ᵗ *ṭibbīya*ᵗ stethoscope • *(telephone)* receiver
سماك *sammāk n.* • fishmonger
سماوي *samāwī*ʸ, سمائي *samāʔī*ʸ *adj.* • celestial • sky blue
سمة *sima*ᵗ *n.* • characteristic, feature
سمح *samaḥa v.intr.* |1s1 يسمح *yasmaḥ*ᵘ | سماح *samāḥ*| • allow *sb* لـ *sth* بـ, permit, let ◊ .لن أسمح بذلك *I won't allow it.* ▪ لو سمحت *law samaḥt*ᵃ Please!; Excuse me! ▪ سمح له بأنْ *samaḥa lahu bi-ʔan* allow *sb* to *(do)* ◊ .لم يسمحوا لنا بأن نفعل ما نريد *They didn't let us do what we wanted.* ◊ .اسمح لي أن أقدم لك نفسي *Allow me to introduce myself.*
سمح *samḥ adj.* • generous, lenient, forgiving
سمر *sammara v.tr.* |2s يسمر *yusammir*ᵘ | تسمير *tasmīr*| • nail

سمراء *samrāʔ n.* ***f.*** • brunette

سمرة *sumra^t n.* |*pl.* سمرات *sum(u)rāt*| • brownness, brown

سمسار *simsār n.* |*pl.* سماسرة *samāsara^t*| • agent, broker ▪ سمسار بورصة *simsār · būrṣa^t* stockbroker

سمسم *simsim n.* • sesame

سمع *sam3 n.*⋆ • sense of hearing ▪ ثقيل السمع *taqīl · assam3^i adj.* hard of hearing • |*pl.* أسماع *ʔasmā3*| ear ▪ شاهد سمع *šāhid sam3* ear witness ▪ تناهى إلى سمعه *tanāhā ʔilā sam3^i hi* come to the knowledge of (lit. come to *one's* ear)

سمع *sami3a v.* |*1s4* يسمع *yasma3^u* | سماع *samā3* or سمع *sam3*| • *v.tr.* hear ◊ عفواء، لم أسمعك جيدا. *Sorry, I didn't catch that.* • *v.intr.* hear *of/about* بـ ▪ سمع بخبر *sami3a bi-xabar* hear news ▪ ليس من سمع كمن رأى. *laysa man sami3a ka-man raʔā proverb* Seeing is better than hearing. (lit. He who hears is not like he who sees.)

سمعة *sum3a^t n.* • reputation

سمك *samak coll. n.* |*sing.* سمكة *samaka^t* | *pl.* أسماك *ʔasmāk*| • fish

سمم *sammama v.tr.* |*2s* يسمم *yusamim^u* | تسميم *tasmīm*| • poison

سمن *samina v.intr.* |*1s4* يسمن *yasman^u* | سمن *simn* or سمانة *samāna^t*| • become fat

سمنة *simna^t n.* • obesity

سمو *sumū^w n.*⋆ • loftiness

سموم *samūm n.* ***f.*** |*pl.* ***dip.*** سمائم *samāʔim*| • simoom (hot, dry dust cyclone)

سمى *sammā v.tr.* |*2d* يسمي *yusammī* | تسمية *tasmiya^t*| • call *sb* ◦ *sth* بـ, name, designate ▪ سُمي *summiya pass. v.* be called *sth* بـ, be named

سمي *samī^y adj.* |*elat.* ***invar.*** أسمى *ʔasmā*| • high, lofty, exalted

سمي *summī^y adj.* |*elat.* أكثر سمية *ʔaktar summīya^tan*| • poisonous, toxic

سمير *samīr n.* |*pl.* ***dip.*** سمراء *sumarāʔ*| • conversationalist • friend • *man's name* Samir

سميك *samīk adj.* |*elat.* أسمك *ʔasmak*| • thick

سمين *samīn adj.* |*m. pl.* سمان *simān* | *elat.* أسمن *ʔasman*| • fat, overweight

سن *sanna v.tr.* |*1g3* يسن *yasunn^u* | سن *sann*| • sharpen, whet • legislate ▪ سن قنونا *sanna qanūnan* issue a law

سن *sinn n.* ***f.*** |*pl.* أسنان *ʔasnān*| • age ▪ سن رشد *sinn · rušd*, سن بلوغ *sinn · bulūɣ* legal age, age of consent ▪ في سن مبكرة *fī sinn^in mubakkira^tin adv.* at an early age ▪ في سن الشباب *fī sinn^i -ššabāb^i adv.* in *one's* youth ▪ في مثل سنه *fī mitl sinn^i hi adv.* of *one's* age • tooth ▪ طب الأسنان *ṭibb · alʔasnān^i* dentistry ▪ طبيب أسنان *ṭabīb ʔasnān* dentist ▪ فرشاة أسنان *furšāt · ʔasnān* toothbrush ▪ معجون أسنان *ma3jūn · ʔasnān* toothpaste

سنا *sanā v.intr.* |*1d3* يسنو *yasnū* | سناء *sanāʔ*| • shine, radiate

سناء *sanāʔ n.*⋆ • radiance, splendor • ***dip.*** *woman's name* Sana

سنة *sana^t n.* |*pl.* سنوات *sanawāt* or سنون *sinūn^a*| • year ▪ سنة ضوئية *sana^t ḍawʔīya^t* light year ▪ في السنة *fī -ssana^ti adv.* per year, yearly, annually ▪ كل سنة وأنت بخير *kulla sana^tin wa-ʔanta bi-xayr^in* Happy birthday!, Happy anniversary!, Happy new year! ▪ في سنة *fī sanat^i*, سنة *sanata* [+ genitive number] in the year ◊ في سنة ألفين وثلاث *in the year 2003* ⓘ *The less common plural* سنون *sinūn^a mimics the masculine sound plural* ـون *-ūn^a, becoming* سنين *sinīn^a in the accusative and genitive.* ◊ منذ مئات السنين *for hundreds of years*

سنة *sunna^t n.* |*pl.* سنن *sunan*| • Sunna, custom, tradition ▪ أهل السنة (والجماعة) *ʔahl · assunna^ti (wa-ljamā3a^ti)* Sunnis • Sunnis

سنت *sent n.* • *(money)* cent ▪ سنت صومالي *sent ṣūmālī^y* Somali cent (100 cents = 1 Somali shilling)

سنتيم *santīm n.* • *(money)* santim, centime ▪ سنتيم مغربي *santīm maɣrabī^y* Moroccan santim (100 santimat = 1 Moroccan dirham)

سنجاب *sinjāb n.* |*pl.* ***dip.*** سناجب *sanājib*| • squirrel

سند *sanad n.* • |*pl.* أسناد *ʔasnād*| support, backing ▪ سند قانوني *sanad qānūnī^y* legal backing • |*pl.* سندات *sanadāt*| bond ▪ سند حكومي *sanad ḥukūmī^y* government bond

سند *sanada v.tr.* |*1s3* يسند *yasnud^u* | سنود *sunūd*| • support

سندويش *sandwīš*, سندويتش *sandwitš n.* ***invar.*** • sandwich

سنديان *sindiyān coll. n.* |*sing.* سنديانة *sindiyāna^t*| • oaks ▪ ثمر سنديان *tamar · sindiyān coll. n.* acorns

سنط *sanṭ n.* • acacia

سنغافورة *sinɣāfōra^t n.* ***invar.*** • Singapore

سنونو *sunūnū n.* ***invar.*** |*pl.* سنونوات *sunūnuwāt*|

س
• *(bird)* swallow

سنوي *sanawī^{y}* *adj.* • annual, yearly ▪ سنويا *sanawīyan adv.* annually, yearly

سني *sunnī^{y}* *adj. & n.* |*pl.* سنة *sunna^{t}*| • Sunni

سهاد *suhād n.*⋆ • insomnia, sleeplessness

سهد *sahida v.intr.* |*1s4* يسهد *yash**a**d^{u}* | سهاد *suhād* or سهد *sahad*| • have insomnia, be sleepless

سهر *sahar n.*⋆ • insomnia, sleeplessness

سهر *sahira v.intr.* |*1s4* يسهر *yash**a**r^{u}* | سهر *sahar*| • stay up all night • have insomnia, be sleepless

سهرة *sahra^{t} n.* |*pl.* سهرات *sah(a)rāt*| • evening party, soirée

سهل *sahhala v.tr.* |*2s* يسهل *yusahhil^{u}* | تسهيل *tashīl*| • make easy, ease, facilitate

سهل *sahl* • *adj.* |*elat.* أسهل *ʔashal*| easy *for* على ◊ .كان سهلا عليه *It was easy for him.* ▪ من السهل أنْ *min^{a} -ssahl^{i} ʔan* it is easy to… ▪ أهلا وسهلا *ʔahlan wa-sahlan* Welcome! ▪ سهل الاستخدام *sahl · alistixdām^{i}* easy to use • *adj.* flat, level, even • *n.* |*pl.* سهول *suhūl*| plain, flatlands

سهل *sahula v.intr.* |*1s6* يسهل *yash**u**l^{u}* | سهولة *suhūla^{t}*| • become easy, become convenient

سهم *sahm n.* • |*pl.* أسهم *ʔashum*| share, stock • |*pl.* سهام *sihām*| arrow

سهولة *suhūla^{t} n.*⋆ • ease ▪ بسهولة *bi-suhūla^{tin} adv.* with ease, easily

سهى *suhā* ***f. invar.*** *woman's name* • Suha

سوء *sūʔ n.*⋆ |*pl.* أسواء *ʔaswāʔ*| • badness, evil ▪ سوء حظ *sūʔ · ḩazz̧* bad luck, misfortune ▪ لسوء الحظ *li-sūʔ^{i} -lḩazz̧*, سوء بخت *sūʔ · baxt* unfortunately ▪ سوء *sūʔ* [+ genitive noun] mis-, mal- ▪ سوء استخدام *sūʔ · istixdām* misuse ▪ سوء تغذية *sūʔ · tayđiya^{t}* malnourishment ▪ سوء فهم *sūʔ · fahm*, سوء تفاهم *sūʔ · tafāhum* misunderstanding ▪ سوء معاملة *sūʔ · muʒāmala^{t}* maltreatment, mistreatment

سواء *sawāʔ n.* • equality, sameness ▪ على سواء *ʒalā sawāʔ^{in} adv.* alike, as well ▪ على حد سواء *ʒalā ḩadd^{i} sawāʔ^{in} adv.* both, all the same, without distinction ◊ أصاب المرض الرجال والنساء على حد سواء. *The disease infected both men and women.* ▪ سواء... أو... *sawāʔan… ʔaw…*, سواء... أم... *sawāʔan… ʔam…* (regardless) whether… or… ◊ سواء أردت أم لم ترد *whether you want to or not* ◊ سواء كان رجلا أو امرأة *whether a man or woman*

سواد *sawād n.* • black, blackness

سوار *siwār n.* |*pl.* ***dip.*** أساور *ʔasāwir* or أسورة *ʔaswira^{t}*| • bracelet

سواق *suwwāq n.* • driver

سواك *siwāk n.* |*pl.* مساويك *masāwīk*| • siwak (twig used as a toothbrush), miswak

سؤال *suʔāl n.*⋆ |*pl.* أسئلة *ʔasʔila^{t}*| • question ▪ ألقى سؤالا *ʔalqā suʔālan v.* pose a question

سوبرماركت *sūpermarket n.* • supermarket

سود *sawwada v.tr.* |*2s* يسود *yusawwid^{u}* | تسويد *taswīd*| • blacken • make an outline *of*, make a rough draft

السودان *assūdān n.* ***m.*** • Sudan

سوداني *sūdānī^{y}* *adj. & n.* • Sudanese ▪ السوداني *assudānī^{y}* *n.* ***f.*** Al-Sudani (Sudanese newspaper) ▪ فول سوداني *fūl sūdānī^{y}* peanuts

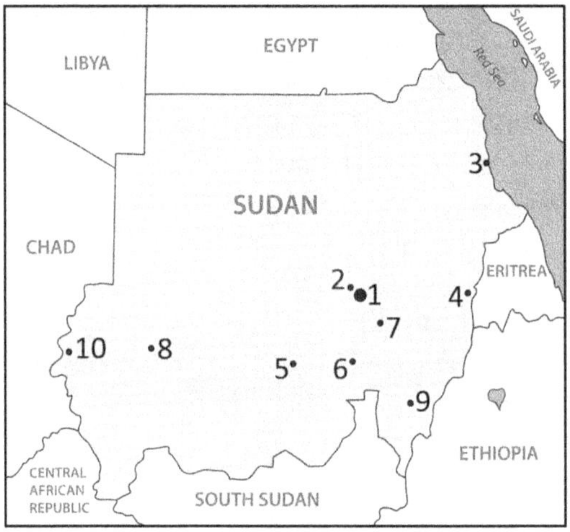

map of Sudan

1. الخرطوم *alxarţūm* Khartoum
2. أم درمان *ʔumm · durmān* Omdurman
3. بورسودان *bōr sūdān* Port Sudan
4. كسلا *kasalā* Kassala
5. الأبيض *alʔubayyiḑ* El Obeid
6. كوستي *kostī* Kosti
7. ودمدني *wad madanī* Wad Madani
8. الفاشر *alfāšir* Al Fashir
9. الدمازين *addamāzīn* Ad Damazin
10. الجنينة *aljunayna^{t}* Geneina

سور *sūr n.* |*pl.* أسوار *ʔaswār*| • fence, wall

سورة *sūra^{t} n.* |*pl.* سور *suwar*| • surah (Quranic chapter), surat, chapter

'The Night': Chapter 92 of the Quran

سؤرة *suʔraᵗ* n. |pl. سؤر *suʔar*| • rest, remaining part, leftovers ◊ السؤرة من الماء *what little water remained*

سوري *sūrīʸ* adj. & n. • Syrian

سوريا *sūriyā* n. ***f. invar.*** • Syria

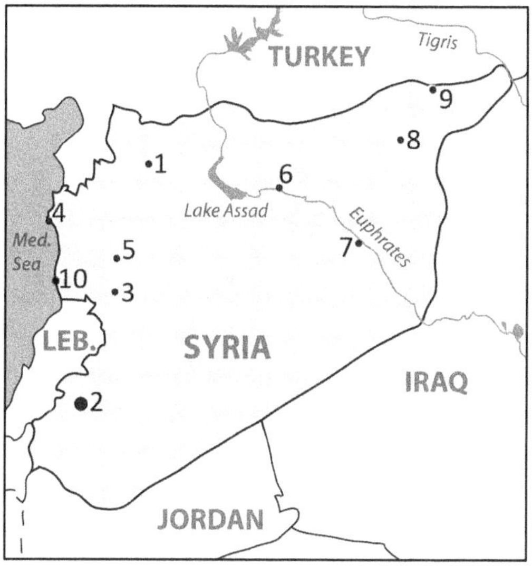

map of Syria

1. حلب *ḫalab* Aleppo
2. دمشق *dimašq* Damascus
3. حمص *ḫimṣ* Homs
4. اللاذقية *allāḏiqīyaᵗ* Latakia
5. حماة *ḫamāᵗ* Hama
6. الرقة *arraqqaᵗ* Ar-Raqqah
7. دير الزور *dayr · azzawrⁱ* Deir ez-Zor
8. الحسكة *alḫasakaᵗ* Al-Hasakah
9. قامشلي *qāmišlī* Qamishli
10. طرطوس *tartūs* Tartus

سوس *sūs* • *n.* licorice ▪ عرق سوس *ʔaraq · sūs* licorice root • *coll. n.* |*sing.* سوسة *sūsaᵗ*| woodworm, weevil, mite

سوسة *sūsaᵗ* n. ***dip.*** • *(city in Tunisia)* Sousse

➡ ***map on p. 95***

سوسن *sawsan n.* • *(flower)* iris

سوشي *sūšī n.* ***invar.*** • sushi

سوط *sawṭ n.* |*pl.* أسواط *ʔaswāṭ* or سياط *siyāṭ*| • whip

سوف *sawfa*, لسوف *la-sawfa particle* [+ indicative] • *(forms future tense)* will, is going to

➡ ***compare with* ســ *sa-* p. 159** ⓘ سوف *sawfa forms the affirmative future tense. The negative,* سوف لا *sawfa lā, is rare; instead, the negative future is formed with* لن *lan.*

سوفيتي *sūfyatīʸ*, سوفييتي *sūfyaytīʸ adj.* • Soviet ▪ الاتحاد السوفيتي *alittiḫād assūfiyatīʸ n.* the Soviet Union

سوق *sawq n.** • transport, delivery

سوق *sawwaqa v.tr.* |*2s* يسوق *yusawwiqᵘ* | تسويق *taswīq*| • market

سوق *sūq n.* ***f.*** |*pl.* أسواق *ʔaswāq*| • market, bazaar ▪ سوق أوراق مالية *sūq · ʔawrāq mālīyaᵗ*, سوق أسهم *sūq · ʔašum* stock market, equity market ▪ سوق سوداء *sūq sawdāʔ* black market ▪ سوق عمل *sūq · 3amal* labor market ▪ سوق حرة *sūq ḫurraᵗ* free market

سوقي *sawqīʸ adj.* • logistic

سوقي *sūqīʸ adj.* • market- ▪ قيمة سوقية *qīmaᵗ sūqīyaᵗ* market value

سوقيات *sawqīyāt pl. n.* • logistics

سوهاج *sūhāj n.* ***f. dip.*** • *(city in Egypt)* Sohag

➡ ***map on p. 287***

سوى *sawwā v.tr.* |*2d* يسوي *yusawwī* | تسوية *taswiyaᵗ*| • settle, put in order • smooth out, straighten out, flatten • equalize, level

سوى *siwā prep.* • [negative +] except, besides, only, nothing but ◊ لا يظهر شيء سوى شاشة سوداء. *All that appears is a black screen.* ◊ لا أعرف عن الرجل سوى اسمه. *I don't know anything about the man besides his name.* ◊ لن آخذ من وقتك سوى دقيقة. *I'll only take a minute of your time.* ▪ وسواه *wa-siwāhu* and so on, et cetera ▪ ليس لديه خيار سوى *laysa ladayhi xiyār siwā* [+ masdar] have no choice but to *(do)* ◊ ليس لدي خيار سوي الذهاب. *I have no choice but to go.* ▪ ليس أمامه سوى *laysa ʔamāmahu siwā* only have ◊ ليس أمامنا سوى عشرة دقائق. *We only have ten minutes.*

سوي *sawīʸ adj.* |*m. pl.* ***dip.*** أسوياء *ʔaswiyāʔ*| • straight, correct, proper • typical, usual, regular ▪ سويا *sawīyan*, سوية *sawīyatan adv.* together ◊ لنخرج سويا. *Let's go out (together).*

▪ اجتمع سويا *ijtama3a sawīyan v.* get together, meet up; in common

السويد *assuwīd n. **f.*** • Sweden

سويدي *suwīdīy* • *adj.* Swedish • *n.* Swede

السويس *assuways n. **f.*** • *(city in Egypt)* Suez ▪ خليج السويس *xalīj · assuways* the Gulf of Suez ▪ قناة السويس *qanāt · assuways^i* the Suez Canal ➡ ***map on p. 287***

سويسرا *suwīsrā n. **f. invar.*** • Switzerland

سويسري *suwīsrīy adj. & n.* • Swiss

سياتيل *siyātil n. **f. invar.*** • *(city in the U.S.)* Seattle

سياج *siyāj n.* |*pl.* أسيجة *ʔasīja^t*| • fence

سياحة *siyāħa^t n.** • tourism

سياحي *siyāħīy adj.* • touristic

سيادة *siyāda^t n.** • sovereignty ▪ يا سيادة الرئيس *yā siyādat^u -rraʔīs^i* Mr. President!

سيارة *sayyāra^t n.* • car, automobile, vehicle ▪ سيارة أجرة *sayyārat · ʔujra^t* taxi ▪ سيارة إسعاف *sayyārat · ʔis3āf* ambulance ▪ سيارة إطفاء *sayyārat · ʔiṭfāʔ* fire engine

سياسة *siyāsa^t n.** • politics • policy

سياسي *siyāsīy* • *adj.* political • *n.* politician

سياف *sayyāf n.* • swordsman • executioner

سياق *siyāq n.* • sequence, thread ▪ في سياق *fī siyāq^i prep.* during (the course of) • context ▪ وفي هذا السياق،... *wa-fī hāđā -ssiyāq^i* in this context, in this regard

السيب *assīb n. **f.*** • *(city in Oman)* Seeb ➡ ***map on p. 213***

سيجار *sījār n.* • cigar

سيجارة *sījāra^t* or *sīgāra^t n.* |*pl.* ***dip.*** سجائر *sajāʔir* or *sagāʔir*| • cigarette

سيد *sayyid n.* |*pl.* سادة *sāda^t*| • sir, gentleman

ⓘ *Titles in Arabic can be followed by a person's first name or last name:* ▪ __ السيد *assayyid __ (talking about)* Mr. __ ◊ من أين السيد مصطفى؟ *Where is Mr. Mustafa from?* ▪ __ يا سيد *yā sayyid^u __ (talking to)* Mr. __ ◊ كيف حالك، يا سيد منصور؟ *How are you, Mr. Mansour?* ▪ أيها السيدات والسادة *ayyuhā -ssayyidāt^u wa-ssāda^tu* ladies and gentlemen ▪ يا سيدي الرئيس *yā sayyidī -rraʔīs^u* Mr. President, Mr. Chairman ▪ سيد القوم أشقاهم. *sayyid^u -lqawm^i ʔašqāhum proverb* The man in charge is the most miserable of them all.

سيدة *sayyida^t n.* • madam, ma'am, lady ▪ __ السيدة *assayyida^t __ (talking about)* Mrs. __ ▪ __ يا سيدة *yā sayyida^tu __ (talking to)* Mrs. __ ▪ سيدة أعمال *sayyidat · ʔa3māl* businesswoman

سيدني *sīdnī n. **f. invar.*** • *(city in Australia)* Sydney

سير *sayr n.** • march, motion, walking ▪ سيرا *sayran adv.* on foot • traffic

سير *sayyara v.tr.* |*2s* يسير *yusayyir^u* | تسيير *tasyīr*| • start, run (a car, machine, etc.) • steer, drive, pilot

سيرة *sīra^t n.* |*pl.* سير *siyar*| • behavior • biography ▪ سيرة ذاتية *sīra^t đātīya^t* resumé, C.V.

سيرك *sirk, also spelled* سرك *sirk n.* • circus

سيس *v.tr.* |*2s* يسيس *yusayyis^u* | تسييس *tasyīs*| • politicize

سيطر *sayṭara v.intr.* |*11s* يسيطر *yusayṭir^u* | سيطرة *sayṭara^t*| • dominate على, control, rule

سيطرة *sayṭara^t n.** • domination, control, rule

سيف *sayf n.* |*pl.* سيوف *suyūf*| • sword ▪ أبو سيف *ʔabū · sayf* swordfish

سيل *sayl n.* |*pl.* سيول *suyūl*| • flood

سيل *sayyala v.tr.* |*2s* يسيل *yusayyil^u* | تسييل *tasyīl*| • liquefy, make flow

سيليكون *sīlīkōn n. **invar.*** • silicone

سئم *saʔima v.tr.* |*1s4(b)* يسأم *yasʔam^u* | سأم *saʔm* or سآمة *saʔāma^t*| • be fed up *with*, be tired *of*, be bored *with*

سيما *siyyamā adv.* • لا سيما *lā siyyamā* especially, in particular, particularly ◊ ولا سيما في هذا الوقت من السنة *especially this time of the year*

سين *sīn n. **f.*** ➡ **س p. 159**

سيناء *sināʔ n. **dip.*** • Sinai ▪ شبه جزيرة سيناء *šibh · jazīrat · sināʔ* the Sinai Peninsula ➡ ***map on p. 287***

سيناريو *senaryo n. **invar.*** • scenario

سينما *sīnemā*, دار سينما *dār · sīnemā n. **f.** adv. **invar.*** |*pl.* سينماهات *sīnemāhāt*| • cinema, movie theater

سينمائي *sīnemāʔīy adj.* • cinematic

سيول *siyūl n. **f. invar.*** • *(capital of South Korea)* Seoul

سيولة *suyūla^t n.* • liquidity ▪ سيولة مالية *suyūla^t mālīya^t* cash flow

سيئ *sayyiʔ, also spelled* سيء *sayyiʔ adj.* |*elat.* أسوأ *ʔaswaʔ*| • bad ▪ سيئ الحظ *sayyiʔ · alħazz^i adj.* unlucky

ش

ش *šīn n. **f.*** |شين| • *(thirteenth letter of the Arabic alphabet)* • *(numerical value)* 300
➡ ***The Abjad Numerals p. 108***
شاء *šāʔa v.tr.* |1h1(a) يشاء *yašāʔ*[u] | مشيئة *mašīʔa*[t]| • want ▪ إن شاء الله *ʔin šāʔa -LLāh*[u] God willing! ▪ ما شاء *mā šāʔa*, كما شاء *ka-mā šāʔa* as one wants, as one pleases ▪ ما شاء الله *mā šāʔa -LLāh*[u] Praise God! ▪ شاء أنْ *šāʔa ʔan* want *to (do)*
شاب *šābb*, شب *šabb n.* |*pl.* شباب *šabāb* or شبان *šubbān*| • *n.* young man, youth • *adj.* youthful, young
شابة *šābba*[t] *n.* • young lady
شابه *šābaha v.intr.* |3s يشابه *yušābih*[u] | مشابهة *mušābaha*[t]| • resemble, be similar *to*
شاة *šā*[t] *n.* • ewe
شاجر *šājara v.tr.* |3s يشاجر *yušājir*[u] | مشاجرة *mušājara*[t]| • fight *(with)*
شاحب *šāħib adj.* |*elat.* أشحب *ʔašħab*| • pale, faded
شاحنة *šāħina*[t] *act. part. n.* • truck (UK: lorry)
شادور *šādūr n.* • chador
شاذ *šāđđ adj.* |*m. pl.* شذاذ *šuđđāđ* | *elat.* أكثر شذوذا *ʔakṯar šuđūđan*| • perverted, unnatural, deviant
شار *šār(in) n. **def.*** |*pl.* شارون *šārūn*[a]| • buyer
شارب *šārib act. part.* |*pl.* ***dip.*** شوارب *šawārib*| • mustache
شارة *šāra*[t] *n.* • badge, emblem
شارد *šārid act. part. adj.* • absent-minded, distracted, engrossed (in something and not listening) ◊ تظاهر بالانتباه في حين أنه كان شاردا. *He pretended to pay attention while he was (actually) absent-minded.*
شارع *šāri3 act. part. n.* |*pl.* ***dip.*** شوارع *šawāri3*| • street ◊ في هذا الشارع *on this street* ◊ في آخر الشارع *at the end of the street* ▪ شارع رئيسي *šāri3 raʔīsī*[y] main street, thoroughfare
الشارقة *aššāriqa*[t] *n.* • *(city in the U.A.E.)* Sharjah
➡ ***map on p. 44***
شارك *šāraka v.intr.* |3s يشارك *yušārik*[u] | مشاركة *mušāraka*[t]| • participate *with* مع *in* في
شاسع *šāsi3 adj.* • huge, enormous, extensive
شاش *šāš n.* • gauze ⓘ *The English word 'sash' has been borrowed from this Arabic word.*
شاشة *šāša*[t] *n.* • screen • monitor
شاطر *šāṭir act. part. adj.* |*m. pl.* شطار *šuṭṭār* | *elat.* أشطر *ʔašṭar*| • clever, smart
شاطئ *šāṭiʔ n.* |*pl. **def.*** شواطئ *šawāṭiʔ*| • beach, seaside
شاع *šā3a v.intr.* |1h2 يشيع *yašī3*[u] | شيوع *šuyū3*| • become public, spread
شاعر *šā3ir act. part. n.* |*pl.* ***dip.*** شعراء *šu3arāʔ*| • poet
شاعري *šā3irī*[y] *adj.* |*elat.* أكثر شاعرية *ʔakṯar šā3irīya*[tan]| • poetic, romantic
شاغب *šāɣaba v.intr.* |3s يشاغب *yušāɣib*[u] | مشاغبة *mušāɣaba*[t]| • riot, make trouble
شاغر *šāɣir act. part. adj.* |*pl.* ***dip.*** شواغر *šawāɣir*| • vacant, free, unoccupied
شاق *šāqq act. part. adj.* |*elat.* أشق *ʔašaqq*| • difficult, hard, tough, troublesome, burdensome
شاك *šākk act. part. adj.* |*m. pl.* شكاك *šukkāk* | *elat.* أكثر شكا *ʔakṯar šakkan*| • doubtful, suspicious, in doubt
شاكر *šākir act. part. adj.* • grateful, thankful
شال *šāl n.* • scarf ▪ لف عنقه بشال *laffa 3unq*[a]*hu bi-šāl v.* wrap a scarf around *one's* neck
الشام *aššām*, بلاد الشام *balād · aššām*[i] *n.* • the Levant, Greater Syria, the Eastern Mediterranean
شامبانيا *šāmbāniyā n. **invar.*** • champagne
شامبو *šāmbū n. **invar.*** • shampoo
شامة *šāma*[t] *n.* |*pl.* شام *šām*| • *(skin)* mole
شامل *šāmil act. part. adj.* |*elat.* أشمل *ʔašmal*| • comprehensive, complete
شامي *šāmī*[y] *adj.* • Levantine, Syrian
شان *šāna v.tr.* |1h2 يشين *yašīn*[u] | شين *šayn*| • disgrace, dishonor, discredit
شأن *šaʔn n.* |*pl.* شؤون *šuʔūn*| • matter, affair ▪ بشأن *bi-šaʔn*[i] *prep.* concerning, in regard to
شانغهاي *šanɣāy*, *also spelled* شانغهاي *šanɣāy n. **f. invar.*** • *(city in China)* Shanghai
شاهد *šāhada v.tr.* |3s يشاهد *yušāhid*[u] | مشاهدة *mušāhada*[t]| • watch, observe, view, see, witness

ش

شاهد *šāhid act. part. n.* • |*pl.* شهود *šuhūd*| witness ▪ شاهد عيان *šāhid · 3iyān* eyewitness • |*pl.* **dip.** شواهد *šawāhid*| quotation, citation • |*pl.* **dip.** شواهد *šawāhid*| evidence, proof ◊ كل الشواهد تشير إلى القاتل. *All the pieces of evidence lead to the murderer.*

شاور *šāwara v.tr.* |*3s* يشاور *yušāwiru* | مشاورة *mušāwarat*| • consult, seek advice *from*

شاي *šāy n.* • tea ▪ شاي أحمر *šāy ʔaḥmar* black tea ▪ شاي أخضر *šāy ʔaxḍar* green tea ▪ شاي ثقيل *šāy taqīl* strong tea ▪ شاي خفيف *šāy xafīf* weak tea ▪ شاي نعناع *šāy · na3nā3* mint tea ➡ ***also picture on p. 236***

Tea being prepared

شائبة *šāʔibat n.* |*pl.* **dip.** شوائب *šawāʔib*| • blemish, spot

شائع *šāʔi3 act. part. n.* • widespread, well-known

شائعة *šāʔi3at act. part. n.* • rumor

شائق *šāʔiq act. part. adj.* |*elat.* أكثر تشويقا *ʔaktar tašwīqan*| • interesting

شائك *šāʔik adj.* • barbed, thorny ▪ أسلاك شائكة *ʔaslāk šāʔikat* barbed wire ▪ موضوع شائك *mawḍū3 šāʔik* controversial topic

شب *šabba v.intr.* |*1g2* يشب *yašibbu* | شبوب *šubūb*| • break out, erupt ▪ شبت حرب *šabbat ḥarbun* war breaks out ▪ شب نار *šabba nārun* fire broke out

شباب *šabāb n.* • youth, youthfulness ▪ في شبابه *fī šabābihi* in *one's* youth, when one was young

شباط *šubāṭ n.* **dip.** • February ➡ ***The Months p. 181***

شباك *šubbāk n.* |*pl.* **dip.** شبابيك *šabābīk*| • window ▪ شباك بيع تذاكر *šubbāk · bay3 · taḏākir* ticket window

شبح *šabaḥ n.* |*pl.* أشباح *ʔašbāḥ*| • ghost

شبر *šibr n.* |*pl.* أشبار *ʔašbār*| • *(from tip of thumb to tip of little finger)* hand span

شبرا الخيمة *šubrā -lxaymat n.* **f.** • *(city in Egypt)* Shubra El-Kheima, Shubra al-Khaymah ➡ ***map on p. 287***

شبشب *šibšib n.* |*pl.* **dip.** شباشب *šabāšib*| • slippers ▪ شبشب شاطئ *šibšib šāṭiʔ* flip-flops, thongs

شبع *šabi3a v.intr.* |*1s4* يشبع *yašba3u* | شبع *šab3*| • *(appetite)* become full

شبعان *šab3ān adj.* |*m. pl.* شباع *šibā3* or **invar.** شباعى *šabā3ā* | *f. sing.* **invar.** شبعى *šab3ā* | *elat.* أكثر شبعا *ʔaktar šab3an*| • satiated, full

شبكة *šabakat n.* • net ▪ شبكة صيد *šabakat · ṣayd* fishing net • network ▪ شبكة حاسوب *šabakat · ḥāsūb*, شبكة كمبيوتر *šabakat · kombyūtar* computer network ▪ الشبكة العالمية *aššabakat al3ālamīyat* the World Wide Web (WWW) ▪ CNN شبكة *šabakat · sī ʔen ʔen* *(news network)* CNN

شبكية *šabakīyat n.* • retina

شبل *šibl n.* |*pl.* أشبال *ʔašbāl*| • lion cub

شبه *šabbaha v.tr.* |*2s* يشبه *yušabbihu* | تشبيه *tašbīh*| • liken *sb/sth* ∘ *to* بـ, compare ▪ شُبه *šubbiha pass. v.* be suspicious *to* على, be dubious

شبه *šibh n.* |*pl.* أشباه *ʔašbāh*| • similarity • |*elat.* أشبه *ʔašbah*| [+ genitive noun] similar to, like • [+ genitive noun or adjective] semi-, half-, quasi-, sub- ▪ شبه جزيرة *šibh · jazīrat* peninsula ▪ شبه ظلمة *šibh · ẓulmat* semidarkness ▪ شبه قارة *šibh · qārat* ▪ شبه رسمي *šibh rasmīy adj.* semi-official

شبهة *šubhat n.* |*pl.* شبهات *šub(a)hāt*| • suspicion, doubt

شبين الكوم *šibīn alkawm n.* **f. dip.** • *(city in Egypt)* Shibin Al Kawm ➡ ***map on p. 287***

شبيه *šabīh adj.* |*m. pl.* شباه *šibāh* | *elat.* أشبه *ʔašbah*| • similar *to* بـ, like

شتاء *šitāʔ n.* |*pl.* أشتية *ʔaštiyat*| • winter

شتات *šatāt adj.* • dispersed, scattered

شتت *šattata v.tr.* |*2s* يشتت *yušattitu* | تشتيت *taštīt*| • scatter, disperse

شتم *šatama v.tr.* |*1s2/1s3* يشتم *yaštimu* or *yaštumu* | شتم *šatm*| • abuse • verbally attack, curse *at*, insult

شتم *šatm n.*⋆ • abuse

شتوي *šatawīʸ*, شتائي *šitāʔīʸ adj.* • winter-

شتيت *šatīt adj.* |*m. pl.* **invar.** شتى *šattā*| • dispersed, scattered ▪ شتى *šattā pl. n.* [+ indefinite genitive plural noun] various ◊ شتى أنواع *šattā ʔanwā3ⁱⁿ various kinds*

شتيمة *šatīmaᵗ n.* |*pl.* **dip.** شتائم *šatāʔim*| • swearword, insult, abusive language

شجار *šijār n.* • fight, brawl • quarrel, argument

شجاع *šujā3*, شجيع *šajī3 adj.* |*m. pl.* شجعان *šuj3ān* | *elat.* أشجع *ʔašja3*| • courageous, brave ▪ أشجع من ليث *ʔašja3 min laytⁱⁿ idiom* braver than a lion (i.e. very brave)

شجاعة *šajā3aᵗ n.* • courage, bravery

شجب *šajaba v.tr.* |*1s3* يشجب *yašj**u**bᵘ* | شجب *šajb*| • denounce, condemn

شجب *šajjaba v.tr.* |*2s* يشجب *yušajjibᵘ* | تشجيب *tašjīb*| • denounce, condemn

شجر *šajar coll. n.* |*sing.* شجرة *šajaraᵗ* | *pl.* أشجار *ʔašjār*| • trees

شجع *šajja3a v.tr.* |*2s* يشجع *yušajji3ᵘ* | تشجيع *tašjī3*| • encourage *sb* ∘ *to (do)* على

شجن *šajan n.* |*pl.* شجون *šujūn*| • grief, heartache, melancholy

شجيرة *šujayraᵗ n. diminutive* • bush, shrub

شحاذ *šaḫḫāđ n.* • beggar

شحذ *šaḫađa v.tr.* |*1s1* يشحذ *yašḫ**a**đᵘ* | شحذ *šaḫđ*| • sharpen, whet ▪ شحذ همته *šaḫađa himmatᵃhu* energize *sb*, strengthen • beg

شحم *šaḫḫama v.tr.* |*2s* يشحم *yušaḫḫimᵘ* | تشحيم *tašḫīm*| • grease, lubricate

شحم *šaḫm coll. n.* |*sing.* شحمة *šaḫmaᵗ* | *pl.* شحوم *šuḫūm* or شحمات *šuḫūmāt*| • fat, grease ▪ شحمة *šaḫmaᵗ n.* piece of fat ▪ شحمة أذن *šaḫmat · ʔuđun* earlobe

شحمي *šaḫmīʸ adj.* • fatty

شحن *šaḫana v.tr.* |*1s1* يشحن *yašḫ**a**nᵘ* | شحن *šaḫn*| • ship, send

شحن *šaḫn n.** • shipment, shipping, freight

شحنة *šaḫnaᵗ n.* |*pl.* شحنات *šaḫ(a)nāt*| • load, cargo

شخر *šaxara v.intr.* |*1s2* يشخر *yašx**i**rᵘ* | شخير *šaxīr*| • snore

شخص *šaxṣ n.* • |*pl.* أشخاص *ʔašxāṣ*| person ▪ شخص ما *šaxṣ mā* someone; anyone ▪ شخص آخر *šaxṣ ʔāxar* someone else • |*pl.* شخوص *šuxūṣ*| character ▪ شخص رواية *šaxṣ · riwāyaᵗ* character in a novel

شخص *šaxxaṣa v.tr.* |*2s* يشخص *yušaxxiṣᵘ* | تشخيص *tašxīṣ*| • identify, diagnose

شخصي *šaxṣīʸ adj.* • personal ▪ شخصيا *šaxṣīyan adv.* personally, in person

شخصية *šaxṣīyaᵗ n.* • personality, character

شد *šadda v.* • *v.tr.* |*1g2/1g3* يشد *yašiddᵘ* or *yašuddᵘ* | شد *šadd*| pull taut, tighten • *v.intr.* |*1g2* يشد *yašiddᵘ* | شدة *šiddaᵗ*| be intense, be severe

شدة *šaddaᵗ* • *(grammar)* shadda (diacritic indicating a double consonant) ّ

شدة *šiddaᵗ n.** • intensity, severity

شدد *šaddada v.tr.* |*2s* يشدد *yušaddidᵘ* | تشديد *tašdīd*| • emphasize على, intensify ▪ شدد على أنّ *šaddada 3alā ʔanna* emphasize that... • geminate, double (a consonant)

شدق *šidq n.* |*pl.* أشداق *ʔašdāq*| • corner of the mouth ▪ ضحك ملء شدقيه *ḍaḫika malʔᵃ šidqayhi* grin from ear to ear

شديد *šadīd adj.* |*m. pl.* شداد *šidād* or **dip.** أشداء *ʔašiddāʔ* | *elat.* أشد *ʔašadd*| • intense, extreme, severe, strong ▪ شديد الحساسية *šadīd · alḫassasīyaᵘ* high-strung ▪ شديد الحرارة *šadīd · alḫarāraᵘ* intensely hot ▪ في أشد الحاجة الي *fī ʔašaddⁱ -lḫājaᵗⁱ ʔilā* in dire need of ⓘ *Many adjectives, especially those which do not have their own elative forms, use* أشد *ʔašadd + indefinite accusative masdar to form elatives.* ◊ الأشد تأثيرا *the most effective* ◊ أشد فقرا *poorer*

➡ compare with* أكثر *ʔaktar p. 39

شذوذ *šuđūđ n.* • perversion, deviation, abnormality

شر *šarr* • *adj.* |*pl.* أشرار *ʔašrār* | *elat.* شر *šarr*| bad, evil ▪ شر من *šarr min* worse than, more evil than • *n.* |*pl.* شرور *šurūr*| badness, evil ▪ الخير والشر *alxayr wa-ššarr* good and evil ▪ شر البلية ما يضحك. *šarrᵘ -lbalīyaᵗ mā yaḍḫakᵘ proverb* The worst of disasters make us laugh. (i.e. when the irony of a disaster is beyond belief)

شراء *širāʔ n.* • purchase

شراب *šarāb n.* |*pl.* أشربة *ʔašribaᵗ*| • syrup ▪ شراب إسفندان *šarāb · isfindān* maple syrup • drink ⓘ *The English word 'syrup' has been borrowed from this Arabic word.*

شرارة *šarāraᵗ n.* • spark

شراع *širā3 n.* |*pl.* أشرعة *ʔašri3aᵗ*| • sail

شراكة *širākaᵗ n.* • partnership

شرب *šariba v.tr.* |*1s4* يشرب *yašr**a**bᵘ* | شرب *šurb*| • drink

ش

شربة *šurbaᵗ n.* • soup • drink, sip ▪ شرب شربة ماء *šariba šurbat · māʔ* take a drink of water

شرج *šaraj n.* |*pl.* أشراج *ʔašrāj*| • anus

شرجي *šarajīʸ adj.* • anal

شرح *šaraḥa v.tr.* |*1s1* يشرح *yašraḥᵘ* | شرح *šarḥ*| • explain *sth* ◦ *to* لـ

شرح *šarḥ n.*⋆ • explanation

شرح *šarraḥa v.tr.* |*2s* يشرح *yušarriḥᵘ* | تشريح *tašrīḥ*| • slice, dissect

شرخ *šarx n.* |*pl.* شروخ *šurūx*| • crack, fissure

شرد *šarada v.intr.* |*1s3* يشرد *yašrudᵘ* | شرود *šurūd*| • stray, roam, wander

شرد *šarrada v.tr.* |*2s* يشرد *yušarridᵘ* | تشريد *tašrīd*| • displace, force to emigrate, make homeless, evict

شرس *šaris adj.* |*elat.* أشرس *ʔašras*| • ferocious, fierce, vicious, aggressive ◊ منافسة شرسة *fierce competition*

شرط *šarṭ n.* |*pl.* شروط *šurūṭ*| • condition, stipulation ▪ بشرط أنْ *bi-šarṭⁱⁿ ʔan*, شرط أنْ *šarṭᵃ ʔan*, على شرط أنْ *3alā šarṭⁱⁿ ʔan* on condition that..., provided that... ▪ دون شرطا *dawwana šarṭan v.* stipulate a condition

شرطة *šurṭaᵗ n.* • police ▪ شرطة عسكرية *šurṭaᵗ 3askarīyaᵗ* military police ▪ رجل الشرطة *rajul · šurṭaᵗ*, ضابط شرطة *ḍābiṭ · šurṭaᵗ* police officer, policeman

شرطي *šarṭīʸ adj.* • conditional ▪ جملة شرطية *jumlaᵗ šarṭīyaᵗ n. (grammar)* conditional sentence

شرطي *šurṭīʸ n.* • police officer

شرع *šara3a v.intr.* |*1s1* يشرع *yašra3ᵘ* | شروع *šurū3*| • [+ masdar] begin to *(do)* في, start *(do)*ing ◊ شرع الطفل في البكاء. *The child started to cry.*; [+ indicative] begin to *(do)*, start *(do)*ing ◊ الآن شرعت أتعلم الفرنسية. *Now I've started learning French.*

شرع *šarra3a v.tr.* |*2s* يشرع *yušarri3ᵘ* | تشريع *tašrī3*| • legislate

شرعة *šir3aᵗ n.* • law

شرعي *šar3īʸ adj.* |*elat.* أكثر شرعية *ʔaktar šar3īyaᵗᵃⁿ*| • legal ▪ غير شرعي *ɣayr · šar3īʸ* illegal • forensic

شرعية *šar3īyaᵗ n.* • legality

شرف *šaraf n.* • honor

شرف *šarrafa v.tr.* |*2s* يشرف *yušarrifᵘ* | تشريف *tašrīf*| • honor

شرفة *šurfaᵗ n.* |*pl.* شرفات *šur(u)fāt*| • balcony, terrace

شرق *šarq n.* • east ▪ الشرق الأوسط *aššarq alʔawsaṭ* the Middle East; ***f.*** *n.* Asharq Al-Awsat (international Arabic language newspaper headquartered in London) ▪ الشرق الأدنى *aššarq alʔadnā* the Near East ▪ الشرق الأقصى *aššarq alʔaqṣā* the Far East ▪ في شرق *fī šarqⁱ prep.* in the east of ◊ يسكن في شرق البلد. *He lives in the east of the country.* ▪ في الشرق من *fī -ššarqⁱ min prep.* to the east of ◊ البحر في الشرق من المدينة. *The sea is (to the) east of the city.* ▪ شرقا *šarqan adv.* east, eastward

شرق *šarqa*, شرقي *šarqīya prep.* • to the east of

شرقي *šarqīʸ* • *adj.* eastern, east- ▪ شمالي شرقي *šamālīʸ šarqīʸ* northeastern ▪ شمالي غربي *šamālīʸ ɣarbīʸ* northwestern • *n.* easterner

شركة *šarikaᵗ n.* • company, firm ▪ شركة أم *šarikat · ʔumm* parent company ▪ شركة تابعة *šārikaᵗ tābi3aᵗ* subsidiary ▪ شركة ذات مسؤولية محدودة *šarikaᵗ ḏāt masʔūlīyaᵗⁱⁿ maḥdūdaᵗⁱⁿ* limited liability company (LLC) ▪ شركة مساهمة *šarikaᵗ musāhimaᵗ* corporation ▪ شركة ناشئة *šarikaᵗ nāšiʔaᵗ* startup company • partnership

شركسي *šarkasīʸ adj.* |*m. pl.* شراكسة *šarākisaᵗ*| • *(ethnic group)* Circassian, Adyghe ▪ الشركس *aššarkas pl. n.* the Circassians

شرم *šarm n.* |*pl.* شروم *šurūm*| • inlet, bay

شرم الشيخ *šarm · aššayxⁱ n.* ***f.*** • *(city in Egypt)* Sharm el-Sheikh ➡ ***map on p. 287***

شروال *širwāl n.* |*pl.* **dip.** شراويل *šarāwīl*| • Punjabi pants (baggy pants tapered at the ankle), seroual trousers

شروق *šurūq n.* • *(sun, moon)* rise ▪ شروق شمس *šurūq · šams* sunrise ▪ الشروق *aššurūq n.* ***f.*** El Shorouk (Egyptian newspaper)

شريان *širyān n.* |*pl.* **dip.** شراين *šarāyīn*| • artery

شريحة *šarīḥaᵗ n.* |*pl.* **dip.** شرائح *šarāʔiḥ*| • slice, section • *(computers)* chip

شرير *šarīr adj.* |*m. pl.* أشرة *ʔaširraᵗ* | *elat.* شر *šarr*| • wicked, evil

شريط *šarīṭ n.* |*pl.* أشرطة *ʔašriṭaᵗ* or شرائط *šarāʔiṭ*| • band, ribbon, tape ▪ شريط حذاء *šarīṭ · ḥiḏāʔ* shoelace ▪ شريط لاصق *šarīṭ lāṣiq* adhesive tape

شريطة *šarīṭaᵗ n.* |*pl.* **dip.** شرائط *šarāʔiṭ*| • condition, stipulation ▪ شريطة أنْ *šarīṭata ʔan* provided that...

الشريعة *aššarī3aᵗ n.* |*pl.* الشرائع *aššarāʔi3*| • Sharia law

شريف *šarīf adj.* |*m. pl.* **dip.** شرفاء *šurafāʔ* | *elat.*

أشرف *ʔašraf*| • honorable ▪ أشرف *ʔašraf* **dip.** *man's name* Ashraf

شريك *šarīk n.* |*pl.* **dip.** شركاء *šurakāʔ*| • partner, associate ▪ شريك أعمال *šarīk · ʔa3māl* business partner

شطب *šaṭaba v.tr.* |*1s3* يشطب *yašṭub^u* | شطب *šaṭb*| • cross out, erase, scratch off ▪ شطب دينا *šaṭaba daynan* cancel a debt, forgive a debt • eliminate, remove

شطر *šaṭara v.tr.* |*1s3* يشطر *yašṭur^u* | شطر *šaṭr*| • halve, split

شطر *šaṭr n.*★ |*pl.* أشطر *ʔašṭar* or شطور *šuṭūr*| • half

شطرنج *šiṭranj* or *šaṭranj n.* • chess

شطف *šaṭafa v.tr.* |*1s3* يشطف *yašṭuf^u* | شطف *šaṭf*| • rinse

شظي *šaẓiya v.intr.* |*1d4* يشظى *yašẓā* | **indecl.** شظى *šaẓ(an)*| • splinter

شظية *šaẓīya^t n.* |*pl.* **invar.** شظايا *šaẓāyā*| • splinter, sliver

شعار *ši3ār n.* • slogan, motto • logo

شعاع *šu3ā3* |*pl.* أشعة *ʔaši33a^t*| • *n.* radius, spoke • *coll. n.* |*sing.* شعاعة *šu3ā3a^t*| rays, beams ▪ صورة أشعة *ṣūrat · ʔaši33a^t*, أشعة إكس *ʔaši33at · ʔiks* x-ray ▪ شعاع ليزر *šu3ā3 · layzer* laser beam ▪ علم الأشعة *3ilm · alʔaši33a^ti* radiology ▪ عالم أشعة *3ālim · ʔaši33a^t* radiologist

شعب *ša3b n.* |*pl.* شعوب *šu3ūb*| • people ◊ الشعب الفلسطيني *the Palestinian people* ▪ مجلس شعب *majlis · ša3b* parliament, people's council

شعب *ši3b n.* |*pl.* شعاب *ši3āb*| • mountain pass, gorge, ravine • reef ▪ شعب مرجاني *ši3b marjānī^y* coral reef

شعبان *ša3bān n.* • Sha'aban (eighth month of the Islamic calendar) ➥ ***The Islamic Calendar p. 324***

شعبة *šu3ba^t n.* |*pl.* شعب *šu3ab*| • branch, division

شعبي *ša3bī^y adj.* |*elat.* أكثر شعبية *ʔakṯar ša3bīya^tan*| • common, lower-class, working class ▪ حي شعبي *ḥayy ša3bī^y n.* working-class neighborhood, poorer district • folk-, popular

شعبية *ša3bīya^t n.* • popularity

شعر *ša3ara v.intr.* |*1s3* يشعر *yaš3ur^u* | شعور *šu3ūr*| • [+ masdar] feel بـ, sense ⓘ *In English, the complement of 'feel' is an adjective, whereas in Arabic it is a noun governed by the preposition* بـ *bi-*: ◊ أشعر بالبرد. *I feel cold. (lit. I feel with coldness.)* ◊ أشعر بالملل. *I feel bored. (lit. I feel with boredom.)* ▪ شعر بالتعب *ša3ara bi-tta3ab* feel tired ▪ شعر بالسعادة *ša3ara bi-ssa3āda^ti* feel happy ▪ شعر بالقلق *ša3ara bi-lqalaq^i* feel worried ▪ شعر بالملل *ša3ara bi-lmalal^i* feel bored ▪ شعر بالوحدة *ša3ara bi-lwaḥda^ti* feel lonely ▪ شعر بالحاجة إلى *ša3ara bi-lḥāja^ti ʔilā* [+ masdar] feel the need to *(do)* ▪ شعر بالألم *ša3ara bi-lʔalam^i* feel pain ▪ شعر بأن *ša3ara bi-ʔanna* feel that... • be conscious *of* بـ, be aware ◊ شعر بوجودها في الغرفة. *He was aware of her presence in the room.*

شعر *ša3r coll. n.* |*sing.* شعرة *ša3ra^t* | *pl.* شعور *šu3ūr*| • hair ▪ شعرة *ša3ra^t* a hair

شعر *ši3r n.* |*pl.* أشعار *ʔaš3ār*| • poetry

شعري *ši3rī^y adj.* • poetic

شعشع *ša3ša3a v.tr.* |*11s* يشعشع *yuša3ši3^u* | شعشعة *ša3ša3a^t*| • dilute, water down

شعلة *šu3la^t n.* |*pl.* شعل *šu3al*| • torch, flame

شعور *šu3ūr n.*★ • feeling, emotion, sense, sensation • consciousness, awareness

شعوري *šu3ūrī^y adj.* • emotional, sensory • conscious ▪ لا شعوري *lā šu3ūrī^y* subconscious, unconscious

شعير *ša3īr coll. n.* |*sing.* شعيرة *ša3īra^t*| • barley

شعيرة *ša3īra^t n.* |*pl.* **dip.** شعائر *ša3āʔir*| • ritual, ceremony

شعيرة *šu3ayra^t n. diminutive* |*pl.* **dip.** شعيرات *šu3ayrāt* or شعائر *ša3āʔir*| • capillary

شغال *šaɣɣāl adj.* • busy, occupied • *(of machines)* running, in operation

شغب *šaɣb* or *šaɣab n.* • unrest, riot ▪ أعمال شغب *ʔa3māl · šaɣb* disturbances, riots

شغر *šaɣara v.intr.* |*1s3* يشغر *yašɣur^u* | شغور *šuɣūr*| • become vacant, become free, become unoccupied

شغف *šaɣaf n.* • passion

شغف *šaɣif adj.* |*elat.* أكثر شغفا *ʔakṯar šaɣafan*| • passionate *about* بـ, infatuated *with*

شغل *šaɣala v.tr.* |*1s1* يشغل *yašɣal^u* | شغل *šuɣl*| • fill (a position, etc.) • occupy, busy, distract

شغل *šaɣɣala v.tr.* |*2s* يشغل *yušaɣɣil^u* | تشغيل *tašɣīl*| • employ, hire • work, operate, run • play (music) ◊ كان يشغل الموسيقى بصوت عال في سيارته. *He was playing music loudly in his car.*

شغل *šuɣl n.*★ • occupation, filling • |*pl.* أشغال *ʔašɣāl*| work, job ▪ عندي شغل. *3indī šuɣl* Something's come up., I have something to do.

شغور *šuɣūr n.*★ • vacancy

شغوف *šaɣūf adj.* |*elat.* أكثر شغفا *ʔakṯar šaɣafan*|

• passionate *about* بـ, infatuated *with*

شفا *šaff(an)* *n.* **indecl.** |*dual* شفوان *šafawānⁱ* | *pl.* أشفاء *ʔašfāʔ*| • rim, edge, brink

شفاء *šifāʔ* *n.** • cure, remedy • recovery

شفاطة *šaffāṭaᵗ* *n.* • drinking straw • pump

شفاف *šaffāf* *adj.* |*elat.* أكثر شفافية *ʔaktar šafāfīyaᵗᵃⁿ*| • transparent

شفافية *šafāfīyaᵗ* *n.* • transparency

شفة *šafaᵗ* *n.* |*pl.* شفاه *šifāh*| • lip ▪ أحمر شفاه *ʔaḥmar · šifāh* lipstick

شفر *šafr* *n.* |*pl.* أشفار *ʔašfār*| • edge, rim • labium

شفرة *šafraᵗ* *n.* |*pl.* شفرات *šaf(a)rāt*| • blade ▪ شفرة حلاقة *šafrat · ḥalāqaᵗ* razor blade

شفرة *šifraᵗ* *n.* |*pl.* شفرات *šifrāt*| • code

شفق *šafaq* *n.* • twilight

شفقة *šafaqaᵗ* *n.* • pity, sympathy, compassion

شفوق *šafūq* *adj.* • sympathetic, compassionate

شفوي *šafawīʸ*, شفهي *šifhīʸ*, شفاهي *šifāhīʸ* *adj.* • oral, labial

شفى *šafā* *v.tr.* |*1d2* يشفي *yašfī* | شفاء *šifāʔ*| • cure, heal ▪ شُفي *šufiya* *pass. v.* recover, get better

شق *šaqq* *n.** |*pl.* شقوق *šuqūq*| • split, crack, slot, incision

شق *šaqqa* *v.* |*1g3* يشق *yašuqqᵘ* | شق *šaqq*| • *v.tr.* split, crack • *v.intr.* be troublesome *for* على, be burdensome ▪ لا يشق له غبار *lā yušaqqᵘ lahu ɣubārᵘⁿ* *pass. v.* unparalleled, unrivaled

شقاء *šaqāʔ* *n.* • misery

شقاق *šiqāq* *n.* • disharmony, discord

شقة *šaqqaᵗ* *n.* |*pl.* شقق *šiqaq*| • apartment (UK: flat)

شقراء *šaqrāʔ* *n.* ***f.*** • blonde

شقق *šaqqaqa* *v.tr.* |*2s* يشقق *yušaqqiqᵘ* | تشقيق *tašqīq*| • split, crack

شقي *šaqīʸ* |*pl.* **dip.** أشقياء *ʔašqiyāʔ*| • *adj.* |*elat.* **invar.** أشقى *ʔašqā*| naughty, mischievous; miserable, despondent ▪ سيد القوم أشقاهم. *sayyidᵘ -lqawmⁱ ʔašqāhum* *proverb* The man in charge is the most miserable of them all. • *n.* rascal, scoundrel

شقيق *šaqīq* *n.* |*pl.* **dip.** أشقاء *ʔašiqqāʔ*| • brother, sibling

شقيقة *šaqīqaᵗ* *n.* • sister • *(headache)* migraine

شك *šakk* *n.** |*pl.* شكوك *šukūk*| • doubt, suspicion ▪ لا شك *lā šakkᵃ* no doubt ▪ بلا شك *bi-lā šakkⁱⁿ*, ولا شك *wa-lā šakkᵃ*, من دون شك *min dūna šakkᵃ* *adv.* without a doubt, definitely, undoubtedly ▪ لا شك أنّ *lā šakkᵃ ʔanna* There is no doubt that...

شك *šakka* *v.intr.* |*1g3* يشك *yašukkᵘ* | شك *šakk*| • doubt في, suspect ▪ أشك في ذلك. *ʔašukkᵘ fī ḏālika* I doubt it.

شكا *šakā* *v.intr.* |*1d3* يشكو *yaškū* | شكوى *šakwā* or شكاية *šikāyaᵗ*| • complain *about* من *to* إلى

شكر *šakara* *v.tr.* |*1s3* يشكر *yaškurᵘ* | شكر *šukr*| • thank *sb* ه *or* ـه *for* على

شكر *šukr* *n.** |*pl.* شكور *šukūr*| • thanks, thankfulness ▪ شكرا *šukran* Thank you! ▪ شكرا جزيلا *šukran jazīlan*, أشكرك جزيل الشكر *ʔaškurᵘka jazīlᵃ -ššukrⁱ* Thank you very much! ▪ لا شكر على واجب *lā šukrᵃ 3alā wājibⁱⁿ* You're welcome! ▪ عيد الشكر *3īd · aššukrⁱ* Thanksgiving ▪ وجه الشكر لـ *wajjaha aššukrᵃ li-* *v.* extend *one's* thanks to

شكل *šakala* *v.tr.* |*1s3* يشكل *yaškulᵘ* | شكل *šakl*| • mark with diacritics, vowel, vocalize

شكل *šakkala* *v.tr.* |*2s* يشكل *yušakkilᵘ* | تشكيل *taškīl*| • form, establish • constitute, make up, be composed of • mark with diacritics, vowel, vocalize

شكل *šakl* *n.** |*pl.* أشكال *ʔaškāl*| • shape ▪ الشكل __ __ · *aššaklⁱ* [adjective +] *(forms adjectives)* __-shaped ▪ كروي الشكل *kurawīy · aššaklⁱ* *adj.* ball-shaped, spherical ▪ مكعب الشكل *muka33ab · aššaklⁱ* *adj.* cube-shaped, cubiform ▪ على شكل __ *3alā šaklⁱ* __ in the shape of __, in __ form ◊ نشرت رسائلها على شكل كتاب. *Her letters were published in book form.* ▪ جلس على شكل حلقة *jalasa 3alā šaklⁱ · ḥalqaᵗⁱⁿ* *v.* sit in a circle • manner, way ▪ __ بشكل *bi-šaklⁱⁿ* __ [+ adjective] *(forms adverbs)* in a __ way, __-ly ▪ بشكل عادي *bi-šaklⁱⁿ 3ādīyⁱⁿ* usually ▪ بشكل مباشر *bi-šaklⁱⁿ mubāširⁱⁿ* *adv.* directly ▪ بشكل طبيعي *bi-šaklⁱⁿ ṭabī3īyⁱⁿ* *adv.* naturally, in a natural way ▪ بشكل متوقع *bi-šaklⁱⁿ mutawaqqa3ⁱⁿ* *adv.* expectedly, in an expected way ▪ بشكل نظامي *bi-šaklⁱⁿ niẓāmīyⁱⁿ* *adv.* in an organized way ▪ بشكل تدريجي *bi-šaklⁱⁿ tadrījīyⁱⁿ* *adv.* gradually ▪ بشكل عام *bi-šaklⁱⁿ 3āmmⁱⁿ* *adv.* generally • vowelization

شكوة *šakwaᵗ* *n.* |*pl.* شكوات *šak(a)wāt*| • complaint

شكوى *šakwā*, شكاية *šikāyaᵗ* *n.** **invar.** |*pl.* **invar.** شكاوى *šakāwā*| • complaint

شل *šalla* *v.tr.* • |*1g3* يشل *yašullᵘ* | شلل *šalal*| paralyze ▪ شُل *šulla* *pass. v.* become paralyzed

شلال *šallāl* *n.* • waterfall

الشلف *aššlef* *n.* ***f.*** • *(city in Algeria)* Chlef ➡ ***map on p. 105***

شلل *šalal n.** • paralysis

شلن *šil(i)n n.* • shilling ▪ شلن صومالي *šil(i)n ṣūmālīy* |*abbreviated* ش.ص| Somali shilling (Sh.So.)

شلو *šilw n.* |*pl.* أشلاء *ʔašlāʔ*| • corpse

شم *šamma v.tr.* |*1g3* يشم *yašummu* | شم *šamm*| • smell

شم النسيم *šam annasīm n.* • Sham el-Nessim (Egyptian holiday)

شماعة *šammā3at n.* • clothes hanger, coat hanger • coat rack

شماغ *šamāɣ n.* |*pl.* أشمغة *ʔašmiɣat*| • shemagh (head cover worn by men), scarf

A young man wearing a shemagh (also: ghutra, keffiyeh) with an agal (cord)

شمال *šamāl n.* • north ◊ بشمال العاصمة *in the north of the capital* ▪ شمالا *šamālan adv.* north, northward, to the north ▪ شمال شرقي *šamāl šarqīy* northeast ◊ في الشمال الشرقي *in the northeast* ▪ شمال غربي *šamāl ɣarbīy* northwest ◊ منزلي في شمال غربي دمشق. *My house is in the northwest of Damascus.* ▪ في الشمال الغربي من *fī -ššamāli -lɣarbīy min prep.* to the northwest of ◊ القرية في الشمال الغربي من دمشق. *The village is (to the) northwest of Damascus.*

شمال *šamāla prep.* • to the north of

شمال *šimāl n.* • *(not right)* left ▪ شمالا *šamālan adv.* to the left ▪ يمينا وشمالا *yamīnan wa-šimālan adv.* to the left and right ▪ على الشمال *3alā -ššimāli*, عن الشمال *3ani -ššimāli adv.* on the left (side)

شمال *šimāla prep.* • to the left of

شمالي *šamālīy adj.* • northern, north- ▪ شمالي شرقي *šamālīy šarqīy* north-eastern ▪ شمالي غربي *šamālīy ɣarbīy* north-western ▪ شماليّ *šamālīya prep.* to the north of ▪ القطب الشمالي *alquṭb aššamālīy n.* the North Pole • *n.* northerner

شمام *šammām coll. n.* |*sing.* شمامة *šammāmat*| • cantaloupes, muskmelons

شمس *šams n. f.* |*pl.* شموس *šumūs*| • sun ▪ الشمس *aššams* the Sun ▪ شروق شمس *šurūq · šams* sunrise ▪ غروب شمس *ɣurūb · šams* sunset ▪ ضربة شمس *ḍarbat · šams* heat stroke

شمسي *šamsīy adj.* • solar, sun- ▪ حرف شمسي *ḥarf šamsīy n.* sun letter ➡ ***Sun and Moon Letters p. 39*** ▪ طاقة شمسية *ṭāqat šamsīyat n.* solar energy ▪ المجموعة الشمسية *almajmū3at aššamsīyat n.* the solar system

شمسية *šamsīyat n.* • umbrella

شمع *šam3 coll. n.* • |*sing.* شمعة *šam3at* | *pl.* شموع *šumū3* or شمعات *šam(a)3āt*| candles • wax

شمع *šamma3a v.tr.* |*2s* يشمع *yušammi3u* | تشميع *tašmī3*| • wax, treat with wax

شمعي *šam3īy adj.* • waxy

شمل *šamala v.tr.* |*1s1/1s3* يشمل *yašmalu* or *yašmulu* | شمل *šaml* or *šamal* or شمول *šumūl*| • include, contain, incorporate

شمل *šaml n.** • inclusion • unification, combination ▪ حفلة لم الشمل *ḥaflat · lammi -ššamli* *(party)* reunion

شمم *šamm n.** • smell ▪ حاسة شم *ḥāsat · šamm* sense of smell

شمندر *šamandar coll. n.* |*sing.* شمندرة *šamandarat*| • beetroot

شمول *šumūl n.** • containment, inclusion • comprehensiveness, wholeness

شمولي *šumūlīy adj.* |*elat.* أكثر شمولية *ʔakṯar šumūlīyatan* or أكثر شمولا *ʔakṯar šumūlan*| • comprehensive, holistic • totalitarian

شمولية *šumūlīyat n.* • totalitarianism

شن *šanna v.tr.* |*1g3* يشن *yašunnu* | شن *šann*| • launch *an attack, etc.* ∘ *against* على ▪ شن حربا *šanna ḥarban* wage war ▪ شن هجوما *šanna hujūman* launch an attack ▪ شن حملة عسكرية *šanna ḥamlat 3askarīyat* launch a military campaign

شناشيل *šanāšīl n.* • shanasheel (projecting oriel window with latticework) ➡ ***picture on the next page***

A shanasheel (also: mashrabiya) in Tunisia

شنب *šanb n.* |*pl.* أشناب *ʔašnāb*| • mustache

شنطة *šanṭa^{t} n.* |*pl.* شنط *šunaṭ*| • bag

شنق *šanaqa v.tr.* |*1s3* يشنق *yašnuq^{u}* | شنق *šanq*| • hang, lynch

شنيع *šanī3 adj.* |*m. pl.* شنعاء *šuna3āʔ* | *elat.* أشنع *ʔašna3*| • awful, heinous, abominable

شهاب *šihāb n.* |*pl.* شهب *šuhub*| • meteor, meteoroid, falling star, shooting star

شهادة *šahāda^{t} n.* • diploma, degree, certificate ▪ حصل على شهادة في *ḥaṣala 3alā šahāda^{tin} fī* get a degree in ▪ شهادة ميلاد *šahādat · mīlād* birth certificate • testimony ▪ الشهادتان *aššahādatān^{i}* the two testimonies ('There is no God but God' and 'Muhammad is the messenger of God), the shahadahs

شهد *šahida v.* • *v.tr.* |*1s4* يشهد *yašhad^{u}* | شهود *šuhūd*| witness • *v.intr.* |*1s4* يشهد *yašhad^{u}* | شهادة *šahāda^{t}*| testify *against* على

شهر *šahr n.* |*pl.* شهور *šuhūr* or أشهر *ʔašhur*| • month ▪ شهر عسل *šahr · 3asal* honeymoon

شهرة *šuhra^{t} n.* • fame, celebrity

شهري *šahrī^{y} adj.* • monthly ▪ شهريا *šahrīyan adv.* monthly ➡ ***Islamic Calendar p. 324***

شهق *šahiqa v.intr.* |*1s4* يشهق *yašhaq^{u}* | شهيق *šahīq*| • inhale, breathe in

شهوة *šahwa^{t} n.* |*pl.* شهوات *šah(a)wāt*| • lust, desire

شهوي *šahwī^{y} adj.* • lustful

شهي *šahī^{y}* |*elat. **invar.*** أشهى *ʔašhā*| • appetizing, mouthwatering

شهية *šahīya^{t} n.* • appetite

شهيد *šahīd n.* |*pl. **dip.*** شهداء *šuhadāʔ*| • martyr

شهير *šahīr adj.* |*elat.* أشهر *ʔašhar*| • famous, renowned ▪ أشهر من الشمس *ʔašhar min^{a} -ššams^{i}* *idiom* more noticeable than the sun (i.e. very noticeable)

شهيق *šahīq n.** • inhalation

شوال *šawwāl n.* • Shawwal (tenth month of the Islamic calendar) ➡ ***The Islamic Calendar p. 324***

شواية *šawwāya^{t} n.* • grill

شورت *šort n. **invar.*** • shorts

شورى *šūrā n. **invar.*** • consultation, advice • Shura

شوش *šawwaša v.tr.* |*2s* يشوش *yušawwiš^{u}* | تشويش *tašwīš*| • confuse, muddle, mix up

Months of the Year

The Eastern names for months are used in Iraq, Jordan, Lebanon, Palestine, and Syria. The Western names are used in Bahrain, Egypt, Kuwait, Libya, Oman, Qatar, Saudi Arabia, Sudan, the U.A.E., and Yemen. Other variations are used in Algeria, Morocco, and Tunisia.

	Eastern	Western
January	**كانون الثاني** *kanūn attānī*	**يناير** *yanāyir*
February	**شباط** *šubāṭ*	**فبراير** *fabrāyir*
March	**آذار** *ʔāđār*	**مارس** *māris*
April	**نيسان** *nīsān*	**أبريل** *ʔabrīl*
May	**أيار** *ʔayyār*	**مايو** *māyū*
June	**حزيران** *ḥazīrān* *(ḥuzayrān)*	**يونيو** *yūnyū*
July	**تموز** *tammūz*	**يوليو** *yūlyū*
August	**آب** *ʔāb*	**أغسطس** *ʔaɣusṭus*
September	**أيلول** *ʔaylūl*	**سبتمبر** *sibtambir*
October	**تشرين الأول** *tišrīn alʔawwal*	**أكتوبر** *ʔoktōbir*
November	**تشرين الثاني** *tišrīn attānī*	**نوفمبر** *novembir*
December	**كانون الأول** *kānūn alʔawwal*	**ديسمبر** *dīsembir*

شوط *šawṭ n.* |*pl.* أشواط *ʔašwāṭ*| • round, quarter, half, stage ◊ في الشوط الثاني *in the second round/quarter/half* • قطع شوطا كبيرا/طويلا/بعيدا *qaṭa3a šawṭan kabīran/ṭawīlan/ba3īdan* make progress, make strides

شوفان *šūfān n.* • oats ▪ دقيق شوفان *daqīq · šūfān* oatmeal

شوق *šawq n.* |*pl.* أشواق *ʔašwāq*| • longing, desire ▪ تحرق شوقا لـ *taḥarraqa šawqan li- v.* cannot wait for ◊ أتحرق شوقا للقياك. *I can't wait to meet you.* ▪ مات شوقا لـ *māta šawqan li- v.* be dying to *(do)* ◊ إني أموت شوقا للقياكِ. *I'm dying to meet you.*

شوق *šawwaqa v.tr.* |*2s* يشوق *yušawwiq*ᵘ | تشويق *tašwīq*| • interest, fascinate • thrill, excite

شوك *šawk coll. n.* |*sing.* شوكة *šawka*ᵗ | *pl.* أشواك *ʔašwāk*| • thorns

شوكة *šawka*ᵗ *n.* |*pl.* شوك *šuwak*| • fork • pitchfork

شوكولاتة *šūkūlāta*ᵗ *n.* • chocolate

شوكي *šawkīʸ adj.* • thorny, prickly

شوه *šawwaha v.tr.* |*2s* يشوه *yušawwih*ᵘ | تشويه *tašwīh*| • disfigure, deface, distort ▪ شوه سمعته *šawwaha sum3atᵃhu* slander *sb*

شوى *šawā v.tr.* |*1d2* يشوي *yašwī* | شي *šayy*| • roast, grill, barbecue

شوي *šawīʸ adj.* • roasted, grilled, barbecued

شيء *šayʔ n.* |*pl.* **dip.** أشياء *ʔašyāʔ*| • thing ▪ أشياء *ʔašyāʔ pl. n.* stuff ▪ شيئا فشيئا *šayʔan fa-šayʔan adv.* little by little, gradually ▪ بعض الشيء *ba3ḍa -ššayʔⁱ adv.* somewhat, rather, to some extent • [affirmative +] something ◊ حدث شيء غريب. *Something strange happened.* ▪ كل شيء *kull · šayʔⁱⁿ* everything ▪ شيء ما *šayʔ mā* a certain something ▪ أي شيء *ʔayy · šayʔⁱⁿ* anything ◊ سأفعل أي شيء. *I'll do anything.*; [negative +] nothing, not anything ◊ لا أفهم شيئا. *I don't understand anything.* ▪ لا شيء *lā šayʔᵃ* nothing; [interrogative +] anything ◊ هل تريد شيئا؟ *Do you want anything?*

شيب *šayb n.* • *(hair)* grayness

شيخ *šayx n.* |*pl.* شيوخ *šuyūx* or **dip.** مشايخ *mašāyix*| • sheikh, elderly man, man of stature, leader, master, noble man ⓘ *While the exact definition of may vary from region to region,* شيخ *šayx it is essentially a title of respect.* • senator ▪ مجلس شيوخ *majlis · šuyūx* senate • elderly man ▪ شيوخ *šuyūx pl. n.* old people

شيخة *šayxa*ᵗ *n.* • elderly woman, matron, noble woman

شيخوخة *šayxūxa*ᵗ *n.* • old age, seniority

شيشة *šīša*ᵗ *n.* |*pl.* شيش *šiyaš*| • shisha (waterpipe for smoking), hookah

Men smoking hookahs at a café in Egypt

شيطان *šayṭān n.* |*pl.* **dip.** شياطين *šayāṭīn*| • devil ▪ الشيطان *aššayṭān* the devil, Satan

شيطاني *šayṭānīʸ adj.* • devilish, satanic

شيع *šayya3a v.tr.* |*2s* يشيع *yušayyi3*ᵘ | تشييع *tašyī3*| • escort, accompany ▪ شيع جنازة *šayya3a janāza*ᵗ attend a funeral

شيعة *šī3a*ᵗ *n.* | *plural* شيع *šiya3*| • party, faction, group ▪ الشيعة *aššī3a*ᵗ Shi'a Islam, Shiism

شيعي *šī3īʸ adj. & n.* |*pl.* شيعة *šī3a*ᵗ| • Shiite ▪ شيعة *šī3a*ᵗ *pl. n.* Shiites, Shi'a

شيق *šayyiq adj.* • |*elat.* أكثر تشويقا *ʔakṯar tašwīqan*| interesting ◊ حكى لي قصة شيقة جدا. *He told me a very interesting story.*

شيك *šayk n.* • check ▪ شيك سياحي *šayk siyāḥīʸ* traveler's check ▪ صرف شيكا *ṣarafa šaykan* cash a check

شيكاغو *šīkāgō n.* ***f. invar.*** • *(city in the U.S.)* Chicago

شيكولاتة *šīkūlāta*ᵗ *n.* • chocolate

شيماء *šaymāʔ* ***f. dip.*** *woman's name* • Shaimaa, Chaima

شين *šīn n.* ***f.*** ➡ ش ***p. 173***

شيوع *šuyū3 n.** • publicity, spread, circulation

شيوعي *šuyū3īʸ adj. & n.* • communist

شيوعية *šuyū3īya*ᵗ *n.* • communism

ص

ص • *ṣabāḥan* |*abbreviation of* صباحا| a.m. ◊ من الساعة العاشرة ص إلى الثامنة م *from ten a.m. until eight p.m.* • *ṣafḥa^t* |*abbreviation of* صفحة| page (p.) ◊ في ص ١٢ *on p. 12* •(ص) *ṣallā -LLāh^u 3alayh^i wa-sallama* |*abbreviation of* صلى الله عليه وسلم| PBUH ➡ **صلعم p. 187** ◊ رسول الله (ص) *the messenger of God (PBUH)*

ص *ṣād n.* ***f.*** |صاد| • *(fourteenth letter of the Arabic alphabet)* • *(numerical value)* 90 ➡ ***The Abjad Numerals p. 108*** • *(mathematics)* س للقوة ص ◊ y *to the power of y* ▪ محور ص *miḥwar · ṣād* Y-axis

ص ب *ṣundūq albarīd* |*abbreviation of* صندوق البريد| • P.O. Box

صابر *ṣābir act. part. adj.* |*elat.* أصبر *ʔaṣbar*| • patient

صابون *ṣābūn coll. n.* |*sing.* صابونة *ṣābūna^t*| • soap ▪ صابونة *ṣābūna^t* bar of soap ▪ صابون حلاقة *ṣabūn · ḥalāqa^t* shaving cream

صابوني *ṣābūnī^y adj.* • soapy

صاح *ṣāḥ(in) act. part.* ***def.*** |*elat.* أكثر صحوا *ʔaktar ṣaḥwan*| • awake, up • *(weather)* clear, cloudless

صاح *ṣāḥa v.intr.* |*1h2* يصيح *yaṣīḥ^u* | صياح *ṣiyāḥ*| • shout *at* على, cry out, shriek • *(animals)* cry, crow, whoop, squeal, moo (etc.)

صاحب *ṣāḥaba v.tr.* |*3s* يصاحب *yuṣāḥib^u* | مصاحبة *muṣāḥaba^t*| • befriend, become friends with • accompany, escort

صاحب *ṣāḥib n.* |*pl.* أصحاب *ʔaṣḥāb*| • owner ▪ صاحب عمل *ṣāḥib · 3amal* boss; business owner ▪ صاحب الجلالة *ṣāḥib · aljalāla^ti* His Majesty ▪ صاحب شقة *ṣāḥib · šaqqa^t* landlord • friend, companion

صاد *ṣād n.* ***f.*** ➡ **ص** ***above***

صاد *ṣāda v.tr.* |*1h2* يصيد *yaṣīd^u* | صيد *ṣayd*| • hunt, catch, trap ▪ صاد سمكا *ṣāda samakan* fish, go fishing

صادر *ṣādara v.tr.* |*3s* يصادر *yuṣādir^u* | مصادرة *muṣādara^t*| • confiscate, seize

صادرات *ṣādirāt act. part. pl. n.* • exports, exported goods ▪ الصادرات والواردات *aṣṣādirāt wa-lwāridāt* imports and exports

صادف *ṣādafa v.tr.* |*3s* يصادف *yuṣādif^u* | مصادفة *muṣādafa^t*| • meet by chance, run into, come across •صادف أنْ *ṣādafa ʔan* happen (by chance) *to (do)*

صادق *ṣādaqa v.* |*3s* يصادق *yuṣādiq^u* | مصادقة *muṣādaqa^t*| • *v.tr.* befriend, become friends *with* • *v.intr.* endorse على, approve *of*, legalize

صادق *ṣādiq act. part. adj.* |*elat.* أصدق *ʔaṣdaq*| • honest, truthful, sincere

صادم *ṣādama v.tr.* |*3s* يصادم *yuṣādim^u* | مصادمة *muṣādama^t*| • collide *with*, run *into*, bump, knock

صار *ṣāra v.intr.* |*1h2* يصير *yaṣīr^u* | صيرورة *ṣayrūra^t* or صير *ṣayr*| • [+ predicate in the accusative] become ◊ صار الأمر سهلا علي. *It has become easy for me.* • [+ imperfect] begin to *(do)*, start *(do)*ing, come to *(do)*, get to the point of *(do)*ing ◊ صرت أعرف الحقيقة. *I have come to know the truth.* ➡ ***Kāna and Her Sisters p. 247***

صارع *ṣāra3a v.tr.* |*3s* يصارع *yuṣāri3^u* | مصارعة *muṣā3ara^t*| • struggle *with*, wrestle *with* • *(sport)* wrestle *with*

صارم *ṣārim act. part. adj.* |*elat.* أكثر صرامة *ʔaktar ṣarāma^tan*| • strict, harsh, severe

صاروخ *ṣārūx n.* |*pl.* ***dip.*** صواريخ *ṣawārīx*| • missile, rocket ▪ أطلق صاروخا *ʔaṭlaqa ṣārūxan v.* launch a missile, launch a rocket

صاعد *ṣā3id act. part. adj.* |*elat.* أكثر صعودا *ʔaktar ṣu3ūdan*| • rising, ascending ▪ فصاعدا *faṣā3idan adv.* onward, forward ▪ من الآن فصاعدا *min^a -lʔān^i fa-ṣā3idan adv.* from now on, henceforth

صاغ *ṣāɣa v.tr.* |*1h3* يصوغ *yaṣūɣ^u* | صياغة *ṣiyāɣa^t*| • shape, form, mold, fashion • formulate • coin (a word)

صاف *ṣāf(in) act. part. adj.* ***def.*** |*elat.* ***invar.*** أصفى *ʔaṣfā*| • pure, clear

صافح *ṣāfaḥa v.tr.* |*3s* يصافح *yuṣāfiḥ^u* | مصافحة *muṣāfaḥa^t*| • shake hands *with*

صالة *ṣāla^t n.* • hall, auditorium ▪ صالة ألعاب *ṣālat · ʔal3āb* recreation room, gym ▪ صالة رقص *ṣālat · raqṣ* ballroom; dance floor ▪ صالة سينما *ṣālat · sīnemā* movie auditorium, screen ▪ صالة عرض *ṣālat · 3arḍ* showroom ▪ صالة وصول *ṣālat ·*

wuṣūl *(airport)* arrival hall • living room

صالح *ṣālaḥa v.tr.* |*3s* يصالح *yuṣāliḥᵘ* | مصالحة *muṣālaḥaᵗ* | • make peace *with*, make up *with*

صالح *ṣāliḥ act. part.* • *adj.* |*elat.* أصلح *ʔaṣlaḥ* | [+ masdar] fit *for* لـ, -able, -ible ▪ صالح للأكل *ṣāliḥ li-lʔaklⁱ* edible ▪ صالح للشرب *ṣāliḥ li-ššurbⁱ* drinkable, potable ▪ صالح للاستخدام *ṣāliḥ li-listixdāmⁱ* usable, suitable for use ▪ غير صالح للعمل *ɣayr · ṣāliḥ li-l3amalⁱ* broken-down • valid • *n.* |*pl.* **dip.** صوالح *ṣawāliḥ* | favor, interest, advantage ▪ في صالح *fī ṣāliḥⁱ prep.* in the interest of ▪ الوقت ليس في صالحه *alwaqtᵘ laysa fī ṣāliḥⁱhi* time is not on *one's* side • *man's name* Saleh

صالون *ṣālūn n.* • salon, parlor ▪ صالون تجميل *sālūn · tajmīl* beauty parlor • living room, sitting room

صام *ṣāma v.intr.* |*1h3* يصوم *yaṣūmᵘ* | صوم *ṣawm* or صيام *ṣiyām* | • fast

صامت *ṣāmit act. part. adj.* |*m. pl.* صموت *ṣumūt* | *elat.* أصمت *ʔaṣmat* or أكثر صمتا *ʔaktar ṣamtan* | • silent ▪ فيلم صامت *film ṣāmit* silent movie

صان *ṣāna v.tr.* |*1h3* يصون *yaṣūnᵘ* | صيانة *ṣiyānaᵗ* | • maintain, keep

صانع *ṣāni3 act. part. n.* |*pl.* صناع *ṣunnā3* | • manufacturer

صائغ *ṣāʔiɣ act. part. n.* |*pl.* صاغة *ṣāɣaᵗ* | • jeweler, goldsmith

صائم *ṣāʔim act. part. n.* • person who is fasting, faster ◊ هل أنت صائم؟ *Are you fasting?*

صب *ṣabba v.* |*1g3* يصب *yaṣubbᵘ* | صب *ṣabb* | • *v.tr.* pour ◊ صبت القهوة في الفناجين. *She poured the coffee into the cups.* • *v.intr.* flow *into* في ◊ يصب النهر في البحر. *The river flows into the sea.*

صباء *ṣabāʔ*, **indecl.** صبا *ṣib(an) n.* • childhood

صباح *ṣabāḥ n.* • morning ▪ صباح باكر *ṣabāḥ bākir* early morning ▪ صباح الخير *ṣabāḥᵃ -lxayr (greeting)* Good morning! ▪ صباح النور *ṣabāḥᵃ -nnūr (reply)* Good morning! ▪ صباح *ṣabāḥᵃ adv.* [+ genitive] (on) __ morning ◊ صباح الخميس *Thursday morning* ▪ صباح مساء *ṣabāḥa masāʔa adv.* from morning to evening ▪ في الصباح *fī -ṣṣabāḥⁱ adv.* in the morning ▪ هذا الصباح *hāḏā -ṣṣabāḥᵃ adv.* this morning ▪ صباحا *ṣabāḥan adv.* in the morning, a.m. ▪ صباح أمس *ṣabāḥᵃ · ʔamsⁱ adv.* yesterday morning ▪ صباح الخميس *ṣabāḥᵃ · -lxamīsⁱ adv.* on Thursday morning

صباح السالم *ṣabāḥ · assālimⁱ n.* **f.** • *(city in Kuwait)* Sabah Al Salem ➡ ***map on p. 253***

صبار *ṣabbār* or *ṣubbār coll. n.* |*pl.* صبارة *ṣabbāraᵗ* or *ṣubbāraᵗ* | • cacti

صباغ *ṣibāɣ n.* |*pl.* أصبغة *ʔaṣbiɣaᵗ* | • dye

صبح *ṣubḥ n.* |*pl.* أصباح *ʔaṣbāḥ* | • dawn, daybreak ▪ صلاة الصبح *ṣalāt · aṣṣubḥⁱ* the morning prayer

صبر *ṣabara v.intr.* |*1s2* يصبر *yaṣbirᵘ* | صبر *ṣabr* | • tolerate على, put up *with*, be patient

صبر *ṣabr n.** • patience *with* على, tolerance *for* ▪ لا صبر له *lā ṣabrᵃ lahu* be unable to stand على ◊ لا صبر لي على ذلك. *I can't stand that.* ▪ الصبر مفتاح الفرج. *aṣṣabrᵘ miftāḥᵘ -lfarajⁱ proverb* Patience is the key to relief.

صبغ *ṣabaɣa v.tr.* |*1s3* يصبغ *yaṣbuɣᵘ* | صبغ *ṣabɣ* | • dye

صبغة *ṣibɣaᵗ n.* • dye • tiny, shade, hue

صبور *ṣabūr adj.* |*m. pl.* صبر *ṣubur* | *elat.* أصبر *ʔaṣbar* | • patient

صبي *ṣabīʸ n.* |*pl.* صبيان *ṣibyān* or صبية *ṣibyaᵗ* | • boy, young man, youth

صبية *ṣabīyaᵗ n.* |*pl.* **invar.** صبايا *ṣabāyā* | • girl, young lady

صح *ṣaḥḥa v.intr.* |*1g2* يصح *yaṣiḥḥᵘ* | صحة *ṣiḥḥaᵗ* | • be correct, be true • be healthy, be in good health

صحا *ṣaḥā v.intr.* |*1d3* يصحو *yaṣḥū* | صحو *ṣaḥw* | • wake up

صحابي *ṣaḥābīʸ n.* |*pl.* صحابة *ṣaḥābaᵗ* | • companion of the prophet Muhammad

صحار *ṣuḥār n.* **f. dip.** • *(city in Oman)* Sohar ➡ ***map on p. 213***

صحافة *ṣiḥāfaᵗ n.* • journalism, press

صحافي *ṣiḥāfīʸ* • *adj.* journalistic, press- • *n.* journalist, reporter

صحبة *ṣuḥbaᵗ n.* • companionship, company ▪ بصحبة *bi-ṣuḥbatⁱ*, في صحبة *fī ṣuḥbatⁱ prep.* accompanied by

صحبة *ṣuḥbata prep.* • accompanied by

صحة *ṣiḥḥaᵗ n.* • health, wellness ▪ بصحة جيدة *bi-ṣiḥḥaᵗⁱⁿ jadīdaᵗⁱⁿ*, في صحة جيدة *fī ṣiḥḥaᵗⁱⁿ jadīdaᵗⁱⁿ adv.* in good health, healthy ▪ بصحتك *bi-ṣiḥḥatⁱka (toasting someone)* Cheers! ▪ صحة وعافية *ṣiḥḥaᵗ wa-3āfiyaᵗ* Enjoy your meal! • authenticity, truth, correctness ◊ تأكد من صحة الخبر. *Verify the authenticity of the news.*

صحح *ṣaḥḥaḥa v.tr.* |*2s* يصحح *yuṣaḥḥiḥᵘ* | تصحيح *taṣḥīḥ* | • correct

ص

صحراء *ṣaḥrāʔ* n. **f. dip.** |*dual* صحراوان *ṣaḥrāwānⁱ* | *pl.* **def.** صحار *ṣaḥār(in)* or **invar.** صحارى *ṣaḥārā* | *pl.* صحراوات *ṣaḥrāwāt* | • desert ▪ الصحراء الكبرى *aṣṣaḥrāʔ alkubrā* The Sahara Desert

صحراوي *ṣaḥrāwīʸ* adj. • desert-

صحفي *ṣuḥufīʸ* • adj. journalistic, press- • n. journalist, reporter

صحم *ṣaḥam* n. **f. dip.** • *(city in Oman)* Saham
➡ **map on p. 213**

صحن *ṣaḥn* n. |*pl.* صحون *ṣuḥūn* | • plate, dish ▪ غسل الصحون *yasala aṣṣuḥūnᵃ* v. do the dishes ▪ صحن طائر *ṣaḥn ṭāʔir* flying disc, Frisbee™; *(UFO)* flying saucer

صحو *ṣaḥw* • adj. |*elat.* أكثر صحوا *ʔaktar ṣaḥwan* | *(weather)* clear, cloudless • clarity, cloudlessness

صحوة *ṣaḥwaᵗ* n. |*pl.* صحوات *ṣaḥ(a)wāt* | • revival, resurgence • awakening

صحى *ṣaḥḥā* v.tr. |*2s* يصحي *yuṣaḥḥī* | تصحية *taṣḥiyaᵗ* | • wake up, awaken

صحي *ṣiḥḥīʸ* adj. |*elat.* أصح *ʔaṣaḥḥ* or أكثر صحة *ʔaktar ṣiḥḥaᵗᵃⁿ* | • healthful, healthy • sanitary ▪ فوطة صحية *fūṭaᵗ ṣiḥḥīyaᵗ* n. sanitary pad, menstrual pad

صحيح *ṣaḥīḥ* adj. |*elat.* أصح *ʔaṣaḥḥ* | • true, right, correct ◊ هل هذا صحيح؟ *Is that correct?* ▪ صحيح؟ *ṣaḥīḥ* Really? ▪ بالأصح *bi-lʔaṣaḥḥⁱ*, على الأصح *3alā -lʔaṣaḥḥⁱ* adv. more correctly, more properly speaking • healthy, in good health • authentic

صحيفة *ṣaḥīfaᵗ* n. |*pl.* صحف *ṣuḥuf* | • newspaper • record, report ▪ صحيفة سوابق *ṣaḥīfat · sawābiq* criminal record

صخر *ṣaxr* coll. n. |*sing.* صخرة *ṣaxraᵗ* | *pl.* صخور *ṣuxūr* | • rocks ▪ مسجد قبة الصخرة *masjid · qubbat · aṣṣaxraᵗⁱ* the Dome of the Rock

صخري *ṣaxrīʸ* adj. • rocky

صد *ṣadda* v.tr. |*1g3* يصد *yaṣuddᵘ* | صد *ṣadd* | • repel, drive away

صدارة *ṣadāraᵗ* n. • chairmanship

صداع *ṣudā3* n. • headache ▪ صداع نصفي *ṣudā3 niṣfīʸ* migraine ▪ شعر بصداع *ša3ara bi-ṣudā3ⁱⁿ* v. have a headache ▪ صداع كحول *ṣudā3 · kuḥūl* hangover

صداق *ṣadāq* n. |*pl.* صدق *ṣuduq* | • dowry

صداقة *ṣadāqaᵗ* n. • friendship

صدد *ṣadad* n. • respect, regard ▪ في صدد *fī ṣadadⁱ*, بصدد *bi-ṣadadⁱ* prep. with regard to, in regard to ▪ في هذا الصدد *fī hāḏā -ṣṣadadⁱ*, بهذا الصدد *bi-hāḏā -ṣṣadadⁱ* adv. in this respect, with regard to this

صدر *ṣadara* v.intr. |*1s2/1s3* يصدر *yaṣdirᵘ* or *yaṣdurᵘ* | صدور *ṣudūr* or صدر *ṣadr* | • be published, be issued, come out, appear

صدر *ṣaddara* v.tr. |*2s* يصدر *yuṣaddirᵘ* | تصدير *taṣdīr* | • export

صدر *ṣadr* n. |*pl.* صدور *ṣudūr* | • *(anatomy)* chest

صدرة *ṣudraᵗ* n. |*pl.* صدر *ṣudar* | • vest

صدري *ṣadrīʸ* adj. • pectoral, chest- ▪ عضلات صدرية *3aḍalāt ṣadrīyaᵗ* pl. n. pectoral muscles, pecs

صدرية *ṣadrīyaᵗ* n. • brassiere, bra • vest

صدغ *ṣudy* n. |*pl.* أصداغ *ʔaṣdāy* | • *(anatomy)* temple

صدف *ṣadaf* coll. n. |*sing.* صدفة *ṣadafaᵗ* | *pl.* أصداف *ʔaṣdāf* | • shells

صدفة *ṣudfaᵗ* n. |*pl.* صدف *ṣudaf* | • coincidence, chance ▪ صدفة *ṣudfatan*, بالصدفة *bi-ṣṣudfaᵗⁱⁿ* adv. by coincidence, by chance, accidentally

صدق *ṣadaqa* v.intr. |*1s3* يصدق *yaṣduqᵘ* | صدق *ṣidq* | • be truthful, speak the truth • be correct

صدق *ṣaddaqa* v.tr. |*2s* يصدق *yuṣaddiqᵘ* | تصديق *taṣdīq* | • believe, trust ▪ لا أصدق. *lā ʔuṣaddiqᵘ* I don't believe it. ▪ لا يُصدق. *lā yuṣaddaqᵘ* pass. v. incredible, unbelievable • agree *to* على, approve *of*, ratify, authenticate ◊ صدقت الحكومة على الاتفاقية. *The government ratified the treaty.*

صدق *ṣidq* n. • honesty, sincerity, candor ▪ بصدق *bi-ṣidqⁱⁿ*, صدقا *ṣidqan* adv. honestly, truly

صدقة *ṣadaqaᵗ* n. • alms, charity

صدم *ṣadama* v.tr. |*1s2* يصدم *yaṣdimᵘ* | صدم *ṣadm* | • hit, strike • *(vehicle)* hit, run over ◊ لقد صدمته حافلة. *A bus hit him.* ◊ صدمهم بسيارته. *He ran them over with his car.* • shock ▪ صُدم *ṣudima* pass. v. be shocked *by* من; [+ masdar] be shocked *to (do)* لـ ◊ صدمت لسماع الخبر. *I was shocked to hear the news.*

صدمة *ṣadmaᵗ* n. |*pl.* صدمات *ṣad(a)māt* | • hit, blow • shock ▪ صدمة كهربائية *ṣadmaᵗ kahrabāʔīyaᵗ* electric shock ▪ أصابه بصدمة *ʔaṣābahu bi-ṣadmaᵗⁱⁿ* v. shock ▪ أصيب بصدمة *ʔuṣība bi-ṣadmaᵗⁱⁿ* pass. v. be shocked ◊ أصبت بصدمة لسماع الخبر. *I was shocked to hear the news.*

صدور *ṣudūr* n.* • publication, appearance

صدى *ṣad(an)* n. **indecl.** |*dual* صديان *ṣadayānⁱ* | *pl.*

أصداء ʔaṣdāʔ| • echo

صدئ ṣadiʔ *adj.* |*elat.* أصدأ ʔaṣdaʔ| • rusty

صدئ ṣadiʔa *v.intr.* |*1s4(c)* يصدأ yaṣdaʔ^u | صدأ ṣadaʔ| • rust, oxidize ▪ تصدأ القلوب كما يصدأ الحديد. taṣdaʔ^u -lqulūb^u ka-mā yaṣdaʔ^u -lḥadīd^u *proverb* Like iron, a human heart also rusts.

صديق ṣadīq *n.* |*pl.* **dip.** أصدقاء ʔaṣdiqāʔ| • friend ▪ صديق مراسلة ṣadīq · murāsala^t pen friend, pen pal • boyfriend

صديقة ṣadīqa^t *n.* • friend • girlfriend

صراحة ṣarāḥa^t *n.* • candor, frankness ▪ بصراحة bi-ṣarāḥa^tin, صراحة ṣarāḥatan *adv.* candidly, frankly; to be honest, frankly

صراع ṣirā3 *n.* • conflict, struggle

صراف ṣarrāf *n.* • bank teller, money changer, cashier ▪ جهاز صراف آلي jihāz · ṣarrāf ʔālīy automatic teller machine (ATM)

صرافة ṣirāfa^t *n.* • exchange ▪ مكتب صرافة maktab · ṣirāfa^t exchange office

صرامة ṣarāma^t *n.** • strictness, severity

صربي ṣirbīy *adj. & n.* • Serbian

صربيا ṣirbiyā *n. f.* **invar.** • Serbia

صرح ṣarḥ *n.* |*pl.* صروح ṣurūḥ| • high building, castle, palace

صرح ṣarraḥa *v.tr.* |*2s* يصرح yuṣarriḥ^u | تصريح taṣrīḥ| • declare بـ, state, announce ▪ صرح بأنّ ṣarraḥa bi-ʔanna declare that...

صرخ ṣaraxa *v.intr.* |*1s3* يصرخ yaṣrux^u | صراخ ṣurāx| • shout, yell, cry, scream

صرخة ṣarxa^t *n.* • shout, scream, cry

صرصور ṣurṣūr *n.* |*pl.* **dip.** صراصير ṣarāṣīr| • cockroach

صرع ṣar3 *n.** • epilepsy

صرع ṣara3a *v.intr.* |*1s1* يصرع yaṣra3^u | صرع ṣar3| • knock down ▪ صُرِع ṣuri3a *pass. v.* be epileptic, have an epileptic fit

صرعة ṣar3a^t *n.* |*pl.* صرعات ṣar(a)3āt| • fashion, fad, what's in

صرف ṣarafa *v.tr.* |*1s2* يصرف yaṣrif^u | صرف ṣarf| • spend (money) • exchange ▪ صرف شيكا ṣarafa šaykan cash a check • *(employment)* dismiss, fire, lay off • distract *from* من *or* عن

صرف ṣarf *n.** • exchange ▪ سعر صرف si3r · ṣarf exchange rate • dismissal, firing ▪ بصرف النظر عن bi-ṣarf^i -nnaẓar^i 3an *prep.* without regard for, regardless of • drainage, discharge • *(grammar)* morphology

صرف ṣarrafa *v.tr.* |*2s* يصرف yuṣarrif^u | تصريف taṣrīf| • exchange • *(grammar)* inflect, conjugate, decline • drain

صرم ṣaruma *v.intr.* |*1s3* يصرم yaṣrum^u | صرامة ṣarāma^t| • be strict, be harsh, be severe

صريح ṣarīḥ *adj.* |*m. pl.* **dip.** صرحاء ṣuraḥāʔ **dip.** | *elat.* أصرح ʔaṣraḥ| • candid, frank, direct

صعب ṣa3b *adj.* |*pl.* صعاب ṣi3āb | *elat.* أصعب ʔaṣ3ab| • difficult *for* على, hard ▪ من الصعب أنْ min^a -ṣṣa3b^i ʔan it is difficult to *(do)* ◊ من الصعب عليّ أن أنسى ما حدث. *It is hard for me to forget what happened.*

صعب ṣa3uba *v.intr.* |*1s6* يصعب yaṣ3ub^u | صعوبة ṣu3ūba^t| • be difficult *for* على

صعد ṣa33ada *v.tr.* |*2s* يصعد yuṣa33id^u | تصعيد taṣ3īd| • escalate, intensify

صعد ṣa3ida *v.intr.* |*1s4* يصعد yaṣ3ad^u | صعود ṣu3ūd| • rise, ascend, go up

صعدة ṣa3da^t *n.* |*pl.* صعدات ṣa3(a)dāt| • rise, slope

صعوبة ṣu3ūba^t *n.** • difficulty ▪ بصعوبة bi-ṣu3ūba^tin *adv.* with difficulty

صعود ṣu3ūd *n.** • rise, ascent, ascension, takeoff ▪ صعود وهبوط ṣu3ūd wa-habūṭ rise and fall

صعيد ṣa3īd *n.* |*pl.* أصعدة ʔaṣ3ida^t| • domain, field ▪ على صعيد 3alā ṣa3īd^i *prep.* in the domain of ▪ على صعيد آخر 3alā ṣa3īd^in ʔāxar^a In a separate development,..., In other news,...; on the other hand • level, plane • highland, plateau ▪ صعيد مصر ṣa3īd · miṣr^a Upper Egypt

صغر ṣaɣɣara *v.tr.* |*2s* يصغر yuṣaɣɣir^u | تصغير taṣɣīr| • make smaller, reduce (in size)

صغر ṣiɣar *n.* • smallness ▪ متناه في الصغر mutanāh(in) fī -ṣṣiɣar^i, متناهي الصغر mutanāhī -ṣṣiɣar^i minute, extremely small, tiny ◊ دكان متناه في الصغر *a tiny little shop*; micro-, nano- ▪ تكنولوجيا متناهية الصغر teknōlōjiyā mutanāhīyat · aṣṣiɣar^i nanotechnology

صغير ṣaɣīr *adj.* |*m. pl.* صغار ṣiɣār | *m. sing. elat.* أصغر ʔaṣɣar | *f. sing. elat.* **invar.** صغرى ṣuɣrā | *m. pl. elat.* أصاغر ʔaṣāɣir | *f. pl. elat.* صغريات ṣuɣrayāt| • small, little • young, minor, child ▪ صغارا وكبارا ṣiɣāran wa-kibāran young and old, regardless of age ▪ صغير السن ṣaɣīr · assinn^i young • junior

صف ṣaff *n.* |*pl.* صفوف ṣufūf| • row ▪ صف أمامي ṣaff ʔamāmīy front row ▪ صف خلفي ṣaff xalfīy back row • *(school)* class, grade, classroom • *(classification)* rank, class, grade

ص

صفا *ṣafā v.intr.* |*1d3* يصفو *yaṣfū* | صفو *ṣafw* or صفاء *ṣafāʔ*| • become pure, become clear

صفارة *ṣaffāra^{t} n.* • siren ▪ صفارة إنذار *ṣaffārat · ʔinđār* alarm • whistle ▪ صفارة للبط *ṣaffāra^{t} li-lbaṭṭ^{i}* *(tool)* duck call

صفاقس *ṣafāqis n.* ***f. dip.*** • *(city in Tunisia)* Sfax
➡ ***map on p. 95***

صفة *ṣifa^{t} n.* • characteristic, peculiarity ▪ بصفة *bi-ṣifa^{tin}* [+ adjective] *(forms adverbs)* __-ly, in a __ way ▪ بصفة دائمة *bi-ṣifa^{tin} dāʔima^{tin}*, بصفة مستمرة *bi-ṣifa^{tin} mustamirra^{tin}* permanently ▪ بصفة شخصية *bi-ṣifa^{tin} šaxṣīya^{tin}* personally ▪ بصفة عامة *bi-ṣifa^{tin} 3āmma^{tin} adv.* generally, in general ▪ بصفة غير رسمية *bi-ṣifa^{tin} ɣayr^{i} rasmīya^{tin}* unofficially; in the capacity of, (acting) as ▪ بصفة استشارية *bi-ṣifa^{tin} istišārīya^{tin}* in an advisory capacity, as an advisor • *(grammar)* adjective

صفحة *ṣafḥa^{t} n.* |*pl.* صفحات *ṣaf(a)ḥāt*| • page ◊ في الصفحة الأولى *on the first page*

صفد *ṣafad n.* |*pl.* أصفاد *ʔaṣfād*| • handcuffs

صفر *ṣafar n.* • Safar (second month of the Islamic calendar) ➡ ***The Islamic Calendar p. 324***

صفر *ṣafara v.intr.* |*1s2* يصفر *yaṣfir^{u}* | صفير *ṣafīr*| • whistle, chirp

صفر *ṣifr number* |*pl.* أصفار *ʔaṣfār* | *as numeral, written* ٠ | • zero ▪ تحت الصفر *taḥta -ṣṣifr^{i}* below zero Celsius, below freezing ⓘ *The English word 'zero' has indirectly been borrowed from this Arabic word via Latin languages.*

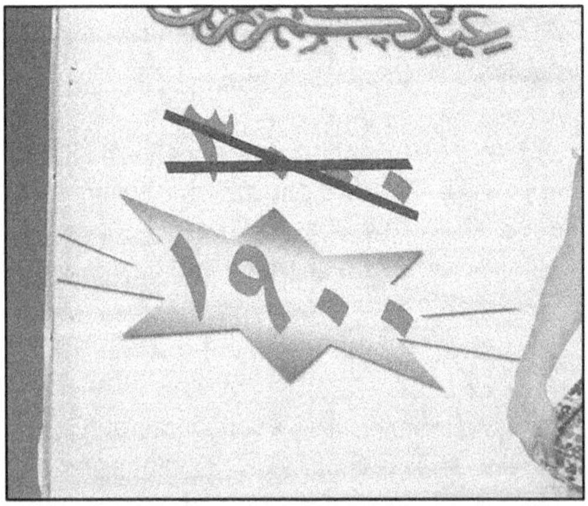

Zeros: '19.00 marked down from 20.00'

صفرة *ṣufra^{t} n.* |*pl.* صفرات *ṣuf(u)rāt*| • yellow, yellowness

صفع *ṣafa3a v.tr.* |*1s1* يصفع *yaṣfa3^{u}* | صفع *ṣaf3*| • slap

صفعة *ṣaf3a^{t} n.* • slap

صفف *ṣaffafa v.tr.* |*2s* يصفف *yuṣaffif^{u}* | تصفيف *taṣfīf*| • line up, align

صفق *ṣafaqa v.tr.* |*1s2* يصفق *yaṣfiq^{u}* | صفق *ṣafq*| • slam (shut)

صفق *ṣaffaqa v.intr.* |*2s* يصفق *yuṣaffiq^{u}* | تصفيق *taṣfīq*| • applaud, clap

صفقة *ṣafqa^{t} n.* |*pl.* صفقات *ṣaf(a)qāt*| • transaction, deal

صفن *ṣafan n.* |*pl.* أصفان *ʔaṣfān*| • scrotum

صفو *ṣafw*, صفاء *ṣafāʔ n.** • purity, clarity • liquidation, clearance sale

صفى *ṣaffā v.tr.* |*2d* يصفي *yuṣaffī* | تصفية *taṣfiya^{t}*| • purify, filter, strain

صفيح *ṣafīḥ n.* • tin

صفيحة *ṣafīḥa^{t} n.* |*pl.* ***dip.*** صفائح *ṣafāʔiḥ*| • sheet, plate, leaf

صقر *ṣaqr n.* |*pl.* صقور *ṣuqūr*| • hawk

صلابة *ṣalāba^{t} n.** • hardness, rigidity, stiffness

صلاة *ṣallā^{t} n.* |*pl.* صلوات *ṣallawāt*| • prayer, Salah ▪ صلاة الفجر *ṣalāt · alfajr* the Fajr prayer, the dawn prayer ▪ صلاة الظهر *ṣalāt · aẓẓuhr^{i}* the Dhuhr prayer, the midday prayer ▪ صلاة العصر *ṣalāt · al3aṣr^{i}* the Asr prayer, the afternoon prayer ▪ صلاة المغرب *ṣalāt · almaɣrib^{i}* the Maghrib prayer, the sunset prayer ▪ صلاة العشاء *ṣalāt · al3išāʔ^{i}* the Isha prayer, the night prayer

A boy demonstrates the positions in salah.

صلاح *ṣalāḥ n.** • suitability • *man's name* Salah

صلاحية *ṣalāḥīya^{t} n.** • suitability ▪ تاريخ صلاحية *tārīx · ṣalāḥīya^{t}* expiration date (UK: expiry date) • validity

صلالة *ṣalāla^{t} n.* ***dip.*** • *(city in Oman)* Salalah
➡ ***map on p. 213***

صلب *ṣalb n.** • crucifixion

صلب *ṣallaba v.tr.* |*2s* يصلب *yuṣallib^{u}* | تصليب *taṣlīb*|

• harden, make rigid

صلب *ṣulb* • *adj.* |*elat.* أصلب *ʔaṣlab*| hard, rigid, stiff, solid • *n.* steel

صلب *v.* • *ṣaluba v.intr.* |*1s6* يصلب *yaṣlub*ᵘ | صلابة *ṣalāba*ᵗ| become stiff, become rigid, harden • *ṣalaba v.tr.* |*1s2* يصلب *yaṣlib*ᵘ | صلب *ṣalb*| crucify

صلة *ṣila*ᵗ *n.*★ • connection *between* بين, link, tie ▪ له صلة بـ *lahu ṣila*ᵗᵘⁿ *bi-* have something to do with ▪ لا صلة له *lā ṣila*ᵗᵃ *lahu* unrelated ▪ لا صلة له بـ *lā ṣila*ᵗᵃ *lahu bi-* have nothing to do with

صلح *ṣallaḥa v.tr.* |*2s* يصلح *yuṣalliḥ*ᵘ | تصليح *taṣlīḥ*| • repair, fix • restore, overhaul

صلح *ṣaluḥa* or *ṣalaḥa v.intr.* |*1s6/1s3* يصلح *yaṣluḥ*ᵘ | صلاحية *ṣalāḥīya*ᵗ or صلاح *ṣalāḥ*| • be suitable, be fitting

صلح *ṣulḥ n.* • peace, reconciliation

صلصال *ṣalṣāl n.* • clay

صلصة *ṣalṣa*ᵗ *n.* • sauce

صلع *ṣala3 n.* • baldness

صلعة *ṣal3a*ᵗ *n.* • bald patch • baldness

صلعم *ṣallā -LLāh*ᵘ *3alayh*ⁱ *wa-sallama* |*abbreviation of* صلى الله عليه وسلم| • *(following the name of the prophet Muhammad)* PBUH (peace be upon him)

صلى *ṣallā v.intr.* |*2d* يصلي *yuṣallī* | تصلية *taṣliya*ᵗ| • pray ▪ صلى من أجل *ṣallā min ʔajl*ⁱ pray for • bless على ▪ صلى الله عليه وسلم *ṣallā -LLāh*ᵘ *3alayh*ⁱ *wa-sallam*ᵃ *(follows a mentioning of the prophet Muhammad)* PBUH (peace be upon him) ⓘ *This phrase is sometimes expressed as a typographical ligature:* ﷺ

صليب *ṣalīb n.* |*pl.* صلبان *ṣulbān*| • cross, crucifix ▪ الصليب الأحمر *aṣṣalīb alʔaḥmar* The Red Cross ▪ صليب معقوف *ṣalīb ma3qūf*

صليبي *ṣalībīʸ* • *adj.* cross-shaped • *n.* crusader

صمام *ṣimām n.* • valve ▪ صمام أمان *ṣimām · ʔamān* safety valve

صمت *ṣamata v.intr.* |*1s3* يصمت *yaṣmut*ᵘ | صمت *ṣamt*| • be quiet, be silent

صمت *ṣamt n.*★ |*pl.* صموت *ṣumūt*| • silence ▪ في صمت *fī ṣamt*ⁱⁿ, بصمت *bi-ṣamt*ⁱⁿ *adv.* in silence, silently

صمد *ṣamada v.* |*1s3* يصمد *yaṣmud*ᵘ | صمود *ṣumūd*| • *v.intr.* be steadfast, be determined • *v.tr.* resist, withstand

صمغ *ṣamɣ n.* |*pl.* صموغ *ṣumūɣ*| • gum, resin

صمم *ṣammama v.tr.* |*2s* يصمم *yuṣammim*ᵘ | تصميم *taṣmīm*| • design, lay out ◊ يصمم ملابس. *He designs clothes.* • be determined *to* على, be intent *on*

صمود *ṣumūd n.*★ • steadfastness, determination • resistance

صميم *ṣamīm n.* • core, essence

صنارة *ṣinnāra*ᵗ *n.* |*pl.* **dip.** صنانير *ṣanānīr*| • hook, needle ▪ صنارة صيد *ṣinnārat · ṣayd* fishing rod; fish hook ▪ صنارة كروشيه *ṣinnārat · krōšāy* crochet needle

صناعة *ṣinā3a*ᵗ *n.* • industry

صناعي *ṣinā3īʸ adj.* • industrial • artificial, synthetic, man-made

صنبور *ṣunbūr n.* |*pl.* **dip.** صنابير *ṣanābīr*| • faucet (UK: tap)

صندل *ṣandal n.* • |*pl.* **dip.** صنادل *ṣanādil*| sandal • sandalwood

صندوق *ṣundūq n.* |*pl.* **dip.** صناديق *ṣanādīq*| • box ▪ صندوق بريد *ṣandūq · barīd* mailbox, P.O. box ▪ صندوق سيارة *ṣundūq · sayyāra*ᵗ *(car)* trunk (UK: boot) ▪ صندوق مجوهرات *ṣundūq · mujawharāt* jewelry box

صنع *ṣana3a v.tr.* |*1s1* يصنع *yaṣna3*ᵘ | صنع *ṣan3* or *ṣun3*| • manufacture, produce, make

صنع *ṣun3 n.*★ • production

صنعاء *ṣan3āʔ n.* **f. dip.** • *(capital of Yemen)* Sana'a ➡ **map on p. 341** ▪ مدينة صنعاء القديمة *madīnat · ṣan3āʔ*ⁱ *-lqadīma*ᵗ the Old City of Sana'a (UNESCO world heritage site)

The Old City of Sana'a

صنعي *ṣun3īʸ adj.* • artificial, synthetic, man-made

صنف *ṣanf* or *ṣinf n.* |*pl.* أصناف *ʔaṣnāf*| • kind, sort • category, class

ص

صنف *ṣannafa v.tr.* |*2s* يصنف *yuṣannif*^{u} | تصنيف *taṣnīf*| • classify, categorize, sort

صنم *ṣanam n.* |*pl.* أصنام *ʔaṣnām*| • idol

صنوبر *ṣanawbar* • *n.* pine • *coll. n.* pine nuts

صهريج *ṣahrīj n.* |*pl.* **dip.** صهاريج *ṣahārīj*| • tanker truck

صهيون *ṣahyūn n.* • Zion

صهيوني *ṣahyūnī*^{y} *adj. & n.* |*m. pl.* صحاينة *ṣaḥāyina*^{t}| • Zionist

صهيونية *ṣahyūnīya*^{t} *n.* • Zionism

صواب *ṣawāb adj.* |*elat.* أصوب *ʔaṣwab*| • *adj.* right, correct, true ▪ صواب أم خطأ؟ *ṣawāb ʔam xaṭaʔ?* true or false? • *n.* rightness, correctness

صوان *ṣawwān n.* • granite

صوب *ṣawb n.* • direction

صوب *ṣawba prep.* • toward, in the direction of ◊ تحرك صوب الباب. *He moved toward the door.*

صوب *ṣawwaba v.intr.* |*2s* يصوب *yuṣawwib*^{u} | تصويب *taṣwīb*| • aim *at* نحو

صوت *ṣawt n.* |*pl.* أصوات *ʔaṣwāt*| • sound • voice ▪ بصوت عال *bi-ṣawt*^{in} *3āl(in)*, بصوت مرتفع *bi-ṣawt*^{in} *murtafi3*^{in} *adv.* aloud, loudly ▪ بلا صوت *bi-lā ṣawt*^{in} *adv.* silently ◊ قرأت الرسالة بلا صوت. *She silently read the letter.*

صوت *ṣawwata v.tr.* |*2s* يصوت *yuṣawwit*^{u} | تصويت *taṣwīt*| • vote *for* لـ

صوتي *ṣawtī*^{y} *adj.* • vocal

صور *ṣawwara v.tr.* |*2s* يصور *yuṣawwir*^{u} | تصوير *taṣwīr*| • photograph • photocopy

صورة *ṣūra*^{t} *n.* |*pl.* صور *ṣuwar*| • picture, image • photograph *of* لـ ◊ هذه صورة لي وأنا في الجامعة. *This is a picture of me when I was in college.* • photocopy • reflection *of* لـ ▪ أمام هذه الصورة *ʔamāma hāđihi -ṣṣūra*^{ti} in light of this • light, way ▪ __ بصورة *bi-ṣūrat*^{in} __ [+ adjective] *(forms adverbs)* in a __ way, -ly ▪ بصورة غير متعمدة *bi-ṣūra*^{tin} *ɣayr*^{i} *muta3ammida*^{tin} *adv.* unintentionally ▪ بصورة مثالية *bi-ṣūra*^{tin} *mitālīya*^{tin} *adv.* unchanged, the same as previously ▪ بصورة واضحة *bi-ṣūra*^{tin} *wāḍiḥa*^{tin} *adv.* frankly, honestly ▪ بصورة سيئة *bi-ṣūra*^{tin} *sayyiʔa*^{tin} *adv.* in a bad light

صوف *ṣūf n.* |*pl.* أصواف *ʔaṣwāf*| • wool ▪ من الصوف *min*^{a} *-ṣṣūf*^{i} *adv.* woolen, (made) of wool

صوفي *ṣūfī*^{y} • *adj.* woolen • *adj. & n.* Sufi

صوفيا *ṣōfiyā n.* ***f. invar.*** • *(capital of Bulgaria)* Sofia

الصوفية *aṣṣūfīya*^{t} *n.* • Sufism

صوم *ṣawm*, صيام *ṣiyām n.** • fasting

الصومال *aṣṣūmāl n.* ***f.*** • Somalia

صومالي *ṣūmālī*^{y} *adj. & n.* • Somali

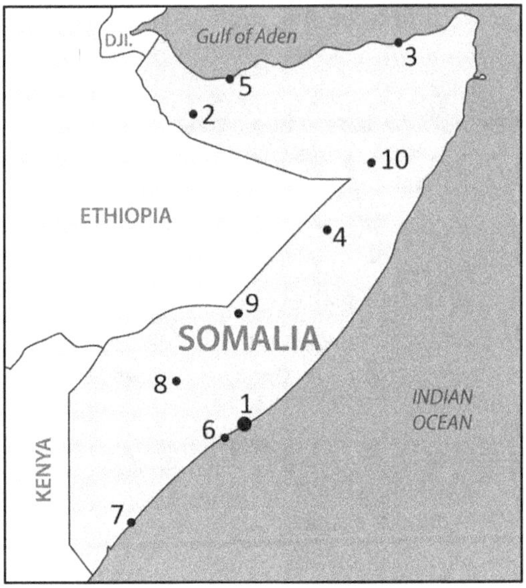

map of Somalia

1. مقديشو *maqadīšū* Mogadishu
2. هرجيسا *hargaysā* Hargeisa
3. بوساسو *bōsāso* Bosaso
4. جالكعيو *gālka3yo* Galkayo
5. بربرة *barbara*^{t} Berbera
6. مركة *marka*^{t} Merca
7. كيسمايو *kīsmāyū* Kismayo
8. بيدوا *baydawā* Baidoa
9. بلد وين *balad · wayn* Beledweyne
10. غاروي *gārōway* Garowe

صياد *ṣayyād n.* • hunter ▪ صياد سمك *ṣayyād · samak* fisherman

صياغة *ṣiyāɣa*^{t} *n.** • formation • formulation • wording, phrasing

صيانة *ṣiyāna*^{t} *n.** • maintenance, upkeep

صيحة *ṣayḥa*^{t} *n.* |*pl.* صيحات *ṣay(a)ḥāt*| • shout, cry ▪ آخر صيحة *ʔāxir ṣayḥa*^{tin} the latest fad, the latest rage ◊ آخر صيحة في موضة *the latest rage in fashion*

صيد *ṣayd n.** • hunting ▪ صيد سمك *ṣayd · samak* fishing ▪ صيد ثمين *ṣayd tamīn* a good catch

صيدا *ṣaydā n.* ***f. invar.*** • *(city in Lebanon)* Sidon, Saida ➡ ***map on p. 257***

صيدلة *ṣaydala n.* • pharmacology

صيدلي *ṣaydalī*^{y} • *adj.* pharmaceutical • *n.* |*pl.*

صيادلة *ṣayādilaᵗ* | pharmacist

صيدلية *ṣaydalīyaᵗ n.* • pharmacy

صير *ṣayyara v.tr.* |2s يصير *yuṣayyirᵘ* | تصيير *taṣyīr* | • cause to be, make, render ◊ صيرت البيت بيتي. *I made the house my home.* ◊ هذا التحول في حياتها صيرها سعيدة جدا. *This change in her life made her very happy.*

صيرفة *ṣayrafaᵗ n.* • exchange • banking

صيغة *ṣīɣaᵗ n.* |pl. صيغ *ṣiyaɣ* | • formula

صيف *ṣayf n.* |pl. أصياف *ʔaṣyāf* | • summer

صيفي *ṣayfīʸ adj.* • summer- ▪ عطلة صيفية *3uṭlaᵗ ṣayfīyaᵗ* summer vacation

الصين *aṣṣīn n.* ***f.*** • China

صيني *ṣīnīʸ* • *adj.* Chinese • *n.* Chinese person

صينية *ṣīnīyaᵗ n.* |pl. ***invar.*** صواني *ṣawānī* | • tray

ض

ض *ḍād n.* **f.** |ضاد| • *(fifteenth letter of the Arabic alphabet)* • *(numerical value)* 800
➡ The Abjad Numerals p. 108

ضابط *ḍābiṭ act. part. n.* • |*pl.* ضباط *ḍubbāṭ*| officer ▪ ضابط شرطة *ḍābiṭ · šurṭa'* police officer ▪ ضابط أمن *ḍābiṭ · ʔamn* security officer • |*pl.* **dip.** ضوابط *ḍawābiṭ*| regulation, rule, statute, law, control, principle

ضاج *ḍājj act. part.* • noisy

ضاحك *ḍāħaka v.tr.* |*3s* يضاحك *yuḍāħik*ᵘ | مضاحكة *muḍāħaka'*| • laugh *with*, banter *with*

ضاحكة *ḍāħika' act. part. n.* |*pl.* **dip.** ضواحك *ḍawāħik*| • premolar

ضاحية *ḍāħiya' n.* |*pl.* **def.** ضواح *ḍawāħ(in)*| • suburb

ضاد *ḍād n.* **f.** ➡ **ض** ***above***

ضار *ḍārr act. part. adj.* |*elat.* أضر *ʔaḍarr*| • harmful

ضارب *ḍāraba v.tr.* |*3s* يضارب *yuḍārib*ᵘ | مضاربة *muḍāraba'*| • speculate

ضارع *ḍāra3a v.tr.* |*3s* يضارع *yuḍāri3*ᵘ | مضارعة *muḍāra3a'*| • be similar *to*

ضاع *ḍā3a v.intr.* |*1h2* يضيع *yaḍī3*ᵘ | ضياع *ḍayā3*| • get lost, lose *one's* way

ضاعف *ḍā3afa v.tr.* |*3s* يضاعف *yuḍā3if*ᵘ | مضاعفة *muḍā3afa'*| • double, multiply ▪ ضاعف ثلاث مرات *ḍā3afa talāt*ᵃ *marrāt*ⁱⁿ triple

ضاق *ḍāqa v.intr.* |*1h2* يضيق *yaḍīq*ᵘ | ضيق *ḍīq*| • become narrow ▪ ضاق ذرعا بـ *ḍāqa đar3an bi-* become fed up with

ضال *ḍāll act. part. adj.* |*m. pl.* **dip.** ضوال *ḍawāll* | *elat.* أضل *ʔaḍall*| • astray, lost

ضآلة *ḍaʔāla' n.** • scantiness, meagerness, sparseness

ضالع *ḍāli3 act. part. n.* • participant, partaker ◊ الخادم ضالع في الجريمة. *The servant was involved in the crime.*

ضأن *ḍaʔn coll. n.* |*sing.* ضأنة *ḍaʔna'*| • *(animal)* sheep • *(meat)* lamb, mutton ▪ ضأني *ḍaʔnī*ʸ *n.* lamb, mutton

ضائع *ḍāʔi3 act. part. adj.* |*m. pl.* ضياع *ḍiyā3* | *elat.* أضيع *ʔaḍya3* or أكثر ضياعا *ʔaktar ḍayā3an*| • lost, missing

ضايق *ḍāyaqa v.tr.* |*3s* يضايق *yuḍāyiq*ᵘ | مضايقة *muḍāyaqa'*| • disturb, bother, annoy, inconvenience

ضباب *ḍabāb n.* • fog, mist

ضبابي *ḍabābī*ʸ • foggy, misty

ضبط *ḍabaṭa v.tr.* |*1s2/1s3* يضبط *yaḍbiṭ*ᵘ or *yaḍbuṭ*ᵘ | ضبط *ḍabṭ*| • adjust, regulate, control

ضبط *ḍabṭ n.** • accuracy, precision ▪ بالضبط *bi-ḍḍabṭ*ⁱ *adv.* exactly, precisely

ضبع *ḍab3 n.* |*pl.* ضباع *ḍibā3*| • hyena

ضج *ḍajja v.intr.* |*1g2* يضج *yaḍijj*ᵘ | ضج *ḍajj* or ضجيج *ḍajīj*| • be noisy ▪ ضج بالضحك *ḍajja bi-ḍḍaħk*ⁱ roar with laughter

ضجة *ḍajja' n.* |*pl.* ضجيج *ḍajīj*| • noise, clamor, commotion

ضجر *ḍajir adj.* |*elat.* أضجر *ʔaḍjar*| • fed up *with* من, tired *of*

ضجر *ḍajira v.intr.* |*1s4* يضجر *yaḍjar*ᵘ | ضجر *ḍajar*| • be fed up *with* من, be tired *of*

ضجيج *ḍajīj n.** • noise

ضحك *ḍaħika v.intr.* |*1s4* يضحك *yaḍħak*ᵘ | ضحك *ḍaħk*| • laugh ▪ ضحك ملء شدقيه *ḍaħika malʔ*ᵃ *šidqayhi* grin from ear to ear • make fun *of* على, laugh *at*

ضحك *ḍaħk n.** • laughter

ضحكة *ḍaħka'* or *ḍiħka' n.* |*pl.* ضحكات *ḍaħ(a)kāt* or *ḍiħ(a)kāt*| • laugh

ضحل *ḍaħl adj.* |*pl.* ضحال *ḍiħāl* or أضحال *ʔaḍ-ħāl* | *elat.* أضحل *ʔaḍħal*| • shallow

ضحى *ḍaħħā v.tr.* |*2s* يضحي *yuḍaħħī* | تضحية *taḍħiya'*| • sacrifice

ضحى *ḍuħ(an) n.* **indecl.** • forenoon, morning

ضحية *ḍaħīya' n.* |*pl.* **invar.** ضحايا *ḍaħāyā*| • victim

ضخ *ḍaxxa v.tr.* |*1g3* يضخ *yaḍuxx*ᵘ | ضخ *ḍaxx*| • pump

ضخم *ḍaxm adj.* |*m. pl.* ضخام *ḍixām* | *elat.* أضخم *ʔaḍxam*| • huge, enormous

ضخم *ḍaxxama v.tr.* |*2s* يضخم *yuḍaxxim*ᵘ | تضخيم *taḍxīm*| • inflate, blow up

ضد *ḍidd n.* |*pl.* أضداد *ʔaḍdād*| • opposite

ضد *ḍidda prep.* • against, in opposition to

ضر *ḍarra v.tr. & intr.* |*1g3* يضر *yaḍurr*ᵘ | ضر *ḍarr*|

• harm (بـ), hurt, injure • damage (بـ)

ضراوة *ḍarāwa^t n.* • ferocity, violence

ضرب *ḍaraba v.tr.* |1s2 يضرب *yaḍrib^u* | ضرب *ḍarb*| • hit, strike ◊ لا تضربني بالكرة. *Don't hit me with the ball.* ◊ ضرب زلزال شديد المنطقة. *A strong earthquake hit the region.* • multiply *a number* ه *by* في ◊ إذا ضربت واحد في نفسه يكون الناتج ايضاً واحد. *If you multiply one by itself, the product is also one. (1 1 = 1)*

ضرب *ḍarb n.** • |pl. ضروب *ḍurūb*| kind, sort ▪ ضرب من ضروب الجنون *ḍarb min ḍurūb^i -ljunūn^i* absolute madness • *(mathematics)* multiplication

ضربة *ḍarba^t n.* |pl. ضربات *ḍar(a)bāt*| • hit, strike, blow ▪ ضربة شمس *ḍarbat · šams* sunstroke ▪ ضربة حرارة *ḍarbat · ḥarāra^t* heat stroke

ضرر *ḍarar n.* |pl. أضرار *ʔaḍrār*| • damage, harm

ضرر *ḍarrara v.tr.* |2s يضرر *yuḍarrir^u* | تضرير *taḍrīr*| • harm, hurt, injure • damage

ضرس *ḍirs n.* |pl. أضراس *ʔaḍrās* or ضروس *ḍurūs*| • molar ▪ ضرس عقل *ḍirs · 3aql* wisdom tooth

ضرط *ḍaraṭa v.intr.* |1s2 يضرط *yaḍriṭ^u* | ضراط *ḍurāṭ* or ضرط *ḍarṭ*| • fart loudly

ضرطة *ḍarṭa^t n.* |pl. ضرطات *ḍar(a)ṭāt*| • (loud) fart

ضرم *ḍarrama v.tr.* |2s يضرم *yuḍarrim^u* | تضريم *taḍrīm*| • light, kindle ▪ ضرم النار في *ḍarrama annār^a fī* set fire to

ضرورة *ḍarūra^t n.* • necessity, requirement ▪ بالضرورة *bi-ḍḍarūra^tin adv.* necessarily ▪ لا ضرورة لـ *lā ḍarūra^ta li-* there is no need *for* ◊ لا ضرورة لقانون جديد. *There is no need for a new law.* ▪ لا ضرورة لأنْ *lā ḍarūra^ta li-ʔan* there is no need *to (do)* ◊ ضرورة للبحث عن طرق جديدة. *There is no need to research new methods.*

ضروري *ḍarūrī^y adj.* |elat. أكثر ضرورة *ʔaktar ḍarūra^tan*| • necessary, mandatory ▪ ضروريا *ḍarūrīyan adv.* necessarily ▪ من الضروري أنْ *min^a -ḍḍarūrī^yi ʔan* it is necessary to *(do)*, it is necessary that... ◊ من الضروي أن أسألك عن الأسباب. *I need to ask you about the reasons.*

ضريبة *ḍarība^t n.* |pl. **dip.** ضرائب *ḍarāʔib*| • tax ▪ ضريبة دخل *ḍarībat · daxl* income tax ▪ دفع ضريبة إلى *dafa3a ḍarība^t ʔilā* pay tax to

ضريح *ḍarīḥ n.* |pl. أضرحة *ʔaḍriḥa^t*| • mausoleum

ضعضع *ḍa3ḍa3a v.tr.* |11s يضعضع *yuḍa3ḍi3^u* | ضعضعة *ḍa3ḍa3a^t*| • undermine, weaken, debilitate

ضعف *ḍa33afa v.tr.* |2s يضعف *yuḍa33if^u* | تضعيف *taḍ3īf*| • double

ضعف *ḍa3f* or *ḍu3f n.** • weakness

ضعف *ḍa3ufa v.intr.* |1s6 يضعف *yaḍ3uf^u* | ضعف *ḍa3f* or *ḍu3f*| • become weak

ضعف *ḍi3f n.* |pl. أضعاف *ʔaḍ3āf*| • multiple, double ▪ __ ضعف *ḍa3f* __, dual __ ضعفي *ḍi3fay* __ twice the __ ▪ __ ثلاثة أضعاف *talāta^t ʔaḍ3āf* three times the __ ◊ تبلغ مساحة إيران ضعف مساحة تركيا وثلاثة أضعاف مساحة فرنسا *Iran covers an area twice that of Turkey, and three times the area of France.* • [elative +] times as ▪ بضعفين *bi-ḍi3fayn^i* twice as __ ◊ هذا العدد أكبر بضعفين مما كان يعتقد من قبل. *This number is twice as big as previously believed.* ▪ بثلاثة أضعاف *bi-talāta^t ʔaḍ3āf* three times as __ ◊ هذا أغلى بثلاثة أضعاف من ذلك. *This one is three times as expensive as that one.*

ضعيف *ḍa3īf adj.* |m. pl. **dip.** ضعفاء *ḍu3afāʔ* | elat. أضعف *ʔaḍ3af*| • weak

ضغط *ḍaɣaṭa v.* |1s1 يضغط *yaḍɣaṭ^u* | ضغط *ḍaɣṭ*| • *v.tr. & intr.* press (على), push, click *on* ◊ اضغط (على) الزر. *Push the button.* • *v.intr.* squeeze على, put pressure *on* ◊ لا بد أن تضغط على الجرح. *You have to put pressure on the wound.* ▪ ضغط عليه لأنْ *ḍaɣaṭa 3alay<u>hi</u> liʔan*, ضغط عليه لكي *ḍaɣaṭa 3alay<u>hi</u> li-kay* put pressure on *sb* to *(do)*, pressure, lobby ◊ أسرتاهما بدأتا تضغطان عليهما للزواج. *Their families began to put pressure on them to get married.*

ضغط *ḍaɣṭ n.** |pl. ضغوط *ḍuɣūṭ*| • pressure *on* على ▪ ضغط دم *ḍaɣṭ · dam* blood pressure ▪ ضغط جوي *ḍaɣṭ jawwī^y* air pressure • stress, tension

ضفة *ḍiffa^t n.* |pl. ضفاف *ḍifāf*| • *(river)* bank ▪ الضفة الغربية *aḍḍiffa^t -lɣarbīya^t* The West Bank

ضفدع *ḍifda3*, ضفدعة *ḍifdi3a^t n.* |pl. **dip.** ضفادع *ḍafādi3*| • frog

ضفيرة *ḍafīra^t n.* |pl. **dip.** ضفائر *ḍafāʔir*| • braid

ضل *ḍalla v.* |1g2 يضل *yaḍill^u* | ضلال *ḍalāl*| • *v.intr.* stray *from* عن, go astray, become immoral •ضل طريقه *ḍalla ṭarīq^a<u>hu</u>*, ضل سبيله *ḍalla sabīl^a<u>hu</u>* *v.tr.* lose *one's* way, get lost

ضلع *ḍal3 n.** |pl. ضلوع *ḍulū3*| • sympathy • involvement, participation

ضلع *ḍala3a v.intr.* |1s1 يضلع *yaḍla3^u* | ضلع *ḍal3*| • side *with* مع, sympathize *with* • be involved *with* مع, have a hand *in*, participate *in*, partake *in*

ضلع *ḍil3 n.* |pl. أضلاع *ʔaḍlā3*| • rib

ض

ضلل *ḍallala v.tr.* |*2s* يضلل *yuḍallil^u* | تضليل *taḍlīl*| • lead astray, misguide

ضم *ḍamma v.tr.* |*1g3* يضم *yaḍumm^u* | ضم *ḍamm*| • attach *sth* ∘ *to* إلى • contain, include • embrace, hug

ضمادة *ḍimāda^t*, ضماد *ḍimād n.* • bandage, dressing

ضمان *ḍamān n.** • guarantee ▪ ضمان إضافي *ḍamān ʔiḍāfīʸ* collateral

ضمة *ḍamma^t n.* • *(grammar)* damma (diacritic representing a short **u**)

ضمد *ḍammada v.tr.* |*2s* يضمد *yuḍammid^u* | تضميد *taḍmīd*| • bandage, dress (a wound)

ضمن *ḍamina v.tr.* |*1s4* يضمن *yaḍman^u* | ضمان *ḍamān*| • guarantee, ensure

ضمن *ḍammana v.tr.* |*2s* يضمن *yuḍammin^u* | تضمين *taḍmīn*| • include, contain

ضمن *ḍimna prep.* • inside of, within, among

ضمير *ḍamīr n.* |*pl.* **dip.** ضمائر *ḍamāʔir*| • conscience • *(grammar)* personal pronoun ▪ ضمير متصل *ḍamīr muttaṣil* suffixed (object or possessive) pronoun ▪ ضمير ملكي *ḍamīr mulkīʸ* suffixed possessive pronoun ➡ ***table on the bottom-right*** ▪ ضمير منفصل *ḍamīr munfaṣil* independent personal pronoun ➡ ***table on the top-right*** ▪ ضمير نصب *ḍamīr · naṣb* suffixed object pronoun

ضهر *ḍahr n.* |*pl.* ضهور *ḍuhūr*| • summit, peak

ضوء *ḍawʔ n.* |*pl.* أضواء *ʔaḍwāʔ*| • light

ضوضاء *ḍawḍāʔ n.* • noise

ضؤل *ḍaʔula v.intr.* |*1s6(b)* يضؤل *yaḍʔul^u* | ضآلة *ḍaʔāla^t*| • be scanty, be meager, be sparse

ضوئي *ḍawʔīʸ adj.* • light-, luminary, photo- ▪ سنة ضوئية *sana^t ḍawʔīya^t n.* light year

ضياء *ḍiyāʔ n.* • light, glow

ضياع *ḍayā3 n.** • loss

ضيافة *ḍiyāfa^t n.* • hospitality

ضيع *ḍayya3a v.tr.* |*2s* يضيع *yuḍayyi3^u* | تضييع *taḍyī3*| • waste, squander, miss, let go by ▪ ضيع وقتا *ḍayya3a waqtan* waste time ▪ ضيع فرصة *ḍayya3a furṣa^t* miss an opportunity • lose ◊ ضيعت محفظتي اليوم في السوق. *I lost my wallet in the market today.*

ضيف *ḍayf n.* |*pl.* ضيوف *ḍuyūf*| • guest ▪ ضيف شرف *ḍayf · šaraf* guest of honor ▪ ضيف على لغة *ḍayf 3alā luɣa^t* non-native speaker (of a language)

ضيف *ḍayyafa v.tr.* |*2s* يضيف *yuḍayyif^u* | تضييف *taḍyīf*| • entertain, host, have as a guest

ضيق *ḍayyaqa v.tr.* |*2s* يضيق *yuḍayyiq^u* | تضييق *taḍyīq*| • make narrower, tighten • restrict

ضيق *ḍayyiq adj.* |*elat.* أضيق *ʔaḍyaq*| • narrow, tight ▪ ضيق الأفق *ḍayyiq · alʔufuq^i* narrow-minded

Independent Personal Pronouns

أنا *ʔana*	نحن *naḥnu*	
أنت *ʔanta*	أنتما *ʔantumā*	أنتم *ʔantum*
أنت *ʔanti*		أنتن *ʔantunna*
هو *huwa*	هما *humā*	هم *hum*
هي *hiya*		هن *hunna*

Suffixed Personal Pronouns

A personal pronoun may be suffixed to a verb, preposition, or noun. Suffixed to a verb or preposition, they are objects; suffixed to a noun, they are possessive. Only the first-person singular pronoun has a separate form when suffixed to a verb. The voweling varies for all but one of the third-person pronouns depending on the preceding vowel.

ـني / ـي *-nī / -ī*	ـنا *-nā*	
ـك *-ka*	ـكما *-kumā*	ـكم *-kum*
ـك *-ki*		ـكن *-kunna*
ـه *-hu / -hi*	ـهما *-humā / -himā*	ـهم *-hum / -him*
ـها *-hā*		ـهن *-hunna / -hinna*

ضيق *ḍīq n.** • narrowness, tightness

ضئيل *ḍaʔīl adj.* |*m. pl.* ضئال *ḍiʔāl* | *elat.* أضأل *ʔaḍʔal* | • scanty, meager, sparse, slight

ط

ط *ṭāʔ n.* ***f.*** |طاء| • *(sixteenth letter of the Arabic alphabet)* • *(numerical value)* 9 • *(point of information)* I.,IX. ➡ ***The Abjad Numerals p. 108***

طاء *ṭāʔ n.* ***f.*** ➡**ط**

طاب *ṭāba v.intr.* |1h2 يطيب *yaṭību* | طيبة *ṭība'*| • delight لـ, please, be to *one's* liking • ripen

طابع *ṭāba3 n.* |*pl.* ***dip.*** طوابع *ṭawābi3*| • stamp ▪ طابع بريد *ṭāba3 · barīd* postage stamp • mark, feature, character, characteristic ▪ طابع حسن *ṭāba3 · ḥusn* mole, beauty mark

طابعة *ṭābi3a' act. part. n.* • *(machine)* printer ▪ طابعة حاسوبية *ṭābi3a' ḥāsūbīya'* computer printer

طابق *ṭābaqa v.tr.* |3s يطابق *yuṭābiqu* | مطابقة *muṭābaqa'*| • agree *with*, correspond *to*

طابق *ṭābiq n.* |*pl.* ***dip.*** طوابق *ṭawābiq*| • floor, story ◊ في الطابق الثاني *on the second floor* ◊ مبنى من عشرين طابقا *a twenty-story building* ▪ طابق أرضي *ṭābiq ʔarḍī* ground floor ⓘ *In North America, the street level floor of a building is called the 1st floor, while the next floor up is the 2nd, and so on. Arab countries, however, follow the European convention of referring to the street level floor as the ground floor, and the next floor up as the 1st floor, and so on.*

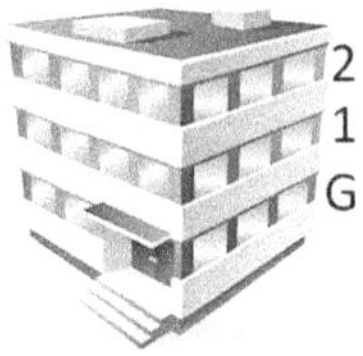

The numbering of floors

G. الطابق الأرضي *aṭṭābiq alʔarḍī* the ground floor
1. الطابق الأول *aṭṭābiq alʔawwal* the first floor
2. الطابق الثاني *aṭṭābiq attānī* the second floor

طابور *ṭābūr n.* |*pl.* ***dip.*** طوابير *ṭawābīr*| • line (UK: queue) ▪ اقتحم طابورا *iqtaḥama ṭābūran v.* cut in line (UK: jump queue) ▪ وقف في طابور *waqafa fī ṭābūr v.* wait in line (UK: stand in queue), stand in line

طاجن *ṭājin n.* |*pl.* ***dip.*** طواجن *ṭawājin*| • clay pot

طاحن *ṭāḥin*, طاحنة *ṭāḥina' act. part. n.* |*pl.* ***dip.*** طواحن *ṭawāḥin*| • molar

طاحونة *ṭāḥūna' n.* |*pl.* ***dip.*** طواحين *ṭawāḥīn*| • mill ▪ طاحونة مائية *ṭāḥūna' māʔīya'* watermill ▪ طاحونة هوائية *ṭāḥūna' hawāʔīya'* windmill, wind turbine

طار *ṭāra v.intr.* |1h2 يطير *yaṭīru* | طيران *ṭayarān*| • fly

طارد *ṭārada v.tr.* |3s يطارد *yuṭāridu* | مطاردة *muṭārada'*| • chase, pursue, run after

طارق *ṭāriq act. part. n.* • person knocking (on the door) ◊ من الطارق؟ *Who is it? (lit. Who is the knocker?)* • *man's name* Tariq, Tarek ▪ مضيق جبل طارق *maḍīq · jabal ṭāriq* the Strait of Gibraltar

طارئ *ṭāriʔ act. part. adj.* |*pl.* ***dip.*** طوارئ *ṭawāriʔ*| • unexpected, unforeseen, emergency- ▪ اجتماع طارئ *ijtimā3 ṭāriʔ* emergency meeting

طارئة *ṭāriʔa' act. part. n.* |*pl.* ***dip.*** طوارئ *ṭawāriʔ*| • emergency, unexpected event ▪ غرفة طوارئ *ɣurfat · ṭawāriʔ* emergency room

طازج *ṭāzaj adj.* • fresh ▪ غير طازج *ɣayr · ṭāzaj* stale

طاش *ṭāša v.intr.* |1h2 يطيش *yaṭīšu* | طيشان *ṭayašān*| • become heedless, become reckless

طاعة *ṭā3a' n.* • obedience, compliance

طاغ *ṭāɣ(in) act. part.* ***def.*** |*pl.* طغاة *ṭuɣā'*| • *n.* tyrant • widespread, common

طاغية *ṭāɣiya'* ***m.*** |*pl.* طغاة *ṭuɣā'*| tyrant

طاقة *ṭāqa' n.* • energy, power ▪ طاقة شمسية *ṭāqa' šamsīya'* solar energy

طاقم *ṭāqim n.* |*pl.* أطقم *ʔaṭqum* | *pl.* ***dip.*** طواقم *ṭawāqim*| • crew ▪ طاقم حكام *ṭāqim · ḥukkām* *(sports)* referee crew ▪ طاقم سفينة *ṭāqim · safīna'* ship crew ▪ طاقم طائرة *ṭāqim · ṭāʔira'* *(airplane)* cabin crew ▪ عضو طاقم *3uḍw · ṭāqim* crew member • staff ▪ طاقم مكتب *ṭāqim · maktab* office staff • set, kit ▪ طاقم أسنان *ṭāqim · ʔasnān* dentures

طاقية *ṭāqīya' n.* |*pl.* ***def.*** طواق *ṭawāq(in)*| • taqiyah (short, rounded cap), skull cap, prayer cap
➡ ***picture on the next page***

A man wearing a taqiyah

طال *ṭāla v.intr.* |*1h3* يطول *yaṭūlᵘ* | طول *ṭūl*| • become long, be lengthy • last a long time, take a while

طالب *ṭālaba v.intr.* |*3s* يطالب *yuṭālibᵘ* | مطالبة *muṭālabaᵗ*| • demand *from* ه *sth* بـ, request, ask, call for

طالب *ṭālib act. part. n.* |*pl.* طلاب *ṭullāb* or طلبة *ṭalabaᵗ*| • student

طالع *ṭāla3a v.tr.* |*3s* يطالع *yuṭāli3ᵘ* | مطالعة *muṭāla3aᵗ*| • read

طالق *ṭāliq adj.* ***f.*** • divorced ⓘ طالق *ṭāliq refers to women only but does not vary for gender or number:* ▪ امرأة طالق *imraʔaᵗ ṭāliq* divorced woman

طالما *ṭālamā*, لطالما *la-ṭālamā adv.* • [+ perfect] often, frequently ◊ لطالما انتظرته. *I waited for him all the time.* • as long as ▪ طالما أنّ *ṭālamā ʔanna conj.* since, as ◊ طالما أنك موجود، هلا ساعدتني؟ *Since you're here, would you please help me?*

طاهر *ṭāhir act. part. adj.* |*m. pl.* أطهار *ʔaṭhār* | *elat.* أطهر *ʔaṭhar*| • pure

طاولة *ṭāwilaᵗ n.* • table ▪ (لعبة) الطاولة *(lu3bat ·) aṭṭāwilaᵗ*, طاولة النرد *ṭāwilat · annardⁱ* backgammon ▪ تنس طاولة *tenis · ṭāwilaᵗ* table tennis • counter

طاووس *ṭāwūs n.* |*pl.* ***dip.*** طواويس *ṭawāwīs*| • peacock

طائرة *ṭāʔiraᵗ act. part. n.* • airplane, plane ▪ طائرة ورقية *ṭāiʔraᵗ waraqīyaᵗ* kite

طائش *ṭāʔiš act. part. adj.* |*elat.* أطيش *ʔaṭyaš*| • heedless, reckless

الطائف *aṭṭāʔif n.* ***f.*** • *(city in Saudi Arabia)* Taif, Ta'if ➡ ***map on p. 166***

طائفة *ṭāʔifaᵗ n.* |*pl.* ***dip.*** طوائف *ṭawāʔif*| • sect, denomination ▪ الطائفتان الشيعة والسنة *aṭṭāʔifatānⁱ -ššī3aᵗ wa-ssunnaᵗ* The Shiite and Sunni sects

طائفي *ṭāʔifīʸ adj.* • sectarian

طائفية *ṭāʔifīyaᵗ n.* • sectarianism

طائل *ṭāʔil act. part.* • *adj.* great, large, enormous • *n.* benefit, use, avail ▪ بلا طائل *bi-lā ṭāʔilⁱ*, لا طائل *lā ṭāʔilᵃ adv.* in vain, to no avail

طب *ṭibb n.* • medicine, medical treatment, medical science ▪ طب أسنان *ṭibb · ʔasnān* dentistry ▪ طب الأطفال *ṭibb · alʔaṭfālⁱ* pediatrics ▪ الطب الباطني *aṭṭibb albāṭinīʸ* internal medicine ▪ طب الجلد *ṭibb · aljildⁱ* dermatology ▪ طب العيون *ṭibb · al3uyūnⁱ* ophthalmology ▪ طب القلب (والأوعية الدموية) *ṭibb · alqalbⁱ (wa-lʔaw3īyaᵗⁱ addamawīyaᵗⁱ)* cardiology ▪ طب الأمراض العصبية *ṭibb · alʔamrāḍⁱ -l3aṣabīyaᵗⁱ* neurology ▪ طب النساء والتوليد *ṭibb · annisāʔⁱ wa-ttawlīdⁱ* obstetrics and gynecology ▪ طب نفسي *ṭibb nafsīʸ* psychiatry

طباخ *ṭabbāx n.* • cook, chef

طباشير *ṭabāšīr n.* ***dip.*** • chalk

طباع *ṭabbā3 n.* • *(person)* printer

طباعة *ṭibā3aᵗ n.* • printing, press, typography

طبال *ṭabbāl n.* • drummer

طبخ *ṭabaxa v.tr.* |*1s1/1s3* يطبخ *yaṭbaxᵘ* or *yaṭbuxᵘ* | طبخ *ṭabx*| • cook

طبخ *ṭabx n.*⋆ • cuisine, cooking

طبرق *ṭubruq* • *n.* ***f. dip.*** *(city in Libya)* Tobruk ➡ ***map on p. 261***

طبع *ṭab3 n.*⋆ • |*pl.* طباع *ṭibā3*| impression, print • |*pl.* طباع *ṭibā3* or أطباع *ʔaṭbā3*| nature, disposition ▪ طبعا *ṭab3an*, بالطبع *bi-ṭṭab3ⁱ adv.* of course, naturally ▪ الطبع أغلب *aṭṭab3ᵘ ʔaɣlabᵘ proverb* One's true nature will always prevail.

طبع *ṭaba3a v.tr.* |*1s1* يطبع *yaṭba3ᵘ* | طبع *ṭab3*| • print • make an impression, impress

طبع *ṭabba3a v.tr.* |*2s* يطبع *yuṭabbi3ᵘ* | تطبيع *taṭbī3*|

• normalize

طبعة *ṭab3a^{t} n.* • edition, issue

طبق *ṭabaq n.* |*pl.* أطباق *ʔaṭbāq*| • plate, dish ▪ طبق طائر *ṭabaq ṭāʔir* flying saucer, UFO

طبّق *ṭabbaqa v.tr.* |*2s* يطبق *yuṭabbiq^{u}* | تطبيق *taṭbīq*| • apply *sth* ∘ *to* على, implement, put into practice

طبق *ṭibqa prep.* • according to ▪ طبقا لـ *ṭibqan li-* according to, in accordance with, in conformity with ▪ صورة طبق الأصل *ṣūra^{t} ṭibqa -lʔaṣli^{i}* exact replica

طبقة *ṭabaqa^{t} n.* |*pl.* طباق *ṭibāq*| • class, degree ▪ الطبقة العاملة *aṭṭabaqa^{t} al3āmila^{t}* the working class ▪ الطبقة الوسطى *aṭṭabaqa^{t} alwusṭā*, الطبقة المتوسطة *aṭṭabaqa^{t} almutawassiṭa^{t}* the middle class ▪ الطبقة العليا *aṭṭabaqa^{t} al3ulyā* the upper class • layer ▪ طبقة أوزون *ṭabaqat · ʔozōn* the ozone layer

طبّل *ṭabbala v.intr.* |*2s* يطبل *yuṭabbil^{u}* | تطبيل *taṭbīl*| • drum, hit a drum

طبل *ṭabl n.* |*pl.* طبول *ṭubūl*| • drum

طبلة *ṭabla^{t} n.* • goblet drum, tablah, darbuka ▪ طبلة أذن *ṭablat · ʔuđn* ear drum

طبي *ṭibbī^{y} adj.* • medical

طبيب *ṭabīb n.* |*pl.* **dip.** أطباء *ʔaṭibbāʔ*| • doctor, physician ▪ طبيب أذن وأنف وحنجرة *ṭabīb · ʔuđn wa-ʔanf wa-ḥanjara^{t}* otolaryngologist ▪ طبيب أسنان *ṭabīb · ʔasnān* dentist ▪ طبيب أطفال *ṭabīb · ʔaṭfāl* pediatrician ▪ طبيب أمراض عصبية *ṭabīb · ʔamrāḍ 3aṣabīya^{t}* neurologist ▪ طبيب عيون *ṭabīb · 3uyūn* ophthalmologist ▪ طبيب قلب (وأوعية دموية) *ṭabīb qalb (wa-ʔaw3īya^{t} damawīya^{t})* cardiologist ▪ طبيب نساء وتوليد *ṭabīb · nisāʔ wa-tawlīd* OB/GYN (obstetrician-gynecologist) ▪ طبيب نفسي *ṭabīb nafsī^{y}*, طبيب نفساني *ṭabīb nafsānī^{y}* psychiatrist

طبيعة *ṭabī3a^{t} n.* |*pl.* **dip.** طبائع *ṭabāʔi3*| • nature

طبيعي *ṭabī3ī^{y} adj.* • natural ▪ من الطبيعي *min^{a} -ṭṭabī3ī^{yi}* it is natural that..., of course, naturally ▪ من الطبيعي أنْ *min^{a} -ṭṭabī3ī^{yi} ʔan* it is natural that...

طحن *ṭaḥana v.tr.* |*1s1* يطحن *yaṭḥan^{u}* | طحن *ṭaḥn*| • grind

طحينة *ṭaḥīna^{t} n.* • tahina

طرأ *ṭaraʔa v.intr.* |*1s1(b)* يطرأ *yaṭraʔ^{u}* | طرء *ṭarʔ*| • happen *to* على, befall ◊ ماذا طرأ عليك؟ *What happened to you?*

طرابلس *ṭarābulus n.* ***f.* dip.** • *(capital of Libya)* Tripoli ➡ **map on p. 261**, • *(city in Lebanon)* Tripoli ➡ **map on p. 257**

طرّاد *ṭarrād n.* • *(ship)* cruiser

طراز *ṭirāz n.* |*pl.* طرز *ṭuruz*| • style, type, model

طربوش *ṭārbūš n.* • tarboosh (flat-topped red hat with a tassel), fez

Stamp showing Egyptian politician and poet Mahmoud Sami Baroudi wearing a tarboosh

طربيد *ṭurbīd n.* • torpedo

طرح *ṭaraḥa v.tr.* |*1s1* يطرح *yaṭraḥ^{u}* | طرح *ṭarḥ*| • subtract, deduct • put forward *sth* ∘ *to* على, raise, bring up, pose, present ▪ طرحه على طاولة الحوار *ṭaraḥahu 3alā ṭāwilat^{i} -lḥiwār^{i}*, طرحه على مائدة بحث *ṭaraḥahu 3alā māʔidat^{i} -lbaḥt^{i}* put *sth* on the discussion table

طرح *ṭarḥ n.** • subtraction, deduction

طرحة *ṭarḥa^{t} n.* |*pl.* طرح *ṭuraḥ* or طرحات *ṭar(a)ḥāt*| • veil ▪ طرحة عروس *ṭarḥat · 3arūs* bridal veil • pretext, cover, front (for illegal activities)

طرد *ṭarada v.tr.* |*1s3* يطرد *yaṭrud^{u}* | طرد *ṭard*| • expel, drive out

طرد *ṭard n.** • expulsion • |*pl.* طرود *ṭurūd*| package, parcel

طرّز *ṭarraza v.tr.* |*2s* يطرز *yuṭarriz^{u}* | تطريز *taṭrīz*| • embroider *sth* ∘ *with* بـ, stitch ◊ طرزت الحقيبة باسمها. *She embroidered her name on the bag.* • garnish

طرطوس *ṭarṭūs n.* ***f.* dip.** • *(city in Syria)* Tartus ➡ **map on p. 171**

طرف *ṭaraf n.* |*pl.* أطراف *ʔaṭrāf*| • side, edge ▪ طرف مدينة *ṭaraf · madīna^{t}* outskirts of town • party, side • *(body)* limb, extremity • tip, point

طرف *ṭarafa v.intr.* |*1s2* يطرف *yaṭrif^{u}* | طرف *ṭarf*| ▪ طرف بعينيه *ṭarafa bi-3aynayhi* blink

طرفة *ṭarfa^{t} n.* |*pl.* طرفات *ṭar(a)fāt*| • blink ▪ في طرفة عين *fī ṭarfat^{i} 3ayn^{in}* in the blink of an eye, instantly

طرفة *ṭurfaᵗ n.* |*pl.* طرف *ṭuraf*| • novelty, curiosity • quip, witty remark

طرق *ṭaraqa v.tr.* |*1s3* يطرق *yaṭruqᵘ* | طرق *ṭarq*| • knock *on*, bang *on* ▪ طرق بابا *ṭaraqa bāban* knock on a door

طرقة *ṭarqaᵗ n.* |*pl.* طرقات *ṭar(a)qāt*| • knock

طري *ṭarīʸ adj.* |*elat.* **invar.** أطرى *ʔaṭrā*| • soft

طريد *ṭarīd n.* • fugitive, outlaw

طريف *ṭarīf adj.* |*elat.* أطرف *ʔaṭraf*| • outstanding • novel, uncommon, unique

طريق *ṭarīq n.* **m.** or **f.** |*pl.* طرق *ṭuruq* or طرقات *ṭuruqāt*| • road, way ▪ في الطريق إلى *fī -ṭṭarīqⁱ ʔilā* on the way to ▪ __ في طريق عودته من *fī ṭarīqⁱ 3awdatⁱ<u>hi</u> min* __ on *one's* way back from __ ▪ طريق سريع *ṭarīq sarī3* expressway (UK: motorway), freeway, interstate • manner, way, method, procedure ▪ عن طريق *3an ṭarīqⁱ prep.* through, by (means of), via ◊ تواصلا عن طريق الإنترنت. *They corresponded on the Internet.* ◊ استقللت طائرة من القاهرة متجها إلى طوكيو عن طريق دبي. *I took a flight from Cairo to Tokyo via Dubai.* ▪ بطريق الخطأ *bi-ṭarīqⁱ -lxaṭaʔⁱ adv.* by mistake

طريقة *ṭarīqaᵗ n.* |**dip.** طرائق *ṭarāʔiq* or طرق *ṭuruq*| • manner, way, method, procedure ▪ بطريقة *bi-ṭarīqaᵗⁱⁿ* [+ adjective] *(forms adverbs)* in a __ way ▪ بطريقة ديموقراطية *bi-ṭarīqaᵗⁱⁿ dīmūqrāṭīyaᵗⁱⁿ adv.* in a democratic manner ▪ بطريقة غير مباشرة *bi-ṭarīqaᵗⁱⁿ ɣayrⁱ mubāširaᵗⁱⁿ adv.* indirectly

طز *ṭuz interjection* • Whatever!, Who cares! ▪ طز في __ *ṭuz fī* __ To hell *with*__!

طظ *ṭuẓ*, طز *ṭuz interjection* • Whatever!, Who cares!

طعام *ṭa3ām n.* |*pl.* أطعمة *ʔaṭ3imaᵗ*| • food ▪ غرفة طعام *ɣurfat · ṭa3ām* dining room ▪ قائمة طعام *qāʔimat · ṭa3ām* menu ▪ طعام إفطار *ṭa3ām · ʔifṭār* iftar ▪ طعام فطور *ṭa3ām · fuṭūr* breakfast ▪ طعام غداء *ṭa3ām · ɣadāʔ* lunch ▪ طعام عشاء *ṭa3ām · 3ašāʔ* dinner

طعم *ṭa33ama v.tr.* |*2s* يطعم *yuṭa33imᵘ* | تطعيم *taṭ3īm*| • vaccinate *sb* ∘ *against* ضد, inoculate, immunize

طعم *ṭa3m n.* |*pl.* طعوم *ṭu3ūm*| • taste, flavor ▪ طعمه جيد *ṭa3mᵘ<u>hu</u> jayyidᵘⁿ it* tastes good

طعم *ṭu3m n.* |*pl.* طعوم *ṭu3ūm*| • bait, lure

طعن *ṭa3ana v.* |*1s1/1s3* يطعن *yaṭ3anᵘ* or *yaṭ3unᵘ* | طعن *ṭa3n*| • *v.tr.* stab, pierce • *v.intr.* refute في, appeal, contest • slander في, speak ill *of* • طعن في السن *ṭa3ana fī -ssinnⁱ* grow old

طعن *ṭa3n n.*⋆ |*pl.* طعون *ṭu3ūn*| • appeal *against* في • libel, slander, defamation

طعنة *ṭa3naᵗ n.* |*pl.* طعنات *ṭa3(a)nāt*| • stab, stabbing • stab wound

طغي *ṭaɣiya*, طغى *ṭaɣā v.intr.* |*1d4* يطغى *yaṭɣā* | طغي *ṭaɣy* or طغيان *ṭuɣyān*| • tyrannize على, oppress

طغيان *ṭuɣyān n.*⋆ • tyranny

طفحة *ṭafḥaᵗ*, طفح *ṭafaḥ n.* • *(skin)* rash

طفرة *ṭafraᵗ n.* |*pl.* طفرات *ṭaf(a)rāt*| • jump, spring, upswing

طفل *ṭifl n.* |*pl.* أطفال *ʔaṭfāl*| • (small) child ▪ طفل بالتبني *ṭifl bi-ttabannī* adopted child ▪ طب الأطفال *ṭibb · ʔaṭfālⁱ* pediatrics ▪ طبيب أطفال *ṭabīb · ʔaṭfāl* pediatrician • (small) boy

طفلة *ṭiflaᵗ n.* • (small) girl

طفولة *ṭufūlaᵗ n.* • childhood

طفولي *ṭufūlīʸ adj.* |*elat.* أكثر طفولية *ʔaktar ṭufūlīyaᵗᵃⁿ*| • infantile, child- • childish

طفيف *ṭafīf adj.* • slight, negligible

طفيل *ṭufayl n. diminutive* • small child

طفيلي *ṭufaylīʸ* • *adj.* parasitic • *n.* parasite

طقس *ṭaqs n.* • weather • |*pl.* طقوس *ṭuqūs*| rite, ritual

طقم *ṭaqm n.* |*pl.* طقوم *ṭuqūm* or أطقم *ʔaṭqam*| • set, kit ▪ طقم إسعافات أولية *ṭaqm · isti3āfāt ʔawwalīyaᵗ* first aid kit ▪ طقم أسنان *ṭaqm · ʔisnān* dentures ▪ طقم شاي *ṭaqm · šāy* tea set • *(fashion)* outfit

طلاء *ṭilāʔ n.* • paint

طلابي *ṭullābīʸ adj.* • student-

طلاق *ṭalāq n.* • divorce ▪ طلاق بالثلاثة *ṭalāq bi-ttalātaᵗⁱ* triple talaq (divorce by uttering the phrase "I divorce you" three times), triple divorce

طلاقة *ṭalāqaᵗ n.* • unrestraint, casualness, freeness • fluency ▪ بطلاقة *bi-ṭalāqaᵗⁱⁿ adv.* fluently ◊ تتكلم اللغة العربية بطلاقة. *She speaks fluent Arabic.*

طلب *ṭalab n.*⋆ • request, favor ◊ ممكن أطلب منك طلبا؟ *Can I ask you for a favor?* • order • application ▪ قدم طلبا لـ *qaddama ṭalaban li-* apply *for/to* (a job, school, etc.)

طلب *ṭalaba v.tr.* |*1s3* يطلب *yaṭlubᵘ* | طلب *ṭalab*| • request *sth* ∘ *from* من, ask *for*, demand ▪ طلب منه أنْ *ṭalaba min<u>hu</u> ʔan*, طلب إليه أنْ *ṭalaba ʔilay<u>hi</u> ʔan* tell *sb to (do)*, ask *sb to (do)* ◊ قد طلب منه المعلم أن يقرأ شيئا أمام الفصل. *The teacher asked him to read something to the class.*

• order *sth* ∘ *from* من ◊ .طلبنا بيتزا من المطعم *We ordered pizza from the restaurant.*

طلع *ṭala3a v.intr.* |*1s3* يطلع *yaṭlu3*ᵘ | طلوع *ṭulū3*| • rise, ascend

طلق *ṭallaqa v.tr.* |*2s* يطلق *yuṭalliq*ᵘ | تطليق *taṭlīq*| • divorce (a woman)

طلقة *ṭalqa*ᵗ *n.* |*pl.* طلقات *ṭal(a)qāt*| • *(gun)* shot

طلمبة *ṭulumba*ᵗ *n.* • pump

طلوع *ṭulū3 n.** • rise, ascent ▪ طلوع شمس *ṭulū3 · šams* sunrise ▪ طلوع فجر *ṭulū3 · fajr* dawn

طلى *ṭalā v.tr.* |*1d2* يطلى *yaṭlī* | طلي *ṭaly*| • paint *sth* ∘ *with* بـ

طليق *ṭalīq adj.* |*m. pl.* **dip.** طلقاء *ṭulaqā?*| • loose, free

طماطة *ṭumāṭa*ᵗ *n.* • tomato

طماطم *ṭamāṭim coll. n.* |*sing.* طماطمة *ṭamāṭima*ᵗ| • tomatoes

طماع *ṭammā3 adj.* |*elat.* أكثر طمعا *?aktar ṭama3an*| • covetous, greedy

طمأن *ṭam?ana v.tr.* |*11s(b)* يطمئن *yuṭam?in*ᵘ | طمأنة *ṭam?ana*ᵗ| • reassure, set *one's* mind at rest ▪ طمأنه أنّ *ṭam?anahu ?anna* reassure *sb* that...

طمأنينة *ṭuma?nīna*ᵗ • calm, serenity • reassurance, security ▪ عدم طمأنينة *3adam · ṭuma?nīna*ᵗ insecurity • peace of mind

طمح *ṭamaḥa v.intr.* |*1s1* يطمح *yaṭmaḥ*ᵘ | طموح *ṭumūḥ*| • aspire *to* إلى

طمع *ṭama3 n.** |*pl.* أطماع *?aṭmā3*| • greed • ambition

طمع *ṭami3a v.intr.* |*1s4* يطمع *yaṭma3*ᵘ | طمع *ṭama3*| • covet بـ *or* في, desire • aspire *to* بـ *or* في, be ambitious

طموح *ṭamūḥ adj.* |*elat.* أكثر طموحا *?aktar ṭumūḥan*| • ambitious

طموح *ṭumūḥ n.** • ambition

طن *ṭanna v.intr.* |*1g2* يطن *yaṭinn*ᵘ | طنين *ṭanīn*| • hum, buzz

طن *ṭunn n.* |*pl.* أطنان *?aṭnān*| • ton

طنان *ṭannān n.* • hummingbird

طنجة *ṭanja*ᵗ *n.* **dip.** • *(city in Morocco)* Tangier

➡ ***map on p. 294***

طنطا *ṭanṭā n.* ***f.*** ***invar.*** • *(city in Egypt)* Tanta

➡ ***map on p. 287***

طه *ṭāhā* ***invar.*** *man's name* • Taha

طهارة *ṭahāra*ᵗ *n.** • purity

طهر *ṭahhara v.tr.* |*2s* يطهر *yuṭahhir*ᵘ | تطهير *taṭhīr*| • cleanse, purify

طهر *ṭahura v.intr.* |*1s6* يطهر *yaṭhur*ᵘ | طهارة *ṭahāra*ᵗ| • be clean, be pure

طهران *ṭahrān n.* ***f.*** **dip.** • *(capital of Iran)* Tehran

طوال *ṭawāla* or *ṭiwāla prep.* • throughout, (all) during, all along ◊ طوال السنوات الأربع السابقة *over the last four years* ▪ طوال الوقت *ṭawāla -lwaqt*ⁱ *adv.* all the time, at all times ▪ طوال العام *ṭawāla -l3ām*ⁱ *adv.* all year ▪ طوال عمره *ṭawāla 3umr*ⁱ*hi adv.* all *one's* life ▪ طوال النهار *ṭawāla -nnahār*ⁱ *adv.* all afternoon

طوب *ṭūb coll. n.* |*sing.* طوبة *ṭūba*ᵗ| • bricks ⓘ *The English word 'adobe' has been borrowed from this Arabic word.*

طور *ṭawr n.* |*pl.* أطوار *?aṭwār*| • phase, stage ▪ طورا بعد طور *ṭawran ba3da ṭawr adv.* time after time, again and again, repeatedly ▪ خرج عن طوره *xaraja 3an ṭawr*ⁱ*hi v.* lose *one's* temper, become upset

طور *ṭawwara v.tr.* |*2s* يطور *yuṭawwir*ᵘ | تطوير *taṭwīr*| • develop, further, enhance ▪ طور علاقات بين *ṭawwara 3alāqāt bayna* further relations between

طوع *ṭaw3 n.* • voluntariness

طوع *ṭawwa3a v.tr.* |*2s* يطوع *yuṭawwi3*ᵘ | تطويع *taṭwī3*| • subdue, subjugate

طوعي *ṭaw3ī*ʸ *adj.* • *(not automatic)* voluntary ▪ طوعيا *ṭaw3īyan adv.* voluntarily

طوف *ṭawwafa v.* |*2s* يطوف *yuṭawwif*ᵘ | تطويف *taṭwīf* or تطواف *taṭwāf*| • *v.intr.* roam around, wander • *v.tr. & intr.* show around (بـ)

طوفان *ṭūfān n.* • flood

طوكيو *ṭōkyō n.* ***f.*** ***invar.*** • *(capital of Japan)* Tokyo

طول *ṭawwala v.tr.* |*2s* يطول *yuṭawwil*ᵘ | تطويل *taṭwīl*| • lengthen • prolong ▪ طول الله عمره *ṭawwala -LLāh*ᵘ *3umr*ᵃ*hu* may God prolong *sb's* life

طول *ṭūl n.** |*pl.* أطوال *?aṭwāl*| • length, height ▪ طول نظر *ṭūl · naẓar* hyperopia ▪ كم طولك؟ *kam ṭūl*ᵘ*ka* How tall are you? ▪ متوسط الطول *mutawassiṭ · aṭṭūl*ⁱ of average height ▪ على طول *3alā ṭūl*ⁱ *prep.* along ◊ .يمشي على طول الطريق *He's walking along the road.*; *adv.* straight (ahead) ▪ أطول من ليل الشتاء *?aṭwal min layl*ⁱ *-ššitā?*ⁱ *idiom* longer than a winter night (i.e. very long)

طول *ṭūla* • *prep.* throughout, (all) during

طوى *ṭawā v.tr.* |*1d2* يطوي *yaṭwī* | طي *ṭayy*| • fold (up), roll up

طويل *ṭawīl adj.* |*m. pl.* طوال *ṭiwāl* | *elat.* أطول *?aṭwal*

| *f. elat.* **invar.** طولى *ṭūlā* | • long, tall ▪ طويل اللسان *ṭawīl · allisānⁱ* insolent, sharp-tongued ▪ طويل النظر *ṭawīl · annaẓarⁱ* hyperopic, farsighted ▪ طويلا *ṭawīlan adv.* long, for a long time ▪ تحدث طويلا *taḥaddata ṭawīlan v.* speak at length

طي *ṭayy n.*⋆ • fold, increase

طيار *ṭayyār n.* • pilot

طيب *ṭayyaba v.tr.* |2s يطيب *yuṭayyibᵘ* | تطييب *taṭyīb* | • make pleasant ▪ طيب الله ثراه *ṭayyaba aLLāhᵘ tarāhu* may God have mercy upon *sb's* soul

طيب *ṭayyib adj.* |*elat.* أطيب *ʔaṭyab* | • good, fine, okay ▪ طيب القلب *ṭayyib · alqalbⁱ* kind-hearted ▪ شيء طيب انّ *šayʔ ṭayyib ʔanna* It's good that...

طيبة *ṭībaᵗ n.*⋆ • kindness, goodness

طير *ṭayr coll. n.* |*sing.* طائر *ṭāʔir* | *pl.* طيور *ṭuyūr* | • birds ▪ طير جارح *ṭayr jāriḥ* birds of prey ▪ الطيور على أشكالها تقع. *aṭṭuyūrᵘ 3alā ʔaškālⁱhā taqa3ᵘ proverb* Birds of a feather flock together.

طيران *ṭayarān n.*⋆ • aviation ▪ شركة طيران *šarikat · ṭayarān* airline

طيشان *ṭayašān n.*⋆ • heedlessness, recklessness

طيف *ṭayf n.* |*pl.* أطياف *ʔaṭyāf* | • ghost • *(physics)* spectrum

طيلة *ṭīlata prep.* • throughout, during

طين *ṭīn n.* |*pl.* أطيان *ʔaṭyān* | • mud, clay ▪ أطيان *ʔaṭyān pl. n.* land property

ظ

ظ *ẓāʔ n.* **f.** |ظاء| • *(seventeenth letter of the Arabic alphabet)* • *(numerical value)* 900
➡ ***The Abjad Numerals p. 108***

ظاء *ẓāʔ n.* **f.** ➡ **ظ**

ظافر *ẓāfir act. part.* • *adj.* |*elat.* أظفر *ʔaẓfar*| victorious • *n.* victor

ظالم *ẓālim act. part.* • *adj.* |*elat.* أظلم *ʔaẓlam* or أكثر ظلما *ʔaktar ẓulman*| wrongful, oppressive, tyrannical • *n.* tyrant

ظاهر *ẓāhara v.tr.* |*3s* يظاهر *yuẓāhir^u* | مظاهرة *muẓāhara^t*| • support, back

ظاهر *ẓāhir act. part. adj.* |*elat.* أظهر *ʔaẓhar*| • evident, apparent, obvious

ظاهرة *ẓāhira^t act. part. n.* |*pl.* **dip.** ظواهر *ẓawāhir*| • phenomenon

ظاهري *ẓāhirīy* • *adj.* outward, external, apparent

ظبي *ẓaby n.* |*pl.* ظباء *ẓibāʔ*| • antelope, gazelle

ظرافة *ẓarāfa^t n.* • wit, wittiness

ظرف *ẓarf n.* |*pl.* ظروف *ẓurūf*| • envelope • circumstance ▪ ظروف حادث *ẓurūf · ḥādit pl. n.* circumstances of an incident • *(grammar)* adverb ▪ ظرف زمان *ẓarf · zamān* adverb of time ▪ ظرف مكان *ẓarf · makān* adverb of place

ظرفي *ẓarfīy adj.* • *(grammar)* adverbial

ظريف *ẓarīf adj.* |*m. pl.* **dip.** ظرفاء *ẓurafāʔ* | *elat.* أظرف *ʔaẓraf*| • *(of people or things)* witty, funny, humorous • elegant, graceful

ظفر *ẓafar n.*⋆ • victory, triumph

ظفر *ẓafira v.intr.* |*1s4* يظفر *yaẓfar^u* | ظفر *ẓafar*| • win بـ, obtain

ظفر *ẓufr n.* |*pl.* **dip.** أظافر *ʔaẓāfir* or أظفار *ʔaẓfār*| • *(anatomy)* nail ▪ ظفر إصبع يد *ẓufr · ʔiṣba3 · yad* fingernail ▪ ظفر إصبع قدم *ẓufr · ʔiṣba3 · qadam* toenail ▪ منذ نعومة أظفاره *munđu nu3ūmat^i ʔaẓfār^ihi adv.* since *one's* early childhood • claw

ظل *ẓalla v.intr.* |*1g1* يظل *yaẓall^u* | ظل *ẓall*| • continue, go on ▪ ظل إلى اليوم *ẓalla ʔilā -lyawm^i* continue until today • [+ predicate in the accusative] remain, continue • [+ indicative] continue *(do)*ing, keep *(do)*ing ◊ ظل يكتب لفترة طويلة. *He continued to write for a long time.* ◊ ظل يلومها باستمرار. *He constantly kept blaming her.* ➡ ***Kāna and Her Sisters p. 247***

ظل *ẓill n.* |*pl.* ظلال *ẓilāl*| • shade, shadow ▪ في ظل *fī ẓill^i prep.* under, in ◊ في ظل الظروف الراهنة *under the current circumstances* • *(color)* hue, shade ▪ ظل عيون *ẓill · 3uyūn* eye shadow

ظلام *ẓalām n.* • darkness, gloom ▪ في الظلام *fī -ẓẓalām^i adv.* in the dark

ظلة *ẓulla^t n.* |*pl.* ظلال *ẓulāl*| • awning, canopy, sunshade

ظلل *ẓallala v.tr.* |*2s* يظلل *yuẓallil^u* | تظليل *taẓlīl*| • shade • protect, shelter

ظلم *ẓalama v.tr.* |*1s2* يظلم *yaẓlim^u* | ظلم *ẓulm*| • wrong, oppress, tyrannize

ظلم *ẓulm n.*⋆ • oppression, tyranny, injustice ▪ ظلما *ẓulman adv.* wrongly, unjustly

ظلمة *ẓulma^t n.* |*pl.* ظلمات *ẓul(u)māt*| • darkness, gloom

ظن *ẓann n.*⋆ |*pl.* ظنون *ẓunūn*| • thought, idea ▪ في أغلب الظن *fī ʔaɣlaba -ẓẓann^i adv.* in all probability, most probably, very likely ▪ ظنا منه أنّ *ẓannan minhu ʔanna* since *one* believed that... ◊ سرق حقيبتها ظنا منه أن فيها نقودا. *He stole her bag, thinking there was money in it.*

ظن *ẓanna v.tr.* |*1g3* يظن *yaẓunn^u* | ظن *ẓann*| • think, believe ◊ أظنه حزينا. *I think he's sad.* ▪ أظن ذلك. *ʔaẓunn^u đālika* I think so., I guess so. ▪ ظن أنّ *ẓanna ʔanna* think that... ◊ لا أظن أنك تفهم. *I don't think you understand.* • consider *sb/sth* ∘ *(to be) sb/sth* ∘, think *of sb* ∘ *as* ∘ ◊ كنت أظنه صديقا. *I thought of him as a friend.*

ظهر *ẓahara v.intr.* |*1s1* يظهر *yaẓhar^u* | ظهور *ẓuhūr*| • appear, seem ▪ يظهر لي أنّ *yaẓhar^u lī ʔanna (impersonal verb)* it seems to me that... • appear, come out, be visible, emerge

ظهر *ẓahr n.* |*pl.* ظهور *ẓuhūr*| • *(anatomy)* back

ظهر *ẓuhr n.* • noon, midday ▪ ظهرا *ẓuhran*, بعد الظهر *ba3da -ẓẓuhr^i adv.* in the afternoon, p.m., after noon ▪ الظهر *aẓẓuhr^a adv.* this afternoon ▪ في الظهر *fī -ẓẓuhr^i adv.* at noon, at midday ▪ صلاة الظهر *ṣalāt · aẓẓuhr^i* the Dhuhr prayer, the midday prayer

ظهور *ẓuhūr n.*⋆ • appearance, occurrence

ظهيرة *ẓahīra^t n.* • noon, midday

ع

ع *3ayn n.* ***f.*** |عين| • *(eighteenth letter of the Arabic alphabet)* • *(numerical value)* 70

➡ ***The Abjad Numerals p. 108***

عابر *3ābir act. part. adj.* • fleeting, transient ▪ لحظة عابرة *laḥẓa^t 3ābira^t* fleeting moment, snapshot

عابس *3ābis act. part. adj.* |*elat.* أعبس *ʔa3bas* or أكثر عبوسا *ʔaktar 3ubūsan*| • sullen, sulky

عاتب *3ātaba v.tr.* |*3s* يعاتب *yu3ātib^u* | معاتبة *mu3ātaba^t*| • blame *sb* ه *for* على, reprimand ▪ معاتبا *mu3ātiban adv.* in reprimand

عاتق *3ātiq n.* |*pl.* ***dip.*** عواتق *3awātiq*| • shoulder

عاج *3āj n.* • ivory ▪ ساحل العاج *sāḥil · al3ājⁱ* ***f.*** Ivory Coast

عاجز *3ājiz act. part. adj.* |*m. pl.* ***dip.*** عواجز *3awājiz* | *elat.* أعجز *ʔa3jaz*| • incapable *of* عن, powerless, helpless

عاجل *3ājil act. part. adj.* |*elat.* أعجل *ʔa3jal*| • immediate, urgent ▪ عاجلا *3ājilan adv.* soon ▪ آجلا أو عاجلا *ʔājilan ʔaw 3ājilan adv.* sooner or later

عاد *3āda v.intr.* |*1h3* يعود *ya3ūd^u* | عودة *3awda^t* or عود *3awd*| • return *to*, go back *to* إلى ◊ منذ متى عدت لمصر؟ *How long have you been back in Egypt?* ▪ عاد إلى الحياة *3āda ʔilā -lḥayātⁱ* come back to life ▪ .عاد الأمر إلى نصابه *3āda -lʔamr^u ʔilā niṣābⁱhⁱ proverb* Things always go back to where they came from. • [+ indicative] resume *(do)*ing ◊ .توقف قليلا وعاد يقرأ الجريدة *He stopped for a moment, then went back to reading the newspaper.* •عاد *3āda*, عاد فـ *3āda fa-*, عاد و *3āda wa-* [+ indicative or perfect] *(do)* again, re- ◊ .عاد وبنى قلعة الرمال من جديد *He rebuilt the sand castle.* ▪ عاد إلى *3āda ʔilā*, عاد لـ *3āda li-* [+ masdar] re- ▪ عاد إلى الظهور *3āda ʔilā -ẓẓuhūrⁱ* reappear, re-emerge; *(do)* back ◊ .استيقظت ثم عدت للنوم *I woke up, then went back to sleep.* • be traced (back) *to* إلى, date back *to* ◊ .يعود تاريخ مصر إلى أكثر من خمسة آلاف سنة *The history of Egypt goes back over five thousand years.* • [+ predicate in the accusative] become again, go back to being ◊ .استيقظت ثم عدت نائما *I woke up, then went back to sleep.* ▪ لم يعد *lam ya3ud*, ما عاد *mā 3āda* [+ predicate in the accusative] (be) no longer, not (be) anymore ◊ .الأمر لم يعد مضحكا *It's not funny anymore.*; [+ indicative] no longer *(do)*, not *(do)* anymore ◊ .لم أعد أكلمها *I don't talk to her anymore.*

عادة *3āda^t n.* • habit, practice, custom ▪ عادة *3ādatan adv.* usually, normally ◊ .لا أفعل هذا عادة *I don't usually do that.* ▪ كالعادة *ka-l3āda^{ti} adv.* as usual ▪ كعادته *ka-3ādatⁱ<u>hi</u>* as is his custom ▪ على غير العادة *3alā ɣayrⁱ -l3āda^{ti}*, على غير عادته *3alā ɣayr 3ādatⁱ<u>hi</u> adv.* unusually, uncharacteristically • custom ▪ عادات وتقاليد *3ādāt wa-taqālīd pl. n.* customs and traditions

عادل *3ādala v.tr.* |*3s* يعادل *yu3ādil^u* | معادلة *mu3ādala^t*| • equal, equate • counterbalance, compensate *for*

عادل *3ādil act. part. adj.* |*elat.* أعدل *ʔa3dal*| • fair, just ▪ أعدل من ميزان *ʔa3dal min mīzānⁱⁿ idiom* more just than a scale

عادى *3ādā v.tr.* |*3d* يعادي *yu3ādī* | معاداة *mu3ādā^t*| • show animosity *for*

عادي *3ādī^y adj.* • ordinary, usual, average, normal

عاذ *3āđa v.intr.* |*1h3* يعوذ *ya3ūđ^u* | عياذ *3iyāđ*| • take refuge *with* بـ *from* من ▪ عاذ بالله *3āđa bi-LLāhⁱ* take refuge with God ▪ أعوذ بالله *ʔa3ūđ^u bi-LLāhⁱ* God forbid!

عار *3ār n.* |*pl.* أعيار *ʔa3yār*| • shame *on* على, disgrace

عار *3ār(in) act. part. adj.* ***def.*** |*m. pl.* عراة *3urā^t* | *elat.* أكثر عريا *ʔaktar 3uryan*| • naked, nude, bare ▪ عاري القدمين *3ārī -lqadamaynⁱ* barefoot • lacking عن *or* من, devoid *of* ▪ عار عن الصحة *3ār(in) 3anⁱ -ṣṣiḥḥa^{ti}* untrue, baseless, unfounded

عارض *3āraḍa v.tr.* |*3s* يعارض *yu3āriḍ^u* | معارضة *mu3āraḍa^t*| • oppose, object *to*, be against

عارض *3āriḍ act. part. n.* • model, exhibitor ▪ عارض أزياء *3āriḍ · ʔazyāʔ* fashion model • |*pl.* ***dip.*** عوارض *3awāriḍ*| fit, attack, incident

عارضة *3āriḍa^t act. part. n.* |*pl.* ***dip.*** عوارض *3awāriḍ*| • rafter, beam

عارك *3āraka v.tr.* |*3s* يعارك *yu3ārik^u* | معاركة *mu3āraka^t*| • fight *with*, battle *against*

ع

عارم *3ārim adj.* • vicious, vehement • tremendous, immense

عازب *3āzib* • *adj.* single, unmarried • *n.* bachelor

عازف *3āzif act. part. n.* • player (of an instrument) ▪ عازف بيانو *3āzif · biyānō* pianist ▪ عازف غيتار *3āzif · gītār* guitarist

عازل *3āzil n.* |*pl.* ***dip.*** عوازل *3awāzil*| • *(electricity)* insulator ▪ عازل ذكري *3āzil đakarīʸ* condom

عاش *3āša v.* |*1h2* يعيش *ya3īšᵘ* | عيش *3ayš*| • *v.intr.* live ◊ أين تعيش؟ *Where do you live?* ▪ عاش الملك *3āša -lmalikᵘ* Long live the king! • *v.tr.* live through, survive

عاشر *3āšir adj.* • *(ordinal number)* tenth ▪ الساعة العاشرة *assā3aᵗ al3āširaᵗ* ten o'clock (10:00)

عاشق *3āšiq act. part.* |*pl.* عشاق *3uššāq*| • *adj.* |*elat.* أكثر عشقا *ʔaktar 3išqan*| in love *with* • *n.* lover, boyfriend • fan *of* لـ, admirer, -phile ▪ عاشق للقراءة *3āšiq li-lqirāʔaᵗⁱ* bookworm, avid reader

عاشقة *3āšiqaᵗ n.* • girlfriend, mistress

عاشوراء *3āšūrāʔ n.* • The Day of Ashura (10th day of Muharram in the Islamic calendar)

عاص *3āṣ(in) act. part. adj.* ***def.*** |*m. pl.* عصاة *3uṣāᵗ* | *elat.* ***invar.*** أعصى *ʔa3ṣā*| • rebellious, disobedient

عاصر *3āṣara v.tr.* |*3s* يعاصر *yu3āṣirᵘ* | معاصرة *mu3āṣaraᵗ*| • be contemporaneous *with*

عاصفة *ʔāṣifaᵗ act. part. n.* |*pl.* ***dip.*** عواصف *3awāṣif*| • storm ▪ عاصفة ثلجية *3āṣifaᵗ taljīyaᵗ* snow storm ▪ عاصفة رملية *3āṣifaᵗ ramlīyaᵗ* sand storm

عاصمة *3āṣimaᵗ act. part. n.* |*pl.* ***dip.*** عواصم *3awāṣim*| • capital city

عاطفة *3āṭifaᵗ n.* |*pl.* ***dip.*** عواطف *3awāṭif*| • affection, emotion

عاطفي *3āṭifīʸ adj.* • affectionate, emotional, sentimental

عاطل *3āṭil act. part. adj.* • unemployed ▪ عاطل عن العمل *3āṭil 3anⁱ -l3amalⁱ* unemployed, out of work

عافى *3āfā v.tr.* |*3d* يعافي *yu3āfī* | معافاة *mu3āfāᵗ*| • heal, cure ▪ الله يعافيك *aLLāhᵘ yu3āfīka* Thank you (for wishing me good health)

عافية *3āfiyaᵗ act. part. n.* • health ▪ الله يعطيك العافية *aLLāh yu3ṭīka al3āfiyaᵗᵃ* May God give you good health! ▪ الله يعافيك *aLLāh yu3āfīka (resposne)* Thank you! ▪ صحة وعافية *ṣiḥḥaᵗ wa-3āfiyaᵗ* Enjoy your meal!

عاق *3āqa v.tr.* |*1h3* يعوق *ya3ūqᵘ* | عوق *3awq*| • hinder *sb* ∘ *from* عن, obstruct • disable, handicap

عاقب *3āqaba v.intr.* |*3s* يعاقب *yu3āqibᵘ* | معاقبة *mu3āqabaᵗ*| • punish على, discipline

عاقبة *3āqibaᵗ n.* |*pl.* ***dip.*** عواقب *3awāqib*| • consequence, outcome

عاقر *3āqir adj.* ***f.*** • barren, infertile, sterile
ⓘ عاقر *3āqir* *does not vary for gender or number.*

عاقل *3āqil act. part. adj.* |*m. pl.* ***dip.*** عقلاء *3uqalāʔ* | *elat.* أعقل *ʔa3qal*| • intelligent, rational, sensible

عاكس *3ākasa v.tr.* |*3s* يعاكس *yu3ākisᵘ* | معاكسة *mu3ākasaᵗ*| • contradict • harass, proposition

عال *3āl(in) act. part. adj.* ***def.*** • high, tall ▪ عالي الجودة *3ālī · -ljawdaᵗ* high-quality • loud ▪ بصوت عال *bi-ṣawtⁱⁿ 3āl(in) adv.* loudly

عال *3āla v.tr.* |*1h3* يعول *ya3ūlᵘ* | عول *3awl*| • provide *for* (*one's* family, etc.)

عالج *3ālaja v.tr.* |*3s* يعالج *yu3ālijᵘ* | علاج *3ilāj* or معالجة *mu3ālajaᵗ*| • treat, remedy • handle, deal with

عالق *3āliq act. part. adj.* • stuck, jammed, trapped • concerning بـ, related *to*

عالم *3ālam n.* |*pl.* ***dip.*** عوالم *3awālim*| • world ▪ العالم العربي *al3ālam al3arabīʸ* the Arab World

عالم *3ālim act. part. n.* |*pl.* ***dip.*** علماء *3ulamāʔ*| • scientist, scholar, expert ▪ عالم أشعة *3ālim · ʔaši33aᵗ* radiologist ▪ عالم أورام *3ālim · ʔawrām* oncologist ▪ عالم نفس *3ālim · nafs* psychologist ▪ لكل جواد كبوة ولكل عالم هفوة. *li-kullⁱ jawādⁱⁿ kabwaᵗᵘⁿ wa-li-kullⁱ 3ālimⁱ hafwaᵗᵘⁿ proverb* Every race horse (sometimes) stumbles, and every expert errs.

عالمي *3ālamīʸ adj.* • world-, global, worldwide, international

عالمية *3ālamīyaᵗ* • *n.* internationalism

عالي *3ālī n.* ***f. invar.*** • *(city in Bahrain)* A'ali
➡ ***map on p. 61***

عام *3ām n.* |*pl.* أعوام *ʔa3wām*| • year ▪ كل عام وأنت بخير *kullᵘ 3āmⁱⁿ wa-ʔanta bi-xayrⁱⁿ* Happy Birthday!, Happy Holidays! ▪ العام الماضي *al3āmᵃ -lmāḍīʸᵃ*, في العام الماضي *fī -l3āmⁱ -lmāḍī adv.* last year ▪ في عام *fī 3āmⁱ*, عام *3āma prep.* [+ genitive number] in the year ◊ في عام ألفين وثلاثة *in the year 2003*

عام *3āma v.intr.* |*1h3* يعوم *ya3ūmᵘ* | عوم *3awm*| • swim, float

عام *3āmm act. part. adj.* |*elat.* أعم *ʔa3amm*|

• general, common, prevalent ▪ بشكل عام *bi-šakl^in 3āmm^in*, بصورة عامة *bi-ṣūra^tin 3āmma^tin* *adv.* generally, in general • public ▪ الرأي العام *arraʔy al3āmm* public opinion

عامة *3āmma^t act. part. n.* • populace ▪ العامة *al3āma^t n.* the masses, the common people ▪ عامة *3āmatan adv.* in general

عامر *3āmir act. part. adj.* |*m. pl.* عمار *3ummār* | *elat.* أعمر *ʔa3mar*| • populous, inhabited • crowded, full, filled up

عامل *3āmala v.tr.* |*3s* يعامل *yu3āmil^u* | معاملة *mu3āmala^t*| • treat *sb/sth* ∘ *with* بـ, deal *with*, handle ▪ عامله باحترام *3āmalahu bi-ḥtirām^in* treat *sb* with respect ▪ عامله بالمثل *3āmalahu bi-lmitl^i* reciprocate, treat in kind

عامل *3āmil act. part.* • *adj.* active • *n.* |*pl.* عمال *3ummāl* or عاملون *3āmilūn^a*| laborer, worker • |*pl.* **dip.** عوامل *3awāmil*| factor, element

عامي *3āmmī^y adj.* • colloquial

عامية *3āmīya^t n.* slang, colloquial language, colloquial Arabic ▪ العامية المصرية *al3āmīya^t almiṣrīya^t* Egyptian Colloquial Arabic ⓘ

عانة *3āna^t n.* |*pl.* عانات *3ānāt* or عون *3ūn*| • pubic region, hypogastrium

عاند *3ānada v.* |*3s* يعاند *yu3ānid^u* | معاندة *mu3ānada^t*| • *v.intr.* become stubborn, become obstinate • *v.tr.* resist, set *oneself against*

عانق *3ānaqa v.tr.* |*3s* يعانق *yu3āniq^u* | معانقة *mu3ānaqa^t*| • hug, embrace

عانى *3ānā v.tr. & intr.* |*3d* يعاني *yu3ānī* | معاناة *mu3ānā^t*| • suffer *from* (من)

عاهد *3āhada v.tr.* |*3s* يعاهد *yu3āhid^u* | معاهدة *mu3āhada^t*| • enter into a contract *with* ∘ *regarding* على

عاهرة *3āhira^t n.* • prostitute, whore ▪ يا ابن العاهرة *yā -bn^u -l3āhira^ti* You son of a bitch!

عاهل *3āhil n.* |*pl.* **dip.** عواهل *3awāhil*| • sovereign, monarch

عاون *3āwana v.tr.* |*3s* يعاون *yu3āwin^u* | معاونة *mu3āwana^t*| • help *sb* ∘ *with* في, aid

عايد *3āyada v.intr.* |*3s* يعايد *yu3āyid^u* | معايدة *mu3āyada^t*| • wish a happy holiday *to* على

عائدة *3āʔida^t act. part. n.* |*pl.* **dip.** عوائد *3awāʔid*| • profit, gain

عائش *3āʔiš act. part. adj.* • prosperous, wealthy

عائشة *3āʔiša^t* **dip.** *woman's name* • Aisha

عائق *3āʔiq*, عائقة *3āʔiqa^t act. part. n.* |*pl.* **dip.** عوائق *3awāʔiq*| • obstacle, hurdle, hindrance

عائل *3āʔil n.* • breadwinner, provider ◊ كان عائلهم الأساسي. *He was their primary bread winner.*

عائلة *3āʔila^t act. part. n.* • family, extended family

عائلي *3āʔilī^y adj.* • family-, domestic

عبء *3ibʔ n.* |*pl.* أعباء *ʔa3bāʔ*| • burden, load ▪ عبء إثبات *3ibʔ · ʔitbāt* burden of proof

عبأ *3abbaʔa v.tr.* |*2s(c)* يعبئ *yu3abbiʔ^u* | تعبئة *ta3biʔa^t*| • load *sth* ∘ *with* بـ, charge • mobilize (troops, etc.)

عباءة *3abāʔa^t n.* • abaya (long, loose-fitting garment for women), cloak

Women in Cairo wearing abaya (jilbab)

عباد *3abbād n.* • عباد شمس *3abbād · šams* sunflower

عبادة *3ibāda^t n.*★ • worship

عبارة *3abbāra^t n.* • ocean liner

عبارة *3ibāra^t n.* • expression, phrase, term, idiom, utterance ▪ عبارة عن *3ibāra^t 3an* tantamount to, consisting of

عباسي *3abbāsī^y adj. & n.* • Abbasid ▪ الدولة العباسية *addawla^t al3abbāsīya^t* the Abbasid Caliphate

عبث *3abat n.*★ • amusement, play • nonsense ▪ عبثا *3abatan adv.* in vain

عبث *3abita v.intr.* |*1s4* يعبث *ya3bat^u* | عبث *3abat*| • play around, horse around • misuse بـ, abuse • tamper *with* بـ, tinker *with*, mess around *with*

عبد *3abada v.tr.* |*1s3* يعبد *ya3bud^u* | عبادة *3ibāda^t*| • worship

عبد *3abbada v.tr.* |*2s* يعبد *yu3abbid^u* | تعبيد *ta3bīd*| • pave (a street)

عبد *3abd n.* • |*pl.* عبيد *3abīd*| slave • |*pl.* عباد *3ibād*| servant (of God), devotee ▪ عبد الله

3abdullāh man's name Abdullah ▪ عبد الرحمن *3abdurraḫmān man's name* Abdul Rahman ▪ عبد القادر *3abdulqādir man's name* Abdulkader ▪ عبد المسيح *3abdulmasīḫ* Abdulmasih

عبر *3abara v.tr.* |*1s3* يعبر *ya3bur^u* | عبور *3ubūr*| • cross (the street, etc.)

عبر *3abbara v.tr.* |*2s* يعبر *yu3abbir^u* | تعبير *ta3bīr*| • express عن

عبر *3abra prep.* • via, by way of • across, over, through ◊ اضطر إلى السباحة عبر النهر. *He had to swim across the river.*

عبرة *3ibra^t n.* |*pl.* عبر *3ibar*| • lesson, moral, example

عبري *3ibrī n.* ***f. invar.*** • *(city in Oman)* Ibri ➡ ***map on p. 213***

عبري *3ibrī^y adj. & n.* • Hebrew

عبس *3abasa v.intr.* |*1s2* يعبس *ya3bis^u* | عبس *3abs* or عبوس *3ubūs*| • frown

عبقري *3abqarī^y adj. & n.* |*pl.* عباقرة *3abāqira^t*| • *(person)* genius

عبقرية *3abqarīya^t n.* • *(intellect)* genius

عبوة *3ubūwa^t n.* • container ▪ عبوة صفيح *3ubūwat · ṣafīḫ* tin can • bomb ▪ عبوة ناسفة *3ubūwa^t nāsifa^t* improvised explosive device (IED), makeshift explosive

عبودية *3ubūdīya^t n.* • slavery, servitude

عبور *3ubūr n.** • crossing ▪ عبور مشاة *3ubūr · mušāʔ* crosswalk (UK: zebra crossing)

عبوسة *3abūsa^t n.* • frown

عبير *3abīr n.* • aroma, fragrance, scent • ***f. dip.*** *woman's name* Abeer

عبيط *3abīṭ adj.* |*m. pl.* ***dip.*** عبطاء *ʔubaṭāʔ* | *elat.* أعبط *ʔa3baṭ*| • foolish, simple-minded

عتاد *3atād n.* |*pl.* أعتدة *ʔa3tida^t* or أعتد *ʔa3tud*| • equipment ▪ عتاد حاسوب *3atād · ḫāsūb* computer hardware • ammunition

عتال *3attāl n.* • porter, carrier

عتبة *3ataba^t n.* |*pl.* أعتاب *ʔa3tāb*| • threshold

عتم *3attama v.tr.* |*2s* يعتم *yu3attim^u* | تعتيم *ta3tīm*| • darken

عتمة *3atama^t n.* • dark, darkness, gloom

عتيق *3atīq adj.* |*elat.* أعتق *ʔa3taq*| • ancient, antique

عثر *3atara v.intr.* |*1s3* يعثر *ya3tur^u* | عثور *3utūr*| • find على, come across, discover

عثمان *3utmān* ***dip.*** *man's name* • Othman, Uthman

عثماني *3utmānī^y adj. & n.* • Ottoman ▪ الإمبراطورية العثمانية *alʔimbarāṭūrīya^t al3utmānīya^t n.* the Ottoman Empire

عثور *3utūr n.** • discovery

عجب *3ajab n.* |*pl.* أعجاب *ʔa3jāb*| • amazement, wonder ▪ عجبا *3ajaban* How wonderful!; How strange! ▪ ولا عجب *wa-lā 3ajab^a* No wonder! ▪ لا عجب أنّ *lā 3ajab^a ʔanna* it is no wonder that...

عجب *3ajiba v.intr.* |*1s1* يعجب *ya3jab^u* | عجب *3ajab*| • be amazed *at* من, wonder

عجز *3ajaza v.intr.* |*1s2* يعجز *ya3jiz^u* | عجز *3ajz*| • be incapable *of* عن, fall short *of*, fail to achieve

عجز *3ajz n.** • inability, deficiency, deficit ▪ عجز جنسي *3ajz jinsī^y* impotence, erectile dysfunction ▪ عجز في موازنة *3ajz fī muwāzana^t*, عجز موازنة *3ajz · muwāzana^t* budget deficit ▪ عجز ميزان تجاري *3ajz mīzān tijārī^y*, عجز تجاري *3ajz tijārī^y* trade deficit ▪ عجز كلوي *3ajz kulwī^y* kidney failure

عجل *3ajal n.** • haste ▪ على عجل *3alā 3ajal^in adv.* hurriedly, hastily, in a hurry

عجل *3ajila v.intr.* |*1s4* يعجل *ya3jal^u* | عجلة *3ajala^t* or عجل *3ajal*| • hurry (up), rush, be in a hurry

عجل *3ajjala v.tr.* |*2s* يعجل *yu3ajjil^u* | تعجيل *ta3jīl*| • hurry, hasten, rush

عجل *3ijl n.* |*pl.* عجول *3ujūl*| • *(animal)* calf ▪ عجل بحر *3ijl · baḫr* *(animal)* seal

عجلة *3ajala^t n.** • haste • wheel ▪ عجلة فيريس *3ajalat · fayrīs* Ferris wheel ▪ عجلة قيادة *3ajalat · qiyāda^t* steering wheel

عجمان *3ajmān* ***f. dip.*** • *(city in the U.A.E.)* Ajman ➡ ***map on p. 44***

عجمي *3ajamī^y n.* |*pl.* عجم *3ajam* or أعجام *ʔa3jām*| • non-Arab • Persian

عجن *3ajana v.tr.* |*1s2/1s3* يعجن *ya3jin^u* or *ya3jun^u* | عجن *3ajn*| • knead

عجوز *3ajūz* |*f. sing.* عجوز *3ajūz* | *m & f pl.* ***dip.*** عجائز *3ajāʔiz*| • ***adj.*** |*elat.* أعجز *ʔa3jaz*| *(of people)* old ▪ رجل عجوز *rajul 3ajūz* old man ▪ امرأة عجوز *imraʔa^t 3ajūz* old woman • ***n. m.*** old man • ***n. f.*** old woman ⓘ *The adjective* عجوز *3ajūz is invariable for gender.*

عجيب *3ajīb adj.* |*elat.* أعجب *ʔa3jab*| • marvelous, wonderful, amazing • unusual, strange

عجيبة *3ajība^t n.* |*pl.* ***dip.*** عجائب *3ajāʔib*| • marvel, wonder

عجين *3ajīn coll. n.* |*sing.* عجينة *3ajīna^{t}* | *pl.* ***dip.*** عجائن *3ajāʔin*| • dough, batter ▪ عجينة *3ajīna^{t}* piece of dough • pasta

عجيني *3ajīnī^{y} adj.* • doughy, pasty

عد *3adda v.tr.* |*1g3* يعد *ya3udd^{u}* | عد *3add*| • count ▪ لا يُعد *lā yu3add^{u} pass. v.* countless • consider *sb/sth* ∘ *(to be) sb/sth* ∘, regard *sb/sth* ∘ *as* ∘ ◊ كنت أعده صديقا حميما. *I considered him a close friend.* ▪ عُد *3udda pass. v.* be considered ◊ تعد الأهرامات من عجائب الدنيا السبع. *The pyramids are considered one of the seven wonders of the world.*

عدا *3adā v.intr.* |*1d3* يعدو *ya3dū* | عدو *3adw*| • gallop, dash, run, race • remain ▪ لا يعدو أنْ يكون *lā ya3dū ʔan yakūn^{a}* is no more than, is merely ▪ لم يعد *lam ya3d^{u}* is no longer ◊ الدولة لم تعد دولة. *This country is no longer a country.* •عدا *3adā*, ما عدا *mā 3adā*, فيما عدا *fīmā 3adā particle* [+ accusative] except (for) ▪ عداي *3adāya* except me ▪ ما عدا أنّ *mā 3adā ʔanna* except that...

عداء *3adāʔ n.* • hostility, animosity

عداء *3addāʔ n.* • runner, racer

عداد *3addād n.* • meter, counter, gauge ▪ عداد سرعة *3addād · sur3a^{t}* speedometer

عدالة *3adāla^{t} n.** • justice, fairness

عدائي *3adāʔī^{y} adj.* |*elat.* أكثر عدائية *ʔaktar 3adāʔīya^{tan}*| • hostile

عدة *3idda^{t} n.* • [+ genitive plural noun or pronoun suffix] a number of __, several ▪ عدة مرات *3iddat^{a} marrāt^{in}* several times

عدد *3adad n.* |*pl.* أعداد *ʔa3dād*| • number ▪ __ عدد *3adad* __ [+ definite genitive plural] the number of __ ◊ ارتفع عدد الشركات من خمس شركات إلى عشرين شركة. *The number of companies has risen from five to twenty.* ▪ __ عدد من *3adad min* __ [+ definite genitive plural] a number of __, several ◊ عدد من الشركات *a number of companies* ▪ عدد أصلي *3adad ʔaṣlī^{y}* cardinal number ▪ عدد ترتيبي *3adad tartībī^{y}* ordinal number ▪ عدد سكان *3adad · sukkān* population, number of inhabitants

عدد *3addada v.tr.* |*2s* يعدد *yu3addid^{u}* | تعديد *ta3dīd*| • enumerate, list

عددي *3adadī^{y} adj.* • numerical

عدس *3adas coll. n.* |*sing.* عدسة *3adasa^{t}*| • lentils

عدسة *3adasa^{t} n.* • lens ▪ عدسة لاصقة *3adasa^{t} lāṣiqa^{t}* contact lens ▪ عدسة مكبرة *3adasa^{t} mukabbira^{t}* magnifying glass

عدل *3addala v.tr.* |*2s* يعدل *yu3addil^{u}* | تعديل *ta3dīl*| • modify, adjust, amend

عدل *3adl* • justice, fairness ▪ العدل والمساواة *al3adl wa-lmusāwā^{t}* justice and equality ▪ محكمة العدل الدولية *maḥkamat · al3adl^{i} -dduwalīya^{ti}* The International Court of Justice

عدل *v.intr.* • *3adula* |*1s6* يعدل *ya3dul^{u}* | عدالة *3adāla^{t}*| be fair, be just • *3adala* |*1s2* يعدل *ya3dil^{u}* | عدول *3udūl*| relinquish عن, give up, abandon

عدم *3adam n.** • [+ masdar] non-, un-, lack of, not to *(do)*, not *(do)*ing ▪ عدم استقرار *3adam · istiqrār* instability ▪ عدم اهتمام *3adam · ihtimām* indifference, lack of interest ▪ عدم وجود *3adam · wujūd* nonexistence, absence ▪ عدم قدرة على أنْ *3adam · qudra^{t} 3alā ʔan* inability *to (do)* ▪ عدم قدرة على الانتقال *3adam · qudra^{t} 3alā -lintiqāl^{i}* immobility, inability to move

عدم *3adima v.tr.* |*1s4* يعدم *ya3dam^{u}* | عدم *3adam*| • lack, not have

عدن *3adan n.* ***f. dip.*** • *(city in Yemen)* Aden

➡ ***map on p. 341***

عدن *3addana v.tr.* |*2s* يعدن *yu3addin^{u}* | تعدين *ta3dīn*| • mine

عدنان *3adnān* ***dip.*** *man's name* • Adnan

عدو *3adū^{w} n.* |*pl.* أعداء *ʔa3dāʔ*| • enemy, foe

عدوان *3udwān n.* • aggression, hostility, belligerence

عدواني *3udwānī^{y} adj.* |*elat.* أكثر عدوانية *ʔaktar 3udwānīya^{tan}*| • aggressive, hostile, belligerent

عدول *3udūl n.** • relinquishment, abandonment

عدوى *3adwā n.* ***invar.*** • infection, contagion

عديد *3adīd adj.* |*elat.* أكثر عددا *ʔaktar 3adadan*| • numerous ◊ لأسباب عديدة *for a number of reasons* ▪ __ العديد من *al3adīd min* __ [+ definite genitive plural] a number of __, various, many ◊ العديد من الشركات

عديل *3adīl n.* |*pl.* ***dip.*** عدائل *3adāʔil*| • *(sister's husband)* brother-in-law

عديم *3adīm adj.* • [+ definite genitive noun] non-, un-, -less, lacking, without ▪ عديم الجدوى *3adīm · aljadwā*, عديم الفائدة *3adīm · alfāʔida^{ti}* worthless, useless, of no use ▪ عديم اللون *3adīm · allawn^{i}* colorless ▪ عديم المعنى *3adīm · alma3nā* meaningless

عذاب *3aḏāb n.* |*pl.* عذابات *3aḏābāt* or أعذبة *ʔa3ḏiba^{t}*| • agony, suffering, torture

ع

عذب *3ađb adj.* |*m. pl.* عذاب *3iđāb* | *elat.* أعذب *ʔa3đab*| • sweet • *(water)* fresh ▪ ماء عذب *māʔ 3ađb* fresh water

عذب *3ađđaba v.tr.* |*2s* يعذب *yu3ađđib^{u}* | تعذيب *ta3đīb*| • torture, torment

عذر *3ađara v.tr.* |*1s2* يعذر *ya3đir^{u}* | عذر *3uđr* or معذرة *ma3đira^{t}*| • excuse, forgive ▪ قد

عذر *3uđr n.*★ |*pl.* أعذار *ʔa3đār*| • excuse ▪ عذرا *3uđran* Excuse me!

عذراء *3ađrāʔ n. **f. dip.*** |*pl.* **invar.** عذارى *3ađārā*| • virgin ▪ مريم العذراء *maryam al3ađrāʔ* The Virgin Mary •برج العذراء *burj · alʔađrāʔ^{i}* *(astrology)* Virgo ▪ أنا من برج العذراء. *ʔana min burj^{i} -lʔađrāʔ^{i}* I'm a Virgo.

عذرة *3uđra^{t}*, عذرية *3uđrīya^{t} n.* • virginity

عراب *3arrāb n.* • godfather

عرابة *3arrāba^{t} n.* • godmother

عراف *3arrāf n.* • fortune teller

عرافة *3irāfa^{t} n.* • fortune telling

العراق *al3irāq n. **m.*** • Iraq

عراقي *3irāqī^{y} adj. & n.* • Iraqi

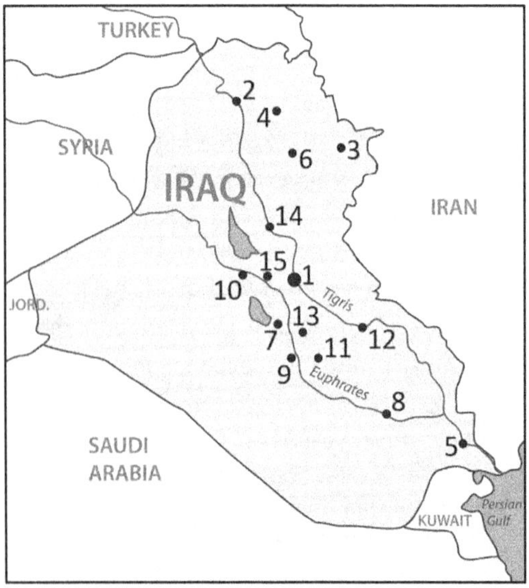

map of Iraq

1. بغداد *baɣdād* Baghdad
2. الموصل *almawṣil* Mosul
3. السليمانية *assulaymānīya^{t}* Sulaymaniyah
4. أربيل *ʔarbīl* Erbil
5. البصرة *albaṣra^{t}* Basra
6. كركوك *kirkūk* Kerkuk
7. كربلاء *karbalāʔ* Karbala
8. الناصرية *annāṣirīya^{t}* Nasiriyah
9. النجف *annajaf* Najaf
10. الرمادي *ramādī^{y}* Ramadi
11. الديوانية *addīwānīya^{t}* Al Diwaniyah
12. الكوت *alkūt* Kut
13. الحلة *alḫilla^{t}* Hillah
14. سامراء *sāmarrāʔ* Samarra
15. الفلوجة *alfalūja^{t}* Fallujah

عراك *3irāk n.* • fight, battle, combat

عرب *3arraba v.tr.* |*2s* يعرب *yu3arrib^{u}* | تعريب *ta3rīb*| • Arabicize, make Arabic, conform to the rules of the Arabic language • Arabize

عربة *3araba^{t} n.* • cart, wagon ▪ عربة أطفال *3arabat · ʔaṭfāl* baby carriage, stroller ▪ عربة قطار *3arabat · qiṭār* railroad car (UK: railway carriage)

عربي *3arabī^{y} adj. & n.* |*pl.* عرب *3arab*| • Arab, Arabian ▪ العرب *al3arab pl. n.* Arabs, the Arab people; ***f.** n.* Al-Arab (Arabic language newspaper headquartered in London) ▪ الأمة العربية *alʔumma^{t} al3arabīya^{t}* the Arab world ▪ الجامعة العربية *aljāmi3a^{t} al3arabīya^{t}* the Arab League ▪ جامعة الدول العربية *jāmi3at · adduwal^{i} -l3arabīya^{ti}* the League of Arab States • *(language)* Arabic ▪ باللغة العربية *bi-lluɣa^{t} al3arabīya^{t} adv.* in Arabic

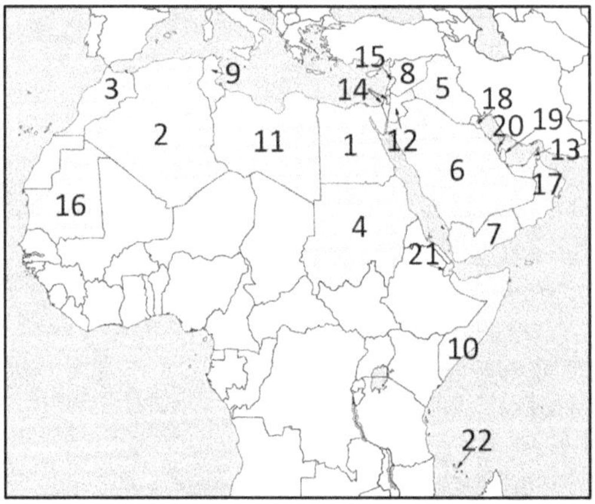

map of member states of the Arab League

1. مصر *miṣr* Egypt ➡ ***map on p. 287***
2. الجزائر *aljazāʔir* Algeria ➡ ***map on p. 105***
3. المغرب *almaɣrib* Morocco ➡ ***map on p. 294***
4. السودان *assūdān* Sudan ➡ ***map on p. 170***
5. العراق *al3irāq* Iraq ➡ ***map on p. 206***
6. السعودية *assu3ūdīya^{t}* Saudi Arabia ➡ ***p. 144***
7. اليمن *alyaman* Yemen ➡ ***map on p. 341***
8. سوريا *sūriyā* Syria ➡ ***map on p. 171***

9. تونس *tūnis* Tunisia ➡ **map on p. 95**
10. الصومال *aṣṣūmāl* Somalia ➡ **map on p. 188**
11. ليبيا *lībiyā* Libya ➡ **map on p. 261**
12. الأردن *alʔurdunn* Jordan ➡ **map on p. 18**
13. الإمارات *alʔimārāt* the U.A.E. ➡ **map p. 15**
14. فلسطين *filasṭīn* Palestine ➡ **map on p. 229**
15. لبنان *lubnān* Lebanon ➡ **map on p. 257**
16. موريتانيا *mawrītāniyā* Mauritania ➡ **p. 293**
17. عمان *3umān* Oman ➡ **map on p. 213**
18. الكويت *alkuwayt* Kuwait ➡ **map on p. 253**
19. قطر *qaṭar* Qatar ➡ **map on p. 242**
20. بحرين *albaḥrayn* Bahrain ➡ **map on p. 61**
21. جيبوتي *jībūtī* Djibouti
22. جزر القمر *juzur · alqumur*[i] Comoros ➡ **p. 253**

عرج *3araj n.* • limp

عرس *3urs n.* |*pl.* أعراس *ʔa3rās*| • wedding

عرش *3arš n.* |*pl.* عروش *3urūš*| • throne

عرض *3araḍ n.* |*pl.* أعراض *ʔa3rāḍ*| • symptom ▪ عرض جانبي *3araḍ jānibī*[y] side-effect

عرض *3arḍ n.** |*pl.* عروض *3urūḍ*| • exhibition, display • offer, sale • show • width, breadth

عرض *3arraḍa v.tr.* |*2s* يعرض *yu3arriḍ*[u] | تعريض *ta3rīḍ*| • subject *sb/sth* ◦ *to* إلى *or* لـ, make susceptible *to*, expose *to* • widen, broaden

عرض *3irḍ n.* |*pl.* أعراض *ʔa3rāḍ*| • honor, dignity

عرض *v.* • *3araḍa v.tr.* |*1s2* يعرض *ya3riḍ*[u] | عرض *3arḍ*| show *sth* ◦ *to* على, demonstrate, exhibit, display • offer *sth* ◦ *to* على, present • *v.intr.* be shown, play ◊ يعرض الفيلم في الساعة السابعة. *The movie is at 7 o'clock.* • *3aruḍa v.intr.* |*1s6* يعرض *ya3ruḍ*[u] | عرض *3arḍ*| be wide, be broad

عرضة *3urḍa*[t] *n.* |*pl.* عرضات *3ur(u)ḍāt*| • target, object (of criticism)

عرف *3arafa v.tr.* |*1s2* يعرف *ya3rif*[u] | معرفة *ma3rifa*[t]| • know ▪ عرف أنّ *3arafa ʔanna* know that... ▪ عرف عن *3arafa 3an* know about ▪ لا يعرف الكوع من البوع. *lā ya3rif*[u] *-lkū3*[a] *min*[a] *-lbū3*[a] *proverb* (He's so stupid that) he doesn't know his elbow from his foot. • recognize

عرف *3arrafa v.tr.* |*2s* يعرف *yu3arrif*[u] | تعريف *ta3rīf*| • introduce *sb* ◦ *to* بـ • define • notify, inform

عرف *3urf n.* • custom, convention

عرفان *3irfān n.* • acknowledgment, gratitude

عرفي *3urfī*[y] *adj.* • customary, conventional

عرق *3araq n.** • sweat, perspiration • araq (anise-flavored distilled alcoholic drink), arak

عرق *3ariqa v.intr.* |*1s4* يعرق *ya3raq*[u] | عرق *3araq*| • sweat, perspire

عرق *3irq n.* • |*pl.* أعراق *ʔa3rāq*| race, ethnicity • |*pl.* عروق *3urūq*| root, stem ▪ عرق اللؤلؤ *3irq · luʔluʔ* mother of pearl • vein

عرقل *3arqala v.tr.* |*11s* يعرقل *yu3arqil*[u] | عرقلة *3arqala*[t]| • hamper, obstruct • *(sports)* tackle

عرقلة *3arqala*[t] *n.** |*pl.* **dip.** عراقيل *3arāqīl*| • hindrance, obstacle

عرقوب *3urqūb n.* • hamstring ▪ وتر عرقوب *watar · 3urqūb* Achilles tendon

عرقي *3irqī*[y] • *adj.* racial, ethnic ▪ تطهير عرقي *taṭhīr 3irqī*[y] ethnic cleansing • *adj. & n.* racist

عرقية *3irqīya*[t] *n.* • racism

عرك *3araka v.tr.* |*1s3* يعرك *ya3ruk*[u] | عرك *3ark*| • injure badly, damage severely

عروبة *3urūba*[t] *n.* • (Pan-)Arabism, Arabness

عروة *3urwa*[t] *n.* |*pl.* **indecl.** عرى *3ur(an)*| • buttonhole • loop, noose • *(cup, etc.)* handle

عروس *3arūs*, عروسة *3arūsa*[t] *n.* ***f.*** |*pl.* **dip.** عرائس *3arāʔis*| • bride

عرى *3arrā v.tr.* |*2d* يعري *yu3arrī* | تعرية *ta3riya*[t]| • undress, strip • erode, corrode, wear away

عري *3ariya v.intr.* |*1d4* يعرى *ya3rā* | عري *3ury*| • undress, strip, get naked • lack عن *or* من, be devoid *of*

عري *3ury n.** • nudity

عريان *3uryān adj.* |*m. pl.* **invar.** عرايا *3arāyā* | *elat.* أكثر عريا *ʔaktar 3uryan*| • naked, nude, bare

عريس *3arīs n.* |*pl.* عرسان *3irsān*| • groom, bridegroom

عريض *3arīḍ adj.* |*m. pl.* عراض *3irāḍ* | *elat.* أعرض *ʔa3raḍ*| • wide, broad ▪ عريض الكتفين *3arīḍ · alkatifayn*[i] broad-shouldered

عريضة *3arīḍa*[t] *n.* |*pl.* **dip.** عرائض *3arāʔiḍ*| • petition

عريف *3arīf n.* |*pl.* **dip.** عرفاء *3urafāʔ*| • sergeant, corporal

عريق *3arīq adj.* |*elat.* أعرق *ʔa3raq*| • noble, aristocratic

عز *3azza v.intr.* |*1g2* يعز *ya3izz*[u] | عز *3izz* or عزة *3izza*[t]| • become strong • become precious, become scarce

عز *3izz*, عزة *3izza*[t] *n.** • prestige, honor, glory

عزاء *3azāʔ n.* • consolation, solace

عزباء *3azbāʔ n.* ***f.*** **dip.** |*dual* عزباوان *3azbāwān*[i] | *pl.* عزباوات *3azbāwāt*| • bachelorette

ع

عزبة *3izbaᵗ n.* |*pl.* عزب *3izab*| • estate

عزز *3azzaza v.tr.* |*2s* يعزز *yu3azzizᵘ* | تعزيز *ta3zīz*| • reinforce, strengthen

عزف *3azafa v.* • *v.intr. (music)* |*1s2* يعزف *ya3zifᵘ* | عزف *3azf*| play (an instrument) على ◊ لا أستطيع العزف على البيانو. *I cannot play the piano.* • *v.tr.* |*1s2* يعزف *ya3zifᵘ* | عزوف *3uzūf*| refrain *from* عن, abstain, avoid

عزل *3azala v.tr.* |*1s2* يعزل *ya3zilᵘ* | عزل *3azl*| • remove *sb/sth* ه *from* عن *or* من, separate ▪ عزله من منصبه *3azalahu min manṣibⁱhi* dismiss, fire • excommunicate • isolate, seclude • insulate

عزل *3azl n.** • removal, separation ▪ عزل عن المنصب *3azl 3anⁱ -lmanṣibⁱ* dismissal, firing • insulation • isolation • excommunication

عزلة *3uzlaᵗ n.* • solitude, privacy, isolation

عزم *3azama v.intr.* |*1s2* يعزم *ya3zimᵘ* | عزم *3azm*| • decide *on* على, be intent *on*

عزوبة *3uzūbaᵗ n.* • bachelorhood

عزيز *3azīz adj.* |*m. pl.* **dip.** أعزاء *ʔa3izzāʔ* | *elat.* أعز *ʔa3azz*| • dear, beloved ◊ *(salutation in a personal letter)* صديقي العزيز أحمد *Dear Ahmad,* • *man's name* Aziz ▪ عزيزة *3azīzaᵗ* **dip.** *woman's name* Aziza

عزيمة *3azīmaᵗ n.* |*pl.* **dip.** عزائم *3azāʔim*| • charm, spell

عسر *3usr n.* • difficulty

عسكر *3askar n.* |*pl.* **dip.** عساكر *3asākir*| • army

عسكري *3askarīʸ* • *adj.* military- • *n.* |*pl.* **dip.** عساكر *3asākir*| soldier

عسل *3asal n.* |*pl.* أعسال *ʔa3sāl*| • honey ▪ شهر عسل *šahr · 3asal* honeymoon

عسلي *3asalīʸ adj.* • honey- ▪ أشقر عسلي *ʔašqar ʔasalīʸ* honey blond

عسى *3asā adv.* •عسى *3asā*, عسى أنْ *3asā ʔan* [(+ accusative noun or object pronoun suffix) + subjunctive] perhaps, maybe, possibly ◊ .عساني أستطيع المساعدة *Maybe I can help.* ▪ لعل وعسى *la3alla wa-3asā*, لعله وعساه *la3allahu wa-3asāhu* [(+ accusative noun or object pronoun suffix) + subjunctive] perhaps, maybe, possibly ◊ ساعدته في الدراسة، لعله وعساه ينجح. *I helped him study; hopefully he'll pass.* • hopefully, may *(do)* ◊ .عسى أن يكون درسا لك *May that be a lesson to you.* ▪ عسى الله يرحمه *3asā -LLāhᵘ yarḥamᵘhu* May God have mercy upon *sb* • *(in rhetorical questions)* may, can, could, who knows... ◊ ومن عساه يستطيع أن ينساك؟ *Who could ever forget you?* ◊ فكر في الكتابة إليها، لكن ماذا عساه يكتب؟ *He thought about writing her, but what could he write?* ◊ فماذا عسى الحكومة أن تفعل؟ *But what can the government do?* ⓘ عسى *3asā is originally a verb, and as such takes the first-person singular object suffix* ـني *-nī rather than the possessive suffix.* ـي *-ī:* ◊ ماذا عساني أن أقول؟ *What can I say?*

عسير *3asīr adj.* |*elat.* أعسر *ʔa3sar*| • difficult, hard

عش *3ušš n.* |*pl.* أعشاش *ʔa3šāš*| • nest

عشاء *3ašāʔ n.* |*pl.* أعشية *ʔa3šiyaᵗ*| • dinner

عشاء *3išāʔ n.* • evening ▪ صلاة العشاء *ṣalāt · al3išāʔⁱ* the Isha prayer, the night prayer

عشار *3ušāra adv.* • ten at a time, in tens

عشاري *3ušārīʸ adj.* • tenfold, deca-

عشب *3ušb coll. n.* | *sing.* عشبة *3ušbaᵗ* | *pl.* أعشاب *ʔa3šāb*| • grass ▪ أعشاب ضارة *ʔa3šāb ḍārraᵗ pl. n.* weeds • fresh herb

عشبي *3ušbīʸ adj.* • grassy, herbi- ▪ مبيد عشبي *mubīd 3ušbīʸ n.* herbicide

عشر *3ušr n.* |*pl.* أعشار *ʔa3šār*| • *(fraction)* tenth ◊ ثلاثة أشعار *three tenths*

'10': Clock face

عشرة *3ašaraᵗ* ***f.*** *number* |*m.* عشر *3ašr* | *as numeral, written* ١٠| • [+ indefinite genitive plural noun] ten ▪ عشرات __ *3ašarāt* __, العشرات من __ *al3ašarāt min* __ [+ definite genitive plural noun] dozens of __ ◊ العشرات من السيارات *dozens of houses* ◊ عشرات الأشخاص *dozens of people* ⓘ *The number 10 requires reverse gender agreement:* ◊ *(feminine form with* *masculine noun)* عشرة بيوت *3ašarat buyūtin* *ten houses ◊ (masculine form with feminine noun)* عشر سيارات *3ašr sayyārātin* *ten cars* ; [definite plural noun +] the ten ◊ الرجال العشرة *the ten men ◊* النساء العشر *the ten women*

عشرون *3išrūna* *number |acc. and gen.* عشرين *3išrīna | as numeral, written* ٢٠ | • [+ indefinite accusative singular noun] twenty ◊ عشرون بيتا *3ašrūna baytan* *twenty houses ◊* من عشرين بيتا *min 3ašrīna baytan* *from twenty houses* ▪ العشرينات *al3išrīnāt* *pl. n.* the twenties, the 19(20s) • *adj.* twentieth ◊ الدرس العشرون *the twentieth lesson*

عشرون ألفا *3išrūna ʔalfan |as numeral, written* ٢٠٠٠٠ | • twenty thousand

عشري *3ušrīy* *adj.* • decimal ▪ نظام عد عشري *niẓām · 3add 3ušrīy* *n.* decimal numeral system

عشريني *3išrīnīy* *adj.* • twenty-something-year-old, in *one's* twenties

عشش *3aššaša* *v.intr.* |2s يعشش *yu3aššišu* | تعشيش *ta3šīš* | • nest

عشق *3ašiqa* *v.tr.* |1s4 يعشق *ya3šaqu* | عشق *3išq* | • love (passionately), adore (wholeheartedly)

عشق *3išq* *n.** • love, fondness

عشوائي *3ašwāʔīy* *adj.* |*elat.* أكثر عشوائية *ʔaktar 3ašwāʔīyatan* | • random ▪ عشوائيا *3ašwāʔīyan* *adv.* at random, randomly

عشوائية *3ašwāʔīyat* *n.* • randomness ▪ عشوائيات *3ašwāʔīyāt* *pl. n.* slums

عشي *3ašiya* *v.intr.* |1d4 يعشى *ya3šā* | ***invar.*** عشا *3ašā* | • عشي بصره *3ašiya baṣruhu* have poor eyesight

عشية *3ašīyat* *n.* |*pl.* ***invar.*** عشايا *3ašāyā* | • evening, eve ▪ عشية عيد القديسين *3ašīyat · 3īdi · -lqiddīsīna* Halloween

عشيرة *3ašīrat* *n.* |*pl.* ***dip.*** عشائر *3ašāʔir* | • clan, tribe

عشيق *3ašīq* *n.* • boyfriend, lover

عشيقة *3ašīqat* *n.* • girlfriend, mistress

عصا *3aṣ(an)* *n.* ***f.*** ***indecl.*** |*dual* عصوان *3aṣawāni* | *pl.* عصي *3uṣīy* | • stick, rod, cane, baton

عصابة *3iṣābat* *n.* |*pl.* ***dip.*** عصابات *3iṣābāt* or عصائب *3aṣāʔib* | • gang ▪ رجل عصابة *rajul · 3iṣābat*, عضو عصابة *3uḍw · 3iṣābat* gangster, gang member, gangbanger • band ▪ عصابة رأس *3iṣābat · raʔs*

عصب *3aṣab* *n.* |*pl.* أعصاب *ʔa3ṣāb* | • nerve ▪ عصب بصري *3aṣab baṣarīy* optic nerve

عصبي *3aṣabīy* *adj.* |*elat.* أكثر عصبية *ʔaktar 3aṣabīyatan* | • neural, nervous ▪ جهاز عصبي *jihāz 3aṣabīy* nervous system ▪ طب الأمراض العصبية *ṭibb · alʔamrāḍi -l3aṣabīyati* neurology ▪ طبيب أمراض عصبية *ṭabīb · ʔamrāḍ 3aṣabīyat* neurologist • nervous, on edge • angry, nervous ▪ عصبي المزاج *3aṣabīy · almizāji* *adj.* high-strung

عصبية *3aṣabīyat* *n.* • nervousness

عصر *3aṣara* *v.tr.* |1s2 يعصر *ya3ṣiru* | عصر *3aṣr* | • squeeze, press ▪ لا تكن لينا فتعصر ولا يابسا فتكسر. *lā takun layyinan fa-tu3ṣaru wa-lā yābisan fa-tukassaru* *proverb* Don't be soft or you'll be squeezed; and don't be hard or you'll be broken.

عصر *3aṣr* *n.** |*pl.* عصور *3uṣūr* or أعصار *ʔa3ṣār* | • era, period, age ▪ العصر الحاضر *al3aṣr alḥāḍir* present day, modern times ▪ العصر الحجري *al3aṣr alḥajarīy* the Stone Age ▪ العصور المظلمة *al3uṣūr almuẓlimat* *pl. n.* the Dark Ages ▪ العصور الوسطى *al3uṣūr alwusṭā* *pl. n.* the Middle Ages ▪ عصر ذهبي *3aṣr ḏahabīy* golden age • afternoon ▪ العصر *al3aṣra* *adv.* this afternoon ▪ عصرا *3aṣran* *adv.* in the afternoon ▪ صلاة العصر *ṣalāt · al3aṣri* the Asr prayer, the afternoon prayer

عصري *3aṣrīy* *adj.* |*elat.* أكثر عصرية *ʔaktar 3aṣrīyatan* | • modern, up-to-date, contemporary

عصعص *3aṣ3aṣ* or *3uṣ3uṣ* *n.* |*pl.* ***dip.*** عصاعص *3aṣā3iṣ* | • tailbone, coccyx

عصف *3aṣafa* *v.intr.* |1s2 يعصف *ya3ṣifu* | عصف *3aṣf* | • storm, rage

عصف *3aṣf* *n.** • storming ▪ عصف ذهني *3aṣf ḏihnīy* brainstorming

عصفور *3uṣfūr* *n.* |*pl.* ***dip.*** عصافير *3aṣāfīr* | • small bird, sparrow ▪ عصفور في اليد خير من عشرة على الشجرة. *3uṣfūrun fī -lyadi xayrun min 3ašarati 3alā -ššajarati* *proverb* A bird in the hand is worth more than two in the bush.

عصم *3aṣama* *v.tr.* |1s2 يعصم *ya3ṣimu* | عصم *3aṣm* | • protect, safeguard

عصى *3aṣā* *v.tr.* |1d2 يعصي *ya3ṣī* | معصية *ma3ṣiyat* or عصيان *3iṣyān* | • disobey, rebel *against*, revolt

عصي *3aṣīy* |*pl.* ***dip.*** أعصياء *ʔa3ṣiyāʔ* | • *n.* rebel • *adj.* difficult ▪ عصي على التدبير *3aṣīy 3alā -ttadbīri* unmanageable ▪ عصي على التغيير *3aṣīy 3alā -ttaɣyīri* resistant to change ▪ عصي

عصي على الحل 3aṣī^{y} 3alā -lḥāl^{i} unresolvable ▪ عصي على الفهم difficult to understand

عصيان 3iṣyān, معصية ma3ṣiya^{t} n.* • rebellion, revolt, disobedience

عصير 3aṣīr n. • juice

عض 3aḍḍa v.tr. |1g1 يعض ya3aḍḍ^{u} | عض 3aḍḍ| • bite

عضال 3uḍāl n. • incurable, chronic

عضة 3aḍḍa^{t} n. • bite

عضد 3aḍud n. |pl. أعضاد ʔa3ḍād| • upper arm ▪ عظم عضد 3aẓm · 3aḍud humerus

عضلة 3aḍala^{t} n. • muscle ▪ عضلة ذات الرأسين 3aḍala^{t} ḏāt^{u} -rraʔsayn^{i} bicep ▪ عضلة ثلاثية الرؤوس 3aḍala^{t} ṯulāṯīyat · arruʔūs^{i} tricep ▪ عضلات بطنية 3aḍalāt baṭanīya^{t} pl. n. abdominal muscles, abs

عضلي 3aḍalī^{y} adj. • muscular

عضو 3uḍw n. |pl. أعضاء ʔa3ḍāʔ| • member • (anatomy) limb, member • (anatomy) organ ▪ عضو تناسلي 3uḍw tanāsulī^{y}, عضو جنسي 3uḍw jinsī^{y} sexual organ

عضوي 3uḍwī^{y} adj. • organic ▪ غذائية عضوية ɣiḏāʔīya^{t} 3uḍwīya^{t} n. organic food

عضوية 3uḍwīya^{t} n. • membership

عطاء 3aṭāʔ n. |pl. أعطية ʔa3ṭiya^{t}| • gift, present

عطار 3aṭṭār n. • perfume seller • spice seller

عطارد 3uṭārid n. • (planet) Mercury

عطر 3aṭir adj. |elat. أعطر ʔa3ṭar| • aromatic, fragrant

عطر 3aṭṭara v.tr. |2s يعطر yu3aṭṭir^{u} | تعطير ta3ṭīr| • perfume, scent

عطر 3iṭr n. |pl. عطور 3uṭūr| • perfume, cologne

عطري 3iṭrī^{y} adj. |elat. أعطر ʔa3ṭar| • aromatic, fragrant

عطس 3aṭasa v.intr. |1s2/1s3 يعطس ya3ṭis^{u} or ya3ṭus^{u} | عطس 3aṭs| • sneeze

عطسة 3aṭsa^{t} n. • sneeze

عطش 3aṭiša v.intr. |1s4 يعطش ya3ṭaš^{u} | عطش 3aṭaš| • become thirsty

عطشان 3aṭšān adj. |m. pl. عطاش 3iṭāš | f. **invar.** عطشى 3aṭšā | elat. أكثر عطشا ʔakṯar 3aṭašan| • thirsty

عطف 3aṭf n. • affection, kindness, tenderness

عطل 3aṭal n.* • unemployment

عطل 3aṭila v.intr. |1s5 يعطل ya3ṭil^{u} | عطل 3aṭal| • be unemployed

عطل 3aṭṭala v.tr. |2s يعطل yu3aṭṭil^{u} | تعطيل ta3ṭīl| • break down • disrupt, interrupt, hinder

عطل 3uṭl n. |pl. أعطال ʔa3ṭāl| • failure, breakdown

عطلان 3aṭlān adj. • out of order, broken

عطلة 3uṭla^{t} n. |pl. عطل 3uṭal| • vacation, holiday ▪ عطلة نهاية أسبوع 3uṭlat · nihāyat · ʔusbū3, عطلة أسبوع 3uṭlat · ʔusbū3 weekend • day off

عظم 3aẓm n. |pl. عظام 3iẓām or أعظم ʔa3ẓum| • bone ▪ جراحة عظام jirāḥat · 3aẓām orthopedics, orthopedic surgery ▪ جراح عظام jarrāḥ · 3aẓām orthopedist, orthopedic surgeon

عظم 3aẓẓama v.tr. |2s يعظم yu3aẓẓim^{u} | تعظيم ta3ẓīm| • glorify, venerate, make great

عظمة 3aẓama^{t} n. • greatness, majesty

عظمة 3aẓma^{t} n. • bone

عظيم 3aẓīm adj. |m. pl. عظام 3iẓām or **dip.** عظماء 3uẓamāʔ | m. elat. أعظم ʔa3ẓam | f. elat. **invar.** عظمى 3uẓmā | m & f pl. elat. **dip.** أعاظم ʔa3āẓim| • great, mighty, grand

عفا 3afā v. |1d3 يعفو ya3fū | عفو 3afw| • v.tr. & intr. pardon (عن), forgive • v.intr. erase عن, wipe out, get rid of ▪ عفا عليه الزمن 3afā 3alayhi azzaman, عفا عنه الزمن 3afā 3anhu azzaman be a thing of the past, be out of date

عفريت 3ifrīt n. |pl. عفاريت 3afārīt| • demon

عفن 3afan n.* • rot, decay

عفن 3affana v.tr. |2s يعفن yu3affin^{u} | تعفين ta3fīn| • rot, decay

عفن 3afin adj. |elat. أعفن ʔa3fan| • rotten, decayed

عفن 3afina v.intr. |1s4 يعفن ya3fan^{u} | عفن 3afan| • rot, decay

عفو 3afw n.* • pardon, forgiveness, amnesty ▪ عفوا 3afwan Excuse me!; You're welcome!

عفوي 3afwī^{y} adj. |elat. أكثر عفوية ʔakṯar 3afwīya^{tan}| • spontaneous, impromptu

عفوية 3afwīya^{t} n. • spontaneity

عقاب 3iqāb n. • punishment ▪ بلا عقاب bi-lāa 3iqāb^{in} adv. unpunished

عقاب 3uqāb n. **f.** |pl. عقبان 3iqbān| • eagle

عقابي 3iqābī^{y} adj. • punitive, penal

عقار 3aqār n. • real estate, property ▪ صاحب عقار ṣāḥib · 3iqār landlord

عقار 3aqqār n. |pl. **dip.** عقاقير 3aqāqīr| • medicine, drug

عقاري 3aqārī^{y} adj. • real estate-

عقال 3iqāl n. |pl. عقل 3uqul| • agal (black cord

worn around a shemagh) ➥ ***picture on p. 179***

عقائدي *3iqāʔidīʸ adj.* • ideological, dogmatic

عقب *3aqb* or *3aqib n.* |*pl.* أعقاب *ʔa3qāb*| • heel, end ▪ في أعقاب *fī ʔa3qābⁱ prep.* immediately after, following, in the wake of, in the aftermath of ▪ رأسا على عقب *raʔsan 3alā 3aqbⁱⁿ* upside down

عقب *3aqiba prep.* • on the heels of, immediately after, right after

عقب *3aqqaba v.* |*2s* يعقب *yu3aqqibᵘ* | تعقيب *ta3qīb*| • *v.tr.* follow, track, trail • *v.intr.* comment *on* على

عقب *3uqb n.* |*pl.* أعقاب *ʔa3qāb*| • consequence, outcome

عقبة *3aqabaᵗ n.* |*pl.* عقاب *3iqāb* | *pl.* عقبات *3aqabāt*| • obstacle, burden

العقبة *al3aqabaᵗ n.* • *(city in Jordan)* Aqaba ➥ ***map on p. 18***

عقد *3aqada v.tr.* |*1s2* يعقد *ya3qidᵘ* | عقد *3aqd*| • hold (a meeting, etc.) ▪ عقد اجتماعا *3aqada ijtimā3an* hold a meeting ▪ عقد مؤتمرا *3aqada muʔtamaran* hold a conference • make, enter into ▪ عقد اتفاقا *3aqada ittifāqan* come to an agreement, strike a deal ▪ عقد صداقة مع *3aqada ṣadāqaᵗᵃⁿ ma3a* make friends with • tie

عقد *3aqd n.*⋆ |*pl.* عقود *3uqūd*| • contract, legal document ▪ عقد زواج *3aqd · zawāj*, عقد القرآن *3aqd · alqurʔānⁱ* marriage contract ▪ وقع عقدا *waqqa3a 3aqdan*, وقع على عقد *waqqa3a 3alā 3aqd v.* sign a contract • decade

عقد *3aqqada v.tr.* |*2s* يعقد *yu3aqqidᵘ* | تعقيد *ta3qīd*| • complicate

عقد *3iqd n.* |*pl.* عقود *3uqūd*| • necklace

عقدة *3uqdaᵗ n.* |*pl.* عقد *3uqad*| • knot • puzzle

عقرب *3aqrab n.* |*pl.* ***dip.*** عقارب *3aqārib*| • scorpion • برج العقرب *burj · al3aqrabⁱ* *(astrology)* Scorpio ▪ أنا من برج العقرب. *ʔana min burjⁱ -l3aqrabⁱ* I'm a Scorpio.

عقل *3aqala v.tr.* |*1s2* يعقل *ya3qilᵘ* | عقل *3aql*| • comprehend, understand ▪ عُقل أنْ *3uqila ʔan pass. v.* *(usually interrogative or negative)* be reasonable to *(do)*, be reasonable that... ▪ لا يُعقل *lā yu3qalᵘ pass. v.* it is unconceivable, it does not make sense, there is no way ▪ كيف يعقل هذا؟ *kayfa yu3qalᵘ hādā* How is this possible?

عقل *3aql n.*⋆ |*pl.* عقول *3uqūl*| • mind, intellect

عقلة *3uqlaᵗ n.* |*pl.* عقل *ʔuqal*| • knuckle

عقلي *3aqlīʸ adj.* • mental, intellectual

عقلية *3aqlīyaᵗ n.* • mentality, way of thinking

عقم *3aqqama v.tr.* |*2s* يعقم *yu3aqqimᵘ* | تعقيم *ta3qīm*| • sterilize, disinfect

عقوبة *3uqūbaᵗ n.* • punishment, sanction ▪ عقوبة إعدام *3uqūbat · ʔi3dām* capital punishment, death penalty

عقيد *3aqīd n.* |*pl.* ***dip.*** عقداء *3uqadāʔ*| • colonel

عقيدة *3aqīdaᵗ n.* |*pl.* ***dip.*** عقائد *3aqāʔid*| • belief, faith • ideology, doctrine, dogma

عقيم *3aqīm adj.* |*m. pl.* عقام *3iqām* or عقم *3uqum* | *elat.* أعقم *ʔa3qam*| • sterile • useless, ineffective

عكر *3akar n.* • muddiness, cloudiness

عكر *3akir adj.* |*elat.* أعكر *ʔa3kar*| • muddy, cloudy, turbid

عكس *3akasa v.tr.* |*12s* يعكس *ya3kisᵘ* | عكس *3aks*| • reflect

عكس *3aks n.*⋆ • opposite ▪ بعكس *bi-3aksⁱ prep.* in contrast to/with ▪ على العكس *3alā -l3aksⁱ*, بالعكس *bi-l3aksⁱ adv.* on the contrary ▪ بعكس الاتجاه *bi-3aksⁱ -littjāhⁱ* the wrong direction

علا *3alā v.intr.* |*1d3* يعلو *ya3lū* | علو *3ulūʷ*| • rise, ascend, become high • become loud

علاء *3alāʔ n.* • loftiness, high moral standards ▪ علاء الدين *3alāʔ · addīnⁱ man's name* Aladdin

علاج *3ilāj n.* • treatment, remedy, therapy ▪ علاج بديل *3ilāj badīl* alternative therapy ▪ علاج جماعي *3ilāj jamā3īʸ* group therapy ▪ علاج طبي *3ilāj ṭibbīʸ* medical treatment ▪ علاج طبيعي *3ilāj ṭabī3īʸ* physiotherapy, physical therapy

علاجي *3ilājīʸ adj.* • therapeutic

علاق *3allāq*, علاقة *3allāqaᵗ n.* • hanger ▪ علاق ملابس *3allāq · malābis* coat hanger

علاقة *3alāqaᵗ n.*⋆ • relationship, connection, liaison ▪ علاقات ثنائية *3alāqāt tunāʔīyaᵗ pl. n.* bilateral relations ▪ علاقات دولية *3alāqāt dawlīyaᵗ pl. n.* international relations ▪ علاقات عامة *3alāqāt 3āmmaᵗ pl. n.* public relations ▪ له علاقة بـ *lahu 3alāqaᵗᵘⁿ bi-* have a connection *to*, have to do *with* ◊ لا علاقة له بي. *It has nothing to do with me.* ▪ لا علاقة له بـ *lā 3alāqaᵗᵃ lahu bi-* have nothing to do *with* ▪ أقام علاقة مع *ʔaqāma 3alāqaᵗᵃⁿ ma3a v.* have a relationship *with*

علاقي *3alāqīʸ adj.* • relevant

علامة *3alāmaᵗ n.* |*pl.* علامات *3alāmāt* or علائم *3alāʔim*| • label, mark, symbol, sign ▪ علامة استفهام *3alāmat · istifhām* question mark ▪ علامة

تشكيل *3alāmat · taškīl* vowel mark, diacritic ▪ علامة تعجب *3alāmat · ta3ajjub* exclamation mark ▪ علامة مرور *3alāmat · murūr* road sign • sign, indication

علامة *3allāma*^{t} *n.* ***m.*** • expert, authority (on a subject)

علانية *3alānīya*^{t} *n.*⋆ • openness, disclosure, publicness ▪ علانيةً *3alānīyatan adv.* openly, publicly, in public

علاوة *3ilāwa*^{t} *n.* • addition, increase ▪ علاوة على *3ilāwatan 3alā prep.* besides, in addition to • raise, bonus, pay raise

علب *3allaba v.tr.* |2s يعلب *yu3allib*^{u} | تعليب *ta3līb*| • package, can

علبة *3ulba*^{t} *n.* |*pl.* علب *3ulab*| • pack, tin, can

علة *3illa*^{t} *n.* |*pl.* علل *3ilal*| • disease, sickness

علق *3alaq coll. n.* |*sing.* علقة *3alaqa*^{t}| • leech

علق *3aliqa v.intr.* • |1s4 يعلق *ya3laq*^{u} | علق *3alaq*| become stuck *in* بـ *or* في, get caught *in* • stick *to* بـ *or* في, adhere *to* • |1s4 يعلق *ya3laq*^{u} | علاقة *3alāqa*^{t}| concern بـ, have to do *with*, be related *to*

علق *3allaqa v.* |2s يعلق *yu3alliq*^{u} | تعليق *ta3līq*| • *v.tr.* attach *sth* ه *to* بـ *or* على, hang, affix • suspend, ban temporarily • *v.intr.* comment *on* على

علك *3alaka v.tr.* |1s3 يعلك *ya3luk*^{u} | علك *3alk*| • chew, masticate

علك *3ilk n.* • chewing gum

علل *3allala v.tr.* |2s يعلل *yu3allil*^{u} | تعليل *ta3līl*| • justify

علم *3alam n.* • |*pl.* أعلام *ʔa3lām*| flag

علم *3alima v.tr. & intr.* |1s4 يعلم *ya3lam*^{u} | علم *3ilm*| • know (بـ), realize ▪ علم أن *3alima ʔanna* know that... ▪ على ما أعلم *3alā mā ʔa3lam*^{u} as far as I know ▪ لا يعلم __ إلا الله *lā ya3lam*^{u} __ *illā -LLāh*^{u} only God knows __ • hear *of* • learn, find out

علم *3allama v.tr.* |2s يعلم *yu3allim*^{u} | تعليم *ta3līm*| • teach *to* ه *sth* ه ◊ علمني العربية. *He taught me Arabic.* ▪ علمه أنّ *3allama<u>hu</u> ʔanna* teach *sb* that... ▪ لا يُعلم *lā yu3allam*^{u} *pass. v.* unteachable

علم *3ilm n.*⋆ |*pl.* علوم *3ulūm*| • knowledge ▪ العلم نور. *al3ilm*^{u} *nūr*^{un} *proverb* Knowledge is light. ▪ على علم بـ *3alā ʔilm*^{in} *bi-* aware of ▪ العلم في الصدور، لا في السطور. *al3ilm*^{u} *fī -ṣṣudūr*^{i}*, lā fī -ssuṭūr*^{i} *proverb* One's knowledge lies is one's heart, and not in the lines (of a book). • science ▪ علم __ *3ilm* · __ -ology, science of __ ▪ علم الآثار *3ilm · alʔāṯār*^{i} archeology ▪ علم الأحياء *3ilm · alʔaḥyāʔ*^{i} biology ▪ علم الاجتماع *3ilm · alijtimā3*^{i} sociology ▪ علم الأشعة *3ilm · alʔaši33a*^{ti} radiology ▪ علم الاقتصاد *3ilm · aliqtiṣād*^{i} economics ▪ علم الإنسان *3ilm · alʔinsān*^{i} anthropology ▪ علم الأورام *3ilm · alʔawrām*^{i} oncology ▪ علم الفيزياء *3ilm · alfīzyāʔ*^{i} physics ▪ علم الكيمياء *3ilm · alkīmyāʔ*^{i} chemistry ▪ علم النفس *3ilm · annafs*^{i} psychology

علماني *3almānī*^{y} or *3ilmānī*^{y} *adj.* • secular

علمانية *3almānīya*^{t} or *3ilmānīya*^{t} *n.* • secularism

علمي *3ilmī*^{y} *adj.* • scientific

علن *3alan n.* • candor, openness ▪ علناً *3alanan adv.* in public, openly

علن *3alana v.intr.* |1s3 يعلن *ya3lun*^{u} | علانية *3alānīya*^{t}| • become known, be disclosed

علني *3alanī*^{y} *adj.* |*elat.* أكثر علنيةً *ʔakṯar 3alanīyatan* or أعلن *ʔa3lan*| • public, open

علو *3ulū*^{w} *n.*⋆ • height, tallness

علوي *3alawī*^{y} *adj. & n.* • Alawite

علوي *3ulwī*^{y} *adj.* • upper, overhead-

علوي *3ulwī*^{y} *adj.* • upper-, overhead-

علي *3alayya*		علينا *3alaynā*
عليك *3alayka*	عليكما *3alaykumā*	عليكم *3alaykum*
عليك *3alayki*		عليكن *3alaykunna*
عليه *3alayhi*	عليهما *3alayhimā*	عليهم *3alayhim*
عليها *3alayhā*		عليهن *3alayhinna*

على *3alā prep.* • on ▪ وعلى هذا *wa-3alā hāḏā,* وعلى ذلك *wa-3alā ḏālika adv.* therefore, thus, hence ▪ على أنْ *3alā ʔan* provided that..., on condition that... •عليه أنْ *3alay<u>hi</u> ʔan,* يجب عليه أنْ *yajib*^{u} *3alay<u>hi</u> ʔan* have to *(do)*, must *(do)* ◊ يجب عليه الذهاب إلى المكتب حالا. *He has to go to the office right away.* ▪ لا عليك *lā 3alayka* Don't worry!, That's okay! ▪ كان (يجب) عليه أنْ *kāna (yajib*^{u}*) 3alay<u>hi</u> ʔan* should have *(done)* ◊ كان عليّ أن أتناول وجبة الإفطار. *I should have eaten* *breakfast.* • for ◊ .هذا صعب على الطلاب *This is difficult for students.* • in spite of, despite ▪ على أنّ *3alā ʔanna conj. (rare)* but, although • divided by ◊ .ستة على ثلاثة يساوي اثنان *Six divided by three equals two.*

علي *3alīʸ adj.* • supreme, exalted • *man's name* Ali

علية *3ullīya^t n.* |*pl.* علالي *3alālīʸ*| • attic

عليق *3ullayq n.* • blackberry, raspberry

عليم *3alīm adj.* |*m. pl.* **dip.** علماء *3ulamāʔ* | *elat.* أعلم *ʔa3lam*| • learned, knowledgeable

عم *3amm n.* |*pl.* عموم *3umūm*| • *(father's brother)* uncle ▪ ابن عم *ibn · 3amm (male)* cousin ▪ بنت عم *bint · 3amm (female)* cousin

عم *3amma v.intr.* |*1g3* يعم *ya3ummᵘ* | عموم *3umūm*| • become prevalent, become common

عما *3ammā* |< عن + ما *ʔan + mā*| • from what ➡ عن p. 214

عما *3ammā* |< عن + ما *ʔan + mā*| • *interrogative* about what • from what ◊ ما قلته لا يختلف عما قلته أنا. *What you said doesn't differ from what I said.* • *conj.* about which • from which

عماد *3imād n.* |*pl.* عمد *3umud*| • major general • pillar, support • *(grammar)* copula • *man's name* Emad, Imad

عمار *3ammār* • *adj.* pious, devout • *n.* contractor, builder, mason

عمارة *3imāra^t n.* |*pl.* عمارات *3imārāt* or **dip.** عمائر *3imāʔir*| • building, structure ▪ عمارة شقق *3imārat · šuqaq* apartment building (UK: block of flats) ▪ فن عمارة *fann · 3imāra^t* architecture

عمالة *3amāla^t n.* • employment, labor ▪ عمالة أطفال *3amālat · ʔaṭfāl* child labor

عمالي *3ummālīʸ adj.* • labor-

عمامة *3imāma^t n.* |*pl.* **dip.** عمائم *3amāʔim*| • turban

An Egyptian man wearing a turban

عمّان *3ammān n.* ***f.* dip.** • *(capital of Jordan)* Amman ➡ ***map on p. 18*** ⓘ *often written with shadda to disambiguate from* عُمان *3umān (Oman).*

عُمان *3umān n.* ***f.* dip.** • Oman ⓘ *often written with damma to disambiguate from* عمّان *3ammān (Amman).*

عماني *3umānīʸ adj. & n.* • Omani

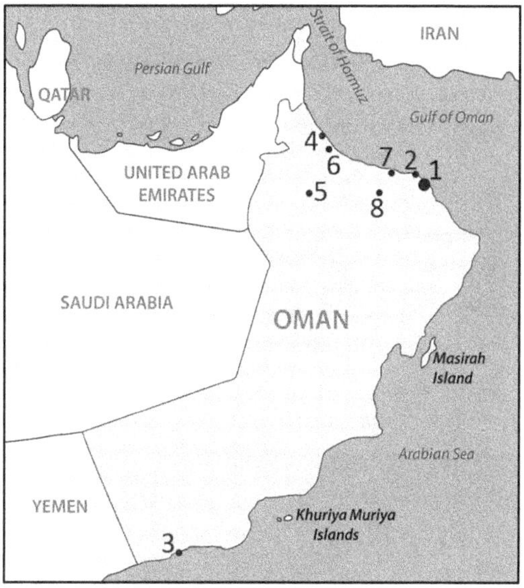

map of Oman

1. مسقط *masqaṭ* Muscat
2. السيب *assīb* Seeb
3. صلالة *ṣalāla^t* Salalah
4. صحار *ṣuḥār* Sohar
5. عبري *3ibrī* Ibri
6. صحم *ṣaḥam* Saham
7. بركاء *barkāʔ* Barka
8. الرستاق *arrustāq* Rustaq

عمة *3amma^t n.* • *(father's sister)* aunt ▪ ابن عمة *ibn · 3amma^t (male)* cousin ▪ بنت عمة *bint · 3amma^t (female)* cousin

عمد *3amada v.* |*1s2* يعمد *ya3midᵘ* | عمد *3amd*| • *v.tr.* support • عمد إلى أنْ *3amada ʔilā ʔan v.intr.* intend to *(do)*, *(do)* deliberately ▪ عمد إلى استخدام *3amada ʔilā -stixdāmⁱⁿ* bring into play

عمد *3amd n.** • intention ▪ عمدا *3amdan*, عن عمد *3an 3amdⁱ adv.* intentionally, on purpose, deliberately

عمد *3ammada v.tr.* |*2s* يعمد *yu3ammidᵘ* | تعميد *ta3mīd*| • baptize, christen

ع

عمدة *3umda^{t} n.* **m.** *or* **f.** |*pl.* عمد *3umad*| • mayor

عمر *3amara v.intr.* |*1s2/1s3* يعمر *ya3mir^{u}* or *ya3mur^{u}* | عمر *3umr*| • live long, be prosperous

عمر *3ammara v.tr.* |*2s* يعمر *yu3ammir^{u}* | تعمير *ta3mīr*| • *(of God)* grant a long life *to* • reconstruct, rebuild • fill out (a form, etc.), fill in

عمر *3umr n.*★ |*pl.* أعمار *ʔa3mār*| • age ▪ عمر متوقع *3umr mutawaqqa3* life expectancy ▪ طفل في الثامنة من عمره *ṭifl fī -ttāmina^{ti} min 3umr^{i}hi* an eight-year-old boy ▪ كم عمرك؟ *kam 3umr^{u}ka* How old are you? • life, lifetime ▪ مرة في العمر *marra^{tan} fī -l3umr^{i} adv.* once in a lifetime ▪ طوال عمره *ṭawāla 3umr^{i}hi adv.* all *one's* life • *man's name* Omar

عمران *3umrān n.* • construction • civilization, culture

عمراني *3umrānī^{y} adj.* • architectural

عمرة *3umra^{t} n.* • umrah (the lesser pilgrimage to Mecca)

عمرو *3amr man's name* • Amr

عمري *3umrī^{y} adj.* • age-related

عمق *3ammaqa v.tr.* |*2s* يعمق *yu3ammiq^{u}* | تعميق *ta3mīq*| • deepen

عمق *3umq n.* |*pl.* أعماق *ʔa3māq*| • depth

عمل *3amal n.* |*pl.* أعمال *ʔa3māl*| • work, job ▪ يوم عمل *yawm · 3amal* working day, work day ▪ أعمال بيت *ʔa3māl · bayt* housework •أعمال *ʔa3māl pl. n.* business, work ▪ رجل أعمال *rajul · ʔa3māl* businessman • work (of art, literature, etc.) • act, action ▪ عمل عنف *3amal · 3unf* act of violence

عمل *3amila v.intr.* |*1s4* يعمل *ya3mal^{u}* | عمل *3amal*| • work ▪ عمل *3amila* [+ indefinite accusative noun] work as a __ ◊ يعمل مدرسا. *He works as a teacher.* • work *at* على, strive *for*, try to *(do)* ◊ عمل على الحيلولة دون وقوع الكارثة. *He tried to prevent the disaster.*

عملاق *3imlāq* |*pl.* عمالقة *3amāliqa^{t}*| • *n.* giant • *adj.* gigantic, enormous

عملة *3umla^{t} n.* • currency ▪ عملة معدنية *3umla^{t} ma3dinīya^{t}* coin ▪ عملة ورقية *3umla^{t} waraqīya^{t}* note, bill

عملي *3amalī^{y} adj.* • practical, realistic

عملية *3amalīya^{t} n.* • operation, process ▪ عملية (جراحية) *3amalīya^{t} (jirāḥīya^{t})* surgery, operation ▪ عملية سلام *3amalīyat · salām* peace process ▪ عملية عسكرية *3amalīya^{t} 3askarīya^{t}* military operation ▪ غرفة عمليات *ɣurfat · 3amalīyāt* operating room

عمم *3ammama v.tr.* |*2s* يعمم *yu3ammim^{u}* | تعميم *ta3mīm*| • make public, make obtainable (to the public) • make general, generalize

عمن *3amman(i)* |< عن + من *ʔan + man*| • *interrogative* about whom • from whom ◊ تختلف عمن قابلتهم من قبل. *She's different from those (whom) I've met before.* • *conj.* about whom • from whom

عمود *3amūd n.* |*pl.* أعمدة *ʔa3mida^{t}*| • post, pillar, column ▪ عمود نور *3amūd nūr* lamp post ▪ عمود فقري *3amūd faqrī^{y}* backbone

عمودي *3amūdī^{y} adj.* • vertical, perpendicular ▪ طائرة عمودية *ṭāʔira^{t} 3amūdīya^{t} n.* helicopter

عمولة *3umūla^{t} n.* • commission

عموم *3umūm n.*★ • generality ▪ عموما *3umūman*, على العموم *3alā -l3umūm^{i}*, في عمومه *fī 3umūm^{i}hi adv.* in general, generally speaking, overall

عمومي *3umūmī^{y} adj.* |*elat.* أكثر عمومية *ʔaktar 3umūmīyatan* or أكثر عموما *ʔaktar 3umūman*| • general, public

عمى *3am(an) n.*★ **indecl.** • blindness

عمي *3amiya v.intr.* |*1d4* يعمى *ya3mā* | **indecl.** عمى *3am(an)*| • go blind

عميد *3amīd n.* |*pl.* **dip.** عمداء *3umadāʔ*| • *(university)* dean • *(military)* brigadier general

عميق *3amīq adj.* |*elat.* أعمق *ʔa3maq*| • deep ▪ عميق الجذور *3amīq · aljuđūr^{i}* deep-rooted

عميل *3amīl n.* |*pl.* **dip.** عملاء *3umalāʔ*| • agent, representative • customer, client

عني *3annī*	عنا *3annā*	
عنك *3anka*	عنكما *3ankumā*	عنكم *3ankum*
عنك *3anki*		عنكن *3ankunna*
عنه *3anhu*	عنهما *3anhumā*	عنهم *3anhum*
عنها *3anhā*		عنهن *3anhunna*

عن *3an(i) prep.* • about, concerning • from ▪ عن طريق *3an ṭarīq^{i} prep.* by way of, via • on behalf of, for, instead of ◊ يتسلم الجائزة عن والده. *He's accepting the prize on behalf of his father.*

➡ ***table on previous page***

عناء *3anā? n.* • hardship, difficulty, toil

عناب *3unnāb n.* * |*sing.* عنابة *3unnāba^{t}*| • jujube

عنابة *3annāba^{t} n.* **dip.** • *(city in Algeria)* Annaba

➡ ***map on p. 105***

عناد *3inād n.* • stubbornness, obstinacy

عناق *3ināq n.* • embrace, hug

عنان *3anān coll. n.* |*sing.* عنانة *3anāna^{t}*| • clouds

عنان *3inān n.* |*pl.* أعنة *?a3inna^{t}*| • reins, bridle

عنانة *3anāna^{t} n.* • impotence, erectile dysfunction

عناية *3ināya^{t} n.** • care, concern

عنب *3inab coll. n.* |*sing.* عنبة *3inaba^{t}* | *pl.* أعناب *?a3nāb*| • grapes

عنبر *3anbar n.* |*pl.* عنابر *3anābir*| • shed, storehouse • *(hospital, prison, etc.)* ward, wing, section • *(whale)* ambergris ▪ حوت عنبر *ḥūt · 3anbar* sperm whale

عنبية *3inabīya^{t} coll. n.* • blueberries

عند *3inda prep.* • *(location)* at, near, by ◊ عند نهاية الشارع *at the end of the street* • have ▪ عنده *3indahu* have ◊ عندي سؤال عن هذا. *I have a question about that.* ◊ عنده سيارة جديدة *He has a new car.* • with, in the company of, at the house of ◊ سأتناول العشاء عند خالي. *I'm having dinner at my uncle's (house).* • *(time)* in, on, at, at the time of ◊ عند بداية الشهر *at the beginning of the month*

عندي *3indī*	عندنا *3indanā*	
عندك *3indaka*	عندكما *3indakumā*	عندكم *3indakum*
عندك *3indaki*		عندكن *3indakunna*
عنده *3indahu*	عندهما *3indahumā*	عندهم *3indahum*
عندها *3indahā*		عندهن *3indahunna*

عندما *3indamā conj.* • when ◊ هاتفني عندما تصل. *Call me when you arrive.* • whenever ◊ تناول الغداء عندما تريد. *Eat your dinner whenever you want.*

عندئذ *3inda?iḏ^{in} adv.* • then, at that time ◊ كنت مغادرا، عندئذ رأيته. *I was leaving, and then I saw him.*

عنصر *3unṣur n.* |*pl.* **dip.** عناصر *3anāṣir*| • element, component • race, ethnic group

عنصري *3unṣurī^{y}* |*elat.* أكثر عنصرية *?akṯar 3unṣurīya^{tan}*| • *adj.* racial, ethnic • racist • *n.* racist

عنصرية *3unṣurīya^{t} n.* • racism

عنف *3annafa v.tr.* |*2s* يعنف *yu3annif^{u}* | تعنيف *ta3nīf*| • scold, berate, rebuke

عنف *3anufa v.intr.* |*1s6* يعنف *ya3nuf^{u}* | عنف *3unf*| • become violent *toward* بـ

عنف *3unf n.** • violence, force ▪ عنف منزلي *3unf manzalī^{y}* domestic violence ▪ بعنف *bi-3unf^{in} adv.* violently, by force

عنفة *3anafa^{t} n.* • turbine ▪ عنفة ريحية *3anafa^{t} rīḥīya^{t}*, عنفة هوائية *3anafa^{t} hawā?īya^{t}* wind turbine

عنق *3unq* or *3unuq n.* |*pl.* أعناق *?a3nāq*| • neck ▪ ربطة عنق *rabṭat · 3unq* necktie, tie ▪ عنق رحم *3unq · raḥim* cervix (lit. neck of the uterus)

عنقود *3unqūd n.* |*pl.* **dip.** عناقيد *3anāqīd*| • bunch, cluster ▪ عنقود عنب *3unqūd · 3inab* bunch of grapes, grape bunch ▪ آخر العنقود *?āxir al3unqūd^{i}* *idiom* youngest child (lit. the last grape bunch)

عنكبوت *3ankabūt n.* |*pl.* **dip.** عناكب *3anākib*| • spider ▪ بيت عنكبوت *bayt · 3ankabūt*, نسيج عنكبوت *nasīj · 3ankabūt* spider web

عنوان *3unwān n.* |*pl.* **dip.** عناوين *3anāwīn*| • address • title, headline ▪ بعنوان *bi-3unwān^{i} prep.* under the title of, entitled ▪ عنوان فرعي *3unwān far3ī^{y}* *(secondary title)* subtitle

عنوة *3anwa^{t} n.* |*pl.* عنوات *3an(a)wāt*| • force, compulsion ▪ عنوة *3anwatan adv.* forcibly, by force

عنون *3anwana v.tr.* |*11s* يعنون *yu3anwin^{u}* | عنونة *3anwana^{t}*| • address, write an address *on* • give a title *to*, entitle, label

عنى *3anā v.tr.* • |*1d2* يعني *ya3nī* | عني *3any*| mean ▪ يعني *ya3nī* that is, that is to say, i.e. ▪ يعني أنّ *ya3nī ?anna* It means that... ▪ مما يعني أنّ *mimmā ya3nī ?anna* meaning that... • |*1d2* يعني *ya3nī* | عناية *3ināya^{t}*| concern, interest ◊ لا يعنيني. *It doesn't concern me.* ▪ عُني *3uniya pass. v.* be concerned *with* بـ, take care *of*, care *for*, tend to

عنيد *3anīd adj.* |*m. pl.* عند *3unud* | *elat.* أعند *ʔa3nad*| • stubborn, inflexible, obstinate

عنيف *3anīf adj.* |*pl.* عنف *3unuf* | *elat.* أعنف *ʔa3naf*| • violent, forceful

عنين *3innīn adj.* • *(erectile dysfunction)* impotent

عهد *3ahd n.*⋆ |*pl.* عهود *3uhūd*| • promise, pledge, oath • familiarity *with* بـ, knowledge, experience ▪ حديث العهد بـ *ḥadīt · al3ahd^i bi-* new *at*, inexperienced *with*, novice *at* ▪ قديم العهد بـ *qadīm al3ahd^i bi-* familiar *with*, experienced *with* ▪ كعهده به *ka-3ahd^a hu bi-hi* as before (lit. as in *sb's* experience) ◊ لا زالت جميلة كعهدي بها دائما. *She is still just as beautiful as always.* ◊ سيكون كعهدك به. *It will be just the same it was before.* • era, period ◊ في عهد الملكة كليوباترا *during the reign of Cleopatra* ▪ إلى عهد قريب *ʔilā 3ahd^in qarīb^in*, حتى عهد قريب *ḥattā 3ahd^in qarīb^in* until recently ▪ منذ عهد بعيد *munđu 3ahd^in ba3īd^in* long ago • reign, rule

عهد *3ahida v.tr.* |*1s4* يعهد *ya3had^u* | عهد *3ahd*| • be familiar *with*, know

عود *3awwada v.tr.* |*2s* يعود *yu3awwid^u* | تعويد *ta3wīd*| • accustom *sb* ∘ *to* على, make accustomed to ▪ عود نفسه على *3awwada nafs^a hu 3alā* get used *to*

عود *3ūd n.* |*pl.* أعواد *ʔa3wād*| • stick, rod ▪ عود كبريت *3ūd · kabrīt*, عود ثقاب *3ūd · tiqāb* match stick ▪ أعواد أكل *ʔa3wād · ʔakl pl. n.* chopsticks ▪ عود أسنان *3ūd · ʔasnān* toothpick • oud, lute

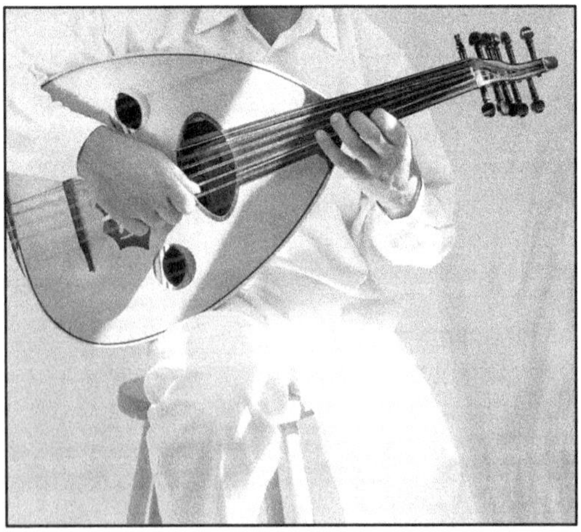

A man playing an oud

عودة *3awda^t*, عود *3awd n.*⋆ • return ◊ في العودة إلى بريطانيا *upon returning to Britain* ▪ تذكرة ذهاب وعودة *tađkirat · đahāb wa-3awda^t* round-trip ticket ▪ العود أحمد *al3awd^u ʔaḥmad^u* Welcome back!

عوذ *3awwađa v.tr.* |*2s* يعوذ *yu3awwiđ^u* | تعويذ *ta3wīđ*| • protect (with an amulet)

عوض *3awwaḍa v.tr.* |*2s* يعوض *yu3awwiḍ^u* | تعويض *ta3wīḍ*| • compensate *sb* ∘ *for* عن, reimburse, repay • make up (a missed class, test, etc.)

عوض *3iwaḍ n.* • substitute *for* عن ▪ عوضا عن *3iwaḍan 3an prep.* , instead of, rather than • compensation ▪ عوضا عن *3iwaḍan 3an prep.* in return for, in exchange for

عوض *3iwaḍa prep.* • instead of, rather than • in return for, in exchange for

عوق *3awwaqa v.tr.* |*2s* يعوق *yu3awwiq^u* | تعويق *ta3wīq*| • hinder *sb* ∘ *from* عن, obstruct • handicap, disable

عولم *3awlama v.tr.* |*11s* يعولم *yu3awlim^u* | عولمة *3awlama^t*| • globalize

عولمة *3awlama^t n.*⋆ • globalization

عوم *3awwama v.tr.* |*2s* يعوم *yu3awwim^u* | تعويم *ta3wīm*| • set afloat

عون *3awn n.* |*pl.* أعوان *ʔa3wān*| • aid, help ▪ قدم العون لـ *qaddama al3awn^a li-* offer aid to

عوى *3awā v.intr.* |*1d2* يعوي *ya3wī* | عواء *3uwāʔ*| • howl, whine, yelp

عيادة *3iyāda^t n.* • clinic, doctor's office

عياذ *3iyāđ n.*⋆ • refuge ▪ عياذ الله *3iyāđ^a -LLāh^i* God protect us!

عيان *3iyān n.* • eyesight ▪ شاهد عيان *šāhid 3iyān* eyewitness

عيب *3ayb n.* |*pl.* عيوب *3uyūb*| • shame, scandal • defect, imperfection, deformity

عيد *3īd n.* |*pl.* أعياد *ʔa3yād*| • holiday, festival ▪ عيد سنوي *3īd sanawīy* anniversary ▪ عيد ميلاد *3īd · mīlād* birthday ▪ عيد وطني *3īd waṭanīy* national holiday ▪ عيد الأضحى *3īd · alʔaḍḥā* Eid al-Adha (Feast of the Sacrifice), the Greater Eid ▪ عيد الفطر *3īd · alfiṭr^i* Eid al-Fitr (Feast of Breaking the Fast), the Lesser Eid ▪ عيد الشكر *3īd · aššukr^i* Thanksgiving ▪ عيد القيامة *3īd · alqiyāma^ti*, عيد الفصح *3īd · alfiṣḥ^i* Easter ▪ عيد الميلاد *3īd · almīlād^i* Christmas ▪ عيد سعيد *3īd^un sa3īd^un*, عيد مبارك *3īd mubārak* Happy Holiday!

عيسى *3īsā* ***invar.*** *man's name* • Jesus

عيش *3ayš n.*⋆ • life • bread ▪ عيش بلدي *3ayš baladīy* pita bread ➡ ***picture on the next page***

A man selling bread in Egypt

عيط *3ayyaṭa v.intr.* |*2s* يعيط *yu3ayyiṭ^u* | تعييط *ta3yīṭ*|
• yell, shout, scream

عين *3ayn n.* |*pl.* أعيان *ʔa3yān*| • prominent person,VIP

عين *3ayn n.* ***f.*** |*pl.* عيون *3uyūn* or *(rare)*أعيان *ʔa3yān*| • eye ▪ عين جمل *3ayn · jamal* walnut ▪ على عيني (ورأسي) *3alā 3aynī (wa-raʔsī)*, من عيني *min 3aynī* ***(reply to request)*** It's my pleasure., I'd be happy to do it. ▪ طب العيون *ṭibb · al3uyūn^i* ophthalmology ▪ طبيب عيون *ṭabīb · 3uyūn* ophthalmologist ▪ في مرمى العين المجردة *fī marmā -l3ayn^i -lmujarrada^ti* visible with the naked eye • *(water)* spring ▪ العين *al3ayn* ***f.*** *(city in the U.A.E.)* Al Ain ➡ ***map on p. 44***

عين *3ayn n.* ***f.*** ➡ ع ***p. 195***

عين *3ayyana v.tr.* |*2s* يعين *yu3ayyin^u* | تعيين *ta3yīn*|
• appoint *sb* ∘ *sth* ∘, assign ◊ عينها الرئيس وزيرة الثقافة. *The president appointed her Minister of Culture.*

عينة *3ayyina^t n.* • sample, specimen

عيني *3aynīy adj.* • eye-, ocular

غ

غ *ɣayn n.* **f.** |غين| • *(nineteenth letter of the Arabic alphabet)* • *(numerical value)* 1000
➡ ***The Abjad Numerals p. 108***

غ *grām* |*abbreviation of* غرام| • gram (g.)

غاب *ɣāba v.intr.* |1h2 يغيب *yaɣību* | غياب *ɣiyāb*| • be absent

غابة *ɣābaᵗ n.* • forest, jungle

غادر *ɣādara v.tr.* |3s يغادر *yuɣādiru* | مغادرة *muɣādaraᵗ*| • leave somewhere ◦ *for somewhere* إلى, depart ◊ غادر القطار باريس إلى بروكسل منذ ساعة. *The train left Paris for Brussels an hour ago.*

غار *ɣār* • *n.* |*pl.* غيران *ɣīrān*| cave, cavern, grotto • *coll. n.* laurel, bay

غار *ɣāra v.intr.* |1h1 يغار *yaɣāru* | غيرة *ɣayraᵗ*| • be jealous *of* من • be passionate *about* على

غار *ɣāra v.intr.* |1h3 يغور *yaɣūru* | غور *ɣawr*| • penetrate في, sink *into*

غارة *ɣāraᵗ n.* • raid *on* على, attack

غارق *ɣāriq act. part. adj.* • drowning • sinking ▪ سفينة غارقة *safīnaᵗ ɣāriqaᵗ n.* shipwreck

غاروي *gārōway n.* **f. invar.** • *(city in Somalia)* Garowe ➡ ***map on p. 188***

غاز *ɣāz n.* • (natural) gas ▪ غاز مسيل *ɣāz musayyil* tear gas

غاز *ɣāz(in) act. part. n.* **def.** |*pl.* غزاة *ɣuzāᵗ*| • conqueror, invader

غازي *ɣāzīʸ adj.* • gaseous ▪ مشروب غازي *mašrūb ɣāzīʸ n.* soft drink

غاص *ɣāṣa v.intr.* |1h3 يغوص *yaɣūṣu* | غوص *ɣawṣ*| • dive, submerge

غاضب *ɣāḍib act. part. adj.* |*elat.* أكثر غضبا *ʔakṯar ɣaḍaban* or أغضب *ʔaɣḍab*| • angry *at/with* من or على, furious

غافل *ɣāfala v.tr.* |3s يغافل *yuɣāfilu* | مغافلة *muɣāfalaᵗ*| • surprise, take by surprise

غافل *ɣāfil act. part. adj.* |*elat.* أكثر غفلة *ʔakṯar ɣaflatan* or أغفل *ʔaɣfal*| • negligent, neglectful

غال *ɣāl(in) act. part. adj.* **def.** |*m. pl.* غلاة *ɣulāᵗ* | *elat.* **invar.** أغلى *ʔaɣlā*| • expensive • dear, beloved

غالب *ɣālib act. part.* |*elat.* أغلب *ʔaɣlab*| • *adj.* dominant, predominant ▪ طابع غالب *ṭāba3 ɣālib* dominant characteristic ▪ في الغالب *fī -lɣālibⁱ adv.* mostly, mainly ▪ غالبا *ɣāliban adv.* mostly, mainly, generally, for the most part; most likely ▪ غالبا ما *ɣāliban mā adv.* mostly, almost always, usually ▪ في غالب الأحيان *fī ɣālibⁱ -lʔaḥyānⁱ adv.* most of the time • *n.* |*pl.* غلبة *ɣalabaᵗ*| winner, victor

غالبية *ɣālibīyaᵗ*, أغلبية *ʔaɣlabīyaᵗ n.* • majority ▪ الغالبية (العظمى) من __ *alɣālibīyaᵗ (al3aẓmā) min __* the (great) majority of __

غام *ɣāma v.intr.* |1h2 يغيم *yaɣīmu* | غيم *ɣaym*| • become cloudy, become overcast

غامر *ɣāmara v.intr.* |3s يغامر *yuɣāmiru* | مغامرة *muɣāmaraᵗ*| • risk بـ, venture

غامض *ɣāmiḍ act. part. adj.* |*m. pl.* **dip.** غوامض *ɣawāmiḍ* | *elat.* أكثر غموضا *ʔakṯar ɣumūḍan*| • dark • obscure, ambiguous, vague ◊ فكرة غامضة *a vague idea*

غامق *ɣāmiq adj.* **dip.** |*elat.* أغمق *ʔaɣmaq*| • dark

غانا *ɣānā n.* **f. invar.** • Ghana

غاني *ɣānīʸ adj. & n.* • Ghanaian

غائب *ɣāʔib act. part. adj.* • absent, away

غاية *ɣāyaᵗ n.* • extreme, utmost ◊ كنت في غاية السعادة بحضور الاحتفال. *I was extremely happy to attend the ceremony.* ▪ لغاية *li-ɣāyatⁱ prep. (time)* until ◊ لغاية مايو *until May* ▪ لغاية الآن *li-ɣāyatⁱ -lʔānⁱ* so far; *(place)* as far as, up to ▪ للغاية *li-lɣāyaᵗⁱ adv.* [adjective +] extremely ◊ هو وسيم للغاية. *He's extremely handsome.* ▪ سري للغاية *sirrīʸ li-lɣāyaᵗⁱ adj.* top secret

غاير *ɣāyara v.intr.* |3s يغاير *yuɣāyiru* | مغايرة *muɣāyaraᵗ*| • be dissimilar

غائم *ɣāʔim act. part. adj.* |*elat.* أغيم *ʔaɣyam*| • cloudy, overcast

غباء *ɣabāʔ n.* • stupidity, foolishness

غبار *ɣubār n.* |*pl.* أغبرة *ʔaɣbiraᵗ*| • dust ▪ لا غبار عليه *lā ɣubāra 3alayhi* impeccable, flawless ▪ لا يشق له غبار *lā yušaqqu lahu ɣubārᵘⁿ pass. v.* unparalleled, unrivaled

غباري *ɣubārīʸ adj.* • dusty

غبر *ɣabbara v.tr.* |2s يغبر *yuɣabbiru* | تغبير *taɣbīr*| • make dusty, cover with dust

غبي *ɣabīʸ* |*pl.* **dip.** أغبياء *ʔaɣbiyāʔ*| • *adj.* |*elat.*

invar. أغبى *ʔaɣbā* | stupid, idiotic, silly, foolish • *n.* idiot, fool

غترة *ɣutraᵗ n.* • ghutra (head cover worn by men) ➡ ***picture on p. 179***

غثيان *ɣaṯayān n.* • nausea

غد *ɣad n.* • tomorrow ▪ غدا *ɣadan adv.* tomorrow ▪ بعد غد *ba3da ɣadⁱⁿ adv.* the day after tomorrow

غدا *ɣadā v.intr.* |1d3 يغدو *yaɣdū* | غدو *ɣuduʷ*| • [+ indicative] become, turn into, grow into

غداء *ɣadāʔ n.* |*pl.* أغدية *ʔaɣdiyaᵗ*| • lunch ▪ تناول الغداء *tanāwala alɣadāʔᵃ v.* have lunch

غدار *ɣaddār adj.* |*elat.* أغدر *ʔaɣdar*| • disloyal, unfaithful

غدة *ɣuddaᵗ n.* |*pl.* غدد *ɣudad*| • gland ▪ غدد صماء *ɣudad ṣamāʔ* endocrine glands ▪ علم الغدد الصماء *3ilm · alɣudadⁱ -ṣṣamāʔⁱ* endocrinology ▪ عالم غدد صماء *3ālim · ɣudad ṣammāʔ* endocrinologist ▪ غدة لعابية *ɣuddaᵗ lu3ābīyaᵗ* salivary gland ▪ غدة ليمفاوية *ɣuddaᵗ li-imfāwīyaᵗ* lymph node

غددي *ɣudadīʸ adj.* • glandular

غدر *ɣadara v.intr.* |1s3 يغدر *yaɣduruᵘ* | غدر *ɣadr*| • deceive بـ, betray

غدر *ɣadr n.** • deception, betrayal

غذاء *ɣiḏāʔ n.* |*pl.* أغذية *ʔaɣḏiyaᵗ*| • nourishment, foodstuff ▪ أغذية *ʔaɣḏiyaᵗ pl. n.* food

غذائي *ɣiḏāʔīʸ adj.* • nutritional, food-

غذى *ɣaḏḏā v.tr.* |2d يغذي *yuɣaḏḏī* | تغذية *taɣḏiyaᵗ*| • feed *sb* ∘ *sth* بـ, nourish • provide *sb/sth* ∘ *with* بـ, supply *with*

غر *ɣarra v.tr.* |1g3 يغر *yaɣurrᵘ* | غرور *ɣurūr*| • mislead, deceive

غر *ɣirr adj.* |*m. pl.* أغرار *ʔaɣrār*| • inexperienced, naive

غراء *ɣirāʔ n.* • glue

غراب *ɣurāb n.* |*pl.* غربان *ɣirbān*| • crow

غرابة *ɣarābaᵗ n.** • strangeness, oddness

غرار *ɣirār n.* • hurry, haste ▪ على غرار *3alā ɣirārⁱⁿ adv.* in a hurry ▪ على غرار *3alā ɣirārⁱ prep.* in the manner of, patterned on, just like

غرام *ɣarām n.* • passion, desire

غرام *grām n.* |*abbreviated* غ *grām*| • gram

غرامة *ɣarāmaᵗ n.* • penalty, fine

غرامي *ɣarāmīʸ adj.* • passionate ▪ موعد غرامي *maw3id ɣarāmīʸ n.* *(romantic rendezvous)* date

غرب *ɣarb n.* • west ▪ الغرب *alɣarb* the West ▪ غربا *ɣarban adv.* west, westward ▪ في غرب *fī ɣarbⁱ prep.* in the west of ◊ يسكن في غرب البلد. *He lives in the west of the country.* ▪ في الغرب من *fī -lɣarbⁱ min prep.* to the west of ◊ البحر في الغرب من المدينة. *The sea is (to the) west of the city.*

غرب *ɣarba,* غربي *ɣarbīya prep.* • to the west of

غرب *v.intr.* • *ɣaruba* or *ɣaraba (sun, moon)* |1s6/1s3 يغرب *yaɣrubᵘ* | غروب *ɣurūb*| set ◊ تغرب الشمس من الغرب. *The sun sets in the west.* • *ɣaruba* |1s6 يغرب *yaɣrubᵘ* | غرابة *ɣarābaᵗ*| be strange • *ɣaraba* |1s3 يغرب *yaɣrubᵘ* | غرب *ɣarb*| leave *sb or somewhere* عن, go away ◊ اغرب عن وجهي! *Get out of my face!*

غربة *ɣurbaᵗ n.* • exile, alienation

غربي *ɣarbīʸ* • *adj.* western, west- ▪ شمالي غربي *šamālīʸ ɣarbīʸ* northwestern ▪ جنوبي غربي *janūbīʸ ɣarbīʸ* southwestern • *n.* westerner, Westerner

غرة *ɣirraᵗ n.* • inattention, absent-mindedness ▪ على حين غرة *3alā ḥīnⁱ ɣirraᵗⁱⁿ adv.* suddenly, by surprise ▪ أخذه على حين غرة *ʔaxaḏahu 3alā ḥīnⁱ ɣirraᵗⁱⁿ* take *sb* by surprise, catch *sb* off guard

الغردقة *alɣardaqaᵗ n. **f.*** • *(city in Egypt)* Hurghada ➡ ***map on p. 287***

غرز *ɣaraza v.tr.* |1s2 يغرز *yaɣrizᵘ* | غرز *ɣarz*| • prick, stick • stitch

غرز *ɣarraza v.intr.* |2s يغرز *yuɣarrizᵘ* | تغريز *taɣrīz*| • get stuck (in sand, mud, etc.)

غرزة *ɣurzaᵗ n.* |*pl.* غرز *ɣuraz*| • stitch

غرس *ɣarasa v.tr.* |1s2 يغرس *yaɣrisᵘ* | غرس *ɣars*| • plant (a tree, etc.) • implant *sth* ∘ *in(to)* في, insert

غرس *ɣars n.** |*pl.* أغراس *ʔaɣrās*| • seedling

غرض *ɣaraḍ n.* |*pl.* أغراض *ʔaɣrāḍ*| • purpose, aim ▪ أغراض *ʔaɣrāḍ pl. n.* necessities, stuff, things

غرفة *ɣurfaᵗ n.* |*pl.* غرف *ɣuraf*| • room ▪ غرفة استقبال *ɣurfat · istiqbāl* reception room; living room, sitting room ▪ غرفة انتظار *ɣurfat · intiẓār* waiting room ▪ غرفة طعام *ɣurfat · ṭa3ām*, غرفة سفرة *ɣurfat · sufraᵗ* dining room ▪ غرفة جلوس *ɣurfat · julūs*, غرفة معيشة *ɣurfat · ma3īšaᵗ*, غرفة صالون *ɣurfat · julūs* living room, sitting room ▪ غرفة نوم *ɣurfat · nawm* bedroom

غرق *ɣariqa v.intr.* |1s4 يغرق *yaɣraqᵘ* | غرق *ɣaraq*| • *(of people)* drown • *(of ships, etc.)* sink • be absorbed *in* في, be immersed *in* ▪ غرق في النوم *ɣariqa fī -nnawmⁱ* fall asleep ▪ غرق في الديون *ɣariqa fī -dduyūnⁱ* drown in debt

غ

غرّق *ɣarraqa v.tr.* |2s يغرق *yuɣarriqᵘ* | تغريق *taɣrīq*| • drown • sink

غرّم *ɣarrama v.tr.* |2s يغرم *yuɣarrimᵘ* | تغريم *taɣrīm*| • fine

غروب *ɣurūb n.** • setting ▪ غروب شمس *ɣurūb · šams* sunset

غرور *ɣurūr n.** • arrogance, vanity, conceit

غروي *ɣirawīʸ adj.* |elat. أكثر غروية *ʔaktar ɣirawīyaᵗᵃⁿ*| • sticky

غرّى *ɣarrā v.tr.* |2d يغري *yuɣarrī* | تغرية *taɣriyaᵗ*| • glue

غريب *ɣarīb* • adj. |pl. **dip.** غرباء *ɣurabāʔ* | elat. أغرب *ʔaɣrab*| strange, weird, alien • n. |pl. **dip.** أغراب *ʔaɣrāb*| stranger ◊ هو غريب عنا. *He's a stranger to us.*

غرير *ɣarīr adj.* • inexperienced, naive

غريزة *ɣarīzaᵗ n.* |pl. **dip.** غرائز *ɣarāʔiz*| • instinct, disposition, nature

غريزي *ɣarīzīʸ adj.* • instinctive

غريم *ɣarīm n.* |pl. **dip.** غرماء *ɣuramāʔ*| • opponent, adversary

غرينبيس *grīnbīs n.* **invar.** • *(NGO)* Greenpeace

غرينيتش *grīnītš n.* **invar.** • Greenwich

غزا *ɣazā v.tr.* |1d3 يغزو *yaɣzū* | غزو *ɣazw*| • invade, conquer

غزارة *ɣazāraᵗ n.* • abundance, plenty ▪ بغزارة *bi-ɣazāraᵗⁱⁿ adv.* in abundance

غزال *ɣazāl n.* |pl. غزلان *ɣizlān*| • gazelle

غزة *ɣazzaᵗ n.* **dip.** • *(city in Palestine)* Gaza (City), Ghazzah ➡ ***map on p. 229*** ▪ قطاع غزة *qiṭā3 · ɣazzaᵗ* the Gaza Strip

غزل *ɣazala v.tr.* |1s2 يغزل *yaɣzilᵘ* | غزل *ɣazl*| • spin (thread, etc.)

غزو *ɣazw n.** • conquest, invasion

غزوة *ɣazwaᵗ n.* |pl. غزوات *ɣaz(a)wāt*| • conquest, invasion

غزير *ɣazīr adj.* |m. pl. غزار *ɣizār* | elat. أغزر *ʔaɣzar*| • abundant, plentiful

غسالة *ɣassālaᵗ n.* • washing machine ▪ غسالة أطباق *ɣassālat · ʔaṭbāq* dishwasher

غسان *ɣassān n.* • enthusiasm, zeal • *man's name* Ghassan

غسق *ɣasaq n.* • dusk, twilight

غسل *ɣasala v.tr.* |1s2 يغسل *yaɣsilᵘ* | غسل *ɣasl*| • wash ▪ غسل أسنانه *ɣasala ʔasnānᵃhu* brush *one's* teeth

غسول *ɣasūl n.* • lotion • *(liquid)* wash, soap ▪ غسول فم *ɣasūl · fam* mouthwash

غسيل *ɣasīl n.* • laundry, washing ▪ غسيل أموال *ɣasīl · ʔamwāl* money laundering

غش *ɣašš* or *ɣišš n.** • deception

غش *ɣašša v.tr.* |1g3 يغش *yaɣuššᵘ* | غش *ɣašš* or *ɣišš*| • cheat, deceive

غشاش *ɣaššāš n.* • cheater, deceiver

غشي *ɣašiya v.tr.* |1d4 يغشى *yaɣšā* | غشاوة *ɣašāwaᵗ*| • cover, conceal ▪ غشي عليه *ɣušiya 3alayhi*, سقط مغشيا عليه *saqaṭa maɣšīyan 3alayhi (impersonal verb)* faint, pass out, lose consciousness ◊ غشي عليّ. *I fainted.*

غص *ɣaṣṣa v.intr.* |1g3 يغص *yaɣuṣṣᵘ* | غصص *ɣaṣaṣ*| • choke *on* بـ

غض *ɣaḍḍ n.** • aversion (of the eyes) ▪ بغض النظر عن *bi-3aḍḍⁱ -nnaẓarⁱ 3an* without regard for, regardless of

غض *ɣaḍḍa v.tr.* |1g3 يغض *yaɣuḍḍᵘ* | غض *ɣaḍḍ*| • avert (*one's* eyes) ▪ غض طرفه *ɣaḍḍa ṭarfᵃhu*, غض بصره *ɣaḍḍa bāṣrᵃhu*, غض نظره *ɣaḍḍa naẓarᵃhu* lower *one's* gaze (out of modesty, respect, etc.) ▪ غض الطرف عن *ɣaḍḍa aṭṭarfᵃ 3an*, غض البصر عن *ɣaḍḍa albaṣarᵃ 3an*, غض النظر عن *ɣaḍḍa annaẓarᵃ 3an* disregard, overlook, pay no attention to

غضب *ɣaḍab n.** • anger ▪ غضبا *ɣaḍaban adv.* in anger, angrily ▪ استشاط غضبا *istašāṭa ɣaḍaban v.* explode with anger

غضب *ɣaḍiba v.intr.* |1s4 يغضب *yaɣḍabᵘ* | غضب *ɣaḍab*| • become angry *at/with* من *or* على

غضبان *ɣaḍbān adj.* |m. pl. غضاب *ɣiḍāb* | f. sing. **invar.** غضبى *ɣaḍbā* | elat. أكثر غضبا *ʔaktar ɣaḍaban* or أغضب *ʔaɣḍab*| • angry (with A about B) *at/with* من *or* على, furious

غضروف *ɣuḍrūf n.* |pl. **dip.** غضاريف *ɣaḍārīf*| • cartilage

غضن *ɣaḍan n.* |pl. غضون *ɣuḍūn*| • crease, wrinkle ▪ في غضون *fī ɣuḍūnⁱ prep.* during, within ▪ في غضون ذلك *fī ɣuḍūnⁱ ḏālika adv.* meanwhile, in the meantime

غط *ɣaṭṭa v.* |1g2 يغط *yaɣiṭṭᵘ* | غطيط *ɣaṭīṭ*| • *v.intr.* snore • *v.tr.* dip, plunge ▪ غط في النوم *ɣaṭṭa fī -nnawmⁱ* fall asleep

غطاء *ɣiṭāʔ n.* |pl. أغطية *ʔaɣṭīyaᵗ*| • lid, case, cover ▪ غطاء خلفي *ɣiṭāʔ xalfīʸ* cell phone case (lit. back cover) ▪ غطاء زجاج *ɣiṭāʔ · zujāj* glass lid ▪ غطاء سرير *ɣiṭāʔ · sarīr* bed cover ▪ غطاء سيارة *ɣiṭāʔ · sayyāraᵗ* car cover ▪ غطاء طاولة *ɣiṭāʔ · ṭāwilaᵗ*

table cloth ▪ غطاء محرك سيارة *ɣiṭāʔ · muħarrak · sayyāra*ᵗ hood (UK: bonnet) ▪ غطاء وسادة *ɣiṭāʔ · wisāda*ᵗ pillow case

غطاس *ɣaṭṭās n.* • diver

غطرس *ɣaṭrasa v.intr.* |11s يغطرس *yuɣaṭris*ᵘ | غطرسة *ɣaṭrasa*ᵗ| • be arrogant

غطرسة *ɣaṭrasa*ᵗ *n.** • arrogance

غطس *ɣaṭasa v.intr.* |1s2 يغطس *yaɣṭis*ᵘ | غطس *ɣaṭs*| • dive

غطى *ɣaṭṭā v.tr.* |2d يغطي *yuɣaṭṭī* | تغطية *taɣṭiya*ᵗ| • cover ◊ يغطي الفيل جسمه بتراب. *The elephant covers its body with dust.* ◊ سيغطي الصحفي الانتخابات. *The reporter will cover the elections.* ▪ غطى رأسه بحجاب *3aṭṭā raʔsᵃhu bi-ħijāb*ⁱⁿ cover *one's* head with a hijab ▪ غطى مصاريف *ɣaṭṭā maṣārīf* cover expenses

غفا *ɣafā v.intr.* |1d3 يغفو *yaɣfū* | غفو *ɣafw*| • nap, take a nap

غفر *ɣafara v.tr.* |1s2 يغفر *yaɣfir*ᵘ | مغفرة *maɣfira*ᵗ or غفران *ɣufrān*| • forgive *for* ه *sb* لـ, pardon ◊ لئن كانت الأم سعيدة بنجاح ابنها، فإنها لم تغفر له أبدا تجاهلها. *While the mother was happy to see her son succeed, she never forgave him for neglecting her.*

غفل *ɣafala v.intr.* |1s3 يغفل *yaɣful*ᵘ | غفلة *ɣafla*ᵗ| • neglect عن, ignore, overlook

غفل *ɣaffala v.tr.* |2s يغفل *yuɣaffil*ᵘ | تغفيل *taɣfīl*| • make mindless, make unaware

غفوة *ɣafwa*ᵗ *n.* • nap

غلا *ɣalā v.intr.* |1d3 يغلو *yaɣlū* | غلاء *ɣalāʔ*| • be expensive

غلاء *ɣalāʔ n.** • expensiveness, high cost ▪ غلاء أسعار *ɣalāʔ · ʔas3ār* rise in prices ▪ غلاء معيشة *ɣalāʔ · ma3īša*ᵗ high cost of living

غلاف *ɣilāf n.* |pl. أغلفة *ʔaɣlifa*ᵗ or غلف *ɣuluf*| • cover, case ▪ غلاف كتاب *ɣilāf · kitāb* book cover ▪ غلاف جوي *ɣilāf jawwīʸ* atmosphere

غلام *ɣulām n.* |pl. غلمان *ɣilmān*| • boy, youth

غلاية *ɣallāya*ᵗ *n.* • kettle

غلب *ɣalaba v.intr.* |1s2 يغلب *yaɣlib*ᵘ | غلب *ɣalb*| • defeat على, beat

غلط *ɣalaṭ* |pl. أغلاط *ʔaɣlāṭ*| • *n.** mistake, error • *adj.* |elat. أغلط *ʔaɣlaṭ*| wrong, incorrect

غلط *ɣaliṭa v.intr.* |1s4 يغلط *yaɣlaṭ*ᵘ | غلط *ɣalaṭ*| • be wrong, be mistaken, make a mistake

غلطة *ɣalṭa*ᵗ *n.* |pl. غلطات *ɣal(a)ṭāt*| • mistake, error

غلف *ɣallafa v.tr.* |2s يغلف *yuɣallif*ᵘ | تغليف *taɣlīf*| • cover, wrap

غلى *ɣalā v.intr.* |1d2 يغلي *yaɣlī* | غلي *ɣaly* or غليان *ɣalayān*| • boil

غليظ *ɣalīẓ adj.* |m. pl. غلاظ *ɣilāẓ* | elat. أغلظ *ʔaɣlaẓ*| • *(of people)* burly, solid, fat • rough, harsh, mannerless • *(of things)* thick • rough, course

غليون *ɣalyūn n.* |pl. **dip.** غلايين *ɣalāyīn*| • *(smoking)* pipe

غمر *ɣamara v.tr.* |1s3 يغمر *yaɣmur*ᵘ | غمر *ɣamr*| • flood

غمز *ɣamaza v.intr.* |1s2 يغمز *yaɣmiz*ᵘ | غمز *ɣamz*| • غمز بعينه *ɣamaza bi-3aynⁱhi* wink

غمزة *ɣamza*ᵗ *n.* |pl. غمزات *ɣam(a)zāt*| • wink

غمس *ɣamasa v.tr.* |1s2 يغمس *yaɣmis*ᵘ | غمس *ɣams*| • plunge (into water), immerse, dip

غمض *ɣammaḍa v.tr.* |2s يغمض *yuɣammiḍ*ᵘ | تغميض *taɣmīḍ*| • obscure

غمض *ɣamuḍa v.intr.* |1s6 يغمض *yaɣmuḍ*ᵘ | غموض *ɣumūḍ*| • become dark • become obscure, be ambiguous, be vague

غموض *ɣumūḍ n.** • darkness • obscurity, ambiguity, vagueness

غناء *ɣināʔ n.** • singing

غنم *ɣanam coll. n.* |sing. غنمة *ɣanama*ᵗ | pl. أغنام *ʔaɣnām*| • sheep and/or goats

غنى *ɣannā v.intr.* |2d يغني *yuɣannī* | غناء *ɣināʔ* or تغنية *taɣniya*ᵗ| • sing

غنى *ɣin(an) n.* **indecl.** • wealth ▪ غنى النفس أفضل من غنى المال. *ɣinā -nnafsⁱ ʔafḍal*ᵘ *min ɣinā -lmālⁱ* *proverb* One's inner wealth is better than one's financial wealth. • sufficiency *without* عن, contentment ▪ لا غنى عنه *lā ɣinā 3anhu* mandatory, necessary, indispensable ▪ في غنى عن *fī ɣinā 3an* not need, be able to do *without*

غني *ɣanīʸ adj.* |m. pl. **dip.** أغنياء *ʔaɣniyāʔ* | elat. **invar.** أغنى *ʔaɣnā*| • rich, wealthy • rich *in* بـ, full *of* • غني عن القول إن *ɣanīʸ 3anⁱ -lqawl ʔinna* it goes without saying that..., needless to say, ...

غواص *ɣawwāṣ n.* • diver ▪ غواص لؤلؤ *ɣawwāṣ · luʔluʔ* pearl diver

غواصة *ɣawwāṣa*ᵗ *n.* • *(watercraft)* submarine

غواية *ɣawāya*ᵗ *n.** • seduction

غوريلا *ɣorilla* or *gorilla n.* **invar.** • gorilla

غوص *ɣawṣ n.** • غوص تحت الماء *ɣawṣ taħta -lmāʔⁱ* underwater diving ▪ غوص السكوبا *ɣawṣ · asskuba* scuba diving

غول *ɣūl n. f.* |pl. غيلان *ɣīlān* or أغوال *ʔaɣwāl*| • ghoul, goblin ⓘ *The English word 'ghoul'*

has been borrowed from this Arabic word.

غوى *ɣawā v.tr.* |*1d2* يغوي *ɣaywī* | غواية *ɣawāya*ᵗ| • seduce

غياب *ɣiyāb n.** • absence

غيبة *ɣaybaᵗ n.* • slander, defamation

غيبوبة *ɣaybūbaᵗ n.* • coma

غيتاز *gītār n.* • guitar

غيث *ɣayt n.* |*pl.* أغياث *ʔaɣyāt* or غيوث *ɣuyūt*| • rain

غير *ɣayr n.* • [+ genitive noun or pronoun suffix] other than ▪ غيره *ɣayrᵘhu* others ◊ كغيرها من البنات تحلم بمنزل وأسرة وزوج. *Like other girls, she dreams of a home, family, and husband.* ▪ أحد غيره *ʔaħad ɣayrᵘhu* someone else ▪ وغيره *wa-ɣayrᵘhu*, وغير ذلك *wa-ɣayrᵘ đālika* and so on, et cetera ▪ لا غير *lā ɣayrᵘ*, ليس غير *laysa ɣayrᵘ* and that is all, and nothing more • [+ genitive noun or pronoun suffix] non- ▪ غير ناطق بلغة *ɣayr · nāţiq bi-luɣa*ᵗ non-native speaker ▪ غير مسلم *ɣayr · muslim* non-Muslim • [+ genitive adjective] not, un-, in-, non- ▪ غير حكومي *ɣayr · ħukūmīʸ* nongovernmental, private ▪ غير قادر *ɣayr · qādir* incapable, unable ▪ غير مسبوق *ɣayr · masbūq* unprecedented • [negative +] except, but, just ▪ غير أنّ *ɣayrᵃ ʔanna conj.* however, but • من غير *min ɣayrⁱ*, بغير *bi-ɣayrⁱ prep.* without ▪ من غير أنّ *min ɣayrⁱ ʔanna conj.* without *(do)*ing • *ɣayrᵃ (forms adverbs)* [+ indefinite genitive noun] ▪ غير مرة *ɣayrᵃ marraᵗⁱⁿ adv.* more than once, several times

غيّر *ɣayyara v.tr.* |*2s* يغير *yuɣayyirᵘ* | تغيير *taɣyīr*| • change, modify • replace, change

غيرة *ɣayraᵗ n.** • jealousy

غيري *ɣayrīʸ adj.* • selfless, altruist

غيغابايت *gigabāyt*, غيغا *gigā n.* ***invar.*** • gigabyte

غيم *ɣaym coll. n.* |*sing.* غيمة *ɣaymaᵗ* | *pl.* غيوم *ɣuyūm*| • clouds

غين *ɣayn n. f.* ➡ غ ***p. 218***

غيور *ɣayūr adj.* |*m. pl.* غير *ɣuyur* | *elat.* أكثر غيرة *ʔaktar ɣayraᵗᵃⁿ*| • jealous *of* من • passionate *about* على, zealous

ف

ف *faʔ n.* ***f.*** |فاء| • *(twentieth letter of the Arabic alphabet)* • *(numerical value)* 80 ➡ ***The Abjad Numerals p. 108***

فـ *fa- conj. prefix* • then, and • *(usually untranslated)* [conditional clause +] (then) • so, therefore • because, since ◊ لا تخف فأنا بخير. *Don't worry; I'm okay.* ▪ فإنّ *faʔinna conj.* for, because ▪ فقد *fa-qad* [+ perfect] for, because ◊ فقد لا تقلق فقد جاء الطبيب. *Don't worry; the doctor is here.* • but • [+ subjunctive] so that... ◊ حاولت أن أرفع صوتي فيسمعني الجميع. *I tried to raise my voice so that everyone could hear me.*

فاء *faʔ n.* ***f.*** ➡ **ف** ***above***

فات *fāta v.* |*1h3* يفوت *yafūtᵘ* | فوات *fawāt*| • *v.intr. (time)* pass, elapse ▪ فات الوقت *fāta alwaqtᵘ*, فات الأوان *fāta alʔawānᵘ* be too late •فاته *fātahu v.tr.* miss (lit. pass *sb* by) ⓘ *The subject of the English verb 'miss' is expressed as the object of the verb* فات *fāta:* ◊ سيفوتنا القطار. *We're going to miss the train. (lit. The train is going to pass us by.)* ▪ فاتته فرصة *fātathu furṣaᵘⁿ* miss an opportunity

فاتح *fātiḥ act. part. adj.* • |*elat.* أفتح *ʔaftaḥ*| *(color)* light ▪ فاتح البشرة *fātiḥ · albašaraᵗⁱ* fair(-skinned) ▪ أزرق فاتح *ʔazraq fātiḥ* light blue • |*elat.* أكثر انفتاحا *ʔaktar infitāḥan*| open

فاتحة *fātiḥaᵗ act. part. n.* |*pl.* ***dip.*** فواتح *fawātiḥ*| • preface, introduction ▪ سورة الفاتحة *sūrat · alfātiḥaᵗⁱ* Al-Fatiha (first chapter of the Quran, recited in prayers), The Opener

فاتن *fātin adj.* |*m. pl.* ***dip.*** فواتن *fawātin* | *elat.* أفتن *ʔaftan*| • charming, attractive, seductive

فاتورة *fātūraᵗ n.* |*pl.* ***dip.*** فواتير *fawātīr*| • invoice, bill

الفاتيكان *alvātīkān n.* ***f. invar.*** • the Vatican ▪ مدينة الفاتيكان *madīnat · alvātīkān* Vatican City

فاجأ *fājaʔa v.tr.* |*3s(c)* يفاجئ *yufājiʔᵘ* | مفاجأة *mufājaʔaᵗ*| • surprise *sb* ٥ *with* بـ ▪ فوجئ بـ *fūjiʔa bi- pass. v.* be surprised by

فاجر *fājir act. part. adj.* |*elat.* أفجر *ʔafjar*| • obscene, immoral

فاحش *fāḥiš act. part. adj.* • |*elat.* أفحش *ʔafḥaš*| indecent, obscene ▪ غلاء فاحش *ɣalāʔ fāḥiš n.* exorbitant prices

فاحشة *fāḥišaᵗ n.* |*pl.* ***dip.*** فواحش *fawāḥiš*| • promiscuous woman, adulteress • prostitute, whore

فاخر *fāxara v.intr.* |*3s* يفاخر *yufāxirᵘ* | مفاخرة *mufāxaraᵗ*| • boast *about* بـ, be proud *of*

فاخر *fāxir adj.* |*elat.* أفخر *ʔafxar*| • lavish, luxurious, deluxe, fancy, chic • excellent, outstanding, perfect

فاد *fād(in) act. part. n.* ***def.*** • *(in reference to Jesus by Christians)* sacrificed one, redeemer •فادي *fādī man's name* Fady, Fadi

فادح *fādiḥ adj.* |*elat.* أفدح *afdaḥ*| • serious, grave

فادحة *fādiḥaᵗ n.* |*pl.* ***dip.*** فوادح *fawādiḥ*| • disaster, misfortune, affliction

فار *fāra v.intr.* |*1h3* يفور *yafūrᵘ* | فوران *fawarān* or فور *fawr*| • boil, simmer • *(of springs, etc.)* gush up, shoot up

فار *fārr act. part. n.* |*pl.* فارون *fārūnᵃ* or فارة *fāraᵗ*| • fugitive, refugee, runaway, escapee

فأر *faʔr coll. n.* |*sing.* فأرة *faʔraᵗ* | *pl.* فئران *fiʔrān*| • mice ▪ فأرة حاسوب *faʔrat · ḥāsūb (computer)* mouse

فارس *fāris n.* • |*pl.* فرسان *fursān*| knight; horseman, rider

فارس *fāris n.* ***f. dip.*** • Persia

فارسي *fārisīʸ* |*pl.* فرس *furs*| • *adj.* Persian, Farsi ▪ قط فارسي *qiṭṭ fārisīʸ* Persian cat ▪ اللغة الفارسية *alluɣaᵗ alfārisīyaᵗ (language)* Farsi • *n.* Persian

فارغ *fāriɣ act. part. adj.* |*m. pl.* فراغ *furrāɣ* | *elat.* أفرغ *ʔafraɣ*| • empty, blank, vacant • unoccupied, free • *(battery)* dead

فارق *fāraqa v.tr.* |*3s* يفارق *yufāriqᵘ* | مفارقة *mufāraqaᵗ*| • quit, leave, detach *oneself from* ▪ فارق الحياة *fāraqa alḥayāᵗᵃ (die)* pass away

فارق *fāriq act. part.* • *adj.* distinctive, differentiating • *n.* |*pl.* ***dip.*** فوارق *fawāriq*| differential, difference, margin

فاروق *fārūq man's name* • Farooq, Farouk

فاز *fāza v.intr.* |*1h3* يفوز *yafūzᵘ* | فوز *fawz*| • win بـ • defeat على, beat

فاس *Fās n.* ***f. dip.*** • *(city in Morocco)* Fez, Fes ➡ ***map on p. 294***

ف

فأس *faʔs n. **f.*** |*pl.* فؤوس *fuʔūs*| • axe

فاسد *fāsid act. part. adj.* |*f. **invar.*** فسدى *fasdā* | *elat.* أفسد *ʔafsad*| • rotten, decayed, spoiled • corrupt, harmful ▪ أفسد من السوس *ʔafsad min*^{a} *-ssūs*^{i} *idiom* more harmful than a woodworm (i.e. very harmful)

الفاشر *alfāšir n. **f.*** • *(city in Sudan)* Al Fashir
➡ ***map on p. 170***

فاشل *fāšil act. part. adj.* |*elat.* أفشل *ʔafšal*| • unsuccessful

فاصل *fāṣala v.tr.* |*3s* يفاصل *yufāṣil*^{u} | مفاصلة *mufāṣala*^{t}| • separate *from*

فاصل *fāṣil act. part. n.* • interruption

فاصلة *fāṣila*^{t} *act. part. n.* |*pl. **dip.*** فواصل *fawāṣil*| • comma ▪ فاصلة منقوطة *fāṣila*^{t} *manqūṭa*^{t} semicolon

فاصوليا *fāṣūliyā coll. n. **invar.*** • string beans, green beans, French beans ▪ فاصوليا أرقط *fāṣūliyā ʔarqaṭ* pinto beans

فاض *fāḍ(in) adj. **def.*** |*elat. **invar.*** أفضى *ʔafḍā*| • empty, vacant • free, unoccupied, not busy

فاض *fāḍa v.intr.* |*1h2* يفيض *yafīḍ*^{u} | فيضان *fayaḍān*| • flood • overflow ▪ فاضت روحه *fāḍat rūḥ*^{u}*hu* die, pass away • be abundant, be plentiful

فاضح *fāḍiḥ act. part. adj.* |*elat.* أفضح *ʔafḍaḥ*| • scandalous, disgraceful

فاضل *fāḍil act. part.* • *adj.* |*pl. **dip.*** فضلاء *fuḍalāʔ* | *elat.* أفضل *ʔafḍal*| excellent, outstanding, very good • |*pl. **dip.*** فواضل *fawāḍil*| *adj.* remaining, left, left over; *n.* remainder, surplus, leftovers

فاطمة *fāṭima*^{t} ***dip.*** *woman's name* • Fatima, Fatma

فاعل *fā3il act. part.* • efficient, effective, active ◊ هو عضو فاعل في المجموعة. *He's an active member of the group.* • *adj.* |*elat.* أكثر فاعلية *ʔaktar fā3ilīya*^{tan}| *(grammar)* active ▪ اسم فائل *ism fā3il* active participle • *n. (grammar)* doer, agent

فاعلية *fā3ilīya*^{t} *n.* • efficiency, effectiveness • activity, event

فاق *fāqa v.tr.* |*1h3* يفوق *yafūq*^{u} | فوق *fawq*| • surpass, exceed

فاقم *fāqama v.tr.* |*3s* يفاقم *yufāqim*^{u} | مفاقمة *mufāqama*^{t}| • aggravate

فاكس *fāks n.* • fax ▪ أرسل بالفاكس *ʔarsala bi-lfāks v.* fax ▪ أرسل فاكسا *ʔarsala fāksan* send a fax

فاكه *fākih adj.* |*elat.* أفكه *ʔafkah*| • funny, humorous

فاكهة *fākiha*^{t} *n.* |*pl. **dip.*** فواكه *fawākih*| • fruit ▪ فواكه بحر *fawākih · baḥr pl. n.* seafood

الفالس *alfāls* or *alvāls n. **invar.*** • the Waltz

فان *fān(in) act. part. adj. **def.*** • mortal

فانلة *fānilla*^{t} *n.* • undershirt (UK: vest)

فانيلا *vanīllā n. **invar.*** • vanilla

فاوض *fāwaḍa v.tr.* |*3s* يفاوض *yufāwiḍ*^{u} | مفاوضة *mufāwaḍa*^{t}| • negotiate *with* ه *about* في

فائدة *fāʔida*^{t} *n.* |*pl. **dip.*** فوائد *fawāʔid*| • usefulness, use, benefit ▪ ما الفائدة؟ *mā -lfāʔida*^{t} What's the use? • *(finance)* interest

فائز *fāʔiz act. part.* • *adj.* victorious • *n.* winner

فائض *fāʔiḍ act. part. n.* |*pl. **dip.*** فوائض *fawāʔiḍ*| • surplus

فائق *fāʔiq act. part. adj.* • superior, outstanding

فبراير *fabrāyir n. **dip.*** • February ➡ ***The Months p. 181***

فتاة *fatā*^{t} *n. **f.*** |*pl.* فتيات *fatayāt*| • *(adolescent)* girl, young woman

فتات *futāt pl. n.* • crumbs

فتاحة *fattāḥa*^{t} *n.* • opener ▪ فتاحة زجاجات *fatāḥat · zujājāt* bottle opener ▪ فتاحة علب *fatāḥat · 3ulab* can opener ▪ فتاحة نبيذ *fatāḥat · nabīḏ* corkscrew, wine bottle opener

فتاك *fattāk adj.* |*elat.* أفتك *ʔaftak*| • deadly, lethal

فتح *fataḥa v.tr.* |*1s1* يفتح *yaftaḥ*^{u} | فتح *fatḥ*| • open ▪ فتح حسابا *fataḥa ḥasāban* open an account

فتحة *fatḥa*^{t} *n.* |*pl.* فتحات *fat(a)ḥāt*| • *(grammar)* fatha (diacritic representing a short **a**)

فتحة *futḥa*^{t} *n.* |*pl.* فتح *futaḥ*| • opening

فتحي *fatḥī*^{y} *man's name* • Fathi

فترة *fatra*^{t} *n.* |*pl.* فترات *fat(a)rāt*| • period, time ▪ لفترة *li-fatra*^{tin} for a while, awhile ◊ ظل يكتب لفترة طويلة. *He continued to write for a long time.* ▪ فترة وجيزة *fatra*^{t} *wajīza*^{t} a short time ▪ منذ فترة ليست بالبعيدة *munḏu fatra*^{tin} *laysat bi-lba3īda*^{ti} not so long ago

فتش *fattaša v.tr.* |*2s* يفتش *yufattiš*^{u} | تفتيش *taftīš*| • inspect

فتك *fataka v.intr.* |*1s3* يفتك *yaftuk*^{u} | فتك *fatk*| • decimate بـ, annihilate • kill بـ

فتل *fatala v.intr.* |*1s2* يفتل *yaftil*^{u} | فتل *fatl*| • twist, curl, wind

فتل *fattala v.tr.* |*2s* يفتل *yufattil*^{u} | تفتيل *taftīl*| • twist, curl, wind

فتن *fatana v.tr.* |*1s2* يفتن *yaftin*^{u} | فتن *fatn* or فتون *futūn*| • charm, attract, seduce

فتنة *fitna^t* —

فتنة *fitna^t n.* |*pl.* فتن *fitan*| • discord, disorder, turmoil, disturbance, unrest • charm, seduction

فتوة *futuwwa^t n.* • adolescence, youth

فتوى *fatwā n.* **invar.** |*pl.* **invar.** فتاوى *fatāwā*| • fatwa (formal legal or religious judgment)

فتى *fat(an) n.* **indecl.** |*pl.* فتية *fitya^t* or فتيان *fityān*| • *(adolescent)* boy, lad, young man

فتي *fatīy adj.* • adolescent, young, youthful

فجأ *faja?a v.tr.* |1s1(b) يفجأ *yafja?^{u}* | فجاءة *fujā?a^t* or فجأة *faj?a^t*| • surprise *sb* ه *with* بـ

فجاءة *fujā?a^t n.** • surprise ▪ فجاءة *fujā?atan adv.* suddenly, all of a sudden ◊ توقفت السيارة فجاءة. *The car stopped suddenly.*

فجأة *faj?a^t n.** • surprise ▪ فجأة *faj?atan adv.* suddenly, all of a sudden

فجائي *fujā?īy adj.* |*elat.* أكثر فجائية *?aktar fujā?īya^{tan}*| • sudden, surprising ▪ بشكل فجائي *bi-šakl^{in} fujā?īy^{in}*, بصورة فجائية *bi-ṣūra^{tin} fujā?īya^{tin} adv.* suddenly, out of the blue

فجر *fajara v.intr.* |1s3 يفجر *yafjur^u* | فجور *fujūr*| • work as a prostitute, whore • behave promiscuously, be immoral

فجر *fajjara v.tr.* |2s يفجر *yufajjir^u* | تفجير *tafjīr*| • explode, blow up

فجر *fajr n.* • dawn ▪ صلاة الفجر *ṣalāt · alfajr^i* the Fajr prayer, the dawn prayer ▪ فجرا *fajran adv.* in the (early) morning

فجعان *faj3ān adj.* |*elat.* أفجع *?afja3*| • gluttonous, voracious, ravenous

فجل *fujl coll. n.* |*sing.* فجلة *fujla^t* | *pl.* فجول *fujūl*| • radishes

فجوة *fajwa^t n.* |*pl.* فجوات *faj(a)wāt*| • gap, breach

الفجيرة *alfujayra^t n.* • *(city in the U.A.E.)* Fujairah ➡ **map on p. 44**

فحش *faḥuša v.intr.* |1s6 يفحش *yafḥuš^u* | فحش *fuḥš*| • become obscene, become indecent

فحش *fuḥš n.** • obscenity, indecency

فحص *faḥaṣa v.tr.* |1s1 يفحص *yafḥaṣ^u* | فحص *faḥṣ*| • examine

فحص *faḥṣ n.** |*pl.* فحوص *fuḥūṣ*| • examination, test, check-up ▪ فحص دم *faḥṣ · dam* blood test ▪ فحص نظر *faḥṣ · naẓar* eye exam

فحم *faḥm coll. n.* |*sing.* فحمة *faḥma^t* | *pl.* فحمات *faḥ(a)māt*| • coal ▪ فحمة *faḥma^t sing. n.* lump of coal

فحوى *faḥwā n.* **invar.** |*pl.* **invar.** فحاوى *faḥāwā*| • meaning, sense • substance, contents

فخ *faxx n.* |*pl.* فخاخ *fixāx* or فخوخ *fuxūx*| • trap

فخار *faxxār n.* • pottery

فخامة *faxāma^t n.* • luxury, excellence

فخخ *faxxaxa v.tr.* |2s يفخخ *yufaxxix^u* | تفخيخ *tafxīx*| • booby-trap

فخذ *faxiđ* or *faxđ n.* ***f.*** |*pl.* أفخاذ *?afxāđ*| • thigh ▪ مفصل فخذ *mafṣil · faxiđ* hip

فخر *faxr n.* • pride ▪ بفخر *bi-faxr^{in} adv.* proudly, with pride

فخم *faxm n.* |*elat.* أفخم *?afxam*| • magnificent, luxurious

فخور *faxūr adj.* |*elat.* أفخر *?afxar* or أكثر فخرا *?aktar faxran*| • proud *of* بـ

فداء *fidā? n.** • sacrifice, ransom

فدرالي *federālīy adj.* • federal

فدى *fadā v.tr.* |1d2 يفدي *yafdī* | فداء *fidā?*| • sacrifice *for* ه *sth* بـ, ransom ◊ فداها بحياته. *He sacrificed his life for her.*

فدية *fidya^t n.* |*pl.* فديات *fid(a)yāt*| • ransom

فذ *fađđ adj.* |*m. pl.* أفذاذ *?afđāđ*| • single, sole • unique, extraordinary, unmatched

فر *farra v.intr.* |1g2 يفر *yafirr^u* | فرار *firār*| • run away *from* من, escape, flee

الفرات *alfurāt n.* • *(river)* the Euphrates (flows from Turkey through Syria and Iraq) ➡ ***map on p. 206***

فرار *firār n.* • *n.** escape, flight

فراش *farāš coll. n.* |*sing.* فراشة *farāša^t*| • butterflies

فراش *firāš n.* |*pl.* أفرشة *?afriša^t*| • bed ▪ أوى إلى الفراش *?awā ?ilā -lfirāš^i v.* go to bed

فراغ *farāɣ n.** • emptiness, (empty) space, vacuum, void, vacancy ▪ وقت فراغ *waqt · farāɣ* free time, leisure • gap, blank ▪ ملأ فراغا *mala?a farāɣan v.* fill in a blank • completion ▪ بعد الفراغ من الصلاة *ba3da -lfarāɣ^i min^a -ṣṣalā^{ti}* after finishing praying

فراق *firāq n.* • separation

فران *farrān n.* • baker

فراولة *farawla^t n.* • strawberry

فرج *faraj n.* • relief

فرج *farj n.* |*pl.* فروج *furūj*| • vulva

فرح *faraḥ n.** • joy, happiness, delight • |*pl.* أفراح *?afrāḥ*| party • ***f. dip.*** *woman's name* Farah

فرح *fariḥ adj.* |*elat.* أكثر فرحا *?aktar faraḥan*| • delighted *with* بـ, joyful, glad

ف

فرح *fariḥa v.intr.* |*1s4* يفرح *yafraḥu* | فرح *faraḥ*| • be glad ▪ فرح فرحا شديدا *fariḥa faraḥan šadīdan* be very happy, rejoice

فرح *farraḥa v.tr.* |*2s* يفرح *yufarriḥu* | تفريح *tafrīḥ*| • please, gladden, delight

فرحات *farḥāt man's name* • Farhat

فرحان *farḥān adj.* |*elat.* أكثر فرحا *ʔaktar faraḥan*| • delighted *with* بـ, joyful, glad

فرحة *farḥaᵗ n.* • joy, happiness, delight

فرد *farada v.tr.* |*1s2* يفرد *yafridu* | فرد *fard*| • flatten • *(hair)* straighten

فرد *fard n.** |*pl.* أفراد *ʔafrād*| • individual, person ▪ فرد عائلة *fard · 3āʔilaᵗ* family member

فردوس *firdaws n. f.* |*pl. dip.* فراديس *farādīs*| • paradise, heaven ▪ الفردوس *alfirdaws* Paradise, Heaven

فردي *fardīʸ adj.* • individual, sole • *(not even)* odd

فرز *faraza v.tr.* |*1s2* يفرز *yafrizu* | فرز *farz*| • sort, tabulate ▪ فرز أصواتا *faraza ʔaṣwātan* count votes

فرس *faras n.* |*pl.* أفراس *ʔafrās*| • *m.* horse ▪ فرس بحر *faras · baḥr* seahorse ▪ فرس نهر *faras · nahr* hippopotamus ▪ فرس النبي *faras · annabīʸⁱ* praying mantis • *f. (horse)* mare

فرش *faraša v.tr.* |*1s3* يفرش *yafrušu* | فرش *farš*| • spread (out)

فرش *farraša v.tr.* |*2s* يفرش *yufarrišu* | تفريش *tafrīš*| • brush • furnish

فرش *farš n.** |*pl.* فروش *furūš*| • rug, carpet, floor mat

فرشاة *furšāᵗ n.* |*pl.* فرش *furaš*| • brush ▪ فرشاة أسنان *furšāt · ʔasnān* toothbrush

فرشة *faršaᵗ n.* • mattress

فرصة *furṣaᵗ n.* |*pl.* فرص *furaṣ*| • opportunity, chance ▪ فرصة سعيدة *furṣaᵗ sa3īdaᵗ*, فرصة جميلة *furṣaᵗ jamīlaᵗ* It is nice to meet you!, It was nice to meet you! ▪ فرصة لـ *furṣaᵗ li-* [+ masdar] opportunity to... ◊ كانت لديه فرصة للظهور. *He had a chance to stand out.* ▪ بأول فرصة *bi-ʔawwalⁱ furṣatⁱⁿ* at first chance, as soon as possible

فرض *faraḍa v.tr.* |*1s2* يفرض *yafriḍu* | فرض *farḍ*| • impose *sth* ه *on* على ▪ فرض عقوبات على *faraḍa 3uqūbāt 3alā* impose sanctions on

فرض *farḍ n.** |*pl.* فروض *furūḍ*| • duty ▪ فروض (مدرسية) *furūḍ (madrasīyaᵗ) pl. n.* homework • premise, hypothesis

فرضي *farḍīʸ adj.* • hypothetical

فرضية *farḍīyaᵗ n.* • hypothesis

فرط *faraṭa v.intr.* |*1s3* يفرط *yafruṭu* | فرط *farṭ*| • be excessive, go too far

فرط *farṭ n.** • excess, hyper- ▪ فرط وزن *farṭ · wazn* being overweight

فرع *far3 n.* |*pl.* فروع *furū3* or أفرع *ʔafru3*| • *(tree)* branch, limb • *(subdivision)* branch, offshoot ▪ فرع من علم *far3 min 3ilm* branch of science; *(location)* branch ▪ فرع بنك *far3 · bank* bank branch

فرعون *fir3awn n.* |*pl.* فراعنة *farā3inaᵗ*| • pharaoh ▪ لعنة الفراعنة *la3nat · alfarā3inaᵗⁱ* curse of the pharaohs

فرعوني *fir3awnīʸ adj.* • pharaonic

فرعي *far3īʸ adj.* • secondary, branch-, sub-

فرغ *faraɣa v.intr.* |*1s1* يفرغ *yafraɣu* | فراغ *farāɣ*| • be empty • run out, be exhausted, be depleted ▪ فرغ منه الوقود *faraɣa minhu alwaqūdu* run out of gas • be finished *with* من, finish ◊ ما إن فرغت من أعمال البيت حتى استيقظ ولدها. *No sooner had she finished the housework than her child woke up.* ▪ فرغ من العمل *faraɣa minᵃ -l3amalⁱ* finish work, get off work

فرغ *farraɣa v.tr.* |*2s* يفرغ *yufarriɣu* | تفريغ *tafrīɣ*| • empty, pour out, unload

فرق *faraq n.** • fear

فرق *farq n.** |*pl.* فروق *furūq*| • difference ▪ لا فرق بين *lā farqᵃ bayna* there is no difference between...

فرق *farraqa v.* |*2s* يفرق *yufarriqu* | تفريق *tafrīq* or تفرقة *tafriqaᵗ*| • *v.tr.* divide, separate • *v.intr.* differentiate *between* بين

فرق *v.intr.* • *faraqa* |*1s3* يفرق *yafruqu* | فرق *farq*| differentiate *between* بين • *fariqa* |*1s1* يفرق *yafraqu* | فرق *faraq*| be afraid *of* من, fear

فرقة *firqaᵗ n.* |*pl.* فرق *firaq*| • group, band, troupe ▪ فرقة موسيقية *firqaᵗ mūsīqīyaᵗ* musical group, band • *(military)* division

فرقع *farqa3a v.intr.* |*11s* يفرقع *yufarqi3u* | فرقعة *farqa3aᵗ*| • *(of noises)* bang, pop

فرقعة *farqa3aᵗ n.** • bang, pop

فرم *farama v.tr.* |*1s3* يفرم *yafrumu* | فرم *farm*| • mince, grind

فرمل *farmala v.intr.* |*11s* يفرمل *yufarmilu* | فرملة *farmalaᵗ*| • brake

فرملة *farmalaᵗ n.** |*pl. dip.* فرامل *farāmil*| • brake ▪ فرملة يدوية *farmalaᵗ yadawīyaᵗ* parking brake,

لن (at) في ◊ .فشلت في الامتحان I failed the exam. ◊ يفشل في تجارته. He won't fail in his business.

فص *faṣṣ n.* |*pl.* فصوص *fuṣūṣ*| • *(garlic)* clove • *(brain)* lobe

فصاحة *faṣāḥa^t n.* • eloquence ▪ بفصاحة *bi-faṣāḥa^tin adv.* eloquently

فصح *fiṣḥ*, عيد الفصح *3īd · alfiṣḥ^i n.* • Passover, Easter

فصل *faṣala v.tr.* |*1s2* يفصل *yafṣil^u* | فصل *faṣl*| • separate *sb/sth* ∘ *from* عن, divide • fire, make redundant, dismiss

فصل *faṣl n.*★ |*pl.* فصول *fuṣūl*| • separation, division ▪ قال كلمة الفصل *qāla kalimat^a -lfaṣl^i v.* have the last word • season • classroom • semester, term • act (of a play), part, chapter ◊ الفصل الأول *part one*

فصل *faṣṣala v.tr.* |*2s* يفصل *yufaṣṣil^u* | تفصيل *tafṣīl*| • divide, classify • detail

فصلة *faṣla^t*, فاصلة *fāṣila^t act. part. n.* |*pl.* **dip.** فواصل *fawāṣil*| • comma • *(decimal)* point

فصيح *faṣīḥ adj.* • eloquent, pure

فصيلة *faṣīla^t n.* |*pl.* **dip.** فصائل *faṣāʔil*| • group ▪ فصيلة دم *faṣīlat · dam* blood group • *(military)* platoon, squad

فض *faḍḍa v.tr.* |*1g3* يفض *yafuḍḍ^u* | فض *faḍḍ*| • drill, make a hole

فضاء *faḍāʔ n.* • (outer)space ▪ رجل فضاء *rajul · faḍāʔ* astronaut

فضائي *faḍāʔī^y adj.* • space-, satellite- ▪ مركبة فضائية *markaba^t faḍāʔīya^t n.* spacecraft • *n.* astronaut

فضة *fiḍḍa^t n.* • silver

فضح *faḍaḥa v.tr.* |*1s1* يفضح *yafḍaḥ^u* | فضح *faḍḥ*| • disgrace, shame, expose

فضفاض *faḍfāḍ adj.* • baggy, loose, flowing

فضل *faḍala v.intr.* |*1s3* يفضل *yafḍul^u* | فضل *faḍl*| • be left over, remain • excel, be better

فضل *faḍḍala v.tr.* |*2s* يفضل *yufaḍḍil^u* | تفضيل *tafḍīl*| • prefer *sth* ∘ *to* على *or* بدلا من ◊ أفضل الكتابة باليد بدلا من الكتابة على الكمبيوتر. *I prefer writing by hand to writing on the computer.*

فضل *faḍl n.*★ |*pl.* فضول *fuḍūl*| • kindness, grace ▪ من فضلك *min faḍlaka* please; excuse me (but...); thanks to you ▪ فضلا عن *faḍlan 3an prep.* besides, aside from, not to mention ▪ فضلا عن ذلك *faḍlan 3an ḏālika* moreover ▪ بفضل *bi-faḍl^i prep.* thanks to, due to

فضلة *faḍla^t n.* |*pl.* فضلات *faḍ(a)lāt*| • remainder,

emergency brake, handbrake ▪ دواسة فرملة *dawwāsat · farmala^t* brake pedal

فرن *furn n.* |*pl.* أفران *ʔafrān*| • oven, furnace • bakery

فرنسا *faransā n.* ***f. invar.*** • France

فرنسي *faransī^y* • *adj.* French • *n.* Frenchman • *(language)* French

فرنسية *faransīya^t n.* • Frenchwoman

فرو *farw coll. n.* |*sing.* فروة *farwa^t* | *pl.* فراء *firāʔ*| • furs, pelts, skins

فروسي *furūsī^y adj.* • equestrian

فروسية *furūsīya^t n.* • horsemanship, horseback riding

فريد *farīd adj.* • unique, lone

فريدة *farīda^t* **dip.** *woman's name* • Farida, Fareeda

فريسة *farīsa^t n.* |*pl.* **dip.** فرائس *farāʔis*| • prey

فريضة *farīḍa^t n.* |*pl.* **dip.** فرائض *farāʔiḍ*| • religious duty

فريق *farīq n.* • |*pl.* فروق *furūq*| team ▪ فريق كروي *farīq kurawī^y* • group, party • *(military)* troop, unit • |*pl.* **dip.** فرقاء *furaqāʔ*| *(military)* lieutenant general

فزاعة *fazzā3a^t n.* • scarecrow

فزع *faza3 n.*★ |*pl.* أفزاع *ʔafzā3*| • fear, anxiety, panic

فزع *fazi3a v.intr.* |*1s1* يفزع *yafza3^u* | فزع *faza3*| • be afraid *of* من, be scared, be frightened

فزع *fazza3a v.tr.* |*2s* يفزع *yufazzi3^u* | تفزيع *tafzī3*| • scare, frighten

فساد *fasād n.*★ • decay, deterioration • corruption

فستان *fustān n.* |*pl.* **dip.** فساتين *fasātīn*| • dress, gown ▪ فستان زفاف *fustān · zifāf* wedding dress

فستق *fustuq n.* • pistachio

فسخ *fasaxa v.tr.* |*1s1* يفسخ *yafsax^u* | فسخ *fasx*| • void, annul

فسخ *fasx n.*★ • annulment

فسد *fasada v.intr.* |*1s2/1s3* يفسد *yafsid^u* or *yafsud^u* | فساد *fasād*| • decay, go bad • become corrupt

فسر *fassara v.tr.* |*2s* يفسر *yufassir^u* | تفسير *tafsīr*| • clarify, explain, interpret

فسيح *fasīḥ adj.* |*m. pl.* فساح *fisāḥ* | *elat.* أفسح *ʔafsaḥ*| • wide, spacious, roomy

فسيلة *fasīla^t n.* |*pl.* **dip.** فسائل *fasāʔil*| • sapling

فشار *fušār n.* • popcorn

فشل *fašal n.*★ • failure

فشل *fašila v.intr.* |*1s4* يفشل *yafšal^u* | فشل *fašal*| • fail

surplus, leftovers

فضول *fuḍūl n.* • curiosity

فضولي *fuḍūlīʸ adj.* • curious

فضي *fiḍḍīʸ adj.* • silver-, made of silver • silvery, silver-colored

فضيحة *faḍīḥaᵗ n.* |*pl.* **dip.** فضائح *faḍāʔiḥ*| • scandal, disgrace

فضيل *faḍīl adj.* |*m. pl.* **dip.** فضلاء *fuḍalāʔ*| • excellent, outstanding, very good ▪ من الأفضل أنْ *minᵃ -lʔafḍalⁱ ʔan* it would be best to..., it is best that..., had better *(do)*

فضيلة *faḍīlaᵗ n.* |*pl.* **dip.** فضائل *faḍāʔil*| • virtue, merit

فطر *faṭara v.intr.* |1s3 يفطر *yafṭurᵘ* | فطور *fuṭūr*| • eat breakfast, have breakfast • break *one's* fast

فطر *fiṭr n.* • fast breaking, fitr ▪ عيد الفطر *3īd · alfiṭrⁱ* Eid al-Fitr (Feast of Breaking the Fast), the Lesser Eid

فطر *fuṭr coll. n.* |*sing.* فطرة *fuṭraᵗ*| • mushrooms

فطرة *fiṭraᵗ n.* |*pl.* فطر *fiṭar*| • nature, disposition, character ▪ فطرة *fiṭratan adv.* by nature

فطور *fuṭūr n.*★ • breakfast

فطيرة *faṭīraᵗ n.* |*pl.* **dip.** فطائر *faṭāʔir*| • pie, pastry

فظ *faẓẓ* |*pl.* أفظاظ *ʔafẓāẓ*| • *adj.* |*elat.* أكثر فظاظة *ʔaktar faẓāẓa^tan*| rude, impolite • *n.* walrus

فظاظة *faẓāẓaᵗ n.* • rudeness, impoliteness

فظاعة *faẓā3aᵗ n.* |*pl.* **dip.** فظائع *faẓāʔi3*| • awfulness, repulsiveness

فظيع *faẓī3 adj.* |*elat.* أفظع *ʔafẓa3*| • awful, repulsive, heinous, horrible

فعال *fa33āl*, فعالي *fa33ālīʸ adj.* |*elat.* أكثر فاعلية *ʔaktar fā3ilīyatan* or أفعل *ʔaf3al*| • efficient, effective

فعالية *fa33ālīyaᵗ n.* • efficiency, effectiveness • activity, event

فعل *fa33ala v.tr.* |2s يفعل *yufa33ilᵘ* | تفعيل *taf3īl*| • activate, put into effect

فعل *fa3ala v.tr.* |1s1 يفعل *yaf3alᵘ* | فعل *fa3l* or *fi3l*| • do ▪ فعل بـ *fa3ala bi-* do *to* ◊ ما الذي فعلته بأخيك؟ *What did you do to your brother?*

فعل *fi3l n.*★ |*pl.* أفعال *ʔaf3āl*| • deed, action ▪ فعلا *fi3lan*, بالفعل *bi-lfi3lⁱ adv.* really, truly, indeed ▪ الأفعال أبلغ من الأقوال. *alʔaf3ālᵘ ʔablaγᵘ minᵃ -lʔaqwālⁱ proverb* Actions speak louder than words. ▪ رد فعل *radd · fi3l* reaction • effect, influence ▪ بفعل *bi-fi3lⁱ prep.* because of, due to ◊ مات بفعل الاختناق. *He died of suffocation.* • *(grammar)* verb ▪ فعل أجوف *fi3l ʔajwaf* hollow verb ▪ فعل ثلاثي *fi3l talātīʸ* triliteral verb ▪ فعل رباعي *fi3l rubā3īʸ* quadriliteral verb ▪ فعل سالم *fi3l sālim* sound verb ▪ فعل لازم *fi3l lāzim* intransitive verb ▪ فعل لفيف *fi3l lafīf* doubly weak verb ▪ فعل متعد *fi3l muta3add(in)* transitive verb ▪ فعل مثال *fi3l mitāl* assimilated verb ▪ فعل مجرد *fi3l mujarrad* form I verb, non-derived verb ▪ فعل مجهول *fi3l majhūl* passive verb ▪ فعل مزيد *fi3l mazīd* derived verb ▪ فعل مضاعف *fi3l muḍā3if* geminate verb ▪ فعل معتل *fi3l mu3tall* weak verb, defective verb ▪ فعل معلوم *fi3l ma3lūm* active verb ▪ فعل مهموز *fi3l mahmūz* hamzated verb ▪ فعل ناقص *fi3l nāqiṣ* defective verb

فعلي *fi3līʸ adj.* • actual, factual ▪ فعليا *fi3līyan adv.* really ◊ لم أقم بشيء فعليا. *I really didn't do anything.* • effective, efficient • *(grammar)* verbal ▪ جملة فعلية *jumlaᵗ fi3līyaᵗ* verbal sentence

فقار *faqār coll. n.* |*sing.* فقرة *faqāraᵗ*| • vertebra, spine

فقاري *faqārīʸ adj.* • spinal

فقد *faqada v.tr.* |1s2 يفقد *yafqidᵘ* | فقدان *fiqdān* or *fuqdān* or فقد *faqd*| • lose

فقدان *fiqdān* or *fuqdān*, فقد *faqd n.*★ • loss, lack ▪ فقدان ذاكرة *fiqdān · ḏākiraᵗ* amnesia

فقر *faqr n.* • poverty

فقرة *fiqraᵗ n.* |*pl.* فقرات *fiq(a)rāt*| • paragraph • *(anatomy)* vertebra

فقري *fiqrīʸ adj.* • spinal

فقس *faqasa v.tr.* |1s2 يفقس *yafqisᵘ* | فقس *faqs*| • hatch

فقط *faqaṭ adv.* • only, just ▪ فقط… بل... (أيضا) *faqaṭ... bal... (ʔayḍan)* [negative +] not only... but also... ◊ لم ينجح فقط بل تفوق أيضا. *Not only did he succeed, but he also excelled.*

فقه *fiqh n.* • fiqh (Islamic jurisprudence) ▪ أصول الفقه *ʔuṣūl · alfiqhⁱ* the sources of Islamic jurisprudence

فقيد *faqīd adj.* • deceased, dead

فقير *faqīr adj.* |*m. pl.* **dip.** فقراء *fuqarāʔ* | *elat.* أفقر *ʔafqar*| • poor ◊ في الأحياء الفقيرة *in poor neighborhoods* ◊ الدول الأفقر في العالم *the poorest countries in the world* ◊ إحدى أفقر دول العالم *one of the poorest countries in the world* ◊ كل فرد من الملك إلى أفقر الفقراء *everyone from the king to the poorest of the poor* ▪ الفقراء *alfuqarāʔ pl. n.* the poor ▪ طبقة فقيرة *ṭabaqaᵗ faqīraᵗ n.* lower class

فقيه *faqīh n.* |*pl.* **dip.** فقهاء *fuqahāʔ*| • jurist, legal expert

فك *fakk* n. |pl. فكوك *fukūk*| • *(anatomy)* jaw

فك *fakka* v.tr. |1g3 يفك *yafukk*^{u} | فك *fakk*| • untie, unfasten, unbutton

فكاهة *fukāha*^{t} n. • humor

فكاهي *fukāhī*^{y} adj. • humorous

فكة *fakka*^{t} n. • small change, coins

فكر *fakkara* v.intr. |2s يفكر *yufakkir*^{u} | تفكير *tafkīr*| • think *about* بـ *or* في, consider

فكر *fikr* n. |pl. أفكار *ʔafkār*| • thought, idea • view, opinion

فكرة *fikra*^{t} n. |pl. فكر *fikar*| • idea, thought ◊ فكرة جميلة! *Good idea!* ▪ أخذ فكرة عن *ʔaxaḏa fikra*^{tan} *3an* v. have an idea of ▪ على فكرة *3alā fikra*^{tin} adv. by the way

فكري *fikrī*^{y} adj. • intellectual, mental

فكك *fakkaka* v.tr. |2s يفكك *yufakkik*^{u} | تفكيك *tafkīk*| • disassemble, dismantle

فلـ *fa-l-* particle prefix |< فـ + لـ *fa-* + *li-*| • [+ jussive] let, may ➡ **compare with** لـ **li- p. 255** ◊ فليذهب إلى الجحيم. *fal-yaḏhab... May he go to hell!* ◊ فلتجلس معنا. *fal-tajlis... Let her sit with us.* ◊ فلأكن صريحاً معكم. *fal-ʔakun... Let me be frank with you.* • [+ plural first person jussive] let's ◊ فلنتكلم في شيء آخر. *fal-natakallam... Let's talk about something else.* ◊ فلنصل جميعا من اجله. *fal-nuṣalli... Let's all pray for him.*

فل *falla* v.tr. |1g3 يفل *yafull*^{u} | فل *full*| • dent, notch

فلاح *falāḥ* n. • prosperity, success

فلاح *fallāḥ* n. |pl. فلاحة *fallāḥa*^{t}| • peasant, farmer

فلافل *falāfil* n. • falafel

فلامنكو *flamenko* n. ***invar.*** • flamenco

فلان *fulān* n. • *(about people)* so-, so-and-so, such and such ◊ سألني هل تعرفت على فلان. *He asked me if I had met so-and-so.*

فلاني *fulānī*^{y} adj. • so and so, such and such

الفلبين *alfilibbīn* n. ***f.*** • the Philippines

فلبيني *filibbīnī*^{y} adj. & n. • Filipino

فلح *falaḥa* v.tr. |1s1 يفلح *yaflaḥ*^{u} | فلح *falḥ*| • split, crack

فلس *fils* pl. n. |pl. فلوس *fulūs*| • fils ▪ فلس إماراتي *fils ʔimārātī*^{y} U.A.E. fils (100 fils = 1 U.A.E. dirham) ➡ **picture above-right** ▪ فلس بحريني *fils baḥraynī*^{y} Bahraini fils (1,000 fils = 1 Bahraini dinar) ▪ فلس كويتي *fils kuwaytī*^{y} Kuwaiti fils (1,000 fils = 1 Kuwaiti dinar) •فلوس *fulūs* money ⓘ فلوس *fulūs is dialect, not Modern Standard Arabic; however, you may hear native speakers use it even in more formal speech instead of the more correct* نقود *nuqūd.*

U.A.E. 50 fils coins

فلسطين *filasṭīn* n. ***f.*** • Palestine

فلسطيني *filasṭīnī*^{y} adj. & n. • Palestinian

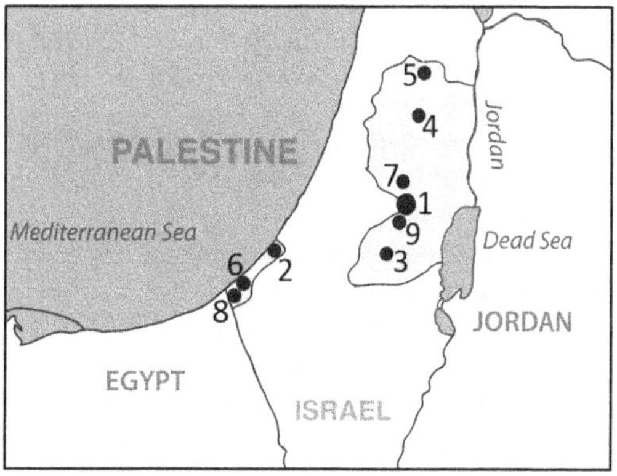

map of Palestine

1. قدس *quds* Jerusalem
2. غزة *ɣazza*^{t} Gaza City
3. الخليل *alxalīl* Hebron
4. نابلس *nāblus* Nablus
5. جنين *jinīn* Jenin
6. خان يونس *xān · yūnis* Khan Yunis
7. رام الله *rām · aLLāh*^{i} Ramallah
8. رفح *rafaḥ* Rafah
9. بيت لحم *baytalaḥm* Bethlehem

فلسف *falsafa* v.intr. |11s يفلسف *yufalsif*^{u} | فلسفة *falsafa*^{t}| • philosophize

فلسفة *falsafa*^{t} n.* • philosophy

فلسفي *falsafī*^{y} adj. • philosophical

فلفل *falfala* v.tr. |11s يفلفل *yufalfil*^{u} | فلفلة *falfala*^{t}| • pepper

فلفل *fulful* or *filfil* coll. n. |pl. فلفلة *fulfula*^{t} or *filfila*^{t}|

• peppers, capsicums ▪ فلفل أسود *fulful ʔaswad* black pepper

فلك *falak n.* |*pl.* أفلاك *ʔaflāk*| • orbit ▪ عالم فلك *3ālim · falak n.* astronomer ▪ علم الفلك *3ilm · alfalak^i* astronomy

فلكي *falakīy adj.* • astronomical

فلوت *flūt n.* ***invar.*** • flute

الفلوجة *alfalūja^t n.* • *(city in Iraq)* Fallujah ➡ ***map on p. 206***

فلين *fillīn n.* • *(material)* cork

فم *fam n.* |*pl.* أفواه *ʔafwāh*| • mouth ▪ ضحك ملء فيه *ḍaḥika malʔa fīhi*, ضحك ملء فمه *ḍaḥika malʔa fam^i hi v.* laugh heartily ⓘ *In Modern Standard Arabic,* فم *fam is usually declined normally. However, occasionally you may see a throwback to Classical Arabic: When the first term in an idafa construction, or when suffixed by a pronoun (except for the first person singular pronoun suffix), the* ـم *-m drops and the case is marked with a written long vowel.* ◊ في فمك (في فيك) *in your mouth* ➡ ***The Five Nouns p. 2***

فن *fann n.* |*pl.* فنون *funūn*| • art • technique

فناء *fanāʔ n.** • mortality

فناء *fināʔ n.* |*pl.* أفنية *ʔafniya^t*| • courtyard

فنار *fanār n.* • lighthouse

فنان *fannān n.* • artist

فنجان *finjān n.* |*pl.* ***dip.*** فناجين *fanājīn*| • cup

فندق *funduq n.* |*pl.* ***dip.*** فنادق *fanādiq*| • hotel

فنزويلا *venezwaylā n.* ***f. invar.*** • Venezuela

فنزويلي *venezwaylīy adj. & n.* • Venezuelan

فنلندا *finlandā n.* ***f. invar.*** • Finland

فنلندي *finlandīy* • *adj.* Finnish • *n.* Finn

فني *faniya v.intr.* |1d4 يفنى *yafnā* | فناء *fanāʔ*| • *(die)* perish, pass away

فني *fannīy adj.* • artistic • technical

فهد *fahd n.* |*pl.* فهود *fuhūd*| • cheetah

فهرس *fahrasa v.tr.* |11s يفهرس *yufahris^u* | فهرسة *fahrasa^t*| • index, catalog, tabulate

فهرس *fihris n.* |*pl.* ***dip.*** فهارس *fahāris*| • table of contents, index

فهم *fahhama v.tr.* |2s يفهم *yufahhim^u* | تفهيم *tafhīm*| • make understand *sb* ∘ *sth* ∘, explain ◊ فهمه المسألة. *He explained the problem to him.*

فهم *fahima v.tr.* |1s4 يفهم *yafham^u* | فهم *fahm*| • understand, comprehend ◊ وإذا كنت قد فهمت بصورة صحيحة،... *If I understood correctly,...* ▪ على ما أفهم *3alā mā ʔafham^u* as far as I understand ▪ لا يفهم *lā yufham^u pass. v.* incomprehensible

فهم *fahm n.** |*pl.* أفهام *ʔafhām*| • understanding *of* لـ, comprehension, grasp ▪ ثقيل الفهم *taqīl alfahm*, بطيء الفهم *baṭīʔ · alfahm^i adj.* thick in the head, stupid, slow

فوات *fawāt n.** • passage (of time) ▪ بعد فوات الأوان *ba3da fawāt^i -lʔawān^i adv.* too late ▪ قبل فوات الأوان *qabla fawāt^i -lʔawān^i adv.* before it is too late, in time

فؤاد *fuʔād n.* |*pl.* أفئدة *ʔafʔida^t*| • heart, mind • *man's name* Fuad, Fouad

فوت *fawwata v.tr.* |2s يفوت *yufawwit^u* | تفويت *tafwīt*| • miss, let pass by ▪ فوت فرصة *fawwata furṣa^t* miss an opportunity

فوج *fawj n.* |*pl.* أفواج *ʔafwāj*| • group

فودكا *vodka n.* ***invar.*** • vodka

فور *fawr n.** • فورا *fawran*, من فوره *min fawr^i hi*, على الفور *3alā -lfawr^i*, للفور *li-lfawr^i adv.* immediately, at once, right away, instantly

فور *fawra prep.* • immediately after ▪ فور ذلك *fawra ḏālika* immediately thereafter; [+ masdar] as soon as ◊ فور وصوله إلى العاصمة *as soon as he arrived in the capital*

فوري *fawrīy adj.* • immediate ▪ من فوري *min fawrīy adv.* immediately, at once, right away, instantly ◊ سأحضر من فوري. *I'll come right away.*

فوز *fawz n.** • victory *against* على, win

فوض *fawwaḍa v.tr.* |2s يفوض *yufawwiḍ^u* | تفويض *tafwīḍ*| • authorize *sb* ∘ *to (do)* بـ, deputize

فوضوي *fawḍawīy adj.* • chaotic

فوضى *fawḍā n.* ***f. invar.*** • chaos, anarchy

فوطة *fūṭa^t n.* |*pl.* فوط *fuwaṭ*| • towel • cloth ▪ فوطة صحية *fūṭa^t ṣiḥḥīya^t* sanitary pad, menstrual pad • futah (traditional Yemeni garment for men wrapped around the waist) ➡ ***picture on the next page***

فوق *fawq n.** • top, upper part

فوق *fawqa prep.* • on; above, over; more than, over ◊ فوق سن الأربعين *over the age of forty* ▪ فوق ذلك *fawqa ḏālika*, وفوق هذا *wa-fawqa hāḏā adv.* in addition, additionally

فوق *fawqu adv.* • above, on top

فوق *fawwaqa v.tr.* |2s يفوق *yufawwiq^u* | تفويق *tafwīq*| • aim *sth* ∘ *at* إلى

فوقي *fawqīy*, فوقاني *fawqānīy adj.* • upper

A Yemeni man wearing a futah

فول *fūl coll. n.* |*sing.* فولة *fūla*| • beans ▪ فول سوداني *fūl sūdānīy* peanuts ▪ فول صويا *fūl · ṣūyā* soybeans, soya

فولت *volt n.* • volt

فولتية *voltīya' n.* • voltage

في *fī prep.* • in ➥ ***compare with* بـ *bi- p. 58,* ➥ *table to the right*** ◊ في الغرفة *in the room*
ⓘ *literally 'in', but may translate in English as 'at', 'on', etc., depending on the context:* ◊ في الساعة الثالثة *at three o'clock* ◊ في الفريق *on the team* ◊ أفكر فيه. *I'm thinking about it.* • [+ definite genitive noun + indefinite nominative noun] there is ◊ في الحديقة زهور جميلة. *There are beautiful flowers in the garden.* ◊ كان في السيارة شخصان. *There were two people in the car.*
• per, a ◊ ثلاث مرات في اليوم *three times a day*
• *(multiplication)* times ◊ ثلاثة في خمسة يساوي خمسة عشر. *Three times five equals fifteen.*

فئة *fiʔa' n.* • category • faction, party, group

فيتامين *vītāmīn n.* ***invar.*** • vitamin

فيتنام *viyatnām n.* ***f. invar.*** • Vietnam

فيتنامي *viyatnāmīy adj. & n.* • Vietnamese

فيدرالي *fīdirālīy adj.* • federal

فيديو *vidyo* or *vīdiyo n.* ***invar.*** |*pl.* فيديوهات *vidyohāt*| • video

فيروز *fayrūz n.* • *(stone)* turquoise • ***f. dip.*** *woman's name* Feyrouz, Fairuz

فيروزي *fayrūzīy adj.* • *(color)* turquoise

فيروس *vayrūs n.* • virus

فيزا *vīzā n.* ***f. invar.*** • visa ▪ فيزا سياحية *vīzā siyāḥīya'*

فيزياء *fīzyāʔ n.* • physics

فيزيائي *fīzyāʔīy* • *adj.* physical • *n.* physicist

فيس بوك *fays būk n.* ***invar.*** • Facebook™

فيصل *fayṣal man's name* • Faisal

فيضان *fayaḍān n.** • flood

فيل *fīl n.* |*pl.* أفيال *ʔafyāl*| • elephant • *(chess)* bishop

فيلا *villā n.* ***invar.*** |*pl.* فيلات *villāt* or فلل *vilal*| • villa

فيلسوف *faylasūf n.* |*pl.* فلاسفة *falāsifa'*| • philosopher

فيلم *film* or *filim n.* |*pl.* أفلام *ʔaflām*| • film, movie ▪ فيلم وثائقي *film waṯāʔiqīy* documentary film

فيما *fī-mā conj.* • while ◊ فيما كنا نتناول الطعام، انقطعت الكهرباء. *While we were eating, the electricity went out.* ▪ فيما إذا *fī-mā ʔiḏā* whether, if ◊ تشاورنا فيما إذا كنا سنذهب أو لا. *We discussed whether or not we were going.* • in which, in what ◊ استغرق فيما كان يفعله. *He was wholly engaged in what he was doing.* ▪ فيما بعد *fī-mā ba3du adv.* later ◊ أراك فيما بعد *See you later!* ▪ فيما مضى *fī-mā maḍā adv.* in the past, formerly, earlier ▪ فيما أرى *fī-mā ʔarā* as I see it ▪ فيما عدا ذلك *fī-mā 3adā ḏālika* apart from that

فيّ *fīya*	فينا *fīnā*	
فيك *fīka*	فيكما *fīkumā*	فيكم *fīkum*
فيك *fīiki*		فيكن *fīkunna*
فيه *fīhi*	فيهما *fīhimā*	فيهم *fīhim*
فيها *fīhā*		فيهن *fīhinna*

الفيوم *alfayyūm n.* ***f.*** • *(city in Egypt)* Faiyum ➥ ***map on p. 287***

فئوي *fiʔawīy adj.* • categorical, factional

ف

فئوية *fiʔawīya'* *n.* • factionalism

فيينا *viyannā n.* ***f. invar.*** • *(capital of Austria)* Vienna

ق

ق *qāf n.* **f.** |قاف| • *(twenty-first letter of the Arabic alphabet)* • *(numerical value)* 100
➡ ***The Abjad Numerals p. 108***

Men in Yemen relaxing and chewing qat

ق م *qabla -lmīlādi* |*abbreviation of* قبل الميلاد| • B.C.

ق هـ *qabla -lhijrati* |*abbreviation of* قبل الهجرة| • B.H. (Before Hijra)

قابس *qābis n.* |*pl.* **dip.** قوابس *qawābis*| • *(connector)* plug ▪ قابس كهربائي *qābis kahrabāʔīy* power plug ▪ أدخل قابسا في مأخذ *ʔadxala qābisan fī maʔxađ v.* plug in ▪ أخرج قابسا من مأخذ *ʔaxraja qābisan min maʔxađ v.* unplug

قابس *qābis n.* **f. dip.** • *(city in Tunisia)* Gabès
➡ ***map on p. 95***

قابض *qābiḍ act. part. n.* • clutch ▪ دواسة قابض *dawwāsat · qābiḍ* clutch pedal

قابل *qābala v.tr. & intr.* |*3s* يقابل *yuqābilu* | مقابلة *muqābalat*| • meet (بـ)

قابل *qābil act. part. adj.* |*elat.* أكثر قابلية *ʔaktar qābilīyatan*| • suitable *for* لـ, subject *to*, prone *to*, -able, -ible ▪ قابل للأكل *qābil li-lʔakli* edible ▪ قابل للتجديد *qābil li-ttajdīdi* renewable ▪ قابل للتطبيق *qābil li-ttaṭbīqi* applicable, feasible ▪ قابل للحياة *qābil li-lḥayāti* viable ▪ قابل للكسر *qābil li-lkasri* breakable, fragile ▪ قابل للتدوير *qābil li-ttadwīri*, قابل لإعادة التدوير *qābil li-ʔiʒādati -ttadwīri adj.* recyclable

قابلة *qābilat n.* • midwife

قابلية *qābilīyat n.* • suitability, -ability, -ibility ▪ قابلية للحياة *qābilīyat li-lḥayāt* viability

قابيل *qābīl* **dip.** *man's name* • Cain ▪ قابيل وهابيل *qābīl wa-hābīl* Cain and Abel

قات *qāta v.tr.* |*1h3* يقوت *yaqūtu* | قوت *qūt*| • feed on

قات *qāt n.* • qat, khat ➡ ***picture on the left*** ▪ مضغ قاتا *maḍaɣa qātan*, خزن قاتا *xazzana qātan v.* chew qat

قاتل *qātala v.tr.* |*3s* يقاتل *yuqātilu* | مقاتلة *muqātalat*| • battle *against*, fight

قاتل *qātil act. part.* |*pl.* قتلة *qatalat* or قاتلون *qātilūna*| • *n.* killer, murderer • *adj.* |*elat.* أقتل *ʔaqtal*| lethal, deadly

قاتم *qātim act. part. adj.* |*elat.* أقتم *ʔaqtam* or أكثر قتامة *ʔaktar qatāmatan*| • dark, gloomy, murky

قاحل *qāḥil adj.* |*elat.* أقحل *ʔaqḥal*| • arid, dry ▪ شبه قاحل *šibh · qāḥil* semi-arid

قاد *qāda v.tr.* |*1h3* يقود *yaqūdu* | قيادة *qiyādat*| • lead, guide • drive (a vehicle) ▪ قاد طائرة *qāda ṭāʔirat* fly a plane

قادر *qādir act. part. adj.* |*elat.* أقدر *ʔaqdar*| • able *to* على, capable ▪ غير قادر *ɣayr · qādir* incapable

قادم *qādim act. part.* • *adj.* next, coming, future, forthcoming ◊ من هو الرئيس القادم؟ *Who will the next president be?* ◊ في القرن القادم *in the coming century* ▪ الثلاثاء القادم *attulātāʔa -lqādima adv.* next Tuesday ▪ العام القادم *al3āma -lqādima adv.* next year • coming *from* من ◊ عدد السياح القادمين من بريطانيا *the number of tourists (coming) from Britain* • *n.* arriver ▪ قادم جديد *qādim jadīd* new-comer

قاذفة *qāđifat act. part. n.* • bomber plane

قاذورات *qāđūrāt pl. n.* • garbage (UK: rubbish), litter

قارب *qāraba v.intr.* |*3s* يقارب *yuqāribu* | مقاربة *muqārabat*| • approach (من), come close *to* ◊ ...ما يقارب خمسين في المئة *...which is close to fifty percent*

قارب *qārib act. part. n.* |*pl.* **dip.** قوارب *qawārib*| • boat

قارة *qārrat act. part. n.* • continent

ق

قارض *qāriḍ act. part. adj.* |*m. pl.* قوارض *qawāriḍ*| • gnawing ▪ حيوان قارض *ḥayawān qāriḍ n.* rodent

قارن *qārana v.intr.* |*3s* يقارن *yuqārin^u* | مقارنة *muqārana^t*| • compare *sb/sth* بين *with* و *or* بين

قارورة *qarūra^t n.* |*pl.* ***dip.*** قوارير *qawārīr*| • bottle

قارئ *qāriʔ act. part. n.* |*pl.* قراء *qurrāʔ*| • reader

قاري *qārrīʸ adj.* • continental

قاس *qās(in) adj.* ***def.*** |*m. pl.* قساة *qusā^t* | *elat.* ***invar.*** أقسى *ʔaqsā*| • severe, strict, harsh, cruel

قاس *qāsa v.tr.* |*1h2* يقيس *yaqīs^u* | قياس *qiyās*| • measure

قاسم *qāsama v.tr.* |*3s* يقاسم *yuqāsim^u* | مقاسمة *muqāsama^t*| • share *with* ه *sth* ه ◊ قاسمهم الطعام. *He shared the food with them.*

قاسى *qāsā v.tr.* |*3d* يقاسي *yuqāsī* | مقاساة *muqāsā^t*| • suffer, endure

قاص *qāṣṣ act. part. n.* |*pl.* قصاص *quṣṣāṣ*| • novelist, fictionist, storyteller

قاص *qāṣṣa v.tr.* |*3g* يقاص *yuqāṣṣ^u* | مقاصة *muqāṣṣa^t*| • retaliate *against*, take vengeance *on*

قاض *qāḍ(in) act. part. n.* ***def.*** |*pl.* قضاة *quḍā^t*| • judge

قاضى *qāḍā v.tr.* |*3d* يقاضي *yuqāḍī* | مقاضاة *muqāḍā^t*| • prosecute, take legal action *against*

قاطرة *qāṭira^t act. part. n.* • trailer • train

قاطع *qāṭa3a v.tr.* |*3s* يقاطع *yuqāṭi3^u* | مقاطعة *muqāṭa3a^t*| • dissociate *oneself from* • boycott • interrupt

قاطع *qāṭi3 act. part.* • *n.* |*pl.* ***dip.*** قواطع *qawāṭi3*| incisor • *adj.* decisive

قاطن *qāṭin n.* • resident

قاع *qā3 n.* |*pl.* قيعان *qī3ān*| • bottom ▪ قاع بحر *qāḥ · baḥr* seabed • plain, lowland

قاعة *qā3a^t n.* • hall, auditorium ▪ قاعة اجتماعات *qā3at · ijtimā3āt* ▪ قاعة إفراح *qā3at · ʔifrāḥ* wedding hall ▪ قاعة محاضرات *qā3at · muḥāḍarāt* lecture hall ▪ قاعة محكمة *qā3at · maḥkama^t* courtroom ▪ قاعة مزادات *qā3at · mazādāt* auction hall ▪ قاعة مؤتمرات *qā3at · muʔtamarāt* conference room

قاعدة *qā3ida^t n.* |*pl.* ***dip.*** قواعد *qawā3id*| • basis, base, foundation ▪ القاعدة *alqā3ida^t* Al-Qaeda • rule, standard ▪ قواعد *qawā3id pl. n.* grammar

قاف *qāf n.* ***f.*** ***➥ ق above***

قافلة *qāfila^t n.* |*pl.* ***dip.*** قوافل *qawāfil*| • convoy, caravan ▪ قافلة جمال *qāfilat · jamāl* camel train

قافية *qāfiya^t act. part. n.* |*pl.* ***def.*** قواف *qawāf(in)*| • rhyme • pun, double entendre

قال *qāla v.tr.* |*1h3* يقول *yaqūl^u* | قول *qawl*| • say *sth* ه *to* لـ ▪ قال إن *qāla ʔinna*, قال أنَّ *qāla ʔanna* say that..., tell *sb* that... ▪ قال له أنْ *qāla lahu ʔan* tell *sb to (do)* ◊ قلت لها أن تأتي. *I told her to come.* ▪ قيل إن *qīla ʔinna pass. v.* be said that... • ask ◊ قال لي هل أريد هذا حقا. *He asked me if I really wanted that.*

قالب *qālib n.* |*pl.* ***dip.*** قوالب *qawālib*| • mold, template

قام *qāma v.intr.* |*1h3* يقوم *yaqūm^u* | قيام *qiyām*| • stand up, get up ▪ قام من النوم *qāma min^a -nnawm^i* wake up • do بـ, carry out, undertake, complete ▪ قام برحلة *qāma bi-riḥla^tin* make a trip ▪ قام بزيارة *qāma bi-ziyāra^tin* pay a visit ▪ قام بنشاط *qāma bi-našāṭ^in* undertake an activity ▪ قام بواجبات *qāma bi-wājibāt^in* do homework • start ▪ قامت ثورة *qāmat ṯawra^tun* a revolution took place ▪ قامت حرب *qāmat ḥarb^un* a war broke out • be based *on* على ◊ قامت الثورة على مبادىء المساواة. *The revolution was based on the principles of equality.*

قامة *qāma^t n.* • stature, build ▪ طويل القامة *ṭawīl alqāma^ti adj.* tall ▪ قصير القامة *qaṣīr alqāma^ti adj.* short

قامر *qāmara v.tr.* |*3s* يقامر *yuqāmir^u* | مقامرة *muqāmara^t*| • gamble *with*

قامشلي *qāmišlī n.* ***f. dip.*** • *(city in Syria)* Qamishli ***➥ map on p. 171***

قاموس *qāmūs n.* |*pl.* ***dip.*** قواميس *qawāmīs*| • dictionary

قانع *qāni3 act. part. adj.* |*elat.* أقنع *ʔaqna3* or أكثر قناعة *ʔakṯar qanā3a^tan*| • satisfied *with* بـ, content

قانون *qānūn n.* |*pl.* ***dip.*** قوانين *qawānīn*| • law • *(musical instrument)* kanun, zither ***➥ picture on the next page***

قانوني *qānūnīʸ adj.* • legal, lawful ▪ غير قانوني *ɣayr · qānūnīʸ* illegal, against the law ▪ قانونيا *qānūnīyan adv.* legally

قانونية *qānūnīya^t n.* • legality

قاهر *qāhir act. part.* • *adj.* victorious, triumphant • *n.* victor, conqueror

القاهرة *alqāhira^t n.* • *(capital of Egypt)* Cairo ***➥ map on p. 287***

قاهري *qāhirīʸ adj. & n.* • Cairene

Illustration of a man playing the kanun

قاول *qāwala v.tr.* |3s يقاول *yuqāwil^{u}* | مقاولة *muqāwala^{t}*| • make a deal *with*, make a contract

قاوم *qāwama v.tr.* |3s يقاوم *yuqāwim^{u}* | مقاومة *muqāwama^{t}*| • resist, oppose, fight, stand up *to*

قائد *qāʔid act. part. n.* |*pl.* قادة *qāda^{t}*| • leader

قائل *qāʔil act. part. n.* |*pl.* قول *quwwal*| • speaker, person talking

قائم *qāʔim act. part. adj.* |*m. pl.* قوام *quwwām*| • standing • located, situated • existing

قائمة *qāʔima^{t} act. part. n.* |*pl.* ***dip.*** قوائم *qawāʔim*| • list ▪ قائمة طعام *qāʔimat · ṭa3ām* menu • *(furniture, animal)* leg

قبال *qibāla prep.* • opposite, facing, in front of ◊ توجه للمتجر قبال المحطة. *He headed toward the shop facing the station.*

قبالة *qabāla^{t} n.* • contract, agreement

قبالة *qubālata prep.* • opposite, facing, in front of

قبة *qubba^{t} n.* |*pl.* قباب *qibāb* or قبب *qubab*| • dome ▪ مسجد قبة الصخرة *masjid qubbat^{i} -ṣṣaxra^{ti}* the Dome of the Rock

The Dome of the Rock in Jerusalem

قبح *qabuḥa v.intr.* |1s6 يقبح *yaqbuḥ^{u}* | قبح *qubḥ*| • be ugly

قبح *qubḥ n.** • ugliness

قبر *qabr n.* |*pl.* قبور *qubūr*| • grave, tomb

قبرص *qubruṣ n.* ***f. dip.*** • Cyprus

قبرصي *qubruṣīʸ adj. & n.* • Cypriot

قبض *qabaḍa v.intr.* |1s2 يقبض *yaqbiḍ^{u}* | قبض *qabḍ*| • arrest على • grip على, hold, grab

قبضة *qabḍa^{t} n.* |*pl.* قبضات *qab(a)ḍāt*| • grip • fist

قبطان *qubṭān n.* |*pl.* قباطنة *qabāṭina^{t}*| • captain

قبطي *qibṭīʸ* |*pl.* أقباط *ʔaqbāṭ*| • *adj.* Coptic • *n.* Copt

قبعة *qubba3a^{t} n.* • hat, cap ▪ قبعة بيسبول *qubba3at · baysbōl* baseball cap ▪ قبعة عالية *qubba3a^{t} 3āliya^{t}* top hat

قبل *qabbala v.tr.* |2s يقبل *yuqabbil^{u}* | تقبيل *taqbīl*| • kiss

قبل *qabila v.* |1s4 يقبل *yaqbal^{u}* | قبول *qabūl*| • *v.intr.* accept بـ, approve, agree *to*, consent *to* • *v.tr.* receive, approve *of*

قبل *qabla prep.* • *(time)* before ▪ قبل __ بـ *qabla __ bi-* ... before __ ◊ قبل الامتحان بيومين *two days before the test* ▪ قبل أنْ *qabla ʔan conj. (past, present, or future)* before ◊ قبل أن يموت بساعة *an hour before he died* ▪ قبلا *qablan adv.* formerly, previously, before ◊ أعتذر عما قلته قبلا. *I apologize for what I said before.* ▪ قبل كل شيء *qabla kull^{i} šayʔ^{in} adv.* first of all ▪ قبل قليل *qabla qalīl^{in} adv.* just (now), a little while ago ▪ ما قبل *mā qabla (lit. that which was before)* before, pre- ◊ تكنولوجيا ما قبل عشر سنوات *ten-year-old technology* ◊ علاقات ما قبل الزواج *pre-marital relations* ▪ ما قبل التاريخ *mā qabla -ttārīx^{i}* prehistoric • ago ▪ قبل أيام *qabla ʔayyām^{in} adv.* a few days ago • *(location)* before ◊ قبل آخر الشارع بخمسين متر تقريبا *about fifty meters before the end of the street*

قبل *qablu adv.* • before, in the past ▪ من قبل *min qablu* already, before, earlier ◊ لم أرها من قبل. *I've never seen her before.*; ago ▪ من ذي قبل *min ḏī qablu* than before ◊ أحبك الآن أكثر من ذي قبل. *I love you more than before.*

قبل *qibal n.* • *n.* ability ▪ من قبل *min qibal^{i} prep.* by, on the part of

قبل *qibala prep.* • in the direction of ◊ صوب الضابط المسدس قبل اللص. *The police officer aimed the gun in the direction of the thief.*

قبلة *qibla^{t} n.* • qiblah (the direction of Kaaba, which Muslims face during prayer), kiblah

▪ مسجد القبلتين *masjid · alqiblatayn^i* Mosque of the Two Qiblas (in Medina)

The Mosque of the Two Qiblas in Medina

قبلة *qubla^t n.* |*pl.* قبلات *qub(u)lāt*| • kiss

قبلما *qablamā conj.* • before ◊ أسرع قبلما يغادر القطار. *Hurry before the train leaves.*

قبلي *qabalīy adj.* • tribal

قبو *qabw n.* |*pl.* أقبية *ʔaqbiya^t*| • vault, arched ceiling

قبول *qabūl n.*⋆ • acceptance, approval • reception ▪ مكتب قبول *maktab · qabūl* *(university)* admissions office

قبيح *qabīḥ adj.* |*m. pl.* قباح *qibāḥ* | *elat.* أقبح *ʔaqbaḥ*| • ugly ▪ أقبح من قرد *ʔaqbaḥ min qurd^{in} idiom* uglier than a monkey (i.e. very ugly)

قبيل *qabīl n.* • kind, sort, type

قبيل *qubayla prep. diminutive* • shortly before ▪ قبيل أنْ *qubayla ʔan conj.* shortly before

قبيلة *qabīla^t n.* |*pl.* **dip.** قبائل *qabāʔil*| • tribe

قتال *qitāl n.* • combat, fight

قتالي *qitālīy adj.* • combative ▪ فنون قتالية *fanūn qitālīya^t pl. n.* martial arts

قتل *qatala v.tr.* |*1s3* يقتل *yaqtul^u* | قتل *qatl*| • kill, murder ▪ قتل وقتا *qatala waqtan* kill time ▪ قتله الله *qatalahu aLLāh^u* may God kill *sb* ▪ قُتل *qutila pass. v.* be killed

قتل *qatl n.*⋆ • murder, homicide

قتّل *qattala v.tr.* |*2s* يقتّل *yuqattil^u* | تقتيل *taqtīl*| • slaughter, massacre, butcher

قتم *qatama v.intr.* |*1s3* يقتم *yaqtum^u* | قتامة *qatāma^t*| • darken, become dark

قتيل *qatīl* |*pl.* **invar.** قتلى *qatlā*| • *adj.* killed • *n.* casualty

قحط *qaḥṭ n.* • drought

قد *qad(i) particle* • [+ imperfect] perhaps, maybe, may, might ◊ قد يكون ضروريا. *It may be necessary.* • قد *qad*, فقد *fa-qad*, لقد *la-qad*, وقد *wa-qad* [+ perfect] already ◊ لقد قلت ذلك قبل سنوات. *I said that years ago.* ▪ كان قد *kāna qad* [+ perfect] had *(done)* ◊ كانت قد تخرجت من الجامعة. *She had already graduated from college.* ▪ يكون قد *yakūn^u qad*, سيكون قد *sa-yakūn^u qad* [+ perfect] will have *(done)* ◊ بحلول ذلك الوقت سأكون قد انتهيت. *I will have finished by then.*

قدّاحة *qaddāḥa^t n.* • lighter

قدّاس *quddās n.* • *(religion)* mass

قدّام *quddām n.* • front ▪ من قدّام *min quddām^i prep.* in front of

قدّام *quddāma prep.* • ◊ وقف قدام الباب. *He stood in front of the door.* in front of; toward

قدح *qadaḥ n.* |*pl.* أقداح *ʔaqdāḥ*| • tea glass • mug

➡ ***also picture on p. 174***

Tea is customarily served in small glasses.

قدر *qadar n.* |*pl.* أقدار *ʔaqdār*| • fate, destiny

قدّر *qaddara v.tr.* |*2s* يقدّر *yuqaddir^u* | تقدير *taqdīr*| • estimate *sth* ∘ *at* بـ, evaluate, assess • appreciate, value, cherish

قدر *qadira v.intr.* |*1s4* يقدر *yaqdar^u* | قدر *qadar*| •قدر على أنْ *qadira 3alā ʔan* be able to *(do)* ◊ لا أقدر على أن أتحدث عنه. *I can't talk about it.*

قدر *qadr n.* |*pl.* أقدار *ʔaqdār*| • amount, quantity ▪ بقدر *bi-qadr^i*, على قدر *3alā qadr^i prep.* to the extent of ▪ قدر الإمكان *qadr^a -lʔimkān^i*, على قدر الإمكان *3alā qadr^i -lʔimkān^i*, بقدر الإمكان *bi-qadr^i -lʔimkān^i* as much as possible ▪ بقدر ما *bi-qadr^i mā conj.* as much as ◊ تستطيع البقاء بقدر ما تريد. *You can stay as long as you want.* ▪ على قدر كبير من *3alā qadr^{in} kabīr^{in} min* [+ masdar] very, extremely ▪ على قدر كبير من الأهمية *3alā qadr^{in} kabīr^{in} min^a -lʔahammīya^{ti}* very important, of great importance

قدر *qadra prep.* • to the extent of ▪ قدر ما *qadra mā conj.* as much as ◊ تستطيع البقاء قدر ما تريد. *You can stay as long as you want.*

قدر *qidr n.* ***f.*** |*pl.* قدور *qudūr*| • cooking pot

قدرة *qudra^t n.* |*pl.* قدرات *qud(u)rāt*| • power, capacity, ability, strength

القدس *alquds n.* ***f.*** • *(city disputedly in Palestine and/or Israel)* Jerusalem ▪ القدس الشرقية *alquds aššarqīya^t* East Jerusalem ➡ ***map on p. 229*** ▪ القدس العربي *alquds al3arabī^y n.* ***f.*** Al-Quds Al-Arabi (international Arabic language newspaper headquartered in London)

قدس *qaddasa v.tr.* |*2s* يقدس *yuqaddis^u* | تقديس *taqdīs*| • deem holy, consider sacred

قدس *qadusa v.intr.* |*1s6* يقدس *yaqdus^u* | قدس *quds* or *qudus*| • be holy, be sacred

قدس *quds* or *qudus n.*⋆ • holiness, sacredness ▪ الروح القدس *arrūḥ alqudus* the Holy Spirit, the Holy Ghost • |*pl.* أقداس *ʔaqdās*| sanctuary, holy site

قدسي *qudsī^y adj.* |*elat.* أقدس *ʔaqdas*| • holy, sacred

قدم *qadam n.* ***f.*** |*pl.* أقدام *ʔaqdām*| • foot ▪ كرة القدم *kurat · alqadam^i* soccer (UK: football) ▪ مشى على قدمين حافيين *mašā 3alā qadamayn^i ḥāfiyayn^i v.* walk barefoot • *(animal)* paw, foot

قدم *qaddama v.tr.* |*2s* يقدم *yuqaddim^u* | تقديم *taqdīm*| • introduce *sb/sth* ه *to* إلى *or* لـ • present *sb/sth* ه *to* إلى *or* لـ, serve (food), offer, submit ◊ قدمت الطعام للضيوف. *She served food to the guests.* ▪ قدم عرضا *qaddama 3arḍan* make an offer ▪ قدم طلبا لـ *qaddama ṭalaban li-* apply *for/to* (a job, school, etc.) • precede

قدم *qidam n.*⋆ • olden times, distant past, antiquity ▪ منذ القدم *munḏu -lqidam^i adv.* long ago

قدم *v.* • *qadima v.tr. & intr.* |*1s4* يقدم *yaqdam^u* | قدوم *qudūm*| arrive *at* (إلى *or* على), come *from* من • *qaduma v.intr.* |*1s6* يقدم *yaqdum^u* | قدم *qidam*| be old

قدما *quduman adv.* • forward ▪ مضى قدما *maḍā quduman*, سار قدما *sāra quduman* proceed, go on, go forward

قدوة *qudwa^t n.* |*pl.* قدوات *qud(u)wāt*| • role model, example

قدوم *qudūm n.*⋆ • arrival

قدير *qadīr adj.* |*elat.* أقدر *ʔaqdar*| • capable, qualified

قديس *qiddīs n.* • saint ▪ عشية عيد القديسين *3ašīyat · 3īd · alqiddīsīn^a* Halloween

قديم *qadīm adj.* |*m. pl.* ***dip.*** قدماء *qudamāʔ* | *elat.* أقدم *ʔaqdam*| • old ▪ قديما *qadīman adv.* in the past, in the old days, once • ancient ▪ المصريون القدماء *almiṣrīyūn^a -lqudamāʔ* the ancient Egyptians

قذارة *qaḏāra^t n.* • dirtiness

قذر *qaḏir adj.* |*elat.* أقذر *ʔaqḏar*| • dirty

قذف *qaḏafa v.tr. & intr.* |*1s2* يقذف *yaqḏif^u* | قذف *qaḏf*| • throw (بـ), hurl, drop ▪ قذف بقنابل *qaḏafa bi-qanābil^a* bomb, shell ▪ قذف المني *qaḏafa almanī^y* ejaculate, cum

قذف *qaḏf n.*⋆ • defamation, slander, libel ▪ سب وقذف *sabb wa-qaḏf* ***(legal)*** libel and defamation • throwing ▪ قذف بقنابل *qaḏf bi-qanābil^in* bombing, shelling ▪ قذف مني *qaḏf · manī^y* ejaculation

قذفي *qaḏfī^y adj.* • libelous, slanderous

قذيفة *qaḏīfa^t n.* |*pl.* ***dip.*** قذائف *qaḏāʔif*| • bomb, shell, missile ▪ قذيفة أرض-أرض *qaḏīfat · ʔarḍ-ʔarḍ* surface-to-surface missile ▪ قذيفة أرض-جو *qaḏīfat · ʔarḍ-jaww* surface-to-air missile

قر *qarr n.*⋆ • cold, chilly weather

قر *qarra v.intr.* • |*1g1* يقر *yaqarr^u* | قرار *qarār*| settle down, become settled • |*1g2* يقر *yaqirr^u* | قر *qarr*| be chilly, be cold

قرأ *qaraʔa v.* |*1s1(b)* يقرأ *yaqraʔ^u* | قراءة *qirāʔa^t*| • *v.tr.* read ▪ قرأ القرآن *qaraʔa alqurʔān^a* recite the Quran ▪ قرأ لـ *qaraʔa li- v.intr.* read (a writer) ◊ هل قرأت لنجيب محفوظ؟ *Have you read Naguib Mahfouz?*

قراءة *qirāʔa^t n.*⋆ • recitation

قرابة *qarāba^t n.* • relationship

قرابة *qurābata prep.* • [+ number] almost, nearly ◊ منذ قرابة عشرين عاما *almost twenty years ago*

قراد *qurād coll. n.* |*sing.* قردان *qirdān*| • *(insect)* ticks

قرار *qarār n.*⋆ • decision, resolution ▪ قرار محكمة *qarār · maḥkama^t* ruling, judgment, court order • stability

قراصيا *qarāṣyā n.* ***invar.*** • prune

القرآن *alqurʔān n.* • The Quran ▪ القرآن الكريم *alqurʔān alkarīm* The Holy Quran

قران *qirān n.* • marriage, matrimony ▪ عقد قرانا *3aqada qarnan v.* get married ▪ حفل عقد قران *ḥifl · 3aqd · qirān* wedding reception

قرآني *qurʔānī^y adj.* • Quranic

قرب *qarraba v.tr.* |*2s* يقرب *yuqarrib^u* | تقريب *taqrīb*| • bring close

ق

قرب *qaruba v.intr.* |*1s6* يقرب *yaqrub*^{u} | قرب *qurb*|
• approach من *or* إلى, draw near *to*

قرب *qurb n.*★ • nearness, vicinity, proximity
▪ بالقرب من *bi-lqurb*^{i} *min prep.* near, close to
▪ عن قرب *3an qurb*^{in} *adv.* close up; intimately

قرب *qurba prep.* • near, close to, in the vicinity of ◊ منزلي قرب المستشفى. *My house is near the hospital.*

قرحة *qarħa*^{t} or *qurħa*^{t} *n.* |*pl.* قرح *qiraħ*| • blister, canker sore • ulcer ▪ قرحة المعدة *qurħa*^{t} *ma3idīya*^{t} gastric ulcer, peptic ulcer

قرد *qird n.* |*pl.* قردة *qirada*^{t} or قرود *qurūd*|
• monkey, ape ▪ القرد في عين أمه غزال *alqurd*^{u} *fī 3ayn*^{i} *ʔumm*^{i}*h*^{i} *ɣazāl*^{un} *proverb* A monkey in his mother's eyes is a gazelle. ▪ أقبح من قرد *ʔaqbaħ min qurd*^{in} *idiom* uglier than a monkey (i.e. very ugly)

قرر *qarrara v.tr.* |*2s* يقرر *yuqarrir*^{u} | تقرير *taqrīr*|
• decide *(on)*, settle ▪ قرر أنْ *qarrara ʔan* decide *to (do)* • report

قرش *qirš n.* |*pl.* قروش *qurūš*| • piastre, penny, qirsh ▪ قرش أردني *qirš ʔurdunnī*^{y} Jordanian piastre (100 piastres = 1 Jordanian dinar) ▪ قرش سوداني *qirš sūdānī*^{y} Sudanese piastre (100 piastres = 1 Sudanese pound) ▪ قرش مصري *qirš miṣrī*^{y} Egyptian piastre (100 piastres = 1 Egyptian pound) • shark

Egyptian 50 piastre coin

قرص *qaraṣa v.tr.* |*1s3* يقرص *yaqruṣ*^{u} | قرص *qarṣ*|
• sting, bite

قرص *qurṣ n.* |*pl.* أقراص *ʔaqrāṣ*| • disc, disk ▪ قرص مضغوط *qurṣ maḍɣūṭ*, قرص مدمج *qurṣ mudmaj*, قرص ضوئي *qurṣ ḍawʔī*^{y} compact disc, CD ▪ قرص صلب *qurṣ ṣilb* hard disk (drive) ▪ قرص DVD *qurṣ · dīvīdī* DVD • tablet ▪ قرص طبي *qurṣ ṭibbī*^{y} tablet, pill

قرصة *qarṣa*^{t} *n.* • sting, bite

قرض *qaraḍa v.tr.* |*1s2* يقرض *yaqriḍ*^{u} | قرض *qarḍ*|
• clip • gnaw • قرض الشعر *qaraḍa ašša3r*^{a} write poetry

قرض *qarḍ n.*★ |*pl.* قروض *qurūḍ*| • loan • poetic composition

قرط *qurṭ n.* |*pl.* أقراط *ʔaqrāṭ*| • earring

قرطاس *qirṭās n.* |*pl.* **dip.** قراطيس *qarāṭīs*| • paper
▪ قرطاس بردي *qirṭās bardī*^{y} papyrus paper
• cone, cornet

قرطاسي *qirṭāsī*^{y} *adj.* • paper- ▪ قرطاسية *qirṭāsīya*^{t} *n.* stationery shop

قرع *qar3 coll. n.* |*sing.* قرعة *qar3a*^{t}| • squash, gourds, pumpkins

قرع *qara3a v.tr.* |*1s1* يقرع *yaqra3*^{u} | قرع *qar3*|
• knock *on*, beat *on* ▪ قرع بابا *qara3a bāban* knock on a door • ring, sound ▪ قرع جرس خطر *qara3a jars · xaṭar* sound an alarm

قرعة *qar3a*^{t} *n.* |*pl.* قرعات *qar(a)3āt*| • knock

قرعة *qur3a*^{t} *n.* |*pl.* قرعات *qur(u)3āt*| • lot, drawing
▪ سحب قرعة *saħaba qur3a*^{t}, أجرى قرعة *ʔajrā qur3a*^{t} *v.* draw lots

قرف *qaraf n.*★ • loathing, disgust

قرف *qarifa v.tr.* |*1s4* يقرف *yaqraf*^{u} | قرف *qaraf*|
• loathe, feel disgust *for*, be disgusted *by*

قرفان *qarfān adj.* |*elat.* أكثر قرفا *ʔaktar qarafan* or أقرف *ʔaqraf*| • disgusted

قرفة *qirfa*^{t} *n.* • cinnamon

قرفص *qarfaṣa v.intr.* |*11s* يقرفص *yuqarfiṣ*^{u} | قرفصة *qarfaṣa*^{t}| • squat

قرمزي *qirmizī*^{y} *adj.* • scarlet, crimson ⓘ *The English word 'crimson' has been borrowed from this Arabic word.*

قرموط *qurmūṭ n.* |*pl.* **dip.** قراميط *qarāmīṭ*| • catfish

قرميد *qirmīd coll. n.* |*sing.* قرميدة *qirmīda*^{t} | *pl.* **dip.** قراميد *qarāmīd*| • bricks, tiles

قرن *qarn n.* |*pl.* قرون *qurūn*| • century ◊ في القرن التاسعي عشر ميلادي *in the nineteenth century*
▪ القرون الوسطى *alqurūn alwusṭā* the Middle Ages
• horn, antler ▪ قرن استشعار *qurn · istiš3ār (insect)* feeler, antenna

قرن *qirn n.* |*pl.* أقران *ʔaqrān*| • peer, equal

قرنبيط *qarnabīṭ n.* • cauliflower

قرنفل *qaranful n.* • carnation
قرنية *qarnīya^t n.* • cornea
قروي *qarawī^y* • *adj.* rural, village- • *n.* villager
قريب *qarīb* • *adj.* |*elat.* أقرب *ʔaqrab*| near, nearby, close ▪ قريبا *qarīban adv.* close *to* من, near ▪ أقرب إلى *ʔaqrab ʔilā adv.* more like, almost • *adj.* soon, near ▪ قريبا *qarīban*, عما قريب *3ammā qarīb^{in}*, في أقرب وقت *fī ʔaqrab^a waqt^{in} adv.* soon ▪ في أقرب وقت ممكن *fī ʔaqrab^a waqt^{in} mumkin^{in} adv.* as soon as possible • |*pl.* **dip.** أقرباء *ʔaqribāʔ* or أقارب *ʔaqārib*| *(family) adj.* related; *n.* relative
قرية *qarya^t n.* |*pl.* **indecl.** قرى *qur(an)*| • village
قزح *quzaħ n.* •قوس قزح *qaws · quzaħ* rainbow
قزحية *quzaħīya^t n.* • *(eye)* iris
قزم *qazam n.* |*pl.* أقزام *ʔaqzām*| • dwarf, midget, pigmy, little person
قسا *qasā v.intr.* |*1d3* يقسو *yaqsū* | قسوة *qaswa^t*| • be cruel *toward* على, be harsh, be merciless
قسط *qisṭ n.* |*pl.* أقساط *ʔaqsāṭ*| • installment
قسم *qasam n.* |*pl.* أقسام *ʔaqsām*| • oath
قسم *qasama v.tr.* |*1s2* يقسم *yaqsim^u* | قسم *qasm*| • divide *sth* ◦ *by* على
قسم *qassama v.tr.* |*2s* يقسم *yuqassim^u* | تقسيم *taqsīm*| • divide
قسم *qism n.* |*pl.* أقسام *ʔaqsām*| • part, section, department ▪ قسم أحذية *qism · ʔaħđiya^t (in department store)* shoe department • faculty, department ▪ قسم هندسة *qism · handasa^t* department of engineering
قسمة *qisma^t n.* |*pl.* قسم *qisam*| • fate, destiny, kismet
قسنطينة *qusanṭīna^t n.* **dip.** • *(city in Algeria)* Constantine, Qasentina ➡ ***map on p. 105***
قسوة *qaswa^t n.** • harshness, mercilessness, cruelty, abuse
قسى *qassā v.tr.* |*2d* يقسي *yuqassī* | تقسية *taqsiya^t*| • harden, stiffen
قسي *qasī^y adj.* |*elat.* **invar.** أقسى *ʔaqsā*| • hard, firm ▪ أقسى من صخر *ʔaqsā min ṣaxr^{in}*, أقسى من حجر *ʔaqsā min ħajar^{in} idiom* harder than a rock (i.e. very hard, very tough) • harsh, merciless, cruel
قسيس *qissīs n.* |*pl.* قساوسة *qasāwisa^t*| • priest, clergyman ▪ قساوسة *qasāwisa^t pl. n.* clergy
قش *qašš coll. n.* |*sing.* قشة *qašša^t*| • straw, hay
قشدة *qišda^t n.* • *(dairy)* cream
قشر *qašara v.tr.* |*1s2/1s3* يقشر *yaqšir^u* or *yaqšur^u* | قشر *qašr*| • peel, shell
قشرة *qišra^t n.* • *(fruit, nut, egg, etc.)* peel, rind, shell • dandruff
قشري *qišrī^y n.* • crustacean
قشطة *qašṭa^t n.* • *(dairy)* cream
قشعريرة *quša3rīra^t n.* • shivering, chills, goose bumps
قص *qaṣṣa v.tr.* • |*1g3* يقص *yaquṣṣ^u* | قصص *qaṣaṣ*| tell, narrate • |*1g3* يقص *yaquṣṣ^u* | قص *qaṣṣ*| cut, trim, snip, clip, prune
قصاب *qaṣṣāb n.* • butcher
قصابة *qiṣāba^t n.* • butchery
قصارى *quṣārā n.* **invar.** •بذل قصارى جهده لـ *badala quṣārā juhd^{i}hi li-* [+ masdar or subjunctive] do *one's* best to (do) ◊ سأبذل قصارى جهدي لأكمل ما بدأته. *I'll try my best to finish what I've started.*
قصاص *qaṣṣāṣ n.* • novelist, fictionist, storyteller
قصاص *qiṣāṣ n.* • retaliation • punishment
قصاص *quṣāṣ coll. n.* |*sing.* قصاصة *quṣāṣa^t*| • slips (of paper), clippings ▪ قصاصة من جريدة *quṣāṣa^t min jarīda^t* newspaper clipping
قصاصة *quṣāṣa^t n.* • cutter(s) ▪ قصاصة أظافر *quṣāṣat · ʔaẓāfir* (pair of) fingernail clippers
قصب *qaṣab coll. n.* |*sing.* قصبة *qaṣaba^t*| • reeds, canes ▪ قصب هندي *qaṣab hindī^y* bamboo ▪ قصب سكر *qaṣab · sukkar* sugarcane ▪ قصبة ساق *qaṣabat · sāq* shin ▪ قصبة هوائية *qaṣaba^t hawāʔīya^t* windpipe
قصبة *qaṣaba^t n.* • kasbah (fortified city), citadel • old quarter, old city

Ait Benhaddou kasbah in Morocco

قصة *qaṣṣa^t n.* • cut ▪ قصة شعر *qaṣṣat · ša3r* haircut
قصة *qiṣṣa^t n.* |*pl.* قصص *qiṣaṣ*| • story
قصة *quṣṣa^t n.* |*pl.* قصص *quṣaṣ*| • *(hair)* bangs

(UK: fringe), lock, tuft

قصد *qaṣada v.tr.* |*1s2* يقصد *yaqṣid*^{u} | قصد *qaṣd*| • intend *sth* ه *by* بـ, mean ◊ ماذا تقصد بذلك؟ *What do you mean by that?* ▪ قصد أنْ *qaṣada ʔan* mean to *(do)* ◊ قصد أن يوقظها. *He meant to wake her up.* • head *for* ◊ قصد العاصمة. *He headed for the capital.*

قصد *qaṣd n.** • intention, intent ▪ دون قصد *dūna qaṣd*^{in} *adv.* accidentally ▪ قصدا *qaṣdan*, عن قصد *3an qaṣd*^{in} *adv.* intentionally, on purpose, deliberately

قصدي *qaṣdīʸ adj.* • intentional

قصدير *qaṣdīr n.* • *(material)* tin

قصر *qaṣr n.** • shortness • limitation, restriction • |*pl.* قصور *quṣūr*| castle, palace

قصر *qaṣṣara v.* |*2s* يقصر *yuqaṣṣir*^{u} | تقصير *taqṣīr*| • *v.tr.* shorten • bleach • *v.intr.* neglect في, be negligent *in*, default *on*

قصر *qiṣar n.* • shortness ▪ قصر النظر *qiṣar · annaẓar*^{i} myopia

قصر *v.* • *qaṣura v.intr.* |*1s6* يقصر *yaqṣur*^{u} | قصر *qaṣr*| become short • *qaṣara v.tr.* |*1s3* يقصر *yaqṣur*^{u} | قصر *qaṣr*| limit *sth* ه *to* على, restrict ◊ قصر الدعوة على الأهل. *He limited the invitation to relatives.*

القصرين *alqaṣrayn n.* ***f.*** • *(city in Tunisia)* Kasserine ➡ ***map on p. 95***

قصصي *qiṣaṣīʸ* • *adj.* narrative • *n.* storyteller, novelist

قصف *qaṣafa v.* |*1s2* يقصف *yaqṣif*^{u} | قصف *qaṣf*| • *v.tr.* bomb, shell • feast, party

قصور *quṣūr n.* • shortcoming, deficiency

قصي *qaṣīʸ adj.* |*m. pl.* أقصاء *ʔaqṣāʔ*| • far *from* من, remote

قصيدة *qaṣīdaᵗ n.* |*pl.* ***dip.*** قصائد *qaṣāʔid*| • poem, qasidah

قصير *qaṣīr adj.* |*m. pl.* قصار *qiṣār* | *elat.* أقصر *ʔaqṣar*| • short ▪ قصير القامة *qaṣīr · alqāma*^{ti} short of stature ▪ قصير النظر *qaṣīr · annaẓar*^{i} myopic, nearsighted

قضاء *qaḍāʔ n.** • judgment • fate ▪ قضاء الله *qaḍāʔ · aLLāh*^{i} death • destruction *of* على

قضائي *qaḍāʔīʸ adj.* • judicial, legal ▪ عملية قضائية *3amalīyaᵗ qiḍāʔīyaᵗ n.* legal process ▪ نظام قضائي *niẓām qiḍāʔīʸ n.* judicial system

قضى *qaḍā v.* |*1d2* يقضي *yaqḍī* | قضاء *qaḍāʔ*| • *v.tr.* spend, pass ◊ قضى الليلة في منزل خاله. *He spent the night at his uncle's house.* ▪ قضى وقتا ممتعا *qaḍā waqtan mumti3an* have a great time ▪ قضى وقتا في *qaḍā waqtan fī* [+ masdar] spend time *(do)ing* • judge, pass judgment *on* ▪ قضى أنْ *qaḍā ʔan* order that... ◊ قضى القاضي أن يتم حبس المجرم. *The judge ordered that the convict be detained.* • *v.intr.* destroy على, wipe out, put an end *to* ◊ قضى المبيد على البراغيث. *The insecticide wiped out the fleas.*

قضيب *qaḍīb n.* |*pl.* قضبان *quḍbān*| • bar, stick ▪ وراء القضبان *warāʔa -lquḍbān*^{i} *adv.* behind bars • penis

قضية *qaḍīyaᵗ n.* |*pl.* ***invar.*** قضايا *qaḍāyā*| • issue, matter, cause, affair ▪ القضية الفلسطينية *alqaḍīyaᵗ alfilastīnīyaᵗ* the Israeli–Palestinian conflict • case, suit ▪ رفع قضية ضد *rafa3a qaḍīyaᵗ ḍidda v.* bring a case against

قط *qaṭṭ*^{u} *adv.* • only • [negative +] have never *(done)*, had never *(done)* ◊ لم أر قط شيئا كهذا. *I have never seen anything like this.*

قط *qiṭṭ n.* |*pl.* قطط *qiṭaṭ*| • cat, tomcat

قطار *qiṭār n.* |*pl.* قطارات *qiṭārāt* or قطر *quṭur*| • train, locomotive

قطارة *qaṭṭāraᵗ n.* • dropper

قطاع *qiṭā3 n.* • sector, industry ▪ قطاع خاص *qiṭā3 xāṣṣ* private sector ▪ قطاع عام *qiṭā3 3āmm* public sector ▪ قطاع غزة *qiṭā3 · ɣazzaᵗ* the Gaza Strip ➡ ***map on p. 229***

قطب *quṭb n.* |*pl.* أقطاب *ʔaqṭāb*| • axis, pole ▪ القطب الجنوبي *alquṭb aljanūbīʸ* the South Pole ▪ القطب الشمالي *alquṭb aššamālīʸ* the North Pole

قطبي *quṭbīʸ adj.* • polar ▪ المنطقة القطبية الشمالية *almintaqaᵗ alquṭbīyaᵗ aššamālīyaᵗ n.* the Arctic

قطة *qiṭṭaᵗ n.* • *(female)* cat

قطر *qaṭara v.intr.* |*1s3* يقطر *yaqṭur*^{u} | قطر *qaṭr* or قطران *qaṭarān*| • drip, trickle

قطر *qaṭr* • *n.** dripping • *coll. n.* |*sing.* قطرة *qaṭraᵗ* | *pl.* قطرات *qaṭ(a)rāt*| drops ▪ قطرة مطر *qaṭrat · maṭar* rain drop

قطر *qaṭṭara v.tr.* |*2s* يقطر *yuqaṭṭir*^{u} | تقطير *taqṭīr*| • distill, strain, purify • drip, dribble

قطر *quṭr n.* |*pl.* أقطار *ʔaqṭār*| • region, district, quarter ▪ قطر دائرة *quṭr · dāʔiraᵗ* diameter ▪ نصف قطر *nuṣf · quṭr* radius

قطر *qaṭar n.* ***f. dip.*** • Qatar ➡ ***map on the next page***

قطري *qaṭarīʸ adj. & n.* • Qatari

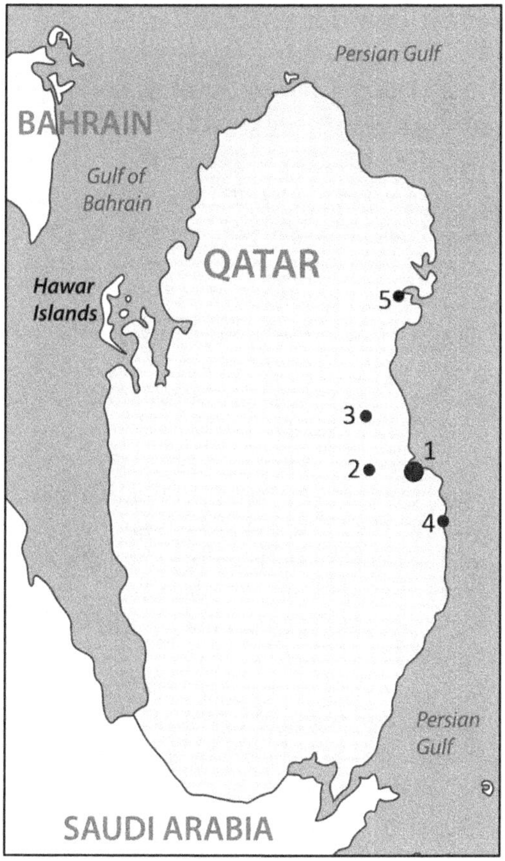

map of Qatar

1. الدوحة *addawḥa^{t}* Doha
2. الريان *arrayyān* Al Rayyan
3. أم صلال *ʔumm · ṣalāl* Umm Salal Mohammed
4. الوكرة *alwakra^{t}* Al Wakrah
5. الخور *alxawr* Al Khor

قطري *quṭrī^{y} adj.* • regional

قطرية *quṭrīya^{t} n.* • regionalism

قطع *qaṭ3 n.*⋆ • cutting ▪ قطعا *qaṭ3an adv.* definitely, for certain ◊ نعم، قطعا! *Yes, definitely!* ◊ قطعا لا! *Certainly not!* ▪ بقطع النظر عن *bi-qaṭ3^{i} -nnaẓar^{i} 3an* without regard for, regardless of

قطع *qaṭa3a v.* |1s1 يقطع *yaqṭa3^{u}* | قطع *qaṭ3*| • cut ▪ قطع إلى نصفين *qaṭa3a ʔilā niṣfiayn^{i}* cut into halves ▪ قطع رأسه *qaṭa3a raʔs^{a}hu* behead • be certain *of* بـ, say with certainty ▪ قطع بأنّ *qaṭa3a bi-ʔanna* be sure that... ◊ قطع بأن الخادم هو السارق. *He was sure that the butler is the thief.*

قطع *qaṭṭa3a v.tr.* |2s يقطع *yuqaṭṭi3^{u}* | تقطيع *taqṭī3*| • cut up, chop up

قطعة *qiṭ3a^{t} n.* |pl. قطع *qiṭa3*| • piece ▪ قطعة قطعة *qiṭ3atan qiṭ3atan adv.* piece by piece

قطعة *quṭ3a^{t} n.* |pl. قطعات *quṭ(u)3āt*| • *(land)* plot, lot, parcel

قطف *qaṭafa v.tr.* |1s2 يقطف *yaqṭif^{u}* | قطف *qaṭf*| • pick (flowers, fruit, etc.) • reap, harvest

قطن *quṭn n.* |pl. أقطان *ʔaqṭān*| • cotton ⓘ *The English word 'cotton' has been borrowed from this Arabic word.*

قطيرة *quṭayra^{t} n. diminutive* • droplet

قطيطة *quṭayṭa^{t} n. diminutive* • kitten

قطيع *qaṭī3 n.* |pl. قطعان *quṭ3ān*| • group (of animals), flock, herd, etc.

القطيف *alqaṭīf n.* **f. dip.** • *(city in Saudi Arabia, just north of Dammam)* Qatif ➡ ***map on p. 166***

قعد *qa3ada v.intr.* |1s3 يقعد *yaq3ud^{u}* | قعود *qu3ūd*| • sit, sit down, be seated

قعدة *qa3da^{t} n.* • ذو القعدة *ḏū -lqa3da^{ti}* Dhu Al Qa'da (eleventh month of the Islamic calendar) ▪ ذو الحجة *ḏū -lḥijja^{ti}* Dhu Al Hijja (twelfth month of the Islamic calendar) ➡ ***The Islamic Calendar p. 324***

قفا *qafā n.* **m.** or **f. invar.** |pl. أقفية *ʔaqfiya^{t}* or أقفاء *ʔaqfāʔ*| • nape of the neck, back of the head

قفا *qafā v.tr.* |1d3 يقفو *yaqfū* | قفو *qafw*| • follow, chase

قفاز *quffāz n.* • glove, mitten ▪ زوج من القفازات *zawj min^{a} -lquffāzāt* pair of gloves

قفز *qafaza v.intr.* |1s2 يقفز *yaqfiz^{u}* | قفز *qafz*| • jump ▪ قفز بالمظلة *qafaza bi-lmaẓalla^{ti} v.* parachute, skydive

قفزة *qafza^{t} n.* |pl. قفزات *qaf(a)zāt*| • jump

قفص *qafaṣ n.* |pl. أقفاص *ʔaqfāṣ*| • cage ▪ قفص صدري *qafaṣ ṣadrī^{y}* rib cage

قفصة *qafṣa^{t} n.* **dip.** • *(city in Tunisia)* Gafsa ➡ ***map on p. 95***

قفطان *quftān n.* |pl. **dip.** قفاطين *qafāṭīn*| • caftan

قفل *qufl n.* |pl. أقفال *ʔaqfāl*| • lock, padlock ▪ فتح قفلباب *fataḥa qufl · bāb v.* unlock a door

قفير *qafīr n.* |pl. **dip.** قفائر *qafāʔir*| • beehive

قل *qalla v.intr.* |1g2 يقل *yaqill^{u}* | قلة *qilla^{t}* or قل *qill*| • be less *than* عن ▪ لا يقل عن *lā yaqill^{u} 3an* no less than • decrease, diminish

قلاح *qulāḥ n.* • *(tooth)* plaque

قلادة *qilāda^{t} n.* |pl. **dip.** قلائد *qalāʔid*| • necklace

قلاية *qallāya^{t} n.* • deep fryer

قلب *qalaba v.tr.* |1s2 يقلب *yaqlib^{u}* | قلب *qalb*|

• invert, turn over, turn upside down, tip over • turn inside out • turn backward • topple, overthrow, ouster, subvert

قلب *qalb n.*★ |*pl.* قلوب *qulūb*| • heart ▪ طب القلب (والأوعية الدموية) *ṭibb · alqalb^i (wa-lʔaw3īya^ti addamawīya^ti)* cardiology ▪ طبيب قلب (وأوعية دموية) *ṭabīb · qalb (waʔaw3īya^t damawīya^t)* cardiologist ▪ طيب القلب *ṭayyib · alqalb^i*, أبيض القلب *ʔabyaḍ · alqalb^i adj.* kind-hearted

قلب *qallaba v.tr.* |*2s* يقلب *yuqallib^u* | تقليب *taqlīb*| • invert, turn (over), turn upside down, tip over ▪ قلب صفحات *qallaba ṣafaḥāt* turn pages • turn inside out • turn backward • topple, overthrow, ouster, subvert • stir

قلبي *qalbī^y adj.* • heart-, cardiac, cardio- ▪ قلبي وعائي *qalbī^y wi3āʔī^y* cardiovascular

قلة *qilla^t n.*★ |*pl.* قلل *qilal*| • lack, scarcity ▪ قلة أدب *qillat · ʔadab* impoliteness, rudeness ▪ قلة اهتمام *qillat · ihtimām* lack of interest ▪ قلة خبرة *qillat · xibra^t* inexperience

قلد *qallada v.tr.* |*2s* يقلد *yuqallid^u* | تقليد *taqlīd*| • imitate, copy • decorate *sb* ٥ *with (a medal, etc.)* ٥, award ◊ قلده وساما. *They awarded him with a trophy.*

قلص *qalaṣa v.intr.* |*1s2* يقلص *yaqliṣ^u* | قلوص *qulūṣ*| • shrink

قلص *qallaṣa v.tr.* |*2s* يقلص *yuqalliṣ^u* | تقليص *taqlīṣ*| • contract, constrict • shrink

قلع *qala3a v.tr.* |*1s1* يقلع *yaqla3^u* | قلع *qal3*| • take off (clothes) • pull out, extract ▪ قلع سنا *qala3a sinnan* pull a tooth

قلعة *qal3a^t n.* |*pl.* قلاع *qilā3*| • castle, citadel, fortress ▪ قلعة رمال *qal3at · rimāl* sand castle • *(chess)* rook

قلفة *qulfa^t n.* |*pl.* قلف *qulaf*| • foreskin

قلق *qalaq n.*★ • worry, anxiety

قلق *qaliq adj.* |*elat.* أكثر قلقا *ʔakṯar qalaqan*| • worried, anxious

قلق *qaliqa v.intr.* |*1s4* يقلق *yaqlaq^u* | قلق *qalaq*| • worry *about* على ◊ لا تقلق! *Don't worry!*

قلل *qallala v.tr. & intr.* |*2s* يقلل *yuqallil^u* | تقليل *taqlīl*| • reduce (من), lessen, minimalize

قلم *qalam n.* |*pl.* أقلام *ʔaqlām*| • pen ▪ قلم حبر *qalam · ḥibr* fountain pen ▪ قلم حبر جاف *qalam · ḥibr jāff* ballpoint pen ▪ قلم رصاص *qalam · raṣāṣ* pencil ▪ __ بقلم *bi-qalam^i* __ written by __ ▪ قلم خطاط *qalam · xaṭṭāṭ* marker pen, felt-tip pen

قلم *qallama v.tr.* |*2s* يقلم *yuqallim^u* | تقليم *taqlīm*| • clip, trim • stripe

قلما *qallamā adv.* • rarely, seldom ◊ قلما يخطئ. *He rarely makes a mistake.* • hardly, barely

قلنسوة *qalansuwa^t n.* |*pl.* قلنسوات *qalansuwāt* or ***dip.*** قلانس *qalānis*| • *(hat)* cap

قلى *qalā v.tr.* |*1d2* يقلي *yaqlī* | قلي *qalī^y*| • fry

قليل *qalīl adj.* |*m. pl.* ***dip.*** قلائل *qalāʔil* or ***dip.*** أقلاء *ʔaqilāʔ* | *elat.* أقل *ʔaqall*| • little, few ▪ قليل الحظ *qalīl · alḥaẓẓ^i* unlucky ▪ قليل الخبرة *qalīl · alxibra^ti* inexperienced ▪ قليل الذكاء *qalīl · aḏḏakāʔ^i* unintelligent ▪ قليلا *qalīlan adv.* a little, not much ▪ قليلا قليلا *qalīlan qalīlan adv.* little by little ▪ قليلا ما *qalīlan mā adv.* rarely, seldom ▪ القليل من __ *alqalīl min* __ a few __ ▪ بقليل *bi-qalīl^in adv.* by very little, just over ◊ بعد شهرين بقليل *just over two months ago* ◊ بعد سنة بقليل *in just over a year*; [elative +] a little more ◊ أكثر بقليل *a little more* ▪ بعد قليل *ba3da qalīl^in adv.* after a while ▪ قبل قليل *qabla qalīl^in* just (now), a little while ago ▪ في الأيام القليلة المقبلة *fī -lʔayyām^i -lqalīla^ti -lmuqbila^ti adv.* in the next few days ▪ في السنوات القليلة الماضية *fī -ssanawāt^i -lqalīla^ti -lmāḍiya^ti adv.* in the last few years

قمار *qimār n.* • gambling

قماش *qumāš n.* |*pl.* أقمشة *ʔaqmiša^t*| • cloth, fabric

قمامة *qumāma^t n.* • garbage, waste ▪ صندوق قمامة *ṣandūq · qumāma^t* garbage can (UK: rubbish bin), dumpster ▪ كوم قمامة *kawm · qumāma^t* pile of trash (UK: rubbish heap), garbage heap ▪ مكب قمامة *mikabb · qumāma^t* landfill

قمة *qimma^t n.* |*pl.* قمم *qimam*| • summit, peak, apex • *(meeting)* summit ▪ قمة ثلاثية *qimma^t tulātīya^t* trilateral summit

قمح *qamḥ n.* • wheat

قمر *qamar n.* |*pl.* أقمار *ʔaqmār*| • moon, satellite ▪ القمر *alqamar* the Moon ▪ قمر صناعي *qamar ṣinā3ī^y* artificial satellite

قمرة *qamra^t n.* |*pl.* قمرات *qam(a)rāt*| • cabin ▪ قمرة قيادة *qamrat · qiyāda^t* cockpit

قمري *qamarī^y adj.* • lunar, moon- ▪ تقويم قمري *taqwīm qamarī^y n.* lunar calander ▪ حرف قمري *ḥarf qamarī^y* moon letter ➡ ***Sun and Moon Letters p. 39***

قمري *qumurī^y adj. & n.* • Comorian

قمري *qumurī^y adj. & n.* • Comorian

قمع *qam3 n.*★ • , suppression, repression, retreat

قمع *qama3a v.tr.* |*1s1* يقمع *yaqma3^u* | قمع *qam3*|

• suppress, repress, restrain

قمل *qaml coll. n.* |*sing.* قملة *qamla*| • lice

قميص *qamīṣ n.* |*pl.* قمصان *qumṣān*| • shirt ▪ قميص نوم *qamīṣ · nawm* nightgown

قن *qunn n.* |*pl.* قنان *qinān*| • chicken coop

قنا *qinā n. **f. invar.*** • *(city in Egypt)* Qena ***➡ map on p. 287***

قناة *qanāt n. **f.*** |*pl.* قنوات *qanawāt*| • *(water)* canal, channel ▪ القناة الإنجليزية *alqanāt alʔingilīzīyat* the English Channel • *(TV)* channel ▪ قناة فضائية *qanāt faḍāʔīyat* satellite channel

قناص *qannāṣ n.* |*pl.* قناصة *qannāṣat*| • marksman, sharpshooter, sniper

قناع *qinā3 n.* |*pl.* أقنعة *ʔaqni3at*| • mask

قناعة *qanā3at n.** • satisfaction

قنب *qinnab* or *qunnab n.* • hemp, flax

قنبل *qanbala v.tr.* |*11s* يقنبل *yuqanbilᵘ* | قنبلة *qanbalat*| • bomb, shell

قنبلة *qunbulat n.* |*pl.* ***dip.*** قنابل *qanābil*| • bomb ▪ قنبلة ذرية *qunbulat ḍarrīyat* atomic bomb ▪ قنبلة موقوتة *qunbulat mawqūtat* time bomb ▪ قنبلة نووية *qunbulat nawawīyat* nuclear bomb ▪ قنبلة يدوية *qunbulat yadawīyat* grenade

قندس *qundus n.* |*pl.* ***dip.*** قنادس *qanādis*| • beaver

قنديل *qandīl* or *qindīl n.* |*pl.* ***dip.*** قناديل *qanādīl*| • lantern ▪ قنديل بحر *qandīl · baḥr* jellyfish

قنصل *qunṣul n.* |*pl.* ***dip.*** قناصل *qanāṣil*| • consul

قنصلي *qunṣulīy adj.* • consular

قنصلية *qunṣulīyat n.* • consulate

قنطار *qinṭār n.* |*pl.* ***dip.*** قناطير *qanāṭīr*| • *(unit of weight)* qintar

قنطرة *qanṭarat n.* |*pl.* ***dip.*** قناطر *qanāṭir*| • arch

قنع *qani3a v.intr.* |*1s4* يقنع *yaqna3ᵘ* | قناعة *qanā3at*| • be satisfied *with* بـ, be content

قنع *qanna3a v.tr.* |*2s* يقنع *yuqanni3ᵘ* | تقنيع *taqnī3*| • mask, conceal

قنفذ *qunfuḍ n.* |*pl.* ***dip.*** قنافذ *qanāfiḍ*| • hedgehog ▪ قنفذ بحر *qunfuḍ · baḥr* sea urchin

القنيطرة *alqanīṭrat n.* • *(city in Morocco)* Kenitra ***➡ map on p. 294***

قنينة *qinnīnat n.* |*pl.* ***def.*** قنان *qanān(in)*| • bottle ▪ قنينة بلاستيك *qinnīnat · blāstīk* plastic bottle

قهر *qahara v.tr.* |*1s1* يقهر *yaqharᵘ* | قهر *qahr*| • conquer, defeat • subdue, overpower, overwhelm

قهوة *qahwat n.* |*pl.* قهوات *qah(a)wāt*| • coffee ▪ قهوة عربية *qahwat 3arabīyat* Arabic coffee, Turkish coffee ▪ قهوة سادة *qahwat sādat* Turkish coffee with no sugar ▪ قهوة على الريحة *qahwat 3alā -rrīḥat* Turkish coffee with litle sugar ▪ قهوة مظبوطة *qahwat maẓbūṭat* Turkish coffee with sugar ▪ قهوة سكر زيادة *qahwat · sukkar · ziyādat* Turkish coffee with extra sugar ⓘ *The English word 'coffee' has indirectly been borrowed from this Arabic word via Turkish.*

قواد *qawwād n.* • pimp

قوة *quwwat n.** |*pl.* قوات *quwwāt* or ***indecl.*** قوى *quw(an)*| • strength, force ▪ قوى عاملة *quwā · 3āmilat pl. n.* workforce ▪ قوات *quwwāt pl. n.* forces ▪ قوات جوية *quwwāt jawwīyat* air force ▪ قوات حماية مدنية *quwwāt ḥimāyat · madīnat* fire brigade ▪ قوات أمن *quwwāt · ʔamn* security forces ▪ بالقوة *bi-lquwwatin adv.* by force ▪ في قوة *fī quwwatin* strongly; loudly ▪ لا حول ولا قوة إلا بالله *lā ḥawlᵃ wa-lā quwwatᵃ ʔillā bi-LLāhⁱ* There is no power nor strength except in God.

قوت *qūt n.** |*pl.* أقوات *ʔaqwāt*| • food, nourishment

قوس *qaws n.* |*pl.* أقواس *ʔaqwās*| • arch, arc ▪ قوس قزح *qaws · quzaḥ* rainbow • parenthesis ▪ بين قوسين *bayna qawsaynⁱ adv.* in parentheses • برج القوس *burj · alqawsⁱ* ***(astrology)*** Sagittarius ▪ أنا من برج القوس. *ʔana min burjⁱ -lqawsⁱ* I'm a Sagittarius.

قوس *qawwasa v.tr.* |*2s* يقوس *yuqawwisᵘ* | تقويس *taqwīs*| • bend

قوقع *qawqa3 coll. n.* |*sing.* قوقعة *qawqa3at* | *pl.* ***dip.*** قواقع *qawāqi3*| • shells • snails

قول *qawl n.** |*pl.* أقوال *ʔaqwāl*| • speech, utterance ▪ أدلى بأقواله *ʔadlā bi-ʔiqwālⁱhi v.* testify, give testimony

قوم *qawm n.* |*pl.* أقوام *ʔaqwām*| • people, nation • group

قوم *qawwama v.tr.* |*2s* يقوم *yuqawwimᵘ* | تقويم *taqwīm*| • arrange, set up • estimate *sth* ∘ *at* بـ, value, rate, appraise

قومي *qawmīy* • *adj.* national, people's • *n.* nationalist

قومية *qawmīyat n.* • nationalism

قوى *qawwā v.tr.* |*2d* يقوي *yuqawwī* | تقوية *taqwiyat*| • strengthen, fortify, reinforce ▪ ورق مقوى *waraq muqaww(an) n.* cardboard

قوي *qawīy adj.* |*m. pl.* ***dip.*** أقوياء *ʔaqwiyāʔ* | *elat.* ***invar.*** أقوى *ʔaqwā*| • strong, powerful

قوي *qawiya v.intr.* |*1d4* يقوى *yaqwā* | قوة *quwwat*|

• become strong

قيء *qayʔ n.* • vomit, throw-up

قيادة *qiyāda^t n.*★ • leadership ▪ بقيادة *bi-qiyādat^i prep.* under the leadership of • steering ▪ عجلة قيادة *3ajalat · qiyāda^t* steering wheel

قيادي *qiyādī^y adj.* • leading, main

قياس *qiyās n.*★ |*pl.* أقيسة *ʔaqyisa^t*| • measurement, size ▪ قياسا بـ *qiyāsan bi- prep.* in comparison with ▪ غرفة قياس *ɣurfat · qiyās* fitting room • qiyas (method of Islamic analogy)

قياسي *qiyāsī^y adj.* • comparable, analogous ▪ رقم قياسي *raqm qiyāsī^y n.* record

قيام *qiyām n.*★ • performance *of* بـ • occurrence

قيامة *qiyāma^t n.* • resurrection ▪ عيد القيامة *3īd · alqiyāma^{ti}* Easter ▪ يوم القيامة *yawm · alqiyāma^{ti}* Judgment Day

قيد *qayd n.* |*pl.* قيود *quyūd*| • shackle, bond, chain • restriction ▪ فرض قيودا على *faraḍa quyūdan 3alā v.* impose restrictions *on* ▪ بقي على قيد الحياة *baqiya 3alā qayd^i -lḥayā^{ti} v.* survive, continue to live • record, entry ▪ قيد يومية *qayd · yawmīya^t* diary entry

قيد *qayda prep.* • in the process of, under ▪ قيد الإنشاء *qayda -lʔinšāʔ^i adv.* under construction ▪ قيد التوقيف *qayda -ttawfīq^i adv.* under arrest

قيد *qayyada v.tr.* |*2s* يقيد *yuqayyid^u* | تقييد *taqyīd*| • bind, tie up • restrict, confine, limit

القيروان *alqayrawān n.* ***f.*** • *(city in Tunisia)* Kairouan ➡ ***map on p. 95***

قيل وقال *qīl wa-qāl n.* • gossip

قيم *qayyama v.tr.* |*2s* يقيم *yuqayyim^u* | تقييم *taqyīm*| • value, assess

قيم *qayyim adj.* • |*elat.* أقيم *ʔaqyam*| valuable • |*elat.* أقوم *ʔaqwam*| straight, right

قيمة *qīma^t n.* |*pl.* قيم *qiyam*| • value, worth, quality ▪ قيم *qiyam pl. n.* morals, ethics ▪ ذو قيمة *ḏū qīma^{tin}*, له قيمة *la-hu qīma^{tun}* of value ▪ لا قيمة له *lā qīma^{ta} lahu* worthless

قيمي *qīmī^y adj.* |*elat.* أقيم *ʔaqyam*| • value-

ك

ك *kāf n.* ***f.*** |كاف| • *(twenty-second letter of the Arabic alphabet)* • *(numerical value)* 20
➡ ***The Abjad Numerals p. 108***

كـ *ka- particle prefix* • as, like, such as ▪ كالتالي *ka-ttālī[y] adv.* as follows ▪ كلا *ka-llā* No!

ـك *-ka sing.* ***m.*** *second-person possessive pronoun suffix* • [noun +] your ◊ بيتك *your house* • *sing.* ***m.*** *second-person personal pronoun suffix* [verb or preposition +] you ◊ .أحبك *I love you.* ◊ منك *from you* ➡ ***Suffixed Personal Pronouns p. 192***

ـكِ *-ki sing.* ***f.*** *second-person possessive pronoun suffix* • [noun +] your ◊ بيتكِ *your house* • *sing.* ***f.*** *second-person personal pronoun suffix* [verb or preposition +] you ◊ .أحبكِ *I love you.* ◊ إليكِ *to you* ➡ ***Suffixed Personal Pronouns p. 192***

كآبة *kaʔāba[t] n.*★ • depression, gloom, melancholy

كابتشينو *kābutšīnō n.* ***invar.*** • cappuccino

كابتن *kābtin n.* • captain

كابل *kābl n.* • cable

كابوس *kābūs n.* |*pl.* ***dip.*** كوابيس *kawābīs*| • nightmare

كابول *kābūl n.* ***f.*** • *(capital of Afghanistan)* Kabul

كاتب *kātaba v.tr.* |*3s* يكاتب *yukātib[u]* | مكاتبة *mukātaba[t]*| • correspond *with*, write letters *to*

كاتب *kātib act. part. n.* |*pl.* كتاب *kuttāb*| • writer, author • clerk

كاتدرائية *kātidrāʔīya[t] n.* • cathedral

كاثوليكي *kātūlīkī[y] adj. & n.* • Catholic

كاثوليكية *kātūlīkīya[t] n.* • Catholicism

كاجو *kājū n.* ***invar.*** |*pl.* كاجوهات *kājūhāt*| • cashew

كاحل *kāḥil n.* |*pl.* ***dip.*** كواحل *kawāḥil*| • ankle

كاد *kāda v.* |*1h2* يكيد *yakīd[u]* | كيد *kayd* or مكيدة *makīda[t]*| • *v.tr.* deceive, cheat, defraud • *v.intr.* conspire *against* لـ

كاد *kāda v.intr.* |*1h1* يكاد *yakād[u]* | كيد *kayd*| • [+ indicative] be about to *(do)*, almost ▪ كاد أنْ *kāda ʔan* be about to *(do)*; almost ◊ كدنا أن نصل إلى البيت. *We're almost home.* ◊ كدت أن أموت. *I almost died.* • [+ negative indicative] hardly, barely ◊ أكاد لا أعرفك. *I hardly recognize you.* ◊ أكاد لا أسمعك. *I can hardly hear you.* ▪ ما كاد *mā kāda* hardly, barely ◊ ما كدت أنتهي من عملي. *I had barely finished my work.* ▪ ما كاد … حتى *mā kāda… ḥattā* no sooner… than… ◊ ما كدت أجلس على مكتبي حتى دق جرس الهاتف. *No sooner had I sat down at my desk than the phone rang.*

كادر *kādir n.* |*pl.* ***dip.*** كوادر *kawādir*| • cadre

كاذب *kāđib act. part.* |كاذبون *kāđibūn[a]* or كذبة *kađaba[t]*| • *n.* liar • *adj.* |*elat.* أكذب *ʔakđab*| untruthful

كارث *kārit adj.* |*elat.* أكثر كارثية *ʔaktar kāritīya[tan]*| • disastrous, catastrophic, tragic

كارثة *kārita[t] n.* |*pl.* ***dip.*** كوارث *kawārit*| • disaster, catastrophe, tragedy ▪ كارثة طبيعية *kārita[t] ṭabīʕīya[t]* natural disaster

كارثي *kāritī[y] adj.* • disastrous, catastrophic, tragic

كارم *Kārim man's name* • Karem, Karim

كاره *kārih act. part. adj.* |*elat.* أكثر كرها *ʔaktar kurhan*| • averse, hateful

كاروانسرا *kārawānsirā n.* ***invar.*** • caravanserai (historically, roadside inn for travelers and stables for their horses or camels)

Khan al-Umdan caravanserai in Acre, Israel

كارى *kārā v.tr.* |*3d* يكاري *yukārī* | مكاراة *mukārā[t]*| • rent out

كاريبي *kārībī[y] adj.* • Caribbean ▪ الكاريبي *alkārībī[y] n.* the Caribbean

كاريكاتوري *kārīkātūrī[y] adj.* • cartoon-, animated ▪ رسم كاريكاتوري *rasm kārīkātūrī[y] n.* caricature, cartoon ▪ فيلم كاريكاتوري *film kārīkātūrī[y] n.* cartoon, animated film

كاز *kāz n.* • kerosene

كازينو *kāzīnō n.* ***invar.*** |*pl.* كازينوهات *kāzīnōhāt*|

• casino

كأس *kaʔs n.* ***f.*** |*pl.* كؤوس *kuʔūs*| • cup, drinking glass • cup, trophy, tournament ▪ كأس العالم لكرة القدم *kaʔs · al3ālamⁱ li-kuratⁱ -lqadamⁱ* the Football World Cup

كاسيت *kāsīt*, كاست *kāsitt n.* • cassette

كاشو *kāšū n.* ***invar.*** |*pl.* كاشوهات *kāšūhāt*| • cashew

كاف *kāf n.* ***f.*** ➡ **ك** ***p. 245***

كاف *kāf(in) act. part. adj.* ***def.*** |*m. pl.* كفاة *kufāᵗ* | *elat.* ***invar.*** أكفى *ʔakfā*| • enough, sufficient, adequate

كافأ *kāfaʔa v.tr.* |*3s(c)* يكافئ *yukāfiʔᵘ* | مكافأة *mukāfaʔaᵗ*| • reward *sb* ه *for* لـ, recompense

كافة *kāffaᵗ act. part. n.* • [+ genitive noun] all ◊ في كافة الدول العربية *in all Arab countries* ▪ كافة *kāffatan adv.* altogether

كافتيريا *kāfetayriyā n.* ***invar.*** • cafeteria

كافح *kāfaḥa v.tr.* |*3s* يكافح *yukāfiḥᵘ* | مكافحة *mukāfaḥaᵗ*| • struggle *against*

كافر *kāfir act. part. n.* |*pl.* كفار *kuffār*| • kafir, non-believer, infidel, atheist

كاكاو *kākāw n.* ***invar.*** • cocoa

كالم *kālama v.tr.* |*3s* يكالم *yukālimᵘ* | مكالمة *mukālamaᵗ*| • speak *with*, have a conversation *with* • speak *to*, give a speech *to*

كامل *kāmil act. part. adj.* |*elat.* أكمل *ʔakmal*| • entire, whole, complete, full ◊ عاما كاملا *for a whole year* ▪ بالكامل *bi-lkāmilⁱ*, بكاملها *bi-kāmilⁱhā* totally, completely, wholly, absolutely, in full ◊ أوافق بالكامل على كلامه. *I completely agree with what he says.* ▪ امتثال كامل *imtitāl kāmil n.* full compliance • perfect • *man's name* Kamel, Kamil

كامن *kāmin act. part. adj.* |*elat.* أكمن *ʔakman*| • hidden, concealed ▪ سر كامن *sirr kāmin* hidden secret

كاميرا *kāmerā n.* ***invar.*** • camera ▪ كاميرا رقمية *kāmerā raqmīyaᵗ* digital camera

الكاميرون *alkāmīrūn n.* • Cameroon

كاميروني *kāmīrūnīʸ adj. & n.* • Cameroonian

كان *kāna v.intr.* |*1h3* يكون *yakūnᵘ* | كون *kawn*| [+ predicate in the accusative] • be (am, is, are, was, were, been) ◊ كان مريضا. *He was sick.* ◊ أريد أن أكون مليونيرا. *I want to be a millionaire.* ▪ كان *kāna* [+ indicative] used to *(do)*, would *(do)* ◊ كنا نعيش في الرياض. *We used to live in Riyadh.* ◊ في طفولتي كنت ألعب مع أصدقائي في الحديقة. *When I was a child, I would play in the garden with my friends.*; was *(do)ing* ◊ أنا كنت أقرأ كتابا عندما رن الهاتف. *I was reading a book when the phone rang.* ▪ كان *kāna* [+ active participle] was *(do)ing* ◊ بينما كنت نائما *while you were sleeping* ▪ كان (قد) *kāna (qad)* [+ perfect] had *(done)* ◊ قبضت الشرطة على الرجل الذي كان قد سرق حقيبتي. *The police arrested the man who had stolen my bag.* ▪ كان سـ *kāna sa* [+ indicative] was going to *(do)* ◊ هذا بالذات ما كنت سأقوله. *That's precisely what I was going to say.*; would have *(done)* ▪ سيكون *sa-yakūnᵘ* [+ indicative or active participle] will be *(do)ing* ◊ ستكون تعمل حتى الساعة السادسة. *She will be working until 6 o'clock.* ◊ ستكونون نائمين عندما نصل. *You will be sleeping when we arrive.* ▪ يكون (قد) *yakūnᵘ (qad)*, سيكون (قد) *sa-yakūnᵘ qad* [+ perfect] will have *(done)* ◊ سأكون قد أكملت المشروع قبل الموعد النهائي. *I will have finished the project by the deadline.* ▪ كان ما كان *kāna mā kāna* once upon a time

Kāna and Her Sisters

This group of verbs requires that the predicate be in the accusative case:

كان *kāna* be
ليس *laysa* not be
صار *ṣāra* become
أصبح *ʔaṣbaḥa* become
أضحى *ʔaḍḥā* become
أمسى *ʔamsā* become
ظل *ẓalla* become
بات *bāta* become

كأنّ *ka-ʔanna*, وكأن *wa-ka-ʔanna*, كأنما *ka-ʔannamā conj.* [+ accusative noun or pronoun suffix] • as if, as though ▪ كأن شيئا لم يكن *ka-anna šayʔan lam yakun* as if nothing had happened

كان وأخواتها *kāna wa-ʔaxawātᵘhā pl. n.* • Kāna and her sisters

كانون *kānūn n.* ***dip.*** • كانون الأول *kānūn alʔawwal* December ▪ كانون الثاني *kānūn attānīʸ* January ➡ ***The Months p. 181***

كائن *kāʔin act. part. adj.* • existing • *n.* being, creature ▪ كائن حي *kāʔin ḥayy* (living) creature

كباب *kabāb n.* • kebab

كبب *kabbaba v.tr.* |*2s* يكبب *yukabbibᵘ* | تكبيب *takbīb*| • form a ball out of, agglomerate

كبح *kabaḥa v.intr.* |*1s1* يكبح *yakbaḥᵘ* | كبح *kabḥ*| • restrain *from* عن, hold back • *(vehicle)* brake

كبح *kabḫ n.** • restraint ▪ دواسة كبح *dawwāsat · kabḫ* brake pedal

كبد *kabd* or *kabid n.* |*pl.* أكباد *ʔakbād* or كبود *kubūd*| • liver

كبر *kabbara v.* |*2s* يكبر *yukabbir*[u] | تكبير *takbīr*| • *v.tr.* enlarge, magnify • *v.intr.* call out 'God is great!' (الله أكبر)

كبر *kibar n.** • largeness • old age

كبر *kibr n.* • pride, arrogance • greatness

كبر *v.* • *kabura v.intr.* |*1s6* يكبر *yakbur*[u] | كبر *kibar*| grow, get bigger • become great • *kabira v.intr.* |*1s4* يكبر *yakbar*[u] | كبر *kibar*| grow old • *v.tr.* be older *than* ه *by* بـ ◊ تزوجت من رجل يكبرها بعشر سنوات. *She married a man who is ten years older than her.*

كبريت *kibrīt* • *n.* sulfur • *coll. n.* |*sing.* كبريتة *kibrīta*[t]| matches ▪ عود كبريت *3ūd · kibrīt* match stick

كبريتات *kibrītāt n.* • sulfate

كبس *kabasa v.intr.* |*1s2* يكبس *yakbis*[u] | كبس *kabs*| • squeeze على, press, put pressure *on*

كبس *kabs n.** • squeeze, pressure

كبسولة *kabsūla*[t] *n.* • capsule ▪ كبسولة زمن *kabsūlat · zaman* time capsule

كبش *kabš n.* |*pl.* أكباش *ʔakbāš* or كباش *kibāš*| • *(animal)* ram ▪ كبش فداء *kabš · fidāʔ* scapegoat

كبل *kabl n.* |*pl.* كبلات *kablāt* or كبول *kubūl*| • cable

كبوة *kabwa*[t] *n.* • blunder, misstep

كبير *kabīr* |*pl.* كبار *kibār* | *elat.* أكبر *ʔakbar*| • *adj.* big, large • old ▪ كبير السن *kabīr · assinn*[i], كبير سنا *kabīr sinnan* old, elderly ▪ كبار السن *kibār · assinn pl. n.* the elderly • important • adult • *n.* senior ▪ كبير مسؤولين *kabīr · masʔūlīn*[a] high-ranking official

كبيس *kabīs adj.* • pickled

كتاب *kitāb n.* |*pl.* كتب *kutub*| • book ▪ كتاب مدرسي *kitāb madrasī*[y] textbook

كتابة *kitāba*[t] *n.** • script, writing • essay, (piece of) writing

كتابي *kitābī*[y] *adj.* • written, in writing, clerical ▪ امتحان كتابي *imtiḫān kitābī*[y] written test ▪ خطأ كتابي *xaṭaʔ kitābī*[y] clerical error

كتان *kattān n.* • flax

كتب *kataba v.tr.* |*1s3* يكتب *yaktub*[u] | كتابة *kitāba*[t]| • write *sth* ه *to* لـ, write down ◊ كتبت له رسالة طويلة. *I wrote him a long letter.* ▪ كتب بالحروف اللاتينية *kataba bi-lḫurūf*[i] *-llātīnīya*[ti] Romanize (lit. write in Latin letters) • write, author, compose, pen

كتب *kattaba v.tr.* |*2s* يكتب *yukattib*[u] | تكتيب *taktīb*| • make write

كتف *katif* or *kitif* or *kitf n. f.* |*pl.* أكتاف *ʔaktāf*| • shoulder

كتكوت *katkūt n.* |*pl. dip.* كتاكيت *katākīt*| • *(animal)* chick

كتل *kattala v.tr.* |*2s* يكتل *yukattil*[u] | تكتيل *taktīl*| • amass, pile together

كتلة *kutla*[t] *n.* |*pl.* كتل *kutal*| • *(weight)* mass • lump, chunk • bloc, coalition

كتوم *katūm adj.* • discreet

كتيب *kutayyib n. diminutive* • booklet, handbook

كتيبة *katība*[t] *n.* |*pl. dip.* كتائب *katāʔib*| • battalion

كثافة *katāfa*[t] *n.** • density, thickness ▪ كثافة سكانية *katāfa*[t] *sukkānīya*[t] population density • intensity

كثب *katab n.* • nearness, closeness, proximity, vicinity ▪ عن كثب *3an katab*[in] *adv.* close(ly), from a short distance

كثر *katura v.intr.* |*1s6* يكثر *yaktur*[u] | كثرة *katra*[t]| • abound, be numerous, be plentiful ▪ كثر خيره *katura xayr*[u]*hu* may *sb's* blessings abound • increase

كثر *kutr n.* • abundance, great number, large amount

كثرة *katra*[t] *n.* • abundance, great number, large amount ▪ كثرة من *katra*[t] *min* a lot of __ • increase

كثف *kattafa v.tr.* |*2s* يكثف *yukattif*[u] | تكثيف *taktīf*| • make thick, thicken, make dense, compress, concentrate, condense • consolidate

كثف *katufa v.intr.* |*1s6* يكثف *yaktuf*[u] | كثافة *katāfa*[t]| • thicken, become condensed

كثيب *katīb n.* |*pl.* كثبان *kutbān*| • dune

كثير *katīr adj.* |*m. pl.* كثار *kitār* | *elat.* أكثر *ʔaktar*| • a lot (of), many, much ▪ كثير عددا *katīr 3adadan* numerous ▪ كثيرا *katīran adv.* a lot; often, frequently, a lot ▪ كثيرا ما *katīran mā adv.* generally; frequently, often ▪ الكثير من __ *alkatīr min __*, كثير من __ *katīr min __* a lot of __ ▪ بكثير *bi-katīr*[in] [elative +] far more, much more, a lot more ◊ أسرع بكثير *much faster* ◊ أكبر بكثير *far bigger*

كثيف *katīf adj.* |*m. pl.* كثاف *kitāf* | *elat.* أكثف *ʔaktaf*| • dense, thick • intense, intensive

كح *kaḫḫa v.intr.* |*1g3* يكح *yakuḫḫ*[u] | كحة *kuḫḫa*[t]| • cough

ك

كحة *kuḥḥaᵗ n.* • cough

كحل *kuḥl n.* |*pl.* أكحال *ʔakḥāl*| • kohl, eyeliner ▪ يسرق الكحل من العين. *yasriqᵘ -lkuḥlᵃ minᵃ -l3aynⁱ* *proverb* (He's so deft that) he can steal the kohl off a woman's eyes.

كحلي *kuḥlīʸ adj.* • navy blue

كحول *kuḥūl n.* • alcohol ⓘ *The English word 'alcohol' has been borrowed from this Arabic word.*

كحولي *kuḥūlīʸ adj.* • alcoholic

كدح *kadaḥa v.intr.* |*1s1* يكدح *yakdaḥᵘ* | كدح *kadḥ*| • toil, labor, exert *oneself*

كدح *kadḥ n.*⋆ • toil, labor, exertion

كدس *kaddasa v.tr.* |*2s* يكدس *yukaddisᵘ* | تكديس *takdīs*| • accumulate, amass

كدم *kadama v.intr.* |*1s2/1s3* يكدم *yakdimᵘ* or *yakdumᵘ* | كدم *kadm*| • bruise

كدمة *kadmaᵗ n.* |*pl.* كدمات *kad(a)māt*| • bruise

كذا *ka-ḏā adv.* • like this, this way, thus, so ▪ أليس كذا؟ *ʔa-laysa ka-ḏā* Isn't that right?, ..., right? • also, too, as well • [noun +] so and so, such and such ▪ كذا وكذا *ka-ḏā wa-ka-ḏā* so and so, such and such ◊ ثم قال كذا وكذا. *Then he said so and so.*

كذاب *kaḏḏāb n.* • liar

كذب *kaḏaba v.intr.* |*1s2* يكذب *yakḏibᵘ* | كذب *kiḏb*| • lie *to* على, tell a lie

كذب *kiḏb n.*⋆ • lie ▪ الكذب داء والصدق شفاء. *alkiḏbᵘ dāʔᵘⁿ wa-ṣṣidqᵘ šifāʔᵘⁿ* *proverb* Lying is an illness; truthfulness its remedy.

كذلك *ka-ḏālika*, وكذلك *wa-ka-ḏālika adv.* • this way, like this, thus, so • also, too, as well, likewise, additionally ◊ كان رياضيا وكذلك كان أخوه. *He was athletic, and so was his brother.*

كذوب *kaḏūb adj.* |*pl.* كذب *kuḏub*| • dishonest

كراتشي *karātšī n. **f. invar.*** • *(city in Pakistan)* Karachi

كراسة *kurrāsaᵗ n.* |*pl.* كراسات *kurrāsāt* or ***dip.*** كراريس *karārīs*| • notebook • exercise book

كراكاس *karākās n. **f. invar.*** • *(capital of Venezuela)* Caracas

كرامة *karāmaᵗ n.* • dignity, respect, esteem ▪ كرامة إنسانية *karāmaᵗ ʔinsānīyaᵗ* human dignity

كراهية *karāhiyaᵗ n.* • hate, hatred ▪ كراهية أجانب *karāhiyat · ʔajānib* xenophobia

كربلاء *karbalāʔ n. **f. dip.*** • *(city in Iraq)* Karbala

➡ ***map on p. 206***

كربون *karbōn n.* • carbon

كرة *karraᵗ n.* • *(occurrence)* time ▪ كرة *karratan adv.* once ▪ كرتين *karrataynⁱ adv.* twice

كرة *kuraᵗ n.* |*pl.* ***indecl.*** كرات *kurāt* or كرى *kur(an)*| • ball ▪ كرة السلة *kurat · assallaᵗ* basketball ▪ كرة الطائرة *kurat · aṭṭāʔiraᵗⁱ* volleyball ▪ كرة القدم الأمريكية *kurat · alqadamⁱ -lʔamrīkīyaᵗⁱ* football (UK: American football) ▪ كرة القاعدة *kurat · alqā3idaᵗⁱ* baseball ▪ كرة القدم *kurat · alqadamⁱ* soccer (UK: football) ▪ كرة مضرب *kurat · miḍrab* tennis • sphere ▪ نصف كرة *niṣf · kuraᵗ* hemisphere

كردستان *kurdistān n.* • Kurdistan

كردستاني *kurdistānīʸ adj.* • Kurdistani

كردي *kurdīʸ* |*pl.* كرد *kurd* or أكراد *ʔakrād*| • *adj.* Kurdish • *n.* Kurd

كرر *karrara v.tr.* • |*2s* يكرر *yukarrirᵘ* | تكرار *takrār* or تكرير *takrīr*| repeat, do again • |*2s* يكرر *yukarrirᵘ* | تكرير *takrīr*| refine, purify, filter

كرز *karaz coll. n.* |*sing.* كرزة *karazaᵗ*| • cherries

كرس *karrasa v.tr.* |*2s* يكرس *yukarrisᵘ* | تكريس *takrīs*| • dedicate *sth* ∘ *to* لـ, devote

كرسي *kursīʸ n.* |*pl.* كراسي *karāsīʸ*| • chair ▪ كرسي متحرك *kursīʸ mutaharrik*, كرسي نقال *kursīʸ naqqāl* wheelchair ▪ كرسي هزاز *kursīʸ hazzāz* rocking chair • *(grammar)* chair (for hamza), seat

كرفس *karafs n.* • celery

الكرك *alkarak n. f.* • *(city in Jordan)* Al Karak

➡ ***map on p. 18***

كركدن *karkaddan n.* • rhinoceros

كركديه *karkadayh n.* • karkadeh, roselle

كركم *kurkum n.* • turmeric

كركند *karkand n.* • lobster

كركوك *kirkūk n. **f. dip.*** • *(city in Iraq)* Kerkuk

➡ ***map on p. 206***

كركي *kurkīʸ n.* |*pl.* ***dip.*** كراكي *karākīʸ*| • *(bird)* crane

كرم *karam n.* • generosity

كرم *karm n.* |*pl.* كروم *kurūm*| • vineyard

كرم *karrama v.tr.* |*2s* يكرم *yukarrimᵘ* | تكريم *takrīm*| • bestow of honors *upon* ∘ *with* بـ, honor, tribute, venerate ▪ كرمه الله *karramahu aLLāhᵘ* may God honor *sb*

كرنب *kurnub coll. n.* |*sing.* كرنبة *kurnubaᵗ*| • cabbage ▪ كرنبة *kurnubaᵗ sing. n.* head of lettuce

كره *kariha* v.tr. |1s4 يكره *yakrahᵘ* | كره *kurh* or *karh*| • hate, dislike

كره *kurh* or *karh* n.* • hate, hatred

كرواتي *krowātīʸ* adj. & n. • Croatian

كرواتيا *krowātiyā* n. **f. invar.** • Croatia

كروم *krōm* n. • chrome

كروي *kurawīʸ* adj. • round, spherical • soccer-

كريكت *krīkit* n. • *(sport)* cricket

كريم *karīm* adj. |m. pl. كرام *kirām* | elat. أكرم *ʔakram*| • generous • noble • holy ▪ الرسول الكريم *arrasūl alkarīm* the Holy Prophet (i.e. Muhammad) ▪ القرآن الكريم *alqurʔān alkarīm* the Holy Quran • *man's name* Karim, Kareem ▪ كريمة *karīmaᵗ* **dip.** *woman's name* Karima, Kareema

كريم *krīm* n. • *(food, cosmetic)* cream ▪ كريم مضاد للشمس *krīm muḍādd li-ššams* sunblock ▪ كريم جلد *krīm · jild* lotion, moisturizer

كريمة *krīmaᵗ* n. • *(food)* cream

كريه *karīh* adj. |elat. أكره *ʔakrah*| • repulsive, disagreeable

كزبرة *kuzbaraᵗ* n. • coriander, cilantro

كسا *iktasā* v.tr. |1d3 يكسو *yaksū* | كسو *kasw*| • cover, blanket ◊ كان الثلج يكسو الأرض. *Snow covered the ground.*

كساء *kisāʔ* n. |pl. أكسية *ʔaksiyaᵗ*| • garment

كساد *kasād* n.* • *(sales)* stagnation, slump • *(economy)* depression, recession

كسب *kasaba* v.tr. |1s2 يكسب *yaksibᵘ* | كسب *kasb*| • earn, gain

كسب *kasb* n.* • earnings

كستناء *kastanāʔ* coll. n. |sing. كستناءة *kastanāʔaᵗ*| • chestnuts

كستنائي *kastanāʔīʸ* adj. • *(color)* chestnut, reddish brown

كسح *kasaḥa* v.tr. |1s1 يكسح *yaksaḥᵘ* | كسح *kasḥ*| • sweep

كسد *kasada* v.intr. |1s3 يكسد *yaksudᵘ* | كساد *kasād*| • become stagnant, slump

كسر *kasara* v.tr. |1s2 يكسر *yaksirᵘ* | كسر *kasr*| • break

كسر *kasr* n.* |pl. كسور *kusūr*| • break, fracture • fraction

كسر *kassara* v.tr. |2s يكسر *yukassirᵘ* | تكسير *taksīr*| • shatter, break apart, break into pieces

كسرة *kasraᵗ* n. |pl. كسرات *kas(a)rāt*| • *(diacritic representing a short i)* kasra

كسرة *kisraᵗ* n. • |pl. كسرات *kis(a)rāt* or كسر *kisar*| chunk, fragment

كسف *kasafa* v.tr. |1s2 يكسف *yaksifᵘ* | كسوف *kusūf*| • eclipse

كسل *kasal* n.* • laziness

كسل *kasila* v.intr. |1s4 يكسل *yaksalᵘ* | كسل *kasal*| • become lazy

كسلا *kasalā* n. **f. invar.** • *(city in Sudan)* Kassala
➡ ***map on p. 170***

كسلان *kaslān* adj. |m. pl. **invar.** كسالى *kasālā* | f. **invar.** كسلى *kaslā* | elat. أكسل *ʔaksal*| • lazy

كسوف *kusūf* n.* • solar eclipse

كسول *kasūl* adj. |elat. أكسل *ʔaksal*| • lazy

كشاف *kaššāf* n. |pl. كشافة *kaššāfaᵗ*| • explorer • scout, boy scout

كشط *kašaṭa* v.tr. |1s2 يكشط *yakšiṭᵘ* | كشط *kašṭ*| • scrape (off), rub (off)

كشف *kašafa* v.intr. |1s2/1s3 يكشف *yakšifᵘ* or *yakšufᵘ* | كشف *kašf*| • discover عن, uncover • expose (عن), reveal, divulge • *(medical)* examine على

كشف *kašf* n.* |pl. كشوف *kušūf*| • exposure • كشف حساب *kašf · ḥisāb* bank statement

كشك *kušk* n. |pl. أكشاك *ʔakšāk*| • kiosk, stand, stall, booth

كعب *ka33aba* v.tr. |2s يكعب *yuka33ibᵘ* | تكعيب *tak3īb*| • cube, dice, cut into cubes

كعب *ka3b* n. |pl. كعوب *ku3ūb* or كعاب *ki3āb*| • heel ▪ حذاء بكعب عال *ḥiḏāʔ bi-ka3bⁱⁿ 3āl(in)*, كعب عال *ka3b 3āl(in)* high heeled shoes, high heels

الكعبة *alka3baᵗ* n. • the Kaaba (in Mecca)

Worshippers around the Kaaba in Mecca

ك

كعك *ka3k coll. n.* |*sing.* كعكة *ka3ka*ᵗ| • pastries, cakes ▪ كعكة شعر *ka3kat · ša3r (hair)* bun

كغم *kilogrām* |*abbreviation of* كيلوغرام| • kg (kilogram)

كف *kaff n.* ***f.*** |*pl.* أكف *ʔakuff* or كفوف *kufūf*| • palm (of the hand)

كف *kaffa v.intr.* |*1g3* يكف *yakuffᵘ* | كف *kaff*| • abstain *from* عن, stop, cease, give up

كفء *kufʔ adj.* |*m. pl.* أكفاء *ʔakfāʔ* | *elat.* أكفأ *ʔakfaʔ*| • adequate, suitable • efficient, competent

كفاءة *kafāʔaᵗ n.* • adequacy, suitability, qualification • efficiency, competence

كفاح *kifāḫ n.* • struggle *against* ضد, strife

كفاف *kafāf n.* • sufficiency

كفاف *kifāf n.* • edge

كفالة *kafālaᵗ n.** • guaranty, security, bail

كفاية *kifāyaᵗ n.** • sufficiency, adequacy ▪ بما فيه الكفاية *bi-mā fīhi -lkifāyaᵗ* [verb +] enough ◊ قد سمعت بما فيه الكفاية حول ذلك. *I've already heard enough about that.*; [adjective +] enough ◊ جيد بما فيه الكفاية *good enough* ◊ لست شجاعا بما فيه الكفاية للأكل هناك. *I wasn't brave enough to eat there.*

كفر *kafara v.intr.* |*1s2* يكفر *yakfirᵘ* | كفر *kufr* or كفران *kufrān*| • be an infidel, be atheist ▪ كفر بالله *kafara bi-LLāhⁱ* not believe in God

كفر *kufr*, كفران *kufrān n.** • kufr (rejection of Islam)

كفر الدوار *kafr addawwār n.* ***f. dip.*** • *(city in Egypt)* Kafr el-Dawwar ➡ ***map on p. 287***

كفل *kafala v.tr.* |*1s3* يكفل *yakfulᵘ* | كفالة *kafālaᵗ*| • vouch *for*, sponsor, guarantee

كفل *kaffala v.tr.* |*2s* يكفل *yukaffilᵘ* | تكفيل *takfīl*| • appoint *sb* as guarantor

كفى *kafā v.tr.* |*1d2* يكفي *yakfī* | كفاية *kifāyaᵗ*| • be enough *for*, be sufficient *for* ◊ هذا يكفي! *That's enough!*

كفيف *kafīf adj.* |*pl.* ***dip.*** أكفاء *ʔakiffāʔ*| • blind ▪ كفيف البصر *kafīf · albaṣarⁱ* blind

كفيل *kafīl* |*pl.* ***dip.*** كفلاء *kufalāʔ*| • *adj.* |*elat.* أكفل *ʔakfal*| responsible *for* بـ • *n.* guarantor, sponsor

كل *kull n.* • each (one) ▪ الكل *alkull* all, everything, everybody ▪ كل ما *kull mā* everything that..., all that... ◊ هذا كل ما أريد. *That's all I want.* ▪ كل من *kull man* everyone who... ▪ كل من __ *kull min* __ [+ definite genitive noun or pronoun suffix] each (one) of __ ◊ كل منا *each of us* ▪ كل واحد من __ *kull · wāḫidⁱⁿ min* __ [+ definite genitive noun or pronoun suffix] each and every one of __ ◊ كل واحد من المدرسين *each and every one of the teachers* • [+ indefinite genitive singular noun] every, each ▪ كل شيء *kull · šayʔⁱⁿ* everything ▪ كل واحد *kull · wāḫidⁱⁿ* everyone, each one ▪ كل يوم *kulla · yawmⁱⁿ adv.* every day ▪ في كل مكان *fī kullⁱ makānⁱⁿ adv.* everywhere ▪ كل وقت *kullᵃ · waqtⁱⁿ* any time • [+ definite genitive plural noun or pronoun suffix] all (of) ◊ كل المدرسين *all of the teachers* ▪ كله __ __ *kullᵘhu* [definite plural noun +] all of __ ◊ المدرسون كلهم *all of the teachers* • [+ definite genitive singular noun] all, whole, entire ◊ كل الكيك *the whole cake* ▪ كل اليوم *kullᵃ yawmⁱⁿ adv.* all day, the entire day ▪ كله __ __ *kullᵘhu* [definite singular noun +] all of __, the entire __ ◊ الكيك كله *the whole cake* • بكل *bi-kullⁱ adv.* *(forms an adverb)* [+ indefinite genitive noun] __ly ▪ بكل سرور *bi-kullⁱ surūrⁱⁿ adv.* gladly ▪ بكل أسف *bi-kullⁱ ʔasafⁱⁿ adv.* unfortunately ▪ بكل معنى الكلمة *bi-kullⁱ ma3nā -lkalimaᵗⁱ adv.* in the full sense of the word

كلا *kilā dual n.* ***m.*** |*f. dual* كلتا *kiltā*| • [+ definite dual noun or pronoun suffix] both ⓘ كلا *kilā* *agrees in gender with the following noun or pronoun: ◊ (two men or a man and a woman)* كلانا *both of us ◊ (two women)* كلتانا *both of us* ⓘ *It does not reflect the case of the noun it qualifies, but does reflect the case of a suffixed pronoun, taking the accusative/genitive forms* كلي- *kilay-* كلتي- *kiltay-*: ◊ بكلتا يديه *with both of his hands* ◊ بكلتيهما *with both of them* ◊ من كلا الطرفين *from both sides* ◊ من كليهما *from both of them* ⓘ *When a pronoun is suffixed, singular verb agreement is required:* ◊ .كلانا يريد نفس الشيء *We both want the same thing.*

كلاسيكي *klāsīkīʸ adj.* • classical

كلام *kalām n.* • what one says, utterance, words, speech ▪ كلام فارغ *kalām fāriɣ* idle talk (lit. empty words), nonsense; Nonsense!, I don't buy that! ▪ قال كلاما صحيحا *qāla kalāman ṣaḫīḫan v.* speak the truth

كلامي *kalāmīʸ adj.* • spoken, oral, verbal

كلب *kalb n.* |*pl.* كلاب *kilāb*| • dog

كلبي *kalbīʸ adj.* • canine

كلف *kallafa v.tr.* |*2s* يكلف *yukallifᵘ* | تكليف *taklīf*| • cost • assign *sb* ∘ *sth* بـ, entrust

كلفة *kulfa^t n.* |*pl.* كلف *kulaf*| • cost, expense

كلم *kallama v.tr.* |*2s* يكلم *yukallim^u* | تكليم *taklīm*| • speak *with* ه *about* عن, talk ▪ كلم نفسه *kallama nafs^ahu* talk to *oneself*; say to *oneself*

كلما *kullamā conj.* [+ perfect] ▪ كلما أمكن *kullamā ʔamkana* whenever possible • whenever ◊ كلما رأيتها أذوب. *Whenever I see her, I melt.* • كلما... كلما... *kullamā... kullamā...* the more... the more... ◊ كلما أكثرت من النشويات، كلما زاد وزنك. *The more you eat carbs, the more you gain weight.*

كلمة *kalima^t n.* • word ▪ كلمة سر *kalimat · sirr*, كلمة مرور *kalimat · murūr* password ▪ كلمة كلمة *kalima^tan kalima^tan adv.* word for word, verbatim ▪ ألقى كلمة *ʔalqā kalima^t v.* give a speech *to* أمام, address ◊ ألقى الرئيس كلمة أمام المجلس. *The president gave a speech before parliament.* ▪ قال كلمة الفصل *qāla kalimat^a -lfaṣl^i v.* have the last word

كلوي *kulwī^y* • kidney-, renal

كلي *kullī^y adj.* • entire, whole, total, complete ▪ كليا *kullīyan adv.* entirely, wholly, completely

كليب *klīb*, فيديو كليب *vidyo klīb n.* • music video

كلية *kullīya^t n.* • faculty, school ▪ كلية الآداب *kullīyat · alʔādāb^i* faculty of arts and letters ▪ كلية العلوم *kullīyat · al3ulūm^i* faculty of science • entirety, wholeness ▪ كلية *kullīyatan*, بكليته *bi-kullīyat^ihi adv.* entirely, wholly

كلية *kulya^t n.* |*pl.* **indecl.** كلى *kul^an*| • kidney

كليشيه *klīšayh n.* • cliché

كليل *kalīl adj.* • tired, exhausted • blunt, dull

كم *kam(i)* • *interrogative* how much?, how?, what? ◊ كم مرتب هذه الوظيفة؟ *How much does this job pay?* ▪ كم سعر __؟ *kam si3r __* [+ genitive noun or pronoun suffix] How much is __? (lit. What is the price of __?) ◊ كم سعر القميص بعد التخفيض؟ *What is the price of the shirt after the discount?* ▪ بكم *bi-kam* (prices) how much ◊ بكم إشتريت سيارتك؟ *How much did you buy your car for?* ▪ بكم هذا؟ *bi-kam hāḏā* How much is this? ▪ كم عمره؟ *kam 3umr^uhu* How old is *one*? ▪ كم الساعة؟ *kam^i -ssā3a^tu* What time is it? ▪ كم الحساب؟ *kam^i -lḥisāb^u* How much is the bill? ▪ كم طولك؟ *kam ṭūl^uka* How tall are you? ▪ كم المسافة من __ إلى __؟ *kam^i -lmasāfa^tu min __ ʔilā __* How far is it from __ to __? ▪ كم... *kam(i)*, كم إن *kam ʔinna* How...! ◊ آه كم أحبك! *Oh, how I love you!* ◊ كم إني مشتاقة إلى أسرتي! *I really miss my family!*; [+ indefinite accusative singular noun] how much __?, how many __? ◊ كم كتابا قرأت هذه السنة؟ *How many books have you read this year?* ▪ كم من *kam min* [+ indefinite genitive noun] how much __?, how many __? ▪ كم من الوقت؟ *kam min^a -lwaqt^i* how long? ◊ كم من الوقت سيستغرق ذلك؟ *How long will it take?* ▪ كم مرة؟ *kam marra^tan* how often? ◊ كم مرة تمارس الرياضة؟ *How often do you play sports?*; [+ singular masculine adjective] how? ▪ كم يبعد __ عن هنا؟ *kam yab3ud^u __ 3an hunā* How far is __ from here? • *conj.* how much, how many, what, how ◊ لا أعرف كم من الوقت سيستغرق ذلك. *I don't know how long it will take.* •كم *kam*, لكم *la-kam interjection* [+ verb] How...! ◊ كم أتمنى لو كنت غنيا. *How I wish I were rich!* ◊ لكم يسرني أن اكون هنا. *I'm so pleased to be here! (lit. How it pleases me to be with you!)*

كم *kīlūmitr* |*abbreviation of* كيلومتر| • km (kilometer) ▪ كم² *kīlūmitr murabba3* |*abbreviation of* كيلومتر مربع *kīlūmitr murabba3*| square kilometer

كم *kumm n.* |*pl.* أكمام *ʔakmām*| • sleeve ▪ كم كامل *kum kāmil* long-sleeved ▪ نصف كم *niṣf · kum* short-sleeved

ـكم *-kum(u) plural* **m.** *second-person possessive pronoun suffix* • [noun +] your ◊ بيتكم *your house* • *plural* **m.** *second-person personal pronoun suffix* [verb or preposition +] you ◊ أشكركم. *I thank you.* ◊ عليكم *on you* ⓘ ـكم *-kum can also be used to show deference to an individual in very formal situations:* ◊ أود أن أشكركم، يا سيادة الرئيس. *I would like to thank you, Mr. President.* ▪ السلام عليكم *assalām^u 3alaykum (greeting)* Hello! ⓘ *This greeting is generally invariable, retaining the plural masculine second-person possessive pronoun suffix regardless of who is being addressed.*

➡ ***Suffixed Personal Pronouns p. 192***

كما *ka-mā*, كما أنّ *ka-mā ʔanna conj.* • (just) as, like ◊ كانت تضحك كما يضحك الأطفال. *She laughed just like children do.* ▪ كما ترى *ka-mā turā* as you see ▪ كما هو *ka-mā huwa* as is ▪ كما أنا *ka-mā ʔana* as I am ▪ كما تريد *ka-mā turīd^u* as you want ▪ كما يأتي *ka-mā yaʔtī* as follows ▪ كما لو *ka-mā law*, كما لو أن *ka-mā law ʔanna* as if, as though • also, additionally, moreover, likewise, similarly ◊ سلم اللص نفسه للشرطة، كما أقر بجريمته. *The theif surrendered himself to the police. Moreover, he admitted to his crime.*

ـكما *-kumā dual* **m. f.** *second-person possessive*

pronoun suffix • [noun +] your ◊ بيتكما *your house* • *dual* **m. f.** *second-person personal pronoun suffix* [verb or preposition +] you (two), both of you ◊ رأيتكما. *I saw you two.* ◊ ضدكما *against both of you* ➡ ***Suffixed Personal Pronouns p. 192***

كمال *kamāl n.** • completion • perfection • *man's name* Kamal

كمامة *kimāmaᵗ n.* |*pl.* ***dip.*** كمائم *kamāʔim*| • muzzle

كمان *kamān n.* • violin

كمبودي *kambōdīʸ adj. & n.* • Cambodian

كمبوديا *kambōdiyā n.* ***f. invar.*** • Cambodia

كمبيوتر *kombyūtar n.* • computer ▪ كمبيوتر محمول *kombyūtar maḥmūl* laptop

كمثرى *kummatrā coll. n.* ***invar.*** |*sing.* كمثرة *kummatraᵗ* | *pl.* كمثريات *kumatrayāt*| • pears

كمل *kamala* or *kamula v.intr.* |*1s1/1s6* يكمل *yakmal*ᵘ or *yakmul*ᵘ | كمال *kamāl* or كمول *kumūl*| • be completed, be finished • be perfect

كمل *kammala v.tr.* |*2s* يكمل *yukammil*ᵘ | تكميل *takmīl*| • complete, finish • perfect • supplement

كمن *kamana v.intr.* |*1s3* يكمن *yakmun*ᵘ | كمون *kumūn*| • be hidden, be concealed

كمون *kammūn n.* • cumin

كمية *kammīyaᵗ n.* • quantity, amount ◊ كميات كبيرة من الماء *large quantities of water* ▪ الكمية والقيمة *alkammīyaᵗ wa-lqīmaᵗ* the quantity and quality

كمين *kamīn n.* |*pl.* ***dip.*** كمائن *kamāʔin*| • ambush, trap, surprise attack

كميون *kamiyōn n.* • truck

كن *kanna v.tr.* |*1g3* يكن *yakunn*ᵘ | كنون *kunūn*| • hide, conceal, harbor ◊ يظهر الحب ويكن الكراهية. *He shows love and conceals hatred.*

كن *-kunna plural* **f.** *second-person possessive pronoun suffix* • [noun +] your ◊ بيتكن *your house* • *plural* **f.** *second-person personal pronoun suffix* [verb or preposition +] you ◊ أشكركن. *I thank you.* ◊ لكن *to you* ➡ ***Suffixed Personal Pronouns p. 192***

كناس *kannās n.* • street sweeper

كنبة *kanabaᵗ n.* • sofa

كنة *kannaᵗ n.* |*pl.* ***dip.*** كنائن *kanāʔin*| • daughter-in-law, sister-in-law

كندا *kanadā n.* ***f. invar.*** • Canada

كندي *kanadīʸ adj. & n.* • Canadian

كنز *kanz n.* |*pl.* كنوز *kunūz*| • treasure

كنزة *kanzaᵗ n.* • sweater

كنس *kanasa v.tr.* |*1s3* يكنس *yaknus*ᵘ | كنس *kans*| • sweep

كنغر *kanɣar n.* • kangaroo

كنية *kunyaᵗ n.* |*pl.* ***indecl.*** كنى *kun(an)*| • teknonym ⓘ *A teknonym is an honorific 'nickname' consisting of* أبو *ʔabū- (father of) or* أم *ʔumm (mother of) plus the first born son's name.*

كنيسة *kanīsaᵗ n.* |*pl.* ***dip.*** كنائس *kanāʔis*| • church

الكنيست *alkinīsat n.* • the Knesset (legislative branch of the Israeli government)

كهرب *kahrab n.* |*pl.* ***dip.*** كهارب *kahārib*| • electron

كهرب *kahraba v.tr.* |*11s* يكهرب *yukahrib*ᵘ | كهربة *kahrabaᵗ*| • electrify

كهرباء *kahrabāʔ n.* ***f.*** • electricity ◊ انقطعت الكهرباء عن البيت ليلة أمس. *The house lost power last night.*

كهربائي *kahrabāʔīʸ* • *adj.* electric(al) • *n.* electrician

كهف *kahf n.* |*pl.* كهوف *kuhūf*| • cave

كوب *kūb n.* |*pl.* أكواب *ʔakwāb*| • cup, drinking glass

كوبا *kūbā n.* ***f. invar.*** • Cuba

كوبرا *kūbrā n.* ***invar.*** • cobra

كوبري *kūbrīʸ n.* ***invar.*** |*pl.* ***invar.*** كباري *kabārī*| • bridge

كوبنهاغن *kōpenhāgen n.* ***f. dip.*** • *(capital of Denmark)* Copenhagen

كوبي *kūbīʸ adj. & n.* • Cuban

الكوت *alkūt n.* ***f.*** • *(city in Iraq)* Kut ➡ ***map on p. 206***

الكوت *alkūt n.* ***f.*** • *(city in Iraq)* Kut ➡ ***map p. 202***

كوخ *kūx n.* |*pl.* أكواخ *ʔakwāx*| • cabin, hut

كوري *kūrīʸ adj. & n.* • Korean

كوريا *kūriyā n.* ***f. invar.*** • Korea ▪ كوريا الجنوبية *kūriyā -ljanūbīyaᵗ* South Korea ▪ كوريا الشمالية *kūriyā -ššamālīyaᵗ* North Korea ▪ الكوريتان *alkūriyatānⁱ dual noun* the Koreas ▪ حرب الكوريتين *ḥarb · alkūriyataynⁱ* the Korean War

كوسا *kūsā coll. n.* ***invar.*** |*sing.* كوساة *kūsāᵗ*| • zucchini (UK: courgettes)

كوستاريكا *kostārīkā n.* ***f. invar.*** • Costa Rica

كوستاريكي *kostārīkīʸ adj. & n.* • Costa Rican

كوستي *kostī n.* ***f. invar.*** • *(city in Sudan)* Kosti ➡ ***map on p. 170***

كوع *kūʒ n.* |*pl.* كيعان *kīʒān* or أكواع *ʔakwāʒ*| • elbow ▪ لا يعرف الكوع من البوع. *lā yaʒrifᵘ -lkūʒᵃ minᵃ -lbūʒᵃ proverb* (He's so stupid that) he doesn't know his elbow from his foot.

الكوفة *alkūfat n.* • *(city in Iraq, just east of Najaf)* Kufa ➡ ***map on p. 206***

كوفي *kūfīy adj.* • Kufic ▪ خط كوفي *xaṭṭ kūfīy* Kufic script

The Shahadahs: لا إله إلا الله محمد رسول الله *('There is no God but God and Mohammad is the messenger of God) in Kufic sript*

كوفية *kūfīyat n.* • keffiyeh (head cover worn by men) ➡ ***picture on p. 179***

كوكايين *kōkāyīn n.* • cocaine

كوكب *kawkab n.* |*pl.* ***dip.*** كواكب *kawākib*| • planet

كولا *kōlā n.* ***invar.*** • cola

الكولوسيوم *alkolōsiyum n.* ***invar.*** • the Colosseum

كولومبي *kolōmbīy adj. & n.* • Colombian

كولومبيا *kolōmbiyā n.* ***f. invar.*** • Colombia

كوم *kawm*, كومة *kawmat n.* |*pl.* أكوام *ʔakwām*| • pile, heap

كوم *kawwama v.tr.* |*2s* يكوم *yukawwimu* | تكويم *takwīm*| • pile up

كوميدية *komidīyat n.* • comedy

كون *kawn n.*★ |*pl.* أكوان *ʔakwān*| • existence, being • cosmos, universe ▪ الكون *alkawn* the universe

كون *kawwana v.tr.* |*2s* يكون *yukawwinu* | تكوين *takwīn*| • form, create • make *sb* ∘ *sth* ∘

كونغرس *kongris n.* • congress ▪ الكونغرس الأمريكي *alkonɣris alʔamrīkīy* United States Congress

كونفوشيوس *konfušyus n.* ***invar.*** • Confucius

كونفوشيوسي *konfušyusīy adj. & n.* • Confucian

الكونفوشيوسية *alkonfušyusīyat n.* • Confucianism

كوني *kawnīy adj.* • universal, cosmic

كوى *kawā v.tr.* |*1d2* يكوي *yakwī* | كي *kayy*| • iron • cauterize, burn

الكويت *alkuwayt n.* ***f.*** • Kuwait ▪ مدينة الكويت *madīnat · alkuwayti (capital of Kuwait)* Kuwait City ➡ ***map above-right***

كويتي *kuwaytīy adj. & n.* • Kuwaiti

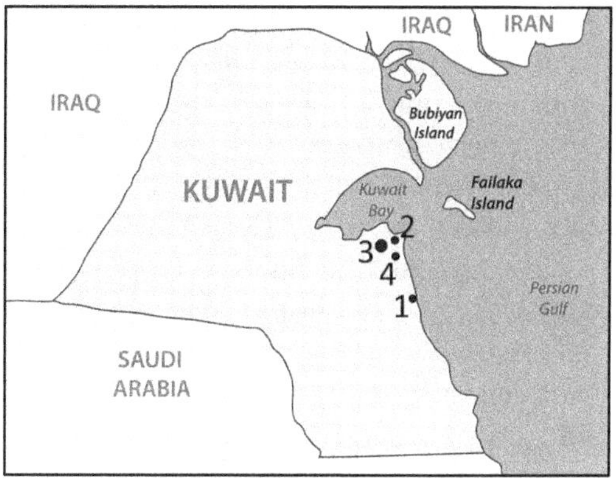

map of Kuwait

1. الأحمدي *alʔaḥmadīy* Al Ahmadi
2. السالمية *assālimīyat* Salmiyah
3. مدينة الكويت *madīnat · alkuwayti* Kuwait City
4. صباح السالم *ṣabāḥ · assālimi* Sabah Al Salem

كويكب *kuwaykib n. diminutive* • asteroid, planetoid

كي *kay*, لكي *li-kay*, كيما *kaymā*, لكيما *li-kaymā conj.* [+ subjunctive] • in order to, so that ◊ ذهب إلى لندن لكي يدرس الطب. *He went to London to study medicine.* ▪ كي لا *kay lā*, كيلا *kaylā*, لكي لا *li-kay lā*, لكيلا *li-kaylā* in order not to, lest ◊ وضعت الكتاب في حقيبتي لكي لا أنساه غدا. *I put the book in my bag so I don't forget it tomorrow.*

كيان *kiyān* or *kayān n.* • entity ▪ الكيان الصهيوني *alkiyān aṣṣahyūnīy* the Zionist Entity

كئب *kaʔiba v.intr.* |*1s4(b)* يكأب *yakʔabu* | كآبة *kaʔābat*| • become depressed *about* على, become melancholy

كيد *kayd n.*★ |*pl.* ***dip.*** كياد *kiyād*| • scheme, plot, trick

كيروسين *kīrūsīn n.* • kerosene

كيس *kayyis* • *adj.* |*elat.* أكيس *ʔakyas*| skillful • chic, stylish

كيس *kīs n.* • |*pl.* أكياس *ʔakyās*| bag, pouch ▪ كيس زبالة *kīs · zubālat* garbage bag (UK: bin bag) ▪ كيس بلاستيكي *kīs blāstīkīy* plastic bag • case ▪ كيس وسادة *kīs · wisādat* pillow case

كيسة *kīsat n.* • cyst

كيسمايو *kīsmāyū n.* ***f. invar.*** • *(city in Somalia)* Kismayo ➡ ***map on p. 188***

كيف *kayfa interrogative* • how? ◊ كيف حال الجو؟ *How's the weather?* ◊ كيف جئت هنا؟ *How did you get here?* ◊ كيف تجد لغتي العربية؟ *What do you think of my Arabic? (lit. How do you find*

my Arabic?) ▪ كيف؟ *kayf^a* What?! ▪ كيف حالك؟ *kayfa ḥāl^u ka*, كيف الحال؟ *kayfa -lḥāl^u* How are you? • *conj.* how ◊ لا أعرف كيف أصفه. *I don't know how to describe it.* ◊ سأعلمك كيف تلعب الشطرنج. *I'll teach you how to play chess.*

كيف *kayyafa v.tr.* |*2s* يكيف *yukayyif^u* | تكييف *takyīf*| • regulate, adjust, modify

كيفما *kayfamā conj.* • [+ perfect or indicative] however ◊ تمتع بإجازتك كيفما شئت/تشاء. *Enjoy your vacation however you want.*

كيفية *kayfīya^t n.* • manner, mode, method, way ▪ كيفية استعمال *kayfīyat · isti3māl* directions for use

كيك *kayk n.* ***invar.*** • cake

كيلو *kīlū n.* ***invar.*** |*pl.* كيلو *kīlū*| • kilo(gram)

كيلوغرام *kīlūgrām, also spelled* كيلو غرام *kīlū grām n.* • kilogram

كيلومتر *kilūmitr, also spelled* كيلو متر *kilū mitr n.* • kilometer ▪ كيلومتر مربع (كم²) *kīlūmitr murabba3* square kilometer

كيماوي *kīmāwī^y*, كيميائي *kīmiyāʔī^y* • *adj.* chemical • *n.* chemist

كيمياء *kīmiyāʔ n.* • chemistry

كيني *kīnī^y adj. & n.* • Kenyan

كينيا *kīniyā n.* ***f. invar.*** • Kenya

كئيب *kaʔīb adj.* |*elat.* أكأب *ʔakʔab*| • depressed, gloomy, cheerless, down

كييف *kiyaf n.* ***f. invar.*** • *(capital of Ukraine)* Kiev

ل

ل *lām n.* ***f.*** |لام| • *(twenty-third letter of the Arabic alphabet)* • *(numerical value)* 30

➡ ***The Abjad Numerals p. 108***

لـ *la- particle* • لو... لـ *law... la-* if... (then)... ◊ لو عرفت لقلت ذلك. *If I had known, (then) I would have said so.* • إنه لـ *ʔinnahu la-* truly, really ◊ إني لمشتاقة إلى أسرتي! *I really miss my family!* ◊

لي *lī*	لنا *lanā*	
لك *laka*	لكما *lakumā*	لكم *lakum*
لك *laki*		لكن *lakunna*
له *lahu*	لهما *lahumā*	لهم *lahum*
لها *lahā*		لهن *lahunna*

لـ *li- prefix* • *prep.* to ◊ يذهبوا للمدرسة. *They go to school.* • *(score)* to ◊ كانت نتيجة المباراة اثنان لواحد. *The final score of the game was two to one.* • *(reason)* because of, due to ▪ لأجل *li-ʔajli* because of ▪ لذلك *li-ḏālika*, لهذا *li-hāḏā adv.* so, thus, in this way • *(purpose)* for, intended for ◊ اشتريت لك هدية. *I bought a present for you.* ◊ فتح لها الباب. *He opened the door for her.* ◊ ▪ لأجل *li-ʔajli* for • *conj.* [+ masdar] in order to *(do)*, to, so that... ◊ ذهبت إلى القاهرة للدراسة في الجامعة. *She went to Cairo to study at university.* • *(time)* for ◊ للمرة الأولى *for the first time* • [indefinite noun +] a __ of ◊ هذه صورة لأسرتي. *This is a picture of my family.* ◊ صديق لي *a friend of mine* • have ◊ هل لك أقارب هناك؟ *Do you have any relatives there?* • by ◊ مسرحية لشكسبير *a play by Shakespeare* • له أنْ *lahu ʔan* be able to *(do)*, can *(do)* ◊ كيف كان لي أن أعرف؟ *How could I have known?* • *conj.* [+ subjunctive] in order to *(do)*, to *(do)*, so that... ◊ ذهبت إلى القاهرة لتدرس في الجامعة. *She went to Cairo to study at university.* • فلـ *fal-* | فـ + لـ *li-*, ‏< فـ *fa-* + لـ *li-*| ⓘ *Notice that the -i is elided in* فلـ *fa-l-*. *particle* [+ third person or singular first person jussive] let *(do)*, may *(do)* ◊ ليذهب إلى الجحيم. *May he go to hell!* ◊ فلتجلس معنا. *Let her sit with us.* ◊ فلأكن صريحاً معكم. *Let me be frank with you.*; [+ plural first person jussive] let's *(do)* ◊ لنتكلم في شيء آخر. *Let's talk about something else.* ◊ فلنصل جميعا من اجله. *Let's all pray for him.* ⓘ *Notice the three meanings of* لـ *li- in the following sentence:* ◊ ذهبت للسوبرماركت لشراء خبز لأطفالي. *I went to the supermarket to buy some bread for my children.*

لا *lā* • *interjection* no ▪ كلا *ka-lā* No way!, Not at all!, Absolutely not! ▪ لا... ولا... *lā... wa-lā...* neither... nor... ◊ لا أنا ولا أنت *neither me nor you* • *particle (forms negative imperfect)* [+ indicative] not, don't, doesn't ◊ لا أكتب. *I don't write. / I'm not writing.* • *(forms negative imperative)* [+ second person jussive] don't ◊ لا تنس موعدنا. *Don't forget our appointment.* • *(in wishes and curses)* [+ perfect] may...not ◊ لا رحمك الله. *May God not have mercy on you.* • [+ accusative indefinite noun without nunation] (there is) no ▪ لا أحد *lā ʔaḥadᵃ* no one, nobody ▪ لا إله إلا الله. *lā ʔilāhᵃ ʔillā -LLāhᵘ* There is no god but God. ▪ لا شيء *lā šayʔᵃ* nothing ▪ ولا *wa-lā*, بلا *bi-lā prep.* without ▪ لا __ له *lā __ lahu* have no ◊ لا عقل له. *He has no brains.* • *(less commonly written as a prefix)* [+ adjective or noun] un-, -less, anti- ◊ نوم لا أحلامي *dreamless sleep* ▪ لا ديني *lā dīnīʸ adj.* non-religious; antireligious ▪ لا مركزي *lā markazīʸ adj.* decentralized ▪ لا نهاية *lā nihāyaᵗ n.* infinity ▪ لا وعي *lā waʕy n.* unconsciousness, the subconscious

لاءم *lāʔama v.tr.* |3s(b) يلائم *yulāʔimᵘ* | ملاءمة *mulāʔamaᵗ*| • fit, be suitable *for*

لاتفي *lātfīʸ adj. & n.* • Latvian

لاتفيا *lātfiyā n.* ***f. invar.*** • Latvia

لاتيني *lātīnīʸ adj.* • Latin ▪ اللاتينية *allātīnīyaᵗ n.* *(language)* Latin

لاتيه *lātayh n.* ***invar.*** • latte

ل

لاجئ *lāji? act. part. n.* |*pl.* لاجئون *lāji?ūn^a*| • refugee

لاحظ *lāħaẓa v.tr.* |*3s* يلاحظ *yulāħiẓ^u* | ملاحظة *mulāħaẓa^t*| • notice, observe, remark ▪ لاحظ أنّ *lāħaẓa ?anna* notice that... ▪ يلاحظ أنّ *yulāħaẓ^u ?anna (impersonal verb)* it is noticeable that...

لاحق *lāħaqa v.tr.* |*3s* يلاحق *yulāħiq^u* | ملاحقة *mulāħaqa^t*| • pursue, chase

لاحق *lāħiq act. part. adj.* • later, subsequent ▪ لاحقا *lāħiqan*, في وقت لاحق *fī waqt^in lāħiq^in adv.* later (on), subsequently ◊ أراك لاحقا! *See you later!*

لاذ *lāđa v.intr.* |*1h3* يلوذ *yalūđ^u* | لوذ *lawđ*| • seek refuge ▪ لاذ بالفرار *lāđa bi-lfirār* run away ◊ أول ما رأى اللص الشرطي لاذ بالفرار. *The thief ran away as soon as he saw the policeman.* • resort to بـ

لاذع *lāđi3 act. part. adj.* |*elat.* ألذع *lāđi3*| • cutting, sharp, pungent, stinging ▪ جواب لاذع *jawāb lāđi3* (witty) comeback ▪ ألم لاذع *?alam lāđi3* sharp pain

اللاذقية *allāđiqīya^t n.* • *(city in Syria)* Latakia ➡ **map on p. 171**

لازم *lāzim act. part. adj.* |*elat.* ألزم *?alzam*| • necessary ▪ من اللازم أنّ *min^a -llāzim^i ?an* it is necessary to *(do)*, it is necessary that... • intransitive ▪ فعل لازم *fi3l lāzim n.* intransitive verb

لاصق *lāṣiq act. part. adj.* • adhesive ▪ عدسة لاصقة *3adasa^t lāṣiqa^t n.* contact lens ▪ شريط لاصق *šarīṭ lāṣiq n.* adhesive tape

لاطف *lāṭafa v.tr.* |*3s* يلاطف *yulāṭif^u* | ملاطفة *mulāṭafa^t*| • stroke, pet • flatter, compliment

لاعب *lā3ib act. part. n.* • player ▪ لاعب رياضي *lā3ib riyāḍī^y* athlete

لاغوس *lāɣōs n. **f. invar.*** • *(city in Nigeria)* Lagos

لافتة *lāfita^t act. part. n.* • sign, placard, banner

لاق *lāqa v.intr.* |*1h2* يليق *yalīq^u* | ليق *layq*| • fit بـ, suit, be appropriate *for*, be suitable

لاقى *lāqā v.tr.* |*3d* يلاقي *yulāqī* | ملاقاة *mulāqā^t*| • meet, encounter ▪ لاقى حتفه *lāqā ħatf^a<u>hu</u>* die, meet *one's* end • experience, undergo

لاكم *lākama v.tr.* |*3s* يلاكم *yulākim^u* | ملاكمة *mulākama^t*| • *(sport)* box with

لام *lām n. **f.*** ➡ ل **p. 255**

لام *lāma v.tr.* |*1h3* يلوم *yalūm^u* | لوم *lawm*| • blame *sb* ∘ *for* على

لأم *la?ama v.tr.* |*1s1(a)* يلأم *yal?am^u* | لأم *la?m*| • bandage, dress (a wound)

لامع *lāmi3 act. part. adj.* |*elat.* ألمع *?alma3*| • shiny, brilliant ▪ غير لامع *ɣayr · lāmi3* matte

لأنْ *li-?an conj.* [+ subjunctive] • in order to *(do)*, so that... ◊ حان الوقت لأن يتغير العالم. *The time has come for the world to change.*

لأن *li-?an*, لأجل أن *li-?ajl^i ?an conj.* • [+ subjunctive] in order to *(do)*, so that... ◊ حان الوقت لأن يتغير العالم. *The time has come for the world to change.*

لأن *li-?anna conj.* • [+ accusative noun or pronoun suffix] because ◊ ذهبت إلى الطبيب لأني لا أشعر بخير. *I went to the doctor's because I don't feel well.* ➡ ***Inna and Her Sisters* p. 47**

لأن *li-?anna conj.* • [+ accusative noun or pronoun suffix] because ◊ ذهبت إلى الطبيب لأني لا أشعر بخير. *I saw the doctor because I don't feel well.*

لانقطية *lānuqṭīya^t n.* • astigmatism

لاوس *lāwos n. **f. invar.*** • Laos

لاوسي *lāwosī^y adj. & n.* • Laotian

لائحة *lā?iħa^t n.* |*pl.* لوائح *lawā?iħ*| • regulation, rule

لائق *lā?iq act. part. adj.* |*elat.* أليق *?alyaq*| • suitable *for* بـ, appropriate *for* ▪ غير لائق *ɣayr · lā?iq* unbecoming

لب *lubb n.* |*pl.* لبوب *lubūb*| • kernel, core

لباس *libās n.* |*pl.* ألبسة *?albisa^t*| • garment, clothes, clothing

لباقة *labāqa^t n.* • tact, decorum, eloquence

لبان *labbān n.* • milkman

لبان *libān n.* • chewing gum

لبان *lubān n.* • frankincense

لبث *labita v.intr.* |*1s4* يلبث *yalbat^u* | لبث *labt*| • linger • [+ predicate in the accusative] continue, remain ◊ لبثنا واقفين. *We remained standing.* • [+ imperfect] continue *(do)ing*, keep *(do)ing* ◊ لبثت أنتظره بعد موعدنا بساعة. *I continued waiting for him for an hour after our appointment time.* ▪ ما لبث أنْ *mā labita ?an*, لم يلبث أنْ *lam yalbat ?an* [+ perfect] *(impersonal verb)* soon, it wasn't long before, immediately, at once ◊ لكنه ما لبث أن فارق الحياة. *But it wasn't long before he passed away.* ◊ لم يلبث أن رد هو قائلا... *He immediately replied...*

لبد *labbada v.tr.* |*2s* يلبد *yulabbid^u* | تلبيد *talbīd*| • لبد بالغيوم *labbada bi-lɣuyūm^i* cover with clouds

لبس *labbasa v.tr.* |*2s* يلبس *yulabbis^u* | تلبيس *talbīs*| • dress, clothe

لبس *labisa v.* |*1s4* يلبس *yalbas^u* | لبس *lubs*| • *v.tr.*

wear, put on ◊ .لبس بدلة جديدة *He put a new suit on.* ◊ .كانت تلبس ثوبا أزرق *She was wearing blue.* • *v.intr.* get dressed

لبس *libs n.* |*pl.* لبوس *lubūs*| • garment, clothes, clothing

لبق *labiq adj.* |*elat.* ألبق *ʔalbaq* or أكثر لباقة *ʔaktar labāqa^tan*| • tactful

لبلاب *lablāb n.* • ivy

لبن *laban n.* |*pl.* ألبان *ʔalbān*| • milk ▪ ألبان *ʔalbān pl. n.* dairy products • yoghurt

لبنان *lubnān n.* ***m. dip.*** • Lebanon

لبناني *lubnānī^y adj. & n.* • Lebanese

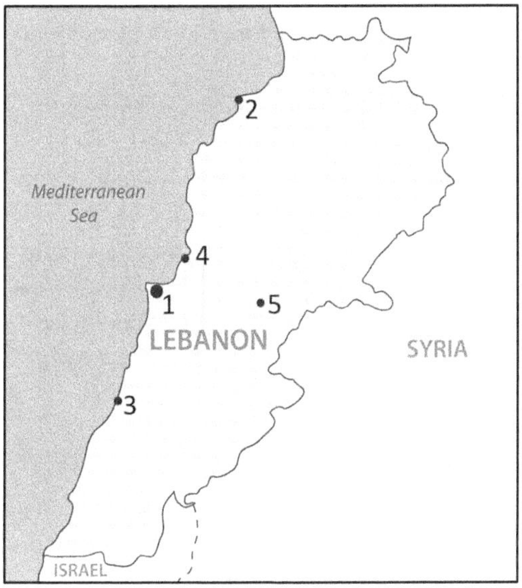

map of Lebanon

1. بيروت *bayrūt* Beirut
2. طرابلس *ṭarābulus* Tripoli
3. صيدا *ṣaydā* Sidon
4. جونية *jūniya^t* Jounieh
5. زحلة *zaḥla^t* Zahleh

لبنة *labina^t n.* • adobe brick • strained yoghurt

لبني *labanī^y adj.* • milky • lactic, milk- • *(color)* baby blue

لبؤة *labuʔa^t n.* • lioness

لبى *labbā v.tr.* |*2d* يلبي *yulabbī* | تلبية *talbiya^t*| • comply *with*, respond *to*, meet (needs)

لتر *litr n.* • liter

لثة *lita^t n.* |*pl.* ***indecl.*** لثى *lit(an)*| • *(anatomy)* gum(s), gingiva ▪ التهاب اللثة *iltihāb · allita^ti* gingivitis

لثم *lattama v.tr.* |*2s* يلثم *yulattim^u* | تلثيم *taltīm*| • cover, veil, mask

لثوي *litawī^y adj.* • gingival

لجأ *lajaʔa v.intr.* |*1s1(b)* يلجأ *yaljaʔ^u* | لجوء *lujūʔ*| • resort *to* إلى • take shelter, seek asylum

لجام *lijām n.* |*pl.* ألجمة *ʔaljima^t*| • reins, harness, bridle

لجلج *lajlaja v.tr.* |*11s* يلجلج *yulajlij^u* | لجلجة *lajlaja^t*| • stammer, stutter • repeat

لجنة *lajna^t n.* |*pl.* لجان *lijān*| • committee, council, board ▪ لجنة عليا *lajna^t 3ulyā* supreme council

لجوء *lujūʔ n.** • asylum, shelter ▪ لجوء سياسي *lujūʔ siyāsī^y* political asylum ▪ طالب لجوء *ṭālib · lujūʔ* asylum seeker

لحاء *liḥāʔ n.* • *(tree)* bark

لحاف *liḥāf n.* |*pl.* لحف *luḥuf* or ألحفة *ʔalḥifa^t*| • cover, blanket, comforter, quilt

لحس *laḥisa v.tr.* |*1s4* يلحس *yalḥas^u* | لحس *laḥs*| • lick

لحظة *laḥẓa^t n.* |*pl.* لحظات *laḥ(a)ẓāt*| • moment, instant ▪ .لحظة، من فضلك *laḥẓa^tan min faḍlak^a* Just a moment, please. ▪ اللحظة *allaḥẓa^ta adv.* immediately, right now ▪ بين اللحظة والأخرى *bayna -llaḥẓa^ti wa-lʔuxrā adv.* from moment to moment ▪ في اللحظة الأخيرة *fī -llaḥẓa^ti -lʔaxīra^ti*, في آخر لحظة *fī ʔāxir^i laḥẓa^tin adv.* at the last minute ▪ في أي لحظة *fī ʔayy^i laḥẓa^tin adv.* at any moment ▪ في تلك اللحظة *fī tilka -llaḥẓa^ti*, لحظتها *laḥẓat^ahā adv.* at that moment, just then ▪ في التو واللحظة *fī -ttaww^i wa-llaḥẓa^ti adv.* right away ◊ .سأحضر في التو واللحظة *I'll be there right away.* ▪ منذ لحظة *munḏu laḥẓa^tin adv.* just (now)

لحظة *laḥẓata conj.* • the moment (that...), as soon as

لحق *laḥiqa v.tr.* |*1s4* يلحق *yalḥaq^u* | لحاق *laḥāq*| • follow بـ, come after

لحم *laḥm coll. n.* |*sing.* لحمة *laḥma^t* | *pl.* لحوم *luḥūm*| • meat ▪ لحمة *laḥma^t sing. n.* piece of meat ▪ لحم __ *laḥm · __* __ meat ▪ لحم بقر *laḥm · baqar* beef ▪ لحم خروف *laḥm · xurūf*, لحم ضأني *laḥm · ḍaʔnī^y* lamb, mutton ▪ لحم خنزير *laḥm · xanzīr* pork ▪ لحم دجاج *laḥm · dajāj* chicken

لحن *laḥḥana v.tr.* |*2s* يلحن *yulaḥḥin^u* | تلحين *talḥīn*| • compose

لحن *laḥn n.* |*pl.* ألحان *ʔalḥān*| • melody

لحية *liḥya^t n.* |*pl.* ***indecl.*** لحى *luḥ(an)*| • beard

لخص *laxxaṣa v.tr.* |*2s* يلخص *yulaxxiṣ^u* | تلخيص *talxīṣ*| • summarize, abridge

ل

لدغ *ladaɣa v.tr.* |*1s1* يلدغ *yaldaɣ*^{u} | لدغ *ladɣ*| • sting, bite

لدغة *ladɣa*^{t} *n.* • sting, bite

لدى *ladā prep.* • at, with • have ◊ ليس لدي أي مشكلة معه. *I don't have any problems with him.* • with, in the company of • *(time)* when, at the time of ◊ رحب بصديقه لدى وصوله. *He welcomed his friend when he arrived.* ➡ ***table on the right***

<table>
<tr><td>لدي
ladayya</td><td colspan="2">لدينا
ladaynā</td></tr>
<tr><td>لديك
ladayka</td><td rowspan="2">لديكما
ladaykumā</td><td>لديكم
ladaykum</td></tr>
<tr><td>لديك
ladayki</td><td>لديكن
ladaykunna</td></tr>
<tr><td>لديه
ladayhi</td><td rowspan="2">لديهما
ladayhimā</td><td>لديهم
ladayhim</td></tr>
<tr><td>لديها
ladayhā</td><td>لديهن
ladayhinna</td></tr>
</table>

لذة *laḏḏa*^{t} *n.* • pleasure, delight, enjoyment

لذع *laḏa3a v.tr.* |*1s3* يلذع *yalḏu3*^{u} | لذع *laḏ3*| • burn, scorch, char • *(of words)* bite, sting

لذيذ *laḏīḏ adj.* |*elat.* ألذ *ʔalaḏḏ*| • delicious • wonderful, magnificent ▪ ما ألذ أنْ *mā ʔalaḏḏa ʔan* how wonderful to *(do)*

لزام *lizām adj.* |*elat.* ألزم *ʔalzam*| • necessary ▪ كان لزاما عليه أنْ *kāna lizāman 3alayhi ʔan* have to *(do)*

لزج *lazij adj.* |*elat.* ألزج *ʔalzaj*| • sticky

لزق *laziqa v.tr.* |*1s4* يلزق *yalzaq*^{u} | لزوق *luzūq*| • adhere *sth* ∘ *to* بـ, stick

لزقة *lazqa*^{t} *n.* • adhesive bandage

لزم *lazima v.intr.* |*1s4* يلزم *yalzam*^{u} | لزوم *luzūm*| • be necessary

لزوم *luzūm n.** |*pl.* ***dip.*** لوازم *lawāzim*| • necessity, need ▪ لوازم *lawāzim pl. n.* necessities, requirements, equipment

لسان *lisān n.* |*pl.* ألسنة *ʔalsina*^{t}| • tongue ▪ طويل اللسان *ṭawīl · allisān adj.* insolent, using abusive language ▪ زلة لسان *zallat · lisān* slip of the tongue • language

لسع *lasa3a v.tr.* |*1s1* يلسع *yalsa3*^{u} | لسع *las3*| • sting, bite

لسعة *las3a*^{t} *n.* • sting, bite

لشبونة *lišbūna*^{t} *n.* ***f. invar.*** • *(capital of Portugal)* Lisbon

لص *liṣṣ n.* |*pl.* لصوص *luṣūṣ*| • thief, robber

لصق *laṣiqa v.intr.* |*1s4* يلصق *yalṣaq*^{u} | لصق *laṣq*| • stick, cling

لصوق *laṣūq n.* • adhesive bandage

لطافة *laṭāfa*^{t} *n.** • kindness, politeness

لطخ *laṭṭaxa v.tr.* |*2s* يلطخ *yulaṭṭix*^{u} | تلطيخ *talṭīx*| • stain

لطخة *laṭxa*^{t} *n.* |*pl.* لطخات *laṭ(a)xāt*| • stain, spot

لطف *laṭafa* or *laṭufa v.intr.* |*1s3/1s6* يلطف *yalṭuf*^{u} | لطف *luṭf* or لطافة *laṭāfa*^{t}| • be kind, be polite, be nice

لطف *luṭf n.** • kindness, politeness ▪ بلطف *bi-luṭf*^{in} *adv.* politely

لطم *laṭama v.tr.* |*1s2* يلطم *yalṭim*^{u} | لطم *laṭm*| • slap

لطمة *laṭma*^{t} *n.* |*pl.* لطمات *laṭ(a)māt*| • slap

لطيف *laṭīf adj.* |*m. pl.* ***dip.*** لطفاء *luṭafāʔ* | *elat.* ألطف *ʔalṭaf*| • nice, pleasant ◊ جو لطيف *nice weather* • kind, nice ◊ أنت لطيف جدا. *You're very kind.* ◊ أشكرك على كلامك اللطيف. *I thank you for your kind words.*

لعاب *lu3āb n.* • saliva

لعب *la3b* or *la3ib* or *li3b n.* |*pl.* ألعاب *ʔal3āb*| • game, sport ▪ الألعاب الأولمبية *alʔal3āb alʔolimbīya*^{t} *pl. n.* the Olympic Games, the Olympics

لعب *la3iba v.* |*1s4* يلعب *yal3ab*^{u} | لعب *la3b* or *la3ib* or *li3b*| • *v.tr.* play ◊ يلعب كرة القدم جيدا. *He plays soccer well.* ◊ أحب أن ألعب الشطرنج مع والدي. *I like to play chess with my father.* ◊ يلعب الاطفال فى الحديقة. *The children are playing in the park* ▪ لعب دورا في *la3iba dawran fī* play a role in ▪ لعب لعبة *la3iba lu3ba*^{t} play a game • *v.intr.* play with بـ ◊ كانت تلعب بالدمى كل يوم. *She used to play with dolls every day.* • play (an instrument) على ◊ هل تستطيع أن تلعب على البيانو؟ *Can you play the piano?*

لعبة *lu3ba*^{t} *n.* |*pl.* لعب *lu3ab*| • toy • game ▪ لعبة طاولة النرد *lu3bat · ṭāwilat · annard* backgammon ▪ لعبة لوحية *lu3ba*^{t} *lawḥīya*^{t} board game

لعل *la3alla*, عل *3alla adv.* • [+ accusative noun or pronoun suffix] perhaps, maybe ◊ لعل الوقت حان لـ... *Maybe it is time to...* ◊ لعلك محق. *Maybe you are right.* ⓘ *The first person singular takes the possessive suffix, or less*

commonly, the object suffix: ◊ لعلي *Maybe I...* ◊ لعلني *Maybe I...* ▪ لعل وعسى *la3alla wa-3asā*, لعله وعساه *la3allahu wa-3asāhu* [(+ accusative noun or object pronoun suffix) + subjunctive] perhaps, maybe, possibly ➡ ***Inna and Her Sisters p. 47***

لعن *la3ana v.tr.* |*1s1* يلعن *yal3an^u* | لعن *la3n*| • curse, damn ▪ لعنه الله *la3anahu aLLāh^u* may God damn *sb* ▪ اللعنة *alla3na^tu* Damn it!

لعنة *la3na^t n.* |*pl.* لعنات *la3(a)nāt*| • curse ▪ لعنة الفراعنة *la3nat · alfarā3ina^t* curse of the pharaohs

لعوب *la3ūb adj.* • playful, mischievous • flirtatious

لعين *la3īn adj.* |*pl.* ***dip.*** لعناء *lu3anā?* | *elat.* ألعن *?al3an*| • cursed, damned

لغة *luɣa^t n.* • language ◊ لغتك العربية جيدة جدا. *Your Arabic is very good.* ▪ اللغة العربية *alluɣa^t al3arabīya^t* Arabic ▪ لغة أجنبية *luɣa^t ?ajnabīya^t* foreign language ▪ لغة إشارة *luɣat · ?išāra^t*, لغة صم *luɣat · ṣumm* sign language ▪ لغة أم *luɣat · ?umm* mother tongue, native language

لغز *luɣz n.* |*pl.* ألغاز *?alɣāz*| • puzzle, riddle, enigma

لغم *luɣm* or *laɣam n.* |*pl.* ألغام *?alɣām*| • *(explosive device)* mine ▪ لغم أرضي *luɣm ?arḍī^y* land mine ▪ لغم بحري *luɣm baḥarī^y* naval mine

لغوي *luɣawī^y* • *adj.* linguistic ▪ لغويات *luɣawīyāt pl. n.* linguistics • *n.* linguist

لف *laffa v.tr.* |*1g3* يلف *yaluff^u* | لف *laff*| • wrap *sth* ∘ *with* بـ, fold ▪ لف عنقه بشال *laffa 3unq^ahu bi-šāl v.* wrap a scarf around *one's* neck • wind, coil • revolve, go around, spin, rotate ▪ لف ودار *laffa wa-dāra* go around, be out and about ▪ لف ودار حول نفس الموضوع *laffa wa-dāra ḥawla nafs^i -lmawḍū3^i* quibble, beat a dead horse • turn

لفافة *lifāfa^t n.* |*pl.* ***dip.*** لفائف *lafā?if*| • roll ▪ لفافة منديل *lifāfat · mandīl* toilet paper roll ▪ لفافة بانجو *lifāfat · bāngo* *(marijuana cigarette)* joint

لفت *lafata v.tr.* |*1s2* يلفت *yalfit^u* | لفت *laft*| • turn *sth* ∘ *toward* إلى, tilt, incline ▪ لفت النظر إلى *lafata annaẓar ?ilā* turn *one's* attention toward

لفت *lift coll. n.* |*sing.* لفتة *lifta^t*| • turnips

لفح *lafaḥa v.tr.* |*1s1* يلفح *yalfaḥ^u* | لفح *lafḥ*| • burn, scorch, char

لفح *lafḥ n.** • burn ▪ لفح شمس *lafḥ · šams* sunburn

لفظ *lafaẓa v.tr.* |*1s2* يلفظ *yalfiẓ^u* | لفظ *lafẓ*| • pronounce • expel, eject, throw out

لفظ *lafẓ n.** |*pl.* ألفاظ *?alfāẓ*| • pronunciation • utterance, words • expulsion, ejection

لفظة *lafẓa^t n.* |*pl.* لفظات *laf(a)ẓāt*| • word, utterance

لفق *laffaqa v.tr.* |*2s* يلفق *yulaffiq^u* | تلفيق *talfīq*| • fabricate, make up, invent

لفيف *lafīf adj.* • gathered, assembled ▪ فعل لفيف *fi3l lafīf n.* *(grammar)* doubly weak verb

لقاء *liqā? n.** • meeting ▪ إلى اللقاء *?ilā -lliqā?^i* Good-bye!

لقاء *liqā?a prep.* • in return for, in exchange for ◊ أعطاه الدراجة لقاء مبلغ مالي. *He gave him the bike in exchange for money.*

لقاح *laqāḥ n.* • vaccine • pollen

لقب *laqab n.* |*pl.* ألقاب *?alqāb*| • nickname • surname, last name • title (Dr., Mr., Prof., etc.)

لقب *laqqaba v.tr.* |*2s* يلقب *yulaqqib^u* | تلقيب *talqīb*| • address *sb* ∘ *by* بـ, call, nickname

لقح *laqqaḥa v.tr.* |*2s* يلقح *yulaqqiḥ^u* | تلقيح *talqīḥ*| • vaccinate *sb* ∘ *against* ضد, inoculate *against* • pollinate • inseminate, impregnate

لقد *la-qad(i)* • *(emphasizes past tense)* [+ perfect] already ◊ لقد قلت ذلك قبل سنوات. *I said that years ago.* ➡ **قد** ***qad(i) p. 236***

لقلق *laqlaq n.* |*pl.* ***dip.*** لقالق *laqāliq*| • stork

لقمة *luqma^t n.* |*pl.* لقم *luqam*| • bite, morsel

لقن *laqqana v.tr.* |*2s* يلقن *yulaqqin^u* | تلقين *talqīn*| • teach *sb* ∘ *sth* ∘ ▪ لقنه درسا *laqqanahu darsan* teach *sb* a lesson

لقي *laqiya v.tr.* |*1d4* يلقى *yalqā* | لقاء *liqā?*| • meet ▪ لقي مصرعه *laqiya maṣra3^ahu*, لقي حتفه *laqiya ḥatf^ahu* die, meet *one's* end

لكم *la-kam(i) interjection* • How...! ◊ آه لكم أحبك! *Oh, how I love you!* ⚠ **لكم** ***lakum to you***

لكم *lakama v.tr.* |*1s3* يلكم *yalkum^u* | لكم *lakm*| • punch

لكمة *lakma^t n.* |*pl.* لكمات *lak(a)māt*| • punch

لكن *conj.* • *lākin(i)* [+ verb, etc.] but, however ◊ حاولت لكن فشلت. *I tried but failed.* • *lākinna* [+ accusative noun or pronoun suffix] but, however ◊ كان هنا لكنه غادر *He was here, but he left.* ➡ ***table on the next page*** ⓘ *Notice that the long ā of* لكن *lākin(i)* and *lākinna is unwritten.* ➡ ***Inna and Her Sisters p. 47***

لكنني (لكني) *lākinnanī (lākinnī)*	لكننا *lākinnanā*	
لكنك *lākinnaka*	لكنكما *lākinnakumā*	لكنكم *lākinnakum*
لكنك *lākinnaki*		لكنكن *lākinnakunna*
لكنه *lākinnahu*	لكنهما *lākinnahumā*	لكنهم *lākinnahum*
لكنها *lākinnahā*		لكنهن *lākinnahunna*

لكنة *lukna^t n.* |*pl.* لكنات *luk(u)nāt*| • accent

لكي *li-kay conj.* • [+ subjunctive] in order to *(do)*, so that... ◊ ذهب إلى لندن لكي يدرس الطب. *He went to London to study medicine.* ▪ لكي لا *li-kay lā*, لكيلا *li-kaylā* in order not to, lest ◊ وضعت الكتاب في حقيبتي لكي لا أنساه غدا. *I put the book in my bag so I don't forget it tomorrow.*

لكي *li-kay conj.* • in order to *(do)*, so that... ◊ ذهب إلى لندن لكي يدرس الطب. *He went to London to study medicine.* ▪ لكي لا *li-kay lā*, لكيلا *li-kaylā* in order not to, lest ◊ وضعت الكتاب في حقيبتي لكي لا أنساه غدا. *I put the book in my bag so I don't forget it tomorrow.*

لم *lam(i) particle* [+ jussive] • *(forms negative past tense)* didn't ◊ لم أفعله. *I didn't do it.* ▪ ألم *ʔa-lam* didn't? ◊ ألم تر ذلك؟ *Didn't you see that?* ◊ ألم أقل لك من قبل؟ *Didn't I tell you that before?* ▪ لم... بعد *lam... ba3du* haven't... yet ◊ لم أفعله بعد. *I haven't done it yet.*

لم *lamm n.** • collection, gathering ▪ حفلة لم الشمل *ḫaflat · lamm^i -ššaml^i* *(party)* reunion

لم *lamma v.tr.* |*1g3* يلم *yalumm^u* | لم *lamm*| • collect, gather

لم *li-ma* • *interrogative* why? ◊ لم غادرت الفصل؟ *Why did you leave the classroom?* • *conj.* why

لما *lammā conj.* • when • because, since • *particle* not yet ◊ لما أفعله. *I haven't done it yet.*

لما *li-mā* • *interrogative* why? • *conj.* why

لماذا *li-māđā* • *interrogative* why? • *conj.* why

لماذا *li-māđā*, لما *li-mā*, لم *li-ma* • *interrogative* why? • *conj.* why

لمبة *lamba^t n.* • lamp

لمح *lamaḫa v.intr.* |*1s1* يلمح *yalmaḫ^u* | لمح *lamḫ*| • glance *at* إلى

لمح *lamḫ n.** • glance ▪ في لمح البصر *fī lamḫ^i -lbaṣar^i*, بلمح البصر *bi-lamḫ^i -lbaṣar^i* *adv.* at a glance

لمح *lammaḫa v.intr.* |*2s* يلمح *yulammiḫ^u* | تلميح *talmīḫ*| • hint *at* إلى, insinuate, allude *to*

لمس *lamasa v.tr.* |*1s2/1s3* يلمس *yalmis^u* or *yalmus^u* | لمس *lams*| • touch

لمسة *lamsa^t n.* |*pl.* لمسات *lam(a)sāt*| • touch

لمع *lama3a v.intr.* |*1s1* يلمع *yalma3^u* | لمع *lam3* or لمعان *lama3ān*| • shine

لمع *lamma3a v.tr.* |*2s* يلمع *yulammi3^u* | تلميع *talmī3*| • polish

لن *lan(i) particle* [+ subjunctive] • *(forms the negative future)* will not, won't ◊ لن أفعله. *I won't do it.*

لندن *landan*, لندرة *landra^t n.* ***f. dip.*** • *(capital of England and the U.K.)* London

لهب *lahab*, لهيب *lahīb n.* • flame, blaze

لهث *lahata v.intr.* |*1s1* يلهث *yalhat^u* | لهاث *luhāt* or لهث *laht*| • pant

لهجة *lahja^t n.* |*pl.* لهجات *lah(a)jāt*| • dialect

لهفة *lahfa^t n.* |*pl.* لهفات *lah(a)fāt*| • eagerness ▪ في لهفة لأنْ *fī lahfa^tin li-ʔann* eager to *(do)*

لهو *lahw n.* • fun, amusement, entertainment

لو *law(i)*, لو أنْ *law ʔanna conj.* • [+ perfect] if ◊ لو كان أبي رأى هذا كان سيغضب. *If dad had seen this, he would've become angry.* ◊ ماذا تفعل لو كنت غنيا؟ *What would you do if you were rich?* ⓘ *The following clause often begins with* لـ *la-:* ◊ لو كنت غنيا لاشتريت قصرا *If I were rich, I would buy a palace.* ▪ لولا *lawlā* [+ nominative noun or pronoun suffix] if not (for) ▪ لولا ذلك *lawlā đālika adv.* otherwise ◊ كنت مريضا، لولا ذلك لكنت نجحت. *I was sick; otherwise, I would have succeeded.* ▪ كما لو *ka-mā law* as if, as though ◊ رباها كما لو كان أباها. *He raised her as if he were her father.* ▪ ولو *wa-law*, حتى لو *ḫatā law* even if, even though ◊ لن أقبل حتى لو توسلت إلي. *I won't agree even if you beg me.* ▪ ولو قليلا *wa-lāw qalīlan* even (if just) a little ◊ أتمنى أن تتغير ولو قليلا. *I hope you change, even if just a little.* • if only ▪ تمنى لو (أنّ) *tamannā law (ʔanna)*, ود لو (أنّ) *wadda law (ʔanna)* wish that... ◊ أتمنى لو كنت غنيا. *I wish I were rich.*

لواء *liwāʔ n.* |*pl.* ألوية *ʔalwiya^t*| • *(military)* major general • *(military)* brigade • flag, banner

• province

لواط *liwāṭ n.* • sodomy

لوبياء *lūbiyāʔ*, ***invar.*** لوبيا *lūbiyā coll. n.* • green beans, string beans, black-eyed peas

لوث *lawwata v.tr.* |*2s* يلوث *yulawwitu* | تلويث *talwīt*| • pollute

لوجستي *lojistīy adj.* • logistic

لوجستية *lojistīyat n.* • logistics

لوح *lawḥ n.* |*pl.* ألواح *ʔalwāḥ*| • board, panel ▪ لوح خشبي *lawḥ xašbīy* wooden board, plank

لوح *lawwaḥa v.tr.* |*2s* يلوح *yulawwiḥu* | تلويح *talwīḥ*| • wave, beckon, signal

لوحة *lawḥat n.* |*pl.* لوحات *law(a)ḥāt*| • sign • board ▪ لوحة مفاتيح *lawḥat · mafātīḥ* keyboard, keypad ▪ لوحة رقم سيارة *lawḥat · raqm · sayyārat* license plate (UK: number plate) • painting, picture ▪ لوحة زيتية *lawḥat zaytīyat* oil painting

لورد *lord n.* • *(title)* lord ▪ __ اللورد *allord* __ Lord __

لوز *lawz coll. n.* |*sing.* لوزة *lawzat*| • almonds ▪ لوزتان *lawzatāni* *dual noun* tonsils

لوس أنجلس *lōs ʔanjilis n.* ***f. invar.*** • *(city in the U.S.)* Los Angeles

لوط *lūṭ* ***dip.*** *man's name* • Lot

لوطي *lūṭīy adj.* • sodomite

لوفة *lūfat n.* • *(sponge)* loofah, luffa ⓘ *The English word 'loofah' has been borrowed from this Arabic word.*

لوكسمبورغ *lūksimburg n.* ***f. invar.*** • Luxembourg

لوكسمبورغي *lūksimburgīy adj. & n.* • Luxembourger

لولب *lawlab n.* • spiral, helix

لولبي *lawlabīy adj.* • spiral

لؤلؤ *luʔluʔ coll. n.* |*sing.* لؤلؤة *luʔluʔat*| • pearls ▪ أم لؤلؤ *ʔumm · luʔluʔ*, عرق اللؤلؤ *3irq · luʔluʔ* mother of pearl

لوم *lawm n.** • blame ▪ وضع اللوم عليه عن *waḍa3a allawma 3alayhi 3an*, ألقى اللوم عليه عن *ʔalqā -llawm 3alayhi 3an* blame *sb* for

لون *lawn n.* |*pl.* ألوان *ʔalwān*| • color

لون *lawwana v.tr.* |*2s* يلون *yulawwinu* | تلوين *talwīn*| • color

لوني *lawnīy adj.* • colorful • color-

لوى *lawā v.tr.* |*1d2* يلوي *yalwī* | لوي *luwīy*| • twist, turn, bend

لوى *lawwā v.tr.* |*2d* يلوي *yulawwī* | تلوية *talwiyat*| • bend, twist

لياقة *liyāqat n.* • fitness ▪ باللياقة *bi-lliyāqati* fit, in shape

ليان *layān n.* • softness, gentleness • ***f. dip.*** *woman's name* Layan, Lian

ليبرالي *lībrālīy adj.* • liberal

ليبرالية *lībrālīyat n.* • liberalism

ليبي *lībīy adj. & n.* • Libyan

ليبيا *lībiyā n.* ***f. invar.*** • Libya

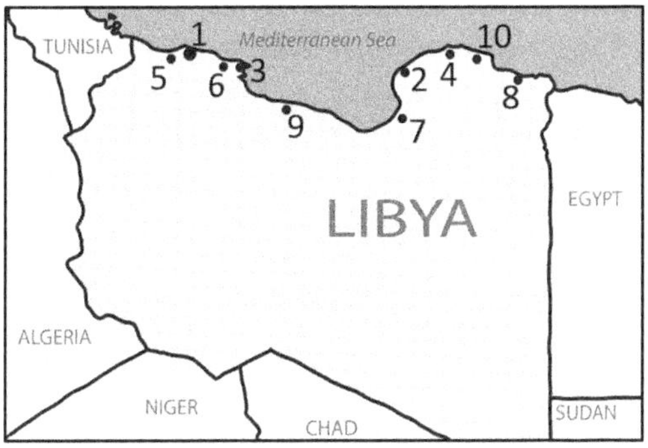

map of Libya

1. طرابلس *ṭarābulus* Tripoli
2. بنغازي *banɣāzī* Benghazi
3. مصراتة *miṣrātat* Misrata
4. البيضاء *albayḍāʔ* Bayda
5. الزاوية *azzāwiyat* Zawiya
6. زليتن *zlītan* Zliten
7. أجدابيا *ʔajdābiyā* Ajdabiya
8. طبرق *ṭubruq* Tobruk
9. سرت *sirt* Sirte
10. درنة *darnat* Derna

ليت *layta*, يا ليت *yā layta particle* [+ accusative noun or pronoun suffix] • [+ perfect] I wish __ *(did)*/had *(done)*..., If only __ *(did)*/had *(done)*... ◊ ليتني عرفت الحقيقة. *I wish I had known the truth.* ◊ ليت الأمر كان بهذة السهولة. *If only it were that easy.* • [+ indicative] I wish __ would *(do)*..., If only __ would *(do)*... ◊ يا ليته يقرأ رسالتي. *I wish he'd read my letter.* ▪ ليت شعري *layta ši3rīy* I wish I knew... ◊ يا ليت شعري ما يكون جوابه. *I wish I knew what his answer was.* ▪ يا ليت *yā layta* If only!, I wish! ➡ ***Inna and Her Sisters p. 47***

ليتوانيا *lītuwānīy adj. & n.* • Lithuanian

ليتوانيا *lītuwāniyā n.* ***f. invar.*** • Lithuania

ليث *layt n.* |*pl.* ليوث *luyūt*| • lion

ليرة *līrat n.* • lira ▪ ليرة سورية *līrat sūrīyat* |*abbreviated* ل.س| Syrian pound (SYP) ▪ ليرة

ليرة لبنانية *līra^{t} lubnānīya^{t}* |*abbreviated* ل.ل| Lebanese pound (LL)

ليزر *layzer n.* • laser

ليس *laysa v.intr.* [+ predicate in the accusative] • is not ◊ هذا ليس صحيحا. *That's not correct.* ◊ أنا لست طبيبا. *I'm not a doctor.* ⓘ *The predicate can also be governed by the preposition* بـ *bi-*: ◊ هذا ليس بالشيء الجديد. *This is nothing new.* ▪ أليس *ʔa-laysa* isn't it...? ▪ أليس كذلك؟ *ʔa-laysa ka-đālika* ..., right?, ..., isn't it? ▪ لست أدري. *lastu ʔadrī* I don't know. ▪ ليس فقط... ولكن أيضا... *laysa faqaṭ... wa-lākin ʔayḍan...* is not only... but also... ▪ ليس هناك *laysa hunāka* there is not, there are not

One Is Not...

The following translate as 'am not', 'is not' or 'are not'.

لست *lastu*	لسنا *lasnā*	
لست *lasta*	لستما *lastumā*	لستم *lastum*
لست *lasti*		لستن *lastunna*
ليس *laysa*	ليسا *laysā*	ليسوا *laysū*
ليست *laysat*	ليستا *laysatā*	لسن *lasna*

ليف *līf coll. n.* |*sing.* ليفة *līfa^{t}* | *pl.* ألياف *ʔalyāf*| • fibers ▪ ألياف غذائية *ʔalyāf ɣiđāʔīya^{t}* dietary fiber

ليل *layl*, ليلة *layla^{t} n.* |*pl.* ***def.*** ليال *layāl(in)*| • night ▪ ليلا *laylan*, بالليل *bi-llayl^{i}*, في الليل *fī- layl^{i} adv.* at night ▪ الليلة *allayla^{ta}*, هذه الليلة *hāđihi -llayla^{ta} adv.* tonight ▪ ليلة ليلة *laylatan laylatan adv.* night after night ▪ ليلتها *laylat^{a}hā adv.* (on) that night ▪ ليلة أمس *laylat^{a} ʔams^{i} adv.* last night ▪ ليلة سعيدة *layla^{ta} saʕīda^{ta} adv.* Good night! ▪ ليل نهار *layl^{a} nahār^{a}*, ليلا ونهارا *laylan wa-nahāran adv.* day and night ◊ يعمل بجد ليلا ونهارا. *He works hard day and night.* ▪ ألف ليلة وليلة *ʔalf^{u} layla^{tin} wa-layla^{tin} n.* One Thousand and One Nights ▪ ذات ليلة *đāt^{a} layla^{ta} adv.* that very night ▪ في وقت متأخر من الليل *fī waqt^{in} mutaʔaxxir^{in} min^{a} -llayl^{i} adv.* late at night

لئلا *li-ʔallā conj.* [+ subjunctive] • in order not to *(do)*, so as not to *(do)*, lest ◊ أراجع الدرس لئلا أنسى. *I'm reviewing the lesson so that I don't forget.*

لئلا *li-ʔallā conj.* |< لـ + أن + لا *li- + ʔan + lā*| • [+ subjunctive] in order not to *(do)*, so as not to *(do)*, lest ◊ أراجع الدرس لئلا أنسى. *I'm reviewing the lesson so that I don't forget.*

ليلتئذ *laylat^{a}ʔiđin*, ليلتذاك *laylat^{a}đāka* • (on) that night

ليلك *laylak n.* • lilac

ليلى *laylā* ***f. invar.*** *woman's name* • Layla

ليلي *laylī^{y} adj.* • night-, nocturnal

ليما *līmā n.* ***f. invar.*** • *(capital of Peru)* Lima

ليمان *līmān n.* • prison

ليمون *laymūn coll. n.* |*sing.* ليمونة *laymūna^{t}*| • lemons ▪ ليمون حامض *laymūn ḥāmiḍ* limes

ليموناضة *laymūnāḍa^{t}*, ليمونادة *laymūnāda^{t} n.* • lemonade

ليموني *laymūnī^{y} adj.* • أخضر ليموني *ʔaxḍar laymūnī^{y}* lime-green ▪ أصفر ليموني *ʔaṣfar laymūnī^{y}* lemon-yellow

لين *layyana v.tr.* |*2s* يلين *yulayyin^{u}* | تليين *talyīn*| • soften

لين *layyin adj.* |*elat.* ألين *ʔalyan*| • flexible ▪ لا تكن لينا فتعصر ولا يابسا فتكسر. *lā takun layyinan fa-tuʕṣar^{u} wa-lā yābisan fa-tukassar^{u} proverb* Don't be soft or you'll be squeezed; and don't be hard or you'll be broken.

لئن *la-ʔin(i)*, ولئن *wa-la-ʔin(i) conj.* • whereas, while ◊ لئن كانت الأم سعيدة بنجاح ابنها، فإنها لم تغفر له أبدا تجاهلها. *While the mother was happy to see her son succeed, she never forgave him for neglecting her.* • if ◊ لئن لم تنته لأعاقبك. *If you don't stop, I will punish you.*

م

م *mīm n. f.* |ميم| • *(twenty-fourth letter of the Arabic alphabet)* • *(numerical value)* 40
➡ The Abjad Numerals p. 108

م • *mīlādīʸ* |*abbreviation of* ميلادي| A.D. • *masāʔan* |*abbreviation of* مساءً| p.m. ◊ من الساعة العاشرة ص إلى الثامنة م *from ten a.m. until eight p.m.*

ـم *-ma interrogative or conjunction* • what ▪ بم *bi-ma* with what ▪ إلام *ʔilā-ma* to where ▪ لم *li-ma* why ▪ عم *3amma* |< م + عن *3an + ma*| about what ◊ عم كان يسألك؟ *What was he asking you about?*; from what ▪ مم *mimma* |< م + من *min + ma*| from what, of what ◊ عم كان يسألك؟ *What are you scared of?* **➡ compare with ما mā below**

ما *mā* • *interrogative* [in nominal clauses] what? ◊ ما هذا؟ *What's this?* ◊ ما الفائدة؟ *What's the use?* ◊ ما هي الحقيقة؟ *What's the truth?* ▪ ماذا *māđā* what? **➡ ماذا māđā p. 264** ▪ ما له؟ *mā lahu*, ما به؟ *mā bi-hi* What is the matter with *sb*? ◊ ما لك؟ *What's wrong with you?* ▪ بما *bi-mā* with what? ▪ فيما *fī-mā* in what?; concerning what? ▪ لما *li-mā* why?; to what? ▪ عما *3ammā* | ما + عن < *3an + mā*| about what?; from what? ▪ مما *mimmā* |< ما + من *min + mā*| from what? • *conj.* what ▪ إذا ما *ʔiđā mā* if ▪ أول ما *ʔawwala mā*, بمجرد ما *bi-mujarradⁱ mā*, سرعان ما *sur3āna mā* as soon as ◊ تفاجأت في البداية ولكن سرعان ما استعدت توازني. *First I was surprised, but I soon gained back my balance.* ◊ أول ما رأى اللص الشرطي لاذ بالفرار. *The thief ran away as soon as he saw the policeman.* ◊ تذكرته بمجرد ما رأيت وجهه. *I remembered him as soon as I saw his face.* ▪ بما *bi-mā* with what, with which ▪ بما أنْ… فـ *bi-mā ʔan… fa-*, بما أنّ… فـ *bi-mā ʔanna… fa-* because, since ◊ بما أنك غير مشغول، فلنخرج سويا. *Since you're not busy, let's go out.* ▪ بما في ذلك… *bi-mā fī đālika*, بما فيها *bi-mā fīhā* including… ◊ التدخين مضر للجميع، بما في ذلك الأطفال. *Smoking is harmful to everyone, including children.* ◊ كل الإحتمالات مطروحة، بما فيها الاستسلام. *All possibilities are up for debate, including surrender.* ▪ فيما *fī-mā* in what, in which; concerning what, concerning which ▪ فيما عدا *fī-mā 3adā prep.* with the exception of, except ◊ يمكن إعطاء هذا الدواء لأي شخص فيما عدا الحوامل. *This medication can be prescribed to anyone except pregnant women.* ◊ حضر كل الطلبة الحصة فيما عدا أحمد. *All the studens came to class except Ahmed.* ▪ عما *3ammā* |< ما + عن *3an + mā*| about what, about which; from what, from which ▪ قدر ما *qadra mā*, بقدر ما *bi-qadrⁱ mā* as much as ◊ تستطيع البقاء قدر ما تريد. *You can stay as long as you want.* ▪ كل ما *kull mā* everything that… ◊ ساعدني ولك كل ما تريد. *Help me and take everything that you want.* ◊ أعرف كل ما تريد قوله. *I know everything that you want to say.* ▪ كما *ka-mā* as, like **➡ كـ ka- p. 245** ▪ لما *li-mā* why; to what, to which ▪ ما لم *mā lam(i)* [+ jussive] unless ◊ سأفصلك ما لم تتبع القواعد. *I will fire you unless you follow the rules.* ▪ مما *mimmā* |< ما + من *min + mā*| from what, from which ◊ سأحميك مما تخافه. *I will protect you from what you fear.*; *(referring to entire preceding clause)* which ▪ ما بين *mā bayna prep.* between ▪ ما بعد *mā ba3da prep. (lit. that which is after)* after, post- ◊ ليبيا ما بعد الثورة *post-revolutionary Libya* ◊ ما بعد الاستعمارية *post-colonialism* ▪ ما قبل *mā qabla prep. (lit. that which is before)* before, pre- ◊ تكنولوجيا ما قبل عشر سنوات *ten-year-old technology* ◊ علاقات ما قبل الزواج *pre-marital relations* ▪ وما إلى ذلك *wa-mā ʔilā đālika* et cetera (etc.) • *(forms conjunctions)* [+ perfect tense (usually)] -ever ▪ أينما *ʔaynamā conj.* wherever, no matter where ◊ أينما ذهبت، رأيته. *Wherever I go, I see him.* ▪ حيثما *ḩaytumā conj.* wherever ◊ يمكنك السفر حيثما شئت. *You can travel wherever you want.*; whenever ▪ كيفما *kayfamā conj.* however ◊ رتب غرفتك كيفما تحب. *Organize your room however you'd like.* ▪ متى ما *matā mā*, كلما *kullamā conj.* whenever ◊ متى ما تذكرت الحادث أشعر بالحزن. *Whenever I remember the accident, I feel sad.* ◊ كلما فكرت فيك ابتسمت. *Whenever I think of you, I smile.* • *(forms adverbs)* [+ perfect] -ly ▪ غالبا ما *ɣāliban mā adv.* mostly, almost always, usually ▪ قليلا ما *qalīlan mā adv.* rarely, seldom ▪ كثيرا ما *katīran mā adv.* generally; frequently, often ▪ نوعا ما *naw3an mā adv.* more or less • a certain __, some __ (or other) ▪ شيء ما *šayʔ mā* a certain something ▪ في زمن ما *fī zamanⁱⁿ mā* *adv.* at one time (in the past) ▪ لسبب ما *li-sababⁱⁿ mā adv.* for some reason ▪ يوما ما *yawman mā* some day •ماه *mā*, يا ما *yā mā interjection* [+ accusative elative + accusative definite noun or pronoun suffix] What (a) __!, How...! ◊ ما أجمل مدينة دمشق! *mā ʔajmalᵃ madīnatᵃ damašqᵘ What a beautiful city Damascus is!* ◊ ما أسعدني! *How happy I am! / I'm so happy!* ◊ ما أجمل العودة! *It's so good to be back!* ▪ ما... أن *mā... ʔan*, ما... ما *mā... mā* [+ accusative elative] How...! ◊ ما أجمل أن يكون لي صديق مثلك. *How nice it is to have a friend like you. / It's so nice to have a friend like you.* ▪ ما أكثر ما... *mā ʔaktarᵃ mā* How often...! ◊ ما أكثر ما تذهب للتسوق! *You go shopping so often!* • *particle (forms negative past tense)* [+ perfect] did not ◊ ما فعله. *He didn't do it.* ◊ ما كنت أعرف وقتها أني سأندم. *I didn't know at that time that I was going to regret it.* ➡ ***compare with*** لم ***lam p. 264***; not, no ▪ ما من __ *mā min* __ there is (absolutely) no __ ▪ ما من أحد *mā min ʔaḥadⁱⁿ* nobody, no one ▪ ما... حتى... *mā... ḥattā...*, ما كاد... حتى... *mā kāda... ḥattā...*, ما أنْ... حتى... *mā ʔan... ḥattā...*, ما إنْ... حتى... *mā ʔin... ḥattā...* [+ perfect or subjunctive] no sooner had... than..., as soon as ◊ ما رأى الجثة حتى سقط مغشيا عليه. *As soon as he saw the corpse, he fainted.* ◊ ما كاد ينتهي من عمله حتى هاتفه رئيسه. *No sooner had he finished his work than his boss called him.* ◊ ما إن طلبوا النجدة حتى وصلت سيارة الإسعاف. *No sooner had they called 911 than the ambulance arrived.* ◊ ما إن فرغت من أعمال البيت حتى استيقظ ولدها. *No sooner had she finished the housework than her child woke up.*

ماء *māʔ n.* |*pl.* مياه *miyāh*| • water ▪ ماء أبيض *māʔ ʔabyaḍ (eye)* cataract ▪ ماء عذب *māʔ 3ađb* fresh water ▪ ماء مالح *māʔ māliḥ* salt water ▪ ماء معدني *māʔ ma3dinīʸ* mineral water

ماء *māʔa v.intr.* |*1h3(b)* يموء *yamūʔᵘ* | مواء *muwāʔ* or موء *mawʔ*| • meow

مات *māta v.intr.* |*1h3* يموت *yamūtᵘ* | موت *mawt*| • die ▪ مات من الجوع *māta minᵃ -ljū3ⁱ* starve to death ▪ مات شوقا لـ *māta šawqan li-* be dying to *(do)* ◊ إني أموت شوقا للقياكِ. *I'm dying to meet you.* ▪ مات موتا طبيعيا *māta mawtan ṭabī3īyan* die a natural death, die from natural causes

مأتم *maʔtam n.* |*pl.* ***dip.*** مآتم *maʔātim*| • funeral

ماثل *mātala v.tr.* |*3s* يماثل *yumātilᵘ* | مماثلة *mumātalaᵗ*| • resemble, look like

ماجد *mājid man's name* • Majid, Maged

ماجريات *mājarayāt pl. n.* • course of events

ماجستير *mājistīr n.* • Master's Degree, M.A. ▪ ماجستير إدارة الأعمال *mājistīr · ʔidāratⁱ · -lʔa3mālⁱ* Master of Business Administration, M.B.A.

مأخذ *maʔxađ n.* |*pl.* ***dip.*** مآخذ *maʔāxiđ*| • electrical outlet, socket • criticism, complaint, objection

مأدبة *maʔdubaᵗ n.* |*pl.* ***dip.*** مآدب *maʔādib*| • banquet

مادة *māddaᵗ act. part. n.* |*pl.* مواد *mawādd*| • matter, material ▪ مادة تبييض *māddat · tabyīḍ* bleach ▪ مواد خام *mawādd xām pl. n.* raw materials ▪ مواد غذائية *mawādd ɣiđāʔīyaᵗ pl. n.* foodstuffs • subject (of study)

مادي *māddīʸ adj.* • material • materialistic

مادية *mādīyaᵗ n.* • materialism

ماذا *māđā interrogative* • [in verbal clauses] what ◊ ماذا أفعل الآن؟ *What should I know now?* ◊ عن ماذا تتكلم؟ *What are you talking about?* ▪ ماذا؟! *māđā* What?! ▪ لماذا *li-māđā* why ▪ بماذا *bi-māđā* by what, with what ▪ ماذا بك؟ *māđā bi-ka* What's the matter?, What's wrong with you? ▪ ماذا عنه؟ *māđā 3anhu* What about *sb/sth*? ◊ ماذا عن المستقبل؟ *What about the future?* ▪ ماذا لو *māđā law* what if ◊ ماذا لو كان على حق؟ *What if he was right?* • *conj.* what ◊ لا أدري ماذا أفعل. *I don't know what to do.*

مأذون *maʔđūn pass. part.* • *adj.* legal, lawful • *n.* marriage official, marriage registrar

مار *mārr act. part. n.* |*pl.* مارة *mārraᵗ*| • pedestrian

ماراثون *mārātōn n.* • marathon

مأرب *maʔrab n.* |*pl.* ***dip.*** مآرب *maʔārib*| • wish, desire • goal, purpose, aim

مارس *mārasa v.tr.* |*3s* يمارس *yumārisᵘ* | ممارسة *mumārasaᵗ*| • practice, exercise, engage *in* ▪ مارس الجنس مع *mārasa aljinsᵃ ma3a* have sex *with*

مارس *māris n.* ***dip.*** • *(month)* March ➡ ***The Months p. 181***

ماركسي *mārksīʸ adj. & n.* • Marxist

ماركسية *mārksīyaᵗ* • *n.* Marxism

مازج *māzaja v.intr.* |*3s* يمازج *yumāzijᵘ* | ممازجة *mumāzajaᵗ*| • be a mixture *of* بين *or* مع, be a combination

مازح *māziḥ act. part. adj.* |أكثر مزاحا *ʔaktar muzāḥan*| • jocular, playful

مأزق *maʔziq n.* |*pl.* ***dip.*** مآزق *maʔāziq*| • dilemma, impasse, predicament

ماس *mās n.* • diamond

ماس *māss act. part. adj.* |*elat.* أمس *ʔamass*| • urgent, pressing ▪ في أمس الحاجة لـ *fī ʔamass^{i} -lḥāja^{ti} li- prep.* in dire need of

مأساة *maʔsā^{t} n.* |*pl.* ***def.*** مآس *maʔās(in)*| • tragedy

مأساوي *maʔsāwī^{y} adj.* |*elat.* أكثر مأساوية *ʔaktar maʔsāwīya^{tan}*| • tragic

ماسح *māsiḥ act. part.* •ماسح ضوئي *māsiḥ ḍawʔī^{y} n.* scanner

ماسحة *māsiḥa^{t} act. part. n.* • wiper, windshield wiper (UK: windscreen wiper) ▪ ماسحة تصوير *māsiḥat · taṣwīr*, ماسحة ضوئية *māsiḥa^{t} ḍawʔīya^{t}* scanner

ماسنجر *māsinjir n.* ***invar.*** • *(computer chat program)* messenger ▪ دردش على الماسنجر *dardaša 3alā -lmāsinjir* to chat on messenger

ماسورة *māsūra^{t} n.* |*pl.* ***dip.*** مواسير *mawāsīr*| • pipe, pipeline • *(gun)* barrel

ماسي *māsī^{y} adj.* • diamond-

ماش *māš(in) act. part. n.* |*pl.* مشاة *mušā^{t}*| • pedestrian • foot soldier ▪ مشاة *mušā^{t} pl. n.* infantry

ماشية *māšiya^{t} n.* |*pl.* ***def.*** مواش *mawāš(in)*| • livestock, cattle

ماض *māḍ(in) act. part.* ***def.*** |*pl.* ***def.*** مواض *mawāḍ(in)*| • *adj.* past, last ▪ فعل ماض *fi3l māḍ(in) n.* past-tense verb • |*elat.* ***invar.*** أمضى *ʔamḍā*| effective • sharp ▪ أمضى من السيف *ʔamḍā min^{a} -ssayf^{i} idiom* more cutting than a sword (i.e. very sharp) • *n.* past ▪ الماضي *almāḍī* the past; *(grammar)* the past tense

ماطر *māṭir adj.* |*elat.* أكثر إمطارا *ʔaktar ʔimṭāran*| • rainy

ماعز *mā3iz n.* |*pl.* ***dip.*** مواعز *mawā3iz*| • goat

مافيا *māfiyā n.* ***f. invar.*** • mafia

ماك *māk n.* ***invar.*** • Mac™

ماكر *mākir adj.* |*m. pl.* مكرة *makara^{t}* | *elat.* أمكر *ʔamkar*| • sly, scheming, cunning, deceitful

مأكول *maʔkūl pass. part. adj.* • edible ▪ مأكولات *maʔkūlāt pl. n.* food

ماكينة *mākīna^{t} n.* |*pl.* ماكينات *mākīna^{t}* or ***dip.***مكائن *makāʔin*| • machine ▪ ماكينات *mākīnāt pl. n.* machinery

مال *māl n.* |*pl.* أموال *ʔamwāl*| • money ▪ أموال *ʔamwāl pl. n.* funds

مال *māla v.intr.* |*1h2* يميل *yamīl^{u}* | ميل *mayl*| • lean *against* على • tend *toward* إلى, favor

مالأ *mālaʔa v.tr.* |*3s(c)* يمالئ *yumāliʔ^{u}* | ممالأة *mumālaʔa^{t}*| • help, support

مالح *māliḥ act. part. adj.* |*elat.* أملح *ʔamlaḥ* or أكثر ملوحة *ʔaktar mulūḥa^{tan}*| • salty, savory

مالطا *mālṭā n.* ***f. invar.*** • Malta

مالطي *mālṭī^{y} adj. & n.* • Maltese

مالك *mālik act. part. n.* |*pl.* ملاك *mullāk*| • owner ▪ مالك شقة *mālik · šaqqa^{t}* landlord

مألوف *maʔlūf pass. part. adj.* |*elat.* أكثر ألفة *ʔaktar ʔulfa^{tan}*| • familiar, usual, typical, customary ▪ من المألوف... *min^{a} -lmaʔlūf^{i}* ...than usual

مالي *mālī^{y} adj.* • financial, monetary

مالية *mālīya^{t} n.* • finance

ماليزي *mālayzī^{y} adj. & n.* • Malaysian

ماليزيا *mālayziyā n.* ***f. invar.*** • Malaysia

مأمور *maʔmūr pass. part.* • *adj.* authorized, in charge • *n.* official, officer ▪ مأمور سجن *maʔmūr · sijn* prison warden

مأمول *maʔmūl pass. part. adj.* • hoped ▪ من المأمول أنْ *min^{a} -lmaʔmūl^{i} ʔan* it is hoped that...

مأمون *maʔmūn pass. part. adj.* |*elat.* آمن *ʔaʔman*| • safe, secure

مأن *maʔana v.tr.* |*1s1(a)* يمأن *yamʔan^{u}* | مأن *maʔn*| • provide supplies *to*

مانجو *mango n.* ***invar.*** • mango

مانح *māniḥ act. part. n.* • donor

مانشستر *mānšistir n.* ***f. invar.*** • *(city in England)*

مانع *māna3a v.intr.* |*3s* يمانع *yumāni3^{u}* | ممانعة *mumāna3a^{t}*| • object *to* في, oppose, mind, have a problem *with* ◊ هل تمانع في إغلاق الباب خلفك؟ *Would you mind closing the door behind you?* ◊ من ناحيتي، لا أمانع في عمل المرأة. *As far as I'm concerned, I have no problem with women working.* ▪ لا أمانع *lā ʔumāni3^{u}* I don't mind!

مانع *māni3 act. part. n.* |*pl.* ***dip.*** موانع *mawāni3*| • obstacle, objection ▪ لا مانع *lā māni3^{a}* Why not? ▪ لا مانع من *lā māni3^{a} min* There's no obstacle to __ ▪ لا مانع لديه *lā māni3^{a} ladayhi*, ليس لديه مانع *laysa ladayhi māni3* have no objection

مانيلا *mānīlā n.* ***f. invar.*** • *(capital of the Philippines)* Manila

ماهر *māhir adj.* |*m. pl.* مهرة *mahara^{t}* | *elat.* أمهر *ʔamhar*| • skillful

مأوى *maʔw(an) n.* ***indecl.*** |*dual* مأويان *maʔwayān^{i}* | *pl.* ***def.*** مآو *maʔāw(in)*| • shelter, accommodation

مائة *mi?a^t^, also spelled* مئة *mi?a^t^ number* |*pl.* مئات *mi?āt* | *as numeral, written* ١٠٠ | • [+ indefinite genitive singular noun] (one) hundred
مائتان *mi?atān^i^ dual* |*acc. and gen.* مائتين *mi?atayn^i^* | *as numeral, written* ٢٠٠ | • two hundred ▪ مائتا *mi3atā* [+ indefinite genitive singular noun] |*acc. gen.* مائتي *mi?atay*| two hundred ◊ مائتا إنسان أو ثلاثمائة *two or three hundred people*

مائدة *mā?ida^t^ n.* |*pl.* **dip.** موائد *mawā?id*| • table

مايكروسوفت *maykrosoft n.* • Microsoft™ ▪ مايكروسوفت أوفيس *maykrosoft ōfis* Microsoft Office™ ▪ مايكروسوفت ويندوز *maykrosoft windoz* Microsoft Windows™

مائل *mā?il act. part. adj.* |*elat.* أميل *?amyal*| • inclined, slanting ▪ مائل إلى *mā?il ?ilā* tending toward, -ish ◊ أخضر مائل إلى الزرقة *bluish-green*

مايو *māyū n.* **invar.** • *(month)* May ➡ ***The Months p. 181***

مايونيز *māyūnīz n.* • mayonnaise

مايوه *māyō(h) n.* • bathing suit, swimsuit

مائي *mā?ī^y^ adj.* • water-, aquatic ▪ موارد مائية *mawārid mā?īya^t^ pl. n.* water resources ▪ رياضات مائية *riyāḍāt mā?īya^t^ pl. n.* aquatic sports

مباح *mubāḥ pass. part. adj.* • permitted, lawful, halal, kosher

مباحثة *mubāḥata^t^ n.** • conversation, discussion, dialog, talk ▪ مباحثات *mubāḥatāt pl. n.* talks

مبادرة *mubādara^t^ n.** • initiative

مبادلة *mubādala^t^ n.** • exchange

مباراة *mubārā^t^ n.** |*pl.* مباريات *mubārayāt*| • contest, competition, match, game

مبارز *mubāriz act. part. n.* • competitor, contender

مبارزة *mubāraza^t^ n.** • fencing, sword fighting

مبارك *mubārak pass. part. adj.* |*elat.* أكثر مباركة *?aktar mubāraka^tan^*| • fortunate, lucky • blessed

مباشر *mubāšir act. part. adj.* • direct ▪ غير مباشر *γayr · mubāšir* indirect ▪ بشكل غير مباشر *bi-šakl^in^ γayr^i^ mubāšir^in^*, بصورة غير مباشرة *bi-ṣūra^tin^ γayr^i^ mubāšira^tin^ adv.* indirectly • *(broadcast)* live ◊ يذاع البرنامج على الهواء مباشر. *The program is being broadcast live.*

مباشرة *mubāšara^t^ n.** • pursuit ▪ مباشرة *mubāšaratan adv.* directly, immediately

مبال *mubāl(in) act. part. adj.* **def.** • concerned about بـ, mindful ▪ لامبال *lāmubāl(in)* indifferent to بـ, unconcerned

مبالاة *mubalā^t^ n.** • care, concern, attention, consideration, regard ▪ لامبالاة *lāmubalā^t^* indifference, disregard

مبالغة *mubālaγa^t^ n.** • exaggeration

مبتدأ *mubtada? pass. part. n.* • *(grammar)* subject (of a nominal sentence)

مبتدئ *mubtadi? act. part. n.* • beginner, novice

مبتسر *mubtasir act. part. adj.* • premature

مبتسم *mubtasim act. part. adj.* |*elat.* أكثر ابتساما *?aktar ibtisāman*| • smiling, smiley

مبتكر *mubtakar pass. part. adj.* |*elat.* أكثر ابتكارا *?aktar ibtikāran*| • *(of things)* innovative, creative, original

مبتكر *mubtakir act. part. adj.* |*elat.* أكثر ابتكارا *?aktar ibtikāran*| • *(of people)* innovative, creative

مبتهج *mubtahij act. part. adj.* |*elat.* أكثر ابتهاجا *?aktar ibtihājan*| • happy

مبدأ *mabda? n.* |*pl.* **dip.** مبادئ *mabādi?*| • principle, rule, basis

مبدد *mubaddid act. part.* • *adj.* |*elat.* أكثر تبديدا *?aktar tabdīdan*| wasteful, extravagant • *n.* spendthrift, squanderer

مبدع *mubdi3 act. part.* • *adj.* |*elat.* أكثر إبداعا *?aktar ?ibdā3an*| creative • *n.* innovator

مبدئي *mabda?ī^y^ adj.* • basic, fundamental ▪ مبدئيا *mabda?īyan adv.* in principle; originally • original

مبذر *mubađđir act. part.* • *adj.* |*elat.* أكثر تبذيرا *?aktar tabđīran*| wasteful, extravagant • *n.* spendthrift, squanderer

مبذول *mabđūl pass. part.* • *adj.* exerted • *n.* effort, exertion, expenditure

مبراة *mibrā? n.* |*pl.* **def.** مبار *mabār(in)*| • pencil sharpener

مبرد *mibrad n.* |*pl.* **dip.** مبارد *mabārid*| • *(tool)* file, rasp ▪ مبرد أظافر *mibrad · ?aẓāfir* nail file

مبرر *mubarrir act. part. n.* • justification, excuse ▪ لا مبرر له *lā mubarrir^a^ lahu* unjustifiable

مبرمج *mubarmij act. part. n.* • programmer

مبروك *mabrūk pass. part.* • *adj.* |*elat.* أبرك *?abrak* or أكثر بركة *?aktar barka^tan^*| blessed, happy • مبروك *mabrūk*, ألف مبروك *?alf^a^ mabrūk* Congratulations!

مبشر *mubaššir act. part. n.* • evangelist, missionary

مبشرة *mibšara^t^ n.* • grater ▪ مبشرة جبنة *mibšarat ·*

jubna cheese grater

مبعث *mab3at n.* |*pl.* **dip.** مباعث *mabā3it*| • cause, factor

مبعوث *mab3ūt pass. part. n.* • envoy, delegate, representative

مبك *mubk(in) act. part. adj.* **def.** |*elat.* أكثر إبكاء *ʔaktar ʔibkāʔan*| • saddening, lamentable

مبكر *mubakkir act. part.* |*elat.* أبكر *ʔabkar*| • *adj.* early, premature ▪ مبكرا *mubakkiran adv.* early, prematurely

مبلغ *mablaɣ n.* |*pl.* **dip.** مبالغ *mabāliɣ*| • sum, amount

مبلل *muballal pass. part. adj.* |*elat.* أكثر تبللا *ʔaktar taballulan*| • wet

مبلول *mablūl pass. part. adj.* |*elat.* أكثر بللا *ʔaktar balalan*| • wet

مبنى *mabn(an) n.* **indecl.** |*dual* مبنيان *mabnayān[i]* | *pl.* **def.** مبان *mabān(in)*| • building, structure ▪ مبنى بلدية *mabnā · baladīya[t]* city hall

مبني *mabnī[y] pass. part. adj.* • based *on* على

مبهج *mubhij act. part. adj.* |*elat.* أكثر إبهاجا *ʔaktar ʔibhājan*| • delightful, cheerful

مبهور *mabhūr pass. part. adj.* |*elat.* أكثر انبهارا *ʔaktar inbihāran*| • overwhelmed • out of breath

مبولة *mibwala[t] n.* • urinal

مبيت *mabīt n.*⋆ • spending the night ◊ هل لديك مكان للمبيت الليلة؟ *Do you have a place to spend the night?* ▪ حفلة مبيت *ḥaflat · mubīt* slumber party

مبيد *mubīd act. part.* • *adj.* |*elat.* أكثر إبادة *ʔaktar ʔibādat[an]*| destructive, deadly, lethal • *n.* pesticide ▪ مبيد حشري *mubīd ḥašarī[y]* insecticide ▪ مبيد أعشاب *mubīd · ʔa3šāb*, مبيد عشبي *mubīd 3ašabī[y]* herbicide

مبيض *mibyaḍ n.* |*pl.* **dip.** مبايض *mabāyiḍ*| • ovary

مبيع *mabī3 n.* • sale ▪ مدير مبيعات *mudīr · mabī3āt* sales manager

مبين *mubīn act. part.* • clear, obvious, evident

متابعة *mutāba3a[t] n.*⋆ • continuation • tracking, observation

متاح *mutāḥ pass. part. adj.* • accessible, available

متأخر *mutaʔaxxir act. part. adj.* |*elat.* أكثر تأخرا *ʔaktar taʔaxxuran*| • late, delayed ▪ متأخرا *mutaʔaxxiran* **adv.** late ▪ في وقت متأخر من الليل *fī waqt[in] mutaʔaxxir[in] min[a] -llayl[i]* late at night

متاخم *mutāxim act. part. adj.* • adjacent *to* لـ

متأسف *mutaʔassif act. part.* |*elat.* أكثر تأسفا *ʔaktar taʔassufan*| • *adj.* sorry • *interjection* Sorry!

متاع *matā3 n.* |*pl.* أمتعة *ʔamti3a[t]*| • belongings, property ▪ أمتعة سفر *ʔamti3at · safar pl. n.* luggage, baggage

متأكد *mutaʔakkid act. part. adj.* |*elat.* أكثر تأكدا *ʔaktar taʔakkudan*| • certain *of/about* من, sure ▪ لست متأكدا. *lastu mutaʔakkidan* I'm not sure.

متآلف *mutaʔālif act. part. adj.* |*elat.* أكثر تآلفا *ʔaktar taʔālufan*| • harmonious

متألق *mutaʔalliq act. part. adj.* |*elat.* أكثر تألقا *ʔaktar taʔalluqan*| • shining, radiant

متانة *matāna[t] n.*⋆ • toughness, durability

متأهب *mutaʔahhib act. part. adj.* |*elat.* أكثر تأهبا *ʔaktar taʔahhuban*| • ready *for* لـ

متبادل *mutabādal pass. part. adj.* • mutual, reciprocal ▪ بشكل متبادل *bi-šakl[in] mutabādal[in]*, بصورة متبادلة *bi-ṣūra[tin] mutabādala[tin]* **adv.** mutually

متبرع *mutabarri3 act. part. n.* • donor

متبق *mutabaqq(in) act. part. adj.* **def.** • left over, remaining

متبل *mutabbal pass. part. adj.* • spicy

متتابع *mutatābi3 act. part. adj.* • successive, consecutive

متتال *mutatāl(in) act. part.* **def.** • consecutive, successive

متجدد *mutajaddid act. part. adj.* • renewable ▪ طاقة متجددة *ṭāqa[t] mutajaddida[t] n.* renewable energy

متجر *matjar n.* |*pl.* **dip.** متاجر *matājir*| • shop, store

متجعد *mutaja33id act. part. adj.* |*elat.* أكثر تجعدا *ʔaktar taja33udan*| • wrinkled • *(hair)* curly, curled, wavy

متحد *mutaḥadd(in) act. part. adj.* **def.** |*elat.* أكثر تحديا *ʔaktar taḥaddiyan*| • challenging, defiant

متحدث *mutaḥaddit act. part. n.* • speaker, spokesperson

متحرشف *mutaḥaršif act. part. adj.* • scaly, flaky

متحرك *mutaḥarrik act. part. adj.* |*elat.* أكثر تحركا *ʔaktar taḥarrukan*| • mobile

متحف *matḥaf n.* |*pl.* **dip.** متاحف *matāḥif*| • museum

متحفظ *mutaḥaffiẓ act. part. adj.* |*elat.* أكثر تحفظا *ʔaktar taḥaffuẓan*| • sedate, reserved • cautious, alert

متحمس *mutaḥammis act. part. adj.* • enthusiastic, eager

متخاصم *mutaxāṣim act. part. n.* • adversary

متخصص *mutaxaṣṣis act. part.* • *adj.* |*elat.* أكثر تخصصا *ʔaktar taxaṣṣuṣan*| specialized *in* بـ • *n.* expert, specialist

متخلف *mutaxallif act. part. adj.* |*elat.* أكثر إخلاصا *ʔaktar ʔixlāṣan*| • backward, undeveloped, underdeveloped ▪ متخلف عقليا *mutaxallif 3aqlīyan* mentally retarded ▪ دولة متخلفة *dawla*[t] *mutaxallifa*[t] underdeveloped country

متدين *mutadayyin act. part. adj.* |*elat.* أكثر تدينا *ʔaktar tadayyunan*| • pious, devout, religious

متر *mitr n.* |*pl.* أمتار *ʔamtār*| • meter

متراس *mitrās n.* |*pl.* ***dip.*** متاريس *matārīs*| • barricade

مترجم *mutarjim act. part. n.* • translator

متردد *mutaraddid act. part. adj.* |*elat.* أكثر ترددا *ʔaktar taraddudan*| • hesitant, undecided

مترف *mutraf pass. part. adj.* |*elat.* أكثر ترفا *ʔaktar tarafan*| • luxurious

مترو *metro n.* ***invar.*** |*pl.* متروهات *metrohāt*| • subway (UK: underground)

متري *mitrīy adj.* • metric

متزامن *mutazāmin act. part. adj.* • simultaneous

متزعزع *mutaza3zi3 act. part. adj.* |*elat.* أكثر تزعزعا *ʔaktar taza3zu3an*| • shaky, wobbly

متزلج *mutazallij act. part. n.* • skier, skater

متزوج *mutazawwij adj.* • married *to* من

متسابق *mutasābiq act. part. n.* • contestant, competitor

متسامح *mutasāmiḥ act. part. adj.* |*elat.* أكثر تسامحا *ʔaktar tasāmuḥan*| • tolerant

متساهل *mutasāhil act. part. adj.* • tolerant, lenient

متساو *mutasāw(in) act. part. adj.* ***def.*** • equal, even

متسع *muttasi3 act. part. adj.* |*elat.* أكثر اتساعا *ʔaktar ittisā3an*| • spacious

متسلق *mutasalliq act. part. n.* • climber ▪ متسلق جبال *mutasalliq · jabāl* mountaineer

متسول *mutasawwil act. part. n.* • beggar

متشابه *mutašābih act. part. adj.* • similar, alike

متشائم *mutašāʔim act. part.* • *adj.* |*elat.* أكثر تشاؤما *ʔaktar tašāʔuman* or أشأم *ʔašʔam*| pessimistic • *n.* pessimist

متشدد *mutašaddid act. part.* • *adj.* |*elat.* أكثر تشددا *ʔaktar tašaddadan*| harsh, strict • *n.* zealot, bigot • hardliner, militant

متشرد *mutašarrid act. part. adj.* |*elat.* أكثر تشردا *ʔaktar tašarrudan*| • homeless

متشعب *mutaša33ib act. part. adj.* |*elat.* أكثر تشعبا *ʔaktar taša33uban*| • divergent

متصل *muttaṣil act. part. adj.* |*elat.* أكثر اتصالا *ʔaktar ittiṣālan*| • continuous • connected ▪ متصل بالإنترنت *muttaṣil bi-lʔinternet adj.* online • related *to* بـ, concerning

متصلب *mutaṣallib act. part. adj.* |*elat.* أكثر تصلبا *ʔaktar taṣalluban*| • stiff • stubborn, inflexible • hardline, hawkish

متضارب *mutaḍārib act. part. adj.* |*elat.* أكثر تضاربا *ʔaktar taḍāruban*| • incompatible

متضامن *mutaḍāmin act. part. adj.* |*elat.* أكثر تضامنا *ʔaktar taḍāmunan*| • united in solidarity *with* مع , solidary

متضايق *mutaḍāyiq act. part. adj.* • annoyed *by* من, uncomfortable

متطرف *mutaṭarrif act. part.* • *adj.* |*elat.* أكثر تطرفا *ʔaktar taṭarrufan*| extreme, excessive • *adj. & n.* extremist, radical

متطلب *mutaṭallab pass. part. n.* • requirement, demand

متطلب *mutaṭallib act. part. adj.* • demanding, high-maintenance

متطور *mutaṭawwir act. part. adj.* |*elat.* أكثر تطورا *ʔaktar taṭawwuran*| • developed, advanced, modern ▪ غير متطور *ɣayr · mutaṭawwir* underdeveloped

متطوع *mutaṭawwi3 act. part. n.* • volunteer

متظاهر *mutaẓāhir act. part. n.* • demonstrator, protester

متعاطف *muta3āṭif act. part.* • *adj.* |*elat.* أكثر تعاطفا *ʔaktar ta3āṭufan*| sympathetic *toward* مع • *n.* sympathizer

متعاقب *muta3āqib act. part. adj.* • consecutive

متعامد *muta3āmid act. part. adj.* • perpendicular

متعب *mut3ab pass. part. adj.* |*elat.* أكثر تعبا *ʔaktar ta3aban*| • tired

متعب *mut3ib act. part. adj.* |*elat.* أكثر إتعابا *ʔaktar ʔit3āban*| • tiring

متعة *mut3a*[t] *n.* |*pl.* متع *muta3*| • pleasure ▪ وجد متعة بـ *wajada mut3a*[tan] *bi- v.* find pleasure *in*

متعجب *muta3ajjib act. part. adj.* |*elat.* أكثر تعجبا *ʔaktar ta3ajjuban*| • surprised

متعد *muta3add(in) act. part. adj.* ***def.*** • *(grammar)* transitive ▪ فعل متعد *fi3l muta3add(in)* transitive verb

متعدد *muta3addid act. part. adj.* |*elat.* أكثر تعددا *ʔaktar ta3addudan*| • numerous, various, diverse • multi-, poly- ▪ متعدد الاعراق *muta3addid · al?a3rāq^i* biracial, multiracial, mixed-race ▪ متعدد الجنسيات *muta3addid · aljinsīyāt^i* multinational

متعذر *muta3ađđir act. part. adj.* • impossible, unfeasible ▪ متعذر شرحه *muta3ađđir · šarḩ^i hi* unexplainable, inexplicable ▪ قروض متعذر تحصيلها *qurūḑ muta3ađđir · taḩṣīl^i hā pl. n.* irrecoverable debt

متعرض *muta3arriḑ act. part. adj.* |*elat.* أكثر عرضة *?aktar 3urḑa^tan* or أكثر تعرضا *?akhar ta3arruḑan*| • susceptible *to* إلى *or* لـ ◊ الشيوخ أكثر عرضة للمرض. *Old people are more susceptible to disease.*

متعض *muta3aḑḑ(in) act. part. n.* ***def.*** • organism

متعطل *muta3aṭṭil act. part. adj.* |*elat.* أكثر تعطلا *?aktar ta3aṭṭulan*| • out of order, broken

متعفن *muta3affin act. part. adj.* |*elat.* أعفن *?a3fan* or أكثر تعفنا *?aktar ta3affunan*| • rotten, moldy

متعلق *muta3alliq act. part. adj.* |*elat.* أكثر تعلقا *?aktar ta3alluqan*| • concerning بـ, related *to*

متعلم *muta3allim act. part. adj.* |*elat.* أكثر تعلما *?aktar ta3alluman*| • literate, educated ▪ غير متعلم *ɣayr · muta3allim* illiterate, uneducated

متعمد *muta3ammid act. part. adj.* • intentional, deliberate, premeditated

متعنت *muta3annit act. part. adj.* |*elat.* أكثر تعنتا *?aktar ta3annu^tan*| • stubborn, obstinate

متعهد *muta3ahhid act. part. n.* • contractor

متعود *muta3awwid act. part. adj.* |*elat.* أكثر تعودا *?aktar ta3awwudan*| • accustomed *to* على, used *to* ◊ هو متعود على الوحدة. *He's used to being alone.* ▪ متعود أنْ *muta3awwid ?an* [+ subjunctive] in the habit of *(do)*ing, used to *(do)*ing, usually *(do)* ◊ أنا متعود أن أصحى مبكرا. *I'm used to getting up early.*

متغطرس *mutaɣaṭris act. part. adj.* |*elat.* أكثر تغطرسا *?aktar taɣaṭrusan*| • arrogant

متفاعل *mutafā3il act. part. adj.* |*elat.* أكثر تفاعلا *?aktar tafā3ulan*| • interactive

متفاوت *mutafāwit act. part. adj.* |*elat.* أكثر تفاوتا *?aktar tafāwutan*| • inconsistent, contradictory, clashing • varying, disparate, unequal

متفائل *mutafā?il act. part.* • *adj.* |*elat.* أكثر تفاؤلا *?aktar tafā?ulan*| optimistic • *n.* optimist

متفجر *mutafajjir act. part. adj.* |*elat.* أكثر تفجرا *?aktar tafajjuran*| • explosive ▪ متفجرات *mutafajjirāt pl. n.* explosives

متفرج *mutafarrij act. part. n.* • viewer, onlooker

متفرغ *mutafarriɣ act. part. adj.* |*elat.* أكثر تفرغا *?aktar tafarruɣan*| • dedicated *to* لـ, devoted *to* ▪ غير متفرغ *ɣayr · mutafarriɣ* part-time

متفرق *mutafarriq act. part. adj.* |*elat.* أكثر تفرقا *?aktar tafarruqan*| • miscellaneous, diverse • sporadic, intermittent

متفق *muttafiq act. part. adj.* |*elat.* أكثر اتفاقا *?aktar ittifāqan*| • in agreement *with* مع ◊ انا متفق معك. *I agree with you.*

متفهم *mutafahhim act. part. adj.* |*elat.* أكثر تفهما *?aktar tafahhuman*| • understanding, sympathetic

متقدم *mutaqaddim adj.* • |*elat.* أكثر تقدما *?aktar taqadduman*| advanced, developed ▪ متقدم في السن *mutaqaddim fī -ssinn^i* advanced in years, old ▪ دولة متقدمة *dawla^t mutaqaddima^t* developed country • previous, former

متقطع *mutaqaṭṭi3 act. part. adj.* |*elat.* أكثر تقطعا *?aktar taqaṭṭu3an*| • intermittent, irregular, choppy

متقلب *mutaqallib act. part. adj.* |*elat.* أكثر تقلبا *?aktar taqalluban*| • changeable, fluctuating, volatile

متكامل *mutakāmil act. part. adj.* • integral, comprehensive • perfect

متكبر *mutakabbir act. part. adj.* |*elat.* أكثر تكبرا *?aktar takabburan*| • arrogant, proud

متكرر *mutakarrir act. part. adj.* • frequent

متكل *muttakil act. part. adj.* |*elat.* أكثر اتكالا *?aktar ittikālan*| • reliant *on* على, dependent

متكلم *mutakallim act. part. n.* • speaker, spokesperson

متلق *mutalaqq(in) act. part. n.* ***def.*** • recipient

متلهف *mutalahhif act. part. adj.* |*elat.* أكثر تلهفا *?aktar talahhufan*| • eager *to* لـ, anxious

متماثل *mutamātil act. part. adj.* |*elat.* أكثر تماثلا *?aktar tamātulan*| • similar, analogous, symmetrical ▪ غير متماثل *ɣayr · mutamātil* asymmetrical

متمرد *mutamarrid act. part.* • *adj.* |*elat.* أكثر تمردا *?aktar tamarrudan*| disobedient, rebellious • *n.* insurgent, rebel, guerrilla

متمرس *mutamarris act. part. adj.* |*elat.* أكثر تمرسا *?aktar tamarrusan*| • experienced, veteran

متمغط *mutamaɣɣiṭ act. part. adj.* • elastic

متململ *mutamalmil act. part. adj.* |*elat.* أكثر تململا *?aktar tamalmulan*| • restless

متمهل *mutamahhil act. part. adj.* |*elat.* أكثر تمهلا

ʔaktar tamahhulan| • leisurely

متموج *mutamawwij act. part. adj.* |*elat.* أكثر تموجا *ʔaktar tamawwujan*| • *(hair)* wavy

متميز *mutamayyiz act. part. adj.* • prominent, distinguished

متن *matn n.* |*pl.* متون *mutūn*| • text • back ▪ على متن *3alā matn^in adv.* aboard, on (board) ◊ اشتريت تذكرتي على متن القطار. *I bought my ticket on the train.*

متن *mattana v.tr.* |*2s* يمتن *yumattin^u* | تمتين *tamtīn*| • fortify

متن *matuna v.intr.* |*1s6* يمتن *yamt**u**n^u* | متانة *matāna^t*| • be sturdy, be solid, be tough, be durable

متناسب *mutanāsib act. part. adj.* |*elat.* أكثر تناسبا *ʔaktar tanāsuban*| • proportionate, commensurate

متناه *mutanāh(in) act. part. adj.* ***def.*** • extreme, utmost ▪ متناه في الصغر *mutanāh(in) fī -ṣṣiɣar^i*, متناهي الصغر *mutanāhī · -ṣṣiɣar^i* minute, extremely small, tiny ◊ دكان متناه في الصغر *a tiny little shop*; micro-, nano- ▪ تكنولوجيا متناهية الصغر *teknōlōjiyā mutanāhīyat · aṣṣiɣar^i* nanotechnology

متناوب *mutanāwib act. part. adj.* • alternate

متنبه *muntabih act. part. adj.* |*elat.* أكثر تنبها *ʔaktar tanabbuhan*| • alert, awake, vigilant

متنبه *mutanabbih act. part. adj.* |*elat.* أكثر تنبها *ʔaktar tanabbuhan*| • alert, awake, vigilant

متنزه *mutanazzah pass. part. n.* • park

متنوع *mutanawwi3 act. part. adj.* |*elat.* أكثر تنوعا *ʔaktar tanawwu3an*| • diverse, various

متهكم *mutahakkim act. part. adj.* |*elat.* أكثر تهكما *ʔaktar tahakkuman*| • sarcastic, mocking

متهم *muttaham pass. part.* • *adj.* accused, suspected ▪ متهم بأنّ *mutahham bi-ʔanna* accused of *(do)ing* • *n.* defendant

متهور *mutahawwir act. part. adj.* |*elat.* أكثر تهورا *ʔaktar tahawwuran*| • rash, careless, reckless

متواجد *mutawājid act. part. adj.* |*elat.* أكثر تواجدا *ʔaktar tawājudan*| • present • existent • available

متواز *mutawāz(in) act. part. adj.* ***def.*** |*elat.* أكثر توازيا *ʔaktar tawāziyan*| • parallel

متواصل *mutawāṣil act. part. adj.* |*elat.* أكثر تواصلا *ʔaktar tawāṣulan*| • continuous, uninterrupted, incessant

متواضع *mutawāḍi3 act. part. adj.* |*elat.* أكثر تواضعا *ʔaktar tawāḍu3an*| • modest, humble

متوافق *mutawāfiq act. part. adj.* • in agreement, in line, compatible

متوال *mutawāl(in) act. part. adj.* ***def.*** • successive, consecutive, uninterrupted

متوتر *mutawattir act. part. adj.* |*elat.* أكثر توترا *ʔaktar tawatturan*| • tense, anxious, stressed-out, upset

متوحش *mutawaħħiš act. part. adj.* |*elat.* أكثر توحشا *ʔaktar tawaħħušan*| • savage, barbaric, wild

متورم *mutawarrim act. part. adj.* |*elat.* أكثر تورما *ʔaktar tawarruman*| • swollen, tumid

متوسط *mutawassiṭ act. part. adj.* |*elat.* أكثر توسطا *ʔaktar tawassuṭan*| • medium, moderate, intermediate ▪ مرحلة متوسطة *marħala^t mutawassiṭa^t n.* intermediate level • average, median ▪ متوسط الطول *mutawassiṭ · aṭṭūl^i* of average height • middle, central ▪ البحر الأبيض المتوسط *albaħr alʔabyaḍ almutawassiṭ n.* the Mediterranean Sea

متوسق *mutawassiq act. part. adj.* |*elat.* أكثر توسقا *ʔaktar tawassuqan*| • uniform, consistent • harmonious

متوفر *mutawaffir act. part. adj.* |*elat.* أكثر توفرا *ʔaktar tawaffuran* or أوفر *ʔawfar*| • available, abundant

متوقع *mutawaqqa3 pass. part. adj.* |*elat.* أكثر توقعا *ʔaktar tawaqqu3an*| • expected, predictable ▪ من المتوقع أنْ *min^a -lmutawaqqa3^i ʔan* it is expected that... ▪ عمر متوقع *3umr mutawaqqa3 n.* life expectancy

متوقف *mutawaqqif act. part. adj.* • dependent

متوهج *mutawahhij act. part. adj.* |*elat.* أكثر توهجا *ʔaktar tawahhujan*| • red-hot, glowing

متى *matā* • *interrogative* when? ▪ إلى متى *ʔilā matā*, حتى متى *ħattā matā* until when?, how long? ▪ منذ متى *munđu matā* since when? • *conj.* when ◊ قم للصلاة متى سمعت صوت الأذان. *Go pray when you hear the call to prayer.* ▪ متى ما *matā mā* [+ perfect] whenever, when ◊ اطلب النجدة متى ما سمعت إشارتي. *Dial 911 when you hear my signal.* ◊ أشعر بالسعادة متى ما رأيته. *I feel happy whenever I see him.*

متيسر *mutayassir act. part. adj.* |*elat.* أكثر تيسرا *ʔaktar tayassuran* or أيسر *ʔaysar*| • available • successful

متيقن *mutayaqqin act. part. adj.* |*elat.* أكثر تيقنا *ʔaktar tayaqqunan* or أيقن *ʔayqan*| • certain *of* بـ, sure

متين *matīn adj.* |*elat.* أمتن *ʔamtan*| • sturdy, solid, tough, durable • husky, chubby

مثابة *matāba^t n.* • manner, mode ▪ بمثابة *bi-matābat^i prep.* equivalent to, tantamount to, like

مثابر *mutābir act. part. adj.* |*elat.* أكثر مثابرة *ʔaktar mutābara^tan*| • persistent

مثابرة *mutābara^t n.*★ • persistence, perseverance

مثار *mutār pass. part. adj.* |*elat.* أكثر إثارة *ʔaktar ʔitāra^tan*| • excited, provoked • upset, nervous • aroused

مثال *mattāl n.* • sculptor

مثال *mitāl n.* |*pl.* أمثلة *ʔamtila^t*| • pattern, example, model; ideal, epitome, typical example ▪ فعل مثال *fi3l · mitāl* *(grammar)* assimilated verb

مثالي *mitālīʸ adj.* • exemplary, model, ideal

مثالية *mitālīya^t n.* • idealism

مثانة *matāna^t n.* • bladder

مثقب *mitqab n.* |*pl.* **dip.** مثاقب *matāqib*| • drill

مثقف *mutaqqaf pass. part. n.* • intellectual

مثل *matal n.* |*pl.* أمثال *ʔamtāl*| • example ▪ مثلا *matalan adv.* for example • proverb, saying

مثل *matala v.intr.* |*1s3* يمثل *yamtul^u* | مثول *mutūl*| • appear *before* أمام ▪ مثل أمام المحكمة *matala ʔamāma -lmaḩkama^ti* appear in court

مثل *mattala v.tr.* |*2s* يمثل *yumattil^u* | تمثيل *tamtīl*| • represent • act, portray, perform ▪ مثل دورا *mattala dawran* play a part, portray a role

مثل *mitl n.* |*pl.* أمثال *ʔamtāl*| • similarity, likeness ⓘ مثل *mitl never occurs as an independent noun. It is always the first term in an idafa construction.* ▪ أمثال *ʔamtāl plural* [+ genitive noun or pronoun suffix] the likes of __, such __ ◊ الدول المتقدمة أمثال ألمانيا وأمريكا تتمتع باقتصاد قوي. *Developed countries such as Germany and the USA possess strong economies.* ◊ العظماء أمثال غاندى لا يموتون. *Great people like Ghandi never (really) die.*

مثل *mitla prep.* • [+ genitive noun or pronoun suffix] like, as, similar to ▪ مثلما *mitlamā conj.* as, like ▪ مثلما... ...أيضا. *mitlamā... ... ʔayḑan* just as... so too.. ◊ مثلما تعامل الناس يعاملونك أيضا. *Just as you treat people, so will they treat you.*

مثلث *mutallat pass. part.* • *n.* triangle • *adj.* triangular

مثلج *mutlij act. part. adj.* |*elat.* أثلج *ʔatlaj*| • snowy

مثلي *mitlīʸ adj. & n.* • homosexual, gay

مثلية *mitlīya^t* •مثلية *mitlīya^t*, مثلية جنسية *mitlīya^t jinsīya^t n.* homosexuality • *adj. & n.* lesbian

مثمر *mutmir act. part. adj.* |*elat.* أكثر إثمارا *ʔaktar ʔitmāran*| • fruitful, profitable, productive

مثمن *mutamman pass. part.* • *n.* octagon • *adj.* precious, valuable

مثنى *matnan adv.* • two at a time, in twos, in pairs

مثنى *mutann(an) pass. part. adj.* **indecl.** • double, twofold • *(grammar)* dual

مثول *mutūl n.*★ • appearance

مثوى *matw(an) n.* **indecl.** |*dual* مثويان *matwayān^i* | *pl.* **def.** مثاو *matāw(in)*| • abode, resting place ▪ حمله إلى مثواه الأخير *ḩamalahu ʔilā matwāhu alʔaxīr* lay *sb* to rest (lit. carry to *sb's* final resting place)

مثير *mutīr act. part. adj.* |*elat.* أكثر إثارة *ʔaktar ʔitāra^tan*| • exciting • sexy

مثيل *matīl n.* |*pl.* مثل *mutul* or أمثال *ʔamtāl*| • match, equal ▪ ليس له مثيل *laysa lahu matīl^a* like no other, incomparable

مجادلة *mujādala^t n.*★ • quarrel, argument, dispute

مجاز *majāz n.* • metaphor ▪ مجازا *majāzan adv.* metaphorically, figuratively

مجازي *majāzīʸ adj.* • metaphorical, figurative

مجاعة *majā3a^t n.* • famine

مجال *majāl n.* • area, sector, field, domain

مجاملة *mujāmala^t n.* • compliment, flattery • courtesy

مجان *majjān n.* •مجانا *majjānan*, بالمجان *bi-lmajjān^i adv.* free, for free, free of charge

مجاني *majjānīʸ adj.* • free, complimentary

مجاهد *mujāhid act. part. n.* • warrior

مجاهرة *mujāhara^t n.*★ • frankness, candor

مجاور *mujāwir act. part. adj.* • adjacent *to* لـ, next to

مجبر *mujbar pass. part. adj.* • compelled *to* على, forced

مجبور *majbūr pass. part. adj.* • compelled *to* على, forced

مجتمع *mujtama3 pass. part. n.* • society, community ▪ المجتمع العربي *almujtama3 al3arabīʸ* Arab society ▪ المجتمع الدولي *almujtama3 adduwalīʸ* the international community

مجتمعي *mujtama3īʸ adj.* • social, societal

مجتهد *mujtahid act. part. adj.* |*elat.* أكثر اجتهادا

ʔaktar ijtihādan| • hardworking, diligent, industrious

مجد *majd n.* |*pl.* أمجاد *ʔamjād*| • glory

مجد *mujd(in) act. part. adj.* **def.** |*elat.* **invar.** أجدى *ʔajdā*| • useful, helpful

مجد *mujidd act. part. adj.* |*elat.* أكثر جدا *ʔaktar jiddan*| • hardworking, industrious, diligent

مجداف *mijdāf n.* |*pl.* **dip.** مجاديف *majādīf*| • oar

مجدد *mujaddad pass. part. adj.* • renewed ▪ مجددا *mujaddadan adv.* again ◊ لن أراها مجددا. *I will not see her again.*

مجذاف *mijđāf n.* |*pl.* **dip.** مجاذيف *majāđīf*| • oar

المجر *almajar n.* **f.** • Hungary

مجرب *mujarrib act. part. adj.* • experimental

مجرد *mujarrad pass. part. adj.* • bare, naked ▪ فعل مجرد *fi3l mujarrad* *(grammar)* non-derived verb, form I verb ▪ بالعين المجردة *bi-l3ayn*[i] *-lmujarrada*[ti] with the naked eye ▪ في مرمى العين المجردة *fī marmā -l3ayn*[i] *-lmujarrada*[ti] visible with the naked eye • [+ genitive noun] pure, merely, just ◊ أنا مجرد المساعد. *I'm merely the assistant.* ◊ كانت مجرد مزحة. *It was just a joke.* ▪ بمجرد أنْ *bi-mujarrad*[i] *ʔan*, بمجرد ما *bi-mujarrad*[i] *mā conj.* as soon as, once ◊ بمجرد أن أصل إلى المنزل *as soon as I get home* ◊ بمجرد أن خرجت من البيت *just as I was leaving the house*

مجرفة *mijrafa*[t] *n.* |*pl.* **dip.** مجارف *majārif*| • shovel • backhoe

مجرم *mujrim act. part. n.* • criminal, felon

مجروح *majrūħ pass. part. adj.* |*m. pl.* **dip.** مجاريح *majārīħ*| • wounded, injured, hurt

مجرور *majrūr pass. part. adj.* • genitive, governed by a preposition

مجرى *majr(an) n.* **indecl.** |*dual* مجريان *majrayān*[i] | *pl.* **def.** مجار *majār(in)* or مجريات *majrayāt*| • course, track, path ▪ مجريات *majrayāt pl. n.* events ▪ مجار *majār(in) pl. n.* sewerage • stream

مجري *majarīʸ adj. & n.* • Hungarian

مجزر *majzir n.* |*pl.* **dip.** مجازر *majāzir*| • slaughterhouse

مجزرة *majzara*[t] *n.* |*pl.* **dip.** مجازر *majāzir*| • massacre

مجزوم *majzūm pass. part. adj.* • *(grammar)* jussive ▪ المضارع المجزوم *almuđāri3 almajzūm n.* the jussive mood

مجعد *muja33ad pass. part. adj.* |*elat.* أكثر تجعدا *ʔaktar taja33udan*| • *(hair)* curly, curled, wavy

مجفف *mujaffif*, مجففة *mujaffifa*[t] *act. part. n.* • dryer ▪ مجفف شعر *mujaffif · ša3r* hair dryer ▪ مجفف ملابس *mujaffif · malābis* clothes dryer

مجلة *majalla*[t] *n.* • magazine, journal

مجلد *mujallad pass. part.* • *adj.* frozen, icy • *n.* volume; *adj.* bound

مجلس *majlis n.* |*pl.* **dip.** مجالس *majālis*| • parliament, assembly, council, board ▪ مجلس شيوخ *majlis · šuyūx* senate ▪ مجلس أمن الأمم المتحدة *majlis · ʔamn*[i] *-lʔumam*[i] *-lmuttaħida*[ti] The United Nations Security Council (UNSC) ▪ مجلس إدارة *majlis · ʔidāra*[t] board of directors ▪ رئيس مجلس إدارة *raʔīs · majlis · ʔidāra*[t] chairman of the board • session, sitting

مجمع *majma3 n.* |*pl.* **dip.** مجامع *majāmi3*| • assembly, meeting place • academy

مجمع *mujamma3 pass. part. n.* • shopping mall

مجمل *mujmal pass. part. n.* • summary • total, full amount

مجموع *majmū3 pass. part. n.* |*pl.* **dip.** مجاميع *majāmī3*| • whole, sum, total • [+ genitive noun] the total __, all of __ ◊ مجموع عدد السكان *the total number of inhabitants* ◊ في مجموع الدول العربية *in all of the Arab countries*

مجموعة *majmū3a*[t] *pass. part. n.* • group, collection, conglomerate ▪ مجموعة الثماني *majmū3at · attamānī* the G8 ▪ مجموعة العشرين *majmū3at · al3išrīn*[a] the G20 ▪ المجموعة الشمسية *almajmū3a*[t] *aššamsīya*[t] the solar system

مجند *mujannad pass. part. n.* • recruit

مجنون *majnūn pass. part. adj.* |*m. pl.* **dip.** مجانين *majānīn* | *elat.* أجن *ʔajann* or أكثر جنونا *ʔaktar junūnan*| • crazy, insane • crazy *for* بـ, mad, infatuated • possessed (by demons, etc.)

مجهار *mijhār n.* • loudspeaker

مجهر *mijhar n.* |*pl.* **dip.** مجاهر *majāhir*| • microscope

مجهري *mijharīʸ adj.* • microscopic

مجهود *majhūd pass. part. n.* • hard work, effort, toil, trouble, pains • voltage

مجهول *majhūl pass. part. adj.* • unknown ▪ مجهول الاسم *majhūl · alism*[i] anonymous • *(grammar)* passive voice ▪ فعل مجهول *fi3l majhūl n.* passive verb

مجوف *mujawwaf pass. part. adj.* • hollow

مجوهرات *mujawharāt pl. n.* • jewelry, jewels ▪ صندوق مجوهرات *şundūq · mujawharāt n.* jewelry box

مجيب *mujīb act. part. n.* • respondent

مجيد *majīd adj.* |*elat.* أمجد *ʔamjad*| • glorious • *man's name* Majeed

محا *maḥā v.tr.* |*1d3* يمحو *yamḥū* | محو *maḥw*| • erase • eradicate

محادثة *muḥādata' n.** • conversation, talk, discussion ▪ محادثات *muḥādatāt pl. n.* talks ▪ أجرى محادثات *ʔajrā muḥādatāt* hold talks *with* مع *about* حول ◊ أجرى الرئيس محادثات مع القادة السياسيين حول المشاكل في البلد. *The president held talks with political leaders about the problems in the country.*

محاذرة *muḥāđara' n.** • caution, care

محار *maḥār coll. n.* |*sing.* محارة *maḥāra'*| • oysters, mussels

محارب *muḥārib act. part. n.* • warrior

محاربة *muḥāraba' n.** • fight, struggle, combat

محاسب *muḥāsib act. part. n.* • accountant

محاسبة *muḥāsaba' n.** • accounting, bookkeeping

محاصرة *muḥāṣara' n.** • siege, blockade

محاضر *muḥāḍir act. part. n.* • lecturer

محاضرة *muḥāḍara' n.** • lecture, presentation, class ▪ ألقى محاضرة *ʔalqā muḥāḍara' v.* give a lecture ▪ قاعة محاضرات *qā3at · muḥāḍarāt* lecture hall

محافظ *muḥāfiẓ act. part.* • *adj.* conservative • *n.* mayor, governor

محافظة *muḥāfaẓa' n.** • province, governorate • protection, defense

محاك *muḥāk(in) act. part. adj. **def.*** |*elat. **invar.*** أحكى *ʔaḥkā*| • imitative ▪ أحكى من قرد *ʔaḥkā min qird^in idiom* more imitative than a monkey (i.e. very imitative)

محاكاة *muḥākā' n.** • imitation, mimicry ▪ محاكاة ساخرة *muḥākā' sāxira'* parody

محاكمة *muḥākama' n.** • trial

محال *muḥāl pass. part. adj.* • preposterous, absurd

محالة *maḥāla' n.* • *(water well)* draw wheel ▪ لا محالة *lā maḥāla^ta adv.* absolutely, by all means, without fail

محالفة *muḥālafa' n.** • alliance

محام *muḥām(in) act. part. n. **def.*** |*pl.* محامون *muḥāmūn^a*| • lawyer, attorney

محاماة *muḥāmā' n.** • legal field, being a lawyer ◊ أشتغل بالمحاماة منذ 1990. *I've been working in the legal field since 1990.* ▪ مكتب محاماة *maktab · muḥāmā'* law firm

محاورة *muḥāwara' n.** • conversation, talk

محاولة *muḥāwala' n.** • attempt, try ▪ محاولة اغتيال *muḥāwalat · iɣtiyāl* assassination attempt ▪ محاولة انقلابية *muḥāwala' inqilābīya'* attempted coup ▪ في محاولة لـ *fī muḥāwala^tin li- prep.* in an attempt to

محاية *maḥḥāya' n.* • eraser (UK: rubber)

محايد *muḥāyid act. part. adj.* • *(politics)* neutral

محايدة *muḥāyada' n.** • *(politics)* neutrality

محب *muḥibb act. part.* • *n.* fan, admirer • *adj.* loving; *n.* lover

محبة *maḥabba' n.* • love, affection

محبرة *miḥbara' n.* |*pl. **dip.*** محابر *maḥābir*| • inkwell

محبس *miḥbas n.* |*pl. **dip.*** محابس *maḥābis*| • valve, spigot, stopcock

محبوب *maḥbūb pass. part. adj.* |*elat.* أحب *ʔaḥabb*| • beloved, loved, well-liked, popular

محبوس *maḥbūs pass. part. n.* • prisoner, inmate

محتاج *muḥtāj act. part. adj.* |*elat.* أحوج *ʔaḥwaj*| • in need *of* لـ • needy

محتار *muḥtār act. part. adj.* • confused, puzzled, baffled

محتج *muḥtajj act. part. n.* • protester, demonstrator

محتدم *muḥtadim act. part. adj.* |*elat.* أكثر احتداما *ʔaktar iḥtidāman*| • heated, angry, violent, intense ▪ جدل محتدم *jadal muḥtadim* heated debate

محترس *muḥtaris act. part. adj.* |*elat.* أكثر احتراسا *ʔaktar iḥtirāsan*| • vigilant *of* من, wary

محترف *muḥtarif act. part. adj.* |*elat.* أكثر احترافا *ʔaktar iḥtirāfan*| • professional ▪ غير محترف *ɣayr · muḥtarif* amateur

محترم *muḥtaram pass. part. adj.* |*elat.* أكثر احتراما *ʔaktar iḥtirāman*| • respectable, respected

محتشم *muḥtašim act. part. adj.* |*elat.* أكثر احتشاما *ʔaktar iḥtišāman*| • modest, decent

محتل *muḥtall act. part. n.* • occupier

محتم *muḥattam pass. part. adj.* |*elat.* أكثر حتمية *ʔaktar ḥatmīyatan* or أحتم *ʔaḥtamm*| • inevitable, definitive

محتمل *muḥtamal pass. part. adj.* • possible, probable, likely ▪ غير محتمل *ɣayr · muḥtamal* unlikely, improbable ▪ من المحتمل

min^{a} -lmuħtamal^{i} adv. probably ▪ من المحتمل أنْ *min^{a} -lmuħtamal^{i} ʔan* it is possible that..., it is probable that... • bearable, tolerable ▪ غير محتمل *ɣayr · muħtamal* unbearable, intolerable

محتوم *maħtūm pass. part. adj.* |*elat.* أكثر حتمية *ʔaktar ħatmīyatan* or أحتم *ʔaħtamm*| • inevitable, definitive

محتوى *muħtaw(an) n.** **indecl.** |*pl.* محتويات *muħtawayāt*| • content ▪ محتويات *muħtawayāt pl. n.* contents, table of contents

محجب *muħajjab pass. part. adj.* • covered, veiled, wearing a headscarf ▪ امرأة محجبة *imraʔa^{t} muħajjaba^{t}* covered woman, woman wearing a hijab

محجر *maħjir* or *miħjar n.* |*pl.* **dip.** محاجر *maħājir*| • quarry ▪ محجر عين *maħjir · 3ayn (anatomy)* eye socket

محجوب *maħjūb pass. part. adj.* • covered, veiled

محدد *muħaddad pass. part. adj.* |*elat.* أكثر تحددا *ʔaktar taħaddudan*| • specific, determined, definite, set

محدد *muħaddid act. part. adj.* |*elat.* أكثر تحديدا *ʔaktar taħdīddan*| • specific, determined, definite, set

محدود *maħdūd pass. part. adj.* • limited by بـ, bound, finite ▪ غير محدود *ɣayr · maħdūd* unlimited, infinite ▪ دخل محدود *daxl maħdūd n.* limited income • determined, definite

محذور *maħđūr pass. part. n.* |*pl.* **dip.** محاذير *maħāđīr*| • danger • trouble, problem

محراب *miħrāb n.* |*pl.* **dip.** محاريب *maħārīb*| • mihrab (niche in the wall of a mosque which indicates the direction to face while praying) ➡ ***also picture on p. 295***

The mihrab inside the Sheikh Zayed Mosque in Abu Dhabi

محراث *miħrāt n.* |*pl.* **dip.** محاريث *maħārīt*| • plow

محرار *miħrār n.* • thermometer

محرج *muħraj pass. part. adj.* |*elat.* أكثر إحراجا *ʔaktar ʔiħrājan*| • embarrassed, uncomfortable

محرج *muħrij act. part. adj.* |*elat.* أكثر إحراجا *ʔaktar ʔiħrājan*| • embarrassing, uncomfortable

محرر *muħarrir act. part. n.* • editor

المحرق *almuħarraq pass. part. n.* ***f.*** • *(city in Bahrain)* Muharraq ➡ ***map on p. 61***

محرك *muħarrik n.* • engine, motor

محرم *muħarram pass. part. n.* • taboo ▪ المحرم *almuħarram* Muharram (first month of the Islamic calendar) ➡ ***The Islamic Calendar p. 324***

محروم *maħrūm pass. part. adj.* |*elat.* أكثر حرمانا *ʔaktar ħirmānan*| • deprived, needy

محزن *muħzin act. part. adj.* |*elat.* أحزن *ʔaħzan* or أكثر إحزانا *ʔaktar ʔiħzānan*| • saddening, distressing

محسن *muħsin act. part. adj.* |*elat.* أكثر إحسانا *ʔaktar ʔiħsānan*| • charitable

محص *maħħaṣa v.tr.* |*2s* يمحص *yumaħħis^{u}* | تمحيص *tamħīs*| • examine closely, scrutinize

محصول *maħṣūl pass. part. n.* |*pl.* **dip.** محاصيل *maħāṣīl*| • crop, yield • result, outcome

محض *maħḍ adj.* |*m. pl.* محض *maħḍ* | *f. sing.* محض *maħḍ*| • pure, unmixed • [+ indefinite genitive noun] sheer, absolute, utter ◊ ما تقوله هو محض هراء. *What you're saying is utter nonsense.* ⓘ *invariable for gender.*

محضر *maħḍar n.* • attendance • report, minutes (of a meeting)

محطة *maħaṭṭa^{t} n.* • station ▪ محطة قطار *maħaṭṭat · qiṭār* train station ▪ محطة بنزين *maħaṭṭat · benzīn* gas station (UK: petrol station) ▪ محطة تلفاز *maħaṭṭat · tilfāz* television station ▪ محطة إذاعة *maħaṭṭat · ʔiđā3a^{t}* radio station

محظوظ *maħẓūẓ pass. part. adj.* |*elat.* أكثر حظا *ʔaktar ħaẓẓan*| • lucky, fortunate

محفظة *maħfaẓa^{t}* or *miħfaẓa^{t} n.* |*pl.* **dip.** محافظ *maħāfiẓ*| • wallet

محفل *maħfil n.* |*pl.* **dip.** محافل *maħāfil*| • gathering, assembly

محقق *muħaqqiq act. part. n.* • investigator

محقنة *miħqana^{t} n.* |*pl.* **dip.** محاقن *maħāqin*| • syringe

محكمة *maħkama^{t} n.* |*pl.* **dip.** محاكم *maħākim*| • court, tribunal ▪ محكمة جنايات *maħkamat · jināyāt* criminal court ▪ محكمة دستورية *maħkama^{t}*

*dustūrīya*ᵗ constitutional court ▪ محكمة العدل الدولية *maḥkamat · al3adl*ⁱ *-dduwalīya*ⁱⁱ the International Court of Justice (ICJ) ▪ محكمة عليا *maḥkama*ᵗ *3ulyā* high court, supreme court ▪ محكمة مدنية *maḥkama*ᵗ *madanīya*ᵗ civil court ▪ قاعة محكمة *qā3at · maḥkama*ᵗ courtroom

محل *maḥall n.* |*pl.* **dip.** محال *maḥāll* or محلات *maḥallāt*| • store, shop ▪ محل مجوهرات *maḥall · mujawharāt* jewelry shop • site, location, place ▪ حل محله *ḥalla maḥall*ᵃ*hu v.* take *one's* place

محلة *maḥalla*ᵗ *n.* • quarter, district

المحلة الكبرى *almaḥalla*ᵗ *alkubrā n.* • *(city in Egypt)* Al-Mahalla Al-Kubra ➡ ***map on p. 287***

المحلة الكبرى *almaḥalla*ᵗ *alkubrā n.* • *(city in Egypt)* Al-Mahalla Al-Kubra ➡ ***map on p. 287***

محلف *muḥallaf pass. part. n.* • juror ▪ هيئة محلفين *hay?at · muḥallifīn* jury

محلل *muḥallil act. part. n.* • analyst

محلول *maḥlūl pass. part. n.* |*pl.* **dip.** محاليل *maḥālīl*| • *(liquid)* solution

محلي *maḥallī*ʸ *adj.* • local, native ▪ محليا *maḥallīyan adv.* locally

محمد *muḥammad pass. part. adj.* • highly praiseworthy, highly laudable • *man's name* Muhammad, Mohamed ▪ محمد صلى الله عليه وسلم *muḥammad*ᵘⁿ *ṣallā -LLāh*ᵘ *3alayh*ⁱ *wa-sallama* Muhammad, peace be upon him

المحمدية *almuḥammadīya*ᵗ *n.* • *(city in Morocco)* Mohammedia ➡ ***map on p. 294***

محمود *maḥmūd pass. part. adj.* • praiseworthy, laudable • *man's name* Mahmood, Mahmoud

محمول *maḥmūl pass. part. adj.* • portable, mobile ▪ هاتف محمول *hātif maḥmūl n.* cell phone

محمية *maḥmīya*ᵗ *n.* • protectorate • reserve ▪ محمية طبيعية *maḥmīya*ᵗ *ṭabī3īya*ᵗ nature reserve

محنة *miḥna*ᵗ *n.* |*pl.* محن *miḥan*| • distress, ordeal, calamity, tribulation

محنك *muḥannak pass. part. adj.* • sophisticated, worldly

محو *maḥw n.** • erasure • eradication

محور *miḥwar n.* |*pl.* **dip.** محاور *maḥāwir*| • axis, hub ▪ محور عجلة *miḥwar · 3ajala*ᵗ axle ▪ محور الشر *miḥwar · aššarr*ⁱ the Axis of Evil

محوري *miḥwarī*ʸ *adj.* • pivotal

محول *muḥawwil act. part. n.* • transformer

محيط *muḥīṭ act. part. n.* • ocean ▪ المحيط الهادئ *almuḥīṭ alhādi?* the Pacific Ocean ▪ المحيط الأطلسي *almuḥīṭ al?aṭlasī*ʸ, المحيط الأطلنطي *almuḥīṭ al?aṭlanṭī*ʸ the Atlantic Ocean ▪ المحيط الهندي *almuḥīṭ alhindī*ʸ the Indian Ocean ▪ المحيط المتجمد الشمالي *almuḥīṭ almutajammid aššamālī*ʸ the Arctic Ocean ▪ المحيط المتجمد الجنوبي *almuḥīṭ almutajammid aljunūbī*ʸ the Southern Ocean • environment, surroundings • perimeter ▪ محيط دائرة *muḥīṭ · dā?ira*ᵗ circumference

مخ *muxx n.* |*pl.* مخاخ *mixāx*| • brain

مخابرة *muxābara*ᵗ *n.** • communication ▪ مخابرة هاتفية *muxābara*ᵗ *hātifīya*ᵗ phone call ▪ مخابرات *muxābarāt pl. n.* intelligence ▪ وكالة المخابرات المركزية *wikālat · almuxtābarāt*ⁱ *-lmarkazīya*ⁱⁱ Central Intelligence Agency (CIA)

مخاض *maxāḍ n.** • *(childbirth)* labor ▪ حث مخاضا *ḥatta maxāḍan v.* induce labor

مخاط *muxāṭ n.** • mucus, snot

مخاطبة *muxāṭaba*ᵗ *n.** • address, speech • conversation

مخاطرة *muxāṭara*ᵗ *n.** |*pl.* **dip.** مخاطر *maxāṭir* or مخاطرات *muxāṭarāt*| • risk, hazard ▪ مخاطر *maxāṭir pl. n.* dangers

مخافة *maxāfa*ᵗ *n.* |*pl.* **dip.** مخاوف *maxāwif*| • fear, anxiety ▪ مخافة أنْ *muxāfata ?an conj.* lest, for fear that... • worry

مخالف *muxālif act. part.* • *adj.* contrary *to* لـ, conflicting *with* ▪ مخالف القانون *muxālif alqānūn* against the law • *adj.* in violation *of* لـ • *n.* violator

مخالفة *muxālafa*ᵗ *n.** • violation, offense, infraction • *(sports)* foul

مخبأ *maxba? n.* |*pl.* **dip.** مخابئ *maxābi?*| • hiding place, hideout

مخبر *maxbar n.* |*pl.* **dip.** مخابر *maxābir*| • laboratory

مخبر *muxbir act. part. n.* • informant • detective

مخبز *maxbaz n.* |*pl.* **dip.** مخابز *maxābiz*| • bakery

مختار *muxtār pass. part.* |*pl.* **dip.** مخاتير *maxātīr*| • *n.* mukhtar • *adj.* chosen; having free will ▪ مختارا *muxtāran adv.* voluntarily

مختبر *muxtabar pass. part. n.* • laboratory

مخترع *muxtara3 pass. part. n.* • invention

مخترع *muxtari3 act. part. n.* • inventor

مختص *muxtaṣṣ pass. part. adj.* • |*elat.* أكثر اختصاصا *?aktar ixtiṣāṣan*| authorized, responsible, having jurisdiction ▪ جهات مختصة *jihāt muxtaṣṣa*ᵗ *pl. n.* relevant authorities

مختصر *muxtaṣar pass. part. adj.* • concise, abridged

مختطف *muxtaṭif act. part. n.* • kidnapper • hijacker

مختفى *muxtaf(an) n.* **indecl.** |*dual* مختفيان *muxtafayānⁱ* | *pl.* مختفيات *muxtafayāt*| • hiding place

مختلف *muxtalif act. part.* • different *from* عن • [+ definite genitive plural noun] various ◊ في مختلف المجالات *in various fields*

مخجل *muxjil act. part. adj.* • shameful

مخدة *mixaddaᵗ n.* |*pl.* **dip.** مخدات *mixaddāt* or مخاد *maxādd*| • pillow, cushion ▪ غطاء مخدة *ɣiṭāʔ · mixaddaᵗ*, كيس مخدة *kīs · mixaddaᵗ* pillowcase

مخدر *muxaddir act. part.* • *n.* drug, narcotic • anesthetist • *adj.* anesthetic

مخرب *muxarrib act. part. n.* • vandal

مخرج *maxraj n.* |*pl.* **dip.** مخارج *maxārij*| • exit ▪ مخرج كهرباء *maxraj · kahrabāʔ* electrical outlet

مخرج *muxrij act. part. n.* • *(cinema)* director

مخروط *maxrūṭ n.* |*pl.* **dip.** مخاريط *maxārīṭ*| • cone

مخروطي *maxrūṭīʸ adj.* • conical

مخزن *maxzan n.* |*pl.* **dip.** مخازن *maxāzin*| • warehouse, depot ⓘ *The English word 'magazine' has been borrowed from this Arabic word.*

مخزون *maxzūn pass. part. adj.* • in stock, stored, warehoused ▪ مخزونات *maxzūnāt pl. n.* stock, supplies, reserves

مخض *maxiḍa v.intr.* |*1s4* يمخض *yamxaḍᵘ* | مخاض *maxāḍ*| • *(childbirth)* be in labor

مخط *maxaṭa v.intr.* |*1s3* يمخط *yamxuṭᵘ* | مخط *maxṭ*| • blow *one's* nose

مخطط *muxaṭṭaṭ pass. part.* • *n.* plan, blueprint, manuscript, sketch • *adj.* planned; striped

مخطوب *maxṭūb pass. part. adj.* • engaged *to* لـ ▪ مخطوبان *maxṭūbānⁱ dual noun* engaged couple

مخطوبة *maxṭūbaᵗ n.* • fiancée

مخطئ *muxṭiʔ act. part. adj.* |*elat.* أكثر خطأ *ʔaktar xaṭaʔan*| • *(of people)* mistaken, wrong, erring, at fault

مخفر *maxfar*, مخفر شرطة *maxfar · šurṭaᵗ n.* |*pl.* **dip.** مخافر *maxāfir*| • police station

مخفق *muxfiq act. part. adj.* |*elat.* أكثر إخفاقا *ʔaktar ʔixfāqan*| • unsuccessful

مخلب *mixlab n.* |*pl.* **dip.** مخالب *maxālib*| • claw

مخلص *muxliṣ act. part. adj.* |*elat.* أخلص *ʔaxlaṣ* or أكثر إخلاصا *ʔaktar ʔixlāṣan*| • sincere, honest • loyal *to* لـ

مخلفات *muxallafāt pass. part. pl. n.* • leftovers, scraps

مخلوق *maxlūq pass. part.* • *adj.* created • *n.* creature

مخمس *muxammas pass. part. n.* • pentagon

مخمور *maxmūr adj.* • intoxicated, drunk

مخي *muxxīʸ adj.* • cerebral

مخيف *muxīf act. part. adj.* |*elat.* أكثر إخافة *ʔaktar ʔixāfatan* or أخوف *ʔaxwaf*| • dreadful, frightening

مخيم *muxayyam pass. part. n.* • camp, campground

مد *madd n.** • extension, expansion • *(opp. ebb)* rise, flood ▪ مد وجزر *madd wa-jazr* tide

مد *madda v.tr.* |*1g3* يمد *yamuddᵘ* | مد *madd*| • stretch, extend, prolong ▪ مد الله في عمره *madda -LLāhᵘ fī 3umrⁱhi* may God prolong *sb's* life

مدار *madār n.* • orbit, cycle ▪ على مدار الساعة *3alā madārⁱ -ssā3aᵗⁱ adv.* around the clock, at all hours ▪ على مدار السنة *3alā madārⁱ -ssanaᵗⁱ*, على مدار العام *3alā madārⁱ -l3āmⁱ adv.* year round, throughout the year • circuit, circuitry • axis, pivot • topic, theme

مداري *madārīʸ adj.* • tropical ▪ المنطقة المدارية *almintaqaᵗ almadārīyaᵗ* the tropics • orbital

مدافع *mudāfi3 act. part. n.* • defender *of* عن, activist ▪ مدافع عن حقوق الإنسان *mudāfi3 3an ḥuqūqⁱ -lʔinsānⁱ* human rights activist

مدام *madām n.* ***f.*** • madam

مدان *mudān pass. part.* • *adj.* |*elat.* أكثر إدانة *ʔaktar ʔidānaᵗᵃⁿ*| guilty *of* بـ, convicted • *n.* convict

مداهمة *mudāhamaᵗ n.** • raid, attack

مدبب *mudabbab pass. part. adj.* |*elat.* أكثر تدببا *ʔaktar tadabbuban*| • sharp, pointed

مدبغة *madbaɣaᵗ n.* |*pl.* **dip.** مدابغ *madābiɣ*| • tannery

مدة *maddaᵗ n.* • *(grammar)* madda (diacritic resembling a tilde which can occur over alif)

مدة *muddaᵗ n.* |*pl.* مدد *mudad*| • period, duration ▪ لمدة *li-muddatⁱ*, مدة *muddata prep.* for ◊ كنت في دبي لمدة سنة. *I was in Dubai for a year.* ▪ لمدة طويلة *li-muddaᵗⁱⁿ ṭawīlaᵗⁱⁿ adv.* for a long time ▪ لمدة قصيرة *li-muddaᵗⁱⁿ qaṣīraᵗⁱⁿ adv.* for a while, awhile ▪ بعد __ بمدة طويلة *ba3da __ bi-muddaᵗⁱⁿ ṭawīlaᵗⁱⁿ* long after __ ▪ بعد __ بمدة قصيرة *ba3da __ bi-muddaᵗ qaṣīraᵗ* shortly after __ ▪ قبل __ بمدة طويلة *qabla __ bi-muddaᵗⁱⁿ ṭawīlaᵗⁱⁿ* long before __ • قبل __ بمدة قصيرة *qabla __ bi-mudda^tin qaṣīra^tin* shortly before __

مدح *madaḥa v.tr.* |*1s1* يمدح *yamdaḥ^u* | مدح *madḥ*| • commend, praise

مدح *madḥ n.** |*pl.* أمداح *ʔamdāḥ*| • praise

مدخرات *muddaxarāt pass. part. pl. n.* • savings

مدخل *madxal n.* |*pl.* **dip.** مداخل *madāxil*| • entrance

مدخن *mudaxxin act. part. n.* • smoker • غير مدخن *ɣayr · mudaxxin* non-smoker

مدخنة *madxana^t n.* |*pl.* **dip.** مداخن *madāxin*| • chimney

مدد *madad n.* |*pl.* أمداد *ʔamdād*| • assistance, help

مدد *maddada v.tr.* |*2s* يمدد *yumaddid^u* | تمديد *tamdīd*| • extend, stretch out

مدرب *mudarrib act. part. n.* • trainer, coach

مدرج *madraj*, مدرج هبوط *madraj hubūṭ n.* |*pl.* **dip.** مدارج *madārij*| • runway, tarmac

مدرج *mudarraj pass. part. n.* • stadium • auditorium

مدرس *mudarris act. part. n.* • teacher, instructor

مدرسة *madrasa^t n.* |*pl.* **dip.** مدارس *madāris*| • school • مدرسة ابتدائية *madrasa^t ibtidāʔīya^t* elementary school, primary school • مدرسة إعدادية *madrasa^t ʔi3dādīya^t*, مدرسة متوسطة *madrasa^t mutawassiṭa^t* middle school, junior high school • مدرسة ثانوية *madrasa^t ṯānawīya^t* high school • مدرسة خاصة *madrasa^t xāṣṣa^t* private school (UK: public school) • مدرسة عامة *madrasa^t 3āmma^t* public school (UK: state school)

مدرسي *madrasī^y adj.* • academic, school-

مدرك *mudrik act. part. adj.* |*elat.* أكثر إدراكا *ʔakṯar ʔidrākan*| • aware

مدريد *madrīd n.* ***f. dip.*** • *(capital of Spain)*

مدع *mudda3(in) act. part. n.* ***def.*** |*pl.* مدعون *mudda3ūn^a*| • alleger, plaintiff, claimant • مدع عام *mudda3(in) 3āmm* public prosecutor

مدعو *mad3ū pass. part.* • *n.* guest • *adj.* called, named, by the name of

مدعى *mudda3(an) pass. part. n.* ***indecl.*** • claim • مدعى عليه *mudda3(an) 3alayhi* |*pl.* مدعى عليهم *mudda3(an) 3alayhim*| defendant

مدفأة *midfaʔa^t n.* |*pl.* **dip.** مدافئ *madāfiʔ*| • heater • fireplace

مدفع *midfa3 n.* |*pl.* **dip.** مدافع *madāfi3*| • cannon

مدفعية *madfa3īya^t n.* • artillery

مدفن *madfan n.* |*pl.* **dip.** مدافن *madāfin*| • cemetery, graveyard, burial ground

مدفوع *madfū3 pass. part.* • *adj.* paid • غير مدفوع *ɣayr · madfū3* outstanding, unpaid • *n.* payment

مدلية *madalya^t n.* • medal

مدمة *midamma^t n.* • rake

مدمج *mudmaj pass. part. adj.* • compact • قرص مدمج *qurṣ mudmaj* compact disc (CD)

مدمرة *mudammira^t act. part. n.* • *(naval)* destroyer

مدمن *mudmin act. part.* • *adj.* addicted *to* على • *n.* addict

مدني *madanī^y* • *adj.* civil, civilized • *n.* civilian

مدنية *madanīya^t n.* • civilization

مدهش *mudhiš act. part. adj.* |*elat.* أكثر إدهاشا *ʔakṯar ʔidhāšan* or أدهش *ʔadhaš*| • surprising, amazing • wonderful, great

مدور *mudawwar pass. part. adj.* • round, circular

مدون *mudawwin act. part. n.* • blogger

مدونة *mudawwana^t pass. part. n.* • record • blog

مدى *mad(an) n.* ***indecl.*** • extent, reach • على مدى السمع *3alā madā · -ssam3^i adv.* within earshot • *(time)* period, duration • على مدى *3alā madā prep.* *(time)* for, over (a period of) • على المدى الطويل *3alā -lmadā -ṭṭawīl^i*, على المدى البعيد *3alā -lmadā -lba3īd adv.* in the long term • على المدى القصير *3alā -lmadā -qaṣīr^i*, على المدى القريب *3alā -lmadā -qarīb adv.* in the short term

مدي *maddī^y adj.* • tidal

مديد *madīd adj.* |*m. pl.* مدد *mudud*| • *(time)* long • outstretched

مدير *mudīr act. part. n.* |*pl.* **dip.** مدراء *mudarāʔ*| • manager, director • مدير عام *mudīr 3ām* managing director, director general

مديري *mudīrī^y adj.* • executive, management-

مديرية *mudīrīya^t n.* • directorate, department, office, division • district, province, county, canton

مدينة *madīna^t n.* |*pl.* مدن *mudun*| • city • المدينة المنورة *almadīna^t almunawwara^t* *(city in Saudi Arabia)* Medina ➡ ***map on p. 166***

مدينة حمد *madīnat · ḥamad n.* • *(city in Bahrain)* Hamad Town ➡ ***map on p. 61***

مدينة عيسى *madīnat · 3īsā n.* • *(city in Bahrain)* Isa Town ➡ ***map on p. 61***

مدينة مكسيكو *madīnat · maksīkō n.* ***f. invar.*** • *(capital of Mexico)* Mexico City

مديون *madyūn*, مدين *madīn pass. part.* • *adj.* in debt • *n.* debtor

مذ *muđ(u) conj.* • since ◊ .لم أره مذ تخرجنا *I haven't seen him since we graduated.*

مذاق *mađāq n.* • taste, flavor

مذبحة *mađbaĥa^t n.* |*pl.* **dip.** مذابح *mađābiĥ*| • massacre, blood bath

مذعر *muđ3ir act. part. adj.* • alarming, dreadful

مذكر *muđakkar pass. part. adj.* • *(grammar)* masculine

مذكرة *muđakkira^t act. part. n.* • reminder, note, memorandum ▪ مذكرات *muđakkirāt pl. n.* diary; autobiography, memoir • warrant

مذنب *muđnib act. part. adj.* |أكثر إذنابا *ʔaktar ʔiđnāban*| • guilty, culpable

مذهب *mađhab n.* |*pl.* **dip.** مذاهب *mađāhib*| • ideology, doctrine, path • faith, creed

مذهبي *mađhabī^y adj.* • sectarian, doctrinal

مذهبية *mađhabīya^t n.* • sectarianism

مذهل *muđhil act. part. adj.* |*elat.* أكثر إذهالا *ʔaktar ʔiđhālan*| • spectacular, amazing, astonishing

مذياع *miđyā3 n.* |*pl.* **dip.** مذاييع *mađāyī3*| • *(receiver)* radio

مذيع *muđī3 act. part. n.* • announcer, broadcaster, reporter

مر *marr n.** • *(time)* passage, passing ▪ على مر *3alā marr^i prep.* with the passage of, over the course of ◊ .تغيرت المدينة على مر القرون *The city has changed over the centuries* ▪ على مر الزمن *3alā marr^i -zzaman^i adv.* over time

مر *marra v.intr.* • |*1g3* يمر *yamurr^u* | مر *marr* or مرور *murūr*| pass على, pass by, cross • |*1g1/1g3* يمر *yamarr^u* or *yamurr^u* | مرارة *marāra^t*| become bitter

مر *murr adj.* |*m. pl.* أمرار *ʔamrār* | *elat.* أمر *ʔamarr*| • bitter

مرأب *mirʔab n.* |*pl.* **dip.** مرائب *marāʔib*| • garage, repair shop

مرآة *mirʔā^t n.* |*pl.* **invar.** مرايا *marāyā*| • mirror

مراجع *murāji3 act. part. n.* • reviewer, checker, reviser

مراجعة *murāja3a^t n.** • review, revision

مراد *murād pass. part. n.* • purpose, intention • *man's name* Murad, Mourad

مرادف *murādif act. part. n.* • synonym

مرارة *marāra^t n.** • bitterness • gallbladder

مراسل *murāsil act. part. n.* • correspondent, reporter

مراسلة *murāsala^t n.** • correspondence ▪ صديق مراسلة *ṣadīq · murāsala^t* pen friend, pen pal

مراعاة *murā3ā^t n.** • observance *of*, compliance *with*

مراقب *murāqib act. part. n.* • observer, supervisor • censor

مراقبة *murāqaba^t n.** • supervision, observation • censorship

مراكش *murrākuš n. f.* **dip.** • *(city in Morocco)* Marrakesh ➡ ***map on p. 294***

مراهق *murāhiq act. part. n.* • teenager, adolescent

مراهقة *murāhaqa^t n.** • adolescence

مراهنة *murāhana^t n.** • bet, wager

مرأى *marʔ(an) n.* **indecl.** |*dual* مرأيان *marʔayān^i* | *pl.* **def.** مراء *marāʔ(in)*| • sight, view ▪ على مرأى منه *3alā marʔan minhu* within *one's* view ◊ .كانت الجزيرة على مرأى منه *The island was within his view.*

مرب *murabb(in) act. part. n.* **def.** |*pl.* مربون *murabbūn^a*| • educator ▪ مربية أطفال *murabbiyat · ʔaṭfāl* nanny, babysitter

مربح *murbiĥ act. part. adj.* • profitable

مربع *murabba3 pass. part. adj. & n.* • square ▪ متر مربع *mitr murabba3* square meter ▪ كيلومتر مربع *kīlūmitr murabba3* square kilometer

مربى *murabb(an) pass. part.* **indecl.** • *adj.* raised, brought-up • *adj.* educated • *n.* |*pl.* مربيات *murabbayāt*| jam, jelly

مرة *marra^t n.* |*pl.* مرات *marrāt* or مرار *mirār*| • *(occurrence)* time ▪ مرة *marratan adv.* once, one time; *(in the past)* once, at one time ▪ مرتين *marratayn^i adv.* twice, two times ▪ ثلاث مرات *talāt^a marrāt^in adv.* three times ▪ مرة أخرى *marra^tan ʔuxrā adv.* again ▪ مرة في العمر *marra^tan fī- l3umr^i adv.* once in a lifetime ▪ مرات ومرات *marrāt wa-marrāt*, مرارا *mirāran*, مرارا وتكرارا *mirāran wa-takrāran adv.* many times, time and again, over and over ▪ مرة واحدة *marra^tan wāĥida^tan* all at once, in one go ▪ المرة تلو المرة *almarra^ta tilwa -lmarra^ti adv.* time after time, time and again ▪ بالمرة *bi-lmarra^ti adv.* [negative +] never; (not) at all ▪ في المرة السابقة *fī -lmarra^ti -ssābiqa^ti adv.* last time • *(multiples)* [elative +] times as ▪ بـمرتين ___ *bi-marratayn^i* twice as ___ ◊ .هذا العدد أكبر بمرتين مما كان يعتقد من قبل *This number is twice as big as previously believed.* ▪ بثلاث مرات *bi-talāt^i marrāt* three times as ___ ◊ .هذا أغلى بثلاث مرات من ذلك *This one is three times as expensive as that one.*

مرتاح *murtāḥ act. part. adj.* • relaxed, calm, comfortable, at ease

مرتاد *murtād adj. n.* • regular, frequent visitor

مرتب *murattab pass. part.* • *adj.* |*elat.* أكثر ترتيبا *ʔaktar tartīban*| tidy, neat, orderly • *n.* salary

مرتبة *martaba^t n.* |*pl.* **dip.** مراتب *marātib*| • level, rank • *(bed)* mattress

مرتبك *murtabik act. part. adj.* |*elat.* أكثر ارتباكا *ʔaktar irtibākan*| • confused

مرتزق *murtaziq act. part. n.* • mercenary

مرتش *murtaš(in) act. part.* **def.** • *adj.* corrupt, dishonest • *n.* |*pl.* مرتشون *murtašūn^a*| person who accepts bribes

مرتعب *murta3ib act. part. adj.* |*elat.* أكثر ارتعابا *ʔaktar irti3āban*| • terrified, frightened, afraid, scared

مرتعش *murta3iš act. part. adj.* |*elat.* أكثر ارتعاشا *ʔaktar irti3āšan*| • shaky

مرتفع *murtafa3 pass. part. n.* • height, elevation

مرتفع *murtafi3 act. part. adj.* |*elat.* أكثر ارتفاعا *ʔaktar irtifā3an*| • high, elevated ▪ بصوت مرتفع *bi-ṣawt^in murtafi3^in* *adv.* loudly

مرج *marj n.* |*pl.* مروج *murūj*| • meadow

مرجان *marjān n.* • coral

مرجاني *marjānī^y adj.* • coral- ▪ شعب مرجاني *ši3b marjānī^y* *n.* coral reef

مرجح *murajjaḥ pass. part. adj.* • probable, likely ▪ من المرجح أنْ *min^a -lmurajjaḥ^i ʔan* it is likely that..., in all probability • favorite, preferred

مرجع *marji3 n.* |*pl.* **dip.** مراجع *marāji3*| • reference, resource, authoritative work, reference book

مرجعي *marji3ī^y adj.* • authoritative

مرجعية *marji3īya^t n.* • authority ▪ مرجعية إسلامية *marji3īya^t ʔislāmīya^t* Islamic authority

مرجوحة *marjūḥa^t pass. part. n.* |*pl.* **dip.** مراجيح *marājīḥ*| • *(hanging seat)* swing

مرح *maraḥ n.** • cheerfulness, glee

مرح *mariḥ adj.* |*m. pl.* **invar.** مرحى *marḥā* | *elat.* أكثر مرحا *ʔaktar maraḥan* or أمرح *ʔamraḥ*| • cheerful, jolly

مرح *mariḥa v.intr.* |*1s4* يمرح *yamraḥ^u* | مرح *maraḥ*| • be cheerful, have fun

مرحاض *mirḥāḍ n.* |*pl.* **dip.** مراحيض *marāḥīḍ*| • toilet

مرحب *muraḥḥab pass. part. adj.* •مرحب به *muraḥḥab bi-hi* welcome

مرحبا *marḥaban interjection* • Hello!, Welcome! ▪ أهلا ومرحبا *ʔahlan wa-marḥaban* Hello!, Welcome!

مرحلة *marḥala^t n.* |*pl.* **dip.** مراحل *marāḥil*| • phase, step, stage, level ▪ في هذه المرحلة *fī hāđihi -lmarḥala^ti* *adv.* at this stage ▪ في المرحلة الثالثة *fī -lmarḥala^ti -ttālita^ti* *adv.* *(pregancy)* in the third trimester

مرحوم *marḥūm pass. part. n.* • deceased ◊ زوجة المرحوم *the widow of the deceased* ▪ المرحوم *almarḥūm* [+ person] the late ◊ المرحوم الملك الحسين *the late King Hussein*

مردود *mardūd pass. part. n.* • returns, revenue, yield

مرر *marrara v.tr.* |*2s* يمرر *yumarrir^u* | تمرير *tamrīr*| • pass ▪ مرر قانونا *marrara qanūnan* pass a law

مرس *maris adj.* |*m. pl.* أمراس *ʔamrās*| • experienced, veteran

مرساة *mirsā^t n.* |*pl.* **def.** مراس *marās(in)*| • *(boat)* anchor

مرسل *mursal pass. part. adj.* • sent ▪ مرسل إليه *mursal ʔilayhi* *n.* receiver (of a letter)

مرسل *mursil act. part. n.* • sender

مرسم *marsam n.* |*pl.* **dip.** مراسم *marāsim*| • workshop, studio ▪ مراسم *marāsim pl. n.* ritual, ceremony; protocol

مرسوم *marsūm pass. part. n.* |*pl.* **dip.** مراسيم *marāsīm*| • act, decree

مرسى *mars(an) n.* **indecl.** |*pl.* **def.** مراس *marās(in)*| • anchorage, port

مرسى مطروح *marsā maṭrūḥ n.* • *(city in Egypt)* Mersa Matruh ➡ ***map on p. 287***

مرشح *muraššaḥ pass. part.* • *adj.* nominated • *n.* candidate

مرشد *muršid act. part. n.* • guide

مرصاد *mirṣād n.* • lookout, ambush ▪ وقف بالمرصاد لـ *waqafa bi-lmirṣād^i li-* lie in ambush for

مرصد *marṣad n.* |*pl.* **dip.** مراصد *marāṣid*| • observatory

مرض *maraḍ n.** |*pl.* أمراض *ʔamrāḍ*| • disease, illness ▪ مرض سكري *maraḍ sukkarī^y* diabetes ▪ مرض عقلي *maraḍ 3aqlī^y*, مرض نفسي *maraḍ nafsī^y* mental illness

مرض *mariḍa v.intr.* |*1s4* يمرض *yamraḍ^u* | مرض *maraḍ*| • become ill, get sick ▪ مرض مرضا شديدا *mariḍa maraḍan šadīdan* get very sick

مرض *marraḍa v.tr.* |*2s* يمرض *yumarriḍ^u* | تمريض

tamrīḍ| • nurse

مرض *murḍ^in act. part. adj.* |*elat.* أكثر إرضاء *ʔaktar ʔirḍāʔan*| • satisfactory

مرضعة *murḍi3a^t act. part. n.* • wet nurse

مرضي *maraḍīʸ adj.* • pathological

مرطب *muraṭṭib act. part. n.* • moisturizer ▪ مرطب شفاه *muraṭṭib · šifāh* lip balm ▪ مرطبات *muraṭṭibāt pl. n.* refreshments

مرعب *mur3ib act. part. adj.* |*elat.* أكثر إرعابا *ʔaktar ʔir3āban*| • dreadful, terrifying

مرعوب *mar3ūb pass. part. adj.* |*elat.* أكثر رعبا *ʔaktar ru3ban*| • terrified, frightened, afraid, scared

مرعى *mar3(an) n.* **indecl.** |*dual* مرعيان *mar3ayān^i* | *pl.* **def.** مراع *marā3(in)*| • pasture, grassland

مرغوب *marɣūb pass. part. adj.* •مرغوب فيه *marɣūb fīhi* desirable

مرفأ *marfaʔ n.* |*pl.* **dip.** مرافئ *marāfiʔ*| • port, harbor

مرفق *mirfaq n.* |*pl.* **dip.** مرافق *marāfiq*| • elbow • utility, facility, convenience

مرفقات *murfaqāt pass. part. pl. n.* • attachments

مرفوض *marfūḍ pass. part. adj.* • unacceptable

مرفوع *marfū3 pass. part. adj.* • *(grammar)* nominative • *(grammar)* indicative ▪ المضارع المرفوع *almuḍāri3 almarfū3 n.* the indicative mood

مرق *maraq*, مرقة *maraqa^t n.* • gravy, broth, stew, stock

مرق *maraqa v.intr.* |*1s3* يمرق *yamru**q**^u* | مروق *murūq*| • shoot by, dart by, fly by

مرقاب *mirqāb n.* |*pl.* **dip.** مراقب *marāqib*| • monitor

مرقص *marqaṣ n.* |*pl.* **dip.** مراقص *marāqiṣ*| • dance hall

مرقط *muraqqaṭ pass. part. adj.* • spotted ▪ نمر مرقط *namir muraqqaṭ n.* leopard (lit. spotted panther)

مركب *markab n.* |*pl.* **dip.** مراكب *marākib*| • boat

مركب *murakkab pass. part. adj.* • compound, complex

مركبة *markaba^t n.* • vehicle ▪ مركبة فضائية *markaba^t faḍāʔīya^t* space ship

مركة *marka^t n.* ***f.* dip.** • *(city in Somalia)* Merca

➡ ***map on p. 188***

مركز *markaza v.tr.* |*11s* يمركز *yumarkiz^u* | مركزة *markaza^t*| • centralize

مركز *n.* |*pl.* **dip.** مراكز *marākiz*| • center ▪ مركز اتصال *markaz · ittiṣāl* call center ▪ مركز تسوق *markaz · tasawwuq* shopping center, shopping mall ▪ مركز رياضي *markaz riyāḍīʸ* health club, gym ▪ مركز شرطة *markaz · šurṭa^t* police station ⓘ *The word* مركز *markaz has spawned the quadriliteral stem* م ر ك ز *upon which other words are built.*

مركزي *markazīʸ adj.* • central ▪ لا مركزي *lā markazīʸ* decentralized ▪ الجهاز العصبي المركزي *aljihāz al3aṣbīy almarkazīy* the central nervous system

مرموق *marmūq pass. part. adj.* • remarkable, outstanding, significant, renowned

مرمى *marm(an) n.* **indecl.** |*dual* مرميان *marmayān^i* | *pl.* **def.** مرام *marām(in)*| • goal, target ▪ حارس مرمى *ḥāris · marm(an)* goalkeeper, goalie • extent, range ▪ في مرمى العين المجردة *fī marmā -l3ayn^i -lmujarrada^ti* visible with the naked eye

مرن *marana v.intr.* |*1s3* يمرن *yamru**n**^u* | مرونة *murūna^t*| • be flexible, be elastic

مرن *marin adj.* |*elat.* أكثر مرونة *ʔaktar marūnatan* or أمرن *ʔamran*| • flexible, elastic

مرن *marrana v.intr.* |*2s* يمرن *yumarrin^u* | تمرين *tamrīn*| • train, coach • make *sb* get accustomed *to* على

مرهق *murhaq pass. part. adj.* |*elat.* أكثر إرهاقا *ʔaktar ʔirhāqan* or أرهق *ʔarhaq*| • exhausted, very tired

مرهق *murhiq act. part. adj.* |*elat.* أكثر إرهاقا *ʔaktar ʔirhāqan* or أرهق *ʔarhaq*| • oppressive • exhausting

مرهم *marham n.* |*pl.* **dip.** مراهم *marāhim*| • ointment, cream

مرو *marw n.* • quartz

مروءة *murūʔa^t n.* • manliness

مروان *marwān man's name* • Marwan

مروج *murawwij act. part. n.* • promoter

مروحة *mirwaḥa^t n.* |*pl.* **dip.** مراوح *marāwiḥ*| • fan (for ventilation) • propeller

مروحية *mirwaḥīya^t n.* • helicopter

مرور *murūr n.*⋆ • traffic • passage, passing ▪ بمرور الزمن *bi-murūr^i -zzaman^i*, مع مرور الوقت *ma3a murūr^i -lwaqt^i adv.* with the passing of time, over the course of time ▪ كلمة مرور *kalimat · murūr* password

مروري *murūrīʸ adj.* • traffic-

مروع *murawwi3 act. part. adj.* |*elat.* أكثر ترويعا *ʔaktar tarwīʕan*| • frightening, dreadful, terrifying

مرونة *murūna n.** • flexibility, elasticity

مروى *marwā pass. part.* ***f. invar.*** *woman's name* • Marwa

مريء *marīʔ* • *adj.* manly • *n.* |*pl.* أمرئة *ʔamriʔa^{t}*| esophagus

مريب *murīb act. part. adj.* |*elat.* أكثر ريبة *ʔaktar rība^{tan}*| • dubious, questionable, suspicious, doubtful

مريح *murīḥ act. part. adj.* |*elat.* أكثر إراحة *ʔaktar ʔirāḥa^{tan}* or أريح *ʔaryaḥ*| • comfortable, pleasant, easy ◊ .الكراسي مريحة *The seats are comfortable.*

المريخ *almirrīx n.* • *(planet)* Mars

مريد *murīd act. part. n.* • adherent, follower, disciple

مريض *marīḍ* |*pl.* ***invar.*** مرضى *marḍā* | *elat.* أكثر مرضا *ʔaktar maraḍan*| • *adj.* sick, ill • *n.* patient, sick person ▪ مريض خارجي *marīḍ xārijīʸ* outpatient

مريلة *maryala^{t} n.* • apron, bib

مريم *maryam* ***f. dip.*** *woman's name* • Maryam, Mary

مريول *maryūl n.* • apron

مرئي *marʔīʸ pass. part. adj.* • visible ▪ غير مرئي *ɣayr · marʔīʸ* invisible • visual

مزاج *mizāj n.* |*pl.* أمزجة *ʔamzija^{t}*| • temper, disposition, mood ▪ حسن المزاج *ḥasan · almizāj^{i}* in a good mood ▪ سيء المزاج *sayyiʔ · almizāj^{i}* in a bad mood

مزاد *mazād n.* • auction ▪ قاعة مزادات *qāʕat · mazādāt* auction hall

مزار *mazār n.* • shrine, sanctuary

مزارع *muzāriʕ act. part. n.* • farmer

مزاولة *muzāwala^{t} n.** • practice (of a profession, activity)

مزبلة *mazbala^{t} n.* |*pl.* ***dip.*** مزابل *mazābil*| • garbage dump (UK: rubbish dump)

مزج *mazaja v.tr.* |*1s3* يمزج *yamzuj^{u}* | مزج *mazj*| • mix

مزح *mazaḥa v.intr.* |*1s1* يمزح *yamzaḥ^{u}* | مزاح *muzāḥ* or مزح *mazḥ*| • joke, kid around, banter

مزح *mazḥ n.** |*pl.* مزاح *muzāḥ*| • jest, fun ▪ مزحا *mazḥan adv.* in jest, in fun

مزخرف *muzaxraf pass. part. adj.* |*elat.* أكثر زخرفة *ʔaktar zaxrafa^{tan}*| • ornamental, fancy ▪ غير مزخرف *ɣayr · muzaxraf* plain

مزخرف *muzaxrif act. part. n.* • decorator

مزدحم *muzdaḥim act. part. adj.* |*elat.* أزحم *ʔazḥam* or أكثر ازدحاما *ʔaktar izdiḥāman*| • crowded

مزدهر *muzdahir act. part. adj.* |*elat.* أكثر ازدهارا *ʔaktar izdihāran*| • prosperous

مزدوج *muzdawij act. part. adj.* • double

مزراب *mizrāb n.* |*pl.* ***dip.*** مزاريب *mazārīb*| • spout, rain gutter

مزرع *mazraʕ n.* • arable land

مزرعة *mazraʕa^{t} n.* |*pl.* ***dip.*** مزارع *mazāriʕ*| • farm, plantation

مزعج *muzʕij act. part. adj.* |*elat.* أكثر إزعاجا *ʔaktar ʔizʕājan*| • disturbing, annoying, bothersome

مزعوم *mazʕūm pass. part. adj.* • so-called, alleged

مزق *mazaqa v.tr.* |*1s2* يمزق *yamziq^{u}* | مزق *mazq*| • tear, rip

مزق *mazq n.** • tear, rip

مزق *mazzaqa v.tr.* |*2s* يمزق *yumazziq^{u}* | تمزيق *tamzīq*| • tear up, rip up

مزكوم *mazkūm adj.* • *(of noses)* congested

مزلاج *mizlāj n.* |*pl.* ***dip.*** مزاليج *mazālīj*| • *(door)* bolt

مزلج *mizlaj n.* |*pl.* ***dip.*** مزالج *mazālij*| • skate

مزمار *mizmār n.* |*pl.* ***dip.*** مزامير *mazāmīr*| • mizmar, flute

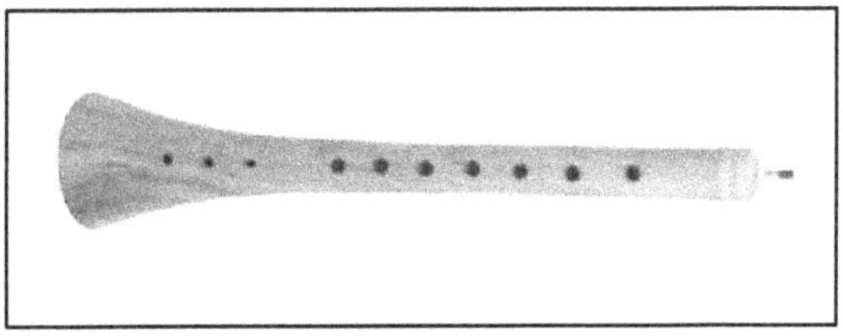

An Egyptian mizmar

مزمع *muzmaʕ pass. part. adj.* • forthcoming, prospective

مزمن *muzmin act. part. adj.* • enduring, chronic ▪ صداع مزمن *ṣudāʕ muzmin n.* chronic headache

مزهر *muzhir act. part. adj.* • in bloom

مزهرية *mazharīya^{t} n.* • vase

مزهو *mazhū^{w} adj.* |*elat.* أكثر زهوا *ʔaktar zahwan*| • proud *of* بـ • arrogant

مزود *muzawwid act. part. n.* • supplier, provider ▪ مزود خدمة الإنترنت *muzawwid · xidmat · alʔinternet* internet service provider (ISP)

مزور *muzawwar act. part. adj.* • phony, false, counterfeit

مزية *mazīya^t n.* |*pl.* ***invar.*** مزايا *mazāyā*| • merit, advantage

مزيج *mazīj n.* • mixture, mix, combination

مزيد *mazīd pass. part. adj.* • [+ definite genitive noun] utmost, extreme ◊ مع مزيد الاحترام *with the utmost respect* ▪ المزيد *almuzīd n.* more ◊ هل تريد المزيد؟ *Do you want more?* ▪ مزيد من __ *mazīd min* __, المزيد من __ *almuzīd min* __ [+ definite genitive noun] more __ ◊ أحتاج إلى مزيد من الوقت. *I need more time.* ◊ هل تريد المزيد من الشاي؟ *Do you want more tea?* ▪ لا مزيد من __ *lā muzīd^a min* __ no more __ ◊ لا مزيد من الأعذار. *No more excuses.* • *(grammar)* derived ▪ فعل مزيد *fi3l mazīd n.* derived verb

مزيف *muzayyaf pass. part. adj.* • fake, counterfeit

مزيل *muzīl act. part.* • *n.* ▪ مزيل عرق *muzīl · 3irq* antiperspirant ▪ مزيل رائحة *muzīl · rāʔiħa^t* deodorant

مزين *muzayyin act. part.* • *adj.* |*elat.* أكثر تزيينا *ʔaktar tazyīnan*| decorative • *n.* hairdresser

مس *massa v.tr.* |*1g1* يمس *yamass^u* | مس *mass* or مساس *misās*| • touch, contact ◊ لم أمس الخمر أبدا. *I've never touched alcohol.* • *(of demons)* possess • concern ◊ هذا الموضوع يمس الأمن القومي. *The matter concerns national security.* • violate, infringe *upon*

مساء *masāʔ n.* |*pl.* أمسية *ʔamsiya^t*| • evening ▪ مساء *masāʔan adv.* in the evening, p.m. ▪ مساء الخير *masāʔ^a -lxayr^a*, مساء النور *masāʔ^a -nnūr^a* Good evening! ▪ مساء أمس *masāʔ^a · ʔamsⁱ adv.* yesterday evening ▪ مساء الخميس *masāʔ^a · -lxamīsⁱ adv.* on Thursday evening ▪ في المساء *fī -lmasāʔⁱ adv.* in the evening ▪ هذا المساء *hađā -lmasāʔ^a* this evening

مسابقة *musābaqa^t n.** • race, competition, contest

مساح *massāħ n.* • surveyor

مساحة *misāħa^t n.* • area, space

مسار *masār n.* • path, route, trajectory

مساس *misās n.* • violation *of* بـ, infringement *on*

مساس *misās n.** • violation *of* بـ, infringement

مساعد *musā3id act. part. n.* • helper, assistant

مساعدة *musā3ada^t n.** • help, assistance, aid

مسافة *masāfa^t n.* • distance

مسافر *musāfir act. part.* • *adj.* traveling, on the road • *n.* traveler; passenger

مسألة *masʔala^t n.* |*pl.* ***dip.*** مسائل *masāʔil*| • issue, matter ▪ مسألة حياة أو موت *masʔalat · ħayā^t ʔaw mawt* a matter of life or death • *(mathematics)* problem, question

مسام *masāmm n.* • pore

مسامي *masāmmī^y adj.* |*elat.* أكثر مسامية *ʔaktar masāmiya^{tan}*| • porous

مساندة *musānada^t n.** • support

مساهم *musāhim act. part. n.* • shareholder, stockholder ▪ شركة مساهمة *šarika^t musāhima^t n.* corporation

مساهمة *musāhama^t n.** • participation, contribution

مساو *musāw(in) act. part. adj.* ***def.*** • equivalent *to* لـ, equal

مساواة *musāwā^t n.** • equality, equal rights ▪ لا مساواة *lā musāwā^t* inequality

مسائي *masāʔī^y adj.* • nocturnal, night-

مسبح *masbaħ n.* |*pl.* ***dip.*** مسابح *masābiħ*| • swimming pool

مسبق *musabbaq pass. part. adj.* • prior, advance-, pre-, early ▪ تصريح مسبق *taṣrīħ musabbaq* prior authorization ▪ اقتراع مسبق *iqtirā3 musabbaq* early voting ▪ شرط مسبق *šarṭ musabbaq* prerequisite ▪ مسبقا *musabbaqan adv.* in advance, beforehand

مسبوق *masbūq pass. part. adj.* • having precedent ▪ غير مسبوق *ɣayr · masbūq* unprecedented

مستأجر *mustaʔjir act. part. n.* • tenant

مستأهل *mustaʔhil act. part. adj.* • worthy, deserving

مستبد *mustabidd act. part.* • *adj.* |*elat.* أكثر استبدادا *ʔaktar istibdādan*| autocratic, tyrannical • *n.* tyrant

مستبعد *mustab3ad pass. part. adj.* |*elat.* أكثر استبعادا *ʔaktar istib3ādan*| • unlikely, improbable, far-fetched ▪ من المستبعد أنْ *min^a -lmustab3adⁱ ʔan* it is improbable that... ◊ من المستبعد أن يعلن الرئيس حالة الطوارئ. *It's unlikely that the president will declare a state of emergency.* ▪ من غير المستبعد أنْ *min ɣayrⁱ -lmustab3adⁱ ʔan* it cannot be ruled out that...

مستثمر *mustatmir act. part. n.* • investor

مستجد *mustajidd act. part. adj.* • new ▪ مستجدات *mustajiddāt pl. n.* innovations; developments ▪ المستجدات الأخيرة *almustajiddāt alʔaxīra^t pl. n.* the latest news, recent developments

مستح *mustaħ(in) act. part. adj.* ***def.*** • embarrassed

• ashamed • shy

مستحسن *mustaħsan pass. part. adj.* |*elat.* أكثر استحسانا *ʔaktar istiħsānan*| • advisable, recommended ▪ من المستحسن أنْ *minᵃ -lmustaħsanⁱ ʔan* it is advisable that..., it is better to *(do)*

مستحيل *mustaħīl act. part. adj.* |*elat.* أكثر استحالة *ʔaktar istħālaᵗᵃⁿ*| • impossible, inconceivable ▪ من المستحيل أنْ *minᵃ -lmustaħīlⁱ ʔan* it is impossible to..., it is inconceivable that...

مستخدم *mustaxdam pass. part.* • *adj.* used, second-hand • used, in use • *n.* employee

مستخدم *mustaxdim act. part. n.* • user (of a product, etc.) • employer

مستدام *mustadām pass. part. adj.* |*elat.* أكثر استدامة *ʔaktar istidāmaᵗᵃⁿ*| • sustainable

مستدير *mustadīr act. part. adj.* |*elat.* أكثر استدارة *ʔaktar istidāraᵗᵃⁿ*| • round, circular

مستديم *mustadīm act. part. adj.* |*elat.* أكثر استدامة *ʔaktar istidāmaᵗᵃⁿ*| • constant, continuous, continual

مستر *mister n.* • *(title for Western men)* Mister

مسترخ *mustarx(in) act. part. adj.* ***def.*** |*elat.* أكثر استرخاء *ʔaktar istirxāʔan*| • relaxed

مستريح *mustarīħ act. part. adj.* • relaxed, calm

مستساغ *mustasāɣ pass. part. adj.* |*elat.* أكثر استساغة *ʔaktar istisāɣaᵗᵃⁿ*| • acceptable ▪ غير مستساغ *ɣayr · mustasāɣ* unsavory

مستشار *mustašār act. part. n.* • consultant, advisor, counselor

مستشرق *mustašriq act. part. n.* |*10s* يستشرق *yastašriqᵘ* | استشراق *istišrāq*| • orientalist

مستشفى *mustašf(an) n.* ***indecl.*** |*dual* مستشفيان *mustašfayānⁱ* | *plural* مستشفيات *mustašfayāt*| • hospital

مستطاع *mustaṭā3 pass. part. adj.* • possible, feasible

مستطيل *mustaṭīl act. part.* • *n.* rectangle • *adj.* rectangular

مستعار *musta3ār pass. part. adj.* • borrowed • false, artificial ▪ اسم مستعار *ism musta3ār n.* pseudonym, alias ▪ شعر مستعار *ša3r musta3ār n.* wig

مستعجل *musta3jil act. part.* • in a hurry, rushed

مستعد *musta3idd act. part. adj.* |*elat.* أكثر استعدادا *ʔaktar isti3dādan*| • ready *for* لـ, prepared, willing

مستعمر *musta3mir act. part. n.* • colonist, settler

مستعمرة *musta3maraᵗ pass. part. n.* • colony, settlement

مستعمل *musta3mal pass. part. adj.* • in use • applicable • used, second-hand

مستعمل *musta3mil act. part. n.* • user

مستعير *musta3īr act. part. n.* • borrower, debtor

مستفيد *mustafīd act. part. n.* • beneficiary

مستقبل *mustaqbal pass. part.* • *adj.* future ▪ مستقبلا *mustaqbalan adv.* in the future • *n.* future ▪ في المستقبل القريب *fī -lmustaqbalⁱ -lqarībⁱ adv.* in the near future

مستقبلي *mustaqbalīʸ adj.* • prospective

مستقر *mustaqirr act. part. adj.* |*elat.* أكثر استقرارا *ʔaktar istiqrāran*| • stable, steady, constant

مستقل *mustaqill act. part. adj.* |*elat.* أكثر استقلالا *ʔaktar istiqlālan*| • independent

مستقيم *mustaqīm act. part.* |*elat.* أكثر استقامة *ʔaktar istiqāmaᵗᵃⁿ*| • *adj.* upright, straight • *n.* rectum

مستلم *mustalim act. part. n.* • receiver, recipient

مستمر *mustamirr act. part. adj.* |*elat.* أكثر استمرارا *ʔaktar istimrāran*| • continuous, constant ▪ مستمرا *mustamirran adv.* continually, continuously, constantly, always ◊ تناول هذا الدواء مستمرا. *Keep taking this medicine.*

مستمع *mustami3 act. part. n.* • listener, audience member

مستند *mustanad pass. part. n.* • document ▪ وقع مستندا *waqqa3a mustanadan v.* sign a document

مستنقع *mustanqa3 pass. part. n.* • swamp

مستهلك *mustahlik act. part. n.* • consumer

مستو *mustaw(in) act. part. adj.* ***def.*** |*elat.* أكثر استواء *ʔaktar istiwāʔan*| • even, level

مستودع *mustawda3 n.* • warehouse, storage, depository ▪ مستودع مطبخ *mustawda3 · maṭbax* kitchen pantry

مستوردات *mustawradāt pass. part. pl. n.* • imported goods

مستوصف *mustawṣaf pass. part. n.* • clinic

مستوطن *mustawṭin act. part. n.* • settler

مستوطنة *mustawṭanaᵗ pass. part. n.* • settlement

مستوقد *mustawqad pass. part. n.* • fireplace

مستوى *mustaw(an) pass. part. n.* ***indecl.*** |*dual* مستويان *mustawayānⁱ* | *pl.* مستويات *mustawayāt*| • level ▪ مستوى ابتدائي *mustaw(an) ibtidāʔīʸ* elementary level ▪ مستوى متوسط *mustaw(an) mutawassiṭ* intermediate level ▪ مستوى متقدم *mustaw(an) mutaqaddim* advanced level

م

مستيقظ *mustayqiẓ act. part. adj.* • awake

مسجد *masjid n.* |*pl.* **dip.** مساجد *masājid*| • mosque ▪ مسجد قبة الصخرة *masjid · qubbat^i · -ṣṣuxra^u* the Dome of the Rock (in Jerusalem) ▪ المسجد الاقصى *almasjid al?aqṣā* Al-Aqsa Mosque (in Jerusalem) ▪ المسجد الحرام *almasjid alħarām* the Grand Mosque (in Mecca) ▪ مسجد القبلتين *masjid · alqiblatayn^i* Mosque of the two Qiblas ▪ المسجد النبوي *almasjid annabawī^y*, مسجد النبوي *masjid · annabawī^yi* Al-Masjid an-Nabawi, the Prophet's Mosque (in Medina)

A small Ottoman-style mosque

مسجل *musajjil act. part. n.* • recorder ▪ مسجل صوت *musajjil · ṣawt* voice recorder

مسجون *masjūn pass. part. n.* |*pl.* **dip.** مساجين *masājīn*| • prisoner, inmate, convict

مسح *masaħa v.tr.* |*1s1* يمسح *yasmaħ^u* | مسح *masħ*| • wipe • scan • mop (up)

مسحاة *misħā^t n.* |*pl.* **def.** مساح *masāħ(in)*| • shovel, spade

مسحة *masħa^t n.* • tinge, shade, trace, touch

مسحر *musaħħir*, مسحراتي *musaħħirātī^y* • musaharati (Ramadan drummer)

ⓘ *Traditionally, during Ramadan a musaharati will go up and down the streets beating a drum to wake people so they can eat suhoor before fasting begins.*

مسحوق *masħūq pass. part. n.* |*pl.* **dip.** مساحيق *masāħīq*| • powder ▪ مسحوق بن *masħūq · bunn* coffee grounds

مسد *massada v.tr.* |*2s* يمسد *yumassid^u* | تمسيد *tamsīd*| • stroke, caress

مسدس *musaddas pass. part. n.* • gun, pistol, revolver ▪ مسدس لعبة *musaddas · lu3ba^t* toy gun • hexagon

مسر *musirr act. part. adj.* • pleasant

مسرح *masraħ n.* |*pl.* **dip.** مسارح *masāriħ*| • theater ▪ في المسرح *fī -lmasraħ^i adv.* at the theater • stage ▪ على المسرح *3alā -lmasraħ^i*, على خشبة المسرح *3alā xašabat^i · -lmasraħ^i adv.* on stage • scene ▪ مسرح جريمة *masraħ · jarīma^t* crime scene

مسرحي *masraħī^y adj.* • theatrical, stage-, dramatic

مسرحية *maṣraħīya^t n.* • play, theater performance

مسرع *musri3 act. part. adj.* |*elat.* أسرع *?asra3* or أكثر إسراعا *?aktar ?isrā3an*| • fast, quick

مسرف *musrif act. part. adj.* |*elat.* أكثر إسرافا *?aktar ?isrāfan*| • wasteful, excessive

مسرور *masrūr pass. part. adj.* |*elat.* أكثر سرورا *?aktar surūran*| • happy *with* بـ, glad

مسروق *masrūq pass. part. adj.* • stolen ▪ مسروقات *masrūqāt pl. n.* stolen goods

مسطح *musaṭṭaħ pass. part. adj.* |*elat.* أكثر تسطحا *?aktar tasaṭṭuħan*| • flat ▪ مسطح الشكل *musaṭṭaħ · aššakl^i* flat-shaped

مسطرة *misṭara^t n.* |*pl.* **dip.** مساطر *masāṭir*| • *(for measuring)* ruler

مسطول *masṭūl adj.* • intoxicated, high

مسعور *mas3ūr adj.* • crazy, crazed, frenzied, rabid ▪ كلب مسعور *kalb mas3ūr* mad dog, rabid dog

مسعى *mas3^an n.* **indecl.** |*dual* مسعيان *mas3ayān^i* | *pl.* **def.** مساع *masā3(in)*| • effort, endeavor ▪ في مسعى لـ *fī mas3an li- adv.* in an effort to *(do)*

مسقط *masqaṭ* or *masqiṭ n.* |*pl.* **dip.** مساقط *masāqiṭ*| • place ▪ مسقط أفقي *masqaṭ ?ufqī^y* floor plan ▪ مسقط رأس *masqaṭ · ra?s* birthplace

مسقط *masqaṭ n.* ***f.* dip.** • *(capital of Oman)* Muscat ➡ ***map on p. 213***

مسك *masaka v.intr.* |*1s3/1s2* يمسك *yasmuk^u* or *yasmik^u* | مسك *mask*| • hold بـ, grab

مسك *misk n.* • *(animal and odor)* musk

مسكرة *maskara^t n.* • mascara

مسكن *maskan n.* |*pl.* **dip.** مساكن *masākin*| • residence, domicile

مسكن *musakkin act. part. n.* • tranquilizer, sedative, painkiller

مسكون *maskūn pass. part. adj.* • haunted

مسكين *miskīn adj.* |*m. pl.* **dip.** مساكين *masākīn*|

• poor, miserable

مسل *musall(in) act. part. adj.* ***def.*** *|elat.* أكثر تسلية *ʔaktar tasliya*^{tan}| • entertaining, amusing

مسلة *misalla*^{t} *n.* • obelisk

مسلح *musallaḫ pass. part. n.* • gunman ▪ مسلح ملثم *musallaḫ mulattam* masked gunman

مسلخ *maslax n.* |*pl.* **dip.** مسالخ *masālix*| • slaughterhouse

مسلسل *musalsal pass. part.* • *adj.* sequenced, arranged in order •مسلسل *musalsal,* مسلسلة *musalsala*^{t} *n. (TV program)* series, drama, soap opera

مسلم *muslim act. part. n.* • Muslim ▪ غير مسلم *ɣayr · muslim* non-Muslim

مسمار *mismār n.* |*pl.* **dip.** مسامير *masāmīr*| • nail

مسمع *misma3 n.* |*pl.* مسامع *masāmi3*| • ear ▪ تناهى إلى مسمعه *tanāhā ʔilā misma3*^{i}*hi* come to the knowledge of (lit. come to *one's* ear)

مسموح *masmūḫ pass. part. adj.* •مسموح به *masmūḫ bi-hi* allowable, permissible, admissible ▪ غير مسموح به *ɣayr · masmūḫ bi-hi* inadmissible

مسموع *masmū3 pass. part. adj.* • audible ▪ غير مسموع *ɣayr · masmū3* inaudible

مسمى *musamm(an) pass. part.* ***indecl.*** • *adj.* named, called • *n.* |*pl.* مسميات *musammayāt*| name, designation

مسن *misann n.* • sharpener, whetstone ▪ مسن سكين *misann · sikkīn* knife sharpener

مسن *musinn adj.* • elderly, advanced in years ▪ دار مسنين *dār · musinnīn*^{a} *n.* nursing home

مسواك *miswāk n.* |*pl.* سوك *sūk*| • siwak (twig used as a toothbrush), miswak

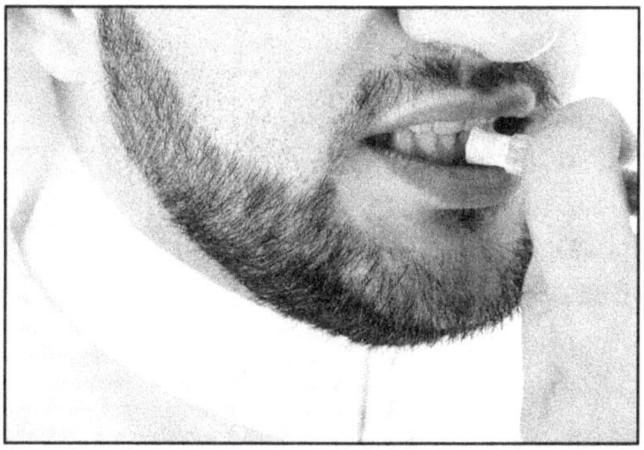

A man using a siwak to clean his teeth

مسودة *musawwada*^{t} *pass. part. n.* • rough draft

مسؤول *masʔūl, also spelled* مسئول *masʔūl pass. part.* • *adj.* |*elat.* أكثر مسئولية *ʔaktar masʔūlīya*^{tan}| responsible *for* عن, in charge *of* • *n.* official ▪ مسؤول حكومي *masʔūl ḫukūmī*^{y} public official ▪ كبير مسؤولين *kabīr · masʔūlīn*^{a} high-ranking official • supervisor

مسؤولية *masʔūlīya*^{t}, *also spelled* مسئولية *masʔūlīya*^{t} *n.* • responsibility *for* عن, liability ▪ شركة ذات مسؤولية محدودة *šarika*^{t} *ḏāt masʔūlīya*^{t} *maḫdūda*^{t} limited liability company (LLC)

مسيء *musīʔ act. part. adj.* |*elat.* أكثر إساءة *ʔaktar ʔisāʔa*^{tan}| • harmful • offensive, insulting

المسيح *almasīḫ n.* • Christ, the Messiah

مسيحي *masīḫī*^{y} *adj.* • Christian

المسيحية *almasīḫīya*^{t} *n.* • Christianity

مسيرة *masīra*^{t} *n.* • march, demonstration, rally

مسيطر *musayṭir act. part. adj.* |*elat.* أكثر سيطرة *ʔaktar sayṭara*^{tan}| • dominant

مشابه *mušābih act. part. adj.* |*elat.* أشبه *ʔašbah*| • similar

مشابهة *mušābaha*^{t} *n.** • resemblance, similarity, likeness

مشاجرة *mušājara*^{t} *n.** • fight, brawl

مشار *mušār pass. part. adj.* • cited ▪ المشار إليه *almušār ʔilayhi* the aforementioned

مشارك *mušārik act. part.* • *adj.* associate ▪ أستاذ مشارك *ʔustāḏ mušārik n.* associate professor • *n.* participant • partner, associate

مشاركة *mušāraka*^{t} *n.** • participation

مشاغب *mušāɣib act. part.* • *adj.* riotous, troublemaking • *n.* rioter, troublemaker

مشاهد *mušāhid act. part. n.* • viewer, spectator

مشاهدة *mušāhada*^{t} *n.** • observation

مشاورة *mušāwara*^{t} *n.** • consultation

مشبك *mišbak n.* |*pl.* **dip.** مشابك *mašābik*| • clip, clasp, pin ▪ مشبك شعر *mišbak · ša3r* hairpin ▪ مشبك ملابس *mišbak · malābis* clothes pin ▪ مشبك ورق *mišbak · waraq* paper clip ▪ مشابك أسنان *mašābik · ʔasnān pl. n. (dental)* braces

مشبوه *mašbūh adj.* • suspicious, doubtful

مشتاق *muštāq act. part. adj.* |*elat.* أكثر اشتياقا *ʔaktar ištiyāqan*| • missing, longing *for* إلى *or* لـ, covetous ◊ أنا مشتاق إليك. *I miss you.* ◊ هو مشتاق للسلطة. *He's hungry for power.*

مشتبه *muštabah pass. part.* •مشتبه فيه *muštabah fīhi n.* suspect

مشتر *muštar(in) act. part. n.* ***def.*** |*pl.* مشترون *muštarūn*^{a}| • client, customer, purchaser, buyer •المشتري *almuštarī (planet)* Jupiter

مشترك *muštarak pass. part. adj.* • common, joint, collective

مشترك *muštarik act. part. n.* • participant

مشترى *muštar(an) pass. part. n.* **indecl.** |dual مشتريان *muštarayānⁱ* | pl. مشتريات *muštarayāt*| • purchase ▪ مشتريات *muštarayāt pl. n.* shopping, goods

مشته *muštah(in) act. part. adj.* **def.** |elat. أكثر اشتهاء *ʔaktar ištihāʔan*| • desirous *of* لـ

مشتى *mašt(an) n.* **indecl.** |dual مشتيان *maštayānⁱ* | pl. **def.** مشات *mašāt(in)*| • winter residence, winter resort

مشج *mušj(in) act. part. adj.* **def.** |elat. أكثر تشجيعا *ʔaktar tašjī3an*| • moving, touching

مشجع *mušajji3 act. part. n.* • supporter

مشد *mišadd n.* • corset, girdle ▪ مشد صدر *mišadd · ṣadr* brassiere, bra

مشدود *mašdūd pass. part. adj.* • taut, tight, tense

مشربية *mašrabīyaᵗ n.* • mashrabiya (projecting oriel window with latticework) ➡ *pic. p. 180*

مشرحة *mašraḥaᵗ n.* • morgue, mortuary

مشرد *mušarrad pass. part. adj.* |elat. أكثر تشردا *ʔaktar tašarrudan*| • homeless

مشرف *mašraf n.* |pl. **dip.** مشارف *mašārif*| • elevated place, height ▪ __ على مشارف *3alā mašārifᵃ __ prep.* on the brink of _, at the edge of __, at the beginning of __, on the outskirts of __ ◊ على مشارف الموت *on the brink of death* ◊ على مشارف القرن *at the turn of the century* ◊ على مشارف المدينة *on the outskirts of the city*

مشرف *mušarraf pass. part. adj.* |elat. أشرف *ʔašraf*| • honorable, noble

مشرف *mušrif act. part. n.* • supervisor

مشرق *mašriq n.* |pl. **dip.** مشارق *mašāriq*| • east, where the sun rises ▪ المشرق *almašriq* The Mashriq (Arab countries east of Egypt)

مشرق *mušriq act. part. adj.* |elat. أكثر إشراقا *ʔaktar ʔišrāqan*| • brilliant, bright, splendid

مشرقي *mašriqīʸ adj.* |pl. مشارقة *mašāriqaᵗ*| • eastern, oriental

مشروب *mašrūb pass. part. n.* |pl. **dip.** مشاريب *mašārīb*| • drink, beverage ▪ مشروب غازي *mašrūb ɣāzīʸ* carbonated beverage, soft drink

مشروع *mašrū3 pass. part.* |pl. **dip.** مشاريع *mašārī3* or مشروعات *mašrū3āt*| • *adj.* |elat. أكثر مشروعية *ʔaktar mašrū3īyaᵗᵃⁿ*| legitimate • *n.* project, plan, draft ▪ مشروع قانون *mašrū3 · qānūn* bill, draft legislation

مشروعية *mašrū3īyaᵗ* • legality

مشط *maššaṭa v.tr.* |2s يمشط *yumaššiṭᵘ* | تمشيط *tamšīṭ*| • comb

مشط *mušṭ n.* |pl. أمشاط *ʔamšāṭ*| • comb • *(foot)* instep, arch

مشع *muši33 act. part. adj.* |elat. أكثر إشعاعا *ʔaktar ʔiš3ā3an*| • radiant • radioactive

مشعاع *miš3ā3 n.* • radiator

مشعر *maš3ar n.* |pl. **dip.** مشاعر *mašā3ir*| • *(usually plural)* feeling, sense, emotion

مشعل *miš3al* or *maš3al n.* |pl. **dip.** مشاعل *mašā3il*| • torch

مشغل *mašɣal n.* |pl. **dip.** مشاغل *mašāɣil*| • workshop, atelier

مشغل *mušaɣɣal pass. part. n.* • employee

مشغل *mušaɣɣil act. part. n.* • operator

مشغول *mašɣūl pass. part. adj.* |elat. أكثر انشغالا *ʔaktar inšiɣālan*| • busy ◊ كنت مشغولا جدا الأسبوع الماضي. *I was really busy last week.* ◊ *(telephone)* الخط مشغول. *The line is busy.* ▪ مشغول بـ *mašɣūl bi-* busy with ◊ أنا مشغول بالدراسة هذه الأيام. *I'm busy studying these days.* ▪ مشغول عن *mašɣūl 3an* too busy for ◊ هي دائما مشغولة عني. *She's always too busy for me.*

مشقة *mašaqqaᵗ n.* |pl. **dip.** مشاق *mašāqq* or مشقات *mašaqqāt*| • difficulty, hardship, trouble

مشكلة *muškilaᵗ n.* |pl. **dip.** مشاكل *mašākil*| • problem ◊ ليست مشكلة. *It's not a problem.* ▪ في مشكلة *fī muškilaᵗⁱⁿ adv.* in trouble ▪ ما من مشكلة *mā min muškilaᵗⁱⁿ* no problem

مشكور *maškūr pass. part.* • *adj.* praiseworthy, worthy of thanks ▪ تفضل مشكورا بـ *tafaḍḍala maškūran bi- v.* [+ masdar] be so kind as to *(do)* • Thanks!

مشكوك *maškūk pass. part. adj.* •مشكوك فيه *maškūk fīhi* dubious, doubtful

مشكول *maškūl pass. part. adj.* • marked with diacritics, voweled, vocalized

مشمس *mušmis act. part. adj.* • sunny

مشمش *mišmiš coll. n.* |sing. مشمشة *mišmišaᵗ*| • apricots

مشمشي *mišmišīʸ adj.* • *(color)* peach

مشمع *mušamma3 pass. part. n.* • linoleum

مشمئز *mušmaʔizz act. part. adj.* |elat. أكثر اشمئزازا *ʔaktar išmiʔzāzan*| • averse *to* من

مشنقة *mišnaqaᵗ* or *mašnaqaᵗ n.* |pl. **dip.** مشانق *mašāniq*| • gallows

مشهد *mašhad n.* |*pl.* **dip.** مشاهد *mašāhid*| • scene, sight, view, spectacle

مشهور *mašhūr* |*pl.* **dip.** مشاهير *mašāhīr*| • *adj.* |*elat.* أشهر *ʔašhar*| famous, renowned • *n.* celebrity, personality

مشواة *mišwā*^{t} *n.* • barbecue

مشوار *mišwār n.* |*pl.* **dip.** مشاوير *mišāwīr*| • errand

مشوق *mušawwiq act. part. adj.* |*elat.* أكثر تشويقا *ʔaktar tašwīqan*| • interesting, fascinating • exciting

مشؤوم *mašʔūm adj.* |*m. pl.* **dip.** مشائيم *mašāʔīm* | *elat.* أكثر شؤما *ʔaktar šuʔman* or أشأم *ʔašʔam*| • ominous, unlucky

مشوي *mašwī*^{y} *pass. part. adj.* • roasted, grilled, barbecued

مشى *mašā v.intr.* |*1d2* يمشي *yamšī* | مشي *mašy*| • walk ▪ مشيا *mašyan adv.* on foot, walking

مشير *mušīr act. part.* • *n.* advisor, counselor • *adj.* indicative

مشيمة *mašīma*^{t} *n.* |*pl.* **dip.** مشايم *mašāyim*| • placenta

مشين *mašīn pass. part. adj.* • disgraceful, shameful, dishonorable

مشيئة *mašīʔa*^{t} *n.** • will, volition

مص *maṣṣa v.tr.* |*1g1/1g3* يمص *yamaṣṣ*^{u} or *yamuṣṣ*^{u} | مص *maṣṣ*| • suck

مصاب *muṣāb pass. part.* • *adj.* |*elat.* أكثر إصابة *ʔaktar ʔiṣāba*^{tan}| stricken *by* بـ, afflicted *with*, suffering *from* • *n.* casualty, victim, wounded person

مصاحبة *muṣāḥaba*^{t} *n.** • accompaniment

مصادرة *muṣādara*^{t} *n.** • confiscation, seizure

مصادفة *muṣādafa*^{t} *n.** • coincidence, chance ▪ مصادفة *muṣādafatan adv.* coincidentally, by accident

مصادقة *muṣādaqa*^{t} *n.** • endorsement, approval, legalization

مصارعة *muṣāra3a*^{t} *n.** • wrestling

مصاص *maṣṣāṣ n.* • مصاص دماء *maṣṣāṣ · dimāʔ* vampire

مصاصة *maṣṣāṣa*^{t} *n.* • lollipop • مصاصة دماء *maṣṣāṣat · dimāʔ* vampiress

مصاعب *maṣā3ib pl. n.* **dip.** • difficulties, hardships

مصافحة *muṣāfaḥa*^{t} *n.** • handshake

مصالحة *muṣālaḥa*^{t} *n.** • peace agreement, conciliation

مصب *maṣabb n.* • river mouth

مصباح *miṣbāḥ n.* |*pl.* **dip.** مصابيح *maṣābīḥ*| • light bulb • lamp, light ▪ مصباح يدوي *maṣbāḥ yadawī*^{y} flashlight (UK: torch)

مصحح *muṣaḥḥiḥ act. part. n.* • marker pen ▪ مصحح حواجب *muṣaḥḥiḥ · ḥawājib* eyebrow pencil

مصحف *muṣḥaf*, المصحف الشريف *almuṣḥaf aššarīf n.* |*pl.* **dip.** مصاحف *maṣāḥif*| • copy of the Quran

مصدر *maṣdar n.* |*pl.* **dip.** مصادر *maṣādir*| • source • *(grammar)* masdar, verbal noun, gerund, infinitive verb

مصدر *muṣaddir act. part. n.* • exporter

مصدوم *maṣdūm pass. part. adj.* • wrecked ◊ سيارة مصدومة *a wrecked car* • shocked *by* من ◊ كان مصدوما من تصرفها. *He was shocked by her behavior.*

مصر *muṣirr act. part. adj.* |*elat.* أكثر إصرارا *ʔaktar ʔiṣrāran*| • insistent

مصر *miṣr n.* ***f.* dip.** • Egypt ▪ مصر العليا *miṣr al3ulyā*, صعيد مصر *ṣa3īd · miṣr*^{a} Upper Egypt ▪ مصر الجديدة *miṣr aljadīda*^{t} *(district in Cairo)* Heliopolis

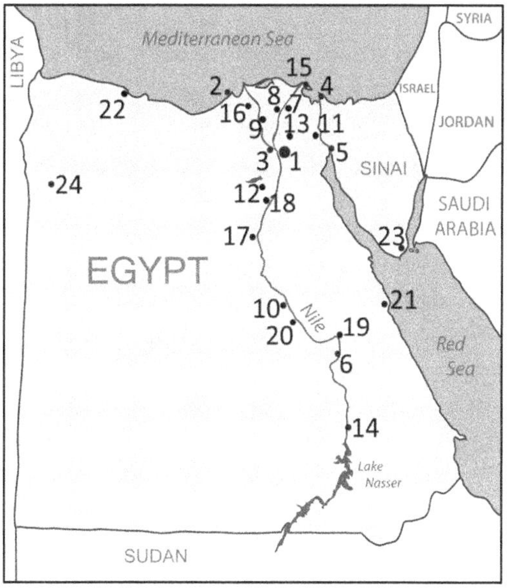

map of Egypt

1. القاهرة *alqāhira*^{t} Cairo
2. الإسكندرية *alʔiskandarīya*^{t} Alexandria
3. الجيزة *aljīza*^{t} Giza
4. بورسعيد *būrsa3īd* Port Said
5. السويس *assuways* Suez
6. الأقصر *alʔuqṣur* Luxor

7. المنصورة *almanṣūra^t* Mansoura
8. المحلة الكبرى *almaḥalla^t alkubrā* Al-Mahalla Al-Kubra
9. طنطا *ṭanṭā* Tanta
10. أسيوط *ʔasyūṭ* Asyut
11. الإسماعيلية *alʔismā3īlīya^t* Ismaïlia
12. الفيوم *alfayyūm* Faiyum
13. الزقازيق *azzaqāzīq* Zagazig
14. أسوان *ʔaswān* Aswan
15. دمياط *damyāṭ* Damietta
16. دمنهور *damanhūr* Damanhur
17. المنيا *alminyā* Minya
18. بنى سويف *banī swayf* Beni Suef
19. قنا *qinā* Qena
20. سوهاج *sūhāj* Sohag
21. الغردقة *alɣardaqa^t* Hurghada
22. مرسى مطروح *marsā maṭrūḥ* Mersa Matruh
23. شرم الشيخ *šarm · aššayxⁱ* Sharm el-Sheikh
24. سيوة *sīwa^t* Siwa

مصراتة *miṣrāta^t n.* **dip.** • *(city in Libya)* Misrata ➥ ***map on p. 261***

مصران *muṣrān n.* • internal organ, guts ▪ مصران أعور *muṣrān · ʔa3war n. (anatomy)* appendix

مصرع *maṣra3 n.* |*pl.* **dip.** مصارع *maṣāri3*| • death, fatality ▪ لقي مصرعه *laqiya maṣra3^ahu v.* die, meet *one's* end

مصرف *maṣrif n.* |*pl.* **dip.** مصارف *maṣārif*| • bank • drain

مصرفي *maṣrifīy adj.* • bank-, banking-

مصروف *maṣrūf pass. part. n.* |*pl.* **dip.** مصاريف *maṣārīf*| • expense, expenditure

مصري *miṣrīy* • *adj. & n.* Egyptian ▪ المصريون القدماء *almiṣrīyūn^a -lqudamāʔ* the ancient Egyptians

مصريات *miṣrīyāt pl. n.* •علم المصريات *3ilm · almiṣrīyātⁱ* Egyptology ▪ عالم مصريات *3ālim · miṣrīyāt* Egyptologist

مصطفى *muṣṭaf(an) pass. part. adj.* ***indecl.*** • chosen • *man's name* Mustafa, Mostafa, Moustafa

مصطلح *muṣṭalaḥ pass. part. n.* • technical term

مصطنع *muṣṭana3 pass. part. adj.* • artificial, synthetic, man-made

مصعد *miṣ3ad n.* |*pl.* **dip.** مصاعد *maṣā3id*| • elevator (UK: lift)

مصعوق *maṣ3ūq pass. part. adj.* • dumbfounded, stupefied

مصغر *muṣaɣɣar pass. part. adj.* • miniature, mini-, minor ▪ اسم مصغر *ism muṣaɣɣar n.* diminutive noun

مصفاة *miṣfā^t*, ***indecl.*** مصفى *miṣf(an) n.* |*dual* مصفيان *maṣfayānⁱ* | *pl.* ***def.*** مصاف *maṣāf(in)*| • refinery • filter, strainer ▪ مصفاة قهوة *miṣfāt · qahwa^t* coffee filter

مصل *muṣall(in) act. part. n.* ***def.*** • praying person

مصلحة *maṣlaḥa^t n.* |*pl.* **dip.** مصالح *maṣāliḥ*| • welfare, benefit • department, government agency, administration

مصمت *muṣmat pass. part. adj.* • solid, plain, blank

مصمم *muṣammim act. part.* • *n.* designer ▪ مصمم أزياء *muṣammim · ʔazyāʔ* fashion designer • *adj.* |*elat.* أكثر تصميما *ʔaktar taṣmīman*| determined *to* على

مصنع *maṣna3 n.* |*pl.* **dip.** مصانع *maṣāni3*| • factory

مصنوع *maṣnū3 pass. part. adj.* • manufactured, made ▪ __ مصنوع من *maṣnū3 min* __ made of __ ◊ مصنوع من الخشب *made of wood* ▪ __ مصنوع في *maṣnū3 fī* __ made in __ ◊ مصنوع في الصين *made in China* ▪ مصنوعات *maṣnū3āt pl. n.* manufactured goods

مصور *muṣawwir act. part. n.* • photographer

مصيبة *muṣība^t act. part. n.* |*pl.* **dip.** مصائب *maṣāʔib*| • disaster, misfortune, tragedy ▪ مصائب قوم عند قوم فوائد. *maṣāʔib^u qawmⁱⁿ 3inda qawmⁱⁿ fawāʔid^{un} proverb* The misfortunes of some are blessings for others.

مصيدة *miṣyada^t n.* |*pl.* **dip.** مصايد *maṣāyid*| • trap, snare

مصير *maṣīr n.* |*pl.* **dip.** مصاير *maṣāyir*| • outcome, result • fate, destiny

مصيف *maṣīf n.* |*pl.* **dip.** مصايف *maṣāyif*| • summer residence, summer resort

مضاد *muḍādd adj.* • against لـ, anti-, counter- ▪ مضاد للسامية *muḍādd li-ssāmīya^{ti}* anti-Semitic ▪ مضاد للطائرات *muḍādd li-ṭṭāʔirātⁱ* anti-aircraft ▪ أدوية مضادة للسرطان *ʔadwiya^t muḍādda^t li-ssaraṭānⁱ pl. n.* cancer-fighting drug ▪ مضاد حيوي *muḍād ḥayawīy* antibiotic

مضارب *muḍārib act. part.* • *adj.* speculative • *n. (stock market)* speculator

مضاربة *muḍāraba^t n.** • speculation

مضارع *muḍāri3 act. part. adj.* • *(grammar)* imperfect, present-tense ▪ مضارع للمستقبل *muḍāri3 li-lmustaqbalⁱ* future-tense ▪ فعل مضارع *fi3l muḍāri3* imperfect-tense verb ▪ المضارع *almuḍāri3* the imperfect tense ▪ المضارع المجزوم *almuḍāri3 almajzūm* the jussive mood ▪ المضارع المرفوع *almuḍāri3 almarfū3* the indicative mood

▪ المضارع المنصوب *almuḍāri3 almanṣūb* the subjunctive mood, the conjunctive mood

مضاعف *muḍā3af act. part. adj.* • doubled ▪ فعل مضاعف *fi3l muḍā3af (grammar)* geminate verb

مضاعفة *muḍā3afa^t n.*⋆ • *(medical)* complication

مضاف *muḍāf pass. part.* • *adj.* added ▪ ضريبة القيمة المضافة *ḍarībat · alqīma^ti -lmuḍāfa^ti* value added tax (VAT), sales tax •المضاف *almuḍāf n. (grammar)* first term in a compound noun ▪ المضاف إليه *almuḍāf ʔilayh^i* second term in a compound noun

مضايق *muḍāyiq act. part. adj.* • disturbing, bothersome, annoying

مضايقة *muḍāyaqa^t n.*⋆ • annoyance, inconvenience

مضبوط *maḍbūṭ pass. part. adj.* • accurate ▪ غير مضبوط *ɣayr · maḍbūṭ* inaccurate

مضحك *muḍḥik act. part. adj.* |*elat.* أكثر إضحاكا *ʔaktar ʔiḍ-ḥākan* or أضحك *ʔaḍḥak*| • funny • ridiculous

مضخة *miḍaxxa^t n.* • pump

مضر *muḍirr act. part. adj.* |*elat.* أضر *ʔaḍarr*| • harmful

مضرب *maḍrib n.* |*pl.* **dip.** مضارب *maḍārib*| • large tent, marquee ▪ مضرب مثل *maḍrib · matal* exemplary, cited as an example, proverbial

مضرب *miḍrab n.* |*pl.* **dip.** مضارب *maḍārib*| • bat, racket, club ▪ مضرب بيسبول *miḍrab · baysbōl* baseball bat ▪ مضرب تنس *miḍrab · tenis* tennis racket ▪ مضرب جولف *miḍrab · golf* golf club ▪ كرة مضرب *kurat · miḍrab* tennis

مضرب *muḍrib act. part. adj.* • on strike, striking ▪ عامل مضرب *3āmil muḍrib n.* striker

مضروب *maḍrūb pass. part. adj.* • مضروب في *maḍrūb fī prep.* multiplied by, times

مضطر *muḍṭarr pass. part. adj.* |*elat.* أكثر اضطرارا *ʔaktar iḍṭirāran*| • compelled, forced ▪ مضطر أنْ *muḍṭarr ʔan* have to *(do)* ◊ آسف، أنا مضطر أن أذهب الآن. *Sorry, I have to go now.*

مضطرب *muḍṭarib act. part. adj.* |*elat.* أكثر اضطرابا *ʔaktar iḍṭirāban*| • upset, anxious, unsettled

مضعف *muḍa33af pass. part. adj.* • *(grammar)* doubled, geminate ▪ فعل مضعف *fi3l muḍa33af n.* geminate verb

مضغ *maḍaɣa v.tr.* |*1s1/1s3* يمضغ *yamḍaɣ^u* or *yamḍuɣ^u* | مضغ *maḍɣ*| • chew, masticate

مضغة *muḍɣa^t n.* |*pl.* مضغ *muḍaɣ*| • morsel, bite

مضمار *miḍmār n.* |*pl.* **dip.** مضامير *maḍāmīr*| • racetrack

مضموم *maḍmūm pass. part. adj.* • pronounced with a short **u** (damma)

مضمون *maḍmūn pass. part.* |*elat.* أضمن *ʔaḍman*| • *n.* |*pl.* **dip.** مضامين *maḍāmīn*| contents • *adj.* guaranteed

مضى *maḍā v.intr.* |*1d2* يمضي *yamḍī* | مضي *muḍī*| • pass, go by ▪ فيما مضى *fī-mā maḍā adv.* in the past, formerly, earlier ▪ مضت __ على *maḍat __ 3alā* it has been __ since... ◊ مضت عشر سنوات على الحرب. *It has been ten years since the war.* ▪ لم يمض (عليه) __ حتى... *lam yamḍi (3alayhi) __ ḥattā* it had hardly been __ (since *sth*) when... ◊ لم يمض على التقاءهما شهر واحد حتى تزوجا. *It had hardly been a month since they'd met when they got married.* ▪ منذ __ مضت *munḏu __ maḍat* __ ago ◊ منذ أكثر من عشر سنوات مضت *more than ten years ago* • continue ▪ في مضى قدما *maḍā quduman* move forward, make progress • perform على, carry out • *(used in perfect tense only)* [+ indicative] continue *(do)*ing, go on *to (do)* ◊ مضى يقول... *He went on to say...*

مضيف *muḍīf act. part. n.* • host ▪ مضيف جوي *muḍīf jawwī*, مضيف طيران *muḍīf · ṭayrān* flight attendant

مضيق *maḍīq n.* |*pl.* **dip.** مضايق *maḍāyiq*| • strait ▪ مضيق هرمز *maḍīq · hurmūz* the Strait of Hormuz ▪ مضيق جبل طارق *maḍīq · jabal ṭāriq* the Strait of Gibraltar

مطابقة *muṭābaqa^t n.*⋆ • *(grammar)* noun concord, verb agreement ⓘ *This refers to agreement or concord of gender, number, case, and definiteness.*

مطار *maṭār n.* • airport

مطاردة *muṭārada^t n.*⋆ • chase, pursuit

مطاط *maṭṭāṭ n.* • rubber

مطاطي *maṭṭāṭī adj.* • rubber-

مطاف *maṭāf n.* • finale, conclusion ▪ في نهاية المطاف *fī nihāyat^i -lmaṭāf* finally • consequence, outcome

مطالبة *muṭālaba^t n.*⋆ • demand, claim

مطب *maṭabb n.* • speed bump • pothole

مطبخ *maṭbax n.* |*pl.* **dip.** مطابخ *maṭābix*| • kitchen

مطبعة *maṭba3a^t n.* |*pl.* **dip.** مطابع *maṭābi3*| • printing press, print shop • *(computers)* printer

مطبعي *maṭba3ī adj.* • print-, typographical

مطر *maṭar n.* |*pl.* أمطار *ʔamṭār*| • rain ▪ مطر شديد

maṭar šadīd heavy rain

مطر *maṭir adj.* |*elat.* أكثر إمطارا *ʔakṯar ʔimṭāran*| • rainy

مطرب *muṭrib act. part. n.* • singer, vocalist

مطرح *maṭraḥ n.* ***f. dip.*** • *(city in Oman)* Muttrah ➡ ***map on p. 213***

مطرقة *miṭraqaᵗ n.* |*pl.* ***dip.*** مطارق *maṭāriq*| • hammer ▪ مطرقة باب *miṭraqat · bāb* door knocker ▪ مطرقة خشبية *miṭraqaᵗ xašabīyaᵗ* wooden mallet

مطروح *maṭrūḥ pass. part. adj.* • up for debate, on the table, up for discussion

مطعم *maṭ3am n.* |*pl.* ***dip.*** مطاعم *maṭā3im*| • restaurant

مطفأة *miṭfaʔaᵗ n.* |*pl.* ***dip.*** مطافئ *maṭāfiʔ*| • extinguisher ▪ مطفأة حريق *miṭfaʔat · ḥarīq* fire extinguisher ▪ مطفأة سجائر *miṭfaʔat · sajāʔir* ashtray

مطفآة *miṭfaʔaᵗ n.* |*pl.* ***dip.*** مطافئ *maṭāfiʔ*| • fire extinguisher ▪ رجل مطافئ *rajul · maṭāfiʔ* fire fighter, fireman

مطلب *maṭlab n.* |*pl.* ***dip.*** مطالب *maṭālib*| • demand, claim, call

مطلع *maṭla3 n.* |*pl.* ***dip.*** مطالع *maṭāli3*| • beginning, dawn (of an era)

مطلق *muṭlaq pass. part. adj.* • unrestricted, unconditional, absolute ▪ مطلقا *muṭlaqan adv.* [negative +] absolutely (not), never ◊ لم أره مطلقا. *I never saw him.* ◊ هل رأيته ؟ - مطلقا. *Did you see him? - Absolutely not.*

مطلقة *muṭallaqaᵗ pass. part. adj.* • *(woman)* divorced *from* من ◊ إمرأة مطلقة *a divorced woman*

مطلوب *maṭlūb pass. part.* • *adj.* wanted, in demand, sought after, needed, required ◊ مطلوب مهندس *Wanted: Engineer* ▪ مطلوب حيا أو ميتا *maṭlūb ḥayyan ʔaw mayyitan* wanted dead or alive • *n.* |*pl.* ***dip.*** مطاليب *maṭālīb*| wish, desire

مطمئن *muṭmaʔinn act. part. adj.* |*elat.* أكثر اطمئنانا *ʔakṯar iṭmiʔnānan*| • calm • confident, sure

مطهر *muṭahhir act. part. adj. & n.* • antiseptic, disinfectant

مطيع *muṭī3 act. part. adj.* |*elat.* أطوع *ʔaṭwa3*| • obedient, compliant ▪ أطوع له من يمينه *ʔaṭwa3 lahu min yamīnⁱhi idiom* more obedient to him than his own right hand. (i.e. very obedient)

مظاهرة *muẓāharaᵗ n.** • demonstration, rally

مظروف *maẓrūf n.* |*pl.* ***dip.*** مظاريف *maẓārīf*| • envelope

مظلة *miẓallaᵗ n.* • umbrella ▪ تحت مظلة *taḥta miẓallatⁱ prep.* under the umbrella of, under the protection of • parasol • parachute

مظلل *muẓallil act. part. adj.* |*elat.* أظلل *ʔaẓlal*| • shadowy

مظلم *muẓlim act. part. adj.* |*elat.* أظلم *ʔaẓlam* or أكثر ظلما *ʔakṯar ẓulman*| • dark, gloomy ▪ أظلم من الليل *ʔaẓlam minᵃ -llaylⁱ idiom* darker than night (i.e. very dark)

مظلي *miẓallīʸ n.* • parachutist

مظهر *maẓhar n.* |*pl.* ***dip.*** مظاهر *maẓāhir*| • appearance, looks • manifestation

مع *ma3a prep.* • with, along with, together with ▪ معا *ma3an adv.* together; both ▪ مع الأسف *ma3a -lʔasafⁱ adv.* unfortunately ▪ مع السلامة *ma3a -ssalāmaᵗⁱ* Good bye! • with, on the side of ◊ أنا معك. *I am on your side.* • have (on *one's* person) ◊ لم يكن معه نقود كثيرة. *He didn't have much money on him.* • despite, even with ▪ مع ذلك *ma3a ḏālika*, مع هذا *ma3a hāḏā adv.* nevertheless, despite this ◊ لم يكن قويا ولكن مع هذا نجح في حمل الصندوق. *He wasn't strong. Nevertheless, he managed to carry the box.* ▪ مع أنّ *ma3a ʔanna*, ...مع أن… إلى أن *ma3a ʔanna… ʔilā ʔanna… conj.* although, even though ◊ نجح في الاختبار مع أنه لم يكن مستعدا له. *He passed the test even though he wasn't ready for it.*

معي *ma3ī*	**معنا** *ma3anā*	
معك *ma3aka*	**معكما** *ma3akumā*	**معكم** *ma3akum*
معك *ma3aki*		**معكن** *ma3akunna*
معه *ma3ahu*	**معهما** *ma3ahumā*	**معهم** *ma3ahum*
معها *ma3ahā*		**معهن** *ma3ahunna*

معاد *mu3ād(in) act. part. adj.* ***def.*** |أكثر معاداة *ʔakṯar mu3ādāᵗᵃⁿ*| • hostile

معاداة *mu3ādāᵗ n.** • animosity, resentment, dislike, hatred, anti-__-ism, -phobia ▪ معاداة

معاداة السامية *mu3ādāt · assāmīya^ti* anti-Semitism ▪ معاداة الإسلام *mu3ādāt · al?islām^i* Islamophobia
معادلة *mu3ādala^t n.** • equation • balance, counterbalance
معارض *mu3āriḍ act. part. n.* • opponent
معارضة *mu3āraḍa^t n.** • opposition
معاش *ma3āš n.* • salary, wages ▪ معاش تقاعد *ma3āš · taqā3ud* pension • way of life
معاصر *mu3āṣir act. part. adj.* |*elat.* أكثر معاصرة *?aktar mu3āṣara^tan*| • contemporary, modern, up-to-date
معاطاة *mu3āṭā^t n.* • practice, pursuit
معاق *mu3āq pass. part.* • *adj.* |*elat.* أكثر إعاقة *?aktar ?i3āqa^tan*| disabled, handicapped • *n.* disabled person, handicapped person
معاقبة *mu3āqaba^t n.** • punishment
معاكسة *mu3ākasa^t n.** • contradiction, antithesis • harassment, proposition, improper advance
معالج *mu3ālij act. part. n.* • therapist
معالجة *mu3ālaja^t n.** • treatment, therapy
معاملة *mu3āmala^t n.** • treatment • behavior, conduct
معاناة *mu3ānā^t n.** • hardship
معانقة *mu3ānaqa^t n.** • hug, embrace
معاهدة *mu3āhada^t n.** • treaty, pact ▪ معاهدة سلام *mu3āhadat · salām* peace treaty
معاون *mu3āwin act. part. n.* • helper, assistant
معاونة *mu3āwana^t n.** • help, aid, assistance
معايدة *mu3āyada^t n.** • holiday greeting
معبد *ma3bad n.* |*pl.* **dip.** معابد *ma3ābid*| • temple ▪ معبد يهودي *ma3bad yuhūdīy* synagogue
معبر *ma3bar n.* |*pl.* **dip.** معابر *ma3ābir*| • crossing point, passage
معبر *mu3abbir act. part. adj.* |*elat.* أكثر تعبيرا *?aktar ta3bīran*| • expressive, eloquent ▪ بشكل معبر *bi-šakl^in mu3abbir^in*, بصورة معبرة *bi-ṣūra^tin mu3abbira^tin adv.* eloquently
معبود *ma3būd pass. part. n.* • idol
معتاد *mu3tād act. part. adj.* |*elat.* أكثر اعتيادا *?aktar i3tiyādan*| • accustomed *to* على, used *to* ◊ هو معتاد على السهر مع أصدقائه كل ليلة. *He's in the habit of staying out with his friends every night.* ▪ معتاد أنْ *mu3tād ?an* [+ subjunctive] in the habit of *(do)*ing, used to *(do)*ing, usually *(do)* ◊ هو معتاد أن يكون وحيدا. *He's used to being alone.* • usual, habitual ▪ كالمعتاد *ka-lmu3tād^i adv.* as usual ▪ من المعتاد أنْ *min^a -lmu3tād^i ?an* it is customary to *(do)*
معتد *mu3tad(in) act. part.* **def.** • *adj.* |*elat.* أكثر اعتداء *?aktar i3tidā?an*| aggressive • *n.* aggressor, violator
معتد *mu3tadd act. part.* • proud, arrogant
معتدل *mu3tadil act. part. adj.* |*elat.* أكثر اعتدالا *?aktar i3tidālan*| • moderate, mild
معتقد *mu3taqad pass. part.* • *adj.* believed ▪ من المعتقد أنّ *min^a -lmu3taqad^i ?anna* it is believe that... • *n.* belief, conviction
معتقد *mu3taqad pass. part. n.* • belief, conviction
معتقل *mu3taqal pass. part. n.* • detainee, prisoner • detention camp
معتل *mu3tall act. part. adj.* |*elat.* أكثر اعتلالا *?aktar i3tilālan*| • weak, defective ▪ فعل معتل *fi3l mu3tall (grammar)* weak verb, defective verb
معتم *mu3tim act. part. adj.* |*elat.* أعتم *?a3tam*| • dim
معتوه *ma3tūh* |*pl.* **dip.** معاتيه *ma3ātīh*| • *adj.* |*elat.* أعته *?a3tah*| idiotic • *n.* idiot
معجب *mu3jab pass. part.* • *adj.* |*elat.* أكثر إعجابا *?aktar ?i3jāban*| fond *of* بـ • proud *of* بـ, pleased *with* • *n.* fan *of* بـ
معجزة *mu3jiza^t act. part. n.* • miracle
معجم *mu3jam pass. part.* • *adj. (Arabic consonant)* dotted • *n.* |*pl.* **dip.** معاجم *ma3ājim*| dictionary
معجمي *mu3jamīy* • *adj.* lexicographic, lexical • *n.* lexicographer
معجمية *mu3jamīya^t n.* • lexicography
معجون *ma3jūn pass. part. n.* |*pl.* **dip.** معاجين *ma3ājīn*| • paste ▪ معجون أسنان *ma3jūn · ?asnān* toothpaste
معد *mu3add pass. part. adj.* • prepared, ready ▪ معدات *mu3addāt pl. n.* equipment, gear
معد *mu3d(in) act. part. adj.* **def.** • infectious, contagious
معدة *ma3ida^t* or *mi3da^t n.* |*pl.* معد *mi3ad*| • stomach ▪ ألم في المعدة *?alam fī -lma3ida^ti* stomach ache
معدل *mu3addal pass. part. n.* • rate ▪ معدل ضربات قلب *mu3addal · ḍarabāt^i · qalb* heart rate ▪ معدل فائدة *mu3addal · fā?ida^t* interest rate • average
معدن *ma3din n.* |*pl.* **dip.** معادن *ma3ādin*| • mineral • metal
معدن *mu3addin act. part. n.* • miner
معدني *ma3dinīy adj.* • metal-, metalic ▪ نقد معدني *naqd ma3dinīy n.* coin • mineral- ▪ ماء معدني *mā? ma3dinīy n.* mineral water

معدود *ma3dūd pass. part. adj.* • countable, limited (in number)

معدي *ma3idīy* or *mi3dīy adj.* • gastric

معدية *ma3diya^t n.* • ferry

معذرة *ma3đira^t n.** |*pl.* **dip.** معاذر *ma3āđir*| • forgiveness ▪ معذرة *ma3điratan*, المعذرة *alma3đira^{ta}* Excuse me!, Forgive me!, Sorry!

معرض *ma3riḍ n.* |*pl.* **dip.** معارض *ma3āriḍ*| • exhibition, fair, gallery ▪ معرض كتاب *ma3riḍ · kitāb* book fair

معرفة *ma3rifa^t n.** |*pl.* **dip.** معارف *ma3ārif*| • knowledge, information ▪ معرفة القراءة والكتابة *ma3rifat · alqirāʔa^{ti} wa-lkitāba^{ti}* literacy • acquaintance

معرفي *ma3rifīy adj.* • cognitive

معركة *ma3raka^t n.* |*pl.* **dip.** معارك *ma3ārik*| • fight, battle, combat

معروض *ma3rūḍ n.** |*pl.* **dip.** معروضات *ma3rūḍāt* or معاريض *ma3ārīḍ*| • proposal

معروف *ma3rūf pass. part. adj.* • known, well known ▪ من المعروف أنّ *min^a -lma3rūf^i ʔanna* it is well known that...

معز *ma3z coll. n.* |*sing.* معزة *ma3za^t* | *pl.* معيز *ma3īz*| • goats

معزل *ma3zil n.* |*pl.* **dip.** معازل *ma3āzil*| • ghetto, enclave

معزول *ma3zūl pass. part. adj.* |*elat.* أكثر انعزالا *ʔaktar in3izālan*| • remote, isolated

معسكر *mu3askar n.* • camp

معشر *ma3šar n.* |*pl.* **dip.** معاشر *ma3āšir*| • community

معشوق *ma3šūq pass. part.* • *adj.* beloved • lover, sweetheart

A camel turns a mill in Yemen.

معصرة *mi3ṣara^t n.* |*pl.* **dip.** معاصر *ma3āṣir*| • press, mill ➡ ***picture below***

معصم *mi3ṣam n.* |*pl.* **dip.** معاصم *ma3āṣim*| • wrist

معصوم *ma3ṣūm pass. part. adj.* • infallible, sinless, unerring

معضلة *mu3ḍila^t act. part. n.** |*pl.* معضلات *mu3ḍilāt* or **dip.** معاضل *mu3āḍil*| • dilemma, problem, difficulty

معطف *mi3ṭaf n.* |*pl.* **dip.** معاطف *ma3āṭif*| • coat ▪ معطف مطر *mi3ṭaf · maṭar* raincoat

معطل *mu3aṭṭal pass. part. adj.* • out of order, broken

معطى *mu3ṭ(an) pass. part.* **indecl.** • *adj.* given • *n.* |*dual* معطيان *mu3ṭayān^i* | *pl.* معطيات *mu3ṭayāt*| fact, factor ▪ معطيات *mu3ṭayāt pl. n.* data, information

معظم *mu3ẓam pass. part. n.* • [+ definite genitive plural noun or pronoun suffix] most (of) __ ◊ معظم الناس *most people*

معفى *mu3f(an) pass. part. adj.* **indecl.** • exempt ▪ معفى من الرسوم *mu3fā min^a -rrusūm^i* duty free

معقد *mu3aqqad pass. part. adj.* |*elat.* أكثر تعقيدا *ʔaktar ta3qīdan*| • complicated, complex, intricate

معقل *ma3qil n.* |*pl.* **dip.** معاقل *ma3āqil*| • stronghold

معقم *mu3aqqam pass. part. adj.* |*elat.* أكثر تعقيما *ʔaktar ta3qīman*| • sterile

معقوف *ma3qūf adj.* • crooked, bent

معقول *ma3qūl pass. part. adj.* |*elat.* أكثر معقولية *ʔaktar ma3qūlīya^{tan}*| • believable, reasonable, rational, sensible, feasible, plausible ▪ من المعقول أنْ *min^a -lma3qūl^i ʔan* [+ subjunctive] it is reasonable that..., it stands to reason that... ▪ غير معقول *ɣayr · ma3qūl* unreasonable

معلب *mu3allab pass. part. adj.* • packaged, canned ▪ معلبات *mu3allabāt pl. n.* canned food

معلق *mu3alliq act. part. n.* • commentator

معلم *ma3lam n.* |*pl.* **dip.** معالم *ma3ālim*| • landmark

معلم *mu3allim act. part. n.* • teacher

معلن *mu3lin act. part. n.* • announcer

معلوم *ma3lūm pass. part. adj.* • definite, well-known ▪ من المعلوم أنّ *min^a -lma3lūm^i ʔanna* it is well known that ◊ من المعلوم أنه أخطأ. *We all know he was wrong.*

معلوماتي *ma3lūmātīy adj.* • information-

معلوماتية *ma3lūmātīya^t n.* • information science,

data processing, information technology (IT)

معلومة *ma3lūma^t n.* • piece of information, datum, fact ▪ معلومات *ma3lūmāt pl. n.* information, data

معمار *mi3mār n.* • architect ▪ فن معمار *fann · mi3mār* architecture

معماري *mi3mārī^y adj.* • architectural

معمر *mu3ammar pass. part.* • *adj.* senior, elderly, long-lived • *n.* senior citizen, elderly person • *man's name* Muammar

معمل *ma3mal n.* |*pl.* **dip.** معامل *ma3āmil*| • lab, laboratory, workshop ▪ معمل حاسب *ma3mal ḥāsib* computer lab ▪ معمل كيمياء *ma3mal · kīmiyāʔ* chemistry lab

معمودية *mawmūdīya^t n.* • baptism

معمول *ma3mūl pass. part. adj.* • in use

معنوي *ma3nawī^y adj.* • semantic • spiritual, mental

معنى *ma3n(an) n.* **indecl.** |*dual* معنيان *ma3nayān^i* | *pl.* **def.** معان *ma3ān(in)*| • meaning, sense, significance, concept ▪ بمعنى أنّ *bi-ma3nan ʔanna* meaning that... ▪ وبمعنى آخر فإن *wa-bi-ma3nan ʔāxar^a fa-ʔinna* in other words,... ▪ أو بمعنى أدق *ʔaw bi-ma3nan ʔadaqq^a* ... or, more accurately, ... ▪ ما معنى كلمة __؟ *mā ma3nā kalimat^i · __* What does (the word) __ mean? ◊ ما معنى هذه الكلمة بالإنجليزية؟ *What does this word mean in English?* ▪ لا معنى له *lā ma3nā la<u>hu</u>* meaningless ▪ ومعنى ذلك أنّ *wa-ma3nā · đālika ʔanna* which means that... ▪ بكل معنى الكلمة *bi-kull^i ma3nā -lkalima^ti* in the full sense of the word

معهد *ma3had n.* |*pl.* **dip.** معاهد *ma3āhid*| • academy, institute ▪ معهد الفنون الجميلة *ma3had · alfanūn^i -ljamīl^i* art academy ▪ معهد اللغات *ma3had · alluɣāt^i* language school ▪ معهد ماساتشوستس للتقنية *ma3had · māsātšūsits li-ttiqnīya^t* Massachusetts Institute of Technology (MIT) • *(university)* faculty

معهود *ma3hūd pass. part. adj.* • familiar

معوق *ma3ūq pass. part.* • disabled, handicapped • *n.* disabled person, handicapped person

معوق *mu3awwiq act. part. n.* • obstacle, hurdle, hindrance

معونة *ma3ūna^t n.* • assistance, aid

معوي *mi3awī^y adj.* • intestinal

معيار *mi3yār n.* |*pl.* **dip.** معايير *ma3āyīr*| • standard, norm • gauge

معيب *ma3īb adj.* • shameful, scandalous • defective

معير *mu3īr act. part. n.* • lender

معيشة *ma3īša^t n.* |*pl.* **dip.** معايش *ma3āyiš*| • livelihood ▪ غرفة معيشة *ɣurfat · ma3īša^t* living room

معيشي *ma3īšī^y adj.* • living-

معيل *mu3īl act. part. n.* • breadwinner, provider

معين *mu3ayyan pass. part. adj.* • specific, certain, set

مغ *miligrām* |*abbreviation of* مليغرام| • milligram

مغادرة *muɣādara^t n.** • departure

مغارة *maɣāra^t n.* |*pl.* مغارات *maɣārāt* or **dip.** مغاور *maɣāwir*| • cave, cavern, grotto

مغامر *muɣāmir act. part. n.* • adventurer

مغامرة *muɣāmara^t n.** • adventure

مغاير *muɣāyir act. part.* • dissimilar ▪ مغاير الجنس *muɣāyir · aljins^i adj. & n.* heterosexual

مغايرة *muɣāyara^t n.** • dissimilarity ▪ مغايرة جنسية *muɣāyara^t jinsīya^t* heterosexuality

مغبر *muɣabbar pass. part. adj.* • dusty

مغتصب *muɣtaṣib act. part. n.* • rapist • extorter, usurper

مغذ *muɣađđ(in) act. part. adj.* **def.** • nutritious, nourishing

مغر *muɣr(in) act. part. adj.* **def.** |*elat.* أكثر إغراء *ʔaktar ʔiɣrāʔan*| • seductive, tempting, appealing, enticing

مغرب *maɣrib n.* |*pl.* **dip.** مغارب *maɣārib*| • sunset ▪ في المغرب *fī -lmaɣrib^i adv.* at sunset ▪ صلاة المغرب *ṣalāt · almaɣrib^i* the Maghrib prayer, the sunset prayer • where the sun sets

المغرب *almaɣrib n.* **m.** • Morocco • the Maghreb (Arab countries west of Egypt), Northwest Africa ➡ ***map on the next page***

مغربي *maɣribī^y adj. & n.* |*pl.* مغاربة *maɣāriba^t*| • Moroccan • North African

مغرور *maɣrūr pass. part. adj.* |*elat.* أكثر غرورا *ʔaktar ɣurūran*| • arrogant, haughty, vain, conceited

مغزل *miɣzal n.* |*pl.* **dip.** مغازل *maɣāzil*| • spinning wheel

مغسلة *maɣsala^t*, مغسل *maɣsal n.* |*pl.* **dip.** مغاسل *maɣāsil*| • sink • launderette

مغص *maɣaṣ n.* • stomach ache, abdominal pain

مغط *maɣɣaṭa v.tr.* |*2s* يمغط *yumaɣɣiṭ^u* | تمغيط *tamɣīṭ*| • stretch, expand

مغفرة *maɣfira^t n.** • forgiveness, pardon

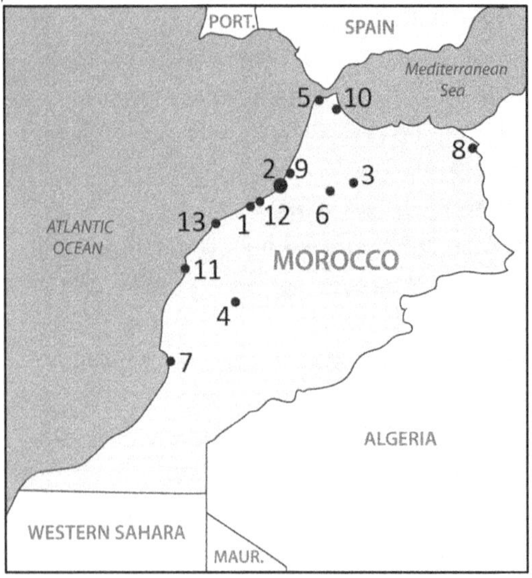

map of Morocco

1. الدار البيضاء *addār albayḍā?* Casablanca
2. الرباط *arribāṭ* or *arrabāt* Rabat
3. فاس *fās* Fez
4. مراكش *murrākuš* Marrakesh
5. طنجة *ṭanja^t* Tangier
6. مكناس *miknās* Meknes
7. أكادير *?akādīr* Agadir
8. وجدة *wijda^t* Oujda
9. القنيطرة *alqanīṭra^t* Kenitra
10. تطوان *teṭwān* Tétouan
11. آسفي *?āsfī* Safi
12. المحمدية *almuḫammadīya^t* Mohammedia
13. الجديدة *aljadīda^t* El Jadida

مغفل *muɣaffal pass. part. adj.* • stupid, foolish

مغفور *maɣfūr pass. part. adj.* • forgiven ▪ المغفور له *almaɣfūr la<u>hu</u> (deceased)* the late (lit. he who has been forgiven) ◊ المغفور له الملك حسين *the late King Hussein*

مغلق *muɣlaq pass. part. adj.* • closed, shut

مغمى *muɣm(an) pass. part. adj.* ***indecl.*** • مغمى عليه *muɣm(an) 3alay<u>hi</u>* unconscious

مغن *muɣann(in) act. part. n.* ***def.*** |*pl.* مغنون *muɣannūn^a*| • singer

مغناطيس *maɣnāṭīs n.* • magnet

مغناطيسي *maɣnāṭīsī^y adj.* • magnetic

مغير *muɣīr act. part. n.* • raider

مفاجأة *mufāja?a^t n.* |*pl.* مفاجآت *mufāja?āt*| • surprise

مفاجئ *mufāji? act. part. adj.* |*elat.* أكثر مفاجأة *?aktar mufāja?a^{tan}*| • sudden, surprising

مفاد *mufād pass. part. n.* • contents, substance

مفاقمة *mufāqama^t n.** • aggravation

مفاوض *mufāwiḍ act. part. n.* • negotiator

مفاوضة *mufāwaḍa^t n.** • negotiation

مفت *muft(in) act. part. n.* ***def.*** |*pl.* مفتون *muftūn^a*| • mufti (Islamic scholar, lit. issuer of fatwas)

مفتاح *miftāḫ n.* |*pl.* ***dip.*** مفاتيح *mafātīḫ*| • key ▪ مفتاح إنجليزي *miftāḫ · ?ingilīzī^y* wrench (UK: spanner) ▪ مفتاح حذف *miftāḫ · ḫadf* delete key ▪ لوحة مفاتيح *lawḫat · mafātīḫ* keyboard

مفترس *muftaris act. part.* • *adj.* |*elat.* أكثر افتراسا *?aktar iftirāsan*| fierce, ravenous, predatory • *n.* predator

مفترق *muftaraq*, مفترق طرق *muftaraq · ṭuruq pass. part. n.* • intersection, crossroads, junction, fork

مفتش *mufattiš act. part. n.* • inspector

مفتعل *mufta3al pass. part. adj.* |*elat.* أكثر افتعالا *?aktar ifti3ālan*| • artificial, false

مفتوح *maftūḫ pass. part. adj.* |*elat.* أكثر انفتاحا *?aktar infitāḫan*| • open ▪ مفتوح نصف فتحة *maftūḫ niṣf^a · fatḫa^t* half-way open • pronounced with a short **a** (fatha)

مفتول *maftūl pass. part. adj.* • twisted, curved ▪ مفتول العضلات *maftūl · al3aḍalātⁱ* muscular

مفخخ *mufaxxax pass. part. adj.* • booby-trapped ▪ سيارة مفخخة *sayyāra^t mufaxxaxa^t* car bomb (lit. booby-trapped car)

مفر *mafarr n.* • refuge, retreat ▪ لا مفر منه *lā mafarr^a min<u>hu</u>* inevitable

مفرح *mufarriḫ act. part. adj.* |*elat.* أكثر إفراحا *?aktar ?ifrāḫan*| • cheerful, delightful

مفرح *mufriḫ act. part. adj.* • cheerful, delightful

مفرد *mufrad pass. part. adj.* • single, individual, separate ▪ بمفرده *bi-mufradⁱ<u>hi</u>* alone, by *oneself* • *(grammar)* singular

مفردة *mufrada^t n.* • word ▪ مفردات *mufradāt pl. n.* vocabulary

مفرط *mufriṭ act. part. adj.* |*elat.* أكثر إفراطا *?aktar ?ifrāṭan*| • excessive ▪ جرعة مفرطة *jur3a^t mufriṭa^t* overdose ▪ قوة مفرطة *quwwa^t mufriṭa^t* excessive force ▪ وزن مفرط *wazn mufriṭ* being overweight

مفروش *mafrūš pass. part. adj.* • furnished

مفروض *mafrūḍ pass. part. adj.* • obligatory, required, necessary ▪ من المفروض أنْ *min^a -lmafrūḍ ?an* be supposed to *(do)*, should *(do)* ▪ كان من المفروض أنْ *kāna min^a -lmafrūḍ ?an*

should have (done)
مفصل *mafṣil n.* |*pl.* **dip.** مفاصل *mafāṣil*| • *(anatomy)* joint ▪ مفصل فخذ *mafṣil · faxđ* hip
مفصل *mufaṣṣal pass. part. adj.* |*elat.* أكثر تفصيلا *ʔaktar tafṣīlan*| • detailed, comprehensive, elaborate
مفضل *mufaḍḍal pass. part. adj.* • favorite, preferable ◊ ما (هو) لونك المفضل؟ *What is your favorite color?* ◊ ما هو اللون المفضل لديك؟ *What is your favorite color?* ▪ من المفضل أنْ *minᵃ -lmufaḍḍalⁱ ʔan* It's preferable to *(do)*
مفعم *muf3am pass. part. adj.* |*elat.* أكثر إفعاما *ʔaktar ʔif3āman*| • full *of* بـ, -ful, jam-packed *with*, crammed *with* ▪ مفعم بالأمل *muf3am bi-lʔamalⁱ* hopeful ▪ مفعم بالحيوية *muf3am bi-lħayawīyaᵗⁱ* full of vitality
مفعول *maf3ūl pass. part. n.* • |*pl.* **dip.** مفاعيل *mafā3īl*| effect, influence • *(grammar)* object ▪ مفعول به *maf3ūl bi-hi* object (of a verb) ▪ مفعول مطلق *maf3ūl muṭlaq* absolute object, cognate accusative ▪ اسم مفعول *ism · maf3ūl* passive participle
مفقود *mafqūd pass. part. adj.* • lost, missing
مفك *mifakk n.* • screwdriver
مفكر *mufakkir act. part. n.* • thinker, intellectual
مفكرة *mufakkiraᵗ act. part. n.* • notebook, notepad
مفلس *muflis act. part. adj.* |*elat.* أكثر إفلاسا *ʔaktar ʔiflāsan*| • bankrupt, broke
مفهوم *mafhūm pass. part.* • *adj.* understood, understandable ▪ من المفهوم أنّ *minᵃ -lmafhūmⁱ ʔanna* it is understood that... • *n.* |*pl.* **dip.** مفاهيم *mafāhīm*| concept, idea, notion
مفوض *mufawwaḍ pass. part. n.* • commissioner, deputy ▪ مفوض سام *mufawwaḍ sām(in)* high commissioner
مفوضية *mufawwaḍīyaᵗ n.* • commisariat, legation
مفيد *mufīd act. part. adj.* |*elat.* أفيد *ʔafyad*| • useful *for* لـ
مفيض *mafīḍ n.* • drain, outlet
مقابل *muqābil act. part.* • *adj.* opposite لـ, across from, facing • *n.* recompense, remuneration, compensation ▪ في المقابل *fī -lmuqābilⁱ* in contrast
مقابل *muqābila prep.* • in exchange for, in return for ◊ طلب أموالا مقابل خدماته. *He asked for money in exchange for his services.* • opposite, facing • in comparison with, versus
مقابلة *muqābalaᵗ n.*⋆ • interview
مقاتل *muqātil act. part. n.* • fighter, combatant, warrior
مقاتلة *muqātalaᵗ n.*⋆ • battle, fight
مقارنة *muqāranaᵗ n.*⋆ • comparison
مقاس *maqās n.* • size
مقاطعة *muqāṭa3aᵗ n.*⋆ • district, county, province • boycott • interruption
مقال *maqāl*, مقالة *maqālaᵗ n.* • article • essay, composition
مقام *maqām n.* • location, site, setting ▪ لكل مقام مقال. *li-kullⁱ maqāmⁱⁿ maqālᵘⁿ proverb* For every situation, there is a saying. • *(mathematics)* denominator
مقامر *muqāmir act. part. n.* • gambler
مقاول *muqāwil act. part. n.* • contractor
مقاوم *muqāwim act. part. n.* • antagonist, opponent
مقاومة *muqāwamaᵗ n.*⋆ • resistance, counteraction
مقبرة *maqbaraᵗ n.* |*pl.* **dip.** مقابر *maqābir*| • cemetery
مقبض *miqbaḍ n.* |*pl.* **dip.** مقابض *maqābiḍ*| • handle ▪ مقبض باب *miqbaḍ · bāb* door knob
مقبل *muqbil act. part. adj.* • next, coming, future, forthcoming ◊ الثلاثاء المقبل *this coming Tuesday* ▪ في الأيام القليلة المقبلة *fī -lʔayyāmⁱ -lqalīlaᵗⁱ -lmuqbilaᵗⁱ adv.* in the next few days
مقبلات *muqabbilāt act. part. pl. n.* • appetizers, side dishes, hors d'oeuvres
مقبول *maqbūl pass. part. adj.* |*elat.* أكثر قبولا *ʔaktar qabūlan*| • acceptable ▪ بشكل غير مقبول *bi-šaklⁱⁿ γayrⁱ maqbūlⁱⁿ* in an unacceptable manner
مقتبل *muqtabal pass. part. adj.* • prime, early part ▪ في مقتبل العمر *fī muqtabalⁱ -l3umrⁱ* in the prime of life
مقتحم *muqtaħim act. part. n.* • intruder
مقترح *muqtaraħ pass. part. n.* • suggestion, proposal ▪ من المقترح أنْ *minᵃ -lmuqtaraħⁱ ʔan* it has been suggested that...
مقتصد *muqtaṣid act. part. adj.* |*elat.* أكثر اقتصادا *ʔaktar iqtiṣādan*| • economical, thrifty, frugal ▪ مقتصد للطاقة *muqtaṣid li-ṭṭāqaᵗⁱ* energy-saving
مقتضب *muqtaḍab pass. part. adj.* |*elat.* أكثر اقتضابا *ʔaktar iqtiḍāban*| • short, terse, concise
مقتطف *muqtaṭaf pass. part. n.* • excerpt, clip
مقتل *maqtal n.* • murder, homicide, killing

مقتنع *muqtani3 act. part. adj.* |*elat.* أكثر اقتناعا *ʔaktar iqtināʒan*| • satisfied *with* بـ, content

مقدار *miqdār n.* |*pl.* **dip.** مقادير *maqādīr*| • quantity • measure

مقدر *muqaddir act. part. n.* • appraiser

مقدرة *maqdaraᵗ* or *maqdiraᵗ n.* • power, capacity, ability, strength

مقدس *muqaddas pass. part. adj.* |*elat.* أقدس *ʔaqdas*| • holy, sacred ▪ الأراضي المقدسة *alʔarāḍī -lmuqaddasaᵗ pl. n.* the Holy Lands ▪ البيت المقدس *albayt almuqaddas* **f.** Jerusalem ➥ **map on p. 229** ▪ الكتاب المقدس *alkitāb almuqaddas n.* the Bible ▪ موقع مقدس *mawqi3 muqaddas n.* holy site

مقدم *muqaddam pass. part. adj.* • preceded ▪ مقدما *muqaddaman adv.* in advance

مقدم *muqaddim act. part. n.* • presenter • مقدم طلب *muqaddim · ṭalab* applicant

مقدمة *muqaddimaᵗ act. part. n.* • introduction, preface

مقدونس *maqdūnis n.* • parsley

مقديشو *maqadīšū n.* **f. invar.** • *(capital of Somalia)* Mogadishu ➥ **map on p. 188**

مقديشوي *maqadīšuwīʸ adj. & n.* • Mogadishan

مقر *maqarr n.* |*pl.* مقار *maqārr*| • residence, abode • headquarters

مقراض *miqrāḍ n.* |*pl.* **dip.** مقاريض *maqārīḍ*| • (pair of) clippers ▪ مقرض أسلاك *maqriḍ · ʔaslāk* wire cutters

مقرب *muqarrab pass. part. adj.* |*elat.* أقرب *ʔaqrab*| • close, intimate

مقرر *muqarrar pass. part.* • *adj.* certain, determined, decided upon ▪ من المقرر أنّ *minᵃ -lmuqarrarⁱ ʔan* it has been decided that..., it is certain that... • *n.* agenda, plan, curriculum ▪ كتاب مقرر *kitāb · muqarrar* textbook, course book

مقرض *muqriḍ act. part. n.* • money lender

مقرف *muqrif act. part. adj.* |*elat.* أقرف *ʔaqraf*| • disgusting

مقروء *maqrūʔ pass. part. adj.* • legible

مقرور *maqrūr pass. part. adj.* • chilly, cold

مقسوم *maqsūm pass. part.* • *adj.* divided *by* على • *n.* dividend ▪ مقسوم عليه *maqsūm 3alayhi* divisor

مقشة *miqaššaᵗ n.* • broom

مقص *miqaṣṣ n.* |*pl.* مقاص *maqāṣṣ*| • (pair of) scissors

مقصد *maqṣid n.* |*pl.* **dip.** مقاصد *maqāṣid*| • intention, aim

مقصف *maqṣaf n.* |*pl.* **dip.** مقاصف *maqāṣif*| • cafeteria, canteen, snack bar

مقصود *maqṣūd pass. part.* • *adj.* intentional, deliberate • *n.* intention, intent

مقصور *maqṣūr pass. part. adj.* |*elat.* أكثر اقتصارا *ʔaktar iqtiṣāran*| • restricted *to* على, exclusive ▪ ألف مقصورة *ʔalif maqṣūraᵗ* shortened alif

مقصورة *maqṣūraᵗ n.* |*pl.* **dip.** مقاصير *maqāṣīr*| • compartment, cubicle ▪ مقصورة حمام *maqṣūrat · ḥammām* toilet stall ▪ مقصورة طائرة *maqṣūrat · ṭāʔiraᵗ* *(airplane)* cabin

مقطع *maqṭa3 n.* |*pl.* **dip.** مقاطع *maqāṭi3*| • part, section ▪ مقطع لفظي *maqṭa3 lafẓīʸ* *(grammar)* syllable

مقعد *maq3ad n.* |*pl.* **dip.** مقاعد *maqā3id*| • seat

مقلاة *miqlāᵗ n.* |*pl.* **def.** مقال *maqāl(in)*| • frying pan

مقلع *maqlā3 n.* |*pl.* **dip.** مقالع *maqāli3*| • quarry ▪ مقلع حجارة *maqla3 · ḥajāraᵗ* stone quarry

مقلاع *miqlā3 n.* |*pl.* **dip.** مقاليع *maqālī3*| • slingshot

مقلة *muqlaᵗ n.* |*pl.* مقل *muqal*| • مقلة عين *muqlat · 3ayn* eyeball

مقلم *muqallam pass. part. adj.* • striped

مقلمة *miqlamaᵗ n.* |*pl.* **dip.** مقالم *maqālim*| • pencil case

مقلوب *maqlūb*, بالمقلوب *bi-lmaqlūb pass. part. adj.* • مقلوب (رأسا على عقب) *maqlūb (raʔsan 3alā 3aqb)* upside down • inside out • backward

مقلي *maqlīʸ pass. part. adj.* • fried ▪ بيض مقلي *bayḍ maqlīʸ* fried eggs

مقنع *muqni3 act. part. adj.* |*elat.* أكثر إقناعا *ʔaktar iqnā3an*| • persuasive

مقهى *maqh(an) n.* **indecl.** |*dual* مقهيان *maqhayānⁱ* | *pl.* **def.** مقاه *maqāh(in)*| • café, coffee shop

مقود *miqwad n.* |*pl.* **dip.** مقاود *maqāwid*| • steering wheel ▪ مقود دراجة *miqwad · darrājaᵗ* handlebars

مقولة *maqūlaᵗ pass. part. n.* • statement, proposition

مقوم *muqawwim act. part. n.* • constituent, component

مقياس *miqyās n.* |*pl.* **dip.** مقاييس *maqāyīs*| • measurement ▪ مقياس __ *miqyās* · __ __-meter ▪ مقياس حرارة *miqyās · ḥarāraᵗ* thermometer ▪ مقياس ريختر *miqyās · rīxtar* the Richter scale • measure, standard

مقياسي *miqyāsīʸ adj.* • to scale ▪ منوذج مقياسي

namūđaj miqyāsīʸ n. scale model

مقيم *muqīm act. part. n.* • resident, inhabitant

مكار *makkār adj.* |*elat.* أمكر *ʔamkar*| • sly, scheming, cunning, deceitful

مكار *mukār(in) act. part. adj.* ***def.*** |*pl.* مكارون *mukārūnᵃ*| • muleteer, donkey driver

مكافأة *mukāfaʔaᵗ n.** • bonus, reward, compensation

مكافحة *mukāfaḫaᵗ n.** • struggle *against* ضد

مكالمة *mukālamaᵗ n.** • phone call • conversation, dialog • speech

مكان *makān n.* |*pl.* أماكن *ʔamākin*| • place

مكان *makāna prep.* • where __ is ◊ ضع المفاتيح مكان الحافظة. *Put the keys where the wallet is.* • in the place of, instead of

مكانة *makānaᵗ n.* • status, rank, position, place ▪ احتل مكانة مرموقة في *iḫtalla makānaᵗ marmūqaᵗ fī* hold a significant place in

مكب *mikabb n.* • spool ▪ مكب نفايات *mikabb · nufāyyāt*, مكب قمامة *mikabb · qumāmaᵗ* landfill

مكبح *mikbaḫ n.* |*pl.* ***dip.*** مكابح *makābiḫ*| • brakes

مكبر *mukabbir act. part. n.* • amplifier ▪ مكبر صوت *mukabbir · ṣawt* loudspeaker

مكبرة *mukabbiraᵗ*, عدسة مكبوة *3adasaᵗ mukabbiraᵗ act. part. n.* • magnifying glass

مكبرة *mukabbiraᵗ*, عدسة مكبوة *3adasaᵗ mukabbiraᵗ n.* • magnifying glass

مكة *makkaᵗ*, مكة المكرمة *makkaᵗ almukarramaᵗ n.* ***dip.*** • *(city in Saudi Arabia)* Mecca ➡ ***map p. 144***

مكتب *maktab n.* |*pl.* ***dip.*** مكاتب *makātib*| • office ▪ في المكتب *fī -lmaktabaⁱⁱ* in the office ▪ مكتب بريد *maktab · barīd* post office • desk ▪ على المكتب *3alā -lmaktabⁱ* on the desk

مكتبة *maktabaᵗ n.* • library • bookstore

مكتظ *muktaẓẓ act. part. adj.* |*elat.* أكثر اكتظاظا *ʔaktar iktiẓāẓan*| • overcrowded *with* بـ, overpopulated *with*, congested *with*

مكتوب *maktūb pass. part. n.* • |*pl.* ***dip.*** مكاتيب *makātīb*| letter

مكتئب *muktaʔib act. part. adj.* |*elat.* أكثر اكتئابا *ʔaktar iktiʔāban*| • depressed, melancholy, down

مكث *makata v.intr.* |*1s3* يمكث *yamkutᵘ* | مكوث *mukūt* or مكث *makt*| • remain, stay

مكثف *mukattaf pass. part. adj.* • thick, condensed, concentrated • intensive

مكرر *mukarrar pass. part. adj.* • duplicate

مكرم *mukarram pass. part. adj.* • honored, revered ▪ مكة المكرمة *makkaᵗ almukarramaᵗ n.* Mecca

مكروه *makrūh pass. part.* • *n.* misfortune, adversity, mishap, accident • *adj.* |*elat.* أكره *ʔakrah*| repulsive, disagreeable

مكسب *maksab n.* |*pl.* ***dip.*** مكاسب *makāsib*| • gain, profit

مكسرات *mukassarāt pl. n.* • nuts

مكسور *maksūr pass. part. adj.* • broken ▪ مكسور القلب *maksūr · alqalbⁱ* broken-hearted • pronounced with a short **i** (kasra)

المكسيك *almaksīk n.* ***f. invar.*** • Mexico

مكسيكي *maksīkīʸ adj. & n.* • Mexican

مكشوف *makšūf pass. part. adj.* • open(-air), exposed ▪ سيارة مكشوفة *sayyāraᵗ makšūfaᵗ n. (car)* convertible

مكعب *muka33ab pass. part.* • *n.* cube • *adj.* cubic

المكلا *almukallā n.* ***f.*** • *(city in Yemen)* Al Mukalla ➡ ***map on p. 341***

مكلف *mukallif act. part. adj.* |*elat.* أكثر تكليفا *ʔaktar taklīfan* or أكثر كلفة *ʔaktar kulfaᵗᵃⁿ*| • costly

مكمل *mukammil act. part.* • *adj.* supplementary • *n.* supplement

مكن *makkana v.tr.* |*2s* يمكن *yumakkinᵘ* | تمكين *tamkīn*| • enable *sb* ه *to (do)* من

مكناس *maknās n.* ***f. dip.*** • *(city in Morocco)* Meknes ➡ ***map on p. 294***

مكناس *maknās n.* ***f. dip.*** • *(city in Morocco)* Meknes ➡ ***map on p. 294***

مكنسة *miknasaᵗ n.* |*pl.* ***dip.*** مكانس *makānis*| • broom ▪ مكنسة كهربائية *miknasaᵗ kahrabāʔīyaᵗ* vacuum cleaner

مكواة *mikwāᵗ n.* |*pl.* ***def.*** مكاو *makāw(in)*| • iron ▪ مكواة بالبخار *mikwāᵗ bi-lbuxārⁱ*, مكواة بخارية *mikwāᵗ buxārīyaᵗ* steam iron

مكوك *makkūk n.* |*pl.* ***dip.*** مكاكيك *makākīk*| • shuttle ▪ مكوك فضائي *makkūk faḍāʔīʸ* space shuttle

مكون *mukawwan pass. part.* • *adj.* consisting *of* من, composed *of*, made up *of* • *n.* component, element ▪ مكونات مادية *mukawwanāt mādīyaᵗ pl. n.* hardware

مكي *makkīʸ adj. & n.* • Meccan

مكياج *mikyāj n.* • makeup

مكيدة *makīdaᵗ n.** |*pl.* ***dip.*** مكائد *makāʔid* or مكايد *makāyid*| • scheme, plot, trick

مكيف *mukayyaf pass. part. adj.* • conditioned, regulated • air-conditioned

مكيف *mukayyif act. part. n.* • conditioner ▪ مكيف

(هواء) *mukayyif (· hawāʔ)* air-conditioner ▪ مكيف شعر *mukayyif · ša3r* (hair) conditioner

مل *malla v.tr.* |1g1 يمل *yamall*[u] | ملل *malal*| • become bored *with*

ملء *malʔ n.** • being full ▪ ملء *malʔa*, بملء *bi-malʔ*[i] *(forms adverbs)* __ly ▪ تنفس ملء صدره *tanaffasa malʔa ṣadr*[i]*hi* breathe deeply ▪ ضحك ملء فيه *ḍaḥika malʔa fīhi*, ضحك ملء فمه *ḍaḥika malʔa fam*[i]*hi* laugh heartily

ملأ *malaʔa v.tr.* |1s1(b) يملأ *yamlaʔ*[u] | ملء *malʔ*| • fill

ملا *mullā n.* **invar.** |pl. ملالي *malālī*[y]| • mullah

ملاءة *malāʔa*[t] *n.* • solvency ▪ ملاءة مالية *malāʔa*[t] *mālīya*[t] financial solvency

ملاءة *mulāʔa*[t] *n.* |pl. ملاآت *mulaʔāt*| • sheet, bed sheet

ملاح *mallāḥ n.* • sailor, navigator ▪ من كثرة الملاحين غرقت السفينة. *min katrat*[i] *-lmallāḥīn*[a] *γariqat*[i] *-ssafīna*[tu] *proverb* Too many sailors sank the ship. (i.e. Too many cooks in the kitchen.)

ملاحة *malāḥa*[t], ملوحة *mulūḥa*[t] *n.** • saltiness, salinity

ملاحة *milāḥa*[t] *n.* • navigation

ملاحظة *mulāḥaẓa*[t] *n.** • observation, remark, note

ملاحقة *mulāḥaqa*[t] *n.** • pursuit

ملاحي *milāḥī*[y] *adj.* • nautical

ملاذ *malāḏ n.* • refuge, shelter, sanctuary • recourse ▪ كملاذ أخير *ka-malāḏ*[in] *ʔaxīr*[in] as a last resort

ملاريا *malāriyā n.* ***f.* invar.** • malaria

ملاسة *malāsa*[t] *n.** • smoothness

ملاك *mallāk n.* • owner, proprietor

ملاكم *mulākim act. part. n.* • *(sport)* boxer

ملاكمة *mulākama*[t] *n.** • *(sport)* boxing

ملآن *malʔān adj.* |m. pl. ملاء *milāʔ* | f. **invar.** ملأى *malʔā* or ملآنة *malʔāna*[t]| • full *of* بـ, filled *with*

ملائكي *malāʔikī*[y] *adj.* • angelic

ملائكي *malāʔikī*[y] *adj.* • angelic

ملائم *mulāʔim act. part. adj.* |elat. أكثر ملاءمة *ʔaktar mulāʔama*[tan]| • convenient, suitable, appropriate

ملبد *mulabbad pass. part. adj.* • overcast

ملبس *malbas n.* |pl. **dip.** ملابس *malābis*| • garment ▪ ملابس *malābis pl. n.* clothes ▪ ملابس متسخة *malābis muttasixa*[t] dirty laundry ▪ ملابس داخلية *malābis dāxilīya*[t] *pl. n.* underwear

ملتقى *multaq(an) pass. part. n.* **indecl.** |dual ملتقيان *multaqayān*[i] | pl. ملتقيات *multaqayāt*| • forum, meeting, retreat • meeting place, rendezvous

ملتو *multaw(in) act. part. adj.* **def.** |elat. أكثر التواء *ʔaktar iltiwāʔan*| • bent, curved, crooked

ملثم *mulattam pass. part. adj.* • veiled, masked ▪ مسلح ملثم *musallaḥ mulattam n.* masked gunman

ملجأ *maljaʔ n.* |pl. **dip.** ملاجئ *malājiʔ*| • shelter, refuge, bunker ▪ ملجأ أيتام *maljaʔ · ʔaytām* orphanage

ملح *malaḥa v.tr.* |1s3 يملح *yamluḥ*[u] | ملاحة *malāḥa*[t] or ملوحة *mulūḥa*[t]| • salt

ملح *milḥ n.* |pl. أملاح *ʔamlāḥ*| • salt ▪ ملح طعام *milḥ · ṭa3ām* table salt

ملح *muliḥḥ act. part. adj.* |elat. أكثر إلحاحا *ʔaktar ʔilḥāḥan*| • urgent, critical

ملحق *mulḥaq pass. part. n.* • appendix, addendum, supplement

ملحمة *malḥama*[t] *n.* |pl. **dip.** ملاحم *malāḥim*| • slaughterhouse • *(poetry)* epic

ملحن *mulaḥḥin act. part. n.* • composer

ملحوظ *malḥūẓ adj.* • notable, remarkable, distinct, noticeable

ملحي *milḥī*[y] *adj.* |elat. أملح *ʔamlaḥ* or أكثر ملحية *ʔaktar milḥīya*[tan]| • salty

ملخ *malaxa v.tr.* |1s1 يملخ *yamlax*[u] | ملخ *malx*| • dislocate, disjoint

ملخ *malx n.** • dislocation ▪ ملخ رقبة *malx · raqaba*[t] whiplash

ملزم *mulzam pass. part. adj.* • [+ masdar] obligated *to* (do) بـ, have to *(do)*

ملس *malusa v.intr.* |1s3 يملس *yamlus*[u] | ملاسة *malāsa*[t]| • be smooth, be slick

ملصق *mulṣaq pass. part. n.* • poster

ملعب *mal3ab n.* |pl. **dip.** ملاعب *malā3ib*| • playground • stadium, court, playing field

ملعقة *mil3aqa*[t] *n.* |pl. **dip.** ملاعق *malā3iq*| • spoon

ملعون *mal3ūn pass. part. adj.* |m. pl. **dip.** ملاعين *malā3īn* | elat. ألعن *ʔal3an*| • cursed, damned

ملف *milaff n.* • file, folder ▪ ملف نووي *milaff nawawī*[y] nuclear program

ملفوف *malfūf pass. part. n.* • cabbage

ملقط *milqaṭ n.* |pl. **dip.** ملاقط *malāqiṭ*| • (pair of) tweezers • forceps

ملك *malak*, ملاك *malāk n.* |pl. ملائكة *malāʔika*[t] or **dip.** ملائك *malāʔik*| • angel • ملك *malak* ***f.* dip.** *woman's name* Malak

ملك *malak*, ملاك *malāk n.* |*pl.* ملائكة *malāʔikaᵗ* or **dip.** ملائك *malāʔik*| • angel ⓘ *The actual root is* ل ء ك. • ملك *malak* **f. dip.** *woman's name* Malak

ملك *malaka v.tr.* |*1s2/1s3* يملك *yamlikᵘ* or *yamlukᵘ* | ملك *mulk*| • have, possess ▪ لا يملك إلا أنْ *lā yamlikᵘ ʔillā ʔan* can do nothing other than

ملك *malik*, مليك *malīk n.* |*pl.* ملوك *mulūk*| • king • *(chess)* king

ملك *milk n.* |*pl.* أملاك *ʔamlāk*| • property ▪ كان ملكه *kāna milkᵘhu* belong to *sb*

ملكة *malikaᵗ*, مليكة *malīkaᵗ n.* • queen ▪ ملكة جمال *malikat · jamāl* beauty queen ▪ ملكة جمال العالم *malikat · jamālⁱ -l3ālamⁱ* Miss World • **dip.** *woman's name* Malika

ملكي *malakīʸ adj.* • royal

ملكية *malakīyaᵗ n.* • monarchy

ملكية *milkīyaᵗ n.* • property

ملل *malal n.** • boredom ▪ شعر بالملل *ša3ara bi-lmalalⁱ v.* feel bored

ملمح *malmaḥ n.* |*pl.* **dip.** ملامح *malāmiḥ*| • [usually plural] characteristic, peculiarity, feature

ململ *malmala v.intr.* |*11s* يململ *yumalmilᵘ* | ململة *malmalaᵗ*| • hurry, hasten

ملموس *malmūs pass. part. adj.* • tangible

مله *mulh(in) act. part. adj.* **def.** |*elat.* أكثر إلهاء *ʔaktar ʔilhāʔan*| • enjoyable, amusing, entertaining

ملهوف *malhūf pass. part. adj.* • sad, dejected

ملهى *malh(an) n.* **indecl.** |*pl.* **def.** ملاه *malāh(in)*| • ملهى ليلي *malh(an) laylīʸ* night club

ملول *malūl adj.* |*elat.* أمل *ʔamall*| • bored

ملون *mulawwan pass. part. adj.* |*elat.* أكثر تلونا *ʔaktar talawwunan*| • colored, colorful, multi-colored

ملوي *malwīʸ pass. part. adj.* • bent, curved

ملي *malīʸ n.* • long time ▪ مليا *malīyan adv.* for a long time

مليء *malīʔ adj.* • full *of* بـ, filled *with* • solvent, well off, well to do

مليار *milyār n. number* |*pl.* **dip.** مليارات *milyārāt* or ملايير *malāyīr*| • [+ indefinite genitive singular noun] billion ◊ نصف مليار دولار *half a billion dollars* ◊ مليون دولار *a billion dollars* ◊ مليارا دولار *two billion dollars* ◊ ثلاثة مليار دولار *three billion dollars* ◊ عشرون مليار دولار *twenty billion dollars*

مليغرام *miligrām n.* |*abbreviated* مغ| • milligram

مليم *millīm* • *n. (money)* millime (1,000 millimes = 1 Tunisian dinar)

ملين *mulayyin act. part. n.* • laxative

مليون *milyōn n. number* |*pl.* **dip.** ملايين *malāyīn*| • [+ indefinite genitive singular noun] million ◊ نصف مليون دولار *half a million dollars* ◊ مليون دولار *a million dollars* ◊ مليونا دولار *two million dollars* ◊ ثلاثة ملايين دولار *three million dollars* ◊ عشرون مليون دولار *twenty million dollars* ▪ __ عشرات الملايين من *3ašarāt almalāyīnⁱ min* __ [+ definite genitive plural noun] tens of millions of __ ◊ عشرات الملايين من الأشخاص *tens of millions of people* ▪ __ مئات الملايين من *miʔāt almalāyīnⁱ min* __ [+ definite genitive plural noun] hundreds of millions of __ ◊ مئات الملايين من الأشخاص *hundreds of millions of people*

مليونير *milyōnayr n.* • millionaire

مما *mimmā*, مم *mimma* |< من + ما *min + mā*| • *interrogative* from what? ◊ مم أنت خائف؟ *What are you afraid of?* • *conj. (referring to entire preceding clause)* which ◊ إنها لا تقول شكرا أبدا، مما يثير غضبي. *She never says thank you, which makes me angry.* • than what

مماثل *mumātil act. part. adj.* • similar, analogous

مماثلة *mumātalaᵗ n.** • resemblance

ممارسة *mumārasaᵗ n.** • practice, exercise ▪ في واقع الممارسة *fī wāqi3ⁱ -lmumārasaᵗⁱ adv.* in practice

ممتاز *mumtāz act. part. adj.* |*elat.* أكثر امتيازا *ʔaktar imtiyāzan* or أميز *ʔamyaz*| • excellent, superb • special

ممتع *mumti3 act. part. adj.* |*elat.* أمتع *ʔamta3*| • great, wonderful, excellent

ممتعض *mumta3iḍ act. part. adj.* |*elat.* أكثر امتعاضا *ʔaktar imti3āḍan*| • resentful

ممتلك *mumtalak pass. part. n.* • possession ▪ ممتلكات *mumtalakāt pl. n.* belongings

ممتلئ *mumtaliʔ act. part. adj.* |*elat.* أكثر امتلاء *ʔaktar imtilāʔan*| • full *of* بـ, filled *with* • stocky, corpulent, stout

ممثل *mumattil act. part. n.* • actor • representative

ممثلة *mumattilaᵗ n.* • actress

ممحاة *mimḥāᵗ n.* |*pl.* **def.** مماح *mamāḥ(in)*| • eraser (UK: rubber)

ممدود *mamdūd pass. part. adj.* • outstretched • *(grammar)* ending in ـاء

ممر *mamarr n.* • corridor, hallway, aisle,

passageway

ممرض *mumarriḍ act. part. n.* • nurse

ممرضة *mumarriḍa^t n.* • *(female)* nurse

ممسحة *mimsaḥa^t n.* |*pl.* ***dip.*** مماسح *mamāsiḥ*| • mop

ممشى *mamšā n.* ***invar.*** |*pl.* ***def.*** مماش *mamāš(in)*| • path, pathway, footpath

ممطر *mumṭir act. part. adj.* |*elat.* أكثر إمطارا *ʔaktar ʔimṭāran*| • rainy ◊ في ليلة ممطرة باردة *on a cold and rainy night*

ممكن *mumkin act. part. adj.* |*elat.* أكثر إمكانا *ʔaktar ʔimkānan*| • possible ▪ من الممكن أنْ *min^a -lmumkin^i ʔan* It's possible that..., can ◊ من الممكن أن يتغير الوضع. *The situation can change.*

ممل *mumill act. part. adj.* |*elat.* أمل *ʔamall*| • boring, uninteresting

مملكة *mamlaka^t n.* |*pl.* ***dip.*** ممالك *mamālik*| • kingdom ▪ المملكة المتحدة *almamlaka^t almuttaḥida^t* the United Kingdom (the U.K.)

مملوء *mamlūʔ pass. part. adj.* • full *of* بـ

ممن *mimmman* |< من + من *min + man*| • *interrogative* from whom? ◊ ممن اشتريت تلك الساعة؟ *Who did you buy that watch from?* • *conj.* from whom ◊ كنت واحدا ممن ساعدتهم. *I was one of those whom you've helped.* ◊ أخاف ممن يرتدون الأسود. *I'm scared of people who dress in black.*

ممنوع *mamnū3 pass. part. adj.* • forbidden, prohibited ▪ من الممنوع أنْ *min^a -lmamnū3^i ʔan* it is forbidden to *(do)* ▪ الممنوع مرغوب *almamnū3^u maryūb^un proverb* We covet what we cannot have. (lit. The forbidden is desired.) • *(on signs)* [+ masdar] no ◊ ممنوع التدخين *No Smoking*

ممنون *mamnūn pass. part. adj.* |*elat.* أكثر امتنانا *ʔaktar imtinānan*| • grateful, thankful

مموج *mumawwaj pass. part. adj.* |*elat.* أكثر تموجا *ʔaktar tamawwujan*| • *(hair)* wavy

مميت *mumīt act. part. adj.* • deadly, lethal, fatal, terminal

مميز *mumayyaz pass. part. adj.* |*elat.* أكثر تميزا *ʔaktar tamayyuzan* or أميز *ʔamyaz*| • distinctive, differentiating, unique, distinct

من *man(i)* • *interrogative* who? ▪ من يتكلم معي؟ *man yatakallam^u ma3ī (on telephone)* Who am I speaking with? ▪ لمن *li-man* to whom?; whose? ◊ لمن تلك الحقيبة؟ *Whose bag is that?*; [noun +] whose __? ◊ دور من؟ *Whose turn is it?* • *conj.* who, the one who, someone who, those who ▪ بمن فيهم *bi-man fīhim* including ▪ هناك من... *hunāka man...* there is someone *(do)*ing ▪ من جد وجد. *man jadda wajada proverb* He who works hard will find (what he is looking for).; [+ jussive or perfect] whoever

من *manna v.intr.* |*1g3* يمن *yamunn^u* | من *mann*| • bestow *sb* على *with* بـ, grant

من *min(i) / min(a) prep.* • from ▪ من __ إلى __ *min __ ʔilā __* from __ to __ ◊ من باب إلى باب *from door to door* ▪ من دون *min dūna prep.* without ▪ منها *minha*, من بينها *min baynahā* from among which • by, through ◊ دخل من النافذة. *He came in through the window.* • *(time)* from __ on, starting __ ◊ سأقلع عن التدخين من الغد. *I'll stop smoking starting tomorrow.* ▪ من اليوم *min^a -lyawm^i adv.* from today on, starting today ▪ من الآن *min^a -lʔān^i adv.* from now on • *(time)* since, for, ago ◊ أعمل هنا من ثلاث سنوات. *I've been working here for three years.* ▪ من زمان *min zamān^in adv.* a long time ago; for quite a while • *(contents, material, quantities)* of ◊ سلة من الخضراوات *a basket of vegetables* ◊ من الخشب *made of wood* ◊ كيلو غرام من اللحم *a kilogram of meat* ▪ الكثير من__ *alkatīr min__* a lot of __, many __ ◊ [+ definite noun] هناك الكثير من الناس الذين... *There are a lot of people who...* • *(reason)* of, from ▪ مات من __ *māta min __* die of __ ◊ سأموت من الجوع! *I'm going to die of hunger!* ◊ ماتت من السرطان. *She died of cancer.* ▪ من أجل *min ʔajl^i* for (the sake of) ◊ أنا سعيد من أجلك. *I'm happy for you.* ◊ افعل شيئا من أجلي. *Do something for me.* • *(in comparisons)* [elative +] than ◊ هذا البيت أكبر من ذلك البيت. *This house is bigger than that house.* ▪ من أنْ *min ʔan* [elative +] too __ to *(do)* ◊ هذا أجمل من أن يكون حقيقة. *It's too good to be true.* ◊ أصبحت أكبر من أن أتغير. *I'm too old to change.* • من الـ__ أنْ *min^a -l__ ʔan* [+ singular masculine active or passive participle with definite article +] it is __ that..., it is __ to *(do)* ▪ من الممكن أنْ *min^a -lmumkin^i ʔan* It's possible that... • [+ definite genitive plural noun] one of (the) __ ◊ أنت منهم. *You're one of them.* ◊ هو من الأسباب الرئيسية. *It's one of the main reasons.* ▪ في يوم من الأيام *fī yawm^in min^a -lʔayyām^i* One day,... • [+ definite genitive singular noun] some of (the) __ ◊ هناك من الأشخاص الذين... *Some people...* • [negative + من *min* + indefinite genitive plural noun] not a single, absolutely no ◊ ليس

...لك من حق أن *You have absolutely no right to...* ▪ ما من *mā min* There's not a single __, There is absolutely no __ ◊ ما من فائدة *There is absolutely no use.* ⓘ من *min is only followed by the helping vowel fatha before the definite article:* ◊ من البيت *min^a -lbayt^i from the house*

مني *minnī*	منا *minnā*	
منك *minka*	منكما *minkumā*	منكم *minkum*
منك *minki*		منكن *minkunna*
منه *minhu*	منهما *minhumā*	منهم *minhum*
منها *minhā*		منهن *minhunna*

مناخ *munāx* or *manāx n.* • climate, atmosphere ▪ مناخ شبه قاحل *munāx šibh · qāḥil* semi-arid climate ▪ تغير مناخ *taɣayyur · munāx* climate change

مناخي *munāxīʸ* or *manāxīʸ adj.* • climatic, climate-

منارة *manāra^t n.* • lighthouse • minaret

منازعة *munāza3a^t n.*⋆ • struggle, fight

مناسب *munāsib act. part. adj.* |*elat.* أنسب *ʔansab*| • convenient • proper, appropriate ▪ في الوقت المناسب *fī -lwaqt^i -lmunāsib^i adv.* at the right time • fitting, suitable

مناسبة *munāsaba^t n.*⋆ • *n.* occasion, opportunity • properness, appropriateness

مناشدة *munāšada^t n.*⋆ • appeal, urgent request

مناص *manāṣ n.*⋆ • avoidance ▪ لا مناص منه *lā manāṣ^a min<u>hu</u>* inevitable ▪ لا مناص أنْ *lā manāṣ^a ʔan*, لا مناص من *lā manāṣ^a min* [+ masdar] have no choice but to *(do)* ◊ لا مناص من الإستسلام. *We have no choice but to surrender.*

مناضل *munāḍil act. part. n.* • combatant, militant

مناضلة *munāḍala^t n.*⋆ • struggle • defense

مناعة *manā3a^t n.*⋆ • resistance, immunity

منافس *munāfis act. part.* • *adj.* |*elat.* أكثر منافسة *ʔaktar munāfasa^tan*| competitive • *n.* competitor, rival

منافسة *munāfasa^t n.*⋆ • competition, rivalry

منافق *munāfiq act. part.* • *adj.* |*elat.* أكثر نفاقا *ʔaktar nifāqan*| hypocritical • *n.* hypocrite

منافقة *munāfaqa^t n.*⋆ • hypocrisy

مناقشة *munāqaša^t n.*⋆ • discussion, debate, argument

مناقضة *munāqaḍa^t n.*⋆ • contradiction, paradox

منام *manām n.* • sleeping place

المنامة *almanāma^t n.* • *(capital of Bahrain)* Manama ➡ **map on p. 61**

مناهضة *munāhaḍa^t n.*⋆ • active opposition *to* لـ, resistance, defiance

مناوب *munāwib act. part. adj.* • on duty

مناوبة *munāwaba^t n.*⋆ • alternation, rotation, shift

مناورة *munāwara^t n.*⋆ • maneuver

منبر *minbar n.* |*pl.* **dip.** منابر *manābir*| • minbar (pulpit in a mosque) ➡ ***also picture on p. 71***

A wooden minbar to the right of the mihrab

منبع *manba3 n.* |*pl.* **dip.** منابع *manābi3*| • source • *(water)* spring

منبه *munabbih act. part. n.* • alarm clock, timer • stimulant

منتج *muntaj pass. part.* •منتجات *muntajāt pl. n.* products

منتج *muntij act. part.* • *adj.* |*elat.* أكثر إنتاجا *ʔaktar ʔintājan*| productive • *n.* manufacturer • *(film)* producer

منتخب *muntaxab pass. part. n.* • team

منتدى *muntad(an) pass. part. n.* **indecl.** |*dual* منتديان *muntadayān^i* | *pl.* منتديات *muntadayāt*| • forum ▪ منتدى إنترنت *muntadā · ʔinternet* internet forum, message board

منتسب *muntasib act. part.* • *adj.* |*elat.* أكثر انتسابا

ʔaktar intisāban| belonging *to* • *n.* member *of*, affiliate *of*

منتشر *muntašir act. part. adj.* |*elat.* أكثر انتشارا *ʔaktar intišāran*| • widespread, prevalent

منتصر *muntaṣir act. part.* • *adj.* |*elat.* أكثر انتصارا *ʔaktar intiṣāran*| victorious • *n.* victor

منتصف *muntaṣaf pass. part. n.* • middle, halfway, mid- ▪ منتصف الأسبوع *muntaṣaf · alʔusbū3ⁱ* midweek ▪ منتصف الليل *muntaṣaf · allaylⁱ* midnight ▪ في منتصف الطريق *fī muntaṣafⁱ -ṭṭarīqⁱ adv.* halfway, midway ▪ في منتصف القرن العشرين *fī muntaṣafⁱ -lqarnⁱ -l3išrīnᵃ* in the mid-twentieth century ▪ في منتصف فبراير *fī muntaṣafⁱ fabrāyirᵃ* in mid-February ▪ منذ منتصف الثمانينات *munđu muntaṣafⁱ -ṯṯamānīnāt* since the mid-eighties

منتظر *muntaẓar pass. part. adj.* • expected, anticipated ▪ من المنتظر أنْ *minᵃ -lmuntaẓarⁱ ʔan* it is expected that...

منتظم *muntaẓim act. part. adj.* |*elat.* أكثر انتظاما *ʔaktar intiẓāman*| • regular, systematic ▪ غير منتظم *ɣayr · muntaẓim* irregular

منتفخ *muntafix act. part. adj.* |*elat.* أكثر انتفاخا *ʔaktar intifāxan*| • swollen, puffy, bulging ▪ عينان منتفختان *3aynān muntafixatānⁱ dual noun* puffy eyes

منتقب *muntaqib act. part. adj.* • wearing a veil

منتهى *muntah(an) pass. part. adj.* **indecl.** • extreme ▪ في منتهى البساطة *fī muntahā -lbasāṭaᵗⁱ* extremely basic ▪ بمنتهى الجدية *bi-muntahā -ljiddīyaᵗⁱ*, في منتهى الخطورة *fī muntahā -lxuṭūraᵗⁱ adv.* extremely serious, in all earnest

منجم *manjam n.* |*pl.* **dip.** مناجم *manājim*| • mine, pit

منجم *munajjim act. part. n.* • astrologer, fortune teller

منجنيق *manjanīq n.* • catapult

منح *manaħa v.tr.* |**1s1** يمنح *yamnaħᵘ* | منح *manħ*| • provide *sth* ∘ *to* لـ, grant, award, confer

منحاز *munħāz pass. part. adj.* • biased

منحة *minħaᵗ n.* |*pl.* منح *minaħ*| • grant, scholarship

منحت *minħat n.* |*pl.* **dip.** مناحت *manāħit*| • chisel

منحرف *munħarif act. part.* • *adj.* |*elat.* أكثر انحرافا *ʔaktar inħirāfan*| perverted, corrupted • distorted • *n.* pervert

منحنى *munħan(an) pass. part. n.* **indecl.** |*pl.* منحنيان *munħanayānⁱ* | *pl.* منحنيات *munħanayāt*| • curve, bend, slope

منحوس *manħūs pass. part. adj.* |*m. pl.* **dip.** مناحيس *manāħīs* | *elat.* أنحس *ʔanħas* or أكثر نحسا *ʔaktar naħsan*| • unlucky, ominous

منخر *manxir n.* |*pl.* **dip.** مناخر *manāxir*| • nostril

منخفض *munxafiḍ act. part. adj.* |*elat.* أكثر انخفاضا *ʔaktar inxifāḍan* or أخفض *ʔaxfaḍ*| • low, reduced

مندمج *mundamij act. part. adj.* • compact, integrated

مندوب *mandūb pass. part. n.* • delegate, representative, envoy

منديل *mandīl n.* |*pl.* **dip.** مناديل *manādīl*| • handkerchief, tissue ▪ منديل ورقي *mandīl waraqīʸ* facial tissue, paper handkerchief, Kleenex

منذ *munđu* • *prep.* since, for ◊ أنا أدرس العربية منذ أكثر من سنة. *I've been studying Arabic for over a year.* ◊ لم أرك منذ وقت طويل. *Long time no see. (lit. I haven't seen you for a long time.)* ▪ منذ متى؟ *munđu matā* since when?, how long? ▪ منذ *munđu*, منذ أنْ *munđu ʔan conj.* [+ perfect] since ◊ لم أقابله منذ أن تزوج. *I haven't seen him since he got married.* ◊ لم تتغير منذ رأيتك. *You haven't changed since I saw you.* • ago ▪ منذ سنوات *munđu sanawāt* years ago • *(future time)* from __ on, starting __ ▪ منذ الغد *munđu -lɣadⁱ adv.* from tomorrow on, starting tomorrow ◊ سأقلع عن التدخين منذ الغد. *I'll stop smoking starting tomorrow.* •منذ *munđu*, مذ *muđ(u) conj.* [+ perfect] since

منذئذ *munđuʔiđⁱⁿ adv.* • from then on, since that time, ever since ◊ غادر البلاد ولم أره منذئذ. *He left the country, and I haven't seen him ever since.*

منزعج *munza3ij act. part. adj.* |*elat.* أكثر انزعاجا *ʔaktar inzi3ājan*| • disturbed, annoyed

منزل *manzil n.* |*pl.* **dip.** منازل *manāzil*| • house, home, residence ▪ في المنزل *fī -lmanzilⁱ adv.* (at) home

منزلة *manzilaᵗ n.* |*pl.* **dip.** منازل *manāzil*| • status, position

منزلي *manzilīʸ adj.* • domestic, household

منسج *minsaj n.* • loom

منسجم *munsajim act. part. adj.* |*elat.* أكثر انسجاما *ʔaktar insijāman*| • compatible, harmonious

منسق *munassiq act. part. n.* • coordinator

منسوب *mansūb pass. part.* |*pl.* **dip.** مناسيب *manāsīb*| • *adj.* regarding, related *to* • *n.* level ▪ منسوب مياه *mansūb · miyāh* water level

منشأة *munšaʔaᵗ n.* |*pl.* منشآت *munšaʔāt*| • foundation, establishment, institution

منشار *minšār n.* |pl. **dip.** مناشير *manāšīr*| • saw
منشط *munaššiṭ act. part. n.* • stimulus, stimulant ▪ منشط اقتصادي *munaššiṭ iqtiṣādīʸ* economic stimulus ▪ منشط جنسي *munaššiṭ jinsīʸ* *(drug)* sexual stimulant
منشفة *minšafaᵗ n.* |pl. **dip.** مناشف *manāšif*| • towel
منشق *munšaqq act. part. adj. & n.* • dissident
منشور *manšūr pass. part. n.* • publication, pamphlet, brochure
منصب *manṣib n.* |pl. **dip.** مناصب *manāṣib*| • *(employment)* post, position
منصة *minaṣṣaᵗ n.* • podium, counter • platform • diving board ▪ منصة متحركة *minaṣṣaᵗ mutaḥḥarikaᵗ* springboard ▪ منصة ثابتة *minaṣṣaᵗ tābitaᵗ* firm board, diving platform
منصف *munṣif act. part. adj.* |elat. أكثر إنصافا *ʔaktar ʔinṣāfan*| • fair, just
منصوب *manṣūb pass. part. adj.* • *(grammar)* accusative • *(grammar)* subjunctive, conjunctive ▪ المضارع المنصوب *almuḍāri3 almanṣūb n.* the subjunctive mood, the conjunctive mood
منصور *manṣūr pass. part. adj.* • triumphant, victorious • *man's name* Mansur, Mansoor
المنصورة *almanṣūraᵗ n.* • *(city in Egypt)* Mansoura ➡ ***map on p. 287***
منضدة *minḍadaᵗ n.* |pl. **dip.** مناضد *manāḍid*| • table • desk • stand • workbench
منطاد *munṭād act. part. n.* |pl. **dip.** مناطيد *manāṭīd*| • hot air balloon
منطق *manṭiq n.* • logic ▪ من المنطق أنْ *minᵃ -lmanṭiqⁱ ʔan* it is logical that...
منطقة *minṭaqaᵗ n.* |pl. **dip.** مناطق *manāṭiq*| • region, area, zone ▪ منطقة زمنية *minṭaqaᵗ zamanīyaᵗ* time zone ▪ منطقة ناصية *minṭaqat · nāṣiyaᵗ* *(brain)* frontal lobe
منطقي *manṭiqīʸ adj.* |elat. أكثر منطقية *ʔaktar manṭiqīyaᵗᵃⁿ*| • logical, rational ▪ من المنطقي أنْ *minᵃ -lmanṭiqīʸⁱ ʔan* it is logical that...
منطلق *munṭalaq pass. part. n.* • premise, starting point
منظار *minẓār n.* |pl. **dip.** مناظير *manāẓīr*| • telescope
منظر *manẓar n.* |pl. **dip.** مناظر *manāẓir*| • view, scenery, panorama
منظف *munaẓẓif act. part. n.* • cleaner, detergent ▪ منظف فم *munaẓẓif · fam* mouthwash • cleaning person, cleaner
منظم *munaẓẓim act. part. n.* • organizer
منظمة *munaẓẓamaᵗ pass. part. n.* • organization ▪ منظمة إرهابية *munaẓẓamaᵗ ʔirhābīyaᵗ* terrorist organization ▪ منظمة التحرير الفلسطينية *munaẓẓamat · attaḥrīrⁱ -lfilasṭīnīyaᵗⁱ* The Palestine Liberation Organization (PLO) ▪ منظمة التعاون الإسلامي *munaẓẓamat · atta3āwunⁱ -lʔislāmīʸⁱ* The Organization of Islamic Cooperation (IOC) ▪ منظمة السلام الأخضر *munaẓẓamat · assalāmⁱ -lʔaxḍarⁱ* Greenpeace ▪ منظمة العفو الدولية *munaẓẓamat · al3afwⁱ -dduwalīyaᵗⁱ* Amnesty International ▪ منظمة التجارة العالمية *munaẓẓamat · attijāraᵗⁱ -l3ālamīyaᵗⁱ* The World Trade Organization (WTO)
منظور *manẓūr pass. part. n.* • perspective
منظوم *manẓūm pass. part. n.* • poem
منظومة *manẓūmaᵗ n.* • system
منع *man3 n.** • prohibition ▪ منع تجول *man3 · tajawwul* curfew
منع *mana3a v.* • *v.tr.* |1s1 يمنع *yamna3ᵘ* | منع *man3*| forbid *sb* ∘ *from* عن, prohibit • prevent *sth* ∘ *from* عن ▪ منع نشوب صراع *mana3a nušūb · ṣirā3* prevent conflict • *v.intr.* |1s3 يمنع *yamnu3ᵘ* | مناعة *manā3aᵗ*| become immune
منع *manna3a v.tr.* |2s يمنع *yumanni3ᵘ* | تمنيع *tamnī3*| • immunize
منعش *mun3iš act. part. adj.* |elat. أكثر إنعاشا *ʔaktar ʔin3āšan* or أنعش *ʔan3aš*| • refreshing
منعطف *mun3aṭaf pass. part. n.* • bend, turn
منغص *munaɣɣaṣ pass. part. adj.* |elat. أكثر تنغصا *ʔaktar tanaɣɣuṣan*| • upset
منغص *munaɣɣiṣ act. part. adj.* |elat. أكثر تنغيصا *ʔaktar tanɣīṣan*| • upsetting
منغولي *mongōlīʸ adj. & n.* • Mongol, Mongolian
منغوليا *mongōliyā n. **f. invar.*** • Mongolia
منفذ *manfađ n.* |pl. **dip.** منافذ *manāfiđ*| • passage, passageway • exit, way out
منفرد *munfarid act. part. adj.* • solo, lone ▪ عزف منفرد *3azf munfarid n.* *(music)* solo ▪ منفردا *munfaridan adv.* alone
منفصل *munfaṣil act. part. adj.* |elat. أكثر انفصالا *ʔaktar infiṣālan*| • separate *from* عن, separated *from* ▪ منفصلا *munfaṣilan adv.* apart *from* عن, separately
منفضة *minfaḍaᵗ n.* |pl. **dip.** منافض *manāfiḍ*| • منفضة سجائر *minfaḍat · sajāʔir* ashtray ▪ منفضة غبار *minfaḍat · ɣubār* duster
منفعة *manfa3aᵗ n.* |pl. **dip.** منافع *manāfi3*| • utility

منفعل *munfa3il act. part. adj.* |*elat.* أكثر انفعالا *ʔaktar infi3ālan*| • upset ▪ غير منفعل *ɣayr · munfa3il* cool, unaffected

منفى *manf(an) n.* ***indecl.*** |*dual* منفيان *manfayānⁱ* | *pl.* ***def.*** مناف *manāf(in)*| • exile ▪ ذهب إلى المنفى *đahaba ʔilā -lmanfā v.* go into exile ▪ عاش في المنفى *3āša fī -manfā v.* live in exile

منقار *minqār n.* |*pl.* ***dip.*** مناقير *manāqīr*| • *(bird)* beak, bill

منقب *munaqqab act. part. adj.* • wearing a niqab

منقرض *munqariḍ act. part. adj.* • extinct

منقول *manqūl pass. part. adj.* • movable, mobile ▪ منقولات *manqūlāt pl. n.* personal property

منكر *munakkar pass. part. adj.* • *(grammar)* indefinite

منكر *munkar pass. part.* • *adj.* reprehensible • *n.* vice

منهاج *minhāj n.* |*pl.* ***dip.*** مناهيج *manāhīj*| • method, approach, system, program

منهج *manhaj n.* |*pl.* ***dip.*** مناهج *manāhij*| • method, approach, system, program ▪ منهج تعليم *manhaj · ta3līm* curriculum, syllabus

منهجي *manhajīʸ adj.* |*elat.* أكثر منهجية *ʔaktar manhajīyaᵗᵃⁿ*| • methodological

منهجية *manhajīyaᵗ n.* • methodological

منوال *minwāl n.* • way ▪ … وعلى نفس المنوال، *wa-3alā nafsⁱ -lminwālⁱ*, وعلى المنوال نفسه *wa-3alā -lminwālⁱ nafsⁱhi*, وعلى ذات المنوال *wa-3alā đātⁱ -lminwālⁱ*, وعلى المنوال ذاته *wa-3alā -lminwālⁱ đātⁱhi* Similarly, …, Likewise, …, In that way, … ▪ نسج على منواله *nasaja 3alā minwālⁱhi*, نهج على منواله *nahaja 3alā minwālⁱhi v.* follow *sb's* example; take after *sb*

منوم *munawwim act. part. adj.* |*elat.* أكثر تنويما *ʔaktar tanwīman*| • sleep-inducing ▪ حبة منومة *ḥabbaᵗ munawwimaᵗ n.* sleeping pill

منوئ *munawwiʔ act. part. n.* • opponent

منى *min(an) n.* ***indecl.*** • sperm, semen

منى *minā n.* ***f. invar.*** • Mina (valley of Mecca)

مني *manīʸ n.* • sperm, semen ▪ قذف المني *qađafa almanīʸ v.* ejaculate, cum

المنيا *alminyā n.* ***f.*** • *(city in Egypt)* Minya ➡ ***map on p. 287***

منير *munīr act. part. adj.* • luminous, well-lit • *man's name* Munir ▪ منيرة *munīraᵗ* ***dip.*** *woman's name* Munira, Mounira

منيع *manī3 adj.* |*m. pl.* ***dip.*** منعاء *muna3āʔ* | *elat.* أمنع *ʔamna3*| • forbidding, impervious, impregnable, inviolable, impenetrable ▪ غير منيع *ɣayr · manī3* vulnerable • immune

مهاب *muhāb pass. part. n.* • object of reverence

مهاترة *muhātaraᵗ n.** • abuse, insult, name-calling

مهاجر *muhājir act. part.* • *adj.* migratory • *n.* migrant, emigrant, immigrant ▪ مهاجر غير شرعي *muhājir ɣayr · šar3īʸ* illegal immigrant

مهاجرة *muhājaraᵗ n.** • migration, emigration, immigration

مهاجم *muhājim act. part. n.* • assailant • *(soccer)* striker

مهاجمة *muhājamaᵗ n.** • attack

مهارة *mahāraᵗ n.* • skill, proficiency

مهبل *mahbal n.* |*pl.* ***dip.*** مهابل *mahābil*| • vagina

مهبلي *mahbalīʸ adj.* • vaginal

مهتم *muhtamm pass. part. adj.* |*elat.* أكثر اهتماما *ʔaktar ihtimāman*| • interested *in* في *or* بـ, concerned *with*

مهجة *muhjaᵗ n.* |*pl.* مهج *muhaj*| • heart, soul

مهجور *mahjūr pass. part. adj.* • desolate, bleak • deserted, abandoned

مهد *mahd n.* |*pl.* مهود *muhūd*| • cradle

مهد *mahhada v.tr.* |*2s* يمهد *yumahhidᵘ* | تمهيد *tamhīd*| • prepare, make ready ▪ مهد الطريق أمام *mahhada aṭṭarīqᵃ ʔamāma* pave the way *for*, pioneer

مهدد *muhaddad pass. part. adj.* |*elat.* أكثر تهددا *ʔaktar tahaddudan*| • in danger, at risk

مهدي *mahdīʸ pass. part. man's name* • Mahdi (lit. guided one), Mehdi

مهدئ *muhaddiʔ act. part. n.* • tranquilizer, sedative

مهذب *muhađđab pass. part. adj.* |*elat.* أهذب *ʔahđab* or أكثر تهذبا *ʔaktar tahađđuban*| • educated • civil • polished, refined ▪ غير مهذب *ɣayr · muhađđab* rough

مهر *mahr n.* |*pl.* مهور *muhūr*| • dowry

مهر *muhr n.* |*pl.* أمهار *ʔamhār*| • *(horse)* colt

مهرب *mahrab n.* |*pl.* ***dip.*** مهارب *mahārib*| • refuge, escape

مهرب *muharrib act. part. n.* • smuggler, trafficker

مهرج *muharrij act. part. n.* • clown

مهرجان *mihrajān n.* • festival, fair

مهزول *mahzūl pass. part. adj.* |*m. pl.* ***dip.*** مهازيل *mahāzīl*| • degenerate, weak

مهل *mahl n.* • leisure ▪ على مهلك *3alā mahlakᵃ* Take your time!, No hurry! ▪ مهلا *mahlan*, على مهل

3alā mahl^in *adv.* leisurely, in no hurry, slowly ◊ مهلا *Wait a minute!*

مهم *muhimm act. part. adj.* |*elat.* أهم *ʔahamm*| • important, significant ▪ من المهم أنْ *min^a -lmuhimm^i ʔan* it is important that..., it is important to *(do)* ▪ ليس مهما *laysa muhimman* Never mind! ⚠ **مهما** ***mahmā p. 293***

مهما *mahmā conj.* • [+ jussive or perfect] whatever, no matter what ▪ مهما يكن *mahmā yakun* whatever it may be⚠ **مهما** ***muhimman important p. 320***

مهمة *mahamma^t n.* |*pl.* مهام *mahāmm*| • mission, assignment, function, task

مهمة *muhimma^t n.* • important matter, requirement ▪ مهمات *muhimmāt pl. n.* supplies

مهمل *muhmal pass. part. adj.* |*elat.* أكثر إهمالا *ʔaktar ʔihmālan*| • discarded, useless, obsolete ▪ مهملات *muhmalāt pl. n.* trash (UK: rubbish), garbage, waste ▪ سلة مهملات *sallat · muhmalāt n.* garbage can (UK: rubbish bin), waste paper basket

مهمل *muhmil act. part. adj.* |*elat.* أكثر إهمالا *ʔaktar ʔihmālan*| • negligent, careless

مهموز *mahmūz pass. part. adj.* • *(grammar)* hamzated ▪ فعل مهموز *fi3l mahmūz n.* hamzated verb

مهموم *mahmūm pass. part. adj.* • anxious, worried, troubled

مهنة *mihna^t n.* |*pl.* مهن *mihan*| • career, occupation, profession

مهندس *muhandis act. part. n.* • engineer ▪ مهندس مدني *muhandis madanīy* civil engineer ▪ مهندس طيران *muhandis · ṭayrān* aeronautical engineer ▪ مهندس معماري *muhandis mi3mārīy* architect ▪ مهندس ديكور *muhandis · dīkōr* interior designer

مهني *mihnīy adj.* • professional

مهوب *mahūb pass. part. adj.* • dreadful

مهووس *mahwūs adj.* |*elat.* أكثر هوسا *ʔaktar hawasan*| • maniacal, infatuated, obsessed

مهيب *mahīb adj.* |*elat.* أكثر مهابة *ʔaktar mahāba^tan*| • solemn, grave, dignified • magnificent, awe-inspiring

مؤات *muʔāt(in) act. part. adj.* ***def.*** |*elat.* أكثر مؤاتاة *ʔaktar muʔātā^tan*| • favorable, advantageous ▪ غير مؤات *ɣayr · muʔāt(in)* unfavorable, disadvantageous

مواجه *muwājih act. part. adj.* • opposite لـ

مواجهة *muwājaha^t n.*⋆ • encounter, confrontation, clash

موازاة *muwāzā^t n.*⋆ • parallelism ▪ بموازاة *bi-muwāzāt^i prep.* parallel to, in line with, in keeping with ▪ بموازاة ذلك *bi-muwāzāt^i đālika adv.* in parallel, in turn • equivalence

مؤازرة *muʔāzara^t n.* • assistance, help • support, backing

موازنة *muwāzana^t n.*⋆ • budget

مواصفة *muwāṣafa^t n.* • specification, description ▪ مواصفة عمل *muwāṣafat · 3amal* job description

مواصلة *muwāṣala^t n.*⋆ • continuation • resumption •مواصلات *muwāṣalāt pl. n.* transportation

مواطن *muwāṭin act. part. n.* • citizen, national

مواطنة *muwāṭana^t n.*⋆ • citizenship

مواظب *muwāẓib act. part. adj.* |*elat.* أكثر مواظبة *ʔaktar muwāẓaba^tan*| • persistent

مواظبة *muwāẓaba^t n.*⋆ • persistence, perseverance

موافق *muwāfiq act. part. adj.* |*elat.* أكثر موافقة *ʔaktar muwāfaqa^tan*| • in agreement ▪ أنا موافق. *ʔana muwāfiq* I agree.

موافقة *muwāfaqa^t n.*⋆ • agreement, approval, consent

مواكبة *muwākaba^t n.*⋆ • escort, convoy

مؤامرة *muʔāmara^t n.*⋆ • conspiracy, plot

مؤبد *muʔabbad pass. part. adj.* • permanent ▪ سجن مؤبد *sajn muʔabbad n.* life imprisonment

موت *mawt n.*⋆ • death ▪ حتى الموت *ḥattā -lmawt^i adv.* to death ◊ أخافه حتى الموت. *I'm scared to death of him.*

موتسامودو *mutsadūmū n.* ***f. invar.*** • *(city in the Comoros)* Mutsadumu ➡ ***map on p. 105***

مؤتمر *muʔtamar pass. part. n.* • conference ▪ مؤتمر صحفي *muʔtamar ṣuḥufīy* press conference ▪ المؤتمر اليهودي العالمي *almuʔtamar alyahūdīy al3ālamīy* The World Jewish Congress (WJC)

مؤثر *muʔattir act. part.* • *adj.* |*elat.* أكثر تأثيرا *ʔaktar taʔtīran*| impressive, effective • *n.* effect

موثوق *mawtūq pass. part. adj.* •موثوق به *mawtūq bi-hi* trustworthy, reliable

موج *mawj coll. n.* |*sing.* موجة *mawja^t* | *pl.* أمواج *ʔamwāj*| • waves ▪ موجة حارة *mawja^t ḥāra^t* heat wave

موج *mawwaja v.tr.* |2s يموج *yumawwij^u* | تمويج *tamwīj*| • *(hair)* wave, crimp, curl, perm

موجب *mūjib act. part. n.* • reason, motive ▪ بموجب *bi-mūjib^i prep.* in accordance with, according to ◊ لا بد من حماية اللاجئين بموجب قانون حقوق الإنسان. *Refugees should be protected in accordance with the human rights' law.*

مؤجر *muʔajjir act. part. n.* • landlord

موجز *mūjaz pass. part. adj.* |*elat.* أوجز *ʔawjaz* or أكثر إيجازا *ʔaktar ʔījāzan*| • abridged, condensed, concise

موجع *mūji3 act. part. adj.* |*elat.* أوجع *ʔawja3*| • painful

موجود *mawjūd pass. part. adj.* • existing • present ▪ غير موجود *γayr · mawjūd* absent

مؤخر *muʔaxxar pass. part. adj.* |*elat.* أكثر تأخرا *ʔaktar taʔaxxuran*| • delayed ▪ مؤخرا *muʔaxxaran adv.* recently

مؤخرة *muʔaxxara^t n.* • *(body)* butt (UK: bum), backside, bottom, rear, behind • *(not front)* back, rear, backside ◊ على مؤخرة رأسه *on the back of his head* ◊ في مؤخرة السيارة *in the back of the car* ▪ نحو مؤخرة المسرح *naḥwa muʔaxxarat^i -lmasraḥ^i adv. (theater)* upstage

مؤد *muʔadd(in) act. part. adj.* ***def.*** • causing إلى, leading to

مؤدب *muʔaddab pass. part. adj.* |*elat.* أكثر تأدبا *ʔaktar taʔadduban*| • polite, cultured, well-behaved

مؤدب *muʔaddib act. part. n.* • educator

مودة *mawadda^t n.* • friendship, affection

مودم *modem n.* • modem

موديل *model n.* • model

مؤذ *muʔḏ(in) act. part. adj.* ***def.*** |*elat.* أكثر إيذاء *ʔaktar ʔīḏāʔan*| • harmful, malignant, adverse ▪ غير مؤذ *γayr · muʔḏ(in)* harmless, safe, innocuous

مؤذن *muʔaḏḏin act. part. n.* • muezzin

مؤرخ *muʔarrix act. part. n.* • historian

مورد *mawrid n.* |*pl.* ***dip.*** موارد *mawārid*| • source, resource ▪ موارد اقتصادية *mawārid iqtiṣādīya^t pl. n.* economic resources ▪ موارد بشرية *mawārid bašarīya^t pl. n.* human resources ▪ موارد طبيعية *mawārid ṭabī3īya^t pl. n.* natural resources • spring, well

مورد *muwarrad pass. part. adj.* • *(color)* rosy

موروني *mūrūnī n.* ***f. invar.*** • *(capital of the Comoros)* Moroni ➥ ***map on p. 105***

موريتاني *mawrītānī^y adj. & n.* • Mauritanian

موريتانيا *mawrītāniyā n.* ***f. invar.*** • Mauritania

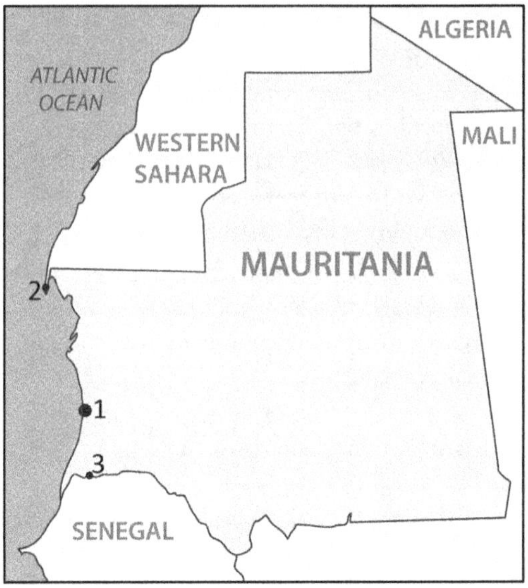

map of Mauritania

1. نواكشوط *nawākšūṭ* Nouakchott
2. نواذيبو *nuwāḏību* Nouadhibou
3. روصو *roṣṣo* Rosso

موز *mawz coll. n.* |*sing.* موزة *mawza^t*| • bananas

موزامبيق *mōzāmbīq n.* ***f. dip.*** • Mozambique

موزامبيقي *mōzāmbīqī^y adj. & n.* • Mozambican

موزع *muwazzi3 act. part. n.* • distributor

مؤسس *muʔassis act. part. n.* • founder

مؤسسة *muʔassasa^t pass. part. n.* • establishment, foundation, organization

مؤسف *muʔsif act. part. adj.* • distressing, unfortunate

موسكو *moskō n.* ***f. invar.*** • *(capital of Russia)* Moscow

موسم *mawsim n.* |*pl.* ***dip.*** مواسم *mawāsim*| • season ⓘ *The English word 'monsoon' has been borrowed from this Arabic word.*

موسمي *mawsimī^y adj.* • seasonal

موسوعة *mawsū3a^t pass. part. n.* • encyclopedia

موسى *mūsā n.* • ***f.*** |*pl.* أمواس *ʔamwās*| razor • ***m. invar.*** *man's name* Musa, Moses ▪ جبل موسى *jabal · mūsā* Mount Sinai

موسيقار *mūsīqār n.* • musician

موسيقى *mūsīqā n.* ***f. invar.*** • music

موسيقي *mūsīqī^y* • *adj.* musical ▪ آلة موسيقية *ʔāla^t mūsīqīya^t* musical instrument • *n.* musician

مؤشر *muʔaššir act. part. n.* • sign, indication • indicator, gauge needle • index ▪ مؤشر

بورصة *muʔaššir · būrṣaᵗ* stock market index

الموصل *almawṣil n.* ***f.*** • *(city in Iraq)* Mosul
➡ **map on p. 206**

موصول *mawṣūl pass. part. adj.* •اسم موصول *ism mawṣūl n. (grammar)* relative pronoun

موضة *mōḍaᵗ n.* • fashion ▪ على الموضة *3alā -lmōḍaᵗⁱ*, آخر موضة *ʔāxir mōḍaᵗⁱⁿ* trendy, in fashion

موضع *mawḍi3 n.* |*pl.* ***dip.*** مواضع *mawāḍi3*| • location, position

موضوع *mawḍū3 pass. part. n.* |*pl.* ***dip.*** مواضيع *mawāḍī3* or موضوعات *mawḍū3āt*| • subject, topic, theme, issue • essay ▪ موضوع إنشاء *mawḍū3 · ʔinšāʔ* essay

موضوعي *mawḍū3īʸ adj.* • objective

موضوعية *mawḍū3īyaᵗ n.* • objectivity

موطد *muwaṭṭad pass. part. adj.* |*elat.* أوطد *ʔawṭad* or أكثر توطدا *ʔaktar tawaṭṭudan*| • stable, sturdy

موطن *mawṭin n.* |*pl.* ***dip.*** مواطن *mawāṭin*| • hometown, homeland ▪ بلد موطن *balad · mawṭin* home country • habitat • residence, domicile •موطن قوة *mawṭin · quwwaᵗ* forte, strong suit

موظف *muwaẓẓaf pass. part. n.* • employee, office worker ▪ موظفون *muwaẓẓafūnᵃ pl. n.* staff • civil servant

موعد *maw3id n.* |*pl.* ***dip.*** مواعد *mawā3id*| • appointment, rendezvous • date, appointed time ▪ موعد نهائي *maw3id nihāʔīʸ* deadline ▪ في موعده *fī maw3idⁱhi*, في الموعد *fī -lmaw3idⁱ adv.* on time

موفق *muwaffaq pass. part. adj.* |*elat.* أكثر توفقا *ʔaktar tawaffuqan*| • fortunate • successful

موفق *muwaffiq act. part. n.* • *(of God)* grantor of success ▪ والله الموفق *wa-LLāhᵘ -lmuwaffiqᵘ* God Bless! (at the end of a letter)

مؤقت *muʔaqqat*, موقت *muwaqqat pass. part. adj.* • temporary, interim ▪ مؤقتا *muʔaqqatan adv.* temporarily, for now, for the time being, for a while ◊ سأنزل في الفندق مؤقتا. *I will stay in the hotel for the time being.*

موقد *mawqid n.* |*pl.* ***dip.*** مواقد *mawāqid*| • stove (UK: cooker)

موقع *mawqi3 n.* |*pl.* ***dip.*** مواقع *mawāqi3*| • site, location ▪ موقع إنترنت *mawqi3 · ʔinternet*, موقع ويب *mawqi3 · web*, موقع الكتروني *mawqi3 ʔelektrōnīʸ* website ▪ موقع جغرافي *mawqi3 joɣrāfīʸ* geographic location

موقف *mawqif n.* |*pl.* ***dip.*** مواقف *mawāqif*| • stance *on* من, position, attitude • stop ▪ موقف باص *mawqif · bāṣ* bus stop ▪ موقف سيارات *mawqif · sayyārāt* parking lot (UK: car park), garage

موكب *mawkib n.* |*pl.* ***dip.*** مواكب *mawākib*| • procession, motorcade

مؤكد *muʔakkad pass. part. adj.* |*elat.* أكثر تأكدا *ʔaktar taʔakkudan*| • certain, definite ▪ من المؤكد أنّ *minᵃ -lmuʔakkadⁱ ʔanna* it is certain that…

مول *mawwala v.tr.* |2s يمول *yumawwilᵘ* | تمويل *tamwīl*| • fund, finance

مولد *mawlid n.* |*pl.* ***dip.*** موالد *mawālid*| • birthplace • birth

مولد *muwallid act. part.* • *n.* generator • *adj.* obstetric ▪ طبيب مولد *ṭabīb muwallid n.* obstetrician

مولدوفا *moldōvā n.* ***f. invar.*** • Moldova

مولدوفي *moldōvīʸ adj. & n.* • Moldovan

مؤلف *muʔallaf pass. part. n.* • *(music)* composition ▪ مؤلفات *muʔallafāt pl. n.* writings, publications

مؤلف *muʔallif act. part. n.* • author, writer • composer

مؤلم *muʔlim act. part. adj.* |*elat.* أكثر إيلاما *ʔaktar ʔīlāman*| • painful

مولود *mawlūd pass. part. n.* |*pl.* ***dip.*** مواليد *mawālīd*| • newborn infant

مولى *mawl(an) n.* ***indecl.*** |*dual* موليان *mawlayānⁱ* | *pl.* ***def.*** موال *mawāl(in)*| • master, protector ▪ مولاي *mawlāya*, مولانا *mawlānā* my Lord

مومباي *mūmbāy n.* ***f. invar.*** • *(city in India)* Mumbai

مؤمن *muʔmin act. part. n.* • believer

مومياء *mūmiyāʔ n.* • mummy

مون *mawwana v.tr.* |2s يمون *yumawwinᵘ* | تموين *tamwīn*| • supply *sb* ه *with* بـ, provide

موناكو *mōnākō n.* ***f. invar.*** • Monaco ▪ إمارة موناكو *ʔimārat · mōnākō* the Principality of Monaco

مؤنث *muʔannat pass. part. adj.* |*elat.* أكثر تأنثا *ʔaktar taʔannutan*| • *(grammar)* feminine

موهبة *mawhibaᵗ n.* |*pl.* ***dip.*** مواهب *mawāhib*| • talent, gift, knack

مؤهل *muʔahhal pass. part. adj.* |*elat.* أكثر تأهلا *ʔaktar taʔahhulan*| • qualified *for/to* لـ, eligible, competent, fit, suited

مؤهلات *muʔahhilāt act. part. pl. n.* • qualifications, credentials

موهوب *mawhūb pass. part. adj.* |*elat.* أكثر موهبة *ʔaktar mawhiba^tan*| • talented, gifted

مؤونة *maʔūna^t pass. part. n.* |*pl.* مؤن *muʔan*| • provision, supply ▪ مؤن *muʔan pl. n.* provisions, supplies

مؤيد *muʔayyid act. part. n.* • supporter, advocate

ميانمار *miyānmār n.* ***f. invar.*** • Myanmar

مئة ألف *miʔat ʔalf^in*, |*as numeral, written* ١٠٠٠٠٠| • one hundred thousand

ميت *mayyit* |*pl.* ***invar.*** موتى *mawtā* or أموات *ʔamwāt*| • *adj.* dead • *n.* dead person ▪ الموتى *almawtā pl. n.* the dead

ميتة *mīta^t n.* • death

ميثاق *mīṯāq n.* |*pl.* ***dip.*** مواثيق *mawāṯīq*| • treaty, pact, charter

ميجا *mega n.* • megabyte

ميدالية *mīdālya^t n.* • medal

ميدان *maydān* or *mīdān n.* |*pl.* ***dip.*** ميادين *mayādīn*| • square, plaza ▪ ميدان التحرير *maydān · attaḥrīr^i* Tahrir Square (in Cairo) • area, field ◊ تفوقت الدولة في شتى ميادين العلم. *The country excelled in various scientific fields.*

مئذنة *miʔḏana^t n.* |*pl.* ***dip.*** مآذن *maʔāḏin*| • minaret
➡ ***picture on p. 15***

ميراث *mīrāṯ n.* |*pl.* ***dip.*** مواريث *mawārīṯ*| • inheritance

ميز *mayyaza v.tr.* |2s يميز *yumayyiz^u* | تمييز *tamyīz*| • differentiate *between* بين *or sb/sth* ه *from* عن, distinguish • characterize • discriminate *against* ضد • honor, prefer

ميزان *mīzān n.* |*pl.* ***dip.*** موازين *mawāzīn*| • scale, balance • برج الميزان *burj · almīzān^i (astrology)* Libra ▪ أنا من برج الميزان. *ʔana min burj^i -lmīzān^i* I'm a Libra.

ميزانية *mīzānīya^t n.* • budget

ميزة *mīza^t n.* • advantage, merit

مئزر *miʔzar n.* |*pl.* ***dip.*** مآزر *maʔāzir*| • apron, smock

ميعاد *mīʕād n.* |*pl.* ***dip.*** مواعيد *mawāʕīd*| • appointment, rendezvous • appointed time, deadline ▪ في الميعاد *fī -lmīʕād^i* on time

ميغابيات *megabayt*, ميجا *mega n.* • megabyte

ميكانيكي *mīkānīkī* • *adj.* mechanical • *n.* mechanic

ميكروفون *mīkrofōn n.* • microphone

ميل *mayl n.** |*pl.* ***dip.*** ميول *muyūl*| • tendency ▪ ميول انتحارية *muyūl intiḥārīya^t pl. n.* suicidal tendencies

ميل *mīl n.* |*pl.* ***dip.*** أميال *ʔamyāl*| • mile

ميلاد *mīlād n.* |*pl.* ***dip.*** مواليد *mawālīd*| • birth ▪ عيد ميلاد *ʕīd · mīlād* birthday ▪ عيد الميلاد *ʕīd · almīlād^i* Christmas ▪ قبل الميلاد *qabla -lmīlād^i* B.C. ▪ للميلاد *li-lmīlād^i*, بعد الميلاد *baʕda -lmīlād^i* A.D. ◊ في عام ٢٠٠٠ للميلاد *in the year 2000 A.D.* ▪ شهادة ميلاد *šahādat · mīlād* birth certificate ▪ محل ميلاد *maḥall · mīlād* birthplace

ميلادي *mīlādīy adj.* |*abbreviated* م| • Gregorian ▪ تقويم ميلادي *taqwīm mīlādīy n.* the Gregorian Calendar • *(when used with a number)* A.D. ◊ القرن الثاني عشر الميلادي *the twelfth century A.D.*

ميليشيا *mīlīšyā*, مليشيا *milīšyā n.* ***invar.*** • militia

ميم *mīm n.* ***f.*** ➡ م ***p. 263***

ميناء *mīnāʔ n.* ***f.*** |*pl.* موانئ *mawāniʔ*| • port, harbor • ميناء سن *mīnāʔ · sinn* tooth enamel

مئوي *miʔawīy adj.* • hundred(th)-, centi- ▪ __ درجة مئوية *__ daraja^t miʔawīya^t n.* __ degrees Celsius ▪ نسبة مئوية *nisba^t miʔawīya^t n.* percentage

ن

ن *nūn n.* ***f.*** *|*نون*|* • *(twenty-fifth letter of the Arabic alphabet)* • *(numerical value)* 50
➡ The Abjad Numerals p. 108

نـ *na-/nu- dual plural* ***m. f.*** *first-person imperfect-tense prefix* • we *(do)* ◊ نفعل *naf3al^u* we do ◊ ندرك *nudrik^u* we realize

ـن *-na plural* ***f.*** *third-person perfect-tense suffix* • they *(did)* ◊ فعلن *fa3alna* they did ⓘ *If the final radical of the verb is* ن*, only one* ن *is written:* ◊ سكنّ *sakanna* they lived

ـنا *-nā dual plural* ***m. f.*** *first-person perfect-tense suffix* • we *(did)* ◊ فعلنا *fa3alnā* we did ⓘ *If the final radical of the verb is* ن*, only one* ن *is written:* ◊ سكنّا *sakannā* we lived ***➡ Suffixed Personal Pronouns p. 192***

ناء *nāʔa v.intr. |1h2(a)* ينيء *yanīʔ^u* | نيء *nayʔ* or نيوء *nuyūʔ*| • be raw

ناء *nāʔa v.intr. |1h3(b)* ينوء *yanūʔ^u* | نوء *nawʔ*| • be weighed down *by* بـ, be burdened *by*

ناب *nāb n. |pl.* أنياب *ʔanyāb*| • fang

ناب *nāb n.* ***f.*** *|pl.* أنياب *ʔanyāb*| • *(tooth)* canine

ناب *nāba v.intr. |1h3* ينوب *yanūb^u* | نيابة *niyāba^t*| • represent عن

نابلس *nāblus n.* ***f. dip.*** • *(city in Palestine)* Nablus
➡ map on p. 229

الناتو *annātō n.* ***invar.*** • NATO (The North Atlantic Treaty Organization)

ناج *nāj(in) act. part. n.* ***def.*** *|m. pl.* ناجون *nājūn^a*| • survivor *of* من

ناجح *nājiħ act. part. adj. |elat.* أنجح *ʔanjaħ*| • successful

ناجى *nājā v.tr. |3d* يناجي *yunājī* | مناجاة *munājā^t*| • whisper *to* ه *sth* بـ ▪ ناجى نفسه *nājā nafs^a<u>hu</u>* talk to *oneself*

ناحية *nāħiya^t n. |pl.* ***def.*** نواح *nawāħ(in)*| • side, direction • point of view ▪ من ناحية... من ناحية أخرى... *min nāħiya^tin... min nāħiya^tin ʔuxrā...* on (the) one hand... on the other hand... ▪ من ناحية أخرى *min nāħiya^tin ʔuxrā adv.* on the other hand ▪ من ناحية *min nāħiyat^i prep.* from the point of view of, with regard to ◊ كلامك صحيح من ناحية المنطق. *What you say is correct from a logical point of view.* ▪ من ناحيتي *min nāħiyatī* as far as I'm concerned ◊ من ناحيتي، لا أمانع في عمل المرأة. *As far as I'm concerned, I have no problem with women working.*

ناخب *nāxib n.* • voter ▪ ناخبون *nāxibūn^a pl. n.* electorate

ناد *nād(in) n.* ***def.*** *|pl.* أندية *ʔandiya^t* or ***def.*** نواد *nawād(in)*| • club ▪ ناد ليلي *nād(in) laylīʸ* night club

نادب *nādib act. part. n. |pl.* ***dip.*** نوادب *nawādib*| • mourner

نادر *nādir act. part. adj. |elat.* أندر *ʔandar*| • rare, uncommon, unusual ▪ نادرا *nādiran*, نادرا ما *nādiran mā adv.* rarely, seldom ▪ من النادر أنْ *min^a -nnādir^i ʔan* it is rare that...

نادل *nādil n. |pl.* ندل *nudul*| • waiter, server

نادلة *nādila^t n.* • waitress

نادم *nādim act. part. adj. |m. pl.* نادمون *nādimūn^a* or ندام *nuddām* | *elat.* أندم *ʔandam*| • regretful

نادى *nādā v. |3d* ينادي *yunādī* | مناداة *munādā^t*| • *v.tr.* call out *to*, call • *v.intr.* call *for* بـ, advocate

نادية *nādiya^t* ***dip.*** *woman's name* • Nadia

نار *nār n.* ***f.*** *|pl.* نيران *nīrān*| • fire • gunfire ▪ فتح النار على *fataħa annār^a 3alā* open fire on • النار *annār* hell

نارجيل *nārajīl n.* • coconut

نارجيلة *nārgīla^t n.* • narghile (waterpipe for smoking), hookah ***➡*** **شيشة** ***šīša^t p. 181***

ناري *nārīʸ adj.* • fire- ▪ سلاح ناري *silāħ nārīʸ n.* firearm

نازح *nāziħ act. part. n.* • migrant, emigrant, immigrant

نازع *nāza3a v.tr. |3s* ينازع *yunāzi3^u* | منازعة *munāza3a^t*| • struggle *with*, fight *with*

نازل *nāzil act. part. n. |pl.* ***dip.*** نوازل *nawāzil*| • guest, lodger

نازي *nāzī adj. & n.* • Nazi

نازية *nāzīya^t n.* • Nazism ▪ نازية جديدة *nāzīya^t jadīda^t* neo-Nazism

ناسب *nāsaba v.tr. |3s* يناسب *yunāsib^u* | مناسبة *munāsaba^t*| • fit, suit, correspond *with*

ناسخة *nāsixa^t act. part. n.* • photocopier, copy machine

ن

ناسف *nāsif act. part. adj.* |*elat.* أكثر نسفا *ʔaktar nasfan*| • explosive ▪ عبوة ناسفة *3ubūwa^t nāsifa^t n.* improvised explosive device (IED), makeshift explosive ▪ حزام ناسف *ḥizām nāsif n.* suicide belt, explosive belt

ناسك *nāsik n.* |*pl.* نساك *nussāk*| • hermit, recluse • monk

ناشد *nāšada v.tr.* |*3s* يناشد *yunāšid^u* | مناشدة *munāšada^t*| • plead *with* ∘ *for* ∘ *or* في, appeal, implore, request urgently ▪ ناشده أنْ *nāšadahu ʔan* implore sb to *(do)*

ناشر *nāšir act. part. n.* • publisher

ناشط *nāšiṭ act. part.* |*pl.* **dip.** نشطاء *nušaṭāʔ* or ناشطون *nāšiṭūn^a*| • *n.* activist ▪ ناشط سياسي *nāšiṭ siyāsī^y* political activist • *adj.* |*elat.* أنشط *ʔanšaṭ*| active, dynamic, energetic

ناشئ *nāšiʔ act. part. adj.* • beginning, emergent, startup- ▪ شركة ناشئة *šarika^t nāšiʔa^t n.* startup company

ناص *nāṣa v.intr.* |*1h3* ينوص *yanūṣ^u* | مناص *manāṣ*| • avoid من *or* عن

ناصح *nāṣiḥ act. part. n.* |*pl.* نصاح *nuṣṣāḥ*| • adviser, counselor

ناصر *nāṣir act. part. n.* |*pl.* أنصار *ʔanṣār*| • follower, enthusiast, proponent • helper, protector • *man's name* Nasir ▪ جمال عبد الناصر *gamāl 3abd annāṣir* Gamal Abdel Nasser (second president of Egypt)

الناصرة *annāṣira^t n.* • *(city in Israel)* Nazareth

الناصرية *annāṣirīya^t n.* • *(city in Iraq)* Nasiriyah ➡ ***map on p. 206***

ناصية *nāṣiya^t n.* |*pl.* **def.** نواص *nawāṣ(in)*| • *(street)* corner ▪ في الناصية *fī -nnāṣiya^{ti}* on the corner •منطقة ناصية *minṭaqat · nāṣiya^t (brain)* frontal lobe

ناضج *nāḍij act. part. adj.* |*elat.* أنضج *ʔanḍaj*| • ripe, mature ▪ غير ناضج *ɣayr · nāḍij adj.* unripe, immature

ناضل *nāḍala v.tr.* |*3s* يناضل *yunāḍil^u* | مناضلة *munāḍala^t*| • struggle *with* • defend *against* ∘ *sb* عن

ناطحة *nāṭiḥa^t act. part.* |*pl.* **dip.** نواطح *nawāṭiḥ*| • ناطحة سحاب *nāṭiḥat · saḥāb n.* skyscraper

ناطق *nāṭiq act. part. n.* • speaker, spokesperson

ناظر *nāẓir act. part. n.* |*pl.* نظار *nuẓẓār*| • principal, head master

ناعس *nā3is act. part. adj.* |*elat.* أنعس *ʔan3as*| • sleepy, drowsy

ناعم *nā3im act. part. adj.* |*elat.* أنعم *ʔan3am*| • soft, smooth • *(hair)* straight

ناف *nāfa v.intr.* |*1h3* ينوف *yanūf^u* | نوف *nawf*| • exceed عن *or* على, be more *than*

نافد *nāfid act. part. adj.* • depleted, out of __ ▪ نافد الصبر *nāfid · aṣṣabrⁱ* impatient

نافذ *nāfiḏ act. part. adj.* |*elat.* أنفذ *ʔanfaḏ*| • effective ▪ أنفذ من السهم *idiom* more piercing than an arrow (i.e. very effective)

نافذة *nāfiḏa^t act. part. n.* |*pl.* **dip.** نوافذ *nawāfiḏ*| • window

نافس *nāfasa v.tr.* |*3s* ينافس *yunāfis^u* | منافسة *munāfasa^t*| • compete *with/against* ∘ *for* على, vie

نافع *nāfi3 act. part. adj.* |*elat.* أنفع *ʔanfa3*| • useful, beneficial ▪ غير نافع *ɣayr · nāfi3* useless

نافق *nāfaqa v.intr.* |*3s* ينافق *yunāfiq^u* | منافقة *munāfaqa^t*| • be a hypocrite

نافورة *nāfūra^t n.* |*pl.* **dip.** نوافير *nawāfīr*| • fountain

ناقة *nāqa^t n.* |*pl.* نوق *nūq* or نياق *niyāq*| • female camel, she-camel

ناقد *nāqid* |*pl.* نقاد *nuqqād* | *elat.* أكثر نقدا *ʔaktar naqdan*| • *adj.* critical ▪ تفكير ناقد *tafkīr nāqid n.* critical thinking • *n.* critic

ناقش *nāqaša v.tr.* |*3s* يناقش *yunāqiš^u* | مناقشة *munāqaša^t*| • discuss *sth* ∘ *with* مع, debate, argue

ناقص *nāqiṣ act. part.* |*pl.* نقص *nuqqaṣ* | *elat.* أنقص *ʔanqaṣ*| • *adj.* insufficient, incomplete ▪ فعل ناقص *fi3l nāqiṣ n. (grammar)* defective verb • *prep.* minus ◊ تسعة ناقص ستة يساوي ثلاثة. *Nine minus six equals three.*

ناقض *nāqaḍa v.tr.* |*3s* يناقض *yunāqiḍ^u* | مناقضة *munāqaḍa^t*| • contradict

ناقل *nāqil act. part. n.* • *(person, company)* transporter, carrier, shipper

ناقلة *nāqila^t n.* • *(vehicle)* carrier ▪ ناقلة نفط *nāqilat · nafṭ* oil tanker

ناك *nāka v.tr.* |*1h2* ينيك *yanīk^u* | نيك *nayk*| • *(vulgar)* fuck, screw

نال *nāla v.* |*1h1* ينال *yanāl^u* | نيل *nayl* or منال *manāl*| • *v.tr.* win, gain, get ▪ نال جائزة *nāla jāʔiza^t* win a prize ▪ نال تقديره ∘ *nāla taqdīr^ahu* earn *sb's* respect ▪ نال شهرة ∘ *nāla šahra^t* gain fame ▪ سهل المنال *sahl · ammanālⁱ* (easily) accessible ▪ صعب المنال *ṣa3b · ammanālⁱ* inaccessible, out of reach • *v.intr.* catch من, get ◊ نال الأسد من الفريسة. *The lion caught the prey.* • harm من, damage, undermine, erode, jeopardize

نام *nām(in) act. part. adj.* ***def.*** |*elat.* أكثر نموا *ʔaktar namūwan* or ***invar.*** أنمى *ʔanmā*| • developing, growing ▪ دولة نامية *dawla*^{t} *nāmiya*^{t} *n.* developing country ▪ العالم النامي *al3ālam annāmī*^{y} third world countries

نام *nāma v.intr.* |*1h1* ينام *yan**ā**m*^{u} | نوم *nawm*| • sleep • go to bed

ناموس *nāmūs* • *coll. n.* |*sing.* ناموسة *nāmūsa*^{t}| mosquitoes • *n.* |*pl.* ***dip.*** نواميس *nawāmīs*| law

ناهد *nāhid act. part. adj.* • *(breasts)* full, swelling • ***dip.*** *woman's name* Nahed

ناهض *nāhaḍa v.tr.* |*3s* يناهض *yunāhiḍ*^{u} | مناهضة *munāhaḍa*^{t}| • oppose, resist, defy, withstand

ناوأ *nāwaʔa v.tr.* |*3s(c)* يناوئ *yunāwiʔ*^{u} | مناوأة *munāwaʔa*^{t}| • oppose, resist, withstand

ناوب *nāwaba v.tr.* |*3s* يناوب *yunāwib*^{u} | مناوبة *munāwaba*^{t}| • alternate, take turns *with*

ناور *nāwara v.intr.* |*3s* يناور *yunāwir*^{u} | مناورة *munāwara*^{t}| • maneuver

ناول *nāwala v.tr.* |*3s* يناول *yunāwil*^{u} | مناولة *munāwala*^{t}| • submit *to* ه *sth* ه, hand over, turn in

ناي *nāy n.* • ney (wooden flute)

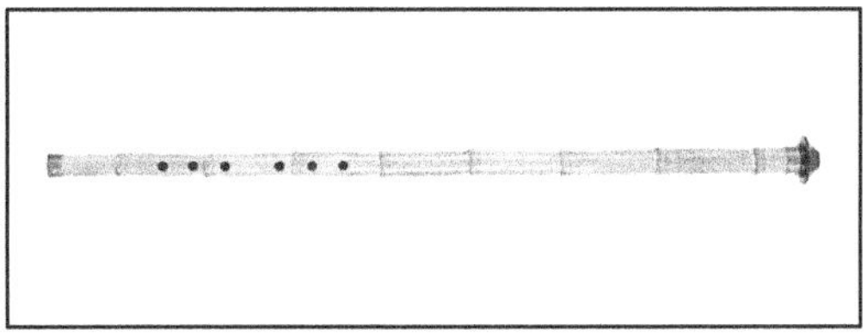

A wooden ney

نائب *nāʔib act. part. n.* |*pl.* نواب *nuwwāb*| • deputy, vice- ▪ نائب رئيس *nāʔib · raʔīs* vice-president • representative, member of parliament ▪ مجلس نواب *majlis · nuwwāb* parliament, house of representatives

نائم *nāʔim act. part. adj.* • asleep

نبأ *nabaʔ n.* |*pl.* أنباء *ʔanbāʔ*| • report, information ▪ أنباء *ʔanbāʔ pl. n.* news ▪ وكالة أنباء *wikālat · ʔanbāʔ* news agency ▪ نشرة أنباء *našrat · ʔanbāʔ* newscast, news bulletin

نبات *nabāt coll. n.* • plants, vegetation

نباتي *nabātī*^{y} • *adj.* vegetal, botanical • *adj. & n.* vegetarian

نباح *nubāḫ n.** • *(dog)* bark

نبت *nabata v.intr.* |*1s3* ينبت *yanb**u**t*^{u} | نبت *nabt*| • grow

نبتة *nabta*^{t} *n.* • plant

نبتون *nabtūn n.* • *(planet)* Neptune

نبح *nabaḫa v.intr.* |*1s1* ينبح *yanb**a**ḫ*^{u} | نباح *nubāḫ*| • *(dog)* bark *at* على

نبذ *nabaḏa v.tr.* |*1s2* ينبذ *yanb**i**ḏ*^{u} | نبذ *nabḏ*| • discard, throw away

نبر *nabara v.tr.* |*1s2* ينبر *yanb**i**r*^{u} | نبر *nabr*| • emphasize, stress

نبر *nabr n.** • emphasis, stress

نبرة *nabra*^{t} *n.* |*pl.* نبرات *nab(a)rāt*| • tone, inflection

نبض *nabaḍa v.intr.* |*1s2* ينبض *yanb**i**ḍ*^{u} | نبض *nabḍ*| • beat, throb, pulsate, palpitate

نبض *nabḍ n.* |*pl.* أنباض *ʔanbāḍ*| • pulse ▪ نبض قلبي *nabḍ qalbī*^{y} heartbeat

نبضة *nabḍa*^{t} *n.* |*pl.* نبضات *nab(a)ḍāt*| • beat

نبع *naba3a v.intr.* |*1s2* ينبع *yanb**i**3*^{u} | نبع *nab3* or نبوع *nubū3*| • well up, gush • stem *from* من, originate

نبل *nubl n.* • nobility

نبه *nabbaha v.tr.* |*2s* ينبه *yunabbih*^{u} | تنبيه *tanbīh*| • warn *sb* ه *about* إلى, caution • stimulate, excite • awaken, wake *sb* up

نبوءة *nubūʔa*^{t} *n.* • prophecy

نبوة *nubūwa*^{t} *n.* • prophethood

نبوي *nabawī*^{y} *adj.* • prophetic ▪ المسجد النبوي *almasjid annabawī*^{y}, مسجد النبوي *masjid · annabawī*^{yi} Al-Masjid an-Nabawi, the Prophet's Mosque (in Medina) ➡ ***picture to the right***

The Prophet's Mosque in Medina

نبي *nabī*^{y} *n.* |*pl.* ***dip.*** أنبياء *ʔanbiyāʔ*| • prophet

نبيذ *nabīḏ n.* |*pl.* أنبذة *ʔanbiḏa*^{t}| • wine ▪ نبيذ أبيض *nabīḏ ʔabyaḍ* white wine ▪ نبيذ أحمر *nabīḏ ʔaḫmar* red wine

نبيل *nabīl adj.* |*m. pl.* ***dip.*** نبلاء *nubalāʔ* | *elat.* أنبل

ʔanbal| • noble • *man's name* Nabil, Nabeel ▪ نبيلة *nabīla*^{t} *woman's name* Nabila, Nabeela

نبيه *nabīh adj.* |*m. pl.* **dip.** نبهاء *nubahāʔ* | *elat.* أنبه *ʔanbah*| • noble, highborn

نتأ *nataʔa v.intr.* |*1s1(b)* ينتأ *yanta**ʔ**^{u}* | نتوء *nutūʔ*| • protrude, stick out, bulge

نتاج *nitāj n.** • yield, fruits, turnout, revenue • harvest, crop

نتج *nataja v.intr.* |*1s2* ينتج *yant**ij**^{u}* | نتاج *nitāj*| • result *from* عن *or* من

نتن *natin adj.* |*elat.* أنتن *ʔantan*| • rotten-smelling, rancid, smelly

نتيجة *natīja*^{t} *n.* |*pl.* **dip.** نتائج *natāʔij*| • result, effect, outcome ▪ نتيجة لـ *natījatan li- prep.* as a result of ▪ ونتيجة لهذا *wa-natījatan li-hāđā*, ونتيجة لذلك *wa-natījatan li-đālika adv.* as a result, consequently

نتيجة *natījata prep.* • as a result of ◊ مرض نتيجة إهمال صحته. *He fell ill as a result of neglecting his health.*

نثر *naŧara v.tr.* |*1s3* ينثر *yanŧ**ur**^{u}* | نثر *naŧr*| • scatter, strew, sprinkle • write prose

نثر *naŧr n.** • prose

نثري *naŧrīʸ adj.* • prosaic

نثير *naŧīr adj.* • scattered, strewn about

نجا *najā v.intr.* |*1d3* ينجو *yanj**ū*** | نجاة *najā*^{t}| • survive من, escape *from*, be saved *from* ◊ يقينا سننجو من هذا. *We will certainly survive this.*

نجاة *najā*^{t} *n.** • survival, rescue

نجاح *najāħ n.** • success ▪ بنجاح *bi-najāħ*^{in} *adv.* successfully

نجار *najjār n.* • carpenter

نجح *najaħa v.intr.* |*1s1* ينجح *yanj**aħ**^{u}* | نجاح *najāħ*| • succeed *in* في, manage to *(do)*

نجد *najjada v.tr.* |*2s* ينجد *yunajjid*^{u} | تنجيد *tanjīd*| • upholster

نجدة *najda*^{t} *n.* |*pl.* نجدات *naj(a)dāt*| • relief, help ▪ النجدة *annajda*^{t} Help! ▪ طلب النجدة *ṭalaba annajda*^{ta} call 911 ◊ اطلب النجدة متى ما سمعت إشارتي. *Dial 911 when you hear my signal.*

نجران *najrān n.* ***f.* dip.** • *(city in Saudi Arabia)* Najran ➡ ***map on p. 166***

النجف *annajaf n.* ***f.*** • *(city in Iraq)* Najaf ➡ ***map on p. 206***

نجل *najl n.* |*pl.* أنجال *ʔanjāl*| • descendant, offspring, son

نجم *najama v.intr.* |*1s3* ينجم *yanj**u**m*^{u} | نجوم *nujūm*| • stem *from* من, originate *from*

نجم *najjama v.intr.* |*2s* ينجم *yunajjim*^{u} | تنجيم *tanjīm*| • practice astrology

نجم *najm n.* |*pl.* نجوم *nujūm*| • *(astronomy)* star ▪ فندق خمسة نجوم *funduq · xamsa*^{ti} *nujūm*^{in} five-star hotel ▪ نجم بحر *najm · baħr* starfish • star, actor, celebrity • *man's name* Najm, Najem

نجمة *najma*^{t} *n.* |*pl.* نجمات *naj(a)māt*| • star, actress ▪ نجمة بحر *najmat · baħr* starfish

نجى *najjā v.tr.* |*2d* ينجي *yunajjī* | تنجية *tanjiya*^{t}| • rescue *sb* ∘ *from* من, save

نجيب *najīb adj.* |*m. pl.* نجباء *nujabāʔ* | *elat.* أنجب *ʔanjab*| • highborn, of noble descent • *man's name* Najib, Naguib

نجيل *najīl n.* |*pl.* نجل *nujul*| • Bermuda grass

نحات *naħħāt n.* • sculptor

نحاس *nuħās n.* • copper ▪ نحاس أصفر *nuħās ʔaṣfar* brass

نحال *naħħāl n.* • beekeeper

نحالة *niħāla*^{t} *n.* • beekeeping, apiculture

نحب *naħaba v.intr.* |*1s1/1s2* ينحب *yanħ**ab**^{u}* or *yanħ**ib**^{u}* | نحب *naħb* or نحيب *naħīb*| • weep, sob, wail

نحت *naħata v.tr.* |*1s2/1s3* ينحت *yanħ**it**^{u}* or *yanħ**ut**^{u}* | نحت *naħt*| • sculpt, carve, chisel

نحت *naħt n.** • *(grammar)* compound word ⓘ *A compound word consists of two words written together without a space to create a new word:* ➡ **رأسمال** ***raʔsmāl capital p. 145*, برمائي *barmāʔīʸ amphibian p. 63***

نحس *naħasa v.tr.* |*1s1* ينحس *yanħ**as**^{u}* | نحس *naħas*| • jinx, hex, bring bad luck *to*

نحف *naħufa v.intr.* |*1s6* ينحف *yanħ**uf**^{u}* | نحافة *naħāfa*^{t}| • lose weight, become thin

نحل *naħl coll. n.* |*sing.* نحلة *naħla*^{t}| • bees

نحن *naħnu dual plural* ***m. f.*** *first-person personal pronoun* • we ▪ نحن الاثنان *naħnu -liŧnān*^{i} we both

نحو *naħw n.* |*pl.* أنحاء *ʔanħāʔ*| • direction, side ▪ أنحاء *ʔanħāʔ pl. n.* parts ◊ قد انتشر السرطان في مختلف أنحاء جسمه. *The cancer has spread to different parts of his body.* ▪ في جميع أنحاء العالم *fī jamīʕ ʔanħāʔ*^{i} *-lʕālam*, في كل أنحاء العالم *fī kull*^{i} *ʔanħāʔ*^{i} *-lʕālam*^{i} all over the world, around the world • *(grammar)* syntax

نحو *naħwa prep.* • toward, in the direction of ◊ اتجهت نحو المستشفى. *I headed toward the hospital.* ▪ ونحو ذلك *wa-naħwa đālika* et cetera (etc.) • nearly, almost ◊ نحو عشر سنوات *almost ten years* ◊ في نحو التاسعة صباحا *just before nine in the morning*

نحوي *naḥwīʸ adj.* • *(grammar)* syntactic

نحيف *naḥīf adj.* |*m. pl.* نحاف *niḥāf* or **dip.** نحفاء *nuḥafāʔ* | *elat.* أنحف *ʔanḥaf*| • skinny, gaunt, emaciated • thin, slim

نحيل *naḥīl adj.* |*m. pl.* **invar.** نحلى *naḥlā* | *elat.* أنحل *ʔanḥal*| • thin, slim • skinny, gaunt, emaciated

نخاع *nuxāʒ*, نخاع شوكي *nuxāʒ šawkīʸ n.* |*pl.* نخع *nuxuʒ*| • spinal cord, spinal column ▪ نخاع عظم *nuxāʒ · ʒaẓm* bone marrow

نخب *naxb n.* |*pl.* أنخاب *ʔanxāb*| • *(honor)* toast ▪ شرب نخبه *šariba naxbᵃhu v.* toast *sb*

نخبة *nuxbaᵗ n.* |*pl.* نخب *nuxab*| • *(the best)* elite group, select group, draft

نخبي *naxabīʸ* • *adj.* elite • *n.* elitist

نخر *naxir adj.* • rotten, decayed

نخر *naxr n.* |*pl.* نخور *nuxūr*| • decay, rot ▪ نخر أسنان *naxr · ʔasnān* tooth decay, cavity

نخل *naxl*, نخيل *naxīl coll. n.* |*sing.* نخلة *naxlaᵗ* or نخيلة *naxīlaᵗ*| • palm trees, date palms

نداء *nidāʔ n.* • call, summons

ندب *nadaba v.tr.* |*1s3* يندب *yandubᵘ* | ندب *nadb*| • mourn, lament, weep *over* ◊ ندب حظه العاثر. *He lamented his bad luck.* • send *sb* as a delegate ◊ ندب الرئيس وزير الخارجية. *The president sent the foreign minister as a delegate.*

ندبة *nadbaᵗ*, ندب *nadab n.* |*pl.* ندبات *nad(a)bāt* or أنداب *ʔandāb*| • scar

ندد *naddada v.tr.* |*2s* يندد *yunaddidᵘ* | تنديد *tandīd*| • criticize *sb* ∘ *for* بـ

ندر *nadara v.intr.* |*1s3* يندر *yandurᵘ* | ندر *nadr* or ندور *nudūr*| • be rare, be scarce

ندرة *nadraᵗ n.* • scarcity

ندم *nadam n.** • regret, remorse

ندم *nadima v.intr.* |*1s4* يندم *yandamᵘ* | ندم *nadam*| • regret على

ندوة *nadwaᵗ n.* |*pl.* ندوات *nad(a)wāt*| • seminar, council, panel

ندى *nad(an) n.* **indecl.** |*pl.* أنداء *ʔandāʔ*| • dew

نديم *nadīm n.* |*pl.* **dip.** ندماء *nudamāʔ*| • close friend, pal • *man's name* Nadeem, Nadim

نذل *naḏl* |*pl.* أنذال *ʔanḏāl*| • *adj.* villainous, vile • *n.* scoundrel, villain

نذير *naḏīr n.* |*pl.* نذر *nuḏur*| • alarm • *man's name* Nadir

نرجس *narjis coll. n.* |*sing.* نرجسة *narjisaᵗ*| • daffodils

نرجسي *narjisīʸ* • *adj.* |*elat.* أكثر نرجسية *ʔaktar narjisīyaᵗᵃⁿ*| vain, narcissistic • *n.* narcissist

نرجسية *narjisīyaᵗ n.* • vanity, narcissism

نرد *nard n.* • النرد *annard*, لعبة طاولة النرد *luʒbat · ṭāwilatⁱ · -nnardⁱ* backgammon • حجر نرد *ḥajar · nard (singular of dice)* die

النرويج *annurwīj n.* ***f.*** • Norway

نرويجي *nurwījīʸ adj. & n.* • Norwegian

نزاع *nizāʒ n.* • struggle, fight, conflict, dispute

نزاهة *nazāhaᵗ n.* • integrity

نزح *nazaḥa v.intr.* |*1s1/1s2* ينزح *yanzaḥᵘ* or *yanziḥᵘ* | نزوح *nuzūḥ*| • migrate *to* إلى, emigrate, immigrate

نزع *nazʒ n.** • removal

نزع *nazaʒa v.tr.* |*1s1* ينزع *yanzaʒᵘ* | نزع *nazʒ*| • remove *sth* ∘ *from* من, take away

نزعة *nazʒaᵗ n.* • inclination, tendency

نزف *nazafa v.intr.* |*1s2* ينزف *yanzifᵘ* | نزف *nazf*| • bleed

نزل *nazl n.* |*pl.* نزول *nuzūl*| • inn, motel, hotel

نزل *nazzala v.tr.* |*2s* ينزل *yunazzilᵘ* | تنزيل *tanzīl*| • download • lower, decrease

نزل *v.intr.* • *nazala* |*1s2* ينزل *yanzilᵘ* | نزول *nuzūl*| descend, go down ▪ نزل الثلج *nazala attaljᵘ* snow ▪ نزل وزنه *nazala waznᵘhu* lose weight ◊ نزل وزني خمسة كيلو. *I lost five kilos.* • get off, get out of, disembark • *nazila* |*1s4* ينزل *yanzalᵘ* | نزلة *nazlaᵗ*| stay *at* في *or* عند ◊ سأنزل في الفندق مؤقتا. *I will stay in the hotel for the time being.* • surrender *to* على, yield, give in

نزلة *nazlaᵗ n.** |*pl.* نزلات *naz(a)lāt*| • arrival, stopover • catarrh ▪ نزلة برد *nazlat · bard* cold

نزهة *nuzhaᵗ n.* |*pl.* نزه *nuzah*| • stroll, walk; excursion, trip ▪ في نزهة *fī nuzhaᵗ* on a walk; on a trip

نزوح *nuzūḥ n.** • migration, emigration, immigration

نزول *nuzūl n.** • descent ▪ نزولا *nuzūlan adv.* down, downward • surrender, compliance ▪ نزولا على *nuzūlan ʒalā prep.* in accordance with ▪ نزولا على طلبه *nuzūlan ʒalā ṭalabⁱhi*, نزولا على رغبته *nuzūlan ʒinda raɣbatⁱhi adv.* at *sb's* request

نزيف *nazīf n.* • hemorrhage, bleeding ▪ نزيف أنف *nazīf · ʔanf* nosebleed

ن

نزيل *nazīl n.* |*pl.* **dip.** نزلاء *nuzalāʔ*| • guest, lodger

نزيه *nazīh adj.* |*m. pl.* **dip.** نزهاء *nuzahāʔ* | *elat.* أنزه *ʔanzah*| • honest, morally upright

نساء *nisāʔ plural* ***f.*** |*sing.* امرأة *imraʔa^{t}*| • women

نساء *nisāʔ*, نسوة *niswa^{t}* ***f.*** *pl. n.* |*sing.* امرأة *imraʔa^{t}*| • women

نساخ *nassāx n.* |*pl.* نساخة *nassāxa^{t}*| • transcriber, scribe

نسائي *nisāʔī^{y} adj.* • women's, for women ◊ ملابس نسائية *women's clothing* ◊ حلاق نسائي *hairdresser for women*

نسائي *nisāʔī^{y}*, نسوي *niswī^{y}* • *adj.* women's ◊ فريق نسائي لكرة السلة *women's basketball team* • *adj. & n.* feminist

نسائية *nisāʔīya^{t}*, نسوية *niswīya^{t} n.* • feminism

نسب *nasab n.** |*pl.* أنساب *ʔansāb*| • lineage, descent, origin • relationship, kinship

نسب *nasaba v.tr.* |*1s3/1s2* ينسب *yansub^{u}* or *yansib^{u}* | نسبة *nisba^{t}* or نسب *nasab*| • refer *sth* ∘ *to* إلى, relate

نسبة *nisba^{t} n.** |*pl.* نسب *nisab*| • connection, relationship ▪ بالنسبة لـ *bi-nnisba^{ti} li-*, بالنسبة إلى *bi-nnisba^{ti} ʔilā prep.* as for, regarding, according to, with regard to; in comparison with ▪ بالنسبة لي *bi-nnisba^{ti} lī* As for me, ... • rate, ratio ▪ نسبة مئوية *nisba^{t} miʔawīya^{t}* percentage • *(grammar)* nisba adjective, relative adjective

نسبي *nisbī^{y} adj.* |*elat.* أكثر نسبية *ʔaktar nisbīya^{tan}*| • relative ▪ نسبيا *nisbīyan adv.* relatively ◊ هذا الأمر مضمون نسبيا. *The issue is relatively guaranteed.*

نستعليق *nasta3līq n.* •خط النستعليق *xaṭṭ · annasta3līq^{i}* Nastaleeq script (style of calligraphy)

نسج *nasaja v.tr.* |*1s3* ينسج *yansuj^{u}* | نسج *nasj*| • weave, spin ▪ نسج على منواله *nasaja 3alā minwāl^{i}hi* follow *sb's* example; take after *sb*

نسخ *nasaxa v.tr.* |*1s1* ينسخ *yansax^{u}* | نسخ *nasx*| • copy, reproduce • transcribe, transliterate • photocopy

نسخ *nasx n.** • reproduction • transcription ▪ نسخ حرفي *nasx ḥarfī^{y}* transliteration ▪ خط النسخ *xaṭṭ · annasx^{i}* Naskh script (the most commonly used style for printing Arabic, and the style used throughout this book) ➡ ***see picture above-right***

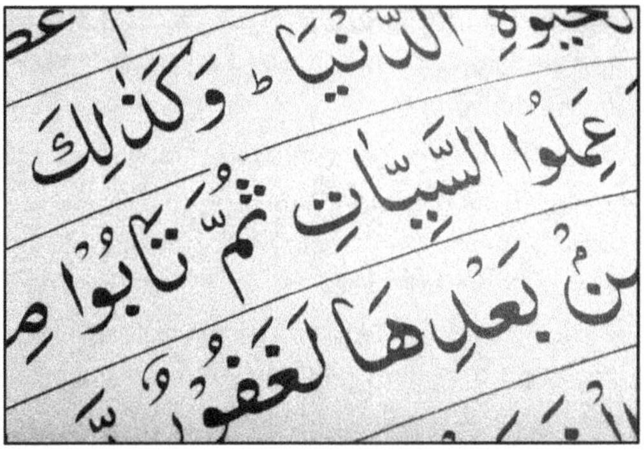

A sample of Naskh script from the Quran

نسخة *nusxa^{t} n.* |*pl.* نسخ *nusax*| • copy, reproduction, replica ▪ نسخة مصورة *nusxa^{t} muṣawwara^{t}* photocopy

نسر *nasr n.* |*pl.* نسور *nusūr*| • vulture

نسف *nasafa v.tr.* |*1s2* ينسف *yansif^{u}* | نسف *nasf*| • blow up • torpedo

نسق *nasaq n.* • system, method

نسق *nassaqa v.tr.* |*2s* ينسق *yunassiq^{u}* | تنسيق *tansīq*| • coordinate, arrange

نسل *nasl n.* |*pl.* أنسال *ʔansāl*| • offspring, descendants

نسمة *nasama^{t} n.* • *(demographics)* person, individual ◊ يبلغ عدد سكان الأرض سبعة مليارات نسمة. *The population of the world has surpassed seven billion (people).*

نسي *nasiya v.tr.* |*1d4* ينسى *yansā* | نسيان *nisyān* or نسي *nasy*| • forget ▪ نسي أنْ *nasiya ʔan* forget to *(do)* ◊ نسيت تناول الدواء. *I forgot to take the medicine.* ▪ نسي أنَّ *nasiya ʔanna* forget that... ◊ نسيت أني تناولت الدواء *I forgot that I had taken the medicine.* ▪ ...علينا ألا ننسى *3alaynā ʔallā nansā* Let's not forget...

نسيان *nisyān n.** • forgetfulness ▪ كثير النسيان *katīr · annisyān^{i} adj.* forgetful

نسيب *nasīb n.* |*pl.* أنسباء *ʔansibāʔ* or **dip.** نسباء *nusabāʔ*| • relative, kinsman

نسيج *nasīj n.** |*pl.* أنسجة *ʔansija^{t}*| • textile, fabric ▪ النسيج الاجتماعي *annasīj alijtimā3ī^{y}* social fabric • texture • tissue ▪ نسيج جلدي *nasīj jildī^{y}* skin tissue • web ▪ نسيج عنكبوت *nasīj · 3ankabūt* spider web

نسيفة *nasīfa^{t} n.* |*pl.* **dip.** نسائف *nasāʔif*| • bomb

نسيم *nasīm n.* |*pl.* **dip.** نسائم *nasāʔim*| • breeze ▪ شم النسيم *šam annasīm* Sham el-Nessim (Egyptian holiday)

نشأ *našaʔa v.intr.* |*1s1(b)* ينشأ *yanšaʔ^{u}* | نشأة *našʔa^{t}* or

نشوء nušūʔ| • grow up • evolve *from* عن, result *from*

نشاط *našāṭ n.*⋆ |*pl.* أنشطة *ʔanšiṭaᵗ*| • activity

نشال *naššāl n.* • pickpocket

نشب *našiba v.intr.* |*1s4* ينشب *yanšabᵘ* | نشوب *nušūb*| • break out, arise ▪ نشبت حرب *našibat ḥarbᵘⁿ* war breaks out ▪ نشب حريق *našiba ḥarīqᵘⁿ* fire breaks out

نشد *našada v.tr.* |*1s3* ينشد *yanšudᵘ* | نشد *našd*| • pursue, seek

نشر *našara v.tr.* |*1s3* ينشر *yanšurᵘ* | نشر *našr*| • spread • publish, issue • announce, decree • saw

نشر *našr n.*⋆ • spread • publication, issuance • announcement, declaration

نشرة *našraᵗ n.* |*pl.* نشرات *naš(a)rāt*| • publication, newsletter, pamphlet ▪ نشرة شهرية *našraᵗ šahrīyaᵗ* monthly publication • announcement, decree ▪ نشرة أخبار *našrat · ʔaxbār* news broadcast

نشط *našiṭ adj.* |*elat.* أنشط *ʔanšaṭ*| • active, dynamic, energetic

نشط *našiṭa v.intr.* |*1s4* ينشط *yanšaṭᵘ* | نشاط *našāṭ*| • become active, become energetic

نشط *naššaṭa v.tr.* |*2s* ينشط *yunaššiṭᵘ* | تنشيط *tanšīṭ*| • energize, stimulate ▪ نشط الاقتصاد *naššaṭa aliqtiṣād* stimulate the economy

نشف *našifa v.intr.* |*1s4* ينشف *yanšafᵘ* | نشف *našaf*| • dry out, dehydrate

نشف *naššafa v.tr.* |*2s* ينشف *yunaššifᵘ* | تنشيف *tanšīf*| • dry

نشل *našala v.tr.* |*1s3* ينشل *yanšulᵘ* | نشل *našl*| • pickpocket, snatch

نشوء *nušūʔ n.*⋆ • growth • evolution

نشوان *našwān adj.* |*m. pl.* ***invar.*** نشاوى *našāwā* | *f. sing.* ***invar.*** نشوى *našwā* | *elat.* أكثر نشوة *ʔaktar našwatan* or ***invar.***أنشى *ʔanšā*| • drunk, intoxicated, high

نشوب *nušūb n.*⋆ • outbreak, eruption

نشوة *našwaᵗ n.* • intoxication • ecstasy

نشيد *našīd*, أنشودة *ʔunšūdaᵗ n.* |*pl.* ***dip.*** أناشيد *ʔanāšīd*| • anthem ▪ نشيد وطني *našīd waṭanīʸ* national anthem

نشيط *našīṭ adj.* |*m. pl.* نشاط *nišāṭ* | *elat.* أنشط *ʔanšaṭ*| • active, dynamic, energetic

نص *naṣṣ n.*⋆ |*pl.* نصوص *nuṣūṣ*| • text

نص *naṣṣa v.intr.* |*1g3* ينص *yanuṣṣᵘ* | نص *naṣṣ*| • stipulate على, determine, specify

نصاب *naṣṣāb n.* • crook, cheat, imposter, fraud, swindler

نصاب *niṣāb n.* • origin, beginning, original condition

نصب *naṣaba v.tr.* |*1s3* ينصب *yanṣubᵘ* | نصب *naṣb*| • cheat, dupe, deceive • install, appoint • erect, set up ◊ نصب الكشاف الخيمة. *The scout set the tent up.*

نصب *naṣb n.* • fraud, deception • installation, appointment • *(grammar)* accusative case ▪ حرف نصب *ḥarf · naṣb* accusative particle

نصب *naṣṣaba v.tr.* |*2s* ينصب *yunaṣṣibᵘ* | تنصيب *tanṣīb*| • nominate, appoint

نصب *nuṣb* or *nuṣub n.* |*pl.* أنصاب *ʔanṣāb*| • *n.* monument, statue, idol ▪ نصب تذكاري *nuṣb taḏkārīʸ* monument, memorial

نصب *nuṣba prep.* • in front of, before ▪ نصب عيني *nuṣba 3aynayya* before my eyes ▪ وضعه نصب عينيه *waḍa3ahu nuṣba 3aynayhi* direct *one's* attention to *sth*

نصح *naṣaḥa v.tr.* |*1s1* ينصح *yanṣaḥᵘ* | نصح *naṣḥ* or *nuṣḥ* or نصيحة *naṣīḥaᵗ*| • advise *sb* ه *on* بـ ▪ نصحه أنْ *naṣaḥahu ʔan*, نصحه بأن *naṣaḥa bi-ʔan* advise *sb* to *(do)*

نصر *naṣara v.tr.* |*1s3* ينصر *yanṣurᵘ* | نصر *naṣr* or نصرة *nuṣraᵗ*| • aid, assist, save ▪ نصره الله *naṣarahu aLLāhᵘ* may God help *sb*

نصر *naṣr n.*⋆ • triumph, victory

نصر *naṣṣara v.tr.* |*2s* ينصر *yunaṣṣirᵘ* | تنصير *tanṣīr*| • convert to Christianity

نصراني *naṣrānīʸ adj. & n.* |*pl.* ***invar.*** نصارى *naṣārā*| • Christian

نصرانية *naṣrānīyaᵗ n.* • Christianity

نصرة *nuṣraᵗ n.* |*pl.* نصرات *nuṣ(u)rāt*| • help, assistance

نصف *naṣṣafa v.tr.* |*2s* ينصف *yunaṣṣifᵘ* | تنصيف *tanṣīf*| • halve

نصف *niṣf n.* |*pl.* أنصاف *ʔanṣāf*| • half ▪ نصف ساعة *niṣf · sā3aᵗ* half an hour ▪ والنصف *wa-nniṣf* [hour +] *(time)* half past ◊ الساعة التاسعة والنصف *half past nine (9:30)* ▪ ونصف *wa-niṣf* [+ genitive noun] and a half ◊ سنتان ونصف سنة *two and a half years (lit. two years and a half year)* ▪ مفتوح نصف فتحة *maftūḥ niṣfᵃ fatḥaᵗᵘⁿ* half-way open ▪ نصف كرة *niṣf · kuraᵗ* hemisphere

نصفي *niṣfīʸ adj.* • semi- ▪ صداع نصفي *ṣudā3 niṣfīʸ n.* migraine ▪ انتخابات نصفية *intixābāt niṣfīyaᵗ pl. n.* midterm elections

ن

نصل *naṣl n.* |*pl.* نصال *niṣāl* or نصول *nuṣūl*| • blade

نصيب *naṣīb n.* |*pl.* نصب *nuṣub*| • fate, destiny • share, portion ▪ نصيب صغير *naṣīb ṣaɣīr* small serving, small portion • dividend, quota

نصيحة *naṣīħaᵗ n.** |*pl.* **dip.** نصائح *naṣāʔiħ*| • advice

نصير *naṣīr n.* |*pl.* **dip.** نصراء *nuṣarāʔ* or أنصار *ʔanṣār*| • supporter, ally

نضال *niḍāl n.* • struggle • defense

نضج *naḍija v.intr.* |*1s4* ينضج *yanḍ**a**jᵘ* | نضج *nuḍj*| • ripen, mature • be well-cooked

نضج *nuḍj n.** • maturity

نضيج *naḍīj adj.* |*elat.* أنضج *ʔanḍaj* or أكثر نضجا *ʔaktar nuḍjan*| • *(meat)* well-done ▪ غير نضيج *ɣayr · naḍīj* rare

نط *naṭṭ n.** •نط الحبل *naṭṭ · alħablⁱ* *(game)* jump rope ▪ لعب نط الحبل *la3iba naṭṭᵃ -lħablⁱ v.* jump rope

نط *naṭṭa v.intr.* |*1g3* ينط *yan**u**ṭṭᵘ* | نط *naṭṭ*| • spring, leap, jump

نطاق *niṭāq n.* |*pl.* نطق *nuṭuq*| • range, limit, zone ▪ واسع النطاق *wāsi3 · anniṭāqⁱ adj.* wide-ranging ▪ في نطاق الرؤية *fī niṭāqⁱ -rruʔyaᵗⁱ adv.* in sight • belt, ring

نطفة *nuṭfaᵗ n.* |*pl.* نطف *nuṭaf*| • sperm

نطق *naṭaqa v.intr.* |*1s3* ينطق *yanṭuqᵘ* | نطق *nuṭq*| • pronounce بـ, articulate • talk, speak ▪ نطق بالحق *naṭaqa bi-lħaqqⁱ* speak the truth

نطق *nuṭq n.** • pronunciation ▪ طريقة نطق *ṭarīqat · nuṭq* accent

نظارة *naẓẓāraᵗ n.* • (pair of) eyeglasses ▪ نظارة شمس *naẓārat · šams* sunglasses ▪ نظارة قراءة *naẓārat · qirāʔaᵗ* reading glasses ▪ نظارة ثنائية البؤرة *naẓāraᵗ tunāʔīyatᵗ · lbuʔraᵗⁱ* bifocals ▪ ارتدى نظارة *irtadā naẓẓāraᵗ v.* wear glasses ⓘ *The dual and plural forms are sometimes also used to refer to a single pair of eyeglasses:* ◊ يرتدي نظارات. *He's wearing glasses.*

نظافة *naẓāfaᵗ n.* • cleanness, cleanliness • hygiene

نظام *niẓām n.** |*pl.* نظم *nuẓum* or أنظمة *ʔanẓimaᵗ*| • system, order ▪ نظام الحزب الواحد *niẓām · alħizbⁱ -lwāħidⁱ* one-party system • regime

نظامي *niẓāmīʸ* • regular, orderly, systematic, methodical

نظر *naẓar n.** |*pl.* أنظار *ʔanẓār*| • eyesight, vision ▪ بعد النظر *bu3d · annaẓarⁱ* hyperopia, farsightedness ▪ بعيد النظر *ba3īd · annaẓarⁱ* forward-looking, wise; hyperopic, farsighted ▪ طويل النظر *ṭawīl · annaẓarⁱ* hyperopic, farsighted ▪ قصر النظر *qaṣr · annaẓarⁱ* myopia ▪ قصير النظر *qaṣīr · annaẓarⁱ* myopic, nearsighted • view, opinion, observation ▪ في نظري *fī naẓarī* in my opinion ▪ نظرا لـ *naẓaran li- prep.* because of, due to ◊ لن يحضر نظرا لمرضه. *He's not coming due to his illness.* ▪ نظرا لأنّ *nazaran li-ʔanna conj.* because, seeing as how ◊ لست قلقا نظرا لأنك هنا. *I'm not worried since you are here.*; with regard to, in view of ◊ لن أعاتبك نظرا لظروفك الصعبة. *In view of your difficult circumstances, I will not blame you.*

نظر *naẓara v.intr.* |*1s3* ينظر *yanẓ**u**rᵘ* | نظر *naẓar*| • look *at* إلى

نظرة *naẓraᵗ n.* |*pl.* نظرات *naẓ(a)rāt*| • look, view ▪ ألقى نظرة سريعة على *ʔalqā naẓraᵗᵃⁿ sarī3aᵗᵃⁿ 3alā* glance at, take a quick look at

نظري *naẓarīʸ* • *adj.* theoretical

نظرية *naẓarīyaᵗ n.* • theory, theorem

نظف *naẓẓafa v.tr.* |*2s* ينظف *yunaẓẓifᵘ* | تنظيف *tanẓīf*| • clean

نظم *naẓama v.tr.* |*1s2* ينظم *yanẓ**i**mᵘ* | نظم *naẓm* or نظام *niẓām*| • arrange, organize

نظم *naẓm n.** • verse • arrangement, organization

نظم *naẓẓama v.tr.* |*2s* ينظم *yunaẓẓimᵘ* | تنظيم *tanẓīm*| • arrange, organize

نظير *naẓīr* • *adj.* |*pl.* **dip.** نظراء *nuẓarāʔ*| similar, corresponding • *n.* |*pl.* **dip.** نظراء *nuẓarāʔ*| counterpart, peer • *n.* |*pl.* **dip.** نظائر *naẓāʔir*| isotope

نظير *naẓīra prep.* • for, in return for, in exchange for ◊ أعطته سيارتها نظير مبلغ مالي. *She gave him her car in exchange for money.*

نظيف *naẓīf adj.* |*m. pl.* نظاف *niẓāf* | *elat.* أنظف *ʔanẓaf*| • clean

نعاس *nu3ās n.** • sleepiness, drowsiness

نعام *na3ām coll. n.* |*sing.* نعامة *na3āmaᵗ*| • ostriches

نعت *na3ata v.tr.* |*1s1* ينعت *yan3**a**tᵘ* | نعت *na3t*| • characterize *sb/sth* ه *as* بـ, describe

نعت *na3t n.** |*pl.* نعوت *nu3ūt*| • adjective

نعجة *na3jaᵗ n.* • ewe ▪ من صار نعجة أكله الذئب. *man ṣāra na3jaᵗᵃⁿ ʔakalahu -đđiʔbᵘ proverb* He who becomes a lamb will be devoured by wolves.

نعس *na3asa v.intr.* |*1s1/1s3* ينعس *yan3**a**sᵘ* or *yan3**u**sᵘ* | نعاس *nu3ās* or نعس *na3s*| • become sleepy, become drowsy, be half asleep

نعسان *na3sān adj.* **dip.** |*m & f pl.* نعاس *ni3ās* | *elat.*

أنعس *ʔan3as* | • sleepy, drowsy

نعل *na3l n.* |*pl.* نعال *ni3āl*| • (pair of) sandals • footwear • *(shoe)* sole

نعم *na33ama v.tr.* |*2s* ينعم *yuna33im^u* | تنعيم *tan3īm*| • soften, smooth out

نعم *na3am interjection* • yes ▪ نعم؟ *na3am* Yes?, Sorry? ⓘ نعم *na3am is generally used as an answer to an affirmative questions.*

➡ ***compare with*** **بلى** ***balā p. 68***

نعم *ni3ma interjection* • [+ definite nominative noun] what a wonderful...! ◊ نعم الرجال أنتم! *What wonderful men you are!* ◊ نعم الثواب! *How wonderful is the recompense!* ◊ كنت نعم الزوجة له. *I was such a wonderful wife to him.* ⓘ *Less commonly, you may see the form* نعمت *ni3mati preceding a feminine noun.* ▪ نعم ما *ni3ma mā* it is wonderful what... ◊ نعم ما فعلت! *What you did was wonderful!, Well done!*

نعم *v.intr.* • *na3ama* |*1s3* ينعم *yan3um^u* | نعمة *na3ma^t*| enjoy بـ, take pleasure *in* • *na3uma* |*1s3* ينعم *yan3um^u* | نعومة *nu3ūma^t*| be soft, be smooth

نعمة *na3ma^t n.*⋆ |*pl.* نعمات *na3(a)māt*| • enjoyment, pleasure

نعمة *ni3ma^t n.* |*pl.* نعم *ni3am*| • blessing, grace ▪ بنعمة الله *bi-ni3mat^i -LLāh^i adv.* by the grace of God

نعناع *na3nā3 n.* • mint, peppermint

نعومة *nu3ūma^t n.*⋆ • softness, smoothness ▪ منذ نعومة أظفاره *mundu nu3ūmat^i ʔaẓfār^i<u>hi</u> adv.* since *one's* early childhood

نعيم *na3īm n.* • comfort, luxury ▪ نعيما *na3īman* Blessings! ▪ عاش في نعيم *3āša fī na3īm^in v.* live in luxury

نغص *naγγaṣa v.tr.* |*2s* ينغص *yunaγγiṣ^u* | تنغيص *tanγīṣ*| • upset, disturb

نغم *naγm* or *naγam n.* |*pl.* أنغام *ʔanγām*| • note, tone

نغمة *naγma^t* or *naγama^t n.* |*pl.* نغمات *naγ(a)māt*| • note, tone

نفاثة *naffāta^t*, طائرة نفاثة *ṭāʔira^t naffāta^t n.* • jet plane

نفاد *nafād n.*⋆ • depletion ▪ نفاد صبر *nafād · ṣabr* impatience

نفاق *nifāq n.* • hypocrisy

نفايات *nufāyāt pl. n.* • garbage (UK: rubbish), waste ▪ مكب نفايات *mikabb · nufāyyāt* landfill ▪ تدوير النفايات *tadwīr · annufāyāt^i* recycling

نفخ *nafaxa v.tr.* |*1s3* ينفخ *yanfux^u* | نفخ *nafx*| • inflate, blow up

نفد *nafida v.intr.* |*1s4* ينفد *yanfad^u* | نفاد *nafād*| • run out, be depleted

نفذ *nafađa v.* |*1s3* ينفذ *yanfuđ^u* | نفاذ *nafāđ*| • *v.tr.* penetrate, pierce • *v.intr.* lead *to* إلى

نفذ *naffađa v.tr.* |*2s* ينفذ *yunaffiđ^u* | تنفيذ *tanfīđ*| • implement, execute, perform, carry out, apply, impose ▪ نفذ أمرا *naffađa ʔamran* fulfill an order ▪ نفذ برنامجا *naffađa barnāmajan* implement a program ▪ نفذ خطة *naffađa xiṭṭa^t* execute a plan

نفر *nafar n.* |*pl.* أنفار *ʔanfār*| • private, soldier

نفر *naffara v.tr.* |*2s* ينفر *yunaffir^u* | تنفير *tanfīr*| • alienate, estrange • drive away, scare away • repel, disgust

نفس *nafas n.* |*pl.* أنفاس *ʔanfās*| • breath

نفس *nafs n. f.* |*pl.* أنفس *ʔanfus*| • self ▪ بنفسه *bi-nafs^i<u>hi</u>* oneself, by *oneself* ▪ بنفسي أنْ... *bi-nafsī ʔan* I hope that... • [+ definite genitive noun] the same __ ▪ نفس الشيء *nafs · aššayʔ^i* the same thing ▪ في نفس الوقت *fī nafs^i -lwaqt^i adv.* at the same time, simultaneously

Oneself...

The forms listed below are in the nominative case. For declensions of personal suffixes,

➡ ***p. 192***

نفسي *nafsī*	**نفسانا** *nafsānā*	**أنفسنا** *ʔanfus^unā*
نفسك *nafs^uka*	**نفساكما** *nafsākumā*	**أنفسكم** *ʔanfus^ukum*
نفسك *nafs^uki*		**أنفسكن** *ʔanfus^ukunna*
نفسه *nafs^uhu*	**نفساهما** *nafsāhumā*	**أنفسهم** *ʔanfus^uhum*
نفسها *nafs^uhā*		**أنفسهن** *ʔanfus^uhunna*

نفس *nafs n. f.* |*pl.* نفوس *nufūs*| • soul, psyche ▪ علم النفس *3ilm · annafs^i* psychology ▪ عالم نفس *3ālim · nafs* psychologist

نفسي *nafsī^y*, نفساني *nafsānī^y adj.* • psychological, mental ▪ الطب النفسي *aṭṭibb annafsī^y* psychiatry ▪ طبيب نفسي *ṭabīb nafsī^y*, طبيب نفساني *ṭabīb nafsānī^y*

psychiatrist

نفسية *nafsīyaᵗ n.* • psyche, state of mind, disposition

نفض *nafaḍa v.tr.* |*1s3* ينفض *yanfuḍᵘ* | نفض *nafḍ*| • dust (off) ▪ نفض سيجارة *nafaḍa sīgāraᵗ* ash a cigarette, flick ash

نفط *nafṭ n.* • oil, petroleum ▪ نفط خام *nafṭ xām* crude oil

نفطي *nafṭīʸ adj.* • oil-

نفع *naf3 n.*⋆ • usefulness, use

نفع *nafa3a v.tr.* |*1s1* ينفع *yanfa3ᵘ* | نفع *naf3*| • be useful *to*, be helpful

نفعة *naf3aᵗ n.* • usefulness, use

نفق *nafaq n.* |*pl.* أنفاق *ʔanfāq*| • tunnel

نفقة *nafaqaᵗ n.* • expense, expenditure ▪ على نفقته *3alā nafaqatⁱhi* at *sb's* expense ▪ دفع نفقات *dafa3a nafaqāt v.* pay expenses

نفوذ *nufūḏ n.* • authority, influence

نفى *nafā v.tr.* |*1d2* ينفي *yanfī* | نفي *nafy*| • deny, dismiss, reject, refute • banish, exile

نفي *nafy n.*⋆ • denial

نفيس *nafīs adj.* |*elat.* أنفس *ʔanfas*| • valuable, costly

نق *naqqa v.intr.* |*1g2* ينق *yaniqqᵘ* | نقيق *naqīq*| • *(frog)* croak

نقاب *niqāb n.* • niqab (cloth which covers a woman's hair and face, except the eyes)

Women wearing niqabs in Yemen

نقابة *niqābaᵗ n.* • syndicate, (trade) union

نقابي *niqābīʸ adj.* • union-

نقابية *niqābīyaᵗ adj. & n.* • *(derogatory)* (woman) wearing a niqab

نقاش *niqāš n.* • discussion, debate, argument

نقال *naqqāl adj.* • portable, mobile ▪ هاتف نقال *hātif naqqāl* cell phone (UK: mobile phone)

نقب *naqqaba v.intr.* |*2s* ينقب *yunaqqibᵘ* | تنقيب *tanqīb*| • drill *for* عن • delve *into* عن, investigate

نقح *naqqaḥa v.tr.* |*2s* ينقح *yunaqqiḥᵘ* | تنقيح *tanqīḥ*| • revise

نقد *naqada v.tr.* |*1s3* ينقد *yanqudᵘ* | نقد *naqd*| • criticize • critique, review

نقد *naqd n.*⋆ • criticism • critique, review • |*pl.* نقود *nuqūd*| cash ▪ نقود *nuqūd pl. n.* money ▪ نقدا *naqdan adv.* in cash

نقدي *naqdīʸ adj.* • monetary • critical

نقش *naqaša v.tr.* |*1s3* ينقش *yunqušᵘ* | نقش *naqš*| • engrave *sth* ه *in* على, carve

نقص *naqaṣa v.tr.* |*1s3* ينقص *yanquṣᵘ* | نقص *naqṣ* or نقصان *nuqṣān*| • *v.intr.* decrease, diminish •نقصه *naqaṣahu v.tr. sb* lacks, *sb* is short of

ⓘ *The subject and object are inversed from the English translations:* ◊ تنقصني الثقة بنفسي. *I lack confidence in myself.*

نقص *naqqaṣa v.tr.* |*2s* ينقص *yunaqqiṣᵘ* | تنقيص *tanqīṣ*| • reduce, decrease, diminish, lessen

نقص *naqṣ*, نقصان *nuqṣān n.*⋆ • decrease • shortage, deficit, deficiency, lack ▪ نقص أدلة *naqṣ · ʔadillaᵗ* lack of evidence ▪ نقصان عقل *nuqṣān · 3aql* weak-mindedness

نقض *naqaḍa v.tr.* |*1s3* ينقض *yanquḍᵘ* | نقض *naqḍ*| • rescind, veto, annul, nullify

نقض *naqḍ n.*⋆ • veto, annulment, invalidation

نقط *naqqaṭa v.tr.* |*2s* ينقط *yunaqqiṭᵘ* | تنقيط *tanqīṭ*| • dot ◊ نقط حرف الفاء بنقطة واحدة من فوقها. *Put a single dot over the letter* ف.

نقطة *nuqṭaᵗ n.* |*pl.* نقط *nuqaṭ* or نقاط *niqāṭ*| • point, dot ◊ التاء عليه نقطتان. *(The letter)* ت *has two dots over it.* ▪ نقطة تحول *nuqṭat · taḥawwul* turning point • period (UK: full stop)

نقل *naqala v.tr.* |*1s3* ينقل *yanqulᵘ* | نقل *naql*| • transport, move • transfer ▪ نقل السلطة إلى *naqala assulṭaᵗ ʔilā* transfer power to • communicate, convey • cite عن, quote ▪ نقل عنه قوله إن *naqala 3anhu qawlahu ʔinna* quote *sb* as saying... ◊ نقلت الصحيفة عنه قوله إنه... *The newspaper quoted him as saying that he...*

نقل *naql n.*⋆ • transportation ▪ نقل عام *naql 3āmm* public transportation ▪ وسيلة نقل *wasīlat · naql* means of transportation • transfer ▪ نقل دم *naql dam* blood transfusion • account, report ▪ نقلا عن *naqlan 3an prep.* according to

نقلي *naqlīʸ adj.* • transport-

نقليات *naqlīyāt pl. n.* • transport, transportation company, transportation services

نقمة *niqma^t n.* |*pl.* نقم *niqam*| • resentment, grudge, spite

نقى *naqqā v.tr.* |*2d* ينقي *yunaqqī* | تنقية *tanqiya^t*| • purify, refine, cleanse

نقي *naqīy adj.* |*m. pl.* **dip.** أنقياء *ʔanqiyāʔ* | *elat.* أنقى *ʔanqā*| • pure, clear

نقيب *naqīb n.* |*pl.* **dip.** نقباء *nuqabāʔ*| • *(military)* captain • union boss

نكاح *nikāḥ n.* • marriage • marriage contract

نكاف *nukāf n.* • mumps

نكتة *nukta^t n.* |*pl.* نكت *nukat*| • joke ◊ هذه نكتة جيدة! *That's a good one!* • witty remark, quip

نكر *nakkara v.tr.* |*2s* ينكر *yunakkir^u* | تنكير *tankīr*| • disguise

نكرة *nakira^t n.* • *(grammar)* indefinite noun

نكسة *naksa^t n.* |*pl.* نكسات *nak(a)sāt*| • relapse, setback

نكهة *nakha^t n.* • flavor

نم *namma v.intr.* |*1g2* ينم *yanimm^u* | نم *namm*| • reveal عن, show, display, represent, reflect, be a reflection *of* • slander على

نما *namā v.intr.* |*1d3* ينمو *yanmū* | نماء *namāʔ* or نمو *numū^w*| • develop, grow

نمر *namir n.* |*pl.* نمور *numūr*| • panther, big cat ▪ نمر صياد *namir · ṣayyād* cheetah (lit. hunter panther) ▪ نمر مرقط *namir muraqqaṭ* leopard (lit. spotted panther) • tiger

النمسا *annimsā n.* ***f.* invar.** • Austria

نمساوي *nimsāwīy adj. & n.* • Austrian

نمش *namaš coll. n.* |*sing.* نمشة *namaša^t*| • freckles

نمط *namaṭ n.* |*pl.* أنماط *ʔanmāṭ*| • way, manner ▪ نمط حياة *namaṭ · ḥayā^t* way of life, lifestyle

نمطي *namaṭīy adj.* |*elat.* أكثر نمطية *ʔaktar namaṭīya^tan*| • stereotyped, typical, standard

نمل *naml coll. n.* |*sing.* نملة *namla^t* | *pl.* نمال *nimāl*| • ants

نمنم *namnama v.intr.* |*11s* ينمنم *yunamnim^u* | نمنمة *namnama^t*| • miniaturize

نمنمة *namnama^t n.*⋆ • miniaturization

نمنمة *nimnima^t n.* • wren

نمو *numū^w n.*⋆ • development, growth

نموذج *namūđaj n.* |*pl.* **dip.** نماذج *namāđij*| • model, replica, example ▪ نموذجا *namūđajan adv.* typically

نموذجي *namūđajīy adj.* • typical

نمى *nammā v.tr.* |*2d* ينمي *yunammī* | تنمية *tanmiya^t*| • develop, advance, cultivate, further

نميمة *namīma^t n.* • slander, libel

نهار *nahār n.* |*pl.* أنهر *ʔanhar*| • day, daytime ▪ نهارا *nahāran adv.* by day, in the daytime ▪ آخر النهار *ʔāxir^a · -nnahār^i adv.* at the end of the day ▪ ليل نهار *layl^a nahār^a*, ليلا ونهارا *laylan wa-nahāran* day and night ◊ يعمل بجد ليلا ونهارا. *He works hard day and night.* ▪ النهار *annahār n. f.* Annahar (Lebanese newspaper)

نهاري *nahārīy adj.* • day-, daytime

نهاية *nihāya^t n.* • end ▪ في النهاية *fī -nnihāya^ti*, نهاية *nihāyatan adv.* finally ◊ ونهاية أقول لك، احذر الغرور. *And finally, I tell you, beware of ignorance.* ▪ إلى ما لا نهاية *ʔilā mā lā nihāya^ta adv.* forever, without end, endlessly

نهائي *nihāʔīy adj.* • final, last ▪ نهائيا *nihāʔīyan adv.* finally; completely, absolutely, once and for all ▪ لا نهائي *lā nihāʔīy* infinite

نهب *nahaba v.tr.* |*1s1/1s3* ينهب *yanhab^u* or *yanhub^u* | نهب *nahb*| • plunder, ravage

نهج *nahaja v.tr.* |*1s1* ينهج *yanhaj^u* | نهج *nahj*| • pursue, follow ▪ نهج على منواله *nahaja 3alā minwāl^ihi* follow *sb's* example

نهج *nahj n.*⋆ |*pl.* نهوج *nuhūj*| • method, procedure, approach

نهد *nahd n.* |*pl.* نهود *nuhūd*| • *(of a woman)* breasts, bust

نهر *nahr n.* |*pl.* أنهار *ʔanhār*| • river ▪ فرس نهر *faras · nahr* hippopotamus

نهش *nahaša v.tr.* |*1s2* ينهش *yanhiš^u* | نهش *nahš*| • bite

نهض *nahaḍa v.intr.* |*1s1* ينهض *yanhaḍ^u* | نهوض *nuhūḍ* or نهض *nahḍ*| • get up *from* عن, rise ▪ نهض عن السرير *nahaḍa 3an^i -ssarīr^i* get out of bed • advance بـ, promote, take up ▪ نهض بدور في *nahaḍa bi-dawr^in fī* play a role in ▪ نهض بمسؤولياته *nahaḍa bi-masʔūlīyāt^ihi* live up to *one's* responsibilities, shoulder *one's* responsibilities

نهضة *nahḍa^t n.* • rebirth ▪ عصر النهضة *3aṣr · annahḍa^ti* the Renaissance

نهق *nahaqa* or *nahiqa v.intr.* |*1s1/1s4* ينهق *yanhaq^u* | نهيق *nahīq*| • bray, hee-haw

نهوض *nuhūḍ n.*⋆ • promotion, advancement

نهى *nahā v.tr.* |*1d1* ينهى *yanhā* | نهي *nahy*| • forbid *sb* ه *from* عن ▪ لا تنه عن خلق وتأتي مثله. *lā tanhi 3an xuluq wa-taʔtī mitl^ih^i proverb* Practice what you preach.

نواة *nawā^{t} n.* |*pl.* نويات *nawayāt*| • nucleus • kernel, pit

نواذيبو *nuwāđībū n.* ***f. dip.*** • *(city in Mauritania)* Nouadhibou ➡ ***map on p. 306***

نوار *nuwwār coll. n.* |*sing.* نوارة *nuwwāra^{t}* | *pl.* ***dip.*** نواوير *nawāwīr*| • blossoms

نواكشوط *nawākšūṭ n.* ***f. dip.*** • *(capital of Mauritania)* Nouakchott ➡ ***map on p. 306***

نوبة *nawba^{t} n.* |*pl.* نوب *nuwab*| • *(work)* shift • fit, attack ▪ نوبة قلبية *nawba^{t} qalbīya^{t}* heart attack ▪ نوبة سعال *nawbat · su3āl* coughing fit

نوبل *nobel n.* • Nobel ▪ جائزة نوبل للسلام *jāʔizat · nobel li-ssalām^{i}* Nobel Peace Prize

نوبي *nūbī^{y} adj. & n.* • Nubian

نوح *nūḥ* ***dip.*** *man's name* • Noah

نور *nūr n.* |*pl.* أنوار *ʔanwār*| • light ▪ نور الدين *nūr · addīn^{i} man's name* Nuruddin • *man's name* Nur, Noor • ***f. dip.*** *woman's name* Nur, Noor

نور *nawwara v.tr.* |*2s* ينور *yunawwir^{u}* | تنوير *tanwīr*| • illuminate • enlighten • bloom

نورس *nawras coll. n.* |*sing.* نورسة *nawrasa^{t}* | *pl.* ***dip.*** نوارس *nawāris*| • gulls, seagulls

نوع *naw3 n.* |*pl.* أنواع *ʔanwā3*| • kind, sort, type ▪ نوعا ما *naw3an mā adv.* more or less, somewhat • species ▪ أصل الأنواع *ʔaṣl · alʔanwā3^{i}* *(book title)* On the Origin of Species

نوع *nawwa3a v.tr.* |*2s* ينوع *yunawwi3^{u}* | تنويع *tanwī3*| • diversify, vary

نوعي *naw3ī^{y} adj.* • specific, characteristic

نوعية *naw3īya^{t} n.* • quality

نوفمبر *novembir n.* ***dip.*** • November ➡ ***The Months p. 181***

نول *nawl n.* |*pl.* أنوال *ʔanwāl*| • loom

نوم *nawm n.*⋆ • sleep ▪ ذهب إلى النوم *đahaba ʔilā -nnawm^{i} v.* go to bed ▪ في النوم *fī -nnawm^{i} adv.* asleep ▪ استغرق في النوم *istaɣraqa fī -nnawm^{i} v.* fall asleep, doze off

نوم *nawwama v.tr.* |*2s* ينوم *yunawwim^{u}* | تنويم *tanwīm*| • put to bed, make sleep, induce sleep • hypnotize

نون *nawwana v.tr.* |*2s* ينون *yunawwin^{u}* | تنوين *tanwīn*| • *(grammar)* add nunation *to*

نون *nūn n.* ***f.*** ➡ ***ن p. 295***

نوه *nawwaha v.intr.* |*2s* ينوه *yunawwih^{u}* | تنويه *tanwīh*| • point out بـ *or* إلى, mention, note ▪ نوه إلى أنّ *nawwaha ʔilā ʔanna*, نوه بأنّ *nawwaha bi-ʔanna* mention that...

نووي *nawawī^{y} adj.* • nuclear, atomic ▪ أسلحة نووية *ʔasliḥa^{t} nawawīya^{t} pl. n.* nuclear weapons

نوى *nawā v.tr.* |*1d2* ينوي *yanwī* | نية *nīya^{t}*| • plan *(on)* ▪ نوى أنْ *nawā ʔan* intend to *(do)*

ـني *-nī sing.* ***m. f.*** *first-person personal pronoun suffix* • [verb +] me ➡ ***Suffixed Personal Pronouns p. 192***

نيء *nīʔ*, ني *nī^{y} adj.* • raw, uncooked

نيابة *niyāba^{t} n.*⋆ • representation ▪ نيابة عن *niyābatan 3an prep.* on behalf of • *(lawyers)* prosecution ▪ وكيل نيابة *wakīl · niyāba^{t}* prosecutor, prosecuting attorney

نيابي *niyābī^{y} adj.* • representative

النيبال *annībāl n.* ***f.*** • Nepal

نيبالي *nībālī^{y} adj. & n.* • Nepali

نية *nīya^{t} n.*⋆ |*pl.* ***invar.*** نوايا *nawāyā*| • intention, aim

النيجر *annījir n.* ***f.*** • Niger

نيجري *nījirī^{y} adj. & n.* • Nigerien

نيجيري *nījīrī^{y} adj. & n.* • Nigerian

نيجيريا *nījīriyā n.* ***f. invar.*** • Nigeria

نيروبي *nayrōbī n.* ***f. invar.*** • *(capital of Kenya)* Nairobi

نيزك *nayzak n.* |*pl.* ***dip.*** نيازك *nayāzik*| • falling star, meteor, meteoroid, meteorite

نيسان *nīsān n.* ***dip.*** • April ➡ ***The Months p. 181***

نيف *nayyif n.* • excess ▪ ونيف *wa-nayyif*, نيف و *nayyif wa-* [+ noun with number] [noun with number +] over, more than, above, __ some, __ odd ◊ لمدة شهرين ونيف *for more than two months* ◊ قبل عقد ونيف *over a decade ago* ◊ عشرون شخصا ونيف *twenty some people* ▪ نيف و *nayyif wa-* [+ noun with number] over, more than, above ◊ منذ نيف وسبعة أعوام *for more than seven years*

نيق *nayyiq adj.* • choosy, picky, fussy

نيكاراجوا *nīkārāguwā n.* ***f. invar.*** • Nicaragua

نيكاراجواني *nīkārāguwānī^{y} adj. & n.* • Nicaraguan

النيل *annīl n.* • *(river)* the Nile ➡ ***map on p. 287***

نيلة *nīla^{t} n.* • *(color)* indigo

نيلون *naylon n.* • nylon

نيلي *nīlī^{y} adj.* • Nile- • *(color)* indigo

نيو زيلاندا *nyū zīlandā n.* ***f. invar.*** • New Zealand

نيو زيلاندي *nyū zīlandī^{y} adj.* • New Zealand- • *n.* New Zealander

نيودلهي *nyūdelhī n.* ***f. invar.*** • *(capital of India)*

New Delhi
نيون *nīyon n.* • neon
نيويورك *nyūyork n.* ***f. dip.*** • New York

ه

ه *hāʔ n.* ***f.*** *|هاء|* • *(twenty-sixth letter of the Arabic alphabet)* • *(numerical value)* 5 ➡ ***The Abjad Numerals p. 108*** • *(point of information)* E., V.

هـ *hijrīʸ |abbreviation of* هجري *|* • *(Islamic calendar)* A.H. (After Hijra) ◊ توفي ابن سينا عام ٤٢٨ هـ. *Ibn Sina died in 428 A.H.* ➡ **هجري** ***hijrīʸ p. 315***

ـه *-hu* and *-hi* • *sing.* ***m.*** *third-person possessive pronoun suffix* [noun +] his, its ◊ هذا كتابه. *hāḏā kitābᵘ**hu** This is his book.* ◊ في كتابه *fī kitābⁱ**hi** in his book* • *sing.* ***m.*** *third-person personal pronoun suffix* [verb or preposition +] him, it ◊ أعرفه. *ʔa3rifᵘ**hu** I know him.* ◊ فيه *fī**hi** in it*
ⓘ *pronounced -hi directly after a kasra (i) or yaa (y); otherwise, pronounced -hu.*
➡ ***Suffixed Personal Pronouns p. 192***

ـها *-hā* • *sing.* ***f.*** *third-person possessive pronoun suffix* [noun +] her, its ◊ هذا كتابها. *This is her book.* • *sing.* ***f.*** *third-person personal pronoun suffix* [verb or preposition +] her, it ◊ أعرفها. *I know her.* ◊ فيها *in it* • *suffix (forms adverbs)* then, at that time ▪ ليلتها *laylatᵃhā adv.* (on) that night ▪ يومها *yawmᵃhā adv.* (on) that day ▪ أيامها *ʔayyāmᵃhā adv.* in those days, at that time ▪ لحظتها *laḥẓatᵃhā adv.* at that moment ▪ وقتها *waqtᵃhā adv.* at that time, then ▪ بعدها *ba3dahā adv.* after that, afterward ➡ ***Suffixed Personal Pronouns p. 192***

ها *hā interjection* • Look!, Here... ▪ ها هو __ *hā huwa* __ Here is __ ◊ ها هي النقود! *Here's the money!* • Ha!

هاء *hāʔ n.* ***f.*** ➡ ***ه above***

هاب *hāba v.tr.* |*1h1* يهاب *yahābᵘ* | هيبة *haybaᵗ* or مهابة *mahābaᵗ*| • fear, be afraid *of* • revere

هابيل *hābīl* ***dip.*** *man's name* • Abel ▪ قابيل وهابيل *qābīl wa-hābīl* Cain and Abel

هات *hāt(i) imperative* |*f. sing.* هاتي *hātī* | *m. pl.* هاتوا *hātū*| • give, bring

هاتان *hātānⁱ dual* ***f.*** *demonstrative* |*acc. and gen.* هاتين *hātaynⁱ*| • these (two), both of these ◊ [+ indefinite dual feminine noun] **هاتان** مدرستان. *Both of these (women) are teachers.* ◊ [+ dual feminine noun with definite article] هاتان المدرستان *these two teachers* ◊ من هاتين البنتين *from these two girls* ▪ هاتان هما *hātānⁱ humā* These (women) are (the) __ ◊ [+ animate plural masculine noun with definite article] هاتان هما المدرستان اللتان أخبرتك عنهما. *These are the (two) teachers I told you about.*
ⓘ *Demonstratives cannot precede an idafa construction. When* هاتان*modifies the first term of an idafa construction, it must follow the entire construction:* ◊ طبيبتان الأسنان هاتان *these two dentists* ⓘ *When modifying the second term of an idafa construction, it precedes the second term. Remember that the second term of an idafa construction (and its demonstrative) take the genitive:* ◊ مدرسة هاتين الطالبتين *these two students' school* ➡ ***This and These p. 325***

هاتر *hātara v.tr.* |*3s* يهاتر *yuhātirᵘ* | مهاترة *muhātaraᵗ*| • abuse, insult, call names

هاتف *hātafa v.tr.* |*3s* يهاتف *yuhātifᵘ* | مهاتفة *muhātafaᵗ*| • telephone, call

هاتف *hātif act. part. n.* |*pl.* ***dip.*** هواتف *hawātif*| • telephone ▪ هاتف خلوي *hātif xalawīʸ*, هاتف نقال *hātif naqqāl*, هاتف جوال *hātif jawwāl*, هاتف محمول *hātif maḥmūl* cell phone ▪ على الهاتف *3alā -lhātifⁱ adv.* on the phone ▪ بالهاتف *bi-lhātifⁱ*, عبر الهاتف *3abra -lhātifⁱ adv.* by phone ▪ رن جرس هاتف *ranna jarasᵘ · hātif*, دق جرس هاتف *daqqa jarasᵘ · hātif v.* a phone rang ▪ خط هاتف *xaṭṭ · hātif* telephone line

هاتفي *hātifīʸ adj.* • telephone- ▪ اتصال هاتفي *ittiṣāl hātifīʸ n.* phone call ▪ هاتفيا *hātifīyan adv.* by phone ◊ اتصلت به هاتفيا. *I reached him by phone.*

هاجر *hājara v.intr.* |*3s* يهاجر *yuhājirᵘ* | مهاجرة *muhājaraᵗ*| • migrate, emigrate *from* من, immigrate *to* إلى

هاجس *hājis n.* |*pl.* هواجس *hawājis*| • worry, apprehension

هاجم *hājama v.tr.* |*3s* يهاجم *yuhājimᵘ* | مهاجمة *muhājamaᵗ*| • attack

هادئ *hādiʔ act. part. adj.* |*elat.* أهدأ *ʔahdaʔ*| • calm, quiet ▪ المحيط الهادئ *almuḥīṭ alhādiʔ n.* the Pacific Ocean

هارب *hārib act. part. n.* • fugitive, escapee

هارون *hārūn* ***dip.*** *man's name* • Harun, Aaron

هازئ *hāzi? act. part. adj.* • mocking, scornful

هاشم *hāšim n.* • Hashim ▪ بنو هاشم *banū · hāšim* the clan of Hashim

هاشمي *ɧāšimī^{y} adj.* • Hashemite

هال *hāl n.* • cardamom

هال *hāla v.tr.* |*1h3* يهول *yahūl^{u}* | هول *hawl*| • frighten, scare, terrify, horrify

هالة *hāla^{t} n.* • halo • ***dip.*** *woman's name* Hala

الهالووين *alhālōwīn n.* • Halloween

هام *hāmm act. part. adj.* |*elat.* أهم *?ahamm*| • important, significant, major ▪ غير هام *ɣayr · hāmm* minor, unimportant

هامش *hāmiš n.* |*pl.* ***dip.*** هوامش *hawāmiš*| • margin

هامشي *hāmišī^{y} adj.* • marginal

هان *hāna v.intr.* |*1h3* يهون *yahūn^{u}* | هون *hawn*| • be easy *for* على

هانوي *hānōy n.* ***f. invar.*** • *(capital of Vietnam)* Hanoi

هانئ *hāni? act. part.* |*elat.* أهنأ *?ahna?*| • *adj.* delighted, glad • هاني *hānī man's name* Hani

هاو *hāw(in) act. part. n.* ***def.*** |*pl.* هواة *huwā^{t}*| • amateur

هاون *hāwun n.* |*pl.* ***dip.*** هواوين *hawāwīn*| • mortar

هاوية *hāwiya^{t} n.* • cliff, precipice

هايتي *hāytī n.* ***f. invar.*** • Haiti

هايتي *hāytī^{y} adj. & n.* • Haitian

هائل *hā?il act. part. adj.* • frightening, scary • terrible, awful • huge, immense, enormous

هب *habba v.intr.* |*1g3* يهب *yahubb^{u}* | هب *habb*| • blow ▪ هبت ريح *habbat rīɧ^{un}* wind blew ◊ كانت ريح شديدة تهب. *A strong wind was blowing.*

هباء *habā? n.* |*pl.* أهباء *?ahbā?*| • dust

هبة *hiba^{t} n.* • grant, gift, donation

هبط *habaṭa v.intr.* |*1s2/1s3* يهبط *yahbiṭ^{u}* or *yahbuṭ^{u}* | هبوط *hubūṭ*| • descend • *(airplane)* land

هبوب *habūb n.* • dust storm

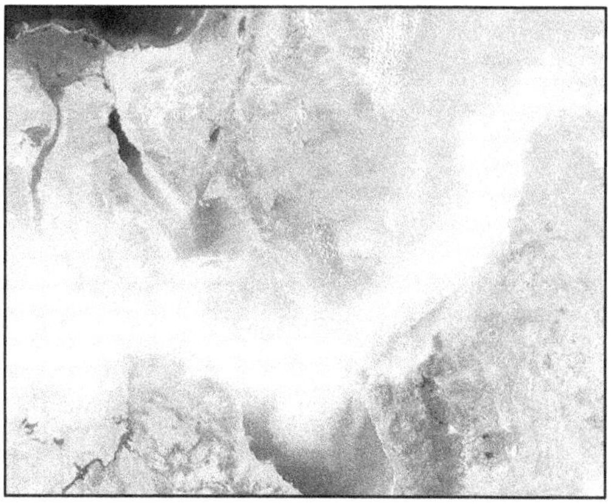

Dust storm over KSA, the Red Sea, and Egypt

هبوط *hubūṭ n.** • descent, fall • landing

هتاف *hutāf n.** • chant, clamor

هتف *hatafa v.tr. & intr.* |*1s2* يهتف *yahtif^{u}* | هتاف *hutāf*| • chant (بـ), shout, cry out, exclaim ◊ هتف المتظاهرون ارحل ارحل. *The demonstrators chanted 'Out! Out!'.*

هجاء *hijā? n.* • spelling • alphabet ▪ حروف الهجاء *hurūf · alɧijā?^{i}* letters of the alphabet

هجائي *hijā?ī^{y} adj.* • alphabetical

هجر *hajara v.tr.* |*1s3* يهجر *yahjur^{u}* | هجر *hajr*| • abandon

هجرة *hijra^{t} n.* • migration, emigration, immigration • الهجرة *alhijra^{t}* The Hijra (the flight of Muhammad and his followers from Mecca to Medina in 622 A.D.)

هجري *hijrī^{y} adj.* • A.H. (After Hijra) • of the Hijra ▪ تقويم هجري *taqwīm hijrī^{y}* Islamic calendar, Muslim calendar

The Islamic Calendar

1. **المحرم** *almuɧarram*
2. **صفر** *ṣafar*
3. **ربيع الأول** *rabī3 al?awwal*
4. **ربيع الثاني** *rabī3 attānī* (**ربيع الآخر**) *(rabī3 al?āxar)*
5. **جمادى الأولى** *jumādā -l?ūlā*
6. **جمادى الثانية** *jamādā –ttāniya^{t}*
7. **رجب** *rajab*
8. **شعبان** *ša3aban*
9. **رمضان** *ramaḍān*
10. **شوال** *šawwāl*
11. **ذو القعدة** *đū -lqa3da^{t}*
12. **ذو الحجة** *đū -lɧijja^{t}*

هجم *hajama v.intr.* |*1s3* يهجم *yahjumu* | هجوم *hujūm*| • attack على

هجمة *hajmat n.* |*pl.* هجمات *haj(a)māt*| • attack ▪ هجمة ارهابية *hajmat irhābīyat* terrorist attack ▪ هجمات ١١ سبتمبر *hajamāt · alḥādiya 3ašra sibtambira* the September 11 attacks

هجمي *hajmīy adj.* • aggressive, hostile

هجوم *hujūm n.*★ • attack *on* على ▪ هجوم انتحاري *hujūm intiḥārīy* suicide attack

هجومي *hujūmīy adj.* • aggressive, hostile

هجى *hajjā v.tr.* |*2d* يهجي *yuhajjī* | تهجية *tahjiyat*| • spell

هدأ *hadaʔa v.intr.* |*1s1(b)* يهدأ *yahdaʔu* | هدوء *hudūʔ*| • calm down, be tranquil, subside ▪ هدأ من روعه *hadaʔa min raw3ihi* calm down, chill out

هدأ *haddaʔa v.tr.* |*2s(c)* يهدئ *yuhaddiʔu* | تهدئة *tahdiʔat*| • calm, pacify, tranquilize ▪ هدأ من روعه *haddaʔa min raw3ihi* calm *sb* down

هداف *haddāf n.* • *(soccer)* scorer • marksman, sharpshooter, sniper

هدب *hudb coll. n.* |*sing.* هدبة *hudbat* | *pl.* أهداب *ʔahdāb*| • eyelashes

هدد *haddada v.tr.* |*2s* يهدد *yuhaddidu* | تهديد *tahdīd*| • threaten *sb* ◦ *with* بـ, menace

هدر *hadara v.intr.* |*1s2* يهدر *yahdiru* | هدر *hadr* or هدير *hadīr*| • *(of lions, etc.)* roar • *(of thunder, etc.)* rumble • clamor, be noisy

هدف *hadaf n.* |*pl.* أهداف *ʔahdāf*| • aim, goal, target ▪ بهدف *bi-hadafi prep.* [+ masdar] with the aim of *(do)*ing, with a view to *(do)*, so as to *(do)* ◊ اشترى أرضا بهدف الاستثمار. *He bought land with the aim of investment*

هدف *hadafa v.tr.* |*1s2* يهدف *yahdifu* | هدف *hadf*| • aim *at* إلى

هدم *hadama v.tr.* |*1s2* يهدم *yahdimu* | هدم *hadm*| • demolish, wreck

هدم *haddama v.tr.* |*2s* يهدم *yuhaddimu* | تهديم *tahdīm*| • demolish, wreck

هدم *hadm n.*★ • demolition

هدنة *hudnat n.* • truce, armistice

هدوء *hudūʔ n.*★ • calmness, calm, quiet ▪ بهدوء *bi-hudūʔin*, في هدوء *fī hudūʔin adv.* in peace, quietly ◊ أريد فقط أن أقرأ في هدوء. *I just want to read in peace*

هدى *hadā v.tr.* |*1d2* يهدي *yahdī* | ***indecl.*** هدى *hud(an)*| • guide, lead

هدى *hud(an) n.*★ ***indecl.*** • guidance ▪ الهدى *alhudā* *(religion)* the right path

هدية *hadīyat n.* |*pl.* ***invar.*** هدايا *hadāyā*| • gift, present

هدير *hadīr n.*★ • roar • clamor

This and These

		masculine	feminine
singular		هذا *hāḏā*	هذه *hāḏihi*
dual	nom.	هذان *hāḏāni*	هاتان *hātāni*
	acc./gen.	هذين *hāḏayni*	هاتين *hātayni*
plural		هؤلاء *hāʔulāʔi*	

هذا *hāḏā sing.* ***m.*** *demonstrative* • this ◊ ما هذا؟ *What's this?* ◊ [+ indefinite singular masculine noun] هذا كتاب. *This is a book.* ◊ هذا رجل. *This is a man.* ◊ [singular masculine noun with definite article +] هذا الكتاب *this book* ◊ هذا الرجل *this man* ⓘ *Notice that the first long ā of* هذا *h<u>ā</u>ḏā is unwritten.* ⓘ *Demonstratives cannot precede an idafa construction. When* هذا *h<u>āḏā</u> modifies the first term of an idafa construction, it must follow the entire construction:* ◊ رجل الأعمال هذا *this businessman* ⓘ *When modifying the second term of an idafa construction, it precedes the second term:* ◊ صاحب هذا البيت *the owner of this house* ▪ هذا هو *hāḏā huwa* This is (the) __ ◊ [+ singular masculine noun with definite article] هذا هو الفيلم الذي أخبرتك عنه. *This is the movie I told you about.* ▪ لا هذا ولا ذاك *lā hāḏā wa-lā ḏāka* neither this nor that ▪ لهذا *li-hāḏā adv.* so, thus, in this way ◊ لقد زاد وزني كثيرا، لهذا أتبع حمية. *I've gained a lot of weight, so I'm dieting.* ▪ كهذا *ka-hāḏā adv.* like this ◊ لم أر شيئا كهذا من قبل. *I've never seen anything like this before.* ▪ مع هذا *ma3a hāḏā adv.* Nevertheless, ..., Despite this, ... ◊ حذرتك ومع هذا كررت الخطأ. *I've warned you. Despite this, you've repeated the mistake.* ▪ هذا و *hāḏā wa-* Moreover, ..., Furthermore, ..., What's more, ... ◊ هذا وقد صرح الوزير أن... *Moreover, the minister declared that...*

هذان *hāđāni dual* ***m.*** *demonstrative |acc. and gen.* هذين *hađayni*| • these (two), both of these ◊ [+ indefinite dual masculine noun] **هذان** مدرسان. *Both of these (people) are teachers.* ◊ [+ dual masculine noun with definite article] هذان المدرسان *these two teachers* ◊ هذان الرجلان *these two men* ▪ هذان هما *hāđāni humā* These (people) are (the) __ ◊ [+ animate plural masculine noun with definite article] هذان هما المدرسان اللذان أخبرتك عنهما. *These are the (two) teachers I told you about.* ⓘ *Notice that the first long ā of* هذان *hāđāni is unwritten.* ⓘ *Demonstratives cannot precede an idafa construction. When* هذان *hāđāni modifies the first term of an idafa construction, it must follow the entire construction:* ◊ رجلا الأعمال هذان *these two businessmen* ⓘ *When modifying the second term of an idafa construction, it precedes the second term. Remember that the second term of an idafa construction (and its demonstrative) take the genitive:* ◊ مدرسة هذين الطالبين *these two students' school* ➡ **This and These on p. 324**

هذب *hađđaba v.tr.* |*2s* يهذب *yuhađđibᵘ* | تهذيب *tahđīb*| • educate, edify • polish, refine

هذه *hāđihi sing.* ***f.*** *demonstrative* • this ◊ [+ indefinite singular feminine noun] **هذه** سيارة. *This is a car.* ◊ [+ singular feminine noun with definite article] هذه السيارة *this car* ◊ هذه البنت *this girl* ▪ هذه هي *hāđihi hiya* This is (the) __ ◊ [+ singular feminine noun with definite article] هذه هي المدرسة التي أخبرتك عنها. *This is the teacher I told you about.* ▪ هذه بتلك *hāđihi bi-tilka* tit for tat • these ◊ [+ inanimate indefinite plural noun] **هذه** سيارات. *These are cars.* ◊ [+ inanimate plural noun with definite article] هذه البيوت *these houses* ◊ هذه السيارات *these cars* ▪ هذه هي *hāđihi hiya* These are (the) __ ◊ [+ inanimate plural noun with definite article] هذه هي الكتب التي أخبرتك عنها. *These are the books I told you about.* ⓘ *Notice that the long ā of* هذه *hāđihi is unwritten.* ⓘ *Demonstratives cannot precede an idafa construction. When* هذه *modifies the first term of an idafa construction, it must follow the entire construction:* ◊ طبيبة الأسنان هذه *this dentist* ⓘ *When modifying the second term of an idafa construction, it precedes the second term:* ◊ صاحب هذه السيارة *the owner of this car*

➡ **This and These on p. 324**

هر *harra v.intr.* |*1g2* يهر *yahirrᵘ* | هرير *harīr*| • growl

هر *hirr n.* |*pl.* هررة *hirara*ᵗ| • cat

هراء *hurāʔ n.* • nonsense, drivel ◊ ما تقوله هو محض هراء. *What you're saying is utter nonsense.*

هرب *haraba v.intr.* |*1s3* يهرب *yahrubᵘ* | هروب *hurūb* or هرب *harab*| • flee *from* من, escape ▪ هرب من السجن *haraba minᵃ -ssijnⁱ* break out of prison ▪ هرب من البيت *haraba minᵃ -lbaytⁱ* run away (from home)

هرب *harraba v.tr.* |*2s* يهرب *yuharribᵘ* | تهريب *tahrīb*| • smuggle, traffic • help escape

هرج *harraja v.intr.* |*2s* يهرج *yuharrijᵘ* | تهريج *tahrīj*| • behave in a silly way, clown around

هرجيسا *hargaysā n.* ***f. invar.*** • *(city in Somalia)* Hargeisa ➡ ***map on p. 188***

هرس *harasa v.tr.* |*1s3* يهرس *yahrusᵘ* | هرس *hars*| • squash, mash, tenderize • prune, trim

هرع *hara3a v.intr.* |*1s1* يهرع *yahra3ᵘ* | هرع *hara3*| • hurry *to* إلى, rush

هرم *haram n.* |*pl.* أهرام *ʔahrām*| • pyramid ▪ أهرام الجيزة *ʔahrām · aljīzaᵗⁱ*, الأهرامات *alʔahrāmāt pl. n.* the Great Pyramids of Giza ▪ الأهرام *alʔahrām* ***f.*** *n.* Al-Ahram (Egyptian newspaper)

هرم *harim adj.* • elderly, old

هرمون *hormōn n.* • hormone

هروب *hurūb*, هرب *harab n.*⋆ • escape

هرول *harwala v.intr.* |*11s* يهرول *yuharwilᵘ* | هرولة *harwala*ᵗ| • rush *to* إلى, hurry

هرولة *harwalaᵗ n.*⋆ • haste, hurry

هريرة *hurayraᵗ n. diminutive* • kitten

هز *hazza v.tr.* |*1g3* يهز *yahuzzᵘ* | هز *hazz*| • shake, convulse ▪ هز رأسه *hazza raʔsᵃhu* shake *one's* head

هزء *huzʔ n.*⋆ • mockery

هزأ *hazaʔa v.intr.* |*1s1(b)* يهزأ *yahzaʔᵘ* | هزء *huzʔ*| • mock من *or* بـ, make fun *of*

هزاز *hazzāz adj.* • shaking, rocking ▪ كرسي هزاز *kursīy hazzāz n.* rocking chair

هزة *hazzaᵗ n.* • tremor, convulsion ▪ هزة أرضية *hazzaᵗ ʔarḍīyaᵗ* earthquake, tremor ▪ هزة سياسية *hazzaᵗ siyāsīyaᵗ* political shake-up ▪ هزة جماع *hazzat · jimā3* orgasm, climax

هزل *hazala v.intr.* |*1s2* يهزل *yahzilᵘ* | هزل *hazl*| • become skinny, waste away • joke, say jokingly

هزل *hazil adj.* |*elat.* أكثر هزلا *ʔaktar hazlan*| • funny

هزل *hazl n.*⋆ • jest ▪ بين الجد والهزل *bayna -ljidd^i wa-lhazl^i adv.* half-joking(ly)

هزلي *hazlīʸ adj.* |*elat.* أكثر هزلا *ʔaktar hazlan*| • funny

هزم *hazama v.tr.* |*1s2* يهزم *yahzim^u* | هزم *hazm*| • defeat

هزيل *hazīl adj.* |*m. pl.* ***invar.*** هزلى *hazlā* | *elat.* أهزل *ʔahzal*| • thin, skinny

هزيمة *hazīma^t n.* |*pl.* ***dip.*** هزائم *hazāʔim*| • defeat

هستيري *histīrīʸ adj.* • hysterical ▪ ضحك هستيري *ḍaḥk histīrīʸ n.* hysterical laughter ▪ بكاء هستيري *bukāʔ histīrīʸ n.* hysterical crying

هستيريا *histīriyā n.* ***invar.*** • hysteria

هش *hašš adj.* |*elat.* أهش *ʔahašš* or أكثر هشاشة *ʔaktar hašāša^tan*| • crispy, crumbly

هش *hušš interjection* • Shh!, Hush!

هشاشة *hašāša^t n.* • crispiness

هشم *haššama v.tr.* |*2s* يهشم *yuhaššim^u* | تهشيم *tahšīm*| • destroy, crush, smash

هضبة *haḍba^t n.* |*pl.* هضاب *hiḍāb*| • plateau ▪ هضبة الجولان *haḍbat · aljawlān^i* The Golan Heights

هضم *haḍama v.tr.* |*1s2* يهضم *yahḍim^u* | هضم *haḍm*| • digest

هضم *haḍm n. n.*⋆ • digestion ▪ سوء هضم *sūʔ · haḍm* indigestion

هضمي *haḍmīʸ adj.* • digestive ▪ جهاز هضمي *jihāz haḍmīʸ* digestive system

هفا *hafā v.intr.* |*1d3* يهفو *yahfū* | هفو *hafw*| • err, slip up

هفوة *hafwa^t n.* |*pl.* هفوات *haf(a)wāt*| • lapse, slip

هكتار *hiktār n.* • hectare

هكذا *hākaḏā adv.* • like this, this way ▪ وهكذا *wa-hākaḏā*, وهكذا دواليك *wa-hākaḏā dawālayka* et cetera (etc.), and so on • consequently, thus, so ⓘ *Notice that the first long ā of* هكذا *h̲ākaḏā is unwritten.*

هل *hal(i) particle* • *interrogative (untranslated; precedes a yes/no question)* ◊ هل تعرف أين هو؟ *Do you know where he is?* ◊ هل هناك شخص ما؟ *Is anyone there?* ◊ هل قرأت هذا الكتاب؟ *Have you read this book?* ◊ هل عندهما أولاد؟ *Do they have children?* ▪ هلا *hallā* |< هل + لا *hal + lā*| don't...? ◊ هلا تحبني؟ *Don't you love me?*; *(making requests and suggestions)* [+ perfect] why don't...?, shall we...?, would you (mind)...? ◊ هلا ساعدني أحد؟ *Can somebody help me?* ◊ هلا كررت ذلك؟ *Could you repeat that?* ◊ هلا ساعدتني؟ *Would you help me?* ▪ هل لي بـ *hal lī bi-* [+ noun] *(in requests)* May I (have)...? ◊ هل لي بكلمة معك؟ *May I have a word with you?* ◊ هل لي بقهوة، من فضلك؟ *Can I have some coffee, please?* ▪ هل لي أنْ *hal lī ʔan (in requests)* May I *(do)*...? ◊ هل لي أن أسألك سؤالاً؟ *May I ask you a question?* ▪ هل لك أنْ *hal laka ʔan (in requests)* Can you *(do)*...? ◊ هل لك أن تخبرني ماذا حدث؟ *Could you tell me what happened?* • *conj.* whether, if ◊ لا أعرف هل أريده أم لا. *I don't know if I want it or not.* ➡ ***compare with*** أ ***ʔa p. 1***

هلاك *halāk n.*⋆ • ruin, destruction, doom

هلال *hilāl n.* |*pl.* أهلة *ʔahilla^t* or ***dip.*** أهاليل *ʔahālīl*| • crescent ▪ الهلال الأحمر *alhilāl alʔaḥmar* the Red Crescent • *man's name* Hilal

هلام *hulām n.* • jelly, gelatin

هلامي *hulāmīʸ adj.* • gelantinous

هلك *halaka v.intr.* |*1s2* يهلك *yahlik^u* | هلاك *halāk*| • be ruined, be destroyed • perish, die

هللة *halala^t n.* • halala (100 halalas = 1 Saudi rial)

هلم *halumma imperative* • come *to* إلى ◊ هلمي إلى هنا! *Get over here!* ▪ هلم بنا *hallumma bi-nā* Come on!, Let's go! ◊ هلم بنا إلى البيت! *Come on, let's go home!* ◊ هلم بنا نلعب لعبة. *Let's play a game!* • bring ▪ وهلم جرا *wa-halumma jarran, also spelled* وهلمجرا *wa-halummajarran* et cetera (etc.), and so on

هلوس *halwasa v.intr.* |*11s* يهلوس *yuhalwis^u* | هلوسة *halwasa^t*| • hallucinate

هلوسة *halwasa^t n.*⋆ • hallucination

هليكوبتر *helikobter n.* • helicopter

هليون *hilyawn* or *halyūn n.* • asparagus

هم *hamm n.*⋆ |*pl.* هموم *humūm*| • worry, concern, interest • intention, plan • importance

هم *hamma v.* |*1g3* يهم *yahumm^u* | هم *hamm*| • *v.tr.* worry, concern, trouble, make anxious ◊ همني الموضوع كثيرا. *I was very concerned about the issue. (lit. The issue troubled me a lot.)* • be important *to*, matter • هم بأنْ *hamma bi-ʔan* be about to *(do)*, be going to *(do)*, intend to *(do)* ◊ هممت بأن أتصل بك. *I was going to call you.*

هم *himm adj.* |*pl.* أهمام *ʔahmām*| • decrepit, senile

ـهم *-hum(u)* and *-him(i) plural* ***m.*** *third-person possessive pronoun suffix* • [noun +] their ◊ هذا

كتابهم. *hāđā kitāb^{u}**hum** This is their book.* ◊ في كتابهم *fī kitāb^{i}**him** in their book* • *plural* **m.** *third-person personal pronoun suffix* [verb or preposition +] them ◊ أعرفهم. *ʔa3rif^{u}**hum** I know them.* ◊ إليهم *ʔilāy**him** to them*
ⓘ *pronounced -him directly after kasra (i) or yaa (y); otherwise, pronounced -hum.*
➡ ***Suffixed Personal Pronouns p. 192***

هم *hum(u) plural* **m.** *third-person personal pronoun* • they

ـهما *-humā* and *-himā dual* **m.** *or* **f.** *third-person possessive pronoun suffix* • [noun +] their ◊ هذا كتابهما. *hāđā kitāb^{u}**humā** This is their book.* ◊ في كتابهما *fī kitāb^{i}**himā** in their book* • *dual* **m. f.** *third-person personal pronoun suffix* [verb or preposition +] them ◊ أعرفهما. *ʔa3rif^{u}**humā** I know them.* ◊ إليهما *ʔalay**himā** to them*
ⓘ *pronounced -himā directly after kasra (i) or yaa (y); otherwise, pronounced -humā.*
➡ ***Suffixed Personal Pronouns p. 192***

هما *humā dual* **m.** *or* **f.** *third-person personal pronoun* • they, they both

همة *himma^{t} n.* |*pl.* همم *himam*| • energy, vigor, liveliness

همز *hamaza v.tr.* |*1s2/1s3* يهمز *yahmiz^{u}* or *yahmuz^{u}* | همز *hamz*| • *(grammar)* hamzate

همزة *hamza^{t} n.* |*pl.* همزات *ham(a)zāt*| • *(grammar)* hamza ▪ همزة قطع *hamzat · qaṭ3* strong hamza, cutting hamza ▪ همزة وصل *hamzat · waṣl* weak hamza, elidable hamza
➡ ***The Orthography of Hamza p. 1***

ء

همس *hamasa v.intr.* |*1s2* يهمس *yahmis^{u}* | همس *hams*| • whisper ◊ همس في أذني. *He whispered in my ear.*

همس *hams n.** • whisper ▪ همسا *hamsan adv.* in whispers

همش *hammaša v.tr.* |*2s* يهمش *yuhammiš^{u}* | تهميش *tahmīš*| • marginalize

همهم *hamhama v.intr.* |*11s* يهمهم *yuhamhim^{u}* | همهمة *hamhama^{t}*| • mumble, mutter

ـهن *-hunna* and *-hinna plural* **f.** *third-person possessive pronoun suffix* • [noun +] their ◊ هذا كتابهن. *hāđā kitāb^{u}**hunna** This is their book.* ◊ في كتابهن *fī kitāb^{i}**hinna** in their book* • *plural* **f.** *third-person personal pronoun suffix* [verb or preposition +] them ◊ أعرفهن. *ʔa3rif^{u}**hunna** I know them.* ◊ إليهن *ʔalay**hinna** to them*
ⓘ *pronounced -hinna directly after a kasra (i) or yaa (y); otherwise, pronounced -hunna.*
➡ ***Suffixed Personal Pronouns p. 192***

هن *hunna plural* **f.** *third-person personal pronoun* • they

هنأ *hannaʔa v.tr.* |*2s(c)* يهنئ *yuhanniʔ^{u}* | تهنئة *tahniʔa^{t}*| • congratulate *sb* ه on بـ

هنا *hunā adv.* • here ▪ هنا وهناك *hunā wa-hunāka* here and there, about ▪ ومن هنا *wa-min hunā* therefore, so, thus, hence • *(time)* at this point

هناء *hanāʔ n.** • good health, well being ▪ بالهناء والشفاء *bi-lhanāʔ^{i} wa-ššifāʔ^{i}* Enjoy your meal! • **dip.** *woman's name* Hana

هناك *hunāka adv.* • there • there is, there are ▪ ليس هناك *laysa hunāka* there is not, there are not

هنالك *hunālika adv.* • over there

الهند *alhind n.* **f.** • India

هندس *handasa v.tr.* |*11s* يهندس *yuhandis^{u}* | هندسة *handasa^{t}*| • engineer

هندسة *handasa^{t} n.** • engineering • geometry

هندسي *handasīy adj.* • engineering- • geometric

هندوراس *hondūrās n.* ***f. invar.*** • Honduras

هندوراسي *hondūrāsīy adj. & n.* • Honduran

هندوسي *hindūsīy adj. & n.* |*pl.* هندوس *hindūs*| • Hindu

الهندوسية *alhindūsīya^{t} n.* • Hinduism

هندي *hindīy adj. & n.* |*pl.* هنود *hunūd*| • Indian ▪ هندي أحمر *hindīy ʔaḥmar*, هندي أمريكي *hindīy ʔamrīkīy* Native American, American Indian

هنئ *haniʔa v.intr.* |*1s4(c)* يهنأ *yahnaʔ^{u}* | هناء *hanāʔ* or هنأ *hanaʔ*| • be delighted *with* بـ, be pleased *by*

هنيء *hanīʔ adj.* |*elat.* أهنأ *ʔahnaʔ*| • healthful, wholesome ▪ هنيئا لـ *hanīʔan li-* Congratulations to __! ▪ هنيئا *hanīʔan*, هنيئا لك *hanīʔan laka* Enjoy your meal! ▪ هنيئا مريئا *hanīʔan marīʔan* I hope you enjoyed your meal. ▪ نوما هنيئا *nawman hanīʔan* Sleep tight!

هنيهة *hunayha^{t} n. diminutive* • a (short) while ▪ هنيهة *hunayhatan adv.* for a (short) while ◊ انتظر هنيهة. *Hold on a minute.*

هه *hah interjection* • hey, wow

هو *huwa sing.* **m.** *third-person personal pronoun* • he, it ▪ ما هو الـ__ *mā huwa -l-__* What's the __? ◊ ما هو الفرق بينهما؟ *What's the difference between them?* ▪ هذا هو *hāđā huwa* That's that!

هواء *hawāʔ n.* |*pl.* أهوية *ʔahwiya^{t}*| • air ▪ على الهواء *3alā -lhawāʔ^{i} adv. (TV)* on air

هواية *hawāya^t n.* • hobby, pastime

هوائي *hawāʔīʸ adj.* • aerial • whimsical • wind- ▪ آلة هوائية *ʔāla^t hawāʔīya^t* wind instrument

هوة *huwwa^t n.* • abyss, chasm

هور *hawr n.* |*pl.* أهوار *ʔahwār*| • marsh, wetland

هوس *hawas n.* • mania, craze

هوكي *hōkī n.* ***invar.*** • hockey ▪ هوكي الجليد *hōkī -ljalīdⁱ* ice hockey ▪ هوكي الحقل *hōkī -lḥaqlⁱ* field hockey

هول *hawwala v.tr.* |*2s* يهول *yuhawwilᵘ* | تهويل *tahwīl*| • intimidate, bully, browbeat • exaggerate

هول *hawl n.** |*pl.* أهوال *ʔahwāl*| • terror, horror ▪ أبو الهول *ʔabū · -lhawlⁱ* the Sphinx ➡ ***picture on p. 322***

The Sphinx in Giza, Egypt

هؤلاء *hāʔulāʔi plural **m.** or **f.** demonstrative* • these ◊ [+ animate indefinite plural noun] **هؤلاء** مدرسون. *These are teachers.* ◊ هؤلاء بنات. *These are girls.* ◊ [+ animate plural noun with definite article] هؤلاء الرجال *these men* ◊ هؤلاء البنات *these girls* ▪ هؤلاء هم *hāʔulāʔi hum* These are (the) __ ◊ [+ animate plural noun with definite article] هؤلاء هم المدرسون الذين أخبرتك عنهم. *These are the teachers I told you about.* ⓘ *Notice that the first long ā of* هؤلاء *h<u>ā</u>ʔulāʔi is unwritten.* ⓘ *Demonstratives cannot precede an idafa construction. When* هؤلاء *hāʔulāʔi modifies the first term of an idafa construction, it must follow the entire construction:* ◊ رجال الأعمال هؤلاء *these businessmen* ⓘ *When modifying the second term of an idafa construction, it precedes the second term:* ◊ مدرسة هؤلاء الطلاب *these students' school* ➡ ***This and These p. 325***

هولندا *hōlandā n.* ***f. invar.*** • Holland, the Netherlands

هولندي *hōlandīʸ* • *adj.* Dutch • *n.* Dutchman

هولندية *hōlandīya^t n.* • Dutchwoman

هون *hawn n.* • ease

هون *hawwana v.* |*2s* يهون *yuhawwinᵘ* | تهوين *tahwīn*| • *v.tr.* make easy *sth* ∘ *for* على, facilitate • *v.intr.* go easy *on* على ▪ هون على نفسك *hawwin 3alā nafsⁱka* Take it easy!

هونغ كونغ *hong kong n.* ***f. invar.*** • *(city in China)*

هوى *hawā v.intr.* |*1d2* يهوي *yahwī* | هوي *huwīʸ*| • fall down, tumble

هوى *hawwā v.tr.* |*2d* يهوي *yuhawwī* | تهوية *tahwiya^t*| • ventilate, air out

هوى *huw(an) n.** ***indecl.*** |*pl.* أهواء *ʔahwāʔ* or ***invar.*** هوايا *hawāyā*| • love ▪ على هواه *3alā huwā<u>hu</u> adv.* as one pleases ◊ استمتع بالبوفيه على هواك. *Help yourself to the buffet. (lit. Enjoy the buffet as you please.)* • passion, affection

هوي *hawiya v.tr.* |*1d4* يهوى *yahwā* | ***indecl.*** هوى *haw(an)*| • love, like, fancy, be fond *of*

هوية *huwīya^t n.* • identity

هي *hiya sing.* ***f.*** *third-person personal pronoun* • she, it ▪ ما هي الـ__ *mā hiya al__* What's the __? ◊ ما هي الحقيقة؟ *What's the truth?* • *(inanimate)* they

هيا *hayyā particle* •هيا (بنا) *hayyā (bi-nā)* [+ jussive] come on, hurry up, let's go, let's *(do)* ◊ هيا إلى البيت! *Come on, let's go home!* ◊ هيا نتكلم. *Let's talk.* ◊ هيا بنا إلى العمل. *Hurry up, let's get to work.* ⓘ *The prefix* فلـ *fa-l- or* لـ *li- can precede the jussive verb.* ◊ هيا نأكل. *Let's eat.* ◊ هيا فلنشاهد التلفاز قليلا. *Let's watch TV a little.*

هيأ *hayyaʔa v.tr.* |*2s(c)* يهيئ *yuhayyiʔᵘ* | تهيئة *tahyiʔa^t*| • prepare, arrange

هيبة *hayba^t n.** • fear • reverence • prestige

هيج *hayyaja v.tr.* |*2s* يهيج *yuhayyijᵘ* | تهييج *tahyīj*| • agitate

هير *hayyir adj.* • inconsiderate, thoughtless

هيروين *hirowīn n.* ***invar.*** • *(narcotic)* heroin

هيكل *haykal*, هيكلة *haykala^t n.* |*pl.* ***dip.*** هياكل *hayākil*| • frame, framework, structure ▪ هيكل عظمي *haykal 3aẓmīʸ* skeleton

هيكلي *haykalīʸ adj.* • structural • skeletal

هيمن *haymana v.intr.* |*11s* يهيمن *yuhayminᵘ* | هيمنة *haymana^t*| • keep an eye *on* على, watch, guard • dominate على

هيمنة *haymana^t* n.* • oversight, supervision • supremacy, domination

هين *hayyana v.tr.* |2s يهين *yuhayyin^u* | تهيين *tahyīn*| • verbally abuse, belittle

هين *hayyin adj.* |*elat.* أهون *ʔahwan*| • easy, simple, effortless ▪ أمر هين *ʔamr hayyin* piece of cake

هيهات *hayhāti* or *hayhāta particle* • not even close, not even in the slightest ▪ هيهات أنْ *hayhāti ʔan* It's out of the question that... ◊ هيهات أن أنسى ما حدث. *There's no way I'll ever forget what happened.*

هيوستن *hyūston n.* ***f. invar.*** • *(city in the U.S.)* Houston

هيئة *hayʔa^t* n. • organization, institution ▪ هيئة محلفين *hayʔat · muḥallifīn* jury

الوكرة *alwakra^t* n. • *(city in Qatar)* Al Wakrah

➡ ***map on p. 241***

الويب *alweb n.* • *(computers)* the Web ▪ متصفح ويب *mutaṣaffiḥ · web* web browser

و

و *wāw n.* ***f.*** |واو| • *(twenty-seventh letter of the Arabic alphabet)* • *(numerical value)* 6 • *(point of information)* F.,VI. ➡ ***The Abjad Numerals p. 108***

و *wa- conj. prefix* • and ⓘ *Not unlike 'and' in English,* و *wa- connects words of the same part of speech, as well as clauses and sentences. However, it is used more frequently in Arabic, often left untranslated in English. Its usage is also somewhat broader than 'and', at times best translated using another conjunction, such as 'but' or 'so'.* ▪ ولا *wa-lā* without; [negative +] nor • *(heads a circumstantial clause)* while, as, when, *(do)*ing ◊ هذه صورة لي وأنا في الجامعة. *This is a picture of me when I was in college.* ◊ دخل الطالب الفصل وفي يده بعض الكتب. *The student entered the classroom carrying some books.*; *(heads a parenthetical clause)* who, which ◊ سألت أخي وهو طبيب عن هذا الدواء. *I asked my brother (who is a doctor) about this medicine.* • *(time)* past (the hour) ▪ والثلث *wa-ttult (time)* twenty past (hour +) ◊ الساعة الخامسة والثلث *twenty past five (5:20)* ▪ والربع *wa-rrub3 (time)* a quarter past (hour +) ◊ الساعة الثالثة والربع *a quarter past three (3:15)* ▪ وخمس دقائق *wa-xams*[a] *daqāʔiq*[a] five past, oh five (hour +) ◊ إنها الساعة الثالثة وخمس دقائق *It's five past three (3:05).* • *(in oaths)* [+ genitive noun] by ▪ والله *wa-LLāh*[i] by God!

وا *-ū plural* ***m.*** *third-person perfect-tense suffix* • they *(did)* ◊ فعلوا *fa3al**ū*** *they did* ⓘ *The final* ا *drops when a pronoun suffix is added:* ◊ فعلوه *they did it*

وابل *wābil n.* • shower, downpour ▪ تحت وابل كثيف من النيران *taħta wābil*[in] *katīf*[in] *min*[a] *-nnīrān*[i] under heavy fire

واثق *wātiq act. part. n.* |*elat.* أوثق *ʔawtaq*| • confident *about* من

واجب *wājib act. part.* • *n.* duty, obligation ▪ لا شكر على واجب *lā šukr*[a] *3alā wājib*[in] You're welcome! ▪ من الواجب أنْ *min*[a] *-lwājib*[i] *ʔan* it is necessary to *(do)*, it is necessary that... • task, assignment, homework ▪ واجب منزلي *wājib manzilīy* homework • *adj.* |*elat.* أوجب *ʔawjab*| necessary, obligatory, required

واجم *wājim act. part. adj.* |*elat.* أكثر وجوما *ʔaktar wujūman* or أوجم *ʔawjam*| • silent, speechless

واجه *wājaha v.tr.* |*3s* يواجه *yuwājih*[u] | مواجهة *muwājaha*[t]| • face, confront, encounter

واجهة *wājiha*[t] *n.* • front, facade

واحة *wāħa*[t] *n.* • oasis

واحد *wāħid* ***m.*** *number* |*f.* واحدة *wāħida*[t] | *as numeral, written* ١| • one ⓘ واحد *wāħid behaves like an adjective, following the noun it modifies and agreeing with it in case and gender:* ◊ بيت واحد *one house* ◊ سيارة واحدة *one car* ▪ واحد من __ *wāħid min* __ [+ definite genitive plural] one of (the) __ ◊ واحد من البيوت *one of the houses* ◊ واحدة من السيارات *one of the cars* ▪ كل واحد *kull wāħid*[in] each one, everyone ▪ للواحد *li-lwāħid*[i] apiece, each ▪ واحدا واحدا *wāħidan wāħidan adv.* |*f.* واحدة واحدة *wāħidatan wāħidatan*| one at a time, one by one; little by little, bit by bit ▪ الساعة الواحدة *assā3a*[t] *alwāħida*[t] one o'clock (1:00) • the same __ ◊ ندرس في جامعة واحدة. *We study at the same university.*

'1': House number

واد *wād(in) n.* ***def.*** |*pl.* وديان *widyān* or أودية *ʔawdiya*[t]| • valley

وارث *wārit act. part. n.* |*pl.* ورثة *warata*[t]| • inheritor, heir

وارد *wārid act. part. adj.* • |*m. pl.* وراد *wurrād*| arriving ▪ البريد الوارد *albarīd alwārid n.* incoming mail, inbox ▪ وارد الحدوث *wārid · alḥudūṯ^i* possible • واردات *wāridāt pl. n.* imports, imported goods ▪ الصادرات والواردات *aṣṣādirāt wa-lwāridāt* imports and exports

وارسو *wārsō n.* ***f. invar.*** • *(capital of Poland)* Warsaw

وازن *wāzana v.intr.* |*3s* يوازن *yuwāzin^u* | موازنة *muwāzana^t*| • balance *sth* بين *and* و • make a comparison *between* بين *and* و

وازى *wāzā v.tr.* |*3d* يوازي *yuwāzī* | موازاة *muwāzā^t*| • parallel, be parallel *to* • correspond *to*

واسطة *wāsiṭa^t n.* |*pl.* ***dip.*** وسائط *wasāʔiṭ*| • means, way, medium ▪ بواسطة *bi-wāsiṭat^i prep.* by means of, through • moderator, intermediary

واسع *wāsi3 act. part. adj.* |*elat.* أوسع *ʔawsa3*| • wide, broad • extensive, spacious ▪ واسع النطاق *wāsi3 · anniṭāq^i* far-reaching ▪ بشكل واسع *bi-šakl^in wāsi3^in*, بصورة واسعة *bi-ṣūra^tin wāsi3a^tin adv.* extensively

واشنطن *wāšinṭōn n.* ***f. dip.*** • *(capital of the United States)* Washington ▪ واشنطن العاصمة *wāšinṭōn al3āṣima^t* Washington, D.C. (lit. Washington the capital) •ولاية واشنطن *wilāyat · wāšinṭōn* Washington State

واصف *wāṣafa v.tr.* |*3s* يواصف *yuwāṣif^u* | مواصفة *muwāṣafa^t*| • specify

واصل *wāṣala v.tr. & intr.* |*3s* يواصل *yuwāṣil^u* | مواصلة *muwāṣala^t*| • continue (في), proceed, persist *in*, keep on • resume, recommence

واضح *wāḍiḥ act. part. adj.* |*elat.* أوضح *ʔawḍaḥ*| • clear, apparent, obvious ▪ من الواضح أنّ *min^a -lwāḍiḥ^i ʔanna* it is clear that... • clear, neat, legible ▪ خط واضح *xaṭṭ wāḍiḥ* neat handwriting

واطئ *wāṭiʔ act. part. adj.* |*elat.* أوطأ *ʔawṭaʔ*| • low

واظب *wāẓaba v.intr.* |*3s* يواظب *yuwāẓib^u* | مواظبة *muwāẓaba^t*| • persist *in* على, persevere *in* ▪ واظب على أنْ *wāẓaba 3alā ʔan (do)* regularly, persist in *(do)*ing

واع *wā3(in) act. part. adj.* ***def.*** |*elat.* ***invar.*** أوعى *ʔaw3ā*| • conscious, aware, alert

واعد *wā3ada v.tr.* |*3s* يواعد *yuwā3id^u* | مواعدة *muwā3ada^t*| • arrange to meet, set up an appointment *with* • go on a date *with*, date

واعد *wā3id act. part. adj.* • promising ▪ مستقبل واعد *mustaqbal wā3id n.* a promising future

واف *wāf(in) act. part. adj.* ***def.*** |*elat.* ***invar.*** أوفى *ʔawfā*| • loyal, faithful • complete, thorough, full • ample, abundant

وافد *wāfid act. part. adj.* • newcomer-, immigrant

وافر *wāfir*, وفير *wafīr adj.* |*elat.* أوفر *ʔawfar*| • abundant, ample, plentiful

وافق *wāfaqa v.tr.* |*3s* يوافق *yuwāfiq^u* | موافقة *muwāfaqa^t*| • agree *with* ∘ *on* على *or* في, approve *of*, consent *to*

واق *wāq(in) act. part. adj.* |*elat.* أكثر وقاية *ʔakṯar wiqqaya^tan*| • protective *against* ضد, resistant ▪ واق ضد الشمس *wāq(in) ḍidda -ššams^i* protective against the sun ▪ واق ذكري *wāq(in) ḏakarī^y n.* condom

واقع *wāqi3 act. part.* • *n.* reality ▪ الواقع أنّ *alwāqi3^u ʔanna* in fact, indeed, it is a fact that... ▪ في الواقع *fī -lwāqi3^i adv.* actually, in reality, as a matter of fact, really ▪ في واقع الممارسة *fī wāqi3^i -lmumārasa^ti adv.* in practice • *adj.* located, situated

واقعة *wāqi3a^t n.* |*pl.* ***dip.*** وقائع *waqāʔi3*| • incident, occurrence

واقعي *wāqi3ī^y adj.* • actual, real, factual • realistic ▪ غير واقعي *ɣayr · wāqi3ī^y* unrealistic

واقعية *wāqi3īya^t n.* • reality, realism

واقف *wāqif act. part. adj.* • upright • stationary

واكب *wākaba v.tr.* |*3s* يواكب *yuwākib^u* | مواكبة *muwākaba^t*| • accompany, escort

وال *wāl(in) act. part. n.* ***def.*** |*pl.* ولاة *wulā^t*| • provincial governor, ruler, wali

والد *wālid act. part. n.* • father ▪ والدان *wālidān^i dual noun* parents ▪ والدان بالتبني *wālidān bi-ttabannī* adoptive parents

والدة *wālida^t n.* • mother

واهن *wāhin* |*elat.* أوهن *ʔawhan*| • *act. part. adj.* feeble, frail ▪ .أوهن من بيت العنكبوت *ʔawhan min bayt^i -l3ankabūt^i proverb* Frailer than a spider web.

واو *wāw n.* ***f.*** ➡ **و p. 330**

وباء *wabāʔ n.* |*pl.* أوبئة *ʔawbiʔa^t*| • epidemic, pandemic

وبخ *wabbaxa v.intr.* |*2s* يوبخ *yuwabbix^u* | توبيخ *tawbīx*| • scold *for* على, reprimand *for*

وبر *wabar coll. n.* |*sing.* وبرة *wabara^t* | *pl.* أوبار *ʔawbār*| • *(camel)* hair

وبر *wabir adj.* • fluffy, fuzzy

وبر *wabr n.* |*pl.* وبور *wubūr* or وبار *wibār*| • hyrax (cat-sized mammal found in teh Middle East and Africa), dassie ▪ وبر صخري *wabr ṣaxrī^y* rock hyrax

A rock hyrax

وتد *watad* or *watid n.* |*pl.* أوتاد *ʔawtād*| • stake, peg

وتر *watar n.* |*pl.* أوتار *ʔawtār*| • *(music, archery)* string, cord • tendon ▪ وتر أخيل *watar ʔaxīl*, وتر عرقوب *watar · 3uqūb* Achilles tendon

وتر *watr adj.* • odd, uneven ▪ وترا *watran adv.* singly, separately

وتيرة *watīra^t n.* |*pl.* **dip.** وتائر *watāʔir*| • manner, style • method, procedure

وثء *waŧʔ n.*★ • sprain

وثأ *waŧaʔa v.tr.* |*1a1(a)* يثأ *yaŧ**a**ʔ^u* | وثء *waŧʔ*| • sprain

وثاقة *waŧāqa^t n.*★ • firmness • reliability

وثائقي *waŧāʔiqī^y adj.* • documentary ▪ فيلم وثائقي *film waŧāʔiqī^y n.* documentary (film)

وثائقية *waŧāʔiqīya^t n.* • documentation

وثب *waŧaba v.intr.* |*1a2* يثب *yaŧ**i**b^u* | وثب *waŧb*| • hop, skip, bounce

وثبة *waŧba^t n.* |*pl.* وثبات *waŧ(a)bāt*| • hop, bounce

وثق *v.intr.* • *waŧiqa* |*1a2* يثق *yaŧ**i**q^u* | ثقة *ŧiqa^t*| trust بـ • *waŧuqa* |*1s6* يوثق *yawŧ**u**q^u* | وثاقة *waŧāqa^t*| be firm; be reliable

وثق *waŧŧaqa v.tr.* |*2s* يوثق *yuwaŧŧiq^u* | توثيق *tawŧīq*| • document, notarize, authenticate

وثن *waŧan n.* |*pl.* أوثان *ʔawŧān*| • idol

وثني *waŧanī^y adj. & n.* • pagan

وثنية *waŧanīya^t n.* • paganism

وثيق *waŧīq adj.* |*m. pl.* وثاق *wiŧāq* | *elat.* أوثق *ʔawŧaq*| • firm, close ▪ علاقة وثيقة *3alāqa^t waŧīqa^t* close relationship • reliable, trustworthy

وثيقة *waŧīqa^t n.* |*pl.* **dip.** وثائق *waŧāʔiq*| • document

وجب *wajaba v.tr.* |*1a2* يجب *yaj**i**b^u* | وجوب *wujūb*| ▪ وجب عليه *wajaba 3alayhi* be necessary for *sb* ▪ يجب (عليه) أنْ *yajib^u (3alayhi) ʔan* *(impersonal verb)* must *(do)*, have to *do* ◊ يجب أن أتكلم معك في هذا الموضوع. *I have to talk to you about this.* ▪ لا يجب (عليه) أنْ *lā yajib^u (3alayhi) ʔan*, يجب (عليه) ألا *yajib^u (3alayhi) ʔallā* must not *(do)*, should not *(do)* ◊ لا يجب أن نغفل هذا. *We mustn't overlook this.* ▪ كان يجب (عليه) أنْ *kāna yajib^u (3alayhi) ʔan* should have *(done)* ◊ كان يجب عليك أن تخبرني بذهابك. *You should have told be you were going*

وجبة *wajba^t n.* |*pl.* وجبات *waj(a)bāt*| • meal

وجد *wajada v.tr.* |*1a2* يجد *yaj**i**d^u* | وجود *wujūd*| • find, discover, come across ▪ وجد أنّ *wajada ʔanna* find that... ▪ وُجد *wujida pass. v.* exist, be found ▪ يوجد *yūjad^u* there is, there are ▪ لا يوجد *lā yūjad^u* there is not, there are not

ⓘ *Although* يوجد *yūjad^u can remain invariable regardless of the gender of the following noun, it can optionally take the feminine form* توجد *tūjad^u when followed by a feminine noun:* ◊ يوجد مشاكل كثيرة. = توجد مشاكل كثيرة. *There are many problems.* ▪ كان يوجد *kāna yūjad^u* there was, there were ▪ لم يكن يوجد *lam yakun yūjad^u*, لم يوجد *lam yūjad* there was not, there were not ▪ وجد عنده *wujida 3indahu*, وجد لديه *wujida ladayhi* have ◊ يوجد لدينا أماكن جميلة جدا في بلدنا. *We have some beautiful places in our country.* • find *sb/sth* ∘ *acc. adj.* ∘, think ◊ وجدته صعبا في البداية. *I found it difficult in the beginning.* ◊ كيف تجد لغتي العربية؟ *What do you think of my Arabic?*

وجد *wajd n.* • affection, passion

وجدان *wijdān n.* • conscience

وجدة *wijda^t n.* **dip.** • *(city in Morocco)* Oujda ➡ **map on p. 294**

وجع *waja3 n.*★ |*pl.* أوجاع *ʔawjā3*| • ache, pain ▪ وجع ساعة ولا كل ساعة. *waja3^u sā3a^{tin} wa-lā kull^u sā3a^{tin} proverb* A hour of pain is better than hours of pain.

وجع *waji3a v.tr.* |*1s4* يوجع *yawj**a**3^u* | وجع *waja3*| • hurt, cause pain *to*

وجم *wajama v.intr.* |*1a2* يجم *yaj**i**m^u* | وجوم *wujūm*| • be silent, be speechless

وجه *wajh n.* |*pl.* وجوه *wujūh* or أوجه *ʔawjuh*| • face ▪ وجه الأرض *wajh · alʔarḍ^i* the face of the earth ▪ الوجه البحري *alwajh albaħrī^y* Lower Egypt, the Nile Delta region • aspect, standpoint ▪ على وجه *3alā wajh^i prep.* in the manner of ▪ على وجه التحديد *3alā wajh^i -ttaħdīd^i*, على وجه الدقة *3alā wajh^i -ddiqqa^{ti} adv.* exactly, precisely ▪ على وجه

على هذا الخصوص *3alā wajh*^{i} *-lxuṣūṣ*^{i} *adv.* mainly ▪ على هذا الوجه *3alā hāđā -lwajh*^{i} *adv.* this way, thus

وجه *wajjaha v.tr.* |*2s* يوجه *yuwajjih*^{u} | توجيه *tawjīh*| • guide *sb* ∘ *to* إلى, direct, orientate, aim ▪ وجه اتهامات ضد *wajjaha ittihāmāt ḍidda* press charges against • send ▪ وجه دعوة *wajjaha da3wa*^{t} invite • steer (a vehicle)

وجهة *wijha*^{t} or *wujha*^{t} *n.* • respect, regard ▪ وجهة نظر *wijhat · naẓar* point of view • direction

وجوب *wujūb n.*⋆ • necessity, obligation, duty

وجود *wujūd n.*⋆ • existence • presence

وجوم *wujūm n.*⋆ • silence, speechlessness ▪ في وجوم *fī wujūm*^{in} *adv.* silently, in silence

وجيز *wajīz adj.* |*elat.* أوجز *ʔawjaz* or أكثر إيجازا *ʔaktar ʔījāzan*| • brief, short ▪ لفترة وجيزة *li-fatra*^{tin} *wajīza*^{tin} *adv.* for a short time, briefly

By Oneself

وحدي **(لوحدي)** *waħdī* *(li-waħdī)*	**وحدنا** **(لوحدنا)** *waħd*^{a}*nā* *(li-waħd*^{i}*nā)*	
وحدك **(لوحدك)** *waħd*^{a}*ka* *(li-waħd*^{i}*ka)*	**وحدكما** **(لوحدكما)** *waħd*^{a}*kumā* *(li-waħd*^{i}*kumā)*	**وحدكم** **(لوحدكم)** *waħd*^{a}*kum* *(li-waħd*^{i}*kum)*
وحدك **(لوحدك)** *waħd*^{a}*ki* *(li-waħd*^{i}*ki)*		**وحدكن** **(لوحدكن)** *waħd*^{a}*kunna* *(li-waħd*^{i}*kunna)*
وحده **(لوحده)** *waħd*^{a}*hu* *(li-waħd*^{i}*hi)*	**وحدهما** **(لوحدهما)** *waħd*^{a}*humā* *(li-waħd*^{i}*himā)*	**وحدهم** **(لوحدهم)** *waħd*^{a}*hum* *(li-waħd*^{i}*him)*
وحدها **(لوحدها)** *waħd*^{a}*hā* *(li-waħd*^{i}*hā)*		**وحدهن** **(لوحنهن)** *waħd*^{a}*hunna* *(li-waħd*^{i}*hinna)*

وحد *waħd n.* •وحده *waħd*^{a}*hu*, لوحده *li-waħd*^{i}*hi adv.* alone, by *oneself* ◊ !اتركني لوحدي *Leave me alone!* ◊ .هو وحده المسؤول عن ذلك *He alone is responsible for that.*

وحد *waħħada v.tr.* |*2s* يوحد *yuwaħħid*^{u} | توحيد *tawħīd*| • unite, unify ▪ وحد الله *waħħada aLLāh*^{a} profess that there is only one God

وحداني *waħdānī*^{y} *adj.* • solitary • unique, singular

وحدانية *waħdānīya*^{t} *n.* • oneness, unity

وحدة *waħda*^{t} *n.* • unit, chapter • unity, harmony ▪ وحدة وطنية *waħda*^{t} *waṭanīya*^{t} national unity • union, league • solitude, seclusion ▪ الوحدة خير من جليس السوء. *alwaħda*^{tu} *xayr*^{un} *min jalīs*^{i} *-ssūʔ*^{i} *proverb* Solitude is better than an evil companion. • loneliness ▪ شعر بالوحدة *ša3ara bi-lwaħda*^{ti} *v.* feel lonely

وحدوي *waħdawī*^{y} *adj.* • unitary • centralized, federalist

وحدي *waħdī*^{y} *adj.* • alone

وحش *waħš n.* |*pl.* وحوش *wuħūš*| • wild beast • monster

وحشي *waħšī*^{y} *adj.* |*elat.* أوحش *ʔawħaš*| • wild, untamed, ferocious, savage, brutal

وحشية *waħšīya*^{t} *n.* • ferocity

وحل *waħl n.* |*pl.* أوحال *ʔawħāl*| • mud

وحلي *waħlī*^{y} *adj.* • muddy

وحمة *waħma*^{t} *n.* |*pl.* وحمات *waħ(a)māt*| • birthmark

وحيد *waħīd adj.* |*elat.* أوحد *ʔawħad*| • single, sole, only ▪ وحيدا *waħīdan adv.* alone ▪ وحيد قرن *waħīd · qarn n.* rhinoceros

وخز *waxaza v.tr.* |*1a2* يخز *yaxiz*^{u} | وخز *waxz*| • prick

وخيم *waxīm adj.* |*elat.* أوخم *ʔawxam*| • adverse, unfavorable, harmful, fatal

ود *wadd* or *wudd* or *widd n.*⋆ • wish, desire ▪ بوده أنْ *bi-wadd*^{i}*hi ʔan* want to *(do)*..., wish that... ◊ .بودي أن أهاتف صديقتي *I want to call my girlfriend.* • friendliness, amicability

ود *wadda v.tr.* |*1g1* يود *yawadd*^{u} | ود *wadd* or *wudd* or *widd* or وداد *wadād*| • want, wish ◊ .لا أود هذا حتى لأسوأ أعدائي *I wouldn't wish this on my worst enemies.* ◊ .قال لي هل تود هذا حقا *He asked me if I really wanted that.* ▪ ود أنْ *wadda ʔan*, ود لو أنْ *wadda law ʔan* want to *(do)*, wish that... ◊ .أود أن أشكر كل واحد منكم *I would like to thank each and every one of you.* ▪ كان يود أنْ *kān yawadd*^{u} *ʔan* would have liked to *(do)*, wish one could have *(done)* ◊ .كنت أود أن أهنئ الفائز *I would have liked to congratulate the winner.*

وداع *wadā3 n.* • farewell, goodbye ▪ حفلة وداع

ḥaflat · wadāʒ farewell party ▪ وداعا wadāʒan Farewell!

ودع wadaʒa v.tr. |1a1 يدع yadaʒ^u | ودع wadʒ| • leave, deposit • [+ indicative] let ▪ دعني daʒnī let me (do) ◊ .دعني أساعدك Let me help you. ▪ دعنا daʒnā let's (do) ◊ دعنا نذهب Let's go! ◊ دعنا لا نفكر في الغد. Let's not think about tomorrow. • (in imperatives) desist from من ◊ .دعنا من الكلام Let's just drop it. ▪ دعك من هذا daʒka min hāḏā Knock it off!, Cut it out!; Forget it!, It's not important!

ودع waddaʒa v.tr. |2s يودع yuwaddiʒ^u | توديع tawdīʒ| • say goodbye to, bid farewell to ◊ .ودعته أمه متمنية له رحلة طيبة His mother said goodbye to him, wishing him a good trip.

ودمدني wadmadanī n. **f. invar.** • (city in Sudan) Wad Madani ➡ **map on p. 170**

ودود wadūd adj. |elat. أكثر ودا ʔaktar waddan| • friendly

ودي wuddīy or widdiy adj. |elat. أكثر ودية ʔaktar wuddīya^tan| • friendly, amicable

ودية wuddīya^t or widdīya^t n. • friendliness, amicability

وديعة wadīʒa^t n. |pl. **dip.** ودائع wadāʔiʒ| • deposit

وراء •وراء warāʔa, من وراء min warāʔ^i prep. behind, beyond ▪ وراء الستار warāʔa -ssitār^i adv. behind the scenes ▪ إلى الوراء ʔilā -lwarāʔ^i adv. back, backward, behind ▪ جرى وراء jarā warāʔa, ركض وراء rakaḍa warāʔa v. chase after

وراء warāʔu adv. • behind, at the back

وراثة wirāta^t n. • heredity

وراثي wirātī^y adj. • hereditary, genetic

ورائي warāʔī^y adj. • rear, back

ورث warita v.tr. |1a4 يرث yarit^u | ورث wirt or إرث ʔirt| • inherit sth ∘ from من or عن

ورث warrata v.tr. |2s يورث yuwarrit^u | توريث tawrīt| • leave (in one's will) to ∘ sth ∘, bequeath • make heir

ورث wirt, إرث ʔirt n.* • inheritance • legacy

ورد warada v.intr. |1a2 يرد yarid^u | ورود wurūd| • arrive in/at إلى • be mentioned ◊ وردت تلك الكلمة في صفحة ١٠. This word is mentioned on page 10.

ورد ward coll. n. |sing. وردة warda^t | pl. ورود wurūd| • roses

ورد warrada v. |2s يورد yuwarrid^u | توريد tawrīd| • v.intr. blossom, bloom • v.tr. import, export • provide, furnish, supply

وردي wardī^y adj. • rosy • pink

ورشة warša^t n. |pl. ورش wiraš or ورشات war(a)šāt| • workshop

ورط warraṭa v.tr. |2s يورط yuwarriṭ^u | توريط tawrīṭ| • involve, embroil

ورطة warṭa^t n. |pl. ورطات war(a)ṭāt| • dilemma ▪ في ورطة fī warṭa^tin adv. in a pickle, suffering from a dilemma

ورق waraq coll. n. |sing. ورقة waraqa^t | pl. أوراق ʔawrāq| • paper ▪ ورقة waraqa^t sing. n. piece of paper, sheet ▪ أوراق مالية ʔawrāq mālīya^t pl. n. (finance) securities ▪ ورق حائط waraq · ḥāʔiṭ wallpaper ▪ ورق حمام waraq · ḥammām toilet paper

ورقي waraqī^y adj. • paper- ▪ منديل ورقي mandīl waraqī^y tissue paper

ورك wark n. **f.** |pl. أوراك ʔawrāk| • hip • (meat) ▪ ورك دجاج wark · dajāj chicken leg (including thigh)

ورم waram n. |pl. أورام ʔawrām| • swelling, bump, lump • tumor ▪ علم الأورام ʒilm · alʔawrām^i oncology ▪ عالم أورام ʒālim · ʔawrām oncologist

ورود wurūd n.* • arrival

وريث warīt n. |pl. **dip.** ورثاء wurataʔ| • heir

وريثة warīta^t n. • heiress

وريد warīd n. |pl. أوردة ʔawrida^t| • vein ▪ حبل وريد ḥabl · warīd jugular vein ▪ وريد وداجي warīd widājī^y

وزارة wizāra^t n. • ministry, (US government) department ▪ وزارة داخلية wizārat · dāxilīya^t ministry of interior, (US) department of homeland security ▪ وزارة خارجية wizārat · xārijīya^t foreign ministry, (US) department of state

وزاري wizārī^y adj. • ministerial, departmental, cabinet-

وزع wazzaʒa v.tr. |2s يوزع yuwazziʒ^u | توزيع tawzīʒ| • distribute sth ∘ among على, deliver, give out

وزن wazana v.tr. |1a2 يزن yazin^u | وزن wazn| • weigh • balance

وزن wazn n.* |pl. أوزان ʔawzān| • weight ▪ رفع أوزان rafʒ · ʔawzān weightlifting • balance • (grammar) pattern, measure

وزير wazīr n. |pl. **dip.** وزراء wuzarāʔ| • minister, (US government) secretary ▪ وزير اقتصاد wazīr · iqtiṣād finance minister, minister of economy, secretary of the treasury ▪ وزير خارجية wazīr ·

xārijīya^t foreign minister, secretary of state ▪ رئيس وزراء *ra?īs · wuzarā?* prime minister • *(chess)* queen

وساخة *wasāxa^t n.* • dirtiness, filth

وسادة *wisāda^t n.* |*pl.* **dip.** وسائد *wasā?id*| • pillow, cushion ▪ كيس وسادة *kīs · wisāda^t* pillow case

وساطة *wisāṭa^t n.* • mediation, intervention

وسام *wisām n.* |*pl.* أوسمة *?awsima^t*| • badge, medal, decoration, trophy

وسامة *wasāma^t n.*★ • good-looks, handsomeness

وسخ *wasax n.*★ |*pl.* أوساخ *?awsāx*| • dirtiness, filth

وسخ *wasix adj.* |*elat.* أوسخ *?awsax*| • dirty

وسخ *wasixa v.intr.* |*1s4* يوسخ *yawsax^u* | وسخ *wasax*| • become dirty

وسخ *wassaxa v.tr.* |*2s* يوسخ *yuwassix^u* | توسيخ *tawsīx*| • make dirty, dirty, soil

وسط *wasaṭ* • *n.* |*pl.* أوساط *?awsāṭ*| center, middle ▪ وسط مدينة *wasaṭ · madīna^t n.* downtown, city center ◊ نعمل في وسط المدينة. *She works downtown.* ▪ أوساط *?awsāṭ pl. n. (people)* circles, classes ▪ حل وسط *ḥall · wasaṭ n.* compromise ▪ الوسط *alwasaṭ n.* ***f.*** Al-Wasat (Bahraini newspaper) • *adj.* central, middle

وسط *wasṭa prep.* • in the center of ▪ وسط المدينة *wasṭa -lmadīna^ti adv.* in the center of the city • among, amid, in the midst of ◊ تركها وسط المشاكل. *He left her in the midst of trouble.*

وسطى *wusṭā n.* ***f.* invar.** • middle finger

وسع *wasi3a v.* • *v.intr.* |*1a3* يسع *yasa3^u* | سعة *sa3a^t*| be wide, be spacious • *v.tr.* |*1a3* يسع *yasa3^u* | وسع *wus3*| be possible *for* ▪ لا يسعني أنْ *lā yasa3^u-nī ?an* I cannot *(do)* ◊ آسف، لا يسعني أن أساعدك. *Sorry, I can't help you.* ▪ لا يسعني إلا أنْ *lā yasa3^u-nī ?illā ?an* I can only *(do)*..., I must *(do)* ◊ لا يسعني إلا أن اتفق معه. *I can only agree with him.* ◊ ولا يسعني إلا أن أؤكد على أهميتها. *I cannot stress enough the importance of this.*

وسع *wassa3a v.tr.* |*2s* يوسع *yuwassi3^u* | توسيع *tawsī3*| • widen, expand ▪ وسع رقعة *wassa3a ruq3at · __ v.* expand, enlarge, broaden

وسع *wus3 n.*★ • ability, capability ▪ بوسعه أنْ *bi-wus3^i hi ?an* be able to *(do)*, can *(do)* ◊ لم يكن بوسع أحد منا أن يتخيل هذا. *None of us could have imagined that.* ▪ ليس بوسعه إلا أنْ *laysa bi-wus3^i hi ?illā ?an* must *(do)* ▪ لم يعد بوسعه أنْ *lam ya3d^u bi-wus3^i hi ?an* can no longer *(do)*

وسكي *wiskī n.* • *whisky*

وسم *v.* • *wasama v.tr.* |*1a2* يسم *yasim^u* | وسم *wasm*| mark, label, brand, stamp • *wasuma v.intr.* |*1s6* يوسم *yawsum^u* | وسامة *wasāma^t*| be handsome

وسم *wasm n.*★ • mark, insignia • tag, label

وسوس *waswasa v.intr.* |*11s* يوسوس *yuwaswis^u* | وسوسة *waswasa^t*| • whisper, speak under *one's* breath

وسيط *wasīṭ* |*pl.* **dip.** وسطاء *wusaṭā?*| • *adj.* |*elat.* أوسط *?awsaṭ*| middle • average, median • *n.* agent, broker, middleman, intermediary

وسيع *wasī3 adj.* |*elat.* أوسع *?awsa3*| • wide, broad • extensive, spacious

وسيلة *wasīla^t n.* |*pl.* **dip.** وسائل *wasā?il*| • means, way, method, tool ▪ وسيلة نقل *wasīlat · naql* means of transportation ▪ وسيلة اتصال *wasīlat · ittiṣāl* means of communication ▪ وسيلة لـ *wasīla^t li-* [+ masdar] a tool for *(do)*ing, a way to *(do)* ◊ ما هي أفضل وسيلة لتعلم لغة جديدة؟ *What's the best way to learn a new language?*

وسيم *wasīm adj.* |*m. pl.* **dip.** وسماء *wusamā?* or وسام *wisām* | *elat.* أوسم *?awsam*| • attractive, good-looking

وشاح *wišāḥ* or *wušāḥ n.* |*pl.* أوشحة *?awšiḥa^t*| • scarf, sash ▪ وشاح رأس *wišāḥ · ra?s* headscarf ➡ ***picture on p. 68*** • *(geology)* mantle

وشك *wašk n.* • speed, swiftness ▪ على وشك أنْ *3alā wask^i ?an* about to *(do)*, on the verge of *(do)*ing ◊ كنت على وشك الخروج. *I was about to go out.*

وشم *wašm n.* |*pl.* وشوم *wušūm* or وشام *wišām*| • tattoo

وشم *waššama v.tr.* |*2s* يوشم *yuwaššim^u* | توشيم *tawšīm*| • tattoo

وشيك *wašīk adj.* • imminent, close at hand, forthcoming

وصاية *wiṣāya^t n.* • guardianship, trusteeship

وصف *waṣafa v.tr.* • |*1a2* يصف *yaṣif^u* | وصف *waṣf*| describe *sb/sth* ∘ *as* بـ, depict, portray • |*1a2* يصف *yaṣif^u* | وصفة *waṣfa^t*| prescribe *sth* ∘ *to* لـ ◊ وصف الطبيب دواء للمريض. *The doctor prescribed medicine to the patient.*

وصف *waṣf n.*★ |*pl.* أوصاف *?awṣāf*| • description, account, depiction, portrayal ▪ بوصفه *bi-waṣf^i hi* [+ accusative noun] as, in the capacity of ◊ تكلم بوصفه عضوا في اللجنة. *He spoke as a member of the committee.*

وصفة *waṣfa^t n.*★ • prescription • recipe

وصل *waṣala v.* • *v.intr.* |*1a2* يصل *yaṣil^u* | وصول

wuṣūl| arrive *in/at* إلى, reach ▪ وصل إلى السلطة *waṣala ʔilā -ssulṭa*[u] come to power • *v.tr.* be received *by* ◊ وصلته رسالة من صديقه. *He received a letter from his friend. (lit. A letter from his friend arrived him.)* • *v.intr.* |*1a2* يصل *yaṣil*[u] | وصل *waṣl* or صلة *ṣila*[t] | connect بـ *or* بين ◊ يصل الجسر بين البحرين والسعودية. *The bridge connects Bahrain and Saudi Arabia.*

وصل *waṣl n.*⋆ • |*pl.* أوصال *ʔawṣāl*| connection, link, tie • |*pl.* وصول *wuṣūl*| receipt

وصل *waṣṣala v.tr.* |*2s* يوصل *yuwaṣṣil*[u] | توصيل *tawṣīl*| • deliver, take, bring, give a ride to

وصل *wuṣl n.* |*pl.* أوصال *ʔawṣāl*| • *(body)* limb • *(meat)* joint

وصول *wuṣūl n.*⋆ • arrival

وصى *waṣṣā v.tr.* |*2d* يوصي *yuwaṣṣī* | توصية *tawṣiya*[t]| • advise *sb* ∘ *to (do)* بـ, recommend, suggest ▪ وصاه بأنْ *waṣṣāhu bi-ʔan* advise *sb* to *(do)*, recommend that *sb (do)*

وصي *waṣīy n.* |*pl.* **dip.** أوصياء *ʔawṣiyāʔ*| • guardian, trustee, caretaker

وصية *waṣīya*[t] *n.* |*pl.* **invar.** وصايا *waṣāyā*| • will, testament ▪ كتب وصية *kataba waṣīya*[t] *v.* make a will

وضاعة *waḍāʒa*[t] *n.* • lowness, inferiority

وضب *waḍḍaba v.tr.* |*2s* يوضب *yuwaḍḍib*[u] | توضيب *tawḍīb*| • arrange, put in order, pack

وضح *waḍaḥ n.* |*pl.* أوضاح *ʔawḍāḥ*| • brightness, light ▪ في وضح النهار *fī waḍaḥi -nnahāri adv.* in broad daylight

وضح *waḍaḥa v.intr.* |*1a2* يضح *yaḍiḥ*[u] | وضوح *wuḍūḥ*| • become clear, become evident

وضح *waḍḍaḥa v.tr.* |*2s* يوضح *yuwaḍḍiḥ*[u] | توضيح *tawḍīḥ*| • clarify, clear up, make clear, explain • point out, show, demonstrate, illustrate

وضع *waḍ3 n.*⋆ |*pl.* أوضاع *ʔawḍā3*| • position, situation • condition, situation, state ▪ وضع راهن *waḍ3 rāhin* status quo • childbirth, labor, delivery

وضع *waḍa3a v.tr.* |*1a1* يضع *yaḍa3*[u] | وضع *waḍ3*| • put, place, set ▪ وضع نهاية لـ *waḍa3a nihāya*[tan] *li-*, وضع حدا لـ *waḍa3a ḥaddan li-* put an end to ▪ وضع خطة *waḍa3a xiṭṭa*[t] put a plan forward, develop a blueprint, formulate a plan ▪ وضع وليدا *waḍa3a walīdan* give birth

وضعي *waḍ3īy adj.* • positive ▪ قانون وضعي *qānūn waḍ3īy n.* positive law

وضعية *waḍ3īya*[t] *n.* • situation, status, position

وضوء *wuḍūʔ n.* • ablution (ritual washing) ▪ حوض وضوء *ḥawḍ · wuḍūʔ* ablution fountain

Men performing ablution before prayer in Syria

وضوح *wuḍūḥ n.*⋆ • clarity ▪ بوضوح *bi-wuḍūḥ*[in] *adv.* clearly ◊ أسمعك بوضوح. *I hear you clearly.*

وضيع *waḍī3 adj.* |*m. pl.* **dip.** وضعاء *wuḍa3āʔ* | *elat.* أوضع *ʔawḍa3* or أكثر وضاعة *ʔakṯar waḍā3a*[tan]| • low, lowly, inferior

وطأة *waṭʔa*[t] *n.* • coercion, force

وطد *waṭṭada v.tr.* |*2s* يوطد *yuwaṭṭid*[u] | توطيد *tawṭīd*| • stabilize

وطن *waṭan n.* |*pl.* أوطان *ʔawṭān*| • nation, country, homeland ▪ الوطن العربي *alwaṭan al3arabīy* the Arab world ▪ الوطن *alwaṭan n. f.* Al-Watan (Saudi newspaper); Al-Watan (Qatari newspaper)

وطني *waṭanīy* • *adj.* national • home-, native • nationalist, patriotic • *n.* nationalist, patriot

وطنية *waṭanīya*[t] *n.* • nationalism, patriotism

وطواط *waṭwāṭ n.* |*pl.* **dip.** وطاويط *waṭāwīṭ*| • *(animal)* bat ▪ وطواط بحر *waṭwāṭ · baḥr* stingray

وطئ *waṭiʔa v.tr.* |*1a3(a)* يطأ *yaṭaʔ*[u] | وطء *waṭʔ*| • tread *on*, step *on*, trample

وطيد *waṭīd adj.* |*elat.* أوطد *ʔawṭad*| • solid, firm, sturdy, stable

وظف *waẓẓafa v.tr.* |*2s* يوظف *yuwaẓẓif*[u] | توظيف *tawẓīf*| • employ, hire

وظيفة *waẓīfa^t* n. |pl. **dip.** وظائف *waẓā?if*| • job, position, post ▪ وظيفة شاغرة *waẓīfa^t šāɣira^t*, وظيفة خالية *waẓīfa^t xāliya^t* vacant post • function • *(school)* assignment, homework

وظيفي *waẓīfī^y* adj. • functional, practical

وعاء *wi3ā?* n. |pl. أوعية *?aw3iya^t*| • container, vessel, pot, bowl ▪ وعاء دموي *wi3ā? damawī^y* blood vessel

وعائي *wi3ā?ī^y* adj. • vascular ▪ قلبي وعائي *qalbī^y wi3ā?ī^y* cardiovascular ▪ طبيب قلب وأوعية دموية *ṭabīb qalb (wa-?aw3īya^t damawīya^t)* n. cardiologist ▪ طب القلب (والأوعية الدموية) *ṭibb alqalb^i (wa-l?aw3īya^ti addamawīya^ti)* n. cardiology

وعد *wa3ada* v.tr. |1a2 يعد *ya3id^u* | وعد *wa3d*| • promise *sb* ه *sth* بـ, make a promise ▪ وعده بأنْ *wa3adahu bi-?an* promise (*sb*) to *(do)* ◊ أعدك بأن أحبك للأبد. *I promise to love you forever.*

وعد *wa3d* n.⋆ |pl. وعود *wu3ūd*| • promise ▪ وعد الحر دين عليه. *wa3d^u -lḥurr^i dayn^un 3alayh^i* proverb One's word is one's bond.

وعظ *wa3aẓa* v.tr. |1a2 يعظ *ya3iẓ^u* | وعظ *wa3ẓ* or عظة *3iẓa^t*| • preach *to*

وعظ *wa3ẓ*, عظة *3iẓa^t* n.⋆ • sermon

وعظي *wa3ẓī^y* adj. • preachy, hortatory

وعورة *wu3ūra^t* n. • roughness, unevenness

وعّى *wa33ā* v.tr. |2d يوعي *yuwa33ī* | توعية *taw3iya^t*| • make aware *sb* ه *of* بـ, enlighten, educate • caution *sb* ه *against* من, warn

وعى *wa3ā* v.tr. |1d2(b) يعي *ya3ī* | وعي *wa3y*| • perceive, be conscious *of*, become aware *of* • contain, hold

وعي *wa3y* n.⋆ • awareness *of* بـ, consciousness, alertness ▪ وعي الذات *wa3y · aḏḏāt^i* self-awareness ▪ لا وعي *lā wa3y* unconsciousness, the subconscious ▪ زاد الوعي بـ *zāda alwa3y bi-*, أزكى الوعي بـ *?azkā alwa3y^a bi-* v. raise awareness about

وعير *wa3īr*, وعر *wa3r* adj. |elat. أوعر *?aw3ar*| • rugged, rough, uneven

وغد *waɣd* |pl. أوغاد *?awɣād*| • *adj.* villainous, vile • *n.* scoundrel, villain

وفاء *wafā?* n.⋆ • loyalty, fidelity • sufficiency

وفاة *wafā^t* n.⋆ |pl. وفيات *wafayāt*| • death, demise

وفاق *wifāq* n. • unity • agreement, common ground ▪ وفاقا لـ *wifāqan li-* in accordance with

وفد *wafada* v.intr. |1a2 يفد *yafid^u* | وفود *wufūd*| • come *to* إلى, arrive

وفد *wafd* n. |pl. وفود *wufūd*| • delegation

وفر *waffara* v.tr. |2s يوفر *yuwaffir^u* | توفير *tawfīr*| • save, economize • provide, make available, furnish, fulfill • increase, augment

وفرة *wafra^t* n. • abundance

وفق *waffaqa* v. |2s يوفق *yuwaffiq^u* | توفيق *tawfīq*| • *v.intr.* reconcile *sth* بين *with* و • *v.tr. (of God)* bestow success *upon* ه *in* في ▪ وفقك الله *waffaqaka aLLāh* Good luck! ▪ وُفق *wuffiqa pass. v.* succeed *in* في, have the good fortune *to (do)*

وفق *wafiqa* v.intr. |1a4 يفق *yafiq^u* | وفق *wafq*| • be suitable, be appropriate, be right

وفق *wafq* n.⋆ • agreement, accordance ▪ وفقا لـ *wafqan li- prep.* according to ◊ عمالة الأطفال ممنوعة وفقا لقانون حقوق الإنسان. *Child labor is prohibited addording to the human rights' law.*

وفق *waqfa* prep. • according to, in accordance with, in conformity with

وفود *wufūd* n.⋆ • arrival

وفى *wafā* v.intr. |1d2(b) يفي *yafī* | وفاء *wafā?*| • keep بـ, fulfill ▪ وفى بوعده *wafā bi-wa3d^ihi* keep a promise • repay بـ • be sufficient, be enough

وفي *wafī^y* adj. |m. pl. **dip.** أوفياء *?awfiyā?* | elat. **invar.** أوفى *?awfā*| • loyal, faithful

وقاء *waqā?* n. • prevention • protection

وقاحة *waqāḥa^t* n.⋆ • insolence, cheekiness

وقار *waqār* n. • gravity, solemnness

وقاية *wiqāya^t* n.⋆ • protection, precaution, prevention

وقائي *waqā?ī^y* adj. • preventive, preventative

وقت *waqqata* v.tr. |2s يوقت *yuwaqqit^u* | توقيت *tawqīt*| • schedule • time

وقت *waqt* n. |pl. أوقات *?awqāt*| • time ▪ الوقت *alwaqta adv.* now ▪ وقت لـ *waqt li-* time for ▪ وقتا سعيدا *waqtan sa3īdan* Have a good time! ▪ وقت فراغ *waqt farāɣ* free time ▪ أوقات دوام *?awqāt · dawām* working hours, business hours ▪ في أي وقت *fī ?ayy^i waqt^in* adv. (at) any time ▪ في الوقت الحاضر *fī -lwaqt^i -lḥāḍir^i* adv. at present ▪ في الوقت المناسب *fī -lwaqt^i -lmunāsib^i* adv. in time (before it's too late); at the right time, when appropriate ▪ في بعض الأوقات *fī ba3ḍ^i -l?awqāt^i* adv. sometimes ▪ في نفس الوقت *fī nafs^i -lwaqt^i*, في الوقت ذاته *fī -lwaqt^i ḏāt^ih^i* adv. at the same time ▪ من وقت إلى آخر *min waqt^in ?ilā ?āxar^a* adv. from time to time ▪ الوقت من ذهب *alwaqt^u min ḏahab^in* proverb Time is money.

وقتذاك *waqtaðāka*, وقتئذ *waqtaʔiðin*, وقتها *waqtahā* *adv.* • at that time ◊ ما كنت أعرف وقتها أني سأندم. *I didn't know at that time that I was going to regret it.*

وقتما *waqtamā conj.* • whenever ▪ وقتما شاء *waqtamā šāʔa* whenever *one* wants

وقح *waquḫa v.intr.* |*1s6* يوقح *yawquḫᵘ* | وقاحة *waqāḫaᵗ*| • be insolent, be cheeky

وقر *waqqara v.tr.* |*2s* يوقر *yuwaqqirᵘ* | توقير *tawqīr*| • revere, respect

وقع *waqa3a v.intr.* |*1a1* يقع *yaqa3ᵘ* | وقوع *wuqū3*| • fall ▪ وقع في الحب *waqa3a fī -lḫubbⁱ* fall in love *with* مع ▪ الطيور على أشكالها تقع. *aṭṭuyūrᵘ 3alā ʔaškālⁱhā taqa3ᵘ proverb* Birds of a feather flock together. • happen, occur ▪ الذي وقع هو... *allaðī waqa3a huwa...* what happened was... • be located *in* في ◊ تقع موريتانيا في قارة أفريقيا. *Mauritania is located in Africa.*

وقع *waqqa3a v.* |*2s* يوقع *yuwaqqi3ᵘ* | توقيع *tawqī3*| • *v.tr. & intr.* sign (على) ▪ وقع عقدا *waqqa3a 3aqdan*, وقع على عقد *waqqa3a 3alā 3aqdⁱⁿ* sign a contract ▪ وقع اتفاقا *waqqa3a ittifāqan* sign an treaty ▪ وقع مستندا *waqqa3a mustanadan* sign a document • *v.tr.* drop, let fall • inflict *sth* ∘ *upon* على ◊ وقع القاضي العقوبة على السارق. *The judge inflicted the sentence on the thief.*

وقعة *waq3aᵗ n.* |*pl.* وقعات *waq(a)3āt*| • fall, tumble

وقف *waqafa v.intr.* |*1a2* يقف *yaqifᵘ* | وقوف *wuqūf* or وقف *waqf*| • stop, halt, come to a stop • stand, stand up ▪ وقف ضد *waqafa ḍidda* stand up against, oppose ▪ وقف في طابور *waqafa fī ṭābūrⁱⁿ* wait in line, stand in line

وقف *waqf n.** |*pl.* أوقاف *ʔawqāf*| • stop, suspension ▪ وقف إطلاق نار *waqf · ʔiṭlāq · nār* ceasefire • *(religious endowment)* waqf, wakf • *(grammar)* pause form

وقف *waqqafa v.tr.* |*2s* يوقف *yuwaqqifᵘ* | توقيف *tawqīf*| • arrest

وقفة *waqfaᵗ n.* • stance, position, attitude ▪ وقفة احتجاجية *waqfaᵗ iḫtijājīyaᵗ* protest

وقود *waqūd n.* • fuel

وقور *waqūr adj.* |*elat.* أوقر *ʔawqar* or أكثر وقارا *ʔakṯar waqāran*| • grave, solemn

وقوع *wuqū3 n.** • occurrence, happening, incidence

وقى *waqā v.tr.* |*1d2(b)* يقي *yaqī* | وقي *waqy* or وقاية *wiqāyaᵗ*| • protect *sb/sth* ∘ *from* من, prevent من, preserve

وقيح *waqīḫ*, وقح *waqiḫ adj.* |*elat.* أوقح *ʔawqaḫ*| • insolent, cheeky

وقيعة *waqīyaᵗ n.* |*pl. **dip.*** وقائع *waqāʔi3*| • incident, event, occurrence ▪ وقائع *waqāʔi3 pl. n.* happenings, findings, facts ▪ وقائع اجتماع *waqāʔi3 · ijtimā3* minutes (of a meeting)

وكالة *wikālaᵗ* or *wakālaᵗ n.* • agency ▪ وكالة أنباء *wikālat · ʔanbāʔ* press agency ▪ الوكالة الدولية للطاقة الذرية *alwikālaᵗ adduwalīyaᵗ li-ṭṭāqaᵗ aððarrīyaᵗ* The International Atomic Energy Agency (IAEA)

وكر *wakr n.* |*pl.* أوكار *ʔawkār*| • hideout, den, lair

وكيل *wakīl n.* |*pl. **dip.*** وكلاء *wukalāʔ*| • agent, representative

ولاء *walāʔ n.* • loyalty *to* لـ, allegiance, fidelity

ولادة *wilādaᵗ n.** • birth

ولادي *wilādīʸ adj.* • natal

ولاعة *wallā3aᵗ n.* • lighter

ولاية *wilāyaᵗ n.** • state, province ▪ الولايات المتحدة *alwilāyāt almuttaḫidaᵗ* the United States ▪ ولاية نيويورك *wilāyat · nyūyork* New York State

ولد *walad n.* |*pl.* أولاد *ʔawlād*| • boy, child

ولد *walada v.tr.* |*1a2* يلد *yalidᵘ* | ولادة *wilādaᵗ*| • bear, give birth *to* ▪ وُلد *wulida pass. v.* be born

ولد *wallada v.tr.* |*2s* يولد *yuwallidᵘ* | توليد *tawlīd*| • generate, produce, create ▪ ولد كهرباء *wallada kahrabāʔ* produce electricity • breed • help *sb* give birth

ولع *wali3a v.intr.* |*1s4* يولع *yawla3ᵘ* | ولع *wala3* or ولوع *walū3*| • catch fire, burn • be infatuated *with* بـ

ولى *wallā v.intr.* |*2d* يولي *yuwallī* | تولية *tawliyaᵗ*| • *(of time)* pass, go by, elapse

ولي *walīʸ n.* |*pl. **dip.*** أولياء *ʔawliyāʔ*| • guardian, sponsor ▪ ولي شرعي *walīʸ šar3īʸ* legal guardian ▪ ولي عهد *walīʸ · 3ahd* crown prince, heir apparent

ولي *waliya v.intr.* |*1d5* يلي *yalī* | ولاية *wilāyaᵗ*| • follow, come next ▪ ما يلي *mā yalī* the following ▪ كما يلي *ka-mā yalī* as follows, like this ▪ فيما يلي *fī-mā yalī* hereinafter, hereafter • be in charge *of* على, control, rule, manage, direct, run

وليد *walīd n.* |*pl.* ولدان *wildān*| • infant, newborn

وليد *wulayd n. diminutive* • small child

وليمة *walīmaᵗ n.* |*pl. **dip.*** ولائم *walāʔim*| • banquet

ومض *wamaḍa v.intr.* |*1a2* يمض *yamiḍᵘ* | وميض

wamīḑ | • flash, blink

ومضة *wamḑa^t^ n.* |*pl.* ومضات *wam(a)ḑāt* | • spark, flash

وهابية *wahābīya^t^ n.* • Wahhabism

وهب *wahaba v.tr.* |*1a1* يهب *yahab^u^* | وهب *wahb* | • grant *sth* ه *to* لـ, give, donate ▪ وهب حياته لـ *wahaba ḩayāt^a^hu li-* devote *one's* life to

وهبي *wahhabīʸ adj. & n.* • Wahhabi

وهران *wahrān n.* ***f. dip.*** • *(city in Algeria)* Oran

➡ ***map on p. 105***

وهلة *wahla^t^ n.* • moment ▪ لأول وهلة *li-ʔawwal^i^ wahla^ti^* at first glance

وهم *wahm n.* |*pl.* أوهام *ʔawhām* | • delusion, illusion, false notion

وهمي *wahmīʸ adj.* • fanciful, imaginary

ويسكي *wiskī n.* • whisky

ويل *wayl n.* • woe, distress

ويل *wayla,* يا ويل *yā wayla prep.* • woe unto ▪ يا ويلي *yā waylī* Woe is me!

ويلز *waylz n.* ***f. invar.*** • Wales

ويلزي *waylzīʸ* • *adj.* Welsh • *n.* Welshman

ويندوز *windoz n.* • *(Microsoft)* Windows™

ي

ي *yāʔ n. **f.*** |ياء| • *(twenty-eighth letter of the Arabic alphabet)* • *(numerical value)* 10 • *(point of information)* J., X. ➡ ***The Abjad Numerals p. 108***

يـ *ya-/yu- sing. **m.** third-person imperfect-tense prefix* • he *(does)* ◊ يفعل ***yaf3al**^u^* he does ◊ يحب ***yuħibb**^u^* he likes

ـي *-ī / -ya sing. **m. f.** first-person possessive pronoun suffix* • [noun +] my • [prep +] me ▪ لي *lī* to me, for me ▪ فيّ *fīya* in me ▪ عليّ *3alayya* on me ▪ إليّ *ʔilayya* to me ⓘ *When following a long vowel,* ـي *is pronounced -ya.* ⓘ *The noun's inflectional vowel drops before* ـي*, making nouns with this suffix invariable for case:* ◊ *(nom., acc., gen.)* بيتي *baytī* my house ◊ والداي *wālidāya* my parents ➡ ***Suffixed Personal Pronouns p. 192***

يـ ـان *ya-/yu- -ān^i^ dual **m.** third-person imperfect-tense prefix* |*jussive and subjunctive* يـ ـا *ya-/yu- -ā*| • they *(do)* ◊ يفعلان ***yaf3alān**^a^* they do ◊ يحبون ***yuħibbūn**^a^* they like

يـ ـن *ya-/yu- -na plural **f.** third-person imperfect-tense prefix suffix* • they *(do)* ◊ يفعلن ***yaf3alna*** they do ◊ يحببن ***yuħibbna*** they like

يـ ـون *ya-/yu- -ūn^a^ plural **m.** third-person imperfect-tense prefix* |*jussive and subjunctive* يـ ـوا *ya-/yu- -ū*| • they *(do)* ◊ يفعلون ***yaf3alūn**^a^* they do ◊ يحبون ***yuħibbūn**^a^* they like

يا *yā particle* • *(vocative, that is, for addressing someone; usually untranslated)* [+ definite nominative noun without definite article] ◊ يا أولاد! *yā ʔawlād^u^ Children!* ◊ يا حسن، كيف حالك؟ *Hassan, how are you?* ◊ لا، يا صديقي! *No, my friend!* • يا رب *yā rabb^u^*, يا إلهي *yā ʔilāhī*, يا الله *yā -LLāh^u^* My God!, Oh, God! • يا له من *yā lahu min*, يا لـ *yā li-* What a __! ◊ يا له من يوم جميل! *What a beautiful day!* ◊ يا لها من رائحة جميلة! *What nice perfume!* ◊ يا لها من مباراة! *What a game!* ◊ يا لها من تجربة! *What an experience!* ◊ يا لها من نهاية حزينة! *What a sad ending!* ◊ يا لهم من أغبياء! *What idiots (they are)!*

ياء *yāʔ n. **f.*** ➡ ***ي above***

اليابان *alyābān n. **f.*** • Japan

ياباني *yābānī^y^ adj. & n.* • Japanese

يابس *yābis adj.* • rigid, hard, stiff

ياردة *yārda^t^ n.* • *(unit of length)* yard

يأس *yaʔs n.** • hopelessness, desperation, despair

ياسر *yāsara v.tr.* |*3s* يياسر *yuyāsir^u^* | مياسرة *mayāsara^t^*| • indulge, humor

ياسمين *yāsamīn n.* • jasmine ⓘ *The English word 'jasmine' has been borrowed from this Arabic word.*

يافطة *yāfiṭa^t^ n.* • sign, billboard

ياقة *yāqa^t^ n.* • collar

ياقوت *yāqūt coll. n.* |*sing.* ياقوتة *yāqūta^t^* | *pl.* ***dip.*** يواقيت *yawāqīt*| • rubies ▪ ياقوت أزرق *yāqūt ʔazraq* sapphires

يانسون *yānsūn n.* • anise

يانصيب *yānaṣīb n.* • lottery, raffle, sweepstakes

يانع *yāni3 adj.* |*elat.* أينع *ʔayna3*| • ripe, mature

ياهو *yāhū n. **invar.*** • Yahoo™

يائس *yāʔis act. part. adj.* |*elat.* أيأس *ʔayʔas* or أكثر يأسا *ʔaktar yaʔsan*| • desperate, hopeless

ينبع البحر *yanbu3 · albaħr^i^ n. **f.*** • *(city in Saudi Arabia)* Yanbu ➡ ***map on p. 166***

يتيم *yatīm n.* |*pl.* أيتام *ʔaytām*| • orphan ▪ دار أيتام *dār · ʔaytām* orphanage

يحيى *yaħyā **invar.** man's name* • Yahya, John

يخت *yaxt n.* |*pl.* يخوت *yuxūt*| • yacht

يخنة *yaxna^t^ n.* • stew

يد *yad n. **f.*** |*pl. **def.*** أياد *ʔayād(in)* or ***def.*** أيد *ʔayd(in)*| • hand ▪ بيده *bi-yad^i^hi adv.* in one's hand ▪ ماذا بيدي أن أفعل؟ *mādā bi-yadī ʔan ʔaf3al^u^* What can I do? ▪ يد عاملة *yad 3āmila^t^* workforce ▪ على يده *3alā yad^i^hi adv.* with sb's help

يدوي *yadawī^y^ adj.* • manual

ـئذ *-ʔiđ^in^ suffix* • *(forms adverbs of time)* ▪ حينئذ *ħīnaʔiđ^in^*, وقتئذ *waqtaʔiđ^in^*, آنئذ *ʔānaʔiđ^in^*, عندئذ *3indaʔiđ^in^ adv.* then, at that time ▪ يومئذ *yawmaʔiđ^in^*, أيامئذ *ʔayyāmaʔiđ^in^ adv.* in those days, at that time ▪ ساعتئذ *sā3ataʔiđ^in^ adv.* then, at that time ▪ بعدئذ *ba3daʔiđ^in^ adv.* after that ▪ ليلتئذ *laylaʔiđ^in^ adv.* (on) that night ➡ ***compare with*** **ذاك** ***-đāka p. 142***

يسار *yasār n.* • *(not right)* left ▪ على اليسار *3ala -lyasār^i^*, عن اليسار *3an^i^ -lyasār^i^ adv.* on the left

يساري *yasārī^{y} adj. & n.* • *(politics)* leftist, left-wing(er)

يسر *yassara v.tr.* |*2s* ييسر *yuyassir^{u}* | تيسير *taysīr*| • make easy, ease, facilitate ▪ يسره الله *yassara<u>hu</u> aLLāh^{u}* may God pave *sb's* way

يسر *yusr n.* • ease, easiness ▪ بيسر *bi-yusr^{in} adv.* comfortably

يسرة *yasra^{t} n.* • left side ▪ يسرة *yasratan adv.* on the left ▪ يمنة ويسرة *yamnatan wa-yasratan adv.* on the left and right

يسوع *yusū3* **dip.** *man's name* • Jesus

يسير *yasīr adj.* |*elat.* أيسر *ʔaysar*| • easy *for* على ▪ من اليسير أنْ *min^{a} -lyasīr^{i} ʔan* it is easy to *(do)*

يقطين *yaqṭīn n.* • squash, pumpkin

يقظ *yaqiẓ adj.* |*m. pl.* أيقاظ *ʔayqāẓ* | *elat.* أكثر يقظة *ʔaktar yaqẓa^{tan}*| • alert, awake

يقظ *yaqiẓa v.intr.* |*1s4* ييقظ *yayqaẓ^{u}* | يقظ *yaqaẓ*| • be alert, be awake

يقظة *yaqẓa^{t} n.* • wakefulness, alertness

يقين *yaqīn n.* • certainty, conviction ▪ يقينا *yaqīnan adv.* certainly, for sure ◊ أعرف يقينا أنه لم يفعل هذا. *I know for sure that he didn't do this.* ▪ على يقين أنّ *3alā yaqīn^{in} ʔanna* certain that..., convinced that...

يمام *yamām coll. n.* |*sing.* يمامة *yamāma^{t}*| • pigeons, doves

اليمن *alyaman n.* **m.** • Yemen ➡ ***map to the right***

يمنة *yamna^{t} n.* • right side ▪ يمنة *yamnatan adv.* on the right ▪ يمنة ويسرة *yamnatan wa-yasratan adv.* on the left and right

يمني *yamanī^{y} adj. & n.* • Yemeni

يمين *yamīn n.* ***f.*** • |*pl.* أيمن *ʔaymun*| oath • |*pl.* أيمان *ʔaymān*| *(not left)* right ▪ على اليمين *3alā -lyamīn^{i}*, عن اليمين *3an^{i} -lyamīn^{i} adv.* on the right (side) ▪ يمينا *yamīnan adv.* to the right ▪ يمينا وشمالا *yamīnan wa-šimālan adv.* to the left and right

يمين *yamīna prep.* • to the right of

يميني *yamīnī^{y} adj. & n.* • rightist, right-wing(er)

ين *yen n.* • yen

يناير *yanāyir n.* **dip.** • January ➡ ***The Months p. 181***

ينبوع *yanbū3 n.* |*pl.* **dip.** ينابيع *yanābī3*| • *(water)* spring

يهودي *yahūdī^{y}* |*m. pl.* يهود *yahūd*| • *adj.* Jewish • *n.* Jew

اليهودية *alyahūdīya^{t} n.* • Judaism

يوجا *yōgā*, يوغا *yōgā n.* ***invar.*** • yoga

يوحنا *yūḫanā* ***invar.*** *man's name* • John

يورانيوم *yūrāniyūm n.* • uranium

يورو *yurō n.* ***invar.*** |*pl.* يوروهات *yurōhāt*| • euro

يوسف *yūsuf* **dip.** *man's name* • Yusuf, Joseph

يوسفي *yūsufī^{y} n.* • tangerine, Mandarin orange

يوليو *yūlyū n.* ***invar.*** • July ➡ ***The Months p. 181***

يوم *yawm n.* |*pl.* أيام *ʔayyām*| • day ▪ اليوم *alyawm^{a} adv.* today ▪ .اليوم خمر وغدا أمر *alyawm^{a} xamr^{un} wa-ɣadan ʔamr^{un} proverb* Today we drink, tomorrow we battle. ▪ يوما *yawman adv.* (for) one day; *(in the past)* once, at one time; [negative +] never ▪ يوما سعيدا *yawman sa3īdan* Have a nice day! ▪ يوما ما *yawman mā adv.* some day ▪ طول اليوم *ṭūla -lyawm^{i} adv.* all day ▪ كل يوم *kull^{a} yawm^{in} adv.* every day ▪ في يوم من الأيام *fī yawm^{in} min^{a} -lʔayyām^{i} adv.* one day ▪ في يوم من أيام الشتاء *fī yawm^{in} min ʔayyām^{i} -ššitāʔ^{i} adv.* one winter day ▪ يوما... ويوما آخر *yawman... wa-yawman ʔāxar^{a} adv.* one day... and the next (day)... ▪ يوما يوما *yawman yawman adv.* day after day ▪ يومها *yawm^{a}hā adv.* (on) that day ▪ هذه الأيام *hāđihi -lʔayyām^{a} adv.* these days, nowadays ▪ يوم عمل *yawm · 3amal* working day, work day ▪ الأيام *alʔayyām n.* ***f.*** Al Ayam (Bahraini newspaper) ▪ في الأيام القليلة المقبلة *fī -lʔayyām^{i} -lqalīla^{ti} -lmuqbila^{ti} adv.* in the next few days

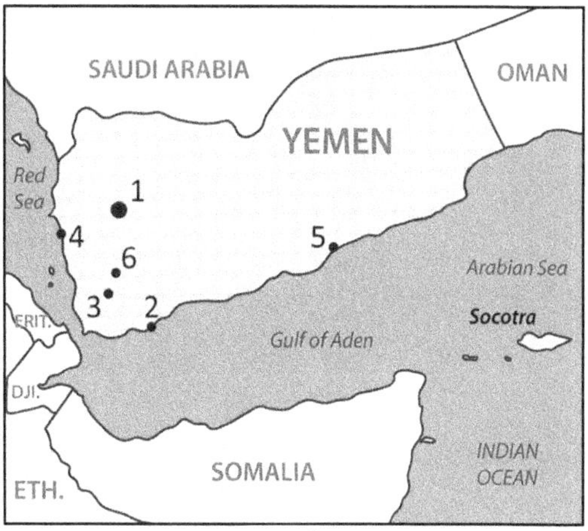

map of Yemen

1. صنعاء *ṣan3āʔ* Sana'a
2. عدن *3adan* Aden
3. تعز *ta3izz* Ta'izz
4. الحديدة *alḫudayda^{t}* Hudaida
5. المكلا *almukallā* Al Mukalla
6. إب *ʔibb* Ibb

ي

يوم *yawma conj.* • *conj.* the day (when) ◊ هاتفني يوم تنه مهمتك. *Call me the day you finish your mission.*

يومي *yawmīʸ adj.* • daily, everyday ▪ يوميا *yawmīyan adv.* every day, per day ◊ كم ساعة يوميا؟ *How many hours a day?*

يومية *yawmīyaᵗ n.* • diary, journal ▪ قيد يومية *qayd · yawmīyaᵗ* diary entry, journal entry

يومئذ *yawmᵃʔiḏⁱⁿ*, يومذاك *yawmᵃḏāka*, يومها *yawmᵃhā adv.* • on that day ▪ أيامئذ *ʔayyāmaʔiḏⁱⁿ*, أيامها *ʔayyāmahā* in those days, at that time

اليونان *alyūnān n.* ***f.*** • Greece

يوناني *yūnānīʸ adj. & n.* |*pl.* يونان *yūnān*| • Greek

يونس *yūnus* ***dip.*** *man's name* • Yunus, Jonas

يونسكو *yūneskō n.* ***invar.*** • UNESCO

اليونيسف *alyūnīsef n.* ***invar.*** • UNICEF (United Nations Children's Emergency Fund)

يونيو *yūnyū n.* ***invar.*** • June ➡ ***The Months p. 181***

يئس *yaʔisa v.intr.* |*1s4(b)* ييأس *yayʔasᵘ* | يأس *yaʔs*| • give up hope *on* من, feel desperate *about*, despair *over*

notes

notes

Modern Standard Arabic Verbs

Conjugation Tables

MSA Verbs: Conjugation Tables (ISBN: 0985816031) and **MSA Verbs: Conjugation Tables (by Sample Verb)** (ISBN: 098581604X) are the the companion books to the **Arabic Learner's Dictionary**. Every verb entry in the dictionary contains a reference to a table from **MSA Verbs** which lays out the conjugation pattern for the verb in all persons, tenses, and moods. The first table (1s1) is presented for your convenience on the following page.

sound measure I *perfect vowel:* **a** *imperfect vowel:* **a**		و	ي	ء	*other*	**1s1**
	R¹				✓	
	R²				✓	
	R³				✓	

perfect

	singular	dual	plural
1	فَعَلْتُ fa3altu	فَعَلْنَا fa3alnā	
2m	فَعَلْتَ fa3alta	فَعَلْتُمَا fa3altumā	فَعَلْتُمْ fa3altum
2f	فَعَلْتِ fa3alti		فَعَلْتُنَّ fa3altunna
3m	فَعَلَ fa3ala	فَعَلَا fa3alā	فَعَلُوا fa3alū
3f	فَعَلَتْ fa3alat	فَعَلَتَا fa3alatā	فَعَلْنَ fa3alna

indicative

	singular	dual	plural
1	أَفْعَلُ ʔaf3alu	نَفْعَلُ naf3alu	
2m	تَفْعَلُ taf3alu	تَفْعَلَانِ taf3alāni	تَفْعَلُونَ taf3alūna
2f	تَفْعَلِينَ taf3alīna		تَفْعَلْنَ taf3alna
3m	يَفْعَلُ yaf3alu	يَفْعَلَانِ yaf3alāni	يَفْعَلُونَ yaf3alūna
3f	تَفْعَلُ taf3alu	تَفْعَلَانِ taf3alāni	يَفْعَلْنَ yaf3alna

subjunctive

	singular	dual	plural
1	أَفْعَلَ ʔaf3ala	نَفْعَلَ naf3ala	
2m	تَفْعَلَ taf3ala	تَفْعَلَا taf3alā	تَفْعَلُوا taf3alū
2f	تَفْعَلِي taf3alī		تَفْعَلْنَ taf3alna
3m	يَفْعَلَ yaf3ala	يَفْعَلَا yaf3alā	يَفْعَلُوا yaf3alū
3f	تَفْعَلَ taf3ala	تَفْعَلَا taf3alā	يَفْعَلْنَ yaf3alna

jussive

	singular	dual	plural
1	أَفْعَلْ ʔaf3al	نَفْعَلْ naf3al	
2m	تَفْعَلْ taf3al	تَفْعَلَا taf3alā	تَفْعَلُوا taf3alū
2f	تَفْعَلِي taf3alī		تَفْعَلْنَ taf3alna
3m	يَفْعَلْ yaf3al	يَفْعَلَا yaf3alā	يَفْعَلُوا yaf3alū
3f	تَفْعَلْ taf3al	تَفْعَلَا taf3alā	يَفْعَلْنَ yaf3alna

imperative

	singular	dual	plural
2m	اِفْعَلْ if3al	اِفْعَلَا if3alā	اِفْعَلُوا if3alū
2f	اِفْعَلِي if3alī		اِفْعَلْنَ if3alna

participles

active	passive
فَاعِل fā3il	مَفْعُول maf3ūl

passive

perfect	imperfect
فُعِلَ fu3ila	يُفْعَلُ yuf3alu

www.ingramcontent.com/pod-product-compliance
Lightning Source LLC
Chambersburg PA
CBHW080406230426
43662CB00016B/2334